EUROPAS MITTE UM 1000

EUROPE´S CENTRE AROUND AD 1000

EURÓPA KÖZEPE 1000 KÖRÜL

EUROPA ŚRODKOWA OKOŁO ROKU 1000

STŘED EVROPY OKOLO ROKU 1000

27. EUROPARATSAUSSTELLUNG
27TH COUNCIL OF EUROPE ART EXHIBITION

EUROPAS
UM

Beiträge zur
Geschichte, Kunst und Archäologie

Band 2

MITTE 1000

Herausgegeben von
Alfried Wieczorek und Hans-Martin Hinz

Handbuch

zur Ausstellung Europas Mitte um 1000
Beiträge zur Geschichte, Kunst und Archäologie
Band 2

Das Gesamtwerk zur Ausstellung

besteht aus zwei Bänden mit Beiträgen zur Geschichte,
Kunst und Archäologie (Handbuch) und einem Katalogband

Außerdem gibt es Supplementbände mit Texten
in Englisch, Ungarisch, Tschechisch und Polnisch

Die Deutsche Bibliothek – CIP-Einheitsaufnahme

Ein Titelansatz für diese Publikation
ist bei Der Deutschen Bibliothek erhältlich

Die Erstellung des Handbuchs wurde gefördert durch
die Klaus Tschira-Stiftung Heidelberg

Umschlagabbildungen

Vorderseite: Huldigungsszene mit Kaiser Otto III. (Abb. 516) –
bearbeitet von Bobrowsky Kommunikation & Design, Viernheim
Rückseite Band 1: „Attilaschwert" (Abb. 157)
Rückseite Band 2: Medaillonkrug von Nagyszentmiklós (Abb. 374)

© Konrad Theiss Verlag GmbH, Stuttgart 2000
Alle Rechte Vorbehalten

Redaktion: Präsidium der Deutschen Verbände für Altertums-
forschung e.V. und Reiss-Museum, Mannheim
Gestaltung: Hans-Jürgen Trinkner
Gesamtproduktion: Verlagsbüro Wais & Partner
und andreas epple redaktionsbüro, Stuttgart
Satz und Reproduktionen: Utesch Medienservice, Hamburg
Druck: Druckerei Uhl, Radolfzell

Printed in Germany

ISBN 3-8062-1544-8 (Museumsausgabe, Broschur)
ISBN 3-8062-1545-6 (Buchhandelsausgabe, Hardcover)

INHALT

BAND 2

4.3 Ungarn 540

4.3.1 Ungarn und die Arpaden

Ungarn – ein historischer Überblick LÁSZLÓ VESZPRÉMY	542
Die historische Geographie der ungarischen Länder GYULA KRISTÓ	551
Das Karpatenbecken von der Landnahme bis zur Staatsgründung CSANÁD BÁLINT	555
Die Sprache der Ungarn LORÁND BENKŐ	564
Die Arpaden und Ungarn GYULA KRISTÓ	566

4.3.2 Herrschaftszentren und Herrschaftsorganisation

Herrschaftszentren und Herrschaftsorganisation JÓZSEF GERICS	570
Stephan I. und sein Werk GYÖRGY GYÖRFFY	574
Gran (Esztergom) zur Zeit Stephans des Heiligen ISTVÁN HORVÁTH	576
Das Herzogtum Neutra (Nitra) und Ungarn. Vom Niedergang Großmährens bis zum Ende des 11. Jahrhunderts RICHARD MARSINA	581
Die mittelalterliche Burg von Visegrád MÁTYÁS SZŐKE	584
Abaújvár MÁRIA WOLF	588
Der Burgwall von Borsod MÁRIA WOLF	590
Karlsburg (Gyulafehérvár, Alba Iulia) ELEK BENKŐ	593
Mănăstur (Kolozsmonostor) bei Klausenburg (Cluj) ELEK BENKŐ	597

4.3.3 Die Christianisierung Ungarns

Die Christianisierung Ungarns anhand der Quellen GÉZA ÉRSZEGI	600
Königin Gisela von Ungarn LÁSZLÓ VESZPRÉMY	608
Christliche Architektur in Ungarn ERNŐ MAROSI	613
Das Kloster von Martinsberg (Pannonhalma) IMRE TAKÁCS	617
Das Marienstift Stuhlweißenburg (Székesfehérvár) PIROSKA BICZÓ	621
Das Grab des heiligen Stephan in Stuhlweißenburg (Székesfehérvár) ERNŐ MAROSI	625
Neutra (Nitra) und Zobor ALEXANDER T. RUTTKAY	628
Die Kathedrale von Veszprém SANDOR TÓTH	633
Bischof Gerhard von Csanád GABRIEL SILAGI	636
Christliche Bestattungen ZSUZSA LOVAG	638
Die Kasel von Stuhlweißenburg (Székesfehérvár) und die Bamberger Paramente ÉVA KOVÁCS (†)	640

4.4 Heidnische Reaktion: Slawen an Elbe und Ostsee 652

Die Elb- und Ostseeslawen CHRISTIAN LÜBKE	654
Starigard-Oldenburg INGO GABRIEL	658
Mecklenburg PETER DONAT	662

4.5 Ottonische Politik in der Mitte Europas 666

4.5.1 Expansion und Mission

Relikte heidnischen Glaubens
in Sachsen 668
LUTZ E. V. PADBERG

Festigung und Ausbau des lateinischen
Christentums: Die ottonische Mission
bei den Westslawen und Ungarn 671
LUTZ E. V. PADBERG

Ottonen – Heinriche – Liudolfinger.
Ein Herrschergeschlecht aus Sachsen 676
BERND SCHNEIDMÜLLER

Otto der Große und die Gründung
des Erzbistums Magdeburg 689
MATTHIAS BECHER

Burgenbau und Befestigungstechnik
des 10. Jahrhunderts im deutschen
Altsiedelland und in den Marken 694
HORST WOLFGANG BÖHME

Die Burg Meißen 701
CHRISTIAN LÜBKE

Die archäologischen Untersuchungen
auf der Burg Meißen 703
ARNE SCHMID-HECKLAU

4.5.2 Slawen und Deutsche

Slawen und Deutsche 707
CHRISTIAN LÜBKE

Kontakte und Austausch-
beziehungen zwischen Slawen
und Deutschen im Alltag 709
DARINA BIALEKOVÁ

Slawische Siedlung in Nordostbayern 713
JOCHEN HABERSTROH

Slawen und Deutsche in Thüringen 718
SIGRID DUŠEK

Das Hannoversche Wendland um 1000 723
KARL-HEINZ WILLROTH

Die spätslawische Marktsiedlung
von Parchim-Löddigsee (11./12. Jahrhundert n.Chr.) 727
DIETLIND PADDENBERG

Die slawische Fürstenburg von Dobin,
Mecklenburg-Vorpommern 730
PETER ETTEL

Deutsche und Slawen in Sachsen
und Sachsen-Anhalt 732
THOMAS WESTPHALEN

Befestigung, Kirche und Gräberfeld
von Dresden-Briesnitz, Kr. Dresden 734
RÜDIGER VON SCHNURBEIN

4.6 Otto III. und die Erneuerung des Römerreiches 736

Die Erneuerung des Römischen Reiches 738
JOHANNES FRIED

Herrscher und Dynastien.
Die Akteure der Zeit um 1000 745
LUDGER KÖRNTGEN

Graecisca sublimitas:
Byzanz' Attraktivität und der abend-
ländische Westen 749
FRANZ-REINER ERKENS

Die Memoria Ottos II. in Rom 754
MICHAEL BORGOLTE

Die ottonische Kirchenruine
in Memleben 758
MATTHIAS UNTERMANN

Das Missionskloster Memleben 761
JOHANNES FRIED

Das Diplom Ottos III. für Meißen 764
THEO KÖLZER UND THOMAS LUDWIG

Die Siegel und die Bullen Ottos III. 767
HAGEN KELLER

Erzbischof Heribert von Köln
und der „Osten" 774
HERIBERT MÜLLER

Der Doge Peter Orseolo II. von Venedig 782
DANIELA RANDO

Polen und Ungarn als Stützpunkte Ottos III. im Osten 784 JÓZSEF GERICS	Die Adlerkapitelle in der Krypta von San Bartolomeo all'Isola in Rom 809 UTE DERCKS
Kaiser Otto III. und Aachen 786 KNUT GÖRICH	Nähe und Ferne: Zur Lesbarkeit von Raum in der ottonischen Buchmalerei 813 LIESELOTTE E. SAURMA-JELTSCH
Otto III. – Christianisierung und Endzeiterwartung 792 OLIVER RAMONAT	Neue Kriege: Heinrich II. und die Politik im Osten 819 STEFAN WEINFURTER
Imperator Augustus und Christomimetes. Das Selbstbild Ottos III. in der Buchmalerei 798 WOLFGANG CHRISTIAN SCHNEIDER	

5 Neues Erbe: Nationen in Europas Mitte 826

5.1 Kulturelle Gemeinsamkeiten 828

Gemeinsame Züge der mitteleuropäischen Staaten 830 JOSEF ŽEMLIČKA	Kirchenbau und liturgischer Raum 842 ERNŐ MAROSI
Die neuen Heiligenkulte in Mitteleuropa um das Jahr 1000 834 TERESA DUNIN-WĄSOWICZ	Das Mönchtum als Integrationsfaktor in Europas Mitte 845 GEORG JENAL
Der heilige Adalbert – Schutzheiliger des neuen Europas 839 TERESA DUNIN-WĄSOWICZ	Ausstrahlung süddeutscher Skriptorien in die östlich und nördlich benachbarten Skriptorien 849 MARTINA PIPPAL
	Gemeinsame Rechts- und Kirchenrechtsvorstellungen 853 ERNST-DIETER HEHL

5.2 Kulturelle Vielfalt und nationale Identität ... 858

5.2.1 Dynastien- und Nationenbildung

Europa: Auf dem Weg zur Einheit in Vielfalt — 860
CHRISTIAN LÜBKE

Die Anfänge nationaler Geschichtsschreibung im Hochmittelalter: Widukind von Corvey, Gallus Anonymus, Cosmas von Prag, Gesta Hungarorum — 863
NORBERT KERSKEN

Gesta Hungarorum. Die Anfänge nationaler Chronistik im Mittelalter — 868
LÁSZLÓ VESZPRÉMY

Großmähren und die slowakische Geschichte. Von der Entstehung Großmährens bis zu dessen Niedergang im Jahre 907 — 871
MATÚŠ KUČERA

5.2.2 Dynastische Heilige und Landespatrone

König Stephan der Heilige — 875
LÁSZLÓ VESZPRÉMY

Emmerich, der Sohn König Stephans — 880
LÁSZLÓ VESZPRÉMY

Die dynastischen Heiligen und Landespatrone: Wenzel, Ludmilla und Adalbert — 883
DUŠAN TŘEŠTÍK

Der heilige Wenzel: Kult und Ikonographie — 888
FRANZ UND MARGARITA MACHILEK

Die heiligen Mauritius, Laurentius, Ulrich und Veit — 895
ERNST-DIETER HEHL

Abendländische Biographie um 1000 – ein Querschnitt — 899
WALTER BERSCHIN

5.2.3 Herrschaftszeichen und nationale Identität

Die heilige Lanze Ungarns — 902
LÁSZLÓ KOVÁCS

Die böhmischen Insignien und der steinerne Thron — 904
DUŠAN TŘEŠTÍK UND ANEŽKA MERHAUTOVÁ

Die Heilige Lanze und die polnischen Insignien — 907
ZBIGNIEW DALEWSKI

Die Herrschaftszeichen des Römischen Reiches im 10. und 11. Jahrhundert — 912
JÜRGEN PETERSOHN

6 Ausblick ... 916

1000 Jahre gemeinsames Erbe: Mitteleuropa zwischen dem Jahr 1000 und 2000 — 918
PIOTR S. WANDYCZ

Quellen	929
Literatur	932
Autoren und Übersetzer des Handbuchs	978
Topographisches Register	979
Namensregister historischer Personen, Heiliger und Gottheiten	988
Bildnachweis	997

Die Formierung der Mitte Europas

Ungarn

Ungarn und die Arpaden

Herrschaftszentren und Herrschaftsorganisation

Die Christianisierung Ungarns

Ungarn – ein historischer Überblick

LÁSZLÓ VESZPRÉMY

Die politischen Ereignisse

Für die Zeit zwischen dem Ende der Feldzüge der Ungarn nach der Niederlage auf dem Lechfeld 955 und Lüle Burgaz 970 und der Krönung Stephans zum König sind die Quellen sehr zurückhaltend. Nach der Niederlage auf dem Lechfeld hatten die wohl ziemlich konfliktfreien deutsch-ungarischen Beziehungen sowohl den ungarischen Großfürsten als auch Géza, der seit den siebziger Jahren des 10. Jahrhunderts an ihrer Spitze stand, Zeit genug gelassen, um einen Entschluss zu fassen: damit die Dynastie der Arpaden die Alleinherrschaft über das Karpatenbecken gewänne, verpflichtete sich Géza endgültig zur Annahme des römischen Christentums, er wollte sich mit Hilfe der Vermittlung des deutschen Kaisers an die christliche Welt anschließen. So erschienen im März 973 zwölf ungarische Adlige als Vertreter Gézas am Hofe Ottos I. in Quedlinburg, die die deutsch-ungarische Annäherung vorbereiten sollten. Nun kamen die Ereignisse in Gang. Quellen bezeugen, dass Géza und sein Gefolge damals durch Bruno von Sankt Gallen, der 972 zum Bischof der Ungarn geweiht worden war, getauft wurden. Bischof Pilgrim von Passau ersuchte Papst Benedikt VII. unter Berufung auf die Missionierung der Ungarn um das Pallium; er unterstützte Bruno zwar bei seiner Missionstätigkeit, doch gleichzeitig versuchte er, durch gefälschte Urkunden Passau die kirchliche Oberhoheit über Ungarn zu sichern. In den achtziger Jahren des 10. Jahrhunderts mischte sich Géza in den Zwist zwischen Otto III. und Herzog Heinrich II. dem Zänker von Bayern ein, seine Truppen drangen bis nach Melk vor. Markgraf Leopold I. von Babenberg eroberte den Ort 985 zurück, vor Heinrich II. räumten die Ungarn sogar das Wiener Becken. Im Laufe der Jahre 995/996 kam es zu einem unbekannten Zeitpunkt und an einem nicht näher bestimmbaren Ort zur Eheschließung zwischen Gisela, der Tochter von Herzog Heinrich II. von Bayern, und Stephan; es geschah der späteren Überlieferung nach im bayerischen Scheyern zwischen dem Tod von Heinrich II. im Jahre 995 und dem von Géza und der Thronbesteigung Stephans im Jahre 997.
Die Ehe erwies sich als entscheidender Schritt hin zu einer Orientierung nach Westen in der ungarischen Innen- und Außenpolitik. Neben den guten Beziehungen zu Otto III. sicherte auch die Wahl Heinrichs, des Bruders von Gisela, zum Herzog von Bayern, dann 1002 zum deutschen König und schließlich seine Krönung zum Kaiser diese Hinwendung nach Westen. Wenn unter Géza, wie Brun von Querfurt (gestorben 1009) schrieb, Adalbert den ungarischen Hof nur ein wenig von der Sünde abbringen und nur einen Schatten des Christentums über ihn werfen konnte, denn Géza verehrte auch weiterhin die heidnischen Götter, kam es in den Jahren um 1000 wirklich zu einer radikalen Wende. Zeichen dafür waren die Gründung der Abtei von Martinsberg (Pannonhalma) wohl im Jahre 996, zu Lebzeiten Gézas, der beginnende Aufbau der Kirchenorganisation noch vor der Krönung, die Gründung des ersten Erzbistums, die Weihe des hohen Geistlichen Ottos III., Adalbert, der damals schon als Heiliger verehrt wurde, und die Krönung Stephans. Von der ersten Königskrönung in Mitteleuropa wissen wir nur, dass Stephan für die Gründung von Bistümern „von Kaisers Gnaden und auf seine Anregung hin die Krone und den Segen erhielt", so Thietmar von Merseburg. Der historischen Überlieferung Ungarns nach geschah dies im Jahre 1000, wie das Preßburger Jahrbuch berichtet, oder 1001 nach der Chronik von Nagyvárad, Zagreb, der heute allgemein verbreiteten Annahme zufolge zu Weihnachten des Jahres 1000 oder 1001. Moderne Historiker wie P. Váczy machen darauf aufmerksam, dass Otto III. sich von August 1000 bis Februar 1001 in Rom und dann im April in Ravenna aufgehalten hat, wo es ihm möglich gewesen wäre, in Abstimmung mit dem Papst, zu dem er als seinem früheren Erzieher ein gutes Verhältnis hatte, und dem Herzog von Bayern, die Krönung in Ungarn zu beschließen. Die Geschichte von der ungarischen Gesandtschaft, die zu Papst Silvester II. reiste, um die Krone zu erbitten, wurde erst Anfang des 12. Jahrhunderts in der Hartvik-Legende aufgrund einer bis heute vollkommen unbekannten, aber vielleicht doch begründeten historischen Überlieferung niedergeschrieben, um 1630 dann sollte ihr mit der gefälschten so genannten Silvester-Bulle Glaubwürdigkeit verliehen werden.

Die ersten Jahrzehnte der Regierung Stephans vergingen mit Kämpfen zur Stabilisierung der Macht im Inneren, in denen der König mit Waffengewalt nach und nach die Adligen besiegte, die gegen den Ausbau seiner Alleinherrschaft aus politischen, religiösen oder auch verwandtschaftlichen Gründen revoltierten und die über Gebiete in der Größe ganzer Landesteile herrschten. Beim Tode Gézas im Jahre 997 erhob sich Koppány, der, vielleicht infolge einer Länderteilung, der Herr der Gebiete im heutigen Komitat Somogy geworden war, und griff Veszprém an, eine Burg der Arpaden, die vermutlich der Sitz von Sarolt und Gisela war. Der Verwandte und Ururenkel Árpáds berief sich jedoch vergebens auf die rechtlichen Prinzipien des Seniorats und des Levirats, mit deutscher Hilfe wurde er von Stephans Truppen geschlagen. Er wurde geviertelt und die Teile seines Körpers wurden an die Tore der zentralen Burgen von Veszprém, Gran (Esztergom), Raab (Győr) und Karlsburg (Gyulafehérvár) in Siebenbürgen genagelt. Mit Gyula, seinem Onkel mütterlicherseits, der über Siebenbürgen herrschte und zum byzantinischen Christentum tendierte, rechnete Stephan im Jahre 1003 ab, Gyula wurde gefangen genommen. Später floh er nach Polen, von wo aus er noch mehrere erfolglose Versuche zur Wiederherstellung seiner Macht unternahm. Überliefert ist auch die Geschichte von Stephans Kampf mit einem gewissen Kean, der Name ist wohl aus „Khagan" entstanden. Man versuchte ihn mit einem bulgarischen Fürsten zu identifizieren und der Konflikt wurde gewöhnlich, unter anderem von G. Györffi, mit dem bulgarischen Feldzug um 1018 verknüpft. Kean wird auch als Herrscher über einen eventuellen bulgarisch-slawischen Staat im südlichen Siebenbürgen angesehen, unter anderem von G. Kristó, in diesem Fall hätte die bewaffnete Abrechnung mit ihm nach dem Sieg über Gyula stattgefunden. Ajtony, der ebenfalls zum byzantinischen Christentum in Beziehung stand und ein orthodoxes Kloster gegründet hatte, war der dritte, der sich gegen Stephan erhob. Seinen riesigen Herrschaftsbereich, der vom Mittelgebirge Siebenbürgens bis zum Unterlauf der Donau reichte, regierte er von Marosvár in Cenad, Rumänien, aus. Der vielleicht um 1028 zu datierende Einfall der königlichen Truppen unter Csanád über die Salzstraße in Siebenbürgen besiegelte seinen Untergang. Auf seinem Gebiet wurde das Bistum Csanád gegründet, so berichtete zumindest die Gerhard-Legende. Die deutschen und die bayerischen Einflüsse hinterließen tiefe Spuren im gesellschaftlichen, kulturellen und kirchlichen Leben, sie reichten von der Münzprägung über die Gesetzgebung bis hin zu liturgischen Büchern und zur Ausstellung von Urkunden.

Über die Beziehungen nach außen zur Zeit Stephans ist kaum etwas bekannt, dies gilt für die wahrscheinlich sehr engen deutsch-ungarischen Beziehungen genauso wie für die ungarisch-byzantinischen Kontakte. Glaubwürdige Quellen berichten von den Kämpfen der mit den Byzantinern verbündeten Ungarn an der Seite Kaiser Basileios II. in Bulgarien, im Jahre 1018 nahm vermutlich König Stephan bei Ohrid persönlich daran teil. Byzantinische Quellen bezeugen für 1025 Kämpfe der Ungarn in Süditalien sowie Kämpfe eines ungarischen Verbandes im süditalischen byzantinischen Heer. Die Angehörigen dieser Verbände ließen sich dann in den Jahren nach 1040 auch dort nieder, so blieb die Nachricht über sie aus den Jahren 1053/1054 erhalten. Dies lässt auch darauf schließen, dass das damalige Ungarn keinen Mangel an Kriegern litt, da ihr endgültiges Fernbleiben nicht als Verlust empfunden wurde. Thietmar von Merseburg berichtete, dass Bolesław Chrobry von Polen, damals mit den Deutschen verbündet, 1018 auf seinem Feldzug gegen Kiew von einem aus 500 Mann bestehenden ungarischen Kontingent unterstützt wurde.

Der Aufstieg der Salier im Jahre 1024 und die Thronbesteigung Konrads II. brachten eine Wende in den ungarisch-deutschen Beziehungen. 1026 vertrieb Konrad den Dogen Otto von Orseolo, den Schwager Stephans, aus Venedig. Und Stephan ließ 1027 Bischof Werner von Straßburg nicht durch sein Land in Richtung Süden reisen, weil er eine deutsch-byzantinische Annäherung fürchtete. Über den Angriff von Konrad II. im Jahre 1030 liegen ausreichende Informationen vor. Die Deutschen drangen tief nach Transdanubien ein, doch Nachschubschwierigkeiten zwangen sie zum Rückzug, wie es im Laufe des 11. Jahrhunderts mehrmals vorkommen sollte. Das Heer war groß und die böhmische Unterstützung gegen die Deutschen bereits unterwegs, neben den zahlreichen Bayern waren auch Lothringer im Heer, doch Stephan schätzte die niedrige Kampfkraft der ungarischen Truppen zutreffend ein und wartete ab, bis sich die Deutschen von alleine zurückzogen. Doch dann griffen die schnellen ungarischen Reiter an und durch ihre Guerillamanöver gelang es ihnen, die Truppen während ihres Rückzuges so sehr zu schwächen, dass sie das kaiserliche Heer bei Wien umzingeln und gefangennehmen konnten; oft heißt es, dass nicht das kaiserliche Heer, sondern nur Wien umzingelt wurde. Dieser Erfolg war einer der größten Siege der Ungarn in der Militärgeschichte des 11. Jahrhunderts, der Friede von 1031 verschob die ungarischen Grenzen vorübergehend nach Westen bis über die Laitha und die March. Die Erzählung von diesem Sieg wurde auch in die Stephanslegende aufgenommen, weil er als Fingerzeig Gottes gedeutet wurde.

Wegen der Herkunft Giselas könnte auch der bayerische Erbanspruch von Herzog Emmerich eine Rolle im Krieg von 1030 gespielt haben; der plötzliche Tod Emmerichs im Jahre 1031 bedrohte wegen der ungeordneten ungarischen Thronfolge das gesamte Lebenswerk Stephans. Der nächste nominierte Thronfolger war sein Neffe Peter von Orseolo, der Sohn des Dogen von Venedig, den er allein für geeignet – *idoneus* – hielt, das Land im christlichen Glauben zu bewahren. Um Peters Ansprüche zu sichern, schaltete Stephan selbst potentielle Rivalen aus, so Vazul, den Sohn Michaels, der der Bruder von Géza war. Nach der Stephanslegende hatte sich zuerst Vazul gegen den König verschworen und sich damit seiner Rache ausgesetzt, doch dazu gibt es keine Parallelüberlieferung. In der Legende steht, dass Vazul geblendet wurde, der späteren Überlieferung nach wurde ihm auch Blei in die Ohren gegossen, seine Söhne, Levente, der um 1046 noch als Heide bestattet wurde, Andreas, der als Andreas I. zwischen 1046 und 1061 regierte, und Béla, der als Béla I. zwischen 1060 und 1063 regierte, wurden verbannt. Stephan ließ kurz vor seinem Tode am 15. August 1038 die mächtigsten Männer seines Landes noch einmal schwören, nur Peter als ihren König anzunehmen, der Schwur wurde erfüllt.

In den Jahren 1038 bis 1039 verbündete sich Peter, der von 1038 bis 1041 und noch einmal von 1044 bis 1046 regierte, mit den Böhmen und entsandte aus Rache für die Überfälle auf die Orseolos ein Heer gegen die Deutschen. Doch seine Stellung in Ungarn wurde immer unsicherer, er sah sich schließlich zur Flucht ins Kaiserreich gezwungen. Im Oktober 1041 bat er persönlich in Regensburg Heinrich III. um Unterstützung. Bei dem Zerwürfnis zwischen Peter, seinem Hof und den ungarischen Magnaten könnte das unüberlegte Handeln des Königs eine Rolle gespielt haben, er kannte die Lage in Ungarn nicht, er hörte zu sehr auf seine italienischen und deutschen Berater und er wollte dem Land die westliche Feudalstruktur und das westliche Steuersystem aufzwingen. Auch sein Verhalten gegenüber Königin Gisela und den ungarischen Bischöfen trug nicht zur Sicherung seiner Stellung bei. Trotz seiner kirchlichen Stiftungen in Óbuda und Pécs erregten seine Maßnahmen bei den Bischöfen Befürchtungen über die Zukunft des Christentums in Ungarn. Deshalb unterstützten sie Samuel Aba, den Schwager oder Neffen, *sororius*, König Stephans, der auch sein ehemaliger Statthalter, *palatinus*, war. Nach Peters Flucht wurde er zum König gewählt und regierte von 1041 bis 1044. Der Erfolg Samuel Abas zeigte auch wieder die zentralistischen Tendenzen in der Herrschaftsweise Stephans, denn er hatte das höchste Amt am Hofe, die nach fränkisch-deutschem Vorbild eingeführte Palatinswürde, mit einem nahen Verwandten, eben mit Aba besetzt. Diesem gelang es in dieser Position offenbar bekannt und populär zu werden. Der ungarische Klerus, darunter wahrscheinlich auch Gerhard, obzwar seine Legende dies später leugnen sollte, trat für den vom Papst exkommunizierten Aba ein. Doch Aba erlitt am 5. Juli 1044 bei Ménfő in Transdanubien eine vernichtende Niederlage. Nach der Schlacht verlor er sein Leben und wurde im Konvent seiner Familie beigesetzt, noch um 1200 wurde er als im Rufe der Heiligkeit stehend erwähnt. Heinrich III. sandte nach der Schlacht die erbeutete Königslanze Ungarns und wahrscheinlich auch die Krone nach Rom. Zwischen 1045 und 1108 wurden von den Kaisern Heinrich III., Heinrich IV. und Heinrich V. noch zahlreiche erfolglose Versuche unternommen, Einfluss in Ungarn zu gewinnen, sie unterstützten die Thronprätendenten und boten ihnen Eheschließungen an. Grund für die Erfolglosigkeit war nicht zuletzt, dass Ungarn zur Zeit des Investiturstreits zum Nebenschauplatz der deutschen Außenpolitik degradiert wurde. Das ungarische Christentum überstand die Widerstandsbewegungen der Heiden in den Jahren 1046 und 1061, obwohl noch 1092 die im Laufe der Aufstände zerstörten Kirchen erwähnt wurden, die kirchliche und weltliche Verwaltung wurde bis zum Ende des 11. Jahrhunderts konsolidiert. Vor allem unter der Herrschaft von Ladislaus I., der von 1077 bis 1095 regierte, und Koloman, der zwischen 1095 und 1116 König war, festigte sich die feudale Rechtsordnung endgültig, die ersten Heiligen wurden kanonisiert und weitere Kirchenprovinzen eingerichtet.

Die kirchliche Organisation

Die Legenden von Stephan und Gerhard berichten über zehn oder zwölf ungarische Bistümer und zwei Erzbistümer. Die Zahl zwischen zehn und zwölf wird von der bei Pseudo-Isidor verlangten kanonisch-rechtlichen Vorschrift bestätigt, doch entwickelten sich die Kirchenprovinzen wohl ebenso wie die weltlichen Komitate erst nach und nach. Zuerst wurden ein oder zwei größere Bistümer eingerichtet, mit der weiteren Missionierung und der wachsenden Zahl der Gläubigen entstanden immer neue Kirchenprovinzen. Die Einrichtung der Bistümer begann bereits vor der Krönung, ihre geographische Lage lässt vermuten, dass das dem heiligen Michael geweihte Bistum von Veszprém in Transdanubien wohl das erste war, ihm folgte dann das der Himmelfahrt der Jungfrau Maria geweihte Bistum von Raab. Um 1000 wurde das dem heiligen Adalbert und der Jungfrau Maria geweihte Erzbistum von Gran eingerichtet, sein Territorium lag am nördlichen Ufer der Donau. Nach der allmählichen Festigung der königlichen Zentralmacht wurde nach dem Sieg über Gyula in Siebenbürgen ein dem heiligen Michael geweihtes Bistum begründet, im Süden entstand nach 1003, nach dem Sieg über Ajtony, das dem heiligen Georg geweihte Bistum von Csanád. Nur in wenigen Quellen sind Angaben zu diesem Thema erhalten. Nach der Bekehrung der in Südungarn lebenden, nicht weiter bekannten Schwarzen Ungarn gründete der König das Bistum Fünfkirchen (Pécs) und weihte es dem heiligen Petrus, von ihm ist ausnahmsweise auch die Gründungsurkunde von 1009 erhalten. Das Preßburger Jahrbuch überliefert 1030 als das Jahr der Bischofsweihe Gerhards, er war der erste Bischof von Marosvár/Csanád. In der Urkunde von Martinsberg aus dem Jahr 1002, die manchmal auch in das Jahr 1001 datiert wird, wird das Bistum von Veszprém erwähnt, wie uns aus dem Jahre 1009 auch eine für Veszprém ausgestellte Urkunde bekannt ist. Das Bistum von Bihar, das zum ersten Mal um 1046 im Zusammenhang mit Bischof Leodvin erwähnt wird, könnte sich von dem relativ früh gegründeten, dem Evangelisten St. Johannes geweihten Bistum Eger abgespalten haben, und das Bistum Waitzen (Vác) könnte sich zu einem noch unbekannten Zeitpunkt von dem Veszprémer, das über die Donau reichte, gelöst haben, es wird zum ersten Mal im Jahre 1075 erwähnt. Es ist unsicher, wann das Bistum Kalocsa in den Rang eines Erzbistums erhoben wurde, die früheste Erwähnung seines Erzbischofs findet sich in einer westlichen Quelle, in der Stephans-Legende des Hartwick wird die Gründung durch Stephan auffallend betont. Die Kapitel begannen in den bei den großen Kirchen gegründeten Klöstern zu arbeiten, das berühmteste Kapitel in der Reihe ist das von Stuhlweißenburg (Székesfehérvár), das zum sakralen Zentrum der Dynastie wurde und unmittelbar dem Erzbischof von Gran unterstellt war. Die frühesten, vermutlich königlichen Klostergründungen konzentrierten sich alle im westlichen Teil des Landes: Bakonybél, Mosaburg (Zalavár), Pécsvárad, Zobor, heute Nitra (Neutra) in der Slowakei und Somlóvásárhely. Mit Ausnahme der orthodoxen Klöster von Veszprémvölgy und Marosvár/Orsozlámos im Banatsko Arandelovo, Serbien, sind wir bezüglich der Gründung weiterer Klöster nur auf Vermutungen angewiesen, dies gilt für Pentele, Aracs und Szőreg. Nur wenige geistige und materielle Spuren sind von den engen byzantinisch-ungarischen Beziehungen im Mittelalter geblieben. Die Grundlagen des Pfarrei-Systems wurden von Stephan gesetzlich geregelt, je zehn Dörfer mussten gemeinsam eine Kirche erbauen. Die Gesetze regelten den Messebesuch am Sonntag, die Abgabe des Zehnten, die Pflicht zu fasten, zu beichten und Eide zu halten, sie verboten das Levirat, den Raub von Mädchen und die Konsultation von Hexen und Zauberern. Dies alles zeugte davon, dass die Lebensform und Denkweise der Menschen, wie sie vor der Bekehrung war, grundlegend und gewaltsam verändert werden sollte. 1046 rebellierten die aufständischen Heiden auch mit Äußerlichkeiten gegen die neuen Sitten und Gebräuche: sie ließen sich das Haar wieder wachsen, trugen einen Zopf und aßen das Fleisch der geopferten Pferde. Auf den gleichzeitigen und bewussten Ausbau der weltlichen und kirchlichen Organisation wies die Tatsache hin, dass die Komitatsgrenzen und die Grenzen der Bistümer, der Dechantenbezirke und später der Oberdechantenbezirke in den meisten Fällen übereinstimmten. Die frühen Dechantenkirchen befanden sich auf dem Gebiet der Gespanschaftsburgen, sie wurden 1067 erstmals erwähnt. Eine Besonderheit der ungarischen Historiographie des 11. Jahrhunderts ist, dass fast alle Angaben über die frühen hohen Geistlichen Ungarns fehlen, dies betrifft die frühesten Bistümer von Veszprém und Raab, doch auffallend unvollständig ist auch die Liste der Erzbischöfe von Gran.

Die Namen der ersten ungarischen Bischöfe und Erzbischöfe sind nicht gesichert. Fest steht, dass der erste Abt von Martinsberg zur Zeit des Kampfes gegen Koppány im Jahre 997 ein Anastasius war. In der Urkunde von Martinsberg aus dem Jahre 1002 kommt als Erzbischof von Gran ein Dominikus vor, im Anhang derselben Urkunde wird offensichtlich der Name eines späteren Erzbischofs von Gran, eines Sebastian, bewahrt. Der historische Charakter dieser Namen wird auch dadurch bestätigt, dass 1007 auf der Synode in Frankfurt ebenfalls ein Anastasius als Erzbischof der Ungarn, also als Erzbischof von Gran, genannt wurde. Am 6. Juni 1012 weihte in Bamberg ein Erzbischof der Ungarn namens Astrik einen Altar. Arnoldus, ein Mönch aus Regensburg, war um 1030 in Gran, schrieb dort zu Ehren des heiligen Emmeram Antiphone und erwähnte auch einen Anastasius als Erzbischof von Gran. Dies scheint die Meinung des um 1100 lebenden Legendenautors Hartwick zu bestätigen, der Astrik mit Anastasius identifizierte und die beiden Namen für zwei Varianten eines und desselben hielt. Möglicherweise sind aber Astrik und Anastasius nicht identisch miteinander und wir müssen mit zwei Klerikern namens Anastasius beinahe gleichzeitig rechnen, vielleicht hatte aber ein und derselbe das Amt mit einer Unterbrechung inne. Daraus geht jedoch nicht mit Sicherheit hervor, ob der Abt von Martinsberg – zwischen 997 bis 1001 war gewiss ein Anastasius Abt – mit dem späteren Erzbischof identisch war, der zuletzt um 1030 erwähnt wurde. Es ist unsicher, ob der am 4. April 1001 als Abt des Kloster der Jungfrau Maria der Slawen erwähnte Anastasius überhaupt irgend etwas mit Ungarn zu tun hatte. Die hohen Geistlichen, doch auch die überwiegende Mehrheit der Kleriker im allgemeinen konnten ausländischer Herkunft gewesen sein, und viele von ihnen hatten erst hier die ungarische Sprache erlernt, wie es die Gerhard-Legenden erzählen. Bischof Bonipert von Fünfkirchen könnte ein Franzose gewesen sein, es ist ein Brief über die Ausleihe einer Grammatikhandschrift des Priscianus von Bischof Fulbert von Chartres an ihn erhalten. Es gab wahrscheinlich starke westliche, süddeutsche Einflüsse, was am ehesten in den liturgischen Kalendern und Patrozinien, zum Beispiel im Emmeram-Patrozinium von Neutra, zu bemerken ist. Die damalige Versorgung mit Büchern lässt sich, wenn man von einigen liturgischen Büchern vom Ende des 11. Jahrhunderts absieht, nur aus dem um 1093 entstandenen Katalog des Klosters Martinsberg erschließen, er nennt 80 Bände, davon 43 liturgische Bücher. Die relativ wenigen Urkunden Stephans – auch wenn die wahrscheinlich verlorenen dazugezählt werden, bleibt die Zahl gering – wurden für Kirchen ausgestellt und zeigten deutschen Einfluss. Sie wurden von kaiserlichen Notaren gefertigt, die sich von 1002 an in Ungarn niedergelassen hatten, und haben dennoch eine gewaltige Bedeutung, da die nächste, im Original erhaltene Urkunde erst aus dem Jahr 1055 stammt. Dies sind auch die ersten Zeugnisse für die Übernahme der lateinischen Schrift in Ungarn, so wie auf dem Krönungsmantel und in einer um 1093 entstandenen Urkunde die ersten in Ungarn entstandenen Hexameter zu lesen sind. Für Hinweise auf die damalige Schulbildung müssen wir uns auf die Erwähnung des Schulbesuchs von Bischof Mór von Fünfkirchen in Martinsberg und auf die Beschreibung in der Gerhard-Legende aus dem 14. Jahrhundert verlassen.

Auch neuere Untersuchungen zur Geschichte der Liturgie beweisen den bewussten, zentral gesteuerten Ausbau der Kirchenorganisation, im Laufe des 11. Jahrhunderts wurden in Ungarn für Jahrhunderte die Grundlagen einer einheitlichen Liturgie in den Kirchenprovinzen geschaffen, die sich ihrerseits den politischen Grenzen anpassten.

Komitate, Grenzgespanschaften und Heeresorganisation

Nach der Errichtung der Alleinherrschaft verfügte die Dynastie der Arpaden, genauer gesagt, der König, über einen bedeutenden Teil der Gebiete, die früher Besitz des alten Stammes waren. Unter der Herrschaft der Könige führten die Entstehung des Privateigentums, die Abgrenzung von Besitztümern, die Entwicklung der Territorialverwaltung, die Erfassung der Bevölkerung nach Verwaltungseinheiten oder nach Berufen und die Registrierung der Freien zur Lockerung der Sippenverbände und zum Verfall der traditionellen Siedlungsweise. Mit der Verfügungsgewalt über diese gewaltigen Gebiete und der Entwicklung einer Verwaltung sicherte Stephan die Erträge der königlichen Domänen und konnte die kirchlichen und weltlichen Institutionen mit Lehen ausstatten. Die Stämme, wie sie vor dem Jahr 1000 existierten, erhielten durch königliche Schenkungen ihre früheren Gebiete wieder. Nach den Quellen hatten die inneren Machtkämpfe des 10. und 11. Jahrhunderts die Selbständigkeit der Stämme zugrunde gerichtet und am Ende von Stephans Herrschaft haben wir nur noch mit der Existenz der Adelsgeschlechter zu rechnen. Die Gebiete, wo sich die Stämme in der Landnahmezeit niedergelassen hatten, lassen sich nicht mehr identifizieren, wie es die heutigen Debatten der Historiker zeigen. Die alten Adelsgeschlechter leiteten ihre Besitztümer und Privilegien alle aus der Zeit Stephans her. Erst am Ende des 13. Jahrhunderts legitimierten sich Adlige durch die Berufung auf ihre Verdienste während der Landnahmezeit und nicht durch die Schenkungen von König Stephan. Auch die ersten bekannten Ahnen der Adelsgeschlechter stammen aus der Stephanszeit: im Falle der Familie Aba war es König Samuel Aba selbst, im Falle der Csanádis der Stammesführer Csanád, im Falle der Hontpázmánys die auch in der Urkunde von Martinsberg 1002 erwähnten Adligen Hont und Pázmány.

Die organisatorische Einheit der weltlichen Verwaltung war nach deutschem Vorbild, doch mit nicht unbedeutenden Abweichungen das Komitat, der *comitatus*. Ein Komitat umfasste die Gebiete, die entsprechend dem Begriff in den Gesetzen des Königs Koloman auch von den *civitatis* „mega" umfasst wurden. Das Wort „mega" ist slawischen Ursprungs und bedeutet Grenze. Im Ungarischen nahm es nun die Bedeutung Burgbezirk, Gespanschaft an. Zu den Komitaten gehörte immer eine Burggespanschaft, die im allgemeinen auch dem Komitat den Namen gab, zur Burg Hont gehörte beispielsweise das Komitat Hont. Theoretisch wurde ein Unterschied zwischen der Leitung der Burggespanschaft und der des Komitats gemacht, in der Praxis aber verschmolzen beide miteinander. Das Oberhaupt beider war der Gespan der Burg, der mit seinem weiter differenzierten Gefolge die Burg verwaltete: Es gab die Ämter des *curiales comes*, des *maior exercitus* und des *maior precum*. Wegen der fehlenden Angaben in den Urkunden kann die Zahl der Burggespanschaften und Komitate nur sehr schwer geschätzt werden, die neueste Forschung veranschlagt ihre Zahl am Ende der Herrschaft Stephans auf ungefähr 30 im Gegensatz zu den 45 Komitaten bei G. Pauler. Erst in der zweiten Hälfte des 12. Jahrhunderts kam in diesem Zusammenhang mehrmals die Zahl 72 vor. Es ist kein Zufall, dass die meisten von ihnen aus dem zentralen Herrschaftsbereich der Arpaden bereits bekannt sind: Veszprém, Fehérvár, Kolon oder Zala, Visegrád, Somogy, Gran und Raab. Die ersten Komitate waren sehr groß, spätere spalteten sich von den ersten ab. Die Form von einigen Komitaten Ungarns heute, die sich wie ein Fächer zur Landesgrenze hin verbreitern, ist ein noch immer sichtbarer Beweis für diesen Prozess. Der erste Gespan wurde nicht selten der Namensgeber des Komitats, wie es das Beispiel von Hont oder Csanád zeigte. Zur gleichen Zeit gab es aber auch Burggespanschaften ohne Komitat, mit zerstreuten Gütern, zu denen nur die Felder der Burg selbst gehörten, Beispiele waren Úrhida, Locsmánd und andere. Die sich wie ein Netz über das ganze Land ausbreitenden königlichen Domänen wurden von der Burgorganisation und von der Hoforganisation zusammengehalten, letztere versorgte den königlichen Hof und wurde von Höflingen mit besonderen Aufgaben geleitet. Es ist umstritten und in den Einzelheiten unbekannt, ob es bei der Besitzzuteilung an die Stämme und die ungefähr 35 bis 50 adligen Geschlechter, die bei der Staatsgründung dabei waren, ein bestimmtes System gab. Für das Komitat Komárom ist auf umstrittene Weise, doch wohl verbürgt, nachgewiesen, dass der König zwei Drittel des Landes der Katapanen einzog und der königlichen Verwaltung unterstellte und ein Drittel den ursprünglichen Besitzern wieder überließ. In anderen Fällen scheint er fast das gesamte mit Waffengewalt eroberte Land seinem eigenen Besitz einverleibt zu haben, so entstand auf dem Gebiet von Koppány das große Komitat Somogy. Auf dem Gebiet der Familie von Ajtony wurde das Komitat Csanád errichtet. Vata aus der Landschaft Békés konnte den Heidenaufstand von 1046 anzetteln, in dem er sich auf die Traditionen und die Güter seines Stammes stützte. Die genaue Art der Beziehung dieses Rebellen zum Geschlecht der Csolt, das den Namen Vata im 13. Jahrhundert mehrmals aufwies, ist jedoch ungeklärt. Bei der Rekonstruktion des Siedlungssystems der Stämme und der Adelsgeschlechter vor dem Jahre 1000 griff die ungarische Forschung in den vergangenen Jahrzehnten nur mit Skepsis auf die Ortsnamen zurück. Denn früher versuchten die Gelehrten auf diese Weise Anhaltspunkte für die ethnische Zusammensetzung der Bevölkerung zu finden, Ortsnamen wurden herangezogen, geographische Bezeichnungen und die Namen der Knechte in den Personallisten der Güter. Das Namensmaterial der in Betracht kommenden Ethnika – Ungarn, Slawen, Türken, Deutsche – war gut zu fassen, doch verleitete gerade die für statistische Berechnungen zu geringe Zahl der Angaben die Wissenschaftler zu entgegengesetzten Schlüssen. Bis 1055 sind 43 Personennamen bekannt, aus der Periode zwischen 1138 und 1241 sind es schon 6800. Zahlreiche Angaben in den zeitgenössischen Quellen bezogen sich auf die Heeresorganisation, die Verteidigung der Grenze und die Kriegsführung. Die Grenzkomitate und Grenzgespanschaften bildeten einen besonderen Burgentyp und gehörten zu den umstrittensten Verwaltungseinheiten der Arpadenzeit. Ihre lateinischen Namen *marchia* oder *confinium* kamen nur selten, meistens in Gesetzen vor. Im juristischen Sinne könnte eigentlich von Grenzgespanschaften und Grenzgespanen nur dann gesprochen werden, wenn man entsprechend westeuropäischem Vorbild die direkte Abhängigkeit vom König nachweisen könnte. Das würde den Unterschied zwischen dem Grenzkomitat und der eigentlichen Grenzgespanschaft ausmachen. Dies kann am ehesten im Falle der *marchia* zwischen der Donau und der Save nachgewiesen werden, deren Name im Namen eines Oberdechantensprengels des Bistums Fünfkirchen fortlebt. Dieser einzelne Fall verweist jedoch auf eine sehr frühe und nur in Ausnahmefällen übliche Praxis. Weniger wahrscheinlich, doch nicht unmöglich ist, dass die Bezeichnung *Sedes marchio* aus dem Jahre 1039 auf eine westliche Grenzgespanschaft, vielleicht mit dem Zentrum Moson oder Neutra, verweist. Übrigens scheint es wahrscheinlich, dass die internationale Heerstraße quer durch das Land im Norden und im Süden durch eine ausreichend befestigte Grenzprovinz mit einem besonderen Namen führte. Seit 1018 wurde diese Heerstraße auch zu einem wichtigen Pilgerweg ins Heilige Land, der über Raab und Stuhlweißenburg Transdanubien durchkreuzte. Demgegenüber meinte die in einer ausländischen Quelle erwähnte *marchia Ruthenorum* mit großer Wahrscheinlichkeit wohl das „Gebiet längs der russischen Grenze". A. Zsoldos wies darauf hin, dass die nahe der Westgrenze, vor allem am Fluss Waag (Vág) gegründeten, später aufgelösten und mit den Komitaten verschmolzenen Burggespanschaften wie Bolondóc, Galgóc und andere, keine der Zuständigkeit des Komitatsgespans entzogene Grenzgespanschaften, sondern Burggespanschaften waren, die nicht zu einem Komitat gehört haben und Aufgaben der Grenzbewachung versahen. Dem Gespan von Ödenburg (Sopron) konnte zum Beispiel Babót unterstellt gewesen sein, vielleicht auch Kapuvár und Locsmánd. Unter den Einwohnern der Grenzgespanschaften waren die Wächter und die Schützen zu finden, an ihrer Spitze standen in Vertretung des Gespans die Majore. Abweichend von der Organisation der übrigen Gespanschaften und der königlichen Güter im allgemeinen waren diese aber nicht in *decurionatus* und *centurionatus* eingeteilt, sie waren, betrachtet man ihre rechtliche Stellung, *civiles*. Aufgrund der Gesetze gehörten nicht nur der militärische Schutz der Landesgrenze und das Auskundschaften, sondern auch die Kontrolle des Handels nach draußen wie die Ausfuhr von Pferden und Ochsen zu ihren Aufgaben.

In den letzten Jahrzehnten rückte die Erforschung der Burgen der frühen Arpadenzeit verdienstvollerweise in den Vordergrund. G. Kristó und nach ihm I. Bóna ist es zu verdanken, dass die ungarische Forschung endgültig von der auf den Anonymus zurückgehenden traditionellen Theorie der „Burgen der Landnahmezeit" Abschied genommen hat und nun den Bau dieser Burgen in die Zeit der Staatsgründung datiert, was realistischer und glaubwürdiger ist. In ungarischen, deutschen und byzantinischen Quellen werden zwischen 997 und 1141 36 Burgen erwähnt. Der Ausbau des Burgensystems hing wohl zusammen mit der Verunsicherung der Ungarn nach der Niederlage auf dem Lechfeld, mit den Kämpfen der Arpaden um die Macht im Inneren und der bewussten Nachahmung westlicher Vorbilder. Der Aufbau des neuen Staates war gewiss ein Anstoß dazu, da die Komitatsgespane zu ihrer Verteidigung große Gespanschaftsburgen brauchten, in denen auch die Kirchen einen Platz erhalten mussten. Zu diesem Typ könnten Szabolcs, Bihar, Zemplén und Abaújvár gehört haben. Dies waren größtenteils Holzburgen, doch konnte es auch frühe Steinburgen gegeben haben, wie es wohl Veszprém, Gran und Stuhlweißenburg waren. Stuhlweißenburg wurde von den Sümpfen in der Umgebung mindestens ge-

nauso gut geschützt wie von seinen Mauern. In vielen Fällen bezog man römische Ruinen mit ein, wie beim Bau der Burgen von Orsova, Keve und Raab. Aller Wahrscheinlichkeit wurden die Burgen von Ödenburg, Moson, Pozsony und Neutra als Verteidigung gegen den Westen erbaut.

Die Fachwissenschaft sah im Wechsel vom Säbel zum Schwert und gewissermaßen im Zusammenhang damit in der Umgestaltung der traditionellen leichten Reiterei in eine halbschwere und schwere Kavallerie das wesentliche Element der Militärreform zur Zeit Gézas und Stephans. Man kann aber auch jenen zustimmen, die vor der übermäßigen Betonung der oberflächlichen Veränderungen in der Bewaffnung warnen und darauf aufmerksam machen, dass das Wesentliche in der Taktik, in der Gewöhnung aneinander und in der Disziplin lag. Deshalb kann wahrscheinlich angenommen werden, dass die Verbündeten aus dem Westen, unter denen wirklich viele Ritter in Panzerrüstungen gewesen sein konnten, im königlichen Heer einen einheitlichen Verband bildeten und geschlossen kämpften. Die Heereseinheiten mit leichter und schwerer Rüstung wurden nicht vermischt. Der Waffenwechsel vom Säbel zum Schwert wurde über lange Zeit gerne Géza oder Stephan zugeschrieben. L. Kovács, der die archäologischen Funde auswertete, wies aber überzeugend nach, dass das Schwert nach 955 kontinuierlich und in den verschiedensten Gebieten des Karpatenbeckens auftauchte, dies wurde offensichtlich von der militärischen Konfrontation mit dem Westen erzwungen. Die Verbreitung des zweischneidigen Schwertes ging nicht mit einer sofortigen Änderung der Taktik einher. Wir haben im Gegenteil überhaupt keinen Grund anzunehmen, dass die Komitatskontigente, die das Gros der Armee ausmachten, nicht nur unter Stephan, sondern auch noch im 11. Jahrhundert als leichte Reiterei kämpften. Ausgenommen davon waren wahrscheinlich die höfischen Eliteeinheiten im ungarischen Heer. In der ungarischen Militärgeschichtsschreibung ist die Frage nach der Verbreitung westlicher Bewaffnung und westlichen Kampfstils in der Zeit der ungarischen Staatsgründung ein altes, beinahe seit hundert Jahren umstrittenes Thema. Während der Kämpfe des 11. Jahrhunderts blieben der Bogen und das Schwert die wichtigsten Waffen der ungarischen Krieger, wenn sich auch einige Schutzwaffen aus Metall und Lederpanzer langsam durchsetzten. Es ist anzunehmen, dass die Reiterei mit alten und neuen Waffen zugleich kämpfte, worauf auch die Tatsache hinweist, dass die Ungarn damals im Gegensatz zu den Polen und Mährern zum Beispiel die Sporen noch nicht übernommen hatten, die zur raschen Führung der Pferde im Nahkampf notwendig gewesen wären. Gerade von den vielen, finanziell sehr unterschiedlich gestellten Gemeinfreien, die damals in eine existentielle Krise geraten waren, hätte man nur schwerlich erwarten können, sich eine teure neue Rüstung zu erwerben.

Die aussagekräftigsten Quellen berichten über die Feldzüge Heinrichs III. nach Ungarn, vor allem über die Schlacht bei Ménfő im Jahre 1044. Aus den deutschen Quellen ergibt sich eindeutig, dass die Grenzen des Landes, so auch im Westen, von unbewohnten Landstreifen, vom „gyepű" geschützt wurden. Auch die militärischen Hilfsvölker wurden in Grenznähe angesiedelt, wie die Kette der Ortschaften mit petschenegischen und szeklerischen Namen entlang der Grenze beweist. Nördlich der Donau wurde entlang des Flusses Waag eine Reihe von Grenzburgen errichtet, die Heinrich III. im Laufe seines Feldzuges eroberte, wie berichtet wird. Südlich der Donau wurden die aus dem Land führenden Straßen durch Hindernisse geschützt, Tore, ungarisch „kapu" oder Kapuvár, und Gräben verengten die Strassen.

Ein starkes Heer konnte diese Stellen nur mit großen Verlusten passieren, wie das Beispiel von Konrad II. und Heinrich III. bewies. Die Versorgung mit Nachschub wurde unmöglich und die schwere Bewaffnung erwies sich in dem schwierigen Gelände als Nachteil, was die Gegner für sich ausnutzten.

In Siebenbürgen und im Norden war der schützende öde Grenzstreifen noch breiter und tiefer, erst über ein Jahrhundert später wurden diese Grenzgebiete besiedelt. Der Erfolg Stephans im Jahre 1031 bewies, dass die traditionelle ungarische Taktik der Reitertruppen, das Vermeiden offener Zusammenstöße, auch weiterhin erfolgreich war.

Demographische Verhältnisse, Lebensform und Gesellschaft

Die Nachzeichnung der demographischen Verhältnisse im Karpatenbecken der Landnahmezeit oder des frühen Mittelalters ist eine sehr schwierige Aufgabe. Die erste sichere Zahl stammt von der Volkszählung von 1784 bis 1887, es gab 8 492 000 Einwohner. Die Schätzungen für 1495, das Ende des Mittelalters, schwanken aber schon zwischen 2 239 000, 3 000 000 und 3 500 000 Einwohnern. Für die frühe Zeit bezieht man sich auf Ibn Rusta, der um das Jahr 880 von 20 000 ungarischen Reitern berichtete. G. Györffi errechnete hieraus eine Gesamtbevölkerung von insgesamt 500 000. Eingedenk der üblichen Verluste hält er eine Bevölkerungszahl von 400 000 Ungarn und 200.000 Slawen zu Beginn des 10. Jahrhunderts für wahrscheinlich. G. Kristó arbeitet neuerdings mit wesentlich niedrigeren Zahlen, statt der 500 000 nimmt er 120 000 an, gegenüber einer ungefähr gleich großen örtlichen Bevölkerung. Für diese Berechnungen kommt der Frage große Bedeutung zu, ob die Ungarn der Landnahmezeit Halbnomaden waren, wie G. Györffi annimmt, oder ganz nomadisch lebten, wie G. Kristó meint. Im Falle von Halbnomaden kann man für die bewaffneten Kämpfer die doppelte Multiplikationszahl anwenden. Eine andere, neuere These geht davon aus, dass die Ungarn nicht unbedingt zahlenmäßig überlegen gewesen sein mussten, um sich die an Ort und Stelle vorgefundene slawische Bevölkerung zu assimilieren und die ungarische Sprache durchzusetzen, wie es tatsächlich geschah. Dieser Theorie scheinen die archäologischen Funde, die Überreste der Grubenhäuser und die Tierknochen, und die linguistischen Argumente am ehesten zu entsprechen. Von den 330 000 km^2 des Karpatenbeckens werden 200 000 km^2 für damals besiedelt gehalten, was, so Györffi, drei Personen pro km^2 ergäbe, am Ende des 11. Jahrhunderts wird mit einer Bevölkerung von 1 Million gerechnet, im Durchschnitt fünf Personen pro km^2. Die von niedrigeren Zahlen ausgehenden Schätzungen errechnen für das Ende des 11. Jahrhunderts nur 500 000 Einwohner.

Hinter diesen Berechnungen zeichnen sich zwei einander gegenüberstehende Forschungsmeinungen ab. Die eine bezieht sich auf die Beschreibungen der Ungarn als umherziehende, in Zelten hausende Gruppen und beschreibt ihre Lebensform wie G. Kristó auch noch für das 11. Jahrhundert als halbnomadisch. Der größere Teil der ungarischen Historiker und Archäologen dagegen hält schon die Ungarn der Landnahmezeit, nicht erst die des 11. Jahrhunderts, aufgrund der archäologischen Funde und des Wortschatzes für eine sesshafte und in Häusern lebende Bevölkerung. Sehr viele Ortschaften in Westungarn, die in Güterlisten des 11. Jahrhunderts genannt wurden, konnten mit einer späteren Ortschaft identifiziert werden, sodass die „wandernden Dörfer" in dieser Zeit bereits kaum mehr vorgekommen sein dürften.

Die von Stephan erlassenen Gesetze sind nicht nur einzigartige Zeugnisse für die gesellschaftlichen Verhältnisse in Mitteleuropa, für das damalige Ungarn sind sie auch unsere einzigen Quellen. Die Quellen der erhaltenen 56 Artikel sind bayerische Gesetze, Synodalbeschlüsse der Karolingerzeit, und sonstige kanonisch-rechtliche Handbücher. Stephan wollte in seiner Gesetzgebung *expressis verbis* die westlichen Kaiser nachahmen, vor allem ihre Art des Herrschens. Nicht zufällig entstand in den östlichen Staaten allein in Ungarn ein eigenes Gesetzbuch, war die Gesetzgebung doch das Symbol der Souveränität des Staates. Die Gesellschaft vom Anfang des 11. Jahrhunderts, die von den Gesetzen ganz einfach in Laien und Kleriker aufgeteilt wurde, kannte nur Freie und Unfreie. Letztere galten als Sachwert, demzufolge gab es für den Freien ein Wergeld, der Unfreie hatte einen Preis. Wer frei wurde, wurde dies gänzlich, der Akt der Befreiung war auch für den Unfreien möglich. Der Unterschied zwischen Strafen und Wergeldern lässt Rückschlüsse auf die Gliederung der freien Bevölkerung zu. Sie war eingeteilt in die Kategorien der Gespane, der Krieger und des einfachen Volks. So war zum Beispiel der Gespan, *comes*, im Falle der Ermordung seiner Ehefrau verpflichtet, 50 Färsen zu zahlen, der Soldat, *miles*, zahlte zehn, der „Arme aus dem gemeinen Volk", *vulgaris*, fünf Färsen. Dem steht die wenig differenzierte Welt der Unfreien gegenüber, die kaum Rechte hatten. So konnten sie keine Anklage erheben, kein Zeugnis gegen ihren Herrn ablegen, der Unfreie konnte ohne das Wissen seines Herrn nicht befreit werden und nicht heiraten. Der Soldat hatte dagegen das Recht, seinen Herrn zu verlassen oder sich gegen das Urteil der Gespane an den König zu wenden. Der Wert des Status des Freien zeigte sich auch darin, dass im Falle einer Ehe zwischen einem Freien und einer Unfreien ohne Genehmigung ihres Herrn der Freie seine Freiheit sofort verlor und ihre Nachkommen unfrei wurden. Die Freiheit war der Schlüsselbegriff der Gesetze, für die, die sie einhielten, war sie die Belohnung, für die, die sich gegen sie vergingen, drohte ihr Verlust als Strafe. Der im Westeuropa jener Zeit für so archaisch gehaltene Akt der Befreiung bescherte dem Glücklichen die Rechte der vollständigen, angeborenen Freiheit, auch ohne das Wissen des Herrn war er endgültig und nicht rückgängig zu machen. Das Volk, *gens*, war die Gemeinschaft, die über das Privileg der Freiheit verfügte, Vermögensunterschiede traten demgegenüber in den Hintergrund. Ein Unfreier konnte sich schon damals im Ausnahmefall in eine führende Position hocharbeiten, was seine Befreiung, die oft aus christlichem Erbarmen praktiziert wurde, bewirken konnte, so war auch den Unfreien eine gewisse, wenn auch geringe gesellschaftliche Mobilität gesichert.

Die zu Anfang des 11. Jahrhunderts unter Stephan begonnene Organisation von Staat und Kirche, die die Gesellschaft radikal umgestalten sollte, kam nicht ohne Grund in den Jahrzehnten nach der Heiligsprechung des Königs zu ihrem Abschluss. Die Kanonisation bedeutete auch, dass es Ungarn schließlich gelungen war, in die Reihe der westlichen, vom lateinischen Christentum geprägten Königreiche aufgenommen zu werden. Dieser Erfolg verband sich bereits in den Augen der Zeitgenossen teils unbewusst, teils gewollt, mit der Erinnerung an den ersten König. Um 1100 glaubte man schon ernsthaft, dass König Stephan den ungarischen Staat und die ungarische Kirche aus eigner Machtvollkommenheit und durch seine einmalige Entscheidung für alle Zeiten unveränderlich erschaffen hat.

Die historische Geographie der ungarischen Länder

GYULA KRISTÓ

Zwischen 895 und 900 hatten die Ungarn das Karpatenbecken in Besitz genommen. Dies bedeutete jedoch nicht, dass von ihnen sofort alle seine Punkte besetzt worden wären. Das Karpatenbecken ist ein ungefähr 300 000 km² großes Gebiet, das von mehreren Seiten eingeschlossen ist; im Nordwesten, Norden, Osten und Südosten wird es von den Bergen der Karpaten begrenzt, im Westen aber markieren – bereits mit einem viel weniger geschlossenen Charakter – die östlichen Ausläufer des Alpenvorlands seine Grenzen. Die einzige lange, wirklich offene Grenze ist im Süden zu finden, wo die die Flüsse Save und Drau aufnehmende Donau bzw. der Unterlauf der Donau die Grenze bilden. Aus dieser geographischen Lage geht hervor, dass das Karpatenbecken größtenteils von hohen Bergen begrenzt wird, die für eine ständige Ansiedlung des Menschen weniger geeignet schienen, da sich hier undurchdringbare dichte Wälder ausdehnten. In der Mitte des Beckens liegen, an den Ufern der dieses Gebiet durchquerenden Flüsse Donau und Theiß und in der Landschaft zwischen den Flüssen, Ebenen. Am Rand der Tiefebene befinden sich an mehreren Stellen Landschaften mit flachen Hügeln. In der Ebene gab es nur wenige Wälder, der Boden bestand zumeist aus Löss und Sand. Dieses Gebiet ist eigentlich der westlichste Ausläufer der eurasischen Steppenzone. Er verfügt jedoch nicht mehr über die Ausdehnung der osteuropäischen und innerasiatischen Steppen und besitzt zudem ein weniger trockenes Klima. Die Niederschlagsmenge blieb unter 500 mm im Jahr. Dies ist zwar kaum die Hälfte der Niederschlagsmenge der Bergregionen, doch anderthalb- bis zweimal so viel wie in den ausgedehnten eurasischen Steppen. Zugleich wird die Steppenzone des Karpatenbeckens durch zahlreiche Wasserläufe gegliedert. Neben der Donau und der Theiß sind von den größeren Flüssen noch die Maros, die Körös und die Samosch (Szamos) zu

372 **Blick über die Donau auf Gran (Esztergom).**

nennen. Auch existieren viele nur zeitweise bestehende Gewässer (vorübergehende Seen, stehende Gewässer), die sich in niederschlagsreicheren Perioden mit Wasser füllten, in trockeneren Zeiten jedoch austrockneten. Das Steppengebiet wurde zu einem nicht unbedeutenden Teil von den breiten, sumpfigen Überschwemmungsgebieten der größeren Flüsse (in ihnen mit Galeriewäldern), sowie von ausgedehnten Mooren und Sümpfen bedeckt. In der Gesamtheit eignete sich kaum ein Drittel der Gesamtfläche des Karpatenbeckens (oder nicht einmal so viel) für die nomadische Viehhaltung. Da die Ungarn der Landnahmezeit Großvieh haltende Nomaden waren, steht es außer Zweifel, dass sie an der Wende vom 9. zum 10. Jahrhundert nur das Tiefland und die niedrigen hügeligen Flächen des Karpatenbeckens besiedelt hatten. Hier konnten sie vorübergehend ihre seit langer Zeit betriebene nomadische Weidewirtschaft fortsetzen, die auf lange Sicht jedoch unmöglich wurde. Ein großer Teil der archäologischen Fundstellen der landnehmenden Ungarn, mit den Blechen der Satteltaschen (Abb. 373) als charakteristischstem Fundmaterial, konzentriert sich überwiegend auf das Flachland dieses Gebietes. Es umfasst beidseitig der Donau die Kleine Ungarische Tiefebene, die Landschaft Mezőföld im östlichen Teil Transdanubiens, östlich der Donau die Landschaft zwischen Donau und Theiß sowie das Gebiet jenseits der Theiß (beide Landschaften zusammenfassend als Große Ungarische Tiefebene bezeichnet). Die westlichen und südlichen Teile Transdanubiens waren für die reiterischen Nomaden der Landnahmezeit ungeeignet, da sich dort Laubwälder mit Eichen und Buchen erstreckten. Für eine Ansiedlung war das nördliche Oberungarn mit seinen Eichenwäldern in den niedriger gelegenen Gebieten, im nördlichen Teil mit dem Hochgebirge mit Laub- (Buchen) und Nadelwäldern (Fichten) ungeeignet. Das östliche Drittel des Karpatenbeckens nahm ein selbständiges kleineres Becken, das Siebenbürgische Becken ein. Es war von unwirtlichen Hochgebirgen umgeben (von den östlichen und südlichen Karpaten), doch war auch sein Inneres nicht zur Ansiedlung für die landnehmenden Ungarn geeignet, da es mit Eichen- und seltener mit Buchenwäldern bedeckt war.

Die Situation blieb etwa für einen Zeitraum von zwei Generationen (ab der Wende vom 9. zum 10. Jahrhundert bis zu den sechziger Jahren des 10. Jahrhunderts) bestehen. In dieser Zeit stellte sich heraus, dass das Karpatenbecken für eine dauerhafte nomadische Lebensweise ungeeignet war. Mit dem Übergang zum Ackerbau und den damit verbundenen festen Siedlungsplätzen wurden weitere Gebiete des Karpatenbeckens – jetzt schon ganz Transdanubien, der südlichere Teil von Oberungarn und das Becken von Siebenbürgen – von den Ungarn aufgesiedelt. Der das Karpatenbecken umgebende breite, unbewohnte Landstreifen wurde schmaler. Das zur Landnahmezeit tatsächlich bewohnte, ungefähr 100 000 km² große Gebiet verdoppelte sich innerhalb weniger Jahrzehnte (auf 200 000 bis 220 000 km²). Es kam zu großen Veränderungen der natürlichen Umwelt: Wälder wurden gerodet, Weideflächen wurden urbar und für die Landwirtschaft nutzbar gemacht. In der zweiten Hälfte des 10. Jahrhunderts wurden auch die Grundlagen des ungarischen Dorfsystems geschaffen.

Das im 11. Jahrhundert mit König Stephan I. entstehende Ungarn spiegelt seine frühere Gliederung nach Stämmen nicht wieder. Dies beweist die Tatsache, dass es den Historikern bis heute nicht gelungen ist, festzustellen, welche Gebiete des Karpatenbeckens von welchen Stämmen besiedelt wurden. Die Überlieferungen in den Chroniken des 13. und 14. Jahrhunderts sind Angaben aus jener Zeit, die in den meisten Fällen jeder objektiven Grundlage entbehren. Aus dem 10. Jahrhundert, als sieben ungarische und drei (in der Folgezeit ein) chazarische Stämme das Gebiet des Karpatenbeckens unter sich aufteilten, gibt es keine einzige Angabe über die landschaftliche Gliederung. Bezeichnend ist auch, dass sich in späteren Zeiten kein einziger Name eines Stammes oder eines Stammesfürsten als Name einer Landschaft oder eines Gebietes erhalten hat. So ist Ungarn nicht auf der Grundlage der früheren stammesmäßigen Gliederung entstanden. Die Grenzen zwischen den einstigen Stammesgebilden erhielten sich noch am besten, wenn auch nicht vollständig, in den Grenzen der früheren Kirchendistrikte. Hierfür sprechen die von Stephan I. gegründeten zehn Bistümer, deren Zahl nur wenig über der der ungarischen Stämme im Karpatenbecken liegt. Ungarn verfügte bis zum Ende des 11. Jahrhunderts eigentlich nur über eine einzige Provinz. Es handelt sich dabei um Siebenbürgen mit dem lateinischer Namen *Transilvania* (Transsylvanien) (das heißt Gebiet jenseits des Waldes). Der Name zeigt deutlich, dass dieser durch eine Betrachtungsweise zustande gekommen war, die von der Mitte des Karpatenbeckens aus zu dessen Rändern blickte. Diese „ungarische" Sichtweise wiederholte sich später auch bei anderen Landschaften, wie bei dem Gebiet jenseits der Drau und bei der Walachei. Dies ist ein eindeutiger Beweis dafür, dass die namengebende ethnische Gruppe die in der Mitte des Karpatenbeckens siedelnden Ungarn waren. Für die relativ frühe Unabhängigkeit Siebenbürgens innerhalb des ungarischen Staatswesens gibt es mehrere Erklärungen. Sicherlich falsch ist die Behauptung, dass diese Unabhängigkeit auf die damals noch weit von Siebenbürgen entfernt siedelnden Rumänen zurückgeht. Weitere Provinzen Ungarns entstanden um die Wende vom 11. zum 12. Jahrhundert. Es handelt sich um das damals eroberte Kroatien und Dalmatien, die von der späteren ungarischen Verwaltung als Slawonien bzw. als „Gebiet jenseits der Drau" bezeichnet wurden.

Ab dem 11. Jahrhundert dienten die von Stephan I. gegründeten Komitate als Grundlage der Landschaften in Ungarn. Einer der ältesten Landschaftsnamen, Somogy, kommt bereits im Jahre 1055 vor und ist mit dem Namen des heutigen Komitats Somogy identisch. Die Bezeichnung selbst ist aus dem Pflanzennamen „som" (Kornelkirsche) entstanden. Ebenfalls aus einem Pflanzennamen, aus dem Wort „nyírfa" (Birke), leitet sich der seit um das Jahr 1210 belegte Landschaftsname Nyír ab. In anderen Fällen wiederum diente die Bodenart der Landschaft als Grundlage für den Namen (so z. B. die ebenfalls zum ersten Mal um 1210 auftretende Bezeichnung „homok" [Sand], die der Name für einen Teil der Landschaft zwischen Donau und Theiß ist) oder die Besonderheit der Erdoberfläche (z. B. der Name „Ormán" für die Landschaft Ormánság in Transdanubien). Sehr alt ist die Praxis der Namensgebung, wenn für ein zwischen zwei Flüssen liegendes Gebiet (köz) der kleinere Fluss, der mit dem größeren Fluss einen Winkel bildet, in die Bezeichnung mitaufgenommen wird, so war bereits vor der Landnahmezeit die Bezeichnung „Etelköz" [Zwischenstromland], in der Arpadenzeit in Westungarn die Landschaft Csallóköz (deutsche Bezeichnung: Insel Schütt) und im Osten der Name Temesköz entstanden. Ab dem Beginn des 11. Jahrhunderts nahm die Besiedelung der Randgebiete des Karpatenbeckens zu. Die Siedlungen drangen bis in die Gebirgstäler der Flüsse vor und erreichten die Berghänge der höher gelegenen bewaldeten Becken. Dies bewirkte, dass der das ungarische Siedlungsgebiet im 10. Jahrhundert noch wie ein breiter Ring umgebende unbevölkerte Streifen, das so genannte „gyepű" (Grenzwachgebiet, Grenzmark) immer schmäler wurde. An den westlichen und südlichen Grenzen Ungarns, wo das Karpatenbecken aus naturgeographischen Gründen am wenigstens geschlossen war, waren diese Grenzmarken bis zum Beginn des 11. Jahrhunderts bereits verschwunden und die Siedlungen von den benachbarten Ländern oft nur durch einen Bach oder Fluss von diesen getrennt. Demgegenüber waren im nördlichen Oberungarn, vor allem im nörd-

373 Bronzener, vergoldeter Taschenbeschlag mit Silberauflage, L. 12,8 cm, von Karos-Eperjesszög, Friedhof II, Grab 29. Miskolc, Hermán Ottó Múzeum. – Kat. 15.01.2 a.

lichen Teil, und im Becken von Siebenbürgen, vor allem im östlichen und südlichen Teil, im 11. Jahrhundert noch bedeutende Flächen unbesiedelt. Es ist kein Zufall, dass um die Mitte des 12. Jahrhunderts und später sich gerade in diesen beiden Gebieten aus Westeuropa deutsche (sächsische), wallonische und italienische Siedler niederließen. Dies waren die Anfänge des (stellenweise von neolateinischen Völkern durchsetzten) sächsischen Siedlungsgebietes in der Zips (ungarisch: Szepesség) und im südlichen Teil Siebenbürgens. Im 11. Jahrhundert lebten die fremden ethnischen Gruppen überwiegend noch in den Grenzkomitaten (mit dem lateinischen Namen: *marchiae*, deutsch: Marken) und bildeten die Grundpfeiler der Grenzverteidigung. Am westlichen Grenzabschnitt wurde diese Aufgabe von Russen bzw. von türkisch sprechenden Szeklern und Petschenegen, und im Süden, in Syrmien, von Kalisen mohammedanischen Glaubens versehen. Im Laufe des 11. Jahrhunderts änderte man die bislang auf ethnischer Grundlage beruhende Grenzverteidigung, die nun den neu entstandenen Grenzkomitaten zufiel.

Die bedeutendste Veränderung des Karpatenbeckens im 11. Jahrhundert im Vergleich zum 10. Jahrhundert waren das dichtere, sich immer weiter ausbreitende Siedlungsnetz und seine Differenzierung. Parallel zur Herausbildung der Bistümer und der Komitate entstanden Verwaltungszentren, wo es zu einer Bevölkerungskonzentration kam. Die dort vorhandene Nachfrage nach gewissen Produkten, führte zur Entstehung von Märkten. In der Hierarchie der Siedlungen erlangten die königlichen Zentren eine herausragende Bedeutung.

Während in den ersten beiden Dritteln des 10. Jahrhunderts das Zentrum des Fürstentums Ungarn ganz gewiss östlich der Donau lag (wenngleich an einer bis heute unbekannten Stelle), verlagerte sich nach 970 der Schwerpunkt der Zentralmacht nach Transdanubien. Hier entstand Gran (Esztergom), der Sitz von Géza und König Stephans I., bzw. des ersten ungarischen Erzbistums (Abb. 372). Während der Sitz des nomadischen Fürsten sich im 10. Jahrhundert vermutlich an einer entlegenen Stelle befand, damit eine Verteidigung des Herrschers leichter möglich war, wurde Gran an einer leicht erreichbaren, offenen Stelle, am Ufer der Donau erbaut; das andere königliche Zentrum, Stuhlweisenburg (Székesfehérvár) verdankte seinen Aufstieg vor allem dem Umstand, dass die um 1018 eröffnete Pilgerstraße nach Jerusalem diese Siedlung kreuzte. Die neuen Zentren wollten sich also nicht vor der Welt verschließen, sondern die Beziehungen zu ihr ausbauen. Dass das Zentrum des Königsreichs und der Kirche sich in Transdanubien befand, hatte zur Folge, dass unter dem Gesichtspunkt der Bedeutung der einzelnen Landesteile eine Schwerpunktverschiebung in diesen Raum eintrat. Die früher reicher bevölkerten und wichtigeren Territorien in der Tiefebene wurden abgewertet und verloren an Bedeutung. Eine Ursache hierfür war auch, dass sich der neue ungarische Staat mit König Stephan nach Westen orientierte, und Ungarn von den westlichen Impulsen direkt und zuerst im westlichen Landesteil, in Transdanubien und im nordwestlichen Oberungarn, berührt wurde. Hier entstanden auch die ersten Diözesen, Komitate und Klöster des Landes.

Das Karpatenbecken von der Landnahme bis zur Staatsgründung

CSANÁD BÁLINT

Das Volk, dass im Frühling 895 aus der osteuropäischen Steppe ins Karpatenbecken einzog und um die Jahrtausendwende seinen bis heute existierenden Staat gründete, war aufgrund seiner Sprache und Kultur immer eine Besonderheit innerhalb Europas. Diese Einzigartigkeit, die sowohl für die Vergangenheit aber auch für ein zukünftiges Europa von Interesse ist, haben die Ungarn bis heute bewahrt.

Untersucht man das Ungarntum des 10. Jahrhunderts unter dem Aspekt der Kultur und der Wissenschaft, ergibt sich ein sehr komplexes Bild: Die ungarische Sprache ist unbestritten von finnougrischer Herkunft, während nach Lebensweise und Kultur, die wir aufgrund der schriftlichen Quellen kennen, die Ungarn eher in die Reihe der osteuropäischen Steppenvölker eingeordnet werden können. Archäologische Hinterlassenschaften und Kunst der Ungarn sind in Mitteleuropa unverwechselbar: Im Fundgut gibt es, neben Objekten mit Bezügen zur der osteuropäischen Steppe und dem orientalischen Bereich, ausgeprägte Einflüsse aus Byzanz und aus dem Karpatenbecken. Nach den anthropologischen Befunden handelt es sich bei den Ungarn ebenfalls nicht um eine einheitliche Rasse: Neben den zahlreichen europiden Elementen ist die Mischung der europiden und mongoliden Elemente bemerkenswert. Daneben sind noch in kleiner Anzahl pamiride anthropologische Elemente zu verzeichnen. In den Gräberfeldern des Gemeinvolkes des 10. Jahrhunderts treten östliche zusammen mit zahlreichen europiden Elementen gemeinsam auf. Unterschiede zwischen der geistigen Kultur des Ungarntums der Landnahme sowie der Staatsgründungszeit und der der Nachbarn, sowohl in der Urheimat als auch im Karpatenbecken, hängen vom Grad ihrer Gemeinsamkeiten ab. Zur Untersuchung des oben Gesagten stehen uns unterschiedliche Quellen zur Verfügung.

Die Quellen

Unter den schriftlichen Quellen, die Osteuropa und vor allem das Gebiet der ungarischen Ethnogenese betreffen, sind in erster Linie die byzantinischen zu erwähnen. So gibt es in dieser Region bis zum Zeitpunkt der Landnahme keine eigene Geschichtsschreibung und auch für die westlichen Geschichtsschreiber ist dieses Gebiet vor dem 9. Jahrhundert nicht interessant. Die byzantinischen Aufzeichnungen, die ursprünglich für die kaiserliche Politik geschrieben wurden, sind jedoch räumlich und zeitlich äußerst sporadisch und zudem uneinheitlich. Für die Quellenlage dieser Region war das Interesse der arabischen Geographen im 9. Jahrhundert eine große Bereicherung. Ihnen ist zu verdanken, dass einigermaßen ausführliche Informationen von bis dahin unbekannten Gebieten entstanden. Außerdem sind Varianten des chazarisch-jüdischen Briefwechsels aus dem 10. Jahrhundert von unterschiedlicher Glaubwürdigkeit und sehr wenige stichwortartige wikingische Inschriften überliefert. Durch die schriftliche Überlieferung aus Westeuropa ist die Kenntnis über das Karpatenbecken, für das es nur vereinzelt slawische und byzantinische Quellen gibt, vielfältiger und ausführlicher. Die früheste ungarische Überlieferung ist die am Ende des 11. Jahrhunderts entstandene *Gesta*. Schon sehr früh verloren, kann sie lediglich aus späteren Chroniken rekonstruiert werden. Die *Gesta Hungarorum* des Anonymus aus dem 13. Jahrhundert entspricht den Ritterromanen des Mittelalters und spiegelt die Ereignisse und Umstände seiner Epoche wider. Die Chronik des Simonis de Kéza aus dem 13. Jahrhundert, die Bilderchronik und weitere Chroniken des 14. Jahrhunderts, die Zágráber und Váráder Chroniken sowie die westeuropäischen Quellen des Mittelalters, die die frühe ungarische Geschichte betreffen (z. B. Aventinus), bedürfen alle einer ausführlichen Quellenkritik.

Westeuropäische, byzantinische und ungarische Quellen zur ungar(länd)ischen Geschichte des 10. und 11. Jahrhunderts sind äußerst spärlich. Es gibt keine direkte Quelle zur Staatsgründung und deren Ablauf. Über Geschichte des 10. Jahrhunderts wird nur sehr einseitig und an den verschiedensten Stellen berichtet. Die Überlieferungen aus der ersten Hälfte des Jahrhunderts beziehen sich auf die kriegerischen Streifzüge der Ungarn. Die Ereignisse, die zur Gesandtschaft der Ungarn nach Quedlinburg führten, sind ebenfalls nicht überliefert.

Die archäologischen Funde zeigen nur einen Ausschnitt des damaligen Lebens: Nicht alles gelangte in die Erde und/oder wurde bereits entdeckt. Auch haben sich nur anorganische Materialien erhalten, die zur Rekonstruktion von historischen und ethnischen Prozessen nur bedingt herangezogen werden können. Dennoch liefert die Archäologie Angaben zu Ereignissen und Kontakten, die durch die vorhandenen schriftlichen Quellen nicht zu klären sind.

Die sprachhistorischen Ergebnisse beleuchten die Herkunft und die Zeit eigener und von anderen Völkern übernommener Wörter. Teilweise kann das Vorkommen eines Volksnamens von historischem Quellenwert sein. Die Anthropologie stützt sich zur Zeit auf Angaben aus etwa 1000 Gräbern, die den äußerst komplizierten Prozess der im Karpatenbecken verlaufenen Ethnogenese widerspiegeln. Es zeigte sich, dass durch die anthropologische Morphologie die Geschichte eines Volkes nicht beschrieben werden kann. Dennoch kam es zu einer Erweiterung des Wissens: Bestimmte paläopathologische Angaben und Spuren ärztlicher Eingriffe ließen außergewöhnliche kulturhistorische Schlüsse zu.

Die Quellenlage zur ungarischen Frühzeit ist im Vergleich zu anderen mittel-, südost- und osteuropäischen Völkern weitaus reichhaltiger. Dies hängt mit den heute vorhandenen westlichen und byzantinischen Quellen, der sprachhistorischen Überlieferung, dem relativen Reichtum des archäologischen Materials sowie der Vielfalt der freigelegten Funde und Befunde aus Gräberfeldern, Siedlungen und Befestigungen zusammen.

Die ungarische Vorgeschichte

Westsibirien und das Uralgebiet scheinen im 4. Jahrtausend v. Chr. die Urheimat finno-ugrischer Stämme gewesen zu sein. Die ältesten Ahnen der Altungarn lokalisiert die Forschung zwischen dem 5. Jahrhundert v. Chr. und dem 2. Jahrhundert n. Chr. im Gebiet des Flusses Irtisch, von wo sie im 5. Jahrhundert n. Chr. ins Káma-Gebiet und das heutige Baschkirien übergesiedelten. Letzteres war die in den Quellen des 13. Jahrhunderts überlieferte *Magna Hungaria*. 1235 traf hier der Dominikaner Julianus, ein halbes Jahrtausend nach der Auswanderung, einen noch ungarisch sprechenden Bevölkerungsteil an. Die reiternomadische Geschichte der Altungarn beginnt höchstwahrscheinlich mit der hunnischen Völkerbewegung im 5. Jahrhundert n. Chr. In den folgenden Jahrhunderten wird sie mit Hilfe der Chronologie der Lehnwörter aus unterschiedlichen Sprachen und aufgrund der Ereignisse in der osteuropäischen Steppe rekonstruiert. Sicher identifizierbare „Ungarn" werden in den Quellen erst um 827 mit der Bezeichnung „hunnoi", „ungroi" und „turkoi" für das Gebiet an der unteren Donau erwähnt. Der von ihnen gewählte Name („magyar") taucht in den Quellen erst um das Jahr 870 auf und ist finno-ugrischen Ursprungs. Ihren Namen in den europäischen Sprachen („venger", „Ungarn", „Hungarian" usw.) entstammen dem Völkernamen „onogur". Daneben gibt es in den westlichen Quellen mehrere archaisierende Namen wie *Scythae*, *Hunni*, *Avari*, *Peoni* etc. Die byzantinischen und arabischen Quellen führen die Ungarn unter der Bezeichnung „türk" oder „baschkir". Die Sprache der Altungarn wurde vor der Landnahme zu unterschiedlichen Zeitabschnitten mit iranischen und türkischen und schließlich auch mit ostslawischen Lehnwörtern bereichert. Unter diesen ist die Gruppe der bulgarisch-türkischen Lehnwörter die bedeutendste. Im Karpatenbecken kamen viele westslawische und südslawische Lehnwörter hinzu.

Auf die politische und wirtschaftliche Entwicklung, das kulturelle und ideologische Leben sowie die anthropologische Zusammensetzung der Altungarn übte die Periode im chazarischen Khanat einen entscheidenden Einfluss aus. Dieses Khanat kontrollierte die ganze osteuropäische Steppe zwischen dem 7. und 10. Jahrhundert. Dauer und Grad der Beeinflussung sind in der ungarischen Forschung jedoch umstritten. Dennoch dürften die dort erworbenen wirtschaftlichen Kenntnisse, die Teilnahme am internationalen Handel und die ideologische Offenheit (vielleicht auch das Christentum) den Prozess der Staatsgründung weitgehend vorbereitet haben. Nach dem erfolglosen Aufstand der Kabaren um 860(?), der der allgemeinen Erinnerung nach auf die Annahme des jüdischen Glaubens bei der chazarischen Oberschicht zurückzuführen ist, schlossen sich drei Stämme den Ungarn an. Auch diese scheinen unterschiedliche und wichtige Einflüsse auf Leben und Gesellschaft der Altungarn ausgeübt zu haben. Der Name des Siedlungsgebietes der Ungarn vor der Landnahme hieß Etelköz („Zwischenstromland"), das wahrscheinlich mit dem Gebiet zwischen Dnjepr (oder Don) und der unteren Donau gleichzusetzen ist.

Die Landnahme, ihre vorangegangenen außenpolitischen Ereignisse und innerpolitischen Folgen

Die Landnahme war nicht einfach eine Folge des Angriffs der Petschenegen. Sie muss vielmehr im Lichte des komplizierten Bündnissystems innerhalb der osteuropäischen Steppe und des Karpatenbeckens beurteilt werden. Zwischen den Bulgaren und den Byzantinern brach 891 aufgrund von Handelsrivalitäten ein Krieg aus. Letztere gewannen 894 als Verbündete die Ungarn, die sich zu dieser Zeit in der Nähe der unteren Donau aufhielten. Sie hatten gegen Zar Symeon eine erfolgreiche Kampagne geführt. Die Bulgaren nutzten 895 die von den Byzantinern versprochene, jedoch nicht eingehaltene Hilfe für die Ungarn aus und schlossen mit den Petschenegen, den östlichen Nachbarn der Ungarn, ein Bündnis. Diese griffen die unverteidigt gebliebenen Siedlungen der Ungarn in Etelköz an. Die Petschenegen standen ihrerseits seit langem im Krieg mit den Chazaren. Die Verbündeten der letzteren waren die Uzen, die als östliche Nachbarn der Petschenegen jenseits der Wolga lebten. Der Angriff der Petschenegen führte zur Übersiedlung der Ungarn in das Karpatenbecken, das ihnen aufgrund ihrer Streifzüge in den Jahren 862 und 881, aber auch aus jener militärischen Aktion, die sie als Verbündete der Franken gegen Mähren unternommen hatten, nicht unbekannt war. Sie kannten somit die Vorteile dieser Region, die sowohl politisch als auch naturgeographisch siedlungsgünstiger war als die osteuropäische Steppe, die dem ständigen Druck politischer Spannungen ausgesetzt war und wo härtere Lebensverhältnisse vorherrschten.

Zur Zeit der Landnahme gehörte das Karpatenbecken nach dem Zusammenbruch des awarischen Khanats zum fränkischen und bulgarischen Interessengebiet. Das Gebiet des ehemaligen Pannonien gelangte unter ostfränkische Herrschaft, die nordwestliche Ecke des Karpatenbeckens war Teil des zwischen 833 und 907 entstandenen mährischen Fürstentums. Die ungarische Tiefebene und Siebenbürgen gehörte in unterschiedlichem Grad zur Einflusszone der Bulgaren. Zwischen diesen beiden Regionen befand sich ein Niemandsland von einer zeitgenössischen Quelle als „awarische Puszta" bezeichnet. Vor der Landnahme herrschte in diesem Randgebiet somit ein politisches Vakuum. Auch war die Tiefebene des Karpatenbeckens zu dieser Zeit nicht dicht bevölkert. Kontinentales Klima, die steppenartigen Gebiete, der für Ackerbau sehr geeignete Boden, das dichte und an Fischen äußerst reiche Flussnetz sowie das reichlich vorhandene Wild im Karpatenbecken waren für die Altungarn Anziehungspunkte. Unter den Schätzen der neuen Heimat sind auch die Goldminen und Salzstöcke Siebenbürgens ausdrücklich zu erwähnen, die in ganz Mitteleuropa einen großen Wert besaßen. Bis zum Beginn des 20. Jahrhunderts stellte der Karpatenbogen zudem eine gut zu verteidigende Grenze dar, was aufgrund der petschenegischen Bedrohung Jahrzehnte nach der Landnahme eine entscheidende Rolle gespielt haben dürfte.

Während der Landnahmezeit waren die ethnischen Verhältnisse sehr kompliziert. Westlich der Donau wohnten neben den Awaren, die im Laufe des 9. Jahrhunderts ihre politische Organisation, Sprache und Kultur verloren hatten, bayerische Siedler und Westslawen (Pribina mit seiner Gefolgschaft und seinem Sohn Kocel), die wegen ihrer frankenfreundlichen Politik aus dem mährischen Fürstentum nach Mosaburg (Zalavár) zum fränkischen Präfekt geflohen waren. In den früher von den Awaren besiedelten Gebieten südlich der Linie Preßburg-Neutra-Ipoly-Kaschau (Bratislava-Nitra-Ipoly-Košice) ließen sich im Laufe des 9. Jahrhunderts mährische Slawen nieder. Südöstlich von Kaschau, im oberen Theißgebiet und im nördlichen Siebenbürgen finden sich archäologische Nachweise für die Anwesenheit von Ostslawen ab dem 8. Jahrhundert. Im südlichen Siebenbürgen, im Seklerland und im Barzenland sind Bulgaren sowohl historisch als auch archäologisch für das 9. Jahrhundert nachweisbar. Im südlichen Teil der ungarischen Tiefebene lebten möglicherweise bulgarische Siedler neben Angehörigen südslawischer Stämme, die im Jahre 829 in diese Region geflohen waren, und vielleicht auch bulgarische Siedler. Das Drau-Save-Gebiet ist schon seit dem Ende des 8. Jahrhunderts nach den schriftlichen Quellen eindeutig als südslawischer Siedlungsraum bekannt.

Selbst die landnehmenden Ungarn waren ethnisch nicht homogen. Aufgrund der Personennamen und der Titel der Führungsschicht sowie der Stammesnamen lebten neben der Bevölkerung mit finno-ugrischer Sprache Gruppen von türkischer Herkunft und von beiden Dialekten der Türkvölker. Eine byzantinische Quelle aus der Mitte des 10. Jahrhunderts spricht sogar von der Zweisprachigkeit der Ungarn. Wir wissen nicht genau, welcher Herkunft die drei verbündeten Kabaren-Stämme (kabar türkisch: Rebell) waren. Auch vermutet man die Anwesenheit iranisch sprachiger Alanen.

Die Forschung geht von einer Einwanderung aus drei Richtungen aus: durch die Pässe Verecke und Ojtoz sowie entlang der unteren Donau. Die erste Behauptung beruht auf einer Quellenangabe. Der Pass von Ojtoz ist durch archäologische und indirekt durch schriftliche Quellen zu belegen. Der Weg entlang der unteren Donau ist eine rein hypothetische Annahme nach der das Heer von Liüntika (= Levente?) nach dem Krieg gegen die Bulgaren nicht mehr nach Etelköz zurückgekehrt sein soll. Die Inbesitznahme des Karpatenbeckens durch den obersten Anführer Árpád und Kusán lief wahrscheinlich in zwei Stufen ab: Zuerst wurden Nordostungarn sowie die Tiefebene und Siebenbürgen in Besitz genommen. Um 900 folgten die Gebiete westlich und nördlich der Donau. Obwohl ein zeitgenössischer Chronist schreibt, dass die Ungarn, die an dem Einfall nach Italien 899–900 teilgenommen hatten, in ihr Pannonien (*ad suam Pannoniam*) zurückgekehrt sind, ist der tatsächliche Abschluss der Landnahme im Jahre 907 anzusetzen. In diesem Jahr erlitt das bayerische Heer unter der Führung des Markgrafen Liutpold und des salzburgischen Erzbischofes Theotmar in der Schlacht von Preßburg (Brezalauspurc, das heißt Burg von Braslav) eine vernichtende Niederlage. Die sich an die naturräumlichen Gegebenheiten anpassenden ungarischen Grenzen blieben 1000 Jahre lang unverändert: im Norden und Osten die Karpaten, im Süden die Save und Donau, im Westen die Alpen und wahrscheinlich bis 973 die Enns. Das eigentliche Siedlungsgebiet war jedoch kleiner und die Ungarn beließen nach östlicher Sitte die Grenzgebiete unbewohnt (ungarisch: „gyepü"). Die neuen Bewohner besiedelten lediglich die Niederungen, Flusstäler und hügeligen Landschaften. Das Verbreitungsgebiet der frühen ungarischen Gräberfelder stimmt erstaunlich gut mit dem Siedlungsgebiet der Ungarn des 20. Jahrhunderts überein. Dies bedeutet, dass sich das Ungarntum während der Jahrhunderte in seiner Siedlungsstruktur und Siedlungsweise nicht wesentlich verändert hat. Die Bevölkerung der von Slawen bewohnten Territorien wurde also nicht wesentlich „magyarisiert"

Das ethnisch-kulturelle Bild des 9. Jahrhunderts wurde im Laufe des 10. Jahrhunderts durch Sklaven, die während der kriegerischen Streifzüge vielleicht in kleinerer Anzahl mitgeschleppt wurden, und durch Einwanderungen aus dem Osten noch vielfältiger: Ab der Mitte des 10. Jahrhunderts wanderten Petschenegen und Wolgabulgaren ein, zu einem unbekannten Zeitpunkt (vor der Mitte des 10. Jahrhunderts?) Juden und Ismaeliten (= Moslems). Auch die Anwesenheit von Kriegern russisch-warägischer Herkunft vor 1031 ist überliefert. Die Beziehungen der Ungarn zu ihren Nachbarn begannen sehr früh. Dass die Bayern, als sie mit den Ungarn ein Bündnis eingingen, dies nach ungarischem Brauch mit einem Schwur auf „heidnische Dinge" und durch einen erschlagenen Hund besiegelten, kann noch als allgemeine Praxis dieser Epoche angesehen werden. Auch die Byzantiner hatten ähnliche Bündnisse mit Steppenvölkern geschlossen. Im Jahr 900 wirft Erzbischof Theotmar von Salzburg den mährischen Bischöfen vor, dass sie ihrem Volk das Haar auf ungarische Weise scheren ließen. Dies dürfte jedoch weniger auf gewaltsamen Druck hin geschehen sein. Vielmehr beweist ein solcher Vorgang die nun einsetzende Anpassung der slawischen Bevölkerung Mährens an die neuen Herren. Auch ist überliefert, dass die bayerischen Bischöfe Kopfbedeckung und Kleidung nach ungarischem Vorbild trugen, und dass am byzantinischen Hof ein Bulgare mit ungarischer Haartracht angetroffen wurde. Ein Beleg für die Verbreitung der ungarischen Mode ist das Vorkommen der sonst nur in ungarischen Gräberfelder auftretenden zweiteiligen Anhänger in Karantanien und Dalmatien. Die Gründe für diese Akkulturation und für die kulturelle und politische Anziehungskraft der Ungarn sind nicht bekannt. Das Aufgehen der slawischen Bevölkerung verlief zum Teil spektakulär: Für den ungarischen Einfall nach Italien im Jahre 925 wird ein Heeresführer namens Bogát erwähnt, der nach seinem Namen („reich") eindeutig slawischer Herkunft war, und in seinem Volk sicherlich einen hohen Rang bekleidete. Es handelt sich hier um einen radikalen Wandel der Lebensform und der politischen Zugehörigkeit. Auch der bulgarische Gesandte des Papstes Johannes' XII. im Jahre 963 Szalók wurde nach der schriftlichen Überlieferung in Ungarn erzogen. Ein weiterer Beweis für die Akkulturation und die rasche und friedliche Integration der ortsansässigen Völker.

Für Angaben zur Bevölkerungsanzahl der landnehmenden Ungarn steht uns nur eine einzige Quellenangabe zur Verfügung, die auch bei der Berechnung der Bevölkerungszahl des Karpatenbeckens im 10. Jahrhundert verwendet wird. Ein arabischer Geograph schrieb um 870 über die Ungarn in der osteuropäischen Steppe, dass das Heer ihres Großfürsten aus 20 000 Kriegern bestand. Diese Angabe kann demographisch und gesellschaftshistorisch unterschiedlich ausgewertet werden. Dabei stellt sich die Frage, wie hoch der Prozentsatz der Berufskrieger innerhalb der Bevölkerung war, und ob diese Zahl wirklich nur auf das Heer des Großfürsten zu beziehen ist. Genauso gut könnte diese Zahl auch für die wehrhaften Männer in der Gemeinschaft stehen. Daher schwankt die Zahl für die landnehmenden Ungarn zwischen ca. 250 000 bis 500 000. Über die zahlenmäßige Größe der ansässigen Bevölkerung gibt es nur Vermutungen. Üblicherweise geht man davon aus, dass sie unter der der Ungarn lag. Dies ist methodisch jedoch falsch, da der Fortbestand einer Sprache nicht ausschließlich von der Größe der diese Sprache benutzenden Bevölkerung abhängt.

Der Weg von der Landnahme zur Staatsgründung

Die in der osteuropäischen Steppe erlernten Erfahrungen im wirtschaftlichen Leben, in der gesellschaftlichen Organisation, in Kenntnissen des

374 **Medaillonkrug von Nagyszentmiklós**, Darstellung eines Reiterkriegers der Altbulgaren. Wien, Kunsthistorisches Museum, Antikensammlung.

Ungarn und die Arpaden

Handels und im Umgang mit anderen Völkern erwies sich als eine ausgezeichnete Voraussetzung für eine westeuropäische Integration.

Bei der Erforschung der materiellen Kultur spielte der Osten von Anfang an die entscheidende Rolle. Durch das Auftreten analoger Fundtypen und Bestattungssitten auf einigen Gräberfeldern im Wolga-Káma-Gebiet und durch Vergleiche mit der materiellen chazarischen Kultur, die als Saltovo-Majaki-Kultur bezeichnet wird, sind seit den sechziger Jahren große Fortschritte erzielt worden. Auch wenn das landnahmezeitliche Fundmaterial östlich des Karpatenbecken nur bedingt vorliegt, ist das kulturelle Umfeld in dem die Altungarn lebten, dennoch gut bekannt. Aus dem Karpatenbecken gibt es inzwischen genügend Funde der Ungarn und ihrer Nachbarn, sodass eine noch anstehende Auswertung in Bezug auf das osteuropäische archäologische Material sicher mehrere Grundsatzfragen beantworten kann. Die bei den Ungarn im 10. Jahrhundert und bei den osteuropäischen Völkern des 9. und 10. Jahrhunderts zu beobachtenden Analogien (Fundtypen, Siedlungserscheinungen) sind aufgrund der Chronologie nicht ethnisch zu interpretieren, sondern durch wirtschafts- und kulturgeschichtliche Umstände: 1. das Ungarntum hatte in der neuen Heimat bis zum Ausbau des Feudalismus vom westeuropäischen Typ sowohl die gesellschaftlichen und wirtschaftlichen Strukturen als auch die kulturellen Traditionen bewahrt, die es aus der osteuropäischen Steppe mitgebracht hatte; 2. die Analogien, die bei gewissen Fundtypen in beiden Regionen zu beobachten sind, wird man eher mit den gemeinsamen Wurzeln (=byzantinische, provinzielle Kultur) erklären müssen; 3. dass die Zahl der Gräber der einfachen Bevölkerung die Zahl der Gräber mit Fundmaterial von östlicher Prägung, Geschmack und Kulturbedarf sowie partieller Pferdebestattung 25fach (!) überschreitet, hat offensichtlich eine kulturelle und ethnische Bedeutung.

Die vergleichsweise geringen osteuropäischen Einflüsse im archäologischen Material des 10. Jahrhunderts beweisen die Orientierung der Ungarn nach Westen. Der früheste Fundtyp eindeutig westlicher Herkunft, der in Gräbern ab dem Ende des 10. Jahrhunderts auftritt, ist das zweischneidige Schwert. Die Bedeutung der byzantinischen materiellen Kultur für die ungarländische ist unerforscht, hier ist noch mit Überraschungen zu rechnen.

Die Kunst kann lediglich anhand der Verzierungen, die uns auf Metall- und Knochengegenständen erhalten sind, studiert werden. Typisch ist das fast ausschließliche Auftreten von Pflanzenornamentik. Selten gibt es sowohl reale als auch imaginäre Tierdarstellungen; Menschendarstellungen sind praktisch nicht belegt. Die Herkunft des Kunststils hat die bisherige Forschung ausschließlich mit östlichen, vorwiegend auf mittelasiatischen Metallgefäßen vorkommenden Ornamenten in Verbindung gebracht; eine Untersuchung zur Herkunft mit Bezugnahme zur byzantinischen Ornamentik gehört zu den Aufgaben der Zukunft.

Die kriegerischen Streifzüge hatten, wie die schriftlichen Quellen eindeutig beweisen, das Ziel, wertvolle Gegenstände, Luxusgüter und Sklaven zu erwerben. Es ist unverständlich, warum von diesen Kriegszügen kein einziges Stück in den bisher freigelegten Gräbern gefunden wurde. Ein ähnliches Phänomen ist bei dem riesigen Awarenschatz, der 796 zu den Karolingern gelangte, zu beobachten. Die einzigen Fundstücke, die mit diesen Streifzügen in Zusammenhang stehen, sind die durchlochten und als Verzierung von Kleidung und Pferdegeschirr verwendeten Münzen, die vorwiegend aus Italien und Frankreich stammen. Der allgemeinen Meinung nach ist das Aufblühen der ungarischen Edelmetallverarbeitung im 10. Jahrhundert der großen Menge von Silber zu verdanken, die die Ungarn erbeuteten und eingeschmolzen hatten. Eine Quelle berichtet über den Versuch, Glocken mitzubringen, und kann als Beweis für die Vermutung, das geraubte Metallgegenstände tatsächlich als Rohmaterial verwendet wurden, gelten. Da Angaben über einen so frühen Abbau von Silber in den mittelslowakischen Minen fehlen, muss Silber, dessen Ausfuhr auch nach Bulgarien für das Jahr 969 belegt ist, aus der Beute der Streifzüge stammen.

Von einem kontinuierlichen internationalen Handel zeugen die in den Gräbern gefundenen arabischen Dirhem und der Dirhemschatz aus der ersten Hälfte des 10. Jahrhunderts im oberen Theißgebiet („Schatz von Huszt"). Die Verwendung von Kaurischnecken aus dem indischen Ozean als Schmuck im 10. und 11. Jahrhundert und die Bezahlung mit byzantinischen Münzen auf dem Markt in Prag (965) sind weitere Beweise für eine intensive Handelstätigkeit. Es ist nicht bekannt, ob die Zollverordnung von Raffelstetten (904–906), die den Handel zwischen der Region um Linz und der Enns regelte, im 10. Jahrhundert Auswirkungen auf Ungarn hatte. Die Eröffnung des Donauweges durch Stephan I. diente den in Raffelstetten gefassten Beschlüssen aber auch zukünftigen Interessen. Das häufige Vorkommen von Münzen Stephans I. in den Schatzfunden des 11. Jahrhunderts in Polen, im Baltikum und Skandinavien ist weiteres Zeichen eines regen Handels.

Kulturelle Einflüsse der osteuropäischen reiternomadischen Vergangenheit liegen nur spärlich vor. Die Legenden vom Wunderhirsch und vom Schimmel, die im Mittelalter abgeschrieben wurden, sind eindeutig uralter und östlicher Herkunft. Die erste Legende erzählt von den in den Sümpfen von Meotis jagenden Brüdern Hunor und Magor, die zweite berichtet von der Landnahme in Form eines Vertrages mit dem Mährenfürsten Svatopluk. Auch die Turul-Sage, die die Herkunft der Arpadendynastie von einem Jagdvogel ableitet, der die Urmutter befruchtete, wird man auf die reiternomadische Vergangenheit der Ungarn zurückführen können. In der Forschung gilt als Zeichen der sonst historisch unbegründeten hunnischen Abstammungstradition des Arpaden-Hauses die Tatsache, dass die Mutter König Salomons 1070 das an Otto von Nordheim geschenkte Schwert Attila zuschrieb. Wie die Bestrebung, den Leichnam oder mindestens den Kopf der in den Schlachten gefallenen Führer um jeden Preis zurückzuerlangen, war auch die Sitte, sich während der Trauerzeit Schnittwunden im Gesicht zuzufügen, eindeutig östlicher Herkunft. Zeitgenössische Quellen berichten von Gesängen, Tänzen, Ring- und Schwertkämpfen, die nach Festmahlen veranstaltet wurden. Am byzantinischen Hof hielt man die Benutzung von Badewannen aus Leder auf Reisen für eine ungarische Erfindung. Ein wichtiger Beweis für die Pflege des Traditionsbewusstseins ist die Tatsache, dass nach einer zeitgenössischen Quelle die Ungarn um die Mitte des 10. Jahrhunderts Verbindungen mit den Savárd-Ungarn hielten, die südlich des Kaukasus lebten.

Von der heidnischen Glaubenswelt sind ab dem 11. Jahrhundert erstaunlich wenig Reste erhalten geblieben. Eindeutig heidnische Bestattungssitten, wie die partielle Pferdebestattung oder das mit Silberblechen verzierte Leichentuch verschwanden im Laufe des 11. Jahrhunderts. In der ungarischen Folklore hat sich von den alten Glaubensvorstellungen im Vergleich zu den Nachbarvölkern erstaunlich wenig erhalten. Unbestritten östlicher Herkunft ist das Konzept des „Táltos" einer ungarischen Variante des eurasischen Schamanismus, dessen eigenartige Züge sich ganz entschieden von den Zauberern und Wunderheilern der europäischen Nachbarn unterscheiden. Es ist unbekannt, welche Rolle „Hexen", „Zauberer", die im Gesetzbuch Stephans I. um 1001 erwähnt werden, sowie Wahrsagerinnen und Táltos während des Heidenaufstandes 1060 spielten. Der Chronist hielt es für wichtig, zu erwähnen, dass der Führer des Heidenaufstandes 1046 als äußeres Zeichen des Heidentums unter anderem Pferdefleisch aß und sein Haar in drei Zöpfen trug. Obwohl sich zu Opfern

375 **Taschenbeschlag, Bronze, vergoldet mit Silberauflage von Rakamasz-Strászadomb. Nyíregyháza, Jósa András Múzeum.**

bei Quellen, Bäumen und Steinen, die im ersten Gesetzbuch Ladislaus' des Heiligen 1092 verboten wurden, Analogien in der europäischen Glaubenswelt finden, sind sie wahrscheinlich eher finnougrisch oder türkisch.

Die Aufnahme des Christentums erfolgte in den Augen der Forscher unglaublich rasch und erfolgreich. Die bereits in Chazarien gesammelten Erfahrungen mit dem christlichen Glauben reichen als Erklärung hierfür nicht aus. Es gab lediglich zwei Heidenaufstände (1046 und 1062) und die kirchliche Organisation wurde schnell und ohne nennenswerte Hindernisse ausgebaut. Die Gräberfelder aus dem 11. Jahrhundert bezeugen das Verschwinden des heidnischen Glaubens. Bestattungen nach heidnischer Sitte wie die von Levente, dem Bruder der Könige Andreas I. und Béla I., im Jahr 1047 war sicherlich eine Ausnahme. Im 11. Jahrhundert begann man mit Bestattungen um die Kirche. Sie wird nach dem 12. Jahrhundert zur Regel. Hinweise auf alte Gräberfelder finden sich ab dieser Zeit nur noch in den Ortsnamen und im Gedächtnis des Volkes (in den Urkunden *sepulchra paganorum*). Die byzantinischen Kreuze aus dem 10. und 11. Jahrhundert sind in Ungarn häufig in unterschiedlichen Formen zu finden. Ihre Zahl übertrifft die zeitgleich gefundenen Stücke vom

Ungarn und die Arpaden

Balkan. Im Gegensatz zum Balkan gibt es in Ungarn kein einziges byzantinisches Prozessionskreuz; ein Beweis für die wahre Rolle der orthodoxen Kirche in Ungarn. Die meist östlich der Theiß vorkommenden Brustkreuze können demnach eher als Schmuckgegenstände aufgefasst werden. Unter den ältesten Lehnwörtern der ungarischen Sprache, die das Christentums (10. und 11. Jahrhundert?) betreffen, unterscheidet man eine bulgar-slawische und eine kaj-slowenische Gruppe. Die Analogien im Kirchenbau und in der Ornamentik zum Balkan, Dalmatien und Venedig wird man eher mit künstlerischen und politischen als mit ethnischen Kontakten erklären müssen. Von der Bekehrung durch die westliche Kirche gibt es außer einigen aufgefundenen Kreuzen keine materiellen Überreste. In der Oberschicht konnte sich das Heidentum noch einige Zeit behaupten. So hielt sich Großfürst Géza (um 945–997) nach der Taufe noch für reich genug, um gleichzeitig zwei Göttern zu opfern. Sein Sohn Stephan engagierte sich in einzigartiger Weise für die Kirche. Beispiel hierfür ist seine Gesetzgebung, die rasch ausgebaute kirchliche Organisation, seine Identifikation mit den christlichen Idealen, der Bau eines Pilgerhauses in Jerusalem und einer Kirche in Konstantinopel, sowie die Öffnung des Pilgerweges in das Heilige Land über Ungarn im Jahr 1026. All dies waren Gründe, die dazu beitrugen, dass er 1083 heilig gesprochen wurde.

Warum gelang es den Ungarn, einen Staat zu gründen?

Sowohl die wissenschaftlichen als auch die populärwissenschaftlichen Arbeiten in Ungarn beschränkten sich bei der Geschichte des 10. Jahrhunderts auf die Darstellung der kriegerischen Streifzüge, die Missionierung nach der Machtübernahme Gézas und die Krönung Stephans I. Tatsächlich lassen die spärlichen schriftlichen Quellen aus dieser Zeit wenig Raum für ausführliche Beschreibungen. Mit dieser Verfahrensweise kann jedoch nur schwer – wenn überhaupt – eine der größten Fragen geklärt werden: Warum gelang es den Ungarn nach so vielen anderen Völkern im Karpatenbecken einen dauerhaften Staat zu errichten? Für die mögliche Antwort spielt die Landnahmezeit eine entscheidende Rolle.

Der Mangel aller bisherigen Versuche, eine überzeugende Erklärung für die Staatengründung zu finden, resultierte einerseits aus der Fehlinterpretation jenes osteuropäischen Umkreises, aus dem die landnehmenden Ungarn auswanderten. Andererseits hat die Präferenz der nomadischen Steppenkultur in der ungarischen Vor- und Frühgeschichtsforschung eine alte Tradition. Dennoch war Osteuropa keineswegs so „barbarisch", wie man lange Zeit dachte, und auch der romantischen Überschätzung der Steppentraditionen fehlt die wissenschaftliche Begründung. Die Vermutung, wonach die ungarischen Führer die Perspektivlosigkeit ihrer Raubzüge feststellten, oder die Annahme, Géza hätte mit seiner Orientierung zum Abendland die weltpolitische und ideologische Lage erkannt, sind schlichtweg falsch. Wahl und Erkennen sind Termini aus unserem heutigen Blickwinkel. Die Geschichte der Steppengesellschaften im Frühmittelalter und Mittelalter zeigt, dass die altungarischen Krieger mit ihrer reiternomadischen Lebensweise nicht in der Lage gewesen wären, eine derartige Staatsgründung innerhalb einiger Jahrzehnte vorzubereiten und durchzuführen. Die Ungarn im 10. Jahrhundert hatten vielmehr das „Glück" – auch dieser Terminus ist unhistorisch –, dass in ihrer Gesellschaft unterschiedliche Schichten, Lebensformen, Berufe und mehrere ideologische Strömungen vorhanden waren. Während der äußeren und inneren Angriffe im 11. Jahrhundert hing das Überleben ihres Volkes und Staates davon ab, dass es in der ungarischen Gesellschaft eine bedeutende Gruppe gab, welche die Notwendigkeit einer Integration in das westliche Europa erkannte, diese Integration wollte und sie durchzuführen fähig war. Auch dass diese Gruppe nach innen und außen siegreich blieb, ist nicht dem „Glück" und dem Willen Einzelner zu verdanken. Die Voraussetzungen für das Zustandekommen des ungarischen Staates lagen in der Geschichte des Volkes und des Landes im 10. Jahrhundert.

Die in populärwissenschaftlichen Arbeiten allzuoft angeführte Entscheidung der Ungarn zwischen Ost und West wurde vor allem von der geopolitischen Lage des Siedlungsgebietes der Arpaden bestimmt. Das Karpatenbecken bestand seit dem Neolithikum immer aus einer östlichen und einer westlichen Hälfte, deren politische Einigung vor den Ungarn lediglich den Kelten und den Awaren gelang. Eine solche Einigung konnte sowohl im 8. als auch im 10. Jahrhundert aufgrund der Größe des Gebietes und der geographischen Gegebenheiten nur durch Teilherrschaften durchgesetzt werden. Mit der geopolitischen Lage des Herrschaftsgebietes Gyulas II. (Siebenbürgen) ist auch die 948 erfolgte Annahme des Christentums durch Byzanz zu erklären, woraufhin der byzantinische Kaiser den Mönch Hierotheos als Bischof für Turkia benannte. Großfürst Taksony (ca. 955–971), dessen Herrschaftsgebiet in Westungarn lag, nutzte den Streit zwischen Kaiser und Papst, der 969 einen

Missionsbischof zu den Ungarn schicken wollte. Otto II. nahm diesen jedoch fest und schickte ein Jahr später seine eigenen Missionare nach Ungarn. Auch Großfürst Géza erbat Geistliche aus dem Westen, da die Gebiete des Salzburger Erzbistums und des Passauer Bistums direkt an Westungarn angrenzten. Als Stephan I., als König, mit seinem Heer gegen seinen Onkel Gyula III. (1003) und gegen Ajtony (um 1028) vorging, waren diese Auseinandersetzungen zwischen dem westlichen und östlichen Landesteil auch der Kampf zwischen den zwei politischen und geistlichen Orientierungen. So habe Ajtony „seine Macht von den Griechen bekommen".

Die historische Bedeutung des Feldzuges gegen Ajtony zeigt, dass Vorraussetzungen eines künftigen Staates auf dessen Herrschaftsgebiet von der Theiß bis Siebenbürgen und an der unteren Donau vorhanden waren. Hierzu zählt auch Ajtonys konkrete politische und kirchliche Orientierung in Richtung Byzanz. Es muss jedoch betont werden, dass die Kriege Stephans I. sich nicht gegen die byzantinische Kirche im Allgemeinen richteten, sondern vielmehr der Schaffung einer zentralen Macht dienten. Hierzu diente auch das 1018 geschlossene Bündnis zwischen Stephan I. und Kaiser Basileios II. gegen den Zaren der Bulgaren Samuel. Herzog Emmerich, Stephans Sohn, heiratete eine griechische Prinzessin und schließlich wurde neben Veszprém ein Kloster der Basiliten gegründet.

Dass die Kriege Stephans tatsächlich der Staatsgründung dienten und nicht einfache Auseinandersetzungen um Macht oder aus ideologischen Gründen waren, zeigen auch die Streitigkeiten innerhalb seiner Familie: Nach dem Tod seines Vaters besiegte er 997 den Familienältesten Koppány, der nach dem Erbrecht der Steppenvölker die Macht und die Witwe übernehmen wollte, ließ den Leichnam vierteilen und sandte ihn in unterschiedliche Richtungen des Landes als allgemeine Warnung. Als sein Cousin gegen den alten und wahrscheinlich schon kranken König einen Verrat plante, wurde dieser gnadenlos bestraft. 1031 machte er Vazul regierungsunfähig, dessen Söhne Andreas, Béla und Levente flohen ins Ausland. Zu den inneren Kriege zählt auch Stephans nicht näher beschriebener Feldzug gegen die „schwarzen Ungarn".

Großfürst Géza zeigte sich als Vorreiter einer westlichen Orientierung, indem er 973 ein Jahr nach seiner Machtübernahme eine Gesandtschaft von zwölf Personen zu Otto II. schickte, als dieser Ostern in Quedlinburg feierte. Die Heiratspolitik Gézas zeigt ihn als einen außenpolitischen Strategen von großem Format. So nahm er Sarolt zur Ehefrau, die Tochter Gyulas, der zweithöchsten Person des Landes und Führers von Ostungarn. Nach ihrem Tod heiratete er wahrscheinlich die schöne Tochter Mieszkos I. Seine älteste Tochter wurde die Ehefrau Bolesław Chrobrys, die zweitälteste wurde die Gemahlin von Gabriel Radomir, dem bulgarischen Thronfolger. Die Ehe seines Sohnes Stephan mit der Tochter Heinrichs des Zänkers, Gisela, ist allgemein bekannt. Die dritte Tochter Gézas heiratete den Dogen von Venedig. Ihr Sohn, Peter Orseolo, sollte Stephan I. auf den Thron folgen. Die vierte ging ein Ehebündnis mit dem Führer der Khorezmier ein, die sich den Ungarn noch vor der Landnahme angeschlossen hatten. Ein Beweis der breiten und im Ausland anerkannten internationalen Beziehungen Stephans war, dass die beiden Söhne Edmund Ironsides bis 1047 in Ungarn Asyl fanden.

Abschließend bleibt festzuhalten, dass man für eine Beantwortung der Frage nach dem Erfolg der ungarischen Staatsgründung lediglich Hypothesen anstellen kann. Sicher falsch sind jene geschichtshistorischen Bestrebungen, die dieses Ergebnis ausschließlich einem Faktor wie naturgeographischen Gegebenheiten, Persönlichkeit der Führer, wirtschaftlichen Umständen usw., zugeschrieben hatten. Vielmehr handelt es sich um einen Prozess aus mehreren Komponenten. So bedurfte es zu einer ungarischen Staatsgründung 1. der Entscheidung der Führer und dem notwendigen und ausreichenden kollektiven Willen, 2. der günstigen geopolitischen Lage, 3. eines identischen Willens der Führungsschicht über einer längere Periode hinweg, 4. des Sieges über die inneren Feinde, 5. einer optimalen Struktur der Wirtschaft und einer offenen Handelspolitik, 6. eines militärischen Potentiales, das ausreichende Kraft besaß, und der zentralen Macht gegen innere und äußere Feinde treu blieb, sowie 7. der Aufnahme des (westlichen) Christentums und der Anerkennung durch den Papst.

Der höchste symbolische Akt der Staatsgründung fand Weihnachten oder Silvester des Jahres 1000 statt. Die Wahl dieses Zeitpunktes konnte nicht zufällig erfolgt sein. Eine große Anzahl schriftlicher Quellen bezeugt, dass die Bevölkerung von (West-)Europa seit langem in angespannter, apokalyptischer Stimmung das Jahr 1000 erwartete. Nachdem die Angst vor dem Ende der Welt vorüber war, zeigte der exklusive Zeitpunkt der Krönung des ersten ungarischen Königs, die genau wie 200 Jahre zuvor die Kaiserkrönung Karls des Großen am Weihnachtstag vollzogen wurde, von der vermutlichen Zahlenmystik und der bewussten Analogie abgesehen, den Glauben an die Zukunft.

Die Sprache der Ungarn

LORÁND BENKŐ

Durch die Landnahme (895–896) im Karpatenbecken waren die Ungarn nicht nur im geographischen Sinne, sondern auch zum Teil unter dem Zwang der Entwicklung ihrer Lebensweise und Kultur unter neue Verhältnisse gelangt; dies hat die Entwicklung ihrer Sprache in hohem Maße beeinflusst. Auf den Charakter und die Tendenz der eingetretenen sprachlichen Veränderungen übten zwei sprachliche Umstände einen besonders bestimmenden Einfluss aus. In der neuen Situation veränderten sich die Möglichkeiten der Kontakte der ungarischen Sprache mit anderen Sprachen erheblich, da ihre frühere iranische und türkisch sprachliche Umgebung von der Nachbarschaft der slawischen, germanischen und neolateinischen Sprachen abgelöst wurde. Außerdem wurden dadurch, dass die ungarische Sprache in den Kulturkreis des Christentums gelangte, neue Perspektiven und die Möglichkeiten der Anhebung der sprachlichen Kultur auf ein höheres Niveau geschaffen. So konnte sie die ihr bisher unbekannten sprachlichen Anwendungen des Lateinischen nutzen. Der Prozess der miteinander verschmelzenden kulturellen und sprachlichen Veränderungen setzte sich allmählich durch und begann bereits in der zweiten Hälfte des 10. Jahrhunderts sich auszuwirken; stärker noch entfaltete er sich erst im 11. Jahrhundert.

Um die wichtigsten Besonderheiten dieser Prozesse erkennen zu können, müssen wir einen Blick auf den Zustand der ungarischen Sprache werfen, bevor sie den Veränderungen ausgesetzt war, gleichsam auf ihre Vorgeschichte. Zwar sind aufgezeichnete Quellen von der ungarischen Sprache vor der Jahrtausendwende nur selten, vor allem in arabischen und griechischen Quellen bekannt. Doch kann von zwei Seiten aus der Zustand der ungarischen Sprache im 10. Jahrhundert schon mit großer Sicherheit umrissen werden, und zwar einerseits durch Ergebnisse der uralisch-finnisch-ugrischen vergleichenden Sprachforschung und andererseits durch Ergebnisse, die sich auf die umfangreicher werdende Zahl ungarischer Sprachdenkmäler vom 11. Jahrhundert an stützen und die von einer selbständigen ungarischen historischen Sprachwissenschaft erzielt wurden. Es konnte sogar ihre Entwicklung in der vorausgegangenen Periode relativ gut rekonstruiert werden. In dieser Hinsicht muss berücksichtigt werden, dass die Sprache der landnehmenden Ungarn bereits damals schon auf eine ungefähr 2000 Jahre alte selbständige Vergangenheit zurückblicken konnte. Vor diesem Zeitraum hatte sie sich nämlich aus dem Rahmen der uralisch-finnisch-ugrischen Sprachfamilie gelöst, indem sie deren nordosteuropäische Regionen verlassen und die weiteren sprachlichen Kontakte mit dieser Sprachfamilie abgebrochen hatte. Im Laufe dieser langen Zeit hatte die ungarische Sprache einen spezifischen, selbständigen Charakter herausgebildet, der die uralisch-finnisch-ugrischen Strukturen zwar fest bewahrte, doch in allen Komponenten der Sprache jene inneren Entwicklungen in einer so großen Zahl und mit einem nur für sie bezeichnenden Charakter weiterentwickelte, der schon in den Jahrhunderten vor der Landnahme die Verständigung mit einer jeden verwandten Sprache zur Gänze ausgeschlossen hätte, was auch von den geographischen und historischen Faktoren nicht mehr möglich war.

So repräsentiert die ungarische Sprache im 10. Jahrhundert im Grunde etwas Einzigartiges. Für den phonologischen Aufbau ihrer sprachlichen Elemente war das Zur-Geltung-Gelangen der ausgeglichenen Proportion der rein artikulierten Vokale und Konsonanten und der Vokalharmonie vorherrschend; ihre Morphologie beruhte auf Agglutinierung; in ihrer Syntax herrschte die relativ freie Wortfolge und die Koordinierung vor; in ihrem Wortschatz überschritt die Produktivität der Wortwurzeln von uralisch-finnisch-ugrischer Herkunft bedeutend die der zahlreichen türkischen und die der selteneren iranischen Lehnwörter; der Anteil der Wortbildung übertraf mit seinem umfassenden Bildungssystem bei weitem die Wortzusammensetzungen. In der Gesamtheit war diese ungarische Sprache des 10. Jahrhunderts in ihrem grammatikalischen System nicht mehr allzu weit von ihrem heutigen Zustand entfernt.

Die im Zuge der Landnahme sich niederlassenden Ungarn, deren Zahl auf 300 000 geschätzt werden kann, trafen fast überall im Karpatenbecken eine mehr oder weniger dicht lebende slawische Bevölkerung an. Die Awaren, die früher hier gesiedelt hatten, nahmen bis zu jenem Zeitpunkt überwiegend die slawische Sprache an. Das zahlenmäßige Verhältnis der hier ansässigen Slawen und der erobernden Ungarn lässt sich kaum erschließen; fest steht nur, dass – die Ränder des Karpatenbeckens ausgenommen – im 10. und 11. Jahrhundert in den von der ungarisch sprechenden Bevölkerung eroberten Gebieten das slawisch sprechende Substrat zum großen Teil vom Ungarntum aufgenommen wurde. Dem Slawentum kam bei jenem Kulturwandel und dessen sprachlichen Folgen im gleichen Maße, wie die Ungarn von der Mitte des 10. Jahrhunderts an allmählich ihre Lebensweise als Nomaden und Halbnomaden aufgaben, eine bedeutende Rolle zu. In diesem Rahmen wurde die ungarische Terminologie des Ackerbaus, der intensiven Viehhaltung, der Hauskultur, des Handwerks, der Familienverhältnisse, der allgemeinen volkstümlichen Lebensweise um viele slawische Lehnworte bereichert. Bedeutende slawische Elemente lebten fort in den ungarischen Ortsnamen, vor allem in den Gewässer-, Berg- und Siedlungsnamen. Die grammatikalische Struktur der ungarischen Sprache wurde jedoch von slawischen sprachlichen Einflüssen kaum betroffen.

Von der zweiten Hälfte des 10. Jahrhunderts an breitete sich das ungarische Sprachgebiet infolge der starken Bevölkerungszunahme und der Machtsituation allmählich bis zu den Randgebieten des Karpatenbeckens aus. Dies war aber nicht mit einem bedeutenden Anstieg der territorialen mundartlichen Unterschiede verbunden: die sprachsoziologische Homogenität der ungarischen Sprache, die für sie im Laufe der Geschichte immer, bis zur Gegenwart charakteristisch ist, zerfiel auch in den Zeiten mit großen sprachlichen Bewegungen nicht.

In jenem Kulturwandel, der von der Jahrtausendwende, bzw. von der Entstehung des Königreiches Ungarn an durch die Aufnahme des Christentums seine sprachliche Wirkung entfaltete, war von entscheidender Bedeutung, dass die Ungarn in den römisch-lateinischen und nicht in den byzantinisch-griechischen religiös-ideologischen Kulturkreis gelangt waren. Das Latein der Kirche erweiterte vor allem den ungarischen Wortschatz, nicht nur auf dem Gebiet der kirchlichen Terminologie, sondern auch auf vielen anderen Gebieten der westlichen Kultur. Da die Missionierung und Erhaltung der Religion in den Händen der ungarisch sprechenden Schicht lag, sank die mit der Mission verbundene Sprache von der Ebene des Klerus bald auf die breitere volkssprachliche Ebene ab. Lange Zeit hindurch nahmen italienische, deutsche und slawische Priester an der Arbeit der Kirche teil; sie vermittelten die Wortelemente der lateinischen Sprache auf der phonetischen Basis ihrer eigenen Sprache und förderten zugleich das Auftreten der frühesten deutschen und italienischen Lehnwörter.

Noch wichtiger war der Einzug der Kirche und damit der Gebrauch des Latein in der schriftlichen Kultur. Wahrscheinlich hatten die Ungarn der Landnahmezeit schon ein primitives Schriftsystem osteuropäischen, türkischen Ursprungs mitgebracht, eine so genannte Runenschrift, deren Rolle jedoch mit dem Auftreten der lateinischen Schrift vollkommen in den Hintergrund rückte. Es sind nur einige wenige spätere Aufzeichnungen in diesem Alphabet bekannt. Neben der Entstehung von Texten in lateinischer Sprache in Ungarn war außerordentlich wichtig, dass das Schriftsystem aus lateinischen Buchstaben bereits in der ersten Hälfte des 11. Jahrhunderts auch für die ungarische Sprache angewendet wurde. Das früheste vollständige Textdenkmal in ungarischer Sprache, eine Toten- oder Begräbnisrede, ist zwar erst aus der zweiten Hälfte des 12. Jahrhunderts auf uns gekommen; wahrscheinlich war dies aber nicht der erste mit lateinischen Buchstaben in ungarischer Sprache niedergeschriebene Text. In der zu Beginn des 11. Jahrhunderts beginnenden urkundlichen Praxis in Ungarn gelangten in immer größerer Zahl vor allem die nicht ins Lateinische übersetzbaren ungarischen Orts- und Personennamen in die lateinischen Texte; sie stellten das Material der ungarischen Appellative dar, die die Grundlage der Eigennamen bildeten. Im Stiftungsbrief der Benediktinerabtei von Tihany (1055) sind schon mehr als fünfzig ungarische Eigennamen und Appellative zu finden, darunter einige halbe Sätze, wie z. B. „feheruuaru rea meneh hodu utu rea" – „a Fehérvárra menő hadi útra" das heißt auf Deutsch „auf die nach Fehérvár führende Heerstraße". Streudenkmäler diesen Typs in ungarischer Sprache haben vom Ende des 11. Jahrhunderts an bereits einen großen Umfang angenommen.

Texte aus der Gattung der Epik in ungarischer Sprache gab es in jener Zeit nur in mündlicher Überlieferung. Sie sind daher auch nicht erhalten, es gibt lediglich indirekte Verweise. Dass aber lateinische Texte mit ihrer Gestaltung und den höheren ästhetischen Anforderungen ihre Vorbilder waren, ließen Übersetzungen und Nachdichtungen verspüren, davon zeugen neben der bereits erwähnten Totenrede in großer Zahl sprachliche Besonderheiten und stilistische Charakterzüge der ungarischen Sprachdenkmäler des 13. Jahrhunderts; am berühmtesten ist davon eine Marienklage.

Die Arpaden und Ungarn

GYULA KRISTÓ

Die Geschichte der ersten, über längere Zeit hinweg herrschenden Dynastie der Ungarn, der Arpaden, verliert sich im Dunkel der Zeiten. Sicher ist, dass vor den Arpaden eine andere Dynastie an der Spitze des aus sieben Stämmen bestehenden Stammesverbandes stand. Aus dieser anderen Familie ist nur eine einzige Person bekannt, nämlich Levedi, dessen Name wahrscheinlich finnisch-ugrischer Herkunft ist, ein Beweis, dass auch die die Mehrheit des Stammesverbandes bildenden Ungarn eine finnisch-ugrische Sprache gesprochen haben. Gewisse Anzeichen sprechen dafür, dass dieser Levedi um 830 der Begründer des aus Stämmen mit türkischen und finnisch-ugrischen Sprachen organisierten Stammesverbandes war. Zugleich wird Levedi von zahlreichen Wissenschaftlern für eine wirklich existierende Gestalt der frühen Zeit gehalten. Daneben gibt es Auffassungen nach denen Levedi eine mythische Persönlichkeit war. Auf seine wirkliche Existenz verweist die Tatsache, dass Konstantin Porphyrogennetos um das Jahr 950 noch den Namen der ersten Heimat des ungarischen Stammesverbandes, Levedia, erwähnte. Zwar liegt der Verdacht nahe, dass der gelehrte Kaiser diese Bezeichnung selbst geschaffen hat. Hätte Levedi jedoch nicht existiert, wäre diese Bezeichnung wohl kaum zustande gekommen. Für die reale Existenz Levedis spricht auch, dass im Ungarn des 12. Jahrhunderts eine Person gleichen Namens vorkommt. Der Verdienst Levedis ist die Gründung des durch lockere Bande zusammengehaltenen ungarischen Stammesverbandes, der nach der Benennungspraxis, die auf der Steppe herrschte (nach der Zahl der den Stammesverband bildenden Stämme und nach dem Namen des führenden Stammes) „Hétmagyar" (Sieben Ungarn) genannt wurde. Levedi war jedoch in den Jahren um 850 mit großen Schwierigkeiten konfrontiert. Aufgrund der militärischen Niederlage der „Sieben Ungarn" durch die Petschenegen zerfiel der Stammesverband in zwei Teile, ein Teil von ihnen floh in das Gebiet jenseits des Kaukasus, der andere Teil in das Gebiet Etelköz (Zwischenstromland) westlich von Levedia (in das Gebiet zwischen Dnjestr und Sereth). Hier drohte dem restlichen Ungarntum die Gefahr, unter die Oberhoheit der Chazaren zu gelangen.

Kaiser Konstantin Porphyrogennetos beschrieb um das Jahr 950 die Ereignisse im Zusammenhang mit den von ihm als Türken bezeichneten Ungarn wie folgt: „Der Khan, der Fürst im Chazarenreich, ließ die Ungarn die Nachricht wissen, dass sie ihren ersten Anführer, Levedi, zu ihm entsenden sollen. Levedi also fragte, beim Khan im Chazarenreich angekommen, aus welchem Grund ihn dieser zu sich bestellt habe. Der Khan sprach zu ihm, ‚deshalb haben wir dich gerufen, da du von edler Herkunft, klug und heldenhaft, und unter den Ungarn der erste bist, machen wir dich zum Fürsten deines Volkes, und du mögest unserem Wort und Befehl gehorchen'. Dieser antwortete dem Khan und sagte ihm, ‚ich schätze deine Geneigtheit mir gegenüber und deine gute Einstellung sehr hoch und bringe dir meinen gebührenden Dank zum Ausdruck, da ich aber nicht genug Kraft zu diesem Amt habe, kann ich dir nicht gehorchen, es gibt jedoch noch einen anderen Stammesführer außer mir, der auch einen Sohn hat, Árpád genannt; von diesen soll eher Álmos oder sein Sohn Árpád der Fürst sein, der dir zur Verfügung steht'. Dem Khan gefielen diese Worte und er stellte Levedi Männer zur Verfügung und entsandte sie zu den Ungarn. Diese besprachen dies mit den Ungarn, die Ungarn bevorzugten jedoch, dass Árpád der Fürst werden soll, nicht sein Vater Álmos, da er mehr Ansehen genoss, und er sehr hoch geschätzt wurde wegen seiner Weisheit, seiner Bedachtheit und seines Mutes. Und er war für dieses Amt geschaffen, und so hoben sie ihn dem Brauch und Gesetz der Chazaren nach auf den Schild und machten ihn zu ihrem Fürsten. Vor diesem Árpád hatten die Ungarn nie einen anderen Fürsten gehabt, und von der Zeit an wird bis heute der Fürst Ungarns immer aus diesem Geschlecht stammen".

Die inhaltliche Glaubwürdigkeit dieser Beschreibung ist stark umstritten. Im allgemeinen wird gesagt, dass – vor allem unter nomadischen Verhältnissen – der freiwillige Verzicht auf die Macht und ihre Übertragung auf eine andere Dynastie unvorstellbar ist. Viele sind der Meinung, dass dieses „Märchen" vom Ursprung der Macht der Arpaden von den ungarischen Stammesführern, die um 950 in Konstantinopel weilten, unter anderem vom Urenkel Árpáds, von Termacsu, dem Kaiser von Byzanz erzählt wurde. Dem kann gegenübergestellt werden, dass Levedi nicht auf die Macht im allgemeinen, sondern auf die Scheinherrschaft der Chazaren verzichtete, das heißt er wollte kein treuer und folgsamer Untertan des chazarischen Khans sein. Vor allem ist dies verständlich, wenn wir wissen, dass in einem Teil der Herrschaft Levedis der ungarische Stammesverband wirklich unabhängig vom Reich der Chazaren war. Levedi, der die Unabhängigkeit schon einmal erreicht und von ihr gekostet hatte, sagte nein zur Unterordnung den Chazaren gegenüber. Demgegenüber übernahm die andere Familie, die von Álmos, dieses Angebot, da Árpád nach dem Bericht des byzantinischen Kaisers wirklich „nach dem Brauch und dem Gesetz der Chazaren" zum Fürsten erhoben wurde. Dass die Ungarn damit wirklich ein Chazarien unterstelltes Volkselement wurden, zeugt davon, dass sie schon 860/861 den Chazaren in ihren Kämpfen auf der Halbinsel Krim mit Waffengewalt halfen. Aus dem Bericht Konstantins muss also als authentisch angesehen werden, dass die Ungarn vor den Arpaden einen aus einem anderen Geschlecht stammenden Führer hatten, sowie auch, dass die Arpaden um den Preis der Unterordnung unter die Chazaren an die Spitze des Stammesverbandes (bzw. des Fürstentums) gelangt waren. Die Arpaden gingen also offensichtlich siegreich aus Kämpfen innerhalb des ungarischen Stammesverbandes hervor. Nach etwa ein bis zwei Jahrzehnten übernahmen sie die Politik Levedis, das heißt, sie versuchten sich von der Herrschaft der Chazaren zu befreien. Jedenfalls waren die Ungarn um 880 schon im Grunde genommen völlig unabhängig vom Khanat der Chazaren. Daraus ergibt sich, dass in den fünfziger Jahren des 9. Jahrhunderts die Arpaden, um an die Macht zu gelangen, ihre eigenen Interessen über die des ungarischen Stammesverbandes stellten. Kaum an die Macht gelangt – in der Geschichte durchaus nicht selten – realisierten sie das politische Programm ihrer unterlegenen Rivalen. Es ist leicht möglich, dass die Arpaden den fürstlichen Rang nicht auf friedlichem Wege, sondern auf Kosten von Rivalitäten und nach heftigen Auseinandersetzungen erwarben.

Wer der erste Fürst aus dem Geschlecht der Arpaden war, ist ebenfalls umstritten. Konstantin Porphyrogennetos erwähnt Árpád. Es ist jedoch kaum anzunehmen, dass Árpád der Sohn angesehener als sein Vater Álmos war und sich obendrein als weiser und bedachter erwiesen hätte. Nach dem byzantinischen Kaiser hatte bis zum Jahr 950 das Geschlecht der Arpaden den Fürsten Ungarns gestellt. Die Quelle für diese Aussagen des Kaisers war vermutlich Termacsu, der Urenkel von Árpád, der hier eine absichtliche Verzerrung der Tatsachen vornahm. Wäre nämlich Árpáds Vater Álmos der erste Fürst der Dynastie gewesen, so hätten auch Árpáds Geschwister einen Anspruch auf die Macht gehabt, was sicherlich nicht im Interesse von Termacsu lag. Während der byzantinische Herrscher im Grunde genommen zutreffend – wenn auch nicht in allen Punkten der Wirklichkeit entsprechend – die Umstände der Machtergreifung der Arpaden darlegt, geschah dies zur gleichen Zeit in der ungarischen Überlieferung mündlich und in ziemlich mythischer Form, die dann zu Beginn des 13. Jahrhunderts niedergeschrieben wurde. Danach erschien noch in der Urheimat (um 820) der Mutter des Álmos, Emese, „die schwanger war, im Traum eine himmlische Vision in Bild eines mythischen Vogels, des Turulvogels. Der kam über sie, schwängerte sie und teilte ihr mit, dass aus ihrem Schoß eine Quelle entspringen wird, und aus ihrem Schoß werden glorreiche Könige kommen, die sich jedoch nicht in ihrem eigenen Land vermehren werden. Und weil der Traum in ungarischer Sprache so heißt [nämlich „álom"] und seine Geburt in einem Traum prophezeit wurde, wurde auch er Álmos genannt".

Diese kurze Geschichte ist eigentlich eine totemistische Sage, eine auf die Steppenumgebung der Arpaden verweisende Ursprungssage. In der Steppe war es nämlich eine allgemein verbreitete Praxis, die Dynastien von einem Tiervorfahren abzuleiten. Geschlechter von Völkern mit Türksprachen verehrten Tiger, Wölfe, Bären, Adler usw. als ihre Ahnen. Der in der Ursprungssage der Arpaden vorkommende Vogel „Turul" (der Name selbst ist in der ungarischen Sprache türkischer Herkunft!) bezeichnete einen Raubvogel von der Art eines Falken oder eines Habichts. In der ursprünglichen Form der Sage schwängerte der Vogel selbst die Frau. In der Niederschrift aus dem Beginn des 13. Jahrhunderts wurde dies jedoch schon umgedeutet und abgemildert. Es wurde eine volksetymologische Erklärung vorgetragen, die den Namen Álmos über den Traum der Emese erklärte. Die Sage gewinnt an Authentizität durch die Tatsache, dass aus archäologischen Fundzusammenhängen der Landnahmezeit mehrere Darstellungen dieses Raubvogels bekannt sind und eine schriftliche Quelle vom Ende des 13. Jahrhunderts bei der Frage nach der Herkunft dieser Dynastie auf das Geschlecht Turul verweist. Da aber die dynastische Ursprungssage der ungarischen Überlieferung sich um Álmos und nicht um Árpád herausgebildet hatte, wurde bewiesen, dass die erste dominante Persönlichkeit der herrschenden Dynastie Ungarns Álmos und nicht Árpád war. Auch nennen die frühen ungarischen Quellen ausdrücklich Álmos als ersten ungarischen Fürsten. Ein weiterer Beweis ist die Tötung von Álmos nach der Niederlage im Jahre 895 gegen die Petschenegen und nach dem Verlust der Heimat Etelköz. Dieser Ritualmord stand bei den Steppenvölkern jenem Fürsten (dem als Heiligen verehrten ersten Fürsten) zu, der – aus verschiedenen Gründen – die Beziehungen zu den Himmlischen nicht richtig aufrechterhalten hatte, und dessen Volk daher von der Katastrophe ereilt wurde. Dadurch, dass Álmos rund 40 Jahre, (ca. 855 bis 895) an der Spitze des ungarischen Fürstentums stand, war der Machtanspruch der von ihm abstammenden Familie gerechtfertigt, sodass selbst nach seinem gewaltsamen Tod sein Sohn Árpád das Erbe antreten konnte. Árpád war wesentlich kürzer als sein Vater Fürst der Ungarn, wahrscheinlich nur einige Jahre, möglicherweise ein Jahrzehnt ab 895. Seit dem 18. Jahrhundert wurde aber dennoch die Dynastie nach seinem Namen benannt (vorher wurde die Familie der Fürsten nicht als Haus der Arpaden bezeichnet). Die erklärt sich aus der Tatsache, dass die Wissenschaftler des 18. Jahrhunderts erkannten, dass zu Zeiten der Landnahme Árpád der Fürst der Ungarn war, und er dadurch als Namensgeber der Dynastie geeignet erschien.

Álmos und Árpád führten die Ungarn zusammen rund ein halbes Jahrhundert. Nach dem Tode von Árpád (um 900 oder im Jahre 907) ging die Macht auf die Nachfahren Árpáds, auf die Familien seiner vier Söhne über, wie dies in der gut bekannten petschenegischen (also typisch nomadischen Steppen-) Erbfolge festgelegt wurde. Die Macht ging nicht vom Vater auf den Sohn über, sondern auf die Zweige der vier Söhne in der Reihenfolge der Geburt der Söhne, also von Cousin auf Cousin. Dies war erforderlich, da der Fürst immer handlungsfähig und damit ein erwachsener Mann sein musste, der persönlich an die Spitze des Heeres treten und die Verantwortung für seine Entscheidungen übernehmen konnte. Bis zur Mitte des 10. Jahrhunderts ging der sakrale Charakter der fürstlichen Macht allmählich verloren. Dadurch wurde zwar die Macht des von Árpád abstammenden Fürsten vergrößert (zumindest auf theoretischer Ebene), gleichzeitig nahm jedoch, da die Integrationskraft des Fürsten fehlte, auch die Bindung zum Fürstentum ab und die Macht der einzelnen Stämme zu. Nach Árpád ist für etwa 50 Jahre nicht genau bekannt, wer Fürst war, das heißt, wem konkret innerhalb der einzelnen Zweige der Dynastie der Arpaden die Würde des Fürsten zustand. Zu einer erneuten Festigung der Macht der Arpaden trug auf besondere Weise die Niederlage auf dem Lechfeld im Jahre 955 bei. Bis dahin hatten die Arpaden – entsprechend den nomadischen Bräuchen der Sesshaftwerdung – die zentralen Teile des Karpatenbeckens eingenommen. Sie waren von allen Seiten von den Stämmen ihres eigenen Fürstentums umgeben und wurden so verteidigt. 955 erlitten in erster Linie die in den westlichen Teilen des Karpatenbeckens lebenden Stämme eine große Niederlage, und die schutzlos gewordenen Stammesgebiete fielen den bei Augsburg nicht besonders in Mitleidenschaft gezogenen Arpaden zu. Damit verschob sich das Siedlungsgebiet der Arpaden in die westlichen Teile des Fürstentums Ungarn und nach 970 wurde auch das fürstliche Zentrum, bis dahin irgendwo an einer unbekannten Stelle östlich der Donau gelegen, von hier aus nach Transdanubien, nach Gran (Esztergom) verlegt.

In den letzten Jahrzehnten des 10. Jahrhunderts vollzog sich auf dem Territorium des Fürstentums Ungarn, das heißt im Karpatenbecken, eine spezifische Dezentralisierung der Macht. Parallel dazu entstanden neue Machtkonzentrationen. Die fürstliche Macht verschwand, der ehemalige Zustand des Stammesverbandes der „Sieben Ungarn" wurde dennoch nicht wiederhergestellt, da diese sieben, im großen ganzen gleich starken Stämme nicht mehr existierten. Im westlichen Teil des Karpatenbeckens entstand eine neue Machtkonzentration unter Führung der Arpaden, im östlichen Teil waren die Gyulas der Kristallisierungspunkt, die im System des sakralen Fürstentums neben den Arpaden einst die zweite Macht gebildet hatten. Das Jahr 950 bedeutete für die Gyulas einen Vorsprung. Eines ihrer Mitglieder hatte um die Mitte des 10. Jahrhunderts in Byzanz das Christentum nach dem griechischen Ritus angenommen und brachte einen Missionsbischof mit, der in Ostungarn mit der Verbreitung der orthodoxen Religion begann. Die Arpaden wandten sich demgegenüber dem Westen zu, und obgleich sie in den sechziger Jahren des 10. Jahrhunderts noch erfolglose Versuche zum Ausbau der Beziehungen zum römischen Papst unternommen hatten, erschienen um 972, mit der aktiven Unterstützung des deutschen Kaisers, in Westungarn Missionare, die nach römischem Ritus predigten. Der Urenkel von Árpád, Géza, erhielt vom Reich einen Missionsbischof. Damit waren im Karpatenbecken zwei unterschiedliche Richtungen eingeschlagen worden. Zwar hatte Géza die der Familie der Gyulas angehörende Sarolt zur Frau genommen. Dennoch übte nicht Géza einen Einfluss auf die Politik der Gyulas aus, sondern die nach Transdanubien gelangte

Sarolt begann mit der Verbreitung des östlichen Christentums. Dabei half ihr die Tatsache, dass die um 972 mit großem Elan begonnene westliche Missionierung sich im Laufe der Jahre erschöpft hatte und auch Géza wieder in das Heidentum zurückgefallen war.

In diesem einstweilen leisen, unblutigen Kampf trat die entscheidende Wende im Jahre 996 ein. Während die byzantinische Kirche in Ostungarn (Siebenbürgen) keine durchschlagenden Erfolge in der Bekehrung der Massen und im Ausbau der Kirchenorganisation erzielen konnte, gelang es in Westungarn der römische Kirche durch die Hochzeit von Vajk, dem Sohne Gézas, dem späteren Stephan I., mit Gisela von Bayern ein riesiges Kräftepotential zu mobilisieren. Mit Gisela kamen Priester und Ritter in die westungarischen Gebiete der Arpaden, die mit ungeheurem Elan und mit unerschöpflichen Kraftreserven ihre Arbeit aufnahmen. Damals war die Geschichte der Dynastie an ihrem wirklichen Wendepunkt angelangt. Stephan, der von den Deutschen unterstützte Fürst, gab seine Bindungen zur alten Lebensform und zu den Ideen seiner Vorfahren völlig auf und lehnte die heidnische Legitimation der Macht, die sich von der Abstammung vom Turulvogel herleitete, ab. Stephan wollte vielmehr seiner Macht eine neue, christliche Legitimation verleihen, die in seiner Krönung um die Jahreswende 1000/1001 gipfelte, bei der er sich als König von Gottes Gnaden auffasste, und den in der christlichen Symbolik enthaltenen Ursprung seiner Gewalt anerkannte. Dadurch schuf er für seine Nachkommen, für die späteren Mitglieder der Dynastie eine neue Legitimation. Nicht nur symbolisch, sondern auch tatsächlich verspürte er hinter sich die Unterstützung durch die wichtigen Faktoren des westlichen Christentums (des deutsch-römischen Kaisers, des römischen Papstes und der Benediktinermönche). Entsprechend der damals modernen Auffassung des Herrschers war er König und Priester (*rex et sacerdos*) zugleich, der die Zügel der weltlichen Macht in der Hand hielt und auch die Kirchenorganisation selbst schuf. Über die Dynastie der Arpaden, die im heidnischen und nomadischen Zeitalter aufgestiegen war, wölbte sich das schützende Dach des Christentums. Eine bewaffnete Auseinandersetzung zwischen West- und Ostungarn war schließlich unvermeidlich. Stephan war derjenige der die Initiative ergriff und im Jahre 1003 mit Waffengewalt das Land seines Onkels Gyula attackierte, es eroberte, seiner Monarchie anschloss und das dortige schwache orthodoxe Christentum latinisierte. Wenn Stephan auch bis zu seinem Tod im Jahre 1038 noch zahlreiche innere Kämpfe zu bestehen hatte, war ein entscheidender Durchbruch erzielt worden. Stephan war nicht nur nominell, sondern auch wirklich König aller Ungarn, der seine tatsächliche Vorherrschaft über das gesamte Gebiet des Karpatenbeckens gesichert hatte. In den Jahren nach 1020 formulierte Stephan sein politisches Glaubensbekenntnis, in dem er seiner Monarchie eine westlich europäische Ausrichtung gab. Er richtete die Aufmerksamkeit seines nominierten Nachfolgers, der aber wegen seines frühen Todes nicht den Thron bestieg, sowohl auf die Pflege des Glaubens, als auch auf den Schutz des Christentums und die Ausübung der christlichen Moral. Die Nachfolger Stephans erwarteten noch viele schwere Kämpfe. Noch häufig mussten sie das Land vor Restaurationsversuchen heidnischer Kräfte oder vor den Unterdrückungsversuchen fremder Mächte erretten. Den Zusammenhalt bewirkte dabei die Tradition der Dynastie, die durch den Umstand, dass man Stephan und seinen nominierten Nachfolger, Herzog Emmerich (Imre) im Jahre 1083, den Nachfolger Stephans aus einem Nebenzweig, König László (Ladislaus) im Jahre 1192 heilig sprach, noch verstärkt wurde. Die Dynastie der Arpaden war so zum Geschlecht der heiligen Könige geworden, und genoss nicht nur in Ungarn ein unwiderrufliches Ansehen, sondern erwarb sich in ganze Europa Anerkennung und Verehrung.

376 **Beschlag mit Greifendarstellung, Bronze, vergoldet mit Silberauflage aus Grab 167 von Ibrány-Esbóhalom. Nyíregyháza, Jósa András Múzeum.**

Ungarn und die Arpaden

Herrschaftszentren und Herrschaftsorganisation

JÓZSEF GERICS

König Stephan I. hielt sich wie alle christlichen Herrscher seiner Zeit in seinem Land für den dortigen Beschützer des Christentums und für den Regenten der Kirche (*defensor Christianitatis, rector ecclesiae*)[1]. Dies wurde am Anfang des 11. Jahrhunderts auch prinzipienfest und kategorisch vom französischen Kirchenjuristen Abbo von Fleury zum Ausdruck gebracht: jeder Herrscher „verwirklicht in seinem Land das Reich Christi". Deshalb kam der Gründung und Verleihung der Bistümer eine große staatsrechtliche Bedeutung zu. Adam von Bremen stellte um die Mitte des 11. Jahrhunderts fest: Die angebliche Gründung und Verleihung der dänischen Bistümer durch Otto den Großen ist der Beweis dafür, wie sehr Dänemark der Oberherrschaft Ottos unterstand[2]. Ein unbestreitbares Anzeichen für die Selbständigkeit eines Königs war, wenn er das Oberhaupt der Kirchen seines Landes ist. In entschiedenem Ton äußerte sich hierüber die in der zweiten Hälfte des 9. Jahrhunderts redigierte Kanonsammlung des Pseudo-Isidorus. Demnach ist eine selbständige Kirchenprovinz, ein selbständiges Land jenes, das 10, 11 oder 12 Bischöfe (Bistumssitze), unter ihnen auch einen Erzbischof und einen König hat[3]. Von der Bekanntheit des Pseudo-Isidorus unter Stephan I. in Ungarn zeugt eindeutig, dass einige Artikel seines Gesetzbuches Übernahmen aus dem Text des Pseudo-Isidorus sind[4].

Ein wichtiger Beweis für Stephans selbständiges Amt als Staatsoberhaupt ist seine bistumsorganisierende Tätigkeit. Nicht akzeptierbar ist daher die Meinung, dass die „Kirchenorganisation von König Stephan eher mit dem Begriff der königlichen ‚Eigenkirche' charakterisiert werden kann, und dass sie in dieser Hinsicht eine enge Verwandtschaft mit der Eigenkirchen-Auffassung Heinrichs II. aufweist. Als neue Institution trug sie sogar noch stärker die Spuren der Handschrift des die Kirche organisierenden Königs an sich, und daraus resultiert das Attribut von König Stephan ‚apostolisch', mit dem er von seinen Biographen vom Ende des 11. Jahrhunderts bekleidet wurde"[5].

Doch wurden die wichtigen Feststellungen der deutschen Forschung über das Verhältnis des deutschen Königs zur Eigenkirche und zu den Bistümern des Reiches, die Obigem gerade widersprechen, von H. E. Feine publiziert: „... bei den Bistümern und den alten Reichsabteien blieben... Selbständigkeit und eigene Rechtsträgerschaft im allgemeinen durchaus anerkannt, auch, wo ihnen Königsschutz und Immunität verliehen wurde. Die Rechte des Königs ihnen gegenüber, insbesondere bei der Besetzung und bei Verfügungen über Kirchengut... beruhten nicht auf hausrechtlichen Titeln... sondern ergaben sich aus der Stellung des Herrschers gegenüber den Kirchen seines Reiches; es waren nicht Eigentümer-, sondern Königsrechte...". „... Es geht... nicht an, die deutschen Bistümer kurzweg als Eigenkirchen des deutschen Königs, die Kirche des Reiches als Reichseigenkirche zu bezeichnen... Der Unterschied von privatem, sachenrechtlichem Eigenkirchentum und öffentlicher Kirchherrschaft über die Reichskirchen ist immer lebendig und maßgebend geblieben"[6].

Nach J. Fleckenstein war in der Zeit der ottonisch-salischen Herrscher „im Herrschaftsbereich des deutschen Königs... die Erscheinung des Eigenbistums überhaupt unbekannt". „Das älteste deutsche Eigenbistum wurde 1072 in Gurk als Eigenbistum der Erzbischöfe von Salzburg ins Leben gerufen"[7].

Stephan gründete zweifelsohne königliche Eigenkirchen, doch waren dies nicht die Bistümer. Die inländischen kirchlichen Verhältnisse regelte er unbestritten als König, als Regent der Kirche, in seinem Gesetz befasste er sich nicht mit den Eigenkirchen, und seine Bistumsgründungen konnten auch „auf höherer Ebene" nicht auf einen gemeinsamen Nenner mit den Eigenkirchen der Grundbesitzer gebracht werden. Es kann nicht angenommen werden, dass in Ungarn die Organisation der Eigenkirche in ihrer Entwicklung zur Zeit Stephans das zeitgenössische deutsche Reich weit überholt hatte.

Das andere wichtige Gebiet des Staatsoberhauptes war die Organisation der weltlichen Verwaltung. Diese verwirklichte sich im System der königlichen Komitate. Das Vorbild konnte – zumindest mittelbar – die Institution der Grafschaften der fränkischen Periode gewesen sein, mit den von den Veränderungen der Zeit und von den lokalen Bedingungen in Pannonien erforderlich gemachten Umgestaltungen. G. Kristó schreibt dazu: „Unserer Annahme nach konnte das System des *comitatus* in Ungarn in den Jahren nach 997 unter deutschem Einfluss entstanden sein. Das deutsche Muster bedeutete aber nicht das mechanische Nachahmen des Modells des deutschen *Comitatus* des 10. Jahrhunderts, dazu waren in Ungarn die Bedingungen nicht vorhanden, sondern der deutsche Einfluss könnte in erster Linie in der Inspiration Gestalt angenommen haben"[8]. In der Herausbildung, das heißt in der Schaffung der Staatsorganisation kann kaum die wichtige Rolle der aus dem Ausland stammenden und hier verwurzelten Missionspriesterschaft geleugnet werden, die – sollte es berechtigt sein, von einer ähnlichen Entwicklung bei den polnischen, tschechischen und ungarischen Institutionen zu sprechen, – einen großen Anteil am häufig analogen Charakter der mit ihrer Mitwirkung geschaffenen weltlichen ost- und mitteleuropäischen Organisationen hatte.

Das königliche Komitat war die Gesamtheit von Gütern und Rechten, mit der Burg in seinem Mittelpunkt. Das Komitat ist als Verwaltungseinheit aufzufassen, lange Zeit hindurch ohne geographische Grenzen. An seiner Spitze stand der vom König dahin ernannte *comes*. Auf dem Gebiet des Komitats lebten die Gemeinfreien, für diese war der König das Staatsoberhaupt, über ihnen sprach der *comes* als Vertreter des Staatsoberhauptes Recht und war ihr militärischer Befehlshaber.

Auf dem Territorium des Komitats lagen die beiden Typen der königlichen Güter mit ihren Völkern, alle im Besitz des Königs, und zwar: 1. die Burgorganisation mit dem Burgvolk (*cives*), 2. die in erster Linie eine wirtschaftliche und versorgende Tätigkeit ausübende Organisation *curia, curtis* mit den Höflingen (*udvornici*). An der Spitze der Burg und ihres Volkes stand im Auftrag des Königs als Besitzer der *comes* (der Gespan) und sprach Recht über sie. Die Würde des *comes* hatte also ein doppeltes Profil: Gegenüber den Freien vertrat er Stephan als Staatsoberhaupt, und gegenüber der Burg und dem Volk vertrat er ihn als ihren Besitzer, als ihren Grundherrn. Über eine *curia, curtis* und ihr Volk stellte ihr Herr, der König den Hofgespan, den *comes curiales*. Der vom König ernannte *comes* wie auch der *comes curialis* konnte auch selbst in den Stand der Servilen (Dienstleute) gehören.

Auf dem Gebiet des Komitats befanden sich die kirchlichen Besitztümer und ihre Besteller, sämtliche waren sie Mitglieder des kirchlichen Dienstvolkes, der *familia ecclesiastica*; angefangen von denen, die die niedrigste Arbeit ausübten, bis zu denen, die in einer „ehrenden" Stellung dienten. Die Völker der königlichen und der kirchlichen Besitztümer führten ihre Arbeit dem ebenfalls unfrei-

377 Spitze der Kopfbedeckung eines vornehmen Ungarn aus Beregszáz. H. 11,4 cm. Budapest, Magyar Nemzeti Múzeum. – Kat. 15.01.05.

Herrschaftszentren und Herrschaftsorganisation

en *decurio* und *centurio* unterstellt aus. Auf dem Gebiet des Komitats waren mit ihren Völkern auch die Besitztümer der weltlichen Privatherren zu finden. Vom Gesichtspunkt der Ausübung der königlichen Macht aus war eine grundlegende Frage die Rechtsstellung der Bevölkerung des Landes, ihre Einteilung in rechtliche Kategorien. Von den Gesetzen Stephans wurde die Bevölkerung eindeutig in *liberi* und *servi* (Freie und Unfreie) gegliedert. Das bedeutet, dass diese Gesellschaft eine Gesellschaft mit zwei Polen war.

Leider wurde dennoch wiederholt ein übertriebener und unhaltbarer Standpunkt laut, dass die königliche Besitzorganisation durch die Enteignung von Landesfläche entstanden ist, wobei dem Arpadenhaus zwei Drittel zufielen, den landnehmenden Geschlechtern ein Drittel verblieben. Diese Auffassung wurde auch auf zwei Drittel der Bevölkerung ausgedehnt. Demnach „war ein großer Teil der ein Drittel der Gesellschaft ausmachenden höfischen Dienstleute" und „die das andere Drittel ausmachenden Burgvölker", Halbfreie im Besitz des Königs und damit in einer Zwischenstellung. Deshalb „wurden die meisten Punkte der Gesetzbücher Stephans auch nicht für diese ausgearbeitet". Bei der prinzipiellen Ausführung dieser Anschauungen wird nachdrücklich auf die Arbeiten von H. Dannenbauer, Th. Mayer und W. Schlesinger verwiesen, als schriftliche Quelle soll der Artikel 21 des zweiten Gesetzbuches von Stephan dienen, und dieser wird so erklärt, dass demnach „der Diebstahl der Höflinge zwar wie bei den Freien zu beurteilen ist (*lege liberorum*), doch wird ihr Zeugnis unter den Freien nicht angenommen. Dies zeugt eindeutig davon, dass hier von Halbfreien die Rede ist, die sich in einem Übergangszustand zwischen den Freien und den Dienstleuten befinden[9]. I. Bolla wies jedoch nach, dass hier von einem Irrtum die Rede ist, der auf lückenhafter Textkritik beruht. Das älteste Manuskript des Gesetzes von Stephan, der von der Mitte des 12. Jahrhunderts stammende Kodex von Admont, schreibt über die Beurteilung der einen Diebstahl begehenden Höflinge nur *lege*, die Einfügung des Wortes *liberorum* geschah nur in den späteren Manuskripten des Gesetzes, in den Thúróczy-Kodex aus dem 15. Jahrhundert und den Ilosvay-Kodex aus dem 16. Jahrhundert. Dies ist kein Text aus der Zeit Stephans. Die Erwähnung der „Halbfreiheit" ist also unbegründet, die darauf aufgebauten Schlussfolgerungen sind verfehlt. I. Bolla beruft sich darüber hinaus auf jene Bemerkungen von Mayer und Schlesinger, in denen diese gegen die Identifizierung der in den Quellen (der Karolingerzeit) erwähnten *ingenui* und *liberi* mit den Königsfreien durch Dannenbauer Stellung nahmen, sie zitiert auch die schwerwiegenden Gegenargumente von K. Kroeschell und die Stellungnahme des Lehrbuches der Rechtsgeschichte von H. Mitteis und H. Lieberich gegen die falsche Verallgemeinerung[10]. Die Bilanz der Diskussion in Deutschland – lehrreich auch für die ungarische Forschung – wird von Fleckenstein wie folgt gezogen: „Seit Theodor Mayer ihre Existenz an einzelnen Beispielen aufgezeigt hat, gewannen sie bald immer mehr an Gewicht, bis schließlich alle Freien auf dem Wege schlichter Verallgemeinerung zu Königsfreien wurden... Inzwischen ist auch der Nachweis erbracht, dass es auch – und keineswegs nur vereinzelt – Freie gab, die freies Eigen besaßen, mit Sicherheit also keine Königsfreien gewesen sind"[11].

In der Zeit Stephans war der Freiheitsbegriff ungegliedert und einheitlich, und unabhängig von den sozialen und Vermögensunterschieden erstreckte er sich vom *vulgaris*, vom *pauper* über *miles*, *hospes* und *vir alicuius ubertatis* bis zum *comes* auf alle, die nicht in der Gewalt eines anderen als Besitzer standen, die nicht als *proprius* abhängig waren. Das Wergeld der Freien war deshalb einheitlich, und machte dem Gesetz Stephans nach (I. 14.) 110 *pensa auri* aus[12].

Vom Gesichtspunkt des Regierens, der Verwaltung des Staates aus war ein besonders wichtiger Umstand, dass die Freiheit des *miles* nicht dadurch beeinflusst wurde, ob er auf seinem eigenen Grund und Boden lebte, oder ob er auf die Seite des Königs oder eines anderen Herrn getreten war. Die Beziehung sowohl des *miles*, als auch des *hospes* zum Herrn war zweiseitig, und diese hatte auch den Senior verpflichtende Bedingungen. Die Lage des *miles* in Ungarn kann in der Zeit Stephans mit Recht mit der verglichen werden, die vom westgotischen Gesetz (dem *Codex Euricianus*) über den *bucellarius* verfügt wurde. Dieser, „wenn er sich einen anderen Patron wählt, soll frei sein, sich jenem anzubieten (*se... commendare*), dem er will; da der freie Mensch (*ingenuus homo*) nicht behindert werden darf, weil er sich in seiner Macht befindet (*in sua potestate consistit*); doch soll er alles dem Patron zurückgeben, den er verlässt..."[13]. Dazu schreibt I. Bolla: „... Der Zustand und die Qualität der Freiheit wurde damals noch durch nichts beseitigt und verändert, wenn der Freie als *miles* oder *hospes* zu einem *senior* ging... Von den Gesetzen wird der der direkten Macht des Königs unterstellte *miles* erwähnt; er konnte dem König nicht weggenommen werden. Außerdem ist auch von einem *miles* die Rede, der zu einem *comes* oder zu einem privaten Herrn gegangen war, und auch von einem solchen, der selbständig war und von niemandem abhing. Dennoch wurde vom Gesetz kein Unterschied gemacht, weder bei der Verhängung des Wergeldes, noch bei der Verhängung der Strafen zwischen dem *miles*, der auf dem eigenen Grund und Boden lebt, sowie dem, der zum König oder zu einem anderen Herrn gegangen ist... Die Art der Abhängigkeit unterscheidet sich nach dem Zustand des Herrn und des Dienstmannes. Im abhängigen Verhältnis des Freien fehlt der dienerische Faktor des In-Besitz-Stehens, sein Schandfleck... Der Fakt des Sich-Hinbegebens zu einem Herrn bestimmte noch nicht den Charakter seines Dienstes: dieser konnte der Dienst des Soldaten und des Bauern sein..."[14].

Wie es zuvor erörtert wurde, schuf Stephan die Kirchen- und Staatsorganisation in Ungarn in seiner Eigenschaft als Staatsoberhaupt, als König. Vom „patrimonialen" Charakter seines Staates und seiner Kirche kann nicht die Rede sein; seine Macht über das Territorium und die freie Bevölkerung seines Landes war die Macht des Staatsoberhauptes, des Herrschers. Von deren Natur als „oberster Grundherr" kann also nicht einmal vom Gesichtspunkt der Analyse aus die Rede sein.

Anmerkungen

1. Der *defensor Christianitatis* in Stephans Gesetz: Závodszky (1904) 145.
2. Die Äußerung in ihrem vollständigen internationalen Zusammenhang: Werner (1965) 12–18. – Adam von Bremen (FvSt) 236; 434.
3. Hinschius (1963) 724. Die Grundlagen der Kirchenorganisation von St. Stephan nach dem Pseudo-Isidor: Pauler (1899) I, 391 Anm. 63.
4. Schiller (1910) 389ff.
5. Györffy (1977) 190; 189.: „Auf einem höheren Niveau hielt der Herrscher... die von seinen Vorgängern gegründete Kirchenorganisation für seine Privatkirche". Ähnlich Szűcs in: Glatz-Kardos, (1988) 41. – Ablehnend Mályusz (1971) 17.
6. Feine (1964) 247; 250 Anm. 15.
7. Ordnungen (1989) 234.
8. Kristó (1959) 20–21. – Ders. In: Glatz/Kardos (1988) 463; 579.
9. Györffy (1959) 20–21. – Ders. (1977) 463 Anm. 5.
10. Das vorstehend zitierte Gesetz von St. Stephan: Závodszky (1904) 156. – Bolla (1998) 20 Anm. 27; 10 Anm. 6; 11 Anm. 8.
11. Fleckenstein in: Ordnungen (1989) 290.
12. Závodszky (1904) 145. – Bolla (1998) 16.
13. Codex Euricianus, Leges Visigothorum, ed. K. Zeumet, MGH LL in 4o Leg.nat. Germ., tom. 1 (Hannover, Leipzig 1902) 18.
14. Bolla (1998) 20.

Stephan I. und sein Werk

GYÖRGY GYÖRFFY

Die Persönlichkeit Stephans I. des Heiligen und das von ihm geschaffene Werk können nicht von den historischen und gesellschaftlichen Verhältnissen des Europas seiner Zeit getrennt werden.

Die Pflanzen- und Tierwelt an der mittleren Donau und des sich daran anschließenden Karpatenbeckens und mit ihm die Völker des Reiches der Awaren sind nach der 150 Jahre andauernden Trockenheit der nördlichen Halbkugel (ca. 750 bis 900 n. Chr.) zum größten Teil untergegangen, diese Landschaft ist zu einem unbesiedelten Raum geworden. Nur die Slawen, die die Waldzone bewohnten, und die zu ihnen geflüchteten und Slawen gewordenen Volkselemente der Awaren und Bulgaren und der germanischen Gepiden in den niederschlagsreicheren Randgebieten überlebten diese Klimakatastrophe. Dadurch wurde es möglich, dass sich bis zur Jahrtausendwende neue Völkerschaften zwischen dem byzantischen oströmischen Reich, dem lateinischen weströmischen Reich sowie zwischen der Kiewer Rus gelegenen Raum herausbildeten; bei jedem von ihnen brachten die stürmischen Ereignisse des 9. Jahrhunderts neue Dynastien gründende Persönlichkeiten hervor, im Westen die Karolinger, in Byzanz die von Leo dem Weisen begründete makedonische Dynastie und im Osten die russisch-warägischen Rurikiden.

Innerhalb des Raumes zwischen den drei Großmächten hatten sich die Großfürsten der Arpaden als die stärksten erwiesen, denen es in der ersten Hälfte des 10. Jahrhunderts gelungen war, die militärische Begleitung der Anführer der sieben ungarischen und drei chazarisch-kabanischen Stämme (größtenteils waren es bulgarische, alanische und iranisch-kalizische Stämme mohammedanischen Glaubens) zu vereinen. Dadurch gelang es ihnen, die übrig gebliebenen und unbedeutenden Volkselemente der fränkisch-bayerischen, der sprachlich von ihnen abweichenden slawischen und die restlichen gepidischen germanischen Volkselemente in die durch die finnisch-ugrisch-iranisch-türkisch-slawische Symbiose entstandenen sieben ungarischen Stämme zu verschmelzen. In der Folgezeit zogen die die Karolinger ablösenden Sachsenkaiser, die Ottonen, die Arpaden auf die Seite der römischen Päpste. Vajk-Stephan, der Sohn des Großfürsten Géza erhielt schließlich, nachdem er im Jahre 997 die Tochter Gisela des Herzogs Heinrich II. von Bayern, des Cousins von Otto I. geheiratet hatte, mit der Unterstützung Kaiser Ottos III. von Papst Silvester II. die Lanze und die Krone. Am ersten Tag des Jahres 1000 wurde er vom Mitstreiter des Bischofs Adalbert, vom päpstlichen Legaten Astrik-Anastasius zum König gekrönt.

Vajk-Stephan baute unter seiner 42 Jahre währenden Herrschaft auf dem Gebiet der zehn Regionen des Karpatenbeckens im Schutze der Burgen der ihm treu ergebenen Herzöge und Fürsten (*duces*) die zehn Bistümer aus, und innerhalb dieser ungefähr je fünf Komitate, an deren Spitze er *comes* ernannte. Die ihnen unterstellten Dechanten (Archipresbyter) nahmen die Organisation der Kirchen auf. Nach dem Artikel l seines zweiten Gesetzes, das er zu Beginn seiner Regierungszeit erlassen hatte, war jeder Kirchensprengel verpflichtet, zehn neue Kirchen zu gründen.

Die so geschaffene kirchliche und weltliche Organisation erwies sich als derart stabil, dass sie den Heidenaufstand des Jahres 1046, den Tatarensturm des Jahres 1241/42, der die Bevölkerung des halben Landes vernichtete, sowie nach 1526 die 150 Jahre währende türkische Besetzung überlebte. Nach der Vertreibung der Türken bewirkte die Herrschaft der Habsburger im Rahmen der Österreichisch-Ungarischen Monarchie die bürgerliche Umgestaltung der unterschiedlichen Ethnien des Raumes, der Deutschen, Ungarn, Tschechen, Polen, Slowaken sowie der südslawischen Slowenen und der Serben.

Diesen gesunden, wegen der Teilung Polens aber ungerechten Prozess hatten erst das Attentat von Sarajewo im Jahre 1914 und der danach folgende 1. Weltkrieg und 2. Weltkrieg, die ungerechten Frieden und ihre Auswirkungen, die Folgen der hitlerschen und stalinistischen Greueltaten des 20. Jahrhunderts erschüttert. Nach den der Österreichisch-Ungarischen Monarchie aufgezwungenen Friedensdiktaten und ihrer Aufteilung in sechs Staaten bietet die europäische Einheitsbewegung eine Hoffnung zur friedlichen Ordnung dieses Raumes.

Auf das Lebenswerk des am ersten Tag des Jahres 1000 gekrönten Königs Stephan können wir aus den Berichten von Zeitgenossen schließen: aus seinen zwei in Kopien erhaltenen Gesetzbüchern, aus drei Biographien, die vor 1100, das heißt vor seiner Heiligsprechung, entstanden sind und später modifiziert wurden, sowie aus seinen Urkunden.

Die gesellschaftliche Organisation des Königreichs kann in fünf Schichten eingeteilt werden. Unter dem König standen der Senat, in dem die *duces* genannten Herzöge der königlichen Familien, die königstreuen Magnaten, die an die Spitze der Komitate gestellten Gespane, *comes*, sowie die hohen Geistlichen, und neben den beiden Erzbischöfen acht Bischöfe. An der Spitze der Hoforganisation karolingischen Typs stand der Palatin-Gespan (*comes palatinus*), der Schatzmeister, der Truchsess, der Marschall usw. Jedem Würdenträger bei Hof war eine bewaffnete freie Begleitung unterstellt, die den Willen des Königs gegenüber dem halbfreien, produzierenden, einfachen Volk durchsetzte. Die bäuerliche Bevölkerung wurde im Grunde genommen in jedem Komitat in drei Teile gegliedert, ein Drittel wurde zum Dienst für die über alle Komitate verstreut liegenden Herrenhäuser der königlichen Familie, ein Drittel zum Dienst für die Burgen der Gespane und ein Drittel zum Dienst für die königstreuen Magnaten und die Kirchen bestellt. Die unterste Schicht der Gesellschaft bildeten die Dienstleute, die aus Gefangenen oder aus gekauften Sklaven entstanden waren, deren Schicksalsweg als Befreite (*libertus*), dann als Freie (*libertinus*) früher oder später in die Werkzeug besitzende Schicht der Halbfreien führte.

Diese Organisation, die in unserem europäschen Raum auch auf dem Gebiet des Herzogtums (später Königreichs) Böhmen und Polen entstand, blieb in Ungarn und in seinen Nebenprovinzen bis zum Tode von König Béla III., bis zum Ende des 12. Jahrhunderts bestehen.

Für die Herrschaft König Stephans in kirchlichen Belangen war eine in dieser Zeit nur selten vorkommende Toleranz charakteristisch. Das hängt damit zusammen, dass die ungarischen Großfürsten schon vor der Landnahme den Einflüssen der griechisch-byzantinischen, dann der slawischen Mission des Erzbischofs Method ausgesetzt waren. Es wirkte sich auch aus, dass in wirtschaftlichen Angelegenheiten vor allem die Mohammedaner von Chworesm-Kaliz die führende Rolle spielten, von denen ein Teil auch als Hilfstruppen im Heer des Herrschers kämpfte; neben ihnen wirkten in geringerem Maße auch die Juden im Fernhandel mit.

Bis zum Ende des 10. Jahrhunderts war in den zu Ungarn gehörenden Gebieten in Siebenbürgen und am Unterlauf der Donau ein griechischer Bischof tätig; sogar die Mutter König Stephans war im griechischen Ritus erzogen worden; und sein Sohn, der später heilig gesprochene Herzog Emmerich heiratete eine griechische Prinzessin, die vom Kaiser von Byzanz sogar eine in ein Doppelkreuz gefasste *vera crux*-Reliquie erhalten hatte, von der sie eine auch ihrem Verwandten, dem Herzog Bolesław Chrobry von Polen schenkte. Die parallel verlaufende kirchliche Entwicklung des Raumes an der mittleren Donau, im weiteren Sinne östliches Mitteleuropa, wurde auch dadurch intensiviert, dass sich sowohl in Böhmen, als auch in Polen und Ungarn der Kult des heiligen Adalbert herausgebildet hatte, der auch einen persönlichen Einfluss auf den jungen Fürsten Stephan ausübte und dessen Mitarbeiter dann in Ungarn Missionserzbischofs- und Missionsbischofssitze von Prag und Polen erhielten. Auf die weitere Entwicklung der Kirche wirkte sich aus, dass nach dem Ableben von Kaiser Otto III. die italienischen und deutschen Notare des italienischen Erzkanzlers Heribert nach Ungarn kamen, und Stephan sowie seine bayerische Gemahlin Gisela mit ihnen die Bischofsstühle besetzte. So konnte auch der Bau von Klöstern beginnen. Als erstes wurde mit der Errichtung des über die Privilegien von Monte Cassino verfügenden Klosters von Martinsberg (Pannonhalma) auf dem nach dem heiligen Martin von Tours benannten Martinsberg begonnen. Dort begann auch das ungarische kirchliche Unterrichtswesen.

Die Entwicklung Ungarns wurde dadurch beschleunigt, dass König Stephan in Ausnutzung seiner griechischen Kontakte im Jahre 1018 die seit dem Altertum bestehende Wallfahrtstraße nach Jerusalem erneuerte, die über die Burg von Stuhlweißenburg (Székesfehérvár/Alba Regia) verlief; hier errichtete er auch seinen neuen Herrschaftssitz. Für diesen Schritt war das gesamte römische Christentum dankbar, denn dies hatte zur Folge, dass Ungarn sich in den West-Ost-Verkehr der Wallfahrer und Kaufleute einschaltete.

Die 42jährige Regierungszeit von Vajk-Stephan übte einen fruchtbaren Einfluss auf die kirchliche und weltliche Entwicklung des gesamten Raumes des östlichen Mitteleuropas aus, dessen Auswirkungen auch im Jahre 2000 zu spüren sind und der dazu beiträgt, dass die sich hier herausbildenden Länder im Europa des neuen Jahrtausends zueinander finden werden.

378 Schwert des heiligen Stephan. Praha, Knihovna Metropolitní Kapitulj u. sv. Vita. – Kat. 27.01.09.

Gran (Esztergom) zur Zeit Stephans des Heiligen

ISTVÁN HORVÁTH

Archäologische Funde zeugen davon, dass sowohl das Stadtgebiet von Gran selbst als auch die unmittelbare Umgebung von den Ungarn der Landnahmezeit besetzt wurde. Funde, die Gräber mit Pferden vermuten lassen, sind am südlichen Fuße des Burgberges und im südlichen Teil der Stadt zum Vorschein gekommen. Sie erlauben den Schluss, dass hier im 9. und 10. Jahrhundert eine bedeutende Anzahl von Menschen auf einer großen Fläche gelebt hat, was in erster Linie mit der günstigen geographischen Lage des Ortes zu erklären ist: Er liegt am Zusammenfluss von Garam und Donau, am Schnittpunkt von für den Handel und die Kriegführung wichtigen Wasser- und Landwegen. Der Burgberg ragt am Fluss empor und beherrscht die Furt über die Donau.

Oben auf dem Berg standen im 9. und 10. Jahrhundert wohl noch bedeutende Reste eines römischen Castrums, Solva, das an der Stelle eines keltischen Oppidums errichtet worden war.

Als Gran, das heutige Esztergom, Ende des 10. Jahrhunderts von Fürst Géza zu seiner Residenz erkoren wurde, spielten neben siedlungsgeographischen Gesichtspunkten auch die Veränderungen der politischen Lage eine wichtige Rolle für die Entwicklung der Stadt. Wahrscheinlich hat er von hier aus 973 seine Gesandten zu Kaiser Otto nach Quedlinburg zum Osterfest geschickt. Hier wurde um 975 auch sein Sohn Vajk geboren, der unter dem Namen Stephan der erste ungarische König werden sollte, und der ebenfalls hier im Jahre 996 die Ehe mit der bayerischen Herzogstochter Gisela schloss. Im Jahr des Todes von Géza, 997, wurde Stephan hier in den Fürstenstand erhoben und am 1. Januar 1001 zum König gekrönt. Hier stand jene „königliche Burg", *Regia Civitas*, die auf den von ihm in Gran geprägten ersten ungarischen Münzen vorkommt, hier stiftete er im Jahre 1001 das erste ungarische Erzbistum und hier verstarb er wohl auch am 15. August 1038.

Die erste christliche Kirche in der Graner Burg war ein frühes Zeugnis für die Missionierung, die nach der Gesandtschaft nach Quedlinburg unter der Leitung von Bruno oder Prunwart von Sankt Gallen begonnen hatte. Auf der Nordhälfte des Burgberges, aller Wahrscheinlichkeit nach neben Gézas Palast, stand die St. Stephanus-Kirche, die zu Ehren des Schutzheiligen der Passauer Missionsdiözese, des Erzmärtyrers St. Stephanus, als eine der ersten Taufkirchen geweiht wurde (Abb. 379).

Der *canonica visitatio* des St. Stephanskapitels aus dem Jahr 1397 zufolge wurde diese Kirche noch vor der Geburt Stephans von Géza erbaut: *...dictam ecclesiam esse fundatam ante tempora beati Regis Stephani scilicet per dominum Geyzam regem (!) patrem eiusdem...* – Punkt 22 desselben Protokolls enthält den Hinweis, dass König Stephan in dem damals

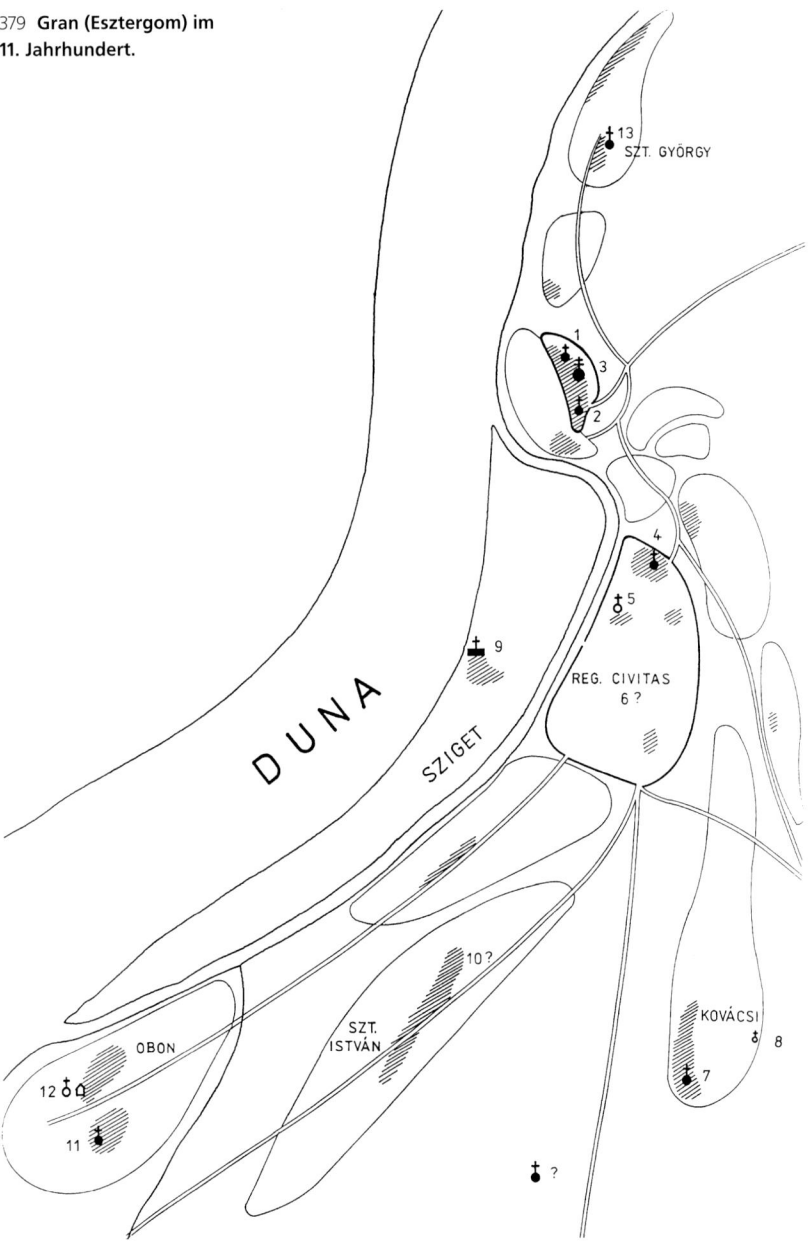

379 **Gran (Esztergom) im 11. Jahrhundert.**

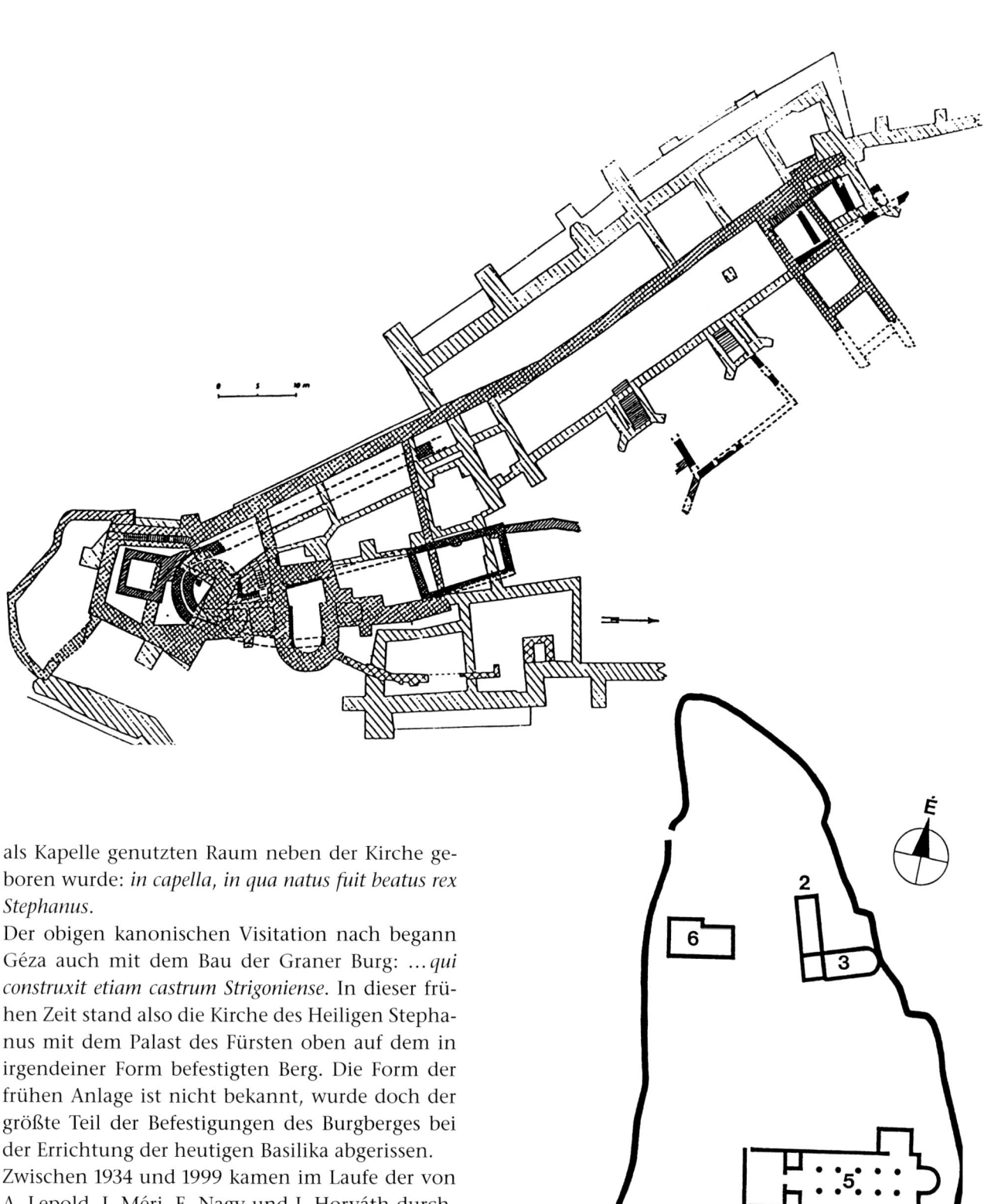

380 **Gran (Esztergom), Burgpalast, Plan der freigelegten Mauerreste.**

381 **Gran (Esztergom). Frühe Befestigung in unregelmäßiger, dem Gelände angepasster Form mit den verschiedenen Kirchen.** 1 Tor; 2 Palast des Géza; 3 Palastkapelle; 4 Palast Stephans; 5 Basilika St. Adalbert; 6 Palast; 7 Kloster.

als Kapelle genutzten Raum neben der Kirche geboren wurde: *in capella, in qua natus fuit beatus rex Stephanus.*

Der obigen kanonischen Visitation nach begann Géza auch mit dem Bau der Graner Burg: *...qui construxit etiam castrum Strigoniense.* In dieser frühen Zeit stand also die Kirche des Heiligen Stephanus mit dem Palast des Fürsten oben auf dem in irgendeiner Form befestigten Berg. Die Form der frühen Anlage ist nicht bekannt, wurde doch der größte Teil der Befestigungen des Burgberges bei der Errichtung der heutigen Basilika abgerissen. Zwischen 1934 und 1999 kamen im Laufe der von A. Lepold, I. Méri, E. Nagy und I. Horváth durchgeführten Ausgrabungen Teile von weitläufigen frühen Bauten aus dem 11. Jahrhundert zum Vorschein.

E. Nagy fand am südlichen Ende des königlichen Palastes auch eine mit den Gebäuden verbundene Rotunde, die sie als Kapelle des frühen Palastes deutete (Abb. 379, 2). Aufgrund der hypothetischen Rekonstruktion des Bodenreliefs des Berges meint sie, dass in früher Zeit sozusagen zwei Burgen erbaut worden waren: neben der Königsburg auf der Südseite setzt sie um die St. Adalbertskirche und den erzbischöflichen Palast ein eigens befes-

Herrschaftszentren und Herrschaftsorganisation 577

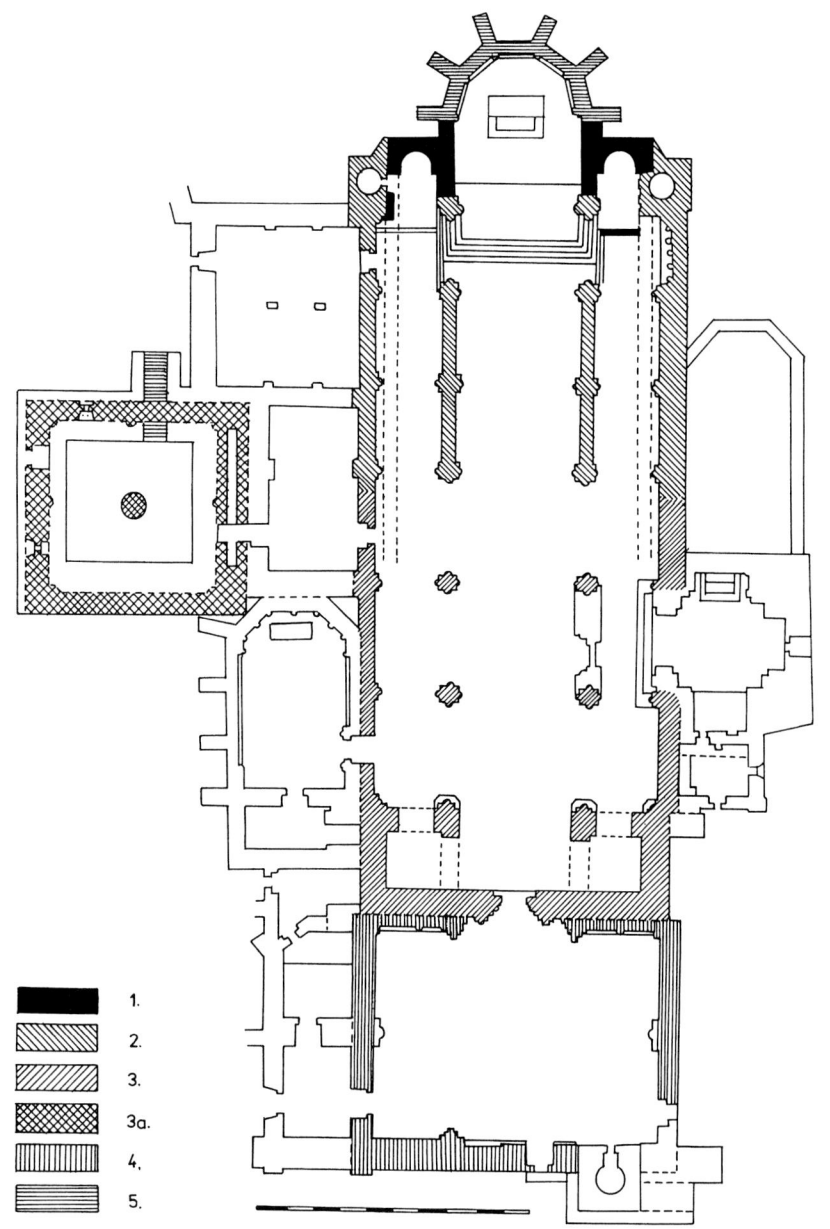

382 **Gran (Esztergom), dreischiffige Basilika St. Adalbert.**

1.
2.
3.
3a.
4.
5.

tigtes kirchliches Zentrum an. Unserer Meinung nach folgten die Mauern der frühen Befestigung vermutlich der unregelmäßigen, ovalen Form des Berges entlang des Plateaurandes und umgaben alle Gebäude der Burg, die königlichen und die kirchlichen (Abb. 381).

Innerhalb dieser Mauern wurde auf dem mittleren, emporragenden Teil des Berges die Hauptkirche des im Jahre 1001 gegründeten Erzbistums errichtet, die dem heiligen Adalbert und der heiligen Jungfrau Maria geweihte Basilika (Abb. 379). Die Bauarbeiten begannen vielleicht zugleich mit der Gründung des Erzbistums, die mehrmals umgebaute Kirche wurde in den Türkenkriegen zerstört, ihre Reste wurden dann, nachdem die Grundmauern vermessen worden waren, bei der Errichtung der neuen Basilika abgerissen. Von ihrem Vorhandensein im 11. Jahrhundert zeugen nur noch einige Steinmetzarbeiten und vielleicht einige Details des heutigen Grundrisses, zum Beispiel der außen gerade, innen halbrunde Abschluss der beiden Seitenchöre der dreischiffigen Basilika. (Abb 382, 1)

Unter den Gebäuden des Burgberges zur Zeit Stephans spielte der ebenfalls Anfang des 11. Jahrhunderts errichtete Erzbischofpalast eine herausragende Rolle. Das vielfach umgebaute Gebäude wurde bei der Errichtung der neuen Basilika im Jahre 1821 ebenfalls abgerissen. Der alte Bau war nach Osten ausgerichtet, erhob sich auf rechteckigem Grundriss und stützte sich mit seiner Westfassade auf die Burgmauer (Abb. 381, 6).

Auch die St. Veitskapelle kann mit der Kirchenorganisation und den Stiftungen von Radla und Anastasius, die zum Prager Kreis von St. Adalbert gehörten, um das Jahr 1000 in Zusammenhang gebracht werden. Ihre Reste sind vermutlich die in der Nähe des nördlichen Fußgängertores des Burgberges, sie endete wohl in einem geraden Chorabschluss.

Die frühe Stadt unterhalb des Burgbergs entstand durch das Anwachsen der Bevölkerung in den Siedlungsschwerpunkten, sie wurden zu den späteren Stadtteilen. Frühe Siedlungsspuren finden sich in den meisten von ihnen.

Unmittelbar unter der königlichen Burg liegt die Wasserstadt (Abb. 383), deren Vorläuferin im 10. und 11. Jahrhundert von G. Györffi mit der Ortschaft identifiziert wird, die die *Passio sancti Adelberti* „Sobottin" nennt. Von hier sind zwar Keramikfunde aus dem 10. und 11. Jahrhundert bekannt, doch gibt es noch keine Hinweise darauf, dass die im Mittelalter erwähnten drei Kirchen damals bereits existierten.

Die Angehörigen des Hofstaates ließen sich im Norden, in der so genannten „königlichen Stadt" um die St. Laurentiuskirche herum nieder. Die Kirche wird zwar nicht vor 1202 erwähnt, doch fanden sich bei der Grabung in ihren Ruinen unter dem gotischen Chor die Mauerreste einer hufeisenförmigen Apsis, die in den Anfang des 11. Jahrhunderts datiert werden können. Aufgrund dieses Befundes kann an eine frühe Gründung, wahrscheinlich zur Zeit des heiligen Stephan, gedacht werden. (Abb. 379, 4)

Südlich der „königlichen Stadt" bildete sich die Siedlung der Kaufleute um das Forum herum heraus. Im Jahre 1156 wird hier die St. Nikolauskirche erwähnt, die ebenfalls für eine frühe Gründung aus dem 11. Jahrhundert gehalten werden kann. (Abb. 379, 5)

Wahrscheinlich wurde die zum ersten Mal im Jahre 1050 erwähnte Synagoge ebenfalls zu Beginn des 11. Jahrhunderts erbaut, im 13. und 14. Jahrhundert lag sie in der Judenstadt, *Contra Judeorum*, südlich des Forums. (Abb. 379, 6.)

Die Siedlung Kovácsi nahm südöstlich der „königlichen Stadt" eine riesige Fläche ein. Sie war ebenfalls ein Wohnort für königliches und fürstliches Gefolge (Abb. 379, 7; 384). In den Urkunden kommt sie als Siedlung des metallverarbeitenden Handwerks unter den Namen *vicus fabrorum, villa monetariorum* oder Kovácsi vor. Vom 13. Jahrhundert an werden für diese Siedlung drei Kirchen erwähnt. Die von L. Zolnay neben dem Bahnhof ausgegrabene dreischiffige Kirche mit einer Doppelturmfassade im Westen kann aufgrund der in ihr gefundenen Gräber und Gegenstände wie Körbchenohrringen, silbernen Granulationsperlen, Ringen und Denaren des heiligen Stephan in den Anfang des 11. Jahrhunderts datiert werden. Unter den frühen Gräbern kam auch ein Ofen zum Vorschein, der zum Schmelzen von Buntmetallen diente. Aufgrund seiner Form und seiner Position könnte der Ofen zugleich mit dem Bau der Kirche entstanden sein und zum Gießen von Glocken gedient haben (Abb. 385). Die Kirche wurde von L. Zolnay mit der den Heiligen Kosmas und Damian geweihten Pfarrkirche der Siedlung identifiziert.

Östlich der eben beschriebenen wurden die Grundmauern einer anderen, kleinen, mit einer halbrunden Apsis versehenen Kirche gefunden. (Abb. 379, 8)

Ein weiteres, nach unserer Auffassung in das 11. Jahrhundert, die Zeit des heiligen Stephan, zu datierendes großes Gebäude befand sich auf der Insel außerhalb der Stadt: die Kirche und das Kloster der Jungfrau Maria der Benediktinerinnen. (Abb. 379, 9; 386).

Die nach dem Erzmärtyrer St. Stephanus benannte südliche Vorstadt von Gran halten wir zusammen mit der St. Stephanus-Kirche, die 1187 erstmals erwähnt wurde, für eine Gründung aus dem Anfang des 11. Jahrhunderts (Abb. 379, 10.). Es sind zwar noch keine Reste von ihr gefunden worden, doch sind auf dem Gelände der Siedlung neben Keramik des 11. und 12. Jahrhunderts auch Stephans-Denare zum Vorschein gekommen.

Südwestlich von St. Stephanus lag die Vorstadt des mittelalterlichen Gran, früher Abony oder Obon genannt, seit der Mitte des 12. Jahrhunderts hieß sie Szentkirály – *Sanctus Rex, S. Stephanus Rex de Strigonio.* Die Überreste der frühen St. Andreas-Pfarrkirche in der Siedlung sowie ein Teil ihres Friedhofes wurden freigelegt (Abb. 379, 11). In den Gräbern fanden sich in Granulationstechnik gefertigte Silberringe und Perlenketten, glatte und in S-Formen endende Haarnadeln, Denare von St. Stephan und weitere Münzen aus dem 11. und

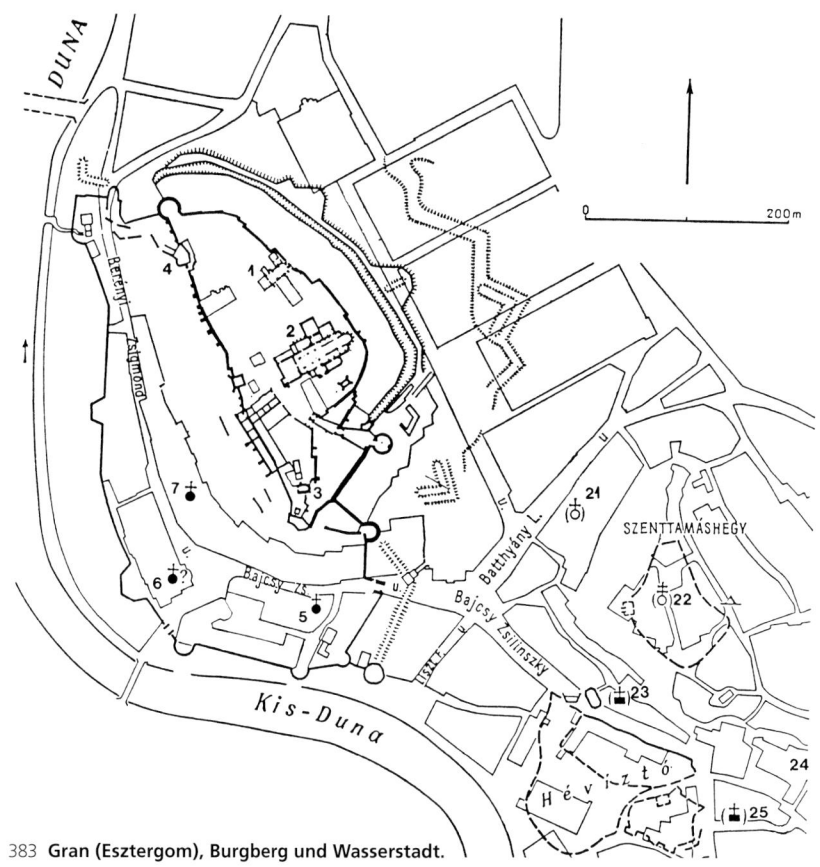

383 **Gran (Esztergom), Burgberg und Wasserstadt.**

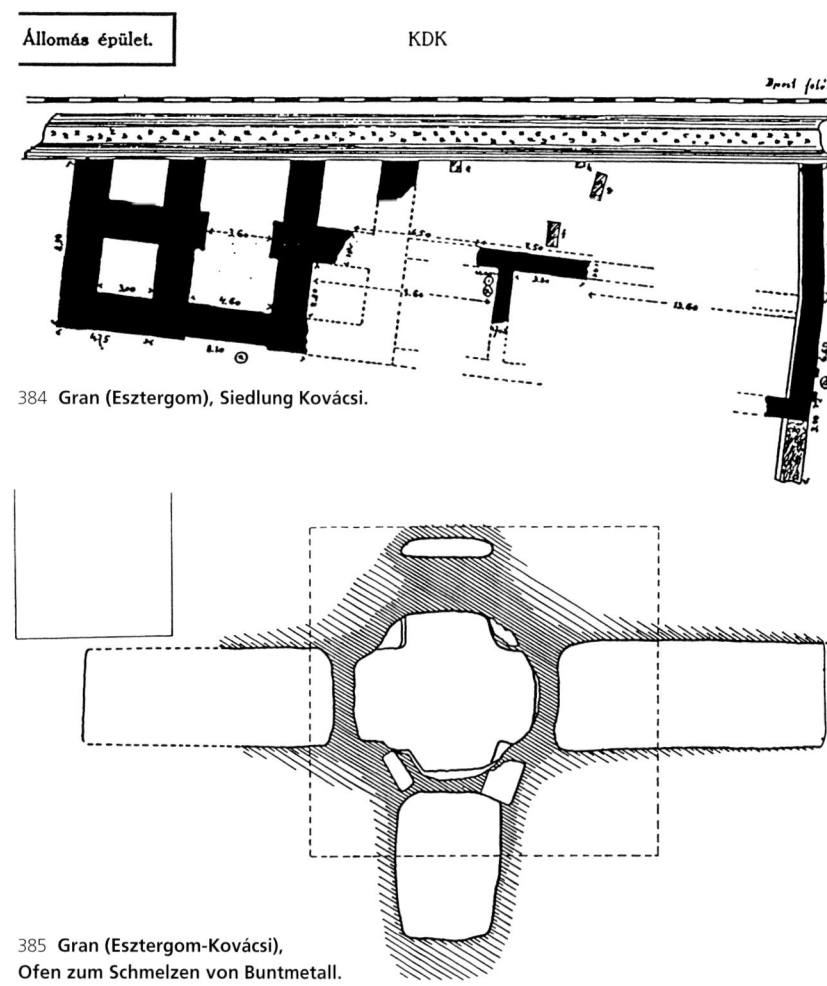

384 **Gran (Esztergom), Siedlung Kovácsi.**

385 **Gran (Esztergom-Kovácsi), Ofen zum Schmelzen von Buntmetall.**

Herrschaftszentren und Herrschaftsorganisation

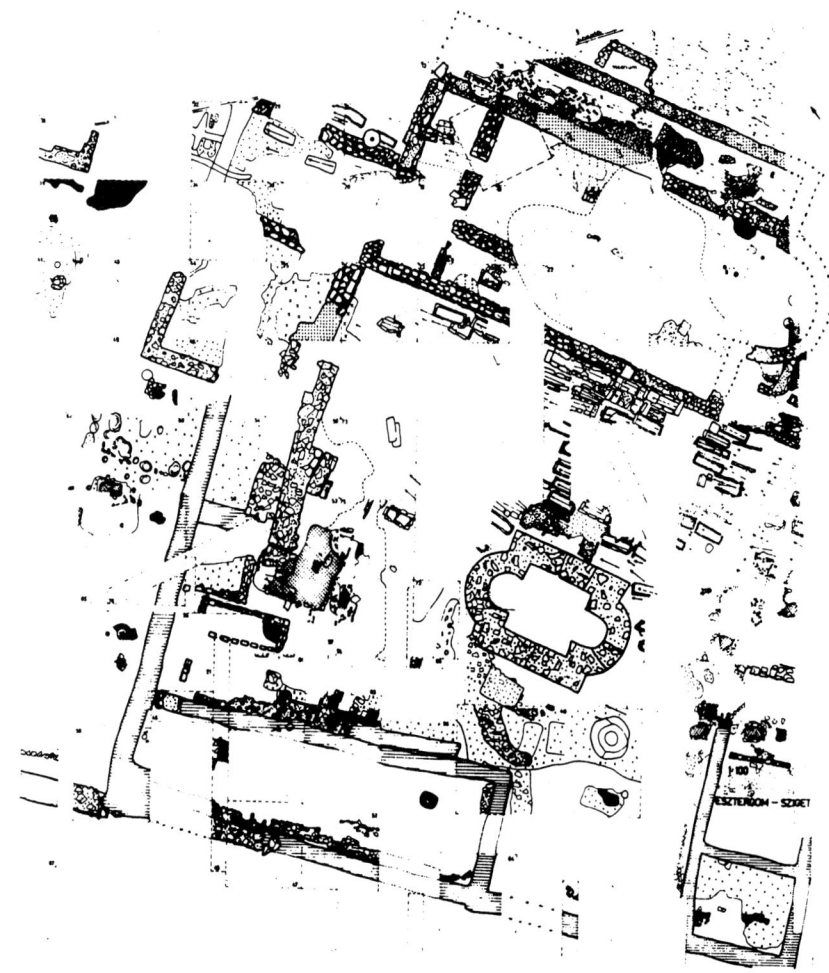

386 Gran (Esztergom-Sziget), Grundriss der Ausgrabung des Benediktinerinnen-Klosters.

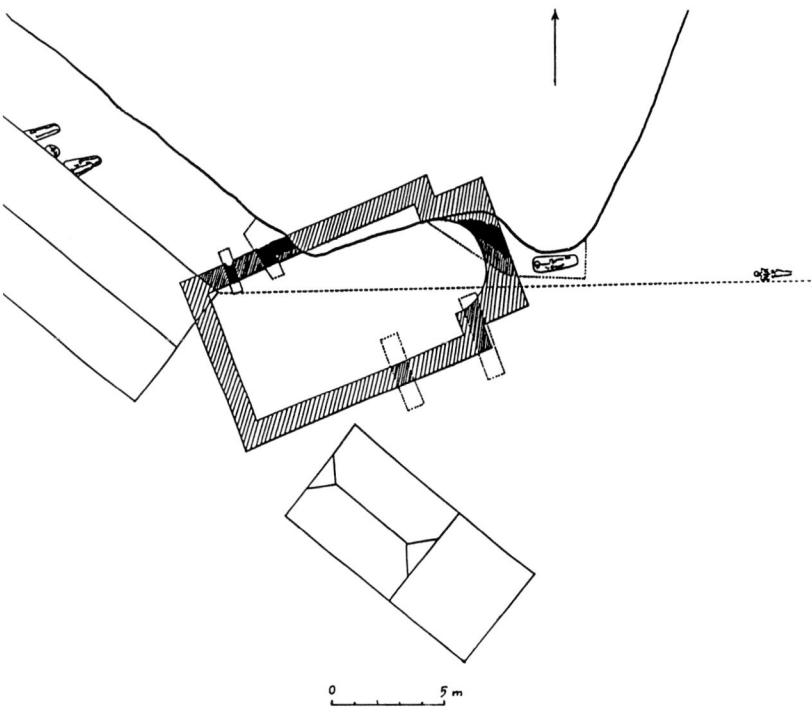

387 Gran (Esztergom), St. Andreas-Pfarrkirche der Vorstadt Abony.

12. Jahrhundert. Auch der Grundriss der Kirche mit außen geradliniger und innen halbkreisförmiger Apsis (Abb. 387) verweist auf die Zeit des heiligen Stephan.

Auf die Bedeutung des Ortes im 11. Jahrhundert machte G. Györffi aufmerksam. Neben der hier um die Mitte des 12. Jahrhunderts gegründeten Kirche des Ordens der nach St. Stephan benannten Kreuzkanoniker fällt die St. Elek-Kapelle auf. Seiner Meinung nach „war die Vorläuferin bei der Gründung eines königlichen Klosters im allgemeinen eine königliche Pfalz, die hiesige St. Elek-Kapelle ist ein für die Zeit der Staatsgründung charakteristisches Patrozinium, und da es üblich war, an der Stelle des Todes eines Heiligen eine Kirche zu gründen, darf man schließen, dass hier der Palast des Königs stand, in dem er am 15. August 1038 verstorben ist". (Abb. 379, 12)

Weitere Siedlungsspuren aus der Zeit des heiligen Stephan sind am Nordrand der Stadt zum Vorschein gekommen, am Donauufer von Szentgyörgymező, es handelt sich zum Teil um in den Boden eingetiefte Gebäude und zum Teil um Häuser aus Balkengerüsten aus dem 10. und 11. Jahrhundert. Die St. Georgskirche im Ort wird von einzelnen Wissenschaftlern ebenfalls in diese Zeit datiert. (Abb. 379, 13)

Auf einem weitläufigen Gebiet der mittelalterlichen Stadt waren also bereits im 10. und 11. Jahrhundert kleinere oder größere Siedlungen entstanden. Diese wuchsen im 12. und 13. Jahrhundert zu einer Ortschaft zusammen, aus der sich dann eine königliche Residenz, der Sitz eines Erzbischofs, ein geistlicher Mittelpunkt, ein Handels- und Verkehrszentrum und eine nicht zu umgehende Zollstation, kurz eine große und bedeutende Stadt entwickelte.

Das Herzogtum Neutra (Nitra) und Ungarn.
Vom Niedergang Großmährens bis zum Ende des 11. Jahrhunderts

RICHARD MARSINA

Nachdem der altmagyarische (altungarische) Stammesverband im Karpaten-Donaubecken angekommen war, gelangte er auch in das östliche und südöstliche Gebiet Großmährens, das ein Lehensherzog von Neutra aus verwaltete. Die Ungarn zogen zunächst in das Theißgebiet, das von dem großmährischen Fürst Svatopluk in der zweiten Hälfte der siebziger und in den achtziger Jahren des 9. Jahrhunderts erobert worden war. Es ist wahrscheinlich, dass in diesem von slawischer Bevölkerung nur dünn besiedelten Gebiet bereits in den letzten beiden Jahrzehnten des 9. Jahrhunderts kleinere Gruppen von Altmagyaren angesiedelt wurden. Den Boden hatte ihnen Svatopluk für geleistete militärische Hilfe zugeteilt. Es ist nicht auszuschließen, dass nach der Ankunft des altmagyarischen Stammesverbandes ein Teil der führenden und der heimischen slawischen Bevölkerung in die Dienste der Altmagyaren trat. Ein konkretes Zeugnis ihrer Ankunft ist das reiche altmagyarische Fürstengrab in Zemplín (Abb. 388). An der Wende vom 9. zum 10. Jahrhundert wurde die Verteidigungsfähigkeit Großmährens durch die dynastischen Streitigkeiten und die Desintegrationsbestrebungen der Magnaten geschwächt.

Als die Altmagyaren den südöstlichen Teil des mährischen Herzogtums Neutra in den letzten Jahren des 9. Jahrhunderts besetzt hatten, flüchtete ein Teil der einheimischen slawischen Bevölkerung vor den Eroberern oder wanderte ab. Die Siedlungsbewegung vollzog sich vor allem in nordwestlicher Richtung, meist in die ehemaligen und ursprünglichen Gebiete des Herzogtums Neutra, wo um die Wende des 9./10. Jahrhunderts möglicherweise Novgrad (Nógrád) als neues Verteidigungszentrum entstand. Das Herzogtum verlor nach und nach die eroberten Gebiete im Südosten bis zur Donau. Die bis dahin von slawischer Bevölkerung bewohnten Gebiete östlich der Donau wurden durch die Einwanderung der neuen Bevölkerung ethnisch vorwiegend magyarisch.

Nach der Einnahme Transdanubiens durch die Altmagyaren um 900 verstärkte sich deren Druck auch auf das Gebiet nördlich der Donau, auf den zentralen Teil des Lehensherzogtums Neutra. Nach dem Friedensschluss mit dem ostfränkischen Königreich 901 gelangte Herzog Svatopluk, der Sohn Svatopluks I., abermals an die Spitze des Lehensherzogtums Neutra. Überlieferte mittelalterliche ungarische Quellen kennen zwei grundlegende Versionen des weiteren Vorstoßes der Altmagyaren gegen Großmähren. Die eine spricht von einer großen Schlacht südlich der Donau (Tata), in der der großmährische Herrscher fiel oder ertrank. Die zweite Version (Anonymus) spricht von einem allmählichen Vordringen in das Zentrum des Herzogtums Neutra bis zur Stadt Neutra, die erst nach erbitterten Kämpfen erobert wurde. Diese Ereignisse spielten sich wahrscheinlich in der zweiten Hälfte des ersten Jahrzehnts des 10. Jahrhunderts ab.

Bei der Aufteilung des besetzten Gebietes fielen Neutra und der zentrale Teil des Herzogtums direkt an Fürst Árpád. Auch danach blieb Neutra weiterhin ein höheres Verwaltungszentrum. Nach G. Györffy wurde es Sitz des Lehens, das jeweils den Arpadenprinzen zugeteilt wurde. Der erste war angeblich Árpáds Sohn Jeleg, später besaß das Lehen im westlichen Gebiet des Herzogtums jenseits der Waag dann Tevel, Sohn des Dursac, und nach ihm Taksony, der Sohn Zoltas. Für den Fürsten Géza wurde sein jüngerer Bruder Michael Lehensherzog in Neutra.

388 Versilberte Bronzetasse aus dem altmagyarischen Fürstengrab von Zemplín, Bez. Trebišov, um 900, H. 6,3 cm. – Kat. 15.03.01g.

Nach der großen Niederlage des altmagyarischen Heeres in der Schlacht auf dem Lechfeld unweit von Augsburg 955 dürfte der böhmische Fürst Boleslav I. die Stadt und das Gebiet Neutra für kürzere Zeit besetzt haben. Dieses Gebiet zurückzugewinnen gelang spätestens um das Jahr 970, entweder noch dem Fürsten Taksony oder seinem Sohn Géza. Damit war allerdings der Kampf um die territoriale Zugehörigkeit des Herzogtums Neutra noch nicht zu Ende. Der polnische Fürst Bolesław Chrobry, beherrschte es etwa von 1003 bis 1018; er räumte das Feld erst nach dem in Merseburg geschlossenen Frieden, und das Gebiet Neutra wurde fortan und ohne Unterbrechung Teil des Ungarischen Königreichs.

Mit der Besetzung der Stadt und des zentralen Teils des Herzogtums Neutra nahmen die Altmagyaren ein Gebiet ein, dessen überwiegender Teil der Bevölkerung Christen waren. Auf dem eroberten Gebiet verhielten sie sich dem Christentum gegenüber gewiss so wie zu den christlichen Institutionen im übrigen Europa, die sie plünderten und zerstörten. Deswegen dürfte bald nach der Besetzung Neutras das 880 gegründete Bistum untergegangen sein. Der Bischof kam um oder floh in die nördlicheren Teile des Herzogtums Neutra, die damals von den Altmagyaren nicht besetzt waren. Zum christlichen Glauben konnte man sich weiterhin ungehindert nur an entlegeneren Orten oder in den nicht direkt besetzten nördlicher liegenden Gebieten bekennen. Ein konkretes Zeugnis dafür ist die Rotunde in Ducové bei Piešťany, die ihre Funktion ununterbrochen auch noch zu Beginn der zweiten Hälfte des 10. Jahrhunderts erfüllte.

Die offizielle Christianisierung der Magyaren begann mit der Zustimmung ihrer Herrscher unter Fürst Géza in den siebziger Jahren des 10. Jahrhunderts. Das Hauptverdienst daran hatte die süddeutsche Kirchenprovinz, insbesondere das Passauer Bistum. Der zeitweilige Aufenthalt des Prager Bischofs Adalbert wird meistens sehr überschätzt.

Bei der eigentlich heidnischen Reaktion, in der Zeit Herzog Stephans, der seinem Vater Géza auf den Fürstenthron nachfolgte, war seine größte Stütze das längst christianisierte Territorium nördlich der Donau, das ursprüngliche Herzogtum Neutra. Bei der Schaffung der Kirchenorganisation im Ungarischen Königreich während der Regierungszeit Stephan I. (des Heiligen) gelangte das Gebiet des Herzogtums Neutra zur Erzdiözese des Metropoliten der Kirche im Ungarischen Königreich. Das alte Bistum Neutra konnte nicht erneuert werden, denn der Sitz des ungarischen Metropoliten stand auf der anderen Seite der Donau in Gran (Esztergom), das im ursprünglichen Gebiet des alten Bistums Neutra liegt; so handelt es sich eigentlich nur um eine *translatio sedis* innerhalb derselben alten Diözese an einen Ort, der in der Entstehungszeit der Erzdiözese Herrscherresidenz war.

Zur Zeit Stephans I. war Ladislaus der Kahle, der ältere Sohn des Herzogs Michael, Lehensherzog in Neutra und nach ihm sein jüngerer Bruder Vazul (1031), danach angeblich der spätere König Sámuel Aba. Als dann König Andreas I., der Sohn Vazuls, 1048 seine Brüder Levente und Béla aus der Verbannung zurückrief, übergab er Béla die Verwaltung von einem Drittel des Königreiches mit 15 Komitaten im nördlichen und östlichen Teil des Landes und den Hauptzentren in Neutra und in Bihar. Die Lehensherzöge spielten damals eine wichtige Rolle, sie rivalisierten mit den Herrschern und wurden in der Regel ihre Nachfolger. Nach Andreas I. folgte sein Bruder Béla I. Zu Beginn der Regierungszeit des unmündigen Salomon, Sohn des Andreas I., verwalteten die Söhne Bélas I., Géza und Ladislaus, das Lehensherzogtum; sie wurden dann nach den Thronkämpfen mit Salomon ungarische Könige. Die Institution des Lehens endete unter Koloman I., dem Sohn Gézas. Koloman I. war nicht gewillt, seinem Bruder ein Drittel des Königreiches als Lehen zu überlassen. Bis zum Ende des 11. Jahrhunderts wurde auch das nördlicher gelegene Gebiet direkt in das Ungarische Königreich eingegliedert.

Mitte des 11. Jahrhunderts wurde in Neutra als dem für die internationale Politik günstig gelegenen Sitz des Teil-Königreiches das alte Burgareal vergrößert und neu befestigt und die alte Stadtansiedlung mit einem eigenständigen jüdischen Viertel, dem jüdischen *Suburbium*, erweitert.

Der wirtschaftlich kultivierteste Teil des Gebietes der Slowakei im 10. und 11. Jahrhundert war die Südwestslowakei, das Gebiet des Lehensherzogtums Neutra mit dem Hauptzentrum in Neutra und mit der bedeutenden Stadtansiedlung in Preßburg (Bratislava). Der übrige Teil des Gebiets der Slowakei wies eine relativ dünne Besiedlung auf. Diese konzentrierte sich entlang größerer Flussläufe und in Niederungen. Im Lehensherzogtum gab es ein reiches Bergbaurevier in der Umgebung von Schemnitz (Banská Štiavnica), dessen reiche Silbervorkommen es den Lehensherzögen ermöglichten, qualitativ bessere Münzen als die Herrscher zu prägen. Im Rahmen der Naturalwirtschaft fungierte weiterhin ein Netz von Handwerker- und Dienstleistungssiedlungen.

Mit der wachsenden Bevölkerungszahl erweiterte sich ständig die Fläche des landwirtschaftlich genutzten Bodens und verbesserte sich die Bearbeitungstechnik. Es herrschten Streusiedlungen mit

389 **Neutra (Nitra), Burgberg.**

einzelnen Gehöftlagen vor, bis sich allmählich zentrale Siedlungstypen herausbildeten.

Die seit Beginn des 11. Jahrhunderts entstehende Verwaltungsorganisation des Ungarischen Königreiches stützt sich im Wesentlichen auf die vorherige Burgorganisation. Fortbestehende Zentren aus dem vorausgegangenen Zeitabschnitt waren nicht nur Neutra, sondern auch viele andere Komitatssitze wie etwa Preßburg, Altbarsch (Starý Tekov), Trentschin (Trenčín), Komorn (Komárno) und Freystadt (Hlohovec).

Spätestens im letzten Drittel des 10. Jahrhundert wurde das Benediktinerkloster des heiligen Hippolyth auf dem Berg Zobor bei Neutra gegründet, wo nach alter Tradition schon im 9. Jahrhundert Einsiedler lebten und wo Fürst Svatopluk I. ihnen eine Kirche bauen ließ. Bei diesem Kloster lebte schon zu Beginn des 11. Jahrhunderts mit Erlaubnis seines Abtes der aus Polen stammende Mönch Zoerad-Andreas (Svorád-Ondrej). Er führte ein sehr strenges asketisches Leben und starb im Ruf eines Heiligen. Sein Gehilfe und Schüler Benedikt übersiedelte später auf den Hügel Skalka bei Trentschin, wo er als Einsiedler lebte und dort von Räubern ermordet wurde. Beide wurden in der Kirche des heiligen Emmeram in Neutra begraben und dort zu Mitpatronen. Innerhalb der Diözese wurden sie heilig gesprochen. Es sind dies die ersten Heiligen des ungarischen Königreiches. Auch die Legende, die der Fünfkirchner Bischof Maurus – ein wahrscheinlich aus Neutra oder ihrer Umgebung stammender Benediktiner, der in seiner Jugend mit dem heiligen Benedikt persönlich bekannt war – um das Jahr 1064 über sie schrieb, ist die älteste Legende, die im Ungarischen Königreich entstand. Etwa Ende des 10. Jahrhunderts wurde in Neutra das Domkapitel mit der Emmeramskirche gegründet oder erneuert.

Obwohl die Erneuerung des Bistums Neutra auch im Interesse der in Neutra siedelnden Lehensherzöge lag und zweifellos schon vom Herzog (1074–1077), später König (1077–1095) Ladislaus angeregt wurde, kam es dazu erst unter König Koloman (1095–1116). Das größte und reichste Benediktinerkloster in der Slowakei in Gran-Sankt-Benedikt (Hronský, Svätý Beňadik) wurde 1075 durch Géza I. gegründet, der es aus den ehemaligen herzöglichen Besitztümern in beiden Teilen des Königreich-Drittels reich beschenkte. Noch im 11. Jahrhundert entstand in diesem Kloster das Evangeliar, das jetzt das Evangeliar von Neutra heißt, weil es über die vielen Jahrhunderte Bestandteil des dortigen Domschatzes ist.

Quellen

Codex diplomaticus et epistolaris Slovaciae I. Ed. R. Marsina, (Bratislavae 1971). – Scriptores rerum Hungaricum I.-II. Ed. E. Szentpétery (Budapest 1937–1938).

Literatur

Győrffy (1977; 1984). – Kučera (1966; 1974). – Marsina (1955; 1987; 1988; 1993 a; 1993 b; 1995; 1997). – Ratkoš (1965, 1966) – Steinhübl (1999).

Die mittelalterliche Burg von Visegrád

MÁTYÁS SZŐKE

Bereits im vergangenen Jahrhundert hatten die sich mit der Herausbildung der Komitate befassenden Historiker bemerkt, dass der Ursprung der auf diesem Gebiet bestehenden Komitate Pest und Pilis nicht auf die Zeit von Stephan I. zurückzuführen ist. Beide Komitate wurden in den schriftlichen Quellen ziemlich spät erwähnt, das Komitat Pilis im Jahre 1225, das Komitat Pest im Jahre 1255. Es tauchte also die Frage auf, welches Komitat im Laufe des 11. und 12. Jahrhunderts an der Stelle der genannten Komitate existiert haben könnte. Die Antwort auf diese Frage ist in einer zugunsten des Bistums Veszprém ausgestellten Urkunde des Jahres 1002 zu finden. In dieser Urkunde wird als Bestandteil der Diözese des Bischofs die *civitas Vissegrad*, also das Komitat Visegrád, das heißt der gesuchte gemeinsame Vorgänger erwähnt.

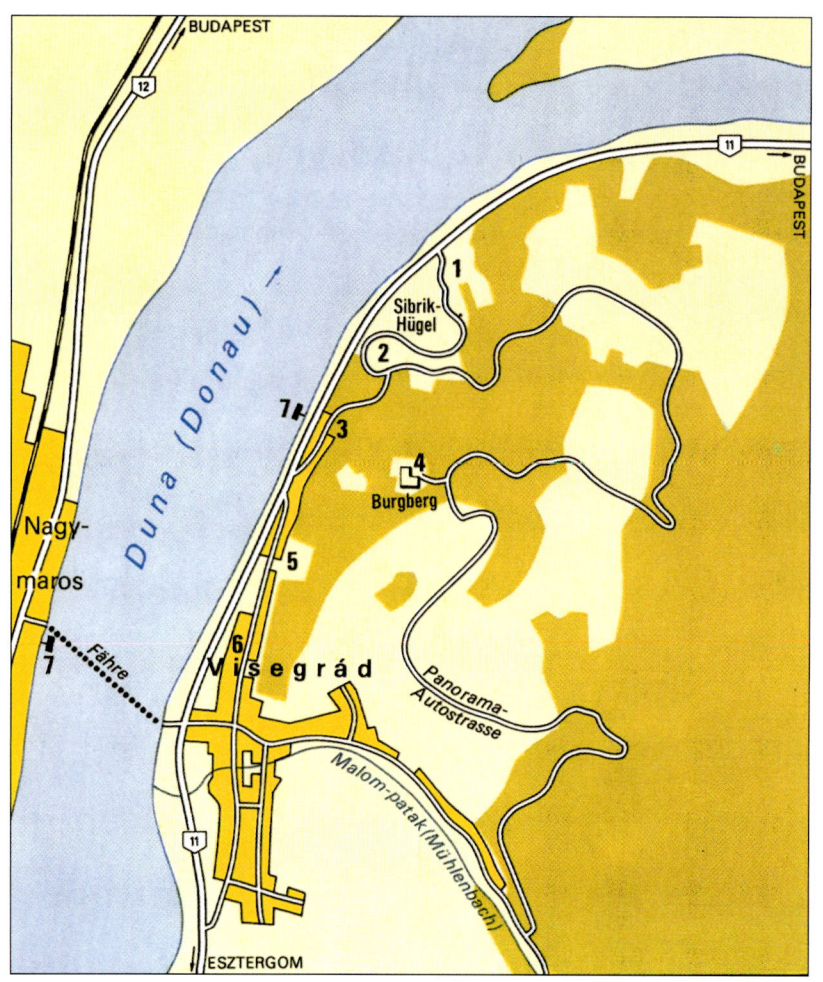

390 **Plan von Visegrád.** 1 Sankt-Andreas-Kloster; 2 Gespansburg und römische Festung; 3 Untere Burg; 4 Hochburg; 5 Königlicher Palast; 6 Mittelalterliche Stadt und das heutige Dorfzentrum; 7 Schiffanlegestelle.

Dieses Komitat Visegrád umfasste ähnlich dem donauaufwärts liegenden Komitat Gran (Esztergom) und dem donauabwärts liegenden Komitat Fejér zu beiden Ufern der Donau gelegene Gebiete. Sein Sitz war die aus dem auf dem Sibrik-Hügel stehenden Lager der Spätantike umgebaute Burg, die von den in diesem Gebiet lebenden Slawen am Ende des 10. Jahrhunderts den Namen Visegrád (an einem höher gelegenen Ort stehende Burg) erhielt. Auf dem Gelände der auf dem 185 m hohen Hügel gelegenen Burg der Spätantike, nordwestlich der Unteren Burg, nahm Sándor Soproni in den Jahren 1950 und 1951 Sondagegrabungen vor. Die zwei Jahrzehnte zuvor begonnenen Grabungen wurden von mir gemeinsam mit Sándor Soproni 1970 fortgesetzt. Damals wurde der an der Westseite der Burg stehende Torturm und seine unmittelbare Umgebung freigelegt. Einige Jahre danach wurde zwischen 1974 und 1976 die Erschließung des südöstlichen Teiles der Burg vorgenommen. Die im Verlaufe der beiden Ausgrabungen freigelegten Mauerüberreste wurden Ende der siebziger Jahre von uns provisorisch konserviert.

Die in der Regierungszeit Konstantins des Großen, am Ende der zwanziger Jahre des vierten nachchristlichen Jahrhunderts errichtete Anlage mit einem unregelmäßigen Grundriss und mit einer Grundfläche von ca. 130 m x 114 m wird in der *Notitia Dignitatum* unter dem Namen *Ponte Navata* erwähnt.

Die zweite Phase in der Geschichte des einstigen römischen Kastells, die für die Geschichte des Ungarntums wichtig war, begann in den Jahren zwischen 970 bis 980.

Auf die Beweise für eine Besiedlung am Ende des 10. Jahrhunderts stießen wir im Inneren des Torturms, wo nach der Entfernung der Trümmer unterhalb des ehemaligen römischen Niveaus ein neuer Fußboden angelegt worden war. Anstelle der das zerstörte Dach tragenden, ursprünglich aus Steinen gefertigten Pfeiler waren zum Abstützen der neuen Überdachung Holzpfeiler aufgestellt worden. Im südöstlichen Teil der Burg fanden wir die Überreste eines kleineren Wohnhauses aus derselben Epoche vor. Die Mauern des kaum 5 m x 5 m großen Gebäudes waren aus Stein. Als Bindemittel wurde Lehm verwendet. In der nordöstli-

391 **Ansicht von Visegrád.**

chen Ecke des Hauses stand ein ebenfalls aus Steinen gefertigter Herd.

Die zur Burg gehörende Bevölkerung vom Ende des 10. Jahrhunderts baute sich ihre einfachen, zur Hälfte in das Erdreich eingetieften Wohnhäuser in dem bis dahin schon verfüllten Burggraben, dem Burgberg gegenüber und im Burggarten-Tal (Várkert-völgy) unthalb des Sibrik-Hügels. Die instandgesetzte, jetzt schon Visegrád genannte Burg kontrollierte in der Donauenge, am Donauknie den Landweg und die Wasserstraße sowie die Furten in diesem Gebiet. Die die Jagdgebiete der ungarischen Fürsten und der ersten Könige, sowie das Pilis-Gebirge bewachende Burg wurde schon zu Beginn der Herrschaft von Stephan I. Sitz des Komitats, das heißt Burg eines Gespans.

Das Quartier des an der Spitze des Komitats stehenden Gespans befand sich innerhalb der Burg. Wahrscheinlich ist es uns gelungen, im südöstlichen Teil der Burg das Haus des Gespans zu finden. Hier wurde nämlich auf den Überresten der zerstörten römischen Gebäude bereits in der ersten Hälfte des 11. Jahrhunderts ein Steingebäude mit größerer Grundfläche errichtet. Das 16,5 m lange, an seinen Seiten 10 m bzw. 9 m breite Gebäude war im Inneren durch eine Trennwand in zwei gleich große Räume geteilt. Der gegen Osten liegende Raum konnte mit einem aus Steinen gebauten Ofen auch beheizt werden.

In dieser Zeit wurden auch an den Türmen der Burgmauer Veränderungen vorgenommen. Die Zugänge im Erdgeschoss wurden zugemauert, als Eingänge in die Türme dienten in der Folgezeit die Türöffnungen im ersten Stockwerk.

Die Bauarbeiten in der Burg wurden auch im letzten Drittel des 11. Jahrhunderts fortgesetzt. Damals wurden wahrscheinlich im Inneren des Tortums Trennwände eingezogen. Dieser Bauabschnitt wurde hier durch eine Münze aus der Zeit von St. Ladislaus (1077–1095) datiert.

Die Burg diente für König Salomo als Gefängnis, als dieser von König Ladislaus I. im Jahre 1083 hier gefangengehalten wurde. Vermutlich war nicht das Verlies der Burg sondern das Haus des Gespans der Zwangsaufenthaltsort König Salomos. Visegrád war im 11. Jahrhundert das Zentrum der an der Donau gelegenen Ländereien der Arpaden, und zwar des Zweiges von Andreas I. Die Einkerkerung von König Salomo bedeutete zur gleichen Zeit auch den endgültigen Verlust der Burg.

Der Komitatssitz Visegrád teilte im 12. Jahrhundert das Schicksal der übrigen, von wirtschaftsgeographischem Gesichtspunkt aus unvorteilhaft gelegenen Zentren. Diese Verwaltungssitze begannen unterzugehen, weil der Gespan sich immer seltener hier aufhielt, immer häufiger war er auf seinem eigenen Besitz oder im Gefolge des Königs. Den Untergang der auf das Niveau von dörflichen Marktflecken absinkenden Siedlungen und eines Teiles der bis zum 13. Jahrhundert veralteten Gespansburgen verursachte der Tatarensturm in den Jahren 1241 bis 1242.

Die zur frühmittelalterlichen Burg gehörenden Kirchen und Friedhöfe

In der unmittelbaren Nachbarschaft des Sibrik-Hügels, an der südöstlichen Seite des Burgberges gruben wir wegen der dort zu erbauenden Erholungsheime der Ungarischen Nationalbank im Jahre 1972, dann 1974 und zwischen 1976 bis 1979 die Überreste der zur Gespansburg gehörenden ersten Pfarrkirche aus der Zeit Stephans I. und die der auf deren Grundmauern errichteten Kirche des Dechanten aus. Von den Grabstätten des zu den beiden Kirchen gehörenden Friedhofes konnten wir 221 Gräber vor der Vernichtung durch die Baumaßnahmen retten.

Im Verlauf der Grabungen konnten wir feststellen, dass der aus zwei größeren Gruppen von Gräbern bestehende mittelalterliche Friedhof sich an der nördlichen Seite des Burgberges, in gleicher Höhe mit der Gespansburg, in Ost-West-Richtung über 115 m erstreckte und ein 20 m breites Gebiet umfasste.

Die um das Jahr 1000 erbaute Kirche hatte wahrscheinlich bescheidene Abmessungen. Die äußere Länge machte mit der halbrunden Apsis zusammen nur 10,2 m aus. Die äußere Breite des Schiffes war 4,5 m, die Dicke der Mauern 1 m breit. Die inneren Maße lagen bei ungefähr 6,6 m x 2,8 m Die innere Breite der Apsis machte 1,75 m aus, die Dicke der Mauern belief sich auf 0,5 m. Während im allgemeinen nur die Grundmauern dieser Kirche gefunden wurden, war an der Südseite der Apsis bis zur Höhe von zwei Steinlagen auch das aufgehende Mauerwerk erhalten. Dieser Mauerabschnitt wurde aus unbearbeiteten flachen Steinen, mit *opus spiccatum*-Technik gefertigt, als Bindemittel wurde Lehm verwendet. An der äußeren Wandfläche fanden wir einen gelben Lehmbelag, an dem Spuren von weißer Kalkbemalung zu finden waren. Auch bei aufgefundenen Fundamenten war Lehm das Bindemittel.

Die frühesten Gräber des Friedhofes waren vermutlich die um die Kirche. Unter diesen frühen Gräbern gab es solche, die unmittelbar neben der nördlichen Mauer der Kirche, beinahe unter dem Fundament der Mauern lagen.

Im Laufe der Grabung war es sehr schwer, diese frühen Gräber von denen der zur zweiten Kirche gehörenden Bestattungen zu trennen. Zu den frühesten Gräbern gehörten sicherlich diejenigen, die sich unter dem Fußboden der neuen Kirche befanden. Weitere frühe Gräber wurde entweder von der Mauer der Kirche geschnitten, oder sie wurden beim Bau ausgegraben und etwas entfernt erneut bestattet. Leider kamen aus diesen frühen Gräbern keine Funde zutage. Einziger Fund war eine aus Kupferdraht gefertigte einfache Haarnadel.

Wahrscheinlich noch während des Bestehens der ersten Kirche begann die Belegung des zweiten, größeren Friedhof, der am westlichen Rand ausgegraben wurde. Damals bestand die Siedlung aus dem Ende des 10. Jahrhunderts nicht mehr, denn die Gräber dieses Friedhofsteiles wurden schon in den Wohngruben der früheren Häuser angelegt. Dagegen berücksichtige man die den Bergsattel überquerende, äußerste römische Fossa. Das Alter des hier freigelegten aus 128 Gräbern bestehenden Friedhofsteiles kann aufgrund der bei den Bestattungen aufgefundenen Münzen zwischen die Jahre 1063 und 1116 datiert werden.

In den sechziger und siebziger Jahren des 11. Jahrhunderts wurde die frühe Kirche, mit Ausnahme eines Teiles der Apsis, bis auf die Grundmauern abgerissen. Über den erhaltenen Grundmauern wurde eine bedeutend größere in der Grundrissform abweichende Kirche errichtet. Dabei lag das Schiff der früheren Kirche unter der Apsis der neuen Kirche.

Bei der zweiten Kirche ist mit dem rechteckigen Schiff ein quadratischer Apsisteil verbunden. Der Eingang, eine 1,55 m breite Tür, war an der Südseite. Das Schwellenniveau der Tür befand sich 0,68 m über dem Fußboden der Kirche. In das Kirchenschiff stieg man über drei Treppenstufen hinab. Die äußere Länge der aus 0,8 m dicken Mauern erbauten Kirche beträgt zusammen mit der Apsis 18,35 m. Außen ist das Schiff 9,4 m, die Apsis 6,25 m breit. Die Ecken der aus gebrochenen Steinen bestehenden Mauern der Kirche bildeten Kalksteinquader.

Gründer und Erbauer der Kirche war vermutlich ein ungarischer König. Dieser Meinung vertreten wir anhand der qualitätvollen Verzierungen im ehemaligen Innern der Kirche. Die zum Vorschein gekommenen Bruchstücke der Steinmetzarbeiten (der Säulenkapitelle, Imposte, Gesimse usw.) zeugen vom architektonischen Reichtum der Kirche. Die inneren Mauerflächen waren mit Fresken verziert. Dies beweisen eine große Zahl von Bruchstücken, die unter den Resten der Mauer gefunden wurden. Glücklicherweise sind an der Südseite und zum Teil an der Westseite der Kirche auf einer Länge von 9 m die Details der Bemalung an ihrer ursprünglichen Stelle erhalten. Im unteren, 1 m breiten Sockelstreifen über dem Fußboden sind in runden oder viereckigen Einfassungen Tierfiguren

(Fische, Vögel, vielleicht ein Lamm?, ein Hirsch?) zu sehen.

Was vom Maler in die Bildfelder über dem Sockel gemalt wurde, ist aufgrund der bisher noch nicht durchgeführten Restaurierungsarbeiten unklar. Nach den auf den Bruchstücken angetroffenen Details (Details von Gesichtern, Händen, der Kleidung) scheint es sich um eine figürliche Bemalung gehandelt zu haben.

Im Inneren dieser reichverzierten und angesehenen Kirche befand sich nur ein einziges Grab. Es lag, in den Fußboden der Kirche eingetieft, vor der zum Hochaltar führenden Treppe. Das kleine aus Quadersteinen gemauerte Grab wurde bei der Ausgrabung leer vorgefunden.

An der südwestlichen Ecke der Kirche befanden sich die Gräber der Vornehmen aus der Burg. Hier wurden in drei Gräbern Goldringe und neben dem Schädel ebenfalls aus Gold gefertigte S-förmige Nadeln gefunden. Das bedeutendste Grab befand sich vor der östlichen Mauer der Apsis, hier wurde das Skelett eines Priesters, vermutlich das eines Dechanten ausgegraben. Den Priesterrang bezeugte der ihm bei der Bestattung in die Hände gegebene Kommunionskelch und die dazu gehörende Patene. Beide Gegenstände sind aus Zinn gefertigt.

Die Datierung der Bauzeit der Oberdechantenkirche erfolgte durch die an den Fresken und Steinmetzarbeiten durchgeführten stilistischen kunsthistorischen Untersuchungen und durch eine Münze von Ladislaus I. (1077–1095), die in einem Grab entdeckt wurde. Dieses Grab befand sich nahe der westlichen Mauer der Kirche. Bei Anlage des Grabes waren die bei der Erbauung der Kirche entstanden Schichten geschnitten worden.

Zur Zerstörung der Kirche kam es vermutlich um die Mitte des 12. Jahrhunderts. Dies beweisen neben den fehlenden Bestattungen aus dieser Zeit auch Münzen, die in der Zerstörungsschicht aufgefunden wurden.

Abaújvár

MÁRIA WOLF

Die Burg von Abaújvár, das erste Zentrum des Komitats Abaúj, liegt am Ufer des Flusses Hernád in Nordungarn. Die Burg wurde auf einem von den Auwäldern umgebenen niedrigen Hügel errichtet, der sich am Fuß des Zemplíner Gebirges befindet. Nahezu intakte Wälle umgeben ein äußerst großes, 3,9 ha umfassendes Gebiet. Der höchste Punkt der Burg liegt 15 m über der Hernád. Der einzige Zugang zur Burg befand sich im Osten, hier wurde sie auch durch einen inzwischen stark verfüllten Graben geschützt.

Anfang des 20. Jahrhunderts wurden kurze Grabungen durchgeführt, über ihre Ergebnisse stehen aber keine Angaben zur Verfügung. Die moderne, wissenschaftlichen Anforderungen entsprechende Freilegung wurde zwischen 1974 und 1981 durchgeführt. Die primäre Aufgabe bestand in der Bestimmung der Entstehungszeit der Burg, da uns hierfür keine historischen Angaben zur Verfügung stehen. Die Ausgrabungen ergaben, dass die Burg weder einen vorgeschichtlichen, noch einen völkerwanderungszeitlichen Vorgänger hatte. Die Holz-Erde-Wälle, die die Burgmauern bildeten, wurden auf einer Siedlung aus dem 3. bis 4. Jahrhundert n. Chr. errichtet. Das Gerüst des Erdwalls war eine Holzkonstruktion aus zum größten Teil unbearbeiteten Baumstämmen. Es wurden weder Spuren vom Entrinden noch Verzapfungen beobachtet. Die Stämme wurden über Kreuz zusammengelegt, und die so entstandenen, unregelmäßigen Kästen von wechselnder Größe wurden mit gestampftem Erdreich angefüllt. Die ursprüngliche Breite der Schanze maß 23 m, die Höhe dürfte 9 m betragen haben. Heute sind nur noch 5 m erhalten. Die Burgmauern fielen nach außen steil ab, während sie zum Inneren der Burg hin in Stufen ausliefen. Es ist anzunehmen, dass oben auf dem Wall auch eine Brustwehr stand, obwohl während der Grabungen keine Anzeichen dafür gefunden wurden. Es kamen jedoch die Überreste einer auf dem Erdwall errichteten Steinmauer zutage.

Die zum Vorschein gekommenen Funde beweisen, dass die Burg von Abaújvar in der ersten Hälfte des 11. Jahrhunderts erbaut wurde. Der Wall wurde am Ende des 12. Jahrhunderts erneuert, schließlich wurde auf der stark zerstörten Erdschanze um die Mitte des 13. Jahrhunderts eine Steinmauer errichtet. Die Konstruktion der Schanze, die eine Übergang zwischen Holzrost und Holzkasten bildet, ähnelt Konstruktionen bei den übrigen ungarischen Burgen aus der Zeit der Staatsgründung (Ödenburg [Sopron], Raab [Győr], Borsod usw.), doch war sie auch im Festungsbau des damaligen Europa allgemein verbreitet.

Im nordöstlichen Teil der inneren Burg ist ein kleiner Hügel zu finden, auf dem die Archäologen eine Kirche freilegten. Die Achse der einschiffigen Kirche mit einer halbkreisförmigen Apsis war beinahe geostet. Ihre volle Länge betrug 15,6 m, ihre Breite 7,2 m, die Dicke ihrer Mauern belief sich auf 1 bis 1,25 m. Das Fundament der Kirche ist ein wenig unregelmäßig, das Schiff war ungefähr trapezförmig. Die Grundmauern bestanden aus in Mörtel gegossenen Bruchsteinen, die an der inneren und äußeren Seite des nur in geringem Maße erhaltenen, aufgehenden Mauerwerks mit je einer Lage aus weichem Kalkstein behauenen Quadersteinen bedeckt waren. Über dem Fundament bildete die Reihe von Quadersteinen einen herausragenden Sockel. Die 4,5 m tiefe Apsis war ursprünglich durch einen Triumphbogen mit dem Schiff verbunden und lag auf einem Niveau mit ihm. An der westlichen Seite des Kirchenschiffes kamen auch die eine Empore tragenden Pfeiler zum Vorschein. Es ist anzunehmen, dass der Eingang an der Südseite lag. Diese Kirche wurde am Ende des 11. Jahrhunderts errichtet.

Um die Mitte des 13. Jahrhunderts wurde die Kirche umgebaut. Im Verlauf dieses Umbaus wurde der Triumphbogen abgerissen und das Niveau der Apsis angehoben. Stücke der hinauf führenden Stufen sowie Spuren des um diese Zeit errichteten Gewölbes sind erhalten.

Um die freigelegte Kirche herum befand sich ein ausgedehnter Friedhof, auf dem 786 Gräber freigelegt wurden. Diese stellen ungefähr ein Drittel aller Gräber des Friedhofes dar. Obwohl es nicht gelang, die gesamte Ausdehnung des Friedhofes festzustellen, wurden Süd- und Ostrand bestimmt. Für den Friedhof charakteristisch sind die zahlreichen Bestattungen. Wegen der übereinander angelegten Gräber konnten die Formen der Grabstellen nur selten festgestellt werden. Ein Teil der Toten wurde in Leinen gewickelt bestattet. Dass aber auch die Beisetzung in Särgen verbreitet war, darauf weisen die in den Gräbern gefundenen Holzreste, Sargbeschläge und -nägel hin. Die große Mehrheit der Skelette fand man in gestreckter Rückenlage, es gab aber auch Skelette mit angewinkelten Beinen und mit angewinkelten Armen sowie Sonderbestattungen. Den Grund für solche Bestattungen führt die Forschung im allgemeinen auf Aberglauben zurück. Aus Angst vor wiederkehrenden Toten, wurden auch Gegenstände aus Eisen in das Grab gelegt. Das war in drei Gräbern zu beobachten. In mehreren Gräbern des Friedhofes wurden als Totenobolus beigegebene Münzen gefunden, die den Toten meist in den Mund gelegt worden waren.

Ähnlich den anderen Kirchhöfen ist diese Nekropole arm an Grabbeigaben. In kaum 6 % der Gräber kommen Funde vor, in erster Linie Schmuck, zum Beispiel Perlen, Ringe, Ohrgehänge und Trachtaccessoires (Riemenschnallen, Gürtelbeschläge, Knöpfe, Kleiderbesatz, Kleidernadeln). Am häufigsten sind die verschiedenen glatten, gedrehten Schläfenringe, zum Teil mit s-förmigen Enden, die in das Haar gewickelt oder am Kopf befestigt getragen wurden. Von diesen sind Exemplare aus Silber, Bronze oder Eisen in den Gräbern zu finden. Auf dem Gebiet des Friedhofs kam als Streufund ein Petschaft von runder Form mit Griff zum Vorschein. In der Mitte des Siegelbildes ist eine stehende Gestalt mit ausgebreiteten Armen dargestellt, die in der linken Hand einen Schild und in der rechten Hand ein Beil hält. Die Umschrift lautet: + SIGILLU LAZARI IUDICES. Das Siegel diente vermutlich dazu, Parteien vor Gericht zu zitieren. Siegelbild und Umschrift scheinen für eine Datierung an das Ende des 12. Jahrhunderts zu sprechen. Über den in der Umschrift erwähnten Richter Lázár liegen aber keine schriftlichen Angaben vor.

Ebenfalls als Streufund kamen auf dem Friedhof ein vollständiger und ein fragmentarischer Grabstein zum Vorschein. Die im Fundmaterial Ungarns seltenen Grabsteine sind an die Wende vom 11. zum 12. Jahrhundert datierbar; es ist anzunehmen, dass sie ursprünglich im Kircheninneren das Grab eines dort bestatteten hohen Geistlichen markierten.

Die zum Vorschein gekommenen Funde beweisen, dass der Friedhof um die Kirche vom Ende des 11. bis zum Anfang des 14. Jahrhunderts belegt wurde. Die Gräber schnitten in mehreren Fällen die Gruben einer früheren Siedlung. Befunde dieser Siedlung waren auf dem Gebiet der gesamten Burg zu beobachten. Es wurden jedoch nur einige Gruben und Öfen ausgegraben. Die in der Burg durchgeführten geophysikalischen Messungen und die Luftaufnahmen belegten weitere Befunde, ihre Ausgrabung ist aber bis jetzt nicht erfolgt. Nach den gemachten Funden bestand die Siedlung bereits in der Mitte des 11. Jahrhunderts.

Den historischen Quellen nach ist das Komitat Újvár eines der von König Stephan I. gegründeten Komitate. Dieses große Komitat umfasste bis zur Mitte des 13. Jahrhunderts auch das Territorium der späteren Komitate Sáros und Heves. Das im Vorland des Mátra-Gebirges liegende Komitat Heves hängt landschaftlich nicht direkt mit dem im Tale des Flusses Hernád liegenden Komitat Újvár zusammen. Dass beide zu einem Komitat vereinigt wurden, brachte die historische Forschung mit dem Geschlecht Aba in Verbindung, das in beiden Gebieten Besitztümer hatte. Nach dem Namen dieses Geschlechts erhielt das Komitat Újvár auch den Namensanfang „Aba".

Für die Bauzeit der das Zentrum des Komitats darstellenden Gespanschaftsburg liegen uns keine zeitgenössischen schriftlichen Angaben vor. Nach den Chroniken aus dem 14. Jahrhundert wurde sie von König Sámuel Aba (1041–1044) erbaut. Die aus den archäologischen Grabungen resultierenden Ergebnisse widersprechen dieser Überlieferung nicht, die Schanzen wurden in der ersten Hälfte des 11. Jahrhunderts errichtet. Die Burg lag an einer äußerst wichtigen, in nord-südlicher Richtung verlaufenden Heerstraße, ihre Rolle bestand in erster Linie in der Grenzverteidigung. Von ihrer Bedeutung zeugt, dass sie während des Tatarensturmes (1241–1242) unter jenen wenigen Burgen erwähnt wird, die der vor den Zerstörungen durch die Tataren fliehenden Bevölkerung Schutz boten. Es ist anzunehmen, dass die freigelegte Steinmauer auf den Holz-Erde-Schanzen um diese Zeit erbaut wurde.

Vom Ende des 12. Jahrhunderts an rückte die grenzverteidigende Rolle der Burg allmählich in den Hintergrund. Ihre Aufgaben im Bereich der Wirtschaft und Staatsverwaltung versah sie jedoch auch weiterhin. Mit letzterer Funktion könnte auch das im Laufe der Ausgrabung zum Vorschein gekommene Siegel zusammenhängen.

In der Zeit von Stephan I. erfolgte parallel zum Ausbau der staatlichen Verwaltungszentren auch der Ausbau der Kirchenorganisation. Mehreren weltlichen Komitaten, die von Dechanten geleitet wurden, gehörten zu einem Bistum. Auf Grund der Untersuchung der Analogie zu der in der Burg von Abaújvár freigelegten Kirche kann angenommen werden, dass ursprünglich dies die Dechantenkirche des Komitats war. Diese Rolle hatte sie aber früh verloren, um die Wende des 11. und 12. Jahrhunderts wurde sie zu einer Pfarrkirche.

Literatur

Gábor/Nováki 1976. – Gádor 1980.

Der Burgwall von Borsod

MÁRIA WOLF

Der Burgwall von Borsod, das erste Zentrum des Komitats Borsod, befindet sich in Nordostungarn am Bódva-Fluss. Er gehört heute zum Gebiet der Stadt Edelény. Die Burg wurde auf einem niedrigen Hügel in den Sümpfen der Bódva südlich des Cserehát-Gebirges erbaut. Der Hügel erhebt sich zu einer Höhe von 15 m über den Fluss. Auf dem Hügel wurden Wälle erbaut, die ein relativ kleines Gebiet von ungefähr 1,7 ha umgaben, sie sind heute weitgehend abgetragen. Am besten sind sie an der Ost- und an der Westseite erhalten, hier sind sie noch beinahe 5 m hoch.

In der Burg wurde 1926 kurz gegraben; in erster Linie wurden damals Erkenntnisse über die Struktur des Walls gewonnen, doch werden auch Keramikfragmente aus dem 10. und 11. Jahrhundert erwähnt, die im Burginnern gefunden worden waren. Moderne Grabungen mit wissenschaftlichem Anspruch, die die Wälle der Burg und das Gelände im Innern umfassten, wurden zwischen 1987 und 1999 durchgeführt.

Im Laufe der Erforschung der Wälle wurde festgestellt, dass die Burg keine vorgeschichtliche Vorläufer hat. Die heute noch sichtbaren Wälle wurden Ende des 10. und Anfang des 11. Jahrhunderts auf einer Siedlung des 10. Jahrhunderts errichtet. Der Erdwall, der die Befestigung bildete, wurde durch zweierlei Holzkonstruktionen verstärkt. In der ersten Periode wurde aus dicht nebeneinander gelegten Rundhölzern mit einem Durchmesser von 4 bis 8 cm eine dichte Gitterkonstruktion geschaffen. Diese wurde durch zwei Reihen von Stämmen abgestützt, die an der Außenseite des Walls in den Boden geschlagen wurden. Bisher kennen wir noch keine Vergleiche zu dieser Baustruktur. In der zweiten Periode wurde unmittelbar darauf eine aus zwei Reihen von Gittern oder Kästen bestehende neue Konstruktion gebaut. Die Rundhölzer mit einem Durchmesser von 20 bis 30 cm wurden aufeinandergelegt. Die so entstandenen Kassetten in Form eines regelmäßigen Rechtecks wurden mit Erde gefüllt. Die beiden Reihen von Kassetten befanden sich 4 m voneinander entfernt auf der äußeren und der inneren Seite des Walls, zwischen ihnen wurden in der festgestampften Erde nur einige wenige Balken in Querrichtung gefunden, die der Verstärkung der Konstruktion dienten. Diese hier festgestellte Kassetten- oder Kasten-Holzkonstruktion ist sowohl im Burgenbau Ungarns als auch in dem des übrigen Europa allgemein bekannt.

Die Breite des Walls betrug 10,5 m, die ursprüngliche Höhe belief sich außen auf 5 bis 6 m, innen konnte er etwas niedriger gewesen sein. Es ist anzunehmen, dass sich oben auf dem Wall auch eine Brüstung befand, obwohl wir im Verlaufe der Grabung keine Spur mehr davon gefunden haben.

Die Burg wurde auf drei Seiten von der Bódva und ihren Sümpfen geschützt, der Zugang befand sich wahrscheinlich im Süden.

Im Innern der Burg befand sich im Nordosten ein Hügel, der, wie die Ausgrabung ergab, die Reste einer großen Kirche barg. Das Schiff der Kirche war 15 m lang und 8 m breit, die hufeisenförmige Apsis hatte einen Durchmesser von 3,5 m. Bei der Grabung konnten wir meist nur noch den Graben für die Grundmauern finden, an einigen Stellen ist auch das Fundament erhalten geblieben, es bestand aus in Mörtel gesetzten Bruchsteinen. Die Fundamentmauern waren 80 cm dick. Für das aufgehende Mauerwerk stehen keine Daten zur Verfügung. Die über die Fläche der Burg verstreuten, aus Sandstein gearbeiteten Quader lassen jedoch den Schluss zu, dass die Mauern aus ihnen erbaut oder eventuell von ihnen bedeckt waren. Außerhalb der Kirche wurden in der Nähe der Apsis ein Weihwasserbecken und eine große Altarplatte gefunden. In deren Nähe wurde ein Kindergrab in sekundärer Lage freigelegt. Außer ihm sind weder in der Kirche noch um die Kirche herum Gräber zum Vorschein gekommen. Es ließ sich jedoch gut beobachten, dass die Kirche auf einer früheren Siedlung erbaut worden war. Auf die Bauzeit der Kirche verweist ein in den Trümmern gefundener Silberdenar, des ungarischen Königs Salomo (1063–1074).

Die im Inneren der Burg nachgewiesene Kirche war aller Wahrscheinlichkeit nach der Sitz des Dechanten, der die kirchliche Leitung des Komitats innehatte. Dies kann nicht nur aufgrund der Größe der Kirche im Verhältnis zu zeitgleichen Bauten erschlossen werden, auch das Fehlen von Gräbern in der Umgebung der Kirche weist darauf hin. Die Aufgaben des Pfarrers einer Pfarrkirche – das Trauen, Taufen und Bestatten – wurde nicht

392 Edelény-Borsod, Keramikgefäß mit Wellenbanddekor.

vom Geistlichen dieser Kirche, sondern von dem einer anderen wahrgenommen. Die Überreste dieser anderen Kirche konnten außerhalb der Burgwälle gefunden werden. Auf dem gleichen Hügel wie die Burg, doch außerhalb ihrer Wälle, steht eine in ihrer heutigen Form aus dem 18. Jahrhundert stammende Kirche. Grabungen weisen eindeutig nach, dass an dieser Stelle um die Mitte des 11. Jahrhunderts bereits eine Kirche stand. Um diese frühe Kirche herum erstreckt sich ein ausgedehnter Friedhof, von dem 76 Gräber ausgegraben wurden. Aus den frühesten Gräbern sind einige einfache Schmuckstücke und Kleiderverzierungen, Haarringe mit s-förmigen Enden sowie eine Fibel in Form einer Lyra aus der ersten Hälfte des 11. Jahrhunderts zum Vorschein gekommen.

Im Verlaufe der Ausgrabung des Walles und der Dechantenkirche wurden auch Befunde aus der Vorgängersiedlung dokumentiert. Einzelobjekte wie Häuser und frei stehende Öfen legte man innerhalb der Burg an mehreren Punkten frei. Die kleinen Häuser waren aus mit Lehm vermauerten Steinen und aus lehmbeschmiertem Flechtwerk erbaut worden. Auf dem Lehmfußboden stand ein aus Steinen errichteter Ofen. In mehreren Fällen ist es auch gelungen, die heruntergestürzten Überreste

Herrschaftszentren und Herrschaftsorganisation

des Daches zu finden. Sämtliche Häuser der Siedlung waren niedergebrannt, unter ihren Trümmern war ihre einstige Einrichtung – landwirtschaftliche Geräte, Werkzeuge, Kochgefäße – vollständig erhalten. Auch verkohlte Körner von verschiedenen Getreidesorten kamen in großer Zahl zum Vorschein.

Ein bedeutender Befund in der Siedlung ist ein aus Steinen errichtetes Gebäude, von dem wir die Fundamente ausgraben konnten. Das Gebäude war 5 m x 5 m groß, der Grundriss hatte die Form eines unregelmäßigen Quadrats. Die 80 cm dicken Grundmauern verfügten über ein Lehmfundament. Die Trümmer der nördlichen Wand ließen auf die Konstruktion der aufgehenden Wände schließen. Ähnlich wie die Grundmauern waren auch diese aus mit in Lehm vermauerten Steinen errichtet.

Keramik war die häufigste Fundgattung in den Häusern. Flaschen mit kreisförmig angeordneten Rippen am Hals sowie kleine Töpfe sind besonders erwähnenswert. Nach unserer heutigen Kenntnis treten diese Gefäßtypen zur Zeit der Landnahme im Karpatenbecken auf. Mit einem typisch ungarischen Motiv des 10. Jahrhunderts, einer Palmette, war der aus Hirschhorn geschnitzte Knebel eines Zaumzeuges geschmückt, der ebenfalls unter den Trümmern eines Hauses gefunden wurde.

Die Untersuchung der Funde beweist, dass die Siedlung um die Mitte des 10. Jahrhunderts zerstört wurde.

Der Burgwall von Borsod wird erstmals von dem unbekannten Chronisten, dem Anonymus, der zu Beginn des 12. Jahrhunderts lebte, erwähnt. Seinem Bericht zufolge wurde die Burg in der Landnahmezeit von dem Stammesführer Bors gegründet und auch nach ihm benannt. Im Spiegel der neueren historischen und archäologischen Untersuchungen erwies sich die romanhafte Erzählung des Anonymus als unglaubwürdig. Zwar trifft es zu, dass hier im 10. Jahrhundert eine Siedlung bestand, da ihre Häuser bei der archäologischen Grabung nachgewiesen wurden. Diese erste Siedlung war aber noch keine Burg. Die Burg, die der Sitz des Gespans und des Dechanten werden sollte, wurde auf den Ruinen dieser Siedlung am Ende des 10. und zu Beginn des 11. Jahrhunderts errichtet.

Über den Namenspatron der Burg, über Bors, stehen uns keinerlei Angaben zur Verfügung. Es könnte sich um einen Adligen des 10. Jahrhunderts handeln. Das Suffix -d, das zu dem Namen hinzukam, hatte in der altungarischen Sprache zweierlei Bedeutung. Wäre es ein Diminutivsuffix, so würde die Bedeutung von Borsod „kleiner Bors" lauten. Diese Benennung stände im Einklang mit der Vermutung des Anonymus in Bezug auf die geringe Ausdehnung der Burg. Das Suffix -d diente aber auch dem Ausdruck des Possesivverhältnisses, in diesem Falle würde der Ortsname Borsod „dem Bors gehörend" bedeuten.

Im Jahre 1219 wird die Burg in einer zweifellos echten Urkunde erwähnt. Danach kommt der Name der Burg im Laufe des 13. Jahrhunderts mehrmals in Schriftquellen vor. Da sie jedoch in einer Urkunde des Jahres 1334 nur noch als ein „Erdburg genannter Graben" bezeichnet wird, ist anzunehmen, dass sie ihre ursprüngliche Funktion und Bedeutung nach dem Tatarensturm der Jahre 1241/1242 verloren hatte.

Literatur

Nováki 1993. – Wolf 1996.

Karlsburg (Gyulafehérvár, Alba Iulia)

ELEK BENKŐ

Karlsburg oder Weißenburg, (ungarisch: Gyulafehérvár; rumänisch: Alba Iulia) am Zusammenfluss der Flüsse Maros und Ompoly gelegen, ist wegen der Nähe von Salz-, Eisen- und Goldvorkommen die Siedlung mit den besten geographischen Gegebenheiten Siebenbürgens. An seiner Stelle lag in der Römerzeit Apulum, genauer ausgedrückt lagen hier zwei benachbarte städtische Siedlungen, das *Municipium Septium Apelense* mit späterem Namen *Colonia nova Apulensis* sowie das *Municipium Aurelium Apulense*, später *Colonia Aurelia Apulensis*. An der Stelle der heutigen Burg stand das Lager der *Legio XIII Gemina*. Hier befand sich auch der Sitz der Provinz *Dacia Superior* bzw. später von *Dacia Apulensis*[1]. Nach der Aufgabe der Provinz in der Zeit des Aurelian nahm in Apulum der Münzverkehr bedeutend ab, nach Valentinian wurde er minimal[2]. Von der Stelle der im 4. Jahrhundert verlassenen und zerstörten römischen Stadt sind nur wenige gepidische Funde aus dem 5. und 6. Jahrhundert bzw. Funde der Awarenzeit aus dem 7. Jahrhundert bekannt. Die slawische Besiedlungswelle erreichte Karlsburg im 8. Jahrhundert. Zur Hälfte in die Erde eingetiefte Häuser mit Steinherden aus dieser Zeit wurden auf dem Plateau der Burg und nordwestlich davon neben dem städtischen Stadion gefunden. Die wichtigsten Haustiere der damaligen Bewohner waren Schafe, danach kamen Rinder und Schweine; nach den aufgefundenen Tierknochen wurden wenige Pferde und wenig Geflügel gehalten, die Überreste von Wild sind verschwindend gering[3].

Zur Förderung der Naturschätze in der Umgebung der Siedlung, vor allem des Salzes, legte das bulgarische Reich ab ca. 830 Dörfer entlang der Maros an, deren Zentrum – dem Zeugnis der archäologischen Funde nach – sich an der Stelle der späteren Stadt Karlsburg befand. Die Spuren von Siedlungen des 9. Jahrhunderts nehmen auf dem Gelände des einstigen Legionslagers zu. Auf dem erschlossenen unpublizierten Friedhof mit mehr als 1700 Gräbern[4] in der Zalatnai-Straße (Calea Motilor, Str. Vănătorilor) nordwestlich der Burg, bei dem Gebäude der Kranken-Rettungsstation gibt es Bestattungen aus mehreren Epochen, und zwar der Römerzeit, des 9. und 10. Jahrhunderts und der Arpadenzeit, die sich teilweise überschneiden. Eine aus 100 Gräbern bestehende Gruppe gehört zur bulgarischen Epoche der Siedlung und kann in die zweite Hälfte des 9. bzw. an den Anfang des 10. Jahrhunderts datiert werden. Bei ungefähr 10 % der relativ tiefen und geosteten Gräber wurde das Grab um die Bestattung herum mit Steinen und sekundär verwendeten römischen Ziegeln ausgelegt. Bei einem Großteil der Toten wurden je zwei Gefäße in das Grab gestellt, außerdem sind auf Speisebeigaben verweisende Schaf-, Ziegen-, Rinder- sowie Geflügelknochen und Eierschalen zum Vorschein gekommen, in einem Fall ein ganzes Schafskelett. Analogien zu den Töpfen mit polierter Oberfläche und zu den Amphoren mit zwei Henkeln finden sich bei zeitgleichen Gefäßen am Unterlauf der Donau. An einer bisher nicht publizierten Amphore sind fünf eingeritzte Schriftzeichen zu sehen; ob es sich um griechische oder kyrillische Buchstaben handelt, wird von den Findern noch diskutiert[5].

In Karlsburg, wie auch in anderen zeitgleichen Siedlungen dieser Gegend, wurden im Laufe des 10. Jahrhunderts die Hütten der bulgarischen Epoche von einer Feuersbrunst vernichtet, die mit den Ungarn in Beziehung gebracht werden kann[6]; der Ausgräber Radu Heitel datiert sie spätestens ins zweite Jahrzehnt des 10. Jahrhunderts. In den Schutt eines Hauses wurde noch im Laufe des 10. Jahrhunderts ein Reitergrab eingetieft. Die Bestattungen der Landnahmezeit, die auf dem Gebiet des großen Gräberfeldes neben der Rettungsstation freigelegt wurden und bei denen es sich nach den mangelhaften Publikationen um die Gräber von mindestens acht Männern und drei Frauen handelt, waren weniger tief und auch ihre Lage wich von der der früheren Gräber ab. Unter den ausgegrabenen Gräbern waren häufig Reiterbestattungen mit Steigbügeln und Riemenschnallen zu finden, außerdem solche mit den charakteristischen Ausrüstungsgegenständen der berittenen Bogenschützen, wie Reflexbögen mit Knochenversteifungen, rhombische Pfeilspitzen, mit Eisen beschlagene Köcher und Streitäxte sowie mit herzförmigen Metallbeschlägen versehene Gürtel. Einen Verstorbenen hatte man mit Baumrinde bedeckt. Die charakteristischsten Grabbeigaben der Frauen waren silberne Ohrgehänge in der Form von Weintrauben[7]. Die Besitzergreifung von Siebenbürgen – und damit des heutigen Alba Iulia – durch die Ungarn im 10. Jahrhundert wird in einer legendären Erzählung im frühen Teil der ungarischen Chronik erwähnt. Nach dieser fand der dritte Anführer der Ungarn, Gyula, auf einer Jagd die Burg (*Civitatem Albam in Erdeel*), die einst von den Römern erbaut wurde. Es hat den Anschein, dass bei der kontinuierlichen Anwesenheit der Ungarn vom 10. Jahrhundert an eine Zeitlang auch mit der Existenz der früheren slawisch sprechenden Bevölkerung gerechnet werden muss. In der slawischen Sprache konnte der andere Name „Belgrad" entstanden sein, der sich in schriftlichen Angaben in Bezug auf das 11. Jahrhundert findet sowie in dem bis zur Gegenwart verwendeten volkstümlichen rumänischen Stadtnamen Bălgrad erhalten blieb. Auf die slawische Sprache verweist auch der Titel „vojavoda" des Gespans von Fehérvár, aus dem sich später der Name – und die Würde – des Wojewoden (ungarisch: vajda) von Siebenbürgen herausgebildet hat.

Der vordere Teil des ungarischen Ortsnamens – Gyula – verweist mit großer Wahrscheinlichkeit auf den die Rangbezeichnung „Gyula" tragenden ungarischen hohen Würdenträger, der – vermutlich noch um die Mitte des 10. Jahrhunderts – seinen Sitz hierher verlegte und dessen Nachfahren diesen Namen schon als Personennamen trugen. Der zwischen 952 und 955 in Byzanz getaufte „Gyula" brachte den zum Bischof von Turkia (= Ungarn) geweihten Mönch Hierotheos mit sich, unter dessen Leitung das nach östlichem Ritus eingerichtete Bistum im Siedlungsgebiet der Gyulas stand. Der durch die Kirchenorganisation von Stephan beseitigte Metropolitenbezirk von „Turkia" wurde in den byzantinischen Bistumsverzeichnissen bis zur zweiten Hälfte des 12. Jahrhunderts erwähnt.

Gegen Ende des 10. Jahrhunderts saß in Gyulafehérvár schon der Sohn des vorherigen „Gyula", der vom Anonymus als „kleinerer Gyula", von Thietmar mit dem slawischen Namen „Prokuj" (Überrest) überliefert wurde. Aus dessen Familie stammte Sarolt, die Frau des Fürsten Géza. Heute ist es schwer zu entscheiden, weshalb der junge Stephan, nachdem er Koppány besiegt und geviertelt hatte, einen Körperteil nach Siebenbürgen schickte: galt diese Geste eventuell der Bedeutung des hiesigen Sitzes, oder richtete sie sich als verborgene Drohung gegen den rivalisierenden Verwandten, der eine selbständige Macht ausbauen wollte und sich zum byzantinischen Christentum hin orientierte. Die späteren Ereignisse verstärken letztere Möglichkeit: um 1003 besiegte König Stephan mit einem Heer seinen mütterlichen Onkel, den er mit dessen Frau und beiden Söhnen gefangen nahm, und dessen Land er seinem Reich angliederte. Der Sitz des Gyula wurde Zentrum des von Stephan organisierten siebenbürgischen Komitats Fehér, dessen erster Gespan, Zoltán Erdőelvi, ein Verwandter Stephans war. Der befestigte Sitz des Gespans überstand zwischen 1015 und 1017 einen Angriff der Petschenegen. Der viereckige Grundriss der Gespansburg ging auf die aus weißen Quadern bestehende Mauern des römischen *castrum* zurück, die auch zu dem ungarischen Namen Fehérvár (Weißenburg) bzw. der slawische Benennung Belgrad der Siedlung führten[8]. Der Überrest des Erdwalls innerhalb der römischen Mauern und westlich der Bischofskathedrale kann – wenn es keine römische Erdbefestigung *agger* vor dem Legionslager aus Stein war, – auch aus der Arpadenzeit stammen[9].

Von den ungarischen Forschern wird übereinstimmend angenommen, dass das siebenbürgische Bistum mit lateinischem Ritus unmittelbar nach der Niederschlagung Gyulas organisiert wurde. Die wenigen historischen und archäologischen Angaben hierzu geben jedoch Raum für zahlreiche Interpretationen. Die Mehrheit der Wissenschaftler vermutet, auch unter Berücksichtigung der Vorgeschichte im 10. Jahrhundert, in Karlsburg den frühen Sitz des Bistums, zusammen mit der ersten Kathedrale. Eine andere, unserer Meinung nach verhältnismäßig wenig wahrscheinliche Möglichkeit erwähnt Gyula Kristó; demnach umfasste das siebenbürgische Bistum zu Beginn nur den nördlichen Teil Siebenbürgens, mit dem Sitz im Komitat Doboka, von wo er später von Ladislaus nach Weißenburg verlegt wurde[10]. Die rumänischen Forscher bekennen sich direkt zur Gründung des Bistums mit lateinischem Ritus in der Epoche von Ladislaus oder von Koloman, dem Schriftgelehrten. Authentische schriftliche Quellen verweisen jedoch eindeutig auf eine frühere Zeit. Über den ersten bekannten Bischof, *Francone Bellagradensi pontifice*, sind Aufzeichnungen aus der Zeit zwischen 1071 und 1081 erhalten geblieben[11], die zwar eine Gründung vor der Zeit von Ladislaus bezeugen, ohne dass sie aber auf die Anfänge verweisen würden. In der Burg standen in der ersten Hälfte des 11. Jahrhunderts mindestens zwei kirchliche Gebäude, eine Rundkapelle (Rotunde), deren Grundmauern unter dem südlichen Querschiff der heute stehenden Kathedrale aus dem 13. Jahrhundert liegen[12], und eine kleine Kirche mit einem Schiff und mit einer halbrunden Apsis, deren Überreste 1973 bis 1975 auf dem Gebiet vor der westlichen Fassade der heutigen Kathedrale gefunden wurden. Die zwischen das 9. und 11. Jahrhundert datierte Rotunde wird von der rumänischen Forschung mit einem nicht beweisbaren südsiebenbürgischen rumänischen Staatsgebilde verbunden. Die ungarische Forschung bringt sie zusammen mit dem östlichen Christentum und mit dem hier existierenden Hof, des sich an die byzantinische Außenpolitik anpassenden Gyulas oder hält sie für eine Taufkapelle aus dem 11. Jahrhundert[13]. Die andere Kirche mit einem Schiff und mit Apsis wurde mit Sicherheit in der ersten Hälfte des 11. Jahrhundert errichtet, hatte man sie doch bereits am Ende des Jahrhunderts beim Bau der neuen Kathedrale abgerissen. In ihre Grundmauern wurden im 12. Jahrhundert Gräber eingetieft. Die Grundmauern der Kathedrale, die die im 12. Jahrhundert angelegten Gräber berücksichtigten, kamen unter dem Schiff der auch heute noch existierenden, dem heiligen Michael geweihten Bischofskirche zum Vorschein. Daraus ergibt sich eine Basilika mit drei Schiffen und einer halbrunden Apsis. Deren bedeutendste erhaltene Steinmetzarbeit ist ein Tympanon des Eingangstores vom Ende des 11. Jahrhunderts, das die *Maiestas Domini* darstellt. An die Südseite der später abgerissenen Kirche schloss sich die bereits erwähnte Rundkapelle an, die nach Géza Entz gleichaltrig mit der Kirche war[14]. Der Meinung der später hier forschenden Archäologen nach war sie jedoch früheren Ursprungs als die dreischiffige Kathedrale. Der Bau letzterer kann vermutlich mit der Stiftung von Ladislaus I. (dem Heiligen) gekoppelt werden, wie auch die Organisation des Domkapitels. Ein archäologischer Beweis hierfür könnte das in den um die Kathedrale angelegten Gräbern aufgefundene früheste Geld sein, das unter König Koloman geprägt wurde. Beobachtungen auf dem arpadenzeitlichen Teil des Friedhofs um die Rettungsstation könnten dies bestätigen; er wurde – wie viele andere Friedhöfe des einfachen Volkes – in der Zeit von Ladislaus aufgelassen. Die aufgefundenen Münzen sind alle früher zu datieren und stammen aus der Zeit der Könige Andreas I., Béla I., Salomon und Géza I.[15]; die Mehrheit der Bestattungen erfolgte jedoch damals schon auf dem Friedhof um die Kirche(n). Außerhalb der Burg, in der Nähe ihrer Südost-Ecke (am Burgplatz), legte Béla Cserni zwischen 1902 und 1908 einen Teil des Friedhofs mit 56 Gräbern der einfachen Bevölkerung frei, die Funde aus dem 11. bis 12. Jahrhundert und Münzen aus der Zeit von Béla III. enthielten[16]. Demnach bestattete man noch nicht ausschließlich bei der Kirche. Der Abschluss des Baues der Kathedrale in der Zeit von Ladislaus reichte – nach vereinzelten Steinmetzarbeiten zu schließen – auch in das nächste Jahrhundert. Es scheint sicher zu sein, dass das Baptisterium neben der Kathedrale in der späten Arpadenzeit noch stand, da dessen Lage bei der Anlage der Fundamente der Kathedrale im 13. Jahrhundert berücksichtigt wurde. Der Wiederaufbau der dem Erzbistum von Kalocsa unterstehenden Bischofskathedrale begann zu Beginn des 13. Jahrhunderts. Der Bau der dem heiligen Michael geweihten Basilika mit drei Schiffen, einem Querschiff sowie einer von zwei Türmen flankierten Fassade mit einer offenen Vorhalle zog sich bis zum Ende des 13. Jahrhunderts hin, denn das Bauvorhaben wurde durch den die ganze Stadt zerstörenden Tatarensturms (1241/42) beiträchtigt, später durch die Zerstörungen der gegen den Bischof revoltierenden Sachsen im Jahre 1277. Bischof Péter schloss im Jahre 1287 einen Vertrag mit dem französischen Steinmetzen Jean Saint Dié über die Reparatur der beschädigten Mauern der Kirche und des quadratischen Turmes ab. 1291 wurde mit vier sächsischen Zimmerleuten aus der Umgebung von Karlsburg der Bau eines neuen Daches vereinbart. 1287 wurde auch der benachbarte Bischofspalast (*pallacium*) erwähnt. Die Reparatur des frühgotischen Hauptchores sowie der Überdachung des Hauptschiffes und die Ausmalung des Inneren der Kirche erfolgten zur Zeit von Bischof Péter Monoszló (1270) und unter Bischof András Széchy (1320–1356)[17]. Der Bischofspalast und das Domkapitel standen an der Südseite der Kathedrale. Die in der Fachliteratur bereits in die frühe Arpadenzeit datierte Bischofsburg ist in Wirklichkeit erst ab 1349 zu belegen. Das Kapitel in Karlsburg war die wichtigste, lange Zeit hindurch die einzige Urkundenstelle, ihre erste bekannte Urkunde stammt aus dem Jahr 1231, die Rechtsgeschäfte wurden ungefähr ab 1278 in einem sehr bruchstückhaft erhaltenen *Registrum* geführt. Nach dem Tatarensturm von 1241/42 gelangte die Stadt in den Besitz des Bistums und des Kapitels. Ihr wichtigstes Gebiet war immer noch das 440 m x 430 m große Viereck des römischen Lagers, an der westlichen Seite; in der Nähe der Kathedrale stand das St. Michaelstor (an der Stelle der einstigen *porta decumana*), ihm gegenüber an der Ostseite stand das St. Georgstor (an der Stelle der *porta praetoria*). In der Burg befanden sich das Marienkloster der Dominikaner (1289), das nach dem Erzmärtyrer St. Stephanus benannte Kloster der Augustinereremiten (1293) und das Heilig-Geist-Kloster der Benediktinerinnen (1294), von denen mit Sicherheit nur das erstere lokalisierbar ist. Das von 1341 an als *civitas* erwähnte Karlsburg breitete sich außerhalb der Burg in westlicher Richtung aus, hier lag der Marktplatz (*forum*) und stand die der Jungfrau Maria geweihte Pfarrkirche. Von der

Forschung wird in Karlsburg auch die Existenz einer mittelalterlichen Münze angenommen. Am Anfang des 14. Jahrhunderts wird mehrmals die Mark erwähnt, gewogen nach dem Fehérvárer oder Siebenbürger Gewicht[18].

Anmerkungen

1 Rusu (1979); über die archäologischen Funde s. neuerdings: Moga (1995).
2 Blăjan (1985).
3 Georoceanu u. a. (1986).
4 Blăjan/Popa (1983).
5 Heitel (1995) 407.
6 Ebd. 407; 415.
7 Blăjan/Popa (1983). – Heitel (1995) 412–413.
8 Bóna (1998) 30.
9 Rusu (1984) 331–333. – Heitel (1985).
10 Unlängst: Kristó (1999) 81.
11 Györffy (1987) 144.
12 Heitel (1975).
13 Vom historischen und archäologischen Standpunkt aus ist grundlegend: Bóna (1990).
14 Entz (1958) 70–76.
15 Blăjan u. a. (1993).
16 Horedt (1958) 49–63. – Moga (1995) 38.
17 Die neueste Zusammenfassung der Baugeschichte der Kathedrale ist: Kovács (1996).
18 Zu den historischen Angaben der Arpadenzeit: Györffy (1987). 143–154. – Jakó (1997).

Literatur

Blăjan-Popa 1983. – Blăjan 1985. – Blăjan u. a. 1990–1993. – Bóna 1990; 1998. – Entz 1958; 1968. – Georoceanu u. a. 1986. – Györffy 1983; 1987. – Heitel 1975; 1985; 1986; 1995. – Horedt 1958. – Jakó (Hrsg.) 1997. – Kovács 1996. – Kristó 1999. – Moga 1995. – Rusu 1979; 1984.

Mănăstur (Kolozsmonostor) bei Klausenburg (Cluj)

ELEK BENKŐ

Am Rande der hohen Terrassenstufe, die sich westlich von Klausenburg (Cluj/Kolozsvár) über das rechte Ufer der Maros erhebt, lag über vorgeschichtlichen und römerzeitlichen Resten eine unbefestigte slawische Siedlung des 8./9. Jahrhunderts. Aus den Hütten mit gemauerten Herden kamen verzierte Keramik und handgeformte Backtröge aus Ton zum Vorschein[1]. Über der aufgelassenen oder abgerissenen Siedlung wurde in der Zeit der ungarischen Staatsgründung ein großer Burgwall gebaut, um ihn herum entstand eine dörfliche Siedlung. Heute ist nicht mehr festzustellen, ob die St.-Stephans-Denare, die als vereinzelte Streufunde auf Mănăstur vorkamen, aus Gräbern oder aus den Siedlungsresten stammen[2]. Das wichtigste Ergebnis der Grabungen auf dem Gelände innerhalb der Wälle, dem Kalvarienberg, die zwischen 1970 und 1982 begonnen und dann 1995 wieder aufgenommen wurden, ist, dass sich der Sitz des Gespans des Komitats Kolozs in der frühen Arpadenzeit noch nicht in Klausenburg, auf dem Gebiet des römerzeitlichen Napoca, sondern im benachbarten Mănăstur befunden hatte. Bei der genaueren Deutung der Grabungsergebnisse zeigten sich zwischen der ungarischen und der rumänischen Forschung und selbst zwischen den einzelnen Richtungen der ungarischen Forschung bedeutende Unterschiede, besonders was die innere Chronologie und historische Rolle des mehrere Perioden überdauernden Burgwalls betrifft.

Im Mittelalter lag der einzige Zugang zu der Festung, die sich auf einer 220 m x 98 m großen Fläche von unregelmäßiger, ovaler Form ausdehnte, an der Südost-Ecke. Im Inneren sind Spuren einer Siedlung zu finden, Feuerstellen und in den Boden eingetiefte Häuser, in der südöstlichen Ecke der Burg lag ein Friedhof. Die bisher in den Gräbern gefundene früheste Münze stammt aus der Zeit Andreas' I. Die Burg war außer an der steilen Nordseite, wo einst die Maros floss, von einem breiten Graben umgeben. Bei den Grabungen in den Wällen zeichneten sich drei wichtige Bauperioden ab. Der erste Wall wurde auf der ursprünglichen Humusschicht erbaut; seine heutige Höhe beträgt noch 1,95 m, die Breite 4,75 m. In seinem schichtweise aufgehäuften Material wechseln sandhaltiger Boden, Kies und gestampfte Schwarzerde. Die Innenseite des Walls wurde durch waagerecht aufeinander gelegte Holzbalken abgestützt, die Außenseite ist noch nicht erforscht. Der Wall und der davor angelegte frühe Graben wird von den rumänischen Forschern ins 9. Jahrhundert datiert und mit dem bei Anonymus erwähnten Anführer Gelou oder Gyula oder mit dem Zentrum eines nicht nachweisbaren rumänisch-slawischen Staates in Verbindung gebracht. Wegen der fehlenden Nachweise sind die ungarischen Forscher unsicher, ob sie den Burgwall in die Zeit vor der Staatsgründung datieren oder ihn als die früheste Form der Burg des Gespans ansehen sollen. Später, in der ersten Hälfte des 11. Jahrhunderts, wurde der Wall um rund 1,3 m erhöht. Bei Grabungen an der Innenseite dieses neuen Walls, den eine Holzbalkenkonstruktion sicherte, wurde ein halb in den Boden eingetieftes, später abgebranntes Haus gefunden, in dem neben typischer Keramik aus der Arpadenzeit, darunter Bruchstücke eines tönernen Kochkessels, auch drei Salomo-Denare zum Vorschein kamen. Die Zerstörung des Gebäudes und des gleichzeitigen Walles wird von der Forschung einheitlich mit dem Einfall der Usen im Jahre 1068 verbunden. Danach wurde über den früheren Wallresten ein neuer Wall über einer Kastenkonstruktion und einer breiten Sohle gezimmert, was eine Erhöhung um ungefähr 2 m bedeutete. Die 10 m breite Sohle konnte bei den Grabungen nicht genau datiert werden, sie gehört aber ins 11./12. Jahrhundert. Ihre Zerstörung wird mit dem Tatarensturm des Jahres 1241 in Zusammenhang gebracht[3]. Spätestens nach dem Tatarensturm, wahrscheinlich aber bereits viel früher, zog die Gespanschaft nach Klausenburg, das 2,5 km nordöstlich von Kolozsmonostor lag und sich im 12./13. Jahrhundert langsam entwickelte. Ein Grund dafür konnte das Benediktinerkloster gewesen sein, das im Laufe des 11. Jahrhunderts im Inneren des Burgwalls errichtet wurde. Die siebenbürgischen Schriftquellen des 13./14. Jahrhunderts schrieben die Stiftung abwechselnd den Königen Stephan I., dem Heiligen, Béla I. oder Ladislaus I., dem Heiligen, zu. Für das Klosterinventar aus dem Jahre 1427 wurden Stephan als Stifter, Béla I. und Ladislaus als wohltätige Spender so genannt, während in der falschen Konskription des Jahres 1263, die vielleicht um 1370 gefälscht wurde, der Name von König Béla als Stifter erscheint. Die eigene Tradition des zu Ehren der Jungfrau Maria errichteten Klosters wird, so scheint es, von der Urkunde der Königin Elisabeth aus dem Jahre 1341 festgehalten. Damals ging der Hofgeistliche der Königin, Abt János/Johannes von Kolozsmonostor, davon aus, dass das Kloster seine Existenz der Verfügung von König Ladislaus zu verdanken hat[4]. Diese Möglichkeit legen auch die archäologischen Funde nahe. Ab dem Ende des 11. Jahrhunderts wurde nämlich innerhalb des Burgwalles um eine Kirche herum ein größerer Friedhof angelegt, dessen früheste, durch Münzen von St. Ladislaus datierte Gräber eindeutig in die früheren Siedlungsschichten hineinreichen, beziehungsweise diese überdecken[5]. Doch über die Kirche, die zu diesem Friedhof gehörte, ist überhaupt nichts bekannt. Nördlich der heutigen, spätgotischen Kirche wurden zwar Grundmauern freigelegt, die auch als Überreste einer unregelmäßigen, dreischiffigen Basilika gedeutet werden können[6], doch schließen die Fundzusammenhänge deren römischen Ursprung nicht aus. Zur Datierung dieser in den Details noch unpublizierten Mauerreste kann nur ein in die Grundmauern hineinreichendes Grab beitragen, in dem eine S-förmige Haarspange und eine Münze Bélas III. gefunden wurden. Im Laufe des 13. Jahrhunderts wurde das Kloster von einer sehr dicken, im Viereck verlaufenden Steinmauer umbaut, die nur den mittleren Teil des Burgwalls einnahm. Zur Zeit des Mauerbaus hörten auch die Bestattungen auf, die spätesten, durch Münzen datierten Gräber stammen aus der Zeit Bélas II. und Gézas II., über ihnen liegt eine unberührte Schicht aus dem 13. Jahrhundert, die Fragmente von Steinmetzarbeiten enthält[7]. Das Kloster aus dem 13. Jahrhundert wurde, wie auch sein Vorgänger, von den bisherigen Grabungen nicht berührt. An der Nordseite der heutigen Kirche sind die Überreste einer Rotunde zum Vorschein gekommen, die außen einen runden und innen einen sechseckigen Grundriss hat, sie steht zum Teil innerhalb der Grundmauern der bereits erwähnten Basilika. Die Westseite der Rotunde, die auch mehrmals umgebaut worden war, wurde im Mittelalter abgerissen und es wurde ein kleiner viereckiger Bau angefügt. Dieses Bauwerk kann wahrscheinlich mit jener St. Nikolauskapelle identifiziert werden, die im Jahre 1418 außerhalb der Kirche, doch in ihrer Nähe, *in ambitu*, stand[8]. Den archäologischen Daten nach kann der Bau der Rotunde nicht vor das 13. Jahrhundert datiert werden. Die Grundmauern verdecken ein durch einen Denar Bélas III. datiertes Grab, und in den Steinen des Fundaments kam auch eine aus dem 12./13. Jahrhundert stammende, sekundär verwendete Steinmetzarbeit zum Vorschein. Wahrscheinlich ist dieses Gebäude erst gegen Ende des 13. Jahrhunderts entstanden, als das Kloster die Krise überwunden hatte, in die es wegen der Zerstörungen des Tatarensturmes und des Zerfalls seiner inneren Ordnung geraten war[9]. Die noch heute stehende Apsis der gotischen Kirche wurde im 14. Jahrhundert erbaut, sie besteht aus drei Seiten eines Achtecks und wurde ohne Stützpfeiler errichtet. Dem Stil der wenigen erhaltenen Steinmetzarbeiten nach wurde der Bau in den Jahren nach 1360 ausgeführt[10]. Aus dem Jahr 1362 gibt es auch eine Nachricht über das Pallium des Abts[11]. Das vom König gestiftete Kloster unterstand nicht der Oberhoheit des für dieses Gebiet zuständigen Bischofs, sondern war dem Oberhaupt der ungarischen Kirche, dem Erzbischof von Gran (Esztergom), direkt unterstellt. Der Abt durfte die Insignien eines hohen Geistlichen, die Mithra und den Bischofsring tragen, was Papst Honorius III. 1225 bestätigte. Wegen dieser Ausnahmeregelungen geriet Kolozsmonostor mehrmals in Streit mit den Bischöfen von Siebenbürgen. Zuerst zerstörte Bischof Adorján (1187–1202) das Kloster, dann verwüstete Bischof Wilhelm das Kloster und die Kirche. Er verbrannte die päpstlichen Urkunden, die die Privilegien bestätigten, die königlichen Freibriefe ließ er in die Szamos werfen. Die Kämpfe hörten erst nach der Zerstörung durch den Tatarensturm und die Zerrüttung der Lage in Kolozsmonostor auf. Zsigmond Jakó nimmt an, dass das Kloster erst um 1280 wieder aufgebaut wurde[12]. Das neu erbaute Kloster bot auch einem Scriptorium Platz, das neben dem Kapitel von Alba Iulia ein wichtiges Zentrum der Schriftenüberlieferung in Siebenbürgen war. Für eine solche Tätigkeit des Konvents von Kolozsmonostor gibt es ab 1288 Hinweise.

Anmerkungen

1 Iambor u.a. (1981). – Iambor-Matei (1983).
2 Archaeologiaì Értesítö 17, 1897, 98.
3 Iambor-Matei (1975). – Ders. (1979). – Ders. (1983). – Bóna (1998) 32–33; 93.
4 Jakó (1990) I. 19–21.
5 Iambor-Matei-Halasu (1981).
6 vgl. Iambor-Matei-Halasu (1981) 145–146.
7 Iambor-Matei (1979) 605.
8 Entz (1994) 114. – Entz (1996) 328.
9 Petrov (1996) 40; vgl. Jakó (1990) I. 23–24.
10 Magyarországi művészet 1300 és 1470 körül. I. Red. E. Marosi (Budapest 1987) 305; 451.
11 Entz (1996) 328.
12 Jakó (1990) I. 24.; zu den historischen Angaben der Arpadenzeit s. außerdem: Györffy (1987).

Literatur

I. Bóna, Az Árpádok korai várai [Die frühen Burgen der Árpáden] (Debrecen 1998). 32–33.

G. Entz, Erdély építészete a 11–13. században (Kolozsvár 1994).

G. Entz, Erdély építészete a 14.–16. században (Kolozsvár 1996).

G. Györffy, Az Árpád-kori Magyarország történeti földrajza III (Budapest 1987).

P. Iambor/S. Matei, Cetatea feudală timpurie de la Cluj-Mănăstur. AIIAC 18, 1975, 291–304.

P. Iambor/S. Matei: Incinta fortificată de la Cluj-Mănăstur (sec. IX-XIV). Acta Musei Napocensis 16, 1979, 599–620.

P. Iambor u. a., Consideratii privind raportul cronologic dintre asezarea si cimitirul de la Cluj-Mănăstur. Acta Musei Napocensis 18, 1981, 129–150.

P. Iambor/S. Matei: Noi cercetări arheologice la complexul medieval timpuriu de la Cluj-Mănăstur. Acta Musei Napocensis 20, 1983, 131–146.

Z. Jakó, A kolozsmonostori konvent jegyzőkönyvei (1289–1556) I-II (Budapest 1990).

G. Petrov, Consideratii asupra unor biserici medievale cu plan central din Transilvania. Acta Musei Napocensis 33, 1996, 33–60.

Die Christianisierung Ungarns anhand der Quellen

GÉZA ÉRSZEGI

Dem byzantinischen Kaiser Leo dem Weisen (886–912) zufolge waren die Ungarn keine Christen. In den Jahren 894/895 erwarb sich der Kaiser nähere Kenntnisse über die Ungarn und schrieb diese Informationen dann zwischen 904 und 912 nieder. Zum ersteren Zeitpunkt befanden sich die ungarischen Stämme noch auf der Wanderschaft, während der zweite Zeitpunkt schon auf die Zeit nach der Eroberung des Karpatenbeckens fällt (895). Seine Angaben werden auch von arabischen und persischen Quellen bestätigt.

Um die Mitte des 8. Jahrhunderts ist bereits von dem Bischof der Onoguren die Rede, und unter den Onoguren waren auch Ungarn zu finden. Bei dem im Jahre 837 einmal als hunnisches, ein anderes Mal als türkisches und ein drittes Mal als „ungroi" erwähnten Volk handelt es sich wahrscheinlich stets um das ungarische.

Die ungarischen Stämme konnten vermutlich schon während ihres Aufenthaltes bei den Chazaren im 8. bis 9. Jahrhundert Bekanntschaft mit dem Christentum gemacht haben. Auf jeden Fall waren ihnen die großen Apostel der Slawen begegnet: mit Worten zähmte der heilige Kyrill 861 bei Cherson die mit den Chazaren verbündeten Ungarn. Der heilige Method begegnete vor seinem Tode (884) dem König der Ungarn an einer nicht näher bekannten Stelle an der Donau.

Aus dieser Zeit stammt auch einer der ersten von den Ungarn benutzten Gegenstände, der ein christliches Symbol trägt, ein Satteltaschenblech aus Tiszabezdéd (Abb. 393), das vielleicht am besten den vielfältigen Charakter der damaligen ungarischen Glaubenswelt wiedergibt. Dieses Satteltaschenblech war noch in Levedien verfertigt worden, auf ihm sind ein byzantinisches (griechisches) Kreuz, darum herum der Lebensbaum und Fabelwesen der heidnischen Glaubenswelt zu sehen.

Im Karpatenbecken aber lebten auch andere Völker, die zur Zeit der ungarischen Landnahme schon Christen waren. Im südöstlichen Teil des Landes hielt sich vermutlich die von Byzanz bekehrte slawische Bevölkerung der Bulgaren auf, während auf dem Territorium der einstigen Provinz Pannonien eine mit den Westslawen verwandte Bevölkerung siedelte. Diese Völkerschaften konnten in der Bekehrung der Ungarn zur christlichen Religion eine bedeutende Rolle gespielt haben, besteht doch ein Teil des religiösen Wortschatzes der ungarischen Sprache aus Wörtern slawischer Herkunft. Nach der ungarischen Landnahme (895) wird noch der Missionsbischof von Pannonien, der dem Bischof von Passau zugeordnete Madaluinis (903), erwähnt.

Nach der Landnahme zogen ungarische Heerscharen genau so in Richtung Byzanz wie sie Norditalien, Frankreich und Deutschland überfielen. Überraschend ist aber, dass kaum Spuren von christlichen Gegenständen, seien es nun erbeutete oder eventuell als Zeichen der Annahme des Christentums erhaltene Stücke, im archäologischen Fundmaterial Ungarns zu finden sind. Brustkreuze und Reliquienbehälter sind zwar in ansehnlicher Zahl zum Vorschein gekommen (z. B. in Dombóvár, Mindszent, Püspökladány, Sárrétudvari, Szegvár, Tiszaeszlár, Tiszafüred u. a.), doch lässt sich deren Provenienz und Alter nicht genau feststellen. Vielleicht waren die Plünderer mehr auf Geld aus, das sowohl in der Menge als auch im Wert schnell erfassbar war. Doch erbeutetes Geld lässt sich im Karpatenbecken ebenfalls nicht nachweisen. Im Fundmaterial aus der Zeit der ungarischen kriegerischen Streifzüge sind kaum aus dem Ausland stammende Münzen zu beobachten, und wenn solche gefunden wurden, handelte es sich zumeist um Schmuck (z. B. in Vereb).

Es ist anzunehmen, dass diese Feldzüge keine Rolle im Hinblick auf die Bekehrung zum christlichen Glauben spielten. In zahlreichen ausländischen Quellen wird zwar erwähnt, dass die ungarischen Heerscharen verschiedene kirchliche Institutionen, z. B. die Abtei von St. Gallen, heimsuchten, doch im Prozess der Christianisierung der Ungarn gibt es keine Anzeichen eines nachhaltigen Eindrucks.

In Ungarn kann weder aufgrund der geschriebenen Quellen noch aufgrund des archäologischen Materials den ungarischen Streifzügen eine so große Bedeutung beigemessen werden, wie diese in den ausländischen Quellen einnehmen. Der Topos, dass dieses oder jenes infolge der Ungarnfeldzüge zerstört wurde, ist zum Teil aufgrund allgemeiner Erfahrungen formuliert worden, die sich im Laufe der Völkerwanderungszeit heraus-

393 Tiszabezdéd, Grab 1. Taschenbeschlag mit gleicharmigem Kreuz, Kupfer, vergoldet auf Leder, 13,6 x 15,6 cm. Budapest, Magyar Nemzeti Múzeum. – Kat. 07.06.15.

kristallisiert hatten. Zumindest ich vertrete die Meinung, dies ist zum größten Teil dem Umstand zu verdanken, dass die Ungarn der Landnahmezeit nicht nur die Nachfahren der Hunnen im Karpatenbecken geworden sind, sondern dass sie jenen auch ihren Ruf zu verdanken hatten.

Zuerst hatten sich die Stammesführer Bulcsú und Tormás in Byzanz taufen lassen und einen für fünf Jahre gültigen Frieden mit nach Hause gebracht (um 948). Danach zog auch Fürst Gyula nach Byzanz, wo er sich taufen ließ; Kaiser Konstantin VII. Porphyrogennetos wurde sogar sein Taufpate. Hierotheos wurde zum Missionsbischof geweiht und mit dem Fürsten Gyula zu den Ungarn entsandt (Skylitzes). Vielleicht setzten später dann Theophylaktos, der Bischof der Türken (= Ungarn), bzw. Antonios, Bischof von Turkia (= Ungarn), das Werk von Hierotheos fort.

Es scheint, dass im Westen die ersten Schritte von Papst Johannes XII. im Jahre 963 unternommen wurden. Er weihte Zacheus zum Missionsbischof für die Ungarn und entsandte ihn mit einem Bulgaren namens Szalók zu den Ungarn, um dort zu missionieren. Szalók war bei den Ungarn aufgewachsen und gehörte zum engsten Kreis der päpstlichen Familie. Zacheus selbst dagegen war am päpstlichen Hof um so weniger beliebt. Seine Unwissenheit und vor allem seine Unbewandertheit in der Theologie und in den humanistischen Wissenschaften bestimmten ihn beinahe dazu, vom päpstlichen Hof ausgesandt zu werden, damit er, zwar unter Gefahren, doch eine nützliche Arbeit ausführen konnte, also um unter den Ungarn zu missionieren.

In den Quellen gibt es aber keinen Verweis darauf, dass Zacheus tatsächlich bis zu den Ungarn gelangt

Die Christianisierung Ungarns   601

wäre. Was ihm später widerfahren sein konnte, darüber berichtet Bischof Liutprant von Cremona (961–972). Er lebte in einer bewegten Zeit, hatte sich doch damals das Verhältnis zwischen Kaiser Otto I. und dem Papst zugespitzt. Papst Johannes XII. (955–964), der Sohn des römischen *Princeps* Albericus (932–954), hatte sich in Rom nicht nur die kirchliche, sondern ebenfalls die weltliche Macht erworben. Wegen seiner römischen Gegner bat er Kaiser Otto I. um Unterstützung, der ihm auch zur Hilfe eilte. Somit konnte der Papst am 2. Februar 962 wiederum einen Kaiser krönen. Der Kaiser, der Wiederbegründer des einstigen Reiches, wandte sich jedoch nur allzu bald gegen ihn, ließ ein Konzil einberufen und den Papst absetzen. Papst Johannes XII., der nun Verbündete gegen den Kaiser suchte, ließ den Kaiser auf dem Konzil im Februar 964 zwar verurteilen, konnte jedoch seinen eigenen Untergang nicht verhindern. Mit ihm zusammen ging auch Zacheus, der Missionsbischof der Ungarn, unter, der an dem Konzil, auf dem der Kaiser verurteilt wurde, teilgenommen hatte. Ihm wurde unterstellt, dass er zu den Ungarn ziehen würde und dort das Wort Gottes verkünden wolle, damit die Ungarn den Kaiser angreifen.

Von der Zeit an lag die Initiative bei der Bekehrung der Ungarn in der Hand des Kaisers. Dazu war er um so leichter fähig, weil am 7. April 972 sein Sohn, Otto II., die byzantinische Fürstin Theophanu zur Frau nahm, womit im Grunde genommen für eine lange Zeit die byzantinischen Kontakte zu den Ungarn abbrachen.

Damals bekamen die Ungarn einen neuen Fürsten. Géza, der Sohn von Taksony, hatte irgendwann vor 972 die Führung des Stammesverbandes übernommen. Diese Veränderung erweckten bei den westlichen Missionare wiederum Hoffnungen auf Erfolge bei den Ungarn. Über Wolfgang, Benediktinermönch von Einsiedeln, ist in den Jahrbüchern seines Klosters festgehalten, dass er 972 zu den Ungarn entsandt wurde. Bischof Pilgrim von Passau berief ihn jedoch zu sich und brachte ihn davon ab, die Ungarn zum Herrn zu führen; weshalb dies so geschah, ist unbekannt. Nach einer anderen, späteren Quelle aber war Wolfgang als Mitarbeiter von Pilgrim bei den Ungarn tätig. Statt die Missionstätigkeit auszuüben, fand Wolfgang sich jedoch auf Vorschlag Bischof Pilgrims schon im nächsten Jahr bereits auf dem Bischofstuhl von Regensburg.

Kaiser Otto I. schickte kurz vor seinem Tod, also vor dem 7. Mai 973, Bischof Brun von Verden als Gesandten zu den Ungarn. Damit der Gesandte auch sicher zum Fürsten der Ungarn gelangte, richtete der Kaiser ein Empfehlungsschreiben an Bischof Pilgrim in der den Ungarn benachbarten Diözese Passau. In diesem Schreiben bat der Kaiser: man möge den opferbereiten Bischof bei seiner großen Arbeit unterstützen. Er solle alles erhalten: Menschen, Pferde und alles, was zur Reise notwendig ist, und er solle bis an die ungarische Grenze begleitet werden. Leider kann aus der nicht allzu informativen Formulierung des Empfehlungsschreibens nicht geschlossen werden, dass sich der Bischof und Gesandte lange in Ungarn aufhielt. Worin die Aufgabe des Bischofs Brun bestanden haben konnte, geht aus den wenig aussagekräftigen Quellen kaum hervor. Es scheint beinahe sicher zu sein, dass der Kaiser Bischof Brun nicht zu einer lange dauernden intensiven Missionstätigkeit entsandt hatte, sondern eher mit dem Ziel, den König der Ungarn zur Aufnahme diplomatischer Beziehungen zu überreden.

Welches Ergebnis Brun am Hof des ungarischen Fürsten erreicht hatte, darüber gibt es keine genauen Informationen. Seine Reise war jedoch nicht erfolglos; dies ergibt sich aus Folgendem. Am 23. März 973 feierte Otto I. das Osterfest in Quedlinburg. An seinem Hof weilten unter den Vertretern der benachbarten Länder auch die Gesandten von Fürst Géza, zwölf ungarische Vornehme. Mit Recht kann also entsprechend der chronologischen Reihenfolge angenommen werden, dass Bischof Brun nur eine einzige Aufgabe hatte, nämlich die Einladung des Kaisers an den König der Ungarn, an Fürst Géza zu übermitteln.

Die bisherigen Anstrengungen, die Ungarn zu bekehren, waren alle zum Scheitern verurteilt, da Bischof Pilgrim den festen Vorsatz hatte, selbst den Lorbeer für sein Bistum zu ernten. Die ungarische Christianisierung oblag also dem nahe gelegenen Bistum. Dessen Bischof musste aber zuvor noch den Kampf um die Oberhoheit über die Ungarn mit dem Ordinariat der benachbarten Diözese Salzburg austragen. Zur Zeit, als Pilgrim Bischof in Passau war, war Friedrich Erzbischof in Salzburg. Beide leiteten ihre Argumente für das Recht zur Bekehrung der Ungarn aus der früheren römischen Zeit ab. Von ihrem Kampf zeugt eine ganze Reihe falscher Urkunden. Dem Zeugnis dieser falschen Urkunden nach hatte Papst Benedikt VI. irgendwann zwischen Mai 973 und Juni 974 dem Erzbischof von Salzburg das Recht über die einstigen Provinzen *Noricum* und *Pannonia* bestätigt.

Auch Pilgrim stand in der Verteidigung seiner Rechte nicht zurück. Er stellte für Papst Benedikt VI. einen regelrechten Bericht über seine Bekehrung der Ungarn zusammen. Bischof Pilgrim von Passau gibt in seinem Bericht an den Papst ein einfühlsames Bild. Rund 5000 Vornehme ließen sich taufen, die Mehrheit der Christen stammte aber dennoch aus den Reihen des einfachen Volkes. Ein großer Teil davon bestand aus Dienstleuten, die aus allen Teilen der Erde hierher verschleppt worden waren. Letztere nahmen die Missionare mit Freuden auf, konnten sie doch bis dahin nicht in ihrem Glauben leben. Erst nach dem Auftreten der Missionare Pilgrims war ihnen dies wieder vergönnt, ja sogar ihre Herren waren dem Christentum nun geneigt. Aus dem Bericht Bischof Pilgrims geht auch hervor, woran die Vorfahren der Ungarn zur Zeit ihrer Taufe glaubten.

Ob der Brief dann auch wirklich an den Papst abgesandt wurde oder nicht, das lässt sich nicht nachweisen. Ebenso kann nicht bewiesen werden, ob in dem Bericht realistische Zahlen genannt wurden. Der hohe, geschichtlich gebildete Geistliche hatte als Vorbild die Missionierung am anderen Rand Europas, nämlich auf den Britischen Inseln vor Augen. Hier wurde der römische Geistliche, der heilige Augustinus von Canterbury († 604), im Jahre 596 von Papst Gregor I. (dem Großen) mit der Bekehrung der Angeln und Sachsen betraut. In Kent erzielte er mit Unterstützung von Königin Berta und Königs Aethelbert bedeutende Erfolge. Die Geschichte dieser Christianisierung war von Beda Venerabilis (673–735) niedergeschrieben worden, der der Tätigkeit des Augustinus von Canterbury einen breiten Raum widmete. In seinem fiktiven Bericht verheimlicht es Pilgrim auch nicht, woher er seine Informationen hatte: aus der Geschichte der Mission auf den Britischen Inseln, also aus dem Werk von Beda Venerabilis. Noch mehr wird unser Vertrauen in die Glaubwürdigkeit Pilgrims erschüttert, durch das in seinen Bericht aufgenommene Bekenntnis, das er die Neugetauften gelehrt hatte. Dieses Glaubensbekenntnis stimmt jedoch fast wortwörtlich mit dem auf dem Konzil von Toledo am 7. November 675 angenommenen Glaubensbekenntnis überein. Da sich danach noch mehrere Konzile mit der präzisen Formulierung des Glaubensbekenntnisses befasst hatten, ist wohl kaum anzunehmen, dass Pilgrim am päpstlichen Hof mit einem derartigen, schon zu seiner Zeit, am Ende des 10. Jahrhunderts, als uralt geltenden Glaubensbekenntnis Erfolg gehabt haben konnte.

Ist schon der Bericht von Bischof Pilgrim nicht zu akzeptieren, so ist noch eindeutiger, dass die päpstlichen Urkunden, die unter dem Einfluss dieses fiktiven Berichts entstanden sein sollen, alles Fälschungen sind, und nur der Sicherung der Rechte Bischof Pilgrims von Passau dienten. Der Bischof vertrat die Auffassung, dass das Bistum Passau der Rechtsnachfolger des römischen Bischofssitzes

394 Byzantinischer Weihwasserbehälter aus Beszterec, zweite Hälfte 10. Jahrhundert, Silber vergoldet und Bronze vergoldet, H. 22,1 cm. Budapest, Magyar Nemzeti Múzeum. – Kat. 16.06.04.

Lauriacum war. Lauriacum war der Name des an der Stelle des heutigen Enns im 1. Jahrhundert angelegten Militärlagers. Unter Kaiser Caracalla (211–217) hatte es den Rang eines *Municipiums* erhalten. Eine Reihe von christlichen Traditionen sowie die Überlieferung, dass der heilige Florian hier den Märtyrertod erlitt, beweisen die Verbreitung des Christentums in diesem Raum. Im 6. Jahrhundert hatten sich hier Bajuwaren niedergelassen, und nach der Herrschaft der Awaren lebte die Siedlung unter dem Namen Lorch weiter, sie wurde aufgrund der Ungarneinfälle befestigt und erhielt ihren heutigen Namen. Dennoch waren weder Pilgrim noch Friedrich Erfolg beim Erwerb der Rechte auf die ungarische Missionierung beschieden.

Wie die Ungarn die Missionare sowie die Bekehrungsversuche aufnahmen, soll im folgenden kurz geschildert werden. Die Taufe von Fürst Géza und seiner Umgebung wurde von den zeitgenössischen und den heutigen Geschichtsschreibern fast gleichermaßen seiner Gemahlin zugeschrieben.

Nach der polnische Überlieferung hatte Fürst Géza Adelhaid, die Schwester des Fürsten Mieszko I. (930–992), zur Frau genommen. Und da die Frau bereits Christin war, ist ihr die Taufe ihres Mannes zu verdanken. Die andere Überlieferung ist viel nuancierter. Nach dieser hatte Fürst Géza Sarolt, die Tochter des Gyula geheiratet, und da Gyula sich schon in Byzanz hatte taufen lassen, könnte auch seine Tochter Christin gewesen sein. So spielte sie bei der Taufe ihres Gatten sicher eine Rolle. Die zeitgenössischen Quellen zeichnen ein lebendiges Bild von Sarolt. Es wird berichtet, dass sie die Zügel des Landes in der Hand hielt und ihren Mann und das, was ihm gehörte, lenkte; unter ihrem Einfluss begannen die Bekehrung zum Christentum. Schlimmeres notierte der zeitgenössische Erzbischof Thietmar von Merseburg: sie war schön, trank aber viel, und einmal erschlug sie in ihrem Zorn auch jemanden. Natürlich stand ihr Géza nicht nach: er war grausam und jähzornig. In seiner Intoleranz ging er grausam gegen die vor, die das Christentum bekämpften. Dennoch trifft die Behauptung des Zeitgenossen zu, dass sich in ihm das Heidentum mit dem Christentum vermischte. Als ihm der an seinem Hof weilende Missionsbischof vorwarf, sowohl den heidnischen Götzen als auch Gott dem Allmächtigen Opfer zu bringen, antwortete er ihm keck: er sei reich und mächtig genug, um beides tun zu können. Natürlich war die Missionsabsicht des Herrschers nicht wirklich konsequent. Das belegt die Geschichte von Tonuzoba, dem Stammvater des Geschlechts Tomaj, der unter der Herrschaft des Vaters von Géza, also unter Fürst Taksony, aus dem Reich der Petschenegen gekommen war. Er erhielt Besitztümer bei der Furt von Abád, stand also dem Fürsten sehr nahe; dennoch ließ er sich nicht taufen. Er lebte noch in der Zeit König Stephans, des späteren Heiligen, und starb als Heide. Sein Sohn Örkény beendete sein irdisches Leben aber schon als Christ.

Das Bild der Ungarn in dieser Zeit ist also nicht eindeutig. Sie sind Christen und Heiden zugleich. Als sich am Hof des Fürsten Géza ein Missionsbischof aufhielt, hinderte dies den Fürsten nicht daran, so zu sein wie alle seine Untertanen: halb Christ, halb Heide. Möglicherweise brachte der Besuch der Gesandten zu Ostern 973 in Quedlinburg die Ungarn dem Christentum näher, doch wurden sie nicht eindeutig zu Freunden des Reiches. In der Urkunde von Martinsberg (Pannonhalma) ist ein Hinweis darauf zu finden, dass der ungarische Fürst Géza sich in den Bürgerkrieg des Reiches eingemischt hatte. Weitere und erschöpfende Informationen über die in der Urkunde von Martinsberg angedeutete deutsch-ungarische Konfrontation fehlen. Wir wissen, dass dies in der Kindheit von Stephan, dem Sohne Gézas, geschehen war. In dieser Zeit gab es eine deutsch-ungarische Konfrontation, als sich der immer wieder gegen die kaiserliche Macht auflehnende Herzog von Bayern, Heinrich II. (der Zänker) (955–976, 985–995), im Jahre 983 erneut erhob, diesmal gegen den jungen Kaiser Otto III. Diese Gelegenheit nutzte Fürst Géza und dehnte seine Macht auf einen Teil der Markgrafschaft Österreich, der Grenzmark von Bayern, aus. Schließlich war er wegen des Gegenangriffs des österreichischen Markgrafen Leopold I. von Babenberg gezwungen, den Rückzug anzutreten; nachdem Herzog Heinrich II. der Zänker den ungarischen Truppen eine Niederlage zugefügt hatte, räumten sie im Jahre 991 auch das Wiener Becken. Der Zwist zwischen dem Reich und den Ungarn endete am 28. August 995 mit dem Tod des Herzogs von Bayern.

Zu dieser Zeit bildete sich in der Beziehung zwischen dem Reich und Ungarn eine neue Situation heraus, die selbst im weit entfernten Rom registriert wurde. Den Hof des ungarischen Fürsten suchte eine bedeutende Persönlichkeit des Jahrhunderts auf, Bischof Adalbert von Prag. Das abenteuerliche Leben Adalberts sei an dieser Stelle kurz zusammengefasst: Er wurde um 955 in Libice (Böhmen) geboren. Ab 972 studierte er mit seinem Gefährten Radla in Magdeburg. Im Jahre 982 kehrte er nach Böhmen zurück und wurde 983 Bischof von Prag. Seine Investitur zum Bischof erfolgte am 3. Juni 983 in Verona. Mit päpstlicher Genehmigung verließ er 989 sein Bistum und wurde in Rom Mönch. 992

395 **Zierseite, Initialligatur UD der Präfation Uere dignum, Sakramentar des heiligen Wolfgang**, Regensburg zwischen 993 und 994. Verona, Biblioteca Capitolare, Cod. LXXXVII, fol. 13v

kehrte er jedoch wieder in sein Bistum zurück, gründete in Prag, in Brevnov, ein Benediktinerkloster. Um 995 verlässt er sein Bistum und eilt wiederum nach Rom. Am 21. Mai 996 feiert er mit den Römern die Kaiserkrönung Ottos III. durch Papst Gregor V. Der Papst schickte Adalbert auf Wunsch des Reichskanzlers, Erzbischof Willigis von Mainz, in das weltliche Leben zurück. Er ersucht um einen Missionsauftrag und erhält ihn; vermutlich erstreckt sich sein Auftrag auch auf die Ungarn. Seine Reise führt ihn an Wallfahrtsorte in Frankreich; er macht Halt am Hof Kaiser Ottos III. Dann suchte er die Polen und später die heidnischen Pruzzen auf, wo er den Märtyrertod erleidet.

Der Zeitpunkt, an dem er den ungarischen Fürsten und seine Familie trifft und bekehrt, könnte in beinahe alle Abschnitte seines abenteuerlichen Lebens gefallen sein. Nach der allgemein akzeptierten Auffassung weilte Adalbert am Hof des ungarischen Fürsten, als er zum zweiten Mal nach Rom zog. Dies könnte um 995 gewesen sein, zu jenem Zeitpunkt waren aber die fürstliche Familie und auch Stephan vermutlich schon lange Christen. Bischof Adalbert konnte ihnen nur die Firmung erteilt haben.

Die Christianisierung Ungarns

Wenngleich in seinem Lebenslauf sein Besuch am Hof von Fürst Géza üblicherweise mit der Reise von Prag nach Rom verbunden wird, gibt es in seiner Biographie eine Angabe, die hierzu nicht passen will. So soll er während seines Aufenthaltes bei den Polen an seinen Schulgefährten (Papas) gedacht haben, den er bei den Ungarn gelassen hatte, und er versuchte, diesen zu sich zu holen.

Meiner Auffassung nach betrat Adalbert wahrscheinlich im Jahre 996 die Bühne der ungarischen Geschichte. Adalbert könnte dazu beigetragen haben, dass Fürst Géza im Jahre 996 in Martinsberg ein Kloster gründete, in das auf Einladung Adalberts Benediktiner aus dem von ihm gegründeten Kloster in Brevnov kamen. Dies ist die erste, bis heute bestehende ungarische kirchliche Einrichtung. Der Schutzheilige des Klosters ist der hier geborene römische Soldat und spätere Bischof von Tours, der heilige Martin. Eine wichtige Aufgabe Adalberts war der Friedensschluss des Fürsten Géza mit dem Reich. Vermutlich wurde als Unterpfand des Friedensschlusses Gisela, die Schwester von Heinrich II., mit Stephan, dem Sohn von Fürst Géza, verlobt (996). Vermutlich war Adalbert an der Entstehung dieses Bündnisses beteiligt. Die Ehe zwischen Gisela und Stephan musste für das Reich ausreichende Garantie gewesen sein, dass die Ungarn die christlichen Lehren akzeptieren und nach ihnen leben würden.

Außer dem mit der Ehe besiegelten Friedensvertrag musste die christliche Überzeugung des fürstlichen Erben eindeutig bewiesen werden. Dass an der Christlichkeit der fürstlichen Familie Zweifel bestanden, versuchte ich bereits zu beleuchten. Doch konnte die Taufe wegen der einzuhaltenden Kirchenlehre nicht wiederholt, sondern nur bekräftigt werden. Bereits in den Beschlüssen des Konzils von Elvira am Beginn des 4. Jahrhunderts war enthalten, falls jemand ohne Bischof oder Priester getauft wurde, musste dies später durch den Segen des Bischofs bestätigt werden. Dass auch im Zeitalter von Adalbert die Bekräftigung des Christentums angewendet wurde, könnten die zeitgenössischen Biographen Adalberts bestätigen. Der eine, Canaparius, schrieb nämlich, dass Adalbert zwar als Kind getauft wurde, als er den Namen Vojtěch erhielt, doch als er in die Schule von Magdeburg gelangte, bestätigte der Erzbischof der Stadt, Adalbert, ihn mit Chrisma und gab ihm seinen eigenen Namen. Sein anderer Biograph, Brun von Querfurt, trägt die Geschichte ausführlicher vor: Er schreibt, dass ein Missionsbischof Vojtěch mit Chrisma gesalbt habe, man hatte dies aber vergessen, und als Adalbert aus Magdeburg nach Hause zurückkehrte und seiner Mutter erzählte, wie er vom Erzbischof einen neuen Namen erhalten habe, erinnerte sie sich daran.

In Analogie zum Leben des heiligen Adalberts ist vorstellbar, dass der ungarische Fürst und seine Familie sich bereits in der Zeit taufen ließen, als ungarische Gesandte nach Quedlinburg geschickt wurden (973). Ob König Stephan damals schon geboren war, ist nicht sicher bekannt. In jedem Fall war seine Familie schon getauft, als er geboren wurde. Als kleines Kind konnte er von einem von Adalbert geschickten Missionar mit Wasser auf den Namen Vajk getauft worden sein. Zur Zeit seiner Verlobung mit Gisela wurde er dann von dem an dieser Zeremonie teilnehmenden Bischof Adalbert mit Chrisma im Christentum bestärkt und es wurde ihm der Name Stephan gegeben. Es gab die eigentliche Taufe und dazu im heutigen Sinne auch die Firmung.

Für Adalbert bot sich bei den Ungarn keine Möglichkeit, eine Missionarstätigkeit auszuüben, deshalb zog er nach Polen. Unter anderem versuchte er auch einen Freund aus seiner Kindheit dazu zu überreden, den Hof des ungarischen Fürsten zu verlassen und ihm zu folgen. Der Brief und die Antwort vermitteln schlaglichtartig einen Blick auf die Person Adalberts und eines seiner Schulgefährten. Sie spiegeln nicht zuletzt das Christentum des Fürsten großartig wider. Der Brief lautet wie folgt: „Meinen Gefährten, wenn Du ihn brauchst und ihn verwenden kannst, behalte ihn bei Dir, wenn nicht, bitte ich Dich mit Gott, sende ihn zu mir". Zur gleichen Zeit schrieb Adalbert auch an seinen Gefährten: „Wenn du mit der Erlaubnis zu jenem eilen kannst, der dich sehr erwartet, dann ist es gut, wenn nicht, versuche zu deinem Adalbert zu fliehen". Dass Adalbert eine Botschaft an einen christlichen Fürsten schickte, bezeugt der Brief, den er ihm schrieb. Doch glaubte er nicht aufrichtig an dessen Christentum, denn er nahm an, dass der Fürst wohl kaum wie ein guter Christ der Bitte nachkommen werde.

Am Ende der Regierungszeit von Fürst Géza war ein Kapitel der Bekehrung der Ungarn zu Ende gegangen. Die Bekehrungsversuche von außen konnten Grundlagen des Christentums bilden, die Christ-Werdung des Volkes konnte aber nur durch eine innere Konsolidierung, durch die Staatsgründung Stephans erfolgen. Die Schritte dazwischen waren wichtige Stationen dieses Prozesses, der vom Nomadenleben bis zum Sesshaftwerden, vom Heidentum bis zum Christentum führte.

Stephan trat im Jahre 997 das Erbe seines Vaters an, zwei Gebietsfürstentümer erwarb er jedoch erst später. In Siebenbürgen herrschte noch einige Jahre hindurch sein Verwandter Fürst Gyula, im

Gebiet am Fluss Maros war Ajtony der Herrscher. Deren Herrschaft und die Stephans bestanden ungefähr ein Menschenalter lang parallel nebeneinander. Sowohl im Gebiet von Gyula als auch in dem von Ajtony bildete sich die Organisation der griechischen Kirche heraus. In den übrigen Teilen des Karpatenbeckens wurde der lateinische Ritus vorherrschend. Die Klöster mit griechischem Ritus und auch die Verehrung der für orientalisch gehaltenen Heiligen (Demetrius, Georg, Nikolaus, Pantaleon u. a.) verbreiteten sich im ganzen Land. Der Kern der Kirchenorganisation mit lateinischem Ritus hatte sich wahrscheinlich auf dem von der fürstlichen Familie beherrschten Gebiet, in der Mitte des einstigen Pannoniens herausgebildet. Der erste Erzbischofssitz des Landes wurde um das Jahr 1000 in Gran (Esztergom) gegründet, diesem waren jene Diözesen aus den der Herrschaft König Stephans unterstehenden Gebieten unterstellt. Dies waren vor allem die Diözesen des einstigen Pannoniens, das heißt des westlichen Teiles Ungarns, die Bistümer von Veszprém, Fünfkirchen (Pécs) und Raab (Győr), sowie die östlich der Donau liegenden Diözesen von Kalocsa, Eger, Vác und Bihar. Im November 1007 nahm an dem unter dem Vorsitz des Kaisers in Frankfurt tagenden Konzil auch der Erzbischof der Ungarn teil. Weniger bekannt ist der Zeitpunkt der Gründung der siebenbürgischen Diözese, die mit dem Sitz in Karlsburg (Gyulafehérvár) ganz Siebenbürgen umfasste. Es liegt auf der Hand, dass dies erst geschah, als sich König Stephan das Land seines Onkels Gyula einverleibt hatte (1002). Der die Landschaft am Fluss Maros regierende Ajtony ließ sich in Byzanz taufen, damit wurde nach 1002 in seinem Gebiet die (griechischen) Kirchenorganisation gegründet. Hier unter den schwarzen Ungarn übten Brun von Querfurt oder Bonifatius Missionstätigkeit aus.

Der Anschluss (1028) der Gebiete von Gyula und Ajtony an die lateinische Kirchenorganisation ist zu einem großen Teil einem aus Italien, genauer aus Venedig stammenden Benediktinermönch namens Gerhard zu verdanken. Er wollte ursprünglich ins Heilige Land pilgern, doch ein Sturm auf dem Meer zwang ihn dazu, an der dalmatinischen Küste an Land zu gehen, von wo aus ihn der direkte Weg zu Stephan, dem König von Ungarn führte. Er wurde dann zu einer der bedeutendsten kirchlichen Persönlichkeiten in Ungarn. Vermutlich war er der Erzieher des Thronfolgers Emmerich, er schrieb das erste ungarische theologische Werk, vielleicht ist ihm der intensive Marienkult in Ungarn zu verdanken, und schließlich war er der erste Bischof der zuletzt gegründeten Diözese von Csanád (Cenad).

Die unter dem ersten König geschaffenen Gesetze unterschieden sich nicht von denen der zeitgenössischen christlichen Staaten. Die Stellung der Kirche in der Gesellschaft wurde wortwörtlich so fixiert, wie dies auch im Reich im Jahre 847 auf dem Konzil von Mainz erfolgt war. König Stephan verordnete per Gesetz, dass zehn Dörfer zu Bau einer Kirche verpflichtet seien. In der Staatsorganisation des ersten ungarischen Herrschers zeigte sich die Befolgung der christlichen Lehren wie auch in der Erziehung des Thronfolgers, des Herzogs Emmerich. Für den Thronfolger ließ der König all das schriftlich zusammenfassen, was für einen christlichen König bezeichnend sein musste. Seinen Ratschlägen nach muss der christliche König den wahren Glauben hüten, muss die Stellung der Kirche festigen, muss die hohen Geistlichen achten, muss seine hohen Leute und seine Helden lieben, muss gerecht und geduldig sein, muss die Fremden, die Gäste mit gutem Willen aufnehmen, muss die Ratschläge von anderen beherzigen, muss sogar seine Vorgänger nachahmen, außerdem ist es seine Pflicht zu beten sowie fromm und barmherzig zu sein. Die Quelle, die jene auch für den heutigen Menschen noch gültigen wichtigen Prinzipien festhält, ist einer der damals üblichen Königsspiegel.

Quellen

Catalogus fontium Hungaricae. – Pauler 1900. – Kristó 1995. – Moravcsic 1984. – Papsturkunden. – Urkundenbuch Burgenland.

Literatur

Berschin 1983. – Csóka 1938; 1980. – Érzegi 1975; 1988; 1992; 1996; 1997. – Fehér u. a. 1962. – Fodor 1997. – Györffy 1969; 1992. – György/Vogler 1999. – Hegedűs/Bardos 2000. – Hermann 1973. – Kovács 1989. – Litva 1987. – Moravcsik 1938. – Váczy 1938.

Königin Gisela von Ungarn

LÁSZLÓ VESZPRÉMY

Die Quellen

Die Gemahlin König Stephans des Heiligen wurde als Tochter des Herzogs von Bayern, Heinrich II., und Giselas von Burgund um 984 geboren. In den ungarischen Quellen wird sie oft erwähnt. Der deutsche Name kommt in den ungarischen Quellen des 11. Jahrhunderts in der Form Gisla/Gysla, ab dem 12. Jahrhundert als Kisla, Kesla, Keisla usw. vor. Die heutige Variante – „Gizella" – stammt aus dem 19. und 20. Jahrhundert, als sie in dieser Zeit zum Modenamen wurde. Im Gegensatz zu ihrem Gemahl, dem heiligen Stephan ist die Beurteilung Giselas bei weitem nicht so eindeutig, ihre Rolle wurde dem jeweiligen Zeitalter entsprechend immer unterschiedlich eingeschätzt. Die Eheschließung des ungarischen Königs und der Schwester des künftigen deutschen Kaisers sicherte Ungarn für seine mittelalterliche Geschichte äußerst wichtige friedliche Jahrzehnte, in denen das Land die kulturelle, kirchliche, politische und militärische Unterstützung der Deutschen, vor allem der bayerischen Region genoss. Die Bemerkung des Aventinus (Johannes Turmair, † 1534), nach der die westungarischen Städte und Komitate, die einen Bestandteil des Karolingischen Erbes bildeten, dem König von Ungarn als Mitgift Giselas zufielen, mag zwar nicht unmöglich sein, wird jedoch von anderen Quellen nicht bestätigt. Es ist wieder Aventinus, der zu wissen meint, dass der Angriff Kaiser Konrads im Jahre 1030 zum Teil durch Ansprüche auf bayerisches Erbe von Gisela und ihrem einzigen, das Erwachsenenalter erreichten Sohnes Emmerich ausgelöst wurde (in der späteren Überlieferung wird noch ein zweiter Sohn namens Otto erwähnt). Tatsache ist jedoch, dass Stephan seiner Gemahlin eine reiche Morgengabe sicherte (s. Annales Altahenses), die sein Nachfolger, König Peter aber nicht auszahlen wollte, ja sogar die verwitwete Königin selbst in Haft hielt. Zwischen Peter und Gisela wurde das Verhältnis immer feindlicher. So wird die Königin spätestens 1045 mit Kaiser Heinrich III. das Land verlassen haben. Eine späte Erinnerung an diese Flucht ist sowohl in Marienbrunn bei Wien als auch im Falle der angeblich aus Neutra (Nitra) in der Slowakei stammenden so genannten Madonna Parz des Klosters von Niedernburg zu finden.

Vermutlich wurde Gisela auch von ihrem Gefolge nach Ungarn begleitet, wir haben nämlich Angaben darüber, dass bestimmte ungarische adelige Familien – um ihre adelige Abstammung zu beweisen – sich darauf beriefen, dass ihre Vorfahren mit Königin Gisela ins Land gekommen waren[1]. Das freundschaftliche deutsch-ungarische Verhältnis aus der Zeit König Stephans und Königin Giselas wurde in der mittelalterlichen ungarischen Geschichtsschreibung durch die nach 1030, aber besonders nach dem Tode Stephans spannungsgeladenen Beziehungen in den Hintergrund gedrängt, ja sogar jahrhundertelang den aktuellen historiographischen Diskussionen und den Bestrebungen der immer wieder auftauchenden deutschfeindlichen Einstellung preisgegeben.

Die Eheschließung mit der bayerischen Prinzessin, die Erscheinung Giselas und ihres Gefolges in einem Land, das unlängst zum Christentum bekehrt worden war, übten auf das Ungarn der Jahrtausendwende und auf die weitere Verbreitung des christlichen Glaubens sicherlich einen positiven Einfluss aus; ihr politisches Gewicht entschied endgültig die Machtkämpfe innerhalb des Hauses Árpád zugunsten von Großfürst Géza und seinem Sohn Stephan. So wird in Kapitel 9 der *Legenda maior* des heiligen Stephan, die vor dem Jahr 1083 entstand, berichtet: „Er, [das heißt Stephan] ließ sie zur Königin salben und setzte fest, dass sie in der Herrschaft über das Königreich ihm zur Seite stehen sollte". Die zeitgenössischen ungarischen Quellen berichten nur wortkarg über die Eheschließung, aufgrund der deutschen Quellen kann sie aber in die Mitte der neunziger Jahre des 10. Jahrhunderts, mit größerer Wahrscheinlichkeit aber auf die Jahre vor 997, also vor dem Regierungsantritt Stephans datiert werden. Die Rolle des heiligen Adalbert, Bischofs von Prag, in der Vorbereitung der politisch motivierten Ehe ist zweifelhaft; aber eine ähnliche Mission des Bischofs von Regensburg Wolfgang lässt sich ebenfalls nicht belegen. Die Überlieferung in der so genannten *Tabula perantiqua* der Benediktinerabtei von Scheyern, nach der Stephan und Gisela dort geheiratet haben sollen und die auch Adalbert mit Eheschließung in Zusammenhang bringt, ist relativ späten Ursprungs. Auch die Malereien der Abtei,

396 **Das Kreuz der Königin Gisela.** Vorderseite. Wohl Regensburg, nach 1006. München, Schatzkammer der Residenz, Inv. Nr. ResMüSch.8.

welche dieses Ereignis darstellen, stammen erst aus dem 17. Jahrhundert.

Die Tätigkeit Giselas in Ungarn hing eng damit zusammen, dass die ungarische Kirchenorganisation unter der Regierung ihres Gemahls zu Stande kam, und die Kirchen mit den nötigen liturgischen Geräten und Handschriften versehen werden mussten. Darüber berichtet die *Legenda maior* des heiligen Stephan im 9. Kapitel zweifelsohne authentisch: „Bis zum heutigen Tage bezeugen Kreuze, liturgische Gefäße und Paramente von wunderschöner Verarbeitung und Webart in zahlreichen Kirchen, wie freigebig in der Ausstattung des christlichen Gottesdienstes und wie großzügig und wohltätig gegen die geistlichen Gemeinschaften sie sich zeigte; vor allem aber bezeugt es der Bischofssitz von Veszprém, den sie selbst von Grund auf mit allem für den Kult Nötigen an Gold, Silber und Kleidern reichlich und edel ausstattete". Ähnlich formuliert auch die aus dem 14. Jahrhundert stammende Chronikredaktion, die ganz offenbar auf Berichten aus dem 11. Jahrhundert beruht (Kap. 67.).

Die ungarische Gisela-Tradition wurde vor allem vom Bistum von Veszprém gepflegt und am Leben erhalten. Dieses Bistum gehört zu den ältesten in Ungarn – ein Grund für die Schenkungen Giselas. Über die allgemeinen Beziehungen Giselas und der ungarischen Königinnen zu Veszprém stehen uns nur späte Angaben zur Verfügung. Das Patronatsrecht der Kathedrale von Veszprém gehörte der jeweiligen Königin, die Kathedrale funktionierte auch als Eigenkapelle der Königinnen. Hier stand auch der Thron der Königinnen und wurde bis 1217 die mit Edelsteinen geschmückte, Goldkrone Giselas aufbewahrt, bis sie schließlich im Heiligen Land von Andreas II. verkauft wurde, um die Kosten des Kreuzzuges zu decken (RA Nr. 340, 383). Das Recht der Krönung sowie das Amt des Kanzlers der Königin standen ebenfalls dem Bischof zu, doch dieses Amt wurde von ihm zuerst 1224 und regelmäßig erst ab dem Ende des 13. Jahrhunderts erfüllt. 1216 sprach der Papst das Recht der Krönung der Königin gegen den Bischof von Gran erstmals dem Bischof von Veszprém zu. Nach der Gründung des Bistums im Jahr 1276 wird dieses Recht kontinuierlich für Veszprém erwähnt. Nach späterer ungarischer Überlieferung verstarb Gisela spätestens am 7. Mai 1065 nicht in Niedernburg bei Passau, sondern in Veszprém, und wurde daselbst begraben. Diese Tradition beruht aber auf der – zum Teil missverstandenen – Deutung eines um 1503 in Veszprém zum Andenken der Königin aufgestellten Gedenksteines (heute in Makranc-Mokrance, Slowakei), bzw. einer Chronikstelle des Antonio Bonfini († 1503). Über die Bestattung der Königin in Ungarn wird zum ersten Mal in der ersten Hälfte des 13. Jahrhunderts in der Chronik des Albericus von Trois-Fontaines bzw. in der – was ihre Angaben anbelangt recht unzuverlässigen – Ungarisch-polnischen Chronik berichtet. In Bezug auf ihre Beisetzung in Niedernburg gilt das Werk des Aventinus als die früheste Quelle. Die jetzt laufenden anthropologischen Untersuchungen können vielleicht etwas Neues zur Frage nach der Identität eines in Niedernburg vorhandenen, einer gewissen Gisela zugeschriebenen Skelettes beantworten. Wie der Gedenkstein von Makranc zeigt, wurde Gisela auch als die Stifterin der Kathedrale von Veszprém verehrt, was erstmals 1232 in einer Urkunde erwähnt wurde. Da ab dem 14. Jahrhundert auch die Reliquien des heiligen Emmerichs in Passau aufbewahrt wurden, konnten die nach Westen pilgernde Ungarn das dortige Grab einer Gisela sehr leicht mit dem der Königin von Ungarn gleichsetzen. Bereits Aventinus berichtet über diese Pilger. Gisela wurde auch von Jacobus Philippus Foresta Bergomensis in seinem Werk *De claris plurimis selectisque mulieribus* (vor 1497), wie auch in seinen späteren historischen Ergänzungen (Venedig, 1503, 1513, Paris, 1535) ehrenvoll erwähnt. Die heute noch bestehende Gisela-Kapelle in der Kathedrale zu Veszprém, deren ältesten Teile aus dem 13. Jahrhundert stammen, zeugt von dieser Verehrung, und der Umbau dieser Kapelle im 18. Jahrhundert gehörte zu den Bestrebungen, die irdischen Überreste der Königin nach Ungarn zurückzuführen (1760–1770, dreißiger Jahre des 20. Jahrhunderts). So hatte Kaiser Franz Joseph z. B. die Absicht, über ihrem Grab ein Mausoleum errichten zu lassen.

Tradition

Aus der historischen Überlieferung geht eindeutig hervor, dass die Bekehrung der Ungarn zum Christentum mit deutscher Hilfe durch die aktive Unterstützung der Königin erfolgte. Während jedoch die mittelalterliche ungarische Historiographie die Rolle deutscher Bewaffneter in der Stabilisierung der Macht von Géza und Stephan anerkannte, wollte man von derselben auf dem Gebiet der Kirchenorganisation nichts hören. Das Land soll allein von seinem ersten König – gleichsam als von einem Apostel – bekehrt worden sein, und Stephan soll auch alle Erzbistümer und Bistümer organisiert haben. In dieser Tätigkeit sollten weder sein Vater noch seine Gemahlin eine Rolle spielen. Es ist aufschlussreich, dass in ungarischen Darstellungen keine einzige Jahreszahl dieser frühen Bekehrung – einschließlich der Taufe und der Eheschließung Stephans – enthalten ist. Die zeitgenössische ungarische Historiographie wollte all dies scheinbar bewusst nicht zur Kenntnis nehmen, die Geschichte des Landes wurde also ab dem Jahr der Krönung des ersten Königs, vom Jahr 1000 an gezählt. Nicht einmal die Namen der deutschen Bekehrer werden in den ungarischen Quellen erwähnt, allein das Andenken an den zum Patron des ersten ungarischen Erzbistums gewordenen heiligen Adalbert wurde gewahrt. Demgegenüber vertraten die deutschen Historiker tendenziös die Ansicht, die Ungarn seien nicht von ihrem ersten König, sondern von seiner Gemahlin, ja sogar von deren Bruder Heinrich II. bekehrt worden. Wie die um die Mitte des 11. Jahrhunderts lebenden Chronisten bemerkten (Wipo, † 1046, Herimannus Augiensis, † 1054), bekehrte Gisela durch ihre Ehe ihren Gemahl und durch den König das ganze ungarische Volk. Letzterer Autor versucht, seine These auch durch das Wortspiel „Geisel = *obses fidei*" = „Gisela" zu untermauern. Die günstigen, aus der Feder nichtungarischer Autoren stammenden Darstellungen der Persönlichkeit Giselas haben meistens das Werk des Sigibertus Gemblacensis († 1112) zur Vorlage, der in der Eintragung zum Jahr 1010 seiner *Chronographia* die Bekehrer-Tätigkeit Giselas festhält. Diese Ansicht wurde auch von liturgischen Quellen, den Lesungen zum Fest des heiligen Heinrich verbreitet. In seiner Vita (um 1146) wurde der Kaiser *apostolus Ungarorum* genannt, der die Ungarn mit Hilfe seiner Schwester bekehrt hatte. Die Bamberger Legenden um Stephan und Gisela werden sich ebenfalls aus dieser Tradition entwickelt haben. Die ungarische Historiographie nahm die Bekehrer-Tätigkeit Giselas nicht zur Kenntnis; die farblose Darstellung ihrer Persönlichkeit mag zum Teil aus einer bewussten Absicht entstanden sein.

Eine Gelegenheit zu einer solch ungünstigen Darstellung boten die nach dem Tode Emmerichs noch zu Lebzeiten Stephans ausgebrochenen Konflikte um die Thronfolge. In ihrem Laufe ließ Stephan Vazul, den Sohn seines Onkels Michael blenden und machte ihn dadurch regierungsunfähig. Nach 1046 saßen jedoch vom Vazul-Zweig stammende Könige auf dem ungarischen Thron, die das bittere Schicksal ihres Vorfahren mit dem Andenken an den heiligen König vereinbaren mussten. Deshalb schrieben sie diese grausame Tat Gisela zu, und um ihre Tat zu motivieren, machten sie sie zur Schwester Peters von Venedig (ungarischer König 1038–1041, 1044–1046). In der Chronik Bonfinis, bzw. in deren ungarischer Variante von Gáspár Heltai werden zwei verschiedene Giselas erwähnt: die „gute" Gisela starb noch zu Lebzeiten Stephans, der dann die „böse" Gisela heiratete. Zum schlechten Ruf Giselas mag eventuell auch die in ungarischen Kreisen ziemlich unpopuläre Politik der Gemahlin des Königs Andreas II., Gertrud von Meran, beigetragen haben, infolge derer die Königin 1213 auch ermordet wurde. Von den Bühnen des 16. Jahrhunderts bis hin zur Belletristik des 20. Jahrhunderts kann die aus dramaturgischen Gründen teilweise oder völlig negative Darstellung der Persönlichkeit Giselas beobachtet werden. Andere wiederum werten ihren gewaltsamen Auftritt gegen Vazul als eine positive Tat zur Rettung des christlichen Glaubens in Ungarn. Die Meinung, das Krimhild-Bild im Nibelungenlied könnte vom Charakter Giselas beeinflusst worden sein, tauchte ebenfalls auf, konnte aber nicht mit überzeugenden Argumenten bestätigt werden. Gerade deshalb ist es erstaunlich, dass trotz dieser widersprüchlichen historiographischen und literarischen Beurteilung die Tradition ihrer Verehrung in Ungarn, vor allem aber in Veszprém lebendig blieb.

Andenken – Fakten – Gegenstände

Die von ihr erhalten gebliebenen Gegenstände beweisen eindeutig die Frömmigkeit der Königin und setzen ihre aktive Mitwirkung bei der königlichen Stiftung von Kirchen und Klostern (z. B. beim Nonnenkloster von Veszprémvölgy) voraus. Auch das Messgewand ist erhalten geblieben, das sie mit König Stephan der Mariä Himmelfahrts-Kirche in Stuhlweißenburg schenkte (1031), der spätere Krönungsmantel mit dem Namen und der Darstellung Giselas. Auch auf dem Papst Johannes (XVIII.?) geschenkten Messgewand, das in der französischen Revolution in Metz (1789) vernichtet wurde, kommen die Namen von Gisela und Stephan vor. In einer aus dem Jahre 1508 stammende Inventaraufnahme der Benediktinerklöster in Ungarn steht neben dem Titel eines Evangeliars aus Bakonybél, dass es der Königin Gisela gehört haben soll. Im Zusammenhang mit der Bakonybél-Stiftung, die auf die Anregung des heiligen Günther gestiftet wurde, ist das Fragment einer Urkunde Giselas (DHA Nr. 27.) erhalten geblieben. In der Urkunde werden Güter aufgezählt, die sie dem Kloster von Bakonybél zukommen ließ, unter anderem eins bei Asszonynépe in Siebenbürgen – der Teil „asszony" (Königin) des Ortsnamens spricht für die Authentizität dieser Urkunde. Auch die Patrozinien des heiligen Emmeram zu Neutra, bzw. des heiligen Hyppolit zu Zobor bei Neutra werden mit Gisela und ihrem geistlichen Gefolge von Regensburg in Zusammenhang gebracht. Auch bei der Stiftung der Propstei zu Óbuda wird die Königin mit dem König genannt; das Ereignis wurde vom Miniaturenmaler der Bilderchronik (Budapest, OSzK, Cod. Lat. 404.) als gemeinsame Stiftung des königlichen Paares verewigt. Am bekanntesten ist jedoch das so genannte Gisela-Kreuz (München, Schatzkammer der Residenz), das sie 1006 bereits als Königin von Ungarn zum Andenken an ihre Mutter anfertigen ließ, und das eventuell ungarischer Provenienz sein könnte (Abb. 396).

Anmerkung

1   So z. B. die Familie Hermány aus dem Komitat Vas (SRH:1, 300) oder einige Adelsgeschlechter aus dem Komitat Sopron (RA Nr. 279), wie auch aus Szatmárnémeti (RA Nr. 462).

Quellen

Antonius de Bonfini. – Regestae regum – Scriptores rerum Hungaricum.

Literatur

Bak 1997. – v. Bogay 1975. – Gerics 1995. – Glocker 1989. – E. Kovács 1998. – Lentze 1959. – Madszar 1917. – Schwatz 1971. – Szanto 1988. – Uzsoki 1982.

Christliche Architektur in Ungarn

ERNŐ MAROSI

Baureste, die mit Sicherheit in die erste Hälfte des 11. Jahrhunderts datieren, sind nicht sehr zahlreich und wurden viel diskutiert. Die Blütezeit der Bauforschung lag in der zweiten Hälfte des 19. Jahrhunderts, und sie hinterließ oft ungenügende oder für die moderne Forschung ungeeignete Dokumentationen. Dies begünstigte kunsthistorische Spekulationen, die häufig auf dem Wissen um historische Ereignisse und nicht auf von den Denkmälern gewonnenen Erkenntnissen beruhen. Ähnlich verhält es sich bei Rekonstruktionen. Nur eine Überprüfung des archäologischen Tatbestands kann ihre Richtigkeit erweisen. Die erste zusammenfassende kunsthistorische Untersuchung der ungarischen Baukunst des 11. Jahrhunderts umfasste Denkmäler von vorromanischem („altchristlichen") Charakter.

In der Frühzeit hatte der Benediktinerorden in Ungarn rege Beziehungen nach Italien (Rom, S. Alessio e Bonifazion, Venedig), was sich auch in der Beeinflussung der Architektur nachweisen lässt. Als Stützen für diese These boten sich die wenigen Fragmente der Bauskulptur an, deren stilistische Heimat vor allem in Norditalien gesucht wurde. Nach einer kritischen Übersicht von Melinda Tóth aus dem Jahre 1988 wäre es verfrüht, heute von einem einheitlichen Bild der Baukunst in der ersten Hälfte des 11. Jahrhunderts zu sprechen, vielmehr sind noch viele Einzelforschungen notwendig. Die unmittelbar folgende Periode ist durch einen reichen Denkmälerbestand der Baukunst, besonders der steinernen Bauskulptur vertreten, und ab 1055 (Gründungsjahr der Benediktinerabtei zu Tihany) treten eine Reihe schriftlich überlieferter Daten hinzu. Fraglich bleibt dabei der Beginn dieser zweiten Stilepoche (die den Anzeichen nach mit dem Aussterben der direkten Linie König Stephans, den politischen Wirren um seine Nachfolge und mit den Heidenaufständen begann). Man muss wohl auch die Idee einer ausschließlich italienischen Herkunft der Anfänge der mittelalterlichen Architektur in Ungarn aufgeben; es mehren sich Hinweise auf Parallelen zu der Architektur des ottonischen Reiches.

Die ungarische Forschung verfügt heute noch über kein zusammenhängendes Bild von den Vorstufen im 10. Jahrhundert, die sowohl Historiker als auch Kunsthistoriker zu Recht vermuten. Belege für das 10. Jahrhundert kommen nur in Einzelfällen vor, oft nur durch Patrozinien gestützt. So wird wegen ihres Patroziniums – angeblich Passauer Ursprungs – am Fürstensitz von Gran (Esztergom) schon für das 10. Jahrhundert die Existenz der Kirche St. Ste-

397 Fragment mit Johannessymbol, Zalavár, Zalaegerszeg, Göcseji Múzeum. – Kat. 16.02.05.

398 Fragment mit Adlerdarstellung, Zalavár, Zalaegerszeg, Göcseji Múzeum.

phans des Protomärtyrers angenommen, obwohl nur ein Bau des 13. Jahrhunderts überliefert ist. Auch die Identifizierung eines runden Baues mit der erst 1284 erwähnten St. Veitskirche in Gran muss bezweifelt werden. Es ist besonders verdächtig, dass der runde Bau im 11. und 12. Jahrhundert als Wehrturm durch Anbauten erweitert wurde, und an seiner Stelle am Ende des 12. Jahrhunderts ein Bergfried errichtet wurde. Nicht weniger problematisch erscheint der vierpassförmige Zentralbau, der vor der mittelalterlichen St. Peterskirche zu Stuhlweißenburg (Székesfehérvár) liegt, die im Barock zur Kathedrale ausgebaut wurde. Der Ausgräber hatte angenommen, dass es sich um den Grabbau des Fürsten Géza handeln könne. Doch das gotische Turmpaar der Kirche bezeugt, dass der Vierpassbau auf die Achse der (nicht belegten, frühen) Kirche ausgerichtet war. Er stand vor der Westfassade, was eine Bestimmung als selbständige Taufkapelle wahrscheinlich macht. Nur an wenigen Orten kann man mit einer vor der Herausbildung der ungarischen Kirchenorganisation vorhandenen (und aus deren Sicht notwendigen) Tradition rechnen: in Veszprém, das bereits 997 im Kampf gegen Koppány eine Rolle gespielt hatte, in Fünfkirchen (Pécs), wo die Kathedrale im frühchristlichen Kult- und Friedhofsbezirk errichtet wurde und wohl auch eine *cella trichora* im Mittelalter weiterbenutzt wurde, sowie in Neutra (Nitra/Nyitra). In dieser Hinsicht unterscheiden sich die Ansichten der ungarischen, slowakischen und rumänischen Forscher zu denselben Fragen wesentlich. Die letzteren neigen eher zu früheren Datierungen, meist in das 10. Jahrhundert oder noch früher. Die Entscheidung fällt oft schwer, denn es handelt sich in den meisten Fällen um fragmentarische Baureste, wie Grundmauern oder schlichte Bauten, wie z. B. Rundbauten. So sind wir einem Gesamtbild ferner denn je. Neben Bischofs- und Klosterkirchen, die naturgemäß schriftlich zuverlässiger datiert sind, können die Taufkirchen, die nach dem zweiten Dekret Stephans I. vom König oder seinem Burggrafen zu errichten sind, gelegentlich aber oft nur annähernd datiert werden. Aus dem 11. Jahrhundert stammen nur die dreischiffige Kirche in der Nähe der Erdburg von Szabolcs sowie die Kirche in Visegrád, die ebenfalls in der Nähe eines als Burg weiterbenutzten römischen Castrums liegt. In der ersten Bauphase bestand diese Kirche aus einem Bau mit halbrunder Apsis. Da bereits im 12. Jahrhundert der Umbau in einen größeren Bau mit Rechteckchor erfolgte, wurde der erste Bau in das 11. Jahrhundert datiert. Wohl den wesentlichsten Beitrag zur frühen Architekturgeschichte erbrachten Grabungen in der westlichen Krypta und Apsis der Abteikirche von Martinsberg (Pannonhalma), die noch vom Fürsten Géza († 996) begonnen und wahrscheinlich 1003 geweiht wurde. Die Verbindung der Krypta mit westlichen Querschiff und mit einer von zwei Rundtürmen flankierten Westfassade kann zwar bis zu weiteren Forschungen nur angenommen

399 **Architekturfragment, Stuhlweißenburg (Székesfehérvár). Székesfehérvár, Szent István Király Múzeum.**

werden, die ganze Anlage ist jedoch ein wichtiger Hinweis auf die Rolle eines mit Sicherheit ottonischen Bautyps im Mutterkloster der ungarischen Benediktiner.

Über andere frühe Klosterbauten ist wesentlich weniger bekannt. Die 1019 (die Jahreszahl ist zwar durch eine gefälschte Urkunde überliefert, jedoch von den *Annales Posonienses* bestätigt) geweihte Kirche St. Hadrian in Mosaburg (Zalavár) belegt vielleicht die erneute Gründung einer karolingischen Abtei und ihre Übersiedlung in ein anderes, ebenfalls aus dem 9. Jahrhundert stammendes Gebäude. Der Bautyp und das Alter der Kirche sind unklar. Sie könnte im 9. oder 11. Jahrhundert gebaut sein, eventuell wurde eine karolingische Saalkirche durch einen dreischiffigen Umbau verändert. Doch nur ein Grundriss aus dem 16. Jahrhundert ist belegt. Zu den Fragmenten der marmornen Bauskulptur zählen teils Spolien aus der Karolingerzeit (Abb. 397; 398), teils Denkmäler mit Flechtbandornamentik des 11. Jahrhunderts. Eine neuere Analyse zu Stil und Ausführung erbrachte keinen zwingenden Nachweis für ihre Zugehörigkeit zum Kreis der Abteikirche von Zselicszentjakab (gegründet: 1061), sodass man nicht mehr von einer späteren Bauzeit – im letzten Viertel des 11. Jahrhunderts – ausgehen muss. Noch schwieriger ist die Situation bei der nach den *Annales Posonienses* 1037 geweihten (nach der später gefälschten Gründungsurkunde 1015 gegründeten) St. Benedikt-Abtei von Pécsvárad, deren archäologische Forschungsergebnisse bis heute nicht veröffentlicht wurden. Der älteste Teil des Baues mag ein ursprünglich einschiffiger Raum mit Lisenengliederung an den Wänden gewesen sein, der später umgebaut wurde, indem ein quadratischer Pfeiler im Schiff und darüber ein Kreuzgratgewölbe errichtet wurde. Die kleinen Säulen mit Würfelkapitellen, die sich offensichtlich in Sekundärverwendung an den Ecken des Mittelpfeilers befinden, können aus der ersten Bauperiode stammen. Ein typologischer Zusammenhang der Kirchen von Mosaburg und Pécsvárad ist ebensowenig bezeugt wie ihre ursprüngliche Bestimmung als königliche Kirchen.

Noch geringer sind die Kenntnisse über die Kathedralen. Bau I. von Kalocsa bestand bis zum Anfang des 13. Jahrhunderts, der Grundriss ist selbst nach zwei Grabungen nur annähernd bekannt. Vermutlich war die Kirche dreischiffig; im Westteil sind Umrisse einer Turmgruppe (Westwerk) erkennbar. Auf einer Zeichnung der Ruinen der St. Adalbertskathedrale von Gran aus dem 18. Jahrhundert sind hauptsächlich Reste des zweiten Baues aus dem 12. Jahrhundert zu sehen, weshalb ältere Bauteile sehr schwierig nachzuweisen sind. Das Problem

400 **Kirche in Feldebrö.**

tauchte auch bei der Kathedrale von Veszprém auf, die ebenfalls durch ein östliches Turmpaar gekennzeichnet war. Ihr Langhaus birgt sogar heute bis in Obergadenhöhe erhaltenes Mauerwerk des 11. Jahrhunderts. Zum Mittelschiff dieser Kathedrale öffneten sich Längsemporen, das Langhaus war im Ostteil fünfschiffig erweitert. Der nachweisliche Kontrast zwischen Konstruktionsteilen von eher rauher Formgebung aus rotem Sandstein und den feingehauenen Baugliedern aus weißem Kalkstein hat auch eine chronologische Aussage. Obwohl nämlich die Lokaltradition den Bau einer früheren Zeit (der Initiative der Königin Gisela) zuschreibt, entsprechen seine rekonstruierbaren Züge eher dem Baustil, der sich um die Jahrhundertmitte entwickelte. Dies wurde jüngst durch eine Parallele mit der Kirche zu Feldebrö (Abb. 400) unterstrichen. Nach der Überlieferung, die auf einer schwer deutbaren Chronikstelle beruht, war dies der Ort der provisorischen Beisetzung König Samuels Aba († 1044). Die Bezeichnung als *monasterium* ist erst 1219 urkundlich belegt, und

Die Christianisierung Ungarns

von ihrem Patrozinium (Heiliges Kreuz) erfährt man erst 1332 bis 1337 aus den päpstlichen Zehntlisten. Ihre Zugehörigkeit zum Besitztum des Geschlechtes Aba ist zwar gewiss, ihre Datierung auf die Frühzeit des 11. Jahrhunderts wird jedoch durch die Art und Weise widerlegt, wie ein ausgezeichnet gearbeitetes Säulenkapitel im Stil der zweiten Jahrhunderthälfte vor der Apsis ihrer Krypta verwendet wurde.

Der noch am sichersten datierte Kirchenbau des 11. Jahrhunderts ist die von Stephan I. als Eigenkirche gegründete, der Heiligen Jungfrau geweihten Probsteikirche zu Stuhlweißenburg (Székesfehérvár). Hartwick interpretiert sie – unter Hinweis auf die kaiserliche Tradition – als Kapelle. Nach den Chroniken wurde mit dem Bau nach 1018 begonnen, und er wurde – nicht ganz einstimmigen Berichten der Legenden – 1038 fertiggestellt. Das größte baugeschichtliche Problem entsteht dadurch, dass das innere Stützensystem um die Pfeilerkerne des 11. Jahrhunderts während eines Umbaus des 12. Jahrhunderts abgearbeitet und bei späteren mittelalterlichen Umbauten weiter verändert wurde. Die baugeschichtlichen Untersuchungen, die an die seit 1965 laufenden archäologischen Forschungen anknüpfen, befassen sich mit der sorgfältigen Trennung der zu den einzelnen Bauetappen gehörenden Stratigraphie. Außerdem gewähren Reste der Innenausstattung, die unter den einzelnen Pfeilerresten zum Vorschein kamen, Rückschlüsse auf das verschwundene Stützensystem des 11. Jahrhunderts. Auf diese Art vermag man zu beweisen, dass 1031, beim Tode Herzog Emmerichs seine Beisetzung unter der zweiten Langhausarkade, im Zwischenraum der Pfeiler erfolgte. Im weiteren Verlauf des Mittelalters diente diese Stelle als Heiligengrab, das mehrfach umgestaltet wurde. Die Probsteikirche erweist sich also als eine dreischiffige Basilika mit Pfeilern (oder Säulen?), mit einer etwa die Osthälfte einnehmenden Choranlage. Über die skulptierten Chorschranken aus Marmor und über die Choreinrichtung berichten die Stephanslegenden. Einige dekorative Fragmente sind auch erhalten, zum Teil aus der zweiten Jahrhunderthälfte. Das westliche Drittel der Kirche wich in der Bauausführung ab, worauf eine Anordnung der Pfeiler hinweist, die anders ist als im Langhaus. Aller Wahrscheinlichkeit nach können diese Teile als ein Westwerk mit Turmbauten rekonstruiert werden; eine genauere Rekonstruktion gibt es aber zur Zeit nicht.

Nach unseren Kenntnissen bringt für die Anfänge der Sakralarchitektur in Ungarn die – im Westen erfolgversprechende – stilistische Analyse der Bauskulptur keine Ergebnisse. Dies hängt mit dem Charakter dieser Architektur, die hauptsächlich von Formen des Mauerwerks bestimmt war, zusammen. Ein baugebundener Pflanzen- und figürlicher Schmuck trat erst in einer späteren Periode des 11. Jahrhunderts auf. In der Epoche König Stephans bildeten nur kleine Architekturteile aus Marmor oder zum Teil aus Edelmetall die liturgische Bauausstattung.

Literatur

Henszlmann 1876. – Gerevich 1938. – Dercsény 1956; 1974. – Marosi 1996. – Toth M. 1988. – Szabó 1996. – Toth S. 1994; 1998.

Das Kloster von Martinsberg (Pannonhalma)

IMRE TAKÁCS

Das älteste dokumentierte und in den Details auf uns gekommene Werk der ungarischen Architektur ist die Kirche der Benediktinerabtei in Martinsberg. Zum ersten Mal wird sie in einer im Jahre 1001 (nach einer anderen Auffassung im Jahre 1002) ausgestellten, feierlichen königlichen Urkunde erwähnt: der über seine heidnischen Verwandten, die sich gegen ihn erhoben hatten, triumphierende junge König Stephan schenkte den Zehnten des eroberten Gebietes, des Komitats Somogy, jenem „auf dem Berg von Pannonia" stehenden Kloster des heiligen Martin, dessen Gründung, wie er schreibt, „noch von unserem Vater begonnen wurde und dessen Bau wir beendet haben...", und dessen Abt Anastasius, der ihm mit seinen Ratschlägen zum Siege verholfen hatte[1]. Die Erwähnung der initiierenden Rolle des im Jahre 997 verstorbenen, „heidnischen" Fürsten Géza bezeugt einerseits die Authentizität dieses Textteiles, anderseits wird der Zeitpunkt der Niederlassung der Schüler Adalberts verifiziert, die von Böhmen auszogen und ab den Jahren um 990 mit Sicherheit hier anwesend waren. Das Jahr der Gründung des Klosters könnte somit das Jahr vor dem Tode von Fürst Géza und das Jahr nach dem Auslöschen des Geschlechts von Adalbert in Libice, also das Jahr 996 gewesen sein[2]. Die in der Urkunde verwendete topographische Bezeichnung *mons supra Pannoniam* hat einerseits die Erinnerung an das pannonische Volk bewahrt, anderseits verweist sie auf den alten Namen einer unweit der Abtei gelegenen Siedlung (*Pannonia*) und auf einen neben ihr

401 **Martinsberg (Pannonhalma), Mauerüberreste der westlichen Apsis, während der Ausgrabung 1994.**

Die Christianisierung Ungarns

fließenden Bach (*Pannosa*)³. Der Schutzheilige der Abtei, der Bischof St. Martin, „der Heilige der vor langer Zeit untergegangenen römischen Provinz Pannonia"⁴, taucht in der Tradition des Klosters bereits um das Jahr 1100 als Sohn einer anderen Siedlung am Fuße des Berges auf, die in ihrem Namen ebenfalls auf römischen Ursprung verweist (*Sabaria, Sabaria sicca*). Die Geburtsstadt Sabaria von St. Martin wurde zuerst vom Verfasser der *Legenda maior Sancti Stephani* am Ende des 11. Jahrhunderts bzw. von Bischof Hartwick mit der Siedlung römischen Ursprungs namens Sabaria sicca in unmittelbarer Nähe der Abtei identifiziert⁵.

Die Kirche wurde einige Jahre nach der Ausfertigung der Gründungsurkunde geweiht. Das Ereignis und die damals erhaltene königliche Besitzschenkung wird in dem nachträglich unten auf dem Pergamentblatt eingetragenen Dedikationsanhang behandelt⁶. Zu Lebzeiten von Géza wurden die Bauarbeiten wahrscheinlich begonnen, die Errichtung fester Gebäude aus Steinen dürfte erst nach seinem Tode erfolgt sein, vielleicht 1001, als die Privilegien schriftlich festgelegt wurden. Die Überlieferung Bischof Hartwicks 100 Jahre später, die nichts über Géza aussagte und die Gründung des Klosters ausschließlich Stephan zuschrieb, könnten in den baulichen Gegebenheiten begründet sein⁷. Vom Gesichtspunkt der Datierung des Dedikationsanhanges durch György Györffy auf die Jahre 1005/1006 ist auch die in der Mitteilung des Hildesheimer Annalisten erhaltene Angabe aus dem Jahre 1003 zur Weihung der St. Martin Kirche von Bedeutung⁸. Sicher ist, dass nach der Gründung und der ersten königlichen Schenkung die Erbauung und Einweihung des ersten ungarischen Benediktinerklosters innerhalb relativ kurzer Zeit, das heißt in den ersten Jahren des neuen Jahrtausends, erfolgte. Über den ersten Wiederaufbau und die erneute Einweihung der Kirche nach einer Feuersbrunst berichtet eine Urkunde König Bélas II. aus dem Jahre 1137⁹. Diesem Neubau folgte in den ersten Jahrzehnten des 13. Jahrhunderts jener umfangreiche Umbau, der durch eine Reihe von Urkunden zur Einweihung im Jahre 1224 datiert werden kann. Von diesem Umbau sind bis heute Teile an dem im 18. Jahrhundert erneuerten und restaurierten Gebäude zu sehen¹⁰.

Maße und Aussehen des um die Jahrtausendwende errichteten Gebäudes waren lange Zeit hindurch rein spekulativ¹¹, bis Melinda Tóth die heute nicht mehr vorhandene Form der Kirche mit einer ursprünglichen Gegenapsis in den Unterlagen zu den Untersuchungen der Ingenieure im 18. Jahrhundert und in den zwanziger Jahren des 19. aufspürte¹². Auf den Vermessungsunterlagen der Gebäude der Abtei vom Jahre 1787 (Budapest, Ungarisches Staatsarchiv, T 18 No 4/1–5.) ist die beim Verlaufe der Fundierungsarbeiten des heute noch stehenden, gewaltigen, klassizistischen Turmes noch vorhandene große Westapsis zu sehen, die 1828 abgerissen wurde. Die Zeichnung von János Pachk zur Anfertigung des Planes aus dem Jahre 1828 dokumentiert die bestehende Westapsis (Pannonhalma, Stichsammlung, R. 137). Die Glaubwürdigkeit der Zeichnungen wird durch die archäologischen Forschungen des letzten Jahrzehnts in allem untermauert¹³. Die an der Stelle des einstigen Bauwerks stehenden, zwischen den Grundmauern des Turmes aus dem 19. Jahrhundert im Jahre 1994 freigelegten gebogenen Mauerreste ge-

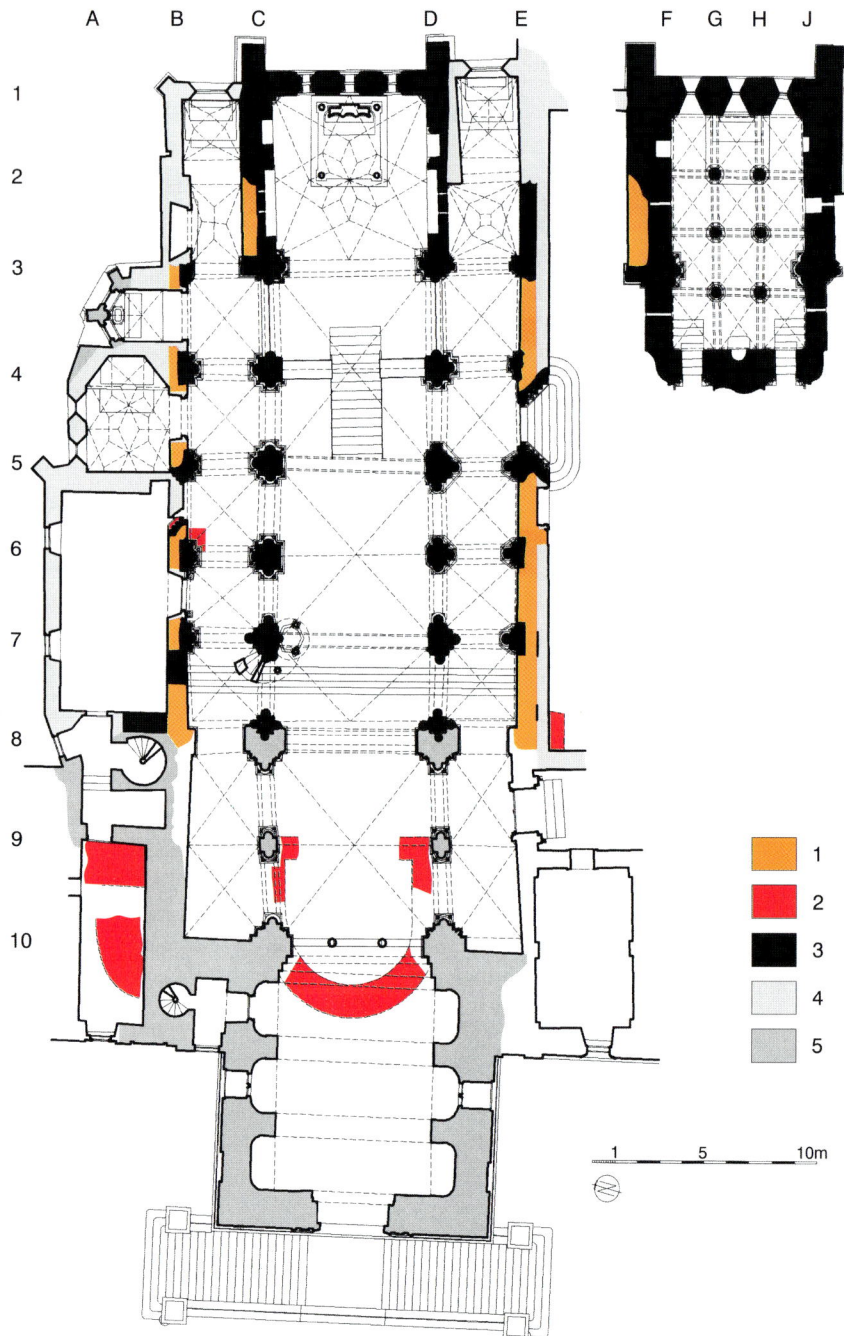

402 Grundriss der Abteikirche von Martinsberg (Pannonhalma) mit der Bezeichnung der wichtigsten Bauperioden. 1 Mauerüberreste des frühen Gebäudes; 2 abgerissene Mauern und Grundmauern des frühen Gebäudes; 3 13. Jahrhundert (vor 1224); 4 15.–16. Jahrhundert; 5 19. Jahrhundert.

hörten zur einstigen Westapsis, bzw. zu der unter ihr liegenden Krypta (Abb. 401). Bei der Ausgrabung der Krypta verwiesen mehrere Anzeichen darauf, dass im Laufe des Neubaus im 13. Jahrhundert unter Beibehaltung der Anordnung des Grundrisses bedeutende Veränderungen an der Raumstruktur vorgenommen worden sind: die ursprüngliche Fußbodenebene wurde ungefähr bis zu einer Höhe von 1,2 m angehoben, von dieser angehobenen Ebene aus wurde das Gewölbe der Krypta neu errichtet, außerdem wurde auch die östliche Abschlussmauer des Raumes abgerissen. Über die Ergebnisse der Grabungen[14]: An diese Apsis, deren Breite mit der des Hauptschiffes identisch war, schloss sich im Norden ein zylinderförmiges Bauwerk an, das breiter als das Seitenschiff war[15]. Wenngleich keine weiteren Angaben gemacht werden können, wird man hier von einem symmetrisch komponierten, westlichen Gebäude, mit zwei Türmen und einer Gegenapsis, oder zumindest ihrer partielle Realisierung ausgehen können[16]. Das Baumaterial und die Mauertechnik des Mauerstumpfes der Apsis ist auch bei den Mauern der Seitenschiffe der Kirche nachzuweisen[17]. Daraus kann man schließen, dass die Planer des Neubaus im 13. Jahrhundert ihre Aufmerksamkeit in erster Linie auf die Erneuerung der Ostapsis und der Gewölbe lenkten, während sie die früheren Seitenmauern und die Zylindermauer der Westapsis zum größten Teil neu errichteten (Abb. 402). Im Laufe der Erneuerung der Kirche im 13. Jahrhundert verlor auch der nördliche Seiteneingang der Kirche seine Funktion. Er vermittelt weitere Kenntnisse zur kunstgeschichtlichen Bewertung des frühen Gebäudes. Die äußeren Mauer wurde im Jahre 1996 freigelegt, die innere Seite ist unbekannt. Nördlich der Kirche könnte der Friedhof des Klosters gelegen haben. Auch die am Mauerabschnitt neben dem Eingang beobachteten, in den Putz geritzten Aufschriften zeugen hiervor. Die Anordnung des Eingangs kann außerdem auch vielleicht mit dem am Ende des 11. Jahrhunderts schon erwähnten, im 16. Jahrhundert nördlich der Kirche lokalisierten königlichen Palast zusammenhängen[18]. Besonders auffallend ist das die viereckige Türöffnung umgebende, stark vereinfachte, antikisierende Rahmenprofil (Abb. 403) und die ursprünglich wahrscheinlich mit einem Sturzgesims betonte, niedrige Lünette. Die Steinplatte des Gesimses und der Lünette fehlte bei der Freilegung, an ihrer ursprünglichen Stelle kam aber ein mit einem Rahmenprofil versehener Schwellenstein zum Vorschein.

Die Altersbestimmung der frühen Gebäudeüberreste in Martinsberg ist mangels datierbarer Funde

403 **Martingsberg (Pannonhalma). Im 13. Jahrhundert zugemauerter nördlicher Seiteneingang der Kirche, Außenseite, restaurierter Zustand 1996.**

nicht ganz unproblematisch. Wenn wir aufgrund der ähnlichen Bautechnik annehmen, dass die Überreste der Westapsis, der neben ihr befindliche, als Turm gedeutete Mauerstumpf und die Längsmauern der Seitenschiffe aus einer identischen Bauperiode stammen, scheint von den beiden in Frage kommenden Bauperioden (um das Jahr 1000 und der Bauzeit vor 1137) eher die frühere wahrscheinlich. Das westliche Bauwerk mit Gegenapsis und mit Turm und die aller Wahrscheinlichkeit nach damit zusammenhängenden liturgischen Bräuche in dieser ersten ungarischen Benediktinerabtei zeigen die Wirkung der Vorbilder aus dem Reich Ottos III. am Hof des ungarischen Königs[19]. Sie dürften vermutlich auf die Anwesenheit Giselas, der Gemahlin Stephans und ihrer Begleiter zurückzuführen sein. Dennoch gilt die Ausgestaltung des Westgebäudes mit einer Gegenapsis im ungarischen Denkmalbestand als Seltenheit[20]. Wahrscheinlich gab es solche baulichen Eigenheiten zur gleichen Zeit in der Benediktinerabtei in

Die Christianisierung Ungarns

Ópusztaszer[21] und auch bei der Kathedrale in Vác[22]. In Martinsberg können, ähnlich wie das Westgebäude, auch die spätantiken Formen des Eingangs in der nördlichen Seitenmauer mit geradem Abschluss, wohl in die erste Bauzeit um die Jahrtausendwende datiert werden. Sie stellen jedoch weniger eine westeuropäische, sondern vielmehr eine byzantinische oder von Italien vermittelte Stilkomponente in der Kunst des frühen Königreiches Ungarn dar[23].

Anmerkungen

1 „… *consilio et consensu domini Anastasii abbatis de monasterio Sancti Martini in Monte supra Pannopniam sito ab genitore nostro incepto* …" Textausgabe der in einer aus dem 12., oder vom Anfang des 13. Jahrhunderts stammenden Umschrift erhaltenen Urkunde: Erdélyi/Sörös (Hrsg.) (1902) 589–590. – Kritische Ausgabe: Diplomata Hungariae, 39–41. – Die neueste Ausgabe und textkritische Analyse: Érszegi (1996) I, 47–89.
2 Zur ungarischen Mission von Bischof Adalbert s.: Györffy (1969) 79–113. – Ders. (1977) 138–143; 178–179; 187 – Bogyay (1976) 9–18. – Bogyay (1988) 156–160. – Engelbert (1996) 25–37.
3 Zum linguistischen und religionsgeschichtlichen Zusammenhang von Pannonien und dem Volksnamen Pannonier mit der unmittelbaren Umgebung der Abtei s.: Kerényi (1932). – Klemm (1935) 212–217.
4 Engelbert (1996) 27.
5 Scriptores rerum Hungaricarum 383; 409. Zur archäologischen Erforschung des Gebiets s.: Récsey (1899). – Lovas (1937) 24–42. Unlängst: Szőnyi/Tomka (1996) 39–41.
6 Erdélyi/Sörös (1902) 590.
7 „… *ubi sanctus Martinus cum adhuc in Pannonia degeret orationis sibi locum assignauerat, sub titulo ipsius monasterium constituere cepit*". Scriptores rerum Hungaricum 409.
8 MGH SS III. 92.
9 Erdélyi/Sörös (1902) 596.
10 Zur Chronologie und zu den schriftlichen Quellen der Bauarbeiten in Pannonhalma s. detaillierter: Takács (1996) 170–236. In deutscher Sprache: Die Erneuerung der Abteikirche von Pannonhalma. Acta Historiae Artium 38, 1996. 31–65.
11 Gerevich (1938) 58 – Levárdy (1959) 104–106. – Levárdy (1962) 3ff.
12 Tóth (1988) 117. Publikation der Zeichnungen: Kat. Mons Sacer (1996) 117–120, 213.
13 Unter der Leitung von Csaba László, Mitarbeiter des Landesamtes für Denkmalschutz. Die ausführlichste Publikation der Ergebnisse s.: László (1996) 143–169. Deutsche Fassung: Archäologische Beobachtungen zum mittelalterlichen Pannonhalma. Acta Historiae Artium 38, 1996, 5–13.
14 László (1996) 144–149. Abb. 3–7.
15 Auf dessen Vorhandensein kann aufgrund eines Mauerstumpfes geschlossen werden, der im Seitenraum der Kirche zum Vorschein gekommen ist. Takács (1996 a) Abb. 15–16.
16 Ebd. 182–184.
17 László (1996) 153–155; Abb. 19–13.
18 Vgl. Takács (1996 b) 35–36. – Sörös/Rezner (1905) 370.
19 Beispiele für die Variationen der Lösung ist die Anordnung des Grundrisses des Westteiles in Trier, Gernrode, Möllenbeck, Quedlinburg, Worms und Paderborn. Kat. Vorromanische Kirchenbauten II. 222–223; 249–253; 263–266; III. 340–342; 378–379; Nachtragsbd. (München 1991) 40–41.
20 Über die Rolle der Westgebäude in der ungarischen Architektur des 11. Jahrhunderts: Tóth (1988) 116–118.
21 Skizzenhaften Grundriss s.: Trogmayer/Zombori (1980) (mit unnummeriertem Anhang).
22 Die Zeit der Gründung von Vác ist umstritten, wahrscheinlich gehört es zu den zweiten Bistumsgründungen um 1030. Vgl. Györffy (1998) 314. Über die freigelegten und der Deutung harrenden Überreste des westlichen Teiles der im 16. bis 17. Jahrhundert zerstörten Kathedrale: Torma (1993) 388–390. Abb. 48.
23 Zu den Parallelen des Eingangstyps mit Rahmenprofil ringsherum in Italien: Takács (1996) 63 (Anm. 57).

Das Marienstift Stuhlweißenburg (Székesfehérvár)

PIROSKA BICZÓ

König Stephan I., den Begründer eines geeinten Ungarn und Kirchenorganisator, verbanden sehr starke, persönliche Bande mit dem Marienstift: Dieses von ihm geliebte Stift war von ihm als Eigenkirche (*cappella propria*) gegründet und als eigene Grablege bestimmt worden[1]. Der gewählte Ort Stuhlweißenburg (Székesfehérvár) war spätestens gegen Ende des 10. Jahrhunderts Fürstensitz. Von dem Zeitpunkt an, als die über Stuhlweißenburg in west-östlicher Richtung verlaufende Handels- und Wallfahrtsstraße unter Mitwirkung des Königs um 1018 eröffnet worden war, wurde das heutige Székesfehérvár die neue Hauptstadt Stephans. Das Ereignis dürfte auch in Bezug auf die Gründung des Marienstifts maßgeblich gewesen sein. Damals schaffte Stephan die Grundlagen für die berühmte Reliquiensammlung und den Schatz der königlichen Kapelle, später betraute er den Klerus des Stifts auch mit der Aufbewahrung der Krönungsinsignien[2]. Die Grabkirche des ersten Herrschers wurde schon unter den direkten Nachfolgern zur Krönungskirche der ungarischen Könige.

Stephan wurde im Jahre 1038 in der damals noch nicht vollendeten Marienkirche beigesetzt; die Heiligsprechung des Königs und seines ebenfalls hier bestatteten Sohnes Emmerich († 1031) erfolgte 1083. Mit der Entstehung des Kults der „heiligen Könige" im 12. Jahrhundert und nachfolgend im späten Mittelalter ging eine ganze Reihe von Bestattungen weiterer Könige und weltlicher Vornehmer einher. Durch weitreichende Umbauten wurde Raum für neue Grabmäler geschaffen.

Das Stift Stephans I. war bis 1543, als die Stadt in die Gewalt der Türken geriet, sakraler Mittelpunkt des Königsreichs Ungarn. Durch eine Explosion wurde die Kirche im Jahre 1601 weitgehend zerstört. Die Steine der Ruine verwendete man anschließend zur Verstärkung der Befestigungsanlagen der Stadt, die Nordkapellen, die die Besetzung durch die Türken überdauert hatten, wurden um 1800 abgerissen. Heute verraten die Mauerreste kaum mehr etwas von dem Anblick, den die Kirche zu Lebzeiten Stephans und im 11. Jahrhundert geboten haben musste. Abgesehen von wenigen, immerhin noch einige wenige Meter hohen Mauerstücken sind vor allem Fundamente und Reste von Fußbodenbelägen Ansatz für die Untersuchung dieses für Ungarn frühen Baus; hierbei muss im wesentlichen von den archäologischen Funden ausgegangen werden. Die Ergebnisse der 150jährigen Grabungstätigkeit sind nur zum Teil hilfreich, manchmal erschweren sie sogar die Datierung und die Deutung der Mauerreste. Ein weiteres Hindernis für die Kenntnis des aus dem 11. Jahrhundert stammenden Gebäudes bilden die mit der Zerstörung der frühesten Teile einhergehenden Umbauten. Als Ergebnis der früheren und auch heute noch fortgeführten archäologischen Untersuchungen zeichnen sich dennoch zahlreiche wesentliche Elemente der ursprünglichen, aus der Zeit vor dem Umbau im 12. Jahrhundert stammenden Marienkirche ab, obwohl die stephanzeitlichen Bauteile und deren Ausstattung nicht eindeutig von der nachfolgenden Epoche getrennt werden können. Mit Sicherheit geht auf die Zeit von Stephan I. der Grundriss (Abb. 404) zurück, der sich im Grabungsbereich in den mit antiken Spolien durchsetzten massiven Fundamenten und an den niedrigen Kalksteinquadermauern der Apsis und der Südfassade ablesen lässt. Die Kirche war 65 m lang und 37,5 m breit; im Vergleich mit anderen als Grablegen errichteten frühen Kirchengebäuden ist sie auffallend groß. Die in Form einer Basilika errichtete Kirche wird von einem ungewohnt großen Mittelschiff (16,5 m) beherrscht; der Kirchenbau ist weder durch ein Querschiff, noch durch eine Krypta weiter gegliedert. Das ursprüngliche Stützensystem zur Abtrennung der einzelnen Schiffe ist unbekannt; die Fundamente wurden bei der Errichtung der Pfeiler des 12. Jahrhunderts wiederverwendet. Der Chor wird durch eine in der Breite des Hauptschiffs weitergeführte Apsis von gewaltiger Spannweite abgeschlossen, die auch ein wesentliches Element der Fassade gebildet haben könnte. Die erhaltenen Fragmente der Apsis mit Lisenen erinnern an Fassadengliederungen südeuropäischer Bauten zu Beginn der Romanik. Zu beiden Seiten der Apsis schließen die Seitenschiffe in über rechteckigem Grundriss errichteten Bauteilen. Diese konnten kaum mehr als zwei Stockwerke besessen haben. Verwandte Bauten finden sich im Nahen Osten und Ravenna im 5. und 6. Jahrhundert, die aber auch als Vorbilder für die Jahrhunderte danach erbauten Apsiden dienen konnten. In unserem Fall könnte die ungewohnte Anordnung dieser Bauteile in der Nähe des Chors mit einem erhöhten Platzbedarf aufgrund der vielen Funktionen dieser Kirche zu erklären sein: als Aufbewahrungsort des reichen Reliquienschatzes, der liturgischen Ausstattung und der Krönungsinsignien. Das auch mit der Frage nach der Funktion zusammenhängende Problem der Verbindung der Räume im Bereich des Erdgeschosses mit den Seitenschiffen und über sie mit dem Mittelschiff, sei es über Türen oder Arkaden, ist wegen der bis zu den Fundamenten abgetragenen Seitenwände heute nicht mehr zu entscheiden.

Das ursprüngliche Aussehen des Westteiles der Kirche ist schwerer zu rekonstruieren als das des Chorbereiches. Die Mauern sind fast vollständig abgetragen; über dem Mittelteil dieses Bauteils ist der Bischofspalast gelegen. Am Westende des südlichen Seitenschiffes verhindert ein gotischer Turm die Klärung von wichtigen Fragen der Baugeschichte und der Datierung. Aus der Disposition des Grundrisses ergibt sich, dass ein ungefähr 10 m langer Bauteil nicht zur eigentlichen Basilika gehörte. Dieser in Entsprechung zu den Schiffen gegliederte Bau war über drei Arkaden zum Mittelschiff hin offen, während seine seitlichen Räume eventuell stärker geschlossen waren. Hinsichtlich der Chronologie dieses östlichen Bereiches ist aufgrund der Befunde an den Grundmauern jedoch Vorsicht geboten. Der mittlere Abschnitt des Fundamentes unter der Arkadenreihe scheint nicht zeitgleich mit den seitlichen Bereichen zu sein; auf dem Bodenbelag aus Kalkstein des mittleren Bauteils sind die Spuren weiterer Veränderungen zu erkennen; all das können Hinweise auf eine Veränderung des ursprünglichen Bauplanes oder auf einen frühen Umbau sein. Das Problem des mit Sicherheit aus dem 11. Jahrhundert stammenden, über eine selbständige Raumgestalt verfügenden westlichen Gebäudeteiles, dessen Erbauung möglicherweise auf die Zeit von Stephan I. zurückgeht, muss jedoch bis zum endgültigen Abschluss der archäologischen Forschungen offen gelassen werden.

Dass dem westlichen Teil der Kirche hohe Bedeutung beigemessen wurde, beweist die Tatsache, dass an der Westfassade relativ früh Umbauten vorgenommen wurden. Der in der Achse des südlichen Seitenschiffes freigelegte Gebäudeteil scheint der Südbereich eines Bauwerkes zu sein, das vor der Fassade der Kirche einen 14 m breiten Trakt gebildet hatte. Dieses Gebäude war nach Süden durch Arkaden geöffnet, und war auf eine bislang ungeklärte Weise mit dem sich im Westen anschließenden, etwas späteren Gebäudeflügel verbunden. Trotz der wenigen Detailkenntnisse ist anzunehmen, dass es sich bei diesem Bau um einen Arkadengang gehandelt hat. Der Haupttrakt der Marienkirche war mit diesen Bauten durch die die Stadt durchquerende Straße verbunden, die sich nahe der Kirche zu einem Platz erweiterte. An der

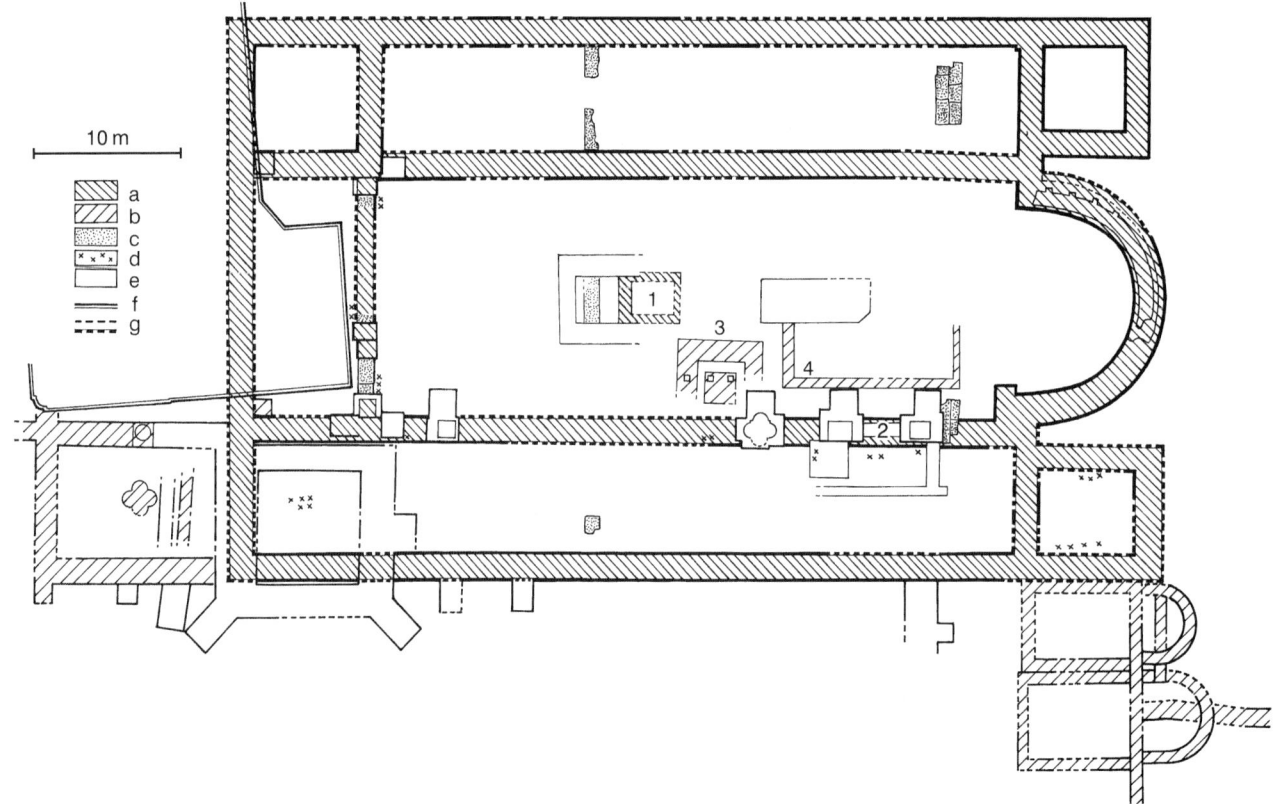

404 Grundriss des Marienstifts in Stuhlweißenburg (Székesfehérvár). Zustand vor der gotischen Erweiterung: 1 Grab Stephans I.; 2 Grab Emmerichs; 3 unbestimmt; 4 Chortrennwand; a Mauerüberreste aus dem 11. Jahrhundert; b Gebäudeteile aus der Zeit vor dem Umbau im 12. Jahrhundert, Datierung unbekannt; c Steintafeln des frühen Fußbodens; d Überreste des frühen roten Terrazzo-Fußbodens; e Umbauten im 12. Jahrhundert und später; f heutiges Gebäude des Bischofspalais; g vermutliche Stelle der Mauern.

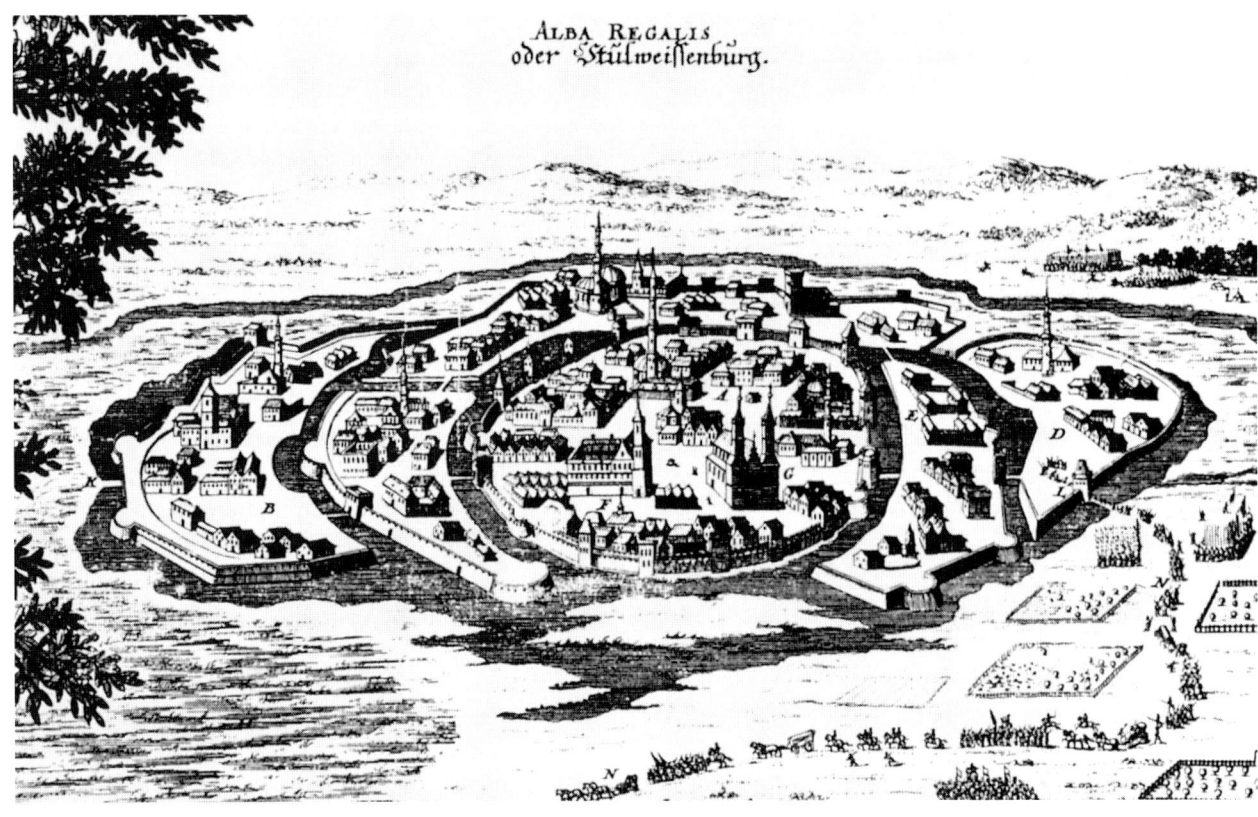

405 **Stuhlweißenburg** (Székesfehérvár).

Südseite des Platzes sind Gebäude der bei der Kirche errichteten Propstei aus dem 11. und 12. Jahrhundert zum Vorschein gekommen; neuere Grabungsfunde lassen auf einen Umbau dieses Bereiches als Kreuzgang schließen[3].

Für die Besucher der Kirche waren zweifelsohne das Grab bzw. die an dem Grab von Stephan I. und dem Grab seines noch zu dessen Lebzeiten verstorbenen Sohnes Emmerich errichteten Altäre die Hauptanziehungspunkte (Abb. 404,1–2). Bei der Auswahl ihrer letzten Ruhestätte dürften die Wünsche des Königs eine bedeutende Rolle gespielt haben. Die in der Achse des Mittelschiffes gefundene, aufgrund der Tiefe und des Baumaterials in das 11. Jahrhundert datierende Grabstätte, von der nur das westliche Ende erhalten blieb, wurde vom Ausgräber als Grabstätte Stephans gedeutet[4]; ihre Lage entsprach den Stiftergräbern westlicher Kirchen. Der Befund wird von den Worten *in medio domus sarcofago candidi marmoris imponitur* der erst nach der Heiligsprechung des Königs entstandenen Hartwick-Legende verifiziert[5], wenngleich diese Beschreibung des Sarkophags möglicherweise schon den Zustand nach der Heiligsprechung widerspiegelt. Der im Bereich der heutigen Kirchenruine ausgegrabene, im 11. Jahrhundert umgearbeitete Sarkophag aus der Römerzeit, den man früher für den Sarkophag Stephans gehalten hatte, gilt neuerdings als das Reliquiengrab mit den Überresten des heiligen Königs[6]. Die letzte Ruhestätte von Emmerich ist mit großer Wahrscheinlichkeit mit dem nahe dem Chor im Bereich der Fundamente der südlichen Arkadenreihe des Schiffes freigelegten Grab zu identifizieren. Beobachtungen der Bauforschung haben an beiden Grablegen Hinweise auf kultische Verehrung bis in das späte Mittelalter hinein ergeben[7].

Aufgrund der Lage des Stiftergrabes könnte der Chor schon beim Tode Stephans bis in das Mittelschiff gereicht haben. 16 m von der Apsis entfernt bezeichnen massive Kalksteinquader die Westgrenze einer Choreinfassung, die aus dem 11. Jahrhundert, wenn auch nicht unbedingt aus der Zeit Stephans stammen kann (Abb. 404,4). Zu einer wie auch immer gearteten Chorschrankenanlage könnten die zwei noch erhaltenen Fragmente einer Steinplatte mit einem Flechtband gehört haben; die Feinheit und Klarheit dieser Bildhauerarbeit mit einem Tiermotiv verweisen auf eine Arbeit von sehr hohem Niveau. Vor der ehemaligen Chorschranke stand an der Südseite des Schiffs ein kleines Bauwerk unbekannter Bestimmung mit massiven Grundmauern (Abb. 404,3); die in dem Bodenbelag aus Sandstein gefundenen Abdrücke lassen eine Konstruktion mit Säulen oder Pfeilern vermuten; auf die einstige Bedeutung dieses Bauteils verweist die aus römischen *Tegulae* und Marmorplatten bestehende Randdekoration des Bodens. Die Datierung in das 11. Jahrhundert ist dadurch erwiesen, dass der Fußboden auf dem gleichen Niveau liegt

Die Christianisierung Ungarns 623

wie die in anderen Bereichen der Kirche befindlichen frühen Kalkstein- und Terrazzo-Fußböden. Auch im Zuge der Heiligsprechung des Königs entstandenen Stephanslegenden berichten von skulptierten Chorschranken, von einem Fußboden aus Marmorplatten und von einer Altarplatte („[*rex basilicam*] *celaturis in chori pariete distinctis, pavimento tabulis marmoreis strato construere cepit*", „*cyborium arte mirabili supra Christi mensam erectum*")[8]. Diese Quellen erwähnen aber weder das Kirchengebäude insgesamt noch das Mosaik, von dem Tesserae aus Stein und Glas bei den archäologischen Grabungen zum Vorschein kamen, und die vermutlich zur Apsidendekoration des 11. Jahrhunderts gehörten. Die Hauptprunkstücke der wie damals üblich kaum mit Wanddekoration versehenen Marienkirche waren aller Wahrscheinlichkeit nach die aus Gold gefertigten liturgischen Geräte. Diese werden in den Stephanslegenden in großer Zahl genannt; auch eine Vielzahl an Paramenten und die Pracht der mit Edelsteinen verzierten goldenen Altäre wird hervorgehoben. Einige Elemente könnten den künstlerischen Geschmack am Hofe König Heinrichs II., des Schwagers von Stephan I., widerspiegeln. Denn die aus einer Quelle der Arpadenzeit schöpfende Bilderchronik (Képes Krónika) verweist auch auf die Rolle der Königin Gisela als Stifterin[9] und nennt in diesem Zusammenhang eine Reihe von Goldkreuzen. Davon, wie diese ausgesehen haben könnten, kann, da diese zur Gänze vernichtet wurden, nur mehr das so genannte Gisela-Kreuz (Abb. 396) einen Eindruck vermitteln.

Im Schatz der Kirche bildeten die Kunstwerke des Stifts und der persönliche Schatz des Königs sowie der Krönungsschatz allen Anzeichen nach ein einheitliches Ganzes. So hatten auf die Herausbildung der Insignien des Königreiches Ungarn außer der Verehrung des Gründervaters des Staates auch die Person Stephans als Stifter und seine reichen Stiftungen einen großen Einfluss ausgeübt. Der Name von Stephan wurde mit der bedeutendsten Insignie, mit der spätestens seit dem 13. Jahrhundert bei den Krönungen verwendeten Krone in Verbindung gebracht. Während der in den Quellen der Arpadenzeit erwähnte Königsthron der Marienkirche, „der Thron Stephans", kaum mehr als eine Allegorie der königlichen Macht sein dürfte, existiert bis heute ein anderes Kunstwerk, das durch seinen Ursprung und seine sekundäre Funktion eindeutig auf den heiligen König verweist. Es ist das später zum Krönungsmantel umgearbeitete Messgewand, das einzige Stück des königlichen Schatzes, das von den Geschenken Stephans an das Marienstift noch erhalten ist (Abb. 417). Auf der außerordentlich prunkvoll gestalteten, mit Goldstickereien versehenen Glockenkasel ist als Teil eines christologisch visionären Programms auch das königliche Stifterehepaar Stephan und Gisela zu sehen. Auf die Stiftung an die Marienkirche in Stuhlweißenburg im Jahre 1031 verweist die Inschrift: ANNO INCARNACIONIS XPI: MXXXI: INDICCIONE: XIIII A STEPHANO REGE ET GISLA REGINA CASVLA HEC OPERATA ET DATA ECCLESIAE SANCTA[E] MARIAE SITAE IN CIVITATE ALBA.

Anmerkungen

1 Frühe Quellen in Bezug auf Székesfehérvár und das Marienstift: G. Györffy (1987) 363ff. Die Monographie der Kirche: Dercsényi (1943) 2 Kovács (1967) 157–164. – Kovács/Lovag (1980)
3 Siklósi (1991) 371–388.
4 Kralovánszky (1989) 155–173.
5 Scriptores rerum Hungaricarum II, 363–440; bes. 432.
6 Vgl. hierzu die Studie von E. Marosi in vorliegendem Band
7 Szabó (1996) 5–52.
8 Die Legenda maior und die Hartwick-Legende in: Scriptores rerum Hungaricum II, 386. bzw. 316–316.
9 Chronici hungarici compositio saeculi XIV. In: Scriptores rerum Hungaricum I, 316.

Das Grab des heiligen Stephan in Stuhlweißenburg (Székesfehérvár)

ERNŐ MAROSI

Unter dem Grab des heiligen Stephan versteht man zwei verschiedene Objekte: 1) das Grab, in dem er 1038 in Stuhlweißenburg (Székesfehérvár) beigesetzt wurde – dies ist ein Stiftergrab und gleichzeitig eine königliche Beisetzung in der dazu bestimmten Eigenkirche. 2) das Reliquiengrab, das nach der 1083 erfolgten Translation und Kanonisation in der der heiligen Jungfrau geweihten und in die europäischen Pilgerwege einbezogenen Probsteikirche zu Stuhlweißenburg errichtet wurde. Beide Gräber werden in den schriftlichen Quellen erwähnt. Diese Nachrichten können mit Hypothesen, die auf archäologischen Untersuchungsergebnissen beruhen, verbunden werden. Eine weitere Quelle bietet – hypothetisch gesehen – auch der Sarkophag von Stuhlweißenburg. Darüber hinaus bieten die Reliquien des heiligen Stephan – vor allem die „Heilige Rechte" – Informationen für Untersuchungen mit naturwissenschaftlichen Methoden, jedoch fehlen eben hier solche Untersuchungen.

Unter den schriftlichen Überlieferungen sind die Stephanslegenden am bedeutendsten. Bei dem Bericht in der Ungarnchronik handelt es sich offensichtlich um eine sekundäre Quelle. Nach der heute allgemein geläufigen Sicht steht die unmittelbar vor 1083 verfasste *Legenda maior* chronologisch an erster Stelle. Die wohl die frühesten Verhältnisse der Stiftung im heutigen Székesfehérvár widerspiegelnde Beschreibung findet sich jedoch in der späteren kleineren Legende. Während die größere über die Beisetzung König Stephans schweigt, wird in der kleineren Legende die Geschichte seines Todes und seiner Beisetzung, sowie der Translation seiner Gebeine durchgängig erzählt. Dieser Text berichtet über die Beisetzung des Königs in der von ihm erbauten Kirche (*in basilica virginis Marie, quam precioso opere consummaverat, sepultus est*) und darüber, dass der heilige Leichnam lange den menschlichen Augen verborgen blieb. Derselbe Text erwähnt den Wohlgeruch, ein Zeichen der Heiligkeit des Königs, der sich bei der

406 **Stephanssarkophag, Stuhlweißenburg (Székesfehérvár). Székesfehérvár, Szent István Király Múzeum. – Kat. 17.05.03.**

Die Christianisierung Ungarns

Öffnung des Grabes verbreitete. Es handelt sich offensichtlich um einen hagiographischen Topos (etwa nach 2 Kor 2,14: *Christi bonus odor sumus Deo*), keineswegs um die Beschreibung einer (z. B. auf eine Balsamierung zurückzuführende) physische Erfahrung. Die Erzählung von Hartwick entstand später und durch die Erweiterung und Ausschmückung der *Legenda minor*. Dabei war dem Verfasser wohl allein das nach 1083 erichtete Reliquiengrab bekannt. Hartwick berichtet vom weißen Marmorsarkophag (*corpus sanctum in medio domus sarcofago candidi marmoris imponitur*), und erzählt detailliert das Wunder des das Grab füllenden wohlriechenden Wassers. Dem knappen Chroniktext liegt der Bericht der kleineren Legende zugrunde. Als der Humanist des 15. Jahrhunderts, Antonio Bonfini, die Erzählung der Chronik aufgrund der Legendenfassung Hartwicks erweiterte, stützte er sich möglicherweise auf persönliche Kenntnisse über die noch bestehende Anlage des Heiligengrabes (*Quarto die ad eius sepulcrum frequentissimi convenere, ut e subterraneo fornice sanctissimi regis corpus expromerent, quod cum tentassent, lapis vi nulla amoveri potuit*). Nach ihm lag der steinerne Grabdeckel unter einem unterirdischen Gewölbe.

Die von Bonfini beschriebene Situation stimmt weitgehend mit den Schlussfolgerungen überein, die Alán Kralovánszky aus den von ihm zutage geförderten Überresten in der Mittelachse des Kirchenschiffes anstellte. Hier befand sich eine kryptaähnliche gewölbte kleine Kammer (Bonfinis *subterraneus fornix*?), in die – zumindest in ihrem gotischen Zustand – vergitterte Fenster Einblick gewährten. Auf ein erhöhtes Podium führten Treppen; hier mögen Altar und Reliquiengrab des Heiligen gestanden haben. Auch berichten die kleinere Legende und auch Bonfini von einem silbernen Schrein (*theca argentea*) auf dem Hochaltar der Kirche. Anscheinend stimmen die archäologischen Schlussfolgerungen weitgehend mit den Nachrichten aus den Schriftquellen überein, vorausgesetzt, dass man bei letzteren die stereotypen Ausschmückungen der Legendenerzählung weglässt. Auch muss man anstelle einer Zusammenfassung der unterschiedlichen zum Teil sich widersprechenden Angaben, die Berichte getrennt nach ihrer Entstehungszeit betrachten.

Die Gleichsetzung der in Stuhlweißenburg gefundenen und dort im Mausoleum des Ruinenparks 1938 wiederaufgestellten, im 11. Jahrhundert aus einem römischen Sarkophag umgearbeiteten Grabkiste mit dem Grabmal des Heiligen Stephan beruht allein auf der mittelalterlichen Überlieferung. Dennoch kann diese Hypothese ebenso wenig be-

407 **Stephanssarkophag (Detail), Stuhlweißenburg (Székesfehérvár), Szent István Király Múzeum** (vgl. Abb. 406).

zweifelt werden, wie die Zuordnung der beiden auf den Sarkophag passenden Deckelfragmente, die ebenfalls römischen Ursprungs sind. Die Umarbeitung des großformatigen Spoliums der Antike – besonders am unteren Rand und auf dem Deckel – ist nur unvollständig ausgeführt. Vermutlich war der Sarkophag erhöht aufgestellt, sodass diese mangelhaften Arbeiten nicht weiter auffielen. Wahrscheinlich stand er (wohl auf der Plattform oberhalb der gewölbten Grabkammer) über dem Altar, in einer Höhe, dass seine Stirnseite als Altarretabel diente. Es handelt sich dabei um eine Aufstellung, die im 11. Jahrhundert bei steinernen Reliquiensarkophagen und Metallschreinen zu beobachten ist. Auffälligerweise wurde bei dem ursprünglich an einer der Langseiten geschmückten (und wohl auch mit einer Inschrift versehenen) römischen Sarkophag eine der Schmalseiten zur Stirnseite. Die beiden Langseiten erhielten dabei motivisch zwar verschiedenen, doch ikonographisch gleichwertigen Schmuck. Die zweite Schmalseite blieb ungeschmückt, da sie wohl an eine Wand gerückt war. Wir halten (mit der durch andere Argumente gewonnenen Datierung von Sándor Tóth übereinstimmend) den erhaltenen Sarkophag für den nach der Kanonisierung von 1083 angefertigten Reliquiensarkophag.

Der figürliche Schmuck der Stirnseite gehört dem Themenkreis der *elevatio animae* an: die als Säugling dargestellte Seele des Verstorbenen wird von einem Engel zum Himmel emporgehoben: Die Achse des Giebelfeldes nimmt ein Kreuz, ursprünglich zwischen zwei Zypressen ein. Hans Belting sieht in der Engelsfigur eine Entlehnung aus der byzantinischen Kleinkunst (vor allem von Elfenbeinreliefs aus Koimesis) und hält sie für eine symptomatische Erscheinung in der Frühzeit der Steinskulptur. Eine Anlehnung an die byzantinische Ikonographie ist jedoch nicht zwingend, denn dem Text des Totenhymnus (*in paradysum deducant te angeli*) entsprechend, waren Darstellungen ähnlichen Typs der *elevatio* auch im Westen verbreitet. Darüber hinaus weist die plastische Auffassung der Bewegung des Engels entschieden auf Erfahrungen aus der Monumentalskuptur hin. Auf den Langseiten, die rechts durch Rosetten, links durch Lebensbäume (die wohl aus den ursprünglich hier befindlichen Nischenfiguren von Genien gefertigt wurden) und Rosetten geschmückt sind, befindet sich in der Mitte zwischen den Säulen Cherubim als Bewacher des Paradiesgartens. Auch die Ikonographie entspricht eher einem Heiligengrab als einer Stiftermemorie.

Dieses frühe Denkmal der Steinskulptur in Ungarn wurde von der früheren kunsthistorischen Forschung vor allem von der Kunst Venedigs und der Adria-Gegend abgeleitet. Unter den Hypothesen über die stilistische Ableitung verbreitete sich in der letzten Zeit die Auffassung, besonders dank der Anregung von Thomas von Bogyay, einer Abstammung aus Byzanz (zusammen mit den Skulpturenfragmenten von Mosaburg (Zalavár) und mit einer sich nach der Beisetzung des Königs Stephan im Jahre 1038 richtenden Datierung). In jüngster Zeit ordnete Sándor Tóth nach einer eingehenden Analyse den Sarkophag in den von Schleifenband und von Palmetten gekennzeichneten Motivkreis der zweiten Hälfte des 11. Jahrhunderts ein, für den er die *in situ* erhaltene Säulenbasis der 1061 gegründeten Benediktinerabteikirche von Zselicszentjakab als Schlüsselfund betrachtet hat, und dem er auch die Skulpturen von Mosaburg zuschrieb.

Literatur

Bogyay 1972; 1992. – Dercsényi 1943. – Nagy 1954. – Kádár 1955. – Szakál/Entz 1964. – Belting 1968. – Kralovánszky 1988. – Tóth 1990; 1994.

Neutra (Nitra) und Zobor

ALEXANDER T. RUTTKAY

Die Stadt Neutra liegt im nördlichen Grenzgebiet der Donautiefebene, am Fluss Neutra, direkt unter dem Berg Zobor. Sie erstreckt sich über einige Hügel, die sich stets leicht befestigen ließen und den Kern der Besiedlung bildeten. Unter den Städten in der Slowakei nahm Neutra eine ganz besondere Stellung ein. Historische Quellen bezeugen hier ein großmährisches Zentrum. Eine herausragende Bedeutung auf politischer, organisatorischer und kirchlicher Ebene erlangte Neutra bei der Gründung des ungarischen Königreiches. Es gehört zu den markantesten Orten mit einer langen Siedlungsdauer, einschließlich rechtlicher und geistiger Kontinuität.

Neutra war schon vor dem Jahre 830 Hauptsitz des Fürsten Pribina; zu der Zeit hatte der Salzburger Erzbischof Adalram hier bereits eine Kirche geweiht. Doch mit der gegen Pribina gerichteten Expansion des Fürsten Mojmír kam noch vor dem Jahre 833 die Vereinigung der Fürstentümer von Mähren und der Slowakei. Neutra gehörte nicht nur zu den Zentren – den so genannten Burgstädten – des Großmährischen Reiches, es konnte auch eine organisierte christliche Kirche vorweisen, die auf die Mission der heiligen Kyrill und Method zurückgeht. Schon im Jahre 880 wurde hier das Bistum gegründet. Der erste Bischof war Wiching, ein fränkischer Mönch. Wahrscheinlich schon in dieser Zeit wurde das Benediktinerkloster des heiligen Hyppolit auf dem Zobor gegründet.

Ab dem Ende dem 10. Jahrhunderts wurde Neutra Sitz eines *ducatus*, eines Teilherzogtums. Bis zu Beginn des 12. Jahrhunderts besaß es eine interessante machtpolitische Institution des ungarischen Staates, denn hier befand sich der Sitz des Komitates. Anfang des 12. Jahrhunderts wurde das Bistum erneuert; große Bedeutung hatte in dieser Zeit auch das altberühmte Kloster der Benediktiner auf dem Zobor. Zu Beginn des 11. Jahrhunderts war mit ihm das Schicksal und der Märtyrertod von zwei einheimischen Heiligen verbunden, des heiligen Zoeard-Andreas und des heiligen Benedikt. Sie traten seit dem Ende des 11. Jahrhunderts nach ihrer Kanonisation neben das ältere Patrozinium des heiligen Emmeram und wurden Schutzheilige der bischöflichen Kathedrale und des mittelalterlichen Neutra.

Auf der Grundlage eines dichten Netzes archäologischer Fundstellen und signifikanter Funde vom 8. bis 12. Jahrhundert kann die Topographie des frühmittelalterlichen Neutra skizziert werden.

Im 8. und 9. Jahrhundert dominieren drei Burgwälle, umgeben von Handwerkssiedlung und landwirtschaftlichem Areal. Der älteste, gegen Ende des 8. Jahrhunderts erbaute Burgwall auf dem Martinsberg am Fuß des Zobor bestand noch im 9. Jahrhundert. Die 20 ha große Holz-Erde-Befestigung war an der Vorderseite durch eine vorgeblendete Steinmauer verstärkt. Auf dem Burgwall stand eine christliche Kirche. Die Vorburg war mit Wohnhäusern und Werkstätten bebaut, zwischen ihnen verlief ein gepflasterter Weg, auf welchem die Handwerker ihre Erzeugnisse anboten.

Im 9. Jahrhundert befand sich der bedeutendste Teil von Neutra/Nitra bereits an der Stelle der heutigen Innenstadt. Wahrscheinlich blieb der Martinsberg weiterhin ein Wirtschaftszentrum, doch in militärischer Hinsichtlich wurde er durch zwei Burgwälle ersetzt – auf dem Burgberg und der Anhöhe Vršok.

Schon im 9. Jahrhundert stand auf dem Burgberg ein mächtiger Burgwall von über 8 ha Ausmaß. In der ältesten Phase genügte an den steileren felsigen Teilen des Berges eine Palisadenbefestigung. Doch nach der Mitte des 9. Jahrhunderts wurde das Befestigungssystem vervollkommnet; auch an den steilsten Stellen verlief nun eine auf der Vorder- und Rückseite mit vorgeblendeten Steinen versehene Schanze von 5,5 m Breite.

Zweifellos stand auf dem Burgberg schon im 9. Jahrhundert eine Kirche. Die bekannte romanische St. Emmerams Kirche repräsentiert hier bereits die vierte Phase eines christlichen Sakralbaues. Schon in großmährischer Zeit verwendete man Bauelemente eines älteren Baues. Die architektonischen, mit stilisiertem Pflanzenornament verzierten Teile haben karolingisches Gepräge und verweisen den ersten Steinbau, vermutlich eine Kirche, vor die Mitte des 9. Jahrhunderts. Einer solchen Datierung entspricht auch eines der zahlreichen frühmittelalterlichen, an verschiedenen Stellen des Burgareals freigelegten Gräber. Eines davon enthielt den Beschlag einer Gürtelgarnitur, zweifellos westlichen bajuwarischen Ursprungs, den

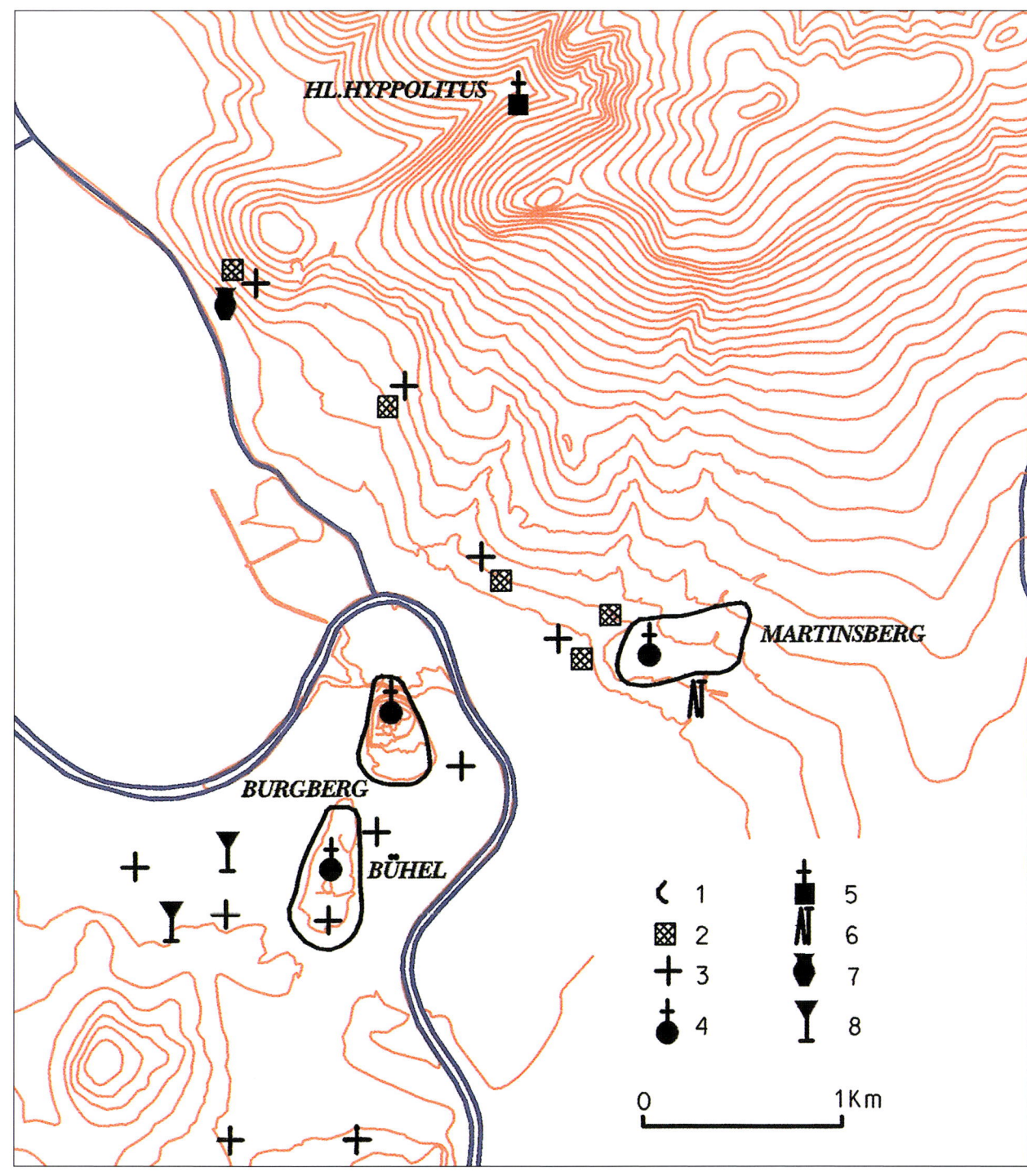

408 Die Siedlungsagglomeration Neutras (Nitra) vom 9. bis 11. Jahrhundert. 1 Burgwall; 2 unbefestigte Siedlung; 3 Gräberfeld; 4 Kirche mit Friedhof; 5 Kloster; 6 Schmiedewerkstatt; 7 Töpferwerkstatt; 8 Glaswerkstatt.

ersten dieser Art im Gebiet des Neutraer und mährischen Fürstentums.

Im Burgwallareal des 9. und 10. Jahrhunderts befand sich eine weitere Kirche. Die Gräber enthielten unter anderem Schmuck großmährischen Gepräges. Doch scheint es, dass der wichtigste Kirchenbau – ähnlich wie die repräsentativen Profanbauten – auf dem Plateau des Burgfelsens stand, wo sich heute der bischöfliche Palast und die Kathedrale befinden.

Nach den bisherigen Grabungsergebnissen hatte der Burgberg im alten Neutra bereits im 9. Jahrhundert eine wichtige Funktion und muss in Zusammenhang mit den Fürstensitzen Svatopluks, möglicherweise auch mit denen des Fürsten Pribina betrachtet werden.

Ein schon lange bekannter, bedeutender Burgwall befindet sich auf der länglichen Anhöhe Vŕšok, wo heute die barocke St. Ladislaus-Kirche das Gelände dominiert. Archäologische Grabungen konnten dort nicht im notwendigen Ausmaß realisiert werden. Die aus einem doppelten Holz-Erde-Wall und einem Graben bestehende Befestigung umfasste eine Fläche von 13 ha Größe. Von ihrer bedeuten-

Die Christianisierung Ungarns

den Stellung im 9. Jahrhundert zeugen Gräber im Umkreis der erwähnten Kirche. Sie waren in den Fels eingetieft und enthielten Goldschmuck und Bewaffnung. Nach der Lage waren die Gräber Bestandteil des Friedhofs der Kirche. Die wahrscheinlich der Jungfrau-Maria geweihte Kirche, die gegenwärtig dritte Kirche in Neutra aus dem 9. Jahrhundert wurde auch in späteren Jahrhunderten benutzt. Wahrscheinlich entstand hier im 13. Jahrhundert das Franziskanerkloster.

Aufgrund der topographischen Analyse bildeten vermutlich der Burgberg und die Anhöhe Vršok im 9. Jahrhundert den Kern von Neutra, die durch eine Schleife der Neutra und ihre Seitenarme geschützt wurde.

Eine weitere Quelle für die topographische Entwicklung Neutras ist der Notar König Bélas III., der so genannte Anonymus. Er benutzte, im Bestreben um Glaubwürdigkeit, seine guten topographischen Kenntnisse mancher Teile Ungarns und übernahm die allgemeine Ansicht vom hohen Alter mancher Städte und Burgen. In diesem Sinne zu verstehen sind auch jene Teile seines Textes, in denen er über die Besetzung Neutras in der zweiten Hälfte des 10. Jahrhunderts spricht. Es handelt sich um Ereignisse einige Jahrzehnte nach dem Zusammenbruch des Fürstentums Svatopluks, als sich der ungarische Staat nach Norden ausdehnte und ein militärischer Vormarsch das Gebiet der heutigen Slowakei traf. Der Anonymus gibt an, dass der Zutritt zu Neutra, der nur von Osten in Frage kam, allein durch den Flussübergang möglich war. Der Kampf um den Übergang dauerte angeblich drei Tage und erst dann schlossen sich die zurückweichenden Verteidiger in der Stadt Neutra ein. Im weiteren Teil des Textes wird angeführt, dass die Angreifer „entschieden und auf jede Weise die Stadt Neutra zu erobern" begannen und dann „in die Stadt traten". Der Autor benützt hier ausdrücklich den Terminus *Civitas*, während er die weiteren militärischen Stützpunkte der *Sclaui*, die anschließend im Waagtal erobert worden sein sollen (das heißt Hlohovec, Šintava, Bana – etwa Ducové, Blunduc – etwa Beckov, und Tricin – Trenčín) als *Castrum* bezeichnet.

Für Neutra begegnet man in Quellen aus dem 11. und 12. Jahrhundert dem Terminus *Civitas* mindestens in drei Bedeutungen: 1. für die Burgstadt vor dem Jahre 1080 in der Legende über die heiligen Zoeard und Benedictus, 2. als Komitatssitz oder als Komitatsburg in den Dekreten Stephans I. aus der ersten Hälfte des 11. Jahrhunderts und in den Zobor-Urkunden aus dem frühen 12. Jahrhundert, wobei zur Komitatsburg auch das *Suburbium*, die Vorburg genannt ist.

Die terminologische Uneinheitlichkeit der lateinischen Quellen spiegelt sich auch in einem weiteren, für Neutra wichtigen Vermerk deutlich wider. In einem Aufruf forderten kirchliche Repräsentanten im Jahre 1242 nach dem Tatareneinfall in Ungarn aufgrund der Gefahr für das Land eine dringende Hilfe vom Papst. Sie führten unter anderem Namen von 17 „Burgen" an, die angeblich der tatarischen Belagerung widerstanden, sowie weitere Burgen und befestigte Lagen, die in „christlichen Händen" verblieben waren. Davon befinden sich vier im Gebiet der Slowakei, nämlich Preßburg (Bratislava), Neutra, Komorn (Komárno) und in Fiľakovo. Aufgrund dieser Quelle nehmen Historiker und Archäologen an, dass den Tataren gemauerte Burgen widerstanden, die vor dem Jahr 1241 nur eine Ausnahme waren. Während der Regierungszeit Bélas IV. hatte man also einer möglichen Wiederholung eines tatarischen Einfalls vorgebeugt. Die Burgen waren als typische Form mittelalterlicher Feudalsitze jedoch sehr stark in gesellschaftliche Zusammenhänge eingebunden, als dass sie allein aus der Furcht vor einer schrecklichen militärischen Katastrophe entstanden sein können. Die archäologischen Grabungen beweisen, dass typologische Schemen auch im Falle der Bautechnologie manchmal nur eine beschränkte Gültigkeit haben und dass die gemauerte Architektur samt den Fortifikationen deutlich ältere Wurzeln hat. Anzumerken ist allerdings, dass bei den 1242 genannten „Burgen" in keinem einzigen Falle die Rede von einem Feudalsitz ist. Es handelt sich um ältere Komitatszentren, aufkommende Städte und vereinzelt auch befestigte Klosterkomplexe.

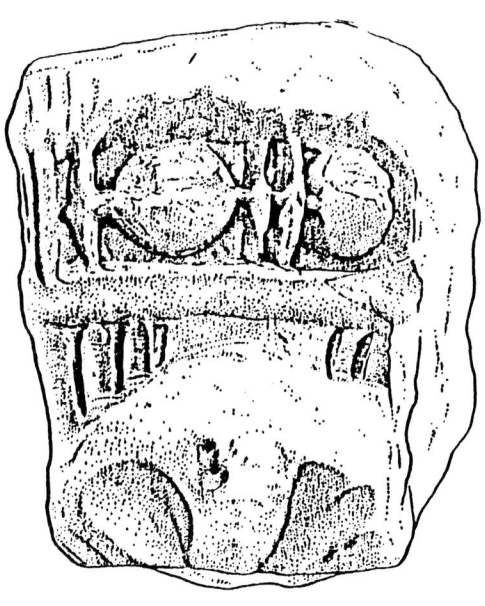

409 Burg Neutra. Verziertes Architekturfragment, 9. Jahrhundert.

Zum größten Teil sind es jedoch *Civitates*, wie die befestigte Burgstadt Neutra.

Die große Befestigung der Burg in Neutra wurde nicht durch einen jähen Angriff zu Beginn des 10. Jahrhunderts vernichtet, vielmehr wurde sie im Verlauf des 10. Jahrhunderts renoviert, eventuell in einer zum ursprünglichen Bau passenden Technik erhöht. Erst in der ersten Hälfte des 11. Jahrhunderts endete die älteste, ursprünglich großmährische Fortifikation. Direkt auf ihr – nach der Zurichtung des Geländes – erbaute man eine neue 20 bis 22 m breite Holz-Erde-Schanze, die abermals das ganze Areal der heutigen so genannten oberen Stadt umschloss. In das 11. Jahrhundert gehören ebenfalls Reste von gemauerten profanen Bauten und Belege über eine weitere Kirche. Die mächtige Holz-Erde-Schanze – der frühungarische Wall – war jedoch nicht von allzu langer Dauer. Vielleicht entstand bereits an der Wende des 11./12. Jahrhunderts, spätestens vor der Mitte des 12. Jahrhunderts eine neue Befestigung auf der Fläche des einstigen Burgwalls. Es war eine mit Mörtel errichtete steinerne Schanze. Dabei handelt es sich um ein sehr frühes Beispiel einer solchen Fortifikation. Sie ist allerdings nicht vereinzelt – in diesen Zeithorizont gehört die gemauerte Schanze der Burg bei Zvolen (Priekopa), dort ist es die jüngste Phase der Befestigung des älteren Spornburgwalls. Aus der Zeit vor dem 13. Jahrhundert stammen auch Reste der gemauerten Befestigung auf der Zipser und Trenčíner Burg, dort stellen sie die älteste Phase in der Entwicklung der beiden bedeutenden Burgen dar (Abb. 411).

Besonders signifikante Dokumente aus der Regierungszeit der Neutraer Herzöge sind außer archäologischen Befunden Silberdenare der Herzöge von Neutra. Béla (1048–1060) und Géza (1064–1074) prägten eigene Münzen mit der Bezeichnung *Dux*. Als weiteres Zeugnis von der Neutraer Burg kommt die prachtvolle Plastik Jesu Christi als symbolischer Donator mit sehr instruktiver Darstellung der Kirche aus dem 11. und 12. Jahrhundert hinzu. Dass die Herzöge auf dem alten Fürstensitz auf dem Burgberg residierten, darüber besteht kein Zweifel. Ebenfalls ist klar, dass die mit dem Herzogtum verbundene verhältnismäßig große territoriale Einheit auch zur Siedlungsentwicklung und zum baulichen Aufschwung Neutras beigetragen hat.

Eine Privilegsurkunde aus dem Jahre 1248 enthält außer lückenhaften Informationen über die Innenbebauung auch Angaben über die Struktur der Siedlungen und die Vermögensverhältnisse zumindest in der Nachbarschaft der Metationslinie, welche ein Gebiet von ca. 8 km x 4 km Größe bzw. 32 bis 35 km² umgrenzt. Die Metation bestimmt

410 Neutra (Nitra), Amphitheater. Zwei vergoldete Bronzeknöpfe, zweite Hälfte 10. Jahrhundert, Dm. 3,9 und 4,6 cm. Bratislava, Slovenské národne muzeum.

nur den Grenzverlauf des Gebietes und ist durchaus kein Verzeichnis z. B. existierender Bauten im besiedelten Areal. Sie trennt die umrissenen Stadtgebiete von den benachbarten Gütern der Zoborer Abtei, wie auch von der Ansiedlung Tormos, eventuell Tormos Parva bei der St. Martinskirche auf dem ehemaligen Burgwall aus dem 9. Jahrhundert. Das Neutraer Siedlungsareal befand sich in diesem Zeitabschnitt nur am rechten Flussufer. Bei der Innengliederung lassen sich mehrere Teile unterscheiden. Verschoben haben sich gegenüber dem 11. und 12. Jahrhundert die Inhalte der einzelnen Termini, welche die Siedlungseinheiten bezeichnen. Einen besonderen Teil bildet die Burg (*Castrum*) mit der Vorburg (*Suburbium*). Ein weiterer Siedlungsteil war die eigentliche Stadt (*Civitas*). Interessant ist die Bezeichnung *Castrum ludeorum*; man kann sie nicht automatisch mit *Mons ludeorum* in der Zoborurkunde von 1113 in Zusammenhang bringen, auch nicht mit dem jüdischen Viertel in Párovce. Es könnte sich um eine Siedlung mit Marktfunktion handeln, in welcher sich schon vor der Ankunft der „Gäste" namentlich die hebräischen und moslimischen Händler ihren Geschäften nachgingen.

Die räumliche Analyse und die archäologischen Erkenntnisse ermöglichen eine Rekonstruktion der in der Metation festgehaltenen Gliederung Neutras. Dieses Verzeichnis erwähnt außer der Kathedralkirche auch noch vier Pfarreien älteren Ursprungs, die im 14. Jahrhundert schon verarmten. Es sind dies die Kirchen der Jungfrau Maria und des Erzengels Michael auf der Anhöhe Vršok, von St. Jakob in der Nähe des einstigen Marktplatzes und der Stephanskirche in Párovce.

Das Areal der damaligen Burg (*Castrum*) war der ganze Burgberg, also auch die spätere so genannte obere Stadt. Die Vorburg war offenbar nur ein Streifen zwischen der Burgbefestigung, in diesem Fall

Die Christianisierung Ungarns

411 **Zipser Burg (Spissky Hrad).**

der Steinschanze, und dem Flüsschen Nitricka. Dieses *Suburbium* besaß keine eigene Kirche und hing auch in kirchlicher Hinsicht vielleicht direkt mit der Burg zusammen.

Unter dem Terminus *Castrum ludeorum* ist wahrscheinlich die Anhöhe Vršok zu verstehen. In der Metation werden nur jene zwei Kirchen von Vršok erwähnt, das heißt die Jungfrau Marien- und Michaelskirche. Die Grenze verlief nämlich zwischen diesen beiden. Die Siedlung mit der St. Stephanskirche am Fuß der Anhöhe Vršok kann als eine weitere Vorburgsiedlung betrachtet werden. Der letzte in der Metation erwähnte Teil Neutras ist die *Civitas*. Es war das Areal im Umkreis der nicht mehr existierenden St. Jakobskirche.

Im Zusammenhang mit *Castrum ludeorum* kommt die Frage der Stadtbefestigung auf. Eine kompliziertere, auch aus der Urkunde von 1248 hervorgehende Siedlungsstruktur zwingt zur Frage, ob Neutra auf dem Höhepunkt seiner Entwicklung auch eine Mauer um den Stadtkern hatte. Weiteren Forschungen bleibt es vorbehalten, die Teilerkenntnisse aus den verschiedenen archäologischen Grabungen zusammenzufügen. Am westlichen Rand der Anhöhe Vršok, das heißt von Párovce, beobachtete man auf etwa 100 m Länge drei kreisförmige aus Stein gemauerte Objekte von ca. 2,5 m lichter Weite. Der jetzige Wissensstand schließt hier eine Befestigung mit kleinen flankierenden Steintürmen im älteren Wallkörper und eine leichtere Palisadeneinfriedung keinesfalls aus.

Literatur

Baxa 1985. – Bednár 1998. – CDES 1971. – Fusek/Zemene (Hrsg.) 1998. – Chropovský 1972; 1974. – Juck 1984. – Kucera 1974. – Marsina 1985. – Ruttkay 1989; 1997. – Steinhübel 1999.

Die Kathedrale von Veszprém

SÁNDOR TÓTH

Das Bistum von Veszprém (seit 1993 Erzbistum) besitzt eine so genannte Gründungsurkunde König Stephans I., deren älteste erhaltene Exemplare zwei um 1300 entstandene Abschriften sind. Eine der beiden – ein Falsifikat – ist 1009 datiert. Der Text handelt eigentlich nur von der Unterordnung beziehungsweise Schenkung von vier Komitaten und manchen Grundbesitzen der Kirche des heiligen Michael in Veszprém[1]. Die in einer viel späteren Abfassung erhaltene Gründungsurkunde des Königs für das Kloster Martinsberg (Pannonhalma), datiert 1001, erwähnt gelegentlich den Zehnten des Komitats Somogy, das unter den vier oben genannten Komitaten nicht vorkommt, aber später zum Veszprémer Sprengel gehörte, den Diözesanbischof und die Michaelskirche, allerdings ohne den Ortsnamen. In dieser Urkunde steht auch, dass in der Zeit, als König Stephan die Gründung des Klosters veranlasste – also kurz nach dem Tod seines Vaters Géza (997) –, in Ungarn weder Episkopate noch Abteien waren[2]. Ohne diese Notiz könnte man aufgrund der Urkunden und späteren Überlieferungen darauf schließen, dass schon Fürst Géza das Bistum Veszprém gegründet hätte. Die spätere Erwähnungen (1276–1277, 1473) können sich aber auch auf das altertümliche Aussehen der Kathedrale beziehen[3].

Die Kathedrale, die auch heute noch frühe Bauteile aufweist, verlor ihr ursprüngliches Äußeres erst um 1723 beim barocken Umbau der Kirche[4]. Bereits zuvor – um 1400 – hatte man den Chor neugestaltet[5]. Die meisten anderen frühen ungarischen Kathedralen wurden dagegen schon im 12. und 13. Jahrhundert umfassend verändert[6]. So konnte die Veszprémer Kirche bereits früh den Eindruck eines alten Gebäudes erwecken, und so unter Umständen die Vorstellungen bezüglich der Gründung des Bistums beeinflussen.

Unsere Kenntnisse über die ältesten Gebäudeteile stammen aus dem letzten Jahrhundert. 1907 begann der neoromanische Umbau, dem die Kathedrale ihre heutige Gestalt verdankt. Bei den Bauarbeiten kamen zahlreiche frühe Baureste zutage, deren wichtigsten bald darauf zerstört wurden, und nur in einigen Photographien und unzureichenden Beschreibungen heute noch erhalten sind[7]. Zu wissenschaftlichen Ausgrabungen kam es erst 1957 an der Nordseite der Kirche. Aufgedeckt und konserviert wurden die Reste eines im 13. Jahrhundert von Grund auf erneuerten Annexbaus, der mit der einstigen Sankt Georg-Kapelle der Kathedrale gleichzusetzen ist[8]. 1968 begannen die der letzten Renovierung vorangehenden umfassenden, aber die Haupträume nicht berührenden Forschungen des Verfassers. Sie wurden 1973 unterbrochen und blieben bislang im wesentlichen unbearbeitet[9]. 1983 bis 1985 hat man an der Süd- und Westseite der Kirche wieder gegraben, aber von diesen Grabungen liegen nur Kurzberichte vor[10].

Der aktuelle Grundriss der Kirche[11] lässt – abgesehen vom Chorbau – das Aussehen der ursprünglichen Anlage erahnen. Im Westen befinden sich drei Eingänge zu geschlossenen seitlichen Turmräumen und einer mittleren Vorhalle. Das dreischiffige Langhaus hat fünf Joche, das sechste gehört bereits zur Chorpartie. Auf drei kürzere westliche Joche kommen zwei längere, das sechste Joch ist wieder etwas kürzer. Die Nebenchöre schließen gerade ab und sind vom Hauptchor durch eine neue Mauer getrennt. Im fünften Joch beginnt im Hauptschiff eine Treppenanlage, die in der Mitte zum Hauptchor und seitlich zur darunter liegenden, größtenteils gotische Krypta führt. Bei den längeren Jochen befinden sich neue seitliche Anbauten, bei denen es sich im Westteil um

412 **Veszprem.**

413 Tihany, Krypta, südöstlicher Teil.

414 Tihany.

Seiteneingänge, im Ostteil um Treppenhäuser handelt. Hier stehen auch stark gegliederte Pfeiler, unter denen zwei neue Säulenpaare deutlich auffallen. Im Norden führt eine äußere neue Treppe zu den neben dem Westteil des Anbaus liegenden Resten der Georgskapelle. Etwa 1,5 m unter dem heutigen Niveau fanden sich Reste eines oktogonalen Baus aus dem 13. Jahrhunderts beziehungsweise die einer älteren Rotunde. Der Bau entsprach der Kathedrale, war jedoch abweichend.

Reste dieses Vorgängerbaus konnten an verschiedenen Stellen beobachtet werden. Lage und Form des Hauptchorschlusses waren nicht zu ermitteln. Im Westteil und bei der südlichen Treppe der Chorkrypta wurden Mauerreste des Vorgängerbaus – mit vermauerten Eingängen zu den Nebenchören und einem Wandpfeilerteil samt Gewölbeanfang – freigelegt. Die Westmauer dieser ursprünglichen Krypta lag zwischen den mittleren Pfeilern im Abschnitt der Anbauten. Diese stehen an der Stelle früherer etwas weiter ausladender Seitenbauten. An den nördlichen Anbau war bereits die ältere Rotunde angebaut worden. Anbau und Rotunde waren nach innen offen. Die Hauptpfeiler dieses Abschnitts gehen zum Teil auf ältere Pfeiler zurück, ihre erste Form ist jedoch fraglich. Auch standen an der Stelle der Säulen ursprünglich gegliederte Pfeiler, die aus Beschreibungen, Photographien und aus Untersuchungen in der neuzeitlichen Krypta zum Teil überliefert sind. Die Westteile der Seitenschiffe waren immer durch eine Mauer begrenzt. Nur bei dem westlichen Joch befand sich der Zugang zu einem Nebenraum. Vor den beiden darauffolgenden Jochen befand sich früher auf beiden Seiten eine Art Vorraum. Im aufgehenden Mauerwerk ist der älteste Zustand nur lückenhaft erkennbar. Die Form des Westbaus ist völlig unklar. Im westlichen Langhausteil war das zweite Pfeilerpaar kleeblattartig gegliedert. Die Seitenschiffe hatten Emporen, deren Bögen 1907 noch gut erkennbar waren. 1907 waren über dem zweiten und vierten nördlichen Pfeiler an der Obergadenwand – im ersteren Fall als Fortsetzung des entsprechenden Pfeilerteils – Halbsäulenreste sichtbar. Der vierte Nordpfeiler scheint zu hoch gewesen zu sein, sodass in dessen Abschnitt weitere Seitenschiffemporen nicht anzunehmen sind. Die entsprechenden Pfeiler der Seitenbauten waren jedoch niedrig, und gewisse Spuren lassen vermuten, dass hier Emporen existierten. Die Nebenchöre hatten vermutlich gleich hohe Arkaden wie die Nachbarjoche. Im Obergaden über dem Südchor sind Reste von zwei Fenstern erhalten, die Nordseite wies keine Fenster auf. Nahe des Nebenchorschlusses fanden sich östlich in dem Bereich, wo die älteste Mauer abbricht, noch die Reste eines Fensters. Der Hauptchor scheinst so nach Osten zumindest mit einem kurzen Joch hinausgeragt zu haben[12].

Als Stifterin dieses Baus, der wohl in einem Zug erbaut wurde, nennen die Legenden König Stephans des Heiligen Frau Gisela[13]. Die ältesten gut sichtbaren Bauteile aus dem Hauptschiff stammen jedoch aus dem zweiten Drittel des 11. Jahrhunderts (vgl. Speyer, Jumièges)[14]. Da ein späterer Neubau der Kirche Giselas völlig unwahrscheinlich ist, wird man die Diskrepanz zwischen der baulichen und schriftlichen Überlieferung am ehesten mit der Tatsache, dass die Kathedrale relativ spät, etwa im Jahrzehnt vor König Stephans Tod (1038) begonnen und vielleicht schon nicht mehr im Beisein von Gisela vollendet wurde, begründen können[15]. Diese Vermutung kann durch mehrere Umstände bestätigt werden. Ein in der Kathedrale aufgefundener früher Stein mit zweireihigem Palmettenfries hat Parallelen in Tihany und Szekszárd, die 1055 und 1061 gegründet wurden. Auch sind in der Krypta von Tihany Wandpfeiler und Gewölbeansatz ebenso ausgeführt, wie bei dem erwähnten Rest von Veszprém[16].

Aus alledem kann man vermuten, dass es zu Veszprém in der Zeit der Gründung des Bistums bereits einen Sakralbau gab, der als Kathedrale nutzbar war. Als archäologische Belege hierfür sind zunächst drei große, quadratische Säulenbasen zu erwähnen, von den eine, nach dem Bericht von 1907, beim Bau einer Hilfsstütze etwa 2 m tief im Bereich der Hauptschiffsmauer, zum Teil in ein Pfeilerfundament eingebettet, zutage kam[17]. Neuere Beobachtungen weisen darauf hin, dass man zumindest nördlich der heutigen Kirche sowohl mit einem früheren Friedhof als auch einer älteren Bebauung rechnen muss[18]. Zu diesem früheren Komplex könnte anfänglich auch die Rotunde der Georgskapelle gehört haben, wohl der Ort, wo der Sohn Stephans und Giselas, der 1031 verstorbene Emmerich, jenes Keuschheitsgelübde, das dann als ein Indiz seiner Heiligkeit galt, nach der Legende abgelegt hatte. Der Bau, den der um 1110 lebende Autor als *venustissimam et antiquissimam* bezeichnete, könnte damals wirklich der schönste und älteste Teil der Kathedrale von Veszprém gewesen sein[19].

Anmerkungen

1 Diplomata Hungariae, 49–53.
2 Ebd. 25–41. – Érszegi (1996) 47–89. Zum Todesjahr von Fürst Géza: Legenda Stephani maior, 381.
3 Vergleiche Gutheil (1979) 49–53.–-276: *sancta Vesprimiensis ecclesia, prima omnium kathedralium regni sedium. 1277: in sanctissimi principis angelorum venerandam valde priorem et antiquiorem inter pontificales sedes Hungarie regni Vesprimiensem basilicam. 1473: hoc quoque cenobium vetus et nulli in tota potentissima Hungaria secundum iam vetustate fuligineque obscenum et obscurum.*
4 Die Daten: Galavics (1984) 187–188.
5 In einem Ablassbrief von 1400 ist es von einer bevorstehenden Weihe die Rede. Monumenta Vesprimiensis, 324.
6 Dercsényi (Red.) (1973) 37–40; 44–45; 48–50; 54–57 (Fünfkirchen [Pécs], Eger, Raab [Győr], Gran [Esztergom], Kalocsa, Karlsburg [Gyulafehérvár]).
7 Ádám (1912). Unillustriert. Die Photographien dazu sind in den wenigen Exemplaren eines Albums erhalten. Vergleiche Galavics (1984) 188.
8 Gyürky (1963) 341–408. Zur Identifizierung: Gutheil (1979) 80–82.
9 Tóth (1994) 327–345 (über die Steinfunde, die Bauforschungen nur kurz zusammengefasst).
10 Kralovánszky (1984–1986) 131–132; 127; 118. – Ders. (1990) 63–69.
11 Der Grundriss vor 1907: Koppány (1993) 63–69.
12 Zu alledem vgl. hauptsächlich Tóth (1994) 328–330 u. Bardoly/Lazló (1998) 50–51. Gyürky (1963) 346–348; Abb. 1, 14–15 (die Niveauverhältnisse der Georgskapelle und die erschlossenen Teile der Rotunde); Tóth (1973) 620–622 (die Westmauer der nördlichen Seitenbau).
13 *…domus episcopatus Besprimiensis, quam ipsa a fundamento ceptam omnibus sufficientiis … adornavit.* Scriptores rerum Hungaricarum, 385, 415.
14 Kubach/Haas (1972), hauptsächlich: Textband 18–20; 26; 195–198; 206, 681; 694–696. – Liess (1967) 216–218; 235; 237–239; Abb. 67; 69–71; 81, Abb. 12; 14; 17.
15 Der wenig nach 1075 geschriebene Teil der Altaicher Annalen gibt das Todesdatum Stephans korrekt an. Nach ihm wurde Gisela ein Jahr danach ihrer Güter größtenteils beraubt, und so war sie es auch 1043 noch. Monumenta Germaniae Historica. Ed. Georgius Pertz. Scriptorum Tomus XX (Hannover 1868) 779, 793–794, 798.
16 Diplomata Hungariae, 145–152, 166–168. – Tóth (1994) 54–56.
17 Dazu hauptsächlich: Tóth (1963) 122–123. Von einem Stück berichtete Kralovánszky (1980) 118–119.
18 Einige Daten: Kozák (1977) 374, 376. Weitere zum Friedhof: Éri u. a. (1976) 61.
19 Scriptores rerum Hungaricarum, 391 (das Todesjahr des Herzogs in der größeren Legende seines Vaters), 443, 454. Das Wort *vetustissimam* in der Mehrheit der Handschriften ist neben *antiquissimam* unbedeutend.

Bischof Gerhard von Csanád

GABRIEL SILAGI

Gerhard (ca. 977–1046), der erste Bischof von Csanád[1] spielte eine wichtige, im einzelnen nicht genau bestimmbare Rolle in der von König Stephan energisch betriebenen Christianisierung Ungarns. Die meisten Nachrichten über ihn stammen aus der *Legenda Minor* und der *Legenda Maior*, zwei Legenden des 11. und 14. Jahrhunderts[2]. Hinzu kommt das Wenige, das wir aus dem einzigen erhaltenen Werk und dem unlängst entdeckten Fragment einer Predigt Gerhards erfahren[3]. Die Art der Quellen, aus denen die spätere ungarische Historiographie Nachrichten über Gerhard (ungarisch: Gellért) geschöpft hat, und demzufolge der Grad ihrer Glaubwürdigkeit, ist umstritten[4]. Unter vorsichtiger Auswertung der Überlieferung ergibt sich folgendes Bild: Gerhard wurde in Oberitalien, wahrscheinlich in Venetien geboren, trat vermutlich in ein Kloster (S. Giorgio Maggiore?) ein, vervollständigte aber seine Ausbildung auch auswärts, „in Gallien" wie er selbst sagt. Er wurde späterer Überlieferung zufolge von König Stephan zum Erzieher seines Sohnes Emmerich bestimmt. Die Erklärung, dies sei geschehen, als er 1018 auf einer Pilgerfahrt das Heilige Land von Zara aus auf dem Landweg über Ungarn erreichen wollte, hat manches für sich. Auf die mutmaßliche Tätigkeit als Prinzenerzieher ist es wohl zurückzuführen, dass ihm – irrig – auch die Verfasserschaft eines von Stephan in Auftrag gegebenen Fürstenspiegels (*Libellus de institutione morum*) zugeschrieben wurde. Anschließend – in den zwanziger Jahren des 11. Jahrhunderts – zog er sich in das von dem Einsiedler Günther gegründete Kloster Bakonybél (bei Veszprém) zurück, von wo ihn Stephan 1030 zum ersten Bischof der *Urbs Moresena* berief, eines Ortes, der kurz zuvor nach einem siegreichen Heerführer Csanád benannt worden war. Dort verfasste er das in einer einzigen Handschrift aus Freising[5] erhaltene Werk, als dessen Autor er durch innere wie äußere Merkmale feststeht, die *Deliberatio supra hymnum trium puerorum*[6], einen weitschweifigen Kommentar zu den neun Versen Daniel 3,57–65, der hauptsächlich auf der enzyklopädischen Schrift *Etymologiae* des Isidor von Sevilla († 636) beruht, darüber hinaus gedanklich und besonders sprachlich von der lateinischen Übersetzung der pseudo-Dionysischen Schriften durch Johannes Scotus († um 877) beeinflusst ist. Er selbst gibt an, das Werk als Bischof verfasst zu haben (*episcopi nominamur* 4,463), wie er auch in dem erhaltenen Predigtfragment betont, dass er von König Stephan als Bischof an die Grenzen zu den Petschenegen geschickt worden sei, gleichsam in den Busch, wo er nicht einmal eine Bibliothek zu Verfügung habe[7]. Nach dem Tod des Thronfolgers Emmerich 1031 bestimmte König Stephan unter Abweichung von der geblütsrechtlichen Thronfolgeordnung den Sohn seiner Schwester, Peter Orseolo, zum Nachfolger, da nämlich der rechtmäßige Thronerbe aus dem Arpadenstamm, Vazul, kein hinreichender Garant für die Christianisierung Ungarns zu sein schien, sodass Stephan (nach späteren Quellen seine Gemahlin Gisela) sich gezwungen sah, ihn blenden zu lassen; damit kam er als Thronfolger nicht mehr in Frage. Dass ihm darüber hinaus heißes Blei in die Ohren gegossen worden sei, ist nur in einer späten Quelle überliefert. Vazuls Söhne konnten nach Böhmen fliehen. Gerhard spielte bei den Thronfolgewirren eine undurchsichtige Rolle, war aber offensichtlich bei der Rückkehr der Söhne Vazuls, Andreas und Levente, auf ihrer Seite und gegen Peter Orseolo, der ihn inzwischen durch tyrannische Allüren menschlich enttäuscht hatte. Auch gegen den Thronusurpator Samuel Aba, einen Schwager König Stephans, soll er sich gewandt und dessen Sturz (1042) prophezeit haben, ebenso die heidnischen Aufstände, die nach der Rückkehr von Andreas und Levente 1046 ausbrachen und denen er selbst zum Opfer fiel. Der Berg in Buda, an dem er das Martyrium erlitt, trägt noch heute seinen Namen. Zusammen mit Stephan und Emmerich wurde er 1083 kanonisiert, sein Fest wird am 24. September begangen. Wie sich auf literarischem Gebiet keine Wirkung seines Werkes nachweisen lässt, so ist seine unbezweifelbare Rolle bei der Christianisierung Ungarns und der kirchlichen Organisation nur in späten Quellen und sehr ungenau fassbar. Sicher fest steht jedoch, dass wir ihm das älteste auf ungarischem Boden entstandene literarische Werk verdanken, das sich erhalten hat.

Anmerkungen

1. Heute Cenad, Rumänien. Das Bistum wurde 1925 nach Szeged transferiert, seit 1982 amtlich Szeged-Csanád.
2. In deutscher Übersetzung mit Erläuterungen bequem zugänglich v. Bogay u. a. (1976) 74–119. Dort zahlreiche Verbesserungen gegenüber der Edition des laterinischen Textes durch: E. Madzsar, Scriptores rerum Hungaricum 2 (Budapest 1938) 461–506. – In die Gerhard-Legenden wurden Motive der Adalbert-Legenden aufgenommen. Einen abweichenden Zeitansatz vertat: E. Pásztor, Bibliotheca Sanctorum 6 (1965) Sp. 184–186. – Die neueren ungarischen Arbeiten bei: L. Szegfü, Korai Magyar Történeti Lexikon (9-14 század) (Budapest 1994) (=KMTL) 231 s. V. Gellért, Szent
3. Gerhard, Deliberatio, 1–7. – Heinzer (1982) 1–7.
4. So wird Gerhard erwähnt in den 1182 entstandenen Gesta Hungarorum des ersten namentlich bekannten ungarischen Geschichtsschreibers Simon von Kéza (Domanovszky), 131–194. – Vgl. dazu T. Almási KMTL 348. Das Jahr seiner Ordination zum Bischof (1030) überliefern allein die Annales Posonienses vom Anfang des 13. Jahrhunderts. Vgl. dazu: G. Kristo KMTL, 556.
5. Jetzt München, Bayerische Staatsbibliothek Clm 6211 noch aus dem 11. Jahrhundert. Die Schriftheimat ist unsicher, möglicherweise Admont.
6. Silagy s. v. Bogay (1976). Eine rumänische Übersetzung durch R. Constantinescu (Bukarest 1984) war mir nicht zugänglich. Für die Geschichte Rumäniens wird Gerhard auch in Anspruch genommen von: Glück (1979) 259–275.
7. „Denique sine omni pene librorum sumptu inter gentiles constitutus in Pannonie finibus a rege eiusdem provincie christianissimo Stephano". Heinzer (1982) 7.

Christliche Bestattungen

ZSUZSA LOVAG

Die christlichen Bestattungen in der Zeit um 1000 finden wir in den großen, manchmal aus mehreren hundert Gräbern bestehenden Gräberfeldern des einfachen Volkes, die von der ungarischen Wissenschaft traditionell in die Zeit von der Mitte des 10. bis zur Mitte des 11. Jahrhunderts datiert werden. Grundlage der Datierung ist das gleichzeitige, gemeinsame Vorkommen von Gräbern mit Waffen, Gebrauchsgegenständen und Pferdegeschirr sowie mit typischem, aus dem 10. Jahrhundert stammendem Kleiderschmuck und von Gräbern, die durch ungarische Münzen des 11. Jahrhunderts datiert sind.

Nach den Münzen aus der zweiten Hälfte des 11. Jahrhunderts von Béla II. (1060–1063), Géza I. (1074–1077) und László I. (1077–1095/), die in den in Reihen angeordneten Gräbern in den vergangenen Jahren in immer größerer Zahl und nach Möglichkeit vollständig ausgegrabenen Nekropolen gefundenen wurden, muss damit gerechnet werden, dass diese Bestattungsplätze bis ans Ende des 11. Jahrhunderts belegt wurden. Hierauf verweisen auch die historischen Angaben. Ladislaus I. ordnete auf der Synode in Szabolcs im Jahre 1092 unter Androhung einer strengen Buße an, die Bestattungen ohne soziale Rangunterschiede auf Friedhöfen neben den Kirchen vorzunehmen. Die Bestattung der Dienerschaft ist die Aufgabe ihrer Herren, die Bestattung der örtlichen Armen und Zuwanderer gehört in den Verantwortungsbereich des Dorfrichters (Dekrete von Ladislaus I., 1. Buch, Kapitel 25). Diese Verfügung wird von Koloman I. (1077–1116) im ersten Buch seiner Dekrete in Kapitel 73 wiederholt.

Bisher wurden nur selten Versuche unternommen, die relative Chronologie der großen Reihengräberfelder festzustellen; durch die Beobachtungen in den zur Gänze freigelegten Nekropolen und anhand einer präzisen Auswertung der anthropologischen Angaben ist hoffentlich eine Unterscheidung der einzelnen Epochen der lange währenden Nutzung möglich.

Es ist anzunehmen, dass in den 80 bis 100 Jahre kontinuierlich belegten Friedhöfen des einfachen Volkes die Bestattungen ab der Mitte des 11. Jahrhundert bereits nach christlichem Ritus vorgenommen wurden; doch kann man hierauf mehr oder weniger nur aus den Grabbeigaben mit christlichem Charakter schließen.

In den siebziger Jahren wurden Versuche unternommen, aus der stark abgewinkelten Armhaltung, die als *orante*, anbetende Haltung, interpretiert wurde, auf eine christliche Bestattung nach östlichem Ritus zu schließen[1]. Die häufig unterschiedliche Armhaltung und das unregelmäßige Vorkommen der auf diese Weise bestatteten Personen schienen diese Annahme jedoch nicht ausreichend zu begründen.

Unzweifelhafte historische Angaben beweisen, dass in der zweiten Hälfte des 10. Jahrhunderts im Karpatenbecken die byzantinische Mission begonnen hatte und dass im 11. Jahrhundert in Ungarn auch Klöster mit östlichem Ritus bestanden. Im archäologischen Fundmaterial jedoch fand die Mis-

415 Silberne, vergoldete Gürtelgarnitur aus Rétközberencs-Parandomb, Nyíregyháza, Jósa András Múzeum.

sionstätigkeit der Ostkirche nur einen geringen Niederschlag. Die Verbreitung der Pektoralkreuze byzantinischen Typs im 11. Jahrhundert kann eher mit der über Ungarn in das Heilige Land führenden Pilgerroute verbunden werden. Eventuell sind solche Kreuze, deren Benutzung am Ende des 10. Jahrhunderts aufhörte, mit der byzantinischen Mission zu verbinden, doch müssen wir uns aus zwei Gründen einer solchen Stellungnahme enthalten. Einerseits sind die zeitlichen Grenzen der zufällig zum Vorschein gekommenen Gräber bzw. der nur zum Teil freigelegten Nekropolen unsicher, andererseits könnten die aus den abgelegeneren Gebieten des byzantinischen Reiches – aller Wahrscheinlichkeit nach vom Balkan – stammenden einfachen Kreuze auch als Handelsgut nach Ungarn gelangt sein.

Einstweilen bieten nur die in den Gräbern gefundenen Kreuze einen Anhaltspunkt zur Bestimmung der christlichen Bestattungen nach östlichem oder westlichem Ritus. Doch mahnen in dieser Beziehung Speise- und sonstige Beigaben der umliegenden Gräber, ja manchmal sogar das ein Kreuz enthaltende Grab selbst, sowie die mit dem Kreuz zusammen gefundenen, eindeutig aus dem 10. Jahrhundert stammenden Beigaben zu einer gewissen Vorsicht. Gräber mit Kreuzen und Speisebeigaben liegen aus Füzesabony[2], Szob-Kiserdő[3], Majs[4] und Sárrétudvari[5] vor. Messer aus Eisen fanden sich in Szob-Vendelin[6] und Tarnóc (Trnovec nad Vahom)[7], Gegenstände der Tracht aus dem 10. Jahrhundert in Algyő[8], in Püspökladány-Eperjeshalom[9] und in Hajdúdorog[10].

Bei einem Teil der Kreuze, die in den aus dem 11. Jahrhundert stammenden Gräbern gefunden wurden, handelt es sich um Pektoralkreuze aus Bronze vom byzantinischem Typ. Diese gelangten durch ins Heilige Land reisende Pilger nach Ungarn. Häufig gab man nur eine Seite des aus zwei Teilen bestehenden, mit einem Scharnier verbundenen Enkolpions dem Toten bei. Die Kreuzseite in Szob-Venedelin war, da das Oberteil starke Abnutzungsspuren aufwies, am Fuß des Kreuzes durchbohrt, sodass das Kreuz verkehrt herum getragen wurde.

Nach dem Muster der Reliquienbehälter aus dem Heiligen Land wurde im Land ein anderer Kreuztyp angefertigt. Es handelt sich dabei vor allem um kleine und nur an der Vorderseite mit einem Christus-Relief verzierte Brustkreuze, die keine Reliquie enthielten[11]. Von den Kreuzen aus dem Heiligen Land sind im ungarischen Fundmaterial ungefähr 35 bis 40, von den in Ungarn gefertigten ungefähr 30 Stück bekannt[12]. In der Mehrheit stammen sie aus Gräbern oder es sind Streufunde

416 Silberner, vergoldeter Beschlag mit Greif und Vögeln aus Rakamz-Túrácipart. Nyíregyháza, Jósa András Múzeum.

aus dem Areal der Reihengräberfriedhöfe. Aus Gräberfeldern stammen noch zehn bis zwölf Kreuze aus Blei, deren Herkunft aufgrund ihrer Form zur Zeit nicht näher bestimmt werden kann.

Nach den gut beobachteten Stücken scheinen alle drei Kreuztypen noch im Laufe des 11. Jahrhunderts in die Gräber gelangt zu sein. In den Friedhöfen bei Kirchen ist das Vorkommen ähnlicher Kreuze viel seltener. Nach unseren bisherigen Erkenntnissen erbrachte nur ein Ziegelgrab neben dem in Vésztő freigelegten Kloster ein Brustkreuz aus dem Heiligen Land. Es fand sich zusammen mit zwei Münzen von Ladislaus dem Heiligen und bildete die Grabbeigabe in dem Grab einer Frau, das auf dem Gelände der Basilika von Stuhlweißenburg (Székesfehérvár) freigelegt wurde[13].

Es ist zu vermuten, dass nach der Eroberung Jerusalems durch die Araber im Jahre 1071 die massenhafte Anfertigung der für die Kreuzfahrer bestimmten Reliquienkreuze und – zumindest im Karpatenbecken – auch die Anfertigung von lokalen Imitaten aufhörte.

Anmerkungen

1 Szabó (1969) 138.
2 Nagy (1969) 138.
3 Bakay (1978) 31–33; 138.
4 Kiss (1983) 92; 143.
5 Nepper (1991) 51.
6 Török (1956) 130.
7 Točik (1971) 168.
8 Kürti (1978/79) 326.
9 Nepper (1991) 94.
10 Fodor (1996) 57–58.
11 Lovag (1980) 363–372.
12 Szatmári (1995) 219–264.
13 Forster (1900) 14.

Die Kasel von Stuhlweißenburg (Székesfehérvár) und die Bamberger Paramente*

ÉVA KOVÁCS (†)

Über Jahrhunderte diente als Krönungsmantel der Könige von Ungarn jene einst glockenförmige, vollständig mit Goldstickerei überzogene Kasel, die von König Stephan und Königin Gisela der Propsteikirche in Stuhlweißenburg 1031 geschenkt wurde (Abb. 417)[1]. Wie bekannt ist, war die Propsteikirche Stuhlweißenburg auch sieben Jahre später, beim Tod König Stephans (1038) nicht vollendet. Wahrscheinlich wurde die Kasel daher anlässlich eines partiellen Einweihungsaktes der Kirche geschenkt. Das Messgewand wurde in spätottonischer Zeit angefertigt, als sich innerhalb der relativ strengen, schmucklosen Gebäude jeglicher Sinn für Reichtum und Dekoration auf die Ausstattungsstücke beschränkte.

Die deutsche Kunstgeschichtsschreibung ordnet – in hartnäckiger Weise voreingenommen, oder einfach nur ganz mechanisch – die Stiftungen des ersten Königspaares von Ungarn, die Kasel und das goldene Kreuz (Abb. 396) der süddeutschen Kunst zu, genauer: Regensburg. Das Kreuz hatte Königin Gisela für das Grab ihrer gleichnamigen Mutter († 1006) in Regensburg-Niedermünster gestiftet. Beide Werke stehen aber einander viel näher als jene Objekte, mit denen sie allgemein verglichen werden. Aufgrund ihrer spezifischen Charakterzüge lässt sich sogar eine eigenständige Variante der Kunst der spätottonischen Zeit festmachen, nämlich Elemente einer Hofkunst König Stephans[2]. Diese Richtung ist zum einen durch mit den Namen Regensburg und Reichenau verknüpften Besonderheiten geprägt, zum anderen dadurch, dass für das Messgewand eher eine Adaptierung karolingischer Formen charakteristisch ist. Bei der Gestaltung und Verzierung des Kreuzes war aber der byzantinische Einfluss bestimmend. Diese und ähnliche Gegenstände sind explizite Verweise auf eine Hofkunst, und sie stehen – wenn man ganz Europa betrachtet – in engem Zusammenhang mit einer äußerst dünnen aristokratischen Schicht. Es ist überhaupt nicht vorstellbar, dass Stephan I. seine weitreichenden Stiftungen ohne eigene Künstler oder Werkstätten hätte tätigen können. Er hatte die Aufgabe übernommen (zweites Gesetzbuch, 1030–1038), die von je zehn Dörfern gemeinsam erbauten Kirchen auf eigenen Kosten mit Altardecken und Messgewändern auszustatten. Dies wird durch das so genannte erste Gesetzbuch König Ladislaus' bestätigt[3].

Bamberg war der Lieblingsort Heinrichs II., des Schwagers König Stephans. Im Diözesanmuseum Bamberg wird jenes bedeutende Ensemble an Paramenten verwahrt, das mit der Kasel von Stuhlweißenburg und der so genannten Mütze des heiligen Stephan in Wien von der deutschen Forschung einer Regensburger Werkstatt zugeschrieben wurde[4]. Früher hatte man nur diese beiden Arbeiten für Schöpfungen der gleichen Werkstatt und der gleichen Zeit gehalten; die Mütze ist aber nicht mit dem Mantel insgesamt, sondern allein mit dem Kragen desselben verwandt. Die 1961 restaurierte Textilie war ursprünglich keine Mütze. Bei der Restaurierung wurde sie in ihre drei Grundbestandteile auseinandergetrennt. Ordnet man diese Teile anders an, so bilden sie ein zusammenhängendes Fragment: das Bruchstück eines Saumes einer Textilie unbekannter Bestimmung. Dieses ist mit einem Rankenwerk verziert, das in der Mitte nach oben aufragt. In dieser Mitte befinden sich übereinander zwei sich zugewandte Vogelpaare. Das Rankenwerk wird nach oben von einer langen Reihe viereckiger Sterne abgeschlossen. Der Trägerstoff ist kirschrot, die Stickerei goldfarben und mit einem Seidenfaden ausgeführt. Die Farben letzterer sind verblasst. Was diese Textilie ursprünglich gewesen sein konnte, ist schwer feststellbar. Man könnte am ehesten an eine Applikation auf einer Alba oder Tunika, eventuell auch auf einer Dalmatika denken, doch lässt sich der Gebrauch dieser erst in späterer Zeit nachweisen.

Im Spätwinter 1986 konnte ich unter anderem das als „Verwandten" der Kasel Stephans bezeichnete, als Geschenk von Kaiserin Kunigunde geltende und mit Gold bestickte Pluviale (Abb. 418) im Diözesanmuseum Bamberg untersuchen[5]; dabei stellte sich heraus, dass die zur Begründung der „Verwandtschaft" herangezogene technische Ausführung zwar ähnlich, aber nicht identisch ist. Die Bamberger Textilien weisen zahlreiche, wenn auch nur geringfügige technische Nuancen auf; sie können bei Textilien byzantinischen Ursprungs und eventuell auch bei aus Süditalien stammende Arbeiten belegt werden. Zu den Regensburger Textilien gehören meines Erachtens daher: der Mantel der Kaiserin Kunigunde; als frühestes erhaltenes Denkmal seiner Art der Überwurf des Bischofs Eberhard I. von Bamberg, eines Zeitgenossen König Stephans, das an die Kleidung des alttestamentlichen Hohepriesters erinnert und den im allgemeinen reich verzierten Skapulieren der Bischöfe und Erzbischöfe entspricht; das Rationale von Bischof Eberhard (Diözesanmuseum Bamberg) und der umstrittene, vielleicht aus Süditalien stammende Sternenmantel Kaiser Heinrichs II., auf dem die beiden Hemisphären dargestellt sind[6]. Bei dem Kunigundenmantel haben wir es mit verschiedenen Varianten einer über Jahrhunderte hinweg angewandten Sticktechnik, der so genannten Anlegetechnik, zu tun. Hierbei werden die Goldfäden, bestehend aus einem Goldlahn, der um eine Seidenseele gedreht ist, so dicht nebeneinander gelegt und mit Seide auf den Stickgrund überfangen, dass die angelegten Flächen wie applizierte Goldstoffe wirken. Auf dem Kunigundenmantel kommen abgesehen von der minuziösen Komposition der Stickerei auch durch die technische Ausführung ausgesprochen dekorative Effekte zur Geltung; z. B. kann in ein und demselben Stickereifeld sowohl durch die Anordnung als auch durch die Farbe des Überfangfadens das Oberflächenmuster variiert sein. Die durch die Überfangstiche erzeugten Mustervarianten benannte H. Herrmann nach den Webarten, die sie imitieren. Charakteristisch ist, dass auch die Binnenmuster durch der Form entsprechend angelegte Goldfäden gebildet werden. Darüberhinaus wurden bei den Stickereien die Goldfäden viel häufiger gebogt angelegt als bei der Kasel des heiligen Stephan.

Enger verwandt mit dem Kunigundenmantel, doch viel bescheidener in der Ausführung als der Mantel Stephans ist das gestickte Stifterpaar des Zagreber Messgewandes (Zagreb, Schatzkammer des Doms). Die Oberfläche mit den beiden Figuren, die in Metallfadenstickerei (Anlegetechnik) ausgeführt sind, wurde nämlich durch ein Muster mit Hilfe von Überfangfäden gestaltet. Man orientierte sich kaum an der Struktur des Gewandstoffes und an der Tragweise des Gewandes bei der Binnenzeichnung. Bei den Stichen, mit denen Gesicht und Hände herausgearbeitet wurden, griff man nicht zu Goldfäden, sondern zu mittlerweile schwärzlich oxidierten Silberfäden[7].

Der Gewandstoff des aus der Kasel von Stephan I. zugeschnittenen halbrunden Mantels jedoch ist zur Gänze von Bildern in plastischer Goldstickerei überzogen. Dadurch wird beim Betrachter der Eindruck eines Werkes der Goldschmiedekunst erweckt, das mit flachen Reliefs verziert ist. Dazu trägt auch der Umstand bei, dass andere Farben, die durch den Gebrauch verschiedenfarbiger Seidenfäden hinzukommen, relativ unauffällig verwendet wurden. Man war bemüht, die Binnenzeichnung der Figuren durch Stiche von wechselnder Richtung zu erreichen. Das Dunkelrot der Überfangfäden gibt dem Ganzen den Ton einer auch beim Gold erwünschten, warmen rötlichen Legierung. Zur Andeutung der inneren Konturen, zur Belebung gewisser Details, wie z. B. architekto-

417 **Der ungarische Krönungsmantel, Budapest, Magyar Nemzeti Múzeum. – Kat. 27.01.10.**

nischer Glieder, pflanzlicher Motive und Flügel diente das in mehreren Nuancen auftretende, stellenweise zu Gelb verblasste Grün. Zusammen mit dem leuchtenden Indigo erinnert es an zurückhaltende Emailauflagen der frühen Goldschmiedewerke. An den genannten Stellen bedecken die Farben jeweils eine relativ große Fläche. Mit Blau wurden z. B. die Buchstaben der großen Inschriften vor Goldgrund ausgefüllt. Die sehr reich variierte Stickereioberfläche wurde wahrscheinlich mit nicht mehr als sechs verschiedenen Stichtypen erzielt; jeweils drei Typen kommen bei der Goldfadenstickerei und drei bei der Zeichnung, bzw. dem Ausfüllen der Konturen und der Details vor. Die Stichtechniken wurden konsequent angewendet. Der Charakter der Arbeit ist als zurückhaltend zu beschreiben, hat aber dennoch eine monumentale Wirkung, und die Kraft dieser Wirkung wird auch durch die mittlerweile ziemlich abgeriebenen, zum größten Teil verschwundenen Details nicht geschmälert.

Endlose Musterrapports, Streumuster, manchmal eindrucksvolle Saumdekorationen, Betonung einzelner Teile durch Stickerei oder durch Borten: so könnte man die „Komposition" dieser Gewänder charakterisieren. Bei den deutschen Denkmälern nehmen die Inschriften viel mehr Raum ein, auch spielen sie eine größere Rolle, denn die Darstellungen sind nur mit ihrer Hilfe zu interpretieren. Dagegen ist der Inhalt der Bilder auf dem Krönungsmantel zum größten Teil auch ohne sie verstehbar. Als Quelle für die Inschriften des Kunigundenmantels kann kein zusammenhängender Text genannt werden. Quellen für die als Musterrapport komponierten Bilder zur Menschwerdung Christi sind weite Passagen der Advent- und Weihnachtsliturgie. Auf dem Sternenmantel Heinrichs II. weisen längere Abschnitte des zugrundeliegenden Textes einen ähnlichen Wortschatz auf und dienen ebenfalls der Erläuterung der Bilder. Die literarische Quelle für die Abbildungen ist ein ursprünglich griechisches astronomisches Gedicht, dessen aus dem 7. Jahrhundert stammende lateinische Übersetzung am Ende des 9. Jahrhunderts umgearbeitet wurde. Letztere ist die direkte Quelle der Textilie. Bei beiden Denkmäler, deren ikonographische Lösungen – wie übrigens auch die der Stephanskasel – einmalig sind, sollte man die Quellen für die verwendeten Textpassagen näher analysieren[8]. Die Geschichte der Glockenkasel ist heute für viele Bereiche gut erforscht. Einige Fragen jedoch wurden überhaupt noch nicht angegangen, obgleich die Restaurierungsarbeiten in den Jahrzehnten nach dem zweiten Weltkrieg viele neue Ergebnisse brachten. Nach der Kenntnis moderner Restauratoren ist die klassische Glockenkasel des 10. bis 13. Jahrhunderts ungefüttert. Im allgemeinen wurde sie aus einem einzigen ziemlich breiten Stück Stoff (coupon) gefertigt und um die beim Ausschneiden des Halbkreises an den unteren Ecken abfallenden Stücke ergänzt. Das Futter wurde bis zu einem gewissen Grad von dem unteren Rand ersetzt, der eine Zierborte oder ein nach innen umgeschlagener Saum sein konnte. Der untere Saum des von Stephan gestifteten Messgewands wurde abgeschnitten. Aus diesem ursprünglich gesondert an die Kasel applizierten Saum wurden als Besatz des Mantels verwendete Stoffstücke ausgeschnitten. Typ und Ausführung der Stiche sowie ihre Dichte stimmen nämlich mit den übrigen Teilen des Mantels überein; bei dem Trägermaterial liegt allerdings monochromer Samt vor. Das Messgewand des heiligen Stephans wurde entsprechend der üblichen Dekoration der Glockenkaseln mit einem Gabelkreuz versehen[9]. Das im allgemeinen aus Borten gefertigte Gabelkreuz hatte nicht viel mit einem wirklichen Kreuz zu tun, sondern es diente meiner Meinung nach zweierlei, eher praktisch ausgerichteten Zielen: die an der Vorder- und an der Rückseite senkrecht verlaufenden, häufig doppelten Streifen erleichterten das Zuschneiden des Gewandstoffes, während die Querbalken die Fläche an den Körper des Menschen anpassten. Diese Komposition weicht sehr von der üblichen ab. Zu dem traditionellen Gabelkreuz, obwohl es einen sehr tief verlaufenden Querbalken hat, – gehört ein gespanntes, an sich schon dekoratives, rhythmisches und geometrisches Gerüst, das die verschiedenen Gruppen gliedert, während jenes die wichtigsten Abbildungen mit einem Rahmen verziert trägt. Gleichzeitig ist es geeignet, auch die Form des menschlichen Körpers zu betonen: durch plastische Bilder sind Brust, Rücken und Schultern hervorgehoben; Streifen umgeben den Körper. Hier sei angemerkt, dass auch eine einfache Kasel im Bereich von Arm und Schultern aufgerollt werden musste, um die Hand frei bewegen zu können – dieses Messgewand muss daher extrem unbequem gewesen sein. Bei der Beurteilung der Komposition von Kaseln müssen prinzipiell beide Gesichtspunkte, das heißt der planimetrische, also die Anfertigung, und der stereometrische, also das fertige Stück und der Aspekt des Tragens, Berücksichtigung finden. Es bleibt die Form des Halbkreises zu analysieren. Wie auch in anderen Fällen wurde der Mantel von vornherein in dieser Form angefertigt. Die fertig bestickten Teile wurden zusammengenäht – eine Annahme, die sich auf praktische Überlegungen stützt. Im Jahre 1986 konnte ich im Stockholmer National-

418 **Das Pluviale der Königin Kunigunde. Bamberg, Diözesanmuseum.**

museum die aus dem Grab Nr. 19 des Domes zu Bremen zum Vorschein gekommene gestickte Mithra eines unbekannten Bischofs während ihrer Restaurierung studieren. Auch bei ihr ist die Vorderseite aus zwei Teilen zusammengefügt, wobei die Naht exakt in der Mitte und damit in der Achse des Christus in der Mandorla verläuft[10].

Zu der üblichen, durch das Kaselkreuz bedingten Struktur kommt noch ein weiteres Gliederungselement, das von zwei einander spiegelbildlich entsprechenden Teilen gebildet auf der Schulterlinie verläuft. Auf diese weist auch die dünn gestickte Linie am Rahmen der kleinen Bilder hin, die die Hände Gottes darstellen[11]. Aus diesen Befunden resultieren zwei Erkenntnisse, die unsere früheren Vorstellungen von einer Verstümmelung des Messgewandes grundlegend modifizieren: erstens, nicht nur unten wurde es gekürzt, sondern auch am Hals fehlt ein schmaler Streifen; außerdem konnte der vorn herausgeschnittene Streifen breiter gewesen sein als in älteren Rekonstruktionen angenommen. Zweitens, sogar die verstümmelte Mandorla entsprach nicht der kleineren in ursprünglicher Anordnung, sondern der größten der Mandorlen im oberen Bereich des Rückenteils. Das auf der Brust zu liegen kommende Bild im quadratischen Rahmen muss daher ziemlich breit gewesen sein. Es ist daher eine sehr bemerkenswerte Überlegung von Ernő Marosi, dass das quadratische Bild auf der Brust, das an die Stelle der Mandorla trat, auf einen Teil des Rationale und damit der Bekleidung des Hohepriesters aus dem Alten Testament verweisen könnte. Bei der quadratischen Verzierung auf Brust oder Hosen handelt es sich um das *logion* (*orakulum*). Das Rationale gehörte zum Bischofsornat und seine lange und abwechslungsreiche Geschichte steht auch mit der Entstehung des Kaselkreuzes in Zusammenhang[12]. Alle Inschriften des Stephansmantels gliedern sich in zwei Teile: sie beginnen jeweils exakt an der oberen Mandorlaspitze und verlaufen im Uhrzeigersinn nach rechts. Exakt so verlaufen sie auch auf den einfassenden Bändern des Gisela-Kreuzes, worauf ich hier nicht eingehen kann. Ich weise nur darauf hin, dass diese Erkenntnis die mögliche Lesart der auf dem Kreuz sich befindenden Umschriften bedeutend modifiziert[13].

Ein ferner und ebenfalls nur wenig „evidenter" Vergleich half mir das der gesamten Konstruktion zugrundeliegende Prinzip zu erschließen. Es handelt sich um zwei *Figurengedichte* (*carmen pictum*) auf den ersten Seiten eines aus dem 10. Jahrhundert stammenden, erst später nach Ungarn gelangten Kodex (Budapest, Széchényi-Nationalbibliothek, Clma. 7. 2v, 3r), von denen uns hier besonders das erste Gedicht interessiert[14]. Das Gedicht von runder Form ist von außen nach innen zu lesen und besteht aus Hexametern, bzw. gegen Ende aus Pentametern, deren Anfang, Mitte und Ende jeweils durch den Buchstabe S markiert ist; ausgenommen das a (Alpha) am Anfang, was auch eine Veränderung der entsprechenden Buchstaben der hier an-

Die Christianisierung Ungarns 643

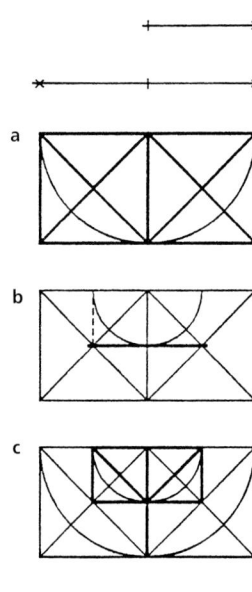

419 Verlauf der Rekonstruktionszeichnung des Krönungsmantels.

schließenden anderen Zeilen nach sich zieht. Am Kreis setzen nach innen acht Halbkreise an. Die Radien bestimmen die Größe der in den Kreis eingezeichneten Quadrate und ihre Proportionen zueinander, sowohl der größeren als auch der kleineren, auf die Spitze gestellten Quadrate. Am Ende des Gedichts erfahren wir, dass der *scriptor operis* ein gewisser Uffingus ist, ein übrigens auch aus anderen Werken bekannter Hagiograph, der in der zweiten Hälfte des 10. Jahrhunderts Mönch im Kloster des heiligen Liudger in Essen-Werden war. Vor etwa 50 Jahren wurden die beiden Bildverse von der deutschen Forschung einer gründlichen Untersuchung unterzogen, doch bleiben noch offene Fragen[15]. Der Autor Uffing benennt außer sich selbst nur den Herrscher, einen Kaiser Otto, dem er in den Halbkreisen (eine Anspielung auf eine Krone?) acht Zeilen widmet, eine Mischung aus Laudatio und guten Wünschen. Bei Otto, *Aurea spes orvis*, handelt es sich aufgrund der Formulierung ganz gewiss um einen jungen Mann; doch die deutschen Wissenschaftler sprechen sich abwechselnd für alle drei Kaiser dieses Namens aus. Von seiner Identifizierung hängt jedoch auch die der übrigen Personen ab, des *presul* (Erzbischofs) von Köln und des Abts von Werden, bzw. die genaue Entstehungszeit des Gedichts. Auch davon abhängig ist der Entstehungsanlass. Eickermann, einer der letzten, die sich hierzu geäußert haben, ordnet das Werk des Werdener Dichters in seine mittlere Schaffensperiode ein, indem er es mit einer für ein Meisterwerk gehaltenen, zeitgenössischen Epistel des Abts Abbo von Fleury an Otto III. vergleicht. Seiner Meinung nach ist vom selben Otto die Rede, und daher sei das Werk des Uffings in den achtziger Jahren entstanden. Mir ist die Geschichte dieses in der Antike wurzelnden Typs des Figurengedichtes nicht ausreichend bekannt, um beurteilen zu können, ob irgendwann eine Untersuchung dieser Darstellungen stattfand, die ja spezifische Kenntnisse in der Geometrie erfordern. Am Bildgedicht des Uffing von Werden fällt neben der Verwendung von Zirkel und Lineal auf, dass seine Gestalt durch die Zusammenhänge zwischen Kreis und Quadrat bestimmt wird; außer dem größten Kreis wurden die der Konstruktion zugrundeliegenden anderen jedoch weggelassen. Der Radius des Kreises, der in das auf die Ecke gestellte Quadrat eingeschrieben werden kann, entspricht dem Radius der acht Halbkreise der Krone. All dies spiegelt Züge der Euklidischen Überlieferung wider, die aber zu jener Zeit nicht so bekannt war wie heute: die Mathematik der Griechen war im Lauf der Jahrhunderte zeitweise sehr bekannt, zeitweise fast vergessen, dann wurde sie – gleichsam „mit Verspätung" von der Spätantike an

die Jahrtausendwende überliefert. Sie wurde über Vermittler wie Martianus Capella, Boethius und Isidor von Sevilla zahlreichen mittelalterlichen Klerikern bekannt. Sie findet sich in den Arbeiten und Untersuchungen Gerberts von Reims, dem späteren Papst Silvester II., der um die Jahrtausendwende Stephan von Ungarn die Krone gesandt haben soll[16]. Gerbert unterrichtete in Reims die Schüler der Klosterschule in beiden Teilen der *septem artes liberales*, der „Sieben freien Künste", dem Trivium und dem Quadrivium. Die komplizierteren Bereiche des naturwissenschaftlichen Wissens gab er jedoch nur an die dazu geeigneten (*dispositi*) Schüler weiter[17]. Es ist nicht bekannt, ob Uffing in diesem Sinne ein *dispositus* war, das heißt, ob bei ihm das gelehrte Spiel mit den Formen, mit dem er sein Gedicht konstruierte, eine wissenschaftliche Grundlage hatte. Die gleiche Frage kann auch im Hinblick auf den an der Anfertigung des Messgewandes beteiligten Kleriker gestellt werden. Denn auch für die Kasel kann eine sehr ähnliche Konstruktion erschlossen werden, ein Zusammenhang zwischen Kreisen und Quadraten. Hier geht es vor allem um die Thesen 6 bis 9 des vierten Buches der Elemente von Euklid. Dies darzustellen ist jedoch nicht meine Aufgabe[18]. Auch andere Zusammenhänge zwischen Kasel und Gedicht lassen sich nachweisen, aber auch sie belegen nur, dass in der zweiten Hälfte des 10. Jahrhunderts ein ähnlicher Bildungshorizont vorlag. So verläuft die Leserichtung der Verse des Uffing im Uhrzeigersinn, genau wie die Inschriften der Kasel. In gewissen Bereichen stimmen jedoch bei beiden Werken ikonographische Elemente mit symbolischer Bedeutung überein: so entspricht die den Weltenrichter Christus charakterisierende Inschrift im Wortgebrauch exakt dem *Incipit* des Bildgedichtes (*A und Ω dominans sine calce per ethera regnans...*)[19] Obzwar die Ausführenden der unterschiedlichen Techniken gewisse grundlegende, im allgemeinen einfache Konstruktionskniffe anwendeten, legen in unserem Fall die Umstände nahe, dass Uffing wie der ungarische Kleriker über eine Ausbildung von höchstem Niveau verfügten, und das Verfassen des Gedichtes bzw. die der Kasel zugrundeliegende Komposition selbst vorlegten. Im Fall der Kasel hat der von mir vermutete Kleriker offenbar den Ausführenden Anweisungen erteilt und so zugleich auch die Wünsche des Auftraggebers vermittelt. Bei König Stephan wäre letzteres naheliegend, denn von ihm heißt es in der Vita minor, dass „er schon in der Kindheit ganz von der Grammatik durchdrungen war"[20].

Vor einer abschließenden ikonographischen Deutung der Darstellungen auf dem Messgewand ist unbedingt die Rekonstruktion der nur fragmentarisch erhaltenen Bilder der Vorderseite und die Korrektur eines seit langem durch die Forschung geisternden Irrtums erforderlich, der auf einer fälschlichen Interpretation und Zuordnung der verstümmelten Mandorla aufbaut, die sich nun bei Anlegen der Kasel im Bereich der rechten Schulter befindet. Bezüglich der Mandorla (Abb. 420) ist Béla Czobor zuzustimmen, der in ihr die Reste der Verklärungsszene Christi erkannte. In dem großen Feld haben nämlich jene sechs zu dieser Szene gehörenden Figuren Platz, die – entsprechend einer Variante der schon sehr früh entstandenen Komposition – in zwei Raumebenen übereinander angeordnet sind[21]. Nach János Hováth jun., der den Schlüssel zur Deutung in dem Wort *obumbrare* sah, zeigte das fragliche Bild die Verkündigung an Maria[22]. Die traditionelle Interpretation jedoch, der auch ich mich früher anschloss, sah darin die Darstellung einer Schenkung. Doch unter den dargestellten Personen befindet sich vermutlich Moses, für den die an der Taille durchhängende Mantelfalte charakteristisch ist. Bei der kleinen, knieenden Figur darunter handelt es sich wohl um einen Apostel. Der Rest der Mandorlaumschrift ist der erste Teil des zweiten Verses des leoninischen Hexameters. Unter Rückgriff auf die bei den Synoptikern vorkommenden Worte wäre die Umschrift wie folgt zu ergänzen: [VOX DE NUBE DISCIPULOS TE]RRET OBVMBRA[TOS]. Das bedeutet: Vom Wort der Wolke beschattet sinkt der Jünger zu Boden. Die Szene gehört zu den Erscheinungen Christi und ist ein bedeutendes Moment zu Beginn des öffentlichen Wirkens Jesu. In der Anwesenheit der Vertreter des Alten und des Neuen Testaments wird Jesu verklärt, sein Angesicht beginnt zu strahlen, sein Gewand beginnt zu leuchten und aus der Wolke, die auf die Gegenwart Gottes verweist, spricht die Stimme des Vaters: „Dies ist mein lieber Sohn, an dem ich mein Wohlgefallen habe; den sollt ihr hören!"[23] (Mat. 17,1–8, 12–13) Das Dogma von der zweifachen Natur Christi, der göttlichen und der menschlichen, wurde auf dem Konzil von Chalkedon (451) verabschiedet. Ein frühes Beispiel für eine Verklärung im monumentalen Bereich stellt das Mosaik in der Apsis des Katharinenklosters auf dem Berg Siani dar[24]. Vermutlich als Verweis auf die Eucharistie kommt diese Szene auch auf zwei weiteren berühmten Denkmälern der Textilkunst vor, auf der so genannten Dalmatik Karls des Großen (Rom, Sagrestia di San Pietro – Byzanz, 14. Jahrhundert) und auf der Rückseite des Messgewands des Ornats des Ordens vom Goldenen Vlies (Wien, Schatzkammer – burgundischer Hof, Mitte des 15. Jahrhunderts)[25].

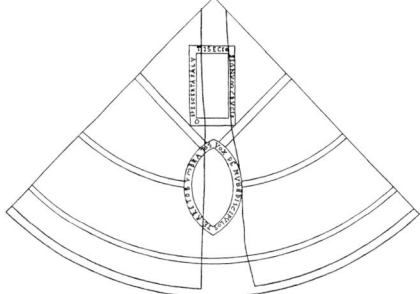

420 **Vorderseite des Messgewandes von König Stephan, Rekonstruktionszeichnung.**

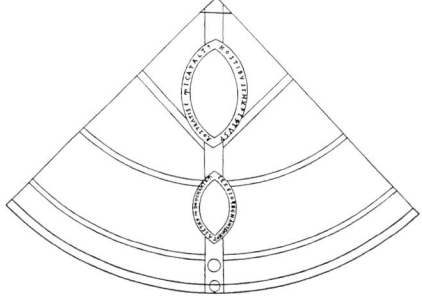

421 **Rückseite des Messgewandes vom König Stephan, Rekonstruktionszeichnung.**

An beiden Rändern der Vorderseite des Krönungsmantels sind Reste der Aufschrift des Bildes mit quadratischem Rahmen über dem Mandorlastumpf erhalten geblieben; die Einfassung des Bildes ist auf der linken Seite stark gedehnt. Da sich ursprünglich am unteren Rahmen keine Inschrift befand, müssen nur oben der Anfang und das Ende des Verses ergänzt werden, offensichtlich beginnend mit der oberen Mittellinie, wo das Wort *ecce* fehlt. So kommt man zu folgender Rekonstruktion: E[CCE] SIGNVM CRVCIS O SPES CERTA SALV[TIS] (Siehe, das Holz des Kreuzes und die Hoffnung des sicheren Heils). Nach B. Bischoff handelt es sich dabei um den Teil eines Kreuzsegens. Was aber das Bild anbelangt, ist von dieser Szene nur ein winziges Bruchstück erhalten, ein Stück des Querbalkens mit der Hand des Gekreuzigten, das an die sich treppenförmig verbreiternden Balken der Prachtkreuze der ottonischen Zeit erinnert[26]. Anhand dieses Fragments lässt sich nicht entscheiden, ob hier das Kruzifix allein oder die Kreuzigungsszene insgesamt dargestellt war. Eventuell mit Maria und Johannes, ergänzt nach oben mit Sonne und Mond in symbolischer Bedeutung, am Fuß des Kreuzes vielleicht mit der Schlange, einem Kelch oder dem Grabe Adams. Über und unter den Kreuzbalken ist die Komposition sehr stark komprimiert. Fast jedes einzelne Element ist sehr alt, doch zeigen sie Charakteristika der ottonischen Zeit, die in vielem die karolingische Tradition weiterführt[27].

Von der Darstellung, die im Bereich der rechten Schulter liegt, wurden mehrere Forscher, unter ih-

Die Christianisierung Ungarns

nen auch ich, irregeführt: die in der Mandorla stehende Gestalt hielt ich wegen des Kelchs zu ihren Füßen für den Evangelisten Johannes; zweifelsohne handelt es sich bei ihr um Christus: dies beweisen der Kreuznimbus, die x-förmige Strahlenglorie um seinen Körper, seine gegenüber Maria ranghöhere Anordnung auf der rechten Seite, und nicht zuletzt folgende Inschrift: DAT SVMMO REGI FAMVLATVM CONCIO CELI (Die im Himmel Versammelten dienen dem erhobenen König)[28]. An diesem Punkt treffen durch Bild und Schrift drei ikonographische Formeln zusammen. Die die Mandorla emporhebenden und anbetenden Engelpaare gehören zum üblichen Personal

422 **Stephan und Gisela auf dem Meßgewand. Budapest, Magyar Nemzeti Múzeum.**

der Himmelfahrtszene; häufig treten zu ihnen auch die vier Lebewesen, entsprechend ihrer alttestamentlichen Bedeutung als Verweis auf den himmlischen Schauplatz, entsprechend ihrer neutestamentlichen Deutung als Symbole der Evangelisten[29]. Der Hauptdarsteller ist in seiner leicht seitlich gewendeten, schreitenden Gestalt eine schwache Reminiszenz des in frühen Himmelfahrtsdarstellungen schwungvoll aufwärtsstrebenden, sich manchmal an der Hand des Vaters festhaltenden Christus. In der Tat ist auch die *Dextera Domini* zu sehen, die zur zweiten Bedeutungsschicht der Darstellung gehört – zur Darstellung des in Anlehnung an den 23. Psalms entstandenen Bildmotivs des *rex*

Die Christianisierung Ungarns 647

gloriae, dem in unserem Fall der *summus rex* entspräche. Dieser König zieht gleichsam als siegreicher Heerführer nach dem Sieg über den Tod und das Böse durch das Tor seiner Stadt, des himmlischen Jerusalems[30]. Ihm dienen die himmlischen Heerscharen, bzw. – und das ist die dritte Bedeutung des Bildes – dem Lamm, dem verklärten Opfer, dessen Opferung den königlichen Sieg gebracht hat. Die Anbetung, der Dienst des Lammes wäre als Himmlische Liturgie zu bezeichnen, und als Requisit dieses Bedeutungsfeldes ist zu Füßen Christi der Kelch gezeigt, der dem Auffangen des Opferblutes dient. In der zeitgenössischen Ikonographie gehört zum Lamm auch die schützende Rechte Gottes; der Kelch ist nicht nur ein Verweis auf das Opfer, sondern auch den Triumph, wie dies in der Inschrift des St. Liudger zugeschriebenen kleinen Kupferkelchs formuliert ist (Essen-Werden, Propsteikirche, zweite Hälfte des 9. Jahrhunderts – 10. Jahrhundert): AGITVR HOC SVMMVS P[ER]) POCLA TRIUMPHVS (Mit diesem Pokal wird der volkommenste Triumph erzielt)[31]. Von dem Lamm ist bei der Stephanskasel nur sein Attribut geblieben, auch die lobpreisenden apokalyptischen Greise fehlen, obwohl kaum daran gezweifelt werden kann, dass immerhin ein inhaltlicher Aspekt des um analoge Bezüge erweiterten Programms – der Sprachwissenschaftler würde von einer Tautologie sprechen – erhalten ist: die in den Streifen erscheinenden, verklärten Märtyrer stehen ebenfalls für den triumphalen Aspekt.

Auf dem Messgewand kommt Christus zweimal vor, und dies macht eine stark christologische Komponente des Programms offenkundig. Dies ist keine Besonderheit, da in ottonischer Zeit auch bei Programmen anderer Werke Christus im Zentrum steht. In der Aufreihung der Märtyrer, in den verschiedenen Typen der Christusdarstellung und der Anordnung der Stifter können Inhalte des *Te Deums* erkannt werden. Sicher besteht dieser Zusammenhang nicht in einer so unmittelbaren Form, wie ich früher dachte; denn die malerische Wiedergabe vieler Details auf der Kasel kann vor allem mit den in Psalterien beliebten Illustrationsverfahren parallelisiert werden[32]. In diesen Darstellungen finden sich Anspielungen auf nicht nur einen, sondern zwei Psalmen. Außerdem ist neben der Verwendung damals bekannter bildhafter Topoi und Allegorien auch eine Sonderform der „Wortillustration" zu finden. Bild und Text haben einen hymnischen, glorifizierenden Charakter; daher ist auch gerade aufgrund der Darstellung der Figurengruppen das Lob Christi ein zentrales Anliegen des Bildprogramms. Miteinander verwobene Bedeutungsschichten finden sich auch in den *Laudes regiae*: die Worte *vincit, regnat, dominat* bzw. *imperat* (oder umgekehrt zu lesen) lassen sich dort mit dem Herrscher und bei der Kasel mit den beiden Christusfiguren mitten auf dem Rücken in Verbindung bringen. Dafür kann man auch eine praktische Erklärung finden: Am Ende der Psalterien befinden sind häufig Glaubensbekenntnisse, das *Te Deum* und manchmal auch weitere Hymnen, die fast immer illustriert sind. Im *Te Deum* des berühmten Utrecht-Psalters (Universitätsbibliothek Utrecht) aus karolingischer Zeit kommen vor allem lobpreisende Gruppen vor[33].

Das Bildprogramm des Mantels setzt mit einem Verweis auf den göttlichen Charakter des Sohnes ein. Es schließt gleichsam mit der prophetischen Vision von der Erfüllung der Zeit. Dies entspricht nicht nur einem Hymnus, sondern stellt im Grunde die in feierlicher Form vorgetragene Geschichte der Menschheit dar, das Bild von ihrer Vergangenheit, Gegenwart und Zukunft, versehen mit Titeln aus den Sequenzen und mit goldgestickten Bildern. Betrachtet man die Bilder, so stehen die drei Figurengruppen für die aufeinander folgenden Epochen.

Die Bildung desjenigen, der das Programm der Kasel entwarf, entspricht in der Sprache wie der Abfassung der Verse in leoninischen Hexametern jener der meisten anderen Dichter von *tituli*. So kann Eginhard von St. Stephan auf diesem Wege kaum Konturen gewinnen. Weiterführende Informationen zum Bildungsstand und Charakter des Autor kann nur eine umfassende Text-Bild-Untersuchung liefern[34].

Die bildliche Formulierung der Gesamtaussage ist mit Wiederholungen und Überschneidungen verbunden. Darin ist sie übrigens mit der des Gisela-Kreuzes verwandt: es gibt kein weiteres Kreuz bei dem der Gekreuzigte gleich zweimal vorkommt[35].

Für beide Werke ist die Anordnung der Stifter spezifisch (Abb. 422). Bei dem Kreuz ist die Königin gemeinsam mit ihrer bereits verstorbenen Mutter, betend zu Füßen Christi, dargestellt. Bei dem Messgewand ist das Königspaar in paradiesischer Umgebung in der Reihe der ersten Märtyrer der Kirche gezeigt. Damit ist dem zur Zeit der Stiftung des Messgewandes noch lebenden Königspaar ein herausragender Platz gegeben. Das Selbstbild Stephans scheint hier eine kosmische Dimension zu bekommen – gleichsam als Antwort auf das doppelseitige Widmungsbild des berühmten Aachener Liuthar-Evangeliars (Aachen, Domschatz, 15v–16r) mit dem in der Mandorla Christi dargestellten Herrscher[36]. In der älteren Forschung gab es die Meinung, dass das Bildnis des zwischen den Stiftern angebrachten anonymen jungen Mannes als

Herzog Emmerich zu identifizieren sei. Es schien sogar auf der Hand zu liegen, dass die Schenkung des Messgewandes mit dem Tod des in dieser Zeit tragisch verstorbenen Thronfolgers in Zusammenhang stünde. Diese Hypothese wird allerdings hinfällig, da sich unter dem Medaillon ursprünglich noch ein weiteres ähnliches Porträt befand, das aber so sehr beschnitten wurde, dass heute nur noch der Haarschopf des Brustbildes erhalten ist. Damit waren einst auf der Kasel mindestens zwei anonyme Personen, bei denen es sich mit hoher Wahrscheinlichkeit um die als Kinder verstorbenen Söhne des königlichen Paares handelt. Emmerich war nämlich um 1031 schon erwachsen, war verheiratet und Befehlshaber der königlichen Leibwache. Wenn er eine Stiftung gemacht hätte, dann hätte er dies sicher in seinem eigenen Namen getan, und nicht anonym im Schatten seiner Eltern; wenn aber seine Eltern mit dieser Stiftung seines Todes hätten gedenken wollen, hätten sie dies an einer Stelle der Kasel vermerken lassen, ähnlich wie Königin Gisela sogar zweimal auf dem Kreuz durch eine Inschrift vermerken ließ, dass sie es für das Grab ihrer Mutter bestimmt hatte. Die Stiftungen König Stephans fallen auch sonst auf durch ihre umfangreichen Stifterinschriften, die an hervorgehobener Stelle, nämlich auf einem zwei Szenen trennenden Streifen auf der Kasel von Stuhlweißenburg und auf der Metzer Kasel zu sehen sind (Abb. 423).

Die nur durch Beschreibungen und eine Nachzeichnung überlieferte Metzer Kasel schenkten Stephan und Gisela um das Jahr 1004 Papst Johannes XIX. Diese Textilie könnte eine der ersten Arbeiten der Werkstatt der Stephanskasel gewesen sein. Damals spielten in der Politik Stephans die Beziehungen zum Westen noch eine wichtige Rolle, da erst nach dem Krieg mit Bayern im frühen 11. Jahrhundert eine politische Wende eintrat. In einigen Fällen waren Organisation und Verwaltung des ottonischen Reiches zweifelsohne Vorbilder für Stephan. In dieser Zeit kam auch Heribert aus der Kaiserlichen Kanzlei nach Ungarn, was ein weiteres Indiz für die Kontakte ist. Das Datum der Fertigstellung der Stephanskasel erklärt ihren Stil, denn er weicht deutlich von den nach dem Jahre 1000 hergestellten deutschen Denkmälern ab; nur durch eine 25jährige eigenständige Entwicklung lassen sich die stilistischen Besonderheiten des Krönungsmantels erklären.

Über den Stil der Metzer Kasel können kaum Aussagen gemacht werden. Wir kennen sie nur aus der Beschreibung von Dom Brocq, den Notizen von Mabillon und der wenig genauen Nachzeichnung von Madame Dieudon. Der Überlieferung zufolge

423 **Rekonstruktionszeichnung der Metzer Kasel.**

wurde die Kasel um die Mitte des 11. Jahrhunderts von Papst Leo IX. an das St. Arnulfkloster in Metz geschenkt. Das Messgewand verbrannte in der französischen Revolution. Wie aus der Inschrift hervorgeht hatte das königliche Paar sie ursprünglich als Geschenk an Papst Johannes gesandt (STEPHANUS VNGARORVM REX ET GISLA DILECTA SIBI CONIVX MITTVNT HAEC MVNERA DOMINO APOSTOLIC IOHANNI) (Stephan, der König der Ungarn und seine geliebte Ehefrau schicken dieses Geschenk an den apostolischen Herrn Johannes). Als Papst mit Namen Johannes kommt innerhalb der Regierungszeit Stephans nur Johannes XIX. in Frage, und die Schenkung dürfte damit um das Jahr 1004 erfolgt sein. In der Beschreibung Mabillons wird eine vergilbte Kasel aus roter Seide erwähnt, mit einem Saum zum Hals hin von drei Fingern Breite, der mit verschiedenen Heiligenfiguren mit Rahmen aus Gold und feinen Perlen verziert wurde. Es wird aber nicht klar, ob der Rahmen den Saum oder die Figuren umgeben hat, vermut-

Die Christianisierung Ungarns

lich eher letztere. Das Dekorationssystem ist einfacher als das des Krönungsmantels. Die Stickereien mit besonderen Verzierungen wurden im Lauf der Zeit vermutlich reduziert und neu angeordnet. Auf der Vorder- und Rückseite wurde das Messgewand mit einem einfachen, nicht kreuzförmigen, senkrecht verlaufenden Streifen geschmückt: vorn war in drei Fingern breiter Stickerei eine *Maiestas Domini* dargestellt, wobei zu beiden Seiten A (Alpha) und Ω (Omega) aufgestickt waren. Darunter befanden sich nacheinander: S. PETRVS, ein Seraph, S. PAVLVS und wiederum ein Seraph mit der Aufschrift SERAPYM. Auf dem Streifen auf der Rückseite hingegen waren die zehn Apostel gezeigt, wobei Petrus, Paulus, Andreas, Jakobus, Thomas, Thaddäus, Simon und Jakob auch namentlich bezeichnet waren. Der Verzicht auf die zwei letzten Namen hängt wohl damit zusammen, dass sich über der Apostelreihe offensichtlich die zweizeilige Stifterinschrift mit vielen Abkürzungen und in goldgestickten Großbuchstaben befand. Aus weiteren Quellen zu schließen, bestand das Muster des Gewandstoffes aus diagonal angeordneten Vogelpaaren. Die quadratischen Zwischenräume waren mit Baummotiven gefüllt. Im Schulterbereich der Kasel waren Adam und Eva sowie Tiere mit symbolischer Bedeutung dargestellt: Löwe, Adler, Hirsch und Drache. In Anbetracht des Schicksals vieler mittelalterlicher sakraler Gewänder sind der thronende Christus und die Apostelfürsten, die unvollständige Apostelreihe sowie die vielleicht die Szene des Sündenfalls darstellende Gruppe wohl kaum noch in ihrer ursprünglichen Disposition gegeben. Hier von Bedeutung ist die offenbar authentische Dedikationsinschrift, die typisch ist für die Schenkungen des heiligen Stephan[37].

Überrascht war ich, als ich versuchte, eine bessere Begründung für die Stiftung des Messgewands zu finden als die hier vorgestellte und die weiteren, hier nicht näher ausgeführten Theorien. Das auf der Kasel vorhandene Datum ist absolut einmalig. Im ersten Band der materialreichen „Denkmäler" von P. E. Schramm und F. Mütherich fand ich kein einziges vergleichbares Beispiel für eine ähnliche mit einer Datumsangabe versehene Memorialinschrift für ottonisch/salische Herrscher[38]. Die beiden Stücke sizilianisch-normannischer Herkunft im kaiserlichen Ornat imitieren gewobene östliche Textilien mit ihren zum Teil arabischen Inschriften, daher handelt es sich nicht um Stifterinschriften. In Gräber gelegte Bleiplatten liefern nicht nur Jahreszahlen, sondern auch andere Daten und Zahlenbezüge; in der ersten Hälfte des 11. Jahrhunderts befasste man sich also auch mit diesen Aspekten des Lebens[39].

Meiner Meinung nach ist das Jahr 1031 zugleich das Jahr, in dem mit der Anfertigung des Messgewandes begonnen wurde. Stephan lebte und herrschte nämlich um die Jahrtausendwende, die durch einschneidende Ereignisse in der Geschichte der Menschheit markiert ist. Die 1000jährige Wiederkehr von Geburt und Tod Christi lösten in der christlichen Welt Unruhe aus: man erwartete die Erfüllung von guten wie schlechten Prophezeiungen, das Weltende und das Kommen des Antichrists wie des Erlösers. Daher versuchte Stephan, sein Handeln – wenn möglich – mit den einschneidenden Daten in Übereinstimmung zu bringen. Um die Jahrtausendwende ließ er sich krönen, sodass die Krönung nach der in Ungarn üblichen Indiktionsberechnung mit dem Weihnachtsfest, also mit Christi Geburt zusammenfiel. Seinen Tod wünschte er sich für das Fest Mariä Himmelfahrt, da Maria unter den Heiligen die Auserwählte ist, und deren Schutz er daher sein Land anempfahl. Stephan wollte dem größten Ereignis der Heilsgeschichte, der Geburt Christi, im Jahr 1000 öffentlich gedenken, da es auch für sein persönliches Schicksal ein bedeutendes Datum war. Dazu diente das prächtigste Messgewand aller Zeiten, das die zwischen zwei Polen – Erlösung und Weltende – hin- und herschwankende Einstellung der Jahrtausendwende beinahe unverändert überliefert. Darin liegt auch der Schlüssel zu seinem einzigartigen soteriologischen Programm.

Anmerkungen

* Vorliegender Beitrag wurde von Anna Mojzer, der Tochter von Eva Kovács, aus dem Nachlass ihrer Mutter zusamengestellt.
1 Zur vollständigen Bibliographie des Krönungsmatels bis 1956: Kovács (1958).
2 Schramm/Mütherich (1962) Nr. 143; Schuette/Müller-Christensen (1963) Abb. 25–26. – Über das Gisela-Kreuz: Keller (1951); Schnitzler (1953); Thoby (1953); Messerer (1959) 52; Thoma/Brunner (1964) Nr. 8; Steenbock (1965) 56 Nr. 59; Kovács (1974) 6–12 Abb. 1–3; Müller-Christensen (1976) 14–21; Kovács, (1984) 407–423; de Winter (1985); Kovács (1988) 133–144; Bloch, (1992); Fillitz (1993) 173–190.
3 Szilágyi (1957) 12; 29.
4 Weixlgärtner (1955). 22.
5 Die Besichtigung erfolgte am 10. März 1986. Teilnehmer waren: Dr. Renate Baumgärtel Fleischmann, Lydie Hadermann, Hanneleore Herrmann und Dr. Bruno Neundorfer, der Direktor des Diözesanmuseums Bamberg, dem besonderer Dank gebührt für die Genehmigung der Visitation und die Unterstützung. Ungarischerseits nahmen teil: Éva Kovács, Emőke László, Katalin E. Nagy und Enikő Sipos.
6 Das Rationale: Braun (1907) 676–700. – Das Rationale Eberhards. Kat. München 1955, Nr. 28. – Mantel der Kunigunde: ebd. 20–22 Nr. 25; Messerer (1952) 57–61; Abb. 49–54.
7 Unbekannter Autor, Szent László király palástja. Religio 1873, 16; Henszelmann (1876) 165–171; Czobor/Szalay, Magyarország történeti emlékei I (Budapest-Wien 1897–1901)

59ff.; Taf. 12; Abb. 82; Kat. Zagreb 1983, 129 Abb. 1T. 69. 95 – Flury-Lemberg (1988) 176–189; Kat. Nr. 87. – Sipos (1993) 255–266. – Kovács (1994) 20–25.

8   Maas (1899), 321–342; 361–376.
9   Braun (1907) 149 ff. Leider fehlt der ausgezeichneten Arbeit von Joseph Braun die moderne Zusammenfassung. Kat. München 1995. – Müller-Christensen (1960). – Kat. Die Bernwardkasel. Eine Ausstellung der Restaurierungswerkstatt Textilmuseum Krefeld o. J. – Wilckens/Herrmann (1982) 4; Abb. 8–10. – M. Flury-Lemberg (1981) 163–176. – Schmedding ebd. 185–193. – Flury-Lemberg (1988) 158–189; 196–207; 301–311; 452–453.
10 Kat. Bremer Dom 79–80; Abb. 24.
11 Sipos (1993) 43–58.
12 Honselmann (1975) 13; 33; 105–106.
13 Thoma/Brunner (1970) Nr. 8. Aufschriften: nach MGH Poet. Lat. V. 364. – Kovács (1994) 22–23.
14 Kommentare, Schulbuch des Servius Vergilius; E. Bartoniek, A Magyar Nemzeti Múzeum Országos Széchényi Könyvtárának címjegyzéke (Budapest 1940) 11ff. – G. Silagi, B. Bischoff, MGH. Poetae, Tomus V. Fasc. III 629–630. – Hier danke ich Tünde Wehli und Tamás Bogyay für die Unterstützung, die sie mir einerseits bei der kodikologischen Untersuchung, andererseits bei der Ergänzung der Bibliographie boten.
15 Vgl. Anm. 14; N. Eickermann (1986–87) 2–15. – Jacobsen (1991) 176–178. – Ernst (1991) 495–502.
16 Tóth (1988).
17 Lindgren (1991) II 291–303. – L. Mezey (1979).
18 Euklid, Elemek [Elemente]. Übers. und Anm. G. Mayer, Vorwort A. Szabó (Budapest 1983) 139–142. Zur Konstruktion: Sipos (1993) 4653.
19 Kovács (1988) 133–144.
20 Györffy (1971) 56.
21 Czobor (1900).
22 Hováth (1965) 9–10. – Kovács (1988) 195.
23 Schiller (1969) 155–161.
24 Weitzmann (o. J.) 5–18.
25 Schuette/Müller-Christensen (1987) Nr. 22 (H. Trnek).
26 Schiller (1969) 104–120.
27 Bischoff (1967) Anm 5. Auf diese Studie wurde ich dankenswerter Weise von G. Silagi (München) aufmerksam gemacht. – Detaillierte Analyse der Bildensembles des Mantels: Kovács (1958) 181–221. – Dies. (1988) 133–144.
28 Dies wurde von Endre Tóth übernommen und in der Déesis-Kontamination gedeutet: Zur Ikonographie des ungarischen Krönungsmantels. Folia Archeologica 24, 1973, 222.
29 Schiller (1969) II, 119–120; III, 144ff.
30 Rosenthal (1981) 547–562, vor allem 555ff.
31 Baltrusaitis (1960) 123; Abb. 13 c–d. – Elbern (1963) I. Teil 1–76; II. Teil 117–188; Der Kelch von Werden: Ebd. I. Teil, 3; 63ff. Katalog Nr. 9; das Lamm Gottes und Kelch: II. Teil, 149ff.; das Lamm Symbol Christi (Civate, San Pietro al Monte): G. de Champeaux Dom Streckx O.S.B., Introduction au monde des symboles (Zodiaque 1966) 22–23; 30 Taf. 25; Abb. 94; das Lamm als Licht des himmlischen Jerusalem: Stichwort Lamm, Lamm Gottes. In: E. Kirschbaum, Lexikon der christlichen Ikonographie. I (Rom, Freiburg, Basel, Wien 1968).
32 Kovács (1958) 192–193. – Mütherich (1972) 232–244. – Meyer (1980) 175–208.
33 de Wald (1932) 69 Taf. 138. Für die Angabe bin ich Enikő Sipos zu Dank verpflichtet. Wormald (1982) 36–46.
34 G. Silagi in seinem liebenswürdigen Brief vom 14. August 1985.
35 Kovács (1974) 14.
36 Fried (1989).
37 Die Handschrift von Dom Brocq über die Geschichte der Metzer Abtei befindet sich in der Bibliothek der Abtei in Metz (Ms. 128–45.). – Die Aufzeichnungen Mabillons werden in der Pariser Bibliotheque National aufbewahrt; Rohault de Fleury, La messe (Paris 1888) VII, 142–143; Hampel (1890) 333–334. – Abbildung nach de Fleury/Kraus(1889) 647–648. – Gerevich (1938) 249. – Schramm/Mütherich (1962) Nr. 179; 180.
39 Ebd. Nr. 149; 150; 170.

Die Formierung der Mitte Europas

Heidnische Reaktion:
Slawen an Elbe und Ostsee

Die Elb- und Ostseeslawen

CHRISTIAN LÜBKE

Fasst man die historischen Ereignisse und Nachrichten zu den Elbslawen, den slawischen Stämme zwischen Elbe/Saale und Oder, zusammen, dann ergibt sich eine ungefähre Dreiteilung in die nordwestlichen Abodriten, in die südöstlich davon siedelnden Wilzen bzw. Lutizen und in die im Süden wohnenden Sorben, die als Stammesverbände jeweils einige kleinere Einzelstämme vereinten. Im Nordosten schlossen sich an der Ostsee die Ranen (Rügenslawen) an, deren Siedlung sich im 10. Jahrhundert wohl schon auf das Festland erstreckte, sowie pomoranische (ostseeslawische) Stämme, von denen aber zunächst nur die Wolliner am Oderhaff hervortraten. An der Spitze der drei elbslawischen Verbände hatten seit karolingischer Zeit Fürsten gestanden, die zwar als oberste Repräsentanten und Heerführer fungierten, über deren Aktionen aber eine als *populus* bezeichnete Versammlung wachte. Aus dieser konstitutionellen Besonderheit entwickelten sich im Laufe des 9. und 10. Jahrhundert teils unumstrittene Fürstenherrschaften, teils gewannen die Kleinstämme stärkere Geltung (bei den Sorben), teils entstand sogar eine streng antifürstliche Ordnung (bei den Lutizen), in der die in den Burgen sitzenden Vorsteher von Siedlungsgefilden den Ton angaben. Die Fürsten der Abodriten (mit den Hauptburgen Starigard-Oldenburg in Ostholstein und Mecklenburg) und der Heveller, die in Brandenburg residierten, waren im 10. Jahrhundert bereits getauft und in die internationalen Beziehungen eingebunden (zu den Prager Přemysliden, den hochadligen sächsischen Haldenslebenern sowie den polnischen Piasten; Geburt des späteren Erzbischofs Wilhelm von Mainz als illegitimer Sohn Ottos I. und einer elbslawischen Fürstentochter). Die Abodriten standen in engen Beziehungen vor allem zu den dänischen Königen, zu den sächsischen Billungern und am Ende des 10. Jahrhunderts auch zu den Schweden. Ihr Fürst Nakon erscheint in der Beschreibung des jüdischen Reisenden Ibrāhīm ibn Jaḳūb in den sechziger Jahren des 10. Jahrhunderts als einer von vier slawischen Königen neben denen von Böhmen, Polen und Bulgarien. In den Jahren 928 bis 933 suchte König Heinrich I. die Elbslawen in einer Reihe von Kriegszügen heim, zwang sie zu Tributzahlungen und zur Stellung von Geiseln und brachte sie weitgehend unter seine Kontrolle. Schon kurz nach seinem Regierungsbeginn (936) baute sein Sohn und Nachfolger Otto der Große seine Herrschaft in den eroberten Gebieten aus und band die noch heidnischen Elbslawen durch die Einrichtung von Bistümern (Brandenburg, Havelberg, Merseburg, Zeitz, Meißen, Oldenburg in Holstein und das Erzbistum Magdeburg), Marken und Burgwarden fester in die Strukturen seines Reiches ein. Den Wunsch der Slawen nach innerer Autonomie beantwortete Otto mit einem Kriegszug, der im Jahr 955 an der Recknitz (im heutigen Mecklenburg) zur vernichtenden Niederlage eines vereinigten slawischen Heeres führte.

Oberflächlich betrachtet war der Prozess der militärisch-administrativen Integration und Christianisierung der Elbslawen zu Beginn der siebziger Jahre abgeschlossen. Ihre politischen Eliten waren entweder ausgeschaltet worden oder hatten sich in den Dienst der sächsischen Autoritäten gestellt. Eine gewisse Selbständigkeit, wenn auch unter der Aufsicht der sächsischen Herzöge aus der Familie der Billunger, genoss nur die Dynastie der Abodriten. Zum Amtsbezirk der Billunger gehörten wahrscheinlich auch die Ranen. Dagegen bewahrten die Wolliner mit ihrem bedeutenden Handelszentrum auf der Insel Wollin ihre politische Selbständigkeit und Vorherrschaft über das Odermündungsgebiet; ihre Position war vor allem von Seiten des polnischen Fürsten Mieszko bedroht, der die Kontrolle über die Odermündung anstrebte.

Lutizenaufstand und heidnische Reaktion

Da die elbslawischen Landschaften von einem Netz kirchlicher und militärisch-administrativer Institutionen überzogen waren, unterlagen die sächsischen Autoritäten offenbar einer schwerwiegenden Fehleinschätzung der Lage, denn sie waren völlig überrascht, als im Sommer 983 slawische Verbände die Bischofssitze Brandenburg und Havelberg besetzten, die politischen und kirchlichen Repräsentanten des Reiches vertrieben und über die Elbe nach Westen vordrangen, wo sie das Kloster Kalbe (an der Milde) plünderten; der heidnisch-reaktionäre Charakter der Bewegung trat dabei deutlich hervor. Ein in höchster Eile zusammengestelltes sächsisches Aufgebot bewirkte nur den Rückzug der Slawen über die Elbe, konnte aber im eigentlichen Aufstandsgebiet militärisch zunächst nicht eingreifen. Den Aufständischen gelang es daher, ihren Einfluss im gesamten Norden – das heißt auch im Gebiet der Abodriten – geltend zu machen und Hamburg zu verwüsten. Dagegen blieben die südlichen Elbmarken östlich der Saale, deren Anbindung an die ostsächsisch-thüringischen Siedelgebiete schon weiter fortgeschritten war, von diesen Ereignissen unberührt.

Als Träger der Revolte offenbarten sich die als Lutizen (*Leutici*) bezeichneten Krieger einer Konföderation, deren Kernstämme (Zirzipanen, Kessiner, Tollensanen, Redarier) beiderseits der Peene (im heutigen Mecklenburg-Vorpommern) lebten. Die Führungsrolle fiel den Redariern zu, die zuvor dem sächsischen Herrschaftsanspruch den stärksten Widerstand entgegengesetzt hatten, sodass sich schon Otto I. (im Jahr 968) gezwungen sah, seine sächsischen Landsleute aus dem fernen Capua brieflich aufzufordern, alle Kräfte zur Vernichtung dieses Stammes aufzubieten – wie sich nun zeigte ohne Erfolg.

Der Name der Lutizen wurde erst im Verlauf des Slawenaufstandes und der nachfolgenden Kämpfe bekannt; zuerst benutzten ihn die Hildesheimer Annalen in einer Notiz zum Jahr 991. Die Frage, „wer sie sind und woher sie kommen", beschäftigte bald den Zeitzeugen und Chronisten Bischof Thietmar von Merseburg. Im Zentrum des kultischen und politischen Lebens der Lutizen stand nach seiner Schilderung die Burg Riedegost (Rethra) im Stammesgebiet der Redarier. Hier befand sich ein hölzernes, mit Götterstandbildern versehenes Heiligtum, das von Priestern gewartet wurde. Die Burg diente als Schauplatz der Verabschiedung und Begrüßung der Krieger, und in ihr wurden die verbindlichen Orakel erstellt sowie Opfer dargebracht. Sie hatte Vorrang vor gleichartigen kultischen Anlagen in anderen Siedelbezirken der Lutizen. Fürsten gab es nicht, dagegen lag die politische Macht bei einer Volksversammlung.

Insgesamt ergibt sich das Bild einer nur zum Teil organisierten, dabei militärisch potenten, Gemeinschaft, die ihre ideologische Stärke aus der Verteidigung traditioneller Werte und Lebensweisen bezog. Während sich bei den slawischen Gesellschaften ringsum die Fürstenherrschaft durch-

424 **Lieps, Kr. Neubrandenburg. Slawische Siedlungskammer am Südende des Tollensees mit 33 Siedlungsplätzen, zwei Befestigungen und zwei Gräberfelder**

setzte und die Annahme des Christentums die Zentralisierung begünstigte, hatte sich in der Nordostecke des ottonischen Reiches eine wirksame Gegenbewegung formiert. Sie propagierte den Kampf gegen Fürsten- und Reichsherrschaft sowie gegen die religiöse Bevormundung durch das Christentum; als Gegner galten also auch die slawischen Fürstenfamilien, die mit dem Reich und dem Christentum paktierten. Ältere, schon existente Elemente der gentilen Glaubensvorstellungen wurden institutionalisiert, sodass man den Christen gleichrangige heidnische Symbole entgegenstellen konnte. Ein demonstratives Zeichen des Neubeginns setzte der neue gemeinsame Name, der in der Forschung meist mit der slawischen Wurzel „ljut" (wild) verbunden wird.

Das Festhalten an dem alten Gentilglauben, aus Sicht der christlichen Nachbarn die Apostasie, prägt das Erscheinungsbild der Lutizen in den zeitgenössischen Quellen. Riedegost wurde zum „Hort des Teufelsglaubens" (Adam von Bremen: *sedes ydolatriae*) stilisiert, wo gläubige Christen und Missionare das Martyrium erlitten. Zugleich aber entwickelten sich die Lutizen zu einem ernstzunehmenden Faktor der internationalen Politik. Ihr wichtigster strategischer Stützpunkt Brandenburg, Hauptburg der Heveller und ehemaliger Bischofs- und Markgrafensitz, wurde zum bevorzugten Angriffsziel der Reichsheere. An den, letztlich erfolglosen, militärischen Aktionen zur Rückeroberung der lutizisch beherrschten Gebiete war der polnische Fürst Mieszko aktiv beteiligt; nach dem Tod seines Schwiegervaters, des Markgrafen Dietrich, nahm er selbst die Funktion eines Sachwalters der ottonischen Interessen wahr. Die gemeinsame Feindschaft zu den Lutizen begründete eine sächsisch-polnische Koalition und legte die Basis für den späteren Gleichklang Ottos III. mit Bolesław Chrobry in Gnesen im Jahr 1000.

Die Lutizen waren aber auch als Bündnispartner aktiv, nämlich zuerst an der Seite Boleslavs II. von Böhmen zur Abwehr der polnischen Expansion nach Schlesien und Kleinpolen. Doch bereitete die Anwesenheit der heidnischen Krieger in seinem Heer Boleslav mehr Ungemach als Freude: Er musste ihnen den Befehlshaber einer eroberten schlesischen Burg als Opfer für ihre Götter überlassen, und wenig später konnte er nicht verhin-

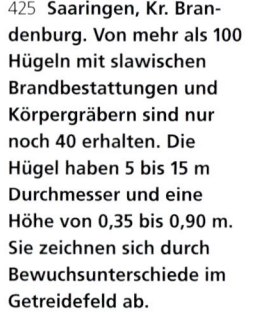

425 Saaringen, Kr. Brandenburg. Von mehr als 100 Hügeln mit slawischen Brandbestattungen und Körpergräbern sind nur noch 40 erhalten. Die Hügel haben 5 bis 15 m Durchmesser und eine Höhe von 0,35 bis 0,90 m. Sie zeichnen sich durch Bewuchsunterschiede im Getreidefeld ab.

dern, dass sich 200 ausgesuchte lutizische Krieger auf die Verfolgung sächsischer Vermittler machten, darunter Erzbischof Giselher von Magdeburg, die aber entkamen. Sieben Jahre später war der Erzbischof erneut Ziel eines Anschlages der Lutizen, als sie ihn vor die Tore der Arneburg (an der Elbe, in nördlicher Richtung von Stendal) lockten. Wieder konnte Giselher sein Leben mit knapper Not retten, doch verloren die meisten seiner Begleiter bei diesem Überfall ihr Leben.

Die militärische Potenz der Lutizen, die allen Angriffen trotzten, mag ein wesentlicher Aspekt für jene in Sachsen und im Reich äußerst umstrittene Entscheidung König Heinrichs II. gewesen sein, aus den Reichsfeinden Verbündete zu machen. Zum Osterfest des Jahres 1003 empfing Heinrich in Quedlinburg lutizische Gesandten, tauschte Geschenke und schloss ein Bündnis, das gegen den polnischen Fürsten Bolesław Chrobry gerichtet war und langjährige kriegerische Auseinandersetzungen einleitete. Mehrfach leisteten die Lutizen Heinrich Heerfolge, ja dieser scheute sich nicht, sie weit entfernt von ihrer Heimat einzusetzen (Verwüstung einer Kirche bei Metz im Sommer 1009). Das eigentliche militärische Ziel des Bündnisses, ein entscheidender Sieg über Bolesław, konnte dagegen nicht realisiert werden. Für die Lutizen zahlte es sich dennoch aus, denn es festigte auf Dauer ihre Hegemonie im mittleren Elbslawengebiet, denn auch Heinrichs Nachfolger gaben sich später mit der nominellen Oberherrschaft und Tributleistungen seitens der Lutizen zufrieden. Trotz des Zerfalls des Lutizenbundes in die einzelnen Stämme seit der zweiten Hälfte des 11. Jahrhunderts blieb das Heidentum noch bis in die Mitte des 12. Jahrhunderts dominant.

Starigard-Oldenburg

INGO GABRIEL

Am Nordrand der heutigen Stadt Oldenburg in Holstein befindet sich einer der bedeutendsten Burgwälle im nordwestlichsten Siedlungsgebiet der Slawen, das von den Wagriern, einem Teilstamm der Abodriten, bewohnt wurde. Bereits die zeitgenössische Überlieferung nannte den Ort „Alte Burg" (*Antiqua Civitas* bzw. „Aldinburg"oder „Aldenburg") und bemerkte ausdrücklich, dass er in slawischer Sprache entsprechend „Starigard" heiße. Zu Recht hat man schon zeitig geltend gemacht, dass die Kennzeichnung „alt" im Sinne von „altehrwürdig", näherhin als sakrale Grundbewertung zu verstehen sei, die der Konsolidierung slawischer Landnahme die rechte Basis geben konnte und deswegen zur Herrschaftslegitimation gerne aufgegriffen worden sei. Diese „große Landesburg der Wagrier" – die *civitas magna Sclavorum, qui Waigri dicuntur*, wie der Chronist gegen 1070 rückblickend sagt – war Herrschersitz des Fürsten, zumeist im Rang eines wagrischen Teilstammfürsten oder Kleinkönigs (*subregulus*), zeitweilig aber auch eines abodritischen Gesamtherrschers oder Großfürsten (*dux – rex*). Neben seiner Funktion als Stammesvorort wird Starigard-Oldenburg als „Seestadt" (*civitas maritima*) gekennzeichnet. Der Platz hatte jedenfalls Seeverbindung in den Ostseeraum, namentlich nach Jumne-Wollin und weiter nach Ostrogard-Staraja Ladoga. Vor dem Burgwall befand sich der Wochenmarkt und in der Nähe gab es bis 1156 noch das Landesheiligtum (*sanctimonium universae terrae*), ein umfriedeter sehr alter Eichenhain, Ort der Volksversammlung, der Rechtsprechung und des Landesopfers.

Seit 780 berichten fränkische Annalen von der Allianz Karls des Großen mit der abodritischen Führungsspitze und von der Pflege dementsprechend enger diplomatischer Verbindungen. Es ist dies eine Epoche ständiger kultureller Kontakte,

426 **Starigard/Oldenburg. Rekonstruiertes Lebensbild zur Zeit des Bistums (972–983):** Eine Bestattungsprozession mit Totenwagen skandinavischer Bauart nähert sich der Hofkirche von Westen, im Hintergrund Burgwallpalisade und randliche Innenbebauung mit Standardhäusern.

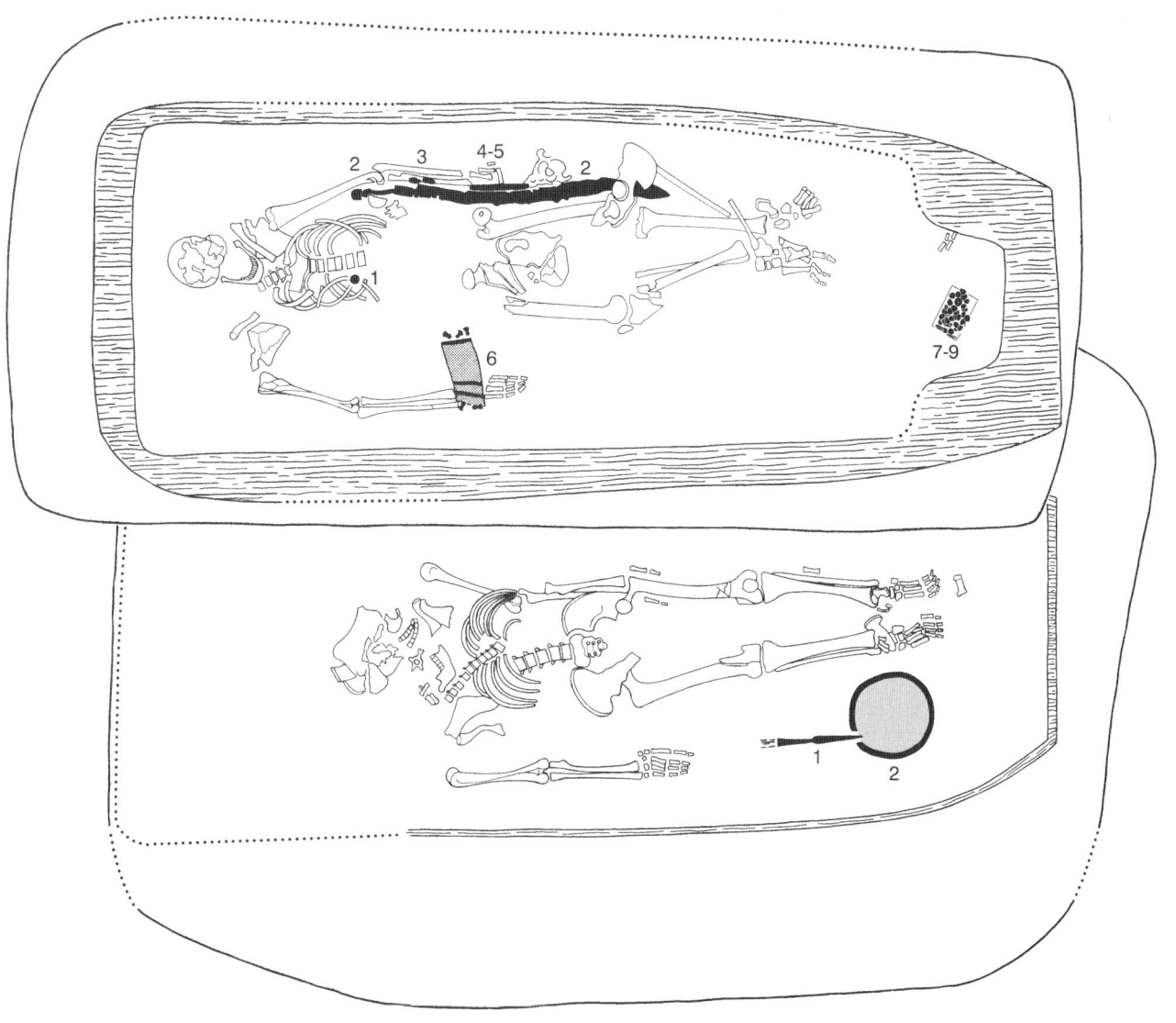

427 Starigard/Oldenburg. Lage der Beigaben in den beiden Herrschergräbern. Grab 74 (oben) mit: 1 Goldperle; 2 Schwert; 3 Messer; 4 Schnalle; 5 Wetzstein; 6 Pilgertasche; 7–9 Hnefatafl-Spiel. Grab 75 (unten). 1 Lanze; 2 Bronzeschüssel.

eine Zeit der Kulturfaszination, die nach historischer Quellenlage bis zu seinen Nachfolgern, zumindest bis zum Jahre 840 andauerte und in Starigard-Oldenburg jedenfalls nachhaltige Wirkung entfaltet hat. Das unterstreichen die ansehnlichen Ergebnisse archäologischer Forschungen, die Oldenburgs überragenden Rang nicht nur für das späte 8. und frühe 9. Jahrhundert bezeugen, sondern historische Tiefenwirkung von 150 Jahren Dauer belegen. Sie reicht bis zum Einsetzen einer erneuten Welle von Kulturrezeption in ottonischer Zeit, die dann unter eminent christlichen Vorzeichen das ganze 10. Jahrhundert kennzeichnet. In Verbindung mit historischen Quellen bieten die archäologischen Befunde dieser Periode zugleich Einblicke in den wechselvollen Verlauf mehrerer Versuche abodritischer „Reichssammlung". Es handelt sich um letztlich tragisch gescheiterte, anscheinend eigenständige oder auch eigenwillige Bemühungen der Fürsten ihren sakral legitimierten Führungsauftrag mit neuen Zeichen des Königsheils – mutmaßlich synkretistisch – darzustellen, um so ihre Herrschaft in ein neues Zeitalter hinüberzuleiten; denn während des Übergangs von der paganen Stammesgesellschaft zum christlichen Herrschaftsstaat ist Rezeption von Christentum oftmals eher eine Begleiterscheinung eigenständiger *Imitatio imperii* als das Ergebnis von außen herangetragener Missionsarbeit.

Oldenburgs zentraler Baubefund liegt über einem Substrat unscheinbarer Grundspuren frühslawischer Standardbebauung des 7./8. Jahrhundert. In Verbindung mit dem Ausbau zur Großburg wurde Kiesbettung als günstiger Baugrund aufplaniert und mit großen Pfostenbauwerken des Fürstenhofes belegt. Er bildete einen Komplex aus Hofplatz, Großbauten, begleitenden Flügelbauten und Speichern sowie Wohn- und Wirtschaftshäusern. Größe und eindrucksvolle Gliederung, insbesondere aber die entsprechend einer *Aula regia* mit Empfangs- oder Versammlungssaal ausgestatteten Hallenbauten, geben hinreichend Gewissheit, dass wir hier ein Ensemble vor uns haben, dessen Vorbild in den königlichen Pfalzen des Westens zu fin-

428 Starigard/Oldenburg. Reliquienbeutel aus Grab 74. Rekonstruktionsbild auf röntgendiagnostischer Grundlage. Zugschnüre und Farbgebung ergänzt aufgrund vergleichbarer Beutel aus Nürnberg und Beromünster.

den ist. Deutlich spiegelt sich die Faszinationskraft des karolingischen Imperiums nicht allein im Baubefund, sondern auch im Hofhandwerk, in den Zeugnissen der Hofkultur und des Gefolgschaftswesens. Näherhin handelt es sich hierbei um Bestandteile des Tafelgeschirrs, wie Kredenzschüsseln, „Tatinger" Weinkannen und Hohlgläser. Außerdem gibt es karolingische Schwertgurt-, Riemen- und Zaumzeugbeschläge sowie Reitersporen. Für die Beurteilung der Rezeptionsleistung ist es besonders wertvoll, dass aufgrund der spezifischen Machart einiger Fundobjekte sowie der Hinterlassenschaften eines Feinschmieds nachahmende und weiterbildende Produktion in Oldenburg selbst belegt werden kann. – Über der ersten Fürstenhalle wurden im 9. Jahrhundert noch eine zweite, dann eine dritte errichtet. Beide haben in abweichender architektonischer Konzeption letztlich mediterrane Palastarchitektur zum Vorbild: Sie besaßen stattliche Laubengänge und hatten sehr wahrscheinlich ein oberes Saalgeschoß mit Arkadengliederung. – Die Slawen hatten demnach Kenntnis von fränkischer Repräsentation und Hofkultur, von glanzvollen Gelagen und vom Ritual des Austauschs diplomatischer Geschenke. Man gewinnt den sicheren Eindruck, dass hiervon nachhaltige Einflüsse auf Kultur und Verfassungsstruktur slawischer Stämme ausgegangen sind. Nichts charakterisiert allerdings treffender die tiefgreifende Wirkung dieser Beziehungen, als dass Karls Name als „král" – „król" – „kralj" – „koról" in slawischen Sprachen, als „karalius" im Litauischen und als „király" im Ungarischen zum Begriff für „König" werden konnte.

Seit dem zweiten Drittel des 10. Jahrhunderts folgten an derselben Stelle weitere, jeweils mehrfach erneuerte Großbauten, denen fürstliche Gräber zugeordnet sind, die christlichem Bestattungsritual folgen, sodass man sie am ehesten als fürstliche Eigenkirchen (Hofkirchen) anzusprechen hat. Die Umwidmung der Fürstenhalle zur Kirche kennzeichnet jedenfalls den tiefgreifenden Bedeutungswandel.

Die erste Kirche ist einer quasi „frühchristlichen Phase" zuzuweisen, die der Oldenburger Bistumsgründung vorausging. Die Gräber befanden sich alle außerhalb der Südwand. An fünf Stellen sind sie mit einer Totenhütte (*Memoria*) überbaut worden. Unter den spärlichen Beigaben fallen vor allem Rangkennzeichen ins Gewicht: Reitersporen, Goldblechperlen, Prunktextilien, amulettartige Objekte mit Reliquienstatus, Gürtel mit Gleitverschluss, Taschenbeschlag mit Schlingkreuzmotiv. In historischer Betrachtung hat diese Phase offenbar engen Zusammenhang mit dem dänischen Königtum in Hedeby-Haithabu und ist der Wirkung einer doppelten Königstaufe zuzuschreiben, die zweifellos unter dem persönlichen Taufpatronat des deutschen Königs Heinrich I. gestanden hat, berichten doch die Annalen zum Jahre 934 vom Heereszug Heinrichs nach Hedeby-Haithabu und von der Taufe des dänischen Königs Gnupa sowie eines namentlich nicht genannten „Königs der Abodriten".

Die zweite Kirche gehört in die Zeit des historisch bezeugten Oldenburger Bistums (972–983). Im Unterschied zur ersten Belegungsphase sind jetzt die allermeisten Gräber im Innern der Kirche plaziert. Zwei Kinder haben applizierte Eisenkreuze auf dem Sarg. Eines besitzt ein aus Knochen geschnitztes Kruzifix als Brustkreuz. Ein als Sarg genutzter muldenförmiger Wagenkasten, der in Schiffbautechnik geklinkert ist, hat seine Entsprechungen in recht vornehmen Frauengräbern Altdänemarks (Abb. 426). Die zwei nach Größe, Platzierung und Repräsentation herausragendsten Bestattungen lagen in Baumsärgen von ganz außergewöhnlicher Größe direkt vor dem Altar, ein Fürst mit Schwert, Prachtwetzstein, Goldperle, Reliquienbeutel und Brettspielsteinen, der andere mit Reiterlanze und Bronzebecken (Abb. 427). – Beim Lutizenaufstand von 983 gingen das Bistum und seine Bebauung in einer Brandkatastrophe unter. Im Umkreis des Kirchenbaus enthielt die Zerstörungsschicht zahllose verbrannte Überreste vom Zierbelag eines Reliquienkastens, außerdem angeschmolzene Bruchstücke von mindestens zwei bronzenen Läuteglocken, Fragmente von Buchbeschlägen und ein bronzenes Pektoralkreuz.

Darüber entstand im Zuge heidnischer Reaktion als Zeichen ihres Triumphes ein kleiner Sakralbezirk. Exakt am Standort des vormals christlichen Altars wurde ein quadratischer, 2 m x 2 m messender Steinsockel von 1 m Höhe errichtet. Ein zentrales „Pfosten"-Loch läßt erkennen, dass es sich hierbei um das Fundament für ein hölzernes Kultbild, ein Idol, gehandelt haben dürfte. Im weiteren Umkreis gab es zahlreiche rituell deponierte Pferdeschädel und Pferdebeine. Das sind ausgewählte Schlachtopferstücke, sogenannte „Götterteile". Die zugehörigen Festmahlzeiten wurden demnach in der Nähe abgehalten. Alles deutet auf eine Periode intensiver Hinwendung zum Opferbrauchtum. Opfer und Festmahl sind gemeinschaftstiftende Handlungen vorchristlicher Stammesreligion, die starke Integrationskraft besitzen. Sie dienten zur Stärkung kultureller Identität und damit zur Sicherung politischer Eigenständigkeit. Vom Lutizenbund vorgezeichnet, leitete nämlich die heidnische Priesterschaft als neu formierte Führungsschicht eine erfolgreiche Periode des Widerstands gegen den Machtausgriff von Kirche und Reichsgewalt sowie gegen die mit ihnen – vermeintlich oder tatsächlich – verbündeten christlichen Fürsten.

Als dann im Jahre 1043 der Abodritenfürst Gottschalk, ein Nachkomme Nakons, die Gesamtherrschaft über den Stammesverband an sich gebracht hatte, soll er gegen 1060 den Oldenburger Bischofssitz und die Kirchen im Lande wieder hergestellt haben. Es heißt: „Ungeachtet seines Standes richtete er in der Kirche voller Glaubenseifer häufig aufmunternde Worte an das Volk, um ihm in slawischer Sprache die geheimnisvollen Lehren der Bischöfe und Priester verständlich zu machen". Doch 1066 wurde er in Lenzen an der Elbe, in der Landesburg der Linonen, erschlagen. Viele Christen teilten sein Schicksal. In Oldenburg und Mecklenburg wurden die Kleriker auf grauenhafte Weise umgebracht. Die kirchlichen Einrichtungen gingen überall in einem Sturm heidnischer Reaktion zugrunde. Der Zusammenbruch beendete endgültig alle dem traditionellen gentilen Sakralverständnis verpflichteten Bemühungen um Eigenständigkeit und gleichwohl christlich aufgefasster Stammesherrschaft. Gottschalk scheiterte bei der Ausbreitung „seines" Christentums, weil er zu betont die Machtmittel eines neuen Herrschaftsstils eingesetzt hatte, zu wenig darauf bedacht, eine von der Reichskirche unabhängige, auf den abodritischen Stammesverband bezogene Gentilkirche anzustreben.

Literatur

Angenendt 1984; 1994. – Balzer 1999. – Brather 1996a; 1996b. – Donat 1988; 1995d; 1995e. – Dulinicz 1991. – Ernst 1976. – Friedmann 1986. – Fritze 1960; 1984. – Gabriel 1984a; 1984b; 1986; 1988a; 1988b; 1989; 1991a–f; 1992; 1993; in Vorb. – Gabriel/Kempke 1991a; 1991b. – Gai 1999. – Herrmann 1988; 1998. – Hinz 1973. – Hübener 1993. – Jacobsen 1994; 1999. – Kahl 1962. – Kempke 1984; 1991. – Kroll 1991. – Leciejewicz 1996. – Müller-Wille 1991. – Olsen 1965; 1970. – Petersohn 1979. – Petke 1993. – Prummel 1993. – Słupecki 1994. – Struve 1988. – Vierck 1984.

Mecklenburg

PETER DONAT

Seinem Kämmerer Tuzo schenkte Kaiser Otto III. ein Dorf im Lande der Sorben. Die zugehörige Urkunde trägt das Datum 10. September 995 und die Ortsangabe Mickelenburg (MUB Nr. 22). Damit bietet diese älteste aus Mecklenburg-Vorpommern überlieferte Urkunde den bemerkenswerten Nachweis, dass sich der Kaiser zu jenem Zeitpunkt im Gebiet der Obodriten aufgehalten hatte. Nur 30 Jahre älter ist die erste Erwähnung der Mecklenburg selbst. Der aus Spanien kommende Kaufmann Ibrāhīm ibn Jakūb hatte sich in der Burg Nakons, des Fürsten der Obodriten, den er neben den Königen der Polen, Böhmen und Bulgaren zu den bedeutenden slawischen Herrschern seiner Zeit zählte, aufgehalten und berichtete, dass sie Veligrad, also „Große Burg" genannt werde. Nichts anderes bedeutete im Mittelhochdeutschen der Name Mecklenburg.

Am Südrand des gleichnamigen Dorfes und direkt an der Bahnlinie Schwerin–Wismar gelegen, hebt sich die Mecklenburg noch heute als eine mächtige Wallanlage aus der umgebenden Niederung heraus. Die Wälle selbst tragen einen prächtigen Buchenwald, der Innenraum der Burg dient seit langem als Friedhof. Bereits in den dreißiger Jahren des 19. Jahrhunderts sind die ersten slawischen Scherben auf der Mecklenburg geborgen worden und seither stand sie stets im Blickpunkt der archäologischen Forschung. Systematische Ausgrabungen fanden in den Jahren 1967 bis 1971 statt. Da sie den Friedhof zu respektieren hatten, konzentrierten sie sich auf einen 52 m langen Schnitt an der Südseite des noch 8 m aus der Niederung emporragenden Walles (Abb. 429).

Das wohl wichtigste Ergebnis der Grabungen bestand in der Feststellung, dass diese Burg bereits im 7. Jahrhundert errichtet worden ist. Von Beginn an besaß die Mecklenburg ihre noch heute sichtbare Ausdehnung von 1,4 ha und war von einem fast 13 m breiten und mehr als 6 m hohen Holz-Erde-Wall umgeben. Die hölzerne Konstruktion des Walles bestand aus fünf Reihen hintereinander angeordneter und 2 bis 3 m breiter Holzkästen (Abb. 430), für die mehr als 20 000 Eichenbohlen verarbeitet und insgesamt mindestens 9400 Festmeter Holz eingeschlagen werden mussten. Einschließlich der in diese Holzkästen eingefüllten Erde hat die Gesamtmasse des Walles etwa 34 000 m³ betragen. An der Frontseite des Walles verwendete man keine Holzbohlen sondern schichtete hier dicke Packungen aus Rasensoden auf. So wurde erreicht, dass Feinde die Befestigung nicht in Brand setzen konnten. Dieser ursprüngliche Wall ist so massiv und sorgfältig konstruiert worden, dass dieser trotz mehrerer späterer Erhöhungen und Erneuerungen bis in das hohe Mittelalter hinein die Außenfront der Burg bilden konnte.

Größe und Bauaufwand dieser ältesten Burgphase ließen die Schlussfolgerung zu, dass die Mecklenburg bereits im 7. Jahrhundert die Hauptburg des obodritischen Stammesverbandes und der Sitz des Stammesfürsten gewesen ist. Unmittelbar an der Rückseite des Walles konnten bei den Ausgrabungen einräumige Block- und Flechtwerkhäuser nachgewiesen werden, in denen Handwerker tätig gewesen sind. Doch gab es zweifellos auch in der Mecklenburg große, hölzerne Palastbauten der Art, wie sie neuerdings in der Oldenburg, dem Sitz des Fürsten der Wagrier, eines Teilstammes der Obodriten, ausgegraben werden konnten.

Die schriftliche Überlieferung zu den Obodriten setzt mit dem Jahre 789 ein. In den von Einhard, dem Biographen Karls des Großen, verfassten Reichsannalen zu diesem und den Folgejahren (MGH SS I, S. 34) wird sichtbar, dass der Kaiser in seinen Kämpfen zur Unterwerfung der Sachsen die Obodriten als Bündnispartner gewonnen hatte und sie seinerseits unterstützte, wenn diese durch die Sachsen oder die mit diesen verbündeten Dänen und Wilzen angegriffen wurden. 808 landeten die Dänen an der obodritischen Küste und konnten in kurzer Zeit mehrere Burgen erobern, sodass sich der obodritische Fürst Drazko wahrscheinlich auf die Mecklenburg zurückzog und sich dort erfolgreich verteidigte.

Für den Zeitraum zwischen 789 und 826 bietet eine dichte Überlieferung die Namen von vier obodritischen Stammesfürsten, mindestens drei von ihnen nachweislich in genealogischer Abfolge. Spätestens im ausgehenden 8. Jahrhundert war die Fürstenwürde demnach bei den Obodriten erblich. Ob sich allerdings davon ausgehend eine stabile, über lange Zeiträume herrschende Dynastie herausbil-

429 **Dorf Mecklenburg, Burgwall und Vorburgsiedlung.** 2-9 Sondierungsschnitte.

den konnte und diese ihren Sitz auf der Mecklenburg hatte, lässt sich nicht belegen, denn vom zweiten Viertel des 9. Jahrhunderts bis in die Mitte des 10. Jahrhunderts besteht die schriftliche Überlieferung zu den Obodriten aus wenigen und spärlichen Nachrichten.

Fast schlagartig änderte sich dies im Jahre 955, als die Obodriten nahezu in den Mittelpunkt der Reichspolitik rückten. In diesem Jahre hatte Kaiser Otto I. alle verfügbaren Kräfte des Reiches zusammengezogen, um die seit längerem von den Ungarn ausgehende Gefährdung des Reiches in einer entscheidenden Schlacht abzuwenden. „Währenddessen eröffneten die Slawen unter der Führung Nakons und seines Bruders Stoignev einen furchtbaren Krieg. Auf Hilfeersuchen Herrmann Billungs (des Markgrafen von Sachsen) drang Otto I. in das obodritische Gebiet ein, nahm Stoignev gefangen und ließ ihn enthaupten", lautet die lakonische Notiz Thietmars von Merseburg zu diesen Vorgängen (Thietmar II,12). Zwar werden Ablauf und Hintergründe der Ereignisse in anderer Überlieferung (Widukind von Corvey III, 55) ausführlicher geschildert, in ihrem ganzen Zusammenhang lassen sie sich jedoch nur auf dem Hintergrund der durch die Ottonen eingeleiteten neuen Slawenpolitik verstehen. Als Otto I. im Jahre 948 die Bistümer Havelberg und Brandenburg begründete, musste für Wilzen und Obodriten die Gefahr unübersehbar werden, dass auch sie in Bälde unterworfen, christianisiert und zur Zahlung des Zehnten verpflichtet werden würden. So nutzten sie jenen Moment, da der Kaiser in großer Bedrängnis schien, zu einem umfassenden Aufstand.

Otto I. wandte sich jedoch unmittelbar nach seinem glänzenden Sieg über die Ungarn vom 10. August 955 mit großer Heeresmacht gegen die aufständischen Slawen. Am 16./17. Oktober kam es zur Schlacht an der Recknitz, die die Truppen des Kaisers dank überlegener militärischer Führungskunst für sich entscheiden konnten. Obodritenfürst Stoignev wurde auf der Flucht erschlagen, woraufhin sein Bruder Nakon umgehend die Unterwerfung anbot.

Offenbar war sich der Kaiser bewusst, dass seine Möglichkeiten nicht ausreichen, um Wilzen und

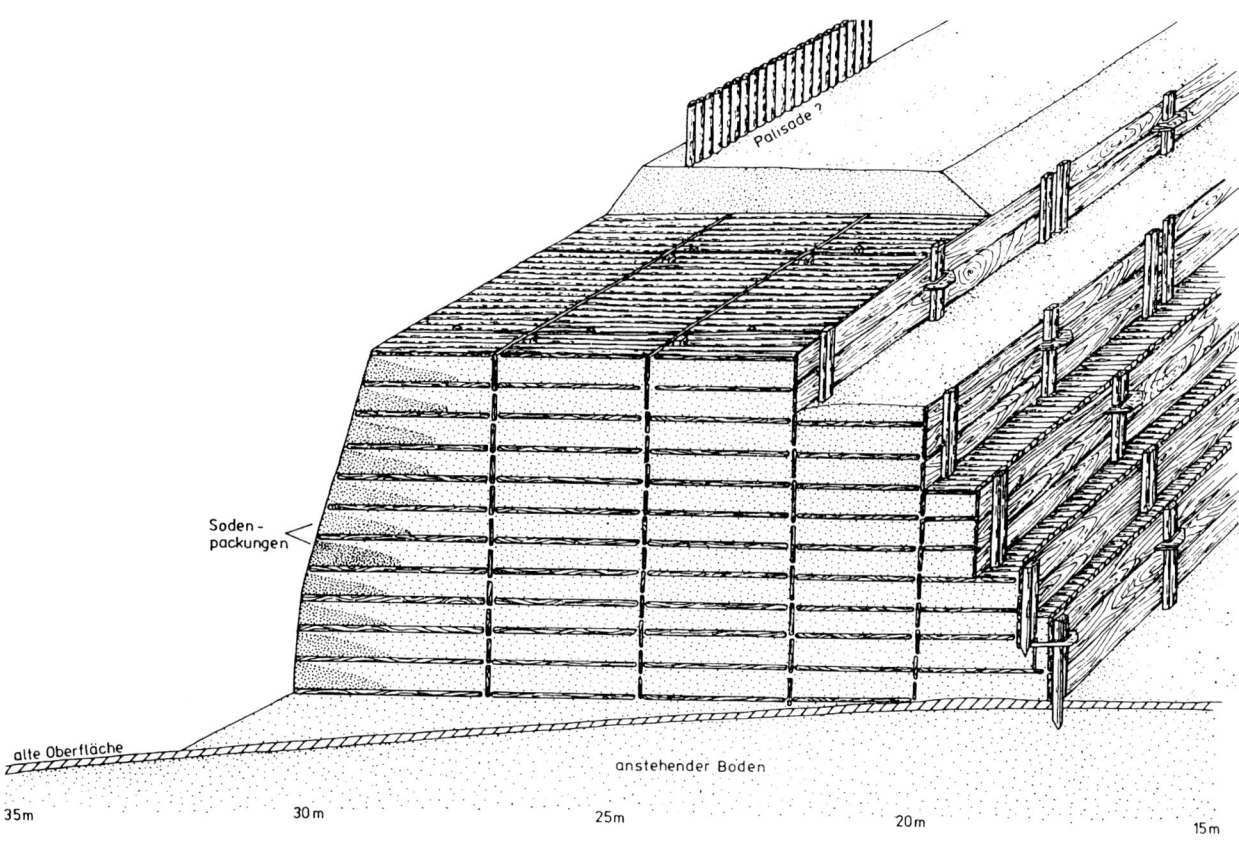

430 Dorf Mecklenburg, Rekonstruktion des ältesten Walles der Mecklenburg nach den Grabungsbefunden.

Obodriten dauerhaft zu unterwerfen und deren Gebiete fest in das Reich zu integrieren. Wahrscheinlich haben ihn aber auch innere Auseinandersetzungen zur Zurückhaltung bewogen. Nach der Schlacht auf dem Lechfeld hatte der Kaiser seinen lange gehegten Plan verkündet, Magdeburg zum Erzbistum zu erheben (Thietmar II, 10) und künftig diesem die Missionierung der Slawen zu unterstellen. Vor allem der einflussreiche Erzbischof Adaldag von Hamburg-Bremen, dem der Papst das Recht auf die Slawenmission bestätigt hatte, setzte diesen Plänen des Kaisers lange Zeit erbitterten Widerstand entgegen.

Der obodritische Fürst Nakon scheint in diesen Auseinandersetzungen eine gewisse eigenständige Rolle gespielt zu haben. Um das Jahr 952 sind in der wagrischen Oldenburg und nur wenige Jahre später auch in der Mecklenburg Kirchen errichtet worden. Bei der Oldenburger Kirche sind nach christlichen Ritus angelegte Bestattungen aufgedeckt worden, bei denen es sich wahrscheinlich um Familienmitglieder des wagrischen Teilkönigs bzw. diesem nahestehende Persönlichkeiten gehandelt hat. Auch wenn entsprechende Grabfunde aus der Mecklenburg noch fehlen, ist sicher, dass nicht nur der wagrische Teilfürst sondern auch Nakon und seine nähere Umgebung zum Christentum übergetreten waren. Anders wäre nicht erklären, warum der Fürst in seiner eigenen Burg eine Kirche bauen ließ. Mit den Kirchengründungen in der Oldenburg und in der Mecklenburg festigte sich zweifellos der Anspruch des hamburgischen Bischofs auf die Mission in den Gebieten der Obodriten und stärkten seine Position in der Auseinandersetzung mit dem Kaiser. Zugleich aber lassen sie sich als einen ersten Schritt des Slawenfürsten verstehen, zu einer aktiven und eigenständigen Kirchenpolitik zu gelangen, mit der sich die politische Herrschaft und Eigenständigkeit der Obodriten dauerhaft sichern ließe. Diese Politik ist von seinen Nachfolgern auch unter schwierigen Umständen weiter verfolgt worden, was sicher dazu beitrug, dass es die slawischen Fürsten von der Mecklenburg waren, die die Grundlagen des späteren Landes und Herzogtums Mecklenburg geschaffen haben.

Literatur

Donat 1984; 1995b. – Gabriel 1991b. – Gabriel/Kempke 1991a; 1991b. – Herrmann (Hrsg.) 1985. – Petersohn 1979.

Die Formierung der Mitte Europas

Ottonische Politik
in der Mitte Europas

Expansion und Mission
Slawen und Deutsche

Relikte heidnischen Glaubens in Sachsen

LUTZ E. v. PADBERG

Thietmar von Merseburg, dem 1018 verstorbenen Chronisten seines Bistums und Verfasser der Geschichte der Sachsenkönige, werden einigermaßen verlässliche Informationen über den Stand der Christianisierung im Osten des Reiches verdankt. Über die Verhältnisse in seiner Heimat, speziell die der sächsischen Bauern, fand er deutlich kritische Worte: „Die Bevölkerung geht dort selten in die Kirche und kümmert sich überhaupt nicht um den Besuch ihrer Hirten. Sie verehren ihre eigenen Hausgötter, hoffen fest auf ihre Hilfe und opfern ihnen" (VII, 69). Zur Illustration dieser befremdlichen Haltung erzählt Thietmar dann eine Geschichte dörflichen Brauchtums. Der Dorfhirt trüge einen Stab durch den Ort, an dessen Spitze eine Hand angebracht sei, die einen eisernen Ring halte. Von Haus zu Haus gehend, spreche er beim Eintreten immer die Worte „Wache, Hennil, wache!" Auf diese Weise werde zu einem prächtigen Gelage geladen, bei dem sich die Dörfler im Schutze dieses Hausgottes sicher wähnten. Deutlich wird hier das Nachleben germanisch-polytheistischer Vorstellungen, denn in dem Namen „Hennil" könnte es sich um einen Bezug auf Wodan handeln. Das Ganze wäre dann ein Echo auf die alten Kultgemeinschaften, die in dem altsächsischen Taufgelöbnis als „Teufelsgilden" bezeichnet worden sind.

Diese Geschichte zeigt, dass der christliche Glaube bei der altsächsischen Landbevölkerung auch nahezu zwei Jahrhunderte nach der Mission noch nicht tief verwurzelt war. Sie will auch nicht so ganz zu dem Wort Heinrichs II. passen, der nach Thietmar seine Heimat stolz „einen paradiesischen Blumengarten in Sicherheit und allem Reichtum" zu bezeichnen pflegte (VI, 10). Aber verwundern muss diese Situation nicht, war doch die Christianisierung der Sachsen ein lange sich hinziehender Prozess. Das konnte bei der fehlenden Freiwilligkeit und der allzu dürftigen Elementarinstruktion der Sachsen während der Imperialmission Karls des Großen auch gar nicht anders sein.

Ein kurzer Rückblick: Karl der Große, den schon die Zeitgenossen „Vater Europas" nannten, verstand sich als christlicher Herrscher und sah es deshalb als seine ureigenste Aufgabe an, den Glauben nach innen zu festigen und nach außen auszubreiten. Zu Beginn seiner Herrschaft kam es ihm aus Stabilitätsgründen darauf an, die Rheingrenze zu sichern. Denn dort beobachteten die Sachsen mit Misstrauen den Machtzuwachs ihres fränkischen Nachbarn und ärgerten ihn immer wieder durch mancherlei Überfälle. Das Lösungskonzept der Karolinger in solchen Fällen war denkbar einfach: militärische Einnahme des betreffenden Landes und anschließend mehr oder weniger freiwillige Christianisierung. Die Sachsen nun galten als „viehisches Volk ohne Religion und ohne König", was sie besonders verdächtig und eroberungswürdig machte. Aber so einfach war die Sache nicht. Denn sie wollten von dem Christentum des übermächtigen Nachbarn schon deshalb nichts wissen, weil sie mit dessen Annahme ihre politische Selbstständigkeit verlieren würden. Weil sie außerdem keinen König und damit auch keinen obersten Heeresführer hatten, waren sie militärisch nicht so leicht zu überwinden. Folge dieser Konstellation war eine sich seit 772 über 30 Jahre hinziehende, mit wachsender Erbitterung auf beiden Seiten geführte Auseinandersetzung, deren einzelne Stationen hier nicht aufgezählt werden können. Entscheidend für die Zukunft war, dass Karl, der sich dabei auf beachtliche Vorbilder berufen konnte, bei den Missionsmaßnahmen nach den Militäraktionen auf das traditionelle angelsächsische Konzept der friedlichen Glaubensausbreitung verzichtete und unbekümmert Zwangsmaßnahmen bis hin zu der Alternative „Tod oder Taufe" einsetzte und die Kirche als das Herrschaftsinstrument benutzte. Ohne die ausreichende Unterweisung im Glauben wurden die eroberten Heiden zu Massentaufen genötigt. Die Taufe wurde dabei eben nicht als Bekenntnisakt des Einzelnen verstanden, sondern eher als Form eines Friedensvertrages. Aus karolingischer Sicht hatte das den Vorteil, dass die einmal Getauften gezwungen werden konnten, loyal zu ihrem christlichen König zu stehen. Darüber hinaus wurde vorgeschrieben, den Zehnten mit Härte einzutreiben.

Alles das hat es den Missionaren nicht leicht gemacht, in Sachsen für ihren christlichen Glauben zu werben. Bei den Verantwortlichen wird es harte Diskussionen über das richtige Vorgehen gegeben haben, und auch Karl hat mit der Zeit eingesehen, dass der Glaube nicht erzwungen werden kann. Zweifelsohne hat das Christentum, nun sichtbar in den vielen Kirchenbauten in Sachsen und präsent durch die Priester, einen Kulturwandel in der Region bewirkt. Aber die innere Aneignung des Christentums, die über die bloße Einhaltung der Kirchenpflichten hinausging, war schwerer durchzusetzen und im Kern durch anfängliche Fehlentscheidungen der Eroberer behindert. Darüber hinaus ist grundsätzlich zu bedenken, dass das Christentum in Sachsen ebenso wie in anderen Missionssituationen auf Kulturen stieß, mit denen es nicht kompatibel war. Für den sich daraus ergebenden Prozess mussten Deutungsmuster und Verständnisebenen erst geschaffen werden. Die damit verbundenen Wandlungen betrafen keinesfalls nur die ehemaligen Heiden, sondern veränderten in gegenseitiger Einflussnahme auch das Erscheinungsbild der Kirche und die Inhalte des Glaubens. Solche Phänomene haben den Gang der Christianisierung in Sachsen bestimmt, für den die Mission unter den Karolingern nur der Anfang war.

Hinzu kommt, dass aus mancherlei Gründen zuerst der Adel in Sachsen den polytheistischen Glauben aufgab und nicht zuletzt aus Gründen des Machterhalts sich der Religion der Sieger anschloss. Das zeigte sich etwa 841 bis 843 in dem Aufstand der Stellinga (der Begriff bedeutet „Gefährte", „Genosse"), dem sich weite Teile der Bevölkerung in ganz Sachsen anschlossen. Die Erhebung nutzte die politisch prekäre Lage des Reiches während der Bruderkämpfe nach dem Tod Ludwigs des Frommen (840) aus und richtete sich sowohl gegen die Christianisierung und die damit verbundene Veränderung überkommener Lebens- und Rechtsgewohnheiten als auch gegen den durch die fränkische Herrschaft gestärkten Adel. Zumindest zeitweise gelang die Rückkehr zu heidnischen Gewohnheiten, gefördert durch ein fragwürdiges Angebot des um Hilfe angegangenen Lothar I. Nach den Worten der *Annales Bertiniani* ging er soweit, „dass er bei den Sachsen den so genannten Stellingen, die die Mehrzahl in diesem Volk bilden, freistellte, sich unter allen Gesetzen und den Einrichtungen der alten Sachsen auszuwählen, was sie haben wollten. Und diese, immer zum Bösen geneigt, entschieden sich dafür, heidnisches Wesen anzunehmen statt die auf den christlichen Glauben abgelegten Eide zu halten". Der Aufstand wurde von Ludwig dem Deutschen in einem furchtbaren Strafgericht über die Empörer niedergeschlagen und somit die fränkische Dominanz in Sachsen gesichert. Die Ereignisse zeigen aber, und darauf kommt es hier besonders an, wie sich unter dem dünnen Firnis kirchlichen Lebens vor allem bei der Landbevölkerung heidnische Vorstellungen halten konnten.

In der Folgezeit gelang die Integration Sachsens in das entstehende ostfränkische Reich immer besser, nach wie vor freilich ausgehend vom Adel und der Bildungselite der Kirche. Die Hagiographie bewältigte auf ihre Weise die Vergangenheit, wenn es etwa in der um die Mitte des 9. Jahrhunderts entstandenen *Translatio Santi Alexandri* erstaunlicherweise heißt: „Die alten Sachsen gaben sich große Mühe, viele nützliche Sitten zu pflegen, und befleißigten sich einer hohen Sittlichkeit im Lichte des natürlichen Gesetzes. Solcher Lebenswandel hätte ihnen die wahre Seligkeit des Himmels eingebracht, hätten sie nur nicht der Kenntnis des Schöpfers ermangelt" (c. 2). So veränderte die Erinnerung das Bild der Sachsen, und man wurde fähig, die heidnische Vergangenheit einfach als Vergangenheit gelten zu lassen. Widukind von Corvey, der sächsische Geschichtsschreiber, bemerkte, Karl habe die Sachsen „teils durch sanfte Überredung, teils durch kriegerische Gewalt" zur Annahme des Christentums gebracht, wodurch diese und die Franken nun „gleichsam ein Volk durch den christlichen Glauben" geworden seien (I, 15).

Auch die Kirche bemühte sich intensiv um Integration und Bindung der Menschen an den Glauben. Die vielen Reliquientranslationen nach Sachsen vor allem im 9. Jahrhundert dienten dem erklärten Ziel, das einfache Volk von den heidnischen Kultübungen abzubringen. Dazu wurde der Leib irgendeines berühmten Heiligen herangeschafft, von dem Wunder und Heilungen zu erwarten seien, die dann das Volk dazu führen sollten, ihn zu verehren und zu ihrem Schutz anzurufen. Reliquientranslationen und Heiligenverehrung hatten somit die Funktion, die christliche Predigt durch machtvolle Taten zu bekräftigen und das Volk an die Kirche zu binden. Aber auch für den Adel wurde etwas getan. Das zeigt der Dichter des altsächsischen Bibelepos Heliand, der seinen Landsleuten sozusagen in heimischem Gewande einen inneren Zugang zur christlichen Heilsbotschaft zu vermitteln versuchte und dabei auf den Stil heroischer Heldendichtung zurückgriff.

Nach dem Scheitern des Stellinga-Aufstandes war das Heidentum in Sachsen endgültig in soziale und geografische Randzonen abgedrängt. Die adelige Herrschaftsschicht hatte sich ganz der neue Religion verschrieben, sodass sie nach dem Aussterben der Karolinger im 10. Jahrhundert sogar zum Königtum des ostfränkischen Reiches aufsteigen konnte. In den Nischen der Landbevölkerung vermochten sich heidnische Vorstellungen auch in dieser Zeit noch zu halten. Das macht beispielsweise eine Kölner Sendgerichtsordnung aus dem späteren 10. Jahrhundert deutlich. Danach sollte bei Visitatonen von Landbezirken darauf geachtet werden, ob die Dorfbewohner etwa die verordneten Fastenregeln nicht einhalten und womöglich Stätten verehrten, die nicht Gott geweiht waren. Bei dieser Anordnung dürfte es sich sicherlich um Verhältnisse in den sächsischen Teilen des Kölner Bistums gehandelt haben. Noch im 11. Jahrhundert musste Erzbischof Unwan von Hamburg-Bremen (1013–1029) in den Marschen der Unterweser heilige Haine abholzen lassen, in denen die Bevölkerung heidnisches Brauchtum pflegte (Adam, Hamburgische Kirchengeschichte II, 48). Und für das 12. Jahrhundert weiß Helmold von Bosau in seiner Slawenchronik davon zu berichten, dass es bei Bauern im Raum Neumünster heidnische Bräuche in Hainen und an Quellen gegeben habe.

Die Mission bei den Sachsen war verbunden mit der militärisch-politischen Herrschaftsausweitung der Karolinger. Für die Kirche ist die Vermittlung des Glaubens zum geschichtstheologischen Rechtfertigungsgrund der Unterwerfung geworden. Die innere Annahme des Glaubens konnte daher nur in einem langen Prozess der Christianisierung vonstatten gehen.

Literatur

Karras 1986. – Kat. Paderborn 1999. – v. Padberg 1998. – Schäferdiek 1998. – Schlesinger 1962.

Festigung und Ausbau des lateinischen Christentums: Die ottonische Mission bei den Westslawen und Ungarn

LUTZ E. v. PADBERG

Die Festigung der Erkenntnis des katholischen Glaubens nach innen und die Ermöglichung seiner Ausbreitung nach außen sah Karl der Große als seine vornehmsten Herrscheraufgaben an. Dem Selbstverständnis des *imperium christianum* gemäß verstand der Frankenkaiser darunter eine Kombination von Reichsausweitung und Christianisierung, die Missionare folgten sozusagen den Militärs auf dem Fuße. Dementsprechend schuf etwa die Eingliederung der Sachsen in das Frankenreich erst die Voraussetzung für deren Mission. Dieser imperialmissionarische Zugriff hat verständlicherweise die Offenheit noch polytheistischer Völker für das Christentum nicht gerade gefördert, war doch die Bekehrung für sie gleichbedeutend mit der Aufgabe ihrer politischen Selbstständigkeit. Aber unter den Karolingern war eine staatsunabhängige Mission mit der Möglichkeit der Entstehung mehrerer christlicher Reiche noch nicht denkbar. Diesem Ideal des einen Glaubens in einem einheitlichen europäischen Reich sollte allerdings keine lange Zukunft beschieden sein. Das deutete sich schon früh bei den konkurrierenden Missionsunternehmen der römischen und der byzantinischen Kirche im Osten ebenso an wie bei der allmählichen Entwicklung der skandinavischen Länder zu einer eigenständigen Kirchenprovinz. Damit wurde ein Prozess eingeleitet, der von der Identität von Kirche und Reich zu einem Europa der Nationalitäten und Christenheiten führen sollte. Die Herrschaft der sächsischen Kaiser im 10. Jahrhundert fällt mit dieser Umbruchsphase zusammen.

In seinem missionarischen Sendungsbewusstsein folgte Otto der Große (936–973) einem leuchtenden Vorbild: Karl dem Großen, der seinem Stamm, den Sachsen, einst das Christentum gebracht hatte. In seiner Nachfolge verstand sich der sächsische Herrscher als Führer der Christenheit und wollte wie dieser den Glauben über die Grenzen des Reiches hinaus ausbreiten. Aber auch für ihn war das nur vorstellbar in der altbekannten Kombination von staatlicher Expansion und nachfolgender kirchlicher Mission. Schon bei den Krönungsfeierlichkeiten in Aachen im Jahre 936, so

Widukind von Corvey in seiner Sachsengeschichte, sei dieses Regierungsziel Ottos deutlich geworden. Denn der Erzbischof Hildebert von Mainz (926–937) habe dem neuen Herrscher das Schwert mit den Worten überreicht: „Empfange dieses Schwert, mit dem du alle Widersacher Christi, die Heiden und die Ketzer, austreiben sollst aufgrund der dir verliehenen göttlichen Vollmacht und aufgrund der Macht des ganzen Reiches der Franken, zur Befestigung des Friedens aller Christen" (II, 1). In Ottos Hand waren demnach sowohl geistliche Autorität und weltliche Macht vereint. Der Friede als höchstes Ziel der Politik ist in jener Zeit oft beschworen worden, vermutlich deshalb, weil man ihn einerseits tatsächlich ersehnte und er andererseits meist ziemlich ferne war. Schon im Reichsinneren herrschten durchaus nicht immer Frieden und Eintracht. Und an der deutschen Ostgrenze sorgten Slawen und Ungarn für beständige Unruhe, sodass hier unbedingt etwas geschehen musste. Vor allem der unbändige Widerstandswille der Slawen machte die Auseinandersetzungen an der Elbe zu einer Dauererscheinung, die mit immer größerer Härte und Grausamkeit auf beiden Seiten geführt wurde. Wie die Befriedung der heidnischen Nachbarvölker vonstatten gehen sollte, macht Hildeberts Formel allerdings unmissverständlich klar. Friede für das Reich bedeutete für sie erst einmal Krieg. Die Heiden wurden getreu dem traditionellen christlichen Deutungsmuster als Barbaren mit minderer Kultur angesehen, denen man mit dem richtigen Glauben den natürlich nur christlich definierten Frieden bringen musste, und das ging nach dem Verständnis der Zeit am besten durch deren Integration in das Reich. Die Grenze zwischen Krieg und Mission war also fließend. Sie war es schon deshalb, weil seit den Tagen des Kirchenvaters Augustinus die Bekämpfung der Heiden zum Leitbild eines christlichen Königs gehörte. In diesen Bahnen dachte auch Otto, und er wollte seinen Beitrag zur Durchsetzung der Gottesherrschaft auf Erden leisten.

Die Ostmission muss von Anfang seiner Herrschaft an Ottos Pläne mitbestimmt haben, hervorgerufen sicherlich auch durch eine gewisse Aufgeschlossenheit den Slawen gegenüber, wozu seine illegitime Ehe mit einer vornehmen Slawin beigetragen haben mag. Vor seiner Krönung lebte Otto einige Zeit an der slawischen Grenze. Am 21. September 937 gründete er in Magdeburg in der Gegenwart von zwei Erzbischöfen und acht Bischöfen das Mauritiuskloster. Schon dieser glanzvolle Aufwand lässt erkennen, dass es sich hierbei nicht nur um die fromme Handlung eines jungen Königs handelte. Bereits 937 verfolgte Otto das Fernziel, aus dieser Stiftung ein für die Ostmission zuständiges Erzbistum zu schaffen. Damit verband sich seine politische Absicht, die Reichsgrenze nach Osten zu verschieben. Denn nur die Gemeinschaft des einen Glaubens garantierte Frieden, und daher war die Eingliederung heidnischer Stämme gleichbedeutend mit dem Willen zur Christianisierung dieser Gebiete. Diese war keineswegs nur der theologisch verbrämte Rechtfertigungsgrund für Eroberungssucht und Machttrieb, vielmehr entsprachen beide Aspekte dem theokratischen Herrschaftsmodell der Zeit.

Dabei konnte er an die expansive Politik seiner Vaters, König Heinrich I. (919–936), anknüpfen, der 929 durch den Sieg bei Lenzen die ostelbischen Slawen tributpflichtig gemacht hatte. An Mission hatte er allerdings noch nicht gedacht. Die Initiative dazu ging tatsächlich von Otto aus, der auch die Macht zu ihrer Durchführung besaß. Dies ist um so beachtlicher, als in den ersten zwei Dritteln des 10. Jahrhunderts missionarisch kompetente Persönlichkeiten im Bereich der Kirche weithin fehlten. Die Mönche blieben gern in ihren Klöstern, wo sie sich der Gelehrsamkeit hingeben konnten, und auch die Bischöfe zeigten kein großes Engagement zur Mission aus innerer Überzeugung. So war denn die Umsetzung des Missionsbefehls Christi die vornehmste Aufgabe des Herrschers selbst.

Militärpolitisch ging Otto die Sache durch die Einrichtung von Markgrafschaften (Billunger Mark, Nordmark, Lausitzer und Meißener Mark) an. Die Markgrafen sollten die Unterwerfung der Elbslawen vorantreiben und die benachbarten Bischöfe sich um die Mission kümmern. Durchgreifende Erfolge stellten sich dennoch nicht ein, zumal führende Politiker des Reiches Ottos Pläne nicht gerade begeistert unterstützten. Denn die Herren an der Grenze sahen ihren Vorteil in den ungeheuren Möglichkeiten der Tributleistungen. Wenn aber die Slawen durch Christianisierung zu gleichberechtigten Glaubensgenossen erhoben würden, wären diese Gewinnchancen dahin gewesen. Otto ließ sich jedoch weder in seinem sakralen Herrscherverständnis noch in seiner imperialmissionarischen Politik beirren und trieb seine Pläne voran. Er tat dies vor allem durch die Errichtung von Bistümern zur Förderung der Mission. So gründete er im Jahre 948 allein fünf neue Bistümer, nämlich drei dänische Sitze in Schleswig, Aarhus und Ripen für die Mission in den Ländern des Nordens und die ostelbischen Missionsbistümer Brandenburg und Havelberg. Deren Bischöfe Thiedmar (949–967) und Dudo (948–981) sollten das Christentum zu den Elbslawen bis hin nach Vorpommern tragen. Die sich damit verbindenden hochgespannten Erwartungen werden schon daran ablesbar, dass die Stiftungsurkunde für Brandenburg neben dem Markgrafen den päpstlichen Legaten sowie die Erzbischöfe von Mainz, Köln und Hamburg-Bremen als Zeugen aufführt. Die Neugründungen wurden als missionspolitische Maßnahme verstanden, weshalb dann auch im Text die Notwendigkeit betont wurde, dem christlichen Kult im Land der Heiden Raum zu schaffen.

Zu durchschlagender Christianisierung kam es dennoch nicht, wohl aber waren Einzelerfolge zu vermelden. Ein Beispiel dafür ist Boso, ein im Regensburger Kathedralkloster Sankt Emmeram ausgebildeter Mönch bayerischer Herkunft, der mit der Mission ostwärts der Saale betraut worden war. Mit kirchlichen Einkünften bestens ausgestattet, wirkte Boso in Ottos Auftrag bei den Sorben. Der Erfolg seiner Verkündigung der christlichen Botschaft wurde möglich, weil Boso der slawischen Sprache mächtig war. So hat er vermutlich für den Missionseinsatz einschlägige Texte ins Slawische übersetzt. In einem Wald bei Zeitz errichtete er eine Kirche aus Stein sowie weitere Gebäude und nannte den Ort nach seinem Namen (Buosenrod, 976 in einer Urkunde erwähnt). Der Umstand, dass Boso den für den Kirchenbau benötigten Platz erst roden ließ, obwohl gewiss genügend offenes Land zur Verfügung stand, könnte seine Ursache darin haben, dass sich dort ein heiliger Hain der Sorben befunden hat. Dann wäre die Benennung des Ortes auch keine Überheblichkeit Bosos, sondern ein aus der Missionsgeschichte bekannter Akt der Tatmission und des Kräftemessens mit den heidnischen Göttern. Boso, der 968 zum ersten Bischof von Merseburg geweiht wurde und 970 starb, hat jedenfalls mit seinen Missionsstützpunkten erste Erfolge bei der Bekehrung der Slawen erringen können.

Entscheidend gefördert wurden Ottos Pläne durch seinen grandiosen Sieg auf dem Lechfeld am 10. August 955 über die das Reich durch ihre Raubzüge ständig herausfordernden Ungarn. Das Ansehen des Königs als Retter der Christenheit, das selbst durch die Grausamkeit seiner Slawenzüge nicht geschmälert wurde, steigerte sich gewaltig. Otto selbst hatte auf dem Schlachtfeld gelobt, für den Fall seines Sieges dem Heiligen des Tages, Laurentius, in Merseburg ein Bistum zu errichten. Wenn auch durch die Umstände mit Verspätung, so hat er dieses Versprechen doch durch die Gründung des Erzsitzes Magdeburg schließlich eingelöst. So verbindet sich, getreu dem Herrschaftsverständnis Ottos, der Heidenkrieg sofort mit Missionsplänen. Denn danach sollten alle östlich der Elbe zu errichtenden Slawenbistümer dem neuen Erzsitz unterstellt werden.

Aber zunächst musste er erst einmal eingerichtet werden. Geschickt nutzte Otto nach dem Sieg 955 sofort die Situation und ließ seinen Boten, Abt Hadamar von Fulda, mit Papst Agapet II. (946–955) über Magdeburg als Erzbistum für die Slawenmission verhandeln. Aber auch jetzt fanden Ottos Ziele keine ungeteilte Zustimmung. Widerstand kam ausgerechnet von seinem eigenen Sohn, dem Erzbischof Wilhelm von Mainz (954–968), der nicht so sehr die Mission als vielmehr seinen Einflussbereich im Blick hatte. Mit seiner Behauptung, der Missionszweck sei bei der beabsichtigten Gründung nur vorgeschoben, tat er seinem Vater großes Unrecht an. Wilhelm war offenbar hartnäckig, denn obwohl Papst Johannes XII. (955–964) dem Heidenbekämpfer Otto anlässlich seiner Kaiserkrönung in Rom 962 seinen Lieblingswunsch befürwortete, konnte Magdeburg erst nach Wilhelms Tod 968 auf einer Synode in Ravenna förmlich als Erzbistum gegründet und Adalbert (968–981), der zuvor als Missionar im Reich der Rus gescheitert war, unterstellt werden. Bei diesen sich lange hinziehenden Verhandlungen kam es auch noch zu Animositäten zwischen Kaiser und Papst, die Otto zwar verärgert haben, ihn aber nicht an seinem Ziel verzweifeln ließen. Neben den bereits bestehenden Bistümern Brandenburg und Havelberg für das Lutizenland nordöstlich von Elbe und Havel wurden Adalbert die neuen Bistumssitze Merseburg, Zeitz und Meißen für das Sorbenland zwischen Saale und Elbe zugeordnet. Ein weiteres Bistum gründete Otto wohl 972 im ostholsteinischen Oldenburg für die Abodritenmission. Damit lag die Mission des gesamten slawisch Nordostens in Ottos Hand, und er hatte sein ehrgeiziges Konzept durchgesetzt. Hamburg war zuständig für Skandinavien, Magdeburg für das Slawenland jenseits von Elbe und Saale.

Den hochfliegenden Plänen des Kaisers konnte Magdeburg indes nicht entsprechen. Eine durchdachte Missionsstrategie gab es offensichtlich nicht, und die Slawen wollten lieber frei als christlich sein. Magdeburg geriet in eine Randposition. Die Mission aber endete unter des Kaisers Sohn

431 „Karlsthron" im Aachener Dom, um 800.

und Nachfolger, Otto II. (973–983) in einer Katastrophe. Als er nämlich im Juli 982 bei Crotone in Süditalien gegen die Sarazenen eine vernichtende Niederlage erlitt, fühlten sich die von Tributforderungen bedrängten Slawen östlich der Elbe zu einem Aufstand ermutigt. Lutizen und Abodriten zerstörten 983 die Bistümer Brandenburg und Havelberg und machten für Generationen die Ansätze der ottonischen Missionspolitik zunichte. Thietmar von Merseburg macht in seiner Chronik deutlich, dass der Grund für diesen Aufstand nicht nur bei den Slawen lag: „Völker, die nach Annahme des Christentums unseren Königen und Kaisern zu Tribut und Diensten verpflichtet waren, griffen, bedrückt durch die Überheblichkeit Herzog Dietrichs (Markgraf der sächsischen Nordmark; † 985), in einmütigem Entschluss zu den Waffen... Alle Kostbarkeiten der Kirche wurden geraubt und das

Expansion und Mission

Blut vieler elendiglich vergossen. An Stelle Christi und seines Fischers, des hochwürdigsten Petrus, wurden fortan verschiedene Kulte teuflischen Aberglaubens gefeiert; und nicht nur Heiden, sondern auch Christen lobten diese traurige Wendung" (III, 17). Sein Erzbistum hat Otto der Große erreicht, seinem Missionsvorhaben aber blieb ein dauerhafter Erfolg versagt. Der von ihm gegebene Impuls zur Ostmission wirkte jedoch weiter.

Insgesamt betrachtet muss man feststellen, dass mit Ausnahme des östlich der Saale gelegenen Sorbenlandes sämtliche Missionsversuche der Karolinger und der Ottonen im Gebiet der Elb- und Ostseeslawen gescheitert waren. Schlimmer noch, der Wendenaufstand von 983 hatte selbst die zaghaften Anfänge erstickt, woran auch die seit 985 nahezu jährlich unternommenen Kriegszüge des Reiches nichts zu ändern vermochten. 1003 schloss König Heinrich II. (1002–1024) in Quedlinburg sogar ein Bündnis mit den Lutizen gegen Polen, in dem er ihrem heidnischen Kult offiziell Duldung gewährte, ein bemerkenswerter Vorgang, der nicht unerheblich zur Stabilisierung der slawischen Herrschaft beitrug. Der Herrscher musste sich dafür die tadelnde Kritik des Missionserzbischofs Brun von Querfurt (1004–1009) anhören, der in Siebenbürgen sowie am unteren Dnjepr missioniert hatte und im Gebiet der pruzzischen Jadwinger den Märtyrertod fand. Heinrich solle, so Brun in einem meisterlich komponiertem Brief des Jahres 1008, sich nicht mit Heiden verbünden, sondern besser um des Christentums willen mit ihnen Krieg führen und sie zum Glauben nötigen. Der Missionar forderte den König also zu einem Heidenkrieg auf, eine ebenfalls bemerkenswerte Tatsache. Soweit war es jedoch noch nicht. Zunächst nutzten die Lutizen ihre Sonderstellung auf besondere Weise. Im Februar 1018 griffen sie unter einem Vorwand das abodritische Brudervolk an und stürzten dessen Fürsten Mstislav, der Christ war. Diese zweite Katastrophe nach 983 war das vorläufige Ende der Slawenmission. Die Wenden mussten geradezu die Behauptung ihrer politischen Eigenständigkeit als Sieg ihrer Götter verstehen, an deren Verehrung sie deshalb um so intensiver festhielten. Diese Situation sollte sich erst im 12. Jahrhundert grundlegend ändern.

Auch die Entwicklung des Christentums in Böhmen, Polen und Ungarn vollzog sich in engem Zusammenhang mit der Missions-, Kirchen- und Machtpolitik des Reiches. Um der deutschen Vorherrschaft, die stets Widerstand hervorrief, zu entgehen, wurden jedoch neue Wege gesucht und auch gefunden. Standen bei manchen Heereszügen der Kaiser Otto II. und Otto III. (983–1002), für

den zunächst seine Mutter Theophanu (* ca. 960) und nach deren Tod 991 seine Großmutter Adelheid (um 931–999) die Regentschaft führten, der Drang nach Rache für den Aufstand von 983 und die Gier nach Beute im Vordergrund, so setzte sich allmählich doch die Überzeugung durch, dass die Christianisierung neuer Länder nicht unbedingt mit deren Eingliederung in das Reich verbunden sein müsse.

Das zeigte sich nicht nur in Polen, sondern auch bei der Christianisierung Ungarns. Hier ging es wieder einmal um eine Entscheidung zwischen Ost und West. Die Raubzüge dieses Nomadenvolkes finno-ugrischen Ursprungs stießen bei ihren Nachbarn derartig auf Widerstand, dass sich vor allem nach der vernichtenden Niederlage auf dem Lechfeld 955 bei der Oberschicht die Meinung durchgesetzt haben mag, der christliche Gott sei doch mächtiger als die eigenen Gottheiten. Byzanz hatte erhebliches Interesse an den Ungarn, weil es Hilfe gegen die Bulgaren brauchte. Vielleicht angelockt durch üppige Geschenke und Ehrungen, ließen sich noch vor der Katastrophe von 955 die Ungarnfürsten Bulcsú und Gyula in Konstantinopel taufen. Während Gyula sich in seinem Herrschaftsgebiet tatsächlich um die Christianisierung bemühte, hatte Bulscú den Glauben nur vorgetäuscht. Denn er dürfte die Ungarn gegen Otto den Großen geführt haben und wurde nach der Niederlage gehängt. Danach fanden auch die Geschenke der Byzantiner ein abruptes Ende und es kam sogar zu Feindseligkeiten zwischen beiden Ländern. Kontakte nach Rom versandeten ebenfalls, sodass Großfürst Géza (972–997) schließlich sein Land der Mission aus dem Westen öffnete, die jedoch nur schleppend in Gang kam.

Der immer wieder deutlich werdende Zusammenhang von Herrschaftsstabilisierung und Christianisierung führte dazu, dass sich der Widerstand gegen die neue Religion lange halten konnte. Das bekam insbesondere Bischof Adalbert von Prag (983–997) zu spüren. Der später als Märtyrer sowie Schutzpatron von Böhmen und Polen verehrte Mann entstammte der mächtigen Familie der Slavnikiden, die in politischer Gegnerschaft zu den Přemysliden stand. Deshalb und wegen seines asketischen Reformeifers musste er 995 endgültig sein Bistum verlassen. Nach längerem Romaufenthalt hat Adalbert vermutlich im Spätherbst und Winter 996/997 in Ungarn gewirkt, bevor er sich zur Mission bei den Pruzzen an der Ostseeküste entschloss. In beachtlicher Weise stellte er sich dort mit seinen Mitarbeitern auf die Heiden ein. Als er nämlich merkte, dass diese das äußere Erscheinungsbild der Missionare mit ihren Tonsuren und rasierten Gesichtern irritierte, forderte er, „die Kleidung entsprechend zu ändern, Haare und Bärte wachsen zu lassen, wie es bei den Eingeborenen üblich war". Aber auch diese Anpassung nützte nichts. Am 23. April 997 erlitt Adalbert vermutlich bei Elbing den Märtyrertod, was bei den Christen Entsetzen und Verehrung zugleich auslöste.

Die mit der Westorientierung verbundene systematische Christianisierung Ungarns erfolgte unter Gézas Sohn und Nachfolger Vajk (997–1038), der nach seiner Taufe den Namen Stephan annahm und seit 1083 als Nationalheiliger verehrt wurde. Von heidnischer und byzantinischer Opposition angestiftete Bruderkriege zeigen, wie schwierig dieses Unterfangen war. Dennoch gelang es Stephan, seine Herrschaft zu stabilisieren und für den Ausbau der Kirchenverfassung zu sorgen. Entscheidende Hilfe leistete dabei Otto III., was wiederum mit dem Märtyrertod Adalberts zusammenhängt, von dem sowohl Otto III. wie auch Papst Silvester II. (999–1003) tief beeindruckt waren. Sie verehrten ihn als Heiligen und waren daher mit der Errichtung eines Erzbistums in seinem Grablegeort Gnesen (Gniezno), der polnischen Hauptstadt, einverstanden. Otto III. unternahm sogar eine Wallfahrt zum Grabe seines geistlichen Vaters Adalbert, die im Jahre 1000 zu dem vieldiskutierten „Akt von Gnesen" führte. Um diesen Pilgerzug ranken sich manche gelehrte Konstruktionen. Es wird wohl so gewesen sein, dass der gerade 20jährige Otto III. in erster Linie aus persönlich-religiösen Gründen das Grab Adalberts aufsuchen wollte und dann die Gelegenheit nutzte, um das politische Verhältnis zu Polen zu regeln. Wie dem auch sei, der Kaiser gründete nach Absprache mit Silvester II. das Erzbistum Gnesen, dem die neuen Bistümer Kolberg (Kołobrzeg), Krakau (Kraków) und Breslau (Wrocław) zugeordnet wurden. Damit verbunden war eine politische Rangerhöhung Polens, denn Bolesław wurde in die „Familie der Könige" erhoben, was durchaus nicht jedem Zeitgenossen zusagte. Unübersehbar ist die Bedeutung des Erzbistums für die staatliche Konsolidierung des Landes. Das eigentlich Überraschende an diesen Ereignissen ist die Abkehr Ottos III. von der imperialmissionarischen Politik seiner Vorgänger, denn das, was diese nach Kräften zu verhindern suchten, förderte er sogar. Damit setzte sich die von Rom schon lange verfolgte Linie durch, jedem Volk eine gewisse Eigenständigkeit zuzugestehen. Auf die Christianisierung der Ungarn hat Otto III. allemal positiv eingewirkt.

Nach einem allerdings späteren Zeugnis, einem Brief von Papst Gregor VII. (1073–1085) aus dem Jahre 1074, soll Stephan sein Reich dem heiligen Petrus übergeben haben. Im Winter 1000/1001 erhoben Otto III. und Papst Silvester ihn zum König und errichteten das Erzbistum Gran (Esztergom). Als erster Erzbischof wurde mit dem deutschstämmigen Astric (Anastasius-Ascherich; † vor 1039) ein Schüler Adalberts von Prag eingesetzt. Die altbekannte Verquickung von Mission und Macht zeigte sich in Stephans Bistumspolitik. Um seine zentralistische Herrschaft zu sichern, errichtete er Bistümer überall dort, wo seine Familie, die Arpaden, eine ständige Pfalz besaßen. Überdies setzte er auswärtige Kleriker als Bischöfe ein, um die Kirchenämter dem begehrlichen Zugriff des Adels zu entziehen. Kirchen wurden vor allem an Marktorten gebaut, was sich bis heute in dem ungarischen Wort für Sonntag, „vasarnap", niederschlägt, denn es bedeutet Markttag. Auch eine heidnische Reaktion ab 1038 konnte Stephans Werk nicht zerstören, sodass unter Ladislaus I. (1077–1095) das Christentum in Ungarn immer mehr gefestigt werden konnte.

Mit der Begründung der selbständigen christlichen Staaten in Polen und Ungarn rundete sich das Bild des dem Christentum folgenden Europa mehr und mehr ab. Ähnlich wie in Skandinavien verbanden sich auch hier staatliche Konsolidierung und nationale Integration des neuen Glaubens zum Aufbau lebendiger Kirchen. Das ältere Konzept der imperialmissionarischen Integration in das Reich ließ sich in dieser Phase der europäischen Geschichte nicht mehr durchsetzen. Die autonomen Kirchenprovinzen Polen und Ungarn richteten sich dagegen stärker nach Rom aus. Auch wenn sich die innere Christianisierung erst vom 11. Jahrhundert an wirklich durchsetzte, waren beide Staaten als östliche Vorposten des römischen Christentums gegen Byzanz und Russland fortan Bestandteile des christlichen Abendlandes.

Literatur

Angenendt 1984. – Boshof 1998. – Claude 1972. – Fletcher 1997. – Fried 1998a. – Henrix (Hrsg.) 1995. – Landersdorfer 1995. – Ludat 1971. – v. Padberg 1998. – Schlesinger 1962. – Völkl (Hrsg.) 1988.

Ottonen – Heinriche – Liudolfinger.
Ein Herrschergeschlecht aus Sachsen

BERND SCHNEIDMÜLLER

Namen und Perspektiven

Drei Kaiser mit Namen Otto, eingerahmt von einem ersten und einem zweiten Heinrich, gaben dem Herrschergeschlecht den Namen. Die Ottonen regierten von 919 bis 1024 im ostfränkisch-deutschen Reich und seit 962 im römischen Imperium. Zwischen Karolingern und Saliern nahmen sie ihren Platz in der Folge mittelalterlicher Dynastien ein. Nach dem ersten historisch bezeugten Amtsträger Liudolf († 864/866) nennt man sie auch Liudolfinger. Kaiser Heinrich II., der letzte Herrschaftsträger, pflegte daneben eine auf König Heinrich I. zurückführende Traditionslinie der bayerischen Heinriche, deren Familienbewusstsein sich in Konkurrenz zu den drei Ottonen entwickelte. Alle drei Bezeichnungen – Ottonen, Heinriche, Liudolfinger – greifen einen „Leitnamen" zur Kennzeichnung genealogischer Einheitlichkeit auf. In der Anknüpfung an Liudolf, Heinrich I. oder Otto I. transportieren sie unterschiedliche Urteile über die dynastiestiftende Bedeutung dreier „Stammväter".

„Ottonen" hat sich noch vor „Liudolfinger" als Verabredungsbegriff durchgesetzt. Schon die Zeitgenossen benutzten diese Sammelbezeichnung. Als Widukind um 970 im sächsischen Benediktinerkloster Corvey an der Weser seine Sachsengeschichte schrieb, rühmte er den Aufstieg seines Volkes unter Heinrich I. und Otto I. 50 Jahre später blickte Bischof Thietmar von Merseburg bereits auf fünf Herrscher zurück. Ihre Regierungszeiten wurden zum Gliederungsgerüst seiner bis 1018 geführten Chronik. Die vier ersten Bücher behandelten Heinrich I. (919–936), Otto I. (936–973), Otto II. (973–983) und Otto III. (983–1002); der Herrschaft Heinrichs II. (1002–1024) bis 1018 wurden dann vier weitere Bücher Gegenwartsgeschichte gewidmet. Thietmar zählte seine fünf Könige durch, drei Ottonen, zwei Heinriche. Heinrich II. war ihm „in der Königsreihe der fünfte, seines Namens der zweite" (IV 54).

Lange führten ihm der Zauber des Erbrechts (II Prolog) und der Stolz auf die eigenen, die sächsischen Könige die Feder. Unter ihnen war Otto I., „Italiens Zier und Sachsens Heil" (II 42), zweifellos der größte: „In seinen Zeiten brach das goldene Zeitalter an" (II 13). Und: „Seit Karl dem Großen hat auf dem Königsthron kein gleich bedeutender Herrscher und Schützer unseres Landes gesessen" (II 45). Doch Thietmar schrieb im Wissen um das dynastische Ende. Beim Bericht vom Tod Heinrichs I. 936 bedachte er die Kinderlosigkeit des Urenkels, Heinrichs II.: „Wehe den Völkern, denen keine Hoffnung verbleibt auf die Nachfolge eines Sprosses ihrer Herren in der Herrschaft ... Seit diesem Heinrich und seinen Nachfolgern sind bis heute nur Sachsen erhoben und überall hoch geehrt worden. Was an ihnen gerühmt wird, das achtet sorgfältig auch der König gleichen Namens, den ich beschreiben werde, wenn ich es erlebe. Doch er, so fürchte ich, wird der letzte sein" (I 19). Neben diesem Modell der Dynastie propagierten die Annalen von Quedlinburg den Namen: Ottonen (*stemma imperatoria illa Ottonum*, S. 52).

Von der Kaiserkrönung Ottos I. 962 bis zum Ende Heinrichs II. 1024 pflanzte die Geschichtsschreibung ihre Ottonen in der sächsischen Heimat ein. Angesichts des neuen europäischen Rangs entstand diese hartnäckige Verortung vielleicht als Reaktion der Daheimgebliebenen. Schreiberinnen und Schreiber in Gandersheim, Corvey, Merseburg und Quedlinburg nahmen die Herausforderungen der Italienpolitik auf. Sie erinnerten die eigenen Gemeinschaften wie die fernen Kaiser an Sachsen, den Ursprung gegenwärtiger Größe. Die sächsische Version der Reichsgeschichte machte den Lesern die Herrschaft ihrer Könige im Reich der Franken oder Römer erträglich.

Erst am Ende der Ottonenzeit traten außerhalb Sachsens auch andere Deutungsmuster hervor. Thietmars Zeitgenosse Bischof Adalbold von Utrecht nannte in seiner Lebensbeschreibung Heinrichs II. zwar den Vorgänger und Verwandten Otto III. Doch anders als sächsische Konstrukteure dynastischer Vergangenheit warf der lothringische Verfasser die gesamte liudolfingische Herkunft Heinrichs II. über Bord. Zur Herrschaft befähigte ihn vielmehr die doppelte Abstammung von Karl dem Großen, über den Vater und die Mutter (Adalbold, S. 48). Auch für Lampert von Hersfeld war

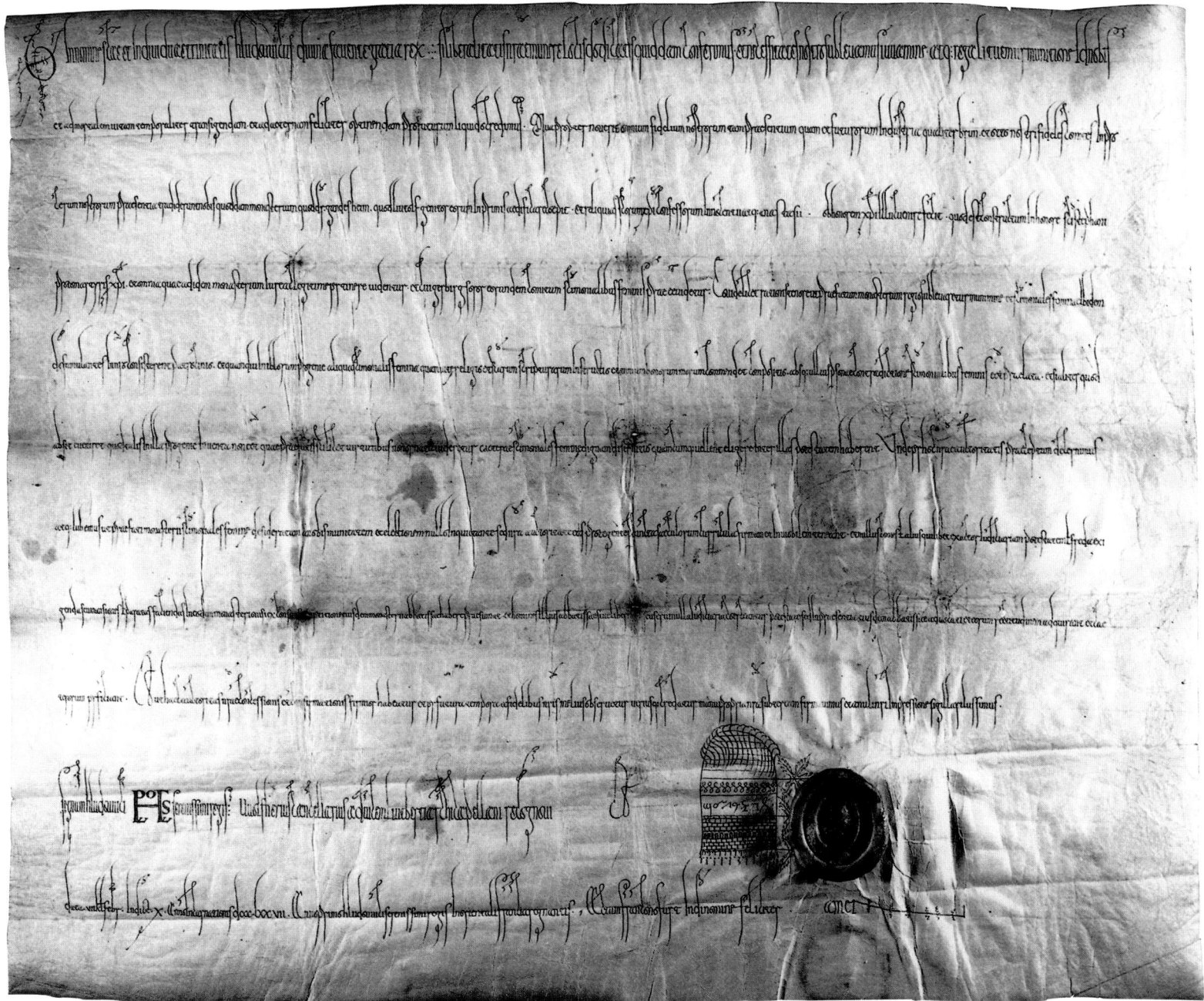

432 **Urkunde des ostfränkischen Königs Ludwig III. des Jüngeren für die liudolfingische Stiftsgründung Gandersheim.** Wolfenbüttel, Niedersächsisches Staatsarchiv, 6 Urk 3: 877 Januar 26.

Jahrzehnte später Heinrich II. kein Sachse mehr wie der Urgroßvater, sondern Bayer (Annalen, S. 32, 48).

Die wenigen Quellen waren von ihrem Darstellungszweck geprägt. In besonderem Maß gilt das für die Frühgeschichte der Liudolfinger. Rückschauend wird sie zumeist als geradliniger Aufstieg auf dem Weg zum Königtum Heinrichs I. beschrieben. Die ausschließlich lateinisch geprägte Schriftkultur bot zudem nur der Memoria geistlicher Gemeinschaften eine Überlieferungschance. Wünsche dieser Kommunitäten flossen dabei eher in die Feder als Reflexe des Denkens aus den Zentren der Macht. Elemente liudolfingisch-ottonischen Eigenbewusstseins lassen sich nur in arger Brechung erahnen. Die erhaltenen Texte wollen vielmehr häufig als Botschaften an die Herrscherfamilie und ihre Umgebung gelesen werden. Darum kann die Geschichte der Ottonen kaum aus der Verschmirgelung solcher Quellen zu einer klaren historischen Wirklichkeit geschrieben werden. Vielmehr muss man die Pluralität gezielten Erinnerungswissens aus dem 10. und 11. Jahrhundert aushalten. Im Wissen um diese Quellengrundlage mit ihrem besonderen Reiz will dieser Essay Wege eines Herrschergeschlechts in die Geschichte verfolgen.

Anfänge und fränkischer Handlungsrahmen

Am Anfang des Geschlechts standen der sächsische Graf Liudolf († 864/866) und seine fränkische Gattin Oda. Über Liudolfs Herkunft oder

Expansion und Mission 677

433 „Heiratsurkunde" der Kaiserin Theophanu. Wolfenbüttel, Niedersächsisches Staatsarchiv, 6 Urk. 11: 972 April 14.

über Odas Eltern Billing und Aeda wissen wir nichts Sicheres. Bei der schütteren Überlieferung des 9. Jahrhunderts verwundert das nicht. Erstaunlicher sind vielmehr die erhaltenen Kenntnisse. Sie werden einer frommen Kirchenstiftung des Paares verdankt. Im Kanonissenstift Gandersheim erinnerte man sich dankbar der Gründer und ihrer Stellung im Verwandtschaftsgefüge des ostfränkischen Karolingerreichs. Schon die Ehe mit einer fränkischen Adelstochter lässt den sächsischen Grafen als Angehörigen einer reichsweit agierenden Aristokratie erscheinen, die dem Vielvölkerreich Zusammenhalt verlieh und an Rang und Bewusstsein lokale Herren weit übertraf. Sie rückte in den nächsten Jahrzehnten immer deutlicher in Spitzenstellungen der Völker ein, welche im Gefüge des ostfränkischen Reichs neue Identitäten auf älteren Wurzeln und Namen ausbildeten: die Franken, Sachsen, Bayern, Alemannen/Schwaben, schließlich die Lothringer als Produkt einer neuen Ethnogenese des 9. Jahrhunderts.

Von einer Vorherrschaft in ganz Sachsen waren Liudolf und Oda weit entfernt. Doch sie zählten zu den führenden Familien. Deutlich wird das in ihrer Reise nach Rom 845/846 zum Erwerb von Reliquien für ihre Familienstiftung Gandersheim. Zuvor hatten die neu gegründeten sächsischen Bistümer die heilsverbürgenden Gebeine der Heiligen überwiegend aus dem gallischen Kernbereich des Frankenreichs erlangt. Die eigenständige Orientierung sächsischer Großer nach Italien zeigt ein neues Selbstbewusstsein an. Von Papst Sergius II. erhielten Oda und Liudolf neben Reliquien der heiligen Päpste Anastasius und Innocenz auch die Erlaubnis, ihre noch unmündige Tochter Hathumod als erste Äbtissin in Gandersheim einzusetzen. Der liudolfingische Zugriff behauptete sich in den nächsten Jahrzehnten, da Hathumods Schwestern Gerberga und Christina sowie ihre Nichte Liudgard als Äbtissinnen in Gandersheim amtierten. 877 gewährte der Karolinger Ludwig III. der Jüngere auf Bitten von Liudolfs Söhnen Brun und Otto dem Stift seinen Königsschutz sowie das Recht, dass die Konventualinnen ihre Äbtissin aus der liudolfingischen Familie wählen durften. Das feierliche Diplom, mit dem Herrschersiegel Symbol königlicher Bild- und Schriftpräsens in einer weitgehend oralen Gesellschaft, steht am Anfang der originalen Urkundenüberlieferung im Liudolfingerland (DD LdJ 3).

Ludwigs Fürsorge entsprang dem Verwandtengedenken. Sein Vater Ludwig II. hatte ihn wie seine Brüder Karlmann und Karl III. mit Töchtern aus führenden Adelsfamilien der *regna* („Königreiche") verheiratet. Ludwig, der Älteste, erhielt um 870 Liudgard zur Frau, die Schwester Bruns und Ottos. Das karolingische Teilreich Franken und Sachsen bestand zwar nur bis zu Ludwigs Tod 882, denn aus der Ehe mit der Liudolfingerin überlebte kein Sohn. Die Verwandtschaft mit der karolingischen Herrscherfamilie trug Liudgards Brüdern freilich aus der Königsnähe einen Vorrang im sächsischen Adel ein. Doch Bruns Herrschaft endete in der Katastrophe. Als Führer eines sächsischen Heeresaufgebots wurde er 880 von Normannen vernichtend geschlagen. Mit ihm fielen die Bischöfe von Minden und Hildesheim sowie elf sächsische Grafen. Ungern erinnerte man sich später dieser Schmach. Widukind tröstete sich mit dem Hinweis, Bruns jüngerer Bruder Otto („der Erlauchte") habe ohnehin besser zur Herrschaft getaugt. Andere ließen das sächsische Heer lieber in einer Naturkatastrophe umkommen.

Mit Liudolfs Sohn Otto trat einer der großen Namengeber in die Familiengeschichte ein. Seine Gattin Hadwig war vielleicht eine Tochter des in Mainfranken begüterten Babenbergers Heinrich. Der fränkische Schwiegervater bewirkte vermutlich die zweite Namentradition des späteren Königshauses. Nach dem Tod seiner Brüder Thankmar und Liudolf verbürgte nämlich Heinrich, der dritte Sohn Ottos und Hadwigs, die liudolfingische Kontinuität. Das Urteil über Otto wurde durch die späte Meldung Widukinds belastet, er sei nach dem Tod des letzten ostfränkischen Karolingers Ludwig 911 für das Königtum prädestiniert gewesen. Der Liudolfinger gehörte wie der konradinische König Konrad I. (911–918) zum Kreis jener führenden Adelsfamilien, die seit 888 königsfähig waren. Im sächsisch-fränkischen Grenzraum besaß Otto eine bedeutende Position und fungierte als Laienabt im ehrwürdigen Königskloster Hersfeld. Ihre Nähe zu den Karolingern vermochten die Liudolfinger sogar noch zu festigen. 895 heiratete Ottos Tochter Oda Zwentibold, den illegitimen Sohn Kaiser Arnulfs und letzten König von Lotharingien. In der Geschlechterfolge Liudolf – Otto „der Erlauchte" – Heinrich treten uns also Angehörige einer adligen Führungselite entgegen, die im weiten Handlungsrahmen des fränkischen Reichs agierten. Trotz ihrer sächsischen Basis können sie kaum in einen gentilen Rahmen zurückgebunden werden. Will man den sächsischen Grafen Liudolf überhaupt als „Sachsen" ansprechen, so war schon sein Enkel Heinrich durch seine fränkische Mutter und Großmutter bereits ein „Dreiviertel-Franke". Doch ethnische Zuordnungen prägen noch nicht die Realität einer Adelsgesellschaft, die in transgentilen Bezügen dachte und handelte. Darum bleibt der angebliche Übergang des Königtums von den Franken auf die Sachsen, von Konrad auf Heinrich, ein Konstrukt der Rückwärtsschauer!

Als erster Liudolfinger heiratete Heinrich in zwei Ehen sächsische Damen. Die Rechtmäßigkeit der ersten Verbindung mit Hatheburg, aus der der älteste Sohn Thankmar hervorging, wurde erfolgreich bestritten. Hatheburg hatte bereits ein Keuschheitsgelübde als Nonne abgelegt. Als Heinrich die Ehe löste, behielt er den Besitz der Gattin um Merseburg, im liudolfingischen Kernland am Nordharz. Die zweite Gattin Mathilde, eine Nachfahrin des Sachsenführers Widukind, brachte reichen Besitz aus Engern und Westfalen und den Glanz alter Traditionen in die Ehe. Ihre drei Söhne (Otto, Heinrich, Brun) und zwei Töchter (Gerberga, Hadwig) prägten die künftige Geschichte des Hauses in entscheidendem Maß. Beim Tod Ottos „des Erlauchten" 912 rückte sein Sohn Heinrich in eine Vorrangstellung. Erst Spätere wollten darin „die herzogliche Würde über ganz Sachsen" er-

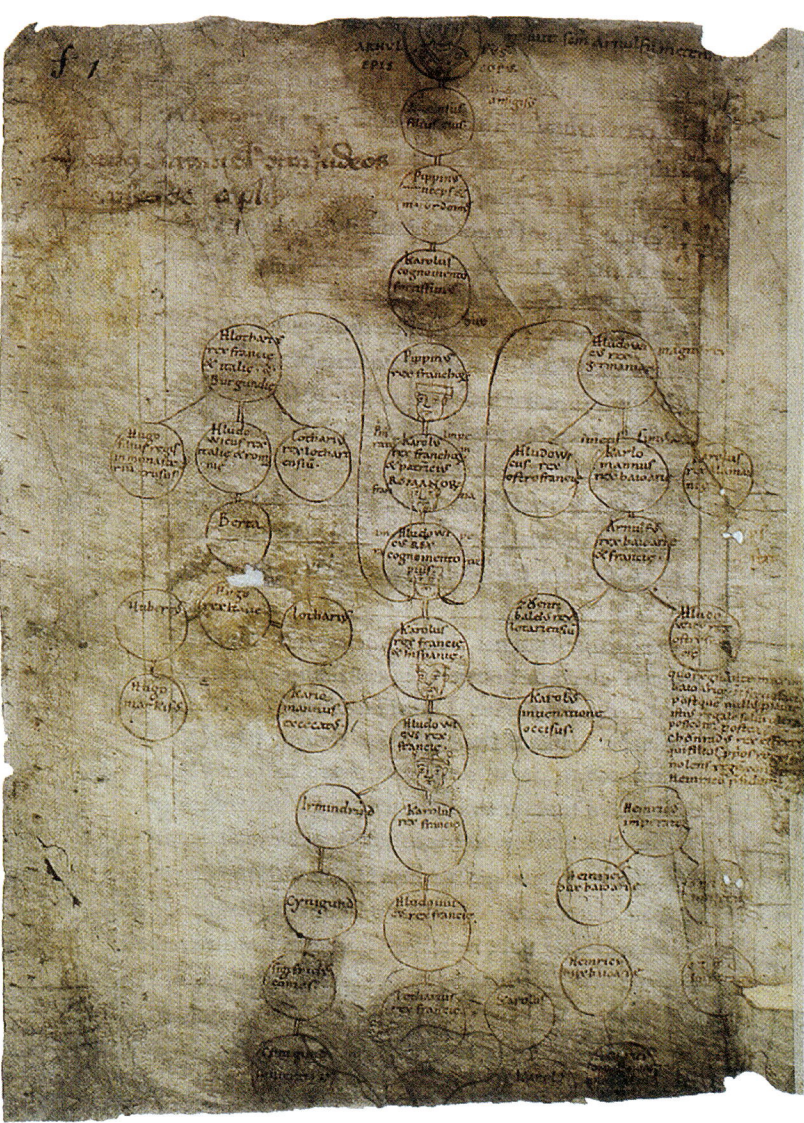

434 **Stemma von Karolingern und Ottonen („Bamberger Tafel")**, 11. Jahrhundert, München, Bayerische Staatsbibliothek, Clm 29880.

blicken (Widukind, I 21). Wie viele seiner Standesgenossen geriet Heinrich in Konflikt mit König Konrad I. In Sachsen stellte sich der Liudolfinger damals an die Spitze adliger Handlungsverbände.

Königswahlen – erinnert oder erdacht?

Das unglückliche Ende König Konrads I., der Aufstieg Heinrichs I. zur Herrschaft im ostfränkischen Reich und die Nachfolge seines Sohnes Otto 936 werden zumeist aus der Perspektive der Sachsengeschichte Widukinds von Corvey beschrieben. Sie liefert ausführliche Nachrichten über eine steile Familienkarriere: Schon beim Tod des letzten Karolingers 911 wurde Otto „der Erlauchte" als Nachfolger gewünscht, doch der lehnte aus Altersgründen die Krone ab. Das Glück seines Sohnes Heinrich (*fortuna atque mores*) und der Misserfolg Konrads I. wurden bald offenkundig. Auf dem Totenbett designierte der Konradiner Heinrich zum Nachfolger. Konrads Bruder Eberhard führte diesen letzten Willen aus. Eine Wahlversammlung von Franken und Sachsen erhob den Liudolfinger 919 in Fritzlar zum König. Als der Mainzer Erzbischof dem neuen Herrscher Salbung und Krönung anbot, lehnte der mit dem Hinweis ab, ihm genüge der königliche Name. Anschließend zwang er die Herzöge Burchard von Schwaben und Arnulf von Bayern zur Anerkennung seines Königtums, machte sie zu seinen Freunden und trat die ungeteilte Herrschaft im ostfränkischen Reich an (Widukind, I 25–27). Dem Ausgleich mit den Herzögen wurden nicht allein Siege über die Slawen verdankt. In einer gewaltigen Kraftanstrengung aller Völker gelangen die erfolgreiche Reichsverteidigung gegen die Ungarn und ein Schlachtensieg bei Riade. Das Heer rief seinen Feldherrn zum „Vater des Vaterlands, Gebieter aller Dinge und Kaiser" aus (*pater patriae, rerum dominus imperatorque*, I 39). Auf dieser Höhe der Macht gab Heinrich das Frankenreich an Otto weiter, den „größten und besten" seiner Söhne (I 41). Eine illustre Versammlung von Franken und Sachsen bestätigte die väterliche Designation und wählte Otto 936 in Aachen zum König. In der Marienkirche krönte und salbte der Mainzer Erzbischof unter Assistenz der Erzbischöfe von Köln und Trier den in fränkischer Tracht auftretenden neuen Herrscher und setzte ihn auf den Thron Karls des Großen. Beim anschließenden Krönungsmahl in der Pfalz versahen die Herzöge von Lothringen, Franken, Schwaben und Bayern Dienste als Kämmerer, Truchsess, Mundschenk und Marschall (Widukind, II 1–2): Ottos Nachfolge wurde von allen Völkern des Reichs getragen und in der ehrwürdigen Pfalzanlage des großen Karolingers in Szene gesetzt.

Widukinds Erzählung vom unaufhaltsamen Aufstieg des ottonischen Herrscherhauses prägte das Bild historischer Wirklichkeiten. Wegen Fehlern und Ungereimtheiten, vor allem nach intensiven Methodendiskussionen über Wirkkraft und Zweck von Erinnerung in einer oralen Gesellschaft wurden neuerdings Zweifel an der „Richtigkeit" der Sachsengeschichte laut. Sie gingen bis zur konsequenten Vernichtung der Hauptquelle als Lieferant für die Faktengeschichte. Bloße Geschichtskonstruktion warf man dem Corveyer Mönch vor. Die kontroversen Debatten sind noch nicht zum Abschluss gediehen. Eine neue Lektüre der einmaligen, in zeitlichem Abstand entstandenen Überlieferung könnte ein offeneres Bild der ottonischen

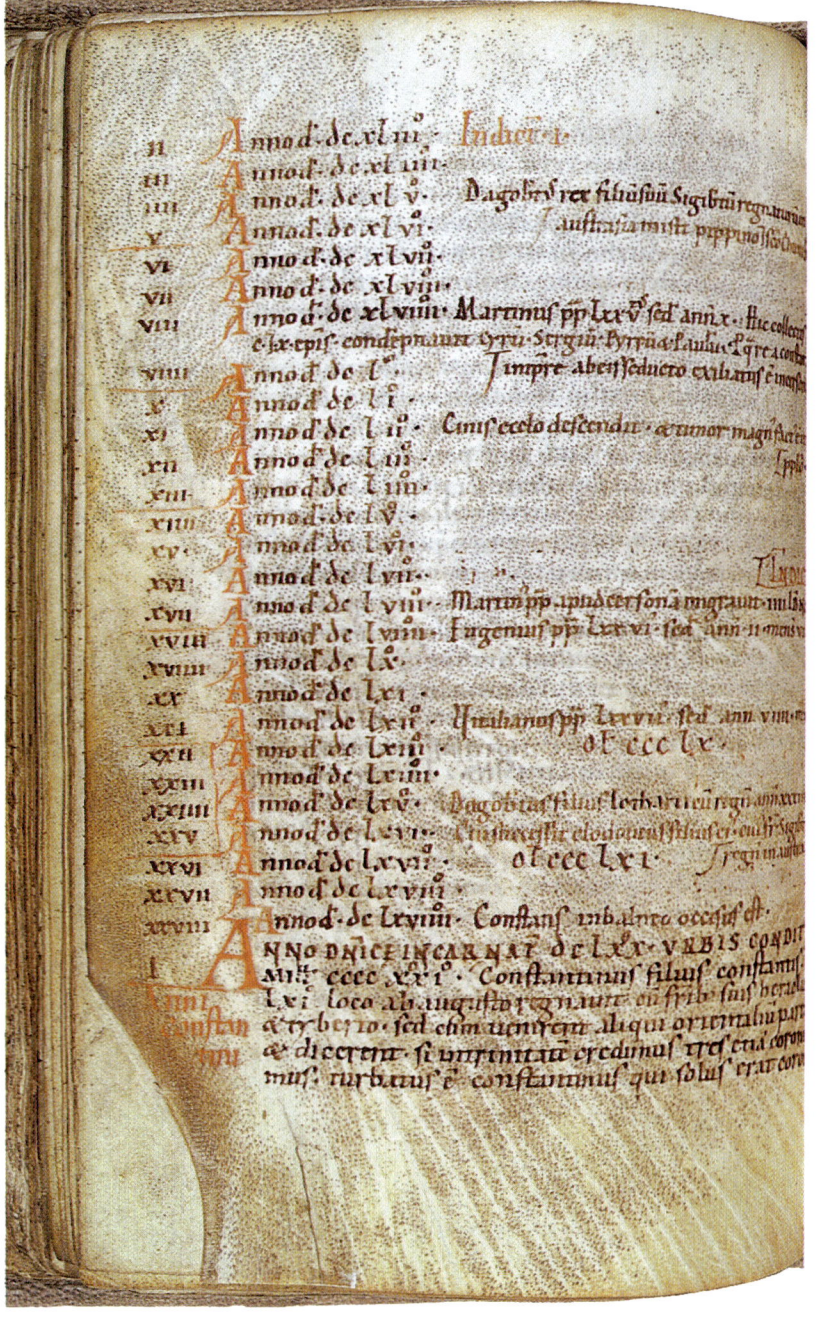

435 Die Liudolfinger in der Weltchronik Frutolfs von Michelsberg (um 1100). Jena, Thüringer Universitäts- und Landesbibliothek, Cod. Bose q. 19, fol. 171 v.

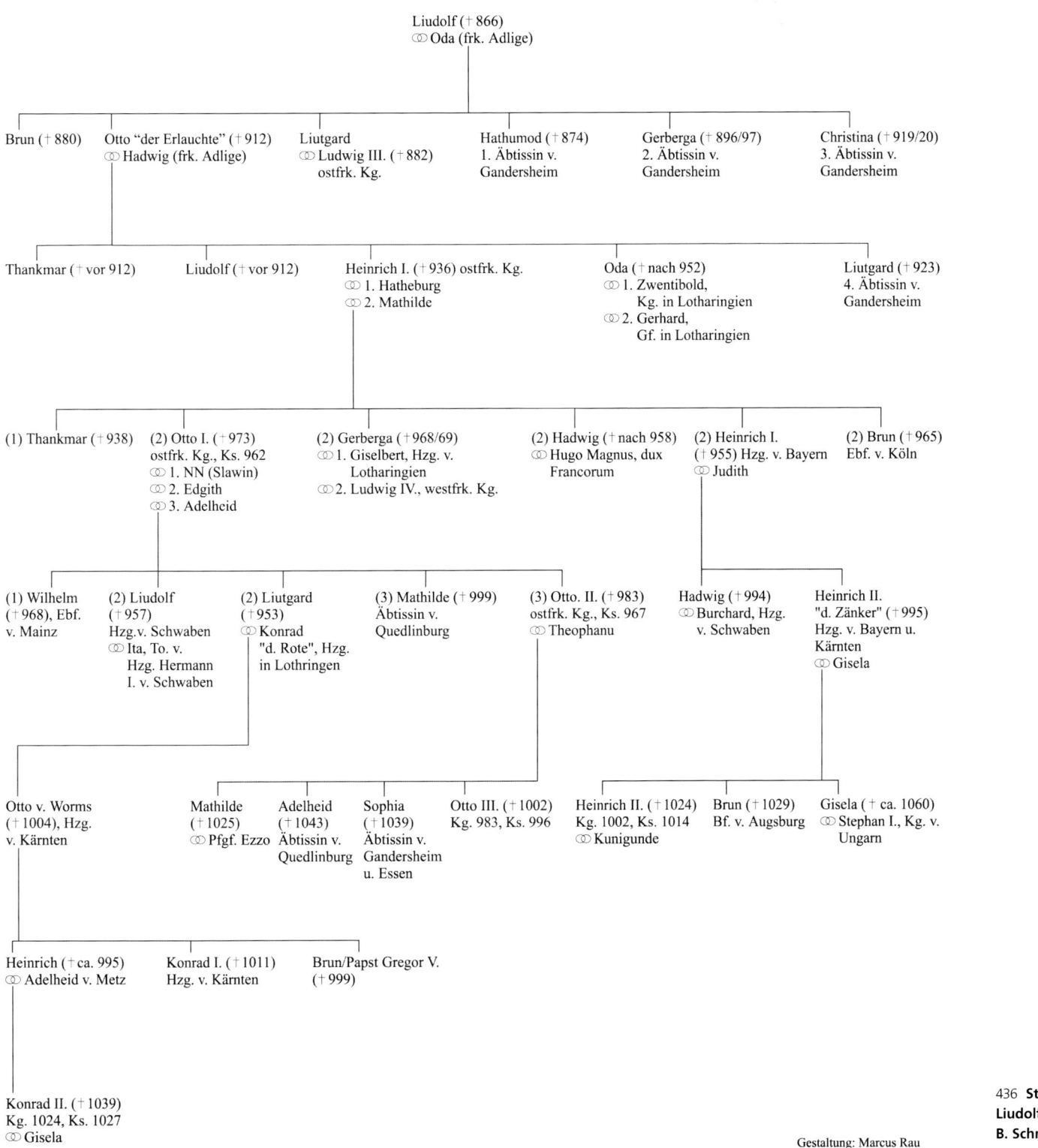

436 **Stammtafel der Liudolfinger** (n. B. Schneidmüller).

Neuanfänge erstehen lassen: Heinrich setzte sich wohl im langgestreckten Prozess, nicht punktuell, gegen Standesgenossen wie Arnulf von Bayern durch. Sein Erfolg begründete eine weitreichende Rivalität zwischen Liudolfingern und Konradinern. Unser Kronzeuge Widukind reduzierte aus dem Wissen um die Ergebnisse die Geschehnisse auf Erinnerungsakte und „bewältigte" den Wettbewerb ums Reich. Von den ottonischen Anfängen existiert also nur das Erinnerungswissen einer späten, zielgerichteten Historiographie. Für ihre Gegenwart entwickelte sie die Geschichte. Ob die Wahlen von Fritzlar und Aachen 919 und 936 in ihrem Ablauf erinnert, geglaubt oder gar „wahr-

Expansion und Mission   681

haftig" waren, lässt sich nicht mehr sicher entscheiden. Das Wissen um die ottonischen Anfänge verharrt im Bannkreis später Memoria aus glücklichen Kaisertagen. Sie mag richtig erinnert oder gut konstruiert sein. Diese Spannbreite will auf dem Weg zu unseren historischen Wirklichkeiten bedacht werden.

Das Reich als Familien- und Konfliktverband

Aus Erfahrungen und Handlungsmustern der fränkischen Aristokratie entwickelten die ersten beiden Ottonen ihre politischen Integrationsformen. Herrschaft wurde im Konsens ausgestaltet, durch Freundschaftsbünde und Gebetsverbrüderungen, durch die Schaffung verwandtschaftlicher Bindungen wie durch die Beachtung ungeschriebener, aber gewusster Spielregeln in öffentlicher und symbolischer Kommunikation. Heinrich I. (919–936) und Otto I. (936–973) beachteten die Autonomie führender Adelsfamilien, die ihren Rang als Herzöge in den Völkern des ostfränkischen Reichs etablierten, in Franken, Bayern, Schwaben, Lothringen (925 ans ostfränkische Reich gefallen). Lange bewahrten sich die Herzöge von Bayern und Schwaben den Zugriff auf die Kirche in ihren Dukaten. Und erst in der zweiten Hälfte des 10. Jahrhunderts konnten die Herrscher in Süddeutschland für süddeutsche Empfänger urkunden.

Aus diesem offenen, das Reich tragenden Kräftespiel von Königtum und Adel vermochte Heinrich I. Haus und Nachfolge zu ordnen. 929 wies er seiner Gattin Mathilde ihr Witwengut zu (D H I 20), verfügte vermutlich den Ausschluss Thankmars, des ältesten Sohns aus der Ehe mit Hatheburg, von der Nachfolge und bestimmte den jüngsten Sohn Brun († 965) für die geistliche Laufbahn, in der er bis zum Erzbischof von Köln aufsteigen sollte. Damit trat der 912 geborene Otto in den Vordergrund. Gerade war ihm aus einem Konkubinat mit einer slawischen Prinzessin ein Sohn geboren worden, der spätere Erzbischof Wilhelm von Mainz († 968). Doch nun wurde eine standesgemäße Ehe angestrebt. Bei der Brautwerbung trug man alten Bindungen der Sachsen zum angelsächsischen Brudervolk ebenso Rechnung wie dem eigenen monarchischen Rang. 930 nahm Otto Edgith/Edith († 946) zur Frau, die Schwester König Aethelstans von Wessex. Seine Halbschwester hatte zuvor den karolingischen König Karl III. von Westfranken geheiratet. Das Königshaus von Wessex stammte vom heiligen Oswald ab, der im Heidenkampf den Märtyrertod erlitten hatte. Eine solch prestigeträchtige Verbindung hob den Rang Ottos hervor, der seinem Vater 936 auf dem Thron folgte. Ottos jüngerer Bruder Heinrich ging bei dieser Nachfolge leer aus.

Schon 912 war im welfischen Königreich Burgund nur ein Sohn unter Übergehung des Bruders dem verstorbenen Vater gefolgt. 936 setzte sich diese revolutionäre Sukzession im Königtum weiter durch. Seit Jahrhunderten hatten sich alle legitim geborenen Königssöhne Herrschaft und Reich geteilt. Jetzt folgte nur noch der Älteste. Das Reich blieb ungeteilt und wurde dadurch aus den Zufällen monarchischer Fruchtbarkeit herausgelöst. Lange noch protestierten übergangene Prinzen gegen ihren Ausschluss von der Thronfolge. Zuerst erhob sich Thankmar gegen Otto, dann der jüngere Bruder Heinrich. Auch der spätere Protest von Ottos ältestem Sohn Liudolf resultierte vielleicht aus der Sorge um den Ausschluss von der Nachfolge. Diese Liudolfinger fanden immer wieder die Unterstützung adliger Gruppen, deren Revolten sich im 10. Jahrhundert um übergangene Angehörige der Königssippe gruppierten. Was mittelalterliche Chronisten und moderne Historiker freilich als Verschwörung gegen den Herrscher stilisierten, war eigentlich nur die Einforderung überkommener Ansprüche. Die Modernisierung der Thronfolge, Voraussetzung für die Einheit des Reichs und die mittelalterliche Nationsbildung, vollzog sich im Normenkonflikt zwischen neuen Notwendigkeiten und altem Recht.

Zur Festigung und Durchsetzung von Rang und Konzept griffen Heinrich I. und Otto I. personell auf ihr Reich aus. Während der erste König noch seine adligen Standesgenossen in Freundschaftsbündnissen (amicitiae) an sich zog, folgte bald die Durchdringung des führenden Adels in einem Netz von personalen Kontakten und Heiratsverbindungen: Für seinen Wechsel vom westfränkischen Reich zum Königtum Heinrichs I. erlangte der Lothringer Giselbert als erster die Hand der Königstochter Gerberga. Nach dem Tod ihres Gatten heiratete sie 939 den westfränkischen Karolinger Ludwig IV. (936–954). Gerbergas Schwester Hadwig war mit Ludwigs Rivalen, dem französischen Herzog Hugo Magnus († 956), vermählt worden. Ihr Sohn Hugo Capet bestieg 987 den westfränkisch-französischen Thron und begründete die bis 1848 in Frankreich regierende kapetingische Dynastie. – Ottos Bruder Heinrich († 955) heiratete Judith, die Tochter des bayerischen Herzogs Arnulf, Voraussetzung für die Einweisung ins Herzogtum Bayern 948. Hier etablierte sich mit dem gleichnamigen Sohn (Heinrich „der Zänker", 955–976 und 985–995) und Enkel (995–1002, dann als Heinrich II. König) die liudolfingische Linie der Heinriche. – Seinen ältesten Sohn Liudolf († 957) verband

437 Mittlerer Teil der „Heiratsurkunde" der Theophanu. Wolfenbüttel, Niedersächs. Staatsarchiv, 6 Urk. 11: 972 April 14.

Otto I. mit Ida, der Tochter Herzog Hermanns I. von Schwaben; ihm folgte Liudolf als schwäbischer Herzog nach. Ottos Tochter Liudgard († 953) wurde schließlich mit Konrad dem Roten verheiratet, dem 944 das Herzogtum Lothringen zufiel; 1024 sollte ihr Urenkel Konrad II. die Dynastie der Salier begründen.

Verwirrende genealogische Fäden ergeben in der Zusammenschau ein feines Netz. Innerhalb weniger Jahre wurden die Herzöge des ostfränkischen Reichs wie auch die Karolinger und Robertiner in Westfranken durch Verwandtschaft ans ottonische Königtum gebunden. An die Stelle der auf Gleichrangigkeit zielenden Freundschaftsbündnisse trat Ottos Familienpolitik zur Reichsintegration und zur Bewahrung seines Vorrangs. Da die Ottonen nicht mehr mit den institutionellen Möglichkeiten der Karolingerzeit regieren konnten, waren es solche Bindungen und Kommunikationsmuster, die eine neue Form von frühmittelalterlicher Staatlichkeit hervorbrachten. Erfahrbar wurde sie auf einem Hoftag Ottos I. 965 in Köln, wo sich die „ganze Gott-geliebte Familie" (Ruotger, S. 45) um den neuen Kaiser versammelte.

Wegen der Labilität der Kräfteverhältnisse wandelte sich der Familien- auch rasch zum Konfliktverband. Der Erfolg über Widerstände beruhte auf politischem Geschick im Agieren mit Adelsverbänden, mehr aber noch auf militärischer Tüchtigkeit und Glück. Anders als der Konradiner verstanden es die beiden ersten Ottonen, ihre Reitertruppen zu führen, schwierige militärische Situationen zu meistern, Terror gegen Feinde auszuüben und immer wieder Siege zu erringen. Zeitgenossen sahen darin das sichtbare Wirken von Heiligen an Heer und Herrscher. Reliquien wie der Nagel vom Kreuz Christi in der von Heinrich I. erworbenen Heiligen Lanze taten im Kampf ihr heilbringendes Werk. Ausschlaggebend wurden die Resultate, der Ungarnsieg Heinrichs I. 933 bei Riade, die Bewährung Ottos I. in Kriegen gegen seine „aufständischen" Herzöge 939 und gegen seinen Sohn Liudolf 953, der grandiose Ungarnsieg Ottos I. 955 auf dem Lechfeld.

Die Imperialisierung der Dynastie

Als Otto I. in Italien 950/951 eingriff, reagiert er vielleicht nur auf die traditionell eigenständige Italienpolitik der Bayern und Schwaben. Rivalitäten um die Nachfolge im italienischen Königreich nutzend, das rasche Engagement der schwäbischen und bayerischen Herzöge begleitend, zog Otto damals nach Oberitalien und erlangte hier neben der langobardischen Krone die Hand seiner zweiten Gemahlin Adelheid († 999), Tochter des welfischen Königs Rudolf II. von Burgund und Witwe des italienischen Königs Lothar. Ihrem neuen Ehemann legitimierte sie nicht allein seine Herrschaft in Italien. Sie ließ vielmehr am ottonischen Hof eine völlig neue Welt aufscheinen. Hatte die erste Ehe mit Edgith wichtige Bindungen nach Westeuropa eingebracht, so eröffneten sich Otto durch die zweite Heirat Kontakte in die mediterrane Welt mit ihrem imperialen Glanz.

Zwar scheiterte ein schneller Romzug. Doch die Übernahme der Herrschaft im italienischen Langobardenreich (*regnum Langobardorum*), gesteigert noch durch den Triumph über Empörer im eigenen Reich und den glorreichen Heidensieg gegen die Ungarn auf dem Lechfeld von 955, ließen Erinnerungen an die alten Zeiten Karls des Großen aufkeimen. Auch wenn Widukind das Heer nach dem Ungarnsieg erneut seinen Herrscher zum „Kaiser" (*imperator*) ausrufen ließ, – erst eine Einladung des Papstes ebnete die Wege nach Rom und die Übernahme der höchsten Würde in der abendländischen Christenheit. Zuvor wurde Otto II. – der kleine Sohn aus der Ehe mit Adelheid, nach dem frühen Tod Liudolfs (957) die einzige Hoffnung – 961 in Worms zum Mitkönig gewählt und in Aachen gesalbt. Hatte bisher die Mehrzahl an Königssöhnen die Nachfolge kompliziert, so wurde in kaiserlichen Zeiten der Mangel an Knaben zum dauerhaften Zitterspiel für die Zukunftsgestaltung von Herrschaft und Reich. Noch überschatteten solche Krisen monarchischer Fruchtbarkeit den Romzug nicht. Am 2. Februar 962 empfing Otto I. in Rom von Papst Johannes XII. die Kaiserkrone. Er erneuerte das karolingische Kaisertum des Westens damit nicht allein für seine unmittelbaren Nachfahren. Über Jahrhunderte sollte es nun fortan mit dem ostfränkisch-deutschen Königtum verknüpft bleiben und bis zum Ende des Alten Reichs 1806 wirken.

Seinen gemehrten Rang nutzte Otto nicht nur für die Etablierung einer Kirchenorganisation im ostsächsischen Missionsgebiet. Mit Zustimmung des Papstes wurde Magdeburg – schon 937 durch eine Klosterstiftung Ottos und Edgiths ausgezeichnet und längst bevorzugter Aufenthaltsort des Herrschers – 968 zum Erzbistum erhoben. In den Jahren nach der Kaiserkrönung widmeten sich Otto und Adelheid bevorzugt dem Herrschaftsausbau in Italien, wo sich der Kaiser fortan mit nur kurzen Unterbrechungen aufhielt. Am 7. Mai 973 starb er in Memleben und wurde im Magdeburger Dom, den er mit imperialen Spolien so glanzvoll ausgezeichnet hatte, an der Seite seiner ersten Gemahlin Edgith begraben. Zeitgenossen wie Nachgeborene legten ihm nicht allein zur Unterscheidung vom gleichnamigen Sohn den Beinamen „der Große" bei. Mit der Beisetzung in einer erzbischöflichen Domkirche wurde der ottonischen Grablegetradition eine neue Richtung gegeben, nachdem noch Heinrich I. in der Stiftskirche Quedlinburg bestattet worden war. Als letzter Ottone ruhte Otto I. in sächsischer Erde. Otto II. (973–983) wurde als einziger Kaiser im römischen Petersdom, Otto III. (983–1002) in der Aachener Marienkirche Karls des Großen, Heinrich II. (1002–1024) in der von ihm gestifteten fränkischen Bischofskirche in Bamberg beigesetzt. Der dauernde Wechsel der Grablegen symbolisiert den Wandel des liudolfingisch-ottonischen Geschlechts, seiner changierenden räumlichen wie ideellen Orientierung.

Dem Aufstieg zum Kaisertum hatten Otto und Adelheid im Eheprojekt für den einzigen Sohn und Erben sichtbaren Ausdruck verliehen. Am 25. Dezember 967 salbte Papst Johannes XIII. Otto II. zum Mitkaiser. Konsequent die Anerkennung des byzantinischen Hofs für das abendländische Kaisertum suchend, warb eine Gesandtschaft um eine purpurgeborene Prinzessin aus dem oströmischen Kaiserhaus. Mit Theophanu erlangte man zwar keine Porphyrogenneta, wohl aber eine Nichte des Kaisers Johannes Tzimiskes. Die Hochzeit wurde am 14. April 972 in Rom gefeiert. Seiner Gattin wies der Kaiser in einer einzigartigen Prunkurkunde umfangreichen Besitz zu (D O II 21). Wieder kam

438 Unterer Teil der „Heiratsurkunde" der Theophanu. Wolfenbüttel, Niedersächs. Staatsarchiv, 6 Urk. 11: 972 April 14.

mit der neuen Herrscherin eine neue Welt an den ottonischen Hof. Die Brücke zur vornehmsten Macht in der christlichen Welt war geschlagen. Der Kulturtransfer von Ost nach West lässt sich nur erahnen.

Der Kaiser der Römer, der Knecht der Apostel, die Zierde Europas und die Ordnung der Geschichte

Bei der Meldung vom Tod Ottos I. nannte Widukind von Corvey ihn „Kaiser der Römer, König der Völker" (*imperator Romanorum*, *rex gentium*, III 76). Doch Otto führte seit 962 nur den allgemeinen, nicht den römischen Kaisertitel. Für diese Ausweitung sorgte erst Otto II. (*Romanorum imperator augustus*). Ihm und seinen Nachfolgern hatte Otto der Große ein geordnetes Reich nördlich wie südlich der Alpen mit dem unangefochtenen Anspruch auf das Imperium hinterlassen. Italien als Ursprung der Kaiserwürde zog Otto II. und Otto III. wiederholt in seinen Bann. Dabei behielt der sächsische Harzraum seine Funktion als wichtigste Königslandschaft, neben dem Rhein-Main-Gebiet, dem lothringischen Westen, unter

Heinrich II. dann neben den oberen Mainlanden und Bayern.

Die Geschichte der drei letzten Herrscher aus dem Geschlecht der Ottonen oder Liudolfinger kann in diesem Essay knapp besprochen werden, weil sie in vielen Beiträgen dieses Bandes entfaltet wird. Mittelalterlichen Menschen und modernen Rückblickenden galt Otto II. als glückloser Sohn eines großen Vaters. Durch Personalentscheidungen in den Herzogtümern versuchte er Loyalitäten zu schaffen. Doch der Herrschaftsanspruch des bayerischen Herzogs Heinrich („des Zänkers") auf Teilhabe am Königtum überschattete unangefochtene Kontinuitäten im nordalpinen Königtum. Der Enkel Heinrichs I. aus der bayerischen Linie der Heinriche hatte sich der Autorität Ottos des Großen noch gebeugt. Durch seine Ehe mit der burgundischen Königstochter Gisela unterstrich er freilich seinen herrscherlichen Rang und forderte ihn 974 offensiv ein. Trotz der Absetzung als bayerischer Herzog und zeitweiliger Inhaftierung verstummte der Anspruch auf sein Recht am Königtum nicht. – In einer solchen Phase vermeintlicher Schwäche lebten auch westfränkische Ansprüche auf das alte karolingische Königsland Lothringen wieder auf. Der karolingische König Lothar war auf Betreiben des ottonischen Hofs mit Emma, der Tochter Kaiserin Adelheids aus erster Ehe, vermählt worden. Die verwandtschaftliche Bindung trug freilich nur ein Jahrzehnt. Zu sehr forderte die imperiale Würde der ottonischen Kaiser das überaus stolze Herkunftsbewusstsein der westfränkisch-französischen Monarchie heraus und drängte bald zur weiteren Herausbildung eigener, nationaler Identität. Nur mit Mühe entkamen Otto II. und seine Gemahlin Theophanu 978 einem Überfall des karolingischen Schwagers Lothar auf Aachen. Ein Vergeltungsfeldzug nach Westen endete ebenso glücklos wie der militärische Versuch der Herrschaftserweiterung auf Kosten der Byzantiner in Süditalien. Offensiv hatte Otto II. bei der Belagerung Tarents im Frühjahr 982 begonnen, den römischen Kaisertitel in seinen Urkunden zu führen (D O II 273). Doch am 13. Juli 982 erlitt er bei Columna regia (nördl. Reggio/Calabria) gegen die Sarazenen eine vernichtende Niederlage, die das Ende seiner ausgreifenden Süditalienpolitik bedeutete. Das militärische Glück des Vaters lachte dem Sohn nicht mehr. Darum war es bereits ein Erfolg, dass er im Mai 983 auf einem Hoftag in Verona die Wahl seines 3jährigen Sohnes Otto III. zum Mitkönig durchsetzen konnte. Bald darauf zerstörte im Juni 983 ein Slawenaufstand den Großteil der sächsischen Siedlungsexpansion nach Osten. Nicht einmal 30jährig, starb der Kaiser am 7. Dezember 983 in Rom und wurde im Petersdom beigesetzt.

Nur mit Mühe konnten Mutter und Großmutter im Bund mit Bischöfen und Geistlichen die Nachfolge des am 25. Dezember 983 in Aachen gekrönten Kleinkinds Otto III. sichern. Heinrich „der Zänker" und König Lothar von Westfranken hatten als nahe männliche Verwandte die Vormundschaft eingefordert. Über nationale Verengungen und dynastische Handlungszwänge hinaus schienen hier ältere Prinzipien vom Recht am Königtum und von der Einheit der königlichen Familie auf. 984 musste Heinrich jedoch Otto an die beiden Kaiserinnen ausliefern. Zu Ostern 986 bekräftigte eine Festkrönung im alten Erinnerungsort Quedlinburg seine allgemeine Akzeptanz. Bis zum vierzehnten Geburtstag 994 blieben Ottos Regierungshandlungen von der Mutter Theophanu († 991) und von der Großmutter Adelheid bestimmt. Beide Kaiserinnen trugen mit ihren Töchtern und Enkelinnen in den ottonischen Stiften Quedlinburg, Gandersheim und Essen den imperialen Anspruch wie das kollektive Familiengedächtnis in die Zukunft. Nur Mathilde (978–1025) wurde als einzige Prinzessin in spätottonischer Zeit überhaupt verheiratet, mit dem lothringischen Pfalzgrafen Ezzo. Anders als im ersten halben Jahrhundert ihres Königtums schichteten sich die Ottonen in ihrem Heiratsverhalten vom Adel ab. Nur in früheren Tochterstämmen wirkten sie in den Dukaten. Die imperialen Töchter Ottos I. und Ottos II. – Mathilde, Adelheid, Sophia – wurden dem Heiratsmarkt entzogen. Weit über das Ende der Herrscher hinaus tradierten sie als Äbtissinnen ihre Kaiserherkunft in die salische Zukunft und fungierten bei den Nachfolgeregelungen von 1002 und 1024 als Respektspersonen mit erheblichem Einfluss.

Am 21. Mai 996 ließ Otto III. seinen Vetter Brun als Gregor V. (996–999) zum Papst erheben, um sogleich aus seiner Hand die Kaiserkrone zu empfangen. Die Lebensleistung des im Alter von 21 Jahren verstorbenen Ottonen hat Bewunderer und Kritiker auf den Plan gerufen: hochgebildet, umgeben von einem internationalen Hofkreis, getragen von gesteigertem Herrschaftsbewusstsein, als Knecht Jesu Christi (D O III 344) und als Knecht der Apostel (*apostolorum servus*, D O III 390) von tiefer Frömmigkeit erfüllt, begeistert von der Idee einer Wiederherstellung des Römerreichs (*Renovatio imperii Romanorum*) wie vom Glanz des goldenen Rom (*Aurea Roma*). Als Kaiser entwickelte Otto III. Visionen einer europäischen Ordnung der Königreiche unter imperialem Vorrang und orientierte sich voller Bewunderung am Vorbild Karls des Großen, dessen Aachener Grab er im Jahr 1000 programmatisch öffnen ließ. Die Rompolitik scheiterte indes. Mit seinem Papst Silvester II. wurde

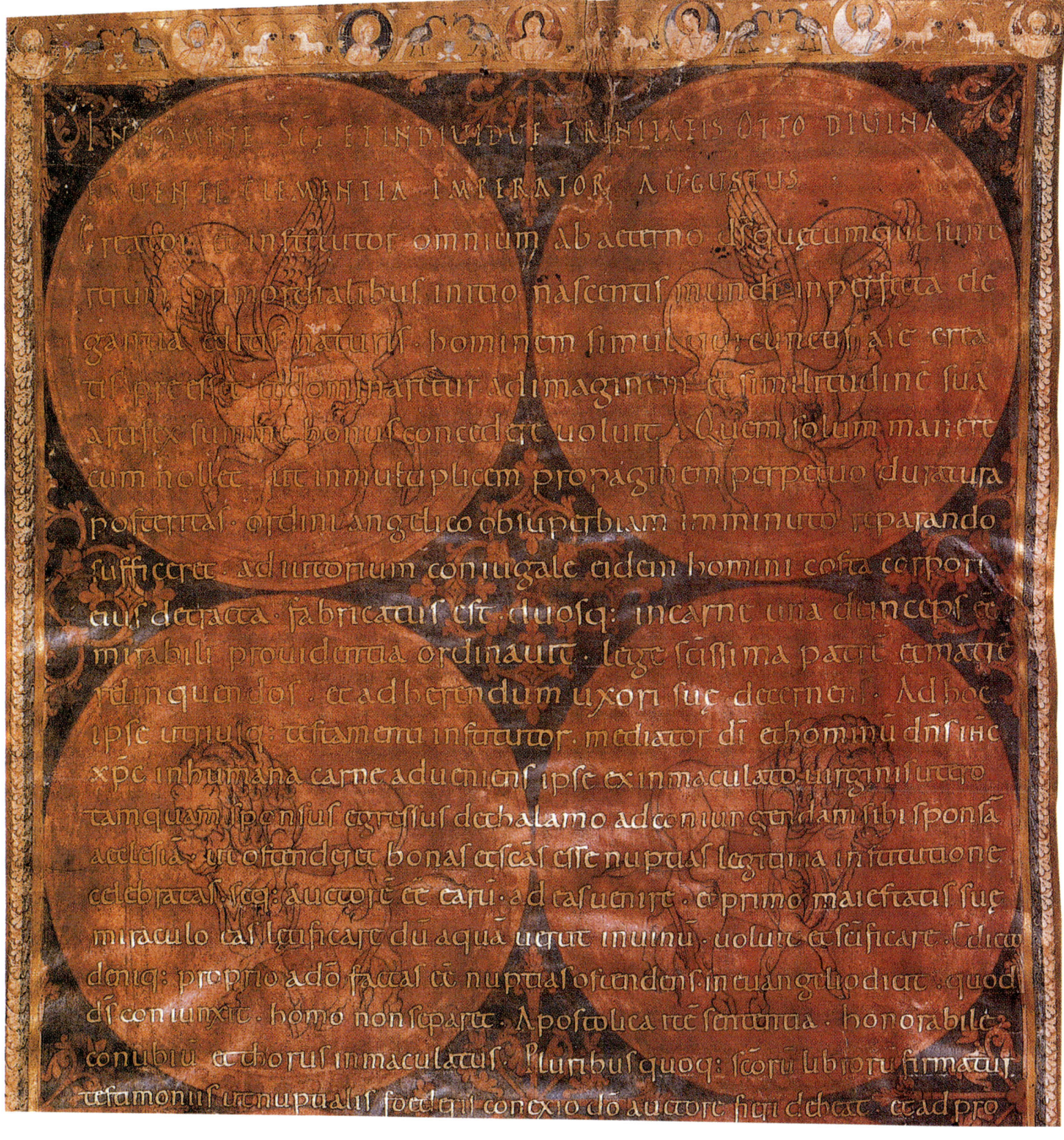

Otto 1001 aus der Stadt vertrieben. Als er im Januar 1002 in Paterno (Latium) starb, musste seine Leiche unter Mühen über die Alpen geschafft werden; im Aachener Marienmünster Karls des Großen wurde sie beigesetzt.

Angesichts der Kinderlosigkeit Ottos III. stellte sich 1002 die Nachfolgefrage. Mit List, Gewalt und Beharrlichkeit setzte sich in einem langen Kampf um die Krone Herzog Heinrich von Bayern durch, der Sohn Heinrichs „des Zänkers" und Urenkel König Heinrichs I. Als Spross der bayerischen Heinriche handelte er – ein Bayer mit Liebe für Franken über sächsische Ursprünge auf dem Weg zum Kaisertum (1014) – kaum aus ottonischen Traditionen. Seine

439 Oberer Teil der „Heiratsurkunde" der Theophanu. Wolfenbüttel, Niedersächs. Staatsarchiv, 6 Urk. 11: 972 April 14.

Herrschaft leitete Heinrich aus einer einmütigen Wahl und der Erbfolge ab (D H II 34), bezog sich wiederholt auf seinen Verwandten Otto III. und stilisierte so die Fortdauer der Dynastie. Perspektivenwechsel sind freilich unverkennbar. Zwar blieben Merseburg und Magdeburg vor Heinrichs Bistumsstiftung Bamberg die häufigsten Aufenthaltsorte. Man muss dies aber aus den Zwängen der Polenfeldzüge deuten, weniger aus einer besonderen Bindung zur sächsischen Zentrallandschaft seiner Ahnen. Als König und Kaiser handelte Heinrich II. aus den Prägungen seiner bayerischen Herzogsherrschaft. Darum begriffen Spätere diese Regierung als Abkehr von der Politik Ottos III. Die Unterschiede erscheinen evident: Die langen, unglücklichen Kriege gegen Bolesław Chrobry zielten vergeblich auf die traditionelle Unterordnung der neuen ostmitteleuropäischen Herrschaftsbildung. Die drei Italienzüge endeten nach kurzer Dauer. Sein Imperium nutzte der letzte Liudolfinger nicht als innovative Basis für eine neue europäische Ordnung. Doch man wird aus der spärlichen Quellenüberlieferung des Mittelalters keine Psychohistorie schreiben!

Heinrich II. und seine Gemahlin Kunigunde wussten früh von ihrer Kinderlosigkeit. Jesus Christus sollte ihr Erbe sein. Darum übertrugen sie ihren Besitz der letzten ottonischen Bistumsgründung Bamberg. 1012 floss der weite Handlungsrahmen des Stifterpaars bei der Reliquienbewidmung des Bamberger Doms in einem Heiligenhimmel von europäischer Strahlkraft zusammen; der in Bamberg erhaltene „Sternenmantel" Heinrichs II. feierte in der Umschrift den Kaiser als „Zierde Europas" (*decus Europae*). Hier, in fränkischer Erde, fand der letzte Liudolfinger sein Grab. Bei Bischöfen wie Fürsten setzte Heinrich seinen Willen wiederholt mit harter Hand durch. Gezielte Begünstigungen von Verwandten sind nicht zu erkennen. Einen möglichen Nachfolger förderte der Kaiser nicht. Vielmehr bedrängte er hartnäckig Salier oder Konradiner. Für die Zukunft sorgte Heinrich II., ein „Herrscher am Ende der Zeiten", nicht vor. Wie anderen großen Männern genügte ihm der eigene Vorrang, als er Reich und Königtum dem Schicksal überließ. Dass 1024 mit dem Salier Konrad II. ein Urenkel der Tochter Ottos des Großen zum Herrscher aufstieg, wird man kaum als Fortführung ottonischer Kontinuitäten beurteilen.

1024 erlosch das Geschlecht der Liudolfinger und Ottonen im Mannesstamm. In ihrer Geschichte blieben die Nachkommen Liudolfs und Odas eher ein genealogisch gedachter als ein gleichförmig handelnder Verband. Zu unterschiedlich gestalteten sich zwischen 845 oder 919 und 1024 die Handlungsspielräume, die Herrschaftsformen, die Wirkverbünde, das Rangbewusstsein. Später erst sorgte die Ordnung der Reichsgeschichte nach Herrscherdynastien für die Einheit von fünf unterschiedlichen Herrschern. In seiner Weltchronik überlieferte Frutolf von Michelsberg am Ende des 11. Jahrhunderts das Modell und das Bild der ottonischen Dynastie von „Herzog Liudolf von Sachsen" bis zu „Heinrich von Bamberg, Herzog von Bayern, später Kaiser" (Frutolf, S. 54). In hochmittelalterlichen Bilddarstellungen nahm die Abfolge der römisch-deutschen wie französischen Herrscher von Heinrich I. und Mathilde ihren Ausgang. Vom 12. bis zum 20. Jahrhundert stritten Historiker darüber, ob mit den Ottonen die fränkische Geschichte fortdauerte oder die deutsche begann. Bis heute ist keine abschließende Einigung erzielt worden. Die Ottonen schufen die Voraussetzungen einer deutschen Geschichte und besaßen an ihren Anfängen entscheidenden Anteil. Doch als Herrscher über das Frankenreich und das Römerreich wussten sie davon noch nichts.

Quellen

Adelbold, Vita Heinrici. – Annales Quedlinburgensis. – Frutolf von Michelsberg. – Lampert von Hersfeld. – MGH DO I. – MGH DO II. – MGH DO III. – MGH DH II. – Ruotger, Vita Brunonis. – Thietmar. – Widukind.

Literatur

Althoff 1992; 1996; 2000. – Becher 1996. – Beumann 1987. – Ehlers 1998. – Fried 1994; 1995; 1997. – Gädeke 1992. – Glocker 1984. – Schneidmüller/Weinfurter (Hrsg.) 1997.

Otto der Große und die Gründung des Erzbistums Magdeburg

MATTHIAS BECHER

Kein anderes Problem beschäftigte Otto den Großen so lange wie die Gründung des Erzbistums Magdeburg. Den Plan dazu hatte er im Hochgefühl des Sieges über die heidnischen Ungarn auf dem Lechfeld am 10. August 955 gefasst. Jedenfalls berichtet der Chronist Thietmar von Merseburg, Otto habe in einer kritischen Situation der Schlacht gelobt, in Magdeburg ein Erzbistum zu errichten. Otto wollte die jüngst unterworfenen Gebiete seines Reiches jenseits der Elbe kirchlich ordnen, um die Missionierung der slawischen, noch weitgehend heidnischen Bevölkerung jener Gebiete voranzutreiben.

Zeit seines Lebens war Otto mit Magdeburg eng verbunden. Der Ort hatte 930 zum Heiratsgut seiner ersten Gemahlin Edith gehört. Nach seiner Thronbesteigung 936 wurde Magdeburg zu einem der Zentralorte seiner Herrschaft. Zu Ehren seines speziellen Patrons, des heiligen Mauritius, gründete der junge König im Jahr 937 in Magdeburg ein Kloster, das mit Mönchen aus dem Kloster St. Maximin bei Trier besetzt wurde. Im Moritzkloster wurde 946 Edith beigesetzt, und auch der König selbst wollte hier seine letzte Ruhestätte finden. Ferner sollte das Moritzkloster als Missionszentrum für die Gebiete östlich der Elbe dienen, die aber auch noch kirchenpolitisch organisiert werden mussten.

Ein Erzbistum in Magdeburg stand rund 10 Jahre nach der Gründung des Moritzklosters wohl noch nicht zur Diskussion. 948 gründete Otto I. fast gleichzeitig drei Bistümer im Slawenland, nämlich in Brandenburg, Havelberg und Oldenburg. Letzteres wurde dem Erzbistum Bremen, Brandenburg und Havelberg dem Erzbistum Mainz unterstellt. Da Magdeburg selbst zur Diözese Halberstadt gehörte, die ihrerseits wiederum dem Mainzer Erzbistum unterstand, war das gesamte Missionsgebiet östlich der Elbe der Mainzer Kirchenprovinz zugeordnet. Damit waren Vorentscheidungen gefallen, die der späteren Gründung des Erzbistums Magdeburg diametral zuwiderliefen. Man kann daher ausschließen, dass Otto damals schon diesen Plan verfolgt hat. Spätestens 955 änderte der König jedoch seine Absichten.

Kurz nach seinem Sieg über die Ungarn auf dem Lechfeld entsandte Otto seinen wohl wichtigsten missionspolitischen Berater, Abt Hadamar von Fulda, nach Rom, um über die Verlegung des Bistums Halberstadt nach Magdeburg und dessen Erhebung zum Erzbistum zu verhandeln. Gemäß der Rechtslage kam daher nur Bischof Bernhard von Halberstadt (923–968) als erster Erzbischof von Magdeburg in Frage. Das neue Domkapitel sollte sowohl von den Halberstädter Domkanonikern als auch von den Mönchen des Magdeburger Moritzklosters gebildet werden. Die neue Erzdiözese wäre identisch gewesen mit dem alten Halberstädter Sprengel, Magdeburg hätte also über ein ausreichend großes und entwickeltes Hinterland verfügt, um seinen Aufgaben in der Mission nachkommen zu können. Über die geplante Ausdehnung des Magdeburger Metropolitansprengels kann man nur spekulieren. Auf jeden Fall sollte wohl in Merseburg ein Bistum entstehen, dessen Errichtung Otto ebenfalls während der Lechfeldschlacht gelobt haben soll. Wahrscheinlich sollten auch die gerade gegründeten Bistümer Brandenburg und Havelberg an die Magdeburger Kirchenprovinz fallen, doch gehörten sie wie Halberstadt noch zu Mainz. Die Zustimmung des Mainzer Erzbischofs war daher kirchenrechtlich unabdingbare Voraussetzung.

Vermutlich glaubte Otto, dass das Einverständnis des Erzbischofs von Mainz eine reine Formsache war, hatte er doch gerade erst, an Weihnachten 954, seinen natürlichen Sohn Wilhelm mit diesem Amt betraut. Wohl zur Überraschung seines Vaters erhob dieser jedoch scharfen Protest. Er richtete noch im Jahr 955 ein Schreiben an Papst Agapit II. und pochte auf seine Rechte. In scharfen Worten lehnte er jede Schädigung seines Sitzes und die Verlegung des Bistums Halberstadt ab. Sogar gegen den Papst erhob er schwere Vorwürfe: Ein „falscher Prophet" und „Wolf im Schafspelz" – gemeint war der königliche Gesandte Hadamar von Fulda – sei vom Tiber zurückgekehrt und habe sich damit gebrüstet, in Rom könne man für 100 Pfund eine beliebige Zahl von Pallien, also die Zeichen der erzbischöflichen Würde, erwerben. Zudem habe der Papst dem König schriftlich das Recht zugesichert, Bistümer nach eigener Entscheidung zu errichten. Für den Fall, dass der Papst und ein Konzil an diesen Plänen festhielten, kündigte Wilhelm seinen

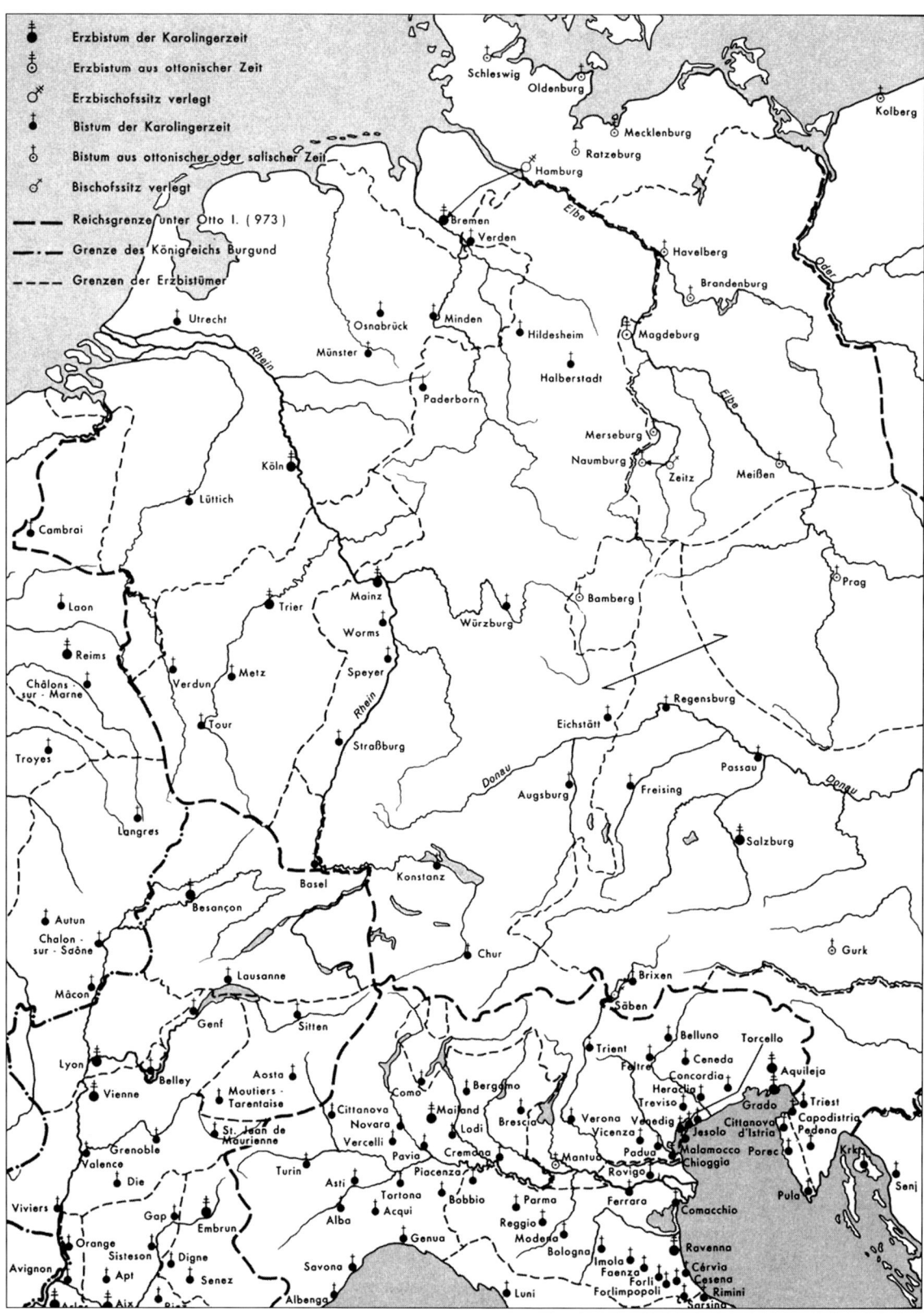

440 **Die kirchliche Gliederung des Reiches (10.–12. Jahrhundert)** (nach H. K. Schulze).

Rücktritt an, da er sich lieber der Heidenbekehrung zuwenden wolle, als die Schädigung seiner Kirche zu akzeptieren.

Als der Brief Wilhelms in Rom eintraf, war Agapit bereits verstorben, und dessen Nachfolger Johannes XII. reagierte hinhaltend. Aber der König war beeindruckt und verzichtete auf die Durchsetzung seiner Pläne, ohne sie jedoch aus dem Auge zu verlieren. Wiederholt beschenkte er das Moritzkloster, das nun auch mit Reliquien seines Heiligen ausgestattet wurde. In Merseburg entstand ein Stift, das als Basis für das künftige Bistum dienen konnte. Wollte Otto sein Vorhaben aber in die Tat umsetzen, so musste er seinen Sohn Wilhelm gewinnen.

441 Evangeliar aus St. Maximin, Trier 9. Jahrhundert und um 1000. Berlin, Staatsbibliothek SMPK, Ms. theol. lat. fol. 283, Bl. 11r. – Kat. 25.01.06.

Bei der Suche nach einem Kompromiss scheinen sich Vater und Sohn seit 961 näher gekommen zu sein, denn im April dieses Jahres trat Wilhelm zum ersten Mal in einer Urkunde Ottos als Intervenient, als Fürsprecher, des Moritzklosters auf. Damals war eine völlig neue politische Lage entstanden. Der König stand im Begriff, auf Bitten des Papstes Johannes XII. nach Italien zu ziehen und hatte Wilhelm eine wichtige Aufgabe zugedacht: er sollte während der Abwesenheit des Königs zusammen mit dessen Bruder Erzbischof Bruno von Köln die Regentschaft für Otto II. führen, den soeben zum Mitkönig gekrönten kleinen Sohn des Herrschers. Dass sein Vater ihm diese herausgehobene Position anvertraute, erleichterte Wilhelm sicherlich die Zustimmung zur Gründung des Erzbistums Magdeburg. Außerdem erhielt der Erzbischof von Mainz ein Jahr später vom Papst auf Bitten des Königs den Vorrang gegenüber den anderen Metropoliten des Ostfrankenreiches.

Aber Otto war seinem Sohn auch in der Magdeburger Angelegenheit entgegengekommen, denn er verzichtete nun auf die Verlegung des Bistums Halberstadt nach Magdeburg. Diese Diözese verblieb somit bei der Mainzer Kirchenprovinz. Nun sollte allein das Magdeburger Moritzkloster zum Erzbistum erhoben werden. Freilich bedeutete der Verzicht auf die Verlegung des Bistums Halberstadt nach Magdeburg, dass das Hinterland des neuen Erzbistums links der Elbe sehr klein war und nur eine schmale Basis für dessen große Missionsaufgaben bildete. Im Februar 962 veranlasste Otto, soeben zum Kaiser gekrönt, Papst Johannes XII., die Errichtung des Erzbistums Magdeburg in der beschriebenen Form offiziell anzuordnen. Der Papst reagierte auf den Einspruch Wilhelms von Mainz aus dem Jahr 955, indem er die Erzbischöfe von Mainz, Köln, Trier und Hamburg-Bremen ausdrücklich dazu verpflichtete, der Gründung der neuen Kirchenprovinz zuzustimmen und sie mit Nachdruck zu fördern. Dieser besonderen Rolle der Erzbischöfe entsprach, dass sie die Ernennung künftiger Suffraganbischöfe der neuen Kirchenprovinz zu billigen hatten. Allerdings erwähnt der Papst ausdrücklich nur ein Bistum der Magdeburger Kirchenprovinz: Merseburg. Man kann aber davon ausgehen, dass weitere geplant waren und dass Brandenburg und Havelberg an Magdeburg fallen sollten. Auch über die Ausdehnung der künftigen Erzdiözese Magdeburg machte der Papst keine Angaben.

Mit der Zustimmung Erzbischof Wilhelms von Mainz und der Verfügung Papst Johannes XII. hatte Otto sämtliche kirchenrechtlich relevanten Institutionen auf seine Seite gebracht – bis auf eine: Bischof Bernhard von Halberstadt. Dieser wäre 955 der große Gewinner der Verlegung seines Sitzes nach Magdeburg gewesen, denn er wäre damit zum Erzbischof aufgestiegen. Nun sollte er der Verlierer sein: Sein Sitz blieb in Halberstadt, sein Bistum ein Teil der Mainzer Kirchenprovinz, und zudem sollte er die Gründung der Bistümer Magdeburg und Merseburg ermöglichen, indem er zu deren Gunsten auf Teile seines Sprengels verzichtete. Dazu war Bernhard nicht bereit. Seine Zustimmung war aber genau so notwendig wie zuvor die des Mainzer Erzbischofs. Wiederum konnten Ottos Pläne nicht verwirklicht werden, denn Bernhard war unter keinen Umständen bereit, sein Veto zurückzunehmen. Da er die siebzig bereits überschritten hatte, unterstellt ihm die moderne Forschung mitunter eine gehörige Portion Altersstarrsinn.

Schlimmer noch: Auch Wilhelm von Mainz scheint seinen Widerstand nicht ganz aufgegeben zu haben, angesteckt von Bernhards Vorbild oder vielleicht auch, weil er von Anfang an den Kompromiss mit seinem Vater nur halben Herzens geschlossen hatte. Trotz seiner herausragenden Rolle als Regent des Reiches opponierte der Erzbischof von Mainz also weiter gegen die Pläne seines Vaters, wobei er sich hinter dem offenen Widerstand seines Suffragans Bernhard von Halberstadt verstecken konnte. Dies fiel ihm um so leichter, als sein Vater sich in den sechziger Jahren des 10. Jahrhunderts fast ständig in Italien aufhielt. Nur zwischen Januar 965 und August 966 kehrte Otto in das Ostfrankenreich zurück. Mehrfach traf sich Wilhelm in dieser Zeit mit seinem Vater, der auch nördlich der Alpen ständig unterwegs war. Für die Haltung Wilhelms zu den Magdeburger Plänen ist nun aber bezeichnend, dass er ein Zusammentreffen mit dem Kaiser in Sachsen und insbesondere in Magdeburg vermied.

Auf seinem dritten Italienzug sollte Otto dann endlich gelingen, seinen Plan endlich in die Tat umzusetzen. Zunächst wurde die Angelegenheit auf einer Synode in Ravenna behandelt, die an Ostern 967 unter der Leitung des Kaisers und Papst Johannes XIII. zusammentrat. Auf Drängen des Kaisers verfügte der Papst anschließend erneut die Errichtung eines Erzbistums in Magdeburg. Die bisherigen Mainzer Suffraganbistümer Brandenburg und Havelberg wurden nun in die neue Kirchenprovinz eingegliedert, und der künftige Erzbischof erhielt das Recht, Bischöfe in Merseburg, Zeitz und Meißen einzusetzen und so die Gründung der dort entstehenden Bistümer zu vollenden. Der Umfang der Erzdiözese wurde nicht festgelegt. Das fiel auch nicht weiter ins Gewicht, denn wiederum verweigerte sich Bernhard von

Halberstadt, indem er unter Hinweis auf sein hohes Alter eine Reise nach Italien ablehnte.
Erst im folgenden Jahr gelangte Otto zum Ziel – dank dreier Todesfälle. Anfang Februar 968 verstarb Bischof Bernhard, Anfang März folgte ihm Erzbischof Wilhelm ins Grab und Mitte dieses Monats auch noch Ottos Mutter Mathilde, die ebenfalls nicht zu den Befürwortern der Absichten ihres Sohnes gehört hatte. Die Nachfolger der beiden Bischöfe konnte Otto vergleichsweise leicht zur Verwirklichung seiner Pläne verpflichten. Am 30. März wählten Klerus und Volk der Diözese Halberstadt den durch Bernhard zu seinem Nachfolger ausersehenen Hildiward zum Bischof. Um die Bestätigung seiner Wahl einzuholen, reiste Hildiward alsbald zu Otto nach Italien. Es ist nicht verwunderlich, dass er in dieser Situation dem Wunsch des Herrschers nachkam und wohl nicht ganz freiwillig Teile seines Sprengels für die Gründung der Bistümer Magdeburg und Merseburg zur Verfügung stellte. Auch den neuen Erzbischof von Mainz konnte der Kaiser überzeugen. Es handelte sich dabei um Abt Hatto von Fulda, einen Neffen Hadamars von Fulda, Ottos wohl wichtigsten missionspolitischen Beraters. Daher gehörte Hatto vermutlich schon vorher zum Kreise der Befürworter des Magdeburger Erzbistums.

Um die Gründung formal abzuschließen, berief Otto für Anfang Oktober 968 eine Synode nach Ravenna ein, deren Verhandlungen und Beschlüsse sich weitgehend auf die Verfügung des Papstes vom Vorjahr stützten. Förmlich erklärten Hatto von Mainz und Hildiward von Halberstadt ihre Zustimmung. Im Austausch für den Zehnten im Hassegau verzichtete Hildiward ferner zu Gunsten Magdeburgs auf das Gebiet zwischen Elbe, Saale, Bode und Ohre. Über Merseburg stellte er damals anscheinend keine Urkunde aus, was 981 die vorübergehende Aufhebung des Bistums (bis 1004) erleichtern sollte. Hatto von Mainz beurkundete die Abtretung seiner Suffraganbistümer Havelberg und Brandenburg an die neue Kirchenprovinz. Mitte Oktober bestätigte dann der Papst erneut die Gründung des Erzbistums. In einer weiteren Urkunde erteilte Johannes XIII. dem neuen Erzbischof die Vollmacht, seinen Suffraganen ihre Sprengel in vernünftiger und angemessener Einteilung zuzuweisen. Zudem erhielt er auch das Recht, diese zu weihen; von einer Mitwirkung der übrigen Erzbischöfe des Reiches war im Gegensatz zu 962 keine Rede mehr.

Zum ersten Erzbischof wurde Abt Adalbert von Weißenburg ernannt, der wie kein zweiter auf seine neue Aufgabe vorbereitet war. Nachdem er um 950 in der Kanzlei von Ottos Bruder, Erzbischof Bruno von Köln, tätig gewesen war, diente er in den folgenden Jahren als Notar in der Reichskanzlei. Seit 959 lebte Adalbert in dem strengen Reformkloster St. Maximin bei Trier, aus dem ja auch der erste Konvent des Magdeburger Moritzklosters stammte. Wohl auf Vorschlag Wilhelms von Mainz wurde er 961 zum Missionsbischof für das Reich von Kiew erhoben, doch kehrte er schon ein Jahr später zurück, da ihm jeglicher Erfolg versagt geblieben war. Danach hielt er sich in der Umgebung Wilhelms von Mainz auf und betätigte sich als Geschichtsschreiber: Er verfasste eine Fortsetzung der bis zum Jahr 906 reichenden Chronik Reginos von Prüm. 966 ernannte Otto I. ihn dann zum Abt des elsässischen Klosters Weißenburg. Ein Jahr später begleitete er Otto II. zur Kaiserkrönung nach Italien und dürfte sich noch im Lande aufgehalten haben, als die Entscheidung in der Magdeburger Angelegenheit fiel.

Otto hatte sich schließlich nach 13jähriger Auseinandersetzung durchgesetzt, einer Auseinandersetzung, die er auf dem Feld des ihm wenig vertrauten Kirchenrechts führen musste. Wahrscheinlich war er sich 955 dieser Schwierigkeiten nicht bewusst, als er wohl unter dem Eindruck seines Sieges über die Ungarn auf dem Lechfeld diesen Beschluss fasste. Um so bemerkenswerter ist, dass er sein Ziel dann doch mit großer Ausdauer verfolgte und immer wieder einen neuen Anlauf zur Verwirklichung seines Vorhabens unternahm. Dass ihm letztlich der Zufall in Form des Todes dreier wichtiger Gegner seiner Pläne zu Hilfe kam, war gleichsam der Lohn für seine große Geduld. Otto schuf damit die Kirchenstruktur, die im Gebiet zwischen Elbe und Oder einerseits für die Annahme des christlichen Glaubens durch die einheimische Bevölkerung sorgte und andererseits für die Zukunft die Grundlage der kirchenpolitischen Ordnung in diesem Gebiet war. Trotz der zeitweisen Aufhebung des Bistums Merseburg und obwohl der große Slawenaufstand von 983 einen erheblichen Rückschlag auch für die Mission bedeutete, gebührt ihm dieses Verdienst.

Quellen

Thietmar. – Epistolae Moguntinae. – Urkundenbuch Erzstift Magdeburg.

Literatur

Althoff 1998. – Becher 1997. – Beumann 1991. – Büttner 1975. – Claude 1972. – Ehlers 1997. – Engels 1975. – Fried 1994. – Georgi 1998a; 1998b. – Hehl 1997; 1998. – Holtzmann 1962. – Quiter 1969. – Rader 1995. – Schlesinger 1987. – Schwineköper 1958. – Ullmann 1972.

Burgenbau und Befestigungstechnik des 10. Jahrhunderts im deutschen Altsiedelland und in den Marken

HORST WOLFGANG BÖHME

Burgen gehörten in der Zeit um 1000 schon wie ganz selbstverständlich zur adligen Lebenswelt Mittel- und Westeuropas. Allerdings sahen sie noch anders aus als die uns vertrauten Wehrbauten des hohen Mittelalters. Ihre einstige Gestalt zu ermitteln ist nicht ganz einfach, da von den Burgen ottonischer Zeit kaum etwas oberirdisch erhalten geblieben ist. Die meisten Anlagen dieser Epoche sind entweder restlos vergangen oder durch spätere Neubauten des 12./13. Jahrhunderts weitgehend überlagert. Erst die Mittelalterarchäologie der letzten 50 Jahre hat die Frühformen der mittelalterlichen Adelsburg durch aufwendige Ausgrabungen wiederentdecken können.

Es zeichnet sich bereits heute ab, dass die hochmittelalterlichen Burgen, die in ihrer Mehrzahl als repräsentative und wehrhafte Wohnsitze des Adels zu gelten haben, eine bereits weit entwickelte Architekturform darstellen, deren vielschichtige Wurzeln bis in die Karolingerzeit zurückreichen. Freilich haben die zahlreichen Ausgrabungen erwiesen, dass die Burgen im Laufe der Jahrhunderte einem gravierenden Wandel unterlagen, wobei sich sowohl die Funktion als auch die architektonische Gestalt entscheidend verändert haben.

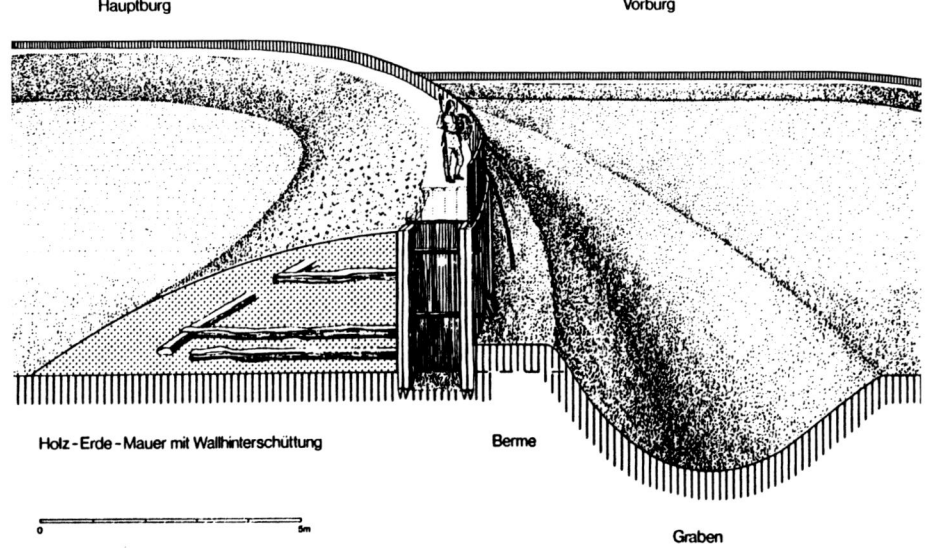

442 Holz-Erde-Mauer des 10./11. Jahrhunderts von der Isenburg bei Landringhausen, Kr. Hannover (nach H.-W. Heine).

Bauformen

Die Mehrzahl der Burgen spätmerowingisch-karolingischer und ottonischer Zeitstellung (Ende 7.–10. Jahrhundert) war mit 1 bis 17 ha umwehrter Fläche bemerkenswert groß („Großburgen"). Die zumeist als „Ring- oder Abschnittswälle" bezeichneten Anlagen besaßen einst unterschiedlich konstruierte Holz-Erde-Mauern (oft mit Erdhinterschüttung) (Abb. 442), denen gelegentlich steinerne Trocken- oder seltener Mörtelmauern vorgeblendet waren. Diese in althergebrachter, fast prähistorischer Bautradition stehende Befestigungstechnik hielt sich vereinzelt in Norddeutschland bis ins 11./12. Jahrhundert. Freistehende, zweischalige Steinmauern sind in dieser frühen Zeit nur in Ausnahmefällen bezeugt. Als Tore kamen einfache oder versetzte Durchlässe vor, doch waren vor allem in karolingisch-ottonischer Zeit so genannte Zangentore mit nach innen einziehenden Mauerenden typisch. Vor die Mauer vorspringende rechteckige oder runde Wehrplattformen (fälschlich als „Bastionen" bezeichnet oder als hohe Türme rekonstruiert) gab es erwiesenermaßen erst seit dem 10. Jahrhundert, jedoch noch nicht in karolingischer Zeit.

Wenn man einmal von dem eindrucksvollen, aber schlichten Mauerbering mit dem vorgelagerten Graben absieht, vermisst man bei fast allen Anlagen des 8. bis frühen 10. Jahrhunderts eine monumentale, symbolträchtige Architektur in Gestalt von hoch aufragenden Toren, Türmen, Kapellen oder Wohnbauten. Denn die meisten untersuchten Großburgen dieser Zeit besaßen – wenn überhaupt – nur wenige, einfache Holzbauten, die stets eingeschossig waren und weite Bereiche des Burggeländes freiließen (Abb. 443). Allerdings sind einige Burgen des 8. bis 10. Jahrhunderts ausgegraben worden, die eine dichte Bebauung mit ebenerdigen Pfostenhäusern, Speichern und Grubenhäusern (Abb. 444) oder mit unterkellerten Schwellbalkenhäusern (Christenberg bei Marburg) aufwiesen und zudem eine intensive gewerbliche Tätigkeit innerhalb des Burgareals bezeugten.

Funktionen

Allein diese unterschiedliche Nutzung einzelner erforschter Anlagen zeigt, dass sie offensichtlich ganz verschiedene Funktionen zu erfüllen hatten. Dies geht auch aus der schriftlichen Überlieferung der Karolinger- und Ottonenzeit hervor, die erfüllt war von Thronstreitigkeiten, oppositionellen Adelsaufständen, feindlichen Einfällen benachbarter Völker (Normannen, Slawen, Ungarn) und kriegerisch ausgetragenen Machtansprüchen der großen Dynasten in Gestalt langjähriger Adelsfehden. Im Rahmen solcher erbitterten Kämpfe spielten die oft namentlich genannten großen Burgen eine außerordentlich bedeutende Rolle als Zufluchtsorte der Bevölkerung (Büraberg bei Fritzlar 774; Ungarnwälle 10. Jahrhundert), als militärische Stützpunkte und als Sammelplätze oder Marschlager der Truppen.

Daneben gab es zahlreiche rein zivile Aufgaben, denn viele Burgen dienten als Zentren der Verwaltung von Königs- oder Herzogsgut bzw. der Rechtsprechung. Auf ihnen wurden gelegentlich Urkunden ausgestellt oder Münzen geschlagen. Sie dienten außerdem als Sammelstellen von Abgaben, als Handels- oder Umschlagplätze bzw. als Kontrollposten des Verkehrs. Ferner sind sie bezeugt als Versammlungsstätten der herrschaftlichen Gefolgschaft zum Zwecke der Beratung. Oft waren in diesen Burgen die ältesten Sakralbauten einer Region errichtet worden, die dann häufig zu Zentren der sich entwickelnden Kirchenorganisation wurden. Es verwundert daher nicht, dass es häufig einen deutlichen topographischen Bezug zwischen einem in der Ebene gelegenen „Herrenhof" (*curtis*) – sei er im Besitz des Königs, eines Herzogs, Adligen, Bischofs oder Klosters – und einem meist erhöht liegenden zugehörigen „Ringwall" gibt. Zu einer größeren Grundherrschaft (königlicher *fiscus* oder adlige Villikation) gehörten nämlich ein herrschaftlicher Haupthof, mehrere Nebenhöfe, die Ländereien und Wälder sowie in vielen Fällen eine jener multifunktionellen Burgen des Frühmittelalters. Eine solche Burg war demnach integraler Bestandteil zahlreicher adliger, kirchlicher oder gar königlicher Grundherrschaften, diente aber äußerst selten bereits vor dem 10. Jahrhundert als herrschaftlicher Wohnsitz selbst.

In den unterentwickelten, meist auch städtelosen rechtsrheinischen Landschaften Deutschlands während der Karolinger- und Ottonenzeit haben also viele dieser frühen Großburgen „vorstädtische" Aufgaben übernommen, wofür auch die gelegentlich bezeugte Tätigkeit von Handwerkern spricht, und somit wichtige Funktionen bei der strukturellen Landeserschließung („Landesausbau") erfüllt. Manche werden deshalb zu Recht als Mittelpunkts- oder Landesburgen bezeichnet, die meist ständig bewohnt waren. Nur wenige Anlagen dienten als reine Fluchtburgen (Refugien), die nur bedarfsweise aufgesucht wurden.

Als wichtigstes Kennzeichen der frühmittelalterlichen Großburgen kann somit ihre Multifunktionalität hervorgehoben werden. Dem oben genannten Christenberg in Nordhessen scheint z. B. in karolingischer Zeit ein ganzes Bündel von Funktionen zugefallen zu sein, die sich in ottonischer Zeit auf nur noch wenige reduziert hatten, um seit salischer Zeit schließlich ganz auf kirchenorganisatorische Aufgaben beschränkt zu bleiben.

Dieses Beispiel mag verdeutlichen, dass so manche im 8. bis frühen 10. Jahrhundert errichtete multifunktionale Großburg noch in den Jahrzehnten um 1000 bestanden hatte und vereinzelt als Versammlungsstätte (Asselburg bei Hildesheim), als königliches Heer- und Sammellager (Cham im Bayerischen Wald), als Gerichtsort (Bokeler Burg bei Wiefelstede), als kirchliches Zentrum (Christenberg), ja

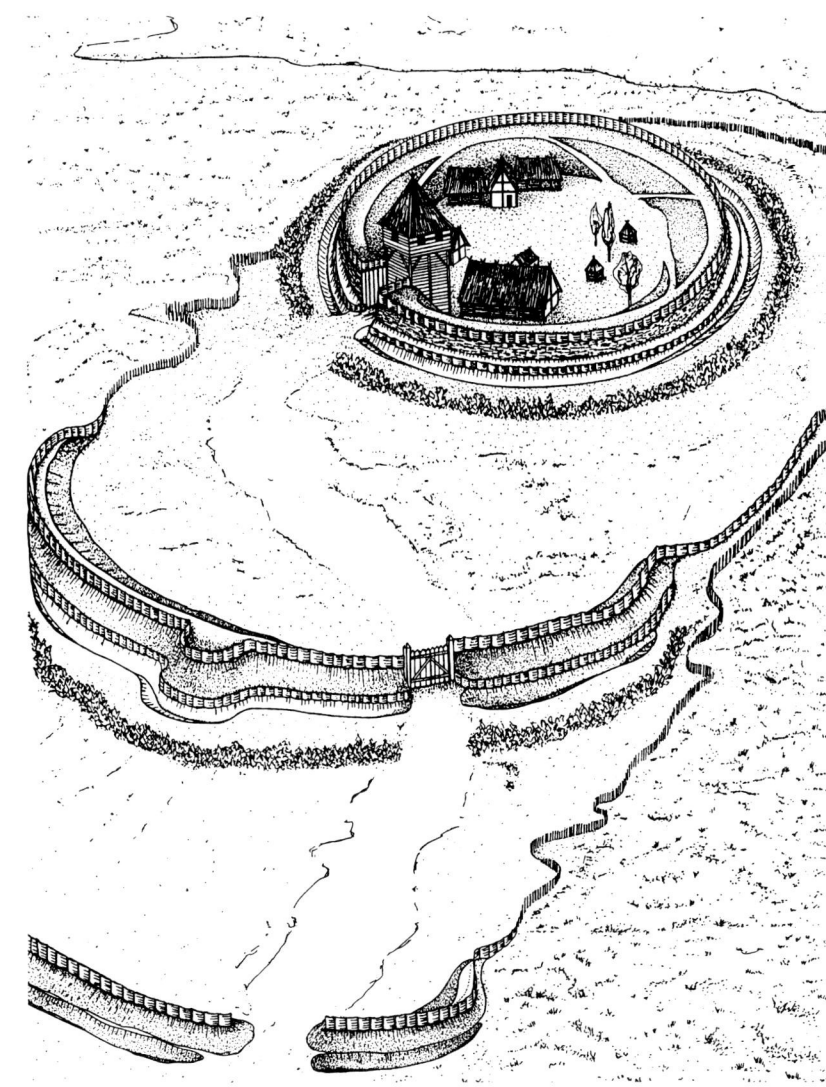

443 **Die Hünenburg bei Stöttinghausen, Kr. Diepholz, aus dem 10. Jahrhundert** (nach H.-W. Heine).

sogar als gräfliche Residenz (Limburg/Hardt), vor allem aber als fortifikatorischer Stützpunkt genutzt wurde. Die meisten dieser großräumigen Wehranlagen waren freilich schon früher aufgegeben worden, wobei die Schenkung an eine kirchliche Institution zwecks Gründung eines Klosters oder Stiftes besonders häufig zu beobachten ist, zweifellos ein Zeichen dafür, dass die Großburgen sich mittlerweile überlebt hatten und nun andere Burgentypen dem Adel zur Verfügung standen. Spätestens im Laufe des 11. Jahrhunderts fanden sie – zumindest in Süd- und Westdeutschland – ihr Ende, sofern sie nicht eine radikale Umwandlung erfuhren, wie auf dem Schlössel bei Klingenmünster (Abb. 450). Betrachtet man rückblickend die Funktionen dieser recht langlebigen frühmittelalterlichen Burgen, so kann man feststellen, dass zwar sehr viele dauerhaft und oft auch kontinuierlich von Menschen bewohnt und recht vielfältig genutzt wurden, dass freilich nur die allerwenigsten von ihnen als ständiger Sitz einer einzelnen Adelsfamilie gedient haben.

Bauherren

Anschließend soll noch auf die Frage eingegangen werden, wer diesen frühen Burgenbau angeregt hat, wer diese Anlagen erbaute und wer sie schließlich nutzte. Aus den vorangegangenen Ausführungen dürfte bereits deutlich geworden sein, dass die Errichtung so vieler gewaltiger, strategisch meist sehr günstig gelegener Wehrbauten kaum allein der Initiative einzelner Personen zu verdanken sein wird, sondern – zumindest in der Anfangszeit (7./8. Jahrhundert) – vor allem auf die übergeordnete fränkische Reichsgewalt zurückzuführen ist. Offenbar war schon in karolingischer Zeit das Befestigungsrecht ein königliches Privileg (Regal), wie das freilich nur fürs Westfrankenreich geltende Edikt von Patres 864 nahelegt. Allerdings lassen dessen Bestimmungen auch klar erkennen, dass viele der großen Adelsfamilien damals bereits dieses Vorrecht okkupiert hatten und unberechtigterweise eigenen, privaten Burgenbau praktizierten. Die anfangs wohl überwiegend in königlichem Auftrag bzw. mit Genehmigung des Herrschers erbauten Burgen zum Schutz und zur Administration von Rechtsgut bzw. herzoglichem und gräflichem Amtsgut gerieten – fast zwangsläufig – schon bald in die Verfügungsgewalt mächtiger adliger Amtsträger, die sie oft für private Interessen missbrauchten. Denn der seit dem 8./9. Jahrhundert verstärkt einsetzende Landesausbau im rechtsrheinischen Deutschland (unter anderem durch Rodung) wurde vornehmlich von diesen großen Dynastenfamilien getragen und zum eigenen Vorteil genutzt. Ebenso wurde der umfangreiche Grundbesitz der Reichskirche (Bistümer, Klöster) durch Burgen abgesichert, die oft von den adligen Vögten entfremdet wurden. Infolge dieser Entwicklungen lockerte sich das Befestigungsregal zusehends, und der Adel errichtete immer selbstbewusster eigene Burgen, die sich dank schriftlicher Zeugnisse bereits für das frühe 9. Jahrhundert nachweisen lassen. Häufig genug wurden auch einst königliche Burgen durch aufständische Adlige einfach in Besitz genommen, wie dies z. B. für die Babenberger und die Schweinfurter Grafen in Nordbayern eindrucksvoll bezeugt ist. Im 10. Jahrhundert befand sich offensichtlich ein großer Teil der Burgen in der Verfügungsgewalt und im Besitz mächtiger Adelsfamilien.

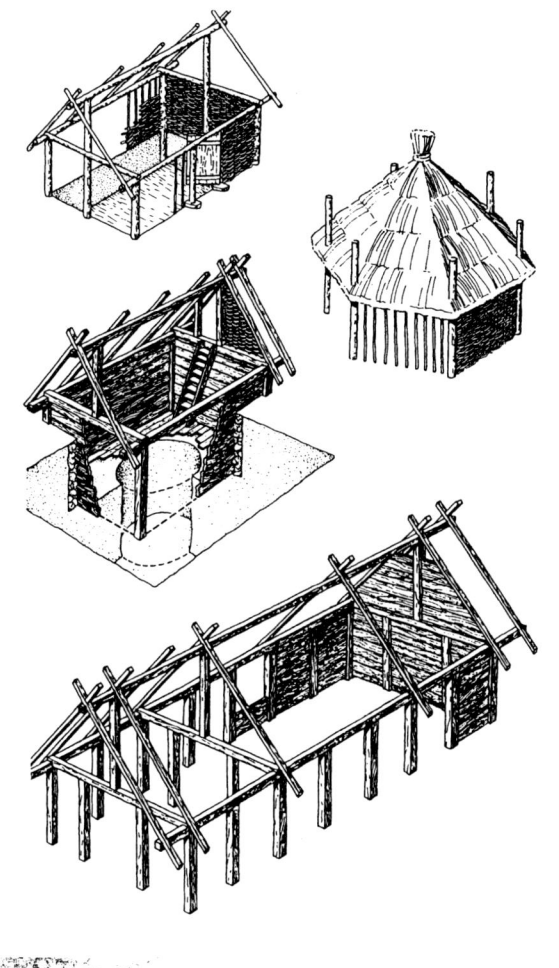

444 Verschiedene Holzgebäude (Grubenhäuser, Speicher, Pfostenbauten) von der dichten Innenbebauung der Reichsburg Roßtal, Kr. Fürth, aus dem mittleren 10. Jahrhundert (nach P. Ettel).

445 Die älteste Burg von Vianden (Luxemburg) aus der Zeit um 1000 mit Ringmauer, Saalbau und Kapelle (nach J. Zimmer).

696 Die Formierung der Mitte Europas

Burgen des 10. Jahrhunderts als frühe Wohnsitze des Adels

Bis zum 10., manchmal sogar bis ins 11. Jahrhundert lebten die meisten Adligen noch im Altsiedelland auf ihren Herrenhöfen, wo eher bescheidene ein- bis zweiräumige Holz- und Steinhäuser mittlerer Größe standen, die stets ebenerdige Eingänge besaßen und somit noch keine Wehrhaftigkeit erkennen ließen. Das zunehmende Schutzbedürfnis dieser kriegerischen Oberschicht des Reiches, hervorgerufen durch die oben erwähnten Adelsfehden, die ständige Bedrohung durch äußere Feinde und die damit in Verbindung stehende Schwäche des spätkarolingischen Königtums, bewog seit der Zeit um 900 immer mehr Dynasten dazu, ihre Wohnsitze auf hohe Berge zu verlegen.

Dieser „Zug auf die Höhe" geschah nicht allein aus militärischen Überlegungen, sondern wohl vor allem aus Gründen der Repräsentation und des adligen Selbstwertgefühls, gewährte doch der neue hochgelegene Adelssitz neben der räumlichen Isolierung von der übrigen Bevölkerung zugleich auch eine symbolträchtige Überhöhung in vertikaler Hinsicht, die geschickt die landschaftsbeherrschende und alles überragende Lage des Geländes ausnutzte. Die ältesten erforschten Höhenburgen des Adels stammen daher auch aus der Zeit des Übergangs vom 9. zum 10. Jahrhundert. Ihre Zahl nahm im Laufe des 10. Jahrhunderts ständig zu, sodass um 1000 bereits viele Adelsfamilien eigene, private Wohnburgen besaßen.

Auf dem nur 60 m x 100 m großen Gipfelplateau des Runden Berges bei Urach, wo bereits früher ein alamannischer Adelssitz existiert hatte, wurde im 9./10. Jahrhundert eine neue Burg angelegt, die von einer Steinmauer umgeben war. Unmittelbar hinter dieser Ringmauer erbaute man mehrere, ebenerdig erschlossene Holzhäuser auf Trockenmauern, von denen das größte die Maße 10,5 m x 8 m aufwies. Ein anderes Haus erhielt sogar im 10. Jahrhundert einen Kachelofen. Der weitere bauliche Bestand (Kapelle, Holzhäuser mit Fensterverglasung, Webhaus, Pferdestall) sowie zahlreiche Funde von Reitzubehör (Sporen, Hufeisen) sprechen für die ständige Anwesenheit einer berittenen adligen Familie, die auf der namenlosen Burg des Runden Berges offenbar schon um 900 ihren Wohnsitz hatte. Diesen verließ sie vermutlich zu Beginn des 11. Jahrhunderts und zog auf Burg Hohenurach um, wo die Familie nun als Grafen von Urach bezeugt ist.

Die Ausgrabungen auf dem Weißenstein bei Marburg-Wehrda haben ergeben, dass eine erste Nutzung des kleinen Bergplateaus als Wohnburg ebenfalls bereits in spätkarolingischer Zeit erfolgte. Man fand in randlicher Lage ein wohl einräumiges hölzernes Schwellbalkenhaus auf ungemörteltem Steinfundament im Ausmaß von 6 m x 6 m Größe (vgl. Abb. 446). Keramikscherben und neueste ^{14}C-Daten der ältesten Holzbauphase vom Weißenstein lassen einen Beginn dieser kleinen gräflichen Höhenburg in der Zeit um 900 als gesichert erscheinen.

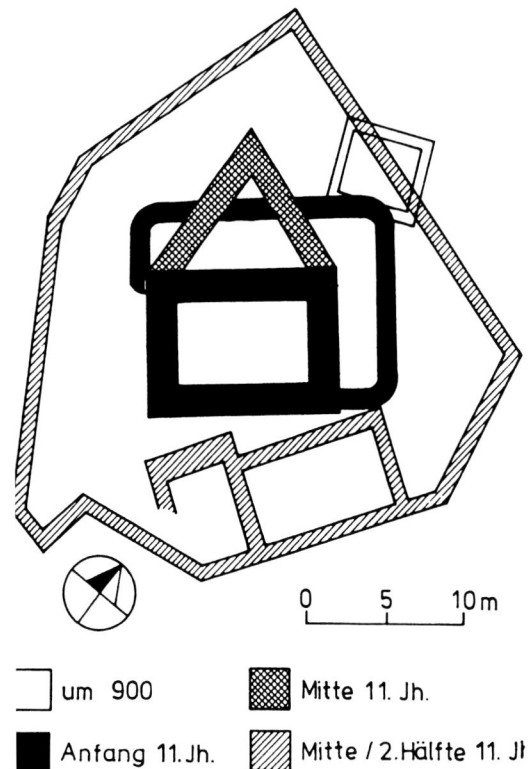

446 Bauphasenplan der Burg Weißenstein bei Marburg-Wehrda (nach Chr. Meiborg).

Es lässt sich feststellen, dass die ersten Holz- oder Steinbauten auf gesicherten Höhenburgen des späten 9. und 10. Jahrhunderts ziemlich genau jenen Gebäudeformen entsprochen haben, die man bei den Häusern der adligen Herrenhöfe in der Ebene beobachten konnte. Insgesamt dürfen wir also mit relativ flachen, nur wenig aufwendigen Wohn- und Wirtschaftsbauten auf den frühen Adelssitzen rechnen, die mehrheitlich den Eindruck eines auf die Höhe verpflanzten Herrenhofes machen. Trotz dieser recht bescheidenen Baugestaltung scheinen sämtliche frühen Höhenburgen des 9. bis 10. Jahrhunderts – soweit uns schriftliche Quellen Hinweise geben – von gräflichen Familien errichtet worden zu sein. Offensichtlich fand damals noch das adlige Repräsentationsbedürfnis vor allem in der exponierten Höhenlage seinen Ausdruck und noch nicht durch entsprechende Gebäude.

Im Verlaufe des 10. Jahrhunderts erschienen auf den privaten Höhenburgen des Adels – neben den noch überwiegenden Holzhäusern – immer häufiger stattliche steinerne Saalbauten mit Ausmaßen zwischen ca. 16 m x 10 m und gut 20 m x 12 m. Die meist eingeschossigen Gebäude besaßen ebenerdige Eingänge und verfügten in der Regel über Mauerstärken von 1–2 m. Es scheint sich bei ihnen um die frühesten monumentalen Burggebäude gehandelt zu haben, die vornehmlich repräsentativen Zwecken dienten. Die ältesten dieser Saalbauten lassen sich westlich des Rheins nachweisen (Abb. 445), aber schon gegen Ende des 10. Jahrhunderts sind solche aufwendig gestalteten großen Steinsäle auch in Süd- und Mitteldeutschland (Sulzbach bei Amberg; Marburg/Lahn; Querfurt/Sachsen-Anhalt) bezeugt.

Neue wehrhafte Bauelemente um 1000

In den Jahrzehnten um 1000 bzw. zu Beginn des 11. Jahrhunderts lassen sich bei einigen bereits bestehenden Adelssitzen bzw. bei mehreren Neubauten bemerkenswerte architektonische Veränderungen feststellen, die anzuzeigen scheinen, dass die noch junge „Bauaufgabe Adelsburg" mit neuen, ganz spezifischen Wehrelementen bereichert wurde, wodurch dieser bisher noch recht zivile und unscheinbare Bautyp ein mehr trutzig-militärisches, zugleich aber auch repräsentativeres Aussehen erhielt. Dies wurde einerseits durch die Errichtung hoher, wehrhafter Türme, andererseits durch das Aufschütten gewaltiger Erdmassen zu imposanten kegelförmigen Hügeln („Motten") erreicht.

Daher wird man wohl auch den wuchtigen, breitrechteckigen Steinbau von 12 m x 8,6 m Außenmaßen (Abb. 446), der um 1000 auf dem Gipfel des Weißensteins bei Marburg errichtet wurde und der eine ältere, nur aus Holzgebäuden bestehende Höhenburg des ausgehenden 9. Jahrhunderts (s. o.) ablöste, am ehesten als hohen Wohnturm rekonstruieren wollen, dessen Außenseiten mit kleinen, schichtgelagerten Hausteinen verkleidet waren. In der folgenden Bauphase fügte man der westlichen Breitseite des Wohnturmes einen Dreieckbau von 10 m Seitenlänge an, sodass ein klotziger Fünfeckturm entstand.

Fast gleichartige Vorgänge können in Sugny (Prov. Luxemburg) beobachtet werden. Auf einer das Gelände markant überragenden Felskuppe, die einer Erdmotte sehr ähnlich sieht, wurde bereits im 10. Jahrhundert eine Höhenburg wie auf dem Runden Berg oder Weißenstein erbaut, deren Holzbauten unbekannter Größe von einer Palisade umschlossen waren. In einer zweiten Bauphase (um 1000) errichtete man auf dem höchsten Punkt des Felsens als Novum einen hölzernen Wohnturm in Pfostenbauweise (9 m x 9 m), daneben einen Küchenbau in gleicher Bauart. Auf zwei tiefer liegenden, von Palisaden geschützten Bergterrassen (Vorburg) lagen hölzerne Wirtschaftsgebäude, darunter ein Backofen. Bemerkenswert ist in Sugny erstmals der Nachweis einer neuen, in die Zukunft weisenden Bauform, die dem adligen Bauherren – vermutlich den Vorfahren der späteren Grafen von Bouillon – als ständiger Wohnsitz diente (Abb. 447). Erst im mittleren 11. Jahrhundert wurde dieser einfache Holzturm von einem massiven steinernen Wohnturm abgelöst (Abb. 448), ein weiterer Hinweis auf das doch recht langsame Vordringen der Steinbauweise auf Burgen seit der Zeit um etwa 1000.

Weitere steinerne, meist quadratische Wohntürme mit ca. 12 m Seitenlänge und 2 bis 3 m starken Mauern sind dann für das frühe 11. Jahrhundert aus Arnsburg, Kr. Gießen, Lürken bei Aachen und vom Schlössel bei Klingenmünster (Abb. 449) bekannt, wo ein solcher Turm um 1030/40 in eine ältere Großburg des 9./10. Jahrhunderts hineingebaut wurde (Abb. 450). Diese mächtigen Turmbur-

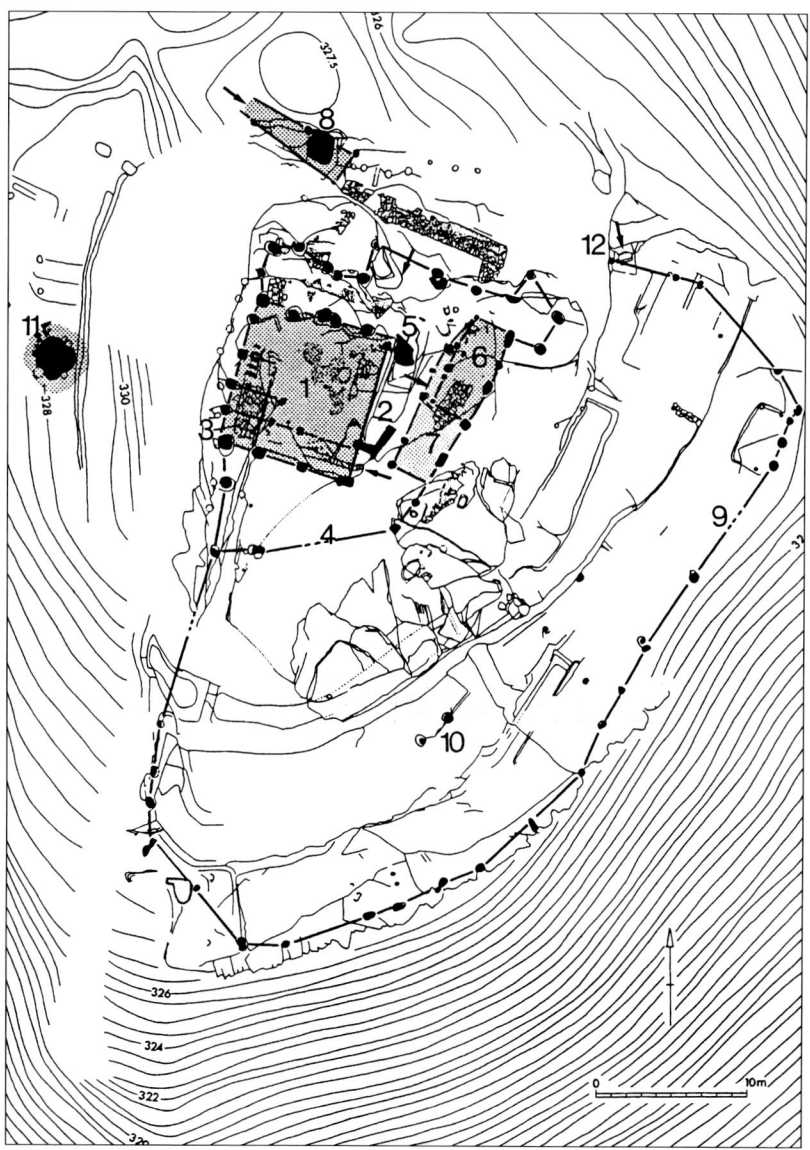

447 Ausgrabungsplan der Burg bei Sugny, Prov. Luxemburg (Belgien), aus der Zeit Ende 10./Anfang 11. Jahrhundert (nach A. Matthys). 1 Holzturm; 6–7 Küche; 9–11 Vorburgbauten.

gen breiteten sich im deutschen Reich rasch aus und belegen, dass diese monumentale Bauform – mehr als alle älteren Burgentypen zuvor – dem selbstbewussten Adel in besonderer Weise entsprochen haben muss.

Mit dem Auftauchen hoher, wehrhafter Türme in der Zeit um 1000 bzw. zu Beginn des 11. Jahrhunderts begegnet uns erstmals auf Höhen- und in Niederungsburgen eine neue Architekturform, die mit ihren drei bis fünf Geschossen nun als bewohnter Wehrbau anzusprechen ist. Während nämlich die weitgehend ungeschützten Holz- und Steinhäuser noch Bauformen verkörperten, die – schon seit Jahrhunderten bekannt – vom Adel einfach auf ihre neuen Burgen verpflanzt worden waren, stellt der Wohnturm mit seinem hochgelegenen Eingang und seiner vertikalen Baugliederung eine genuine Neuschöpfung der kriegerischen und wehrhaften Oberschicht dar und vereinigt gleichsam die Aufgaben von adliger Wohnung und späterem Bergfried in einem einzigen Bauwerk.

Etwa zur gleichen Zeit wie die neuartigen Turmbauten lassen sich in und bei Adelssitzen mehr oder weniger mächtige, künstlich aufgeschüttete Erdhügel (frz. Motte oder Château à Motte) nachweisen, die oft eine oder mehrere ebenerdige Vorburgen besitzen. Motten wurden häufig auf flacher Erde errichtet, doch benutzte man gelegentlich auch eine natürliche Gelände- oder Felskuppe als Kern, um den Arbeitsaufwand beim Erdauftrag zu verringern. Auch durch das Absteilen einer vorhandenen Bodenerhebung bzw. eines Hügels ließ sich die gleiche Wirkung erzielen wie beim Mottenbau, nämlich eine spürbare Überhöhung gegenüber dem umliegenden Gelände. Anschließend wurden Bauten auf der Motte errichtet, wie auch schon stehende Gebäude später „eingemottet" werden konnten.

Das Aufschütten einer Motte stellte – besonders in ebenem Gelände – zunächst einmal das Herstellen eines künstlichen Hügels oder Berges dar, wobei die deutliche „Überhöhung" sowohl eine symbolhafte soziale Komponente im Sinne von Abheben von der übrigen, tiefer stehenden Bevölkerung beinhaltete, als auch einen militärischen Aspekt besaß, denn vom hohen Mottenplateau war zum einen ein besserer Überblick zu gewinnen und zum anderen eine Senkrechtverteidigung sehr viel erfolgreicher durchzuführen. Die Mehrzahl der ergrabenen Befunde lässt erkennen, dass die Anlage künstlicher Erdhügel als Bestandteil einer Adelsburg zumeist erst in der Zeit um 1000 einsetzte, häufig aber viel später erfolgte.

Erste, noch flache Erdaufschüttungen im Bereich von oben bereits genannten Herrenhöfen, wie z. B. in Gommerstedt, Kr. Arnstadt, und beim „Huster-

448 **Modell der Burg bei Sugny, Prov. Luxemburg (Belgien), mit steinernem Wohnturm und Holzbauten der Vorburgen aus dem mittleren 11. Jahrhundert.**

449 **Modell der salischen Turmburg „Schlössel" bei Klingenmünster, Kr. Südliche Weinstraße.**

Expansion und Mission   699

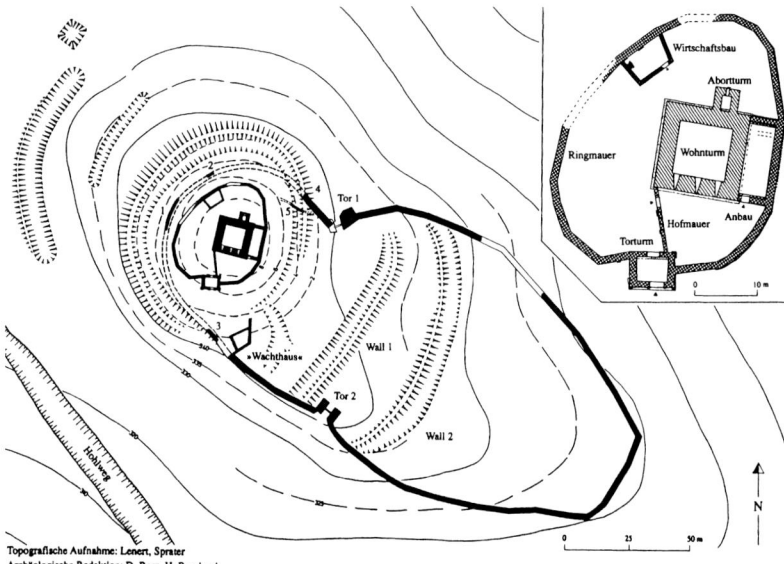

450 **Plan des „Schlössel" bei Klingenmünster: Ottonischer Ringwall mit der salischen Turmburg** (nach H. Bernhard und D. Barz).

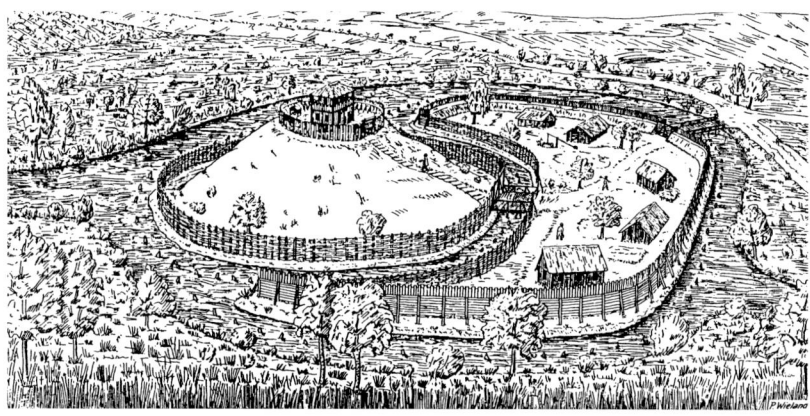

451 **Die Hochmotte „Husterknupp", Kr. Neuß, aus dem mittleren 11. Jahrhundert** (nach A. Herrnbrodt).

knupp" ließen sich archäologisch in die Zeit um 1000 bzw. ins frühe 11. Jahrhundert datieren. Mit der Anlage wirklich mächtiger Hochmotten ist in Mitteleuropa jedoch erst seit dem mittleren 11. Jahrhundert zu rechnen. Dies gilt auch für das häufig zitierte Beispiel des „Husterknupp" im Erfttal – Stammsitz der Grafen von Hochstaden –, wo einem einfach geschützten Herrenhof um 1000 eine schwach aufgeschüttete Motte angegliedert wurde, die einige Holzhäuser trug. Erst um die Mitte des 11. Jahrhunderts wurde eine Hochmotte als symbolisch-fortifikatorisches Element errichtet, auf der wohl ein hölzernes Haus oder ein Turm gestanden hat (Abb. 451).

Zusammenfassung

Der ursprünglich vom fränkischen Königtum veranlasste Burgenbau wurde schon im 9. Jahrhundert von mächtigen Adelsfamilien übernommen und nachgeahmt. Die vom 8. bis 10. Jahrhundert errichteten „Großburgen" mit ihren vielfältigen Funktionen (Schutz, Verwaltung, Gewerbe) besaßen überwiegend Holz-Erde-Mauern, westlich des Rheins auch häufiger solche aus Stein. Anfangs bestand die oft spärliche Innenbebauung aus schlichten Holzhäusern, die nur langsam einzelnen Steinbauten wichen.

Seit dem frühen 10. Jahrhundert verlagerte der mächtiger werdende Adel immer öfter seine Wohnsitze von den ungeschützten Herrenhöfen im Altsiedelland auf dominierende und befestigte Bergeshöhen (Weißenstein, Runder Berg, Sugny). Während die älteren Großburgen mehr und mehr aufgegeben wurden, allerdings um die Jahrtausendwende immer noch in einiger Zahl in Benutzung waren, nahmen die meist kleinen privaten Wohnburgen des Adels im Verlaufe des 10. Jahrhunderts ständig zu, wobei größere saalartige Steinhäuser (Vianden, Querfurt, Sulzbach) als älteste Monumentalbauten recht häufig festzustellen waren.

An der Wende vom späten 10. zum frühen 11. Jahrhundert fand die neue Architekturform des hohen, wehrhaften Wohnturms – auch in Gestalt des ebenerdig zugänglichen „Festen Hauses" – erstmals Eingang in das Bauprogramm des adligen Burgenbaus (Sugny, Weißenstein, Arnsburg). In salischer Zeit beherrschten dann die sich rasch ausbreitenden Turmburgen weithin das Bild der Landschaft (Schlössel bei Klingenmünster). Fast gleichzeitig wurden damals bei älteren Herrenhöfen (Husterknupp), aber auch im Bergland hohe, das Gelände überragende Erdhügel oder „Motten" aufgeschüttet, auf denen meist eine Burg errichtet wurde, die aber nicht allein von Dynasten, sondern immer häufiger auch von den aufstrebenden Ministerialen der Salierzeit bewohnt wurden.

Gerade in spätottonischer Zeit, als die älteren, traditionellen Wehranlagen von neuartigen, modernen Bautypen abgelöst wurden, begann die Burg zusehends zum repräsentativen Statussymbol des selbstbewussten Adels (und bald auch der Ministerialität) zu werden, deren Architektur seit dem frühen 11. Jahrhundert immer monumentalere Gestalt annahm. Somit erweisen sich die Jahrzehnte um 1000 als eine Epoche des Übergangs, die den unaufhaltsamen Siegeszug der kleinen steinernen Wohnburgen des Adels einleitete.

Literatur

Biller 1993. – Böhme 1999. – Brachmann 1993. – Ettel 1999. – Heine 1995.

Die Burg Meißen

CHRISTIAN LÜBKE

452 **Rekonstruktion des *Suburbiums* von Alt-Meißen.**

Das erst im Zusammenhang mit den Kriegszügen Heinrichs I. gegen die Elbslawen angelegte Meißen war in der Zeit um die Jahrtausendwende einer der meist umkämpften Plätze ganz Mitteleuropas. Als Burg des Königs war Meißen im Jahr 929 auf einer strategisch günstigen Erhebung über der Elbe gegründet worden, um das Stammesgebiet der Daleminzier zu kontrollieren, das zuvor den Ungarn mehrfach als Basis für Überfälle auf Thüringen und Sachsen gedient hatte; doch konnte Heinrich von hier aus auch das östlich angrenzende Land der Milzener (Oberlausitz) unterwerfen und tributpflichtig machen. Von den in der Regierungszeit Ottos I. eingerichteten Bischofssitzen lag Meißen, wo neben dem Bischof der Markgraf und ein königlicher Burggraf residierten, am weitesten vom deutschen Siedelgebiet entfernt. Die militärische Sicherheit Meißens sollte eine Burgwacht gewährleisten, an der sich die Großen des ostsächsischen Raumes, darunter die Bischöfe, abwechselnd beteiligten.

Dass die Reichsherrschaft in diesem Raum noch keineswegs gesichert war, zeigte sich seit den siebziger Jahren des 10. Jahrhunderts. Anders als im nördlichen Elbslawengebiet waren aber an den damals ausgebrochenen Kämpfen die heimischen slawischen Gesellschaften kaum noch beteiligt. Vielmehr offenbarte sich Meißen als Schnittpunkt unterschiedlicher Interessen der Großen des Reiches sowie der Fürsten von Böhmen und Polen, die zum Teil in wechselnde Koalitionen eingebunden waren, zum Teil ihre eigenen Expansionsabsichten realisierten. Zuerst unterstütze Boleslav II. von Böhmen den Aufstand des bayerischen Herzogs Heinrich (des Zänkers) gegen Kaiser Otto II., und ein böhmisches Heer unter Führung des Grafen Dedi aus der Familie der Wettiner agierte im Land zwischen Saale und Elbe (im Jahr 976). Im Konflikt um die Nachfolge Ottos stand Boleslav dann erneut auf der Seite Heinrichs, den er im Jahr 984 demonstrativ mit einem böhmischen Heer durch die zum Reich gehörenden Gaue Nisan und Daleminze geleitete.

Auf dem Rückweg besetzten die Böhmen Meißen, wo Boleslav sich persönlich einen Wohnsitz einrichtete und den damaligen Bischof Volkold vertrieb. Es ist bemerkenswert und für die damalige Geschichte Mitteleuropas einmalig, dass die wohl hauptsächlich slawische Bevölkerung der Burgstadt – es handelte sich wahrscheinlich um Handwerker, Kaufleute sowie Dienstleute in Verwaltung und Militär (die sogenanten *Vethenici*) – nicht nur an diesem Herrscherwechsel durch Absprachen beteiligt war, sondern auch im weiteren Verlauf der Geschehnisse bis 1015 als politische Kraft hervortrat. Nur wenig später spielte sie nämlich eine entscheidende Rolle bei der Übergabe der Burg an den Markgrafen Ekkehard (von Meißen), dem sie eine formelle Einladung übermittelt; die Böhmen dagegen verloren damals mit Meißen ihren Einfluss im Raum nördlich des Erzgebirges. 1002, nach dem plötzlichen Tod Ekkehards, beriefen die Meißener den polnischen Fürsten Bolesław Chrobry, der damals als Sachwalter der markgräflichen Familie auftrat. Zwar sanktionierte Hermann, Ekkehards Sohn, der sich schon demonstrativ als Erbe seines Vaters in Meißen niedergelassen hatte, die Herrschaft des Polen durch die Ehe mit dessen Tochter Reglindis, doch weigerte sich König Heinrich II. strikt, dem polnischen Fürsten die strategisch wichtige Burg zu überlassen. Statt ihm übergab er Burg und Markgrafschaft Hermanns Onkel Gunzelin, während sich Bolesław mit der Belehnung der östlich angrenzenden Landschaften Lusizi und Milzane (Nieder- und Oberlausitz) begnügen musste. Im Verlauf der damals ausgebrochenen Kämpfe versuchte Bolesław noch zweimal vergeblich, die Burg in seine Hand zu bekommen: 1009 mit Hilfe von Bestechung und 1015 durch militärische Gewalt.

Aufschlussreich im Hinblick auf die Siedlungsstruktur der Burg ist vor allem die Überlieferung der Ereignisse von 1015: Die im *Suburbium* Meißens wohnenden *Vethenici* mussten sich mit ihren Familien vor dem Angriff der Polen in die Oberburg zurückziehen, deren Verteidigung nur gelang, weil die Hochwasser führende Elbe die Polen zum Rückzug zwang. Das *Suburbium*, der Wohnplatz der *Vethenici*, wurde auf persönlichen Befehl des Kaisers innerhalb kurzer Zeit wiedererrichtet. Die Kämpfe um Meißen endeten mit dem Frieden von Bautzen (1018), dem Abschluss der Kriege zwischen Heinrich II. und Bolesław Chrobry.

Die archäologischen Untersuchungen auf der Burg Meißen

ARNE SCHMID-HECKLAU

Die Burg Meißen befindet sich in stark erhöhter Spornlage an der Elbe, welche seit der Bronzezeit einen wichtigen Handelsweg zwischen den sächsischen und böhmischen Siedlungsgebieten darstellte. Das besondere Interesse für die archäologische Analyse der mittelalterlichen Hinterlassenschaften der Befestigung wird nicht nur durch seine günstige Handelsanbindung, sondern auch durch die wichtige historische Bedeutung des Burgplatzes seit der Ottonischen Reichspolitik begründet.

Bei den zwischen 1959 bis 1963 unter der Leitung von W. Coblenz durchgeführten Forschungsgrabungen sowie neuen Rettungsgrabungen aus den achtziger und neunziger Jahren konnte ein sechsfach – vom Anfang des 10. Jahrhunderts bis zum ausgehenden 12. Jahrhundert – erhöhtes Siedlungsareal freigelegt werden, welches sehr gut erhaltene Hausbefunde und auch günstige stratigraphische Voraussetzungen für die chronologische Einordnung des gesamten Fundgutes hervorbrachte (Abb. 453). Die archäologischen Datierungen konnten von botanischer Seite durch dendrochronologische Untersuchungen an den Bauhölzern abgesichert werden[1].

Die Grabungsschnitte befinden sich auf dem westlichen Abschnitt des Meißner Burgberges. Sie berühren nicht den im östlichen Burgteil, im Umfeld des heutigen gotischen Domes zu vermutenden zentralen Herrschaftsbereich mit dem Bischofssitz und den Unterbringungsmöglichkeiten für die bei Thietmar überlieferten Königsaufenthalte. Ein Teil des östlichen Burgbereiches zwischen dem Dom und der Albrechtsburg wurde 1961 durch H. Küas archäologisch untersucht. Aufgrund intensiver hochmittelalterlicher und neuzeitlicher Störungen kamen keine älteren Baureste zutage[2]. Die Befunde der gut ergrabenen Burgen von Tilleda und Magdeburg könnten der Hinweis auf eine Pfalz mit steinernen Fortifikationen im östlichen Areal des Meißner Burgberges sein. In den östlichen, nicht untersuchten Teilen der Befestigung des Meißner Burgberges haben sich mit großer Wahrscheinlichkeit auch die Herrschaftssitze der von den ottonischen und salischen Königen auf der Burg eingesetzten Markgrafen von Meißen befunden.

453 **Lage der Grabungsschnitte auf dem Meißner Burgberg. 1 Grabungsfläche mit Bohlweg und Holzhäusern. 2 Übrige Grabungsflächen.**

Obwohl die zentralen Hauptburgbereiche des frühen Mittelalters auf dem Meißner Burg noch nicht erfasst worden sind, können dennoch von seiten der Archäologie wichtige Aussagen bezüglich der Topographie des Burgplatzes und der Kulturbeziehungen der Besatzung zur Zeit der Ottonen getroffen werden.

Die freigelegten Hausbefunde des Suburbiums waren in allen Siedlungsphasen aus dem 10. und 11. Jahrhundert planmäßig entlang eines Bohlweges angelegt, welcher auf den noch nicht ergrabenen Hauptburgbereich im östlichen Burgteil ausgerichtet ist. Bei den Häusern handelte es sich um einfache Wohnbauten. Da Hinweise auf Gewerbe oder umfangreiche Vorratshaltung fehlen und unter den Kleinfunden Hufeisen auffallend häufig vorhanden sind, ist es naheliegend, dass es sich um einen separaten Burgbereich innerhalb der Hauptburg handelt, in welchem berittene militärische Dienstleute von weniger herausragender Position untergebracht waren. Vermutlich handelte es sich um die in den historischen Quellen für das Jahr 1002 überlieferten *Vethenici*.

Die Anlage der ältesten mittelalterlichen Baubefunde im *Suburbium* wurde nach den Ergebnissen der dendrochronologischen Bestimmungen in den späten zwanziger Jahren des 9. Jahrhunderts vorgenommen. Der archäologische Befund bestätigt somit das von Thietmar überlieferte Gründungsdatum, wonach die Burg im Jahr 929 von Heinrich I. errichtet worden ist.

In dem archäologischen Material des Suburbiums auf dem Meißner Burgberg spiegelt sich nicht die in den historischen Quellen erwähnte Anwesenheit der königlichen Herrschaftsträger wieder. Durch die Auswertung der im Wohnbereich der Dienstleute genutzten Gebrauchskeramik lassen sich dennoch die aus den historischen Quellen ersichtlichen Kulturbeziehungen der Burgbewohner differenzieren und ergänzen. So zeigte die Auswertung der Funde aus dem ältesten Siedlungshorizont des Suburbiums, dass bereits in dem Zeitraum zwischen den späten zwanziger und sechziger Jahren des 9. Jahrhunderts, eine Gebrauchskeramik verwendet worden war, welche starke Bezüge zu den Formenkreisen aus den nordwestböhmischen Gebieten aufweist[3]. In hohen Anteilen konnten die Formenkreise aus dem Gebiet von Litoměřice am Elbtal südlich des Erzgebirges sowie von Zabrušany aus dem daran anschließenden Bílinagebiet nachgewiesen werden. Formenkreise aus den westsächsischen Siedlungsgebieten, welche im frühen Fundmaterial durch die Röthaer-Gruppe vorliegen, treten deutlich hinter das böhmisch geprägte keramische Fundgut zurück. Eine ähnliche Keramikentwicklung lässt sich auch für den zweiten Siedlungshorizont nachweisen, der in den Zeitraum nach der Einrichtung des Bischofssitzes, der böhmischen Besetzung 984/85 sowie der darauf-

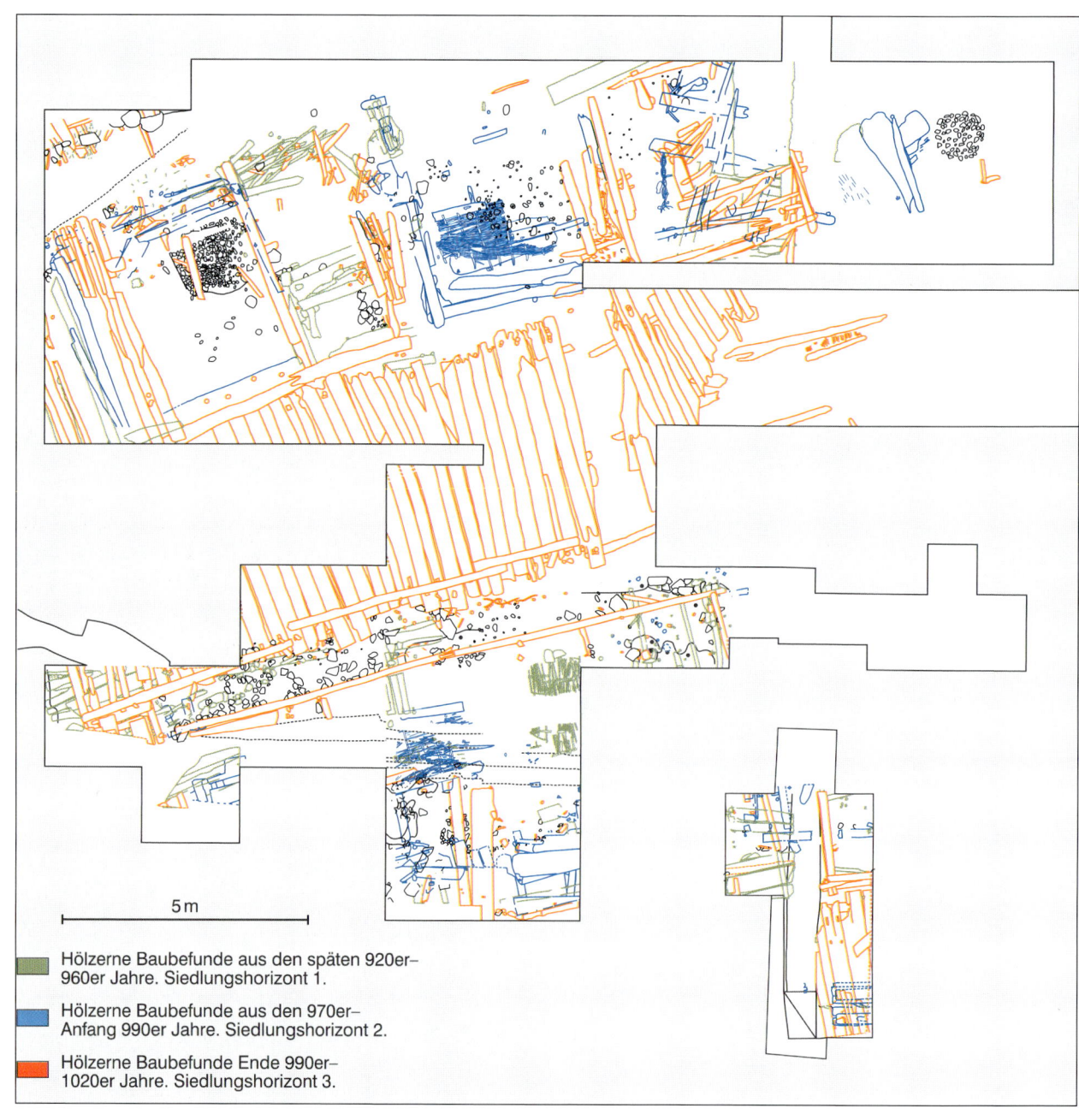

454 **Die Baubefunde aus dem westlichen *Suburbium* des Meißner Burgberges. Siedlungshorizonte 1–3, zwanziger Jahre des 10. Jahrhunderts bis zwanziger Jahre des 11. Jahrhunderts.**

■ Hölzerne Baubefunde aus den späten 920er–960er Jahre. Siedlungshorizont 1.
■ Hölzerne Baubefunde aus den 970er–Anfang 990er Jahre. Siedlungshorizont 2.
■ Hölzerne Baubefunde Ende 990er–1020er Jahre. Siedlungshorizont 3.

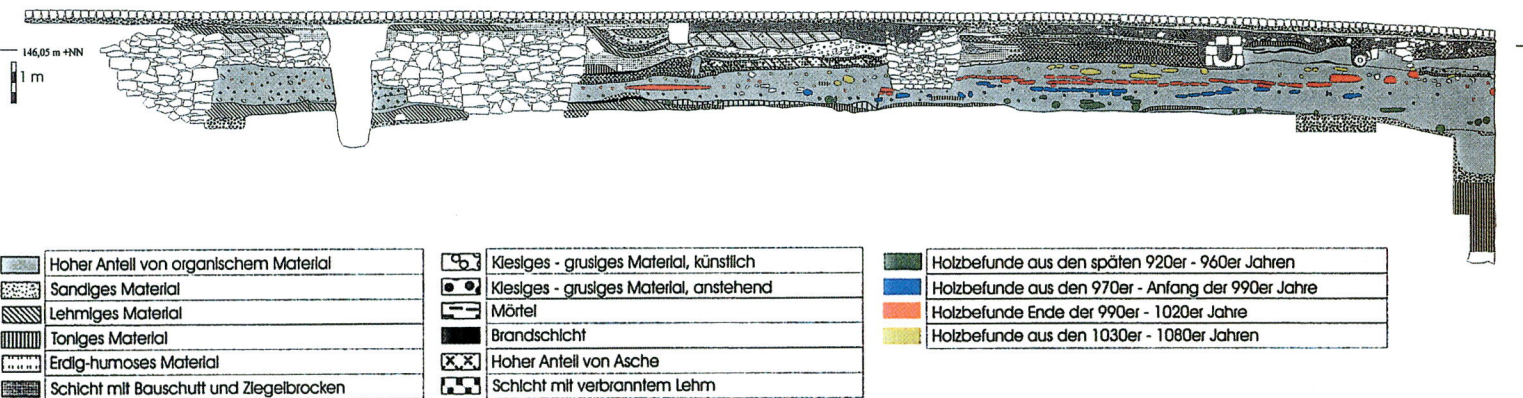

Hoher Anteil von organischem Material	Kiesiges - grusiges Material, künstlich	Holzbefunde aus den späten 920er - 960er Jahren
Sandiges Material	Kiesiges - grusiges Material, anstehend	Holzbefunde aus den 970er - Anfang der 990er Jahre
Lehmiges Material	Mörtel	Holzbefunde Ende der 990er - 1020er Jahre
Toniges Material	Brandschicht	Holzbefunde aus den 1030er - 1080er Jahren
Erdig-humoses Material	Hoher Anteil von Asche	
Schicht mit Bauschutt und Ziegelbrocken	Schicht mit verbranntem Lehm	

455 **Meißen Burgberg. Hauptprofil. Zur Lage vgl. Abb. 454.**

folgenden markgräflichen Herrschaft Ekkehards von Meißen datiert (Abb. 456). Die Keramik ist mit großer Wahrscheinlichkeit zu einem nicht unerheblichen Anteil durch den Fernhandel entlang des Elbstromes auf den Burgplatz gelangt. Vom Hauptverbreitungsgebiet des besonders häufig auf dem Meißener Burgberg vertretenen Litoměřice-Formenkreises sind seit dem 11. Jahrhundert umfangreiche Fernhandelsaktivitäten über den Elbhandelsweg bezeugt. So wird durch die Gründungsurkunde der Litoměřice-Kapitel von 1057 Salzhandel entlang der Elbe überliefert. Die etwas jüngere Redaktion – der Gründungsurkunde nennt auch den Export von Sklaven, Keramik, Vieh und Getreide.

Das vorherrschende Formenspektrum der Gebrauchskeramik aus dem *Suburbium* des Meißner Burgberges liefert einen deutlichen Hinweis, dass die Besatzung nach der Burgengründung aus den nordwestböhmischen Siedlungsgebieten rekrutiert worden ist. In der jüngeren Siedlungsphase des fortgeschrittenen 10. Jahrhunderts ist auch damit zu rechnen, dass lokale böhmische Herrschaftsträger in den sächsischen Siedlungsgebieten des Elbtales die Burgbesatzung militärisch unterstützten[4]. Die kulturelle Zuordnung der niederen Burgbesatzung im *Suburbium* des Meißner Burgberges stützt sich nicht nur auf die Analyse des keramischen Fundstoffes. Die Hausformen zeigen ebenfalls aufgrund der vorherrschenden Pfostenkonstruktion, wie Bohlenwandständerbauten oder Flechtwandbauten, Besonderheiten, die mit Burgen- und Siedlungsplätzen aus dem nordwestböhmischen Bereich vergleichbar sind. Wohnbauten mit Pfostenkonstruktion sind z. B. im Bílinagebiet von der Befestigung Vlatislav oder von dem Siedlungsplatz Hrdlovka bekannt[5].

Für das 10. Jahrhundert lässt sich die Geschichte des Meißner Burgberges durch den archäologischen Fundstoff dahingehend ergänzen, dass sich die militärischen Aktionen Heinrichs I. in der Mark Meißen nach der Burgengründung mit Sicherheit auf eine slawische Besatzung aus den benachbarten nordwestböhmischen Siedlungsgebieten stützte. Die böhmische Kulturzugehörigkeit der Besatzung kann auch nach der Einnahme der Befestigung durch Boleslav II. (984/85) anhand des archäologischen Fundstoffes nachgewiesen werden. Ob der Böhmenherzog einen Wechsel der Besatzungen nach der Okkupation vollzogen hat, ist durch den archäologischen Fundstoff nicht überprüfbar. Nach der historischen Überlieferung ist für den Zeitraum nach der Burgengründung von einer Besatzung auszugehen, die ortsansässig war und bereits im späten 10. und am Anfang des 11. Jahrhunderts großen politischen Einfluss erlangte hatte. Die Herrschaft Boleslavs II. auf dem Meißner Burgberg wird durch die Einsetzung von Markgraf Ekkehard von Meißen 985 abgelöst. An der Einsetzung des Böhmenherzogs waren wie bei der Ernennung seines Nachfolgers Markgraf Ekkehard von Meißen *Vethenici* aus dem *Suburbium* beteiligt, welche auch nach den von Thietmar für das Jahr 1015 geschilderten Kampfhandlungen Zugang zur Oberburg hatten.

Auf die materiellen Hinterlassenschaften des Suburbiums auf dem Meißner Burgberg hat sich die Einnahme der Meißener Burg durch den Polenherzog Bolesław Chrobry im Jahre 1002 nicht ausgewirkt. In dem Siedlungshorizont, der sich mit der Polenherrschaft zeitlich überschneidet[6], treten

456 **Die keramischen Formenkreise auf dem Meißner Burgberg vom 10. bis zum Anfang des 11. Jahrhunderts.**

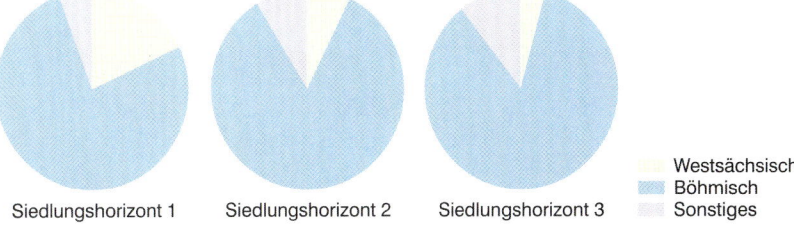

Expansion und Mission 705

weiterhin vorwiegend böhmische Formenkreise aus den Einzugsbereichen der Elbe, Bílina und Ohre auf (Abb. 456).

Anmerkungen

1 Vgl. Abb. 454–455. Die Burgengrabungen von Meißen wurden durch den Verfasser im Rahmen des Forschungsprojektes „Germania slavica" am Geisteswissenschaftliches Zentrum Geschichte und Kultur Ostmitteleuropas (GWZO) in Leipzig ausgewertet.
2 Vgl. Datierungsangaben Abb. 454–455.
3 Das Untersuchungsgebiet gehört zu der 1015 von Thietmar von Merseburg als Hauptburg überlieferten Oberburg. Das in derselben Stelle genannte *Suburbium* ist dagegen im angrenzenden Altstadtbereich von Meißen unterhalb des Schloßberges zu lokalisieren, wo kleine archäologische Aufschlüsse des Landesamtes für Vor- und Frühgeschichte in Dresden mit Fundmaterialen aus dem 10. und 11. Jahrhundert bekannt sind. Die von Thietmar für 1015 erwähnten Zerstörungen im *Suburbium* durch den Polenherzog Bolesław Chrobry haben sich nicht auf die Befundsituation des Meißner Burgberges ausgewirkt.
4 Vgl. Abb. 456. Der zweite Siedlungshorizont wird nach den Ergebnissen der dendrochronologischen Bestimmungen in den Zeitraum von den siebziger bis Anfang der neunziger Jahre des 10. Jahrhunderts eingeordnet.
5 Das Material des 6 km nördlich von Meißen gelegen Zehrener Burgberges wird durch den Verfasser nach der Analyse des Meißner Fundmaterials ebenfalls vorrangig den Nordwest-böhmischen Formenkreisen aus dem 10. Jahrhundert zugeordnet. Vgl. zu den Grabungen auf dem Zehrener Burgberg Coblenz (1958) 328–330. – Ders. (1959) 152–154.
6 Siedlungshorizont 3 reicht von späten neunziger Jahren des 10. Jahrhunderts bis in die zwanziger Jahre des 11. Jahrhunderts.
7 Vgl. Abb. 456.

Literatur

Bubeník/Meduna 1994. – Coblenz 1959; 1961; 1963; 1970; 1971. – Küas 1962. – Vána 1961. – Vogt 1987. – Západotocký 1965.

Slawen und Deutsche

CHRISTIAN LÜBKE

Für die Geschichte der Elbslawen, der am weitesten nach Westen gelangten Stämme der slawischen Sprachfamilie, spielte die Begegnung mit der deutsch sprechenden Bevölkerung Mitteleuropas die entscheidende Rolle. Nicht nur kam die slawische Siedelbewegung an der deutsch-slawischen Sprachgrenze ins Stocken, sondern mit der Einbindung slawischer Gebiete in die Grenzmarken des Fränkischen und Ottonischen Reiches begann eine nun von West nach Ost gerichtete Ausweitung der Macht vornehmlich sächsischer Großer und christlich-kirchlicher Institutionen, bevor schließlich der hochmittelalterliche Landesausbau, der zahlreiche deutsche Siedler nach Osten zog, dafür sorgte, dass die slawische Ethnizität westlich der Oder fast vollständig verdrängt wurde und bis heute lediglich in Form der sorbischen Sprache in Nieder- und Oberlausitz erhalten blieb.

In den zeitgenössischen erzählenden Quellen, die aus der Feder von Repräsentanten der sächsischen Kirche stammen, wird dieser Prozess vielfach durch ein ungleiches Verhältnis zwischen den „Unsrigen" und den „Barbarenvölkern" und Heiden im Osten gekennzeichnet. Die „Barbaren" hätten den Markgrafen Gero durch eine Hinterlist töten wollen, weshalb er dann 30 ihrer *principes* bei einem Gastmahl kurzerhand „auslöschte", erzählt ohne Mitleid Widukind von Corvey; mit den Worten, die Verwandte eines sächsischen Herzogs dürfe man nicht „einem Hund geben", habe Markgraf Dietrich von der Nordmark die Ehe zwischen einem Abodritenfürsten und einer Nichte des Sachsen-Herzogs Bernhard verhindert, berichtet Adam von Bremen (und später Helmold von Bosau); Mieszko I. von Polen habe es nie gewagt, in Gegenwart des Markgrafen Hodo einen Pelz zu tragen oder sitzenzubleiben, wenn sich dieser erhob, und Markgraf Ekkehard von Meißen habe die slawischen Milzener in die Knechtschaft gezwungen sowie Boleslav III. von Böhmen zu seinem abhängigen Gefolgsmann gemacht – so veranschaulicht Bischof Thietmar von Merseburg in seiner Chronik die Macht sächsisch-thüringischer Adliger über ihre slawischen Nachbarn; und anlässlich der Rangerhöhung Bolesław Chrobrys während des Treffens von Gnesen beklagte derselbe Chronist, Otto III. habe, „was Gott ihm vergeben möge", aus einem untergebenen Tributabhängigen einen Herrn gemacht.

Die Chronisten des 10. und 11. Jahrhunderts, so scheint es, sahen die Slawen ganz grundsätzlich in einer untergeordneten, dienenden Rolle, wozu sicher die schon seit fränkischer Zeit praktizierte Gewohnheit, Gruppen slawischer Zuwanderer als Abhängige in die Grundherrschaften einzubinden, beigetragen hat. Auch muss die Tatsache, dass slawische Kriegsgefangene oder Unfreie, die auf den Fernhandelsstraßen als Sklaven in das muselmanische Spanien transportiert wurden, ihren Eindruck hinterlassen haben. Bischof Thietmar von Merseburg gebrauchte sogar das Bild einer angeklagten und verkauften slawischen Familie, um seinen Lesern deutlich zu machen, wie die Besitzungen des Bistums Merseburg nach seiner zeitweiligen Auflösung (982) an die Nachbarbistümer verteilt wurden. Schließlich war die Apostasie der Elbslawen, ihr Rückfall ins Heidentum unter der Führung der lutizischen Krieger Anlass zu Abscheu und Ablehnung slawischer Lebensweise.

Unter den Bedingungen der Herausbildung des neuzeitlichen nationalen Bewusstseins trugen die oft wörtlich genommenen Berichte der mittelalterlichen Quellen zur Verfestigung der Gegensätze zwischen den Deutschen und ihren slawischen Nachbarn bei. In der Historiographie erfuhren Argumente aus den nationalen Auseinandersetzungen des 19. Jahrhunderts bevorzugte Beachtung. Während die älteren deutschen Historiker in den Elbmarken die These bestätigt fanden, dass die Slawen zu eigener Staatsbildung gar nicht fähig waren und die Deutschen deshalb die historische Aufgabe der Vermittlung geistiger und kultureller Werte des christlich-abendländischen Europa nach Osten erfüllten, betrachteten Polen und Tschechen die ständige Bedrohung durch die deutschen Nachbarn als entscheidendes Hemmnis und priesen zugleich die Rolle der Elbslawen als Barriere gegen den „deutschen Drang nach Osten".

Erst in den vergangenen Jahrzehnten hat eine objektivere, von außerwissenschaftlichen Prämissen befreite Forschung eine ganze Reihe anderer Faktoren in die Betrachtung der frühen deutsch-slawischen Beziehungen eingebracht. Dazu haben vor allem die reichen wissenschaftlichen Erträge der

Archäologie und der Namenkunde beigetragen. Auf diesem Hintergrund ist heute allgemein anerkannt, dass den unmittelbaren slawischen Nachbarn der Deutschen das Empfinden einer antideutschen „Vormauer" fremd war, und andererseits ist der slawische Anteil an der deutschen Geschichte nicht mehr ernsthaft zu leugnen, ja er findet im Gebrauch des Begriffs *Germania Slavica* zur Kennzeichnung der Beteiligung beider Ethnien an dem mittelalterlichen Umgestaltungsprozess weiter Teile Ostmitteleuropas seinen Ausdruck.

Auch die Zeit um die Jahrtausendwende erscheint damit in einem anderen Licht, das eine differenziertere Betrachtungsweise ermöglicht. Neben dem alltäglichen Nebeneinander von Deutschen und Slawen, wie es im folgenden noch geschildert wird, betrifft dies vor allem die Beziehungen der politisch-militärischen Eliten zueinander, die eher gleichberechtigte, partnerschaftliche und pragmatische Zusammenarbeit bezeugen, als geistige Voreingenommenheit und Ablehnung. Heirat zwischen sächsischen und slawischen Adligen war – ganz im Gegensatz zu der zitierten Anekdote um den Markgrafen Dietrich – ein häufig genutztes Mittel zur Absicherung des Gleichklangs der Interessen. Häufig traten die slawischen Fürsten auch am königlichen bzw. kaiserlichen Hof auf; hervorzuheben ist dabei insbesondere der Hoftag in Quedlinburg im März des Jahres 984, als die Fürsten der Abodriten, Polen und Böhmen in einer krisenhaften Situation des Reiches (Konflikt um die Nachfolge Ottos II.) an der Seite anderer Großer des Reiches im Zentrum der Entscheidungen standen. Der Slawenaufstand von 983 erwies sich damals einerseits als schwerwiegende Störung, doch bewirkte er andererseits die Koalition der Reichsregierung mit der slawischen Macht im Rücken der Lutizen, dem polnischen Fürsten Mieszko. Dessen Sohn Bolesław verabredete im März des Jahres 1000 in Gnesen mit Kaiser Otto III. die (1013 realisierte) Eheschließung zwischen seinem Sohn Mieszko II. und der kaiserlichen Nichte, Richeza. Die Entwicklung der politischen Beziehungen zwischen den höchsten Repräsentanten des Reiches und der *Sclavinia* erreichte damit ihren Höhepunkt.

Kontakte und Austauschbeziehungen zwischen Slawen und Deutschen im Alltag

DARINA BIALEKOVÁ

Ungefähr in der zweiten Hälfte des 5. Jahrhunderts verließ ein Teil der Slawen – Sklawenen, für die die Keramik des Prager und Korčak-Typs charakteristisch ist, seine östliche Heimat und verlagerte seine Siedlungsgebiete nach West- und Südeuropa. Diese Völkerverschiebungen auf der politischen Karte Europas waren die Folge des Unterganges des Hunnenreiches und des Abzuges der Hunnen nach Osten. Die Sklawenen drangen oberhalb des nördlichen Karpatenbogens in das heutige Kleinpolen und über die nördlichen Pässe in das Gebiet der heutigen Slowakei und Mährens vor. Über die östlichen Karpatenpässe gelangten sie, die Nordgrenze der Gepiden umgehend, in das obere Theißgebiet und die Ostslowakei und etwa unterhalb des Tokajer-, Bükker- und Mátragebirges in die Süd- und die Süweststlowakei und in das ehemalige Pannonien. Andere Sklawenen drangen nach Süden zum Donauunterlauf und in die östliche und mittlere Walachei vor. Ein Teil von ihnen zog, wie archäologische Quellen zeigen, entlang der Donau und Save weiter nach Westen, ein anderer Teil entlang der Donau in das ehemalige Pannonien. Einen indirekten Beleg über die Anwesenheit der Sklawenen in Pannonien noch vor der Ankunft der Langobarden ist die Inschrift auf dem Grabstein des in Sabaria geborenen Bischofs Martin von Tours († 397), den der Bischof Martin von Brakara († um 580) anfertigen ließ. Auf ihm werden unter den Völkern, bei denen der heilige Martin das Christentum verbreitete, auch Slawen (*Sclavus*) angeführt. Dabei spiegelt die Inschrift nicht die Situation aus der Wirkungszeit Martins von Tours wider, sondern die Verhältnisse, wie sie - Martin von Brakara noch vor der Ankunft der Langobarden in Pannonien und der Awaren im Karpatenbecken, vorfand, da beide Völker auf dem Grabstein nicht angeführt sind. Das Vorhandensein der Sklawenen im Gebiet des ehemaligen Pannoniens beweisen Fundplätze mit Keramik des Prager Typus, bzw. das Vorkommen dieser Keramik auf germanischen und frühen awarischen Gräberfeldern (Szentendre, Vörs, Budakalász, Kölked A, Sály-Lator, Várpalota, Rácalmas usw.).

Einen interessanten Nachweis über die Koexistenz von Germanen und Slawen erbrachte die Grabung in Březno bei Louny in Nordwestböhmen. Die Slawen ließen sich an der Stelle nieder, wo sich zuvor eine germanische Siedlung befunden hatte. Aus der jüngeren Phase der Siedlung stammen baulich voneinander abweichende germanische und frühslawische Wohnbauten. In der germanischen „Hütte 8" fand sich die Scherbe eines Gefäßes vom Prager Typ. Zusammen mit Scherben aus der Verfüllung der slawischen „Hütte 10", die etwa 15 m entfernt war, konnte sie zu einem Gefäß ergänzt werden. Daneben gibt es aus Böhmen und Mähren weitere Beispiele für gegenseitige Kontakte zwischen germanischer und slawischer Bevölkerung, die sich in der materiellen Kultur niederschlagen. Eine wichtige historische Quelle, die über Kontakte der Norddonauslawen mit den Germanen berichtet, ist der sogenannte Gotenkrieg bes byzanti-

457 Eiserner, mit Silber tauschierter Gürtelbeschlag zur Schwertbefestigung aus Pobedim (Westslowakei). Heimische Nachahmung frühkarolingischer Vorlagen, erste Hälfte 9. Jahrhundert.

nischen Historikers Prokopios aus Cäsarea. Im zweiten Buch, Kap. 15, führt der Autor an, dass die Heruler bei der Rückkehr nach Nordeuropa (512) durch das Gebiet der Slawen zogen. In Anbetracht ihrer Sitze in Illyrien, wo sie von Anastasios 491 als Foederaten angesiedelt worden waren, ist es wahrscheinlich, dass die Heruler durch das Gebiet der heutigen Slowakei oder Mährens zogen. Im dritten Buch, Kap. 38, schildert Prokopios die Anabasis der Prätendenten auf den langobardischen Thron Hildigis', der, da sein Leben bedroht war, in Begleitung seiner Getreuen zu den Slawen flüchtete, die von Prokopios ausschließlich Sklawenen genannt werden. Dies geschah um das Jahr 539, also bereits nach der Landnahme der Langobarden in Pannonien. Als der Krieg zwischen den Langobarden und Gepiden ausbrach, eilte Hildigis mit seiner langobardischen Begleitung und einer großen Abteilung von Sklawenen den Gepiden zu Hilfe in der Hoffnung, dass ihm diese zum Thron verhelfen würden. Als der Konflikt mit einem Friedensschluss endete (549) und die Langobarden die Auslieferung von Hildigis verlangten, erfüllten die Gepiden diese Forderung nicht, sondern schlugen Hildigis vor, ihr Gebiet zu verlassen. Hildigis kehrte zu den Sklawenen zurück. Von diesen zog er mit einem Heer von 6000 Mann zu den Goten Totilas. Im Gebiet von Venezien traf er mit Abteilungen der Rhomäer (Byzantiner) zusammen. Hildigis vereinigte sich jedoch nicht mit den Goten, sondern kehrte zu den Sklawenen zurück, also zu den Slawen oberhalb der mittleren Donau. Aus dem Gesagten geht hervor, dass der erste Aufenthalt von Hildigis bei den Sklawenen etwa zehn Jahre dauerte, der zweite war nur kurz, da er nach 551 starb. Wesentlich intensivere und länger andauernde Kontakte mit den Germanen hatten die mitteleuropäischen Slawen im 7. Jahrhundert. Dies beweisen sowohl die archäologischen als auch die schriftlichen Quellen. In der sogenannten Fredegar-Chronik (*Chonicarum quae dicuntur Fredegari Scholastici libri IV*) wird berichtet, dass im 40. Regierungsjahr des fränkischen Königs Chlothar II. (das heißt im Jahr 623) ein Mann namens Samo, der Herkunft nach ein Franke, aus dem Land der Senonen eine größere Anzahl von Kaufleuten um sich sammelte und zum Handel in das Land des Slawen zog. In jener Zeit begannen sich die Slawen gegen die awarische Unterdrückung aufzulehnen. Bei ihrem Widerstandskampf half ihnen Samo, wofür ihn diese zu ihrem König wählten. Samo schuf ein starkes und ausgedehntes Reich, das er bis zu seinem Tode im Jahr 658 35 Jahre lang regierte. Das Zentrum des Samoreiches befand sich außerhalb der Grenzen des awarischen Khanats, wahrscheinlich in Südmähren und im anschließenden Teil der Südwestslowakei und Nordostösterreichs. Nach Samos Tod zerfiel zwar das Reich, doch der überwiegende Teil seines Territoriums konnte sich weiterhin unabhängig entwickeln. Aus der Fredegar-Chronik wie auch aus den Taten König Dagoberts I. (*Gesta Dagoberti I. regis Francorum*) erfahren wir auch über Zwistigkeiten zwischen Samo und Dagobert I., zu denen es nach der Ermordung fränkischer Kaufleute kam, sowie über Verhandlungen des fränkischen Gesandten Sicharios mit Samo. Auch wird über einen erfolglosen Kriegszug Dagoberts I. und seine Niederlage bei Wogastisburg (631) berichtet, bei der das ganze Lager samt Ausrüstung eine Beute von Samos Kriegern wurde. Es folgten vernichtende Feldzüge Samos in das Gebiet das Frankenreiches.

Diese dynamische Epoche zeichnet sich durch das Vorkommen von Gegenständen westlicher Provenienz aus, hauptsächlich von Militaria, und zwar nicht nur im Gebiet des Samoreiches, sondern auch auf den zeitgleichen Gräberfeldern des awarischen Khanats (Budakalasz, Környe, Csakberény u. a.). Auch in den von Slawen bewohnten Gebieten fanden sich vor allem Hakensporen, Saxe und Scramasaxe, Gürtelriemenzungen mit Vergleichen aus alamannischen, bajuwarischen und fränkischen Gräberfeldern. Von diesen konzentrieren sich vor allem die Hakensporen an den Stellen, an denen in den nachfolgenden Jahrhunderten befestigte Zentren entstanden (Mikulčice, Uherské Hradiště, Staré Zámky bei Brünn [Brno]-Líšeň, Rubín bei Podborany, Prag [Praha]-Šárka, Neutra [Nitra], Smolenice, Unín, Svätý Jur, Pobedim u. a.). Aus Rubín bei Podborany stammt eine versilberte Riemenzunge aus der ersten Hälfte des 7. Jahrhunderts, deren Punzverzierung gute Vergleiche auf Stücken aus fränkischen und alamannischen Gräberfeldern besitzt. Die Herkunft einer kleinen Silberriemenzunge aus Neutra liegt im bajuwarischen Gebiet. Aus derselben Region stammt auch die Grabausstattung einer jungen Frau von Prušánky in Mähren, die an das Ende des 7., spätestens an den Anfang des 8. Jahrhunderts datiert werden kann.

In der Südwest-, Süd- und in der Südostslowakei, die nach dem Untergang des Samoreiches in das awarische Khanat eingliedert wurden, findet man auf den Körpergräberfeldern westliche Hiebwaffen, vor allem Saxe Preßburg (Bratislava)-Devínska Nová Ves, Bernolákovo, Cunovo, Štúrovo, Zelovce, Všechsvätých), Schwerter (Zelovce), Flügellanzenspitzen (Devínska Nová Ves, Bernolákovo), Pfeilspitzen mit tordiertem Schaft (Zelovce, Všechsvätých) sowie Bestandteile von Gürtelgarnituren, die in die zweite Hälfte des 7. Jahrhunderts datieren und bei den Langobarden in Norditalien, den Alamannen, Franken und Bajuwaren vorkommen (Devínská Nová Ves, Štúrovo, Nové Zámky, Záhorská Bystrica, Holiare, Želovce). Interessant ist das Vorkommen von dekorativen Gegenständen westlicher Herkunft, wie im Falle eines Riemenverteilers aus Devínská Nová Ves, oder von Bronzescheiben aus Zelovce und Devínska Nová Ves, sowie von Ohrringen und Kämmen aus Želovce, Bernolákovo und Devínska Nová Ves usw. Ein Teil dieser Gegenstände erreichte als Handelsgut über den Donauweg diese Gebiete, ein anderer Teil als Beute. Auch ist nicht ausgeschlossen, dass es sich in manchen Fällen um Bestattungen von Fremden handelte.

Besonders hervorzuheben sind Importe aus dem Bereich der insularen Kunst, die in bayerischen Klosterwerkstätten angefertigt wurden, und Ende des 8., bzw. Anfang des 9. Jahrhunderts wahrscheinlich durch die Missionstätigkeit Salzburgs nach Mähren (Brünn-Líšeň) und in die Slowakei (Prievidza-Hradec) gelangten. Aus Klosterwerkstätten könnten auch manche mit christlichen Symbolen versehene Schwerter stammen (Mikulčice). Ende des 8. und zu Beginn des 9. Jahrhunderts war das Interesse bei den Slawen an westlichen Waffen derart stark, dass Karl der Große mehrere Ausfuhrverbote verhängte (in den Jahren 779, 781, 803, 805, 811). Nach den Feldzügen Karls des Großen gegen die Awaren im letzten Jahrzehnt des 8. Jahrhunderts, die den Untergang des awarischen Khanats verursachten, entstand ein Raum für politische Aktivitäten der norddonauländischen Slawen. Die fränkischen Geschichtsschreiber verzeichneten slawische *regnae* im Umkreis der Donau schon zu Beginn des 9. Jahrhunderts. Ihre Fürsten (*duces*) und der Adel (*primores*) nahmen an den Reichstagen in Regensburg (803), Aachen (811) und in Paderborn (815) teil. Für den Reichstag zu Frankfurt am Main (822) werden zum erstenmal Gesandte aus Böhmen (*Beheimorum*) und Mähren (*Marvanorum*) angeführt. Das Mährische und Neutraer Fürstentum, und das nach ihrer Vereinigung entstandene Großmähren, gehörten zwar zur Sphäre des sogenannten *Universum Christianum Romanum*, aber nicht zum Fränkischen Reich. Erst nach dessen Teilung in Verdun (843) war Ludwig der Deutsche bestrebt, Mähren tributpflichtig zu machen und in seine inneren Angelegenheiten einzugreifen. In der Regierungszeit Karls des Großen und seines Nachfolgers Ludwig des Frommen gab es positive Einflüsse auf die verschiedensten Lebenssphären der Norddonauslawen. Beispiele hierfür sind die Reorganisation des Heeres, die Errichtung von Herrenhöfen (Břeclav-Pohansko, Ducové), der

458 Siberne, vergoldete karolingische Schwertriemengarnitur aus dem Fürstengrab von Kolín in Mittelböhmen, erste Hälfte 9. Jahrhundert. Praha, Národní muzeum. – Kat. 09.01.01 b–d.

Versuch einer kirchlichen Organisation sowie der Einfluss der frühkarolingischen Kunst und Kunsttechniken (Abb. 457) bei der Entstehung der heimischen Produktion (Blatnica-Mikulčice-Stil). Diese positiven Einflüsse verschwanden in der Regierungszeit Ludwigs des Deutschen und seiner Nachfolger. An ihre Stelle traten vernichtende Feldzüge nach Großmähren und entsprechende Vergeltungsaktionen der mährischen Herrscher. Trotz der selbständigen politischen Entwicklung Böhmens entsprachen die kulturelle Orientierung (Stará Kouřim, Kolín) und die Kontakte (Abb. 458) denen der Norddonauslawen. Die meisten westlichen Importe, seien es Militaria oder andere Gegenstände, konzentrieren sich zwar an Stellen entstehender machtpolitischer und kultureller Zentren, doch kommen sie vereinzelt auch in anderen Gebieten vor (Blatnica, Detva). Vor allem der Handel spielte bei westlichen Importen, neben Geschenken und Beute eine bedeutende Rolle. Da Großmähren bereits vor der Einführung der geprägten Münzen existierte, verwendete man auf dem heimischen Markt vormonetäre Zahlungsmittel (eiserne Axtbarren, sogenannte Schüsseln des schlesischen Typs, seit der zweiten Hälfte des 9. Jahrhunderts auch schon Tüchlein – Uherské Hradiště-Sady). Beim Außenhandel fanden fremde Münzen Verwendung. Eine Schriftquelle zu den im Handel mit dem Ostfrankenreich vorkommenden Geldeinheiten ist der sogennnte Raffelstettener Zolltarif (903–904, der den Stand des 9. Jahrhunderts wiederspiegelt), in dem *Libra*, *Solidus*, *Tremisa* (10 Denare), *Saiga* (3 Denare=1/12 Solidus), *Scotus* (1,5 Denar), *Massiola* (ungefähr dasselbe wie Scotus) und Denar aufgeführt sind. Die Vielzahl der umlaufenden Münzen verweist auf eine komplizierte Situation im Mitteldonauraum, wo das karolingische und byzantinische Währungssystem zusammentrafen. Interessant ist in diesem Zusammenhang der Fund eines Sceattas aus Blei aus der zweiten Hälfte des 9. Jahrhunderts von der Prager Burg. Dieser bildet gewissermaßen eine Analogie zu den angelsächsischen Sceattas, die bereits alle Merkmale der Münzen aufweisen. Es ist fraglich, ob dieser Sceatta irgendeine Beziehung zum Scotus hat, der im Raffelstettener Zolltarif angeführt ist. Aus diesem Schriftstück erfahren wir auch, dass es sich bei den fränkischen Exportartikel zu den Slawen in erster Linie um das bayerische Salz, Waffen aus den rheinischen Werkstätten und Luxuswaren handelte. Slawische Handelsgüter waren Sklaven, Vieh, Pferde, Wachs, Honig und Pelzwaren. Auch werden Zolltarife für Händler, die auf den „Markt der Mährer", also auf den zentralen Markt Großmährens reisten, wo nach arabischen Quellen jeden Monat drei Tage gehandelt wurde, genannt. Der Ort dieses „Marktes der Mährer" war mit größter Wahrscheinlichkeit Mikulčice. Aus dem Rheingebiet wurden prachtvolle damaszierte Schwerter (Mikulčice, Staré Město, Břeclav – Pohansko, Prušánky, Detva, Malé Kozmálovce), häufig mit Inschriften ihrer Hersteller (Ulfbert, Ingleri), Flügellanzen, vereinzelt auch Saxe und Scramasaxe (Uherské Hradište-Sady) und weitere Militaria eingeführt. Aus bayerischen und fränkischen Kunstwerkstätten stammen kostbare Objekte mit Emailverzierung und anspruchsvollen Goldschmiedetechniken (Staré Město, Břeclav-Pohansko, Mikulčice u. a.) sowie eine Reihe weiterer Gegenstände. Alle diese Artikel wurden bald darauf in heimischen Werkstätten imitiert, häufig unter der Mitwirkung fremder Wanderhandwerker. Ein lebenswichtiger Handelsartikel war jedoch das Salz. Der Bedarf Großmährens muss dabei so groß gewesen sein, dass im Jahr 892 Arnulf eine wirtschaftliche Blockade Großmährens versuchte, indem er den bulgarischen König Vladimír bat, die Salzeinfuhr nach Großmähren aus Siebenbürgen zu verhindern. Einen besonderen und bisher ungenügend erforschten Bereich stellen die Kontakte der Norddonauslawen mit dem wikingischen Norden dar, obgleich dafür gewisse Indizien aber auch konkrete Belege existieren.

Die Intensität und der Charakter der Handelskontakte Großmährens mit der germanischen Welt war durch eine Reihe von Umständen vorgegeben, die sowohl aus heimischen Bedingungen als auch aus der Außenpolitik resultierten.

Literatur

Bialeková 1977; 1996. – Dostál 1975. – Eisner 1952. – Galuška 1999. – Hrubý 1955. – Klanica 1988. – Pleinerová 1975. – Poulík 1957; 1975. – Ruttkay 1976; 1982; 1998. – Tejral 1975. – Třeštík 1973. – Vida 1999. – Vignatová 1993. – Zábjoník 1978; 1989.

Slawische Siedlung in Nordostbayern

JOCHEN HABERSTROH

„Man kann noch immer nicht die alten Teutschen vergessen, weil es wirklich bisweilen schwer fällt, eine Meinung, mit welcher man alt geworden ist, zu verlassen und sich aus seinem einmal angenommenen System wieder herauszustudieren". (Johann Gottlieb Henze, Berneck, ein historischer Versuch. Ruinen, merkwürdige Gegenden und Alterthümer des fränkischen Kreises 1 [Bayreuth 1790] a4).

Die historische Überlieferung und der Ortsnamenschatz liefern deutliche Belege für den Anteil slawischer Siedler am Landesausbau in den nordöstlichen Teilen des heutigen Bayern. So verläuft die Westgrenze der Hauptverbreitung slawischer Ortsnamen nördlich und östlich einer Linie zwischen Staffelstein und Forchheim während in den Altsiedellandschaften am Regnitzunterlauf und mainaufwärts bis zum Staffelberg slawische Ortsnamen fast völlig fehlen. Nach den Schriftquellen können slawische Siedler für einen Zeitraum, der sich von der Mitte des 8. Jahrhunderts bis zur Bamberger Synode von 1059 erstreckt, und in dem sie manche religiöse und sprachliche Eigenheiten bewahren konnten, nachgewiesen werden.

Während sich Historiker und Namenkundler auf einen nicht geringen Quellenbestand stützen können – der freilich ebenso zur kontroversen Diskussion herausfordert – fehlen der Archäologie bis heute unumstößliche Nachweise slawischer Siedler in größerer Zahl. Als „… mit dem Odium einer slawophilen Heimatforschung" behaftet charakterisierte W. Torbrügge 1984 den Stand der archäologischen Slawenforschung in Nordbayern in der ihm eigenen Weise. Tatsächlich sind Grabritus, Befestigungsbau und Sachkultur in den betroffenen Gebieten nicht nur westlich geprägt, sondern entbehren der in slawischen „Altsiedelgebieten" typischen Merkmale vollständig. Lediglich ein Teil der frühmittelalterlichen Keramik Oberfrankens kann mit großer Wahrscheinlichkeit einem slawischen Ethnikum zugewiesen werden. In erster Linie können hier wohl Gefäßformen und Verzierungen herangezogen werden, die in Kombination mit technischen Merkmalen gute Parallelen im slawischen, aber nicht im frühdeutschen Raum besitzen. Entsprechende Funde stammen in größerer Zahl vom Bamberger Domberg, aus Burgkunstadt, Schlammersdorf (†) und Baunach sowie aus Friesen und Seussling. Unverzierte, handgeformte Töpfe eignen sich dagegen nicht für eine ethnische Interpretation.

So muss man beim jetzigen archäologischen Forschungsstand und nach den jüngsten Neufunden des 7. Jahrhunderts im westlichen Oberfranken ebenso wie in der südlichen Oberpfalz von einem fränkisch-, beziehungsweise bajuwarisch-merowingischen Landesausbau sprechen und ältere Thesen von einer freien slawischen Landnahme im 7. oder gar 6. Jahrhundert verwerfen. Für das 8. Jahrhundert kann im nordöstlichen Bayern eine Zunahme des archäologischen Quellenmaterials konstatiert werden, das damit zu den wenigen Regionen des karolingisch-ottonischen Reichsgebietes gehört, die über das 8. und sogar 9. Jahrhundert hinaus geschlossene Grabinventare liefern. Dabei bleiben Grabritus ebenso wie die Zusammensetzung der Inventare der westlich-spätmerowingischen Traditionen verhaftet. Die absolute Datierung des in den Gräbern angetroffenen Formengutes er-

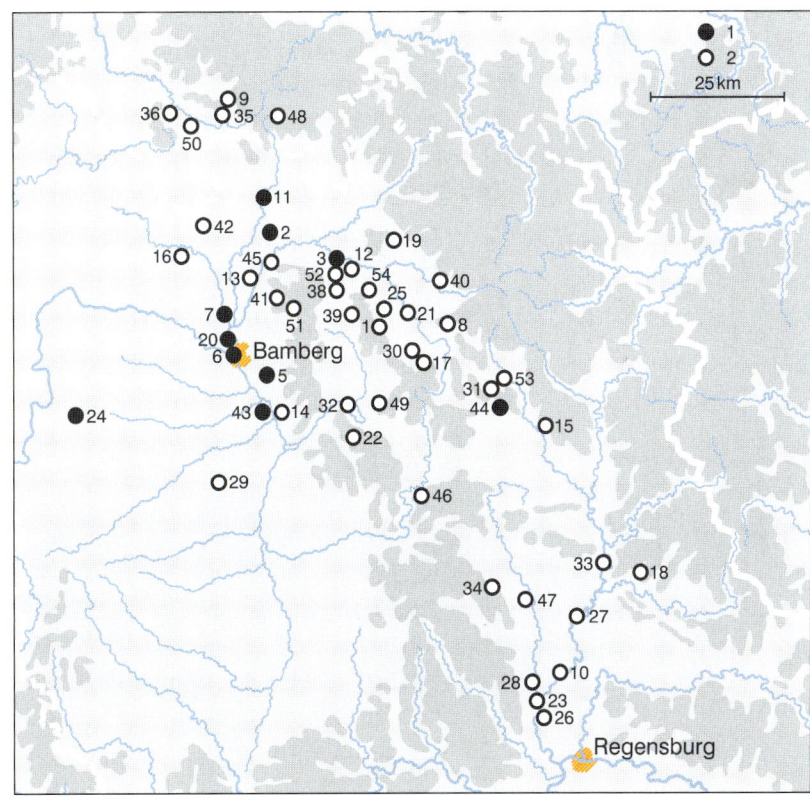

459 **Verbreitung der karolingisch-ottonischen Gräberfelder in Nordostbayern: 1 Friedhof mit Kirche (Liste 1) 2 Friedhof ohne Kirche (Liste 2).**

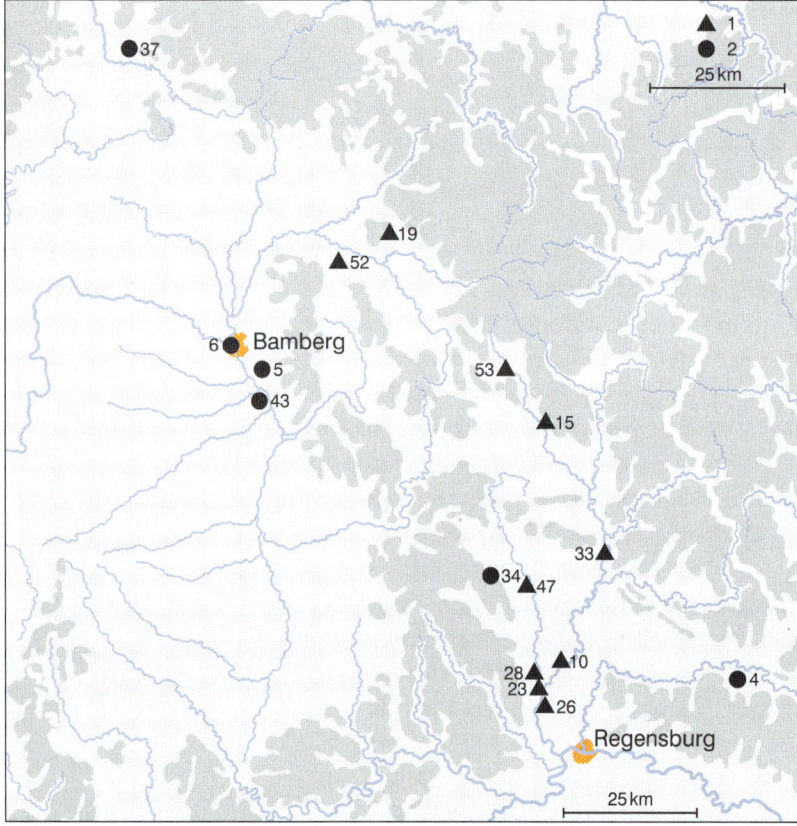

460 Verbreitung der karolingisch-ottonischen Gräberfelder in Nordostbayern:
1 Friedhof mit Speisebeigabe (Liste 3); 2 Friedhof mit Emailschmuckbeigabe (Liste 4).

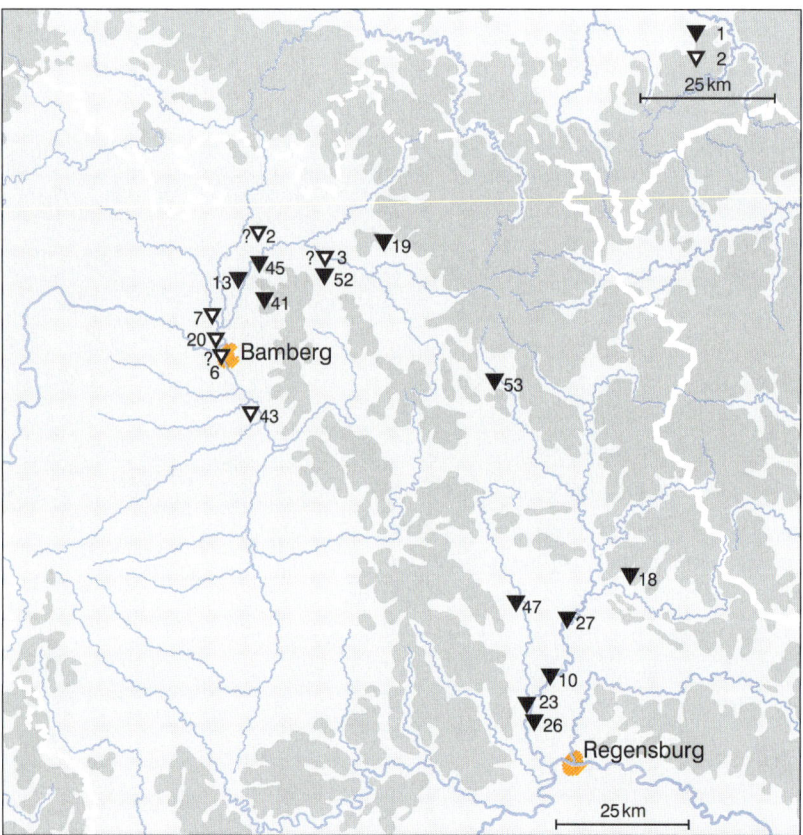

461 Verbreitung der karolingisch-ottonischen Gräberfelder in Nordostbayern: 1 Friedhof mit Waffenbeigabe (Liste 5); 2 Belegungsbeginn mit beigabenlosen Bestattungen (Liste 6).

weist sich allerdings als schwierig. Zwar ist der Fundstoff vergleichbar mit dem aus anderen Randzonen des karolingischen Reichsgebietes, jedoch fehlen Parallelen aus den westlichen Altsiedellandschaften wegen der dort auslaufenden Beigabensitte. Nur wenige Typen (Spatha, Langsax, Knöpfchenringe, Emailschmuck) erlauben eine grobe Einordnung der Gräber zwischen dem 8. und 10. Jahrhundert, und selten bietet sich anhand stratigraphischer Beobachtungen eine weitere Möglichkeit der Eingrenzung. Auch bleibt der Datierungsspielraum für manche neu bearbeitete Typen, wie den Emailschmuck, noch immer so groß, dass nur Beginn oder Ende des historisch möglichen Bestattungszeitraums ausgeschlossen werden können.

Immerhin wird man sich mit einigen Formen, wie emaillierten Schmuckstücken, Knöpfchenringen oder manchen Sporenformen, heute weit in das 10. Jahrhundert wagen müssen. Für das oberpfälzische Matzhausen wurde dies bereits früh formuliert, während die oberfränkischen Inventare lange Zeit kaum über die Mitte des 9. Jahrhunderts hinaus datiert wurden[1]. Nur wenige der kartierten Gräberfelder abseits von Kirchen (Abb. 459) dürften ähnlich lange belegt worden sein wie der 210 Gräber umfassende Friedhof von Weismain[2]. Unstrittig ist der Belegungsbeginn dieser Nekropole bald nach 700, die wie viele Grablegen im westlichen Altsiedelland auch separierte Bestattungsplätze privilegierter Familien besitzt. Ebenso einmütig, da durch Schriftquellen bezeugt, wird man den Beginn der Grablegen an Kirchen spätestens um 800 ansetzen. Hier zeugen neue Befunde an Kirchen im westlichen Oberfranken aus vorbambergischer Zeit von einer Entwicklung, die möglicherweise auch zu einer neuen Beurteilung der Nekropolen in Ortsrandlage führen wird. In Hallstadt setzt etwa der Friedhof an der St. Kilianskirche des im Diedenhofener Kapitular genannten Zoll- und Handelsplatzes mit mehreren Schichten beigabenloser Bestattungen ein. Erst in jüngeren Gräbern finden sich einzelne Trachtbestandteile der für die Region typischen Art (Abb. 461). Auch in Baunach beginnt der Friedhof an St. Oswald mit beigabenlosen Gräbern. Zu den ältesten Grablegen zählt hier eine Doppelbestattung zweier männlicher Individuen in spätmerowingischer Tradition. Ähnliches lässt sich für die sogenannten Urpfarreien in Altenbanz und Altenkunstadt vermuten und an der seit kurzem gesicherten Slawenkirche von Seussling nachweisen. Dort wird zunächst den strengen Ordinarien folgend ausserhalb einer Holzkirche bestattet und erst aus spätkarolingisch-ottonischer Zeit finden sich im vielfach umgewühlten Friedhofshorizont einzelne Trachtbestandteile. Im 10. Jahrhundert oder möglicherweise auch erst kurz nach der Gründung des Bistums Bamberg 1007 wurde an gleicher Stelle eine Steinkirche mit eingezogenem(?) Rechteckchor errichtet, die auf die ersten Bestattungen keine Rücksicht mehr nahm. Ein ganz ähnlicher Vorgang könnte sich um die auf dem Bamberger Domberg nachgewiesene erste steinerne Burgkirche abgespielt haben, wo der umfangreiche Begräbnisplatz ebenfalls mehrere Horizonte überwiegend beigabenloser Gräber aufweist. Zu den wenigen Trachtbestandteilen zählen Emailschmuckarbeiten, die in die zweite Hälfte des 9. und in das 10. Jahrhunderts zu datieren sind. Die Verbreitung dieser vergleichsweise qualitätvollen Schmuckstücke scheint an Kirchen und bedeutendere Siedlungen gebunden zu sein (Abb. 460). Am Rande des Untersuchungsgebietes sind sie aus Gräbern in Straubing und Rohr und aus der großen Siedlung von Karlburg bekannt. Sie stammen aus dem Friedhof der Schweinfurter Burg in Oberammerthal, aus Friesen nahe der Schweinfurter Burg Kronach (Abb. 463) und aus einem Grab an einer weiteren Slawenkirche in Amlingstadt. Der erste dort nachgewiesene Steinbau mit eingezogener halbrunder Apsis ist wie in Seussling jünger als die Bestattungen, die an diesem Platz kaum ohne eine vorhandene Holz(?)kirche vorstellbar sind. Ähnliches darf für Altenkunstadt vorausgesetzt werden, wo die Altarsubstruktion der ersten Steinkirche mit eingezogener halbrunder Apsis über mehreren „Stifter"(?)-gräbern angetroffen wurde, von denen eines ein männliches Individuum mit paarig getragenen Sporen barg (Abb. 462). Auch dieser Steinbau überlagert zumindest eine ältere beigabenlose Bestattung.

In dieser Zeit, in der an Kirchen beigabenlos bestattet wurde, gelangen in den Friedhöfen in Ortsrandlage nach wie vor Trachtbestandteile bis hin zu Sporen und Waffen (Grafendobrach), Werkzeugen wie Sicheln (Krachenhausen) sowie Speisebeigaben (Wirbenz, Matzhausen) in die Gräber (Abb. 460–461). Hinzu treten vielerorts Besonderheiten, wie die Beigabe von Eiern (Alladorf, Grafendobrach) oder die Mitbestattung von Hunden (Kleetzhöfe). Dies alles kann nur als Ausdruck eines von der christlichen Norm abweichenden religiösen Verständnisses gewertet werden.

Unklar bleibt in einigen Fällen, wann die in spätmerowingischer Tradition einsetzende Belegung (Weismain, Staffelstein, Krachenhausen) endet. Auch erlaubt die derzeitige Chronologie für einige der späten Gräberfelder (Alladorf, Barbaraberg) keine genaue Festlegung des Belegungsbeginns.

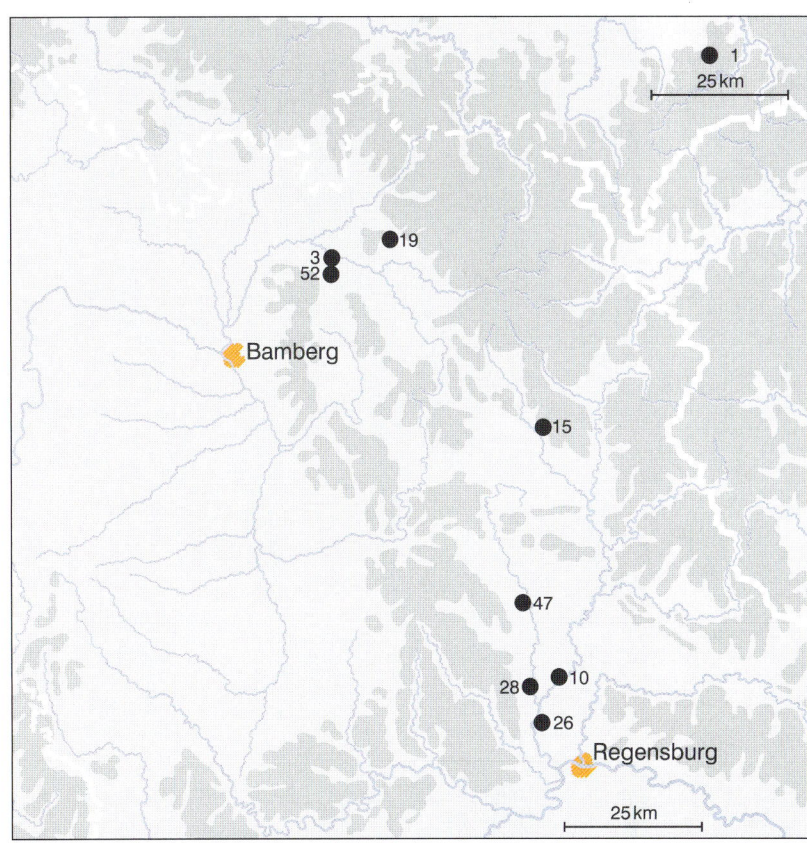

462 **Verbreitung der karolingisch-ottonischen Gräberfelder in Nordostbayern: Friedhof mit Reitergrab (Liste 7)**

Gerade der Friedhof auf dem Barbaraberg stellt in mancher Hinsicht einen Sonderfall dar und ein Belegungsbeginn mit beigabenlosen Gräbern wäre dort nicht überraschend. Die jüngsten der auch hier seltenen Schmuckformen reichen bis weit in das 11. Jahrhundert und damit in die Zeit der Bamberger Synode. Diese Nekropole dürfte nicht als Ortsfriedhof, sondern von mehreren umliegenden Hufen ohne Pfarrei genutzt worden sein.

Aber auch im Verbreitungsgebiet jüngermerowingischer Gräberfelder und früher Pfarrkirchen mit Martinspatrozinium finden sich Zeugnisse heidnischer oder zumindest synkretistischer Glaubensvorstellungen. Nur in diesem Sinne dürfte ein Friedhof des 9./10 (?) Jahrhunderts abseits der Kirche in Ortsrandlage und in der Nähe wohl noch sichtbarer Grabhügel (Eggolsheim) zu verstehen sein.

Slawische Siedler in der *terra sclavorum* müssen an diesen Erscheinungen ihren Anteil haben, ohne dass *ex silentio* von einer monoethnischen Belegung der Friedhöfe ohne Kirchen ausgegangen werden darf. Dies gilt umgekehrt auch für die Begräbnisse an Kirchen.

Ein durch den Einsatz der ^{14}C-Datierung vielleicht nachweisbarer, später Zeitansatz mancher Nekropolen mit Waffengräbern ließe dann endgültig an einen Zusammenhang mit dem Landesausbau der Markgrafen von Schweinfurt im Nordgau denken. Dieser fand mit nicht geringer Unterstützung sla-

Slawen und Deutsche

463 **Emailscheibenfibel aus Seussling.**

wischer Gruppen statt, die bis zur Vertreibung Heinrich II. (Hezilo) von Schweinfurt offenbar auch als Hilfstruppen der Schweinfurter kämpften (Thietmar, V 32–34). Auch die „slawische" Bauweise der ottonischen Befestigung von Laineck erklärt sich aus dieser Perspektive.

Eine slawische Zuwanderung seit dem 8. Jahrhundert in mehreren Wellen bis in das 10./11. (?) Jahrhundert scheint für Nordostbayern derzeit das überzeugendste Modell zu sein, mit dem sich die Archäologie einer historischen Realität nähern kann. Ihre Siedlungstätigkeit erfasste dabei auch die östlichen Teile Unterfrankens und das südliche Thüringen (Abb. 459). Sie kamen in eine Region, in der die politische und kirchliche Struktur des spätmerowingisch-karolingischen Reiches schon über die ersten Anfänge hinaus gewachsen war und ausgebaut wurde[3]. In ihren neuen Siedlungsgebieten schlossen sich die Siedler sehr rasch westlichen Traditionen an, sofern sie diese nicht schon vorher in ihren Herkunftsgebieten adaptiert hatten. Im 9. und 10. Jahrhundert, als die Region die vielleicht wichtigste Kontaktzone zwischen dem Reich und dem Osten war, prägten sie die Siedlungsverhältnisse entscheidend mit. Bis zur Bamberger Bistumsgründung behielt dieser Grenzraum eine wichtige Rolle in der Ostpolitik des Reichs. Jedoch spielt das slawische Element in der materiellen Kultur (Keramik) bereits in dieser Zeit keine Rolle mehr, sodass das in den Quellen bezeugte Motiv der Slawenmission bei der Gründung des Bamberger Bistums wohl nur als Hilfsargument Kaiser Heinrich II. gegenüber dem Bischof von Würzburg zu verstehen ist. Der letztlich östlich-byzantinische Einfluss in der Sachkultur des 10. Jahrhunderts dürfte in Nordostbayern ebenso wie in anderen Reichsteilen politische Ursachen haben.

Eindeutige archäologische Zeugnisse einer slawischen Einwanderergeneration, die an ihren ursprünglichen Traditionen festhielt, fehlen aber für den gesamten Zeitraum, wenngleich sich sprachliche Relikte bis über das 11. Jahrhundert hinaus halten sollten.

Anmerkungen

1. Eine enge chronologische Gliederung in vier Zeitstufen im 8. Jh. von jeweils einer Generation Dauer, wie sie bei der jüngsten Bearbeitung vorgenommen wurde (Pöllath 1999), muss für die überwiegende Mehrheit der Gräberfelder abgelehnt werden. Das jüngst ausgegrabene und nur für etwa drei Generationen belegte Gräberfeld von Wirbenz zeigt deutlich, dass die Stufeninhalte Pöllaths frei miteinander kombinierbar sind. Darüber hinaus zeichnet sich durch ^{14}C Proben an Wirbenzer Knochenmaterial eine stark abweichende chronologische Stellung des Friedhofes ab. Weitere ^{14}C Proben an Knochenmaterial aus neu untersuchten Gräberfeldern Oberfrankens sind in Vorbereitung.

2. Eingetragen sind ausschließlich sichere Grabfunde. Oberpfälzische Gräberfelder, die zwar mehrfach kartiert (vgl. Pöllath 1999, Abb. 1, Liste 1), sonst jedoch noch unpubliziert sind, wurden nicht aufgenommen. Ohne Anspruch auf Vollständigkeit sind Grabfunde aus den Nachbarregionen Mittelfranken, Unterfranken und Südthüringen kartiert.

3. Als urkundliche Zeugnisse einer intakten Struktur in der Folge der Würzburger Bistumsgründung muss die Erwähnung von Grafen im Slawenkirchenerlass Karls d. Gr. ebenso wie die Bedeutung der Zoll- und Handelsplätze Hallstadt, Forchheim, Pfreimd, Premberg und Regensburg im Diedenhofener Kapitular sowie die wichtige Rolle der Pfalzen in Forchheim (bis 918) und Regensburg im 9./10. Jh. gewertet werden.

Anhang

Liste 1. Friedhöfe mit Kirche (Abb. 459).
2   Altenbanz, unbekannt St. Laurentius (?)
3   Altenkunstadt, unbekannt St. Kilian (?)
5   Amlingstadt, unbekannt, St. Aegidius
6   Bamberg, unbekannt
7   Baunach, St. Oswald
11 Coburg, unbekannt, St. Moritz
20 Hallstadt, St. Kilian
24 Kleinlangheim, unbekannt, St. Georg und Maria
43 Seussling, unbekannt, St. Sigismund
44 Speinshart-Barbaraberg

Liste 2. Friedhöfe ohne Kirche (Abb. 459).
1   Alladorf
8   Bindlach
9   Brattendorf
10 Burglengenfeld
12 Dörfles
13 Döringstadt
14 Eggolsheim
16 Fischbach
15 Eichelberg
17 Gesees
18 Girnitz
19 Grafendobrach
21 Harsdorf

22 Hartenreuth
23 Kallmünz
25 Kleetzhöfe
26 Krachenhausen
27 Krondorf
28 Matzhausen (H)
29 Mechelwind
30 Mistelgau
31 Mockersdorf
32 Muggendorf
33 Nabburg
34 Oberammerthal
35 Poppenwind
36 Reurieth
38 Schammendorf
39 Schirradorf
40 Schlömen
41 Schwabthal
42 Seßlach
45 Staffelstein
46 Tabernakel
47 Theuern
48 Truckenthal
49 Unterailsfeld
50 Wallrabs
51 Wattendorf
52 Weismain
53 Wirbenz
54 Zultenberg

Liste 3. Friedhof mit Speisebeigabe (Abb. 460).
10 Burglengenfeld
15 Eichelberg
19 Grafendobrach
23 Kallmünz
26 Krachenhausen
28 Matzhausen (H)
33 Nabburg
47 Theuern
52 Weismain
53 Wirbenz

Liste 4. Friedhöfe mit Emailschmuckbeigabe (Abb. 460).
4 Altenmarkt
5 Amlingstadt
6 Bamberg
34 Oberammerthal
37 Rohr-Kloster
43 Seussling

Liste 5. Friedhöfe mit Waffenbeigabe (Abb. 461).
10 Burglengenfeld, 8./9. Jh.
13 Döringstadt 8./9. Jh.
19 Grafendobrach 9./10. Jh.
18 Girnitz 8./9. Jh.
23 Kallmünz 8./9. Jh.
26 Krachenhausen
27 Krondorf 8./9. Jh.
41 Schwabthal 8. Jh.
45 Staffelstein 8. Jh.
47 Theuern 8./9. Jh.
52 Weismain 8. Jh.
53 Wirbenz 9./10 Jh.

Liste 6. Belegungsbeginn mit beigabenlosen Bestattungen (Abb. 461).
2 Altenbanz (?)
3 Altenkunstadt (?)
6 Bamberg (?)
7 Baunach
20 Hallstadt
43 Seussling

Liste 7. Friedhöfe mit Reitergrab (Abb. 462).
3 Altenkunstadt 9./10 Jh.
10 Burglengenfeld 8./9. Jh.
15 Eichelberg 9./10. Jh.
19 Grafendobrach 9./10. Jh.
26 Krachenhausen 9./10. Jh.
28 Matzhausen (H)
47 Theuern 8./9. Jh.
52 Weismain 8./9. Jh.

Literatur

Angenendt 1995. – Bach/Dušek 1971. – Böhme 1993. – Demattio 1998. – Eichler 1985; 1998; 1999. – Endres/Haberstroh 1998. – Ettel 1998. – v. Freeden 1983. – Giesler 1997. – Haberstroh 1998; 2000 – Heidenreich 1996. – Hensch 1997. – Hübener 1989. – Koch 1993/94. – Krebs 1997. – Leinthaler 1992. – Kat. Würzburg 1992. – Losert 1993a; 1993b. Pöllath 1999. – Rempel 1966. – Sage 1976; 1989; – Schuh 1998. – Schwarz 1962; 1984. – Sippel 1989. – Stroh 1954. – Timpel 1994. – Torbrügge 1984. – Wamers 1993. – Wintergerst 1995. – Zittlau u. a. 1985/86.

Slawen und Deutsche in Thüringen

SIGRID DUŠEK

Seit dem späten 6. Jahrhundert drangen Teile slawischer Stämme aus Südosten in die durch eine Ausdünnung der fränkisch-deutschen Besiedlung im Gebiet östlich der Saale während der Völkerwanderungszeit schwächer besiedelten Gebiete zwischen Oder, Elbe und Saale vor. Schriftliche Quellen, vor allem des Franken Fredegar, berichten um 620 von Kämpfen mit den Slawen, die auch ein fränkisches Heer bei der Wogastisburg besiegten. Für die Jahre 631 und 633 werden erneute Einfälle jener Slawen, die dem Stamme der Sorben angehörten, angezeigt. Zum Schutz der fränkischen Ostgrenze wurde Herzog Radulf berufen.

Archäologische Funde, historische Urkunden und eine Vielzahl slawischer Orts-, Gewässer- und Flurnamen in Thüringen östlich und westlich der Saale belegen die Anwesenheit der Slawen. Seit dem 8. und 9. Jahrhundert liegen Keramikfunde auch westlich der Ilm vor, die Ähnlichkeiten mit zeitgleicher slawischer Keramik im mittleren Donaugebiet aufweisen. Häufiger sind archäologische Reste der Slawen im 9. und 10. Jahrhundert bis ins Flussgebiet der Gera verbreitet. Erst ab dem 10. Jahrhundert reichen diese Quellen – hier als Gräberfelder – bis zum Vorgelände des Thüringer Waldes und des Erzgebirges.

Von ganz besonderer Bedeutung sind unter den Schriftquellen das Diedenhofer Kapitular aus dem Jahre 805, als in Erfurt eine Kontrollstelle für den Handel zwischen Slawen und Deutschen unter der Leitung von Madalgaudus erwähnt wird, sowie die Abgabenverhältnisse der Klöster Hersfeld, Fulda und Bosau. Besonders der Fuldaer Kodex ist von großer Bedeutung, weil er im 12. Jahrhundert die Anwesenheit slawischer Siedler bis ins Werragebiet ausweist. Hier schließen sich archäologische Belege und schriftliche Quellen zur Anwesenheit der Slawen aus, denn archäologisch sind die Slawen in jenem Gebiet bisher noch nicht nachgewiesen worden.

464 **Teil des slawischen Gräberfeldes von Espenfeld bei Arnstadt.**

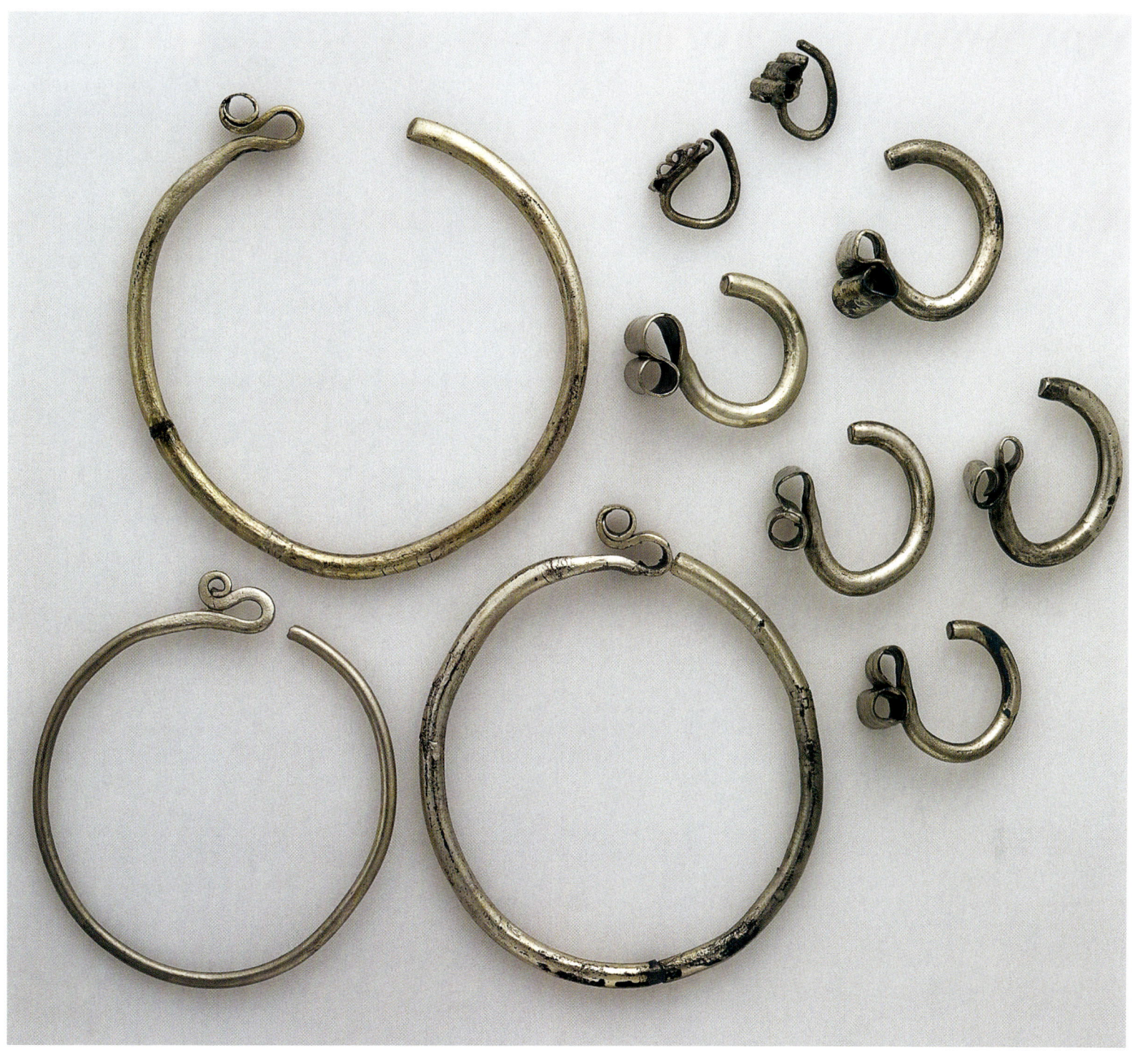

465 **Silberne Schläfenringe** – typischstes Merkmal slawischer Tracht – des 9.–12. Jahrhunderts.

Besonders die jüngeren Nachweise von Slawen lassen ihre Beteiligung am mittelalterlichen Landesausbau in Thüringen erkennen. Die Slawen gründeten im deutsch-slawischen Mischgebiet westlich der Saale neben schon bestehenden fränkisch-deutschen Orten eigene Dörfer und gaben ihnen in der Regel eigene slawische Bezeichnungen. Dabei errichtete man Blockbauten, meistens mit Steinunterlagen, wie sie im ostsaalischen Gebiet nachgewiesen wurden. Westlich der Saale lebten sie vorwiegend in Grubenhäusern von 10 bis 12 m² Größe. Ihre Nutzung als Wohnbauten wird durch Heizeinrichtungen in der Nordwestecke dieser Häuser bestätigt. Nur selten sind in Thüringen archäologische Nachweise einer slawischen Siedlung, wie in Weimar-West, wo sich in einem Halbkreis um einen Quelltrichter acht Häuser und ca. 25 Gruben konzentrierten. Sie deuten auf die ursprüngliche Form einer slawischen Siedlung als Weiler hin.

Burgwälle als Belege der slawischen Burgbezirksverfassung sind im slawischen Siedlungsgebiet Thüringens nur in der Einwanderungsphase der Slawen bis zur deutschen Ostkolonisation mit der

Slawen und Deutsche 719

466 **Slawischer Ohrschmuck: silberne Hohlkugeln auf Draht gesteckt und reich mit Granulation und Filigran verziert, Fundort: Espenfeld, Ilmkreis.**

467 **Wertvolle Kette aus Karneol-, Bergkristall-, Amethyst- und einigen Glasperlen aus Espenfeld, Ilmkreis.**

Festigung der deutschen Herrschaft östlich der Saale unter Heinrich I. im 10. Jahrhundert möglich und denkbar. Im deutsch-slawischen Kontaktgebiet westlich der Saale ist es überhaupt nicht zur Anlage slawischer Burgen gekommen.

Die Forschung der slawischen Burgwälle lässt noch viele Fragen offen. Bisher gibt es einige Untersuchungen auf dem Johannisberg bei Jena-Lobeda, direkt an der Saale gelegen auf einem Muschelkalkplateau, abgesichert durch einen Abschnittswall von über 80 m Länge. Die Ausführung der Burg in Trockenmauerschaltechnik lässt starke fränkische Wurzeln erkennen.

In östlicher und westlicher Richtung der Saale legten die Slawen auch eigene große und über längere Zeit benutzte Reihenfriedhöfe an, die sich im Gegensatz zur deutschen Bevölkerung abseits der Kirchen befanden.

Die Gräber, west-ost-orientiert, oft mit Abgrenzung der Grabgruben durch Steine und mit Markierung der Gräber auf der alten Oberfläche, wie im Gräberfeld von Espenfeld bei Arnstadt nachzuweisen, dienten in der Regel über mehrere Jahrhunderte als Bestattungsplatz. Die Slawen bestatteten ihre Toten noch bis ins 12. Jahrhundert in ihrer Tracht mit den dazugehörenden Schmuckstücken bei den Frauen und mit Standesinsignien bei den Männern, wie z. B. mit Sporen. Auf dem Gräberfeld von Espenfeld wurden seit der zweiten Hälfte des 10. bis zur Mitte des 12. Jahrhunderts über 440 Bestattungen niedergelegt. Markante Merkmale slawischer Mädchen- und Frauengräber sind die an einem Band um den Kopf getragenen Schläfenringe mit sehr breit gehämmerten S-Schleifen, die in Thüringen auffallend häufig aus Silber hergestellt wurden, außerdem Silber-Ohrringe, reichlich mit Granulation und Filigran versehen, Perlenketten, die nicht nur aus Glasperlen zusammengesetzt waren, sondern in Thüringen sehr häufig auch aus Schmucksteinen wie Karneolen, Bergkristallen und Amethysten, die auch als Importgut erkannt wurden, und Fingerringe, oft aus Silber.

Es scheint sich dabei nicht um heidnisches Brauchtum zu handeln, denn in diesem Teil der deutsch-slawischen Kontaktzone mit den besonders frühen Nachweisen der Christianisierung durch Bonifatius in der ersten Hälfte des 8. Jahrhunderts ist durchaus anzunehmen, dass auch die Slawen schon früh christianisiert waren.

Einige wenige der Männergräber weisen auch eiserne Messer, zum Teil mit metallenen Scheidenbeschlägen auf. Von hoher sozialer Signifikanz sind Sporen in einigen Männergräbern. Sie lassen Berittene erkennen, die in deutsch-slawischen Kontaktzonen eine privilegierte Rolle spielten. Sie repräsentieren die in den Urkunden als führende Schicht erwähnten „Supani", also die Dorfältesten, oder die „Withasi", die Reiterkrieger, die eine Sonderposition einnahmen, denn ihnen oblagen Rossdienstpflicht, Aufgaben der Rechtspflege und der Verwaltung im Auftrage der Deutschen. In wenigen Gräbern fanden sich auch Münzen in der Hand der Toten. Sie waren deutsche Prägungen, wie in Thüringen z. B. aus der Münzstätte Erfurt. Damit deutet sich auch die große Bedeutung des Handels und die Beteiligung der Slawen am Handel an. Sie wird erstmalig durch die Bestimmung Erfurts als Grenzhandelspunkt für den Handel mit den Slawen gekennzeichnet. Zahlreiche Schmuckgegenstände, wie Glasfingerringe und Ohrringe mit reicher Granulationen mit Filigran, aber auch Schmucksteinperlen gelten als Import aus dem Osten. Es scheint nicht abwegig, in der reichen Ausstattung der in Espenfeld bestatteten Slawen auch Belege ihrer Beteiligung am Handel und damit auch im Dienst der Deutschen zu sehen.

Die soziale Struktur und Situation der Slawen in Thüringen lässt sich aus schriftlichen und archäo-

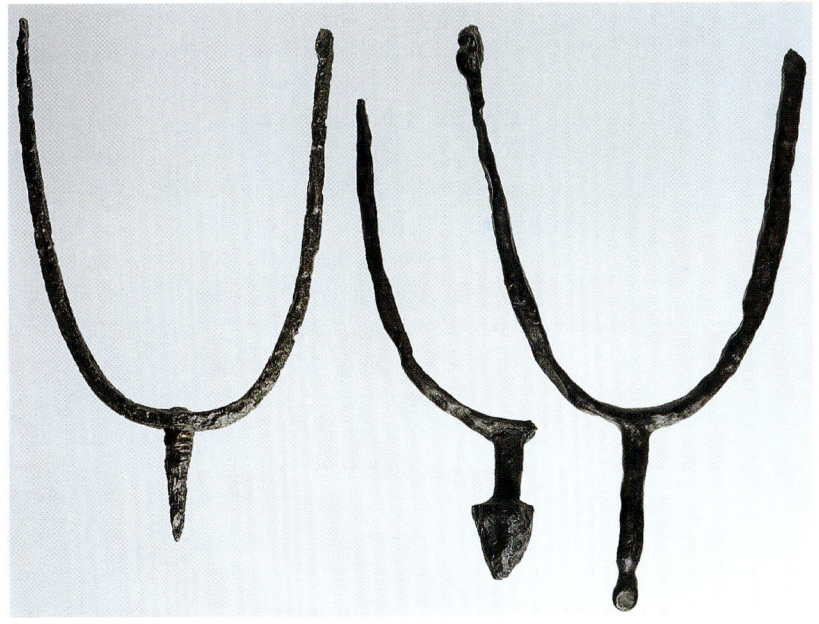

468　**Sporen des ausgehenden 10.–12. Jahrhunderts aus slawischen Gräbern von Espenfeld.**

469　**Deutsche und Slawen „unter einem Hut", Symbol deutsch-slawischer Koexistenz aus Großbrembach, Kr. Sömmerda**

logischen Quellen sehr eindeutig erkennen. Die schon in der Einwanderungsphase genannte *gens Surbiorum* weist auf persönlich freie Ansiedler hin. Der dabei erwähnte *dux* Dervanus kann als Hinweis auf ihre ursprüngliche *civitas*-Gliederung, zumindest für das ganze ostsaalische Gebiet, gedeutet werden.

Die Quellen sprechen dafür, dass mit der Einwanderung eine deutliche Differenzierung der persönlichen und politischen Situation der Slawen erfolgte. Westlich der Saale waren sie durch ihre Ansiedlung in deutschen Gebieten den Bedingungen des deutschen Feudalstaates unterworfen. Dies ist der Anfrage des Bonifatius nach der Zinspflicht der Slawen an den Papst Zacharias zu entnehmen. Dieser antwortet in einem Schreiben vom 4. November 751: „Du fragst Bruder, ob man von ihnen (Slawen) Zins empfangen dürfe. Darüber bedarf es keines Rates, da die sachliche Begründung auf der Hand liegt. Wenn sie nämlich zinsfrei sitzen, werden sie später einmal dieses Land für sich als eigen in Anspruch nehmen, wenn sie aber Zins zahlen, wissen sie, dass dieses Land einen Herrn hat". Auf die sich hier dokumentierende persönlich freie Stellung der Slawen scheinen sich auch die im 8. Jahrhundert vollzogenen militärischen Auseinandersetzungen zwischen den Franken und Sorben zwischen Elbe und Saale nicht gravierend ausgewirkt zu haben, denn dabei ging es von fränkischer/deutscher Seite um die Sicherung der Ostgrenze. So ist auch der *Limes sorabicus* zu verstehen, der erstmals 782 bei Einhard erwähnt wird.

Die deutlichsten archäologischen Funde zur Kennzeichnung der sozialen Situation der Slawen in Thüringen sind die Gräberfelder mit ihrer im Vergleich zu anderen deutsch-slawischen Grenzgebieten auffallend reichen Ausstattung. Die ihnen gewährte Möglichkeit, Gräberfelder sogar bis ins 12. Jahrhundert abseits der Kirchen zu errichten, drückt eine Sonderregelung, ein Privileg aus.

Deutsch-slawische Konfliktfelder oder Gegensätze sind nach den Quellen unter der bäuerlichen Bevölkerung nicht nachweisbar. Als Hauptgrund ist das Fehlen einer slawischen Staatsbildung oder des slawischen Adels anzusehen.

Schriftquellen und archäologische Funde lassen erkennen, dass die Slawen unter der damaligen Bevölkerung Thüringens einen bedeutenden Anteil ausmachten. Nach den Zehntverzeichnissen des Klosters Fulda (12. Jahrhundert) stellten die Slawen in den diesem Kloster zinspflichtigen Orten 35 bis 60 % der Bevölkerung. Ein Vergleich der Zinsbelastung ergibt keine Hinweise auf stärkere Belastung der slawischen Bauern gegenüber den deutschen, eher ist in einigen Fällen eine geringere Zinslast zu konstatieren.

Die endgültige Assimilierung der slawischen und der deutschen Bevölkerung erfolgte im 13. und 14. Jahrhundert, ein Vorgang, der durch jahrhundertelanges Zusammenwirken im Rahmen des Landesausbaus wesentlich gesteuert wurde. Urkundliche Nachrichten aus der ersten Hälfte des 13. Jahrhunderts über selbständige Zinsverhandlungen der Slawen stützen diese Interpretation.

Das aus der zweiten Hälfte des 16. Jahrhunderts stammende Halbrelief aus Großbrembach – angefertigt aus Anlass der offiziellen Zusammenlegung des wendischen und des deutschen Dorfes Brembach – ist ein Symbol der Vereinigung oder Verbrüderung. Es stellt einen Deutschen und einen Slawen aus einem Horn trinkend oder in ein Horn blasend „unter einem Hut" dar: für die Koexistenz slawischer und deutscher bäuerlicher Bevölkerung in Thüringen bis zum 13. Jahrhundert ein symptomatisches Bild.

Quellen

Tangl 1912.

Literatur

Bach/Dušek 1971. – Brancack 1964. – Dušek 1983. – Herrmann (Hrsg.) 1985.

Das Hannoversche Wendland um 1000

KARL-HEINZ WILLROTH

Der Name Hannoversches Wendland, eine Prägung aus dem 19. Jahrhundert, erinnert an die besondere Geschichte dieser Region des ehemaligen Landes Hannover. Dieses früher von Slawen besiedelte Gebiet hat über einen langen Zeitraum Merkmale seiner besonderen Geschichte bewahrt: Ein als Drawänopolabisch bezeichnetes slawisches Idiom wurde dort noch im 18. Jahrhundert gesprochen und die unter Beteiligung slawischer Siedler seit dem 12. Jahrhundert entstandene Siedlungsform der Rundlinge prägt noch heute das Bild vieler Orte im Wendland.

Das Hannoversche Wendland gehört heute zum Bundesland Niedersachsen und entspricht in etwa dem Kreis Lüchow-Dannenberg. Im Norden wird es durch die breite Elbniederung begrenzt und schließt im Osten die Mündung des Aland in die Elbe noch ein. Der Moränenzug des Drawehns bietet im Westen eine natürliche Scheide. Die Grenze zur südlich liegenden, ebenfalls slawisch besiedelten Altmark bilden Dumme und Landgraben mit ihren ausgedehnten Niederungen.

Der Beginn der slawischen Besiedlung ist im Wendland absolutchronologisch immer noch schwer zu fassen. Weniger die archäologischen als vielmehr die palynologischen Ergebnisse geben Hinweise, dass nach dem drastischen Besiedlungsrückgang im 4. und 5. Jahrhundert n. Chr. zumindest noch eine ackerbautreibende germanische Restbevölkerung verblieben sein dürfte.

Die ersten slawischen Siedler sind zwischen Elbe und Drawehn archäologisch auf einer kleineren Zahl von Siedlungsplätzen mit frühslawischer Keramik nachweisbar. Die dort geborgene Keramik des Sukower und des Feldberger Typs erlaubt bislang nur eine grobe Datierung in das 8. und 9. Jahrhundert; vor allem das genauere Datum der Landnahme ist bislang offen. Gleiches gilt für den Beginn des Burgenbaus; zu den frühesten Anlagen dürfte die Burg auf dem Weinberg in Hitzacker gehören.

In das Blickfeld der Geschichtsschreibung rückt das Wendland dann in der Zeit Karls des Großen und seinen Auseinandersetzungen mit den Sachsen und Slawen. 789 lässt Karl für einen Zug gegen die Wilzen Brücken über die Elbe bauen, die vielleicht im Bereich des wichtigen Elbübergangs am Höhbeck errichtet wurden.

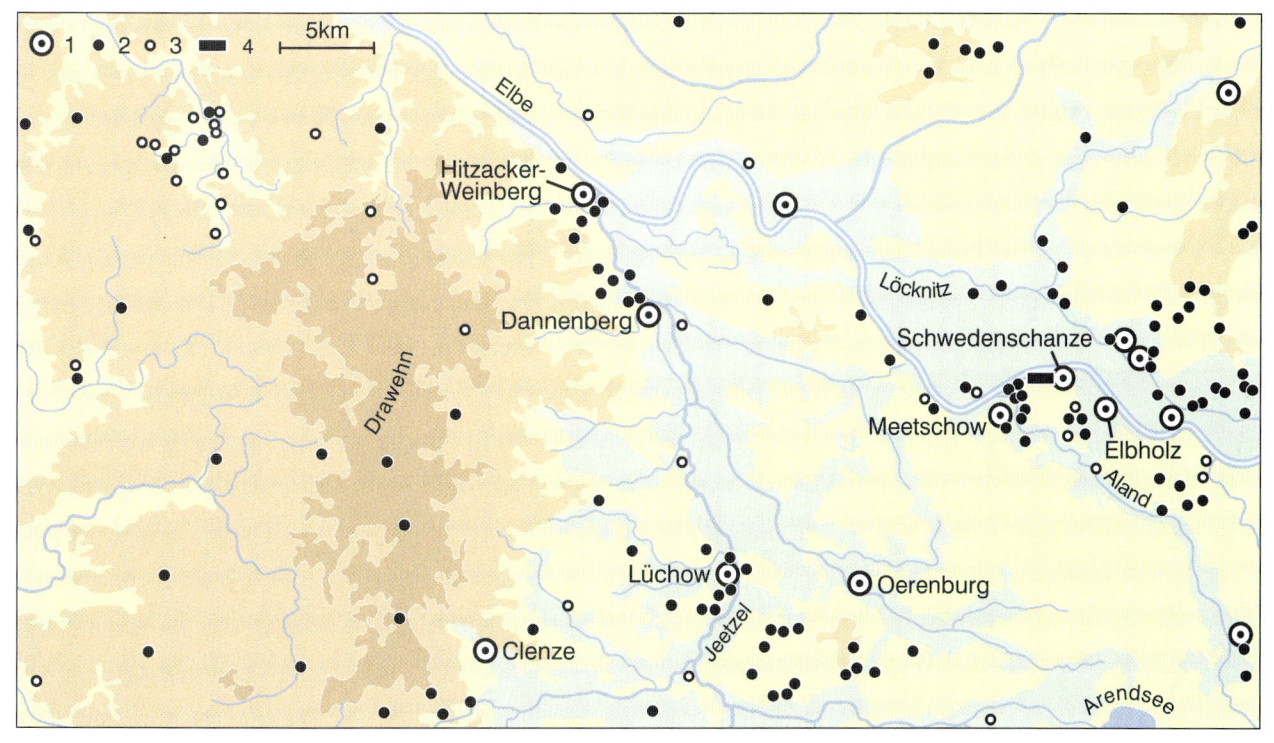

470 Siedlungen und Gräber im Hannoverschen Wendland und angrenzenden Gebieten. 1 Burgwall; 2 Siedlung; 3 andere Fundstellen; 4 Kastell Höhbeck.

805 wird im Diedenhofener Kapitular für den Handel mit den Slawen als Grenzhandelsort nach Bardowick im Norden und vor Magdeburg an der mittleren Elbe „Schezla" genannt. Eine überzeugende Lokalisierung ist bislang noch nicht gelungen; besonders Orte aus dem Wendland (unter anderem Hitzacker), aber auch aus der Altmark und sehr viel weiter westlich und südlich gelegene Plätze werden für eine Identifizierung vorgeschlagen. Allerdings scheint die Verbreitung bestimmter karolingerzeitlicher Waffentypen, die das nordwestslawische Siedelgebiet über das Wendland mit dem Reich verbindet, ein deutlicher Hinweis auf die besondere Bedeutung der Region für den Warenaustausch jener Zeit zu sein.

808 lässt Karl ein Kastell „Hohbuoki" zur Abwehr der Slawen errichten, das mit einer Anlage auf dem Höhbeck in Verbindung gebracht wird. Diese viereckige Schanze liegt hoch über der Elbe in der Nähe des alten Flussübergangs mit Wegen nach Mecklenburg und in die Prignitz. Auf dem nördlichen Elbufer gegenüber befand sich in Lenzen (*Lunzini*) die Hauptburg der slawischen Linonen. Das fränkische Kastell wird 810 von den Wilzen zerstört, 811 im Zuge eines Feldzuges gegen die Linonen aber wieder aufgebaut.

Die Verbindung zwischen historischer Überlieferung und archäologischem Befund gelingt vorerst zufriedenstellend nur für das Höhbeck-Kastell. Neben den in altslawische Zeit zu datierenden offenen Siedlungen hat es in diesem Abschnitt bereits eine kleine Zahl befestigter Plätze gegeben. Die Burgen auf dem Weinberg in Hitzacker, bei Meetschow, im Elbholz, in Clenze und Dannenberg, die Oerenburg und die Schwedenschanze sind in ihren frühen Abschnitten allerdings nur durch Keramik datiert. Das früheste sichere dendrochronologische Datum liefert die Oerenburg erst für 857. Demzufolge bedürfen Überlegungen, Zerstörungshorizonte auf der Weinbergburg, der Oerenburg und der Anlage in Dannenberg und die kurzzeitig benutzte Schwedenschanze mit den Auseinandersetzungen zwischen Karl und den Slawen in Verbindung zu bringen, einer weiteren und besseren Absicherung.

In der Folgezeit versiegen die schriftlichen Quellen zur Region. Nur in der unmittelbaren Umgebung tritt die Reichsmacht in Erscheinung. Unter den sächsischen Kaisern gerät die angrenzende Altmark immer stärker unter den Einfluss des Reiches und verliert ihre Selbständigkeit. In einem Gegenschlag als Erwiderung eines Übergriffs der Redarier besiegen die Grafen Heinrichs I. 929 bei Lenzen die Slawen und nehmen die linonische Hauptburg ein. Aber der große Slawenaufstand von 983 nötigt wieder zu einem Rückzug auf die Elbgrenze.

Zwei Nachrichten betreffen die Peripherie des Wendlandes. 956 wird als Eigengut König Otto I. die *marca lipani* mit dem Ort *Klinizua* (Clenze) genannt. Die Mark der „im Lindenwald Wohnenden" wird um Salzwedel lokalisiert; damit ist möglicherweise das südliche Wendland bereits stärker von der ottonischen Herrschaft erfasst. Ähnlich dürfte eine Nachricht aus dem Jahre 1004 zu werten sein, dass Clenze zum Machtbereich Herzog Bernhards von Sachsen gehörte. Die Ortsbezeichnung *Claniki in Drevani* nennt noch einmal den Namen der Bewohner des Wendlands: *Drevani*, das heißt Waldbewohner.

Das weitgehende Fehlen von historischen Quellen zum Wendland im 10. und 11. Jahrhundert scheint ein Indiz dafür zu sein, dass, nachdem Karl der Große seine Herrschaft im Wendland nicht hat sichern können, dieser Raum auch zur Zeit der sächsischen und salischen Kaiser dem direkten Zugriff des Reiches weitgehend entzogen war. Allenfalls dürfte ein lockeres Abhängigkeitsverhältnis bestanden haben. Die Aktivitäten des Reiches gingen weitgehend am Wendland vorbei, trafen vorwiegend die Altmark. Dies mag auch mit der verkehrsgeographisch nicht besonders günstigen Lage zu tun haben. Der bewaldete Drawehn im Westen und die Niederungen im Süden zur Altmark waren Hindernisse für einen ungehinderten Landverkehr. Der Höhenzug im Westen war jedoch keine undurchlässige Grenze. Slawische Siedler haben sich vereinzelt im Gebiet zwischen Ilmenau und Drawehn niedergelassen, wie Siedlungs- und auch Grabfunde aus alt- und jungslawischer Zeit belegen.

Im Wendland sind unter den archäologischen Quellen die Burgen am besten erforscht. Ins 10. Jahrhundert datieren die Abschnittsbefestigung von Meetschow und der kleine Ringwall im Elbholz bei Gartow (Dm. 42–45 m), beides ausgesprochen Niederungsburgen. Die in frühslawischer Zeit errichtete Oerenburg, ebenfalls in einer Niederung gelegen, dürfte noch im 10. Jahrhundert bestanden haben. Auf flachen Höhen, aber auch in Niederungen liegen die Anlagen von Dannenberg und Clenze. Die Burg auf dem Weinberg in Hitzacker liegt hingegen auf dem hohen Ufer südlich der Elbe. Sowohl durch diese topographische Position als auch durch die lange Geschichte ist der Weinbergburg eine besondere Stellung im Burgengefüge des Wendlandes schon in dieser Zeit zuzubilligen. Sie ist neben der Oerenburg zweifellos die am besten untersuchte Anlage im Wendland. Das Plateau war durch einen Holz-Erde-Wall mit Lehm-, Plaggen- und Steinverkleidung gesichert, innen verlief ein gepflasterter Wehrgang. Die Wallhöhe wird mit über 6 m, die Breite mit 8 m

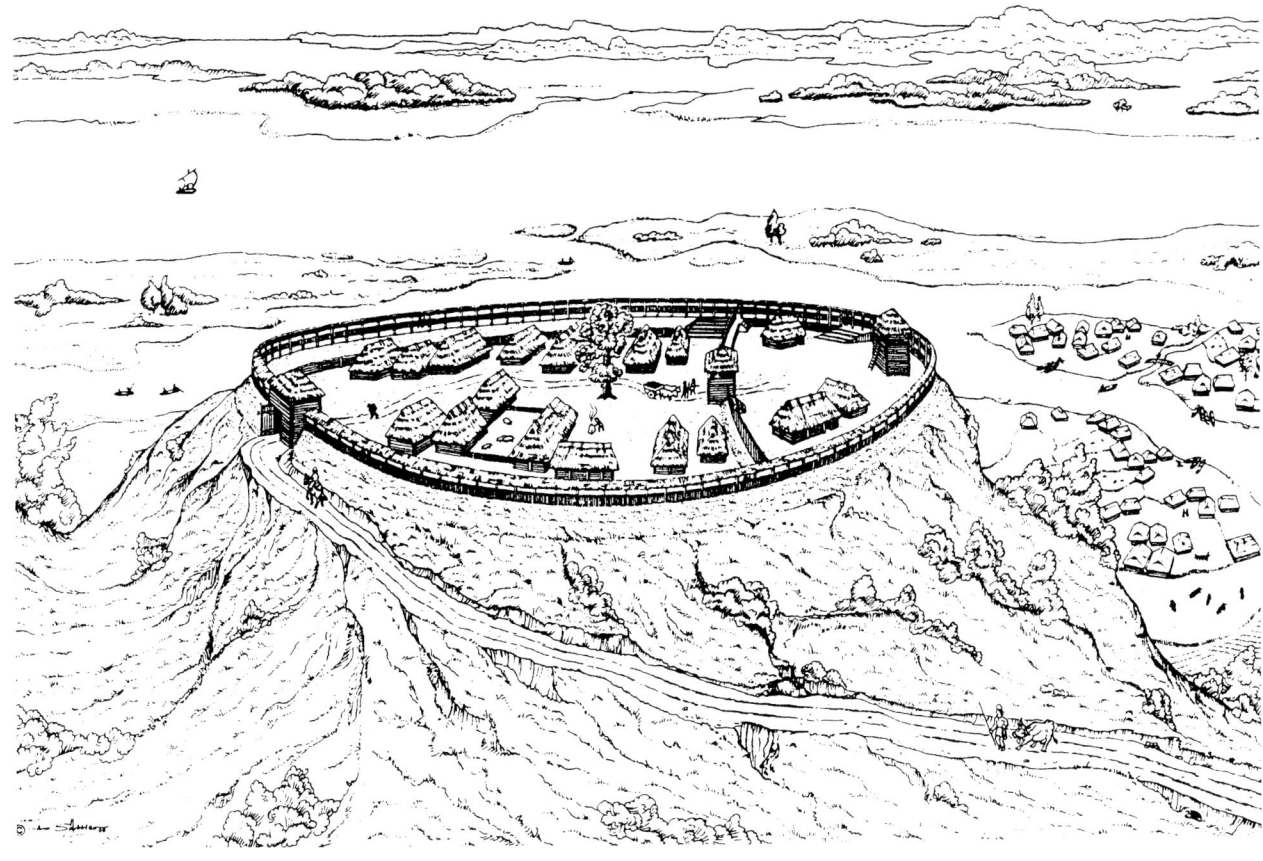

471 **Hitzacker-Weinberg. Rekonstruktion der Burg des frühen 12. Jahrhunderts; Blick von Südwesten auf die Elbe.**

berechnet. In der nur teilweise freigelegten Innenfläche wurden mehrere Holzgebäude (Blockbauten, eingetiefte Häuser mit Bretterwänden) und ein Haus mit Feldsteinfundamenten erschlossen. Diese Burgphase ist wie so viele vorhergehende einem Brand zum Opfer gefallen. Ob innerslawische Auseinandersetzungen die Ursache waren, bleibt Vermutung.

Die Burgen werden Zentren kleiner Burgbezirke gewesen sein, zu denen offene Siedlungen im näheren Umfeld gehörten. Diese sind bislang völlig unzureichend erforscht; nur von einzelnen lassen sich spärliche Angaben zu Struktur, Dauer und wirtschaftlichem Hintergrund machen.

In den Jahrzehnten um 1000 sind im Wendland wie bei anderen nordwestslawischen Stämmen tiefgreifende Veränderungen in der Burgenstruktur feststellbar. Im Bereich des Höhbecks trat an die Stelle der beiden altslawischen Anlagen bei Meetschow eine kleine Burg (Dm. 20 m), vielleicht der Sitz eines adligen Herren. 1037 wird die Burg von Lüchow errichtet. Die Anlagen auf dem Weinberg in Hitzacker und in Dannenberg wurden ausgebaut. So wird der Wall der Weinbergburg erneut verbreitert (10 m) und mit Kasematten versehen. Der Innenraum ist dichter bebaut als früher. Erst zu Beginn des 12. Jahrhunderts sind erste Pfostenbauten erfasst; eine Innengliederung der Burganlage ist anzunehmen (Abb. 471).

An diesen wenigen Plätzen konzentrierte sich nicht nur die politische Macht, hier entwickelte sich ein bedeutsames wirtschaftliches Leben. Am besten ist das Burghandwerk auf dem Weinberg greifbar: Knochen- und Hornverarbeitung (unter anderem Kammherstellung) haben ebenso reiche Spuren hinterlassen wie das Metallhandwerk (z. B. Eisenschlacken, Bronzegussreste). Gläserne Perlen und Ringe wurden aus Glasbruch hergestellt. Wahrscheinlich muss der Burg auf dem Weinberg auch eine Handwerkersiedlung zugerechnet werden, die in der Ebene am Jeetzelufer ergraben wurde. Die besondere Marktfunktion der Burgen auf dem Weinberg und in Dannenberg wird durch einen seit dem 11. Jahrhundert stark ansteigenden Anteil sächsisch-deutscher Keramik dokumentiert (in Hitzacker im 11. Jahrhundert ca. 18 %, im frühen 12. Jahrhundert über 36 %).

Die hervorragende Stellung der Weinbergburg als Fürstensitz lässt sich weiter durch eine Reihe von Funden erhärten, die in den Bereich der Hofkultur zu verweisen sind: erwähnt seien hier nur eine mit Fäden verzierte Goldperle und ein vergoldeter bronzener Messerscheidenbeschlag nach westlicher Machart mit Tiermotiv. Für die Träger solcher Messer nebst Gürtel wird eine besondere gesellschaftliche Stellung angenommen. Bemerkenswert ist im Gegensatz zu anderen Burgen des 11. Jahrhundert auch die deutliche Zunahme des

Anteils der Wildtierknochen im Nahrungsspektrum: möglicherweise ein Hinweis auf die Jagd des ansässigen Adels.

Besondere Erwähnung verdienen Objekte, die mit dem christlichen Glauben in Verbindung gebracht werden können. Erste Funde, die für die Anwesenheit von Christen sprechen, stammen aus dem 9. Jahrhundert: eine Buchschließe von der Weinbergburg und zwei Kreuzfibeln aus der Handwerkersiedlung am Jeetzelufer. Sie sind jedoch ohne direkte zeitliche Nachfolger geblieben. Dies ist vielleicht auch ein Hinweis darauf, dass das Wendland zwar nominell spätestens seit dem frühen 10. Jahrhundert dem Bistum Verden zugewiesen war, die Ostgrenze des Bistums bis ins frühe 12. Jahrhundert *de facto* jedoch am Drawehn lag. Für das 11. Jahrhundert sind dann drei, anscheinend werkstattneue Buchschließen zu nennen, die einer handwerklichen Produktion im kirchlich-sakralen Umfeld entstammen. Bruchstücke von Glockenbronze fanden sich in Schichten des 11. bis 13. Jahrhunderts. Knöcherne Zierleisten haben zwar Entsprechungen bei Reliquienkästen, eindeutig christliche Symbole fehlen den Stücken vom Weinberg jedoch. Wie fest der alte Glaube im Wendland und unmittelbar angrenzenden Gebieten (besonders am Westabhang des Drawehn) noch verankert war, zeigt die Tatsache, dass bis weit in das 13. Jahrhundert hinein den Bestatteten nach alter Sitte vor allem Schmuck, Messer und einzelne Münzen (Charonspfennige) mitgegeben wurden, während in anderen westslawischen Gebieten mit der Christianisierung die Beigabensitte erlosch.

Somit stellt sich nach dem heutigen Forschungsstand das 11. Jahrhundert als eine Zeit sich verstärkender, vor allem wirtschaftlicher Beziehungen zwischen den Slawen im Wendland und ihren westlichen Nachbarn dar. Das bislang lockere Abhängigkeitsverhältnis hat sich auch in dieser Zeit nicht wesentlich verstärkt.

Als um die Mitte des 12. Jahrhundert die Region wieder ins Blickfeld der Geschichtsschreibung tritt, hat durch die Anwesenheit von Grafen in Lüchow und Dannenberg bereits ein politischer Machtwechsel stattgefunden. Die Lüchower Grafen saßen vorher in Warpke in der nördlichen Altmark; sie haben in der Zeit der Grafen Olger III. und Hermann I. (1144–1171) ihren Sitz in das Wendland verlegt und sich nach dem neuen Sitz benannt. 1153 wird Graf Volrad von Dannenberg genannt. Auch die Dannenberger Grafen stammen aus der Altmark, einem Zweig der edelfreien Vögte von Salzwedel. Möglicherweise wurden die beiden Grafschaften im Wendland von Heinrich dem Löwen nach dem Wendenkreuzzug 1147 im Rahmen seiner Ostpolitik eingerichtet. Schließlich wird 1162 Thiedericus von Hitzacker genannt, der als Ministerialer Heinrichs in der Burg auf dem Weinberg die Gewalt ausübt. Die baulichen Aktivitäten, unter anderem Errichtung eines aus Feldstein gemauerten Gebäudes, vor allem aber die Funde von gehobener Servicekeramik, die Spielsteine, Münzen und ein Amulett mit Spiegel sprechen für die fortgesetzt herausragende Stellung der Burg auf dem Weinberg in Hitzacker.

Obwohl die politische Macht im Wendland nun endgültig in deutsche Hände übergegangen ist und die neuen Herren den Landesausbau vorantrieben, hat die Region ihr eigenes Gesicht behalten. Die slawische Kultur lebte trotz der Übernahme etlicher Neuerungen in vielen Bereichen fort. So gehen die größeren Orte des Wendlandes alle auf slawische Wurzeln zurück. Die für das Wendland so typischen Rundlinge mit einer halbkreis- bis hufeisenförmigen Anordnung der Hofstellen um einen runden Platz, der nur eine Zuwegung besitzt, und mit einer in gleichgroße Streifen gegliederten Ackerflur sind wahrscheinlich erst seit der Mitte des 12. Jahrhundert auf Veranlassung der neuen Grundherren angelegt worden; die dort angesiedelten Menschen waren jedoch Slawen. Auffällig sind im Dorfbild der Rundlinge die Kirchen, die wie nachträglich hinzugefügt erscheinen. Grund hierfür mag eine zunächst nichtchristliche Bevölkerung gewesen sein, die auch vom Kirchenzehnten befreit war. Dies korrespondiert mit dem bereits erwähnten Festhalten an der alten Beigabensitte auf den Friedhöfen bis ins 13. Jahrhundert. Die lange Verwendung des Drawänopolabischen bis ins 18. Jahrhundert ist schließlich das nachhaltigste Zeichen für die besonders ausgebildete slawische Kultur im Wendland.

Literatur

R. Schmidt (Hrsg.) 1992. – Schubert (Hrsg.) 1997. – Wachter (Bearb.) 1986; 1994; 1998.

Die spätslawische Marktsiedlung von Parchim-Löddigsee (11./12. Jahrhundert n. Chr.)

DIETLIND PADDENBERG

Die Siedlung (Abb. 472) wurde 1974 bei Meliorisationsarbeiten entdeckt. Sie liegt etwa 4,5 km ostsüdöstlich von Parchim zwischen der Alt-Elde, die damals in einem Bogen durch den heute verlandeten Löddigsee führte, und der Müritz-Elde-Wasserstraße. Aufgrund der Lage in der Eldeniederung besteht eine hervorragende Holzerhaltung, und da die Anlage von 1981 bis 1999 vollständig ausgegraben wurde, ergeben sich einmalige Auswertungsmöglichkeiten.

Nach bisherigen Erkenntnissen[1] lassen sich zwei befestigte und eine unbefestigte slawische sowie eine frühdeutsche Besiedlungsphase unterscheiden. Die erste Wallphase ist durch Dendrodaten auf das Jahr 1035, die zweite auf 1062/1064 datiert. Die 142 m lange und 5 m breite Brücke überquerte den damaligen Eldefluss und war sehr stabil gebaut. Ein vor dem Tor zur Siedlung befindlicher 4 m breiter Graben und eine Rampe werden als die Überreste einer Zugbrückenkonstruktion interpretiert. Der fast 500 m lange Wall selbst war von beeindruckender Massivität. Er bestand aus Holzkästen in Blockbauweise, die vermutlich mit Spaltbohlen, Holzabfällen und Moorboden verfüllt waren. Zum ehemaligen See hin war die Befestigung ein bis zwei, zur Landseite hin drei bis vier Kästen breit. Eine Steinbarriere verstärkte Teile der Befestigung. Die Kästen waren in der ersten Phase 2,6 m x 2 m, in der zweiten Phase 3,5 m x 3 m groß. Der erste Kasten auf der südlichen Wallseite der Toreinfahrt war nicht verfüllt. Kuppelofen und Gewichte deuten auf einen zum Torweg hin offenen Raum, der möglicherweise zur Entrichtung einer Marktgebühr oder ähnlichem genutzt wurde. Ein zweites Tor befand sich gegenüber dem Haupttor; vielleicht bildete es den Ausgang zu einem (bisher nicht nachgewiesenen) Hafen[2]. Die Innenfläche der Anlage beträgt etwa 1,85 ha. Blockhäuser sind auch durch dicke Sandbeschichtung im Inneren und die Kuppelöfen von langovaler Form in der Mitte belegt[3]. Der Bohlenweg ging hinter dem Haupttor in einen sandbeschichteten Weg über und verzweigte sich in drei Richtungen. Die nördliche Abzweigung führte zum Tempel, einem 12,6 m x 11,4 m großen Stabbohlenbau. Den Eingang bildete eine 58 cm schmale Tür, direkt gegenüber befand sich eine zweite, gleichartige Tür. Außen um das nicht überdachte Gebäude führte ein sandbeschichteter, schmaler Umgang, der mit Stangen begrenzt war. Der Fund eines flachen, rautenförmigen Holzstückes lässt darauf schließen, dass die Wandbohlen ähnlich wie in Groß Raden kopfartige Enden besaßen und bestärkt die Ansprache der Anlage als Tempel. Im hinteren Teil des Gebäudes fanden sich einige größere Steine mit flachen Oberflächen, die vielleicht zu einem Altar gehörten, sowie zwei Plankenstümpfe, vielleicht die Reste hölzerner Götterbilder. In diesem Bereich lagen auch die meisten Funde des ansonsten weitgehend fundleeren Komplexes: zwei Lanzenspitzen, eiserne Messer, ein eiserner Schlüssel, Keramik von zwei Gefäßen, ein Glasfingerringfragment sowie das Bruchstück einer eisernen Kastrierzange. Letzere wird in Zusammenhang mit den Funden von Haferdepots und einer Vielzahl von Pferdeskeletten und -schädeln als Hinweis auf die Ausübung eines Pferdekultes interpretiert, der auch in schriftlichen Quellen zu Arkona beschrieben ist. Der Tempel bestand nur in der ersten Phase, der Bezirk wurde dann aber offenbar als „geheiligtes Gelände" von der Bebauung ausgespart[4].

Das Fundspektrum erstreckt sich über Tausende von Gegenständen des alltäglichen Gebrauchs wie Keramik, Schleifsteine, über 750 Spinnwirtel, Lederschuhe, Angelhaken etc. bis hin zu Funden, die Hinweise auf internationale Verbindungen geben. Von besonderem Interesse sind etwa 180 meist kugelförmige Gewichte aus bronzeplattiertem Eisen mit abgeplatteten Polen, auf denen ein bis fünf Punkte erkennbar sind. Zusammen mit mindestens 17 Klappwaagen und über 100 Münzen unterschiedlicher Provenienz lassen sie auf eine umfangreiche Handelstätigkeit schließen. Vermutlich erfolgte in der Siedlung als einem der ersten Plätze im slawischen Siedlungsraum Nordostdeutschlands eine eigene Kupfermünzenprägung. Ein Spinnwirtel aus Ovrucer Schiefer kam aus der Kiewer Rus nach Mecklenburg. Einige Wetzsteine lassen skandinavische Herkunft vermuten. Ein Spielstein mit greifenartiger Darstellung deutet auf die

472 **Vereinfachter Plan der spätslawischen befestigten Markt- und Tempelsiedlung von Parchim-Löddigsee.**

- Holz
- Störung
- Sandweg
- Feuerstelle
- rekonstruiertes Haus

Anwesenheit gehobener Personen in der Siedlung, ein Kreuzanhänger mit Christusdarstellung lässt auf Kontakte mit christlichen Glaubensvorstellungen schließen[5]. Weitere außergewöhnliche Funde liegen mit einem reich verzierten eisernen Klappmesser[6], einer Trompete aus Rinde und Bast sowie einem verzierten Geweihbehälter mit Holzpfropfen[7] vor. Vier eiserne Fußfesseln mit Steckschlössern sind mit Sklavenhandel bzw. kriegerischen Handlungen und Gefangenen in Verbindung zu bringen. Eisenschlacke und Bronzefunde sowie entsprechendes Werkzeug deuten auf Metallverarbeitung vor Ort.

Die These eines Turmhügels in frühdeutscher Zeit[8] ließ sich nach Abschluss der Ausgrabungen nicht halten. Es gibt jedoch zahlreiche Hinweise auf eine

Siedlungskontinuität, deren Charakter noch zu klären sein wird. Hunderte von gerollten Bleistücken als Netzsenker deuten vor allem auf Fischfangaktivitäten, es liegen aber auch zahlreiche andere Funde wie z. B. Bronzegrapen vor.

Das Ende der Besiedlung am Löddigsee erfolgte vermutlich in Zusammenhang mit dem Mühlenstau im 13. Jahrhundert, als unter anderem für den Plauer See ein Wasseranstieg von fast 2 m belegt ist, wodurch viele Niederungsgebiete dieser Gegend unbewohnbar wurden[9].

Anmerkungen

1 Keiling (1994) 84.
2 Ders., (1994) 87–90. – Becker (1991), 147–155.
3 Keiling (1985a) 233–239.
4 Keiling (1984) 135–144. – Keiling (1985b) 149–164.
5 Keiling (1994) 96, Abb. 14.
6 Becker (1991) 126–129.
7 Becker (1980) 161–165.
8 Keiling (1994) 84.
9 Ruchhöft (1999) 36–39.

Die slawische Fürstenburg von Dobin, Mecklenburg-Vorpommern

PETER ETTEL

Die Burg Dobin, am nordöstlichen Ende des Schweriner Sees gelegen, gehörte im 12. Jahrhundert neben Mecklenburg, Schwerin, Ilow und Werle zu den bedeutendsten slawischen Burgen in Mecklenburg, die unter dem Schutz des Obodritenfürsten Niklot standen. Helmold von Bosau berichtet darüber in seiner Slawenchronik[1]. 1147 rief Abt Bernhard von Clairvaux zu einem neuen Kreuzzug auf. Niklot ließ daraufhin die Burg Dobin als Zufluchtsstätte errichten. 1148 rückte das Kreuzfahrerheer in zwei Abteilungen in das Wendenland, die eine zog in das Obodritenreich gegen Dubin, die andere von Magdeburg aus gegen Demmin in das Land der Lutizen und Pommern. Die Belagerung der Burg Dobin wurde erfolglos abgebrochen. 1160 besiegte Heinrich der Löwe im Bunde mit dem Dänenkönig Waldemar I., in dessen Land die Oldenburger und Mecklenburger Slawen eingefallen waren, das Heer Niklots. Als Niklot sah, dass er gegen einen so mächtigen Gegner nicht standhalten konnte, verbrannte er seine Burgen Ilow, Mecklenburg, Schwerin sowie Dobin und verschanzte sich mit seiner Gefolgschaft in der Burg Werle, wo er bei einem Ausfall den Tod fand. 1278 wird in der Wismarschen Chronik der Burgwall als *castrum Dubin* genannt, das von den Herren von Werle, dem Grafen von Schwerin sowie dem Markgrafen Otto von Brandenburg auf ihrem Zug in das Land Mecklenburg ausgebaut wurde[2].

Der slawische, inselartige Burgwall mit 3 ha Größe liegt auf einer Landenge zwischen dem großen Schweriner See und der „Döpe", einem kleinen vorgelagerten Nebensee (Abb. 473). Der Wasserstand wird zur Bestandszeit der Burg teilweise um 1 m höher gelegen haben, sodass die heutige Flachwasserzone damals durchgehend mit Wasser bedeckt war. Das Burgwallgelände, 1278 noch als *castrum* bezeichnet, wird 1616 bis 1621 in den Quellen nur noch als „Stück Acker, der Wall" genannt. Von den ursprünglich vorhandenen Wällen ist heute im Gelände wenig mehr erhalten. Das 9 bis 11 m über dem Seespiegel gelegene, trapezförmige Plateau von 300 m x 50 bis 100 m fällt nach Westen zum Schweriner See hin steil ab, nach Osten und Süden zur „Döpe" hin mäßig bis sanft.

Langjährige Surveys erbrachten vom Burgwallgelände Dobin eine große Anzahl von Funden und verifzieren die schon von F. Lisch[3] getroffene Lokalisierung der Burg Niklots. Dazu gehört Keramik, vor allem der Bobziner, Gaarzer, Teterower und Vipperower Art, aber auch diverse Spinnwirtel, Fragmente einer Knochennadel und eines Dreilagenkammes, Fragmente aus Eisen und Buntmetall, Eisenmesser, Messerscheidenbeschläge, Hakenschlüssel, Eimerhenkel, Fragmente von Bronzegefäßen, Bruchstücke von Eifelbasaltmühlen, Eisenbeschläge, eiserne Werkzeuge, Nägel und Eisenschlacken. Auf die Anwesenheit berittener Truppen weisen Sporen, Trensen, Hufnägel und Hufeisenreste hin, auf eventuelle Kriegshandlungen eine große Anzahl von Geschossspitzen unterschiedlichen Typs. An Tracht- und Schmuckformen sind bronzene Hohlschleifenringe, halbkreisförmige und rechteckige Schnallen, eine Ringfibel und verschiedene Kreuzanhänger bzw. -applikationen anzuführen. Münzfibeln, eine Ovalfibel mit Bergkristall oder auch eine vergoldete Zellenemailfibel[4] bezeugen die Anwesenheit einer sozialen Oberschicht und den fürstlichen Status der Burg Dobin, darüber hinaus die kulturellen Kontakte in den skandinavischen Kreis[5].

Ferner liegt von der Burg eine Ansammlung von Münzen vor, neben wenigen Hohlpfennigen aus dem 13. Jahrhundert meist Denare aus dem 11. und vor allem 12. Jahrhundert. Bedeutsam sind einige unscheinbare Kupfermünzen- vielleicht ehemals mit silberner Oberfläche, die die älteste bislang in Mecklenburg-Vorpommern bekannte Münzprägung belegen. Ungeklärt ist noch, ob es sich bei diesen Kupfermünzen um „echte", also gültige Münzen oder um zeitgenössische Falschmünzen handelt[6]. Die Funde bezeugen, dass das Burgplateau von Dobin im 10., spätestens 11. Jahrhundert bis in das 13. Jahrhundert hinein wohl kontinuierlich besiedelt gewesen ist. Im 13. Jahrhundert scheint die Burg in Konkordanz zu den schriftlichen Quellen weitgehend aufgegeben worden zu sein, darauf verweisen auch die Münzfunde.

Im Sommer 1999 fanden eine vollständige, geophysikalische Prospektion der Burg und auf diesen Ergebnissen basierend Sondagegrabungen des Landesamtes für Bodendenkmalpflege Mecklenburg-Vorpommerns statt, die erste Ergebnisse zur Struktur und Innenbebauung der Burg Dobin erbrachten[7]. Demnach ist die Burg Dobin, zumindest in einer Ausbauphase mit Haupt- und Vorburg zweiteilig gewesen – erste Hinweise darauf lieferten Luftbilder von O. Braasch. Die Hauptburg befand sich auf dem nördlichen erhöht gelegenen und damit das Vorburgareal überragenden Bereich und war mit einem auf drei Seiten im Norden, Osten und Süden umlaufenden Graben und Wall befestigt – im Westen grenzte der Steilhang das Burgareal ab. Im Vorburgareal konnten Hinweise auf eine systematische, in Reihen gegliederte Bebauung gewonnen werden.

Anmerkungen

1. Helmold von Bosau I, 62, 65 und 88.
2. Burmeister (1838) 37ff.; 47. – Mecklenburgisches Urkundenbuch 1ff. (Schwerin 1863ff.) 1382.
3. Lisch (1840) 124ff.
4. Gralow (1995) 162–166.
5. Ettel/Wichmann (im Druck).
6. Ebd.
7. Ettel/Meyer (im Druck).

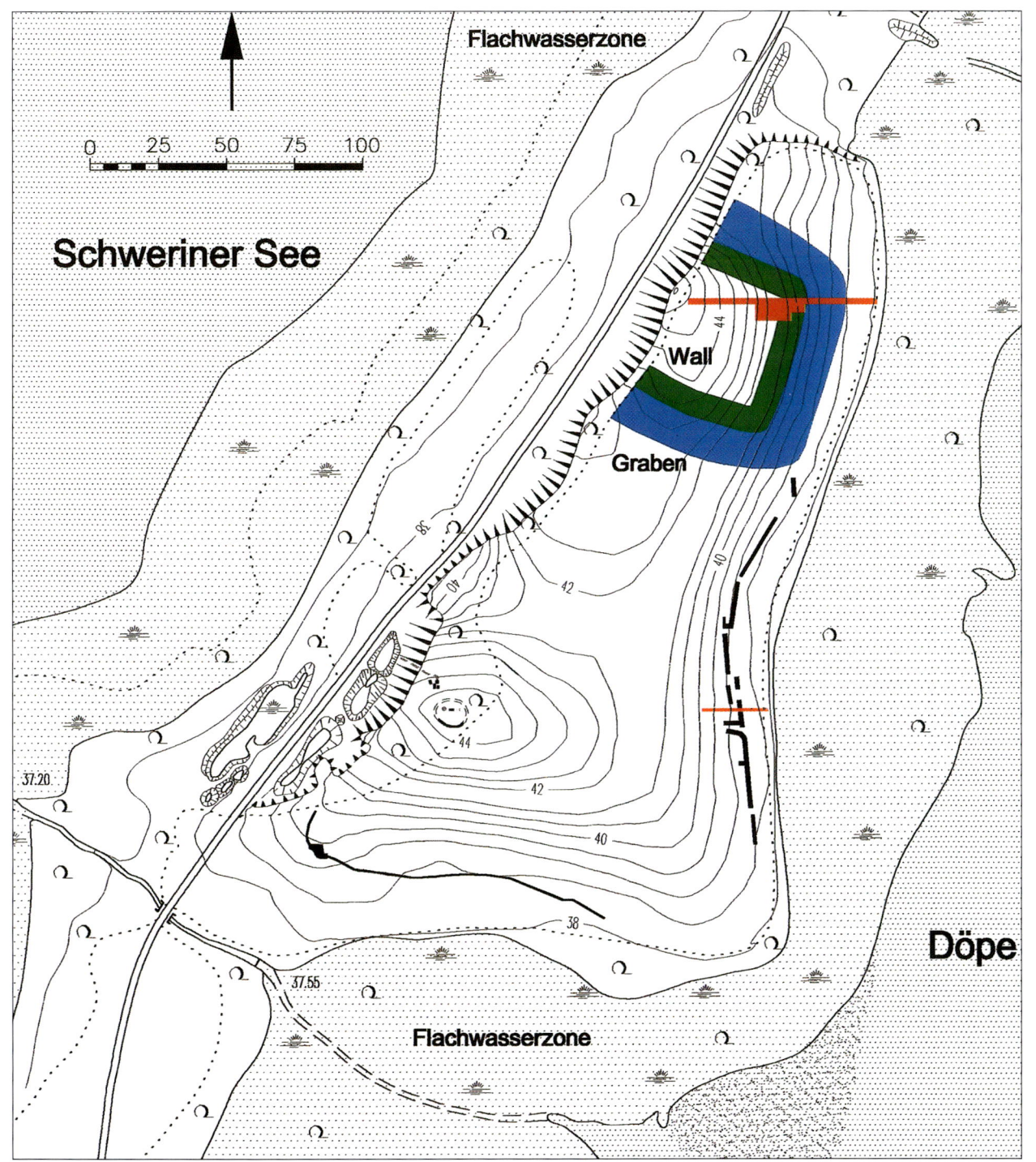

473 **Lage der Burg Dobin zwischen Schweriner See mit Haupt- und Vorburg. Maßstab = Meter.**

Deutsche und Slawen in Sachsen und Sachsen-Anhalt

THOMAS WESTPHALEN

Das südliche Mitteldeutschland war trotz der um das Jahr 1000 starken Zentralgewalt zwei- wenn nicht gar dreigeteilt: Der Westen war fester Bestandteil des Reiches, der Nordosten gehörte seit 983 zum Lutizenbund und die Herrschaft über die Oberlausitz wurde von Bolsław Chrobry ausgeübt. Die Spannungen der Zeit, die sich in ständigen Kriegen im Kleinen wie im Großen entluden, waren nicht vom Zusammengehörigkeitsgefühl einzelner Ethnien bestimmt. Deutsche, wenn sie sich denn bereits als solche ansahen, kämpften nicht gegen Slawen, um die Grenzen des Reiches abzurunden, auch wenn dies die Geschichtsschreibung des 19. und 20. Jahrhundert so dargestellt wird. Ein übergeordnetes Interesse an Eroberungen kann vielmehr neben dem nachvollziehbaren Gewinn an Macht und Reichtum auch die Reichsidee gewesen sein. In der Nachfolge römischer Caesaren waren die Ottonen nicht nur „Erste unter Ersten", sondern sahen sich in erster Linie als Beschützer und Förderer der Kirche, die auch dafür Sorge zu tragen hatten, dass die heidnischen Westslawen missioniert werden konnten.

Im 10./11. Jahrhundert gehörte das südliche Mitteldeutschland zu den Kernregionen Mitteleuropas, die in diesen Jahrhunderten durch eine überaus dynamische Entwicklung gekennzeichnet waren. Nach dem Bevölkerungsrückgang in der Völkerwanderungszeit begann die Aufsiedlung der extrem fruchtbaren und klimatisch begünstigten Lössböden des Harzvorlandes. Träger der Erschließung waren Ostsachsen, deren führenden Geschlechter im 10./11. Jahrhundert vor allem am Mittel- und Unterlauf der Saale und ihrer Nebenflüsse Dynastensitze schufen und auf diese Weise das Land strukturierten. Die umfangreichen Hausgüter der Liudolfinger, die zwischen 919 und 1024 die deutschen Könige stellten, waren dabei zugleich auch vielfach die Keimzellen für Pfalzen, Königshöfe, Stifte und Klöster.

Die zentralen Stätten Sachsen-Anhalts des 10./11. Jahrhunderts sind von einer Monumentalarchitektur geprägt, die vielfach den Grundstock des bis heute erhaltenen mittelalterlichen Denkmälerbestandes bilden. Die in dieser Zeit entstandenen Städte – Magdeburg, Halberstadt, Halle etc. – sind durch eine in den jüngeren Gründungsstädten Sachsens nicht mehr festzustellenden Sakraltopographie und unregelmässigem Straßenraster gekennzeichnet.

Unklar ist die Grenze zwischen sächsischem und slawischem Siedelgebiet. Allgemein werden Saale und Elbe als die Grenzflüsse angesehen. Seit den Kriegszügen Heinrichs I. nach 929 wird das gesamte südliche Mitteldeutschland als dem deutschen Reich zugehörig angesehen. Im 10./11. Jahrhundert war die sächsische Herrschaft soweit gefestigt, dass mit der Einrichtung von Burgwarden als kleinsten Verwaltungs- und Herrschaftseinheiten die von den Karolingern übernommene Markenorganisation der Grenzregionen untergliedert werden konnte. Versuche moderner Historiker, Grenzen zu beschreiben, sind bislang wenig überzeugend. Zu stark sind die Einflüsse der Strategen des 1. und 2. Weltkrieges, die die Wirklichkeit der Weltkriege auf die Zeit um 1000 zu übertragen versuchten. Flüsse erscheinen als Linien, an denen sich Grenzfestungen aufreihen, die die Passage in Feindesland unmöglich machen sollen. Wahrscheinlicher ist, dass die verschiedenen Siedelgebiete, die als Kleinterritorien angesehen werden, durch weitgehend unbesiedelte Grenzsäume, wie der Colditz–Letzlinger–Heide zwischen Elbslawen und Ostsachsen oder der Schkeuditzer Grundmoränenplatte zwischen zwei sorbischen Teilstämmen, voneinander getrennt waren.

Vor dem Hintergrund der direkten Herrschaft und der indirekten kulturellen Beeinflussung der Elbslawen durch die Sachsen verwundert es nicht, dass mit Ausnahme der weitgehend auf Sachsen-Anhalt beschränkten Einrichtungen des Hochadels das südliche Mitteldeutschland in der Überlieferung erstaunlich einheitlich erscheint. Das besiedelte Land ist von einem Netz kleiner Burgen überzogen, die in Größe und Bauweise nur gering variieren und die häufig im Grabungsbefund eindeutig Merkmale gewaltsamer Zerstörungen aufweisen. Die ländlichen Siedlungen sind wie überall im Mitteleuropa des 10./11. Jahrhunderts durch Gehöfte bestimmt, die neben den ebenerdigen Hauptgebäuden – zumeist Wohn-Stall-Häuser – ein oder mehrere, zum Teil eingetiefte Nebengebäude (Grubenhäuser) aufweisen. Die Größe der Dörfer ist wegen fehlender Grabungen nicht zu bestimmen.

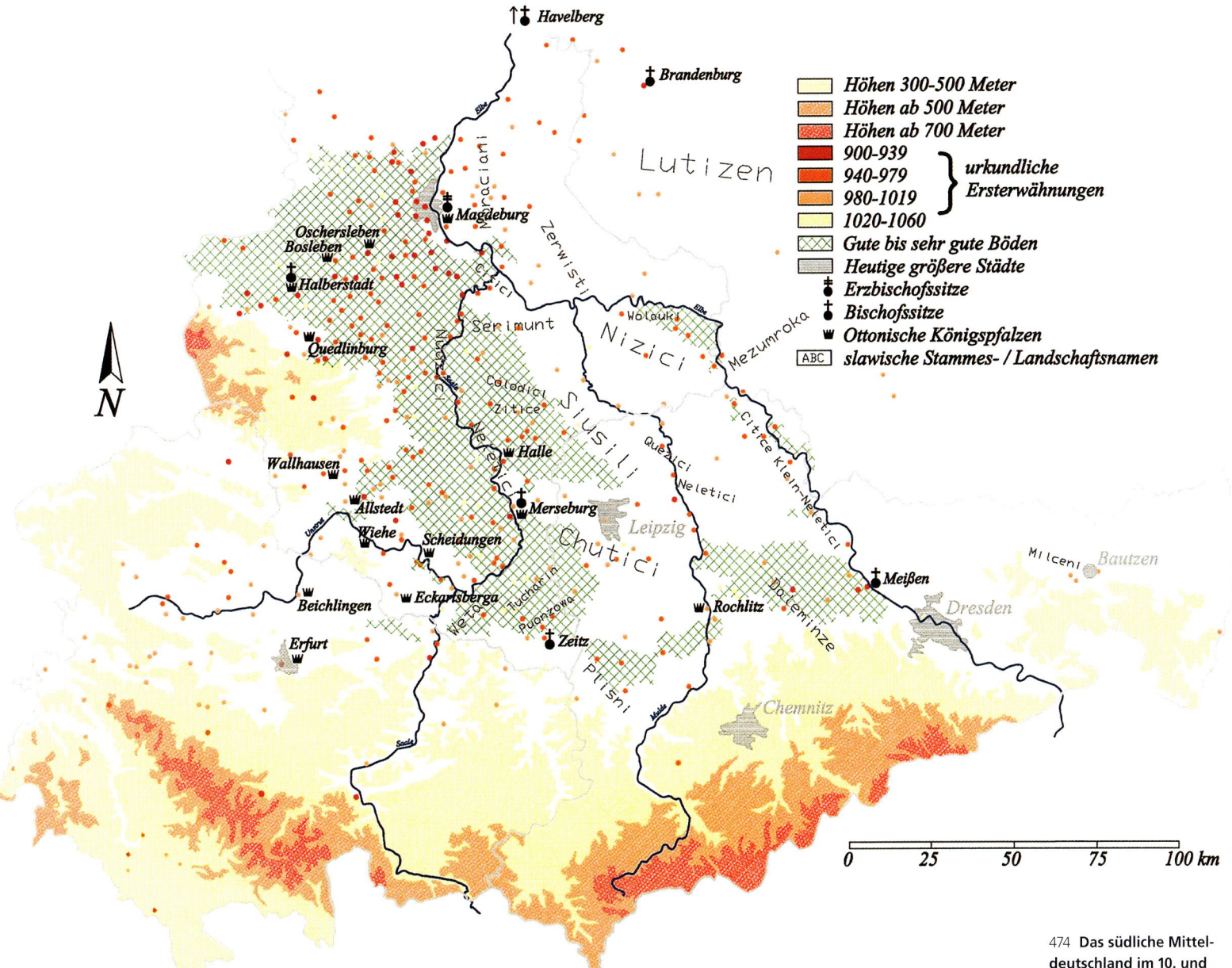

474 Das südliche Mitteldeutschland im 10. und 11. Jahrhundert. Geistliche und weltliche Herrschaftsmittelpunkte. Ersterwähnungen und slawische Siedlungsplätze.

Das erkennbare größte Ungleichgewicht bestand in der unterschiedlichen Bevölkerungsdichte. Die Börden Sachsen-Anhalts erscheinen als dicht besiedeltes Altsiedelland mit entsprechend gegliederter Infrastruktur, die auch der Versorgung der zahlreichen Adelsstifte und Pfalzen diente, während die Gebiete der Elbslawen mit Ausnahme des Elbtales bei Meißen durch eine geringe Besiedlungsdichte gekennzeichnet sind. Dies legt zumindest die Verteilung der bekannten Gräberfelder nahe, in denen die Toten in christlicher Weise bestattet wurden.

Unterschiede zwischen Sachsen und Slawen, die zweifelsohne in grösserem Umfang als dies heute nachvollziehbar ist, bestanden haben, schlagen sich im archäologischen Befund nur geringfügig nieder. Slawische Leitfunde sind die Keramik, Schmuckstein- und Silberperlen, silberne und bronzene Schläfenringe, während die sächsische Sachkultur durch Kugeltöpfe und Emailscheibenfibeln geprägt ist.

Die mit Hilfe der Fundverteilungen rekonstruierte Westausdehnung der Elbslawen liegt westlich von Elbe und Saale. Im Nordosten der Altmark erreicht sie die Landesgrenze zu Niedersachsen, zieht im Lössgürtel nach Osten und liegt südlich des Harzes in der Goldenen Aue, weit im Innern des ostsächsischen Kerngebietes. In den zentralen Orten an Mittlerer Elbe und Saale – Magdeburg, Halle, Merseburg und Naumburg – ist die slawische Keramik bis in das 11. Jahrhundert häufig, wenn nicht gar dominierend.

Befestigung, Kirche und Gräberfeld von Dresden-Briesnitz, Kr. Dresden

RÜDIGER VON SCHNURBEIN

Durch die jüngsten Ausgrabungen in der Befestigung von Dresden-Briesnitz[1], auf dem linken Elbeufer gelegen, wurde eine frühe Kirche mit Friedhof nachgewiesen, sodass eine eingehende Untersuchung dieses Befundes einige Erkenntnis über das frühe Christentum in Sachsen versprach.

Nach der Zerstörung des ersten Walles wurde ein zweiter in größerem Ausmaße errichtet. Durch eine Scherbe eines Topfes Zabrušaner Typs aus der Zeit um die Wende zum 11. Jahrhundert, die aus einem Pfostenloch im Palisadenbereich des zweiten Walles stammt, konnte die spätere Befestigung gut datiert werden. Vermutlich bestand die erste Befestigung um die Mitte des 10. Jahrhunderts, wurde um die Jahrhundertwende zerstört, aber ohne nennenswerten Zeitverzug neu erbaut.

Mit der Unterwerfung der Daleminzier 929 kam auch der Gau Nisan, also das Dresdner Elbegebiet, unter die Herrschaft des deutschen Reiches, und eine Befestigung in diesem Bereich dürfte kaum geschont worden sein. Außerdem war für die bevorstehenden Kämpfe mit den Milzenern und den Auseinandersetzungen mit Böhmen eine Station an der Elbe für Heinrich I. unerlässlich.

Im Inneren der Anlage wurde eine Kirche mit zugehörigem Gräberfeld des 11. und 12. Jahrhunderts nachgewiesen. Die Kirche im Wall von Briesnitz gehört zu den frühesten in Sachsen und spielt eine wesentliche Rolle in der Christianisierung des Gebietes um Dresden.

Anmerkung

1   Wagner (1994) 198–205. – Günther (1940) 67–70.

475 **Dresden-Briesnitz, Kirche. Einblick in das freigelegte Chorfundament. Oberhalb des Absatzes beginnt das aufgehende Mauerwerk. Die spezielle Technik des Apsisfundamentes –** *opus spicatum* **– ist Vorbildern der zeitgenössischen süddeutschen Architektur entlehnt.**

Die Formierung der Mitte Europas

Otto III.
und die Erneuerung des Römerreiches

Die Erneuerung des Römischen Reiches

JOHANNES FRIED

„*Nostrum, nostrum est Romanum imperium*", „Unser, unser ist das Römische Reich!" jubelte Gerbert von Aurillac, der spätere Papst Silvester II., der Freund und Gefährte des jugendlichen Kaisers Otto. Ein politisches Bekenntnis, ein Freudenruf. Bekenntnis, Freude? – oder doch einfach „älteste Hüte", Translationstheorie wie eh und je? Die Sachsen als die neuen Römer, wie zuvor die Franken das Römische Reich übernommen und diese Tatsache durch die Krönung Karls des Großen zum Kaiser der Römer bestätigt und manifestiert hatten: weiter nichts? Ein einfacher Tagesordnungspunkt des 10. Jahrhunderts?

So lässt sich in der Tat die eine Seite des Vorgangs fassen: man bediente sich überkommener Ideen, vertrauter Denkmuster, um das aktuelle Geschehen in Worte zu fassen. Etwas wirklich Neues zu entwickeln fiel noch keiner Zeit wirklich leicht. So lieh das Neue oft beim Alten, kleidete sich in vertraute Gewänder, bediente sich bekannter, alter Vokabeln – welcher auch sonst? – und war doch: neu. Das Römische Reich sollte ja nach dem mittelalterlichen Verständnis einer Vision des Daniel das letzte irdische sein, mithin musste das Römische Reich von den neuen Völkern übernommen worden sein. Die Translations-Idee enststand. Zuerst ging das Reich auf die Franken über, von diesen übernahmen es die Sachsen. Aber da das so bestimmte Reich eben schon Jahrhunderte bestand, da Karl der Große vor damals fast zweihundert Jahren zum Römischen Kaiser gekrönt wurde, konnte diese Idee nur einen allgemeinen Hintergrund liefern. Das Römische Reich bestand andauernd: mehr als diesen Hintergrund gab die Translationsidee nicht her.

Von Zeit zu Zeit musste dieses bestehende Reich erneuert werden. Auch die Idee der Erneuerung war keine neue Idee. Karl der Große hatte es glanzvoll vorgemacht, war nach Rom gezogen, hatte sich vom Papst krönen lassen, Italien und das Frankenreich zusammengeführt, er hatte missioniert, er hatte neue Länder erobert, er wurde der neue Kaiser der Römer. Dennoch: diese Ideen waren Stellen der jeweiligen Gegenwartsdeutung, waren Aufforderungen, sich Gedanken zu machen, Programme zu entwickeln, waren dynamische Elemente der Veränderung.

Gerberts Freudenruf steht an einer merkwürdigen Stelle. Er bildet den Schluss eines Widmungsbriefes an den Kaiser, gewidmet wird ihm eine Schrift, die nichts enthält als eine recht trockene, sehr gelehrte dialektische Abhandlung zu einem eher gesuchten, künstlichen Thema. Der methodische Kern dieser Schrift „Über Vernünftiges und den Gebrauch der Vernunft" sind Unterscheidungen von Worten und Begriffen, von dem Was-etwas-ist und den treffenden Namen. Diese Form der Dialektik, die hier an einem Werk der „Schullogik" (Grabmann) ausgeführt wird, war aber damals das allermodernste, war die Spitze der Gelehrsamkeit, das Maximum der logischen Möglichkeiten. Traditionell, spätestens seit der Karolingerzeit, besaß die Logik eine hohe Reputation unter den Gelehrten des frühen Mittelalters. Nach und nach besserte sich die Verbreitung der bekannten Texte, beispielsweise des Boethius, nach und nach kamen auch neue Texte hinzu, standen den einzelnen Wissbegierigen und Lernfähigen immer mehr Texte zur Verfügung. Noch vor der großen Aristotelesrezeption des 12. und 13. Jahrhunderts wurden seit dem 10. Jahrhundert wesentliche Grundlagen zu einer schnellen und erfolgreichen Assimilation dieses Philosophen im Abendland gelegt. Gerbert war einer der ganz frühen, einer der weit herausragenden Köpfe dieser Bewegung. Logische Kategorisierung, Definitionen, Begriffe und Namen, Benennungen: dazu gehörte auch das Römische Reich. Es war eine politische Kategorie, ein logisches Produkt, ein Gedankenexperiment, das unterschiedliche Inhalte auf den Begriff bringen konnte. Es bestand fort, es existierte, bedurfte aber, und zumal in der Gegenwart von Otto und Gerbert der *Renovatio*, der Erneuerung. Ein Begriff, der der Füllung bedurfte; Geschehnisse, die benannt und verstanden, greifbar, erfassbar werden sollten.

Ungeheures, Unerhörtes geschah im Osten. Neue Königreiche stiegen auf, ein Kaiser krönte die Häupter, ein Kaiser errichtete Bistümer, taufte Völker und Länder, benamte sie. Ein Kaiser errichtete Throne und Altäre, bestückte sie mit wertvollsten Reliquien, Preziosen der Frömmigkeit, Zimelien spiritueller Macht. Ein Kaiser, der Umgang mit späteren Märtyrern pflegte, der im Mantel mit apokalyptischen Bildern sich krönen ließ, der auf Siegel-

476 **Lotharkreuz**, um 1000.
Aachen, Domschatz.

Otto III. und die Erneuerung des Römerreiches

bildern auf der Weltkugel stand wie ein Gott, der thronte und dem Beschauer sein Antlitz zuwandte. Ein Kaiser an den Grenzen des Reiches und weit darüber hinaus, Mehrer der Kirche, ein Büßer, fast ein Mönch. Ein politischer und spiritueller Führer zugleich. Wie das Neue fassen, wie es in Worte gießen? Welche Begriffe taugten, welche Geschichte sollte man erzählen? Welche Formel war geeignet, welche traf das Geschehen?

Bei begrifflichen Fragen kam Gerbert auch das Römische Reich in den Sinn. Immerhin: es war die begriffliche Klammer einer Einheit, die traditionell, und in Byzanz zumal, mehrere Reiche vereinte und die innere Struktur nach Art der Hierarchie Kaiser-König hervortreten ließ. Das Römische Reich wurde erneuert durch die Taufe neuer, junger Königreiche wie Ungarn und Polen, durch die Taufe neuer, junger Völker.

Es wurde erneuert durch eine Politur seiner Begrifflichkeit und seiner Selbstdarstellung. Otto III. verlieh ihm ein neues Gewand. Wie unter Karl dem Großen um 800, so wirkte auch unter Otto um 1000 die gesteigerte Naherwartung der Wiederkehr Christi und des Endes dieser Welt dynamisierend auf die Handlungen und Bestrebungen der Agierenden ein. Schon vor der Kaiserkrönung Ottos III. zum Kaiser der Römer setzte sich die unter Otto II. und Theophanu begonnene Engführung der nord- und südalpinen Reichsteile fort. Immer mehr Deutsche wurden Bischof in Italien, italienische Fürsten reisten an den Hof nördlich der Alpen. Schon auf dem Hoftag von Sohlingen 994, dem ersten unter Ottos Leitung nach seiner Mann- und Wehrhaftmachung, wurde Heribert, Freund und wahrscheinlich einer der Erzieher Ottos, zum Kanzler für Italien eingesetzt.

Bald griffen aus Byzanz importierte, byzantinisch – also römisch! – inspirierte Zeremonien, Kleidung, Titel, Münzen und allerlei anderes um sich. Auf seinem Zug nach Rom wurde dem jungen König die heilige Lanze vorausgetragen. Auf den Thron Petri setzte er nach dem Tod Johannes XV. einen mit ihm verwandten Deutschen, Brun von Worms, behandelte überhaupt die Nachfolge Petri wie einen deutschen Bischofsstuhl und zog sich den Unmut der Römer zu, zumal der von Otto ernannte Mann das kirchenrechtlich vorgeschriebene Alter noch nicht erreicht hatte. Der neue Papst, Gregor V. krönte Otto am Himmelfahrtstag 996 zum Kaiser, der 25jährige setzte dem 16jährigen die Kaiserkrone auf das Haupt.

Gerbert war Zeuge dieser Zeremonie. Später berief Otto den hochgelehrten Mann an seinen Hof, als Lehrer *in re publica*, in den staatlichen Dingen. Er sollte „die sächsische Rohheit vertreiben" und „unsere griechische Scharfsinnigkeit fördern", so verlangte der Kaiser. Er versuchte, an seine griechischen Wurzeln, an seine Mutter Theophanu anzuknüpfen, auch dies gegen sächsischen Widerstand, der nun auch Gerbert traf. Dessen Gelehrsamkeit ist noch heute berühmt, vor allem da er das bis dahin vernachlässigte *Quadrivium*, gleichsam die spätantike Form der praktischen Wissenschaften, pflegte und dem jungen Kaiser nahebrachte. Arithemtik, Rechnen mit dem Abakus, Musik als mathematische Disziplin der Teilungen und Verhältnisse: diese Dinge wollte Otto lernen, Gerberts Schriften dazu sind erhalten. Besondere Breitenwirkung erreichte dieses spezielle Wissen nicht; die Ideale Karls des Großen einer allgemeinen Bildung vertrat Otto III. nicht.

Aber der Weg durch dieses Wissen führte Otto dennoch auf die Spuren des großen Karl, des Franken auf dem römischen Kaiserthron. Mit der Wiedergewinnung des alten römischen Wissens sollte nämlich nach Gerberts Rat an Otto die Erneuerung des Römischen Reiches beginnen, hier sollte sie ihre Wurzel haben. Otto sei die „göttliche Majestät", so Gerbert, den danach dürstete „die ihm nach Erbrecht gebührenden Schätze der griechischen und römischen Weisheit zurückzuholen". Einst, so dichtete Gerbert, habe der Römer Boethius sein Licht über die Studien gegossen; er endete im Kerker. Alsbald habe Gott das „gewaltige Rom", das „Imperium der Welt" gezüchtigt und durch die Goten misshandeln lassen. Deren Schwert „vernichtete die römische Freiheit". Man muss sich um das Selbstbewusstsein des Gelehrten Gerbert nicht im Nachhinein Sorgen machen, sieht man den engen Zusammenhang, den er zwischen der Besetzung Roms und dessen an Boethius ausgelassener Bildungsfeindschaft herstellt. Jetzt, so Gerbert weiter, halte „die Zierde des Reiches, der dritte Otto" Boethius wieder seiner Halle für würdig. Es war wohl mehr gemeint als eine bestimmte Facette der Kirchenpolitik, was im Römischen Sinne erneuert werden sollte war mehr als ein Ausschnitt der politischen Wirklichkeit. Die Motive und Traditionen waren universal, die Wirkungen sollten es sein. Das Motiv der Wiederaufnahme römischer Tugenden, ja der *Renovatio* erscheint bei Gerbert geradezu als Folge der kaiserlichen Wertschätzung für die wissenschaftlichen Traktate des Boethius.

Den Kaiser verlangte nach Wissen. Bald wollte er wissen, wie eine dunkle Stelle bei Boethius zu verstehen sei. Er zürnte, als keiner der ihn umgebenden Bischöfe Rat wusste. Gehörten Wissen und Politik, Bildung und Macht nicht zusammen? Ottos politisches Handeln jedenfalls gewann durch Ger-

477 **Elfenbeinsitula,** **Lotharingien, um 1000 oder kurz danach,** H. 17,7 cm. Aachen, Domschatz, Grimme Nr. 26.

Otto III. und die Erneuerung des Römerreiches

berts intellektuelle Impulse eine Spannkraft, die weit in die Zukunft reichte, die eine Brücke zwischen der großen Vergangenheit in eine große Zukunft schlagen und die Gegenwart auf das Niveau des göttlichen Heilsplans erheben sollte. Gerbert schuf auch Abhilfe bei der peinlichen Wissenslücke; auf der Heerfahrt nach Rom überreichte er Otto den klärenden, oben bereits erwähnten Traktat „Über Vernünftiges und den Gebrauch der Vernunft". Gerbert kleidete das gelehrte Werk in ein imperiales Gewand. „Italien solle nicht glauben", so Gerbert, „den heiligen Palast erfülle Trägheit, und Griechenland solle sich nicht allein der kaiserlichen Weisheit und römischen Macht rühmen. Unser, unser ist das Römische Reich! Italien, gesegnet mit Früchten, Gallien und Germanien, gesegnet mit Kriegern! Sie geben uns Kraft, die tapferen Länder der Slawen fehlen uns nicht!" Der Kaiser sollte auf dem Gipfel der Macht das enge Verhältnis zu den „imperialen" Wissenschaften bewahren

478 Elefantenstoff, byzantinische Seidendecke, vor 1000, 162 x 137 cm. Aachen, Domschatz.

und ausbauen, Wissen und Macht sollten im Zeichen Roms zu Gleichungen werden. „Unser bist du, Caesar, Kaiser der Römer und Augustus, der du von höchstem griechischen Blut die Griechen durch das Kaisertum überragst, über die Römer nach Erbrecht regierst und beide an Geist und Beredsamkeit übertriffst". Solcher Art waren die Reden des weisen Gerbert an den jungen Kaiser. Wie sollte er seine Herrschaft, sein Wissen nicht als erneuerte römische begreifen?

Und Otto handelte danach. Planmäßig begann der Ausbau Roms als Herrschersitz. Eine der alten Paläste, welcher und wo genau ist umstritten, sollte zur Pfalz ausgebaut werden. Keiner der mittelalterlichen Kaiser residierte so lange in Rom wie der junge Otto. Das gesamte Zeremoniell der Herrschaft wurde nach byzantinischem Vorbild umgestaltet, alte Titel hervorgekramt. Der Kanzler Heribert hieß *Logothet* oder *Archilogothet*, andere wurden *Protospatar*, *Magister palatii*, *Magister militium*, *Prefectus navalis* und vor allem *Patricius* wurden ebenfalls wiederbelebt. „Der Kaiser begehrte, das alte, großenteils verfallene Herkommen der Römer in seinen Zeiten zu erneuern; vieles leitete er in die Wege, worüber unterschiedliche Leute unterschiedlich dachten. Er pflegte allein an einem halbkreisförmigen, erhöhten Tisch zu speisen", wusste Thietmar, der auch das Missfallen der die Gemeinschaft der Königshalle gewohnheitsmäßig teilenden Sachsen notierte. Die *Graphia aureae urbis Romae*, ein aus der Enzyklopädie des Isidor und dem Zeremonienbuch des Byzantiners Konstantin Porphyrogennetos zusammengesetztes und für das neue Kaisertum maßgebliches Formelbuch, schildert das Gewand des Kaisers. Um die allerlei Hemden in Weiß, Scharlach und Gold zusammenzuhalten, trägt er einen Gurt mit 72 Schellen, an ihrer Schnalle die Inschrift: „*Roma, caput mundi, regit orbis frena rotundi*", „Rom, Haupt der Welt, regiert mit Zügeln den Rund der Welt". Auf dem Knauf der Schnalle sind die drei Erdteile, Europa, Asien, Afrika abgebildet, eben der Erdkreis, dessen Herr der Kaiser nach der Inschrift ist. Die Urkunden wurden mit dem „imperialen" Material, mit Metall gesiegelt. Die Siegel trugen die Botschaft der neuen Romidee: „*Renovatio Imperii Romanorum*", „Erneuerung des Römerreiches"; trocken, fast lakonisch, unmissverständlich in ihrer Kürze.

Die Herrschaft über die vielen Völker ordnete sich nach dem Muster dieses erneuerten Römerreiches, es war eine imperative Kategorie, es hatte die Wirkung einer politischen Realität, es entwickelte die Suggestion einer großen Idee. „Unser Kaisertum soll blühen, unseres Amtes Krone soll triumphieren, des römischen Volkes Macht soll sich verbreiten, die ‚*Res publica*' soll erneuert werden!", so Leo von Vercelli, der den Plänen Worte lieh. Der Kaiser unterzeichnete eigenhändig Papsturkunden, zusammen mit dem Papst übte er universale Herrschaft: Reich und Kirche waren die irdische Welt schlechthin, ja, die spirituelle Reichs- und Kirchenidee ließ beide ein Stück in den Himmel ragen. In dieser Zeit meinte man, alles erreichen zu können, die prophezeite Zukunft zu zwingen, die Welt durch einträchtige Herrschaft zu erlösen.

Karl der Große war Vorbild. Ihn suchte Otto zur Ehre der Altäre zu erheben. Er ließ Karls Grab öffnen, entnahm dem Sarg das goldene Brustkreuz und ein Teilchen des Gewandes, legte das andere „mit großer Ehrfurcht", wie es hieß, wieder zurück. Die Zeremonie war rätselhaft, vielleicht nach Art der antiken Heroenverehrung gestaltet. Doch galt sie den Zeitgenossen als ungeheuerliche Störung der Grabruhe, als Frevel. Ottos früher Tod galt vielen von ihnen als Strafe dieses Tabubruches.

Der Tod kam in Rom. Die Römer warfen ihren Kaiser zur Stadt hinaus, seines ungewohnten Regimentes müde. „Hört und vernehmt die Worte eures Vaters, bewegt sie wohl in eurem Geist!" sprach Otto die römischen Unterhändler an. „Seid ihr nicht meine Römer? Habe ich nicht euretwegen mein Vaterland, meine Verwandten verlassen? Habe ich nicht aus Liebe zu euch meine Sachsen und alle Deutschen, mein Blut, verschmäht? Habe ich euch nicht in die entferntesten Regionen unseres Reiches geführt, wohin eure Väter, als sie den Erdkreis unterwarfen, niemals ihren Fuß setzten? Euch habe ich als Söhne adoptiert, euch habe ich allen vorgezogen. Und jetzt verstoßt ihr für all' das euren Vater". Das ist unübersehbar ein Niederschlag des *Renovatio*-Programmes, nicht minder spiegelt sich hier, wenngleich in wohl abgewogenen Worten, die nordalpine Kritik am romfixierten Kaiser. Die Vernachlässigung, das intellektuelle Zurücklassen seiner Landsleute, sollten diese dem jungen Kaiser übelnehmen. Es wurde als Herablassung gesehen, „Italien" und was damit zusammenhing war schnell als Wurzel der Übel ausgemacht.

Die Wirkungen der *Renovatio*-Politik waren indes enorm. In Ostfranken verstärkte sich die Tendenz zur Autonomisierung der regionalen Gewalten nochmals, die schon unter Otto II. verstärkt eingesetzt hatte. Die Krise des ottonischen Hauses zwischen dem Tod Ottos II. und der Volljährigkeit Ottos III. ließ sich in den Augen Theophanus und vor allem Adelheids nur durch reiche Gaben aus dem Königsgut an die Herzöge und Grafen beheben. Deren Unterstützung wurde so teuer erkauft. Um keine Ungleichgewichte entstehen zu lassen, aber auch getrieben von findigen Bischöfen, zogen die geistlichen Herrschaften gleich; die das „Reich" prägenden geistlichen Fürstentümer, die es in Frankreich nie gab, verdanken sich genau dieser Zeit. Otto III. fehlte wohl Kraft und Wille, die Vergabung des Königsgutes zu mindern oder rückgängig zu machen. Auf Dauer war die Königsmacht in Deutschland geschwächt, eine Zentralmacht existierte nie, die Funktionen einer Hauptstadt waren – und blieben – auf regionale kulturelle Zentren verteilt. Das Römische Reich indes war auf Dauer auf die Kombination von Macht und Wissen, von geistiger und politischer Konzeption eingestellt. Ottos Erneuerung des Römischen Reiches war erfolgreich, verjüngt und für Jahrhunderte gestärkt ging es aus der ersten Jahrtausendwende hervor; nur zusammen mit der anderen universalen Macht, dem Papsttum, nur als alle Universalien wankten, sollte es von der Bühne der Welt, die es so lange beherrschte, abtreten.

Die Wirkungen erstreckten sich auf ganz Europa, kulminierten in seiner Mitte. Polen und Ungarn behaupteten sich seit dieser Zeit als eigenständige Nationen. Ottos *Renovatio*-Politik begünstigte die Chancen, die die Völker und Fürsten für sich erarbeitet hatten. Die Wende von Otto III. zu Heinrich II. brachte zwar Polen viele Schwierigkeiten, dennoch konnte sich das Land kontinuierlich behaupten. Heinrichs Versuch, Bolesław von Polen wieder in die Abhängigkeit zu zwingen scheiterte, verursachte aber eine Reihe von Kriegen und im Land eine Abkehr von der bisherigen Politik und Ausrichtung. Das polnische Bistum Posen (Poznań) sollte Magdeburg eingegliedert und unselbständig werden, jedes Mittel schien recht, den alten Zustand vor Otto III. wieder herzustellen. Höhepunkt der Wirren war die Eroberung Gnesens (Gniezno) durch die Tschechen 1038, eine heidnische Reaktion im Land. Erst unter Herzog Kazimierz um die Mitte des 11. Jahrhunderts konnte Polen wieder an die von Bolesław und Otto gelegten Grundlagen anknüpfen. Ungarn, dessen König Stephan ja der Schwager Kaiser Heinrichs II. war, erging es besser. Die neue Kirchenprovinz Gran (Esztergom) wurden anerkannt, die Kontakte zwischen dem Reich und Ungarn wurden, vor allem über Bayern, intensiviert. Immer wieder standen Kleriker aus dem Reich dem ungarischen Christentum zur Seite, die kulturellen Tauschbeziehungen verstetigten sich. Die Selbstbehauptung Ungarns und Polens in an Wirren reichen Zeiten bezeugt, wie solide Vajk-Stephan, Bolesław und Otto ihre Fundamente gelegt hatten, wie wichtig, mehr und mehr unverzichtbar, schließlich unverlierbar ihren Völkern die ursprünglich mediterrane, schließlich ost- und weströmische christliche Kultur wurde. Eine verjüngte, lebendige christliche Kultur entstand in der Mitte Europas, ein verjüngtes, lebendiges Selbstbewusstsein konnte die Mitte Europas um 1000 an die Zukunft weitergeben.

Literatur

Fried 1989 b; 1998 a; 2000. – Görich 1995. – Schramm 1929.

Herrscher und Dynastien. Die Akteure der Zeit um 1000

LUDGER KÖRNTGEN

Die Begegnung von Kaiser Otto III. und Bolesław Chrobry in Gnesen (Gniezno) lässt sich als Treffen von zwei „Freunden" beschreiben, die am Grab eines weiteren „Freundes" zusammenkommen. „Freundschaft", *amicitia*, ist allerdings im Sprachgebrauch des 10. und 11. Jahrhunderts eine Kategorie, die vornehmlich politisch-soziale Bindungen umfasst[1], auch wenn wir gerade für Otto III. Zeugnisse besitzen, die auf besondere individuell-persönliche Momente seiner „Freundschaften" hinweisen. Die Akteure der Zeit um 1000 treten uns in der Überlieferung nicht als einzelne gegenüber, sondern in Gemeinschaft mit anderen; auch die Herrscher handeln im Dialog mit einem Gegenüber und nach Beratung mit ihren Großen. Soziale und politische Beziehungen werden über die Generationen weitergegeben, Eheschließung kann Familien und größere soziale Gruppen dauerhaft oder auch vorübergehend miteinander verbinden. Die familiären Bindungen beschränken sich noch nicht auf die männliche Abstammungslinie, sondern erstrecken sich ebenso auf die weibliche Verwandtschaft, so dass Reichweite und Qualität familiärer Zusammengehörigkeit veränderbar sind. Die Genealogie der Ottonen bzw. Liudolfinger lässt sich bis auf den sächsischen Grafen Liudolf und seine fränkische Gemahlin Oda in der Mitte des 9. Jahrhunderts zurückverfolgen. Ihren politischen Aufstieg verdanken die Liudolfinger der Nähe zum fränkischen Königtum der späten Karolinger, mit denen sie zweimal Eheverbindungen eingingen. Liudolfs Enkel Heinrich I. († 936) gelangte im Jahr 919 zum Königtum; durch seine zweite Ehe mit Mathilde hatte er das Prestige von deren Verwandtenkreis, der sich auf den sächsischen Anführer Widukind zurückführte, hinzugewonnen. Der älteste Sohn aus dieser Verbindung, Otto I., der Große (geb. 912, König 936, † 973), wurde wohl schon 929/930 zum Nachfolger bestimmt, als er die angelsächsische Königstochter Edith († 946) heiratete. Seine zweite Ehe mit Adelheid († 999), der Witwe des italienischen Königs Lothar, vermittelte wichtige Verbindungen zu dessen Anhängern und schuf eine der wesentlichen Voraussetzungen dafür, dass Otto im Jahr 962 in Rom zum Kaiser gekrönt wurde. Der einzige Sohn aus dieser Ehe, Otto II. (geb. 955, † 983), wurde noch als Kind zum König geweiht und 967 zum Mitkaiser seines Vaters erhoben. Das diente wohl der Vorbereitung auf die Eheverbindung mit dem byzantinischen Kaiserhaus; die Braut, Theophanu (geb. ca. 959/960, † 991), war allerdings keine Kaisertochter, sondern eine Verwandte des erst seit kurzer Zeit in Byzanz regierenden Usurpators Johannes I. Tzimiskes (969–976). Der im Jahr 980 geborene Sohn des Kaiserpaares, Otto III., konnte sich jedenfalls rühmen, aus westlichem und östlichem Kaiserhaus zu stammen; auch für ihn wurde bis zu seinem frühen Tod (1002) um eine Braut aus Byzanz geworben. Von Großen des nordalpinen und des italienischen *Regnum* gemeinsam in Verona zum König gewählt, wurde Otto III. als 3jähriges Kind 983 in Aachen geweiht und gekrönt, noch bevor die Nachricht vom plötzlichen Tod seines Vaters eintraf. Bis der König im Jahr 994 wehrhaft wurde, führte zunächst Theophanu, seit deren Tod die Großmutter Adelheid († 999) die Regentschaft. Welchen Anteil Theophanu an der Erziehung ihres Sohnes genommen und welches Maß an griechischer Bildung sie ihm vermittelt hat, können wir nur vermuten. Als wichtigste Erzieher Ottos gelten der sächsische Grafensohn Bernward und der Wormser Kleriker Heribert, die beide dem Kaiser eng verbunden blieben: Bernward als Bischof von Hildesheim, Heribert als Kanzler, Erzbischof von Köln und Freund. Die geistlichen Lehrer dürften ihrem Schüler vor allem die lateinische Elementarbildung der Zeit vermittelt haben; das befähigte den Kaiser, ein Einladungsschreiben an Gerbert von Reims mit eigenen Versen zu schmücken und gelegentlich eine Papsturkunde eigenhändig zu unterschreiben. Auf seinem ersten Zug nach Rom, wo er am Himmelfahrtstag 996 zum Kaiser gekrönt wurde, und auf weiteren Italienzügen, die vor allem der Herrschaftssicherung dienten, begegnete Otto nicht nur Gelehrten wie Gerbert und dem Italiener Leo, den er später zum Bischof von Vercelli erhob, sondern auch asketisch interessierten Mönchen und Eremiten um Adalbert von Prag und Romuald von Camaldoli. Nach deren Vorbild soll der Kaiser sich häufig asketischen Bußübungen gewidmet haben; die geistliche Autorität des fast 90jährigen Eremiten Nilus von Rossano konnte Otto allerdings nicht davon abbringen, den römischen Stadtherrn Crescentius, der den Papst nach dem Rückzug Ottos vertrieben hatte, und den Gegenpapst Johannes Philagathos grausam zu bestrafen. Eine wichtige Rolle in der Umgebung des Kaisers spielten die weiblichen Verwandten, vor allem seine Schwester Sophia (geb. 975, † 1039), Kanonisse des alten Familienstifts Gandersheim, sowie seine Tante Mathilde († 999), Äbtissin des Quedlinburger Damenstifts. Deren Bedeutung kommt in dem wohl in Anlehnung an die römische Patricius-Würde gebildeten Titel *Matricia* zum Ausdruck, mit dem Otto ihr während seines zweiten Italienzuges die Stellvertretung übertragen hatte. Aus der männlichen Abstammungslinie Heinrichs I. gab es nur noch einen Verwandten, den Bayernherzog Heinrich IV. (König Heinrich II. 1002, Kaiser 1014, † 1024); dessen gleichnamiger Vater, Herzog Heinrich II. mit dem späteren Beinamen „der Zänker", hatte sich mehrfach gegen seinen Vetter Otto II. erhoben und nach dessen Tod versucht, die Regentschaft für Otto III. zu übernehmen. Sein Sohn bewährte sich als wichtiger Gefolgsmann des Kaisers, dessen Nachfolge er im Jahr 1002 in Konkurrenz mit anderen Bewerbern antreten konnte. Mit seinem Tod im Jahr 1024 endete die Folge ottonischer Herrscher. Weitere verwandtschaftliche Beziehungen Ottos III. waren über die ottonischen Frauen vermittelt: Brun, den der designierte Kaiser noch vor seiner Krönung zum Papst (Gregor V., 996–999) bestimmte, war ein Urenkel Ottos des Großen, aus der Nachkommenschaft Konrads des Roten und der Kaisertochter Liutgard, die man später als Salier bezeichnete. Solche Heiratsverbindungen zwischen dem Herrscherhaus und adligen Familien des Reiches gab es seitdem nicht mehr; einzige Ausnahme blieb eine Schwester Ottos III., Mathilde (geb. 978, † 1025), die den rheinischen Pfalzgrafen Ezzo heiratete. Außerhalb des engeren Kreises der Herrscherfamilie war die Eheschließung ein wichtiges Mittel der sozialen und politischen Bindung zwischen den großen Adelsfamilien; in solche Eheverbindungen wurden auch die slawischen Fürsten im Osten des ottonischen Reiches einbezogen. Der erste historisch bezeugte Herrrscher aus der Familie der Piasten, Mieszko I. († 992), hatte wohl im Zusammenhang mit seiner Hinwendung zum Christentum Dobrawa († 977), die Tochter des böhmischen Herzogs Boleslav I., geheiratet und damit eine kurze Zeit des Zusammengehens mit den Přemysliden begründet. Im wachsenden Konflikt mit diesen setzte Mieszko aber vor allem auf die Verbindung zum ottonischen Herrscher und zu sächsischen Adelsfamilien; seit 977 war er Schwiegersohn des Markgrafen der sächsischen Nordmark, Dietrich von Haldensleben, dem er auch in der Markgrafschaft folgte. Nach dem Tod Mieszkos sicherte sich sein Sohn aus der Ehe mit Dobrawa, Bolesław I. Chrobry (geb. 965/67, † 1025)[2], entgegen den Plänen des Vaters die Alleinherrschaft, indem er seine Stiefmutter Oda mit ihren Söhnen Mieszko und Lambert vertrieb. Aus der Perspektive der späteren Auseinandersetzungen mit Heinrich II. zeichnet der Bischof und Chronist Thietmar von Merseburg das Bild eines gewalttätigen, unberechenbaren Despoten; gleichwohl muß er anerkennen, dass Bolesław sich mit gelegentlich drastischen Maßnahmen um die Christianisierung in seinem Herrschaftsbereich bemühte. Ein Sohn des Fürsten zählte zur Eremitengemeinschaft des Romuald in Pereum, die der Piastenherrscher im Jahr 1002 um die Entsendung von Missionaren bat. Die polnischen Chronisten des 12. Jahrhunderts stellen Bolesław als ideale Gestalt den Herrschern ihrer Gegenwart gegenüber; in dieser Perspektive mag etwa der Gallus Anonymus Reichtum und Pracht des Fürsten überzeichnen, doch ist erkennbar, dass Bolesław die Zeitgenossen durch sein glanzvolles Auftreten beeindruckte. Schon zu Lebzeiten seines Vaters heiratete Bolesław eine Tochter des Markgrafen Rikdag von Meißen; die Ehe wurde ebenso wie eine zweite Verbindung mit einer Tochter des ungarischen Fürsten Géza wieder gelöst, als sich die jeweils damit verbundenen politischen Aussichten zerschlugen[3]. Durch seine dritter Ehe mit Emnildis, einer Tochter des Fürsten Dobrimir aus dem Milsenerland, wurde Bolesław wohl zugleich Schwager der sächsischen Ekkehardiner, die im Bereich der Lausitz eine zentrale Herrschaftsposition zwischen Piasten, Přemysliden, sächsischen und bayerischen Großen einnahmen. Ekkehard I. († 1002), Markgraf von Meißen, stieg als einer der wichtigsten Berater und Unterstützer Ottos III. schließlich zum aussichtsreichen Thronprätendenten auf. Bolesławs Tochter Reglind heiratete Hermann, den ältesten Sohn des Markgrafen, Bolesław selbst verband sich im Jahr 1018 in vierter Ehe mit Ekkehards Tochter Oda. Die Begegnung von Gnesen markiert den Höhepunkt des Zusammenwirkens von Piasten, ottonischen Herrschern und sächsischen Großen; wohl in diesem Zusammenhang wurde nicht nur ein Sohn Bolesławs nach dem Kaiser benannt, sondern auch eine Ehe zwischen dem designierten Nachfolger, Miezko II. Lambert (geb. 990, König 1025–1034), und der Nichte Ottos, der Ezzonin Richeza, verabredet, die aber erst 1013 realisiert wurde. Nach dem Tod Ottos III. und der Ermordung Ekkehards von Meißen bemühte sich Bolesław, den besonderen Rang zu wahren, den ihm die Nähe zum Kaiser vermittelt hatte, und geriet nicht zuletzt dadurch in langanhaltende Konflikte mit Heinrich II. Dabei wurden auch ältere Konstellationen wirksam, denn die bayerische Linie der Ottonen, welcher der neue König entstammte, hatte schon aufgrund der räumlichen Nachbarschaft besondere Verbindungen zu den böhmischen Přemysliden gepflegt; Heinrich der Zänker war bei seinen Rebellionen mehrfach von Boleslav II. (972–999) unterstützt worden. Eng waren die Verbindungen der Přemysliden zur bayerischen Residenz Regensburg: Boleslavs Bruder Christian[4] war Mönch im Kloster Emmeram, Boleslavs Sohn Udalrich wurde am Hof des Bayernherzogs erzogen. Vielleicht haben die bayerischen Ottonen auch eine böhmisch-ottonische Eheverbindung vermittelt: Boleslavs Gemahlin Emma war möglicherweise die Tochter der Kaiserin Adelheid und des italienischen Königs Lothar, die zuerst den 986 gestorbenen westfränkischen Karolinger Lothar geheiratet hatte. Auf eigenen Münzen ließ sie sich als *Emma regina* darstellen; als Auftraggeberin einer illuminierten Handschrift mit der Wenzelsvita des Gumpold von Mantua hat die Fürstin ein bedeutendes Zeugnis liturgisch-frommer Praxis und kultureller Interessen hinterlassen. Nach dem Tod Boleslavs II. im Jahr 999 musste sie nach Regensburg fliehen; Boleslav III. († 1037) vertrieb die Witwe[5] sowie seine jüngeren Brüder Jaromír und Udalrich und suchte Rückhalt in einer persönlichen Bindung zum Markgrafen Ekkehard von Meißen. Noch während der Intensivierung přemyslidischer Herrschaft in der zweiten Hälfte des 10. Jahrhunderts behauptete sich in Böhmen die mit den Ottonen verwandte Familie der Slavnikiden, die ihren Herrschaftsmittelpunkt um Libice hatten. Zu ihr gehörten Adalbert, der Bischof von Prag, und sein Halbbruder Gaudentius, der im Jahr 1000 zum Erzbischof von Gnesen erhoben wurde. Als der Famlienälteste Soběslav im Jahr 995 an einem Heerzug Ottos III. gegen die Abodriten teilnahm, ließ der Přemyslide Boleslav II. die Burg Libice überfallen und die dort versammelten Mitglieder der Familie töten. Soběslav flüchtete sich in den Schutz des Piastenfürsten; die Verbindung zwischen Adalbert, der in seinem Bistum Prag trotz päpstlicher und kaiserlicher Unterstützung nicht wieder Fuß fassen konnte, sowie Bolesław Chrobry und dem ottonischen Kaiser hatte also auch eine Vorgeschichte in längerfristigen und aktuellen politischen Verbindungen zwischen ottonischen Kaisern, Piasten und böhmischen Slavnikiden. Auch das Zusammenwirken Ottos III. mit dem ungarischen Fürsten Stephan (geb. ca. 970/975, König 1001, † 1038) war durch eine Eheverbindung vorbereitet worden: Thietmar von Merseburg, der als einziger Chronist eine besondere Mitwirkung des Kaisers bei der Königserhebung Stephans vermeldet,

479 **Kaiserornat der Theophanu, Brustschmuck aus dem so genannten Giselaschmuck. Kunstgewerbemuseum Berlin, SMPK. – Kat. 25.01.23.**

nennt diesen ausdrücklich einen Schwager des Herzogs Heinrich von Bayern. Dessen Schwester Gisela (ca. 985–1060) war wohl nach dem Tod ihres Vaters Heinrich des Zänkers († 995) mit dem zum Nachfolger bestimmten Sohn des ungarischen Großfürsten Géza (geb. ca. 950, † 997) verheiratet worden, der dadurch zugleich in die Verwandtschaft des Kaisers eingetreten war. Stephans Vater Géza war ein Urenkel Árpáds, des wichtigsten Anführers der Landnahme am Ende des 9. Jahrhunderts. Während seine Gemahlin Sarolt aus einer ostungarischen Fürstenfamilie noch unter byzantinischem Einfluss getauft worden war, legte Géza mit der Bitte um ottonische Missionare, die vielleicht auf dem Quedlinburger Hoftag des Jahres 973 vorgetragen wurde, den Grundstein für die lateinische Christianisierung Ungarns[6]. Die Bindung an den ottonischen Westen wurde von Stephan noch verstärkt; die alleinige Nachfolge seines Vaters konnte er nicht zuletzt mit Hilfe eines bayerischen Kontingentes im Kampf mit seinem Verwandten Koppány und dem Gyula von Siebenbürgen behaupten. Härte und Durchsetzungswillen, die in diesen Kämpfen sichtbar wurden[7] hat die spätere ungarische Chronistik wohl aus jeweils aktuellen Motiven noch übersteigert; der Zeitgenosse Thietmar von Merseburg lobt den König demgegenüber wegen beispielhafter Milde im Umgang mit seinem besiegten Onkel[8]. Gisela dürfte zusammen mit ihrem Gefolge die Verankerung der Herrscherfamilie in der religiösen Kultur des lateinischen Westens entscheidend gefördert haben; daneben mag ihr Gemahl, der vielleicht schon als Kind auf den Namen Stephan getauft worden war, auch von Adalbert beeindruckt worden sein, der sich vor seiner ins Martyrium führenden Missionsreise zu den Pruzzen für kurze Zeit am Hof Gézas aufhielt und der vielleicht schon als Prager Bischof an der Christianisierung der Ungarn Anteil genommen hatte.

Der erste, schon früh verstorbene Sohn des Herrscherpaares erhielt den Namen des Kaisers, Otto; der zweite Sohn, nach seinem bayerischen Onkel Emmerich genannt, wurde mit einer byzantinischen Prinzessin verheiratet, kam aber noch zu Lebzeiten seines Vaters auf der Jagd ums Leben (1031). Stephan entschied sich daraufhin für Peter Orseolo († 1046/47) als Thronfolger, einen Sohn seiner Schwester und des Dogen von Venedig, Otto Orseolo; dabei wurde Vazul übergangen, ein Sohn von Stephans Onkel Michael, dessen Nachkommen ab 1046 die arpadische Dynastie fortsetzten.

Anmerkungen

1   Vgl. Althoff (1990).
2   Der Beiname „Chrobry" (der Tapfere) ist erst seit dem 13. Jahrhundert belegt; zeitgenössische Quellen billigen Bolesław das Attribut „Magnus" zu.
3   Ein Sohn aus der Ehe mit der Ungarin, Bezpŕym († 1033), spielte in den Wirren nach dem Tod Bolesławs eine Rolle.
4   Vgl. Hilsch (1992) 81–89; die verschiedenen Deutungsmöglichkeiten erwägt Hlawitschka (1996) 67–98.
5   Falls Emma tatsächlich die Tochter der Kaiserin Adelheid war, kann sie nicht die Mutter Boleslavs gewesen sein; dieser müsste vielmehr einer früheren Ehe Bolesławs II. entstammen, für die es allerdings keine sicheren Zeugnisse gibt.
6   Gerade im Zusammenhang mit den Christianisierungsbemühungen sagt Thietmar von Merseburg dem Fürsten besondere Grausamkeit nach; kaum besser beurteilt der sächsische Bischof die Fürstin, die er für unmäßige Trunksucht, männliches Gehabe und eigenhändige Gewalttätigkeit tadelt: Thietmar VIII, 4.
7   So wird etwa berichtet, Stephan habe den Leichnam seines rivalisierenden Verwandten Koppány vierteilen und zur Abschreckung und Demonstration seiner Macht an die Tore von vier Burgen nageln lassen.
8   Thietmar VIII 4, 496f.

Literatur

Althoff 1996. – Becher 1996. – Eickhoff 1999. – Glocker 1989. – Görich 1997. – Ludat 1971. – Lübke, Regesten. – Wenskus 1976.

Graecisca sublimitas: Byzanz' Attraktivität und der abendländische Westen

FRANZ-REINER ERKENS

Die oströmisch-byzantinische Zivilisation mit ihren tiefen Wurzeln in der griechisch-römischen Welt des Altertums und ihren in die Spätantike zurückreichenden lebendigen Traditionen im staatlichen wie kirchlichen Bereich, in der Sphäre von Wissenschaft und Kunst sowie auf technischem Gebiet und theologischem Feld war der abendländischen Gesellschaft des christlich-lateinischen Okzident im frühen Mittelalter ohne allen Zweifel an materiellem Glanz, kultureller Ausstrahlung und wirtschaftlicher wie politischer Bedeutung überlegen[1]. Künstler und Herrscher, Bischöfe und Fürsten konnten hier Vorbilder und Orientierungspunkte ihres Handelns und Strebens ebenso finden wie Anlässe für eine unverhohlene Abneigung gegen das orientalisch Fremde und exotisch Andere, gegen östliche Laszivität und griechische Anmaßung und „Heimtücke". Die Spannung zwischen einem spürbaren sich-angezogen-Fühlen und einem deutlichen abgestoßen-Werden von dem auffällig fremdartigen und sich nicht leicht in die eigene Vorstellungswelt einfügenden Erscheinungsbild einer hochstehenden Kultur und ihrer nicht zuletzt auf politischer Bühne agierenden Protagonisten findet sich dabei nicht nur zwischen unterscheidbaren Gruppen von Bewunderern und Gegnern byzantinischen Wesens, sondern bestimmte gelegentlich auch die Wahrnehmung und die Äußerungen einer einzigen Person. Liutprand († 970/972) etwa, 949 als Gesandter Berengars von Ivrea und 968 – inzwischen auf den Bischofsstuhl von Cremona erhoben – als Geschäftsträger Ottos I. (936–973) und Brautwerber Ottos II. (973–983) am Bosporus, konnte einerseits die Schönheit und Wucht der Palastanlage sowie die Prachtentfaltung des kaiserlichen Hofes in Konstantinopel rühmen[2] und, offenbar nicht unabhängig vom Scheitern seiner diplomatischen Mission, den *Basileus* Nikephoros Phokas (963–969) in all seiner Hässlichkeit zur Karikatur entstellen und die Byzantiner wegen ihres weibischen Auftretens schmähen[3]. Die neiderfüllte Ablehnung der byzantinischen Lebensart ist im frühen Mittelalter kaum eine exklusive Eigenart des Cremoneser Bischofs gewesen; trotzdem hinderte ihre Verbreitung nicht die Orientierung von Künstlern an dem anziehenden Vorbild byzantinischer Kunstwerke oder die Rezeption oströmischer Herrschaftsideologie und der Mittel ihrer Propagierung im abendländischen Westen.

Lehrmeisterin des Mittelalters war die Antike, näherhin das Zeitalter der Patristik und der christlichen Kaiser Roms, aber schon die so genannte „Karolingische Renaissance", die keine Wiedergeburt des Altertums, sondern allenfalls der Spätantike anstrebte und vor allem die Korrektur von Falschem wie die Beseitigung von Verwerflichem in der kirchlichen Praxis, hauptsächlich im theologischen Denken und im liturgischen Vollzug des christlichen Gemeindelebens, zum Ziel hatte, schon diese schließlich alle Bereiche der Bildung erfassende Erneuerungsbewegung griff auf dem Gebiet der Kunst nicht nur auf antike, sondern auch auf byzantinische Vorbilder zurück und begnügte sich dabei keineswegs allein mit einer rezeptiven Nachahmung der bewunderten Vorbilder; vielmehr kam es auch zur direkten Übernahme von Säulen und Kapitellen, die eigens aus Rom oder Ravenna weggeschafft, mühevoll über die Alpen oder das Mittelmeer ins Frankenreich transportiert und an ihren neuen Bestimmungsorten in den dafür vorgesehenen Gebäuden installiert werden mussten.

Die schon früh feststellbare Orientierung des Kunstgeschmacks an byzantinischen Vorgaben nahm im 9. und 10. Jahrhundert keinesfalls ab – im Gegenteil: Sie intensivierte sich zur Jahrtausendwende hin merklich und ist mit Blick auf das ottonische Reich vor allem auf das Wirken Theophanus[4], der aus Byzanz stammenden Gemahlin Ottos II., zurückgeführt worden. Freilich ist es im einzelnen umstritten[5], wieviel Schmuck und welche Pretiosen von Theophanu (+ 991) aus dem Osten mit in das Abendland gebracht worden sind oder welche konkreten Anstöße das Kunstschaffen hier – außer bei einem Buchdeckel – konkret von ihr empfing, aber unberührt von ihrem Erscheinen kann es nicht geblieben sein. Daneben wirkten selbstverständlich die traditionellen Einflüsse aus den Kontaktzonen der Kulturräume in Süditalien sowie aus den Berührungsregionen in Südosteuropa fort und konnten weiterhin politische, aber auch künstlerische Eindrücke auf zahlreichen Gesandschaftsreisen nach Konstantinopel gesammelt oder aufgefrischt werden.

Wenn allerdings etwa die Kölner Malschule[6] um die Jahrtausendwende spürbare Einflüsse byzantinischen Stils aufweist, so lässt sich dieser Umstand keinesfalls allein auf die Kaiserin aus Byzanz zurückführen, die zwar in dem Kölner Kloster St. Pantaleon, also an dem Ort der Verehrung eines griechischen Heiligen, ihre letzte Ruhe fand, aus deren Umfeld sich aber weder in der Niederrheinmetropole selbst noch sonstwo irgendwelche Spuren von Kunstwerken erhalten haben, welche die Inspiration der Kölner Meister hätten anregen können[7]. Miniaturen in Handschriften wie dem heute in Darmstadt liegenden Codex der Äbtissin Hitda von Meschede oder dem Sakramentar von St. Gereon stellen offenkundig eine Synthese westlicher und östlicher Kunst dar[8], sind zugleich aber auch eigenständige Leistungen wie die Werke des so genannten Gregormeisters, der vor allem im Umkreis des kunstsinnigen Trierer Erzbischofs Egbert (977–993) erscheint[9] und gelegentlich auch mit dem Schöpfer der reich verzierten, auf purpurfarbenem Pergament mit Goldtinte verewigten und von Otto II. für seine byzantinische Gemahlin ausgestellte Heiratsurkunde identifiziert wird[10]. Letztlich zeugen all diese Kunstwerke ebenso wie das Ottonianum (die Purpururkunde Ottos des Großen von 962 für die römische Kirche) und die souveräne Behandlung byzantinischer Stilelemente in den formschönen Produkten ottonischer Goldschmiede[11] unübersehbar von der Attraktion, die der griechische Stil auf westliche Künstler ausübte, von einer Faszination, die gleichfalls von der griechischen Sprache, Schrift und Gelehrsamkeit ausgehen konnte[12]; zugleich künden sie von einer Offenheit gegenüber griechisch-byzantinischen Einflüssen, die unmittelbar wirksam werden konnten, aber auch auf indirektem Wege durch die Rezeption von an griechischen Vorbildern orientierten Handschriften oder von Erzeugnissen des Kunsthandwerks aus der fränkischen Epoche[13]. Die byzantinische Traditionen aufnehmenden und widerspiegelnden Zeugnisse künstlerischen Schaffens aus dem Zeitalter der Ottonen und die nicht allein bei einer bloß nachahmenden Rezeption verharrende, sondern zu einer eigenständigen Anverwandlung des Fremden führende Adaption griechischer Elemente im Kunstschaffen der Jahrtausendwende gehören daher in den großen Zusammenhang einer langwährenden erkenntnisfördernden und schöpferischen Auseinandersetzung mit der byzantinischen Welt[14]. Sie sind Teil eines Dialogs, der nicht erst mit Theophanu anhub, sondern an dem Generationen beteiligt waren und der vor allem auf der politischen Ebene Theophanus Erscheinen im Abendland erst ermöglichte und zugleich garantierte, dass dieser Auftritt nicht als allzu exotisch abgelehnt worden ist.

Das keinesfalls immer erfolgreiche Werben um byzantinische Prinzessinnen als Bräute für abendländische Herrscher oder ihre Söhne, das 972 freilich zum Erfolg und Theophanu in das ottonische Reich führte, ist Teil gewesen eines traditionellen Geflechtes diplomatischer und politischer Beziehungen, das, wenn auch in unterschiedlicher Dichte und oftmals nicht frei von Spannungen, über Jahrhunderte hinweg zwischen der alten Kaisermacht im Osten und den seit der Epoche der Völkerwanderung entstandenen neuen Königreichen im Westen Bestand hatte. Die Attraktivität, die Kultur und Zivilisation des spätantiken *Imperium Romanum* auf die in spät- und nachantiker Zeit in Bewegung geratenen germanischen Völker ausübten, bewirkte dabei in letzter Konsequenz nicht nur die Gründung neuer Herrschaftsgebilde auf dem Boden des sich in seiner westlichen Hälfte auflösenden Römerreiches und die Rezeption künstlerischer Stile und Fertigkeiten durch die neuen Herren, sie hatte zwangsläufig auch die Übernahme von Verhaltensmustern und Wertvorstellungen in Politik und „Verwaltung" sowie eine Orientierung der Herrschaftsträger am spätantik-römischen, schließlich byzantinischen Kaiser zur Folge, dem man trotz zunehmenden politischen Eigengewichts bis zur Kaiserkrönung Karls des Großen im Jahre 800 einen exklusiven Vorrang einräumte. Das Urkundenwesen vor allem der fränkischen Könige entwickelte sich nicht zuletzt unter Anlehnung an das Vorbild der spätantiken Kaiserreskripte, und die spätrömisch-christliche Vorstellung von der Sakralität gottgewollter Herrschaft, mithin ein in Byzanz ohnehin in ungebrochener Tradition fortbestehendes, die Königs- wie Kaisergewalt legitimierendes Ideensystem, wurde im Zuge eines wirkmächtigen Rezeptionsprozesses ebenfalls in besonderem Maße auf die fränkischen Herrscher übertragen[15]. Selbst jener Akt, der in Konstantinopel als Affront verstanden werden musste und die Jahrhunderte überdauernde Zwei-Kaiser-Problematik schuf, die Errichtung des abendländischen Kaisertums, vollzog sich unter Übernahme von Elementen des byzantinischen Krönungszeremoniells[16]. Die Hochachtung vor dem Griechischen, das neben dem Hebräischen und Lateinischen zu den drei heiligen Sprachen zählte, sowie die Wertschätzung der griechisch-byzantinischen Kunst und Kultur förderten schließlich auch die Übernahme byzantinischer Repräsentationsformen durch das lateinische Kaisertum. Karl der Kahle, bedeutender Enkel des Begründers des abendländischen Kaisertums und für kurze Zeit (875–877) selbst Kaiser, hatte seinem Hof schon früh durch gelegentliche Bezugnahme auf die griechische Sprache und Gedankenwelt eine byzantinisch-imperiale Aura verliehen[17] und diese zu Zeiten zusätzlich verstärkt durch die direkte oder indirekte Übernahme eines byzantinischen Kanzleibrauchs, des so genannten Legimus-Vermerks auf sieben Urkunden aus den Jahren zwischen 854 und 877[18]. Nach der Erhebung zum Kaiser suchte er schließlich seine neue Würde sogar durch *Graecas glorias*, durch griechische Tracht und byzantinischen Brauch, zu betonen[19]. Dies blieb nicht ohne Kritik. Wenn daher nach Karls Tode diese allzu deutliche Nachahmung östlicher Sitte auch von den westlichen Imperatoren aufgegeben worden ist, so blieb doch die grundsätzliche Faszination durch die *Graeca* erhalten und zog die Ottonen bald nach ihrem Aufstieg zum Königtum ebenfalls in den Bann. Anknüpfend an karolingische Traditionen wirkte sich dieser Umstand nach der Übernahme der Kaiserwürde (962) durch Otto den Großen in besonderem Maße aus und zeitigte dabei nicht unerhebliche Konsequenzen.

Aber schon vorher, durch die Einrichtung des Mitkönigtums seines gleichnamigen Sohnes im Jahre 961, hatte Otto eine Praxis wiederaufgegriffen, die einerseits zwar in fränkischen Bräuchen wurzelte, andererseits aber nicht unbeeinflusst geblieben war von antiken und oströmischen Vorstellungen. Als Otto II. 967 schließlich sogar zum Mitkaiser erhoben wurde, knüpfte sein Vater daher sowohl an das Beispiel Karls des Großen, der nach byzantinischem Vorbild 813 im fränkischen Reich das Mitkaisertum eingeführt hatte[20], vor allem aber auch an eine bekannte Praxis der Herrscherhäuser in Konstantinopel an. Wie sehr dabei der unmittelbare Einfluss aus Byzanz wirksam wurde, zeigte sich vor allem nach der Vermählung Ottos II. mit Theophanu, die dem Eindringen byzantinischer Herrschaftsvorstellungen in die westliche Gedankenwelt der Ottonen keinesfalls erst den Weg bahnte, sondern lediglich zur Intensivierung eines längst von Osten nach Westen fließenden Ideenstroms beitrug.

Theophanu wurde als Gemahlin des Kaisers nicht nur *consors regni* (oder *imperii*), wie die seit 962 in steigendem Maße gebrauchte, in einer komplexen Tradition stehende Bezeichnung für die Herrscherin (aber auch für den männlichen Mitherrscher) lauten konnte[21], sondern sie wurde außerdem in das zunächst von Otto I., dessen Gemahlin Adelheid († 999) und dessen gleichnamigem Sohn repräsentierte *consortium imperii*[22] aufgenommen; nicht zuletzt deshalb ist sie gelegentlich wohl auch *coimperatrix*[23] genannt worden. Das Vorbild für dieses *consortium* aber ist offenkundig in Byzanz zu suchen, im oströmischen Kaiserkollegium, das in antiken Traditionen wurzelte und dem auch Frauen angehören konnten.

Theophanu fand in ihrer neuen Heimat mithin eine deutliche Bereitschaft zur Orientierung an byzantinischen Bräuchen vor. Das mag ihr, trotz gelegentlicher Kritik an ihrem griechischen Wesen, das Wirken als Herrscherin im ottonischen Reich erleichtert haben, wenn hier der Frau auch – anders als sie es aus Byzanz gewohnt war – keine eigenständige Herrschaftsausübung möglich war und diese im westlichen Imperium immer abhängig blieb von der Stellung des Mannes oder Sohnes. Theophanu hat dies akzeptiert und trotzdem an der Seite Ottos II. und schließlich als Regentin für den minderjährigen Otto III. (983–1002) einen erheblichen politischen Einfluss gewonnen und dabei dem Gedanken einer weiblichen Regentschaft im ostfränkisch-deutschen Reich zum Durchbruch verholfen. An eine vom Mann unabhängige Position als Herrscherin war im abendländischen Kaiserreich freilich nicht zu denken, auch wenn Theophanu als einzige Regentin ottonisch-salischer Zeit eigene Urkunden ausstellte[24] und dabei an byzantinische Vorbilder anknüpfte. Als Urkundenaussteller vermochte die Herrscherin des westlichen Imperiums jedoch nur unter ganz spezifischen Voraussetzungen sowie allein in Regionen mit antiker und vor allem byzantinischer Tradition tätig zu werden: in Rom und Ravenna; die Herrscherinnenurkunde blieb daher eine ephemere, Theophanu als urkundliche Dokumente ausstellende Kaiserinwitwe und Regentin eine singuläre Erscheinung. Jedoch gelang der Kaiserin immerhin für eine gewisse Dauer, die Stellung der Frau als Herrscherin und insbesondere als Sachwalterin für einen minderjährigen König aufzuwerten.

Wahrscheinlich ist der starke Einfluss byzantinischen Gedankenguts bei der Regentschaftsfrage nach dem Tode Ottos II. noch in einem anderen Zusammenhang wirksam geworden[25]: Als der zunächst von vielen als natürlicher Beschützer des Kindkönigs betrachtete Heinrich der Zänker († 995), ein als bayerischer Herzog freilich 976 wegen Rebellion abgesetzter Oheim Ottos III., 984 nach der Königskrone griff, machte er dies – zumindest nach Ansicht eines Teiles seiner Anhänger – wohl nicht, um den schon gekrönten Knaben vom Throne zu stoßen, sondern um als *conregnans*, als Mitkönig, an seiner Seite die Regierungsgeschäfte alleinverantwortlich führen zu können. „Etwa weil er" – gemeint ist Otto III. – „ein Grieche ist" (nämlich durch die Mutter Theophanu), „… wollt ihr nach Art der Griechen einen Mitherrscher installieren?", musste sich nämlich im Februar oder März 984 Egbert von Trier, offenkundig als Befürworter eines Mitkönigtums, im Namen des Reimser Erzbischofs Adalbero (969–989) von Gerbert von Aurillac, dem späteren Papst Sylvester II. (999–1003), brieflich fragen lassen[26]. *More Grecorum* war dabei allerdings weniger die Mitherrschaft an sich, für die es ja auch fränkische Vorbilder gab, als das Mitkönigtum eines nicht zur engeren Königsfamilie zählenden Fürsten – ein Phänomen, das es auf der Ebene des Kaisertums in Byzanz zwar gab, das im West- wie Ostfrankenreich aber ungewöhnlich war und sich im ottonischen Reich auch nicht durchsetzen sollte.

Immerhin belegen das Nachdenken über die Erhebung eines *conregnans* und manche Erscheinungsformen von Theophanus Regentschaft, wie offen die spätottonische Gesellschaft gerade auf politischem Felde war für byzantinische Einflüsse und Vorbilder. Diese Haltung hätte unter Otto III., der nach Gerberts Zeugnis von einigen Zeitgenossen offenbar als Grieche apostrophiert worden ist und durch die Mutter, aber auch durch andere Erzieher mit griechischem Wesen vertraut war, zweifellos noch zu weiteren Konsequenzen führen können, zumal der junge Herrscher nach eigenem Zeugnis[27] seine *Saxonica rusticitas* empfand und nach *Graecisca sublimitas* strebte. Allerdings wurden die Ansätze zu einer byzantinisch-antikisierenden Ausgestaltung von Ottos III. Herrschaft und Hof nach dem frühen Tod des jungen Kaisers rasch wieder verschüttet und bleibt es letztlich äußerst unklar, was sich wirklich an antik-römischen Reminiszenzen hinter dem verkündeten Programm einer *renovatio imperii Romanorum* verbarg[28]. Zur Reife gelangten die römisch orientierten Pläne Ottos III., für den gerade in diesem Zusammenhang das Ostkaisertum ein verpflichtendes Vorbild darstellte, jedenfalls nicht; und nach dem Ableben des Herrschers – der einige Titel seiner Höflinge nicht nur nach oströmischem Muster gestaltete, sondern sich selbst gelegentlich auch als „Jesu Christi Knecht", als *servus Iesu Christi*, bezeichnete[30] und damit zeitweilig in Anknüpfung an biblische Beispiele und ähnlich wie der *Basileus* am Bosporus die kaiserliche Apostolizität betonte –, seit des jungen Otto frühem Tode verlor Byzanz für den Westen immer mehr an Attraktivität. Die Beziehungen zwischen den beiden Kaiserreichen brachen dabei zwar nicht ab, wurden aber seit der Mitte des 11. Jahrhunderts durch den Ausbruch des Schismas im Jahre 1054 und den damit vollzogenen Bruch zwischen der griechisch-orthodoxen Ostkirche und der römisch geprägten Kirche des lateinischen Abendlandes und schließlich im Zeitalter der Kreuzzüge zunehmend von neuen Rahmenbedingungen beeinflusst.

Wie prägend sind aber auf politischer Ebene die vielfältigen Kontakte zwischen Ost und West, die kurz vor der Jahrtausendwende von unverkennbarer Dichte gewesen sind, letztlich für die Ausgestaltung der abendländischen Vorstellungswelt geworden? Gering wird man, zumal hierbei antike Elemente wirksam werden konnten, den Einfluss von Byzanz gewiss nicht veranschlagen dürfen, aber ähnlich wie im Bereich der Kunst ist in diesem Zusammenhang nicht allein von einer schlichten Übernahme fremder Gebräuche auszugehen. Die Idee des sakralen König- und Kaisertums etwa, die Vorstellung vom Herrscher als Stellvertreter Gottes auf Erden, war in Ost und West gleichermaßen virulent und wurzelt hier wie dort in antiken Traditionen, die in den Jahrhunderten des Übergangs von der Spätantike zum frühen Mittelalter freilich zunächst am Goldenen Horn wesentlich intensiver gepflegt werden konnten als in den sich herrschaftlich neuordnenden Staatswesen des lateinischen Westens. Auf die westliche Entwicklung wirkten daher nicht nur Traditionen aus der römischen Vergangenheit, sondern auch aus dem griechisch-byzantinischen Osten ein.

Herrschaftspraktiken wurden dabei zumeist nicht einfach rezipiert, sondern adaptiert: dem eigenen Denkhorizont angepasst und auf diese Weise in die politische Ordnung des westlichen Imperiums integriert. Am deutlichsten zeigt sich dies bei dem Phänomen der Mitherrschaft. Ein Mitkaisertum nach byzantinischem Vorbild und karolingisch-ottonischer Art sollte es nach dem Tode Ottos des Großen († 973) im ostfränkisch-deutschen Reich nicht mehr geben, wohl aber, und zwar seit 1028, seit der Regierungszeit des ersten Salierherrschers Konrad II. (1024–1039), Erhebungen von Thronfolgern zur Königswürde, zum (wie sie schließlich betitelt wurden) *rex Romanorum* noch zu Lebzeiten des Vaters, der nun freilich vor dieser Erhöhung des Sohnes immer erst selbst zum Kaisertum aufsteigen musste[31]. Eine Institutionalisierung weiblicher Herrschaft wie in Byzanz gelangte im Abendland gleichfalls nicht zum Abschluss, weibliche Regentschaften jedoch blieben nach Theophanus Wirken im ottonisch-salischen Reich für die Zeit der Minderjährigkeit von Königen möglich[32]. Naturgemäß flossen bei beiden Entwicklungen verschiedene Traditionsströme zusammen. Wenn dabei das byzantinische Element auch nicht zwangsläufig dominant wurde, so fand doch eine Verschmelzung statt, die zu einer Anpassung, zu einer Anverwandlung an die westlichen Verhältnissen führte.

Anmerkungen

1. Aus Platzgründen werden im folgenden nur Quellen und Spezialliteratur aufgeführt. Für die Grundlegende Literatur sei auf die Literaturverweise am Ende des Artikels verwiesen.
2. Luitprand, Antapodosis V 21 und VI 8–10.
3. Legatio 3, 9 10 und 37 ebd. 177 und 195.
4. Vgl. v. Euw/Schreiner (Hrsg.) (1991).
5. Vgl. H. Westermann-Angerhausen, Spuren der Theophanu in der ottonischen Schatzkunst? In: v. Euw/Schreiner (1991) Bd. 2, 193–218.
6. Vgl. v. Euw, Die ottonische Kölner Malerschule. Synthese der künstlerischen Strömungen aus West und Ost. In: v. Euw/Schreiner (1991) Bd. 1, 251–280.
7. ebd 201.
8. Codex der Äbtissin Hitda: Hessische Landes- und Hochschulbibliothek, Hs. 1640. – Sakramentar von St. Gereon: Paris: Bibliothèque Nationale, Ms. lat. 817. Vgl. v. Euw/Schreiner (1991) Bd. 2, S. 278f.
9. Vgl. Erkens (1993a) 37–52 (und die hier angeführte Literatur).
10. Vgl. Hoffmann (1986) 103–126. – Zur Urkunde vgl. zuletzt Wolfgang Georgi, Ottonianum und Heiratsurkunde 962/972, in: v. Euw/Schreiner (1991) Bd. 2, 135–160.
11. Vgl. Westermann-Angerhausen (Anm. 5) 216.
12. Vgl. v. Euw (Anm. 6) 254.
13. Vgl. v. Euw (Anm. 6) 254ff. und Westermann-Angerhausen (Anm. 5) 208.
14. Westermann-Angerhausen (Anm. 5) 218.
15. Vgl. Erkens (1998b) 1–39.
16. Vgl. Wendling (1985) 201–238 u. Anton (1990) 97–119.
17. Vgl. Staubach in: v. Euw/Schreiner (1992) Bd. 2, 343–367.
18. Recueil des actes de Charles II le Chauve, roi de France, par G. Tessier, Bd. I und II (Paris 1943 u. 1952) Nr. 167 (854). 239. 338. 364. 378 (875). 413. 425 (877). Vgl. dazu ebd. Bd. III (Paris 1955) 182f., sowie Metzger (1971) 53–58.
19. Annales Fuldenses a. 876, hrsg. von F. Kurze, MGH Scriptores rerum Germanicarum 1891, S. 86; Annales Bertiniani a. 876, hrsg. von F. Grat/J. Vielliard/S. Clément (Paris 1964) 205.
20. Vgl. Wendling (1985) 205; 229ff.
21. Vgl. F.-R. Erkens, Die Frau als Herrscherin in ottonisch-frühsalischer Zeit. In: v. Euw/Schreiner (1991) Bd. 2, 245–259 (und die hier angeführte Literatur).
22. MGH DO II, Nr. 21.
23. Ebd. Nr. 76. 191. 194. 195. 196.
24. MGH DO III 876, Nr. 1 (Rom, 990 Januar 2) und 2 (Ravenna 990 April 1).
25. Vgl. Erkens (1993a) 273–289.
26. Die Briefsammlung Gerberts von Reims. Bearb. von F. Weigele, MGH Die Briefe der deutschen Kaiserzeit 2 (Weimar 1966) 48 Nr. 26.
27. Ebd. 220 Nr. 186.
28. Vgl. Görich (1993) und Althoff (1996),die die wirkmächtige Interpretation des Renovatiogedankens Schramm (1975) stark revidieren.
29. MGH DO III, Nr. 344, 346, 347, 348, 350, 352, 353, 355, 358, 359, 361, 366.
30. Vgl. Fried (1998b) 41–70; bes. 57–67 u. Anm. 42; sowie Schramm (1975) 110–115 u. 141–146.
31. Vgl. Erkens (1998a) 94ff.
32. Vgl. Anm. 21.

Literatur

Beck 1994. – Berschin 1980. – Classen 1977. – Gallistl 1997. – Herbers 1993. – Hunger 1965. – Lilie 1997. – Ohnsorge 1947; 1966, 1979. – Ostrogorsky 1963. – Rentschler 1978; 1980; 1981. Schreiner 1994. – Thümmel 1983. – Weilandt 1992.

Die Memoria Ottos II. in Rom

MICHAEL BORGOLTE

Das Grab Kaiser Ottos II. († 983) im Petersdom zu Rom sollte noch am Beginn des letzten Jahrhunderts als kollektiver Gedächtnisort, und zwar als „nationales Denkmal" der Deutschen, wiederhergestellt werden. Auf Anregung der Nationalstiftung vom Campo Santo Teutonico erforschte um 1902 der Archäologe Carl Maria Kaufmann umfassend die Geschichte der ottonischen Grablege, um seine Arbeit in ein Plädoyer für einen neuen „öffentlichen" Grabplatz Ottos einmünden zu lassen. Das Denkmal, „eine nationale Erinnerung ersten Ranges", das seit Beginn des 17. Jahrhunderts „im Dunkel der Vatikanischen Grotten fast vergessen" und zum Bestandteil eines Museums „unter der Erde des Weltendoms" herabgesunken sei, sollte nach seinem Vorschlag erneut, wie einst in Alt-St. Peter, im Atrium der Kirche aufgestellt werden. Dann, so war seine Hoffnung, könnte wieder mancher Pilger und mancher Patriot, so wie sechs Jahrhunderte vor Errichtung der neuen Apostelkirche, dem toten Fürsten „einen Weihegruss in die Ewigkeit" nachsenden und „seine Erinnerungen an eine der stolzesten Perioden unserer Geschichte" sammeln. Um seinen Plan Wirklichkeit werden zu lassen, der von der Öffnung der Kaisergräber im Dom von Speyer im Jahr 1900 angeregt war, bedurfte es nach Überzeugung des Autors nur „eines Wortes an entscheidender Stelle"; damit war wohl eine Intervention bei Papst Leo XIII. gemeint, der sich selbst um die Renovierung mehrerer älterer Papstgräber bemüht und den Verfasser bei seinen Recherchen unterstützt hatte, während als Fürsprecher niemand anders als der deutsche Kaiser Wilhelm II. in Betracht kam; der Hohenzoller war ja als Verehrer der mittelalterlichen Kaiser bekannt und wandte sein Interesse in dieser Zeit dem Regiment der Staufer in Italien zu. Obwohl sich Kaufmann für seine Publikation des Entgegenkommens „maßgebender Persönlichkeiten" rühmen konnte, blieb sein Plan unausgeführt; 20 Jahre später, in kaiserloser Zeit, mussten Anhänger des mittelalterlichen Reiches ihren Kranz zum Gedenken an Otto II. wiederum im Dunkel der vatikanischen Grüfte niederlegen. Lässt sich aber heute, am Beginn eines neuen Jahrhunderts, das Grab Ottos II. als Zeugnis für die 1000jährige gemeinsame Geschichte Mitteleuropas zurückgewinnen oder gar als Element für eine europäische Identitätsstiftung begreifen, wie es der Konzeption dieser Ausstellung entspricht? Im folgenden Essay soll die Antwort durch eine rückschreitende Geschichte der Grablege von neuerer Zeit bis zu ihrer Entstehung versucht werden.

Über die Wirkung, die das Grab Ottos II. auf die Nachwelt ausgeübt hat, lässt sich aus der Überlieferung nur wenig erfahren. Allerdings ist es ein historisches Faktum von großem Gewicht, dass das Grab von 983 bis heute überhaupt bekannt blieb. Traditionen dieser Art überleben nicht von selber; da hier von Anfang an keine besondere geistliche oder laikale Memorialgenossenschaft fassbar ist und direkte Eingriffe in die Grablege zwischen dem 11. und 17. Jahrhundert weder belegt noch zu erschließen sind, muss es eine unspektakuläre, aber von Generation zu Generation erneuerte Alltagsroutine der Achtung und Verehrung gewesen sein, die das Kaisergrab vor dem Vergessen bewahrt hat. Zum Verlangen, das Gewohnte und Erwartete immer wieder zu erblicken, hat zweifellos die Qualität des Grabmals und sein Standort beigetragen. Die Grabstätte befand sich auf der linken Innenseite des Vorhofs von St. Peter unter freiem Himmel, dort, wo die Pilger die Stufen der äußeren Portikus erklommen hatten[1] und sich die fränkischen und deutschen Könige für die Kaiserkrönung durch den Papst rüsteten (Abb. 480); und als Monument Ottos hatten schon die Hinterbliebenen des Kaisers einen antiken römischen Sarkophag mit einem überaus wertvollen Porphyrdeckel ausgewählt. Auf Publizität war diese Anlage berechnet und auf die Aufmerksamkeit jedweder Personen und Menschengruppen ohne spezifische Bestimmung.

Die nationalgeschichtliche, nämlich deutsche Bewertung des Monuments lässt sich dagegen nur bis in die Zeit des Humanismus zurückverfolgen. Als der elsässische Theologe und Pädagoge Jakob Wimpfeling 1505 die erste selbständige deutsche Geschichte überhaupt publizierte, war ihm daran gelegen, auch mit den „Leben unserer Kaiser" die Geschichte deutscher Ruhmestaten zur Anschauung zu bringen, die für ihn bereits bei den Germanen eingesetzt hatte. Neben den Viten Karls des Großen und Ludwigs des Frommen sowie der in

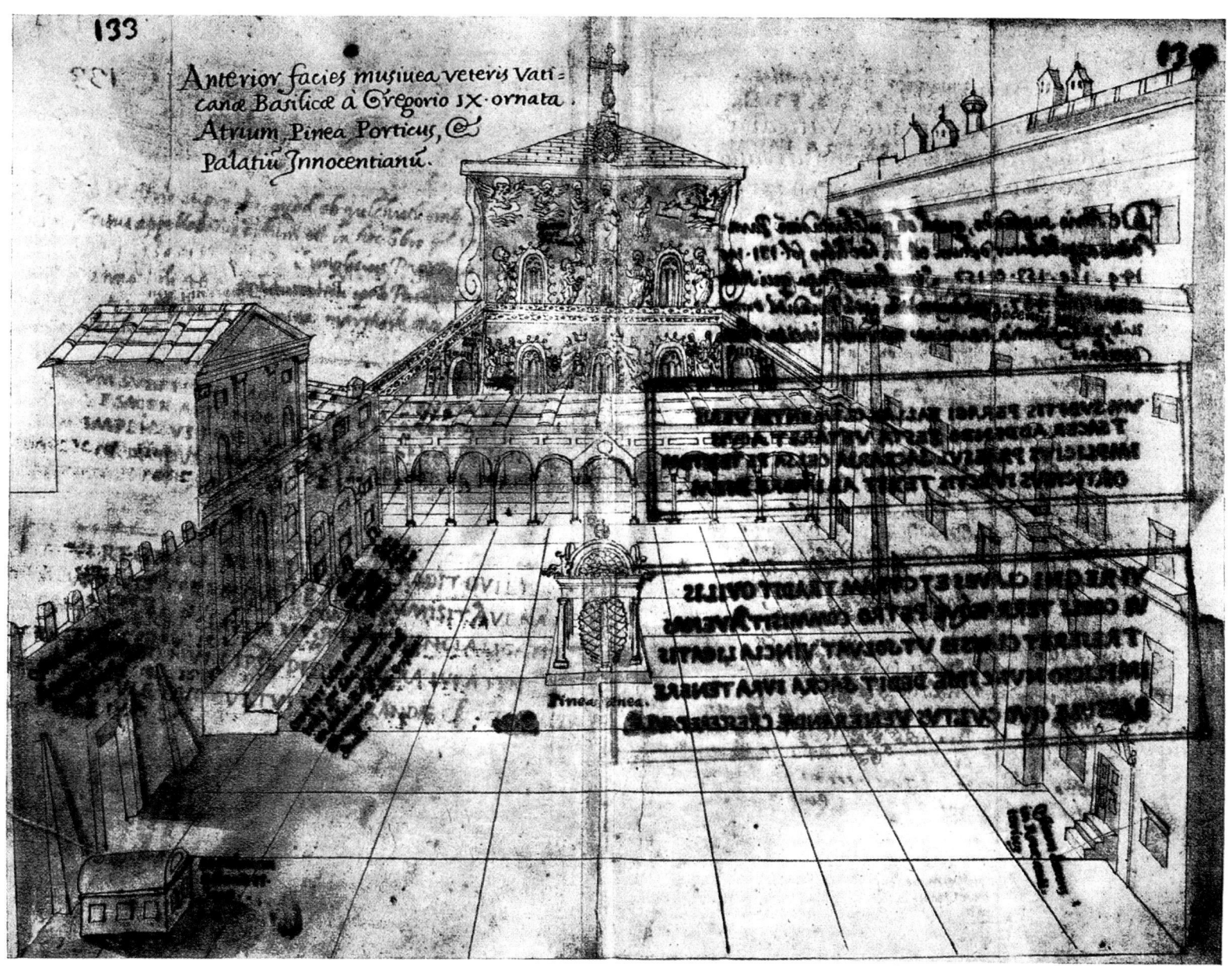

480 Grab Kaiser Ottos II. im Atrium von Alt-St. Peter. Zeichnung von Giacomo Grimaldi. Citta del Vaticano, Biblioteca Apostolica Vaticana, Bibl. Vat. Barb. 2733, fol. 133v–134r.

Speyer bestatteten Kaiser schloss Wimpfeling nur die Skizze über Otto II. mit einem Hinweis auf den Grabort ab[2]. Obwohl sich der Autor sonst von antirömischen Affekten leiten ließ, bot ihm der Ruheplatz des Ottonen Gelegenheit, die *Translatio Imperii* des Römerreiches an die Deutschen bewusst werden zu lassen, die er auf Karl den Großen zurückführte. Weder Karl noch Otto gelten in der Geschichtswissenschaft der Gegenwart als Könige deutscher Nationalität, aber zu Wimpfelings Zeit sprach, abgesehen von der propagandistischen Absicht des Autors, für seine historische Auffassung schon die Evidenz des Heiligen Römischen Reiches Deutscher Nation, das ja tatsächlich auf die Franken- und Sachsenkaiser zurückverwies.

Als 100 Jahre später der Neubau von St. Peter das alte Atrium mit dem kaiserlichen Monument verdrängte, dürfte trotzdem kein einflussreicher Deutscher für die Erhaltung des Grabmals eingetreten sein. Wer hätte dies auch vermocht bei einer Nation im Streit der Konfessionen und bei einem Kaiser, dem Habsburger Rudolf II., der nicht mehr in Rom gekrönt worden war und im Kampf mit anderen Prätendenten die Agonie seiner Herrschaft durchlitt? Hätte ein energischer deutscher Fürst beim Heiligen Stuhl interveniert, so wären die Überreste Ottos 1610 wohl kaum aus dem wertvollen antiken Grabmal genommen und in einen bescheidenen Sarkophag gelegt worden[3]. Ein Eingriff von außen hätte auch dazu führen können, dass der tote Kaiser in die deutsche Nationalkirche Santa Maria dell'Anima umgebettet wurde, wie es 1533 mit Hadrian VI., dem „letzten deutschen Papst", geschehen war. Angehörige anderer Nationen haben jedenfalls die Grablegen von Päpsten, die ebenso wie die kaiserliche Gruft bedroht waren und auf die sie Anspruch erhoben, durch entsprechende Translationen gerettet. Andererseits haben die Kanoniker von St. Peter, die mit der Erhaltung der Monumente beauftragt waren, nicht gewagt, die Überreste des Ottonen in der Anonymität der Sammelgrabstelle von St. Peter aufgehen zu lassen; stattdessen bargen sie Ottos Gebeine in seinem neuen Sarg in den Grotten des Vatikan neben dem Grabmal Papst Gregors V. († 999). Für dieses Arrangement muss die historische Memoria ausschlaggebend gewesen sein. Gregor ist nämlich ein Großneffe Ottos II. gewesen, der durch dessen Sohn Otto III. zum Petrusamt gelangt war. Nicht nationales Gedächtnis lenkte also die Translation Ottos von 1610, sondern die historische Erinnerung der Römischen Kirche an das Zusammenwirken von Papst und Kaiser vor dem Investiturstreit.

Für liturgische Verpflichtungen gegenüber dem toten Herrscher fehlen im Hinblick auf den Klerus von St. Peter dagegen alle Anhaltspunkte; weder sahen die Totenbücher der Basilika das Gedächtnis Ottos vor, noch erwähnten die Kanoniker Petrus Mallius (12. Jh.) und Maffeo Vegio (15. Jh.) das Kaisergrab in ihren Beschreibungen der alten Kirche. Wenn Ottos Grabplatz in den mittelalterlichen Quellen seit dem 11. Jahrhundert erscheint, geschieht dies nur beiläufig in reichsgeschichtlichen Zeugnissen[4]. Dieser Befund lässt sich auf die Umstände der Bestattung selbst zurückführen.

Otto II. war am 7. Dezember 983 im Alter von nur 28 Jahren überraschend gestorben; vorher hatte er einen unglücklichen Feldzug gegen die Sarazenen in Unteritalien geführt, wo er noch einmal anzugreifen gedachte. Unter dem Einfluss seiner griechischen Gemahlin Theophanu hatte er geplant, die Herrschaft seines Reiches im Süden auch auf Kosten des byzantinischen Kaisers auszudehnen und in Nachahmung des *Basileus* den Titel *Romanorum imperator augustus* angenommen. Als sich Otto durch eine falsche medikamentöse Behandlung tödlich vergiftete, weilte neben Theophanu wohl seine Schwester, die Äbtissin Mathilde von Quedlinburg, bei ihm; seine Mutter, die Kaiserin Adelheid, hielt sich hingegen in Pavia auf, sein kleiner Sohn Otto III. reiste gerade nach Aachen, wo er Weihnachten zum König gekrönt werden sollte. Über die Bestattung des Kaisers musste zwar rasch entschieden werden, aber von einer Improvisation im Sinne undurchdachten Handelns kann keine Rede sein. Offenbar wurde der Plan einer Translation nach Sachsen nicht ernsthaft erwogen; dort hätten sich die ottonischen Königsgrablegen Quedlinburg und Magdeburg für die Beisetzung angeboten, wenn nicht die Abtei Memleben, die das Kaiserpaar vielleicht geradezu für seine Beisetzung und Memoria errichtet hatte. Das Risiko des weiten Trauerzuges mochte den kaiserlichen Damen zu hoch erschienen sein, und tatsächlich wären solche Bedenken berechtigt gewesen, wie sich zwei Jahrzehnte später bei der Translation Ottos III. zeigen sollte. Otto selbst hatte Mathilde auf dem Sterbelager allerdings ein Viertel seiner Barschaft vermacht, wohl um sein liturgisches Gedenken in Quedlinburg zu stärken. Für seine Beisetzung in der Peterskirche musste zweifellos der Papst gewonnen werden, doch kann Johannes XIV., einem Protegé Ottos, die Zustimmung nicht schwergefallen sein; tatsächlich hat er auch die Totenfeiern übernommen. Die Entscheidung für St. Peter selbst muss Theophanu getroffen haben; die Lage des Grabes beim Zugang der Basilika entsprach genau der Anordnung der Kaisergrablege, die sie von der Apostelkirche in ihrer Heimatstadt am Bosporus her kannte. In der Kirche von Konstantinopel ist wohl ein Nekrolog mit den Todestagen der Herrscher geführt worden, und auch an Totenstiftungen kann man hier denken, durch die in der griechischen Christenheit wie im Westen geistliche Gemeinschaften zum liturgischen Gedenken verpflichtet wurden. Maßnahmen dieser Art, die der Memoria Dauer verleihen sollten, scheint Theophanu aber in St. Peter nicht ergriffen zu haben[5], vielleicht hat dazu die Zeit wirklich nicht ausgereicht, zumal auch die Verhältnisse in Rom unsicher waren und der schutzlos gewordene Papst schon Monate später aus dem Amt getrieben wurde. Als sich Theophanu sechs Jahre darauf erneut in Rom aufhielt und das Anniversargedächtnis am Grab ihres Gatten beging, tat sie dies nach dem Zeugnis Bruns von Querfurt unter Tränen, mit Almosen und Gebeten. Statt mit Stiftungen langfristig zu planen, soll sie den Bischof Adalbert von Prag mit Geldmitteln ausgestattet haben, der sie in Jerusalem zur Sühne und zum Seelenheil Ottos opfern sollte[6].

Auf die unversiegliche „Öffentlichkeit" bei der Peterskirche, auf Pilger, Kleriker, Prälaten und Päpste, auf Fürsten, Könige und Kaiser, nicht zu reden von Händlern und Armen, hat also Theophanu offenbar bei der Grablege ihres Gatten anstelle partikularer Personengruppen gesetzt. Die Zwänge eingeschränkter Handlungsmöglichkeiten im Winter 983 dürfte die Kaiserin geschickt ins Positive gewendet haben, und der Erfolg hätte ihr jahrhundertelang recht gegeben. Wenn sich die Griechin auch am Vorbild ihrer byzantinischen Heimat orientiert hat, was kaum bezweifelt werden kann, dann barg die Grabplanung aber auch eine politische Aussage: dass nämlich das Kaisertum in Rom wieder präsent, ja nach Rom zurückgekehrt war und mit dem „Neuen Rom" Konstantins des Großen und seiner Nachfolger in Konkurrenz treten sollte. So betrachtet wäre die Memoria Ottos II., das Grab und das Gedenken des Kaisers, aber kein Signal für eine Hinwendung zu „Europas Mitte" im Sinne des Abendlandes, sondern eher ein Indiz für die weiterwirkende Kraft der antiken Kaiseridee und der mittelmeerischen Kultureinheit.

Andererseits lässt sich die Grablege Ottos II. vor St. Peter kaum isolieren von der Idee der *Renovatio imperii Romanorum*, die sein Sohn entwickeln sollte. Otto III. hat bekanntlich tatsächlich in Rom residiert und von hier aus die fortschreitende Eingliederung der mittelosteuropäischen Reiche nach Lateineuropa durch politische Differenzierung gefördert. Eine Schlüsselfigur dieses Prozesses, der romverbundene Adalbert von Prag, ist aber schon durch seinen Vater investiert worden, und nicht ohne Grund hat man unlängst in Theophanu eine Architektin der neuen ottonischen Ostpolitik gesehen. Das Grab Ottos II. darf also die Europäer von heute an zweierlei erinnern: an die einheitsstiftende Kraft der römischen Überlieferung für das Abendland und an die Spannung, mit der die mangelhafte Integration des Ostens die europäische Einheit gefährdet.

Anmerkungen

1 Vor allem: Die Chronik des Bischofs Thietmar von Merseburg. Hrsg. Robert Holtzmann (Berlin 1935) 128 c III.25; Die Chronik von Montecassino. Hrsg. H. Hoffmann (Hannover 1980) 187 c II.9; Tiberii Alpharni De Basilicae Vaticanae Antiquissima et Nova Structura. Ed. M. Cerrati (Roma 1916) 111f, auf dessen Plan 120.

2 Epitome rerum Germanicarum Iacobi Vvimphelingi hactenus à multis desiderata (Marburg 1562) fol. 17v. Text W.s nicht nach Otto von Freising (Chronica VI.25), den er sonst benutzt hat, sondern nach der Chronik aus Montecassino (wie Anm. 1).

3 G. Grimaldi, Descrizione della basilica antica di S. Pietro in Vaticano. Codice Barberini latino 2733. Ed. Reto Niggl (Città del Vaticano 1972) 274 foll. 238v/239r, vgl. 276 fol. 241r.

4 Bemerkenswert ist, dass Kaiser Konrad II. einen bei seinem Romzug von 1027 getöteten Gefolgsmann „iuxta tumulum caesaris Ottonis" beisetzen ließ: Die Werke Wipos. Hrsg. v. H. Bresslau (Hannover/Leipzig 1915) 36f.

5 Die Nachricht aus Brauweiler (11. Jh.), dass über dem Grab Ottos ein ewiges Licht gebrannt habe, deutet nicht zwingend auf den Bestand einer Grabstiftung hin: Hermann Pabst, Die Brauweiler Geschichtsquellen. Archiv der Gesellschaft für ältere deutsche Geschichtskunde 12, 1874, 158. – Auch für Otto III. und Heinrich II. sind keine Stiftungen zu Ottos II. Gedenken in St. Peter bezeugt.

6 S. Adalberti Pragensis Episcopi et Martyris Vita Altera auctore Brunone Querfurtensi. Ed. Hedvigis Karwasińska (Monumenta Poloniae Historica, Series Nova, Tomus IV. Fasc. 2, Warszawa 1969) 13. Zur Vorlage M. Uhlirz, Die Regesten des Kaiserreiches unter Otto III. (Graz/Köln 1956) 502f. Nr. 1017l. Eine andere Darstellung gibt S. Adalberti Pragensis Episcopi et Martyris Vita Prior. Ed. Hedvigis Karwasińska (Monumenta Poloniae Historica, Series Nova, Tomus IV. Fasc. 1, [Warszawa 1962]) 20. – Nach seiner von Widrich Mitte des 11. Jahrhunderts verfassten Vita soll Bischof Gerhard von Toul (? 994), der 983 noch mit Otto II. in Pavia zusammengetroffen war, am Grabmal des Kaisers ein feierliches Totengedenken gehalten haben: MGH SS IV (Hannover 1841), 495f.

Literatur

Borgolte 1995; im Druck. – Ehlers 1997; im Druck – Exner 1998. – Fried 1991a; 1993. – Grierson 1962. – Henrix (Hrsg.) 1995. – Kaufmann 1902. – Schiefer 1992. – Schubert 1989. – Toth 1955.

Die ottonische Kirchenruine in Memleben

MATTHIAS UNTERMANN

Unscheinbare Mauerreste am Rand eines Gutshofes sind die einzigen sichtbaren Überreste einer hochbedeutenden Klostergründung Ottos II. in Memleben an der Unstrut[1]. Die Memlebener Kirche war ein ungewöhnlich großes Bauwerk von 82 m Länge, mit Ost- und Westapsis, zwei Querschiffen und einem relativ kurzen, dreischiffigen Langhaus. An das Ostquerschiff schlossen Seitenapsiden an, während die Gestalt der Anbauten am Westquerschiff unbekannt ist. Die beiden großen Apsiden mit ihren kurzen Vorjochen sollten Hallenkrypten aufnehmen; genauer rekonstruierbar ist nur die Gestalt der Westkrypta. Sie nahm den Raum der Apsis und des Vorjochs ein und sollte noch etwas ins Querschiff hineinreichen. Eine breite Wandvorlage unter dem Vierungsbogen und eine schmalere am Apsisansatz sprechen dafür, dass die Kryptenhalle zweigeteilt war. Im Querschiff war eine Art Vorraum vorgesehen, der sich mit relativ engen Bögen in die eigentliche, von zwei schlanken Stützen getragene Kryptenhalle unter Vorjoch und Apsis öffnen sollte. Diese Westkrypta ist jedoch niemals fertiggestellt worden.

Die Außenmauer des südlichen Seitenschiffs (mit dem Rest des westlichen Fensters), der Südarm des Westquerschiffs (mit einem monumentalen, neuzeitlich veränderten Eingangsportal) sowie der südliche Ansatz des Westchors (mit einem hohen Bogen zu einem Südwest-Anraum) sind 4 bis 11 m hoch erhalten. Die Fundamente im Osten wurden 1936 ergraben, die Ausbruchgruben von nördlicher Mittelschiffsmauer und Nordseitenschiffmauer 1959, die Westapsis 1964–66. Ein angeblicher Mauerrest der Südwestquerarm-Westmauer wurde später in einem neuzeitlichen Keller identifiziert. Eine detaillierte Bauaufnahme fehlt bislang.

Die aufrecht stehenden Mauern aus Bruchsteinmauerwerk sind von ungewöhnlicher Dicke (bis 2,4 m), dabei an Außen- und Innenseite vollkommen schmucklos. Mauerausbrüche erlauben jedoch die Hypothese, dass das Querarm-Portal, der westliche Eingangsbogen vom Querschiff ins südliche Seitenschiff sowie der Vierungsbereich des Westquerschiffs durch gequaderte Gewände bzw. Vorlagen ausgezeichnet waren. In der Tat haben Grabungen von 1966 gezeigt, dass die Westapsis außen und innen (in der Krypta) solche Wandvorlagen aus Quadern aufwies und auch der südliche Krypteneingang ein Werksteingewände hatte.

Baugestalt und Baugeschichte der Kirche gelten trotz der recht geringen Baureste und der eher spärlichen und zum Teil unzureichend dokumentierten Grabungsbefunde im wesentlichen als gesichert – nicht ganz zu Recht. Die von G. Leopold 1969 bis 1998 mit zunehmender Sicherheit rekonstruierte, „ausgeschiedene" Vierung mit vier gleich hohen Vierungsbögen kann nicht als bewiesen gelten, durchgehende Querschiffe oder niedrige Querarme sind weiterhin nicht ausgeschlossen und fänden im sächsischen Raum zahlreiche Parallelen. Im Grabungsbefund nachgewiesen sind lediglich Wandvorlagen innerhalb der Krypta bzw. zum Krypteneingang hin. Die als Ausbruchstellen von Wandvorlagen interpretierten Mauerbereiche oberhalb der Krypta scheinen nur für den Nord-Süd-Bogen wirklich gesichert zu sein, die bei Vierungen üblichen Spannfundamente fehlen.

Ungeklärt bleibt, ob und inwieweit dieser Kirchenbau fertiggestellt wurde. Sicher unfertig war die zu einem unbekannten Zeitpunkt verfüllte Westkrypta und auch die Ostkrypta scheint nach den fragmentarischen Grabungsbeobachtungen kein benutzbarer Raum gewesen zu sein. Aufgrund mangelnder Befunde muss offen bleiben, ob der große Kirchenbau jemals teilweise oder in ganzem Umfang benutzbar war: Eindeutige Nachweise von Wandverputz oder Fußböden scheinen in den Grabungsschnitten zu fehlen. Ein mehrräumiger, unterkellerter Profanbau, der 1936 im südöstlichen Querarm nachgewiesen wurde, hat die Kirchenruine im Hochmittelalter besetzt – ob die dort beobachteten „Brandschichten" zur ottonischen Kirche oder zu diesem Bauwerk gehören und ob sie, wie als sicher gilt, ins 13. Jahrhundert zu datieren sind, bedarf genauerer Befundpublikation. Ungeklärt sind schließlich Deutung und Zeitstellung weiterer Mauerzüge, die 1936 außerhalb der Kirche kleinräumig erfasst wurden und zum Teil älter als die Kirche sein sollen. Die Grabungen in Memleben sind leider ein guter Beleg für die gefährlichen Vorgehensweisen, aus scheinbar klaren Fragestellungen heraus zu kleine Grabungsschnitte anzulegen und überdies die Befunde nicht objektivierend zu dokumentieren und zu publizieren.

Heftig umstritten ist die Datierung des Kirchenbaus – allerdings nicht aufgrund einer kunsthistorischen Kontroverse, sondern allein wegen unterschiedlicher Ausdeutungen von Schriftquellen. Dabei hat die von E. Schubert begründete und nachfolgend von G. Leopold vertretene Frühdatierung entschiedenen Widerspruch von Seiten der Historiker gefunden. Letztlich geht es um wenige Jahrzehnte: wurde die Kirche nach 942 gebaut, wie Schubert vorschlug, oder um 979 begonnen, wie es der älteren Meinung entsprach und wie es die Historiker J. Fried, J. Ehlers und G. Wolf dezidiert vortragen und nicht wenige Kunsthistoriker akzeptieren. Dieser scheinbar geringe Zeitunterschied ist mit archäologischen oder bauhistorischen Methoden ohne dendrochronologisch datierbare Bauhölzer in keiner Weise zu klären, aber für die historische Einordnung und auch für die Architekturgeschichte der ottonischen Zeit von wirklich hoher Bedeutung.

Die historischen Alternativen sind rasch zusammengefasst: Nach E. Schubert hat Otto I. nach 942 am Todesort seines Vaters Heinrich I. eine monumentale Kirche begonnen, in der 973 seine Eingeweide beigesetzt wurden und an der sein Sohn Otto II. dann 979 ein reich ausgestattetes Kloster stiftete. Eine zunächst „funktionslose" Monumentalkirche, deren behaupteter Stiftungszweck, nämlich die Memoria für Heinrich I., nicht von einem Konvent getragen und unter Otto II. vollständig in Abgang gekommen wäre, erscheint jedoch schwer vorstellbar; Otto II. stiftete nämlich das Kloster nur für das Seelenheil seines Vaters, seiner Frau Theophanu und seiner selbst. Aus hochmittelalterlicher Sichtweise erscheint es unausweichlich, den Kirchenbau erst mit dieser Gründung einsetzen zu lassen: Nicht im Bau einer Kirche, sondern in der Stiftung der Memoria, das heißt in der Etablierung eines Konvents mit regelmäßigem Chorgebet und Messen, besteht der eigentliche Stiftungsakt – gerade deswegen sind ja „technische Bauzeiten" früh- und hochmittelalterlicher Kirchen so selten überliefert. Dass ohnehin alle Fragen der Topographie von Pfalz und Kloster ungeklärt sind, bleibt nachdrücklich zu betonen.

Von den Schriftquellen aus hat die Kunstgeschichte zu akzeptieren, dass erst mit der Klostergründung Ottos II. (kurz vor 979) der Anlass bestand, einen solchen monumentalen Kirchenbau zu beginnen, und dass sich alle früheren Nennungen von Kirchen und Klerikern auf die Kirche der Pfalz bzw. auf eine andere Kirche im nahegelegenen Ort Memleben beziehen. Der Bedeutung dieser ungewöhnlich reich begabten Stiftung Ottos II. wird der Kirchenbau durchaus gerecht, ebenso wie der baldigen Gleichstellung mit den Reichsklöstern Fulda und Reichenau. Der Tod Ottos II. am 7. Dezember 983 in Rom, der dort in St. Peter sein Grab fand, könnte die als Grablege vorgesehene Westkrypta überflüssig gemacht haben; das Ende der Förderung unter Heinrich II. und die Mediatisierung 1015 dürfte die Einstellung aller Baumaßnahmen, zumindest aber aufwendiger Ausstattungsarbeiten erklären.

Die notwendige, unvoreingenommene architekturgeschichtliche Einordnung der Bauformen scheitert weithin an der fragmentarischen Erhaltung. Größe und gewählter Bautyp einer monumentalen, doppelchörigen Anlage mit zwei Querschiffen finden genaue Parallelen zunächst beim Kölner Dom (mit zwei Apsiden und zwei Krypten; 9. oder 10. Jahrhundert), welchem die Domkirche von Lüttich (mit Westkrypta; nach 972 begonnen) überaus ähnlich ist. Während im Rhein-Maas-Gebiet zwei Querschiffe recht häufig sind, erscheinen sie im sächsischen Raum auffallend selten: an St. Michael in Hildesheim (mit Westkrypta; 1010 begonnen) sowie vielleicht am Magdeburger Dom (1012 geweiht), später dann am Dom zu Paderborn (1058 bis 1068). Häufiger sind hier doppelchörige Kirchen mit nur einem Querschiff (Münster, Paderborn, Hildesheim) oder mehrräumige Westwerke.

Die Rekonstruktion der Magdeburger Klosterkirche St. Mauritius (937 gegründet) und des nachfolgenden Doms (nach 955 begonnen) ist wohl noch nicht ausdiskutiert. Das nur über Schriftquellen fassbare, westliche Querschiff mit dem ergrabenen Westchor und seiner Krypta war hier erst unter Erzbischof Tagino († 1012) vollendet worden; die Pla-

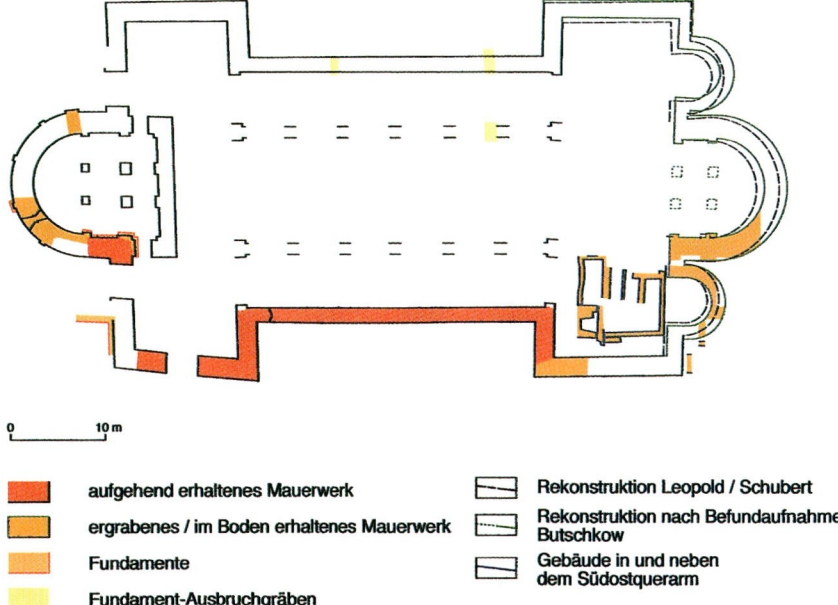

481 Grundriss der Klosterkirche von Memleben.

nung mit zwei (ungleichen) Querschiffen kann freilich viel älter sein. Eine Ostkrypta erhielt erst später der neue Ostbau Erzbischof Hunfrieds (1049 geweiht).

E. Schubert hat vermutet, dass Memleben Bischofssitz werden sollte (anstelle von Merseburg?) – dies ist jedoch für einen Ort ohne jede städtische Qualität kaum denkbar. Auch seine These, dass die Erzstiftkirche Magdeburg keineswegs als Vorbild für Memleben gedient haben kann, ist nicht einleuchtend; die historischen Verhältnisse (Grabkirche Ottos I. – geplante Grablege Ottos II.) legen genau dies nahe. In jedem Fall war Memleben bedeutend größer als die (fast unbekannte) erste und die zweite Merseburger Bischofskirche sowie die Grabkirche Heinrichs I., St. Servatius in Quedlinburg. Die liturgische Funktion der zwei Querschiffe und der zwei Krypten sind (wie in Köln) letztlich unbekannt; anders als z. B. in Fulda und Reichenau-Mittelzell ist hier kein Heiligenkult zu erschließen. In ottonischer Zeit werden Krypten erstmals als Grablege des Stifters üblich (Köln, St. Pantaleon; Hildesheim, St. Michael), so dass auch hier mit geplanten Grabstätten für Otto II. und Theophanu gerechnet werden könnte.

Die Gestaltung der Westkrypta, mit unterschiedlich breiten Wandvorlagen und einem demzufolge in Eingangs-Ostjoch und zwei Westjoche geteilten Raum, findet seine Parallelen am Paderborner Dom (983/1009) sowie an St. Wiperti in Quedlinburg; insgesamt kann die Hallenkrypta von Gernrode (nach 959) als Vorläufer gelten. Auch die äußerst reduzierte Gestaltung des Außenbaus, dessen glatte, zu großen Kuben geordnete Wandflächen nur an der Westapsis durch schmale Wandvorlagen gegliedert werden, entspricht genau der Stiftskirche von Gernrode.

Als Hauskloster und geplante Grablege Ottos II. (Baubeginn nach 976/979) wäre die monumentale Memlebener Abteikirche zwar nicht mehr als „das Leitbauwerk ottonisch-imperialer Klosterbaukunst" (Leopold) anzusprechen, aber zweifellos als eine der anspruchsvollsten Kirchenplanungen ottonischer Zeit.

Anmerkung

1 Im 16. Jahrhundert war noch bekannt, dass diese Ruinen zur ehemaligen Marienkirche des Klosters gehörten, später galten sie als Umfassungsmauer der ottonischen Pfalz. 1936 führte der Versuch, diese Pfalz auszugraben, zum Fund von zwei Apsiden, aber erst 1959 haben F. Bellmann und G. Leopold den Grundriss der Kirche rekonstruiert. Mit ihren Publikationen von 1960 und 1964 fand die Memlebener Kirchenruine als monumentaler Sakralbau ottonischer Zeit Eingang in die kunsthistorische und historische Diskussion. Von den damals angestrebten archäologischen Untersuchungen kamen nur eine partielle Freilegung der Westapsis (1964/66) und eine Sondage in der Ostapsis (1985) zustande; der kunsthistorische Kenntnisstand geht somit nicht über die Grabungspublikation von G. Leopold von 1969 hinaus. Die seit ca. 1980 geplante, bessere Präsentation der in landwirtschaftliche Anlagen integrierten Mauern ist weiterhin ein Desiderat.

Literatur

Bellmann 1964. – Binding/Untermann 1985. – Brotuff 1957. – Butschkow 1938. – Giesau 1937/38. – Cramer u. a. 1993. – Ehlers 1994. – Erdmann u. a. 1988. – Fried 1991a; 1997. – Jacobsen 1991. – Kahsnitz 1993. – Kubach/Verbeek 1989. – Leopold 1969; 1983; 1989; 1993; 1998. – Leopold/Schubert 1991. – Lobbedey 1986; 1998. – Lobbedey u. a. 1993. – Oswald 1968a; 1998. – Ramm 1983. – Schmale 1996. – Schubert 1969; 1982; 1989; 1990; 1998. – Streich 1984. – Voigtländer 1980. – Wolf 1995; 1996.

Das Missionskloster Memleben

JOHANNES FRIED

Neben der verwickelten Geschichte von der Gründung und Ausstattung des Klosters Memleben an der Unstrut, gibt es eine weitere mögliche Geschichte dieses Klosters, nicht unabhängig von der ersten, aber doch mit anderen Akzenten. Sie handelt von den östlichen Nachbarn Memlebens, ja, sie erzählt die Geschichte des Klosters als Teil der Geschichte seiner Nachbarn. Die Gründungsgeschichte ist vor allem Teil der Geschichte des sächsischen Kaiserhauses, seiner Krise, seiner Frauen und ihrer Konkurrenz, seiner jungen und alten, lebenden und toten Kaiser. So, als „klassisches" sächsisches Memorialkloster ging es durch Thietmars von Merseburg Chronik in die Geschichte als erzählter Geschichte, als Historiographie ein. Die Wirkungsgeschichte, und sei es nur die prospektive, die sich nicht vollständig erfüllte, ist vor allem die Geschichte einer besonderen Form der Mission, eines neuen Anlaufs, der sich die imperiale Erfahrung des byzantinischen Reiches zu eigen machte, eines neuen Anlaufs, die östlichen slawischen Gebiete behutsamer als üblich an die christliche Kultur des Mittelmeeres heranzuführen.

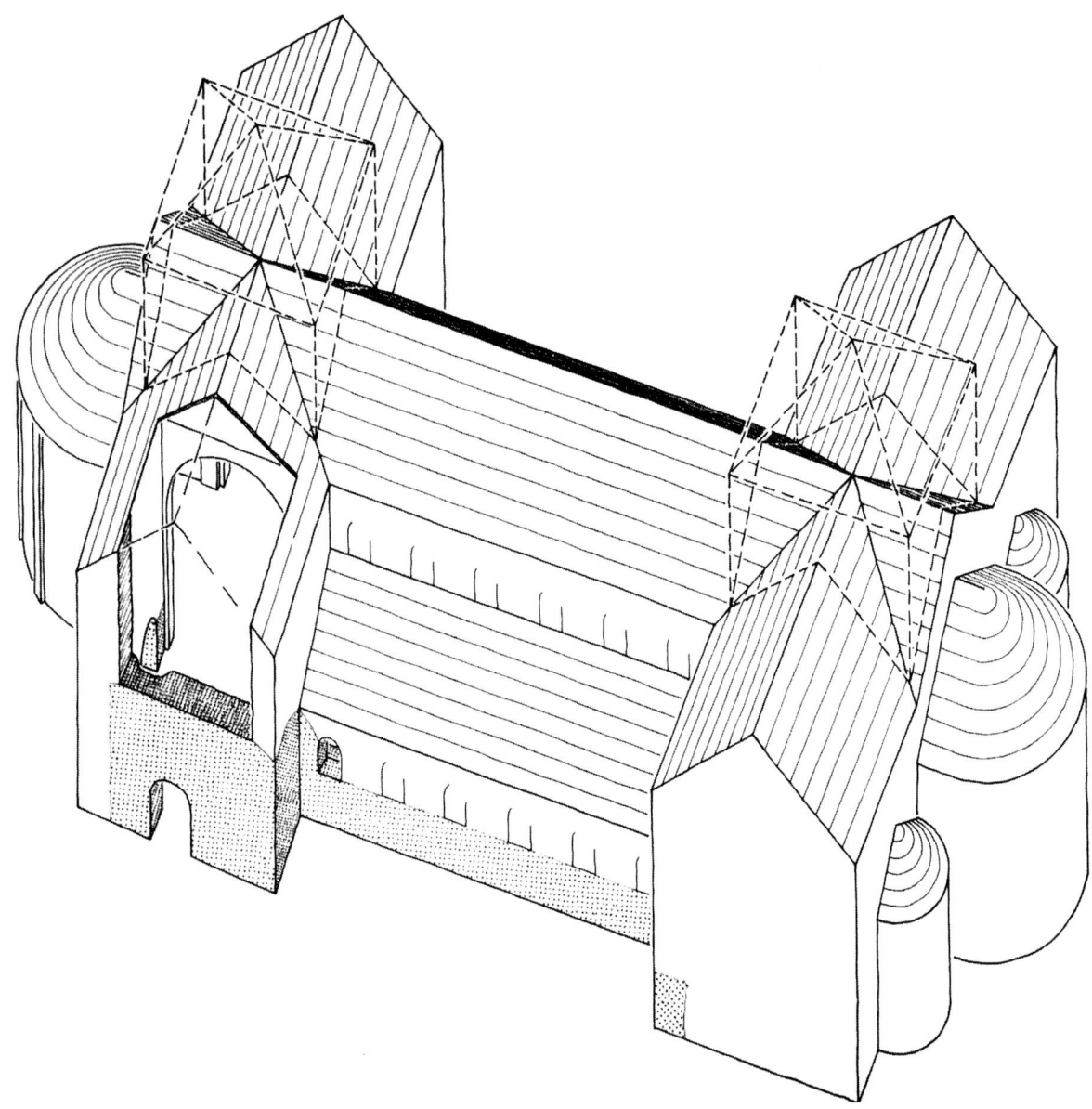

482 Memleben, ottonische Kirche, Rekonstruktionsversuch (nach G. Leopold und E. Schubert).

Der Aufstand der Lutizen war ein Warnsignal. Die Kombination von Herrschaft und Mission ließ ihn losbrechen, die Identifikation mit einer neuen Religion war gestört, Christus galt bald als „deutscher Gott". Gepredigt wurde er von abhängigen Bischöfen, das böhmische Bistum Prag unterstand der Mainzer Metropole, die Bistümer zwischen Elbe und Oder, Brandenburg, Havelberg, Zeitz, Meißen, das aufgehobene Merseburg, unterstanden Magdeburg. Die abhängigen Gründungen, die gleichsam von oben nach unten organisiert waren, die vom Mutterbistum in die Töchter, vom alten Land, vom Kernland in die neuen Lande das Evangelium verkünden sollten, hatten zwar Tradition – bewährt hatten sie sich letztlich nicht. So mochte es jedenfalls die griechische Frau Ottos II. sehen, Theophanu, die die Traditionen einer anderen Welt kannte und in ihrem neuen Wirkungskreis zu realisieren suchte. Kirchliche Selbständigkeit bei Unterordnung unter den Patriarchen von Konstantinopel, nicht unter einen Erzbischof, das war die byzantinische Praxis. Kirchliche Selbständigkeit bei Unterordnung direkt unter den Papst in Rom: so lautete das an den Westen angepasste, behutsame und rücksichtsvolle, weniger herrschaftlich imprägnierte Programm der Theophanu.

Das herrschaftliche Zentrum, das an der Abhängigkeit des neuen interessierte alte Bistum sollte wegfallen – des kulturellen Zentrums konnte man nicht entraten. Hier rückte Memleben in eine Schlüsselposition, es rückte an die Stelle von Mainz und Magdeburg, die es ersetzen, nicht ergänzen sollte. In Memleben versuchte Theophanu, einen neuen Stil in die Mission einzuführen, sie bediente sich bewusst der ihr bekannten Tradition. Theophanu gab einer ohnehin zu größerer Offenheit neigenden politischen Situation den dynamischen Schwung persönlichen Engagements. Seit mit Otto I. ein Sachse Kaiser der Römer war, seit diese Ottonen begannen, wieder, seit Karl dem Großen, weite Teile Europas mit Italien zu einem Herrschaftsgebiet zu verbinden und das Kaisertum im Westen machtvoll zu realisieren, ergab sich die Notwendigkeit des Kontaktes zum „anderen Rom", zum anderen, „rhomäischen" Kaiser praktisch von selbst. Im Hauptgebiet der politischen Aktivität der Ottonen überschnitten sich ohnehin byzantinischer und römischer Einfluss, eine Dominanz war lange nicht abzusehen. Schon im 9. Jahrhundert wurde der slawische Osten von Bayern und von Byzanz aus missioniert, wobei die Einheimischen es zum Teil glänzend verstanden, die Rivalitäten zu ihrem Vorteil auszunutzen. In Mähren schien mit den Missionaren Kyrill und Method schließlich Byzanz zu maßgeblichem Einfluss zu gelangen. Sie wendeten die in Byzanz bewährte Praxis einer behutsamen, an die Gegebenheiten angepassten, flexiblen Mission an, die Theophanu viel später im sächsischen Reich zu etablieren suchte. Diese Form der Mission zeigte sich vor allem am Umgang mit den Sprachen. Dass eine ganze Sprachfamilie, ein Alphabet nach dem byzantinischen Missionar der Slawen benannt ist, mag als würdiges Zeugnis dieser Geschichte genannt werden. An dieser methodischen und logistischen Überlegenheit Ostroms scheiterte der missionarische Versuch Bayerns im 9. Jahrhundert.

Bei nächster Gelegenheit, nach dem Tod Theophanus, wurden die Rechte Memlebens im Zusammenwirken der Kaiserin Adelheid, der Schwiegermutter der Griechin und Witwe Ottos des Großen, mit den Metropoliten von Mainz und Magdeburg beschnitten. Heinrich II. beendete die Selbständigkeit endgültig, indem er Memleben der Reichsabtei Hersfeld inkorporierte. Die Idee Theophanus scheiterte an der Tradition und der Übermacht ihrer Repräsentanten, aber sie half, Polen in weitgehender Unabhängigkeit zu einer, wenngleich oft gefährdeten, staatlichen Selbständigkeit zu führen. Die Rom-Unmittelbarkeit der polnischen Kirche war ihr Unterpfand. So begründete Theophanu eine neue Tradition, eine selbstbewusste, autonome Kirche, die ihre Wirksamkeit, ihren Erfolg in der Zukunft bewies.

Das Kloster Memleben sollte für eine kulturelle Basis dieser kirchlichen Arbeit sorgen, es sollte der Mission dienen, nicht der Macht einzelner Bischöfe, es sollte Handschriften, Wissen und die nötigen Leute liefern. Notwendig waren ferner liturgisches Gerät, Gewänder, Messbücher. Mission in der geplanten Größenordnung erforderte eine sorgfältige Vorbereitung und enorme, auch langfristig wirksame Ressourcen. Auch hier sollte Memleben nach Polen hineinwirken. Am Fehlen dieser Vorbereitung, am Fehlen dieser kulturellen, intellektuellen Realien war im 9. Jahrhundert die Missionierung Bulgariens und Böhmens von Bayern aus gescheitert. Memleben sollte jetzt diese spirituellen Grundlagen liefern. Da das Kloster zudem den Verordnungsweg vermied, sollte es eine in wechselseitiger konstruktiver Anpassung sich formende und stabilisierende neue Kirche errichten, einen neuen Teil der weltweiten Ecclesia. Bischof Unger von Posen (Poznań) war sein Abt, in Memleben hatte er seine Stütze bei seinen Aufgaben im Osten. Das System scheint funktioniert zu haben, zumindest so gut, dass sich Unger nach dem Tod Theophanus nicht als Abt von Memleben halten konnte und von Adelheid, sowie den Bischöfen von Mainz und Magdeburg zur Resignation gezwungen wurde.

Mit dem Ausscheiden Theophanus aus der Geschichte sank der Stern Memlebens, mit ihrer Hilfe war er aufgestiegen. Thietmar von Merseburg bringt die Geschichte des Klosters zwar in zusammenhängender Erzählung, aber nach den Quellen und dem Wissen seiner Gegenwart, mithin lange nach den Ereignissen. Da war selbstverständlich die Witwe Adelheid die Initiatorin eines Memorialklosters, das die Gebete zum Heil der Seele des verstorbenen Kaisers Otto II. zu organisieren hatte. Theophanu, die fremde Griechin, kam für diese Aufgabe nicht in Frage. Adelheid wirkte nach dem Tod der Theophanu in der Tat auch in Memleben: das war allemal frischer in Erinnerung. Weitere Bausteine seiner Erzählung lagen ihm gegenwärtig vor Augen. Zumal die innere, konstruktive Logik von Thietmars Geschichte, die seit intensiven Forschungen der letzten Jahre erkennbar ist, sollte vorsichtig machen. Thietmar ist ein ernst zu nehmender Historiker; er überliefert nicht eine blinde Wahrheit, er schreibt eine in seiner Zeit sinnvolle Geschichte, eine Geschichte, die sich in die Zeitgeschichte, in die Gegenwart, von der alles abhing, einfügte. Eine andere Akzentuierung, eine Geschichte mit Theophanu als Hauptperson, wird so möglich, ohne dem Historiker Thietmar auch nur ein Haar zu krümmen.

Das Zeugnis der Urkunden spricht eindeutig für einen maßgeblichen Einfluss der Theophanu auf den Ausbau Memlebens. Fünf Königsdiplome, eine Papsturkunde sowie eine verlorene Urkunde, die aber eindeutig zu rekonstruieren ist, erwähnen Theophanu als Intervenientin für Memleben, keine einzige nennt Adelheid. Das gibt natürlich keine absolute Sicherheit, lässt aber die völlige Ausschaltung Theophanus durch Thietmar oder die Tradition, auf die sich dieser stützte, erkennen. Nicht mal zufällig war Thietmar noch das Engagement der Theophanu bekannt, die Frage nach dem Zusammen-, oder richtiger, Gegeneinanderwirken der beiden Kaiserinnen stellte sich ihm nicht. Sie stellte sich ihm nicht mehr, da der Prozess des Ausscheidens der Griechin aus dem kollektiven Gedächtnis der Sachsen zu Zeiten des Merseburger Historiographen schon weit fortgeschritten war. So siegte das kulturelle Gedächtnis, das die „schon immer" geübten Praktiken festhielt, über das reale Geschehen, so siegte die fiktive, aber traditional erwartete Memorialstiftung der kaiserlichen Witwe über die neuen, ungewohnten und daher nicht anschlussfähigen, schnell vergessenen Pläne der Theophanu. Kein positivistischer „Überlieferungszufall" wirkte hier – die Urkunden sind ja noch heute vorhanden –, sondern die besondere kognitive Formation des frühen europäischen Mittelalters.

Literatur

Ehlers 1994. – Fried 1997; 1998a. – Leopold/Schubert 1991.

Das Diplom Ottos III. für Meißen

THEO KÖLZER UND THOMAS LUDWIG

Während eines Aufenthaltes in Frankfurt legte Otto III. am 6. Dezember 995 die Grenzen des 968 begründeten Bistums Meißen fest und verlieh ihm die Zehnten innerhalb der neu definierten Diözese.

Die Urkunde (DO III. 186) hat in formaler und inhaltlicher Hinsicht immer wieder Verdacht erregt. Aber die gründliche diplomatische Untersuchung durch H. Beumann hat das Urteil von W. Erben bestätigt, dass wir es tatsächlich mit einer Kanzleiausfertigung zu tun haben, die der Notar „HI" schrieb. Von nachgeahmter Schrift oder von Interpolationen kann keine Rede sein. Die Datierung (996, Indiktion 9, 14. Jahr) ist freilich uneinheitlich; ein Frankfurter Aufenthalt ist im Itinerar des Königs nur für Anfang Dezember 995 unterzubringen, während Otto III. ein Jahr später schon als Kaiser hätte urkunden müssen. Beumann-Schlesinger verlegten folglich die Handlung in den Dezember 995 und rechneten mit einer Beurkundung zu Beginn des Jahres 996, wobei auch die letzte Dezember-Woche (nach dem 25.12.) nicht auszuschließen wäre.

Probleme bereitet nach wie vor die Art der Besiegelung, und von der Deutung dieses Befundes hängt zugleich das Gesamturteil über die Urkunde ab. Nach dem erstmals von O. Posse beschriebenen heutigen Erscheinungsbild haben wir es eindeutig mit Siegelmissbrauch zu tun, der kanzleiwidrigen Übertragung eines echten Siegels (etwa von DO III. 183, das seinerseits ein Siegel Ottos II. trägt?) auf diese Urkunde.

An der Urkunde selbst befinden sich heute keine Wachsreste mehr. Ihr liegen zwei Bruchstücke des Siegels bei: ein Teil der Vorderseite, was eine Bestimmung des Siegels (zutreffender 2. Stempel) zulässt, und ein Bruchstück des Widerlagers von der Rückseite der Urkunde. In letzteres ist ein doppelt gewickelter Pergamentstreifen eingearbeitet, der einen klaren Abdruck auf dem Rücken des Avers-Teiles hinterlassen hat. Die umgebogenen Ecken des Einschnitts in der Urkunde verbieten die Annahme, dass sie das Siegel gehalten haben könnten: Sie sind zu klein und tragen nicht die charakteristischen Verfärbungen, die üblicherweise durch erwärmtes Siegelwachs verursacht werden. Darüber hinaus scheinen sie erst nachträglich in die Ränder eines bereits vorhandenen viereckigen Lochs eingeschnitten worden zu sein. Das alles deutet auf eine spätere Siegelübertragung hin, bei der man wie folgt vorgegangen sein dürfte: In die Rückseite des von der ursprünglichen Urkunde getrennten Siegels wurde eine Vertiefung eingeschnitten, in die das neue Widerlager eingepasst wurde. Zum besseren Halt arbeitete man den heute noch vorhandenen Pergamentpressel mit ein, den man zuvor fest mit dem Gegenstück verknetet hatte. Eventuell zog man den Pressel noch durch Schnitte im Pergament, die später, nachdem das Siegel abgefallen war, ausgeschnitten wurden, was das heutige Erscheinungsbild der Siegelstelle erklären würde. Der Pressel blieb jedenfalls vollständig verborgen, wie seine dunkle Einfärbung durch das Siegelwachs beweist. Beim Zusammendrücken der Konstruktion wurde die Siegelwulst offenbar beschädigt oder flachgedrückt, so dass sich später das Siegelbild infolge der Faltung der Urkunde erhaben im Pergament abzeichnete.

Aus diesem Befund ergibt sich, dass das Diplom Ottos III. für Meißen zunächst von dem Kanzleinotar „HI" ausgefertigt wurde, wobei er für die Skizzierung des Grenzverlaufs eine vom Empfänger eingereichte Vorlage verwendet haben dürfte, was in solchen Fällen üblich war. Nicht zu bestätigen ist einstweilen aus diplomatischer Sicht, dass die Urkunde anschließend auch besiegelt und damit rechtskräftig wurde. Die stillschweigend unterstellte Annahme, dass ausgerechnet das Siegel dieser inhaltlich brisanten Urkunde verlorengegangen sein sollte, so dass man diesem Mangel nachträglich in gutem Glauben durch Siegelmissbrauch abzuhelfen versuchte, mahnt zur Vorsicht. Nicht auszuräumen ist jedenfalls der Verdacht, dass wir es mit einem unvollzogenen Original zu tun haben, das lediglich die Interessen Meißens im Jahre 995 spiegelt. Obwohl bereits ausgefertigt, könnte der Urkunde die Beglaubigung und damit die Anerkennung seitens des Königs versagt geblieben sein. Schon immer hat man sich in der Forschung darüber gewundert, dass dieses Hauptzeugnis „einer offensiven kirchlichen Ostpolitik" unzweifelhaft „toter Buchstabe geblieben" sei, „da praktische Folgen nicht zu erkennen" seien (H. Beumann).

Die Gründe wird man vor allem in der Grenzziehung zu suchen haben, die einen weitaus größeren Sprengel umschreibt als 971 und im Spätmittelalter und folglich konkurrierende Ansprüche Magdeburgs, Brandenburgs und Prags, letztlich auch von Mainz, aber wohl nicht Polens („Dagome-iudex-Dokument"; s. Kossmann) tangiert: Von der Oderquelle geradewegs zur Elbquelle, von dort elbabwärts nach Westen (!) bis zur Grenze zwischen Böhmen und dem Gau Nisan, über die Elbe westwärts durch den Wald bis zur Quelle der (Freiberger oder eher Zwickauer?) Mulde, von dort flussabwärts, beide Ufer umfassend, bis zum westlichen Ufer (der Zwickauer Mulde) bei Rochlitz und weiter (auf dem westlichen Ufer, weil viele Dörfer zu Burgen auf dem Ostufer gehören) bis zur Mündung in die Elbe, von dort elbaufwärts, jenseits die Landschaft „Nizizi" einschließend sowie auf der anderen Seite „Lusizi" und „Selboli", und weiter, auch die Burg „Zulbiza" einschließend, bis zur Oder und die Oder aufwärts bis zur Mündung.

Einige Punkte der Grenzbeschreibung sind nicht mit Sicherheit zu identifizieren. Auffällig ist, dass die Burgwarde nicht durch kirchliche Grenzen zerschnitten werden sollten, weshalb man im Gebiet von Rochlitz bezüglich der Flussgrenzen zu Präzisierungen gezwungen war.

Das Zehntrecht hatte Meißen (wie auch Merseburg und Zeitz) bei seiner Gründung noch nicht erhalten, im Gegensatz zu Brandenburg (DO I. 105). Der Passus in dem Diplom Ottos III. für Meißen (DO III. 186) ähnelt dem in „DO II. 184", mit dem Otto II. dem Bistum Meißen 979/83 den Zehnt in dem Burgward Boritz (an der Elbe) übertragen hatte; diese Urkunde wurde für die vorliegende als Vorlage herangezogen, und die seinerzeit begrenzte

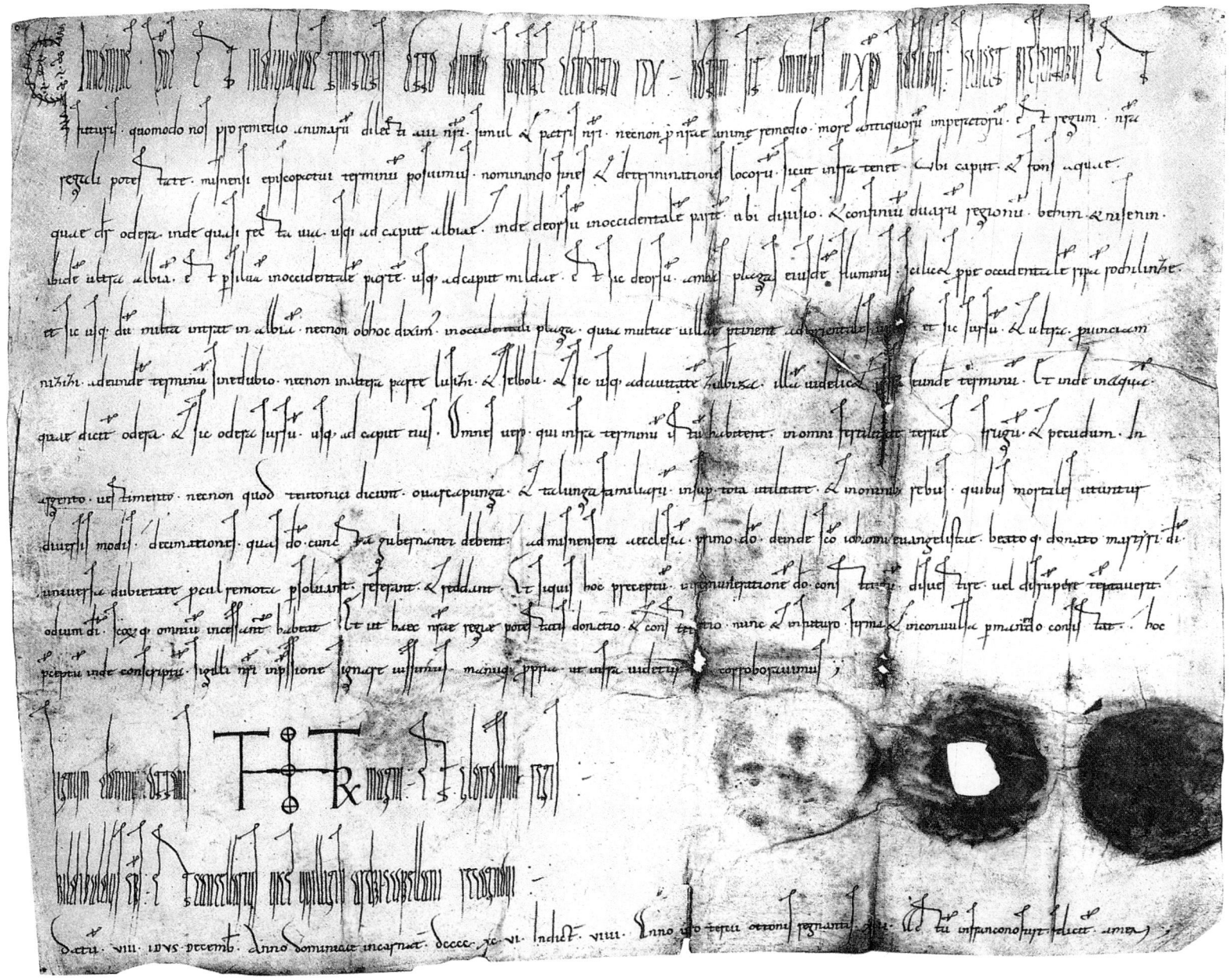

483 Urkunde Kaiser Ottos III. für Meißen (996). Dresden, Sächsisches Hauptstaatsarchiv, Orig. Urk. Nr. 13: 996.

484 **Urkunde Kaiser Ottos III. für Meißen (996)**, Ausschnitt. Dresden, Sächsisches Hauptstaatsarchiv, Orig. Urk. Nr. 13: 996.

Privilegierung wird nunmehr auf den gesamten fixierten Bereich der Diözese ausgedehnt. Damit wurden die Einkünfte des Bistums gegenüber 971 mehr als verzehnfacht, denn Otto I. hatte seinerzeit nur den zehnten Teil der königlichen Gefälle in vier Regionen (Dalaminza, Nisane, Diedesa, Milzsane, [Lusiza]) zugewiesen (DO I. 406; vgl. Ludwig), deren Ausdehnung deutlich hinter der neuen Grenzziehung zurückbleibt (Beumann-Schlesinger). Bei dieser Urkunde handelt es sich um ein besiegeltes Blankett, das dem Empfänger zum Ausfüllen überlassen wurde und insofern „keine volle Bürgschaft dafür bietet, dass was Bischof Folchold hier niederschreiben liess auch genau der Willensäusserung der Kaiser entsprach" (J. Ficker). An der sachlichen Richtigkeit wird indes nicht gezweifelt.

Dass sich in dem Diplom Ottos III. für Meißen Ansprüche und Wunschdenken manifestieren, zeigt die Tatsache, dass dessen Grenze nur in Meißener Fälschungen begegnet (DDO I. 437, 449; JL 3724 = Böhmer-Zimmermann Nr. +438); das gleiche gilt für die Zehntbestimmungen. Zeugnisse dafür, dass das in dem Meißener Diplom verbriefte Zehntrecht tatsächlich genutzt werden konnte, gibt es nicht, und auch die Existenz der darauf Bezug nehmenden *Spuria* verweist auf unerfüllte Hoffnungen.

Schlesinger hatte all diese Zusammenhänge richtig gesehen und mit skeptischem Unterton referiert, sich aber dem diplomatischen Befund Beumanns angeschlossen, der für eine Kanzleiausfertigung plädiert hatte. Solange aber nicht nachzuweisen ist, dass das Diplom Ottos III. für Meißen ursprünglich kanzleimäßig besiegelt war, fehlt der Argumentation Beumanns der alles entscheidende Schlussstein. Angesichts der erhebbaren Fakten ist es jedenfalls plausibler, dieses Diplom als unvollzogene Kanzleiausfertigung zu werten, welche die Interessen Bischof Eids von Meißen (992–1015) im Jahre 995 spiegelt, die seinerzeit aber nicht rechtskräftig befriedigt wurden. Dass diese Grenze „das Gebiet (umschrieb), in dem Eid sein Missionswerk tatsächlich ausübte" (Rittenbach-Seifert), steht dahin. Die Grenzziehung und der Zehntbezug innerhalb dieser Grenze können für Ende 995 jedenfalls nicht als verbürgt gelten; die politischen Implikationen der Urkunde können folglich gerade nicht hinsichtlich einer bestimmten Ausrichtung der „Ostpolitik" des 15jährigen Otto III. ausgedeutet werden! Überwunden scheint inzwischen – und das darf ohne Zweifel als Fortschritt verbucht werden – die Indienstnahme dieses Diploms für nationalistische Geschichtsdeutungen.

Literatur

Althoff 1996. – Beumann/Schlesinger 1961. – Claude 1972. – Fried 1989a. – Görich 1995b; 1997. – Huth 1974. – Kossmann 1970. – Lübke, Regesten 3. – Ludwig im Druck. – Maleczinsky 1963. – Rittenbach/Seifert 1965.

Die Siegel und Bullen Ottos III.

HAGEN KELLER

Von Otto III. sind Wachssiegel von insgesamt fünf verschiedenen Stempeln bekannt. Zwei davon gehören in die Königszeit, nämlich ein nur 984 verwendetes „provisorisches" Typar (S1) sowie das seit Anfang 985 erscheinende definitive Siegel (S2). Mit der Kaiserkrönung am 21. Mai 996 erfuhr das Siegelbild des Herrschers eine grundlegende Veränderung, so dass man den „Königssiegeln" die „Kaisersiegel" gegenüberstellen darf. Der erste Entwurf (S3), von dem im April 997 eine verbesserte Version in Gebrauch kam (S4), wurde im Herbst 997 durch ein ikonographisch völlig neues Bild ersetzt (S5). Um Ostern 998 ging die Kanzlei dazu über, die Urkunden des Kaisers nur noch mit beidseitig geprägten Bleisiegeln, mit Bullen, zu beglaubigen. Den ersten Typ, von dem es drei aufeinanderfolgende, fast identische Ausprägungen gibt (B1–3), löste Anfang 1001 eine völlig neu gestaltete Bulle ab (B4), mit der dann alle Diplome bis zum Tod des Kaisers († 24.1.1002) versehen wurden.
Im Unterschied zu den Münzen der Zeit stellten die Siegel keine beliebig reproduzierten Bildträger dar, sondern waren fest mit den herrscherlichen Privilegien verbunden. Am Schluss des Urkundentextes angekündigt, bilden sie ein Element des „Beglaubigungsblocks", in dem auch das Monogramm des Herrschers sowie, jeweils in verlängerten Buchstaben, dessen feierliche Erläuterung („Zeichen des Herrn Otto, des unbesiegbarsten Kaisers" oder ähnlich) und der Vollzugsvermerk des Kanzlers stehen. Es spricht viel dafür, dass die Besiegelung vor der Übergabe des Diploms öffentlich vorgenommen wurde im Rahmen eines zeremoniellen Aktes, bei dem der Herrscher eigenhändig auch den „Vollziehungsstrich" in sein Monogramm einfügte.
Von Otto III. sind 405 solcher Diplome im Text bekannt. Damit dürften über 50 % der im Laufe von 18 Jahren ausgestellten Privilegien erhalten sein. Viele sind nur in späteren Abschriften überliefert, doch etwa 220 liegen noch im Original vor. Von ihnen tragen heute insgesamt noch 37 eine Bulle, 99 ein Siegel. Die Wachssiegel sind allerdings vielfach in fragmentarischem Zustand oder gar fast zerstört. Vom letzten Kaisersiegel, das den für Jahrhunderte bestimmenden Typus des „Majestätssiegels" eingeführt hat, gibt es nur noch zwei Exemplare, und keines von diesen Stücken ist unbeschädigt; mindestens 15, höchstens 20 der noch bekannten Urkunden haben einst ein solches „Thronsiegel" getragen.
In der damaligen Gesellschaft waren die Siegel mit dem Abbild des Königs etwas Außeralltägliches. Die Zeit um 1000 steht erst an der Schwelle zur hochmittelalterlichen Bildfreudigkeit; und was es an Bildnissen von Herrschern oder kirchlichen Würdenträgern gab, war entweder als Element von Monumentalbauten ortsgebunden bzw. im liturgischen Buch oder am liturgischen Gerät nur ausgewählten Personen zugänglich. Um so nachhaltiger muss man die Wirkung des Bildnisses im Siegel, eines mobilen Kleinkunstwerks von hoher Qualität, einschätzen. Dabei ist wichtig, dass der relativ kleine Personenkreis, der ein solches Siegelbild erhielt, über das Wissen verfügte, das zeichenhaft Mitgeteilte zu entschlüsseln und es einzuordnen in einen weiteren Horizont von Vorstellungen über königliche Herrschaft in einer von Gott geordneten Welt.

485 Siegel Ottos II. (S2) als Mitkaiser (968). Magdeburg, LHA, Rep. U I, Tit. I. Nr. 28: 968 Okt. 3.

Siegel und Bullen waren zentrale Elemente der Herrschaftsrepräsentation. Sie waren befestigt an Hulderweisen des Königs oder Kaisers für einzelne seiner Getreuen; oft stellten diese zugleich Gaben an die Kirchen Gottes und der Heiligen dar, um geistlichen Gemeinschaften ein frommes Leben im Gebet für alle Menschen und insbesondere für Herrscher und Reich zu ermöglichen. Insofern wurde mit jedem Siegelbild der Empfänger der Urkunde persönlich angesprochen, und in der Entgegennahme des Diploms mit dem Herrscherbild bekannten sich die Getreuen zu ihrem Herrn. Die kommunikative Funktion des Siegels hatte sich verstärkt, je mehr das Siegelbild im 10. Jahrhundert den Charakter eines Abbildes annahm, das den Herrscher in den Zeichen seiner Würde und Macht vorstellte. Mit der Neugestaltung des ostfränkischen Königssiegels am Anfang des 10. Jahrhunderts, der tiefgreifenden Umgestaltung im Gefolge der Kaiserkrönung Ottos I. von 962 und der Weiterentwicklung unter Otto III. wurden entschiedene Schritte in Neuland getan, die auch mit technischen Neuerungen verbunden waren.

Die Siegel Ottos III. halten an den Grundsatzentscheidungen fest, die 962 mit der Kaiserkrönung Ottos I. gefallen waren: Die Darstellung des agierenden Königs in der Seitansicht wurde damals in ein statisches Frontalbild von hieratischer Strenge gewendet; dem Kaiser sind nicht mehr Waffen, das heißt Schild und Fahnenlanze, in die Hände gegeben, wie dies im ostfränkischen Reich Tradition geworden war, sondern Insignien, nämlich Szepter und Globus, und er wird mit der hochwandigen liturgischen Krone anstatt mit einem schmalen Diadem gezeigt. Doch übernahm die Regentschaft für Otto III. 984 nicht den Siegeltyp, den Otto I. nach 962 eingeführt und Otto II. 973 übernommen hatte: der Kaiser in Halbfigur, seitwärts vom Körper mit erhobenen Händen rechts den von außen gefaßten Herrscherstab (*baculum*) führend, links den Globus präsentierend. Vielmehr knüpfte man ikonographisch an ein Siegelbild an, mit dem Otto II. als Mitkaiser seit 968 die Urkunden beglaubigt hatte. Es zeigt den jungen Mitkaiser wie den Hauptherrscher mit der Krone und dem Globus, mit angewinkeltem linkem Arm und waagerechter Hand in Schulterhöhe gehoben, gibt ihm aber in die Rechte, in der Höhe des Rippenbogens vor dem Leib gehalten, statt des Stabes ein langes Szepter. Schon das „provisorische" Typar, mit dem im Oktober 984 die ersten Urkunden Ottos III. gesiegelt wurden, übernahm diesen Typus. Das seit Anfang 985, als Kaiserin Theophanu die vormundschaftliche Regierung allein übernahm, erscheinende „endgültige" Königssiegel behielt ihn bei, wurde aber im Durchmesser auf die Dimension der Kaisersiegel Ottos I. und Ottos II. gebracht, während sich das Mitkaisersiegel Ottos II. durch einen geringeren Durchmesser vom Siegel Ottos I. unterschieden hatte. Mit Spitz- und Schnurrbart stellte man den damals erst vierjährigen Otto III. als regierenden König dar, als der er nach dem Urkundentext agiert.

Seit 996 scheinen die raschen Wechsel in den Bildern und Formen der Besiegelung nicht nur eng an konkrete politische Situationen gebunden zu sein, sondern zugleich etwas von den Vorstellungen des jugendlichen Herrschers über sein Kaisertum widerzuspiegeln. Kaisersiegel und Bullen sind in ihrer Abfolge Ausdruck einer sich in raschen Schritten weiterentwickelnden oder verändernden Programmatik.

Mit der Kaiserkrönung verkündete Otto III. auch im Siegel, dass er voll in die Position seines kaiserlichen Vaters und Großvaters eintrat. Die Insignien sind die des Kaisersiegels von 965 bis 983: der triumphal gehaltene Herrscherstab in der Rechten, der große Globus, mit der vom Körper abgespreizten Linken präsentiert. Betrachtet man nur die obere Hälfte des Siegels, das heißt Kopf, Arme und Oberkörper des Dargestellten, so sind alle Elemente des älteren Kaisersiegels aufgenommen worden. Das Siegel wurde aber im Durchmesser von ca. 6,5 auf 7,5 cm gesteigert und zeigte, byzan-

486 Siegel Ottos II. als Alleinherrscher (973–983) nach dem seit 965 für Otto I. geltenden Typus. Magdeburg, LHA, Rep. U 9, Tit. Ala. Nr. 16: 974 Mai 13.

tinische Bildkonventionen aufnehmend, den Kaiser als stehende Figur in ganzer Gestalt. Das war eine radikale Neuerung. Erstmals wurde ferner in der Umschrift durch den Zusatz *Romanorum* zum üblichen Titel *imperator augustus* der Anspruch auf Herrschaft über das Imperium der Römer verkündet und die im Königssiegel seit Otto I. verwendete Legitimationsformel *Dei gratia*, „von Gottes Gnaden", auch in das Kaisersiegel gesetzt. Verglich ein Empfänger das Kaisersiegel Ottos III. mit dem des Vaters oder des Großvaters, so zeigte sich ihm der Enkel in veränderter Gestalt, mit einem weitergehenden Anspruch. Wie er seine Stellung sah, hatte Otto III. schon auf dem Weg nach Rom durch eine Entscheidung ohne jedes Vorbild demonstriert: Er übertrug einem Deutschen, seinem kaum zwanzigjährigen Neffen Brun, das päpstliche Amt, und dieser, Anfang Mai 996 als Gregor V. zum Papst geweiht, krönte ihn am Himmelfahrtstag (21.5.) zum Kaiser. Ein Urenkel Ottos des Großen auf dem Stuhl Petri, der Enkel Kaiser der Römer: Das *Imperium Romanum* war durch Gottes Gnade in der Hand Ottos III. – dieses Bewusstsein trug das am 22.5. erstmals nachweisbare Kaisersiegel in die Gebiete, die Ottos Herrschaft unterstanden.

Der Zeitraum, in dem das erste Kaisersiegel Verwendung fand, lässt sich recht genau abgrenzen (21.5.996 bis Mitte April 997), so dass man hier eine Vorstellung gewinnen kann, wie häufig das neue Bild an Mitglieder der Führungsgruppe im Reich gelangte. Aus den elf Monaten sind 44 Urkunden bekannt. Zunächst haben fast nur Empfänger in Italien das Kaiserbild gesehen; erst nach Ottos Rückkehr im September 996 wurden häufiger auch Privilegien für Kirchen und Große nördlich der Alpen ausgestellt. Zu den zwölf hier erhaltenen Stücken ist gewiss eine unbekannte Zahl verlorener Urkunden hinzuzurechnen, doch viel mehr als zwei Dutzend mal dürfte das Kaiserbild in Deutschland kaum verliehen worden sein. Unter den nachweisbaren Empfängern ist keine Kirche und keine Persönlichkeit aus Sachsen.

Seinen Sachsen zeigte sich Otto III. mit einem veränderten Siegel, als er im April 997 das Stammesgebiet der Dynastie betrat. Das zweite Kaisersiegel (S4) scheint auf den ersten Blick nur eine verbesserte Version des ersten zu sein: ein Kunstwerk von höchster Qualität der Darstellung. Als bemerkenswerte Abweichung erscheint lediglich, dass der Kaiser deutlicher auf einen Hügel gestellt ist und der Mantel „wie vom Winde bewegt" (Schramm) in die freie Fläche neben der Stehfigur hineinflattert. Sieht man sich in der zeitgenössischen Buchmalerei nach wie vom Wind bewegten Mänteln oder Tüchern um, so findet man sie zum Bei-

487 **Königssiegel (S2) Ottos II. (985–996). Hannover, Niedersächsisches HstA, Cal. Or. 100 Hilwartshausen Nr. 7: 990 Januar 20.**

488 **1. Kaisersiegel Ottos III. (996/97). München, RA: 996 Sept. 15.**

spiel bei Christus, der im Gebet am Ölberg den Engel hört, der in den Himmel auffährt oder den Jüngern den Heiligen Geist verkündet, beim Verkündigungsengel oder bei den Menschen, die vom Engel eine Botschaft empfangen, bei den Jüngern,

Otto III. und die Erneuerung des Römerreiches

die die Verklärung Christi erleben, bei den „inspirierten" Evangelisten in Evangeliaren der Zeit um 1000. Die weitestgehende ikonographische Parallele bietet das von Kaiser Heinrich II. gestiftete Basler Antependium, in dessen Mittelfeld der wiederkehrende Christus ganz ähnlich mit aufgewehtem Mantel auf einem Hügel steht, in der Linken den – hier mit seinem Monogramm sowie mit Alpha und Omega gezeichneten – Globus haltend. Der „wie vom Winde bewegte" Mantel im Siegelbild signalisiert die Gegenwart des unsichtbaren Gottes, sein Wirken in der Herrschaft des Kaisers. Die berühmte Miniatur des Aachener Evangeliars Ottos III., die den Kaiser – wenn er nach der Botschaft Gottes in den Evangelien lebt! – auf purpurgerahmten Goldgrund, in einer Mandorla zwischen himmlischer und irdischer Sphäre schwebend und damit in Christus-ähnlicher Gestalt zeigt, verdeutlicht eine Gedankenwelt, auf die auch das neue Kaisersiegel verweist. Im nächsten Siegel werden derartige Vorstellungen weiter entfaltet.

489 2. Kaisersiegel Ottos III. (997). Heidelberg, Univ.bibl., Heid. Urkunde 328: 997 Juli 15.

490 3. Kaisersiegel Ottos III. (997/98). Lausanne, Archives cantonales vaudoises, – I b₄: 998 Februar 6.

Über seine Aufgaben als Kaiser nachzudenken, hatte Otto III. damals Grund genug. Kaum hatte er den Rückweg nach Deutschland angetreten, wurde Papst Gregor aus Rom vertrieben; der Stadtpräfekt trat in konspirative Verbindung mit Gesandten des byzantinischen „Kaisers der Römer"; im Februar 997 erhob die römische Opposition, „dem kaiserlichen Befehl zuwiderhandelnd", den Griechen Johannes Philagatos, den früheren Lehrer Ottos III., als Johannes XVI. zum Papst. Vom Beginn des Jahres 997 bis in den Anfang April blieb der Hof in Aachen, während Gesandtschaften und Nachrichten aus Rom und Italien beim Kaiser eintrafen. Den Anspruch Ottos in Rom unterstrich die Kanzlei, indem sie in die Urkunden als Titel nun regelmäßig *Romanorum imperator augustus* setzte, der im Siegel schon seit der Kaiserkrönung verwendeten Formel entsprechend. In dieser Situation wurde das neue Kaisersiegel gestaltet. Zufällig ist es erstmals auf einer Urkunde vom 18. April, im Jahr 997 dem dritten Sonntag nach Ostern, überliefert, ausgestellt in Dortmund, wo sächsische Große den aus Lothringen kommenden Kaiser empfingen. Die althergebrachte Leseordnung des Gottesdienstes an diesem Tag kann verdeutlichen, was das Siegelbild mit dem wehenden Mantel zum Ausdruck bringt. Als Epistel werden an diesem Tag aus dem 1. Petrus-Brief vom Kapitel 2 die Verse 11 bis 19 verlesen, deren zentrale Stelle lautet: „Seid Untertan aller menschlichen Ordnung um Gottes Willen, sei es dem König als dem alle Überragenden, sei es den Herzögen als denjenigen, die von ihm abgesandt sind, die Übeltäter zu bestrafen und die Guten zu belohnen". Die Evangelien-Lesung (Johannes 16, 16–22) bringt die Stelle aus den Abschiedsreden Jesu, in der er den Jüngern beim Abendmahl seine Auferstehung verkündet. Der Kaiser ist von Gott zur Herrschaft bestimmt, und wer am ewigen Leben teilhaben will, muss sich dieser Ordnung unterwerfen: diese Botschaft ist im Siegel mitenthalten.

Bevor Otto III. im Oktober von Aachen nach Rom aufbrach, nahm er ein völlig neu konzipiertes Siegel in Gebrauch. An Stelle des stehenden Kaisers ist der thronende Herrscher dargestellt, wiederum streng frontal, mit dem Globus, der mit fast senkrecht gestelltem linken Unterarm in die Höhe des Hauptes gehoben ist, und mit einem Szepter statt des Stabes in der symmetrisch zum linken Arm nach oben geführten Rechten. Die Darstellung evoziert das Bild des thronenden Christus. Dieser Verweis war für die Empfänger der Diplome um so leichter erkennbar, als die Liturgie die abbildhafte Entsprechung zwischen Christus als dem „König der Könige und Herrn der Herrschenden" und dem

491 Kaiserbulle Ottos III., erster Typus (998–1000). Herzogenburg, Stiftsarchiv: 988 April 29. – Kat. 22.01.03.

irdischen König als dem „Gesalbten des Herrn" hervorhob und die Vorstellung vom Herrscher als „Stellvertreter (*vicarius*) Christi" gerade in jener Zeit zu einer Grundüberzeugung vom Wesen der Königsherrschaft wurde. Dass der thronende Christus auf dem Avers byzantinischer Goldbullen das unmittelbare Vorbild gab, erscheint aus ikonographischen Gründen fraglich. Dass in der spätottonischen Kunst der thronende Herrscher sonst in liturgischen *Codices* oder auch auf liturgischem Gerät abgebildet wurde, unterstützt eine Deutung des Siegelmotivs aus der theologisch-religiösen Vorstellung von der Herrschaftsordnung. Eine Emailplatte der ottonischen Reichskrone erinnert an die Grundlage: „Durch mich herrschen die Könige" (Prov. 8, 15), und jede Königsurkunde stellt den Herrscher als „durch Gottes Gnade/Güte/Erbarmen König" vor – die Kanzlei Ottos III. hat diese Formel manchmal in signifikanter Weise ausgestaltet. Was er in seinem Amt ist, empfängt der Herrscher von Gott: Otto III. nimmt auf dem Thronsiegel die Insignien – wie besonders das Ergreifen des Szepters, aber auch das Fassen des Globus zeigt – gewissermaßen von oben an, in einem Demuts- und Gebetsgestus, der durch diese „Investitur" zugleich zum Hoheitsgestus wird.

Dieses Siegel führte Otto, als er nach Rom zog zum Strafgericht über den Gegenpapst und die Rebellen, und dieses fiel fürchterlich aus: Johannes wurden Zunge und Nase abgeschnitten, die Augen ausgestochen, bevor man ihn nach der Absetzung durch eine Synode rückwärts auf einen Esel setzte und durch Rom trieb; der Stadtpräfekt Crescentius wurde enthauptet, der Leichnam von der Engelsburg geworfen und dann an den Füßen aufgehängt. Die Quedlinburger Annalen verteidigten diejenigen, die das getan hatten, damit, dass sie „nicht so sehr als Freunde des Kaisers, sondern als Freunde Christi" gehandelt hätten.

Noch bevor die Engelsburg erstürmt war, in der sich Crescentius verschanzt hatte, begann Ottos Kanzlei, die Urkunden mit Bleibullen anstelle von Wachssiegeln zu beglaubigen, und hielt daran bis zum Tode des Kaisers fest. Mit Bullen aus Blei siegelten die Päpste, mit Blei- oder sogar Goldbullen die byzantinischen Kaiser. Insofern war die schlagartige Veränderung an einem wichtigen Medium der Herrschaftsrepräsentation, die Otto III. im Zuge der Demonstration seiner Herrschermajestät in Rom vollziehen ließ, gewiss programmatisch. Auf der Bulle selbst wurden erstmals im westlichen Imperium beide Seiten für bildliche Darstellungen genutzt, wie es in Byzanz üblich war. Auf dem Avers findet sich, plastisch herausgehoben und fast antik wirkend, die Büste des jugendlichen Kaisers im Profil, mit einem halbkugelförmigen Kronenhelm, doch ohne die zeichenhaften Waffen der karolingischen Kaiserbullen. Auf der Rückseite stehen nicht nur Schriftzeichen, wie in der Karolingerzeit üblich, manchmal verbunden mit einer Stadtabbreviatur oder dem Monogramm. Vielmehr erscheint eine zweite menschliche Figur, bis zur Hüfte im Profil gezeigt, mit Schild und geschulterter Fahnenlanze. Eine Schleife über der Stirn und ein langer Haarzopf erweisen die Gewappnete als Frau, vielleicht als Personifikation Roms oder der siegreichen Macht des Kaisers im Sinne einer Tugendallegorie. „Erneuerung des Imperiums der Römer" lautet die Umschrift, die an die Kaiserbulle Karls des Großen mit ihrer antiken Kaisern abgeschauten Devise „Erneuerung des römischen Imperiums" anzuknüpfen scheint. Obwohl nach modernen Versuchen sich mit einem Stempelpaar Hunderte von Bullen hätten schlagen lassen, nahm die Kanzlei Ottos III. zweimal nach wenigen Monaten neue, weitestgehend identische Prägestempel in Gebrauch.

Radikal ist der Wechsel von diesen hochstehenden Zeugnissen der Kleinkunst zu der neuen Bulle, die Otto III. wohl seit Januar 1001 führte. Auf weniger als die Hälfte des Durchmessers von B 1–3 reduziert, bietet B 4 von einer Seite einen kleinen Kopf im Profil, mit Haarstoppeln ohne jedes weitere Attribut, so dass man zweifeln kann, dass hier der Kaiser dargestellt ist. Im Lichte der Tradition und der nachfolgenden Bullen spricht die Umschrift „AUREA ROMA" dafür, dass dies die Rückseite der Bulle ist, während die Vorderseite den Kaiser ohne Bildnis nur mit Namen und Titel nennt: ODDO I(M)PERATOR ROMANOR(UM) – Otto Kaiser der Römer.

Die Wissenschaft steht etwas ratlos vor dem Faktum, dass in dem Augenblick, in dem Otto III., von der Gnesen (Gniezno)- und Aachenfahrt nach Rom zurückgekehrt, auf einen Gipfel seines Kaisertums gelangt zu sein schien, an Stelle der qualitätvollen Bullen B 1–3 die kleine, fast kunstlos ausgeführte Bulle B 4 in Gebrauch kam. Für die Reduktion der Größe liegt eine Erklärung gewiss darin, dass das Bleisiegel des Kaisers damit der päpstlichen Bulle angeglichen wurde, ja sie im Durchmesser noch unterschritt. Auch dass der Kaiser – nimmt man die Schriftseite als Avers – nur durch die Nennung des Namens, nicht durch ein Bildnis vergegenwärtigt wurde, entsprach dem päpstlichen Brauch. Und wie die Päpste in ihren Urkunden stets den Titel *servus servorum Dei*, Diener der Diener Gottes, trugen, so wurde Otto III. in seinen Urkunden nun häufig unter dem Titel *servus apostolorum*, Diener der Apostel, vorgestellt: das erstmalige Auftauchen dieses Titels und der neuen Bulle fallen zusammen. Otto passte sich der ehrwürdigen päpstlichen Tradition an.

So wird sein unscheinbares Bleisiegel zum Zeugen dafür, wie der junge Kaiser seine Stellung im letzten Jahr seines Lebens verstand: Gemeinsam mit dem Papst lenkte er das christliche Imperium der Römer. Diese Auffassung bestimmte damals das Verhalten Ottos III. in Rom und die öffentliche Darstellung seiner Regierung. Papst und Kaiser leiteten im Januar 1001 die Synode, auf der neben anderen Entscheidungen die Weichen für die Gründung eines Erzbistums in Gran (Esztergom) und die Verleihung der Königskrone an Stephan von Ungarn gestellt wurden. Mit Nachdruck betonte Otto in jenen Tagen auf einem herausragenden Dokument – eben dem ersten, das in unserer Überlieferung die neue Bulle trägt – als „der Apostel Diener und nach dem Willen Gottes, des Erlösers, der Römer erhabener Kaiser" den doppelten Vorrang Roms: „Dass Rom das Haupt der Welt ist, bekennen wir, dass die römische Kirche die Mutter aller Kir-

492 **Kaiserbulle Ottos III., zweiter Typus (1001/1002). Münster, StA: 1001-2.**

493 **Königssiegel (S2) Heinrichs II. (1002–1014). Dresden, HstA, Meißen Dep. 1: 1013 Juli 19.**

chen ist, bezeugen wir". Aber Rom gehört nicht nur dem Nachfolger Petri, sondern auch dem Kaiser, der, von Gott berufen, den Aposteln dient und mit dem Papst die Christenheit zu lenken beansprucht. Deshalb wird Rom nachdrücklich als „diese unsere königliche Stadt" bezeichnet. Die acht Grafschaften, die Otto dem heiligen Petrus schenkt, soll Papst Silvester „zum Wachstum seines Apostolats und unseres Imperiums" verwalten. Die eigene Residenz Ottos III. auf dem Palatin machte zusammen mit der päpstlichen Residenz im Lateran diese Gemeinsamkeit von Papst und Kaiser in der „Hauptstadt des Erdkreises" sichtbar. Ottos früher Tod ließ rasch verblassen, was hier in den Jahren seines Kaisertums Gestalt anzunehmen schien. Weder die erste noch die zweite der Kaiserbullen hatte eine direkte Nachwirkung. Dagegen wurde das nur kurz gebrauchte Thronsiegel zum Ausgangspunkt eines Bildkanons von jahrhundertelanger Wirksamkeit. Ottos Nachfolger Heinrich II. griff 1002 – nach dem Intermezzo eines „provisorischen Siegels" von eigener, aber dem Königssiegel Ottos III. nahestehender Gestaltung – schon einen Monat nach der Königsweihe auf das Thronsiegel zurück. Als er in großen Teilen des deutschen Reiches noch gar nicht allgemein anerkannt war und man in Italien längst Arduin zum König erhoben hatte, machte er das kaiserliche Hoheitszeichen zu seinem Königssiegel. Gerade Heinrich hat sich zur Legitimation mit großem Nachdruck auf den „ererbten Thron" berufen; die Inthronisation in Aachen wurde durch ihn, der in Mainz gekrönt worden war, zu einem eigenen Akt, mit dem der König demonstrativ vom ganzen Reich Besitz ergriff. Solchen Ansprüchen verlieh die Aneignung des letzten Kaisersiegels Ottos III. Ausdruck: Es bekräftigte im Hulderweis die Legitimität seines Königtums. Als sich ihm der Konkurrent um die Krone, Herzog Hermann II. von Schwaben, unterworfen hatte, ließ Heinrich II. im Januar/Februar 1003 Urkunden sogar mit Bullen besiegeln. Sie zeigen auf dem Avers ein Bild, das an die Tradition des Kaisersiegels Ottos des Großen und Ottos II. anknüpft. Auf dem Revers verspricht der Herrscher mit der Devise RENOVATIO REGNI FRANCORUM die „Erneuerung des fränkischen Königreichs": Auf die Verhältnisse im fränkisch-deutschen Königreich

494 Bleibulle König Heinrichs II. (Anfang 1003 nach dem Sieg über Herzog Hermann II. von Schwaben im Kampf um die Krone verwendet). München, RA: 1003 Febr. 9.

nach dem Thronstreit dürfte sich diese programmatische Ankündigung beziehen und somit nicht, wie oft geschrieben wurde, eine Distanzierung von der „Rom-Politik" Ottos III. zum Ausdruck bringen. Wie schon das Kaisersiegel Ottos des Großen, das alsbald im Westfrankenreich und im Königreich Burgund Nachahmung gefunden hatte, verbildlichte auch das Thronsiegel Ottos III. für die damaligen Eliten die Legitimation königlicher Herrschaft von ihrem theologisch-religiösem Kern her. Die Salier als Nachfolger Heinrichs II. haben dieses Siegelbild übernommen, und ihnen folgten – in Frankreich beginnend – die anderen europäischen Könige. Das Thronsiegel, von den Helfern Ottos III. ersonnen, wurde durch Heinrich II. und Konrad II. für Jahrhunderte zum europäischen Herrschersiegel schlechthin, zum Zeichen der „Majestät", die dem König als irdischem Abbild der Majestät Christi zuteil wird.

Literatur

Bautier 1990. – Dalas (Hrsg.) 1991. – Foltz 1878. – Görich 1993. – Goez 1987. – Hehl 1997. – Hoffmann 1986. – Kahsnitz 1993. – Keller 1985; 1997; 1998. – Kittel 1970. – Posse (Hrsg.) 1909–1913. – Rück 1991. – Schieffer 1998. – Schramm 1929; 1968. – Schramm/Mütherich 1983. – Schneidmüller/Weinfurter 1997.

Erzbischof Heribert von Köln und der „Osten"

HERIBERT MÜLLER

Sherpas und Büchsenspanner nennt man heutzutage jene Beamten, die im Hintergrund ihren Ministern zuarbeiten und wegen ihres Fachwissens für das Funktionieren des politischen Geschäfts unentbehrlich sind; bisweilen mag man sie gar als graue Eminenzen bezeichnen, da ihr Anteil an der Genese von Entscheidungen und Gesetzen hoch einzuschätzen sein dürfte, ohne dass er sich indes genau fassen ließe. Ähnlich scheint es sich ein Jahrtausend zuvor mit Heribert zu verhalten: ein loyaler Gefolgsmann Ottos III., der Ideen und Visionen seines Freundes und des Kreises um den Kaiser mittrug, der vor allem die Voraussetzungen für ihre Verwirklichung vor Ort zu schaffen bemüht war, doch dabei im Vergleich etwa zu Gerbert von Aurillac, Leo von Vercelli oder Adalbert von Prag kaum Profil gewann. Der kühnen, den Osten in Gestalt von Polen und Ungarn miteinschließenden Konzeption der *Renovatio Imperii Romanorum* – am Begriff Konzeption und an deren innovatorischem Charakter sei gegen einige skeptische Stimmen jüngerer Forschung mit Einschränkung festgehalten – suchte er durch Arbeit an der *Restitutio rei publicae*, der Wiederherstellung abgegangener Rechte und Besitzungen, die notwendigen materiellen Grundlagen zu geben. Mithin ein Mann für das Machbare, ein getreuer Mit- und Zuarbeiter – sicherlich auch, doch zugleich weitaus mehr: Sherpa und (leitender) Minister gar in einer Person.

Heribert

Denn vom Freund des Kaisers war soeben die Rede, und in der Tat hatte Heribert, der um 970 geborene (wahrscheinliche) Spross des gebhardinisch-wetterauischen Zweigs der Konradiner, schon früh die Gunst des jungen Otto III. erlangt, als er nach seiner Ausbildung an der Wormser Domschule und im Kloster Gorze dank seines Förderers, des Wormser Bischofs und Kanzlers Hildibald, Kaplan am Königshof geworden war. Seine Ernennung zum Kanzler für Italien stellte eine der ersten Verfügungen dar, die der König im September 994 nach seinem Eintritt in die Mündigkeit selbständig traf. 995 schon trug er ihm die Kirche von Würzburg an, die dann auf Heriberts Rat an dessen Bruder Heinrich vergeben wurde, und ein Jahr später befand der Kanzler sich in der Umgebung des nach Italien ziehenden Herrschers. Kurzfristig vielleicht schon damals, sicher aber während Ottos langem zweiten Aufenthalt im Süden, bemühte sich Heribert zwischen 997 und 999 um besagte *Restitutio* im Gebiet von Ravenna. Unterdessen setzte der Kaiser mit der Vereinigung der italienischen und deutschen Kanzlerwürde in der Person seines Freundes 998 ein weiteres Zeichen persönlicher Wertschätzung und zugleich politischen Wollens, da dieses neue Amt Symbol für ein die einzelnen *Regna* überwölbendes, unter christlich-karolingischen Vorzeichen erneuertes *Imperium Romanum* sein sollte.

Otto III. stand auch hinter der Erhebung seines nach byzantinischem Vorbild als *Archilogotheta* titulierten Beraters und Vertrauten zum Erzbischof von Köln im folgenden Jahr. Von seinem neuen Sitz aus sollte Heribert die Entwicklung der sich krisenhaft zuspitzenden Verhältnisse nördlich der Alpen im Auge behalten; zweimal aber trat er noch selbst in den Vordergrund: Als Otto III. im April 1000 nach dem „Akt von Gnesen" zu Aachen in programmatischer Absicht das Grab Karls des Großen öffnen ließ, um den universalen Charakter seiner eigenen Herrschaft in der Tradition des – nach seinem Willen künftig heiligen – Vorgängers zu demonstrieren, war auch Heribert an dieser in seiner Kirchenprovinz gelegenen Stätte zugegen. Ende des folgenden Jahres eilte er selbst dem in militärische Bedrängnis geratenen Herrscher nach Italien zu Hilfe – und konnte seinem an Malaria sterbenden Freund doch nur letzten Beistand leisten.

Hoch hatte ihn bislang des Kaisers Gunst steigen lassen; nunmehr versuchte er sogar – im Besitz der Reichsinsignien, die ihm Otto nach Aussage späterer Quellen sterbend anvertraut hatte – die Nachfolge auf einen konradinischen Verwandten zu lenken. Doch tief war der Fall unter dem im Streit um die Sukzession siegreichen Heinrich II. Für den verhinderten Königsmacher bedeutete der Übergang der Herrschaft auf den ehemaligen Bayernherzog mehr als nur eine „Wende". Die „alte Garde" hatte wieder das Sagen: jene Partei mit Erzbischof Willigis von Mainz und eben Heinrich, die sich schon früher unter Ottos Großmutter Adelheid gegen Theophanu, des Kaisers Mutter aus griechischer Fremde, und die mit ihr verbündeten Konradiner zusammengetan hatte; jene Partei, der

495 Heribertsschrein, Schmalseite mit thronendem Heribert. Köln-Deutz, kath. Pfarrgemeinde St. Heribert.

Otto III. und die Erneuerung des Römerreiches 775

dann um die Jahrtausendwende schlicht die ganze Richtung nicht mehr passte und die den Streit zwischen dem Mainzer Metropoliten und dem kaisernahen Bischof Bernward von Hildesheim um das Aufsichtsrecht über das liudolfingische Hausstift Gandersheim zum Anlass für einen erneuten Konflikt nahm – ihn sollte der Kölner Erzbischof wachsam verfolgen.

Der Sturz von 1002 ist eigentlich nur eine negative Bestätigung von Heriberts exponierter Position in den Jahren zuvor. Er muss mithin weit mehr als lediglich ein getreuer Verwalter Ottos III., ein Vorgaben und Anordnungen ausführender Administrator aus zweiter Reihe gewesen sein. Er muss – und darauf deuten sein steter Aufstieg, seine nicht minder stete Königsnähe, die auch in zahlreichen Interventionen für Empfänger von Herrscherdiplomen ihren Niederschlag findet, und nicht zuletzt jener Titel eines Erzlogotheten – auch auf die Vorstellungen und Ziele des Kaisers Einfluss genommen haben. Welch große Bedeutung aber dabei der „Osten" einnimmt, steht außer Zweifel und braucht angesichts entsprechender Beiträge in diesem Band nicht mehr eigens thematisiert zu werden.

Der Osten – Polen und Ungarn

Sehr wohl ist dagegen zu fragen, welche Bedeutung dabei Heribert zukommt. Mit Blick auf Polen und Ungarn dürfte sich Einfluss lediglich konstatieren, indes kaum genauer umschreiben lassen. Dies ist ein Problem fehlender bzw. wenig aussagekräftiger Quellen; hinzukommt, dass von Heribert selbst, im Gegensatz etwa zu den erwähnten Gerbert von Aurillac oder Leo von Vercelli, fast kein Zeugnis und überhaupt keines von „politischer Relevanz" überliefert ist. Indizien lassen jedoch eine generelle Mitwirkung in diesem Bereich erkennen: So hat er, obwohl schon im Juli 999 im kaiserlichen Lager vor Benevent mit der Kölner Kirche investiert, auf Ottos Wunsch hin sehr wahrscheinlich den Aufbruch zu seinem neuen Sitz bis in den Oktober verschoben, um zuvor noch an jenen denkwürdigen Beratungen in der Umgebung Roms und in Farfa *pro restituenda re publica* teilnehmen zu können, die, neben den Problemen des Klosters in der Sabina, vor allem über die Mission im Osten und die Einbindung Polens und Ungarns in das christlich erneuerte Römerreich gingen. Möglicherweise aber war dies nicht die erste „Ostmitteleuropa-Konferenz". Folgen wir neuesten Ausführungen von J. Fried über die wahrscheinliche Entstehung der älteren Adalbertsvita im Umkreis des Bischofs Notker von Lüttich, in dessen Begleitung Adalbert noch im Sommer 996 aus Italien über die Alpen gereist war, so dürfte der junge Kaiser bereits im Oktober 997 zu Aachen das Thema mit seinen Vertrauten Bernward von Hildesheim, Notker und Leo, dem Abt des römischen Klosters Sancti Bonifatius et Alexius, sowie wohl auch mit dem Halbbruder des ermordeten

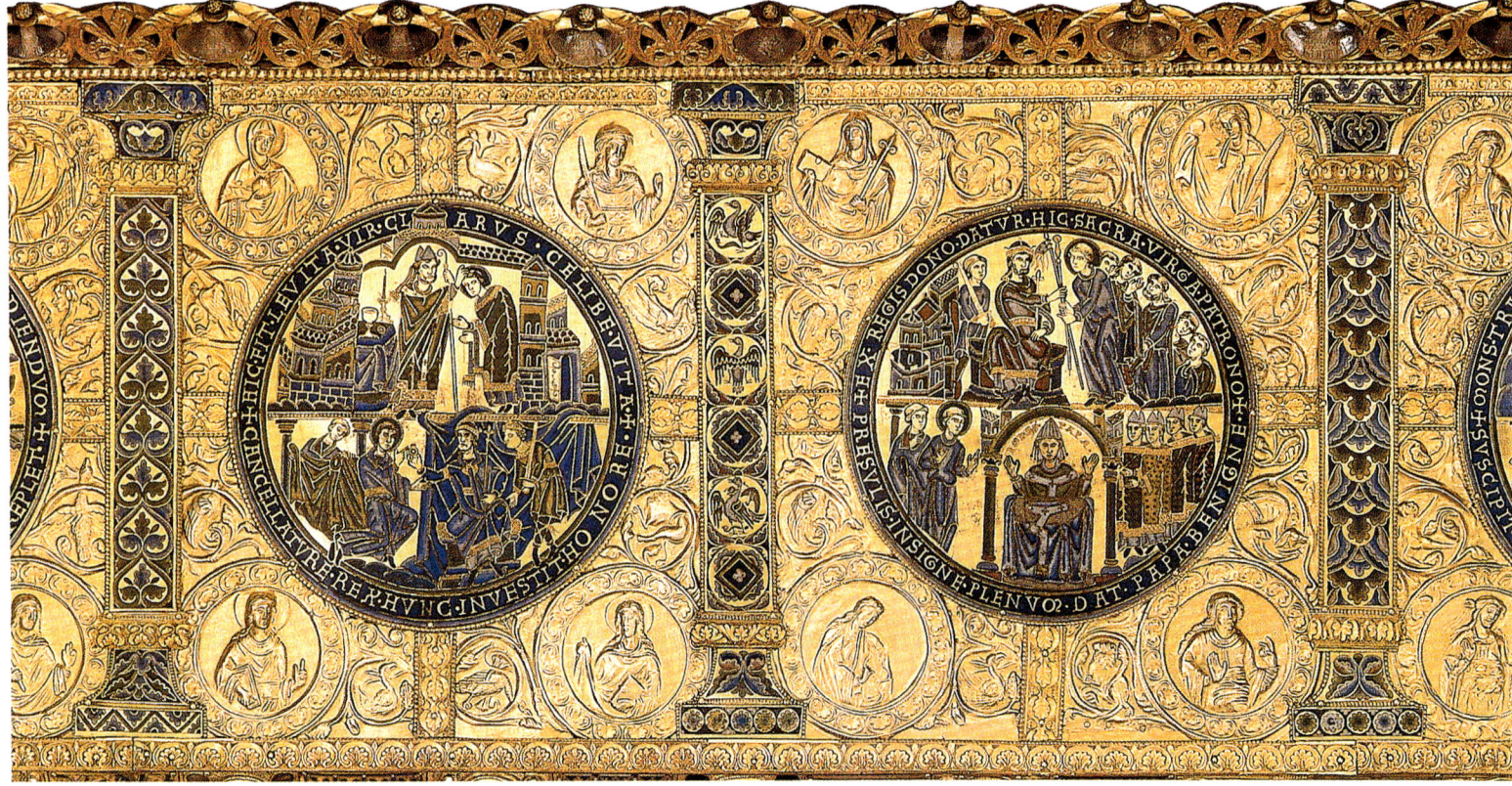

496 Heribertsschrein, Ausschnitt von der Dachfläche der Petrusseite mit Emailmedaillons (Levitenweihe und Ernennung zum Erzbischof von Köln). Köln-Deutz, kath. Pfarrgemeinde St. Heribert.

Adalbert und künftigen *archiepiscopus sancti Adalberti martyris*, Gaudentius, erörtert haben – am 26. des Monats aber begegnet ebenfalls Heribert in Aachen, wo damals wahrscheinlich der Adalbertskult „aus der Taufe gehoben" wurde.

Und wenn wir uns des ursprünglichen Ausgangspunkts der Überlegungen Frieds zum Thema erinnern, des 1000/02 entstandenen Widmungsbilds im Aachener Liuthar – Evangeliar (mit der Darstellung Bolesław Chrobrys von Polen und Stephans des Heiligen von Ungarn als Königen dank eines in der Mitte thronenden Kaisers), so interessieren in unserem Zusammenhang vor allem die in der untersten Bildzone dargestellten vier idealen Fürsten: Typen sind es zwar, die indes „individualisierende Auflösung" erlauben, wird nur erst der Herrscher auf dem Thron mit Otto III., dem Anreger und Adressaten der Handschrift, identifiziert. Dann aber lässt sich, vom Empfänger aus gedacht, in einem der beiden abgebildeten geistlichen Fürsten durchaus Heribert sehen.

Dass sich Ottos III. Aufmerksamkeit und Interesse so sehr auf den Osten und Süden richteten, dass er dabei in byzantinischen Formen konkurrierend um Gleichrangigkeit gegenüber Byzanz bemüht war, dürfte wesentlich auf den initiierenden und über manch gegnerische Strömungen am Hof siegreichen Einfluss seiner Mutter Theophanu und des von ihr bestellten Erziehers Johannes Philagathos zurückzuführen sein. Wenn im übrigen mit der damaligen Konzentration auf den ostmitteleuropäischen Raum sowie Rom und Italien jene zumindest noch bei Königen und Hochadel lebendige ost- und westfränkische Traditionsgemeinschaft schwand, wenn sich nunmehr immer deutlicher Frankreich und das deutsche Reich des Mittelalters schieden, das dann Heinrich II. – hierin ein unfreiwilliger Kontinuator Theophanus und Ottos III. – mit Erfolg strukturell festigte, so ist dies zwar nicht unser, wohl aber ein für die europäische Geschichte kaum weniger wichtiges Thema als die damalige Einbeziehung Polens und Ungarns in die lateinische *Christianitas* bzw. mit deren Folge und Kehrseite. Davon war das lothringische Köln, wenige Jahrzehnte zuvor unter Erzbischof Brun noch ein wichtiger Brückenkopf zwischen Ost und West, in besonderer Weise betroffen.

Der Osten – Byzanz in Italien und Köln

Bezeichnenderweise sind denn auch weder aus Heriberts fast 20jährigem Pontifikat noch aus seiner früheren Vita – sie führte ihn wohl nie weiter westlich als in das lothringische Gorze – Kontakte nach Westfranken-Frankreich bekannt; sehr wohl kam er dagegen auf den durch die Mutter seines Freundes vorgezeichneten Bahnen mit der Welt des griechischen Ostens in Berührung und zwar zunächst im Süden, in Italien, als auch später an seinem Bischofssitz. Es wurde bereits eingangs erwähnt, dass er sich um die *Restitutio* für Otto III. wie für die als Stützen kaiserlicher Herrschaft dienenden Bistümer und Abteien in einer der politisch wie strategisch wichtigsten Regionen zwischen Alpen und Rom bemühte: im ehemaligen Exarchat von Ravenna und in der benachbarten Pentapolis, in jenem Gebiet also, das in Nord- und Mittelitalien am stärksten von griechischen Traditionen geprägt war. Ravenna selbst mit seinen um die Jahrtausendwende noch erhaltenen Denkmalen imperialer Architektur war eine Stadt des östlichen Kaisertums, nächst Rom und Aachen aber auch des westlichen, mithin des römischen Kaisertums schlechthin. Es bleibt mit J. Fried daran zu erinnern, dass Otto III. hier 1001 die letzten Maßnahmen für die Erhebung Ungarns zum Königreich ergriff, dass er unmittelbar vor seinem

497 Zierseite mit Darstellung Bischof Heriberts aus dem verlorenen Codex Thioderici, ehemals Sigmaringen.

Aufbruch nach Gnesen (Gniezno) im Januar 1000 das Weihnachtsfest noch hier „in der einstigen und jetzt wieder erneuerten Kaiserstadt" feierte; „es ist fast so, als wolle er sich noch einmal des ‚Römischen' seiner Polen-Politik vergewissern".

Zu Ravenna erreichte Heribert an der Wende des Juni/Juli 999 jenes launige Schreiben Ottos III., das dem *archilogothetae* die Berufung zum Kölner Erzbischof mitteilte, indem es dem Freund *gratiam et Coloniam ac pallii cubitum unum*, also Gnade, Köln und eine Elle Pallium, verhieß. (Dass der Herrscher damit ein verkürztes erzbischöfliches Ehrenzeichen meinte, weil die von ihm intendierte Gründung eines Bistums Aachen zwangsläufig kölnische Jurisdiktionsrechte beschnitt, wie jüngst behauptet wurde, stellt wohl eine geistvolle Überinterpretation des kurzen Billetts dar.)

Die Anrede „Erzlogothet" steht im Zusammenhang mit den Ämtern an Ottos III. byzantinisch geprägten Hofstaat auf dem römischen Palatin. Dort wurde mehr als nur ein Spiel schönen Scheins inszeniert, mehr als nur mit hohlen Worten um den Adel Roms geworben; es war ebenjene Byzanz herausfordernde Politik in byzantinischen Formen, und der Titel des *archilogotheta* bzw. *logotheta principalis* lässt auf präzise Nachahmung des Hofzeremoniells am Bosporus schließen, wo dem *megas logothetes*, dem wichtigsten der insgesamt acht Logotheten, die Beratung des *Basileus* in bedeutenden politischen Angelegenheiten vorbehalten war. Das kluge Wort von Josef Deér, ohne Byzanz sei Otto III. nicht zu verstehen, trifft auch für des Kaisers Umgebung zu.

Als Heribert das ihm in Ravenna annoncierte Kölner Amt dann zu Beginn des neuen Jahrtausends antrat, mag eine seiner ersten Sorgen der Vollendung des monumentalen Westwerks der Klosterkirche von St. Pantaleon gegolten haben, das von Theophanu, die hier vor den Toren Kölns unter dem Patrozinium des griechischen Märtyrers in der Fremde ein Stück Heimat gefunden hatte, noch zusammen mit ihrem erzbischöflichen Gefolgsmann vor Ort, Heriberts direktem Vorgänger Everger, begonnen worden war. Wiederholt und aus gutem Grund vermutete man, ein solch ambitioniertes, überdies mit der Herstellung von Großskulpturen verbundenes Unternehmen könne 999 noch nicht vollendet gewesen sein, und mithin habe Heribert – sowohl Bruno, dem Amtsvorgänger und Klostergründer, als auch Theophanu, der Mutter seines Freundes, verpflichtet – den Bau weitergeführt und abgeschlossen. Allein bei solchem Engagement für das „griechische" Pantaleonskloster handelt es sich wohlgemerkt einmal mehr um eine Vermutung, denn das Ende der Arbeiten läßt sich ebensowenig wie mehrere im Köln der Jahrtausendwende entstandene Handschriften von Bedeutung auf das Jahr genau noch in den Pontifikat Evergers oder schon in den seines Nachfolgers datieren. Sicher wird Heribert dagegen im April 1000 den aus Gnesen eintreffenden Kaiser in Köln empfangen und mit ihm die Gräber der Mutter und des Großonkels in St. Pantaleon aufgesucht haben, bevor sie sich gemeinsam nach Aachen begaben. Keine zwei Jahre später ließ er im Verlauf der Trauerfeierlichkeiten für Otto III. dessen Leichnam am Dienstag der Karwoche an derselben Stätte aufbahren, bevor er wiederum nach Aachen zog, um ihn am Osterfest in der Kirche des großen Karolingers beizusetzen.

Selbst wenn Heribert tatsächlich Anteil am Bau des Westwerks von St. Pantaleon hatte, führte er letztlich doch nur Vorgegebenes zu Ende; eigenes Wollen spiegelt dagegen jenes Kloster, das er seinem Sitz gegenüber im ehemaligen römischen Kastell Deutz am rechten Rheinufer gründete. Es war eine Memoria zu Ehren des frühverstorbenen Kaisers und sollte seine eigene Grablege werden. Gleich

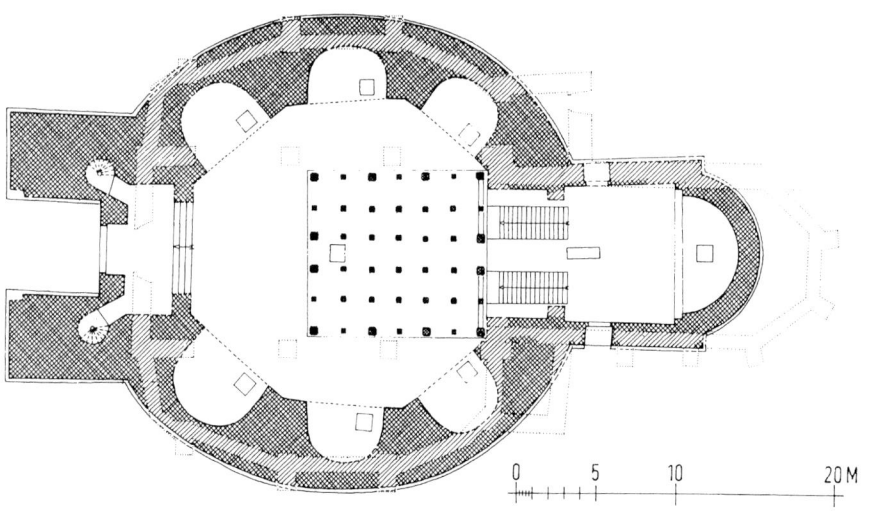

498 **Längsschnitt/ Grundriss der 1020 geweihten Kirche Alt St. Heribert (nach G. Precht).**

499 St. Heribert, Große Ansicht von Köln, Holzschnitt Woensam ca. 1531. Köln, Stadtmuseum.

derjenigen Theophanus wies aber auch Deutz auf den griechischen Osten, hier wurde sogar ihre und ihres Sohnes Welt in der – im Wortsinn – ganzen Weite sichtbar. Denn für die Zentralanlage der Abteikirche wird neben dem Kölner Modell des „konstantinnahen" St. Gereon und der Aachener Grabeskirche Karls des Großen und Ottos III., mit der Deutz das Salvator- und Marienpatrozinium gemein hatte auch San Vitale in Ravenna von Bedeutung gewesen sein. Mit der Spannweite ihres Gewölbes – der Durchmesser des oktogonalen Innenraums betrug etwa 19, der des schwachovalen äußeren Grundrisses fast 30 m – übertraf sie jedoch all diese Vorbilder durch ihre wahrhaft imperiale Größe.

Mit solcher Größe waren indes die am Werk Beteiligten überfordert; der erste Kirchbau stürzte bald schon ein, und Heribert berief daraufhin erfahrenere Männer aus dem Ausland – *peritiores architectos ab externis finibus* nennt sie Lantbert von Lüttich/Deutz, der Autor seiner Vita –, die mit den gerade bei einem Zentralbau anstehenden Problemen der Fundierung und Statik offensichtlich

500 Ansicht von Deutz um 1456, Tafelbild aus einem Ursula-Zyklus. Köln, St. Ursula.

Otto III. und die Erneuerung des Römerreiches

501 **Seidengewebe mit Löwen, Byzanz um 976–1025, 160 x 121cm. Köln-Deutz, kath. Pfarrgemeinde St. Heribert.**

vertrauter waren. Die Spezialforschung sieht in ihnen zumeist Italiener oder Griechen; am ehesten wäre wohl an Baumeister aus dem „griechischen" Italien, also Heriberts ehemaligem Wirkungsgebiet, zu denken. Vielleicht handelt es sich bei ihnen um ebenjene *Grecos operarios*, die nach dem Zeugnis der Vita des Paderborner Bischofs Meinwerk im frühen 11. Jahrhundert an dessen Sitz eine Bartholomäuskapelle errichteten. Sie soll wiederum im Wandaufbau Gemeinsamkeiten mit der ehemaligen erzbischöflichen Pfalzkapelle St. Johannes vor dem südlichen Querschiff der Kölner Kathedralkirche aufweisen, deren Bau durchaus in Heriberts Pontifikat fallen könnte, wenngleich eine jüngste Datierungsdiskussion zu keinem eindeutigen Ergebnis führte.

Als ihr Gründer und Wohltäter am 16. März 1021 verstarb, hüllten die Deutzer Mönche seine sterblichen Überreste in einen ausnehmend schönen, Löwenpaare in gegenständiger Anordnung zeigenden Seidenstoff, der laut Inschrift „unter Basileios und Konstantinos, den christusliebenden Herrschern", also zwischen 976 und 1025 (bzw. 1021), in den kaiserlichen Manufakturen von Byzanz gewebt wurde. Man möchte ihn früh hergestellt wissen, in ihm ein Freundesgeschenk Ottos III. erblicken, das dieser seinerseits von Theophanu erhalten haben mag. Das Löwentuch, kostbarstes Stück des 1996 neuerrichteten *Sacrarium* in der Pfarrkirche St. Heribert, jenes neoromanischen „Deutzer Domes", der auch den Schrein des Heiligen beherbergt, hat mithin eine ästhetische und als Berührungs- bzw. Sekundärreliquie eine religiöse Dimension. Darüber hinaus aber weist der Seidenstoff auf eine gerade dank der im nahen St. Pantaleon ruhenden Kaisermutter Theophanu im Westen um die Jahrtausendwende geschichtsmächtig werdende Welt des griechischen Ostens, zu der auch Heribert durch die Freundschaft mit ihrem Sohn Zugang gewonnen hatte.

In Ravenna und als Erzlogothet am Hofstaat Ottos III., an St. Pantaleon und in Deutz, sei es in Italien oder in Köln: „Osten" bedeutete für Heribert vornehmlich Ostrom. Auf oder gar in Polen und Ungarn hat er direkt keinen erkennbaren Einfluss genommen, mehr als bloße Präsenz bei wichtigen Gesprächen am Kaiserhof lässt sich nicht ausmachen. Allerdings bleibt auch bei hier markanter in Erscheinung tretenden Persönlichkeiten manches im unklaren – die *Renovatio Imperii Romanorum* war, gerade mit Blick auf den Osten, keineswegs eine abgerundet-geschlossene Konzeption; ein jugendlicher Kaiser und dessen meist junge Berater planten, verwarfen, änderten und improvisierten, teils mit innovatorischer Dy-

502 **Christus krönt Otto II. und Theophanu**, Italien (?), 972 oder 982–983, Elfenbein geschnitzt, Reste von Bemalung. Paris, Musée national du Moyen Age – Thermes de Cluny, Inv. Nr. Cl. 392.

namik, teils durch die konkreten Umstände gezwungen.

„Europas Mitte um 1000" – die Ausstellung hebt es hervor – steht „zwischen Byzanz und dem lateinischen Abendland". Dabei aber bleibt zu beachten, dass Byzanz nicht nur auf direktem Weg auf die sich formierenden Reiche Ostmitteleuropas eingewirkt hat, sondern seit und durch Theophanu und Otto III. auch über das lateinische Abendland. Heribert wurde ebenfalls von solcher Wirkkraft geprägt und setzte seinerseits in dem ihm gegebenen Rahmen entsprechende Zeichen.

Literatur

Fried 1989b. – Müller 1996; 1998.

Der Doge Peter Orseolo II. von Venedig

DANIELA RANDO

Peter Orseolo II. gilt als der bis dato größte Doge Venedigs, und seine Regierung (991–1008) hat sich als chronologischer Fixpunkt für die Epocheneinteilung der venetianischen Geschichte durchgesetzt[1]. Mit der Vertreibung von Seeräubern und dem Zurückdrängen der Kroaten in Dalmatien erwarb er sich große Verdienste um die Vorherrschaft Venedigs zu See. Peter Orseolo pflegte sowohl zum oströmischen wie auch zum westlichen Reich gute Beziehungen, besonders in der Person Ottos III., mit dem er enge Beziehungen (*amoris ac amicitiae vinculum*)[2] unterhielt: Auf dem Weg zur Kaiserkrönung (996) bat Otto III. den Dogen, ihm seinen Sohn zu schicken, so dass er dessen Patenschaft übernehmen könne. Das als politisches Mittel betrachtete Kompaternitätsbündnis wird als Aufnahme der Orseolo in die „Familie der Könige" interpretiert[3]. Umstritten ist jedoch, ob die so genannte oströmische „Familie der Könige" unbedingt Ottos Vorbild war. Jedenfalls war die Patenschaft nur der erste Schritt eines intensiveren Interesses Ottos an Venedig. Im Sommer 1000 vertraute der Kaiser dem venetianischen Gesandten an, dass er sich wünschte, Orseolo heimlich im Dogat zu besuchen. Über diesen Vorgang wurde und wird ausführlich und in vielfacher Weise spekuliert. Mögliche Parallelen bieten Polen und Ungarn, die Ottos grundlegende Neuauffassung vom östlichen Vorfeld des Reiches widerspiegeln: Beide „wurden in die kirchen- und staatsorganisatorische Eigenständigkeit entlassen, ihre Reiche sollten vom *Imperium* nicht (mehr) tributär abhängig sein, sondern sich ihm angliedern, ihre Herrscher dem Kaiser irgendwie brüderlich und freundschaftlich zur Seite stehen". Mittels der Privilegierung und der geistlichen Verwandtschaft sollte für Venedig Entsprechendes vorgesehen sein[4].

Wenn dies zutrifft, hätte sich der Orseolo möglicherweise diesem Anliegen verweigert. Otto III. brach dennoch die Kontakte zu Venedig nicht ab. So ließ er dem Dogen zwei goldene *imperialia ornamenta* übersenden. Er hatte auch Bolesław Chrobry und Stephan von Ungarn eine goldene Krone und eine Replik der Mauritius-Lanze übergeben. „Die Übersendung der *imperialia ornamenta* war Werbung und Bindungsversuch zugleich", die „eine herrschaftsideelle Verbindung zwischen *imperium* und *ducatus* auszudrücken" vermochte[5]. Eine weitere Parallele Polen-Ungarn-Venedig ist schon von P. F. Kehr beobachtet, dann aber weitgehend vernachlässigt worden: Um 1001 erneuerte Silvester II. auf Bitten des Patriarchen von Grado dessen Metropolitanrechte über die Bischöfe Venetiens und Istriens. Anscheinend war das ein weiteres Zugeständnis Ottos auf Kosten des *Regnum*. Bis dahin waren die Metropolitanrechte in Istrien unwidersprochen von Aquileia ausgeübt worden, und „so wäre Grado hier ein Gegenstück zu Gnesen"[6]. All das spricht für die Annahme, Otto III. habe Venedig in die von ihm konzipierte „abendländische Völkerfamilie" einbeziehen wollen[7].

Peter Orseolo II. versuchte indessen, für seine Familie eine dauerhafte Dynastie zu bilden und legte den Grundstein zu einer Heiratspolitik, die sich erst nach seinem Tod entfaltete[8]. Sie war bis dahin ohne Vorbild, denn nur einzelne Dogengeschlechter heirateten in den europäischen Adel ein[9]. Dabei waren diese Verbindungen eindeutig nach Osten und Nordosten ausgerichtet, also zu den Völkern, die dabei waren, sich neue politische Strukturen zu schaffen. So war Peters Sohn Otto Schwager Königs Stephans von Ungarn geworden und regierte als Doge bis 1024, dem Jahr, in dem er durch einen Aufstand vorübergehend verjagt wurde. Ein zweiter Aufstand, zwei Jahre später, zwang ihn ins Exil nach Konstantinopel und seinen Sohn Peter nach Ungarn. 1030 wurde Otto wieder nach Venedig zurückgerufen, aber er starb während der Überfahrt 1032 – damit verloren die Orseolo endgültig die Dogenwürde[10]. Ottos Sohn Peter blieb in Ungarn weiter am Hof König Stephans. Dieser bestimmte ihn sogar nach dem Tod des eigenen Sohnes 1031 zu seinem Nachfolger, und als solcher wurde er 1038 zum ungarischen König gekrönt, nachdem er dem sterbenden Stephan versprochen hatte, dessen Witwe Gisela zu beschützen und ihre Rechte nicht anzutasten. Bald jedoch geriet Peters Partei mit einer angeblich „national-ungarischen" Partei in Konflikt. 1041 floh er zu Markgraf Adalbert I. von Österreich, seinem Schwager[11], und dann ins Reich zum Salier Heinrich III., der sich zu seiner Unterstützung bereitgefunden hatte. Im Jahr 1044, nach dem Sieg des Reichsheeres über Orseolos ungarische Gegner, wurde Peter neuerlich zum König gekrönt und huldigte seinerseits Heinrich III. als Lehnsherrn. Aber auch diese Stabilisierung war nicht von Dauer, denn 1046 erhob sich gegen Peter eine weitere nationale, dazu noch antichristliche Reaktion. Er wurde gefangen, geblendet und starb bald darauf[12]. Seit Peter Orseolos Flucht nach Ungarn liegen seine Beziehungen mit der Familie und der Politik in seiner Heimat Venedig im Dunkeln. Im 14. Jahrhundert wusste der Doge und Chronist Andrea Dandolo nur von der Heirat Otto Orseolos mit der Schwester Stephans von Ungarn; bisher ist es noch nicht gelungen, die Quelle für diese Nachricht ausfindig zu machen[13]. Dandolo verwechselte zudem noch Peter mit Salomon, als er über die Rolle des ungarischen Königs in der Rebellion von Zara gegen Venedig berichtete[14]. Auch der repräsentativste Venedig-Historiker unseres Jahrhunderts, Roberto Cessi, verliert kein Wort über Peter als König von Ungarn[15]: So gingen die Spuren der ambitionierten Politik der Orseolo bei der Genese der Mitte Europas verloren.

Fazit bleibt, dass bei den verstärkten Ost-West Kontakten um das Jahr 1000 Venedig sowohl in der abendländischen Imperiumskonzeption Ottos III. als auch durch die eigene dynastische Politik der Orseolo eine neue Rolle spielte. Dass sich diese Rolle nicht nur auf Politik und Ideologie beschränkte, lassen weitere, aber spärliche Spuren erkennen: da sind zum einen die widersprüchlichen Belege über Gerardus de Venetiis, später Gerhard (ungarisch: Gellért), Bischof von Csanád; zum andern erscheinen noch zwei weitere Orseolo, der Vater Peter II. (der ehemalige Doge Peter I.) und dessen Enkel Orso, der spätere Bischof von Torcello und Patriarch von Grado, im Kreis um Romuald von Ravenna und Wilhelm von Dijon in Venedig[16].

Anmerkungen

1 Ortalli (1980) 339–438: 427. Vgl. auch Rösch (1993) 1477 u. Ortalli (1992) 725–790: 774–780.
2 La cronaca veneziana del diacono Giovanni. In: Cronache veneziane antichissime, a cura di Giovanni Monticolo (Roma 1890) (= Chronicon Venetum, MGH. SS VII 1–38) 57–171: 149.
3 Giese (1993) 219–243; 233.
4 Giese (1993) 236. Vgl. Fried (1989a) 63 und 36–37. – Althoff (1996) 156–159.
5 Giese (1996) 241.
6 Kehr (1927) 1–180: 78.
7 Giese (1993) 242.
8 Sein erster Sohn, Johannes, der Mitregent wurde, hatte die Nichte von Basileios II. geheiratet. Nach dessen Tod wurde sein Bruder, Otto, Mitregent und dann Doge. Dieser heiratete 1009 die Schwester Stephans von Ungarn. Dessen Sohn, Peter, wurde später König von Ungarn und dessen Tochter Froiza heiratete Adalbert I., Markgraf von Österreich. Eine Tochter Peters II. heiratete Stephan, Sohn Kresimirs III., Königs von Kroatien, der selber später König wurde. Zwei weitere Söhne Peters II. wurden Kleriker: Orso wurde Bischof von Torcello und dann Patriarch von Grado; sein Bruder Vitale wurde darauf dessen Nachfolger in Torcello. Drei weitere Töchter Peters II. gingen ins Kloster.
9 Rösch (1989) 16.
10 Zuletzt Gasparri (1992) 791–826: 792–794.
11 Über die Verwandschaft, Lechner (1976) 72; 79; 327 A. 95.
12 Schmitt (1993) 1931–1932. Nicht ganz übereinstimmend: Fest (1923). – Makkai (1971) 21–127: 35–37. – Kosztolnyik (1981) 59–61. – Dienst (1991) 63–102; 81–82; 84. – Kristó (1993) 79–88.
13 Andreae Danduli ducis Venetiarum Chronica per extensum descripta aa. 46 – 1280 d. C. a cura di Ester Pastorello. In: Rerum Italicarum scriptores. Nuova ed., 12,1 (Bologna 1938–58 ND Torino 1966) LXV u. 203.
14 v. Šišić (1917) 209 u. a. 3. Danduli ducis Venetiarum Chronica, 211.
15 Vgl. Cessi (1963).
16 Rando (1994) 133–135.

Polen und Ungarn als Stützpunkte Ottos III. im Osten

JÓZSEF GERICS

Vor vielen Jahrzehnten traf der berühmte Mediävist József Balogh eine sehr wichtige Feststellung: „Den weltpolitischen Hintergrund der ungarischen Staatsgründung ... der *Renovatio Imperii Romani* und ... das große Werk von St. Stephan können wir nur dann richtig und zur Gänze beurteilen, wenn wir ihn in diesen Zusammenhang einfügen"[1]. Es scheint so, dass diese Feststellung von der Analyse eines Satzes des Prologs zum ersten Gesetzbuch St. Stephans direkt bestätigt wird. Der große König trägt in diesem Prolog vor: „*Et quoniam unaqueque gens propriis utitur legibus, idcirco nos quoque dei nutu nostram gubernantes monarchiam, antiquos ez modernos imitantes augustos, decretali meditacione nostre statuimus genti, quemadmodum honestam et inoffensam ducerent vitam ... Que autem decrevimus, in sequentibus subnotavimus lineis ...*" (Da ein jedes Volk seine eigenen Gesetze anwendet, haben wir ebenfalls nach dem Willen Gottes unsere Monarchie regierend, in Befolgung der antiken und der jetzigen Kaiser, in einer Gesetz schaffenden Überlegung unserem Volke angeordnet, wie es ein anständiges und ungestörtes Leben führen soll ... Was wir jedoch angeordnet haben, das haben wir in den nachfolgenden Zeilen aufgezeichnet)[2].

Eine direkte Quelle des zitierten Satzes wurde von I. Madzsar im *Lex Baiuwariorum* bestimmt[3]. Dessen Einleitung zählt – indem sie sich eng an den Text des Isidor von Sevilla hält – die großen Gesetzgeber der verschiedenen Völker auf: bei den Juden Moses, bei den Griechen Solon und Lykurg, bei den Römern König Numa Pompilius, das Gesetz auf den zwölf Tafeln, die ergebnislosen Kodifikationsversuche von Pompeius und Cäsar, dann die Kaiser Konstantin der Große und Theodosius. Danach wird fortgesetzt: „*Deinde unaqueque gens propriam sibi ex consuetudine elegit legem. Longa enim consuetudo pro lege habetur ... Mos est vetustate probata consuetudo, sive lex non scripta ...*" (Deshalb hat jedes Volk aufgrund der Gewohnheit sich selbst sein Gesetz gewählt, denn die lange Gewohnheit wird für ein Gesetz gehalten ... Das Gewohnheitsrecht / *mos* / ist aufgrund der alten Existenz ein bewährter Brauch, das heißt ein nicht in Schrift gefasstes Gesetz ...) „Der fränkische König Theuderich ... wählte gebildete Männer aus, die in seinem Reich in den alten Gesetzen bewandert waren. In seiner Redaktion ließ er das Gesetz der Franken und das der Alemannen und das der Bayern niederschreiben, jedem Volk nach seinem eigenen Gewohnheitsrecht /*consvetudo*/, unter dessen Macht es lebte, darum ergänzt, worum es ergänzt werden musste, und das aus ihm entfernend, was nicht dahin passte und was nicht am Platze war".

Der zitierte Prolog des Gesetzes von Stephan I. wendet außer dem dargestellten Detail aus dem bayerischen Volksgesetz auch eine Terminologie an, die eine Besonderheit der Quellen des 9. Jahrhunderts ist. Als Vertreter dieser könnten die Zeilen das Mönchs Angelomus aus den Jahren 851 bis 852 erwähnt werden, mit denen er Kaiser Lothar nach dem Beispiel von Theodosius II. anspornt: „... Theodosius ... handelte mit einem so großen Eifer, dass er mit ständiger Überlegung /*iugi medidatione*/ und in seiner Redaktion das von Gott eingegebene römische Gesetz niederschreiben ließ"[4].

Stephan veränderte das, was im bayerischen Gesetz und in dem von Angelomus vertretenen Texttyp enthalten ist, an wesentlichen Stellen. Diese erwähnten nämlich die Gesetzgebung von antiken christlichen Kaisern als Beispiel. Konstantin lebte 700, Theodosius II. 600 Jahre vor Stephan. In seinem Gesetz erweiterte er die Befolgung der antiken Kaiser um die Berufung auf „die jetzigen Kaiser". Unter ihnen dachte er zweifelsohne vor allen anderen an Otto III. „Die Befolgung der antiken und der jetzigen Kaiser", die Fundierung auf ein doppeltes Beispiel ist eine Stellungnahme für das römische Renovationsprogramm Ottos III., drückt seine Anerkennung durch Stephan aus durch die Betonung der von Stephan erlassenen inländischen Gesetze mit der Betonung durch die Worte des *Lex Baiuwariorum*. Man kann sagen, dass hier von der *imitation imperii Hungarica* die Rede ist.

Über die Rolle Ottos III. bei der Gründung des Königreichs von Stephan hat die Chronik des Bischofs Thietmar von Merseburg († 1018) einen kurzen, sehr häufig untersuchten Bericht bewahrt. Seine Arbeit hatte er geschrieben, als die kirchenorganisierende Tätigkeit Stephans überhaupt noch nicht abgeschlossen, sondern noch im Gange war. Die Nachricht des Bischofs von Merseburg lautet in lateinischer Sprache: „*Inperatoris autem predicti (Ottonis III.) gratia et hortatu gener Henrici, ducis Ba-*

wariorum, Waic in regno suimet episcopales cathedras faciens, coronam et benediccionem accepit"[5]. (Von Gnaden des Erwähnten [Ottos III.] und auf die Anregung des Herzogs Heinrich von Bayern, seines Schwagers, erhielt Vajk [= Stephan], der in seinem Land einen Bischofsstuhl errichtet, eine Krone und Segen.)

Zur richtigen Deutung des Ausdrucks „inperatoris ... gratia et hortatu" kann die Beobachtung des Wortgebrauchs des Chronisten führen. Seiner Aufzeichnung nach wurde im Jahre 999, nachdem Papst Gregor V. verstorben war, „von Kaisers Gnaden (*gratia inperatoris eidem successit*) sein Nachfolger" Silvester II. Papst[6]. Der Angabe der Chronik aus dem Jahre 996 nach setzte Otto III. unter dem Namen Gregor V. seinen Neffen ... Bruno „*in loco Johannis papae nuper defuncti cum omnium laude praesentium statuit*" (mit lobendem Einverständnis aller Anwesenden an die Stelle des vorher verstorbenen Papstes Johannes [XV.])[7].

Die Urkunde Ottos III. brachte, wie es allgemein bekannt ist, das Besteigen des päpstlichen Thrones durch Silvester II. wie folgt zum Ausdruck: „*domnum Siluestrum magistrum nostrum papam elegimus ... ordinavimus et creavimus*"[8]. (unseren Meister, Herrn Silvester wählten wir zum Papst, ... bestellten und ernannten ihn.)

Vom Gesichtspunkt der Terminologie aus stimmt die Gewinnung der Krone Stephans von Ottos III. Gnaden (*gratia*) und seine Salbung überein mit dem Vortrag derselben Chronik über die Nachfolge auf dem päpstlichen Thron durch Silvester II. (*gratia*). Das Synonym für „*gratia inperatoris succedere (papae)*" lautet beim Chronikschreiber im Falle von Gregor V.: „*in loco ... papae ... defuncti ... statuere / präziser: statui /*", in der zitierten Urkunde Ottos jedoch „*papam eligere ... ordinare et creare*".

Aufgrund der Beobachtungen kann im Vortrag des Chronisten die Verleihung der Krone an Stephan und seine Salbung „*inperatoris ... gratia et hortatu*" keine vernachlässigbare Wortblume oder eine hingeworfene Bemerkung des Autors sein, sondern dem Chronisten nach die Gewinnung der Würde auf der Grundlage der konstitutiven Handlung Ottos III., und zwar genau so wie die Erhebung zum Papst.

Der Bericht über die Thronbesteigung König Stephans in einer mit der Ernennung zum Papst identischen Terminologie drückt die sehr hohe Wertung der Würde des ungarischen Königs durch den Chronisten und seine nicht in Zweifel zu ziehende Hochschätzung aus.

Bei der Gewinnung der Königswürde durch Fürst Stephan schreibt das Manuskript – des Werkes von Ademarus Cabannensis Otto III. eine ähnliche Rolle zu wie der Merseburger Chronist. Ademarus verwechselt zwar Stephan mit seinem Vater Géza, doch ist sein Werk die einzige Arbeit eines Geschichtsschreibers, die die Nachricht von der Zusendung der Königslanze an den ungarischen Fürsten durch Otto III. beibehalten. Außerdem berichtet es auch darüber, dass Otto dem ungarischen Fürsten die Erlaubnis erteilt hatte: „*dans ei licentiam ferre lanceam sacram ubique sicut ipsi imperatori mos est...*" (er erteilte ihm die Erlaubnis, überall eine Lanze tragen zu lassen, wie dies auch der Brauch des Kaisers ist). Dieser Umstand ist in dem übrigens verwandten Text nicht enthalten, den Gallus Anonymus am Anfang des 12. Jahrhunderts über die Geschichte von Bolesław Chrobry und Otto III. niedergeschrieben hatte.

Der um 1035 bis 1037 wirkende Arnold hielt in seiner Arbeit fest, als Otto 996 von Regensburg nach Italien reiste, wurde vor ihm die heilige und das Kreuz tragende Lanze getragen „*ex more precente sancta et crucifera imperiali lancea*". Die Aufzeichnung Arnolds beweist die Selbständigkeit des Manuskripts – des Ademarus und seine Unabhängigkeit von Gallus Anonymus. Die Nachricht von Ademarus über die Schenkung der Lanze durch Otto III. an den ungarischen Herrscher kann also für zuverlässig gehalten werden[9].

In der Darstellung der beiden zeitgenössischen Chronisten spielte Otto III. eine bestimmende Rolle bei der Gründung des ungarischen Königreiches[10].

Anmerkungen

1 Balogh (1943) 318 (mit weiterer Fachliteratur).
2 Závodszky (1904) 141.
3 Madzsar (1921) 59. – Der zitierte Teil aus dem bayerischen Volksgesetz: Diplomata Hungariae 446 Anm. 441.
4 Zitiert nach: Anton (1918) 446 Anm. 441.
5 Thietmar (Kurze) 97. Zum Thema vgl. Gerics (1990) 93–98.
6 Thietmar (Kurze) VII. 40 (VI. 61) 191.
7 Thietmar (Kurze) IV. 27 (18), 80.
8 Schramm (1929) II, 67.
9 Gerics/Ladányi (1995) 43–50.
10 Zum gesamten Fragenkomplex: Fried (1989a).

Kaiser Otto III. und Aachen

KNUT GÖRICH

Der Bischof Adalbold von Utrecht notierte um das Jahr 1020, dass der knapp zwei Jahrzehnte zuvor verstorbene Kaiser Otto III. (980–1002) die Marienkirche in Aachen auf einmalige Art geschätzt und mit großem Vermögen ausgestattet habe[1]. Diese Nachricht steht in der Lebensbeschreibung, die Adalbold über den Nachfolger Ottos III., Kaiser Heinrich II., verfasste; und sie ist vielleicht eine Kritik an Heinrich, denn dieser hatte die Marienkirche zwar mit einer reichen liturgischen Ausstattung versehen, von deren Pracht noch heute der Ambo in der Kirche zeugt, aber er hatte ihr auch die überaus großzügigen Schenkungen Ottos III. wieder entzogen. Heinrichs Motive dafür liegen letztlich im Dunkeln. Ottos Bevorzugung Aachens fiel nicht nur Adalbold auf. Auch in den Quedlinburger Annalen wurde vermerkt, dass Otto stets darauf hingewirkt habe, nach Rom vor allen anderen Städten Aachen den Vorzug zu geben[2]. Solche Einschätzungen der Zeit-

503 Urkunde Kaiser Ottos III. für das Nonnenkloster auf dem Salvatorberg vom 27. Oktober 997. Düsseldorf, Nordrhein-Westfälisches Hauptstaatsarchiv, Nr. 1 (A): 997 Okt. 27. Die schon im 9. Jahrhundert auf dem Salvatorberg erbaute Kirche war 870 von Kaiser Ludwig dem Deutschen der Abtei Prüm übertragen worden. Um an dieser Stelle ein Frauenkloster gründen zu können, mußte Otto III. die Kirche erst durch einen Gütertausch von Prüm wieder zurückerwerben.

786 Die Formierung der Mitte Europas

504 Alfred Rethel, Entwurf für ein Fresko „Otto III. in der Gruft Karls des Großen", Graphit/Tusche mit Gold gehöht. Dresden, Staatliche Kunstsammlung, Kupferstichkabinett, Inv. Nr. – 1897–76. Der Maler orientierte sich an der bei Ademar von Chabannes (Chronicon III 31) und im Chronicon Novaliciense (III 32) unabhängig von einander überlieferten, freilich unwahrscheinlichen Nachricht einer Sitzbestattung Karls des Großen.

genossen decken sich mit den Erkenntnissen der modernen Itinerarforschung: fünfmal hielt sich Otto III. zwischen November 997 und Mai des Jahres 1000 in Aachen auf. So häufig suchte er nördlich der Alpen nur die bedeutende Pfalz Ingelheim auf[3]. Zwar war Aachen seit der Königskrönung seines Großvaters Ottos I. (936) zum traditionellen Krönungsort der ostfränkischen Herrscher geworden; aber als Aufenthaltsort des königlichen Hofes spielte die Ansiedlung dennoch kaum eine Rolle. Die Zäsur fällt erst in die Zeit von Ottos eigenverantwortlicher Regierung seit 994. Mit einem päpstlichen Privileg begann die Erhöhung Aachens. Papst Gregor V., ein Vetter Ottos III., zeichnete auf dessen persönliche Initiative hin das Marienstift am 8. Februar 997 in besonders auffälliger Weise aus: am ranghöchsten Altar der Stiftskirche, dem Marienaltar, sollten künftig nur sieben Kardinaldiakone und sieben Kardinalpriester, die aus dem Kreis der Stiftskanoniker bestimmt wurden, sowie der Erzbischof von Köln als zuständiger Metropolit und der Bischof von Lüttich als zuständiger Ortsbischof die Messe lesen dürfen[4]. Diese Anlehnung an die stadtrömische Liturgie sollte den besonderen Rang des Stifts demonstrieren. Damit verbunden war vielleicht auch die Absicht, den für Rom typischen Stationsgottesdienst nachzuahmen, der sich an besonderen Feiertagen des Kirchenjahrs in Gestalt von Prozessionen zu den einzelnen Stationskirchen vollzog. Denn noch im selben Jahr wurden in Aachen drei Kirchen neu- bzw. wiedergegründet: im Oktober 997 privilegierte Otto III. das Frauenkloster auf dem Salvatorberg (Abb. 503) und das neugegründete Kanonikerstift St. Adalbert; damals dürfte auch schon Gregor von Kalabrien zum Abt der neuen Mönchsabtei Burtscheid berufen worden sein. Weil diese Neugründungen vermögensrechtlich eigenständig und außerdem von der bisherigen Pfarrhoheit des Marienstifts unabhängig sein sollten, hatte Otto III. kurz zuvor am 12. Oktober 997 dem Marienstift die Einkünfte aus den Handelszentren Dortmund und Tiel übertragen und damit für zukünftige Verluste aus den Zehnteinnahmen entschädigt, die durch die drei Kirchengründungen absehbar geworden waren. Wenn diese jüngst von dem Aachener Historiker Ludwig Falkenstein vorgetragene Deutung[5] richtig ist, dann müssen Ottos Pläne zur Erhöhung

505 Wilhelm von Kaulbach, Fresko „Otto III. in der Gruft Karls des Großen" (heute zerstört). Nürnberg, Germanisches Nationalmuseum, Gm 496a.

506 Kreuzreliquiar, Aachen, Domschatz. Das in einer um 1165 vielleicht in Lüttich gefertigten Kreuzkapsel geborgene, ältere Kreuzreliquiar gilt der Aachener Tradition nach als das Halskreuz Karls des Großen, das Otto III. dem Karlsgrab entnommen haben soll.

Aachens bereits in die Zeit vor das Papstprivileg von 997 und damit zumindest in das Jahr seiner römischen Kaiserkrönung 996 zurückreichen. Dafür spricht ein auffälliges Indiz: in der Urkunde Gregors V. wurde als vom Marienstift jährlich an Rom zu entrichtender Zins ein Pfund reinsten Goldes festgesetzt. Für eine so astronomisch hohe Zinssumme gibt es keine zeitgenössische Parallele; sollte sie einen realen Hintergrund gehabt haben, und dieser Annahme steht nichts entgegen, dann muss sie in sicherer Erwartung erheblicher Einnahmen des Marienstifts, also wohl bereits im Hinblick auf Ottos großzügige Schenkungen im Oktober 997, festgesetzt worden sein. In dieser Zusammenschau ergibt sich ein konsequent verwirklichtes Vorhaben zur Erhöhung des Marienstifts und zum Ausbau der präurbanen Siedlung Aachen. Dies gilt auch für Ottos Verehrung Karls des Großen, die sich gerade in den für Aachener Empfänger ausgestellten Urkunden niederschlägt. Bevor der Kaiser zu Pfingsten des Jahres 1000 das Karlsgrab im Marienstift öffnen ließ, hatte er mehrfach an die Karlstradition angeknüpft: dazu gehörten Stiftungen zum Seelenheil des Karolingers im Oktober 997, aber auch die ausdrückliche und erstmalige Erwähnung des Aachener Thronsitzes als des Thrones Karls des Großen im Februar des Jahres 1000)[6]. Die Karlsverehrung stand zweifellos auch hinter Ottos Zuwendungen an das Marienstift und seinen Aachener Gründungen; sie zeichneten den Ort aus, der das Karlsgrab barg und vor allem dadurch mit seinem Andenken verbunden war. Damit kann zwar ein klares Motiv benannt werden, unklar bleibt aber, wie und durch wen es dem Kaiser vermittelt wurde. Ebenso wie bei der Erhöhung des Marienstiftes handelte Otto III. auch bei der Öffnung des Karlsgrabes gewiss nicht alleine[7]. Denn wenn, wie allgemein angenommen wird, das Grab damals nicht gekennzeichnet war, dann wusste der Kaiser selbst sicher am wenigsten, wo es sich befand; ohne Hilfe der Stiftsgeistlichen hätte die Suche schwerlich erfolgreich sein können. Thietmar von Merseburg berichtet, das Grab sei „heimlich" geöffnet worden[8] – also wahrscheinlich nachts und vor nur wenigen Zeugen, am ehesten in Gegenwart des Diözesanbischofs Notker von Lüttich und des Erzbischofs Heribert von Köln (Abb. 504; 505). Ein solches Vorgehen war bei der Öffnung von Heiligengräbern üblich. Mit dem Vorstellungsbereich der Heiligenverehrung verbunden sind auch die Nachrichten, wonach der Kaiser dem Grab entweder unzerstörte Gewandreste und ein goldenes Kreuz wie Berührungsreliquien oder sogar Zahn und Fingernägel als teilbare Körperreliquien entnommen habe (Abb. 506). Folgte der Auffindung eines Heiligen üblicherweise jedoch die Erhebung der Gebeine am Fundort und ihre Niederlegung bei einem Altar oder sogar in ihm, so unterblieb eine solche Anerkennung

Karls als eines Heiligen und die Integration seines Kults in das liturgische Geschehen; sein Grab wurde wieder geschlossen, und noch gegen 1030 wurde an ihm nurmehr der beim Totengedächtnis übliche Anniversartag gefeiert. Einem regelrechten Heiligenkult um Karl den Großen standen auch gewichtige Hindernisse entgegen. Zwar war insoweit eine Grundlage dafür vorhanden, als er dem 10. Jahrhundert als Apostel der Sachsen, als ihr Bekehrer zum Christentum und als Schöpfer ihrer Kirchenorganisation in Erinnerung war. Gleichzeitig aber konnte nach zeitgenössischen Vorstellungen ein der Verehrung würdiger Märtyrer nur sein, wer um des Glaubens willen einen gewaltsamen Tod erlitt oder sich einem asketischen Leben verschrieb, was beides auf den Karolinger nicht zutraf. Und doch könnte die Graböffnung gleichsam erstes Glied in einer von Otto vorgesehenen Kette aufeinanderfolgender Handlungen gewesen sein und nur vorbereitenden Charakter gehabt haben. Generell war das Wissen um die genaue Lage des Grabs und um das Vorhandensein der Gebeine die unverzichtbare Voraussetzung eines Heiligenkults.

Ein Kult um einen heiligen Kaiser wäre aber aus den erwähnten Gründen nicht leicht in die kirchliche Tradition integrierbar gewesen. Über die Motive der Graböffnung ist abschließende Gewissheit nicht zu erlangen; aber die Indizien sprechen dafür, dass Otto III. eine Heiligsprechung Karls des Großen beabsichtigte – über eineinhalb Jahrhunderte vor der unter Kaiser Friedrich Barbarossa (um 1122–1190) im Jahre 1165 erfolgten Kanonisation des Karolingers. Der Zeitpunkt der Graböffnung, das Pfingstfest, lässt einen wichtigen Aspekt in Ottos Auffassung von seinem Kaisertum erkennen. Pfingsten ist das Fest der Ausgießung des Heiligen Geistes über die Apostel, und das in der Apostelgeschichte überlieferte Sprachwunder steht für die Universalität der christlichen Verkündigungsaufgabe. Es fällt schwer, den Abschluss der Gnesenfahrt in Aachen zu diesem Kirchenfest als zufällig oder gar bedeutungslos anzusehen. Auf der Pilgerfahrt an das Grab des heiligen Adalbert nach Gnesen (Gniezno) nannte sich Otto nach dem Vorbild der Apostel „Diener Jesu Christi" (*servus Jesu Christi*) und „durch den Willen Gottes, des Erlösers und

507 **Armreliquiar Karls des Großen, Maasländisch, um 1165. Paris, Musée du Louvre. Die Vorderseite (oben) zeigt in der Mittelarkade Maria, die Patronin des Aachener Münsters, eingerahmt von zwei adorierenden Engeln sowie außen Kaiser Friedrich Barbarossa (links) und seine zweite Gemahlin Beatrix (rechts). In der Mittelarkade der Rückseite (unten) ist Christus dargestellt, eingerahmt von den Aposteln Petrus und Paulus sowie außen Kaiser Konrad III. (links) und Herzog Friedrich von Schwaben (rechts).**

Otto III. und die Erneuerung des Römerreiches

unseres Befreiers Kaiser der Römer und Augustus" (*Romanorum imperator augustus secundum voluntatem Dei salvatoris nostrique liberatoris*); Glaubensverbreitung als kaiserliche Aufgabe und ganz persönliches Sündenbewusstsein verbanden sich in seinem Handeln zu einer Einheit, universales Heilsgeschehen und politisches Handeln flossen ineinander[9]. Sollte die aus unsicherer Überlieferung stammende Nachricht, Bolesław Chrobry habe als Gegengabe für die Adalbertsreliquien von Otto den im Karlsgrab gefundenen Thronsitz erhalten, einen irgendwie wahren Kern haben, und sollte Bolesław Chrobry tatsächlich, wie angenommen wird, Otto bis nach Aachen begleitet haben, dann fungierten Adalbert und Karl der Große geradezu als Patrone sowohl der zwischen dem ottonischen und polnischen Herrscher in Gnesen geschlossenen Freundschaft wie auch der als gemeinsame Aufgabe begriffenen Glaubensverbreitung unter den heidnischen Slawen. Mit der Graböffnung zu Pfingsten behandelte Otto Karl den Großen nicht nur wie einen Heiligen, sondern ehrte damit auch einen Amtsvorgänger, der seiner Vorstellung nach die kaiserliche Aufgabe der Glaubensverbreitung vorbildlich erfüllt hatte. Ist es ein Zufall, dass mit der Stiftung zugunsten der Karlsmemoria im Oktober 997 der früheste Anhaltspunkt für Ottos ausdrückliche Bezugnahme auf die Karlstradition in die Zeit nach dem Tod Adalberts von Prag fiel, der am 23. April 997 bei den baltischen Pruzzen das Martyrium erlitten hatte? Otto hatte Adalbert kennen- und wohl auch schätzengelernt, wenngleich zweifelhaft ist, ob die unter dem Eindruck des Martyriums entstandenen Heiligenviten ein verlässliches Bild der Beziehung zwischen beiden Personen vermitteln. Jedoch wissen wir durch Thietmar von Merseburg, der Kaiser habe Gott dafür gedankt, „dass er zu seiner Zeit einen solchen Diener mit der Siegespalme des Martyriums zu sich genommen" habe[10]. Durch sein Martyrium war der Bischof von Prag geheiligt, und Otto III. ließ sich die Förderung seines Kults besonders angelegen sein: die erste Kirche, die noch in Adalberts Todesjahr nach dem neuen Heiligen benannt wurde, dürfte das in Aachen neugegründete Kollegiatstift gewesen sein. Adalberts Märtyrertod im April 997, Ottos Gründung von St. Adalbert in Aachen und der erste ausdrückliche Bezug auf die Karlstradition, Ottos Reise zum Adalbertsgrab nach Gnesen Anfang 1000 sowie die Öffnung des Karlsgrabes im Mai 1000 scheinen zusammenzuhängen. Karl der Große, der Bekehrer der Sachsen, war gleichsam das Rollenmodell für den als Glaubensverbreiter nach Gnesen gezogenen Kaiser des Jahres 1000. Die karolingische Tradition in Aachen muss auch den polnischen Piasten beeindruckt haben: Reflexe davon sind im Plan erkennbar, die ottonische sakrale Anlage Aachens in Krakau zu imitieren, aber auch im programmatischen Beinamen von Bolesławs 1016 geborenem Enkel Kasimir-Carolus[11]. Nicht einmal zwei Jahre später war Otto III. tot. Mit ihm sanken auch seine Pläne ins Grab, darunter wohl die Heiligsprechung Karls des Großen und vielleicht auch die beabsichtigte Erhebung Aachens zum Bistum, für die jüngst Ernst-Dieter Hehl im erwähnten Kardinalprivileg Gregors V. ein Anzeichen erkannte[12]. Dass es Ottos Wunsch war, in Aachen beigesetzt zu werden, liest man in der erst vier Jahrzehnte nach seinem Tod vom Deutzer Mönch Lantbert verfassten Lebensbeschreibung des Kölner Erzbischofs Heribert. Weil eine ausdrückliche Anweisung Ottos in Quellen, die von der Interessenlage Kölns unabhängig sind, nicht überliefert ist, wird in dieser Frage völlige Sicherheit kaum zu erlangen sein. Festzuhalten bleibt aber, dass die Beisetzung Ottos III. angesichts seiner zu Lebzeiten bewiesenen Wertschätzung und Bevorzugung dieses Ortes nur konsequent scheint[13]. Manche sahen Ottos frühen Tod als Zeichen Gottes: in Hildesheim galt er als Strafe für die Öffnung des Karlsgrabes. Ein Zeitgenosse hielt Ottos Feldzug gegen die Apostelstadt Rom für ursächlich. Fiel durch Ottos Tod der Schatten des

508 Armreliquiar Karls des Großen, Maasländisch, um 1165. Paris, Musée du Louvre. Die rechte Schmalseite des Armreliquiars zeigt eine flachgetriebene silberne Halbfigur mit der Umschrift OTTO MIRABILIA MU(N)DI.

Frevels auf die Graböffnung, und wollte deshalb Heinrich II. nicht an die Karlsverehrung seines Vorgängers anknüpfen? Wir wissen es nicht. Sicher ist aber, dass Heinrich mit seinen jahrelangen blutigen Fehden gegen Bolesław Chrobry und vollends durch sein Bündnis mit den heidnischen Elbslawen gegen den christlichen Herrscher Polens[14] eine Politik verfolgte, die Ottos Plan einer gemeinsamen Glaubensverbreitung unter den Slawen *ad absurdum* führte. Damit entfiel auch sicher ein Hauptgrund, das Andenken an Karl den Großen als heiligmäßigen Bekehrungskaiser weiter zu aktualisieren. Aus dem Schweigen der Aachener Quellen über die Karlsgraböffnung wurde geschlossen, sie sei von den Aachener Stiftsgeistlichen selbst verurteilt worden[15]. Nun lässt die spärliche Aachener Überlieferung für diese frühe Zeit vieles im Dunkeln. Den schlagenden Beweis dafür, dass die Erinnerung an Ottos Graböffnung aber noch im 12. Jahrhundert lebendig war, liefert auch keine Schriftquelle, sondern das Armreliquiar Karls des Großen, das Friedrich Barbarossa 1165 stiftete (Abb. 507). Auf seiner rechten Schmalseite zeigt ein silbernes Flachrelief das mit der Umschrift „Wunder der Welt" (*mirabilia mundi*) versehene Brustbild Ottos III. (Abb. 508). Schwerlich dürfte es für diese Darstellung einen anderen Grund gegeben haben als das ehrenvolle Gedenken an den Amtsvorgänger Barbarossas, der seinerseits die Karlsverehrung förderte, ja der Heiligsprechung von 1165 mit der unvergessenen Graböffnung im Jahr 1000 geradezu den Weg gewiesen hatte. Offenbar wurde die Erinnerung an das Geschehen im Jahre 1000 innerhalb der Aachener Stiftsgemeinschaft mündlich weitergegeben, so dass zur Zeit des Stauferkaisers noch nicht vergessen war, welche Verbindung zwischen Otto III. und der Verehrung Karls des Großen bestanden hatte.

Anmerkungen

1   Adelbold, Vita Heinrici 50.
2   Annales Quedlinburgenses 77 Z. 30–34.
3   Zotz (1997) 349–386; 360–362.
4   Papsturkunden 2, Nr. 340, S. 663f.
5   Falkenstein (1998).
6   MGH DO III Nr. 257, S. 674f., und Nr. 347, S. 776f. Zu Ottos Schenkungen für Aachen grundlegend jetzt Falkenstein (1989) 69–169.
7   Dazu ausführlich K. Görich (1998) 381–430.
8   Thietmar IV 47, 184 Z. 34.
9   MGH DO III Nr. 344, 346–48, 350, 352–53, 355, 358–59, 361, 366 und 375. – In Ottos Gnesenfahrt vermutet Fried (1998b) typologische Nachahmung biblischer Vorbilder.
10   Thietmar IV 28, S. 167 Z. 1–2.
11   Michalowski (1989) 45–69. – Ludat (1971) 86 mit Anm. 494–496.
12   Hehl (1997b) 169–203, bes. 192–203; ablehnend Falkenstein (1998) 91–97.
13   Eine Initiative Heriberts vermutet Ehlers (1997) 47–76; 58–64; eine frühzeitige Entscheidung Otto III. für Aachen sieht Hehl (1997b) 196 u. 198.
14   Dazu Görich (1997) 95–167.
15   Beumann (1967) 9–38; zitiert nach dem Wiederabdruck in: Ders. (1972) 347–376; 372.

Otto III. – Christianisierung und Endzeiterwartung

OLIVER RAMONAT

Der Kaiser als Knecht – einsam, von lastender Verantwortung fast zu Boden gedrückt, steht er am äußersten Ende seines Reiches, jeden Moment gewärtig, sein mit letzter Kraft geordnetes, christliches Gemeinwesen dem göttlichen König zu übergeben, sein Haupt senkt sich in Demut, der Richter kommt. Aber der Kaiser geht nicht geduckt. Er ist Erbe einer großen Tradition, Vollender einer großen Geschichte, ja, er ist Erneuerer eines von Gott eingesetzten Reiches, Erneuerer einer von Gott gegründeten Kirche, es war seine Zeit, die die Höhe erklomm, auf der er jetzt steht. Und trotz aller Devotion war es eine Höhe, die der Titel signalisierte: „Knecht Gottes" hatte sich Paulus als Apostel in seinem Brief an die römische Gemeinde genannt. Der Kaiser als Knecht – der Kaiser als Apostel. Was er für die *Ekklesia* vollbrachte, ist sein unverlierbarer Eintrag im Buch des Lebens, im Schlechten, wie im sehnsüchtig erhofften und auf Knien erbetenen Guten.

Als Kaiser ist er einsam – doch umgeben ist er von königlichen Brüdern, als Kaiser trägt er die Verantwortung – mit Königen teilt er sie. Bevor das Ende kommt, so verhieß seit Jahrhunderten die Kaisersage, wird das Reich, wird die Welt unter Führung des christlichen Kaisers geeint werden, wird der Glaube und die Einheit im Glauben an die äußersten Grenzen getragen werden, wird den Völkern, die da hören, das Evangelium gepredigt werden, wird getauft und vergeben. Otto zögerte nicht, diese Zukunft beherzt zu ergreifen. Er förderte auf gänzlich neue Weise die Einbindung der westslawischen Völker und der Ungarn in die universale Kirche, in den kulturellen Verband des Mittelmeeres. Mit Stepahn dem später so genannten Heiligen von Ungarn und Bolesław Chrobry von Polen zusammen bildete sich eine „Familie der Könige", die das christliche Aufbau- und Erneuerungswerk mit Energie vorantrieben. Der letzte Tag: er sollte seinen Schrecken, soweit es in ihrer königlichen Macht stand, verlieren. Mit dem erhobenen Haupt gerechter Demut sollten die Völker in die neue Zeit gehen.

Es war ein langer Weg für Otto III. bis dahin. Der Sohn eines Kaisers aus sächsischem Hause und einer Kaiserin aus Byzanz begann, nach dem frühen Tod Ottos II., seines Vaters, seine politische Laufbahn schleppend und nicht ohne Hindernisse. Nur mit großer Kraft gelang das Kunststück, dem 3jährigen kleinen Otto die Herrschaft des Vaters zu erhalten. Dessen Bruder, der Onkel des minderjährigen Erben, machte ihm sogleich die Rechte streitig. Heinrich der Zänker konnte sich nicht durchsetzen, die Regentschaft des Erzbischofs Willigis von Mainz zusammen mit der Mutter und schließlich der Großmutter des Königs war erfolgreich. Der Kreis der Berater und Erzieher um den jungen König zeigte ein besonderes Gepräge. Viele kennen wir mit Namen: da waren der Grieche Johannes Philagatos und der spätere Bischof von Hildesheim, Bernward, dann der gelehrte Aquitanier Gerbert von Aurillac, der spätere Papst Silvester II. Der Kaiser hielt Kontakt zu strengen Asketen und Mönchen. Vor Nilus, einem griechischen Eremiten, der an der Spitze dieser Gruppe stand, beichtete er. Zu diesem Kreis gehörten ferner Brun von Querfurt und Falco, mit dem gemeinsam der Kaiser wochenlang büßte und den er zum Bischof von Worms erhob. Schließlich Heribert, der die Kölner Erzwürde empfing, und in besonderer, persönlich herausgehobener Weise Adalbert, der Bischof von Prag. Konnte dieser Kreis seine Wirkung gerade am vaterlos, umstritten, ungesichert aufwachsenden Otto zeigen? Fielen die griechisch-byzantinischen, die christlich-universalen, die asketischen Samen hier auf besonders fruchtbaren Boden? Die Wirkungen jedenfalls waren enorm.

Sie kumulierten in der Pilgerfahrt nach Gnesen (Gniezno). Dass sie ein herausragendes Ereignis im Leben des Kaisers darstellen sollte, wird allein schon aus dem erweiterten Kaisertitel deutlich, den sich Otto zu Beginn des Jahres 1000 und zu Beginn dieser Pilgerfahrt zulegte. Solche Titel waren alles andere als Zufallsprodukte oder Launen der Skriptoren; sie verkündeten ein politisches Programm, sie erhoben einen Anspruch auf die Zukunft, sie sollten, nicht unähnlich dem magischen Gebrauch von Namen in allen traditionalen Gesellschaften, ihren Inhalt als Verheißung und vorweggenommene Erfüllung dem Träger gleichsam aufzwingen. „Otto der Dritte, Knecht Jesu Christi und Kaiser der Römer nach dem Willen Gottes, unseres Erlösers und Befreiers" lautete nun der vollständige Titel, wie er sich von da an auf Urkunden des Kaisers fand.

Der Kaiser als Knecht – *"servus Jesu Christi"*. Der Kaiser als Sünder, Gott in seinen Attributen um Vergebung bittend – *"Deus salvator nosterque liberator"*. So brach er auf zum Grab eines Heiligen, den er selbst gekannt hatte. Dort sollten Erweiterung und Festigung von Kirche und Reich Hand in Hand gehen, dort wollte er die Gründung eines Erzbistums am Ort beginnen, dort sollte Bolesław Chrobry zum König erhoben werden. Die ganze Reise war in allen Einzelhandlungen als Ritual angelegt, jede Einzelhandlung fügte sich in ein Gesamtes ein, das als einzige, riesige Geste wirken sollte. Der Kaiser konnte es nicht allein. Indem er sich in das Volk Gottes als Sünder unter Sündern einreihte, rief er Fürsten und Könige zur Teilnahme auf, die Gebete und Schenkungen sollten allen die Hilfe und Fürsprache des Heiligen sichern. Weil er zum Knecht Jesu Christi wurde, würde er am Jüngsten Tag nicht mehr allein stehen, um ihn brüderliche Mitkönige, vor ihnen allen der heilige Adalbert, mächtiger Fürsprecher und Zeuge ihrer Werke.

Alles verwies hier auf das endzeitliche Programm, politischer und religiöser, konstitutioneller und eschatologischer Zweck sind ununterscheidbar, bedingten und verstärkten sich gegenseitig. So endete der Pilgerzug zum Grab des heiligen Adalbert in einer Prozession, Herzog Bolesław empfängt den Kaiser an der Grenze und geleitet ihn nach Gnesen, der Kaiser betritt barfuß Gnesen, die Stadt des Märtyrers, im kalten Februar, er betet am Märtyrergrab. Schließlich die Erhebung Bolesławs zum König, die Übernahme einer Taufpatenschaft und der Beschluss, die beiden königlichen Familien durch Verschwägerung zu verbinden. Der Kaiser krönt den Herzog mit seiner eigenen Krone, als Dank für den seit dem *"Adventus"* an der Grenze prachtvollen und freundschaftlichen Empfang. Byzantinische Vorbilder wirkten: unlängst hatte der *Basileus*, der oströmische Kaiser, die Rus' zur Taufe bewegen können, sie in die christliche Kirche Konstantinopels eingegliedert und sich mit einer veritablen Anzahl von Königen und königsgleichen Fürsten umgeben. Christianisierung und institutionelle Konsolidierung gingen auch hier Hand in Hand. Neue Länder, neue herrschaftliche Einheiten entstanden zugleich mit ihrer religiösen Verfassung, die sie, vermittelt durch den Kaiser und seinen weltgeschichtlichen Auftrag, empfingen und sich gaben. Der Höhepunkt dieser Zeremonie war die Taufe des neuen Landes: Polen. Seit diesem Zeitpunkt taucht der Name auf. Taufe als Bestätigung der Annahme des Glaubens, Taufe als Akt der Eingliederung in eine Gemeinschaft, und zwar als vollwertiges, bewusstes Mitglied: zahlreiche Assoziationen begegnen.

509 **Das Jüngste Gericht.** Perikopenbuch Heinrichs II., Reichenau um 1002–1012. München, Bayerische Staatsbibliothek, Clm 4452, fol. 202r.

Der Kaiser brachte reiche Gaben mit. Als Sachwalter und Knecht Christi, als Büßer kam er. Er kam zu geben, nicht zu nehmen. Dem neuen König überreichte er eine Mauritius-Lanze als Banner, politisches und religiöses Symbol zugleich. Inbegriff des Sündenbewusstseins in den Jahrzehnten vor der Jahrtausendwende war das Kreuz. Dieses Symbol des Leidens des Erlösers versammelte die Bußfertigen, es wurde geschnitzt und gezeigt, am Himmel wurde es geschaut: ein Zeichen der Endzeit, eine Mahnung zur Umkehr, eine Erinnerung an unerreichbar große Sühne. Eine Kreuzreliquie nun brachte Otto nach Gnesen mit, einen Nagel des Kreuzes, das einst auf Golgatha stand. Als Gegengabe verlangte er nichts, nahm aber einen Arm des heiligen Adalbert mit. Mit dieser Reliquie sollte er später Altäre an den "Hauptorten" des römisch verstandenen Reiches, in Rom und Aachen errichten. Ja, dem heiligen Adalbert gewidmete Altäre begegneten über das ganze Reich verteilt, und integrierten es zu einer neuen spirituellen Einheit. Patrozinien finden sich neben den erwähnten in Aachen,

Otto III. und die Erneuerung des Römerreiches

auf der Reichenau, in der ungarischen Metropole Gran (Esztergom), in Lüttich, wo auch die Spuren der ältesten Lebensbeschreibungen des Adalbert zusammenlaufen, in der Nähe der spätantiken und immer noch bedeutenden Kaiserresidenz Ravenna, bei Subiaco. So waren die Reiche auch durch Reliquien der gleichen Heiligen, noch dazu eines mit der gemeinsamen Geschichte so außerordentlich verwobenen Mannes, innerlich, spirituell verbunden. All dies unterstrich in der Sprache der Zeit, in öffentlichen Gesten, in demonstrierter Herzlichkeit, in bewusster Handlung die Gleichwertigkeit, die Gegenseitigkeit, die Freundschaftlichkeit der Beziehungen. Der Kaiser als Knecht – versunken im Gebet, erhoffte sich Hilfe von Mitkönigen und Heiligen.

Und dieser Hilfe bedurfte er. Was kam, meinte man genau zu wissen, wann es kam, auch. Es waren die letzten Zeiten, das Endgericht, der Jüngste Tag stand bevor; er kam „jetzt". In dieser Zeit sollte der Kaiser des letzten irdischen Reiches, des Römischen, die Welt unter christlichem Banner einen, die Heiden taufen, die letzten Grenzen erobern. Sah sich Otto III. als dieser letzte Kaiser, als der Kaiser der Endzeit, an dem sich die alten Sagen erfüllten? Endzeiterwartung war im gesamten Mittelalter präsent, ja, die Christenheit übernahm sie aus dem Judentum. Schließlich begann das Christentum mit einem jüdischen Messias. Das Ende der Welt, die Fülle und Erfüllung der Zeiten, war stets zu erwarten. Es war zu erhoffen als Erlösung aus dieser irdischen Not, aus Drangsal und Mühe, als Vereinigung mit den Toten; es war zu fürchten als Gericht, als Abschluss dieses Lebens, als Ende jeder Chance, Gutes zu wollen und zu tun. Was drohte? Was war zu hoffen? Beide Emotionen konnten auf die Endzeit projiziert werden, nicht wenige mögen geschwankt haben. Komm doch, Erlösung! Nein, noch nicht! Reichten die guten Werke?

Schon in die Testamente, entstanden zur Zeit der ersten Verzögerung der Wiederkehr Christi, schrieb sich diese Ambiguität ein. Eindeutig verboten war nur das genaue, eben auf den Tag genaue nachfragen, denn „nur der Vater kennt die Stunde" (Matthäus 24,36). Aber man sollte eben auch wachsam sein (Matthäus 24,42; Markus 13,33–37). Merkt auf die Zeichen, nehmt eure Seelen in acht, morgen kann es zu spät sein. Und was hieß das anderes, als zu beobachten, zu lesen, zu berechnen. Er hatte alles nach Maß und Zahl eingerichtet (Buch des Wissens 11,21). Er hatte die Zeichen gesetzt, sie dem Johannes offenbart. Wachsam sein und doch nicht wissen wollen? Furcht und Hoffnung, verbotene Berechnung und gebotene Erwartung, verheimlichende Hinweise, verdunkelnde Offenbarungen: es war keine einfache spirituelle Welt, keine der einfachen Antworten.

So entstanden, oft parallel zu jüdischer Eschatologie und Messianismus, Wellen der Naherwartung, in denen das Weltende für unmittelbar bevorstehend angesehen wurde. Sie strukturieren die allgemeine und stets vorhandene Endzeiterwartung. Höhepunkte der Naherwartung im Mittelalter waren um 800, um 1000, im 13. Jahrhundert. Diese Zeiten produzierten eine Menge Literatur, die in der jeweils folgenden Phase beruhigte, aber, bei gleichsam steigendem Pegel, die Gründe für Naherwartung vervielfachte. So wurde aus jedem „Noch nicht!" leicht ein dräuendes „Jetzt!". Jede verschobene Endzeit hatte ein neues Datum imprägniert, ein Datum, das später unweigerlich erreicht wurde. So schaukelten sich die Beruhigungen zu neuen Beunruhigungen auf. Aber – und dieser Gedanke war für den Sünder noch schwerer zu ertragen – vielleicht gab es ja keinerlei Vorwarnung? Konnte Gott nicht stets direkt in die Geschichte eingreifen, war das Alte Testament nicht

510 Daniel-Illustration mit dem Traum König Nebukadnezars, Bamberger Kommentare. Bamberg, Staatsbibliothek, Bibl. 22, fol. 31v.

voller Beispiele? Bis es soweit war, mussten die Vorzeichen und prophetischen Schriften die ungewisse Zukunft bannen.

So geschah es auch am Königshof. Eine königsnahe Reichenauer Handschrift, die vielleicht sogar der direkten Umgebung des Hofes zuzuschreiben ist, enthielt den Text des Propheten Jesajas mitsamt einigen Teilen des Standardkommentars aus der Feder des Kirchenvaters Hieronymus, des Übersetzers der Bibel ins Lateinische. Diese Kombination von Text und Kommentar ist insofern wertvoll, weil sie zeigen kann, wie die Zeitgenossen den Text des Propheten verstanden, welche Deutung ihre Erwartungen offenbar am besten traf. Der Kommentar des Hieronymus war sicher kein gelehrtes Spiel, dazu hätte es nicht eines reich illustrierten Prachtcodex bedurft; Hieronymus' Kommentar war Spiegel des Jesajas-Verständnisses des 10. Jahrhunderts, er reflektierte und verstärkte die Wirkung des biblischen Textes. Ottos Handeln machte ihn lebendig. Zufall oder nicht, direkte Abhängigkeit oder allgemeine Vorstellung der Zeit – der „Knecht Gottes" hatte im Text des Hieronymus eine bedeutende Stellung, ja, Hieronymus war der Theologe der Gottesknechtschaft. Jesajas, so Hieronymus, habe aus dem himmlischen und dem irdischen Reich, bald gemischt, bald getrennt, Nachricht gegeben. Er hatte im irdischen dem himmlischen Reich gedient, das war die Aufgabe, die sein Vorbild stellte. Jesajas, Prophet der Endzeit und Knecht Gottes: so sah ihn Hieronymus.

Sah sich so der Kaiser? Vieles deutet darauf hin. Ebenfalls erhalten und wohl einst zum selben Codex gebunden war eine Danielhandschrift. Jesajas, der Prophet des Messias, der Verkünder des Gerichtes, steht neben der „politischen" Endzeitversion der Heiligen Schrift, die das Ende der letzten irdischen Herrschaft, der des Römischen Reiches, mit dem Anfang vom Ende der Welt verknüpft. Auch hier finden sich Exzerpte aus dem Kommentar des Hieronymus. So pointiert diese Handschrift den für das Mittelalter so typischen engsten Zusammenhang von Religion und Politik, herrscherlichem und heilgemäßem Handeln. Diese Ballung von endzeitlichen Texten passt natürlich zur frommen, büßenden Haltung des Kaisers in Gnesen. Aber es gibt auch bis in Einzelheiten exakte Übereinstimmungen zwischen Text und Handlung, als hätte Otto und seine Umgebung den Kommentar des Hieronymus wie eine die Zukunft beschwörende Handlungsanweisung gelesen, als wollte Otto Abbild dieses Vorbildes sein. Ein politischer Text? Ein religiöser Text? Auf jeden Fall nur eine heute mögliche, analytische Tren-

511 **Der Drache und der falsche Prophet, Bamberger Apokalypse.** Bamberg, Staatsbibliothek, Bibl. 140, fol. 51r.

nung, die über die wirkenden Motive der Handelnden des 10. Jahrhunderts wenig aussagt.

Der erweiterte Kaisertitel Ottos liefert neben dem Motiv des Gottesknechts einen weiteren Hinweis. Nur wenige Stellen, und nur im Alten Testament, bieten die Gottesattribute „*salvator*" (Retter) und „*liberator*" (Befreier) zusammen. Zwei bieten besonderen Anlass, an Otto und seine Pilgerfahrt nach Gnesen zu denken. Kaum zufällig finden sie sich in den Büchern der Propheten Jesajas und Daniel. Beide Stellen handeln von der Ausbreitung und dem Triumph des Glaubens. Der Herr, so Jesajas, wird den Gläubigen in Ägypten einen Vorkämpfer und Erlöser schicken, der sie befreien soll. Wenn die Verfolgung zunehme, so erläuterte Hieronymus in deutlicher Anspielung auf die „letzten Tage", dann wird Gott der Herr den Erlöser senden, „das ist Jesus, den Richter oder Vorkämpfer, der sie befreit, auf dass sie befreit den Herrn erkennen und der Herr sie", „Ägypten" aber, das meint die Heiden, werden durch Plagen bekehrt werden. Denn „der Herr hat auch die Märtyrer dem Leiden über-

Otto III. und die Erneuerung des Römerreiches 795

geben, doch dann wird er sie bei der Auferstehung wieder heilen, auf dass durch ihre Wunden der Glaube der Glaubenden gestärkt wird". Soweit Hieronymus. Bekehrung in der Endzeit, ein Erlöser, ein Befreier? Geplagte Märtyrer als Vorbilder, als Symbol der schlimmsten Leiden, Folter und Verstümmelung, ja den Tod überwindenden Auferstehung? Die Heiden werden den Herrn erkennen, sich zu ihm hinwenden? Typologisch, nicht wörtlich, waren hier die Ereignisse von Gnesen genannt; in Demut, nicht als Anmaßung, konnte das Amt des Befreiers geübt werden. Auch vom Altar war bei Jesajas und Hieronymus die Rede, er stand „mitten in Ägypten". Der von Otto errichtete Altar stand an der Grenze zum Heidenland, an der Grenze zu „Ägypten". Hier, an der äußersten Grenze, sollte ein neues Erzbistum seine Mission erfüllen.

Auch die „Taufe" Polens mit seinem neuen, christlichen Namen und die Erhöhung Bolesławs zum König, der Schmuck der Krone für den neuen König waren bei Jesajas erwähnt: „Fürchte dich nicht! Denn ich habe dich bei deinem Namen gerufen (...) und du, Zion, sollst mit einem neuen Namen genannt werden, welchen des Herrn Mund nennen wird. Und du wirst sein die Krone der Glorie in der Hand des Herrn und das Diadem des Königreiches in der Hand deines Gottes. Man soll dich nicht mehr die „leere" heißen (...) dein Land wird bewohnt sein". (Is. 43,1–3 und 62,1–4). Hieronymus sah die Prophezeiung für das christliche Volk erfüllt, sah es als „Krone der Ehre in der Hand des Herrn", als „Diadem des Reiches", „sobald die Kirche mit der Schar der Gläubigen gekrönt wird; und das Diadem des Kaisertums, das die Märtyrer mit der Vielfalt ihrer Edelsteine schmückten, wird in der Hand Gottes sein, damit er seinen Sohn kröne mit ihren Siegen". So wurde die Krönung des Bolesław mit dem kaiserlichen Diadem zum Sieg der Kirche, zu dem der Märtyrer Adalbert wirkte; so wurde – typologisch – Otto zum „Vater", Boleslaw zum „Sohn". So wurde Polen bei seinem neuen, von nun an kontinuierlich verwendeten Namen gerufen, so wurde es getauft in die Gemeinschaft der Christenheit. Der gemeinsame Auftritt Bolesławs und Ottos in Gnesen, wo sie auf den Beistand und die spirituelle Anwesenheit des Märtyrers hoffen durften, beendete eine von Bolesław lange vorbereitete und vorangetriebene Entwicklung. Das hier getaufte Land war von ihm zuvor vergrößert und konsolidiert worden. Es war keine „Nottaufe", sondern ein staats- und volksbildender Akt, den der Herzog, der nunmehr König war, gewollt und gefördert hatte. „Polen", das war in einem Wort die Übersetzung der Worte des Jesajas. „Polen", das war bebautes, fruchtbares Land, bewohntes, besiedeltes Land, gesegnetes – getauftes Land. So wie sein Volk seinen eigenen Namen verstand, so wurde es prophetisch genannt, so wurde es von Gott bei seinem Namen gerufen: Fürchte dich nicht!

Parallel vollzieht sich die Geschichte Ungarns als christliche Gründung. Auch hier erscheinen die Elemente der Taufe und des Namenswechsels, die Schwester des späteren Kaisers Heinrich II., Gisela, vermählte sich mit Vajk. Dieser junge ungarische Fürst, Vajk, erhält den neuen Namen Stephan, als Stephan ist er der gesalbte und gekrönte König des christlichen Landes Ungarn, das seinen Namen von nun an führt und nicht mehr verlieren sollte. Gran wird zur unangefochtenen kirchlichen Metropole Ungarns, keine älteren Ansprüche waren, wie in Polen, zu berücksichtigen. Auch die weitere Geschichte der beiden Länder bestätigt letztlich diesen christlichen Grundakkord, der bei ihrer Gründung angeschlagen wurde. Trotz Abkehr Kaiser Heinrichs II. von der Politik seines Vorgängers Otto III. vor allem gegenüber Bolesław von Polen, trotz antichristlicher Reaktionen in den Ländern

512 Das apokalyptische Weib und der siebenköpfige Drache. Bamberger Apokalypse, Bamberg, Staatsbibliothek, Bibl. 140, fol. 29v.

in dieser Zeit verlor sein Klang sich nie. Das Lied, das Ungarn und Polen an der Wiege gesungen wurde, erwies sich als mächtiger und beständiger als alle anderen Melodien ihrer wechselvollen Geschichte. Mittelalterlicher und gegenwärtiger Glaube an die Magie von Taufnamen oder Namen überhaupt mag sich bestätigt fühlen, beide Länder wurden, was sie heißen, was sie ihr Name hieß: christliche Länder in der Mitte Europas.

Der zweite Eintrag mit dem göttlichen Doppelattribut findet sich bei Daniel. Der Perserkönig Darius lobt den Gott des Daniel, welch letzteren er gerade aus der Löwengrube befreit hatte. Denn der Gott Daniels sei „der Befreier und Erlöser, der Zeichen und Wunder im Himmel und auf der Erde wirkt" (Daniel 6,27). Hieronymus kommentierte kurz. Ihn interessierte vor allem das Wunder, dass ausgerechnet der Heide Darius den wahren Gott verkündete. Unter Heiden und Barbaren sollten die Gottesknechte den wahren Gott, den rechten Glauben verkünden: dieser Anweisung folgte Otto. An den Grenzen des Reiches, in „Ägypten", in „Persien" verkündete der Pilgerzug Ottos, das neue Erzbistum, das „getaufte Land" – „Polen" – das Christentum.

Ließ sich das Ende aufhalten, der Antichrist bannen? War Otto, der Kaiser, gerecht? Er vollzog die Prophezeiung und ihre gelehrte Auslegung nach – erfüllte er sie auch?

Auch die Naherwartung und die Angst vor dem Ende der Welt um das Jahr 1000 erwiesen sich als unbegründet. Der Termin verstrich wie die prognostizierten Daten zuvor. Aber das sündige Bewusstsein, wie diffus, wie klar auch immer es sich erinnern mag, dieses sündige Bewusstsein konnte sich nicht als unbegründet erweisen. Der Tod war das Ende jeder Möglichkeit zu sündigen oder Gutes zu tun. Reichte es für einen guten Ausgang des Gerichtes? Gewissheit gab es nicht, und nicht jeder konnte Märtyrer sein. Otto wollte wenigstens Mönch sein, um seiner Verantwortung als König gerecht zu werden. Gewissheit gab es auch nicht für die weiterhin Lebenden, und auch nicht für ihre Toten, ihre Angehörigen. Das Endgericht, kam es diesmal nicht, so kommt es doch ganz gewiss in naher Zukunft. Kleine Atempausen konnten die innere Spannung nie vollständig abbauen, selbst Gelehrte, die schon manches erlebt und noch mehr gelesen hatten, verloren gelegentlich die Nerven. War das „Jetzt!" der Verheißung nicht eben gerade erreicht?

Otto nahm diesen Glauben mit ins Grab. Trotz des traurigen Endes, bedrängt in der Heimat, umstritten in Rom, vor dessen Toren er am Fieber erkrankte, hatte er viel erreicht. Ja, mehr als die Kai-

513 **Gero-Kruzifix.** Köln, Dom St. Peter.

ser vor ihm, mehr als selbst Karl der Große, dessen Grab er in jener typischen Verbindung von Demut und Selbstbewusstsein aufsuchte und öffnen ließ. Er hatte das Christentum weiter über die alten Grenzen hinausgetragen, als je jemand zuvor; er hatte dem Römischen Reich neue Königreiche eingegliedert, neue christliche Könige huldigten dem christlichen Kaiser. So zeigte es das berühmte Widmungsbild des „Liuthar-Evangeliars" im Besitz des Aachener Marienstifts, so mochte sich Otto sehen. Umgeben von den vier Wesen, die in der Apokalypse erwähnt wurden und den Evangelisten zugeordnet wurden, bekleidet mit dem Buch des heiligen Evangeliums, verehrt von huldigenden Königen, erhaben über geistliche und weltliche Fürsten des Reiches ragt er in den Himmel empor. Das war der Gipfel der Selbstdarstellung des Römischen Kaisertums, wie es im 10. Jahrhundert aufgefasst wurde. Erhabenheit, gefasst und „bekleidet" mit dem Evangelium, gehuldigt von Mitkönigen, mit denen er am Märtyrergrab gebetet, um heiligen Beistand und Hilfe gefleht hatte, der „Knecht der Apostel", der „Knecht Jesu Christi", der „Kaiser der christlichen Religion", *Otto imperator Augsutus*, sein Haupt ragt in den Himmel, auf seinen Siegelbildern steht er auf der ganzen Welt. So, allein, groß, demütig, steht er, kniet er vor seinem Richter – ein Kaiser, ein Knecht.

Literatur

Althoff 1996. – Fried 1998 a; 1998 b; 2000. – Görich 1995 b.

Imperator Augustus und Christomimetes
Das Selbstbild Ottos III. in der Buchmalerei

WOLFGANG CHRISTIAN SCHNEIDER

Die Wandbilder, in denen die Herrscher des 10. Jahrhunderts ihre Taten darstellen ließen (Liudprand, Antapod. II 31), sind untergegangen. Erhalten aber blieben Werke der Buchmalerei, die um die Wende vom 10. zum 11. Jahrhundert das Selbstbild der letzten beiden liudolfingischen Herrscher vor Augen führen, und so gleichermaßen Herrschaftstheologie und politische Programmatik hervortreten lassen.

Darstellung und Heiligung der eigenen Identität

Am Anfang der Bilder Ottos III. steht eine Gruppe von drei Evangeliaren[1], die offensichtlich auf das Ende der vormundschaftlichen Regierung (wohl 995) bezogen sind. Sie alle zeigen im Rahmen der Initialseiten zu Matthäus vier Bildnismedaillons. Den Gehalt dieser Blätter erschließt die Büstenfolge des heute in Manchester liegenden Evangeliars, das von einem in Trier wirkenden Künstler geschaffen wurde, der nach einem seiner Werke in der Wissenschaft den Namen „Meister des *Registrum Gregorii*" erhielt. Den kaiserlich gehaltenen Umschriften der quadratisch gefassten münzartigen Medaillons zufolge wird oben mit einer gedenkenden Wendung als Ältester Otto I. gezeigt, ihm gegenüber unten gleichfalls mit einer gedenkenden Fügung sein Sohn Otto II., während dessen Sohn Otto III. als Lebender zu beiden Seiten auftritt (Manchester, John Rylands Library Ms. 98, fol. 16r; s. Kat. 2.4.). Ausgehend von Otto I. wird somit die Generationenfolge der väterlichen Seite des jungen Kaisers gezeigt.

In einer zweiten gegen Ende des Jahrhunderts in Köln gemalten und noch heute dort verwahrten Handschrift, einem Evangliar aus St. Gereon (Köln, Hist. Arch. Cod. W 312, fol. 12r; s. Kat. 2.4), wird diese väterliche Ahnenfolge durch die mütterliche Ahnenfolge ergänzt. Da aber auf der Mutterseite die älteste Person, Kaiserin Adelheid, noch lebt, kommt es zu Umschichtungen. Den obersten Platz erhält der Ursprung alles Lebens, das Gotteslamm Christus, dessen *Generatio* ja im Text eingeleitet wird, so dass die Auftretenden zugleich bekenntnishaft in die Bildform der Anbetung des Lammes gestellt sind[2]. Danach treten wie im väterlichen *Generatio*-Blatt auf den seitlichen Rahmenleisten die Lebenden auf, einerseits links mit weißem Witwenschleier die langjährige Regentin Kaiserin Adelheid, ihr gegenüber der junge König. Im unteren Rahmen erscheint in blauem herrscherlichen Gewand seine verstorbene Mutter, Kaiserin Theophanu, auf eben dem Platz, den auf dem väterlichen Generatioblatt ihr verstorbener Gemahl Otto II. innehat.

Neben diese beiden Generationenbilder tritt eine dritte Medaillonfolge in einem heute in Gießen liegenden Kölner Evangeliar (Gießen, Univeritätsbibl. Cod. 660, fol. 12r; s. Kat. 2.4), das nach einem jungen Gekrönten auf den übrigen Rahmenleisten drei differenziert aufgefasste Pallienträger zeigt. Angesichts der Ordnung in den beiden anderen *Generatio*-Blättern muss im obersten Medaillon der Ranghöchste dargestellt sein. Ein gekrönter Weltlicher aber, der erzbischöflichen Pallienträgern übergeordnet ist, kann nur der Herrscher selbst sein, im Hinblick auf die zeitliche Stellung der Handschrift muss dies dann Otto III. sein. In den Geistlichen wird man daher die Erzbischöfe von Köln, Trier und Mainz zu erkennen haben, die den König gleichsam im Sinne einer geistlichen *familia* umgeben. Denn auch sie stehen zu dem jungen König in einem „generativen" Verhältnis, sind doch sie es, die im Weiheakt durch Salbung und Krönung den Erwählten zu einer „vorher nicht gesehenen Gestalt umschaffen" (Wipo, Gesta Counradi cap. 3).

Die enge Verbindung des jungen Herrschers mit der Regentin auf der *Liber Generationis*-Seite des Evangeliars in Köln spricht für eine Herstellung dieses Blattes in einer Zeit, in der die vormundschaftlichen Regierung Adelheids, die 995 endete, noch nahezu vertraute Gegenwart war. Bekräftigt wird dies durch die im Gießener Evangeliar hervortretende Zuordnung des jungen Königs zu den erzbischöflichen Koronatoren, eine Zuordnung, die zweifellos auch als Reflex von Feierlichkeiten zu Beginn der eigenständigen Herrschaft Ottos III. anzusehen ist[3]. Anderseits nennen die Umschriften auf der Seite des Evangeliars in Manchester den

514 Otto III., Einzelblatt des in Trier arbeitenden Meister des Registrum Gregorii' um 996/1000, Chantilly, Musée Condé, Nr. 15654

jungen Herrscher *Imperator* und bestimmen damit die Darstellung in die Zeit nach Christi Himmelfahrt des Jahres 996. Freilich kann deren Fertigung nicht allzu lange nach diesem Ereignis liegen, da die sicherlich beabsichtigte Parallelisierung von väterlicher und mütterlicher *Generatio* die Darstellungen in Köln und Manchester aneinanderbindet. Die Konzeption der Bildanlage der *Generatio*-Blätter entspricht somit den Gegebenheiten der Jahre 995–996.

Die inhaltliche und zeitliche Zusammengehörigkeit der drei in Trier und in Köln geschaffenen *Generatio*-Blätter besagt, dass die enge Entsprechung, die sie aufweisen, kaum durch eine einfache künstlerische Abhängigkeit entstanden sein. Das Blatt des ansonsten vorbildhaften *Registrum*-Meisters spiegelt einen geringfügig späteren Zeitraum wider, als das in Köln liegende Blatt der mütterlichen *Generatio*, das konzeptionell die früheste Situation zeigt. So spricht alles dafür, dass hinter diesen eng verwandten Bildern ein einheitlicher Planungswille steht, der gleichzeitig den beiden Werkstätten in Trier und Köln die bildnerische Aufgabe stellte. Das aber kann nur der Herrscher selbst gewesen sein, der mit dieser Bildfolge den Antritt der eigenständigen Herrschaft und den Beginn seines *Imperium* verkünden und durch die ebenso zurückhaltende wie anspruchsvolle Einbettung in die geistlichen Bücher heiligen wollte[4]. Mit dem Auftritt des Herrschers und seiner Ahnen neben den Worten *Liber Generationis*, die die Aufzählung der Ahnen Jesu zu Beginn des Matthäus-Evangelium einleiten, parallelisiert Otto III. sich und seine Vorväter mit Christus und seinen Ahnen. Die liudolfingischen Herrscher und zumal der junge lebende König selbst werden damit in das von den Ahnen Jesu getragene und in Christus kulminierende Heilsgeschehen einbezogen, das Matthäus mit diesen Worten einleitet. Mit dem Aufweis der eigenen herrscherlichen Identität in der Kontinuität zu den vorausgehenden Herrschaftsträgern verbindet sich so die Selbstbestimmung als *Christomimetes*, und damit ein tief ins Geistige reichender und dort verankerter wahrhaft globaler Anspruch.

Die kaiserliche Selbstdarstellung gegenüber Ostrom

Zweifellos ausgelöst von der neuen Stellung als *Imperator* tritt wenig später ein neues Motiv der Darstellung Ottos III. in Erscheinung, das zunächst die geistlichen Ansprüche zurückzunehmen scheint. Die qualitativ höchststehende Ausfertigung ist das Blatt des Meister des *Registrum Gregorii* (Chantilly, Musée Condé Nr. 15654)[5] (Abb. 514). Der Kaiser thront innerhalb eines *Ciborium*, die Füße auf ein *Suppedaneum* aufgesetzt. In der Rechten führt Otto ein Stabszepter, in der Linken hält er die *Sphaira* mit dem Kreuz, das Insigne der römischen Kaiser der Spätantike, das aus dem alten augusteischen Staatsinsigne, der Victoria auf der *Sphaira*, entwickelt worden war[6]. Zu jeder der beiden Seiten umgeben ihn zwei gekrönte Frauengestalten, *Germania* und *Francia* zur Rechten, *Italia* und *Alamannia* zur Linken, die ihm mit erhobenen Händen kreuzlose goldene Sphairen darbieten. Die Schmuckborten an den Gewändern, die dem kaiserlichen *Lorum* entsprechen, weisen sie als Herrschaftsträger aus, es sind Personifikationen von Teilherrschaften, die mit ihren Gaben den Thronenden als überragenden *Imperator* kennzeichnen. Die Bildanlage thematisiert einen Akt des antiken Herrscherkultes, die Übergabe des *aurum coronarium*, des „Krongolds", das die Häupter einer Gemeinde oder eines Gebietes dem *Imperator* bei seiner Ankunft zur Kennzeichnung und Anerkennung seiner Herrschaft zu übergeben hatten (Abb. 515). Schon im Thronbild Karls II. im Regensburger Sakramentar erscheint das Motiv und auch der Rückenlehne seines heute in Rom verwahrten Throns ist es eingeformt. Der Meister des *Registrum* zeigt jedoch nicht den Vorgang der Übergabe, sondern – ganz im Sinne repräsentativ angelegter Widmungsbilder der Spätantike[7] – die Situation am Ende des Vorgangs: Er zeigt die mit dem (verschiedenfarbig getönten) *Lorum*, dem insigneartig ausgestalteten Gewandsaum spätantiker Herrscher ausgestatteten Huldigenden in bloßer Zuordnung, in der sie, nahezu gleichartig und wie im spätantiken Hofzeremoniell symmetrisch angeordnet, als Trabanten die Tiefe des vorausgehenden Vorgangs und den Umfang der Herrschaft anzeigen.

Da das Kaiserbild des Trierer Malers mit einem in Trier erhaltenen Einzelblatt des *Registrum Gregorii*, in dessen Widmungsversen Erzbischof Egbert voll Trauer des Todes des ihm freundschaftlich verbundenen Ottos II. gedenkt, zusammenzugehören schien, wurde das Kaiserbild – als postum geschaffen – auf ihn bezogen. Eben diese handschriftliche Zusammengehörigkeit aber wurde durch neue paläographische Beobachtungen in Frage gestellt[8]. So weisen die Abweichung der äußeren Erscheinung des im Thronbild Dargestellten gegenüber dem – ganz wie die oströmischen Imperatoren der gleichen Zeit – mit einem Bart gezeigten Otto II. auf dem Pariser Elfenbein doch auf Otto III. Da aber steht das Kaiserbild des Gregor-Meisters motivisch nicht allein, sondern in engem Zusammenhang mit zwei Reichenauer Kaiserbildern mit dem Motiv des *Aurum Coronarium*. Anders als der „Gregor-Meister", der eine reine *repraesentatio* gibt, stellen die Reichenauer Maler, wie es dem Vorgang des *aurum coronarium* in der Antike entspricht, gleichgewichtig neben die *repräsentatio* eine *processio*. Sowohl in dem nachträglich einer Josephus-Handschrift eingefügten Doppelblatt in Bamberg⁹ (Abb. 516), als auch im Evangeliar Ottos III. (München, Bayer. Staatsbibliothek, Clm 4453, fol. 23v–24r, s. Kat. 4.2.2.) zieht auf der rechten Seite die Reihe der vier huldigenden untergebenen Herrschaften heran, jede von ihnen hält eine Gabe in Händen, sie dem *Augustus* als „Krongold" darzubieten. Die Benennungen unterscheiden sich nur leicht, das Doppelblatt nennt (v.l.) *Sclavinia*, *Gallia*, *Germania*, *Italia*, das Blatt im Evangeliar Sclavinia, *Germania*, *Gallia*, *Roma*. Auf der Gegenseite thront wiederum in einem *Ciborium* der *Imperator*, doch nun zu beiden Seiten traditionell von Trabanten umgeben, zu seiner Rechten zwei Pallienträger, also hochrangige Geistliche im Rang eines Metropoliten, zu seiner Linken zwei Waffenträger, die ranglich den Metropolitanbischöfen entsprechen müssen, also wohl als Männer herzoglichen Ranges anzusehen sind. Die Huldigenden, die der Trierer Meister als Throntrabanten behandelt, treten bei den Reichenauern also im Handlungsvollzug vor dem Thronenden auf.

Diese Anordnung können die Maler des schwäbischen Klosters nicht auf der Grundlage des Trierer Blattes geformt haben, sie behalten die Waffenträger, die – wie die Herrschaftsszenen Karls II. zeigen – zum Formbestand gehören, bei, sie sehen ganz auf die Handlung. Sie differenzieren die demütig auf bloßen Füßen Heranziehenden in den vielgestaltigen, also nicht insignehaft aufgefassten Gewändern und in den Kronen, vor allem aber in den Huldigungsgaben, um so die Verschiedenheit der dem Imperator untergebenen Herrschaften vor Augen zu führen. Absichtsvoll rufen sie in den Geschenken verschiedene Sinnbereiche einer überragenden Herrschaft auf: das Füllhorn des Glücks, die Schale der Reichtümer, den Lorbeer des Ruhmes und – in der Hand der *Gallia* – die herrschaftliche *Sphaira*. Auf dem Bamberger Doppelblatt ist diese sogar noch mit einer kleinen Figur besetzt, offensichtlich einer *Victoriola*¹⁰, wodurch das Gan-

515 Antike Darstellung einer *aurum coronarium*-Übergabe auf einer Münze Caracallas aus Laodikeia, Berlin, Münzkabinett SMPK.

516 Huldigungsszene mit Kaiser Otto III., Doppelblatt eines Evangeliars in einer Handschrift des Flavius Josephus, Reichenau um 996/1000. Bamberg, Staatsbibliothek, Class. 79, fol. 1v, 1ar.

Otto III. und die Erneuerung des Römerreiches 801

ze sich als das alte römische Staatsinsigne, die siegspendende Victoria auf der *Sphaira* darstellt. Ebenso wie die *processio* sind diese unterschiedenen Huldigungsgaben nicht durch das Blatt des „Gregor-Meisters" zu erklären[11], sie können aber angesichts ihres ganz antiken Bedeutungshintergrunds auch nicht spontan aufgenommen worden sein. Die Reichenauer Kaiserszenen müssen vielmehr selbständig auf eine Vorlage zurückgehen, die wie sie selbst *processio* und *repraesentatio* nebeneinander gezeigt hatte. Der Meister des *Registrum* aber, der den Vorgang auf die *repraesentatio* beschränkt, tat das entweder im Zuge einer eigenständig verkürzenden Rezeption dieser selben Vorlage, oder ihm stand eine von der Reichenauer Vorlage abweichende, auf die *repraesentatio* beschränkte, im übrigen jedoch themagleiche zweite Vorlage zur Verfügung. Zwar bestanden, wie das Auftreten zweier Reichenauer Malermönche im Widmungsbild des Tierer Egbert-Codex zeigt, enge Beziehungen zwischen der Moselstadt und dem Kloster auf der Bodenseeinsel, doch dürfte dieser nahezu zeitgleiche und parallele, aber doch verschiedene Rückgriff auf dasselbe Bildthema auf einen zentralen Willen zurückzuführen sein: den Willen des jungen Herrschers, von dessen Seite den Künstlern antike bzw. spätantike Vorlagen vorgegeben wurden.

Mit dem Aufgreifen dieser kaiserlichen Bildform zu Beginn seiner Kaiserjahre tritt Otto III. in die Reihe der antiken Imperatoren – in Ranggleichheit und Konkurrenz zu den christlichen Imperatoren im oströmischen Konstantinopel. Und er tut dies unter Rückbezug auf die karolingischen Imperatoren, die ihrerseits schon ihre Herrschaft im Rahmen der antiken Tradition bestimmt hatten. Doch auch mit diesem Bildmotiv verbindet sich der Anspruch auf eine besondere Nähe zu Christus. Denn in der Spätantike (5. Jahrhundert) war die neutestamentliche Anbetung der Magier mit den Bildmitteln des Herrscher-*adventus* und der Übergabe des *aurum coronarium* ausgeformt worden, um so die menschliche Ankunft des überweltlichen Herrschers zu gestalten[12]. Im Lichte dieses Bezugs erscheint Otto III. in seiner imperialen Herrschaftsdarstellung doch auch als *Christomimetes* und gleichsam als irdische Vergegenwärtigung des endzeitlich herrschenden Christus.

Ein gottverbundenes Kaisertum unter Erhebung und Einschluss von *reges imperatoris*

In den Jahren nach 998 erreicht die überhöhende Verschränkung von Geistlichem und Weltlichem in der Herrschaftsauffassung Ottos III. in dem vom Kaiser nach Aachen gegebenen Evangeliar ihren Höhepunkt (Aachen, Domschatz, Kaiserszene fol. 15v–16r. s. Kat. 4.2.2.)[13]. Am Beginn der Handschrift steht eine zweiseitige Herrschaftsszene. Auf der linken Bildseite ist zwischen vier pupurnen Schriftzeilen eine Rautenform gestellt, die einen Geistlichen umfängt, der sich mit einem Buch in den Händen der rechten Bildseite zuwendet. Dort sitzt umgeben von einer Mandorla, dem mandelförmigen Ausstrahlungskreis, der eigentlich nur Christus zukommt, der *Augustus* auf dem Thron, den eine unter der Last gekrümmte Frauengestalt emporhebt. Von oben senkt sich die Hand Gottes aus einem kreuzhinterlegten blauen Kreis auf sein gekröntes Haupt. Den Oberkörper des Herrschers umschweben die vier Evangelistensymbole, die gemeinsam ein m-förmiges weißes Band vor der Brust des Kaisers halten. Was da geschieht, erläutern die goldgeschriebenen Verse der Gegenseite: *Hoc Auguste Libro / tibi cor Deus induat Otto / Quem de Liuthario te / suscepisse memento.*

517 **Rekonstruktion der Bildanlage der Kaiserseite im Aachener Evangeliar Ottos III.**

Ganz dem ersten Hexameter entsprechend bekleiden die Evangelisten das Herz des Kaisers mit der Rolle des Evangelium und sie tun das in Erfüllung der Huldigungsgabe Liuthars. Otto hat die Hände ausgebreitet, so dass sein Oberkörper an ein Kreuz erinnert. Unter ihm stehen zu Seiten von Thron und Thronträgerin mit verehrendem Gestus zwei gekrönte Lanzenträger, unter diesen wiederum, paarweise einander zugewandt, zwei hohe Geistliche, wie das Pallium anzeigt, das nur Metropolitanbischöfen zukommt, und zwei ihnen offenkundig gleichrangig zugeordnete kriegerischen Laien. Die dem Kaiser zugeordneten gekrönten Lanzenträger sind somit trotz ihrer betonten Unterordnung unter dem Kaiser doch den Pallienträgern übergeordnet – dies aber ist in einem derart von der Gotteshand bestimmten hierarchischen Bildgeschehen nur bei königliche Personen möglich. Die den Häuptern der Kirchenprovinzen gleichgeordneten „Krieger" müssen dann die diesen ranglich entsprechenden Führer der weltlichen Provinzen sein, also Herzöge[14]. Im unteren Bereich treten damit im Aachener Kaiserbild die gleichen Rangpersonen um den Herrscher auf wie im Kaiserbild des aus Bamberg stammenden Evangeliar Ottos (Clm. 4453), die Veränderung besteht allein in der zusätzlichen Einbeziehung der gekrönten Lanzenträger.

Diese Gekrönten aber sind in ihrem Charakter durch mehrere innere Ambivalenzen bestimmt. Trotz ihrer Erhebung über die Bischöfe und herzoglichen Waffenträger sind sie gegenüber dem erhöht und frontal thronenden übergroßen Kaiser als Stehende in Seitenansicht gegeben und in kleinerer Gestalt nach unten abgerückt. Der aufrechten Haltung Ottos mit den ausgebreiteten Armen antworten sie mit einer gebeugten Haltung und verehrend geöffneten Händen, einer Haltung, die schon in der Spätantike und in Byzanz eine Nachordnung ausdrückt[15]. Trotz der sie erhöhenden Kronen fehlt ihnen gegenüber dem Kaiser das eine eigenständige Herrschaft kennzeichnende insignehafte *Suppedaneum*. Auch sind die geschulterten Fahnenlanzen offenkundig in den Verehrungsgestus einbezogenen und daher ganz wie das Schwert in der Hand des herzoglichen Trabanten im Evangeliar Ottos III. wesentlich als Eigen des übergeordneten Imperators aufzufassen[16]. So muss es sich um Herrscher handeln, die Kaiser Otto nachgeordnet sind und das verweist auf die Herrscher von Ungarn und Polen, deren Rangeserhöhung Otto in den Jahren vor 1000 betrieb.

Die Herrschaftsordnung, in die Otto die Könige Polens und Ungarns einbezogen wissen wollte, und die Stellung, die er diesen zugedacht hatte,

518 Thebaier-Elfenbein, Erhebung der *duces* der Thebaischen Legion Gereon und Victor, Köln um 1000. Köln, Schnütgen-Museum Inv. Nr. B 98 (Vorderseite).

findet ihren Ausdruck in der Bildanlage, die in so außergewöhnlicher Weise Schriftgabe und der Herrschaftsdarstellung verschränkt. Den Zugang eröffnet das Schriftband vor der Brust des Kaisers, dessen Bedeutung so lange umstritten war. Der mittlere wie die beiden äußeren Teile des Bandes sind kreisförmig gebildet und aus diesen Kreisbögen lässt sich die Komposition des Kaiserbildes rekonstruieren[17] (Abb. 517). Ganz der fein gezeichneten Mandorla entsprechend lehnt sich die Bildanlage an *Maiestas*-Darstellungen an, einerseits solchen wie der in dem 980 bis 990 in Köln geschaffenen Sakramentars aus St. Gereon in Köln (Paris, Bibl. Nat., lat 817, fol. 15v.), andererseits – vor allem hinsichtlich der Ringkomposition, die die vier *Animalia* und größtenteils die verehrenden Gekrönten einschließt – solchen wie denen im karolingischen Lorscher Evangeliar (Karlsburg/Alba Iulia, Bibl., Doc. Batt. p. 36, fol. 18v) oder in dem nach seinem Vorbild auf der Reichenau (um 969) geschaffenen Gerocodex (Darmstadt, Hess. Landes- u. Hochschulbibl., Hs. 1948, fol. 5v). Die kreisförmig ausgestalteten Bereiche um die beiden Spitzen der Mandorla lassen sich durch Vergleich mit dem Bild eines weiteren Bamberger Evangeliars der

519 Krönung Kaiser Ottos III. durch Petrus und Paulus in der Bamberger Apokalypse, Reichenau 1000–1002. Bamberg, Staatsbibliothek, Bibl. 140 fol. 59v–60r.

Reichenauer Malschule als die von *Caelus* und *Terra* bestimmen (München, Bayer. Staatsbibl., Clm 4454, fol. 20v–21r). Als *Christus Domini* thront der Kaiser des Aachener Evangeliars somit zwischen Himmel und Erde, sein Kopf ist im Himmel, unter der Hand Gottes, seine Füße auf der Erde – gerade so, wie Augustin das Wesen des christlichen Herrschers beschreibt[18]. Nach der Salbung, die an Schultern, Brust und Haupt vollzogen wird, an den Körperteilen also, die sich im Himmelskreis befinden, vereint der christliche *Imperator* in sich zwei Naturen, eine überirdische und eine irdische. Dieser Doppelnatur des Herrschers entspricht eine Doppelung des ihn umgebenden Handlungsablaufs. Denn was die *Animalia* im himmlischen Bereich mit ihrer Übergabe des Evangelien-Rotulus vollziehen, eben das geschieht auch im irdischen Bereich: Beim Schließen des Codex erhält Otto – ganz dem zweiten Hexameter entsprechend – das Evangelien-Buch innerhalb des „Erdkreises" vor die Füße gelegt. Zugleich fällt der Kern der Aussage auf der linken Seite: *Cor Deus induat* auf das Schriftband vor der Brust Ottos und das Wort *Deus* trifft auf das Herz Ottos[19].

Als ein Gotterfüllter also, als ein mit dem Gotteswort Bekleideter hat Otto seine überragende kaiserliche Stellung inne und in diesen Bezug ist die erhöhende Nachordnung der Könige von Ungarn und Polen gestellt. Was als „Herrschaft" gezeigt wird, ist wesentlich eine geistliche Mittlertätigkeit. So wie Otto in seiner im Ausbreiten der Hände angezeigten Kreuzes-*Imitatio* auf die Zuwendung Gottes in Schriftbekleidung und Herrschaftseinsetzung antwortet, so gibt er dies nach unten weiter. Gegenüber den Gekrönten haben die über den Häuptern ausgebreiteten Hände somit einen zweiten Gehalt: den der herrscherlichen Investitur. Deutlich wird dies beim Vergleich mit dem zeitgleichen Kölner Thebaier-Elfenbein (Abb. 518). Vor einer *Mandorla* thront dort erhaben Christus, seine zu beiden Seiten ausgebreiten Hände ruhen auf den Häuptern der beiden *duces* der thebaischen Legion, Gereon und Victor[20]. Beide sind Christus durch ihre tiefere Stellung unzweifelhaft nachgeordnet, überragen aber ebenso deutlich die ihnen gegenüber nach unten abgesetzten übrigen Krieger, so dass sich eine dem Aachener Kaiserbild entsprechende Bildanlage ergibt. Da das Geschehen des Thebaierelfenbeins motivgeschichtlich als Herrschaftseinsetzung ausgewiesen ist[21], kann für die zeitgenössischen Betrachter an der herrschaftlichen und hierarchischen Stufung des Kaiserbildes, an der Nachordnung der im Krönungsakt erhöhten Lanzenträger gegenüber dem thronenden Augustus sowie an ihrer Überordnung über die anderen Großen des *Imperium* kein Zweifel bestanden haben. Doch dies geschieht nicht einfach im Sinne äußeren imperialen Handelns, Otto gibt weiter, was ihm von Gott gegeben ist, die „Könige des Kaisers" in Ungarn und Polen werden mit ihrer Aufnahme in die von der Gotteshand bestimmte kaiserliche Herrschaftsordnung in den Zusammenhang einer Ausweitung des Wortes Gottes, einer Ausweitung der Gottesherrschaft gestellt.

Erläutert und begründet wird dieser hohe geistliche Anspruch in der über zwei Seiten ausgebreiteten Herrscherszene in der Bamberger Apokalypse (Abb. 518). Auf der linken Seite thront in der oberen Hälfte bartlos der Herrscher, die Rechte hält aufgestützt auf dem Boden ein Stabszepter, die Linke eine bekreuzte *Sphaira*, die den Thronenden als einen *Imperator* ausweist. Ihm zu Seiten stehen Petrus und Paulus, die ihm gemeinsam die Krone aufsetzen. In der unteren Hälfte des Bildfeldes stehen symmetrisch angeordnet zu beiden Seiten zwei Gekrönte, die zum Herrscher hin Huldigungsgaben emporheben und damit die beiden Bildhälften als zusammengehörig erweisen. Die beiden mittleren bieten goldene Schalen dar, die beiden äußeren goldene Füllhörner. Zwei Motive sind hier also verschränkt, ein geistlicher Krönungsakt, und ein irdischer Akt nach Art des *Aurum coronarium*: Was oben grundsätzlich durch die überirdischen Gestalten geschieht, eben das vollziehen im Konkreten die Huldigenden unten, die den anderen Huldigungsszenen entsprechend sicherlich *Italia* (bzw. *Roma*), *Germania*, *Gallia* und *Sclavinia* darstellen. Dies sprechen auch die über beiden Bildteilen geschriebenen Verse an, von denen die erste Zeile als Anrede der Krönenden an den eben Erhobenen zu verstehen ist, die zweite aber das Tun der Huldigenden aus der Distanz beschreibt: *Utere terreno / caelesti postea regno // Distinctae gentes / famulantur dona ferentes*[22]; „Ergreife das irdische, danach das himmlische Königtum, verschiedene Völker dienen, Gaben bringend".

Auf der Gegenseite werden, wiederum in zwei Bildhälften, dem Herrscher als *exempla*, als Handlungsanweisungen für sein Tun vor Augen geführt: Insgesamt vier Tugenden fassen nach ihrem Sieg über die entsprechenden Laster, auf deren nackten Leibern sie mit drohend auf die Münder gerichteter Lanze, besitzergreifend vier vorbildhafte Gestalten des alten Bundes: in der oberen Hälfte Abraham (*oboedientia*) und den durch ein Buch gekennzeichneten Moses (wohl *fides*), in der unteren Hälfte den Krone und Szepter tragenden David (*poenitentia*) sowie den mit Pusteln übersäten Hiob (*patientia*). Sie alle haben sich auf je eigene Weise dem Willen Gottes ergeben und stellen somit maßgebende Vorbilder dar. Dies heben die an den Herrscher gerichteten Verse über den beiden Bildhälften hervor: *Iussa dei complens / Mundo sis corpore splendens // Poenitet culpae / Quid sit patientia disce*; „Gottes Gebote erfüllend, sei du in reinem Leibe strahlend, es gereue dich die Sünde, lerne, was Geduld sei".

Die Datierung der Handschrift und damit auch die Bestimmung des Herrschers ist umstritten.

Da ihn die bekreuzte *Sphaira* als *Imperator* ausweist, Heinrich aber erst 1014 zum Kaiser gekrönt wird, muss die Handschrift entweder in der Zeit Ottos III., also vor 1002 geschaffen sein oder sie muss in die Jahre nach 1014 fallen – und damit nach dem zweifelsfrei in die Königszeit Heinrichs II. fallenden Perikopenbuch gefertigt worden sein. Wenngleich die Handschriften selbst keinen eindeutigen Anhaltspunkt liefern, so spricht kunstgeschichtlich doch mehr für eine Entstehungszeit des Perikopenbuchs nach der Apokalypse[23], und dementsprechend für eine Bestimmung des Herrschers als Otto III. In dieselbe Richtung weist das semantische Gefüge des Bildes. Denn im Hinblick auf die Huldigungsbilder Ottos III. erscheint die Herrscherseite der Apokalypse wie eine partiell, im irdischen Bereich, vereinfachende Fortentwicklung – dies, um desto nachhaltiger die überirdische Seite vor Augen zu führen: die Anbindung der kaiserlichen Herrschaft an die Vertrauten Christi im Sinne des seit Januar 1001 von Otto III. geführten Titels *Servus Apostolorum*. Der Kaiser stellt sich damit als den Knecht derer dar, die am Ende der Tage am Gericht Christi über die Menschen teilnehmen werden. Von diesen, die ja als Blutzeugen schon bei Christus sind, als „Knecht" angenommen und so den übrigen vorgesetzt zu werden, wie es das Bild vor Augen führt[24], bedeutet eine substanzielle Erhöhung für einen noch im Irdischen Lebenden, und ist daher ein hochrangiger Herrschaftstitel, der zugleich die Bindung an Rom enthält, die Stadt der beiden Apostel, ja die Krönungsszene auf Rom festlegt und damit als kaiserlich erweist.

Die Szene im Perikopenbuch hingegen ist auf das Bild der Apokalypse bezogen, sieht sich aber offensichtlich wegen des lediglich königlichen Charakters des Herrschers und wegen des Fehlens einer kaiserlichen Herrschaft über Italien zu Veränderungen gezwungen. Petrus und Paulus werden zwar aufgerufen, doch eben dadurch, dass die Krönung durch Christus geschieht, sie also nur als Vermittler und Geleiter auftreten, wird ein eindeutiger Bezug zur Krönung in der Stadt der Apostel und damit zur – noch ausstehenden – Kaiserkrönung vermieden (Abb. 520). In die gleiche Richtung zielen die Veränderungen im unteren Bereich des Perikopenbuchs. Die huldigenden Herrschaften, die in der Apokalypse in Fortsetzung der vorausgehenden Huldigungsbilder gleichsam selbstverständlich als die großen Reichteile aufgefasst werden, werden nun differenziert. Die große mit dem *Lorum* ausgestattete blonde Figur in der Mitte, die die unbekreuzte *Sphaira*, wie sie oben der eben gekrönte Heinrich selbst führt, emporhält, ist *Germania*, sie zeigt die königliche Herrschaft in Deutschland an, die Heinrich tatsächlich innehat. *Gallia* mit dem Lorbeerkranz ergänzt dies. Die dunkelhaarige kleinere Figur mit der bekreuzten kaiserlichen *Sphaira* in der Hand hingegen ist *Italia* (oder *Roma*), dessen Besitz und der damit verbundene Imperatorentitel Heinrich noch fehlt, freilich, wie ihr Auftritt und die Beischrift besagt, beansprucht wird. Eine vierte Figur, die *Sclavinia* darstellen würde, fehlt ganz, was sich durch die kritische Lage Heinrichs im Osten hinlänglich erklärt. Wie um diese Mängel auszugleichen oder doch

520 Krönung König Heinrichs II. durch Christus unter dem Beitritt von Petrus und Paulus, in dem von ihm gestifteten Perikopenbuch, Reichenau 1007–1012. München, Bayer. Staatsbibliothek Clm 4452 fol. 2r.

überspielen, treten dafür von unten her die zweifellos Heinrich anhängenden Reichsteile im deutschen Raum hinzu. In der offenkundigen Übersteigerung, die aufgrund der Motivik nur auf das Kaiserbild der Apokalypse zielen kann, steckt somit ein Mangel, der überdeckt werden soll[25]. So spricht alles dafür, dass das Bild des Perikopenbuchs nach dem Kaiserbild der Apokalypse gemalt ist, das mit seinem hohen geistlichen Anspruch also Otto III. vorstellt.

Kein anderer Herrscher zeigt eine solch dichte Anlehnung an die antike Herrscherinszenierung und zugleich eine so enge Verschränkung von Geistlichem und Weltlichem, eine Verschränkung, die in ihrem hohen Anspruch in der damaligen christlichen Welt verstanden wurde, da die für die Darstellung Christi herangezogenen spätantiken Elemente allgemein gültig waren. In diese geistlich getönte Weltordnung sind – so besagt das Kaiserbild des Aachener Evangeliars – die Herrscher Ungarns und Polens als *Reges Imperatoris* erhöht einbezogen.

Anmerkungen

1   Fast alle Kaiserbilder Ottos III. enthält Schramm (1983).
2   Die Bildanlage könnte auf die Anbetung des Lammes in der Kuppel der Aachener Krönungskirche (Schnitzler 1964) anspielen, was den Bezug auf die Zeit des Herrschaftsantritts unterstrich.
3   An hohen Festtagen, an denen der König unter der Krone ging, wurde der Gottesdienst in der Anwesenheit des Herrschers (*missa maior*) nur von *Erzbischöfen* vollzogen; vgl. Cosmas I 28, dazu Klewitz (1939) 51.
4   Da sich um 1800 jeweils eine Handschrift im Umfeld eines der Erzbistümer nachweisen lässt, könnte Otto jedem von ihnen einen Codex zubestimmt haben.
5   Nitschke (1966) 30ff.; Abb. 2.
6   Schramm (1958) bes. 12ff. – Schneider (1989) bes. 37ff.
7   So Anicia Juliana im Wiener Dioskurides Cod. med. gr. 1 fol. 6v. Auch die Huldigungsgabe der Magier für Christus wurde in diesem Schema gebildet; vgl. den Reliquienkasten in San Nazaro Maggiore Mailand (Ende 4. Jh.) und das Elfenbein des Brit. Mus. (6. Jh.): Volbach (1958) Abb. 110; 112 bzw. 222; sowie den Codex in Eriwan, Matenadaran 2374 fol. 229 (um 640): Mathews/Wieck (1994) Taf. 2.
8   Schramm (1983) 203f; dazu Hoffmann (1986) I 468 u. 489f.
9   Uhlirz (1958) 108ff. – Schramm (1983) Nr. 109 (vgl. dazu 206f. 220f.) sowie Mütherich (1986) Nr. 5 sprechen sich letztlich für Otto III. aus (um 997); dagegen Hoffmann (1973) 325f.; Mütherich (1978) 80ff.; vgl. auch Schramm/Mütherich (1981) Nr. 107, 155, 484. – H. Hoffmann (1986) I 39 Nr. 14, S. 310. Über dem Kopf des Herrschers findet sich auf dem Goldgrund der Name Hei[n]r[i]cus. Da das stilistisch in die Jahre um 1000 gehörende Blatt (nach 1014 ist der Reichenauer Stil sehr viel härter) in einer Reihe mit den Huldigungsbildern Ottos III. steht und der Herrscher die kaiserliche bekreuzte *Sphaira* in Händen hält, was für Heinrich erst nach 1014 möglich ist, sehe ich das Blatt mit Schramm als eine Darstellung Ottos III. an, die nach dessen plötzlichem Tod inschriftlich umgewidmet wurde, um das kostbare Bild unterzubringen. Für Heinrich II. erfüllte diese Überblendung mit dem Bild seines Vorgängers und Vetters und der damit gegebenen unmittelbare Anschluss an diesen zugleich eine politische Funktion, sie verkündete in den königlichen Jahren bis 1014 den Anspruch des neuen Herrschers (gegen Arduin) auf Italien und das *Imperium*, ein Bemühen, das auch in den Urkunden zu Tage tritt; dazu Schneider (1987) 421–446.
10 Schramm (1983) 206.
11 Ungenau spricht also Schramm (1983) 206 von einem Stemma, in dem das Blatt in Chantilly am Anfang steht.
12 Vgl. Klauser (1950) 1010–1020. – Weizsäcker (1959). – Deshman (1976).
13 Zur Kaiserdarstellung und zur Einbeziehung der von Otto im Rang erhöhten Herrscher Ungarns und Polens [dazu Uhlirz (1954) bes. die Exkurse 13; 18–20; 23] vgl. Schneider (1986) bes. 135; Fried (1989) bes. 21ff. und 56ff.; dagegen Kuder in Bernward (1993) 2, 86f. und Kuder (1998) 187, der die hierarchische Struktur des Bildes ohne Begründung in Abrede stellt. Die auffallend tiefe Stellung der hochrangigen Pallienträger bleibt dabei ungeklärt.
14 Lanze und Schild sind nach Konstantin Porphyrogennetos (de cerem. ed. Bonn 411, 5ff.; 429f.) wichtige Insignien des Kaisertums, in Festaufzügen werden sie von höchstrangigen Männern geführt.
15 Für Byzanz vgl. die Krönung Konstantin VII. durch Christus, um 944, Moskau sowie (gegenüber Christus) die *Deesis Paris* (Goldschmidt/Weitzmann II Nr. 35; Schweinfurt Abb. 64 u. 65).
16 So ist das in den Mosaiken des Mausoleum der Galla Placidia von Laurentius geschulterte Kreuz ja wesentlich das Christi; Deichmann (1958) III, Abb. 5; 7.
17 Vgl. Schneider (1986) Abb. 6 vorgelegte Rekonstruktion, die durch die nachfolgend genannten zeitgenössischen Werke bestätigt wird.
18 Ennarationes in psalmos XC, 5; Migne PL 37, 1163 f.; vgl. in psalmos XCI, 11; ebd. 1178; vgl. Kantorowicz (1957) 71f.
19 Näher dazu Schneider (1986) 136ff. und demnächst in Hist. Zeitschr.: Geschlossene Bücher – offene Bücher. Das Öffnen von Sinnräumen im Schließen der Codices.
20 Schneider (1991b) I 227–249; bes. 242ff. Kahsnitz in: Bernward (1993) 2, 224f.
21 Vgl. das Elfenbein Ottos II. und Theophanus in Paris, sowie die Bleibullen ehem. Privatbes St. Petersburg und Helsinki (Schramm (1983) Nr. 91; 92, sowie die spätantiken Motivvorlagen dafür bei Schneider (1991b) Abb. 15–17.
22 Die Positionierung der Beischrift betont die Korrespondenz beider Zeilen: *caelesti*, das entscheidende Wort der oberen Zeile, steht über dem Kopf des Herrschers, ihm entspricht – ebenso auf der Bildachse – das die Qualität der *gentes* kennzeichnende *famulantur* unter Füßen und Suppedaneum des Kaisers.
23 Überzeugend für mich Mayr-Harting (1991) 409–420. Eine Datierung der Apokalypse nach dem Perikopenbuch in die Jahre 1017/1018 vertritt Kuder (1998) 210ff.
24 Nur von einem Ranghöheren kann eine Krönung ausgehen, verfehlt daher die Aussage Kuders (1998) 212, „dass die Apostelfürsten den Herrscher bedienen, also als *Servi Imperatoris* dargestellt sind".
25 Zu den zeitgeschichtlich bedingten Ambivalenzen des Bildes im Perikopenbuch vgl. Schneider (1987) bes. 438ff. Ein Herrschaftsbild kann sich nicht allzu weit vom tatsächlich Gegebenen entfernen, da es sonst entlarvend und herabmindernd auf den bildlich Gepriesenen zurückfällt.

Die Adlerkapitelle in der Krypta von San Bartolomeo all'Isola in Rom

UTE DERCKS

Das Motiv des Adlers mit der Schlange als Gegenspieler ist in der antik-christlichen Welt ebenso präsent wie in nicht-klassischen Kulturen. In Gestalt des Adlers – seiner komplexen Bedeutung entsprechend sowohl emblematisch-symbolischer Natur als auch „Hieroglyphe Christi"[1] – triumphiert das Gute über das Böse, vertreten durch die Schlange, die in christlicher Interpretation vornehmlich negativ konnotiert ist.

Eines der beiden erhaltenen Adlerkapitelle in der Krypta von San Bartolomeo auf der Tiberinsel in Rom zeigt einen Adler gemeinsam mit einer sich windenden Schlange. Zunächst stellt sich hier die Frage nach der Ikonographie, und zwar ob in dieser Darstellung tatsächlich der Kampf zwischen Adler und Schlange thematisiert wird. Gleichermaßen interessiert, weshalb der Stifter der Kirche, Kaiser Otto III., für seine erste und einzige römische Kirchengründung gerade die Tiberinsel wählte, um den heiligen Adalbert zu ehren und die Reliquien des Apostels Bartholomäus niederzulegen.

Die Tiberinsel in Rom hat die Forschung immer wieder beschäftigt. Auf der *insula inter duos pontes* war ein antiker Tempel dem Aeskulap geweiht. Dass der griechische Heilgott seinen Standort in Rom quasi selbst suchte, illustriert das Revers einer Münze aus der Zeit des Kaisers Antoninus Pius. Eine Gesandtschaft, die anlässlich der 293 v. Chr. in Rom wütenden Pest nach Griechenland geschickt worden war, kehrte aus Epidauros mit der in eine Schlange verwandelten Gottheit zurück, die in Rom ihren Platz auf der Tiberinsel einnahm. Das dort 291/289 v. Chr. geweihte Heiligtum wurde im 1. Jahrhundert v. Chr. durch einen Tempel ersetzt.

521 Rom, San Bartolomeo all' Isola, Krypta, südliches Adlerkapitell mit Schlange.

522 Ankunft der Aeskulapschlange auf der Tiberinsel. Münze 140–144 v. Chr., Gipsabdruck. Winterthur, Münzkabinett.

523 Rom, San Bartolomeo all' Isola, Gang im Westen der Krypta.

Mit der Kultstätte, zu der eine Heilquelle oder ein Brunnen gehörte, entwickelte sich die Insel zum Zentrum der römischen Aeskulapverehrung und fungierte in der Folgezeit bis heute als Heil- und Kurort. An diese Tradition erinnern die noch erhaltenen Teile der antiken Uferbefestigung – ein aus Travertin gehauener Schiffsbug mit dem Relieffragment eines Stierkopfes und eines Aeskulaps mit Schlangenstab – an der Südostspitze der Insel. Die nächsten erhaltenen Zeugnisse von Bautätigkeiten auf der Insel fallen in die Zeit um das Jahr 1000. Kaiser Otto III. widmete die Kirche dem Andenken Adalberts, dem ehemaligen Bischof von Prag, der im Frühjahr 997 von Danzig aus eine Missionsreise zu den Pruzzen angetreten und auf einer Insel *in Cholinum* bei Elbing den Märtyrertod gefunden hatte.

Die cassinensische Redaktion der römischen *Vita Prior Santus Adalberti* berichtet über die Umstände des Martyriums, dass, nachdem die pruzzischen Heiden Adalbert erschlagen und geköpft hatten, sich ein Adler neben dem Toten niederließ und 30 Tage bei ihm wachte.

Der polnische Herzog Bolesław Chrobry holte den Leichnam Adalberts nach Gnesen (Gniezno), wo Otto III. im Februar 1000 die Armreliquie des nun kanonisierten Missionars entgegennahm. Einen Teil schenkte der Kaiser dem Adalbertstift in Aachen, einen anderen legte er zu Füßen der römischen Hügel Palatin und Aventin auf der Tiberinsel nieder. Auf den Aventin hatte sich der Prager Bischof einst während seiner vierjährigen Amtspause auf Empfehlung des Eremiten Nilus von Rossano in das griechisch-lateinische Reformkloster Santi Bonifacio ed Alessio zurückgezogen. Hier war er offenbar mit Otto III. zusammengetroffen – hier sollte 998/9 die erste Adalbert-Vita entstehen. Zum einen verkörperte Adalbert – ähnlich den Eremiten Romuald von Camaldoli und Nilus von Rossano – für den jungen Kaiser das kontemplative Ideal streng asketischer Lebensweise gepaart mit klassischer Bildung. Zum anderen wird Adalberts Ostmission als ein für Otto III. recht willkommenes politisches Instrument zur Sicherung östlicher Reichsgrenzen gedeutet.

Die besondere Wertschätzung des Kaisers für Adalbert in seiner Funktion als Mönch, Bischof und Apostel – auf die Frage, wer er sei, antwortete Adalbert: „(…) *professione monachus, ordine quondam episcopus, officio nunc vester apostolus*"[2] – kommt ferner darin zum Ausdruck, dass er dessen Reliquien mit denen des Apostels Bartholomäus beisetzte, um die sich der Kaiser im Frühjahr 999 in Benevent bemüht hatte. Er beabsichtigte offensichtlich, in Rom – dem *domicilium apostolorum* – eine dritte Apostelkirche zu stiften.

Von dem angesichts zahlreicher Überschwemmungen und Restaurierungen stark veränderten Bauwerk haben sich lediglich Reste der ottonischen *Confessio* erhalten. In der ursprünglich als Halle konzipierten Krypta verbindet heute ein schmaler Gang drei unregelmäßig große Räume, die unter dem Presbyterium in der Hauptachse der Kirche liegen. Das mittlere gewölbte Hauptschiff wird am Gang durch zwei Spiralsäulen mit Polster- bzw. Kämpferblockkapitellen markiert, während sich die beiden einzigen figurierten Kapitelle über glatten Säulenschäften gegen den verbreiterten Raumabschnitt wenden. Über die ottonische Raumdisposition kann wegen der nachträglichen Vermauerungen nur spekuliert werden. Es liegt freilich die Vermutung nahe, dass hier die Kapitelle freistanden, da jeweils alle vier Seiten mit einem Vogelmotiv figuriert sind und das rechte, südliche Kapitell seine Hauptschauseite dem offenen Raum des Mittelschiffs zuwendet.

Die rostbraunen Flecken auf Kapitell und Säulenschaft deuten auf Eisenerz, das durch die Nässe in der oft überschwemmten Krypta oxidiert aus dem Stein herausaustritt respektive auf Eisenerzausblutungen der darüberliegenden Mauer und Wölbung. An den Kapitellen zeigt sich unter der abgetragenen Oxidationsschicht ein helles, fast weißes, in der Oberfläche sehr dichtes Gestein, das teilweise mit dunklen Splittern durchsetzt ist. Der Erhaltungszustand der Kapitelle lässt keine Rückschlüsse auf eine farbige Bemalung zu.

Das linke, nördliche Kapitell ist vorwiegend im oberen Teil des Blocks abgeschlagen und das rechte, südliche Kapitell bis auf einige Fehlstellen an der Figur intakt. Bei keinem der Kapitelle blieb der Kopf des Vogels unbeschädigt.

Die beiden trapezoiden Kapitellblöcke variieren aufgrund geringer Maßunterschiede in ihren Proportionen, können aber beide als Pyramidenstumpfkapitelle gelten. Eine schmale Deckplatte, die jeweils über dem Vogelkopf konvex hervorkragt, zieht sich um den Kern und schafft so einen nach oben abschließenden Rahmen.

Die Vögel heben sich plastisch vom Grund ab. Frontal mit nebeneinandergesetzten, gespreizten Fängen, ausgebreiteten Flügeln und glattem, stark gewölbtem ovalen Rumpf entsprechen sie im weitesten Sinne einem oströmisch-byzantinischen Adlertypus, „der gekennzeichnet ist durch plumpen Körperbau, unnatürlich eingezapfte Schenkel und breit entfaltetem Fächerschwanz"[3].

Die Schwingen bilden im oberen Teil eine orthogonale Kante zum Block und verschmelzen unten mit ihm, so dass die Trapezform des Kapitells unterstrichen wird. Deutlich zeigt sich dies im linken, nördlichen Kapitell, wo die Flügel ohne Binnenstruktur und mit dem Kapitellblock verschliffen sind. Dagegen werden sie im gegenüberliegenden Kapitell in parallelen Bahnen modelliert. Hier zeichnet sich der zum Raum gewandte Adler dadurch aus, dass die Streifen auch sein Schwanzgefieder und die Beine bedecken, und dass sich hinter dem Hals ein an der Horizontalen orientiertes und zweimal geschlungenes Motiv erstreckt. Diese Schlingen bringen, analog zu den am Adlerkopf noch erkennbaren Augen, kreisrunde Vertiefungen hervor.

Ebenso wie die Vögel nur summarisch als Adler skizziert werden, ist auch die Schlange anhand des ihr Charakteristischen – der Windung – identifizierbar.

Obschon ottonische Skulptur in Italien rar ist, und die These, die marmorne Brunnenmündung in San Bartolomeo all'Isola – der so genannte Pozzo – stamme aus der Zeit um 1000, wohl zurecht bestritten wurde, hat die Forschung die Kapitelle in der Krypta weitgehend ignoriert. Zwar waren sie nicht immer zugänglich, und ihr Erhaltungszu-

524 **Rom, San Bartolomeo all' Isola, Krypta, nördliches (linkes) Adlerkapitell.**

stand sowie die Qualität der künstlerischen Ausarbeitung ist eher bescheiden, dennoch stellen die Adlerkapitelle die einzigen Beispiele figürlicher Bauskulptur zur Zeit Ottos III. in Rom dar.

Die Forschung erkannte hier zumeist „aquile imperiali" oder „kaiserliche Adler mit Krone", wobei die über dem Adlerkopf ausschwingende Deckplatte des Kapitells als Krone gelesen wurde. Vor dem 12. Jahrhundert lassen sich nur wenige Darstellungen gekrönter Adler nachweisen, jedoch scheint der ansonsten berechtigte Einwand, nicht jedes Adlerkapitell sei immer ein imperiales Zeichen, hier nicht angemessen. Unwidersprochen ist der Adler als Herrschaftssymbol Ottos III. zu verstehen. Der Kaiser macht sich mit dem Tragen des Adlerszepters, beispielsweise im Huldigungsbild des Reichenauer Evangeliars, im Augustus-Cameo des Lotharkreuzes oder auf der Andernacher Münze, nicht nur das römische Feldzeichen im Sinne Benzos von Alba – „*Tota igitur christianitas assurgat in laudem creatoris, qui contra hostiles impetus reddit terribiles aquilas christianissimi imperatoris*"[4] – zu eigen. Es impliziert die heidnisch-christliche Bedeutung des Adlers und eröffnet gleichsam eine Genealogie, die in einer Linie von den römischen Konsuln und Kaisern über Konstantin und Karl den Großen zu ihm führt.

Wenn Carlo Cecchelli hier ein „antico simbolo del Sacro Romano Impero germanico"[5] sieht, verweist er damit folgerichtig auf Schramms *renovatio*-These von 1929. Allerdings befindet sich die Schlange hinter dem Hals des Adlers und nicht in dessen Krallen; insofern ist die Beschreibung „la rappresentazione dell'aquila che atterra il serpente"[6] nicht genügend präzise.

Das Adler-Schlangen-Kapitell birgt mehr als nur eine Bedeutungsebene. Neben dem Kampf des Adlers mit der Schlange, der stellvertretend für den Sieg des Lichts über die Finsternis steht, und dem Adler, der als *Signum* der Antike und der *renovatio* Karls des Großen ein von Otto III. übernommenes imperiales Zeichen ist, erlauben die beiden Symbole in diesem Fall eine weit komplexere Interpretation.

So ist der Adler in der Krypta auch als Heiligenattribut zu sehen. Bekanntlich führen nicht nur der Evangelist Johannes, sondern eine ganze Reihe mittelalterlicher Heiliger den Adler als Attribut; und hier – wie auch in einem der Bildfelder der Bronzetüren des Gnesener Doms – rekurriert der Adler auf den in der Mission gestorbenen Adalbert, dessen Martyrium mit dem Auftreten eines Adlers verbunden ist. Die Schlange ist zunächst Bestandteil des allegorischen Triumphs des Guten über das Böse; im Hinblick auf die ursprüngliche Heil- und Kultstätte der Insel kann sie indes auch als Schlange des Aeskulap verstanden werden. Insofern ist Otto III. mit der Reliquienüberführung des auch als Heiler verehrten Apostels Bartholomäus eine intendierte Kultübertragung zu unterstellen. Die heidnisch-antike Tradition wäre somit von einem christlichen Heiligen fortgeführt und aktualisiert. Dabei ist nicht zu übersehen, dass Otto III. wohl die Reliquien des Bartholomäus bestatten und so eine Apostelkirche in Rom gründen wollte, insbesondere aber seinem geistigen Freund und verehrten Geistlichen Adalbert ein Denkmal zu setzen beabsichtigte.

Die Entscheidung des Kaisers, die Tiberinsel als Ort seiner Stiftung zu wählen, hat zudem topographische Gründe, da sie in unmittelbarer Nähe des von ihm und Adalbert bevorzugten Klosters auf dem Aventin liegt, verweist daneben aber auf den Ort des Adalbert-Martyriums selbst, das auf einer Insel stattfand. Auf einer Flussinsel lag auch das im November 1001 in Anwesenheit Ottos III. geweihte Adalbertkloster in Pereum, das den Mönchen der Slawenmission als Heimat dienen sollte.

Unter diesen Aspekten betrachtet, ergänzen sich auf der Tiberinsel die Motive Adler und Schlange und wirken vermittelnd über die zeitliche und räumliche Distanz hinaus. Sie bedeuten sowohl ein mythologisch-kultisches Vergegenwärtigen als auch eine Aktualisierung bekannter Symbole in zeitgenössischer Konnotation – eine Kultübertragung mittels antiker, imperialer und hagiographischer Zeichen[7].

Anmerkungen

1. Wittkower (1984) 21–86; 218–245.
2. Vita Adalberti Pragensis episcopi et martyris Vita prior (Vpr). J. Karwasinska (Hrsg.), MPH. N.S. IV.1. (Warschau 1962) c. 28, 42. Zitiert nach: Lotter (1997) 77–107; 101 Anm. 63.
3. Déer (1955) 91.
4. „Also erhebe sich die ganze Christenheit zum Lobe des Schöpfers, der gegen die feindlichen Angriffe die Adler des allerchristlichen Kaisers furchtbar macht". Benzo von Alba, Sieben Bücher an Kaiser Heinrich IV. Hg. und übers. von H. Seyffert, MGH SS rer ger 65 (Hannover 1996) 118, 7–9.
5. Cecchelli (1951) 29–105; 68.
6. Ebd. 68.
7. Die Veröffentlichung des kompletten Beitrags incl. Anmerkungsapparat ist in Planung.

Nähe und Ferne: Zur Lesbarkeit von Raum in der ottonischen Buchmalerei

LIESELOTTE E. SAURMA-JELTSCH

In der Kunstgeschichte des Abendlandes haben sich selten Bilder vergleichbar verändert wie an der Schwelle zum zweiten Jahrtausend. Ein neuer Ordnungswille scheint sie zu beherrschen, die Gestalten verlieren ihre Körper, Architektur und Landschaft werden zu Flächenmustern, die den Raum als Kontinuum negieren. Es entstehen Bilder von einer feierlichen, oft starr wirkenden Entrücktheit, die in ihrer Grundstruktur dann das Sehen bis ins späte Mittelalter prägen sollten. Wie weit, so fragt man sich, geht es hier lediglich um künstlerische Phänomene? Sind Bilder in einer – im Gegensatz zur karolingischen Zeit – weitgehend nicht mehr schriftlich, sondern wieder oral organisierten Gesellschaft, wie der ottonischen, nicht vielmehr Teil eines größeren Kommunikationssystems? Dann müsste sich in ihrer Veränderung auch ein Wandel dieses Systems spiegeln. Welche Aufgabe übernehmen sie darin, wie werden Künstler Teil neuer Strukturen und wie wirkt sich dies auf die Formengebung aus, wären Fragen, die in einem größeren Kontext zu stellen wären.

An zwei Beispielreihen soll gezeigt werden, welch tiefgreifende Folgen die formalen Veränderungen für das Erkennen der Bilder und deren Inhalte haben. Das strenge Bildgefüge, in dem die Körper der Akteure zu Zeichen geworden und in ihrer Zuordnung auf das genaueste definiert sind, erzwingt eine grundsätzlich neue Lesart. Soziale Beziehungen, aber auch die erlaubte Intensität im Bezug zum Heiligen werden mit dieser Formensprache ablesbar präzisiert. Darin spiegelt sich, so mein Vorschlag, ein Ringen um neue Ordnungssysteme, in denen unter anderen Kategorien auch diejenigen von Nähe und Ferne, auf die ich im folgenden eingehen möchte, in einem vorher nicht gekannten Maß eine Rolle spielen.

Zur Hierarchisierung der Personen

Die Spannweite der formalen und damit einhergehenden inhaltlichen Veränderungen lässt sich an einer bis in die spätkarolingische Zeit zurückgehenden Gruppe von Darstellungen zum Pfingstereignis verdeutlichen. Im *Codex Egberti* (Abb. 525) ist noch in Ansätzen durchaus jenes räumliche Kontinuum zu erkennen, das in der spätkarolingischen Variante der Bibel von San Paolo fuori le mura (Abb. 526) die Apostel erzählerisch im Sinne antikischer Darstellungsgewohnheiten in einem Raum versammelt. Die im karolingischen Bild der Bibel räumlich aufgefasste oktogonale Architektur ist in der ottonischen Miniatur aus Trier zu einem in die Fläche geklappten Grundriss geworden, ohne dass damit ein in sich geschlossener Raum assoziiert würde. Das Bild ist nun in zwei Streifen aufgeteilt: Der nach hinten verweisende Raumteil der karolingischen Miniatur ist zu einem oben liegenden Streifen geworden

525 **Pfingsten, Codex Egberti**: Reichenau um 977–993. Trier, Stadtbibliothek, Ms. 24, fol. 103. – Kat. 02.02.01.

und der vordere, dem Betrachter nähere, zu einem unteren. Dabei erlebte das Oben und Unten insofern einen Bedeutungswandel, als die Darstellung, im Gegensatz zum Vorbild, dazu verwendet wurde, eine hierarchische Ordnung zu schaffen: Die vom Heiligen Geist ausgezeichneten Apostel befinden sich nun nämlich im oberen Bildbereich, wohingegen im unteren sich jenes Volk aufhält, das zusammen gekommen ist und staunend über die vom Geist erfüllten Apostel debattiert.

In dem jüngeren *Codex aureus* von Echternach (Abb. 527) schließlich verteilt sich das ehemals ganzseitige Bild auf drei Streifen. Christi Himmelfahrt, in der karolingischen Konzeption zwar ebenfalls oben, aber dennoch dank des illusionistischen Raumbildes als zum Pfingstbild zugehörig erfahrbar, wird hier in dem eigenständigen obersten Register gezeigt. Auf die zwei unteren sind die beiden Themen verteilt, die im *Codex Egberti* immer noch in einem Bild vereint waren: Die Ausgießung des Heiligen Geistes und die Gründung der Kirche. Allerdings ist der horizontalen Trennung auf drei Bildstreifen eine vertikale Hierarchisierung um eine Mittelachse eingeschrieben. Im Zentrum des obersten Registers steigt Christus in Orantenhaltung zur Himmelsgloriole. Die himmlischen Herolde, zwei Engel, richten sich, wie im karolingischen Vorbild, an die auf Christus symmetrisch angeordnete, links und rechts gruppierte Schar der Schüler und Maria (*Acta Apostolorum Apocrypha* 1, 9–11). Unmittelbar unter dem zum Himmel strebenden Christus sitzt im mittleren Bildstreifen in der zentralen Arkade der von den Aposteln umgebene Petrus. Hier wird jenes himmlische Kreissegment, zu dem Christus aufsteigt, nochmals wiederholt, strahlt doch aus ihm das Feuer des Heiligen Geistes auf die Apostel. Der Sockel der Arkadenarchitektur, unter der die Apostel thronen, führt unter dem Schriftband durch und überlappt die nach oben schwingenden Streifen im unteren Register. Damit ist offenbar die nach innen und oben geklappte Mauer des karolingischen Bildes gemeint, vor der hier nun die gottesfürchtigen Männer mit akklamierenden und adorierenden Gesten stehen. Wie im Egbert-Codex ist der Innenraum dieses Gebäudes mit der Beschriftung *communis vita* als Ort der Kirche gekennzeichnet.

Während in dem karolingischen Manuskript (Abb. 526) das Pfingstereignis durch das staunende Volk erzählend ergänzt wird, das heraneilt und spottend oder ergriffen das Geschehen außerhalb der Mauer verfolgt (*Acta Apostolorum Apocrypha* 2,5), hat diese scheinbar anekdotische Zufügung im *Codex Egberti* (Abb. 525) an Bedeutung gewonnen. Die Vertreter der Völker, die sich in der Bibel von St. Paul am unteren Bildrand versammeln, treten im *Codex Egberti* über den Leerraum hinweg mit den Aposteln in visuellen Kontakt. In ihrer unterschiedlichen Rangordnung sind die beiden Parteien klar umschrieben. Einzig den Aposteln wird das Feuer des Heiligen Geistes zuteil, sie sind denn auch nicht allein durch ihre Stellung oben im Bilde, sondern auch durch die Arkadenarchitektur ausgezeichnet. Frontalität, gefasste Ruhe, Orantengestus und feierliche Gewandung bei den Aposteln kontrastieren mit den verdrehten Rückansichten, der gestikulierenden Wildheit und einfacheren Kleidung bei den Figuren am unteren Bildrand. Diese Völker, die hier „zitternd zusammen kommen" (*Acta Apostolorum Apocrypha* 2,6) sind es, die es zu missionieren gilt.

Das im Egbert-Codex neue Thema der Gründung der Kirche gewinnt in der Echternacher Handschrift (Abb. 527) an Präzision. Nur die Gottesfürchtigen (*Acta Apostolorum Apocrypha* 2,5) schei-

526 **Himmelfahrt und Pfingsten, Bibel von San Paolo fuori le mura: Reims (?) um 870. Roma, Abbazia di San Paolo fuori le mura, fol. 295v.**

nen hier noch versammelt. Auch sie stehen auf einem eigenen Terrainstreifen, sind aber zugleich so auf die Mauer projiziert, dass sie zu ihr zu gehören scheinen und an der *communis vita* schon teilnehmen. Adorierend schauen sie auf zu den unter den Arkaden sitzenden Aposteln, zu jenem Teil des gemeinsamen Hauses, der den Grundriss zu überwölben scheint.

Mit formalen Mitteln sind in den zwei ottonischen Varianten neue Inhalte und zugleich andere Formen des Lesens und Verstehens entwickelt worden. Dank der Trennung in verschiedene Register und einer höchst differenzierten Definition der Beziehungen zwischen den drei Zonen haben die verschiedenen Gruppierungen und Personen unterschiedliche hierarchische Positionen erhalten. Das ehemals in einem erzählenden Raum sich abspielende Ereignis ist nun in einen zu lesenden Raum transferiert. Die Ordnung in der Vertikalen ist eine hierarchische: An der Spitze des ganzen Blattes sowie in dessen Zentrum schwebt Christus unter dem himmlischen Kreissegment. Unter ihm, in einer deutlich eigenen Zone, thront – ebenfalls im Zentrum – Petrus als Spitze der irdischen Kirche, zu der sich die beiden unteren Streifen zusammenfügen. Im untersten Register schließlich schart sich das Christenvolk um diese wirksame Mitte, die zum Leerraum geworden ist, in den die Akteure nun aber nicht hineinragen. Das Oben und Unten ist also in dieser dreiregistrigen Anlage sowohl hierarchisch als auch historisch verstanden, ist doch im untersten Streifen zugleich auch der Betrachter gemeint, der ebenfalls zum Kirchenvolk gehört.

In ungefähr 50 Jahren – vom Egbert-Codex bis zum *Codex aureus* von Echternach – haben die Bilder einen Wandel erlebt, der dann ein bis zum Spätmittelalter gültiges Formprinzip werden sollte. Dabei ging es um nicht weniger als um den Verzicht auf das antikische Erbe, dem die karolingische Kunst doch noch sehr verpflichtet war. Anstelle des Raum- und Erzählkontinuums der spätkarolingischen Römer-Bibel wird zunehmend ein Netz von Flächenbezügen gebildet, in das die Formen fest eingespannt sind. Das Auge wird nun zu einer völlig anderen Leseweise gezwungen als in den erzählerischen, von links nach rechts zu lesenden und den Kontext des Raumes einbeziehenden, spätkarolingischen Miniaturen. Die Formen werden in der Fläche fest verortet, und der Lesevorgang wird durch das Zueinander der Formen bestimmt. Auf diese Weise entsteht im Bild eine Hierarchie von oben und unten und ebenso von links und rechts. Raum, in Fläche umgesetzt, existiert nur in einem übertragenen und ebenfalls hierarchisierenden

527 **Himmelfahrt und Pfingsten, Codex aureus Epternacensis:** Echternach um 1031. Nürnberg, Germanisches Nationalmuseum, Hs 156142, fol. 112.

Sinn: Nah- und Fernräume, Sprechräume und heilige Räume – so etwa die virtuelle symmetrische Achse im unteren Register – werden in der Fläche definiert und allein durch Unterschiede von Farben, Formen, Trennlinien und unterschiedliche Entfernungen geschaffen. Das Bild ist folglich – im Gegensatz zur karolingischen Miniatur – nicht als Gesamtraum zu erfassen, sondern muß gleichsam heraldisch gelesen werden: von oben nach unten, links und rechts sowie – den Raumschichten entsprechend – von vorne nach hinten.

Nähe und Ferne als Element zur Strukturierung von Gruppen

In einem solcherart verorteten Bildkonzept sind selbstverständlich auch die Rollen der einzelnen Figuren anhand ihrer Stellung zueinander sichtbar gemacht. Wie intensiv gerade daran gearbeitet wird, soll eine zweite Serie von Darstellungen veranschaulichen. Derselbe szenische Moment der Fußwaschung ist in dem antikisch beeinflussten *Codex Egberti* (Abb. 528) und in dem wohl um 990 entstandenen Aachener Liuthar-Evangeliar (Abb. 529) gestaltet. Verbildlicht wird nach Johannes 13,4ff. jenes Gespräch zwischen Petrus und Jesus, in dem Jesus dem heftig gegen die Fußwaschung sich wehrenden Petrus antwortet, „wenn ich dich nicht wasche, so hast du keinen Teil mit mir".

Im *Codex Egberti* spielt sich die Szene vor einem atmosphärischen Hintergrund und einer Halle ab, deren Säulen gleichsam den Fluss der Bilderzählung gliedernd zu unterstützen scheinen. Die offen gehaltene Bildmitte schafft den Raum für das Gespräch zwischen Jesus und Petrus. Die Gruppe der hinter Petrus stehenden Jünger auf der linken Seite erhält am rechten Bildrand ein Gegengewicht durch die aus dem antiken Typus des Sandalenbinders abgeleitete Figur, die sich hier die Füße wäscht. Zugleich führt diese Gestalt durch ihre Blickrichtung wiederum an den Beginn der Szene zurück. Der atmosphärische Raum und die innerhalb des Rahmens gemeinsam agierenden Gestalten sind in einen ihnen eigenen Handlungsraum eingebunden, der allen Figuren zur Verfügung steht.

Im Vergleich zum *Codex Egberti* wirkt die Darstellung in der jüngeren Aachener Handschrift (Abb. 529) wesentlich gedrängter. Entfaltete sich dort die Erzählung kontinuierlich im Raum, so wird dieser hier aufgehoben durch den Goldgrund und die feste Vernetzung der Formen mit der Architektur. Die gesamte Szene ist in ein eigenes Rahmensystem eingespannt und liegt wie eine Bildfolie vor jenem blauen Hintergrund, der in die illusionistisch wiedergegebene Arkade eingestellt ist. Damit ist das Bild in eine eigene, sowohl kostbare Materialität als auch Unerreichbarkeit anzeigende Ebene versetzt worden. Darin wirkt die flache Doppelarkade, welche von einer Baldachinbekrönung überwölbt ist, als Ordnungselement. Sie heftet alle Formen so in die Fläche, dass sie ihnen die jeweils angemessene Stellung zuweist. Von der rechten Arkade ausgezeichnet dominiert Christus seinen Bildteil, während die zu einer anonymen Schar gewordenen Jünger als kompakte Form hinter Petrus aufragend an den linken Bildrand drängen. Petrus nimmt eine Mittlerstellung ein, insofern er – nach vorne an den inneren Rahmen gerückt, auf der unteren Leiste beinahe balancierend – dennoch dem Aktionsraum Jesu zugehört und die Jünger zu einer hinter ihm liegenden Folie werden lässt. Indem die Architektur hier einzelne Gestalten auszeichnet und bestimmte Raumschichten schafft, entsteht eine Hierarchie von Handlungs- und Zuordnungsräumen.

Im Evangeliar Ottos III. (Abb. 530)[1] schließlich wird die Ausgrenzung der Jünger noch offensichtlicher: Hervorgehoben durch den Goldgrund und als einziger ohne ordnende Bindung an die Architektur, ist Christus in den Freiraum des Goldgrundes unter der Baldachinarchitektur und damit ins Zentrum des Bildes gestellt. Sein Körper ist durch den weit ausgreifenden Segensgestus gleichsam zu einem tönenden Zeichen geworden, das mächtig durch den ihn umgebenden Goldgrund zu vibrieren scheint. Einzig der Wasserträger sowie das Wasserbecken und die Gesten Petri gehören in diesen geheiligten Raum. Die Jünger und der Sandalenbinder dagegen sind durch die Architektur und die anderen Hintergründe ausgegrenzt.

Verändert haben sich im Evangeliar Ottos III. die Beziehungen der Figuren zueinander. Gewaltig scheint die Distanz zwischen Petrus und Christus, wobei – wie im Liuthar-Evangeliar (Abb. 529) –

528 **Fußwaschung, Codex Egberti:** Reichenau um 977–993. Trier, Stadtbibliothek, Ms. 24, fol. 78. – Kat. 02.02.01.

auch hier die beiden Gestalten durch Gesten, Blicke und Körperhaltung miteinander direkter kommunizieren als mit den übrigen Figuren. Abgetrennt von dieser auch über die demonstrative Entfernung geschaffenen Nähe ist der Sandalenbinder am rechten Bildrand, wohingegen die Jünger zwar außerhalb des Raumes zu sein scheinen, aber wiederum durch ihre enge Verbindung mit Petrus Anteil nehmen an dem Geschehen. Schwer zu deuten ist der Wasserträger, der zum inneren Raum gehört, aber hinter dem Rücken des wichtigsten Akteurs, Christus, in einer zunächst dienenden Rolle zu dessen Bedeutung beizutragen scheint. Obwohl die ikonographische Formel im Evangeliar Ottos III. dieselbe wie im Egbert-Codex (Abb. 528) geblieben ist, sich also ebenfalls dem Gespräch zwischen Jesus und Petrus widmet, hat das Thema eine neue Note erhalten. Die gewechselten Worte scheinen durch ihre Verdichtung auf den Körper Christi eine geradezu ewige Wirkung gewonnen zu haben. Durch den Goldgrund ist der Raum, der von Christus dominiert wird, zu einem sakralen geworden. In diesem Sinne hat sich auch die Architektur über dem Baldachin verändert. Handelt es sich im Liuthar-Evangeliar (Abb. 529) um phantastische, an Kuppelbauten gemahnende Bekrönungen, so wird nun das Bild eines Kirchenbaus konkretisiert. Als drei- oder fünfschiffiger Bau mit Vierungsturm, Portikus und Atrium sowie Querschiffttürmen kann das Gebäude entziffert werden. Allein durch die Veränderung der Baldachinbekrönung erhält das Bild gegenüber der allgemein gültigen Version des Liuthar-Evangeliars eine zusätzliche Bedeutung. Das Gespräch zwischen Petrus und Christus wird infolgedessen nicht nur in dem ewig gültigen Raum des idealen Goldgrundes angesiedelt, sondern es wird zugleich zum Typus für das Zeremoniell der Fußwaschung, das mancherorts am Gründonnerstag gefeiert wurde. Diese Interpretation findet eine weitere Bestätigung in dem jüngeren Perikopenbuch Heinrichs II., in dem die Fußwaschung mit dem Abendmahl in einem Bild so zusammengefügt wird, wie es dem liturgischen Ablauf der Feiern zu Gründonnerstag entspricht[2].

In den Bildern hat sich gezeigt, dass mit der straffen Formensprache erzählender Raum durch ein neues Thema ersetzt wird, nämlich dasjenige der Zuordnung und Definition von Beziehungen. Der Ort im Bild gilt nicht nur als Information für die Bedeutung der abgebildeten Gestalt, sondern definiert auf das genaueste deren Stellung innerhalb der Umgebung. Distanz ist – im Gegensatz zur karolingischen Version – nicht so sehr eine räumliche Angabe, als eine hierarchische Definition. Sie kann

529 Fußwaschung, Liuthar-Evangeliar (Aachener Otto-Evangeliar): Reichenau um 990. Aachen, Münsterschatz, S. 440. – Kat. 25.01.10.

zwar überbrückt werden durch Gesten und Körperhaltungen, wobei sich die daraus entstehende Nähe dann deutlich unterscheidet etwa von dem Zusammenschmelzen der Jünger in der Fußwaschung zu einer gemeinsamen sozialen Gruppe. Dabei wird – wie man am Sandalenbinder sieht – sehr genau unterschieden zwischen positiver und negativer Distanz. Huldvoll wird die Entfernung von Christus zu Petrus überbrückt, wogegen die an den rechten Rand abgedrängte Gestalt mit einigem Recht als Judas interpretiert werden darf.

Eine zentrale Aufgabe der Bilder scheint es somit zu sein, die Verhältnisse, in denen bestimmte Akteure zueinander zu stehen haben, zu visualisieren. Dies wird mit Hilfe der strengen Verortung der Figuren im Bildganzen lesbar gemacht. Nähe und Distanz scheinen Kategorien zu sein, welche dem Betrachter als Code zur Entzifferung einer bestimmten Wertigkeit der Zugehörigkeit dienen konnten. Wie eingangs überlegt, dürften in der vorwiegend

530 **Fußwaschung, Evangeliar Ottos III.**: Reichenau um 998–1001. München, Bayerische Staatsbibliothek, Clm 4453, fol. 237. – Kat. 22.01.01.

oralen Hofgesellschaft, zu der die ottonische im Gegensatz zur karolingischen geworden war, solche nonverbalen Mittel zur visuellen Kommunikation gehören. Nun scheint dieselbe Tendenz einer Codierung, einer nachvollziehbaren Lesbarkeit, die wir in den Bildern entdeckt haben, auch zu den damals zentralen Instrumentarien politischen Handelns gehört zu haben. Indem ein Herrscher sich beispielsweise streng an einen hierarchischen Umgang mit Nähe und Distanz hält, unterwirft er sich selbst wiederholbaren Abläufen des Verhaltens und macht diese so zu einem lesbaren Muster. Er regiert also auch dadurch, dass er auf diese Weise bestimmte rituell notwendige Antworten erzwingen kann.

G. Althoff etwa versteht das Herrschen Ottos III. weitgehend als ein Bemühen, in seiner Umgebung soziale Beziehungen durch geregelte Visualisierung so wiederholbar und lesbar zu organisieren, dass sie sich normativ zu festigen beginnen[3]. In den Zusammenhang der Visualisierung von Beziehungen durch die Bekräftigung der königlichen Präsenz dürfte auch die sprunghaft ansteigende Reisetätigkeit Ottos III. und Heinrichs II. einzuordnen sein[4]. G. Koziol spricht sogar von einem „iconic kingship", bei dem reglierte Umgangsformen die Autorität des Herrschers derart zu vergegenwärtigen hätten, als werde mit ihr eine von Gott gegebene Herrschaft intakt abgebildet[5]. Dies bedeutet, dass dem sichtbaren Zeichen im Kontext von Ritual und Zeremonie eine eminente Bedeutung zukommt. Es ist daher naheliegend, für eine bildhaft sich inszenierende politische Ordnung auch die Bilder selbst einzusetzen. Voraussetzung dafür freilich, dass diese formalisierte visuelle Kommunikation stattfinden kann, ist das Wissen um die Konventionen sowohl auf der Seite der Inszenierenden als auch der Inszenierten. In einer Konflikte rasch mit Gewalt austragenden Hofentourage wie der ottonischen wird eine Disziplinierung aller Beteiligten notwendig in dem Sinne, dass diese fähig werden müssen, mit ihrem Verhalten bewusst bestimmte Bedeutungskonstellationen einzugehen, und dass sie lernen, diese auch zu lesen. Die Einübung des Blicks in die Entzifferung bestimmter Codes ist also eine der Voraussetzungen für die Funktionsfähigkeit des Regelwerks, mit dem die sozialen Beziehungen im Umfeld des Herrschers reorganisiert werden sollen.

Anmerkungen

1 U. Kuder sieht in der Handschrift ein Evangeliar Heinrichs II. und datiert 1004 oder etwas später. Kuder (1998) 137–234; bes. 140.
2 Kuder (1994) 109–132; bes. 120.
3 Althoff (1996) 19 f.
4 Zotz (1997) 349–386, bes. 351 f.
5 Koziol (1992) 138–173.

Neue Kriege: Heinrich II. und die Politik im Osten

STEFAN WEINFURTER

„An König Heinrich, den frommen Mann der Kirche" war ein Brief gerichtet, der ihn Ende des Jahres 1008 aus Polen erreichte. Er stammte aus der Feder Bruns von Querfurt, der 1002 von Papst Silvester II. den Missionsauftrag erhalten hatte und im Sommer 1004 vom Magdeburger Erzbischof Tagino zum Missionserzbischof geweiht worden war. Im Spätjahr 1008 weilte Brun am Hof des polnischen Herrschers, Bolesław Chrobry, mit dem er den Inhalt seines Briefes vermutlich abstimmte. Dieser Brief zählt zu den merkwürdigsten Quellen dieser Zeit um die Jahrtausendwende: Brun hielt sich nicht zurück damit, an der Politik Heinrichs II. schärfste Kritik zu üben. Wie, so hält er ihm vor, könne dieser den Polenherrscher, der doch ein frommer Christ sei, derart feindselig behandeln und mit Krieg überziehen? Ja noch mehr: Welch unglaubliche Verirrung sei es, sich mit den heidnischen Lutizen zusammenzutun und mit ihnen gegen Christen, die Polen, zu kämpfen! Es könne doch nicht recht sein, ein christliches Volk zu verfolgen und ein heidnisches zum Freund zu haben. Brun steigert sich im Verlauf des Briefes immer mehr in Rage. Der heilige Märtyrer Adalbert und auch der heilige Petrus selbst stünden auf der Seite Bolesławs. Heinrich II. aber würde die weltliche Ehre (*secularis honor*) höher stellen als die Heidenbekehrung. Ja überhaupt sei er davon besessen, alles immer nur mit Gewalt (*potestas*), niemals aber mit Barmherzigkeit (*misericordia*) erreichen zu wollen. Er solle sich hüten, damit nicht Jesus selbst wegen dieses Verhaltens zum Zorn gereizt würde. Beim Jüngsten Gericht, vor dem Angesicht des Allerhöchsten, würde er sich dafür verantworten müssen.

Wie konnte es zu einer derartigen Kritik am Herrscher, an Heinrich II., kommen? Natürlich spricht aus ihr die große Enttäuschung des Missionars. Der Krieg zwischen Heinrich und Bolesław behinderte sein Werk. Aber es ging auch um grundsätzliche Fragen: um den idealen Herrscher zur Jahrtausendwende, um das Verhältnis zwischen Christentum und Herrschaft und um die Veränderungen im östlichen Macht- und Gesellschaftsgefüge durch die polnische Reichsbildung.

Kaiser Otto III. hatte im Jahre 1000 im „Akt von Gnesen" (Gniezno) noch ganz andere Zeichen gesetzt. Er war mit Bolesław Chrobry bei den Reliquien des heiligen Adalbert zusammengetroffen, um mit ihm ein Christenbündnis zu schließen. Als Freund und Bundesgenosse (*cooperator imperii*) sollte der Polenherrscher sein neues Reich in den Verbund des christlichen Kaisertums einbringen. Bolesław Chrobry war ganz offenbar von dem Gedanken erfüllt, als von Gott auserwählter Anführer seines christlichen Volkes die Einheit und Ordnung Polens in einem neuen Königreich zu festigen. „Polen" wurde in biblischer Anspielung zum „gesegneten Land". Christliche Überzeugung rief identitätsstiftende Kraft hervor und verstärkte die ethnische Identität. Im christlichen Imperium Ottos III. und vertreten in der Familie der christlichen Herrscher schien für einen Moment das neue polnische Reich seinen Platz gefunden zu haben.

Doch man muss auch bedenken, dass der „Akt von Gnesen" viele Fragen offengelassen hatte. Geklärt war im Grunde nichts. Vor allem Teile des sächsischen Adels hatten die Entwicklung in Polen mit geteilten Reaktionen und gemischten Gefühlen verfolgt. Noch Jahre später tadelte der Chronist Thietmar von Merseburg die „Erhebung" des einst tributpflichtigen Polenherzogs zu einem „Herrn" (*dominus*). Anmaßend sei er geworden und habe sich erfrecht, Höherstehende allmählich in Untertänigkeit herabzuziehen. Auch andere wie die Grafen von Weimar oder Graf Esiko von Merseburg waren empört über diese, die Traditionen missachtenden Verschiebungen. Thietmar erinnerte in seiner Chronik an die gute alte Zeit. Damals sei Hodo († 993) der Markgraf von der Lausitz gewesen, und der Vater Bolesławs, Mieszko I., habe dessen Haus nicht im Pelz zu betreten gewagt. Das Tragen von Pelzwerk war ein Herrenattribut, das dem mindergestellten Polenherzog in Anwesenheit eines „wirklichen" Herrn nicht zugestanden wurde. Solche Rangfragen betrafen die gesamte gesellschaftliche Ordnung, die man durch die Veränderungen bedroht sah.

Aber in der sächsischen Oberschicht gab es auch nicht wenige Vertreter, die sich auf die neue Situation rasch einstellten und Kontakte zur polnischen Herrscherfamilie der Piasten aufnahmen. Dazu gehörten vor allem der Herzog von Sachsen und seine billungische Sippe. Auch die Familie des

Markgrafen Ekkehard von Meißen erkannte den neuen Rang der Piasten an. Ekkehards Bruder, Gunzelin, nahm die Schwester Bolesławs zur Frau und hat darin gewiss eine standesgemäße Verbindung gesehen. Die Strukturen im Osten des Reiches begannen sich tiefgreifend zu verschieben, das Ordnungsgefüge geriet in einen heftigen Veränderungswirbel. Dabei ist der Eindruck zu gewinnen, dass der christliche Polenherrscher für bestimmte sächsische Verwandtschaftsverbände eine hohe Autorität entwickelte. Das von ihm geknüpfte Verwandtschaftsnetz steckte auch seinen herrscherlichen Einflussbereich ab. Es war daher nur folgerichtig, dass er sich für die Gebiete der Ekkehardiner zuständig sah, als Markgraf Ekkehard von Meißen am 30. April 1002 einem Mordanschlag zum Opfer fiel. Mit Hilfe seines Schwagers Gunzelin besetzte Bolesław die Marken Ekkehards, und keiner der betroffenen Adligen nahm daran Anstoß, ganz im Gegenteil: Die sächsischen Adligen in diesen Gebieten schlossen sich ihm an, Grund für den Chronisten Thietmar, sie als „ehrvergessen" zu beschimpfen.

Diese Voraussetzungen sind wichtig, um die Vorgänge Ende Juli 1002 in Merseburg zu verstehen. Dort hatten sich die Großen Sachsens am 25. Juli versammelt, um Heinrich II. als ihren neuen König anzuerkennen. Auch Bolesław Chrobry hatte sich eingefunden und huldigte Heinrich wie die anderen Fürsten. Dafür forderte er, was ihm zuzustehen schien: die Mark Meißen. Es kam zu zähen Verhandlungen, bei denen der Polenfürst als entgegenkommende Geste große Geldsummen anbot. Aber Heinrich weigerte sich. Es war wohl als Kompromiss gedacht, dass er schließlich Bolesławs Schwager Gunzelin mit Meißen belehnte. Dem Polenherzog wollte er dagegen nur die Lausitz und das Milzenerland überlassen.

Was war der Grund für Heinrichs Verweigerung? Bei Thietmar von Merseburg findet sich die Bemerkung, die Übertragung Meißens an den Polenherzog wäre für die Königsherrschaft nicht günstig gewesen (*quia opportunitas regni non erat*) (Thietmar V,18). Das sollte wohl heißen, dass Heinrich den Polenherrscher in bestimmter Weise als Konkurrenten in der Königsgewalt empfunden hat und ihm nach Möglichkeit nicht zuviel Anteil an Herrschaftsrechten zubilligen wollte, die aus seiner Hand zu empfangen waren. Bolesław Chrobry war darüber entrüstet und sah sich ungerecht behandelt. Mit einem anderen Unzufriedenen, Markgraf Heinrich von Schweinfurt, der vergebens auf das Herzogtum Bayern hoffte, schloss er sich zusammen und wollte mit ihm Merseburg verlassen. Doch gerieten beide noch in der Hofburg in einen Hinterhalt, dem sie nur unter großen Verlusten und mit Hilfe des Herzogs von Sachsen entkommen konnten. War der König selbst der Drahtzieher des Anschlags gewesen? Feinde hatte Bolesław in Sachsen auch sonst zur Genüge, die sein herrscherliches Auftreten nicht ertragen wollten. Aber der Polenherzog war von der Beteiligung des Königs überzeugt. Auf der Heimreise legte er wutentbrannt die Burg Strehla in Asche und führte die Bewohner als Gefangene mit sich.

Die Gräben waren aufgerissen, noch bevor das Verhältnis zwischen dem neuen König und dem „Herrscher" Polens geklärt werden konnte. Inwieweit durfte Bolesław, der ein eigenes Reich anführte, auch Herrschaft im Reich Heinrichs ausüben? In der Konzeption Ottos III. war dieses Problem auf der Ebene des Kaisertums gelöst worden. Aber Heinrich II. wandte sich abrupt von der Kaiseridee seines Vorgängers ab. Er sah sich vielmehr von Gott beauftragt, wie ein neuer Moses dem Volk, das ihm von Gott anvertraut war, die göttlichen Gebote zu vermitteln und als König sein Reich mit absoluter Autorität zu leiten. Das war ein Auftrag, der in ganz neuartiger Weise „sein Reich" im Rahmen seiner Königsherrschaft hervorhob. Das Reich war in diesem Verständnis nicht nur funktional, sondern auch im Hinblick auf die christliche Heilserwartung auf die Königsherrschaft bezogen und daher untrennbar mit ihr verschmolzen.

Man sieht hier sogleich Parallelen zur Herrschaftsauffassung des polnischen Herzogs selbst. Beide waren sich darin ganz ähnlich, und dies lässt erkennen, dass sich in diesem Denken eine stärkere Abgrenzung der Reiche entwickeln musste. Dazu gehört wohl auch die – aus einer späteren Quelle stammende – Mitteilung, Bolesław Chrobry habe in diesen Jahren sein Reich im Fluss Saale mit einer eisernen Grenzsäule (*meta ferrea*) abgesteckt (Gallus Anonymus, cap. 6). Für Heinrich II. wiederum konnte das nur bedeuten, dass die Gebiete, mit denen er den Polenherzog belehnte, für seine eigene Königsherrschaft verloren zu gehen drohten.

Nur wenn man diese Zusammenhänge beachtet, ist der Dauerkonflikt zwischen den beiden, der sich von nun an bis 1018 hinzog und den vor allem Heinrich II. in kompromissloser Haltung weitertrieb, zu verstehen. Der König konnte den Polenherzog nicht aus seinem Reich heraushalten. Zu vielfältig waren dessen Verbindungen zu den mächtigen Familien Sachsens und Nordbayerns und zu nachdrücklich waren die Forderungen, die Bolesław vorbringen konnte. Für Heinrich gab es daher nur eine Konsequenz: Der Polenherzog musste sich ihm vollständig unterwerfen, sollte gar als Tributzahlender den Vorrang von Heinrichs

Königtum anerkennen und hatte jede königsgleiche Autorität abzulegen. Dabei konnte es auch keine Kompromisse geben. Gerade in diesem Fall war jedes Entgegenkommen und jegliche „Barmherzigkeit" (misericordia), die Brun von Querfurt in seinem Brief anmahnte, vollkommen unmöglich. Die Situation verschärfte sich noch durch die Ereignisse in Böhmen. Dort war 999 der Přemysliden-Herzog Boleslav II. gestorben. Sein Sohn, Boleslav III., folgte ihm nach, aber er wütete sogleich gegen seine eigene Familie. Um jede Konkurrenz auszuschalten, vertrieb er seine Brüder Jaromír und Udalrich zusammen mit seiner Stiefmutter Emma aus Prag. Sie alle flüchteten sich nach Regensburg an den Hof des Herzogs, also des späteren Königs Heinrich II. Die enge Verbindung der böhmischen Přemysliden mit dem bayerischen Herzogshof hatte bereits eine lange Tradition. Udalrich war sogar in Regensburg erzogen worden. Und umgekehrt hatte der bayerische Herzog nicht selten Prag als Zufluchtsort gewählt, wenn er in den Kämpfen mit den ottonischen Vettern Hilfe benötigte.

Nachdem Heinrich II. das Königtum erlangt hatte, wurde Boleslav III. mit bayerischer Hilfe aus Prag vertrieben. Dieser suchte nun seinerseits Hilfe beim Polenherzog Bolesław Chrobry. Mit Erfolg, denn dank dessen Unterstützung konnte er Anfang 1003 nach Prag zurückkehren. Der polnische Herrscher hatte dafür nicht nur Krieger zur Verfügung gestellt, sondern auch als Vermittler gewirkt und die Gegner in Böhmen zum Einlenken veranlasst. Aber Boleslav III. hielt sich nicht an die Vereinbarungen, sondern ließ in einem blutigen Terrorakt die böhmischen Großen in einem Haus unbewaffnet erscheinen und sie dort alle erschlagen. Das bedeutete einen ungeheuren Affront gegen die Autorität und die Vermittlungsentscheidung des Polenherzogs. Bolesław Chrobry griff sofort ein, ließ den Böhmenherzog ergreifen, blenden und in Polen einkerkern. Dann übernahm er durch Wahl der böhmischen Großen selbst die Herzogswürde von Böhmen.

Es scheint, als hätte er damit die Tradition des Markgrafen Ekkehard von Meißen aufgenommen, der auf dem Wege war, eine „Oberherrschaft" über Böhmen aufzubauen. Vor allem aber formierte sich mit diesen Aktionen ein beträchtlicher Machtblock im Osten unter der Führung Bolesławs. Das enge Bündnis mit den Ekkehardinern und mit dem Markgrafen Heinrich von Schweinfurt (bayerischer Nordgau), die Verbindungen mit der Sippe des Billunger-Herzogs und nun die Herrschaft über Böhmen ließen in der Hand des Polenherzogs ein für den König bedrohliches Machtpotential anwachsen.

In den Augen Heinrichs II. musste dies eine eklatante Verletzung seiner eigenen Königsrechte bedeuten. Vor allem der Herzog von Böhmen galt seit langem als lehensabhängig. Dies, so ließ er dem Polenherzog durch Boten nach Prag mitteilen, fordere er nun auch von diesem. Er werde ihn als Herzog von Böhmen anerkennen, aber Bolesław Chrobry müsse, wie es das „alte Recht" verlange, das Herzogtum aus der Gnade des Königs empfangen und Heinrich in allem dienen. Andernfalls würde der Krieg beginnen.

Der Polenherzog erteilte seine Antwort dadurch, dass er die Gesandtschaft des Königs „ungnädig" aufnahm. Er dachte nicht daran zu gehorchen. Dies hätte die Grundlage seines eigenen Herrschaftsverständnisses zerstört. Im Umfeld Heinrichs II. dagegen war man empört über diesen Ungehorsam. Ihm als von Gott eingesetzter Autorität, so ließ der König von Beginn seiner Herrschaft an verbreiten, sei unbedingter Gehorsam zu leisten. Darin erblickte er die Voraussetzung dafür, seinen Königsauftrag zu erfüllen. Auflehnung und Opposition gegen seinen Willen bedeuteten in diesem Denken in letzter Konsequenz Versündigung an Gott selbst. „Jede Herrschaft in dieser Welt stammt von Gott, und wer sich gegen sie erhebt, vergeht sich an der Majestät Gottes", so wiederholte auch Thietmar von Merseburg unermüdlich (V,32). Bolesław Chrobry habe daher für die Zukunft die verdiente Strafe erhalten. Nur mehr der Krieg schien die Situation klären zu können.

Heinrich II. ging sogleich daran, eine Koalition gegen den Polenherzog zu schmieden. Im März 1003 empfing er in Quedlinburg Gesandte der Lutizen und Redarier „in gütiger Stimmung", habe sie reich beschenkt und mit freundlichen Versprechungen überhäuft; „so machte er Feinde zu besten Freunden", bemerkte Thietmar von Merseburg mit resignativem Ton (V,31). Damit war das Ungeheuerliche geschehen: Die heidnischen Elbslawen sahen sich bis dahin sowohl vom Reich wie auch von Polen her bedroht. Nun wurden sie, die Heiden, von Heinrich II. als Bündnispartner gegen den Vorkämpfer des Christentums, Bolesław Chrobry, an die Seite genommen.

Das Lutizenbündnis hat die Gemüter der Zeitgenossen zutiefst erregt. Von der Empörung Bruns von Querfurt in seinem Brief an den König war eingangs die Rede. Auch Thietmar von Merseburg kann den Schritt seines Königs nicht verstehen: „Unsere Sündhaftigkeit" (nostrae iniquitates) müsse dies verursacht haben (VI,25). Diese Reaktionen deuten an, dass Heinrich II., um seinen Widersacher in die Knie zu zwingen, zu den äußersten Mitteln zu greifen gewillt war. Doch wird man auch zu berücksichtigen haben, dass ein Bündnis zwischen Heiden und Christen nicht ganz ohne Parallele war. Durch ein „altes Bündnis" (*foedus antiquum*) seien nach Thietmar die Lutizen schon dem Böhmenherzog Boleslav II. († 999) „immer treu" (*semper fideles*) gewesen (IV,11), als dieser gegen den Polenherzog Krieg führte. Schon damals kämpften Christen und Heiden Seite an Seite. Die enge Bindung, die Heinrich II. aus seiner bayerischen Herzogszeit mitbrachte, konnte er gleichsam von der „Bündnislogik" her auf die Lutizen ausweiten.

Im Sommer 1004, nach der Niederwerfung König Arduins in Norditalien, konnte der Krieg gegen Bolesław Chobry beginnen. Jetzt endlich, so hören wir, sei Heinrich II. so weit gewesen, „der lange unterdrückten Empörung seines gütigen Herzens freien Lauf zu lassen, um die wütende Feindschaft des anmaßenden Bolesław zu bändigen" (Thietmar VI,10). Zuerst wurde Jaromír als Herzog von Böhmen nach Prag zurückgeführt. Dann wurden die Kräfte auf die Burgen und Stützpunkte Bolesławs gerichtet. Die Wiedererrichtung des Bistums Merseburg bot dafür einen wichtigen Brückenkopf. Von besonderer Bedeutung freilich war Magdeburg, nach Brun von Querfurt „die neue Metropole der Deutschen" im Osten. In Magdeburg setzte Heinrich II. 1004 seinen engsten Vertrauten Tagino zum Erzbischof ein. Auch der heilige Mauritius, dessen Reliquien der König im Februar 1004 eigenhändig in die Kathedrale von Magdeburg trug, sollte den Kriegserfolg gewährleisten. Schließlich wurde auf einer Reichssynode in Dortmund im Juli 1005 ein Gebetsbund unter den Großen in Sachsen errichtet, der die gegenseitige Verpflichtung im Leben und im Tod und eben auch im Krieg gegen Polen fördern sollte.

Aber die zorngeleiteten Kriegszüge in den Osten, die sich nun über viele Jahre erstreckten, brachten für Heinrich II. nur Enttäuschungen. 1005 rückte er zwar bis Posen (Poznań) vor, aber, so die Quedlinburger Annalen, „sehr traurig" kehrte er mit den gefallenen Kriegern von dort zurück. In Posen musste er sich auf einen durch Erzbischof Tagino von Magdeburg ausgehandelten Friedensschluss einlassen. Es sei „kein guter Frieden" gewesen (Quedlinburger Annalen zu 1005), denn Bolesław Chrobry hatte sich nicht unterworfen, wie es die „Ehre des Königs" (*honor regius*) gefordert hätte. Wie es scheint, hat Bolesław Chrobry aber immerhin auf seine Ansprüche hinsichtlich Böhmens und der Lausitz verzichtet.

1007 erfuhr Heinrich II. von neuen Kriegsplänen Bolesławs. Das habe ihn, der „durch das Hinmorden der Seinen bis ins Herz verletzt" gewesen sei (Quedlinburger Annalen zu 1007), veranlasst, den Frieden aufzukündigen und dem Polenherzog mitteilen zu lassen, er dürste nach Krieg (*bellum se sitire*) (ebd.). Erneut ging er daran, in Sachsen dafür bessere Voraussetzungen zu schaffen. In Goslar errichtete er 1009 ein neues Königszentrum, denn der bisherige Stammesmittelpunkt Werla war gänzlich in die Gewalt des billungischen Herzogs geraten. Gegen Gunzelin, den Schwager Bolesław Chrobrys, der 1002 die Markgrafschaft Meißen an sich bringen konnte, ließ er ein Gerichtsverfahren in Gang bringen. Dieser habe, so lautete die Anklage, den König vielfach missachtet und genieße bei seinem Schwager, dem Polenherzog, mehr Huld, als der König hinnehmen könne (Thietmar VI,54). Gunzelin musste sich bedingungslos unterwerfen, wurde abgesetzt und für acht Jahre bis Dezember 1017 in Bamberg eingekerkert. Die Mark Meißen ging an Hermann, den Neffen Gunzelins, der sich Heinrich II. zugewandt hatte. Dieser Vorgang bedeutete für den Polenherzog eine empfindliche Schmälerung seines Einflussbereichs. Auch der Markgraf Werinhar von der Nordmark wurde aus seiner Amtsposition entfernt. Neuer Markgraf wurde Graf Bernhard von Haldensleben, der als erbitterter Feind von Bolesław Chrobry bekannt war.

Mitte August 1010 konnte sich schließlich das Heer Heinrichs II. sammeln, um gegen Burgen des Polenherzogs zu ziehen. Doch schon nach kurzer Zeit erkrankte der König und musste zusammen mit vielen anderen „Geschwächten" (*infirmior multitudo*) umkehren (Thietmar VI,57). Auch das Heer zog sich nach einigen Verwüstungen um die Burg Glogau (Głogów) bald wieder zurück. Erneut war der Erfolg gering, so dass Heinrich II. seine Strategie änderte und Anfang 1012 daranging, die alte Slawenburg Liubusua (Lage umstritten) als Stützpunkt im Feindesland aufzubauen.

Als sich im Sommer 1012 die Fehde mit den Luxemburger Schwägern verschärfte, überließ der König die Führung im Osten dem neuen Erzbischof von Magdeburg, Walthard. Die sächsischen Fürsten jedoch, die mit diesem zogen, brachen den Vormarsch gegen Bolesław Chrobry nach einigen Verwüstungsaktionen ab. Als Bolesław Chrobry kurz darauf vom Tod des Magdeburger Erzbischofs erfuhr, eroberte er die Burg Liubusua und verschob die Grenze seines Einflussgebietes über die Elbe hinaus weit in den Westen. Nur in Prag konnte Heinrich II. seinen Einfluss behaupten, indem er Udalrich, den Bruder des vertriebenen Jaromír, Ende September 1012 mit Böhmen belehnte.

Bolesław Chrobry wurde freilich auf der anderen Seite seines Reiches in Kämpfe mit Vladimir I. († 1015), dem Herrscher des Kiewer Reiches, ver-

531 Heinrich II. thronend, Sakramentar Heinrichs II., Regensburg, zwischen 1002 und 1014. München, Bayerische Staatsbibliothek, Clm 4456, fol. 11v.

wickelt, die für den Polen sehr gefährlich zu werden drohten. Daher bot er Heinrich II. Anfang des Jahres 1013 Friedensverhandlungen an, die zu Pfingsten des Jahres auf einem Hoftag in Merseburg zu einem Friedensschluss führten. Auch Heinrich II. war an einem Ausgleich interessiert, denn die geplante Romfahrt zur Kaiserkrönung verlangte Ruhe im Reich. In den Friedensbund wurden die Ezzonen miteinbezogen, die mächtige Familie der lothringischen Pfalzgrafen. Richeza, Tochter Ezzos, heiratete Mieszko II., den Sohn Bolesławs. Diesmal trafen die beiden Herrscher in Merseburg aufeinander, und Bolesław wurde Vasall des Königs. Er legte seine gefalteten Hände in diejenigen Heinrichs II., leistete ihm den Treueid und erhielt die Lausitz und das Milzenerland übertragen. Dann diente er als Schwertträger, als der König unter der Krone zur Kirche schritt. Diese Symbolhandlung des Schwerttragens bedeutete eine demonstrative Auszeichnung und zeigt, wie weit Heinrich II. dem Polen nun doch entgegenkommen musste. Bolesław Chrobry, so wurde dieser Vorgang kommentiert, sei „mit strahlenden Ehrungen" erhöht worden, „wie es einer königlichen Würde entspricht" (*ut par erat regiae dignitati*) (Quedlinburger Annalen zu 1013). Auch dieser Akt war also weit entfernt von einer Unterwerfung Bolesławs.

Aber dieser Friede war nicht von langer Dauer. Bolesław hatte Heinrich II. in Aussicht gestellt, ihn beim Romzug 1013/14 zu unterstützen. Als die Truppen ausblieben und der Verdacht einer polnisch-böhmischen Konspiration aufkam, zitierte der frischgekrönte Kaiser den Polenherzog für Ostern 1015 auf einen Hoftag nach Merseburg. Als dort ein polnischer Gesandter erschien, wurde ihm eine bedeutungsvolle Inszenierung geboten. Er musste mitansehen, wie sich die Luxemburger Schwäger barfuß und im Büßergewand der Gnade des Kaisers unterwarfen. Dasselbe, so war damit gemeint, erwarte man auch von Bolesław.

Nochmals kam es zu Kriegszügen, im Sommer 1015 und ein letztes Mal im Sommer 1017. Beide Aktionen endeten mit bitteren Niederlagen für die kaiserlichen Truppen. Am Ende leiteten sächsische Fürsten die Verhandlungen ein, für die Bolesław die Freilassung seines Schwagers Gunzelin im Dezember 1017 zur Bedingung machte. Dann kam es am 30. Januar 1018 zum Friedensschluss von Bautzen. Die Ortswahl signalisiert bereits, dass sich Bolesław Chrobry weitgehend durchgesetzt hatte, denn Bautzen befand sich auf dem Gebiet seiner Lehensherrschaft. Dort beschworen Gesandte des Kaisers mit Bolesław einen gegenseitigen Frieden, für den beide Seiten Geiseln zu stellen hatten: ein Zeichen für die Gleichrangigkeit der Parteien. Wenige Tage später nahm der Polenherzog die Schwester Markgraf Hermanns von Meißen, Oda, zur Frau, um das neue Bündnis zu festigen.

Heinrich II. war in Bautzen nicht anwesend. So sehr wollte er sich nicht selbst demütigen, denn mit seinem Erscheinen in der Burg des Gegners hätte er seine Ehre untergraben. Am Ende aber hatte er einsehen müssen, dass er, wie schon Brun von Querfurt in seinem Brief von 1008 zu Bedenken gab, von Bolesław Chrobry „nicht Unmögliches" verlangen konnte. Seine starre Gehorsamsforderung musste ins Leere laufen, denn der neue Status des polnischen Herrschers und seines christlichen Reiches verlangte die Gleichrangigkeit in der sich wandelnden Mitte Europas. Sie wurde durchgesetzt in den langen Kriegen mit Heinrich II., die, so gesehen, zum Formierungsprozess des polnischen Reiches nicht unerheblich beigetragen haben.

Quellen

Brun, Epistula ad Henricum. – Gallus Anonymus. – Annales Quedlinburgensis. – Lübke, Regesten. – Thietmar.

Literatur

Fried 1989a. – Görich 1997. – Ludat 1995. – Weinfurter 1999. – Žemlička 1995a.

Neues Erbe:
Nationen in Europas Mitte

Neues Erbe: Nationen in Europas Mitte

Kulturelle
Gemeinsamkeiten

Gemeinsame Züge der mitteleuropäischen Staaten

JOSEF ŽEMLIČKA

Im 10. Jahrhundert spielte sich auf dem Gebiet Mitteleuropas ein historisch bedeutender Vorgang ab. Nach den Přemysliden begannen die Piasten und die Arpaden, ihre Gebiete zielbewusst zu organisieren. Da weiterhin Zweifel bestehen, ob bereits die frühmittelalterlichen römisch-germanischen Königreiche vollwertige Staaten mit öffentlich-rechtlichem Inhalt waren, stellt sich diese Frage auch bei der Verfolgung des staatenbildenden Prozesses in Mitteleuropa.

In Böhmen, Polen und Ungarn fällt in dieser frühen Zeit ein hohes Maß an Gleichsetzung des Herrschers mit seinem „Reich" (*regnum*) auf. Dies war nicht rein symbolisch. Es entstand aus dem Zerfall der alten slawischen und ungarischen Gesellschaft, als die traditionellen Bindungen innerhalb der Stämme und Sippen durch qualitativ neue Beziehungen zunächst zu den örtlichen Fürsten und Herrschern, in der Schlussphase zu den Herrschern Böhmens, Polens und Ungarns abgelöst wurden. Nur deren Autorität schaffte es, die alten sozialen Bindungen zu zerschlagen, die auseinanderstrebenden Kräfte zu unterdrücken und die administrativen und machtpolitischen Pfeiler des neuen Staates aufzubauen. Im Kampf mit den überlebten Stammesstrukturen stützten sich die Přemysliden, Piasten und Arpaden (und weiter im Osten auch die Rurikiden oder die Herrscher des Balkans) demonstrativ auf den „neuen Glauben", das Christentum. Der oft angewandte Zwang zur Taufe und zur Einhaltung der christlichen Vorschriften wandelte sich gleichzeitig zu einem Instrument der Festigung der „staatlichen" Disziplin.

Damit ist die Aufzählung der Übereinstimmungen in der Genese der mitteleuropäischen Monarchien noch nicht zu Ende. Während die Organisationsstruktur des europäischen Westens seit dem 9. und 10. Jahrhundert auf dem Lehenssystem beruhte, setzten sich in den Staaten der Přemysliden, Piasten und Arpaden abweichende Entwicklungstrends durch. Der frühe Adel lebte hier nicht von der Nutzung großer Besitztümer, sondern von Anteilen an den staatlichen (dem Herrscher gebührenden) Steuern und Abgaben. Dieses System unterschied sich nicht von den Herrschaftsformen des spätrömischen, fränkischen und karolingischen Reiches. Auch hier lagen die öffentlichen Einnahmen in den Händen des Staates. Aber im 10. Jahrhundert gehörte das spätkarolingische Reich bereits der Vergangenheit an. Mit seinem Fall verschwand auch das administrativ-fiskalische System, das durch die Reformen des Kaisers Diokletian eingeleitet wurde und viele Jahrhunderte lang bestand. Noch zur Zeit des spätkarolingischen Reiches erlebte jedoch Großmähren seine Blüte. Da es lebhafte Kontakte zu seinen westlichen Nachbarn, hauptsächlich zu dem bayerischen Kern des Ostfrankenreiches unterhielt, konnte es dessen Verwaltungssystem noch kennenlernen. Nachdem Großmähren zerfallen war, entstanden in seiner Reichweite drei Gebilde: das přemyslidische Böhmen, das Polen der Piasten und das Ungarn der Arpaden. Deren innere Strukturen stehen einander so nahe, dass die vergleichende Forschung direkt vom mitteleuropäischen Typ früher Staaten spricht. Für Böhmen und Ungarn liegt Großmähren als direktes Vorbild nahe, für Polen können auch böhmische Einflüsse eine wichtige Rolle gespielt haben.

Böhmen, Ungarn und mit Hilfe Böhmens auch Polen hätten somit von Großmähren ein Modell übernommen, das den ostfränkischen Verhältnissen entsprach, aber für das feudal entstehende Reich der Ottonen und Salier bereits überholt war. Bei den begrenzten Leistungen ihrer Wirtschaft konnten die frühen Staaten Mitteleuropas nicht zulassen, dass man die höchste Gewalt durch Verleihung großer Lehen zersplitterte, deren Inhaber zu realen erblichen Eigentümern wurden. Daher waren den Přemysliden, Piasten und Arpaden jene Formen viel näher, in denen die ordnende Rolle des Herrschers und Staates überwog. Zeitlos begegneten sich somit die „staatlichen Interessen" eines späten römischen Imperiums, das so seinen inneren Zusammenhalt gefestigt hatte, und die Vorstellungen des frühen böhmischen, polnischen und ungarischen Staates, wo sich die herrschende privilegierte Elite formal ebenfalls in abhängige „Beamte" und „Bedienstete" wandelte.

Wenn Großmähren und nach dessen Untergang Böhmen, Polen und Ungarn mindestens teilweise ihre Organisation vom späten Karolingerreich übernommen hätten, so konnten sie dies nicht restlos tun. Mit Rücksicht auf die niedrige Produktionsstufe und wegen fehlender Traditionen der spätrömischen Provinzialkultur mussten sie von den realen Möglichkeiten ihrer Zeit ausgehen.

Eine große wirtschaftliche Belastung stellten militärische Gefolgschaften dar, welche sich mit der Zeit zu einem zahlenmäßig starken Gefolgschaftsheer wandelten. Ihrem Herrn sicherten sie politische Macht, Verteidigung des Gebietes sowie die Möglichkeit der Expansion. Die vorderen seiner „Treuen" setzte der Herrscher als Regierungs- und Verwaltungsbeamte ein. Zur Belohnung bekamen sie Anteile an den „staatlichen" Einkünften. Daher suchte der Herrscher in Großmähren und später in Böhmen, Polen und Ungarn gangbare Wege, seine Gefolgschaft, sein Heer und die Staatsbediensteten zu ernähren, zu kleiden und auszurüsten. Zum Grundpfeiler der jungen mitteleuropäischen Monarchien wurde das System der gezielt errichteten Verwaltungsburgen, das in Böhmen nach 935 und am Ende des 10. Jahrhunderts ebenfalls in Polen und Ungarn aufgebaut wurde. Die westslawischen Länder kannten befestigte Siedlungen seit dem 6. und 7. Jahrhundert, im mitteleuropäischen Prozess der Staatswerdung bekamen jedoch gerade die fürstlichen Burgen neuen Typs einen größenordnungsmäßig höheren Sinn. Auf diese stützten sich die ursprünglichen Domänen der Přemysliden (Mittelböhmen um Prag) und Piasten (das Gnesener Gebiet) und im Verlauf der Einigungsprozesse breiteten sich diese Burgen in weitere Landstriche aus. Außer der militärischen und repressiven Funktion übernahmen sie auch die Rolle von Verwaltungs-, Wirtschafts- und Kultzentren der umliegenden Regionen.

Eine weitere Gemeinsamkeit Böhmens, Polens und Ungarns war die sogenannte Dienstorganisation (der Ausdruck selbst ist modern). An den fürstlichen Burgen und Wirtschaftsgehöften wirkten (manchmal auch in selbständigen Siedlungen) Gruppen von Handwerkern und anderen Fachleuten, deren Arbeit, Abgaben und Dienstleistungen sowohl den Tagesablauf der Verwaltungsburgen als auch des Fürsten und seines Hofes gewährleisteten. Auf diese einfache, aber wirksame Weise befriedigte der frühe Přemysliden-, Piasten- und Arpadenstaat seine lebenswichtigen Bedürfnisse. Obwohl sich die Forscher über die Entstehung und die Blüte der Dienstorganisation auf dem Territorium Böhmens, Polens und Ungarns nicht einig sind, zeichnet sich auch hier der geistige Einfluss Großmährens deutlich ab.

Aussagen über die Struktur und die Verteilung der Bediensteten enthalten einerseits die bruchstückhaften Angaben in den Urkunden, anderseits die von Diensttätigkeiten abgeleiteten Ortsnamen (Štítary = Schildmacherdorf, Koloděje = Radmacherdorf, Svinaře = Schweinezüchterdorf, Psáry = Hundewärterdorf u. a.). Die Palette der Dienstleistungen war breit. Besonders in der Nachbarschaft größerer Burgen waren Hofbedienstete stark vertreten (Bäcker, Köche, Müller, Bader, Wäscher u. a.). Einen wichtigen Platz in der Wirtschaft des Landes nahmen die dienstbaren Winzer, Fischer und Imker ein. Für die Jagdunterhaltung des Fürsten und seiner Umgebung sorgten die Jagdbediensteten. Die Pferde-, Rinder-, Schafs- und Schweineherden des Fürsten versorgten Gruppen von Hirten, Hütern und Schäfern. Die Versorgung und Wartung der Burgen, Gehöfte und Häuser der Bewohner oblag Schmieden, Zimmerleuten, Böttchern, Gerbern, Teerbrennern, Wagnern, Drechslern, Waffenschmieden und vielen anderen. Für eine erbliche Ausübung ihres genau festgelegten „Dienstes" wurden diese Menschen in der Regel von den übrigen Lasten, Steuern und Pflichten befreit. Auch wenn sie nicht zu den Freien gehörten, erfreuten sie sich gewöhnlich einer gehobenen persönlichen Stellung.

Dadurch, dass der Fürst (Staat) den ursprünglich freien Bauern eine Reihe von Pflichten auferlegte und ihnen Steuern, Abgaben und Belastungen aufbürdete, startete er einen Vorgang, in dem sie ihre einstige (auch wenn schon früher relative) „Freiheit" schnell verloren. Zum Aufsichts- und Zwangsinstrument wurden auch die frisch gegründeten fürstlichen Burgen. In ihren Funktionen, ihrer Organisation und Beziehung zur zentralen Herrschermacht gab es deutliche Übereinstimmungen zwischen Böhmen, Polen und Ungarn.

Man kann über ein mitteleuropäisches Modell sprechen, das eine Art Symbiose der spätkarolingischen Vorbilder und der autochthonen Entwicklung des Sudeten-Karpaten-Gebietes war.

Auch eine rigorose fürstliche Autorität konnte allerdings nicht den außerordentlich hohen Bedarf der lebenswichtigen Bedürfnisse des frühen Böhmens, Polens und Ungarns aus rein heimischen Ressourcen bestreiten. Der Bedarf des Fürsten, seiner Verwaltung und insbesondere seines Heeres überstieg die Möglichkeiten des noch lückenhaft und unvollkommen organisierten Binnenlandes. Zur Zeit der Einigungskriege stiegen die Zahlen der Krieger steil an, welche der Fürst zu ernähren, zu kleiden und zu belohnen hatte. Eine Lösung bot die Expansion nach außen. Die Bedingungen hierfür entstanden zuerst im přemyslidischen Böhmen. In der Mitte des 10. Jahrhunderts begann Boleslav I. mit Eroberungszügen, in deren Verlauf die Přemysliden ausgedehnte Gebiete östlich und nordöstlich von Böhmen unter ihre Kontrolle brachten. Zur deren Achse wurde die Handelsstraße aus dem europäischen Westen nach dem Osten. Infolge der magyarischen Angriffe verlagerte sich diese aus den Donauländern nach Norden und führte jetzt über Prag und Krakau (Kraków) weiter nach Russland und zu den Chazaren. Der Zufluss von Beute, Steuern und Tributen aus den eroberten Ländern sowie Erträge aus dem Handel, hauptsächlich aus dem Sklavenverkauf, hatten ein weiteres militärisches Vordringen zur Folge, sodass das „Reich" der böhmischen Boleslavs die Grenzen der Kiewer Rus berührte. Die unmittelbaren Expansionsgewinne waren so reichhaltig, dass sie in der zweiten Hälfte des 10. Jahrhunderts offenbar den Aufbau des Netzes der Verwaltungsburgen in Böhmen selbst verlangsamten.

Die auf dem Beutemachen beruhende Herrschaft konnte nämlich nur unter der Voraussetzung erfolgreich sein, dass die Expansion immer weiter ging. Von der gewonnenen Beute und den zusätzlichen Einnahmen konnte man eine größere Zahl von Kriegern finanzieren, welche wiederum neue Gebiete erobern würden. Aber die Möglichkeiten erschöpften sich allmählich. Sobald die ersten Schwierigkeiten eintraten, zeigte sich, wie labil die Fundamente des „Reiches" der böhmischen Boleslavs waren. Die Eroberungen gingen zurück, bis sie ganz zum Stillstand kamen. In der Nachbarschaft bildete sich der Staat der Piasten, welcher ebenfalls die umliegenden Gebiete und die Erträge der großen Handelsstraße beanspruchte. Im Osten und Südosten formierte sich Ungarn. Die Einkünfte aus dem Sklavenverkauf sowie aus den Steuer- und Tributeinnahmen gingen zurück. Es begannen die Verteidigungskriege, in deren Verlauf Boleslav II. praktisch alle außerböhmischen Gebiete verlor. Die Krise des Systems brach nach seinem Tod im Jahre 999 voll aus und vertiefte sich sofort zu einer schweren politischen und dynastischen Krise.

Der erste Aufstieg des přemyslidischen Böhmen endete beinahe in einer Katastrophe. Auf seine Weise war es der Preis für einen zu übereilten und zu extensiven Start. Als die Krise Böhmens ihren Höhepunkt erreichte, erlebten Polen und Ungarn ihren ersten Aufstieg zu Großmächten. Sie hatten mehr historisches Glück. Ihr Aufstieg stand mit einer günstigen historischen Situation in Einklang, sodass – vor allem Ungarn – daraus den Königstitel zu erwerben vermochten. Allerdings entgingen weder Polen noch Ungarn einer Systemkrise, denn ihre wirtschaftlichen Grundlagen beruhten auf den gleichen Prinzipien wie im Böhmen des 10. Jahrhunderts. Die Krise Polens und Ungarns verspätete sich nur um einige Jahrzehnte und wies bestimmte spezifische Züge auf. Dank den äußeren Umständen war ihr Verlauf weniger schwer als in Böhmen. Trotzdem erschütterte sie die scheinbare Sicherheit. Auch Polen und Ungarn drohte der Zerfall der staatlichen Strukturen und der territorialen Einheit. Zum Zuge kam hier auch die heidnische Reaktion, der Böhmen vorher ausweichen konnte. Für alle drei Krisen war jedoch ein Moment typisch. Sowohl Böhmen an der Wende vom 10. zum 11. Jahrhundert als auch Polen nach Bolesław Chrobry und Ungarn nach König Stephan I. erlebten einen Niedergang der charismatischen Autorität ihrer Přemysliden, Piasten und Arpaden. In die Kämpfe um die Herrschaft griffen mit Erfolg verschiedene Verwandte und manchmal auch mächtige Magnate (Polen) ein, obwohl zur gleichen Zeit männliche Nachkommen aller drei Gründerdynastien lebten. Ihre „Rechte" mussten die letzteren erst nachträglich und in Verbindung mit dem Ausland erkämpfen. Diese Erscheinung rundet das Bild der gemeinsamen Entwicklungszüge der historischen Anfänge des mittelalterlichen Böhmen, Polen und Ungarn ab.

Alle mitteleuropäischen Monarchien lösten „ihre" jeweiligen Krisen ähnlich. Am konsequentesten wiederum Böhmen. Es hatte übrigens keine andere Möglichkeit. Während Polen der Weg zu begrenzten Expansionen nach Pommern und Russland offen stand, während Ungarn auf den Balkan vordringen konnte, war der Handlungsspielraum Böhmens von allen Seiten eingeengt. Daher konnten die Přemysliden, sobald sie den Thron wieder bestiegen und ihre Stellung gefestigt hatten, nicht blind an die „beutemachende" Herrschaftsweise anknüpfen. Der Schlusspunkt nach der Expansion war die Eroberung ganz Mährens (1019/1020). Dann verlagerte sich das organisatorische Interesse des Staates ganz auf den heimischen Boden. Der Aufbau des schon gleichmäßig das ganze Land bedeckende Burgennetzes ging zu Ende. Die Zusammensetzung der Steuern, Belastungen und Pflichten des den Burgen untertänigen Volkes erhielt ihre endgültige Gestalt. Böhmen brauchte keine Tausende von Kriegern zu Eroberungszwecken mehr. Wichtiger wurden tüchtige Beamte und ein effizienter Staatsapparat, der im Namen des Fürsten imstande war, die Zahlungen, Abgaben und Strafen auch aus entlegenen Regionen des Landes „einzutreiben". Diese Erneuerung wurde erreicht, auch wenn es für manche Bevölkerungsschichten einen bitteren Beigeschmack hatte. Sie betraf nicht nur die von der Landwirtschaft lebende Bevölkerung und diejenigen, die sich vor dem würgenden Druck des Staates in die Wälder flüchteten, sondern auch manche der früheren Krieger, deren

Dienste niemand mehr benötigte. Aber erst diese erfolgreiche, von Břetislav I. um die Mitte des 11. Jahrhunderts vollendete Umgestaltung konnte dem ganzen Staat, dem ganzen přemyslidischen *Regnum* ein Fortbestehen und einen festen Platz auf der Landkarte Europas sichern.

Ähnliche Änderungen verliefen im 11. Jahrhundert auch in Polen und in Ungarn. Die Monarchien der Přemysliden, Piasten und Arpaden begannen, sich auf die Dauer auf die Binnenressourcen der Staatseinkünfte zu verlegen, auf das Festziehen der Steuerschraube, auf eine harte Ausbeutung ihrer „staatlichen" Untertanen. Sicher, die Eroberungskriege hörten nicht auf, aber der Fortbestand Böhmens, Polens oder Ungarns hing nicht mehr von deren Erfolg ab. Das vervollkommnete Burgenverwaltungssystem (in Polen das Kastellanei- und in Ungarn das Komitatssystem) blieb der Hauptpfeiler des Staates und seiner inneren Autorität. Seine maximale Verbreitung erlebte damals die Dienstorganisation. Die Přemysliden, Piasten und Arpaden setzten die Ansiedlung von Gefangenen- und Umsiedlergruppen auf ihren Territorien fort. Von der Eingliederung dieser Menschen in das Wirtschaftsleben ihrer neuen Heimat zeugt nicht nur die Verbreitung der Ortsnamen vom Typ Čechy (Böhmen), Úherce (Ungarn), Moravany (Mähren), Krakovany (Krakauer), Vážany (Waagtalbewohner), Prusy (Pruzzen) oder Pečeněhy (Petschenegen), sondern auch die Erzählung des böhmischen Chronisten Cosmas von den Schicksalen der polnischen Hedtschanen in Böhmen.

Erst jetzt, nach der Umgestaltung des 11. Jahrhunderts, konnte sich das autarke Staatsmodell entfalten, das sich bis zur „großen" Modernisierung des 13. Jahrhunderts hielt. Mitteleuropa hatte es geschafft, die ungünstigen „Startbedingungen" seiner staatlichen Anfänge zu überwinden und seinen Möglichkeiten und Traditionen entsprechende Wege zu wählen. Darin besteht die Bedeutung der gemeinsamen Fundamente seiner politischen Kultur.

Literatur

Borawska 1964. – Buczek 1958. – Durliat 1990. – Göckenjan 1972. – Györffy 1976; 1983a; 1988. – Krzemieńska 1970. – Krzemieńska/Třeštík 1979. – Kučera 1974. – Kurnatowska 1996a. – Lübke 1991. – Modzelewski 1987. – Modrzewska 1969. – Sláma 1985. – Třeštík/Krzemieńska 1967. – Žemlička 1995a.

Die neuen Heiligenkulte in Mitteleuropa um das Jahr 1000

TERESA DUNIN-WĄSOWICZ

Neben der Verehrung von Christus, der heiligen Jungfrau Maria, der Apostel sowie den Heiligen Petrus, Martin, Johannes, Michael und Georg, die für die gesamte christliche Welt des 10. und 11. Jahrhunderts kennzeichnend waren, sollen an dieser Stelle die Heiligenkulte besprochen werden, die man mit der frühesten Periode der Bildung kirchlicher und staatlicher Verwaltung östlich der Elbe verbindet. Innerhalb des 10. Jahrhunderts sind hier vor allem die Kulte der Heiligen, Ulrich, Lambert und Wenzel zu nennen, die auch in Polen Spuren hinterlassen haben.

Die Niederschrift des Lebens und der Wunder des heiligen Udalrich erfolgte in den Jahren 973 bis 992 und wurde 993 vom Augsburger Bischof Liudolph auf einer Synode der römischen Kirchenprovinz vorgelegt. Durch die Bulle von Papst Johannes XV. verbreitete sich der Kult bald darauf im gesamten Reich. Dreißig der wunderbaren Begebenheiten, die in der Vita des heiligen Ulrich zu finden sind, lassen sich mit Augsburg und seiner Umgebung verbinden. Nur bei zweien, Nr. 21. und 22. (MGH, SS IV, S. 422–423), kann man einen andersartigen Inhalt erkennen.

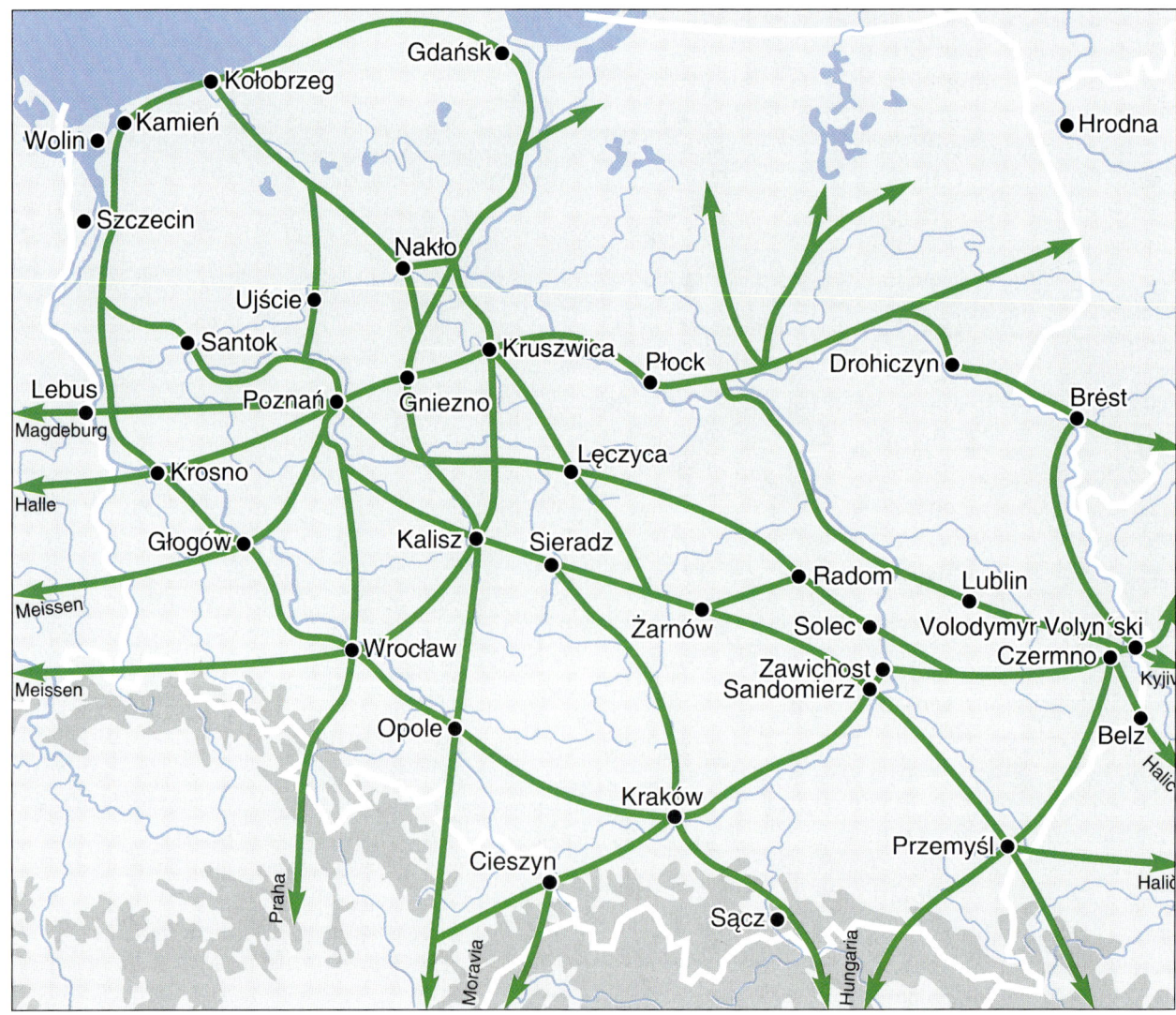

532 **Frühmittelalterliches Wegenetz in Polen.**

Das erste Wunder betrifft die Heilung des sterbenden Sohnes des slawischen Herzogs Boleslav; mit Hilfe des heiligen Udalrich wurde er wieder gesund. Das zweite schildert die Heilung Herzog Mieszkos, der von einem giftigen Pfeil verwundet worden war. Die Beschreibungen der beiden Ereignisse unterscheiden sich dermaßen von den übrigen wunderbaren Begebenheiten, dass man sie für real halten möchte. Sowohl Mieszko als auch Boleslav von Böhmen pflegten nach dem Tod Ottos I. und Ottos II. rege Beziehungen zu Bayern. Es ist daher nicht ungewöhnlich, dass man sich nach der Erkrankung des Sohnes von Boleslav von Böhmen an den Augsburger Schutzheiligen wandte, um seine Hilfe zu erbitten. Herzog Mieszko, der während seines Aufenthaltes in Bayern von einem vergifteten Pfeil getroffen wurde, konnte mit Hilfe von Ulrich vor dem Tode gerettet werden. Als Dank sandte er dem Heiligen einen Arm und eine Hand aus Silber (MGH, SS, IV, s. 423). Dennoch bleibt die Frage, warum man sich in beiden Fällen an Ulrich und nicht an andere Heilige, wie den heiligen Veit, den Patron des Prager Domes, bzw. an die heilige Afra oder an den heiligen Magnus, die seit langem in Augsburg angebetet wurden, gewandt hatte?

Das Grab des heiligen Magnus befindet sich in Füssen, südlich von Augsburg, und sein Name gehört zu den ersten christlichen Namen, die in den polnischen schriftlichen Quellen anzutreffen sind (Gallus Anonymus Chronica, s. 69, 70, 118).

Afra und Bischof Narzissus gehören außer Ulrich und Magnus zu den Heiligen, deren Kult mit Augsburg und seiner Umgebung verbunden ist. Ein schwacher Wiederhall dieser Kulte ist eine Bestätigung ihrer Feiertage im Kalender des Krakauer Domes (MPH II, 924, 927, 928, 930). Im Kalender der Fürstin Gertrud findet man Zeugnisse über Magnus, Afra und Narzissus, dagegen fehlen Angaben über den heiligen Ulrich. Die Namen der drei Heiligen finden wir auch im Gnesener Kalender im *Missale Antiquissimum*, das an die Wende vom 11. zum 12. Jahrhundert datiert und aus Bayern stammt.

Dass Mieszko und Oda ihren Sohn Lambert nannten, hielt man für den ältesten Beweis der Existenz eines Lambert-Kultes in Polen. Lambert war unter den polnischen Geistlichen noch im 11. und Anfang des 12. Jahrhunderts häufiger anzutreffen, wurde jedoch dann in diesen Kreisen immer seltener. Das einzige Patrozinium des heiligen Lambert – relativ spät urkundlich überliefert – stammt aus der Pfarrkirche in Radomsko. Meistens verbindet man den Kult mit dem ersten polnischen Bischof Jordanus oder der zweiten Ehefrau von Mieszko – Oda. Gerade Oda, eine Nonne aus dem Kloster des

533 **Wertachwunder des Udalricus**, Martyriologium Zwiefalten, Stuttgart, Württembergische Landesbibliothek, Cod. Hist. 2° 415, fol 51r.

heiligen Laurentius in Kalbe, die später zur Gattin des polnischen Herzog Mieszko wurde, fühlte sich diesem Heiligen offensichtlich besonders verbunden. Deswegen hatte sie ihrem Sohn diesem Namen gegeben. Man kann vermuten, dass der Kult des heiligen Lambert auch der Frau von Bolesław Chrobry, Emnilda, bekannt war, da sie den Namen Lambert als zweiten Namen für ihren Sohn Mieszko wählte. Seit dem 12. Jahrhundert ist der Name Lambert in der Familie der Piasten nicht mehr anzutreffen.

Der heilige Wenzel ist Namensgeber für den ältesten Bau des Krakauer Domes. Die beiden übrigen Patrozinien dieses Heiligen befinden sich ebenfalls im Gebiet der Krakauer Diözese (in Mogiła und Radom). Z. Kozłowska-Budkowa betonte in ihren Artikeln, dass man im 10. Jahrhundert in Wenzel mehr den Beschützer des böhmischen Christentums als den Schutzheiligen der Dynastie sah. Münzen mit dem Namen des heiligen Wenzel wurden in Polen in den Jahren 997 bis 1005 geprägt. Der Name Boleslaus auf der Rückseite der Münze beträfe Bolesław Chrobry und es sei anzunehmen, dass erst die Heiligsprechung des Krakauer Bischofs Stanislaus im 13. Jahrhundert den Kult des heiligen Wenzel aus Kleinpolen und Krakau verdrängt hätte. Erst im 14. Jahrhundert wurde der Kult unter anderen Vorzeichen wiederhergestellt.

Außer der allgemein bekannten böhmischen Ikonographie, in der der heiligen Wenzel bildlich wiedergegeben wurde, gibt es frühere ikonographische Darstellungen aus Süddeutschland. Erwähnenswert sind der Stuttgarter Psalter aus der ersten

Hälfte und das Zwiefaltener Martyrologium aus der zweiten Hälfte des 12. Jahrhunderts.

Außer den gesamtkirchlichen Schutzheiligen wurden in den einzelnen Regionen lokale Schutzheilige verehrt, bei denen es sich um den jeweiligen Bischof der Diözese oder den lokalen Märtyrer handeln konnte. Diese Funktion sollten auch die Kulte von Ulrich und Lambert erfüllen, die jedoch östlich der Oder nicht Fuß fassen konnten. Nachdem Adalbert den Märtyrertod starb und vom Bolesław Chrobry zum Schutzheiligen Polens erhoben wurde, verloren diese beiden Kulte an Bedeutung. Erst nach dem Raubzug von Břetislav im Jahre 1039, als die Leichen von Adalbert und den fünf Märtyrerbrüdern, den ersten polnischen Heiligen, verschleppt wurden, wandte man sich im 11. und 12. Jahrhundert wieder Heiligen zu, die außerhalb Polens lebten.

534 **Martyrium des Lambertus, Martyrologium Zwiefalten, Stuttgart, Württembergische Landesbibliothek, Cod. Hist. 2° 415, fol 63r**

Die europäische und polnische Kultur des frühen Mittelalters wurde sowohl durch den Handelsverkehr mit dem Römischen Reich, als auch durch die Rezeption römischer Kultur beeinflusst. Ein Beispiel hierfür ist die Übernahme von Kulten, die in der Spätantike wurzelten. Über die Verehrung slawischer Heiliger im mittelalterlichen Rom, die gegenseitige Kontakte zwischen unseren Gebieten und der christlichen Metropole nachweisen könnten, gibt es nur spärliche Spuren. Man findet jedoch auf dem Gebiet Polens Patrozinien von Schutzheiligen, die in der Ewigen Stadt heiliggesprochen bzw. verehrt wurden. Zu dieser Gruppe gehören unter anderem die Schutzheiligen Laurentius, Florian, Sebastian, Martin, Georg und Adauktus sowie diejenigen, die das ideale Muster weltlichen Lebens versinnbildlichten, wie z. B. den heilige Veit und später seit dem 10. Jahrhundert Alexius.

Eine eigenständige Gruppe bilden, so scheint es zumindest, die Heiligen, die an der Spitze von Kollektivmärtyrern stehen. Es ist ein besonderer Kult, der auf dem Gebiet des Römischen Reiches entstanden ist und sich dort verbreitete. Aus dem frühmittelalterlichen Polen sind vier solcher Patrozinien bekannt. Zu ihnen gehören der heilige Mauritius von der Thebaischen Legion, der heilige Gereon mit seinen 10 000 Märtyrern vom Berg Ararat und die heilige Ursula mit 11 000 Jungfrauen.

An die Geschichte der thebaischen Legion und ihrer Befehlshaber Mauritius, Candidus, Exuperius und Victor, wurden weitere Legenden angefügt, die mit anderen am Ende des 3. Jahrhunderts am Limes stattgefundenen Kollektivmatyrien verbunden waren. Drei Motive sind hierbei zu nennen: die Entdeckung der Leiche des heiligen Innozent, die aus der Rhône gefischt wurde, die Hinrichtung der 10 000 Märtyrer und ihres Befehlshabers Achatius auf dem Berg Ararat und, als ein weiteres Motiv, die Legende vom Märtyrertod der heiligen Ursula zusammen mit 11 000 Jungfrauen, die im 4. Jahrhundert von den Hunnen ermordet wurden. Sie alle starben, ohne Waffen zu gebrauchen, aufgrund ihres christlichen Bekenntnisses den Märtyrertod.

Auch in der frühmittelalterlichen Ikonographie lässt sich eine enge Verbindung zu diesen aus der Spätantike stammenden vier Märtyrerkulte beobachten. Die Symbolik der einzelnen Kulte und ihre ideologische Bedeutung änderte sich jedoch nach den jeweiligen Bedürfnissen der einzelnen Epochen. Die Legenden wurden mit neuen Inhalten versehen, die man in der Kirchen- und Staatspolitik übernahm. So wurden im Hochmittelalter Mauritius und Gereon Vertreter zweier unterschiedlicher Kulte. Während in der Merowingerzeit Mauritius Namensgeber für die großen Dome in den Grenzgebieten und innerhalb des Landes wurde, war er im Ottonenreich als Befehlshaber das Symbol für diejenigen, die Mitteleuropa mit den slawischen Länder in Besitz nahmen. Das Ottonenreich griff gern auf römische Traditionen zurück, was die Rezeption der alten römischen Heiligkulte oder die Translation von Märtyrerreliquien beweisen. Wie man der Chronik von Widukind von Corvey entnehmen kann, brachte Markgraf Gero, *defensor patriae*, aus Rom den Arm des heiligen Cyriakus mit, den er vom Papst erhalten hatte. Die Überführung der Reliquie war mit der Gründung der Kirche in Gernrode verbunden. 961 können wir den Weg der Reliquie verfolgen, der über Augsburg nach Regensburg und von dort nach Magdeburg führte. Hierher wurden 937 die Reliquien des heiligen Innozent feierlich überführt. Dass man dem Besitz einer Reliquie damals große Bedeutung beigemessen hat, bezeugt der Preis, den Karl der Einfältige Heinrich I. für die geleistete Hilfe bei seiner Befreiung anbot. Als Gegenleistung versprach er ihm die rechte Hand des heiligen Dionysius und ganz Lothringen.

Die heilige Lanze, die seit Jahren lebhafte Diskussionen hervorruft, ist eng mit dem Kult des heiligen Mauritius verbunden. Laut Liutprand von Cremona sollte sie die Nägel, die man bei der Kreuzigung Christi verwendet hatte, enthalten. Sie befand sich ursprünglich im Besitz Konstantins des Großen, später wurde sie den Königen von Burgund übergeben und schließlich Heinrich I. von Rudolf II. geschenkt. Mauritius, wie wir dem Brief von Brun von Querfurt an Heinrich II. entnehmen können, sollte gegen Swarożycow kämpfen, deswegen hatte der Kaiser eine Kopie der Lanze seinen Verbündeten, darunter auch Bolesław Chrobry während Gnesener Treffen ausgehändigt. Es bleibt jedoch anzumerken, dass wir die letzte Information erst in der Chronik des so genannten Gallus Anonymus enthalten ist. Der Chronist Thietmar von Merseburg hatte sich dazu nicht geäußert.

Fraglich ist, ob die ältesten Hinweise auf den Mauritius-Kult in Polen nur auf das Gnesener Treffen im Jahr 1000 und der dabei erfolgten Überreichung der Lanze an Bolesław Chrobry zurückzuführen sind. Es ist nicht sicher, ob man die ältesten Nachweise für diesen Kult, wie z. B. in Zawichost, in diese Zeit datieren soll. Auch Mieszko könnte mit dem Kult des heiligen Mauritius in Berührung gekommen sein, als er Bayern besuchte. Gerade der Bischof von Augsburg, der spätere heilige Ulrich, gehörte zu den eifrigen Vermittlern dieses Kultes. Ulrich begleitete Otto I. bei der Schlacht auf dem Lechfeld im Jahre 955. Damals half die heilige

535 Martyrium Wenzels, Martyriologium Zwiefalten, Stuttgart, Württembergische Landesbibliothek, Cod. Hist. 2° 415, fol 63v.

Lanze die Ungarn zu besiegen. Dem heiligen Laurentius, an dessen Namenstag die Schlacht erfolgte, gelobte Otto, nach seinem Sieg ein Bistum in Merseburg zu gründen, ferner seine Burg (mit deren Bau man erst angefangen hatte) in eine Kirche zu Ehren des heiligen Mauritius umzuwandeln. Ulrich begleitete auch 961 den Transport der Reliquien des heiligen Mauritius aus Augsburg nach Regensburg. Das Kloster des heiligen Mauritius in Magdeburg, das 937 von Otto I. gegründet worden war, bewahrte mit Sicherheit Überreste des Heiligen auf. Die Reliquien schufen eine ideologische Grundlage für die Gründung des Domes und des Erzbistums in Magdeburg 968.

So grenzten Gebiete, in denen die zwei römischen Schutzheiligen Laurentius und Mauritius verehrt wurden, unmittelbar an die östlich angrenzenden von Mieszko I. regierten Gebiete. Beide Kulte waren sowohl dem erstem Bischof Jordanus als auch Mieszko I. bekannt.

Kulturelle Gemeinsamkeiten

536 Mauritius als Ritter zwischen zwei Bäumen, Martyriologium Zwiefalten, Stuttgart, Württembergische Landesbibliothek, Cod. Hist. 2° 415, fol 63r.

Nach der Schlacht von Cedynia 972, am Tag des heiligen Johannes des Täufers, forderte Kaiser Otto Mieszko und Hodo zum Frieden auf. Er kam selbst am Palmensonntag nach Magdeburg und brachte „dem unbesiegten Befehlshaber Mauritius reiche Gaben". Die Friedensbedingungen legte er in Anwesenheit von Mieszko in Quedlinburg fest.

Wachsendes Interesse genießt die Burg in Zawichost, in der sich – vieles weist darauf hin – eine Mauritiuskapelle befand, was die Ausgrabungen der letzten Jahre zu bestätigen scheinen. Von ihrer geographischen Lage her ist die Burg eine der am weitesten östlich gelegenen Burgen an der mittleren Weichsel.

Im Mittelalter wurde der Kult des heiligen Mauritius vor allem in der Adelsschicht gepflegt, besonders im Rittertum. Bereits oben wurden die Kulte erwähnt, die von den polnischen Geistlichen im 10. Jahrhundert übernommen wurden (u. a. Lambert und Ulrich). Nach dem Märtyrertod und der Heiligsprechung Adalberts wurden solche Übernahmen überflüssig, da sie durch den Kult des heiligen Adalbert ersetzt werden konnten. Einen großen Verlust bildete daher der Raub der sterblichen Überreste von Adalbert und den Fünf Märtyrerbrüdern durch die Böhmen. Als vorbildliche Glaubensmärtyrer schienen sie als Schutzheilige für Polen geeignet. Ein Beweis hierfür ist sowohl ihre Lebensbeschreibung als auch ihre Gruft im Gnesener Dom. Noch fehlte in Polen jedoch das weltliche Martyrium eines Ritters, der für den christlichen Glauben gestorben war. Man versuchte Ende des 10. und Anfang des 11. Jahrhunderts den Kult des heiligen Wenzel in Polen einzuführen, der jedoch keine Verbreitung fand. Bei der Suche nach einem Vorbild für das polnische Rittertum bediente man sich der Kulte der römischen weltlichen Märtyrer. Es kam zur Einführung des Kultes vom heiligen Florian im 12. Jahrhundert und der bereits erwähnten Kollektivmärtyer (Kraków – Gereon; Sieciechów – 10 000 Märtyrer). Wahrscheinlich handelte es sich bei solchen Übernahmen, bei denen man sich der unterschiedlichsten Quellen bediente, um den Versuch, eine gewisse Unabhängigkeit zu bewahren, wie dies auch auf anderen Gebieten der frühen Kirchenpolitik in Polen zu beobachten ist. Die geographische Lage Polens ermöglichte es seinen Bewohnern, die Errungenschaften aller europäischen Kulturkreise in Anspruch zu nehmen.

Literatur

Dunin-Wąsowicz 1977; 1997. – Gieysztor 1962; 1994. – Graus 1980. – Klaniczay 1983; 1994.

Der heilige Adalbert – Schutzheiliger des neuen Europas

TERESA DUNIN-WĄSOWICZ

Der heilige Adalbert, der böhmischer Herkunft war und das Amt des Prager Bischofs bekleidete, lebte lange Zeit im Ausland, in Deutschland und in Italien. In Rom trat er in die Benediktinerabtei ein, die sich auf dem Aventin befand. Er bereiste Gallien, seine Wege führten ihn auch nach Ungarn und Polen. Von Polen aus begab er sich mit Zustimmung und Unterstützung Bolesław Chrobrys (dem späteren König von Polen) zu den Pruzzen, um diese zu christianisieren. An der Grenze zu Polen erlitt er am 23. April 997 den Märtyrertod. Sein Leichnam wurde von Bolesław Chrobry losgekauft und in Gnesen (Gniezno) beigesetzt. In Rom heiliggesprochen wurde er im vorletzten Jahr des ersten Jahrtausends zum Schutzheiligen Polens erhoben.

Der Kult des heiligen Adalbert verbreitete sich schnell in Böhmen, Ungarn, Deutschland und Polen. Es wurden mehrere Adalbert-Kirchen in Frankreich, Belgien und in Italien eingeweiht. Der erste Erzbischof in Polen, trug den Titel eines „Erzbischofs des heiligen Adalbert" und die Reliquien des Heiligen wurden zum „Fundament", auf dem der Gnesener Dom gegründet wurde.

Zwei Phasen des Adalbertkultes – die aus dem Jahr 1000 und die darauffolgende – erregen seit langem das Interesse der Historiker. Während man aber über die Gnesener Tür aus dem letzten Viertel des 12. Jahrhunderts, die sich, ebenso wie das Grab Adalberts, bis heute im Maria Himmelfahrt-Dom befinden, viel geschrieben hat, richteten die Forscher wenig Aufmerksamkeit auf die erste Phase des Adalbertkultes. Adalbertskirchen wurden in Lüttich, Aachen, auf der Reichenau im Bodensee, in Rom und in Pereum (heute San Alberto) bei Ravenna und in Ungarn in Gran (Esztergom) gegründet. Gerade die Topographie der ältesten Kirchenstiftungen, die dem heiligen Adalbert geweiht wurden, erweckt unser Interesse.

Der Kult des heiligen Adalberts um das Jahr 1000 erfreute sich bei zwei Menschengruppen großer Beliebtheit. Der ersten gehörte Kaiser Otto III., seine Freunde und seine nächste Umgebung an, unter ihnen Bolesław Chrobry und Bischof Notker von Lüttich. Dieser Gruppe könnte noch Brun von Querfurt zugerechnet werden, der mit Wort und

538 So genannter „Adalbertsbrunnen" mit Adalbertsrelief, um 1000 bis 12. Jahrhundert (?). Roma, S. Bartolomeo all' Isola. – Kat. 25.01.04.

537 Karte der Adalbertspatrozinien um 1000

539 Gnesen, Dom, Tür des Südportals mit Bildzyklus aus der Adalbertslegende, 2. Hälfte 12. Jahrhundert. – Kat. 27.01.07.

Tat sein freundschaftliches Verhältnis zu Adalbert zum Ausdruck brachte. Die zweite Gruppe, die für Verbreitung des Kultes des heiligen Adalbert plädierte, waren die Benediktinerkonvente mit der Abtei des heiligen Bonifatius und Alexius (Santi Bonifacio ed Alessio) an der Spitze.

Die erwähnten Kirchen, über ganz Europa verstreut, hängen mit den Reisen Ottos III. sowohl vor der Heiligsprechung Adalberts (wahrscheinlich am 29. Juni 999), als auch danach, zusammen. Der Kaiser verkehrte zwischen Aachen und Rom und zwischen Aachen und Ravenna. Bei den Reisen zu seinen zwei Hauptstädten hielt er sich mehrmals in der Hauptabtei auf der Insel Reichenau auf. Dort begann bald nach dem Jahr 1000 der Kult des heiligen Adalbert an Bedeutung zu gewinnen und bald darauf wurde im nahegelegenen Oberzell eine Adalbertskirche gebaut. 999 stiftete Otto III., während seines Aufenthalts in der Abtei Subiaco, die am Weg von Subiaco nach Monte Cassino lag, eine Adalbertskapelle in dem in der Nähe gelegenen Affile. Die häufigen Kontakte zwischen dem Kaiser und der Einsiedlei des heiligen Romuald in Pereum (nördlich von Ravenna) führten zur Stiftung einer Adalbertsabtei bei der Adalbertskirche, die vom Kaiser im Jahr 1001 gestiftet worden war.

Zur Gründung einer Adalbertskirche wurde ein Gelände ausgesucht, das über Gewässernähe oder eine Insel verfügen musste. In der geistigen Kultur Europas waren die Menschen seit eh und je von der sakralen Kraft des Wassers überzeugt, dessen Vorhandensein in der christlichen Glaubensgemeinschaft sich auf die biblischen und hagiographischen Bezüge stützte. Sie fanden ihren Wiederhall im Kult des heiligen Adalbert. Vorlage war die bekannte Geschichte vom Martyrium des Heiligen – sei es aus der mündlichen Überlieferung oder aus den beiden Lebensgeschichten – nach der die letzte Etappe des Märtyrerweges zu den Pruzzen durch eine Wasserlandschaft führte. Mit einem Boot wurde zuerst der Weg von Danzig aus bis zur Grenze mit den pruzzischen Stämmen zurückgelegt, später erlitt er, wie man annahm, auf einem Steg bei der Burg Cholin seinen Märtyrertod. Seine Leiche wurde in das Haff geworfen und sein Kopf auf einen Pfahl am Weg aufgespießt.

Um das Jahr 1000, als sich der Kult zu verbreiten begann, wollte jeder von seinen drei Freunden – Otto III., Notker und Bolesław Chrobry – in ihren Hauptstädten eine Adalbertskirche besitzen. So fasste Otto III. den Beschluss, die Adalbertkirche in Rom, auf der Isola Tiberina und in Aachen – seiner zweiten Hauptstadt zu errichten. In letzterer Kirche wurde er selbst beigesetzt.

Bischof Notker stiftete in der Hauptstadt seiner Diözese auf einer Insel eine Adalbertskirche, in der Nähe seiner anderen Stiftung der Kirche des heiligen Johannes des Evangelisten, in der er auch seinem Wunsch nach begraben wurde.

Bolesław Chrobry, der mit dem Bischof Adalbert befreundet war, wurde 1025 in Posen (Poznań) im Dom auf der Dominsel begraben. Auf dem anderen Wartheufer, an der Stelle, wo ihre kleinen Nebenflüsse münden, von Sümpfen umgeben, ragt die Adalbertskirche hervor.

Die Stiftungen, die scheinbar keine der oben beschriebenen Merkmale aufwiesen, knüpften dennoch indirekt an jene an. Es war unmöglich auf dem Weg von Subiaco nach Monte Cassino eine Insel zu finden. Daher wurden die Kapellen des heiligen Erzengels Michael, des heiligen Benedikt und des heiligen Adalbert in Affile über einem römischen Wasserreservoir errichtet. In der Topographie des heutigen Aachen fehlen alle kennzeichnenden Merkmale, jedoch erkennt man auf Skizzen aus dem 16. Jahrhundert, dass sowohl das Kloster als auch die Kirche von Wasser umgeben war.

Die zweite Gruppe, die für eine Verbreitung des Adalbertkultes im 11. Jahrhundert sorgte, waren die Benediktiner. Die von ihnen gestifteten Adalbertskirchen und Kapellen waren immer auf einer Insel gelegen. Häufig errichtete man sie an der Stelle früherer Klöster, die vor dem Jahr 1000 gegründet worden waren. Nur die Adalbertskirche in San Alberto (Pereum) wurde für die Eremiten des heiligen Romuald in den Sümpfen von Ravenna errichtet.

Die Frage der Reliquien Adalberts hängt mit den Stiftungen zusammen. Otto III. hatte sie auf verschiedene Länder Europas verteilt und stiftete dementsprechend überall Adalbertskirchen. Es wird vermutet, dass auch Reliquien aus Polen kurz vor der Heiligsprechung nach Rom gesandt wurden. Man geht auch davon aus, dass Otto III. auf seiner Rückreise von Gnesen verschiedene Kirchen mit Reliquien des Heiligen bedachte. Hierfür benützte Otto den Arm des heiligen Adalbert, der ihm von Bolesław Chrobry geschenkt worden war. Nach der späteren Überlieferung begleitete Bolesław den Kaiser bis nach Aachen, nahm an der Öffnung des Grabes von Karl dem Großen teil und erhielt den Thron aus dem Grab des fränkischen Kaisers als Geschenk. Es ist nicht auszuschließen, dass der Kaiser an der Weihe der Adalbertskirche in Aachen teilnahm und einen Teil der Reliquie, die er in Gnesen bekommen hatte, übergab. Auf seiner anschließenden Reise nach Rom über Reichenau und Chur händigte er auch der auf der Insel Reichenau gelegenen Abtei und der benachbarten Adalbertskirche einen Teil der Reliquie aus. Einen weiteren Teil bestimmte er für die Kirche auf der Isola Tiberina in Rom, wo er wohl auch das so genannte Brünnlein mit Abbildungen von Christus, Otto II., seinem Vater, dem heiligen Bartholomaeus und seines Freundes, dem heiligen Adalbert stiftete.

In Pereum bei Ravenna verblieb von der Reliquie ein Finger, der bis heute in der Pfarrkirche in San Alberto (früher Pereum), 12 km nördlich von Ravenna, aufbewahrt wird.

In Gnesen blieb der Leichnam des Heiligen. Ein Teil seines Armes, wurde später nach Trzemeszno gebracht. Hier in der Maria Himmelfahrt- und Adalbertskirche hatte man nach Meinung einiger Forscher die sterblichen Überreste des Heiligen überführt, kurz nachdem sie nach Polen gelangt waren und bevor sie im Gnesener Dom ihre letzte Ruhestätte fanden. Die Gnesener Reliquien, die 1039 von Břetislav geraubt wurden, kehrten nie mehr nach Polen zurück. Zu Beginn des 12. Jahrhunderts wurde in Gnesen ein Teil der Reliquie gefunden, die mit einem 1928 aus der Isola Tiberina in Rom erworbenen Teil, bis heute in einem prächtigen Reliquienschrein – einem silbernen Sarg aus dem 17. Jahrhundert – im Dom beigesetzt wurden. Der Gnesener Dom ist auch durch seine Bronzetüren berühmt geworden. Sie wurden im letzten Viertel des 12. Jahrhundert angefertigt und stellen Szenen aus dem Leben sowie den Märtyrertod des heiligen Adalbert dar.

Literatur

Dunin-Wąsowicz 1975; 1981. – Gieysztor 1967. – Karwasińska 1996.

Kirchenbau und liturgischer Raum

ERNŐ MAROSI

Unsere Kenntnisse vom Mittelalter sind über die verschiedensten Wissensgebiete verteilt. Während Bauforschung, Architekturgeschichte und verschiedene andere Zweige der Kunstgeschichte ungeheure Mengen an Kenntnissen zu den Denkmäler jeweils auf ihrem Gebiet angehäuft haben, wissen wir über den ursprünglichen Zusammenhang dieser Denkmäler weniger. Die Geschichte der Baukunst, der bildenden Künste sowie des Kunstgewerbes sind lauter Begriffe, die dem mittelalterlichen Denken unbekannt waren. Im Mittelalter war in einem Gebäude all das zusammengefasst, was in unserem Klassifikationssystem selbständige Zweige der Kunstgeschichte sind. In seinem während des ganzen Mittelalters benutzten enzyklopädischen Werk hat Isidor von Sevilla unter radikaler Vereinfachung des Begriffsapparats der Architekturtheorie der Antike alle Tätigkeiten und Werke unter den Begriffen *dispositio, constructio* und *venustas* zugeordnet (Etym. XIX, IX, 2), die dem Schmuck des Baues dienen. Die mit *venustas* bezeichnende Tätigkeit (nach unserem heutigen Begriff: Kunstgewerbe) ist alleiniger Gegenstand des Buchs von Theophilus Presbyter, demzufolge der Zweck künstlerischer Arbeit *ornatus materialis domus Dei* (L. III, Prologus) ist. Dank mittelalterlicher Theologen, die sich allegorischen Ausdeutung liturgischer Räume gewidmet haben, verfügt man über sicherere Kenntnisse im Bereich der Symbolik mittelalterlicher Gebäude. Deshalb stellt die Geschichte der liturgischen Ausstattung eine ganz selbständige Disziplin innerhalb der Kunstgeschichte dar.

Die Zeit um das Jahr 1000 ist für den liturgischen Raum und für seinen Schmuck auch eine Übergangsperiode. Der Abschluss dieser Phase, der kunsthistorisch etwa mit dem Anfang der Romanik gleichzusetzen wäre, wird einerseits durch das große Schisma der westlichen und der östlichen Kirche, andererseits durch die Reformen Papst Gregors VII. gekennzeichnet. Später allgemein gewordene Erscheinungen sind jedoch bereits um 1000 vorhanden – die Zeit ihres ersten Auftretens ist eine viel diskutierte Frage.

Die Grundeinheit eines jeden christlichen liturgischen Raumes besteht aus einem Altar und einem auf ihn bezogenen Gemeinderaum, das ist alles, was in dieser Grundform einen einfachen dörflichen Kirchenbau ausmacht. Diese Grundeinheit mit dem Altar als traditionellen Mittelpunkt der Liturgie, bleibt seit dem Frühmittelalter unverändert. Die Veränderungen betrafen vielmehr den Einbezug des Altars in die Liturgie, so in erster Linie die Beziehung des Zelebranten zu den Gläubigen, das heißt ob der Priester die Tradition der Tischgemeinschaft bewahrt oder ob er mit dem Rücken gegen die Gemeinde gewandt, gleichsam als ihr Vertreter das Opfer vollzieht. Um 1000 – vor allem in Italien – gibt es schon (etwa im Popponischen Bau des Doms von Aquileia) Sitzbänke der Kleriker um den Altar im Zentrum, so genannte *Synthronoi* mit dem Bischofssitz in der Mittelachse. Durch diese Anordnung werden sowohl das bischöfliche Lehramt als auch der Gemeinschaftscharakter des eucharistischen Opfers versinnbildlicht, wie es seit altchristlicher Zeit im Darstellungsprogramm der Apsisgewölbe erscheint (etwa in Santi Cosma e Damiano in Rom oder in Apostelkommunion-Bildern der Ostkirche).

Es ist ein kunsthistorischer Gemeinplatz, dass das Altarretabel eine – wortwörtlich zu nehmende – Wende der Liturgie bezeichnet, die von der älteren Literatur im 11. bis 12. Jahrhundert angesetzt wird. Neuere Forschungen haben gezeigt, dass die seit der Merowingerzeit nachweisbare fränkische Praxis des Reliquienkults mit der Plazierung des Reliquiengrabes hinter dem Altar bei dieser Wende der Liturgie eine große Rolle gespielt hat. Das Reliquiengrab wurde durch die um 1000 verbreiteten Kultpraktiken, durch die Bedeutung und die Heilkraft, die den Reliquien und ihrer Berührung zugeschrieben wurden, nun vor dem Altar angelegt; denn auf diese Weise waren die Reliquien besser zugänglich. Die Verbindung zwischen Altar und Sarkophag bzw. Reliquienschrein gab daher auch eine neue Möglichkeit zur künstlerischen Ausgestaltung. Man darf nicht vergessen, dass die ersten Denkmäler dieser Form (Echternach) aus dem 8. Jahrhundert stammen, ihre größere Verbreitung jedoch mit dem Pilgerwesen des 11. Jahrhunderts zusammenhängt. In derselben Zeit bildeten sich Bautypen für Umgänge heraus, bei deren Ausbildung teils die Tradition der Umgangskrypta und der Außenkrypta, teils das monumentale Vorbild des Memorialbaues der Antike (vor allem die Anastasis-Rotunde von Jerusalem) eine Rolle gespielt haben.

Auch eine andere – und ebenfalls auf eine alte Tradition zurückgehende – Altarsituation ist bei der Ausbildung des Retabels ist von Bedeutung. Es handelt sich um den an einer Wand oder in einer Nische aufgestellten Altar, der bereits in der Frühzeit mit einer auf sein Patrozinium oder seine Funktion hinweisenden Darstellung versehen wurde. Die Mehrzahl dieser Denkmäler – bereits aus der Zeit vor der Jahrtausendwende – ist im Bereich der Wandmalerei erhalten, oft in der Form von Kultbildern, die ähnlich gestaltet sind wie diejenigen, die um 1000 in der Plastik aufkamen und (wie im Fall der Reliquienstatue der heiligen Fides in Conques) große Diskussionen ausgelöst haben. Eine wichtige – und in den Schriftquellen um 1000 noch ausdrücklich mit Hinweisen auf die Vorbilder (*romano more*) versehene – Form des Reliquiengrabes bildete ihre Aufbewahrung unter dem Altar mit Umgangskrypta und Öffnung (*confessio*) vor dem Altar. Diese Anordnung verbreitete sich in der karolingischen Architektur (Saint-Denis) in bewusster Anspielung auf die römischen Vorbilder. Außerdem ist gerade bei klösterlichen Anlagen (z. B. Fulda) das Bestreben zu bemerken, über die *Confessio*-Anlage hinaus mit der Errichtung einer Westapsis und eines durchlaufenden Querschiffs Spezifika der ursprünglichen Bauten der beiden römischen Apostelbasiliken aufzugreifen.

Um 1000 waren für die Ausgestaltung des Chorbereichs der Kirchen nicht nur römische Beispiele Vorbilder, sondern auch andere bedeutende Bauten (darunter auch die Aachener Pfalzkapelle). Diese Beziehungen werden in den Quellen mit den Ausdrücken *ad instar*, *ad modum*, *ad formam* bezeichnet. Um 1000, nicht zuletzt unter dem Einfluss der Nachrichten über die 1009 erfolgte Zerstörung der Heiligen Grabeskirche durch den Kalifen al-Hakim, gewann auch die Anastasis-Rotunde von Jerusalem als Vorbild an Bedeutung. Als das wichtigste, ununterbrochen vor Augen geführte Vorbild der liturgischen Literatur der damaligen Zeit galt aber in allegorisch-theologischen Werken das Heiligtum des Alten Testaments, das den biblischen Beschreibungen des Bundeszeltes und des Salomonischen Tempels entsprechen sollte. Dieses Vorbild prägte die Idealvorstellungen von Anordnung und Ausstattung eines liturgischen Raumes.

Alttestamentarisches Idealbild und seit der Antike fortlebende Tradition haben gemeinsam sowohl die architektonische Gestaltung als auch die Begrenzung von Altar und Altarraum sowie deren Ausstattung mit Werken der so genannten „Kleinkünste" bedingt. Die Verbindung der *mensa* mit einem Maiestas-Bild (wie es das Bild vom Pilatus-Urteil im *Codex Rossanensis* veranschaulicht), das das vorrangige Thema ihres Bildschmucks, also der Antependien, darstellte, wurzelt letztlich ebenso in repräsentativen und zeremoniellen Praktiken der Antike wie die Abgrenzung des Altarbezirks durch Schranken, die auf die Tradition der *cancelli* zurückgehen, und durch *trabes* über Säulen oder unter dem Triumphbogen. In der Abgrenzung und Ausschmückung des Chores beschritten die West- und die Ostkirche im 11. Jahrhundert noch den gleichen Weg: Dafür bieten besonders noch erhaltene italienische Choranlagen und die allein durch ihre chronikalische Beschreibung überlieferten Chorschranken und *Ikonostasis* des Abtes Desiderius von Monte Cassino die besten Belege. Die Tendenz, den Chorbezirk vom Laienraum abzutrennen, erhielt vom Reformmönchtum einen besonders starken Impuls, wobei die Ausbildung spezifisch westlicher Formen, bildkünstlerisch gestalteter Chorschranken und Lettner bereits in romanischer Zeit erfolgte. Die hierarchische Gliederung des Chorbereichs und die Unterscheidung der einzelnen Teile des liturgischen Raumes durch Unterschiede im Fußbodenniveau, eine Distinktion zwischen Raumeinheiten (*chorus maior*, *chorus minor*, *schola cantorum*, *chorus psallentium*), die für die Messe bzw. die Offizien der Mönche bestimmt sind, mögen auf dieselben Bestrebungen zurückgehen.

All hier genannten Elemente und Tendenzen betreffen in gleicher Weise Veränderungen, die in der räumlichen Organisation größerer Gebäude vor sich gingen. In den Großkirchen des ersten Jahrtausends standen eine Vielzahl von Altären (darunter Altäre verschiedenen Ranges und Typs). In Bezug auf die einzelnen liturgischen Räume lebte die frühchristliche Tradition der Kirchenfamilie fort, bei der unterschiedliche sakrale Funktionen auf verschiedene Gebäude (etwa Bischofskirche, Gemeinderaum, Baptisterium usw.) verteilt waren. Diese Tradition wurde besonders durch die Prozessionen verändert, die eine liturgische Verbindung zwischen den einzelnen Altären schufen. Hinsichtlich des Prozessionswesens geben liturgische *Ordines* der Klöster und besonders die *Consuetudines* der Reformbenediktiner Aufschluss. Sie zeugen von einer allmählichen Zunahme des kommemorativen Charakters der Prozessionen. Um 1000 wurde der eher lose Zusammenhang der liturgischen Einheiten der Kirchenfamilie von einer organischen inhaltlichen Beziehung abgelöst, deren Ziel es war, den Lebensweg Christi (der von Galiläa nach Judäa führte, nach dem Hinweis der Name der als Ausgangsstelle der Prozessionen benützten Vorhalle der Cluniazenser) oder die Passion Christi nacherleben zu lassen.

Der andere entscheidende Impuls für die Auffassung vom Kirchenraum als einem einheitlichen Einzugsweg ging von den päpstlichen Einzügen in den römischen Stationsgottesdiensten aus. Bei diesen Neuerungen, ähnlich wie bei der Einführung des *ordo romanus*, haben die frühen Reformbewegungen der Mönche die wichtigste Rolle gespielt.

Literatur

Beutler 1994. – Braun 1924. – v. Euw 1985. – Hager 1962. – Komm 1990.

Das Mönchtum als Integrationsfaktor in Europas Mitte

GEORG JENAL

Das christliche Asketen- und Mönchtum, ein Erbe der Antike, trat um die Mitte des dritten Jahrhunderts im Osten, und ein Jahrhundert später im lateinischen Westen ins Licht der Geschichte. Das abendländische Mönchtum um die Jahrtausendwende war also keine junge Erscheinung mehr, es blickte bereits auf eine Tradition von gut 600 Jahren zurück. Und wie alle historischen Phänomene von „langer Dauer" verdankt auch das Mönchtum seine Kontinuität der Dynamik ständiger Veränderung im Zeitenwandel, wiederholter Angleichung an neue Strukturen und Bedürfnisse, einem beständigen „aggiornamento" eben.

In mancher Hinsicht hatte sich das abendländische Mönchtum der Jahrtausendwende bereits von seinen Anfangsformen entfernt. Die Gemeinschaften der Spätantike wie sie uns für Italien, Nordafrika, Gallien und Spanien zahlreich begegnen, waren Gemeinschaften, deren Mitglieder in asketischem Rückzug von der Welt ihr eigenes Seelenheil suchten, und deren ökonomische Basis hauptsächlich auf die eigene, asketischen Maßstäben genügende Autarkie berechnet blieb. Seit der Merowingerzeit, deutlicher aber seit Karl dem Großen und Ludwig dem Frommen erscheinen dann Klostergemeinschaften, die – wie andere Bereiche der Kirche auch – in die Herrschaftsökonomie des Großreiches eingebunden, durch Fixierung der Leistungen für den König und seine Herrschaftsführung weitgehend gar instrumentalisiert waren. Die Verdienste dieser karolingischen Gemeinschaften – der ideale Aufriss eines solchen Großklosters liegt uns im Klosterplan von St. Gallen aus der Zeit Ludwigs des Frommen vor – kann für die Entwicklung der abendländischen Kultur gar nicht hoch genug bewertet werden. Dennoch war hier zugleich ein fundamentales Problem gegeben. Die Klöster, ursprünglich gemeint als Orte des Rückzuges aus der Welt, als Gemeinschaften Gleichgesinnter, die ihres eigenen Seelenheiles willen in der Askese und dem Gebet lebten, wurden aufgrund solcher Vereinnahmung in kirchlich-organisatorische wie weltlich-herrschaftliche Belange mehr und mehr von ihren eigentlichen, asketisch-geistlichen Aufgaben abgezogen. Dieser Entwicklung versuchte zu Zeiten Ludwigs des Frommen bereits Benedikt von Aniane mit einer Reform zu begegnen, allerdings ohne druchschlagenden Erfolg. Immerhin blieb als Ergebnis der anianischen Erneuerungsbemühungen, dass sich statt zahlreicher gemischter Regeln nun eine, die *Regula Benedicti*, langsam in den Gemeinschaften durchzusetzen begann. Das Gesamtziel der Reform aber, die Schaffung eines einheitlichen Reichsmönchtums auf der Basis einer Regel und einheitlicher Gewohnheiten (*una regula et una consuetudo*) wurde bei weitem nicht erreicht. Zu diesem Problem einer auf halbem Wege stehengebliebenen Reform gesellten sich in der späten Karolingerzeit weitere erschwerende Entwicklungen, die in ihrer Gesamtheit schließlich zu einem Verfall der Klöster führten: Die (seit Ludwig dem Frommen häufiger praktizierte) Vergabe von Reichsklöstern an verdiente politische Mitstreiter statt an fähige Äbte; die Desintegration der Reichsklöster infolge der Reichsteilungen und der sich ausbildenden *Regna*; die reichsweiten Zerstörungen und schweren Schädigungen zahlreicher Klöster durch die Normannen-, Sarazenen- und die Ungarnzüge.

Die Klöster in der Mitte Europas um die Jahrtausendwende, und vornehmlich die wichtigsten unter ihnen, die Reichsklöster, waren unverkennbar Erben der Karolingerzeit. Auch jetzt erscheinen die Mönche nicht nur als zurückgezogene, in asketischer Disziplin ihr Seelenheil suchende Weltflüchtige. Sie begegnen vielmehr als Kolonisatoren, Priester, Missionare, als Heilsvermittler, Lehrer, als Spezialisten in Skriptorien oder Kunstwerkstätten und anderes mehr. Nicht anders als zur Karolingerzeit waren auch die Klöster um die Jahrtausendwende in vielfältiger Weise und auf unterschiedlichen Ebenen Integrationsfaktoren ersten Ranges: als Orte asketisch-geistlich-liturgischen Lebens, als Zentren des Landesausbaus, als große Grundherrschaften, als innovative Mittelpunkte für Kultur und Zivilisation, als Ausgangspunkte für Seelsorge, für missionarische Aktivitäten und kirchenorganisatorische Initiativen (nicht selten Bistumsgründungen), als Ausbildungsreservoir für Kleriker und Bischöfe, als Heilsverwalter durch Gebetsleistungen für Stifter und Wohltäter, schließlich und keineswegs zuletzt als herrschaftstragende, -legitimierende und -stabilisierende Zentren und Institutionen. Gleichzeitig – und auch darin war man um das Jahr 1000 Erbe der Karolingerzeit – zeigten diese Klöster Symptome der Krise, da sie durch die vielfältigen klosterfremden Beanspruchungen immer weiter von ihren asketischen Idealen abdrifteten.

Vor diesem Hintergrund erklären sich die monastischen Reformversuche, die seit dem ersten Drittel des 10. Jahrhunderts ihren Ausgang von Burgund (Cluny und Saint-Benigne in Dijon), von Lothringen (Brogne und Saint-Vanne, vornehmlich aber Gorze) und auch von Italien (Eremitenbewegungen des Calabresen Nilus von Rossano und des Ravennaten Gualbertus) nahmen und bis weit ins 11. Jahrhundert hinein in großen Teilen West- und Mitteleuropas ein Echo fanden.

Die Reformimpulse aus Burgund, Lothringen und Italien fanden allerdings in den Klosterlandschaften Europas um die Jahrtausendwende keineswegs eine gleichgewichtige Verbreitung. Vielmehr lassen sich bei der Rezeption Praeferenzen in den verschiedenen Herrschaftsbereichen erkennen, deren Ursachen im Strukturellen lagen: in der unterschiedlichen Rechtsstellung der Reichsabteien als einer Folge der verschiedenartigen Entwicklung, die der westliche und der östliche Teil des Frankenreiches im 10. Jahrhundert durchlaufen hatte. Während die Reichsklöster des Westens in der spätkarolingischen Zeit zunehmend in den Besitz des Adels gelangten, also mediatisiert worden sind, wurden sie im Osten, in Lothringen und im späteren Herrschaftsbereich der Ottonen und frühen Salier, als wesentliche Herrschaftsstützen in die straff eigenkirchenrechtlich verfasste Reichskirche integriert. Es war folglich konsequent, dass man sich im ottonisch-frühsalischen Herrschaftsbereich den Reformvorstellungen aus Lothringen anschloss, vornehmlich jenen aus Gorze, da diese die erneuerten Klöster in der eigenkirchenrechtlichen, das heißt herrschaftsstützenden Verfassung beließen. Der Reform von Cluny hingegen – sieht man von einigen Randberührungen ab – verschloss man sich, denn das burgundische Reformkonzept beharrte auf Befreiung der Klöster von jeglicher weltlicher und geistlicher Gewalt, was die Reichsabteien ihrer herrschaftsstützenden Integrationskraft beraubt und letztlich das Reichkirchensystem ausgehöhlt hätte. Die Reformen ihrerseits hatten durchaus Konsequenzen für die Integrationsfähigkeit der Klöster im Reich: Reformierte Gemeinschaften fanden zur inneren Ruhe und äußeren Disziplin, waren folglich besser in der Lage, ihren asketisch-geistlichen wie ihren weltlichen Anforderungen nachzukommen. Vorausgesetzt also, das Reformprogramm forderte nicht die Lösung der Gemeinschaften aus der besitzrechtlich-eigenkirchlichen Bindung des Klosterherren, so waren reformierte Klöster fraglos die leistungsstärkeren und damit auch integrationsfähigeren Zentren in der Verfügung des Klosterherren. Dieser Zusammenhang war nun den Klosterherren, vornehmlich den Königen und den Bischöfen, nicht entgangen und liefert – unbestritten aller religiöser Motive – eine weitere Erklärung zu deren Reforminitiativen, wie sie sich seit der Mitte des 10. Jahrhunderts zahlreich beobachten lassen.

Für die Rezeption der lothringischen Reform im Reich kam der Gemeinschaft von St. Maximin (Trier) gleichsam die Funktion eines Brückenkopfes zu. Aus St. Maximin nahm Otto I. den Abt für sein Moritz-Kloster; auf diese Gemeinschaft fiel seine Wahl für den ersten Erzbischof von Magdeburg; von hier kam Sandrad, der Reformer mehrerer Reichsklöster. Bischof Wolfgang v. Regensburg erbat den Mönch Ramwold aus St. Maximin, der den Abtsstuhl von St. Emmeram (Regensburg) bestieg und unter dem bayerischen Herzog Heinrich – dem späteren Kaiser Heinrich II. – dann zum Mittelpunkt der Klostererneuerung in Bayern wurde. Unter seiner Aufsicht wurden Weltenburg, Tegernsee, Niederaltaich und St. Peter in Salzburg reformiert.

Obwohl Otto II. in Verbindung mit Abt Majolus von Cluny stand und diesen gerne auf dem Stuhle Petri gesehen hätte, blieben die Bemühungen zur Neuordnung der Klöster im Reich während seiner 10jährigen Regierungszeit doch den lothringischen Mustern verpflichtet wie aus zahlreichen Schenkungen und Privilegien an reformierte Gemeinschaften hervorgeht. (Darunter: St. Maximin, Gorze, Saint-Vanne, Gembloux, Stablo, Echternach, Einsiedeln, St. Emmeram, Tegernsee). Otto III. schließlich fühlte sich von der eremitisch-anachoretischen Lebensweise angezogen, der er in Italien begegnet war und blieb Zeit seines Lebens fasziniert von den großen asketisch-charismatischen Gestalten seiner Zeit: von Nilus, Romuald, Adalbert-Vojtěch, Brun v. Querfurt und Ramwold. Dies aber hat die Reformlinie im Reiche während seiner nur 7jährigen Regierungszeit nicht beeinflusst. Und grundsätzlich änderten sich die Verhältnisse auch unter Heinrich II. zu Beginn des 11. Jahrhunderts nicht, obwohl der König persönlich vielfach mit Cluny verbunden war. So bestand nicht nur ein Vertrauensverhältnis zu Abt Odilo von Cluny, vielmehr ließ sich Heinrich auch in die Gebetsgemeinschaften der cluniazensisch ausgerichteten Gemeinschaften von Fruttuaria und Saint-Benigne aufnehmen. Aber wie Heinrich als Herzog von Bayern der Reform aus Gorze und St. Maximin den

Vorzug gegeben hatte (995 wurde Godehard Abt in Niederaltaich, 1001 in Tegernsee), so protegierte er zunächst auch als König die lothringischen Reformkonzepte im Reich. Mehrere Reichsklöster verdanken seiner Initiative ihre Reformen, darunter: Hersfeld (1005), Lorsch (1005), Fulda (1013), Corvey (1015), Prüm (1003), Reichenau (1006). Und mit Heinrichs Unterstützung nahmen denn auch die Reforminitiativen Poppos von Stablo, des berühmten Schülers Richards von Saint-Vanne, ihren Anfang, womit eine weitere Reformrichtung lothringischer Provenienz im Reich Verbreitung fand. Im Jahre 1020 übertrug der König dem damals schon erfahrenen Reformer Poppo die Klöster Stablo und Malmedy, zwei Jahre später auch St. Maximin (Trier). Unter Konrad II. erhielt er auch dessen Hauskloster Limburg (Haardt) und wurde mit der Reformaufsicht mehrerer Reichsklöster beauftragt (Echternach, Saint-Ghislain, Hersfeld, Weißenburg und St. Gallen). Außerdem unterstanden seiner Reformaufsicht zahlreiche Bischofs- und Laienklöster. Es scheint nicht übertrieben, Poppo als den ersten Abt im Reiche unter Konrad II. zu bezeichnen.

Gegenüber dem starken Echo, das die lothringischen Reformideen im ottonischen Herrschaftsbereich fanden – und das Bild ändert sich auch nicht wesentlich durch jene Fälle, in denen der Reformversuch auf Widerstand stieß oder gar gescheitert ist wie etwa im Falle von St. Gallen – lässt sich das Eindringen cluniazensischer Reformvorstellungen im Reich erst in den letzten Jahren Heinrichs II. (seit 1022), deutlicher aber erst unter den Saliern in der zweiten Hälfte des 11. Jahrhunderts beobachten, vermittelt dann über Fruttuaria und Hirsau. Diese „jungcluniazensische" Reform nahm ihre Verbreitung von Siegburg und St. Blasien, das heißt von einem Bischofs- und einem Adelskloster aus, allerdings mit bezeichnenden Abstrichen am ursprünglichen, radikalen cluniazensichen Reformprogramm: Die eigenkirchenrechtliche Bindung der Klöster wurde hier nicht aufgehoben, was trotz des ansonsten cluniazensischen Reformprogramms die Einfügung der Gemeinschaften in das jeweilige Herrschaftskonzept des Klosterherren gestattete.

Wie zahlreich und vielfältig die Ebenen waren, auf denen Klöster ihre Integrationskraft entfalten konnten, mag abschließend am Beispiel des böhmischen Herzogsklosters Břevnov kurz demonstriert sein: Wie alle frühen Klostergründungen in Böhmen stand auch Břevnov im Zusammenhang mit der Gründung des Bistums Prag (um 973) sowie der Begründung und Durchsetzung der Herzogsherrschaft der Přemysliden. Das Kloster verdankt seine Gründung (992) Bischof Adalbert von Prag und Herzog Boleslav II. Der erste Abt, Anasthasius, kam aus dem griechisch-lateinischen Mischkloster Santi Bonifacio ed Alessio in Rom, wo Adalbert zusammen mit seinem Bruder Radim-Gaudentius seinerzeit, beeinflusst durch den faszinierenden Eremiten Nilus (von Rossano), eingetreten war. Zu dieser Gemeinschaft hielten auch Theophanu, ihr Sohn Otto III. und Silvester II. enge Verbindungen, und hier sind auch wichtige Entscheidungen gefallen für die Bistumsorganisation nicht nur in Böhmen, sondern auch in Polen und Ungarn. Nach dem Blutbad Boleslavs II. im Jahre 995 (in Libice) unter den Mitgliedern der konkurrierenden Familie der Slavnikiden, den Verwandten Adalberts, verließ dieser sein Bistum und wandte sich 996 über Ungarn nach Polen. Mit ihm gingen der Abt Anasthasius sowie der Bruder Radim-Gaudentius. Während des Aufenthaltes in Ungarn wurde Anastasius von Adalbert zum Abt seiner Neugründung Pécsvarad (Südungarn) eingesetzt, war später an der Gründung und monastischen Ausformung von Martinsberg (Pannonhalma) beteiligt und bestieg schließlich den Erzbischofsstuhl von Gran (Esztergom). Adalberts Bruder Radim-Gaudentius empfing 999 die Bischofsweihe und bestieg ein Jahr später auf Wunsch Silvesters II. und Ottos III. den Bischofsstuhl von Gnesen (Gniezno). Nach dem Weggang Adalberts und des Anastasius wurde Břevnov dann im Geiste der lothringischen Reform wieder hergestellt, unter direktem Einfluss Niederaltaichs, das seinerseits die Formung von St. Emmeram (Regensburg) und St. Maximin (Trier) erhalten hatte. Die Wiedererrichtung Břevnovs stand im Zusammenhang mit den Bemühungen Herzog Břetislavs I. (1034–1055) zur Errichtung einer böhmischen Kirchenprovinz (Erzbistum Prag). In diesem Zusammenhang flossen dem Kloster reiche Herzogsschenkungen zu, und es lässt sich erkennen, dass die Herzogsfamilie – nicht zuletzt zur Stützung und Legitimierung der Herrschaft – ihren Einfluss auf die Kirchenentwicklung zu steigern versuchte. Es darf als Ergebnis der – in dieser Phase sich verstärkenden – monastischen Verbindungen zu Bayern gesehen werden, dass im Jahre 1043 der Mönch Meinrad aus Niederaltaich Abt in Břevnov wurde. Und in den Kontext der Verbindungen mit Bayern gehört auch die Geschichte des Eremiten Günther, eines Angehörigen des thüringischen Grafengeschlechts Käfernburg-Schwarzburg. Günther, ein Schüler Godehards, war einst von diesem zur monastischen Formung nach Niederaltaich geschickt worden, hatte sich dann aber als Eremit im Bayerischen Wald niedergelassen, in Rinchnach eine Eremitenkolonie um sich gesammelt, von wo aus er als Prediger, Missionar und Landeskultivator im bayerisch-böhmischen Grenzgebiet wirkte und dabei mehrfach zwischen dem deutschen König und dem befreundeten böhmischen Herzog als Vermittler aufgetreten war. Nach seinem Tod wurde er von Herzog Břetislaw in Břevnov beigesetzt, von wo man, so scheint es, auch seine Heiligsprechung betrieb. Während des 45jährigen Abbatiates Meinrads (1043–1089) bildete sich Břevnov dann – nach seinem Vorbild Niederaltaich – selbst zum monastischen Reformzentrum und griff zunächst auf Mähren aus, das 1030 durch Břetislaw erobert worden war. Nach der Neugründung des Bistums Olmütz (Olomouc) durch Vratislav II. (1061–1092) erlangte der in Břevnov wirkende Mönch Johannes, der ebenfalls aus Niederaltaich gekommen war, die neue Bischofswürde. Der Einfluss Břevnovs reichte seit 1096 schließlich auch in die Gemeinschaft von Sazau (Sázava): Abt Diethard kam aus Břevnov und leitete zusammen mit seinem Nachfolger Silvester – dem späteren Bischof von Prag (1139-40) – eine Phase fruchtbaren monastischen Lebens im Sinne der Reform ein.

Der Fall des Klosters Břevnov führt, gleichsam idealtypisch, vor Augen, in welchem Umfange und auf welch unterschiedlichen Ebenen die Klöster zu Integrationsleistungen fähig waren. Dabei reicht die Palette vom Glaubens- und Kirchenbereich (Zentren des Gebets [Memorialwesen], der Liturgie, der *Caritas*, der Mission, der Bistumsorganisation, der Ausbildung künftiger Äbte und Bischöfe, der Förderung monastischer Reformkonzepte) über den Bereich von Kultur und Zivilisation (Führung großer Grundherrschaften, Zentren und Kristallisationspunkte der lateinischen Kultur mit Schulen, Scriptorien und Bibliotheken) bis zur Herrschaftsebene (Mittelpunkte der Herrschaftsintegration durch Stützung und Legitimierung des Herrschaftsanspruches). Darüber hinaus wird deutlich, wie Personenverbindungen zwischen den Gemeinschaften – im Kontext der Gebetsverbrüderungen wie vornehmlich auch von Reformbemühungen – zur Ausbildung von monastischen Landschaften führten, Integrationen und Abgrenzungen in diesem Milieu bewirkten. Nicht zuletzt zeigt sich aber auch, dass die Klöster die Binnenkolonisation ganzer Landschaften vorangetrieben, diese kulturell und geistig miteinander verbunden und so über Herrschaftsgrenzen hinweg Nachbarschaften geschaffen haben. Nicht zuletzt sind dadurch auch die Klöster in entscheidendem Maße zu Mitbegründern des christlichen Abendlandes geworden.

Literatur

Althoff 1984. – Frank 1993. – Fried 1989a; 1994. – Hallinger 1950/51. – Hauck 1952. – Hóman 1940. – Kempf 1966. – Knowles 1969. – Lawrence 1996. – Machilek 1974. – Richter 1967. – Wollasch 1973; 1985.

Ausstrahlung süddeutscher Skriptorien in die östlich und nördlich benachbarten Skriptorien

MARTINA PIPPAL

Als Gräfin Emma (Hemma) von Burgund, die Witwe Herzog Boleslavs II. von Böhmen (reg. 967–999), kurz nach 1000 eine illuminierte Wenzelslegende (Wolfenbüttel, Herzog August Bibliothek, Cod. Guelf. II. 2 Aug. 4°) anfertigen ließ, um sich damit dem Schutz des als Heiligen verehrten Přemysliden anzuempfehlen – fol. 18v zeigt die Stifterin in Proskynesis vor dem böhmischen Herzog, wie er von Christus gekrönt wird, – dürfte sie ein niedersächsisches oder fränkisches Skriptorium beauftragt haben: Format, Figurenstil und Elloquenz der beiden Streifenminiaturen auf fol. 20v + 21r verweisen nach Fulda, die mit Ornament tapetenartig überzogenen Purpurgründe nach Corvey und Hildesheim. Herzog Wenzel (921–929) hatte sich bekanntlich um das Christentum verdient gemacht und war durch seine Ermordung sogar in den Rang eines Märtyrers versetzt worden. In der von Emma bestellten Vita schwingt zugleich die von ihm seinerzeit favorisierte Annäherung Böhmens an das deutsche Reich mit. Wenzels Ermordung war auch Ausfluss der nationalen Reaktion. Mittlerweile waren die Beziehungen Böhmens zum Reich aber wieder erneuert worden: Herzog Boleslav I. (929–72), Wenzels jüngerer Bruder und Mörder, hatte 950 die Oberhoheit des deutschen Königs, Ottos I., anerkennen müssen. Boleslav II. brauchte folglich die Zustimmung des Kaisers zur Gründung eines Bistums in Prag (973); der Prager Metropolit wurde dem Mainzer Erzbischof unterstellt, während Böhmen vorher dem Bistum Regensburg zugeordnet gewesen war. Gescheitert ist der kühne Versuch des Passauer Bischofs Pilgrim (971–991), die Metropolitanrechte über Mähren zu erlangen. Da Böhmen in den neunziger Jahren zusehends zu einem Spielball des Reichs und des sich rasch entfaltenden Polens wurde, ist es einerseits folgerichtig, dass der Text unseres Codex auf jener Wenzelsvita basiert, die im Auftrag Kaiser Ottos II. – von Bischof Gumpold von Mantua († 985) – verfasst worden war, und kein Einfluss der bayerischen Buchmalerei existiert, dass aber andererseits das Widmungsbild dazu verwendet wurde, seitens Böhmens den Anspruch auf Eigenständigkeit anzumelden. Wenn W. Messerers Interpretation der Dedikationsminiatur des Liuthar-Evangliars (Aachen, Domschatz, Inv. Grimme, Nr. 25, fol. 16r; Reichenau, um 990) richtig ist, wonach es sich dort bei den beiden Herzögen, die Kaiser Otto III., der von Christus gekrönt wird, flankieren, um jene von Böhmen und Polen handelt, kann unser Widmungsbild, auf dem Christus Herzog Wenzel krönt, als Antwort auf die Herrscherpanegyrik der Reichenauer Handschrift verstanden werden.

Die beiden Streifenminiaturen am Beginn der Wolfenbüttler Vita nehmen Wenzels Ende in raschem Tempo vorweg: Auf den Willkommenstrunk auf der Burg Altbunzlau (fol. 20v) folgt Wenzels Ermordung am nächsten Morgen beim Gang zur Frühmesse; der Herzog fällt dem Angriff Boleslavs zum Opfer, weil ein verräterischer Priester die Kirchentür vor ihm schließt (fol. 21r). Das Dedikationsbild fußt ikonographisch auf byzantinischen Repräsentationsdarstellungen wie jener im Cod. graec. 17 der Biblioteca Nazionale Marciana in Venedig (fol. 3r)[1], die zeitgleich oder nur wenig später im Skriptorium von St. Emmeram in Regensburg als Grundlage für das erste Herrscherbild des Sakramentars Heinrichs II. (München, Bayerische Staatsbibliothek, Clm 4456; zwischen 1002 und 1014)[2] diente. Der verräterische Priester (fol. 21r) geht auf die so genannte Christianslegende, eine in Böhmen verfasste Lebensbeschreibung des heiligen Wenzel, zurück und wurde möglicherweise auf Wunsch der Auftraggeberin einbezogen. Für die Forschung bildete das Motiv bis vor kurzem ein gewichtiges Argument für die Lokalisierung der Handschrift nach Böhmen (Prag). Sie galt daher als Gründungswerk der böhmischen Buchmalerei[3]. G. Bauer und U. Kuder haben nun aber auf die isolierte Stellung der Wenzelsvita innerhalb der Kunst Böhmens hingewiesen und ihre Herstellung in Hildesheim oder in dessen Umkreis erwogen. Zugleich vermuten sie, der Codex sei immer in Niedersachsen verblieben. Das wiederum könnte mit dem Tod der Auftraggeberin im Jahr 1006 in Zusammenhang stehen, das den *terminus ante quem* für dessen Datierung bildet. Wahrscheinlich hat also um 1000 in Böhmen noch kein Skriptorium existiert, das zur Anfertigung illuminierter Manuskripte befähigt gewesen wäre. Die in der formalen Evidenz der Wenzelsvita greifbare Relation zu Sachsen war schon durch den zweiten Prager Bischof angebahnt worden: Adalbert (Bischof ab 983) war 972 bis 981 in der Magdeburger Domschule erzogen worden. Ob es durch die Berufung der Mönche, die er aus Rom zur Besiedlung des von ihm 993 in Prag gegründeten Benediktinerklosters Břevnov berief, zu einem Einfluss der italienischen Kunst in Böhmen kam, lässt sich mangels erhaltener Werke nicht sagen.

Die erste, einhellig als böhmisch angesehene illuminierte Handschrift, die so genannte „St. Veit-Apokalypse" in der Kapitelbibliothek des Prager Doms (MS A 60), ist aus stilistischen Gründen nach der Mitte des 11. Jahrhunderts zu datieren. Die Zweizonigkeit der einzigen Miniatur (fol. 1v) findet sich unter anderem in Niedersachsen (z. B.: im Kostbaren Evangeliar Bernwards von Hildesheim; St. Michael/Hildesheim, um 1015/20; Hildesheim, Domschatz Nr. 18), die durch Medaillons betonten Rahmenecken tauchen gleichzeitig in Bayern auf (z. B. im Uta-Evangelistar [St. Emmeram/ Regensburg, um 1020; München, Bayerische Staatsbibliothek, Clm 13601][4] und im Perikopenbuch für den Salzburger Dom [St. Peter/Salzburg, um 1020; München, Bayerische Staatsbibliothek, Clm 15713]). Nach Regensburg verweist auch der Figurenstil der Prager Handschrift. Das Widmungsblatt (fol. 1v) zeigt oben die apokalyptische Vision des heiligen Johannes – der frontal vor den sieben Leuchtern stehende Christus (Offb 1,12), aus dessen Mund das zweischneidige Schwert kommt (Offb 1,16), packt den Autor beim Kinn –, in der unteren Hälfte die Dedikation: zwei Mönche überreichen einem Fürsten, der genau unterhalb des Herrn steht und von einer Garde mit gezücktem Schwert begleitet wird, die Handschrift. Das Beziehung stiftende Positionieren der Hauptpersonen auf einer Senkrechtachse ist ein sowohl im Kostbaren Evangeliar Bischof Bernwards wie im genannten Perikopenbuch für den Salzburger Dom mehrfach angewandtes Interpretationsmittel. Der in der St. Veit-Apokalypse wiedergegebene Empfänger des Codex wird aufgrund seiner Kopfbedeckung als Herzog Spytihněv II. (1055–1061) respektive dessen Bruder Vratislav II. (1061–1092) identifiziert. Ersterer erhielt 1059 oder 1060 von Papst Nikolaus II. das Recht, als neues Herrschaftszeichen eine Mitra mit zwei Bändern zu tragen. Im Typus läßt sich das dargestellte Insigne mit der Kronhaube Kaiser Heinrichs IV. aus dessen Grab im Speyrer Dom[5] vergleichen. Da auch Vratislav II. das neue Insigne – schon vor seiner Krönung zum König (1086) – tragen durfte, könnte auch dieser gemeint sein. Ikonographische Details lassen sich als innerbildliche Verweise auf den wahren Herrn verstehen, dem es eigentlich zukäme, Macht auszuüben. Die dem Fürsten überreichte Apokalypsenhandschrift kann demnach als Mahnung an den Herrscher verstanden werden, wie sie vergleichbar im Widmungsbild der Vivianbibel (Saint-Martin/Tours, 845; Paris, Bibliothèque nationale, Ms. lat. 1, fol. 423r) an Kaiser Karl den Großen gerichtet ist. So gesehen wäre eine Herstellung der St. Veit-Apokalypse erst in der Regierungszeit Vratislavs II., der im Investiturstreit auf der Seite König Heinrichs IV. stand, überlegenswert. Einen weiteren Diskussionspunkt bildet der Entstehungsort der Prager Apokalypse und der vier, mit ihr *in puncto* Ausstattung verwandten, den Ruhm der böhmischen Buchmalerei begründenden Codices. Der Versuch, alle fünf Handschriften aufgrund der 1855 auf dem Deckblatt der St. Veit-Apokalypse gefundenen „Prager Fragmente" (liturgische Texte nach östlichem Ritus in Glagolica) mit dem Kloster Sazau (Sázava) in Verbindung zu bringen, erscheint problematisch angesichts dessen, dass die altslawischen Mönche von dort erst am Ende des 11. Jahrhunderts endgültig von Mönchen aus Břevnov verdrängt wurden. Daher ist eine Herstellung der ganzen Handschriftengruppe in Břevnov wahrscheinlicher, zumal diese Benediktinerabtei der Reichsklosterreform angehörte, die von St. Maximin bei Trier ausgegangen war und Břevnov – wie St. Peter in Salzburg – von St. Emmeram in Regensburg aus erreicht hatte. Die formalen Beziehungen zu Regensburg und Salzburg wären daher gut erklärbar, jene zum Hildesheimer Kostbaren Evangeliar hätten ihre Basis in dem Faktum, dass Schüler Godehards, der Bernward 1022 als Bischof nachfolgte, in Břevnov als Äbte fungierten.

Als Herzog Vratislav II., der König Heinrich IV. im Investiturstreit unterstützt hatte, für seine eigene Person den Königstitel erhalten sollte, wurde wohl im Hinblick auf die Krönungsfeierlichkeiten, die 1086 in Vyšehrad, südlich von Prag, stattfanden, das so genannte „Vyšehrad-Evangelistar" (Praha, National- und Universitätsbiliothek, MS XIV A 13) hergestellt. Vratislav II. hatte Vyšehrad neben Prag als zweite Residenz ausgebaut und 1070(?) dort ein Kollegiatskapitel gegründet, das dem Prager Kapitel von St. Veit, das von Bischof Jaromir-Gebhard (einem Bruder des Herzogs, mit dem dieser verfeindet war) beherrscht wurde, ein Gegengewicht geben sollte. Der „Krönungscodex", ein monumentales und reich illuminiertes Perikopenbuch, wetteifert mittels seiner zahlreichen Vollminiaturen vor Goldgrund mit den in kaiserlichem Auftrag entstandenen Prachtcodices der ottonischen Zeit, insbesondere mit den auf der Reichenau illuminierten. Eine engere ikonographische oder stilistische Abhängigkeit von dort gibt es aber nicht, sieht man von dem platzgreifenden Himmelssegment in der „Taufe Christi" (fol. 15r) ab, das an jenes in der Pfingstdarstellung in Cod. Guelf. 84.5 Aug 2° in Wolfenbüttel (um 1000)[5] erinnert, respektive von der ganzseitigen Wiedergabe der Auferstehung der Toten (fol. 43r), welche die themengleiche Miniatur im Münchener Perikopenbuch Heinrichs II. (Bayerische Staatsbibliothek, Clm 4452, fol. 201v) evoziert. *De facto* sind aber Ikonographie und Kontext verschieden.

Den Beginn der Miniaturenfolge des Vyšehrad-Codex bildet der Stammbaum Christi, der in eine Art Teppichseite integriert ist (fol. 3r). In der Folge dominieren christologische Darstellungen, wobei der Illuminator bei der Schilderung der Passion Christi in eine größere Eloquenz und ein höheres Tempo verfällt: Die Vollminiaturen umfassen hier bis zu drei Zonen, was an die Echternacher *Codices* der frühsalischen Zeit erinnert. Um so stärker ist dann die Wirkung des ganzseitigen „Ostermorgens" (fol. 43v). Sämtliche Miniaturen besitzen eine anagogische Dimension, so ist im „Einzug in Jerusalem" (fol. 29v) der auf der Eselin reitende Christus im Zentrum der Miniatur präsentiert, in der „Dornenkrönung" (fol. 42r) Christus als Herrscher definiert; letzteres ist – abgesehen vom Aachener Antependium (Aachen, Münster; Westdeutschland, erstes Viertel 11. Jahrhundert)[6] – in dem in St. Peter in Salzburg um 1020 illuminierten Evangeliar, das heute in New York liegt (The Pierpont Morgan Library, M. 781, fol. 83v)[7], zu finden. Bayerische Einflüsse gibt es auch andernorts: Der „Traum Josephs" im „Krönungscodex" (fol. 6v) steht der themengleichen Miniatur im Perikopenbuch Heinrichs II., das zwischen 1007 und 1014 in Seeon entstanden ist (Bamberg, Staatsbibliothek, Msc. Bibl. 95; fol. 8v)[8], nahe; die mit Pflanzen gefüllten Arkaden, vor denen der Engel im „Krönungscodex" erscheint, sind im Clm 18005 der Bayerischen Staatsbibliothek (Tegernsee, zwischen 1040 und 1050)[9] sowie in einem Freisinger Sakramentar (Bamberg, Staatsbibliothek, Msc. Lit. 2 [Ed. III, 11]; ca. 1062) vorgegeben[10]. Das Haupt Gottvaters, das in unserer „Taufe Christi" (fol. 15r) wie abgeschnitten in den Wolken schwebt, entspricht dem Haupt Christi in der „Kreuzigung Petri" im Salzburger Perikopenbuch (Clm 15713, fol. 40r). Die mit sicherem Strich abschattierten Sarkophage und Sarkophagdeckel in der „Auferstehung der Toten" (fol. 43r) könnten schließlich durch das in Hersfeld(?) entstandene Evangeliar beeinflusst sein, das durch Godehard, der 996 bis 1022 Abt von Niederaltaich war, bevor er Bischof von Hildesheim wurde, in das bayerische Kloster gelangt sein mag.

Die anagogische Ausrichtung der Miniaturen verstärkt sich noch in den anderen drei Handschriften der Gruppe, wobei liturgische Momente, die schon im „Krönungscodex" greifbar sind, wieder auftauchen. Im „*Codex Aureus*" von Gnesen (Gniezno) (Kapitelbibliothek, Ms. Cod. 1a), einem um 1085 anzusetzenden Evangelistar, stehen beispielsweise auf dem Sarkophag Christi (fol. VIv) drei Leuchter. Im etwa gleichzeitig entstandenen „*Codex aureus Pultoviensis*" in Krakau (Kraków) (Czartoryski-Bibliothek, Ms. Cod. 1207), einem (unvollständigen) Evangeliar, sind in der „Darbringung" (fol. 28v) das Christuskind, der Altar und die segnende Hand Gottvaters auf der Mittelachse positioniert, wodurch das Thema ähnlich anagogisch-eucharistisch überhöht erscheint wie in der „Darbringung" des Münchener Perikopenbuchs Heinrichs II. (fol. 35v). Die Miniaturen in der vierten, vielleicht etwas jüngeren Handschrift der Gruppe, im Prager „*Codex Aureus*" (Prag, Bibliothek des Metropolitankapitels, Ms. Cim. 3), zeigen stilistisch eine neue Souveränität, setzen aber ikonographisch die Linie der anderen drei *Codices* ungebrochen fort.

Besonders eng sind die Beziehungen zu Bayern auch dank der Evangelistenbilder der Krakauer und Prager „*Codices Aurei*". Die vom Evangelistensymbol baldachinartig über den Kopf des Evangelisten gehaltene Schriftrolle lässt sich in der so genannten „Bayerischen Klosterschule" mehrfach, zum Beispiel im Clm 18005, finden, das Schreibpult des Krakauer Matthäus (fol. 12v) stimmt mit dem des Evangelisten Lukas im Clm 9476 (Niederaltaich, um 1040; fol. 104r) geradezu wortwörtlich überein. Auch die üppige, in zahlreichen Miniaturen der böhmischen Handschriftengruppe vorkommende Rahmenarchitektur, aber auch die Vorhänge, die in den Evangelistenbildern durch Fenster wie durch Ösen durchgezogen oder um Säulen geschlungen sind, gehören zum Vokabular der „Bayerischen Klosterschule" (z. B.: Clm 18005). Indes lassen sich in der gesamten böhmischen Gruppe keine Spuren jenes neuen Byzantinisierens nachweisen, das die um 1075/80 im propäpstlichen Milieu Salzburgs geschaffenen Handschriften bestimmt, die sich um das Perikopenbuch des Custos Perhtold (New York, The Pierpont Morgan Library, M. 780) gruppieren[11]. Das wird – wie der Rückgriff auf die Reichenauer Produktion der ottonischen Zeit – mit der prokaiserlichen Haltung des böhmischen Herzogs respektive Königs und dessen Repräsentationsbedürfnis im Rahmen seines politischen Aufstiegs gesehen werden dürfen.

Nach Polen gelangten die beiden böhmischen Handschriften wohl kurz nach ihrer Entstehung, also noch im 11. Jahrhundert, möglicherweise als Geschenk König Vratislavs I., der um gute Beziehungen zu Polen bemüht war; seine dritte Gemahlin war die Tochter des polnischen Fürsten Kasimir und seine Tochter Jitka aus zweiter Ehe mit dem polnischen Fürsten Vladislav I. Hermann vermählt. Im Laufe des 12. Jahrhunderts dürfte das so genannte „Evangeliar Heinrichs IV. oder Heinrichs V." (Krakau, Bibliothek des Domkapitels, Ms. 208), das zwischen 1099 und 1106 in Regensburg für Heinrich IV. oder Heinrich V. – an die Tradition der großen, unter Heinrich II. in St. Emmeram geschaffenen Prachtcodices anschließend – hergestellt worden war, seinen Weg nach Polen gefunden haben[12].

Nach Prag gelangte im Laufe des 11. Jahrhunderts(?) jenes frankosächsische Evangeliar von ca. 70, das heute die älteste Evangelienhandschrift des Prager Domkapitels bildet (Cim. 2); wie aus einer Reihe von Kopien hervorgeht, befand es sich im 10. Jahrhundert in Niedersachsen, wahrscheinlich in Corvey, von wo es einer der ersten, aus Corvey kommenden Bischöfe nach Prag mitgebracht haben könnte[13]. Nicht vor dem Ende des 12. Jahrhunderts kann das vom so genannten Meister des *Registrum Gregorii* um 980 bis 985 in Trier restaurierte und ergänzte Evangeliar von ca. 860 nach Prag gelangt sein (ehemaliges Prämonstratenserkloster Strahov, DF III 3)[14].

Wie in Polen lässt sich auch in Ungarn im 11. Jahrhundert – trotz des großen politischen Aufschwungs – keine eigene Buchmalerei nachweisen. Die älteste in Ungarn illuminierte Handschrift, die auf uns gekommen ist, der so genannte „Pray-Codex", ein zwischen 1192–95 entstandenes Sakramentar mit fünf einfachen Federzeichnungen (Budapest, Széchény-Nationalbibliothek)[15]. Schon kurz nach der Mitte des 12. Jahrhunderts war die 1145/50 in St. Peter in Salzburg hergestellte Riesenbibel (Wien, Österreichische Nationalbibliothek, Ser. n. 2701 und 2702)[16] nach Ungarn gelangt. Möglicherweise war sie ein Geschenk des Grafen Martin von Zala (der dem – Mitte des 11. Jahrhunderts aus Bayern nach Ungarn ausgewanderten – Geschlecht der Gutkeleder angehörte) an das von ihm 1138 gestiftete Benediktinerkloster St. Peter im westungarischen Csatár (Diözese Veszprém). Dafür sprechen die Abschriften zweier Stiftungsurkunden des Klosters in der Bibel, von denen eine König Béla II. nennt. Wie die Bibel nach Admont kam, wo sie spätestens ab dem 15. Jahrhundert gelegen haben muss, ist unbekannt. Ob sich das in St. Peter in Salzburg um 1030 bis 1050 geschriebene und mit einigen Vollminiaturen ausgestattete so genannte „Glazier-Evangelistar" (New York, The Pierpont Morgan Library, M. G. 44)[17] je in Ungarn befunden hat, muss offen bleiben: Die Wasserzeichen des in der zweiten Hälfte des 16. Jahrhunderts anlässlich einer Neubindung hinzugekommenen Papierblätter verweisen auf Bayern, das Gebiet des heutigen Österreich und Ungarn. Bald nach 1600 muß die Handschrift an die Mährische Familie von Hüttendorf gekommen sein, von wo sie im 17. Jahrhundert in das mährische Piaristenklosters Leipnik, dann in das Piaristenkloster in Prag und von dort schließlich über Luzern und Paris nach New York gelangte.

Anmerkungen

1. Cutler/Spieser (1996) 317ff.; Abb. 254.
2. Swarzenski (1901) 63–87. – Kat. Regensburg, Nr. 16
3. Swarzenski/Květ, (1959) 6. – Kat. Frankfurt 1972, Nr. 32. – Friedl (1973) 57ff.;
4. Kat. Regensburg 1987, Nr. 17.
5. Kat. Wolfenbüttel 1989, 81f.
6. Grimme (1973) Nr. 23.
7. Geschichte der bildenden Kunst in Österreich 1 (1998) Nr. 196.
8. Kat. Seeon 1994, 76 Nr. 19. – Filitz (Hrsg.) (1997) 73.
9. Kat. München 1983, Nr. 25.
10. B. Schemmel (Bearb.) (1990) 57 Abb. 21.
11. Geschichte der bildenden Kunst in Österreich 1 (1998) Nr. 203.
12. Kat. Regensburg 1987, Nr. 26.
13. Podlaha (1904) 4ff. – Kat. Hildesheim 1993, 194ff; Abb. 81–85.
14. Nitschke (1966) 30. – Kat. Hildesheim 1993, Nr. IV-30.
15. Hoffmann (1928) 131ff. – E. Bortoniek, Codices manuscripti latini. Vol. I. Codices latini medii aevi (Budapest 1940) Nr. 1.
16. Geschichte der bildenden Kunst in Österreich 1 (1998) Nr. 208.
17. Ebd. Nr. 200.

Literatur

Bange 1923. – Bauer 1988. – Bohatec 1970. – Brandt 1993. – Cutler/Spieser 1996. – Friedl 1973. – Grimme 1973. – Hoffmann 1928. – Kat. Hildesheim 1993. – Mašín 1977. – Kavka/Mašín 1970. – Keresztury 1988. – Messerer 1959. – Schramm/Mütherich 1981. – Nitschke 1966. – Podlaha 1904. – Swarzenski 1901; 1959. – Vöge 1891.

Gemeinsame Rechts- und Kirchenrechtsvorstellungen

ERNST-DIETER HEHL

Zweimal fand um die erste Jahrtausendwende vor einer römischen Synode gewissermaßen die gleiche Szene statt. Sie betraf Adalbert, den zweiten Bischof des seit kurzem existierenden Bistums Prag. Beidemale hatte Adalbert zuvor vor den politischen Auseinandersetzungen in Rom, genauer im römischen Kloster Santi Bonifacio ed Alessio, Zuflucht gefunden, beide Male hatten die Synodalen Adalbert aufgefordert, in sein angestammtes Bistum zurückzukehren, und ihn gezwungen, Rom zu verlassen. Die erste Synode hatte in der Mitte des Jahres 992 getagt, Papst Johannes XV. hatte den Vorsitz geführt. Die zweite Synode fand am 25. Mai 996 statt, unmittelbar nachdem Otto III. die Kaiserkrone von Papst Gregor V. erhalten hatte, Papst und Kaiser nahmen an ihr teil.

Nach der ersten Synode war Adalbert in der Tat in seine Bischofsstadt Prag zurückgekehrt, doch schon 994/995 hatte er diese wieder verlassen und erneut in Rom Zuflucht gesucht. Nach den Beschlüssen von 996 ist er aber nicht mehr in seine Bischofsstadt gezogen, sondern hat nach einem Besuch Clunys und einem längeren Aufenthalt am Hofe Ottos III., den er nun in Mainz aufsuchte, seine Missionsreise zu den Pruzzen angetreten. Wirken als Missionsbischof hatte ihm nämlich Gregor V. als Alternative zur bischöflichen Tätigkeit in der eigenen Diözese zugebilligt. Auf seiner Missionsreise hat Adalbert das Martyrium erlitten. An dessen Anfang steht gleichsam der Beschluss der römischen Synode von 996. Deshalb haben die Lebensbeschreibungen des Heiligen – als solcher konnte Adalbert ohne eine formale Heiligsprechung aufgrund seines Martyrertodes gelten – den Ereignissen von 996 mehr Aufmerksamkeit gewidmet als denen von 992. Nur zur Synode von 996 lassen sie erkennen, mit welcher kirchenrechtlichen Begründung Adalbert zur Rückkehr in sein Bistum aufgefordert wurde, das er zweimal verlassen hatte.

Beide Male war es der Mainzer Erzbischof Willigis, zu dessen Kirchenprovinz die Diözese Prag gehörte, der auf die Rückkehr Adalberts drängte. Sein altes Lied habe Willigis 996 angestimmt, meinen Adalberts zeitgenössische Hagiographen in missbilligendem Ton, doch Brun von Querfurt ergänzt das durch die überraschende Feststellung, der Mainzer Erzbischof sei „vom Eifer für das Recht" (*zelo iuris*) geleitet gewesen. Aufgrund kirchlicher Satzung forderte Willigis vom Papst, für Adalberts Rückkehr zu sorgen. Der Papst und seine Synodalen mussten dem nachgeben. Das ist ihnen schwer gefallen, wie die Schilderungen der Verhandlungen von 996 zeigen, doch der kirchenrechtlichen Argumentation des Erzbischofs hatten sie Märtyrer entgegenzusetzen. Wider ihren Willen mussten sie ihn ziehen lassen. In der *Vita prima* Adalberts folgt der Papst 992 „vom Recht Gottes bewegt" (*iure dei permotus*) dem Antrag des Mainzer Erzbischofs, so unwillkommen der ihm auch war.

Für die Verhandlungen von 992 ist bezeugt, dass sowohl diejenigen, die auf Adalberts Rückkehr drängten, als auch die, nach deren Willen er in dem römischen Kloster bleiben sollte, sich kirchenrechtlicher Argumente bedienten. Zwar werden diese Argumente nicht genannt, doch führt die Verbindung des Klosters Santi Bonifacio ed Alessio, in dem Adalbert sich aufhielt, zu dem griechischen Mönchtum auf eine Spur. Wahrscheinlich haben sich die Befürworter des Verbleibens Adalberts auf Aufzeichnungen des Konzils von Konstantinopel 879/880 gestützt. Dort hatten die Legaten Papst Johannes' VIII. erklärt, in der lateinischen Kirche dürften Bischöfe, die in ein Kloster eingetreten seien, nicht mehr in ihr Amt zurückkehren. Aber erst an der Wende vom 11. zum 12. Jahrhundert ist diese Erklärung in den kirchenrechtlichen Sammlungen des Westens rezipiert worden, Ivo von Chartres hat sie in sein Dekret aufgenommen (VII, 149). Zuvor scheint sie nicht als verbindliches Recht betrachtet worden zu sein. Jedenfalls erfahren wir 996 bei der zweiten Synode über Adalberts Verhalten nichts mehr von Argumenten der Befürworter seines Verbleibens. Nur die rechtlichen Gründe, mit denen Adalberts Rückkehr nach Prag gefordert wurde, lassen sich erkennen – wenn auch nur schemenhaft. Es sind Vorstellungen vom bischöflichen Amt, die eine lange, teilweise bis in die Spätantike zurückreichende Tradition haben. Der Bischof gilt als „Ehemann" seiner Kirche, er darf sie deshalb weder verlassen noch vernachlässigen; ein übernommenes Bischofsamt ist bei Strafe der Exkommunikation anzutreten. Die pseudoisidorischen Fälschungen enthalten eine Papst Liberius zugeschriebene Dekretale, die fast genau Adalberts Fall beschreibt. Liberius wendet sich gegen Bischöfe, die sich weigern, für die ihnen anvertraute Herde tätig zu sein und in einem Kloster Ruhe (*quies*) suchen. Sie haben Arbeit (*labor*) mit Muße (*otium*) vertauscht. Liberius hat hierbei Bischöfe vor Augen, die in ihren Diözesen angefeindet wurden – genauso wie das bei Adalbert der Fall war. Aber auch diese sollen ihr Leben nach der biblischen Forderung ausrichten „Selig, wer bis zum Ende ausharrt" (vgl. Mat. 10, 22 und 24, 13) und in ihrem Amt verbleiben. Liberius droht nicht mit Strafen, und er verwendet auch nicht das Bild von der Ehe zwischen dem Bischof und seiner Kirche, darin liegen die Unterschiede zu dem, was sich zu den Beschlüssen von 996 ermitteln lässt.

Traditionsgeleitete rechtliche Argumentation und Diskussion sowie die Fähigkeit, die rechtlichen Traditionen zu einem stringenten Gedankengang zusammenzufügen, lassen sich auf den Synoden 992 und 996 beobachten, die Bindung der Entscheidung an das Kirchenrecht ist offenkundig und ebenso, dass sich mit Papst und Kaiser auch die höchsten Instanzen der lateinischen Christenheit dem zu fügen hatten. Im Fall Adalberts fügten sie sich aber einer Rechtsüberzeugung, die in einer gemeinsamen Aktion vom Mainzer Erzbischof und dem böhmischen Herzog vorgetragen wurde. Eine Gesandtschaft beider drängte 992 auf Adalberts Rückkehr. Ob der Herzog oder der Erzbischof die Initiative ergriffen hatte, ist unerheblich. Entscheidend ist, dass in Mainz und in Prag, am Sitz des Metropoliten und am Sitz des Herzogs, eine gemeinsame Vorstellung von den bischöflichen Amtspflichten existierte, dass diese Vorstellung im Kirchenrecht verwurzelt war und deshalb auch in Rom durchgesetzt werden konnte.

1004, keine zehn Jahre nachdem Adalbert bei den Pruzzen den Martyrertod gefunden hatte, setzte Ottos III. Nachfolger Heinrich II. in Adalberts ehemaliger Bischofsstadt den von seinem Bruder vertriebenen Jaromir als böhmischen Herzog ein. Thietmar von Merseburg schildert in seiner Chronik (VI, 12f.) die mit Heinrichs Auseinandersetzung mit dem polnischen Herrscher Bolesław Chrobry verknüpften Ereignisse, zu denen auch gehört, dass Jaromir seinen Gegnern Verzeihung gewährte. Dazu gehört auch, dass der König selbst zum Erbarmen mit einem seiner Gegner aufgefordert wurde. In einer Predigt forderte Bischof Gottschalk von Freising Heinrich auf, dem inhaftierten Markgrafen Heinrich von Schweinfurt zu vergeben. Gottschalk predigt am Fest von Mariä Himmelfahrt. Das Evangelium des Tages, der Stammbaum Christi (Matthäus 1, 1ff.), ordnete den König als Gesalbten des Herrn in die Heilsgeschichte ein; die Bitte, Verzeihung zu gewähren, steht in einem Kontext der zeitgenössischen Herrschertheologie.

Heinrich selbst hatte den Freisinger Bischof beauftragt, an diesem Tag die Messe zu feiern und zu predigen. Aber er hatte für diese liturgischen Aktionen des ortsfremden Bischofs die Zustimmung des zuständigen Prager Bischofs eingeholt. Wie wichtig die Zustimmung des Ortsbischofs, dass sie nicht zu umgehen war, hat Thietmar bei seiner Schilderung der Gründung des Erzbistums Gnesen (Gniezno) zu erkennen gegeben, als er vermerkte, der bis dahin für Gnesen zuständige Bischof von Posen (Poznań) habe dem nicht zugestimmt.

Gerade in Bezug auf die bischöfliche Amtsstellung lassen sich somit gemeinsame Rechtsüberzeugungen zwischen der Kirche des Reiches, der Mainz zugeordneten Prager Bischofskirche des Herzogtums Böhmen und der selbständig unter der Metropole Gnesen organisierten Kirche Polens feststellen. Die Nachrichten darüber finden sich in erzählenden Quellen, die über kirchenpolitische Aktionen und Konflikte berichten, in denen man sich an kirchlichen Rechtsvorschriften orientierte. Für Ungarn fehlen anscheinend solche Nachrichten – wohl auch deshalb, weil sich die ungarische Kirche anders als die polnische innerhalb eines unumstrittenen Königtums und Metropolitanverbandes entfaltete.

Aber die Nachricht, König Stephan I. habe sein Reich in zwölf Bistümer einteilen wollen, wurzelt in kirchenrechtlichen Vorstellungen über das Aussehen einer „idealen" Kirchenprovinz. Die pseudoisidorischen Fälschungen haben im 9. Jahrhundert dieses Bild gezeichnet, und sie haben auch Stephans Gesetze speziell zum Gerichtsstand von Geistlichen beeinflusst. Auch sonst finden sich in diesen Verweise auf die kirchlichen *Kanones*; den Bischöfen trägt Stephan auf, ihre Kirchen „gemäß kanonischer Autorität" (*secundum canonicam auctoritatem*) zu leiten.

Woher die Böhmen und Polen ihre Kenntnisse des Kirchenrechts hatten, lässt sich nur erschließen. Die älteste Kirchenrechtssammlung, die sich in Polen erhalten hat, ist eine *Collectio tripartita* (Gnesen, Biblioteca Kapitulna Ms. 25) – eine frühe, in drei Teile gegliederte Sammlung Ivos von Chartres, die an der Wende vom 11. zum 12. Jahrhundert entstanden ist. Sie hat wohl zur Ausstattung des Bischofs Gwolo von Beauvais gehört, der zu den Schülern Ivos zählte und um 1104 als päpstlicher Legat in Polen tätig war.

Eine im Ursprung ältere Sammlung des Kirchen-

·IIII· lib·

INCIPIT LIBER QVARTVS.
Continens sacramentu baptisma
tis & ministeriu baptizandoru
& baptizatoru & consignatoru
ac consignandoru · & de obserua
tione singulorum ·

I. Quid sit baptismus.

Ex decretis fabiani pp̄ · cap̄ · v ·

BAPTISMVS GRECE · LATI
NE TINCIO INPRETATVR.
Qd' idcirco tincio dicit̃ · quia
ibi homo sp̄u g̃r̃e inmelius mutat̃
& longe aliud quā erat efficitur ·
baptizatus innomine patris · & filii
& sp̄s sc̃i. Sicut intrib. testibus
stat omne uerbū · ita hoc sacram̃
tu confirmat ternarius numerus
nominū diuinorū · idē patris · &
filii · & spiritus sc̃i : In fiat.

II. Vt ppt̄r pascha · & penticosten.
nisi mostic periclitantib. baptism̃

Ex epl̃a leonis cap̄ xi ·

Vnde quia manifestissime pat&
baptizandis ingecta electus · hec
duo tēpora id pascha & pente
costen · esse legitima · dilectionē
uram monemus · ut nullos alios
dies huic obseruantiæ misceatur.
Quia · si sunt alia quoq̃ festa quib;
multa inhonorē di̇ reuerentia
debeat · principalis tam̃ & maxi
mi sacramenti custodienda nob ē

mistica & rationabilis exeptlatio ·
non interdicta licentia · qua
inbaptismo tribuendo quolibet
tēpore periclitantib; subuenit.
Ita enī adhas duas festiuitates co
nexas sibimet atq̃ cognatas · in
columium & pacis securitate de
gentiū libera uota differimus ·
ut inmotis periculo · inobsidionis
discrimine · inpsecutionis angustiis ·
intimore naufragii · nullo tēpore
hoc ue̥rę salutis singulare psidiū
cuiquā denegemus ;

Quo tēpore baptisma celebrandū III.
sit · & ut qui baptizant / ininfide
les sed fideles inueniantur.

In paschali uero tēpore & pentecosten
baptisma celebrandū ē catholicū ·
sed tam si necesse fuerit · aut mortis
periculū ingruerit · gentiles adfide
uenientes · quoq̄ loco t momto · ubi
cuq̃ euenerit · siue influmine · siue
inmari · siue infontib; / tantū xp̃iang̃
cfessione credulitatis clarificata bap
tizentur. Ipsi qq̄ · qd' inbaptismo pol
liciti sunt · sumopere ē attendendū
ne infideles sed fideles inueniantur.
Ipsi uero qui infidelitatis nota asper
guntur · infames efficiunt · atq̄ in
fideles minime reputantur ;

rechts ist im böhmischen Raum überliefert, wo in der Bibliothek des Kapitels von Olmütz (Olomouc) (Ms. 202) eine erweiterte Zwölf-Bücher-Sammlung (*Collectio duodecim partium*) erhalten ist. Die Handschrift selbst stammt aus dem 12. Jahrhundert, die dort aufgenommene *Collectio duodecim partium* ist kurz nach der ersten Jahrtausendwende vermutlich im Bistum Freising zusammengestellt worden. Diese Sammlung zeigt jedoch einen unmittelbaren Bezug zur bischöflichen Amtsführung. Denn sie überliefert die Regelungen für den liturgischen Ablauf einer Provinzialsynode, zu der der jeweilige Metropolit seine Suffraganbischöfe versammelte, und einer Diözesansynode, auf der der Diözesanbischof den Priestern seines Bistums die Vorschriften für ihre Tätigkeit mitteilte und ihre Amtsführung kontrollierte. Auch den Handschriften des Dekrets Bischof Burchards von Worms sind häufig derartige Synodalordines beigegeben.

Burchards Kirchenrechtssammlung ist in den ersten beiden Jahrzehnten des 11. Jahrhunderts entstanden. An sich sollte sie die für die eigene Amtsführung wichtigen und in der eigenen Diözese zu beachtenden Vorschriften des Kirchenrechts zusammenstellen, doch sie ist schnell außerhalb des mittelrheinischen Raums rezipiert worden und bis in die Anfänge des 12. Jahrhunderts in zahlreichen Handschriften überliefert. Die systematische Gliederung und der relativ knappe Umfang ließen Burchards Dekret zu einem gut nutzbaren kanonistischen Handbuch werden.

Neue Texte des Kirchenrechts und andere aktuelle Dokumente, die für die eigene Kirche von Belang waren, trug man häufig in seine Burchardhandschrift ein und hatte so all das zusammen, was rechtlich und kirchenpolitisch relevant erschien. Ältere Kanonessammlungen ließen sich auf diese Weise aktualisieren. Das geschah häufig aus konkretem Anlass und zeigt deshalb, warum und auf welchen Wegen kirchenrechtliche Überzeugungen sich verbreiteten. In der deutschen Kirche lässt sich dieser Vorgang an einem Beispiel gut beobachten.

In dem Streit um die Zugehörigkeit des Stiftes Gandersheim zu den Diözesen Hildesheim oder Mainz zwischen Bischof Godehard von Hildesheim und Erzbischof Aribo von Mainz ist in den zwanziger Jahren des 11. Jahrhunderts in Hildesheim eine um die Jahrtausendwende entstandene Abschrift des Sendhandbuchs Reginos von Prüm mit Auszügen aus dem Dekret Burchards ergänzt worden (Wolfenbüttel, Herzog-August-Bibliothek, 32 Helmst.). Reginos Sammlung aus dem Anfang des 10. Jahrhunderts sollte einem Bischof das kirchenrechtliche Material bereitstellen, das er benötigte, wenn er seine Diözese visitierte, um ihre inneren Verhältnisse in Ordnung zu halten. Die erweiterte Regino-Handschrift enthielt jetzt zusätzlich kirchenrechtliche Sätze, deren Godehard bedurfte, um den Bestand seiner Diözese nach außen – hier gegen Ansprüche seines Metropoliten auf Gandersheim – zu verteidigen.

Bereits in der ersten Phase des Streites um Gandersheim an der Jahrtausendwende hatte Bernward von Hildesheim eine ältere Sammlung von 233 Kapiteln (Wolfenbüttel 454 Helmst.) erweitern lassen, um sich in seinem Konflikt mit Willigis von Mainz zu behaupten. In Mainz selbst ist damals ein Regino-Kodex um Stücke ergänzt worden, die auf die erzbischöfliche Stellung und die Tradition der Mainzer Kirche abhob. Auch diese Handschrift (Wolfenbüttel 83.21 Aug.) steht mit dem Konflikt um Gandersheim in Zusammenhang.

Alle drei Handschriften lassen erkennen, dass die Bischöfe bei der Leitung ihrer Diözese und Verteidigung ihrer Rechtsstellung darauf angewiesen waren, auf das Kirchenrecht zurückgreifen zu können. Sie führten ihr Amt und trugen ihre Konflikte untereinander auf der Grundlage einer gemeinsamen Tradition aus.

Die seit der Mitte des 10. Jahrhunderts an den östlichen Grenzen des lateinischen Europa neu entstandenen Bistümer wurden sofort in dieses kirchliche Traditionsgeflecht einbezogen. Es war Adalbert von Prag eben nicht möglich, seine Diözese zu verlassen und fern von ihr im römischen Santi Bonifacio ed Alessio-Kloster als Mönch zu leben. Ebensowenig war es möglich, dass der Freisinger Bischof in Prag eine Messe feierte und predigte, ohne dass Adalberts Nachfolger im Prager Bischofsamt das erlaubte. Hinter den unterschiedlichen Rechtsvorstellungen der sozialen und politischen „Einheiten" von Deutschen, Böhmen, Polen und Ungarn gab es gemeinsame Rechtsvorstellungen kirchlicher Natur. Was noch fehlte, waren die Mittel, einander widersprechende Sätze des Kirchenrechts auszugleichen. Das wurde erst möglich, als die Päpste seit der zweiten Hälfte des 11. Jahrhunderts ihren Anspruch auf die oberste Jurisdiktionsgewalt verstärkt wahrnahmen und durchsetzten und mit der scholastischen Methode das gedankliche Mittel zur Lösung von Widersprüchen zwischen vorgefundenen Texten entwickelt worden war. Dass aber das geordnete Zusammenleben im kirchlichen Bereich solcher Texte bedurfte, galt schon zuvor.

Literatur

Kéry 1999.

Neues Erbe: Nationen in Europas Mitte

Kulturelle Vielfalt und nationale Identität

Dynastien- und Nationenbildung

Dynastische Heilige und Landespatrone

Herrschaftszeichen und nationale Identität

Europa: Auf dem Weg zur Einheit in Vielfalt

CHRISTIAN LÜBKE

Der Blick auf das 10. Jahrhundert und auf die erste christliche Jahrtausendwende hat Historikern immer wieder und sicher zu Recht Veranlassung dazu gegeben, die damalige territoriale Ausweitung des Christentums hervorzuheben. Das Verdienst daran, so meldete eine im Februar 962 ausgestellte Bulle Papst Johannes XII. zu der geplanten Gründung des Erzbistums Magdeburg, hatte Kaiser Otto I., der die „heidnischen Völker" (*barbarae gentes*) besiegt und die Slawen dem Christentum zugeführt habe. Zwar wusste auch der viel später schreibende Chronist der frühesten polnischen Geschichte, der „Gallus Anonymus", von den vom Kaiser (diesmal Otto III.) „unterworfenen und zu unterwerfenden Ländern der Heiden"; doch habe der Kaiser diese anlässlich des Treffens von Gnesen (Gniezno) im Jahr 1000 der Macht des polnischen Fürsten Bolesław Chrobry und seiner Nachfolger unterstellt. Diese andere, durch die Innensicht bestimmte Perspektive setzte sich bis in die Gegenwart fort. Denn eine Vielzahl von Millenien des 20. Jahrhunderts, die mit der Annahme des Christentums in Zusammenhang stehen, dokumentieren vor allem den hohen Stellenwert der damaligen Ereignisse für die innere Entwicklung und damit auch für das historische Bewusstsein der heutigen Nationen (man vergleiche den Beitrag von F. Hadler), für ihre moderne Identität. Solche Feierlichkeiten waren und sind beispielsweise dem Todestag des heiligen Wenzel (1935) gewidmet, der Taufe Mieszkos I. von Polen (1963 im Zusammenhang mit der Jahrtausendfeier des polnischen Staates), der Gründung des Bistums Prag (1973), dem Märtyrertod des heiligen Adalbert (1997) und nun im Jahr 2000 dem Akt von Gnesen und der Gründung der polnischen und der ungarischen Landeskirchen samt der Königskrönung (bzw. „Erhöhung") der Fürsten Stephan von Ungarn und Bolesław Chrobry von Polen. Aus dieser Perspektive waren es also insbesondere die Länder des östlichen Mitteleuropa, die vor 1000 Jahren für die Formierung eines neuartigen „jungen Europa" (J. Kłoczowski) sorgten und dadurch auch die kulturelle Einheit des Kontinents nahezu vollendeten, wozu – seit der Taufe des Kiewer Fürsten Vladimir (988/89) – auch die ostslawischen Stämme beitrugen. Denn die Bekehrung der Kiewer Rus' gehört ebenfalls in die Reihe dieser christlichen Millenien, und neben Wenzel und Stephan wird auch Vladimir wegen seiner Verdienste um die Christianisierung als Heiliger verehrt.

Heute, an der Schwelle zur Überwindung der aus der Zeit nach dem 2. Weltkrieg herrührenden Teilung Europas, gewinnt die Erkenntnis, dass die europäische Einheit unter den Vorzeichen des Christentums bereits vor 1000 Jahren verwirklicht worden ist, neue Aktualität. Doch kann der Blick zurück noch in anderer Hinsicht lehrreich sein: Das Schlagwort vom „Europa der Nationen", in dem die kulturelle und sprachliche Vielfalt des Kontinents ungeachtet der politischen und wirtschaftlichen Einigung in seinen einzelnen Nationen erhalten bleibt, kann nämlich in den damaligen Verhältnissen so etwas wie einen Vorläufer finden. Denn die „europäischen" Rahmenbedingungen in ihrer westlichen Prägung, die auf der Dualität von Kaisertum und Papsttum beruhte, ermöglichten seit dem 9. Jahrhundert die Entwicklung und Festigung nicht nur der politischen Grundstrukturen sondern auch des ideologischen Gerüsts neuer Staaten in einem Gebiet, das sich zuvor im wesentlichen nur als eine kulturell und sprachlich wenig differenzierte „Grauzone" (A. Gieysztor) von den beiden dominanten und miteinander konkurrierenden Kaiserreichen, dem Karolingischen und dem Byzantinischen Reich, unterschieden hatte.

Als diese Entwicklung einsetzte, waren die frühmittelalterlichen Wanderungsbewegungen weitgehend abgeschlossen, die verschiedenen Stämme hatten ihre festen Wohnsitze eingenommen, ihre Wirtschaftsstrukturen konsolidiert, verbindliche Rechtsnormen und wohl auch unterschiedliche Abstammungsüberlieferungen ausgebildet, und ihre soziale Differenzierung schritt voran. Das wichtigste Zeugnis der damaligen Verhältnisse, eine als „Bayerischer Geograph" bezeichnete Beschreibung des östlichen Europa „am nördlichen Ufer der Donau", spiegelt diese Vielheit noch in einer großen Zahl von Namen einzelner Stämme wider, die zusätzlich noch in *civitates* (mit einer zentralen Burg versehene Siedelgebiete) und *regiones* (Länder, Teilstämme) unterteilt waren. Nimmt man die hier überlieferte Gesamtzahl von ungefähr 5 000 Siedelgebieten zum Maßstab, dann spielten die später hervortretenden Völker noch eine vergleichsweise unbedeutende Rolle: Die Böhmen (*Becheimare*) verfügten nur über 15 *civitates*, die Mährer (*Marharii*) über elf, die Bulgaren (*Vulgarii*) über fünf (allerdings mit dem Zusatz, dass sie ein unermessliches Land und einen großen gesellschaftlichen Kern [*populus*] hätten); die Ungarn (*Ungare*, noch in ihren alten Siedelgebieten wahrscheinlich zwischen Dnjestr und Dnjepr) und Rus' (*Ruzzi*) wurden sogar jeweils ganz ohne *civitates* genannt, und die Polen fanden noch gar keine Erwähnung. Auf die Sphäre der politischen Organisation übertragen handelte es sich um akephale Gesellschaften, deren Einheiten – wie die Siedelgebiete – nicht hierarchisch geordnet waren, sondern eher segmentär nebeneinander standen, und bei denen es eine zentrale, erbliche Fürstenmacht nicht gab.

Beschleunigt durch innere Entwicklungen, vor allem an den transkontinentalen Handelswegen, und beeinflusst durch mannigfache Austauschbeziehungen an ihren Grenzen, vollzog sich in der „Grauzone" seit dem 9. Jahrhundert allmählich ein tiefgreifender Wandel. Es war zugleich ein Prozess der Integration, der politischen und kulturellen Verdichtung, und der Differenzierung, der Herausbildung fester und expandierender Zentren fürstlicher Macht, die ihre Eigenständigkeit gegenüber den Karolingern und Byzantinern zu bewahren trachteten. Dabei trat – zuerst in den sechziger Jahren des 9. Jahrhunderts – das Papsttum als eine unabhängige Autorität gegenüber den Völkern des Ostens hervor. Papst Hadrian II. (867–872) verlieh den Lehrern und Missionaren Kyrill und Method, die in Mähren und Pannonien tätig waren, Schutz gegenüber den konkurrierenden Ansprüchen der bayerischen Kirche und genehmigte ihre slawische Liturgie, und sein Vorgänger Nikolaus I. (858–867) führte (letztlich allerdings erfolglose) Verhandlungen mit dem bulgarischen Fürsten Boris-Michail, der für sein Land die Einrichtung einer autokephalen Kirche wünschte.

Im Verhältnis der Repräsentanten des „jungen" Europa zu den weltlichen und kirchlichen Autoritäten im Westen sollte sich dieser Wunsch noch als ein beständiger Faktor erweisen, wenn auch seine Verwirklichung zunächst in weite Ferne rückte. Denn Bulgarien wurde im Jahr 870 dem Patriarchen von Konstantinopel unterstellt, und Großmähren zerfiel bald durch innere Streitigkeiten und infolge des Vordringens der Ungarn. In der ersten Hälfte des 10. Jahrhunderts verfügte keiner der christlichen slawischen Fürsten (in Prag und Brandenburg) an der Ostgrenze des ehemals karolingischen, nunmehr ottonischen Reiches über Macht und Mittel, ernsthaft die Einrichtung einer unabhängigen Kirchenprovinz zu planen. Im Gegenteil: auf der Basis der erfolgreichen sächsischen Kriege gegen die slawischen Nachbarn und gegen die Ungarn betrieb Otto I. die Ausweitung der Reichskirche auf slawisch besiedelte Regionen und die Erneuerung des westlichen Kaisertums, und in diesem Zusammenhang reifte der Plan, mit dem Erzbistum Magdeburg eine neue kirchliche Metropole zu gründen, der nicht nur alle schon bestehenden und zukünftigen Bistümer östlich der Flüsse Elbe und Saale unterstellt werden sollten, sondern die in ihrer Reichweite nach Osten nicht eingeschränkt war. Diese wahrhaft imperiale Dimension hatte sich Otto im Jahr 959 eröffnet, als ihn die Fürstin Ol'ga von Kiew durch eine Gesandtschaft um die Entsendung von Missionaren in ihr Land gebeten hatte.

Allerdings scheiterte die Kiewer Mission, und auch der Magdeburger Erzbistumsplan stieß binnen kurzem auf den Einspruch der betroffenen sächsischen Bischöfe und des Erzbischofs von Mainz. Der Widerstand formierte sich aber auch in dem als Bestandteil des Magdeburger Legationsgebietes ins Auge gefassten Land jenseits der Oder: in Polen. Denn die Taufe des dortigen Fürsten Mieszko wurde nicht von der Reichskirche vorbereitet und durchgeführt, sondern sie erfolgte auf der Basis einer Übereinkunft mit dem Prager Fürsten Boleslav, dessen Tochter Dobrawa mit Mieszko vermählt wurde. Mit Dobrawa kam ein Bischof (Jordan) nach Polen, das, als das Erzbistum Magdeburg schließlich nach langwierigen Verhandlungen im Jahr 968 doch realisiert wurde, diesem nicht mehr eingegliedert wurde. Damit war die Basis für die im Jahr 1000 in Gnesen sanktionierte Unabhängigkeit der polnischen Kirche gelegt. Aber auch die böhmische Kirche, deren Institutionen bis dahin noch eng mit dem Bistum Regensburg verbunden waren, gewann in diesem Zusammenhang an Selbständigkeit. Zwar wurde das wahrscheinlich im Jahr 973 gegründete Bistum Prag, ebenso wie das gleichzeitig entstandene mährische Bistum Olmütz (Olomouc), dem Erzbistum Mainz eingegliedert und blieb bis zum Jahr 1344, als das Erzbistum Prag entstand, formell im Verband der Mainzer Metropolie. In der Praxis aber war die böhmische Kirche unabhängig, und der Mainzer Erzbischof ernannte stets die von den Prager Fürsten bestimmten Bischöfe. Als schließlich auch Ungarn mit dem Erzbistum Gran (Esztergom) nahezu gleichzeitig mit Polen eine unabhängige Kirchenorganisation erhielt, erstreckte sich am Ostrand des Ottonischen Reiches zwischen Ostsee und Save/Donau ein zusammenhängendes Territorium autokephaler Kirchenprovinzen genau jenes Typs, den sich schon der Bulgarenfürst Boris-Michail mehr als ein Jahrhundert zuvor gewünscht hatte. Die nun von Kaiser und Papst sanktionierten kirchlichen Institutionen garantierten nicht nur den Fortbestand der jungen Staaten in krisenhaften Situationen, sondern sie hatten auch für deren weitere innere Entwicklung und für die Prägung ihrer spezifischen kulturellen Identitäten immense Bedeutung. Denn es war das Personal der Kirche, das als „Sprecher" (F. Graus) die ideologische Basis propagierte: die Vorstellung einer unauflöslichen Einheit von Gott, Fürstendynastie und Land (mit seinen Bewohnern).

Zu höchsten Repräsentanten der staatlichen Einheit erhob man „politische Heilige", die aus den Familien der Fürsten stammten, allen voran den schon im 10. Jahrhundert in Böhmen als Landespatron verehrten Wenzel. Dies war nur möglich, weil sich – wenn auch nicht genau zeitgleich, so doch in ihrer strukturellen Wirkung parallel – in Böhmen, Polen und Ungarn Fürstendynastien etablieren konnten, deren Anwartschaft auf den Thron über viele Generationen unumstritten blieb. Die Přemysliden regierten in Prag bis 1306, die Piasten in Polen bis 1370, und die Arpaden in Ungarn bis 1301. Da Mitglieder ihrer Familien – der Pole Bolesław Chrobry (1000 bzw. 1025), der Böhme Vratislav II. (1086) und der Ungar Stephan I. (1000/01) – auch erstmals die Königswürde errangen, spielten die Dynastien für die ideologische Festigung der Königtümer (*regna*) eine ebenso wichtige Rolle wie die Landeskirchen. Weitere gemeinsame Strukturelemente dieser Staaten waren die Verfügbarkeit ethnisch heterogener militärischer Gefolgschaften, aus denen sich der im Vergleich zum Westen sehr viel stärker auf die persönliche Beziehung zum Herrscher angewiesene Adel entwickelte, die Ausdehnung fürstlicher Rechte (*ius ducale*) ausnahmslos über das ganze Land und die Existenz eines an die fürstlichen Burgen und Wirtschaftshöfe angelehnten Systems zur Organisierung von Diensten der bäuerlichen Bevölkerung, das sich bis heute in einer Vielzahl von „Dienstsiedlungsnamen" (tätigkeitsbezeichnende Ortsnamen) erhalten hat.

Territoriale Deckungsgleichheit und Interessenidentität von Landeskirche und Monarchie, enge persönliche Bindung der weltlichen und geistigen Elite (Gefolgschaft und Klerus) an die herrschende Dynastie und ein hoher Grad von Zentralität in der Administration und Verwaltung der bäuerlichen Dienste: Dies waren die in der ehemaligen „Grauzone" gewachsenen Rahmenbedingungen für eine rasche und wirksame Integration der Gesellschaft und damit auch für die Entwicklung eines neuartigen Nationalbewusstseins. Hierin gingen Böhmen, Polen und Ungarn dem übrigen Europa zeitlich voran, ja sie wirkten auf den Westen zurück, wo das aus dem Karolingerreich überkommene Einheits- und Reichsbewusstsein noch lebendig war. Es war ein mittelalterliches Nationalbewusstsein, das zwar dem Wir-Gefühl der Oberschicht Ausdruck gab, aber im Unterschied zum Nationalismus der Neuzeit nicht als eigenständiger Wert propagiert wurde. Deswegen kollidierte es nicht mit der ethnischen Heterogenität innerhalb der Grenzen der neuen Staaten, ja es ließ Raum für die Ausbildung jener für das östliche Mitteleuropa so typischen ethnischen und kulturellen Vielfalt, die durch deutsche und jüdische Zuwanderung im Hoch- und Spätmittelalter komplettiert wurde.

Literatur

Conze 1992. – Gieysztor 1997. – Graus 1980. – Kloczowski 1998. – Leciejewicz 1990. – Manteufel/Gieysztor 1968. – Zientara 1985.

Die Anfänge nationaler Geschichtsschreibung im Hochmittelalter: Widukind von Corvey, Gallus Anonymus, Cosmas von Prag, Gesta Hungarorum

NORBERT KERSKEN

Die Ausbildung und Stabilisierung von Herrschaftsbildungen auf dynastischer Grundlage im nachkarolingischen Mitteleuropa des 10. Jahrhunderts führte mit der zeitgleichen Einbindung in den christlichen Kulturkreis auch zur Begründung einer historiographischen Kultur. Am Anfang dieser Entwicklung standen zunächst annalistische Aufzeichnungen, doch sind diese ältesten Aufzeichnungen sowohl textlich als auch mit Blick auf die historische Reflexion unabhängig von den hier in Rede stehenden ersten Gesamtdarstellungen des jeweiligen Herrschaftsbereichs. Zur Abfassung derartiger Texte kam es zu Beginn des 12. Jahrhunderts in einer auffälligen zeitlichen Konzentration in mehreren europäischen Ländern: Um 1113/17 verfasste ein Anonymus in Polen *Cronicae et gesta ducum sive principum Polonorum*, etwa zur gleichen Zeit entstand die erste, nicht erhaltene Fassung der *Gesta Hungarorum*, 1119/25 schrieb Cosmas von Prag eine *Chronica Boemorum*; weiter im Osten, in Kiew, wurde um 1116/18 die erste Redaktion der altrussischen Chronik, der *Povest' vremennych let* zusammengestellt. Aber auch im Westen häuften sich in diesen Jahren, dem ersten Drittel des 12. Jahrhunderts vergleichbare nationalgeschichtliche Synthesen. Diese greifen dabei jedoch durchweg auf Vorläufer zurück, die etwa einhundert Jahre zuvor entstanden waren; exemplarisch sei hierfür die *Res Gestae Saxonicae* des Corveyer Mönchs Widukind genannt. Wenn im folgenden auch nicht das gesamte Tableau der westlichen Historiographie vergleichend in den Blick genommen werden kann, so muss der Zusammenhang dieser historiographischen Reflexion auch bei der Konzentration auf das östliche Mitteleuropa bedacht werden.

Anders als die westeuropäischen Texte sind die Chroniken aus Sachsen, Böhmen, Polen und Ungarn die jeweils ältesten narrativen Geschichtsdarstellungen für den jeweiligen Herrschaftsbereich. Sie dokumentieren im Abstand von mehreren Generationen zur Zeitstufe der Etablierung der Dynastie und der Einbindung des jeweiligen Landes in den abendländischen Kulturkreis ein eigenständiges Geschichtsdenken und legen das Selbstverständnis dieser Herrschaftsbildungen dar.

Als erstes fällt bei diesen Texten die Gleichzeitigkeit ihrer Entstehung zu Beginn des 12. Jahrhunderts ins Auge. Hier mag die gleichzeitige Einbindung Polens, Böhmens und Ungarns in den europäischen Kulturkreis einen Spannungsbogen aufgebaut haben, der, fast zeitgleich, etwa 100 Jahre später zu einer groß angelegten historischen Selbstverständigung drängte. Die ins Auge gefassten Texte weisen in ihrer Entstehung und Anlage eine Reihe von Ähnlichkeiten auf, die ein Vergleich erschließen kann.

Der Autor der Sachsengeschichte, Widukind von Corvey, stammte aus einer vornehmen sächsischen Familie. Er trat um 940 in das Kloster Corvey ein, wo er nach 973 starb. Dagegen kennt man nicht einmal den Namen des Verfassers der ersten polnischen Geschichte. Es ist nur sicher, dass er als fremder Geistlicher wahrscheinlich nordfranzösischer Herkunft am polnischen Herzogshof in Krakau (Kraków) lebte; wahrscheinlich war er in der herzoglichen Kapelle tätig. Cosmas von Prag (um 1045–1125), entstammte einer vornehmen Familie, studierte an den Domschulen in Prag und Lüttich und war in der Folgezeit Domherr in Prag, zuletzt in der Funktion des Domdechanten; seine hervorgehobene Stellung wird auch aus der Teilnahme an verschiedenen diplomatischen Gesandtschaften deutlich. Hingegen ist der Autor der ältesten *Gesta Hungarorum* individuell gar nicht zu fassen. Selbstverständlich ist, dass alle Autoren Geistliche waren.

Parallelen weisen auch die Geschichtswerke selbst auf. Alle vier Texte lösen sich von der einfachen und ursprünglicheren annalistischen Form der Geschichtsschreibung und weisen in der Anlage der *historia* oder *gesta ducum* als Geschichtserzählung eine eigene literarische Struktur auf. Am stärksten der annalistischen Form verhaftet ist die *Chronica Boemorum* des Cosmas. Der Autor legt seinem Werk ein annalistisches Skelett zugrunde, das mit dem

Jahr 894, zu dem die Taufe Bořivojs mitgeteilt wird, beginnt. Der Text selbst ist in drei Bücher gliedert, die jeweils bestimmte Herrschaftsperioden der böhmischen Přemyslidendynastie umfassen. Bemerkenswert ist dabei der dominante zeitgeschichtliche Anteil der Chronik, der sich auf die Bücher II und III erstreckt. Die ebenfalls dreiteilige Sachsengeschichte Widukinds behandelt im ersten Buch die Sachsenorigo und die Zeit bis zum Tod Heinrichs I. (936); Buch II ist den ersten zehn Jahren der Herrschaft Ottos I. gewidmet und Buch III gilt mit der Darstellung der Jahre 946 bis 967 bzw. 973 als zeitgeschichtlicher Teil. Auch die *Chronicae et gesta* des sogenannten Gallus Anonymus bestehen aus drei Büchern, wobei das erste Buch die polnische Geschichte bis zur Geburt Bolesławs III. schildert, Buch II und III. den anschließenden Zeitraum bis 1113. Diese Beobachtungen zeigen, dass diese frühen Gesamtdarstellungen quantitativ durch eine Dominanz der Zeitgeschichtsschreibung geprägt sind. Dieser Wille zur äußeren Gestaltung des Textes steht in Beziehung zum Verständnis der dargestellten Geschichte. Der Verzicht auf eine universalgeschichtliche Einbindung der eigenen Geschichte betont die Eigenwertigkeit der eigenen Geschichte; sie verfügt über eigene Maßstäbe und entsprechend über eine eigene Periodisierung; dem entspricht in der Darstellung die Gliederung in Bücher und Kapitel.

Dem besonderen Schwerpunkt der Zeitgeschichte entspricht eine deutlich schwächer ausgeprägte Darstellung der älteren Geschichte seit dem Eintritt der jeweiligen Herrschaftsbildungen in das Licht der Quellen. Dies erklärt sich durch den Umstand, dass den jeweiligen Historikern kaum schriftliche Überlieferung für diese Zeitabschnitte zur Verfügung stand, ein Gesichtspunkt, der keiner Erläuterung bedarf angesichts des Umstands, dass alle diese Texte die ersten narrativen Ausgestaltungen der eigenen Geschichte waren. Eine wichtige Gemeinsamkeit besteht darin, dass sie zwar alle im wesentlichen ihre Texte ohne schriftliche Vorlagen verfassten, was der eigenen Augenzeugenschaft bzw. der mündlichen Überlieferungskultur ihres sozialen Milieus für die Entstehung des Geschichtswerks eine besondere Bedeutung gab, sie jedoch zugleich antike Autoren als literarische und frühmittelalterliche Geschichtswerke als historiographische Orientierungstexte benutzten.

Die Bestimmung des Charakters dieser Gesamtdarstellungen erfordert nun die Ermittlung der Umstände, die zur Abfassung führten, der *causa scribendi* und die Beschreibung des zeitgeschichtlichen Hintergrunds der Texte. Allen Texten, bis auf die nicht direkt überlieferten ungarischen Ur-Gesta, ist gemeinsam, dass sie keinen Hinweis auf einen eventuellen Auftraggeber des Geschichtswerkes geben, dass sie aber Widmungszuschreibungen führen, die das primäre Rezipientenmilieu erkennen lassen. Widukind widmete seine *Res Gestae* der Äbtissin Mathilde von Quedlinburg (955–999), der Tochter Ottos I. Sie war zur Zeit der Fertigstellung der ersten Fassung im Frühjahr 968 einzige Vertreterin des Königshauses nördlich der Alpen; vieles spricht dafür, dass die Darstellung den Zweck verfolgen sollte, in dieser Situation die Kaisertochter mit historisch-politischen Orientierungen über die verschiedenen politischen Kräfte in Sachsen und im Reich zu versehen; anders als in nach außen gerichteter offiziöser Historiographie sollte mit dieser Darstellung ein Mitglied des Herrscherhauses mit den *arcana imperii* vertraut gemacht werden. Ebenso wie bei Widukind ist auch bei Gallus Anonymus keine explizite Beauftragung zur Abfassung des Geschichtswerks erkennbar, obwohl sie auch hier mit gutem Grund angenommen werden kann. Er erläutert seinen Entschluss zur Geschichtsschreibung damit, *ut otium evitarem et dictandi consuetudinem conservarem et ne frustra panem Polonie manducarem*[1]. Jedes der drei Bücher seiner Darstellung versah er mit einer eigenen Widmung, diese Zuschreibungen sprechen den gesamten damaligen polnischen Episkopat sowie den Kanzler des regierenden Herzogs Bolesławs III. an. Die Abfassung erfolgte in der schwersten Krise der Herrschaft Bolesławs um 1112/13, nachdem er seinen älteren Halbbruder Zbigniew nach jahrelangen Kämpfen um die Alleinherrschaft 1112 hatte blenden lassen. Neben Bußleistungen wie Pilgerfahrten wird man die Veranlassung eines Abrisses der polnischen Geschichte, die auf die Herrschaft Bolesławs zulief, als Maßnahmen zur Rehabilitierung und zur politischen Absicherung verstehen dürfen. Der Abbruch des Werkes kann mit dem Aufstand des Wojewoden Skarbimir Awdaniec 1117 erklärt werden, der zum Sturz dieser Adelsfamilie führte, zu der Gallus über den Kanzler in enger Beziehung stand. Die Chronik des Cosmas ist mit drei, verschiedenen Personen zugeeigneten Widmungsschreiben überliefert, die sich an Geistliche und Kollegen des Autors wenden, jedoch keinen Hinweis auf den Entstehungshintergrund des Geschichtswerkes geben. Diesen wird man in den prägenden politischen Erfahrungen der Lebenszeit des Autors vor allem in der Zeit des ersten Viertels des 12. Jahrhunderts zu suchen haben, als es auf Grund der strittigen Erbfolgeordnung innerhalb der Přemyslidendynastie zu lang andauernden Kämpfen um die Herzogsmacht kam. In dieser Situation schreibt Cosmas nicht nur als streitbarer

Anwalt des böhmischen Klerus, sondern versteht seine Chronik auch als ein Plädoyer für eine starke herzogliche Gewalt. Insgesamt scheint als gemeinsamer Entstehungshintergrund dieser ersten Gesamtdarstellungen von hochmittelalterlichen Herrschaftsbildungen frühnationaler Art auf dynastisch-territorialer Grundlage sich abzuzeichnen, dass ein Autor in Nähe zur fürstlichen Macht in einer für die Dynastie oder den Herzog selbst kritischen Situation die Geschichtsschreibung als eine Möglichkeit versteht, über die Prinzipien der dynastischen Politik und die Tradition der Dynastie und des Landes für die Gegenwart orientierend zu wirken.

Für die historiographiegeschichtliche Einordnung der frühnationalen Geschichtsentwürfe ist nun nach der Textwirkung und -rezeption zu fragen. Die drei Redaktionen von Widukinds Sachsengeschichte sind in fünf Handschriften des 11. bis 13. Jahrhunderts überliefert, von der anonymen Polenchronik sind drei Handschriften des 14./15. Jahrhunderts erhalten, die Ur-Gesta ist nur aus späteren Überarbeitungen rekonstruierbar und nur die Cosmas-Chronik weist mit 15 Überlieferungen eine bessere Rezeption auf. Rezeptionsgeschichtlich ebenso wichtig ist die Benutzung und Übernahme durch nachfolgende Geschichtsschreiber. Im Fall der ungarischen „Nationalchronik" wurde das hofnahe Geschichtswerk über etwa 250 Jahre überarbeitet und fortgeführt, ohne dass die verschiedenen Bearbeitungsstufen erhalten wären. Die Chronik des Gallus Anonymus ist entgegen ihrer neuzeitlichen Wertschätzung im polnischen Mittelalter fast unbekannt geblieben, da sie durch das *Chronicon Polonorum* Vinzenz Kadłubeks vom Beginn des 13. Jahrhunderts verdrängt wurde. Widukinds Geschichtswerk wurde von zentralen Texten des 11. und 12. Jahrhunderts benutzt, so dass es im Mittelalter dauerhaft und auch außerhalb von Sachsen bekannt blieb. Vielleicht noch einflussstärker war Cosmas' Böhmenchronik, an die im 12./13. Jahrhundert in anonymen Fortschreibungen wiederholt angeknüpft wurde; sie war zudem in Österreich und Sachsen bekannt. Insgesamt ähneln sich die rezeptionsgeschichtlichen Befunde für Polen und Ungarn sowie für Sachsen und Böhmen: Während in Polen und Ungarn der erste nationalgeschichtliche Entwurf durch die nachfolgenden historiographischen Texte ganz zurückgedrängt wurde, blieb in Sachsen und Böhmen die ältere Tradition neben Fortschreibungen und neuen Darstellungen präsent; als ursächlich wird sicher die hier stärker entwickelte Schriftlichkeit und die größere Zahl der die Historiographie tragenden Institutionen anzuführen sein.

Ein Verständnis der Geschichtskonzeption dieser ersten mitteleuropäischen historiographischen Synthesen erschließt sich zunächst über die Anlage ihrer Geschichtswerke. Gemeinsam ist den Texten, dass sie aus zeitgeschichtlichen inneren Problemlagen motiviert sind und einen entsprechend deutlich ausgeprägten zeitgeschichtlichen Darstellungsabschnitt aufweisen. Gemeinsam ist ihnen aber auch, dass sie ihren Bericht nicht zu dem Zeitpunkt einsetzen lassen, zu dem sie über verlässliche Informationen schriftlicher oder mündlicher Tradierung verfügen, sondern mit der Schilderung nicht hinterfragbarer Anfänge der eigenen Geschichte beginnen.

Dieser vorgeschichtliche Abschnitt gewinnt eine Schlüsselfunktion zum Verständnis des folgenden Geschichtsentwurfs und für das Selbstverständnis der dargestellten Herrschaftsbildung, indem sie die Anfänge der Träger der Herrschaftsbildung darlegt. Widukind thematisiert in seinem Vorgeschichtsteil drei Themen: die Herkunft des Volkes, dessen Verhältnis zum Siedlungsgebiet und seine Stellung im Zusammenhang mit der fränkisch-deutschen Geschichte. Ausgangspunkt der Sachsengeschichte ist die Darstellung der Anfänge des Volkes (*gens*) der Sachsen, eine *origo gentis*, in der die Sachsen von einem alten Volk abgeleitet werden. Der zweite Erzählkomplex (I, 3–7: 3–7) betrifft das Verhältnis der Sachsen zu ihrem Siedlungsgebiet: Sie sind hier nicht autochthon, sondern Fremde, die mit Schiffen an der Unterelbe gelandet sind, wo sie sich gegen die dort ansässigen Thüringer durchsetzen mussten. Die Legitimität ihrer Landnahme wird zweifach entwickelt: durch eine Landkauferzählung, die auf die Rechtssymbolik der *traditio per terram* anspielt, in der die Sachsen gegen Gold von den Thüringern Erde kauften, diese verstreuten und so einen „eigenen" ersten Siedlungspunkt gewannen und durch Eroberrecht, indem die Sachsen die Thüringer bei einer Zusammenkunft niedermachten. Die Motivik dieser Erläuterung des Verhältnisses des Volkes zu seinem Siedlungsgebiet hat eine augenfällige Parallele in der ungarischen Überlieferung. Hier erwarben die landnehmenden Ungarn unter Árpád von dem in Pannonien herrschenden Svatopluk gegen wertvolle Geschenke Erde, Gras und Wasser, was ihnen die Rechtsgrundlage für eine Ansiedlung *non sicut hospites, sed sicut terram iure hereditario possidentes* gab[2]; auch hier aber müssen sie ihren „Rechtsanspruch" mit Gewalt durchsetzen, wobei ihnen der militärische Sieg mit göttlicher Hilfe (*auxilium Domini*) zufällt. Der dritte thematische Teil der Vorgeschichte Widukinds behandelt das Verhältnis zum Reichsvolk der Franken (I, 9–13: 10–23): In Kämpfen der Franken gegen die Thüringer unterstützten die Sachsen auf Bitten der Franken diese, wodurch sie Bundesgenossen und Freunde der Franken wurden.

Der Vorgeschichtsteil der ältesten polnischen Geschichte (I, 1B5: 6B5) unterscheidet drei Themen: eine geographische Einleitung, die dynastische Sage und eine Christianierungserzählung. Im Mittelpunkt steht die dynastische Sage, die Erzählung über die historische Legitimität der herrschenden Piasten, in der dargelegt wird, wie durch göttlichen Eingriff die Herrschaft vom Herzog Popiel auf den Sohn des Bauernpaares Piast und Rzepka, Siemowit übertragen wird; anschließend werden die Nachfolger bis zum ersten historischen fassbaren Herrscher Mieszko angegeben. Der dritte Aspekt behandelt die Annahme des Christentums durch Mieszko, die auf den Einfluss seiner christlichen Frau Dobrawa, der Tochter des böhmischen Herzogs Boleslavs I. zurückgeführt wird.

Den ausladendsten Vorgeschichtsteil weist Cosmas auf (I, 1B14: 4B34). Er besteht im wesentlichen aus einer Landnahmeerzählung, der dynastischen Sage und einer Reihe der vorgeschichtlichen Herrscher. Die Landnahmeerzählung (I, 1B2: 4B7) berichtet von der Ankunft der ersten Siedler *has … in partes … Germanie* unter Führung eines Boemus, nach dem dieses bislang unbewohnte Gebiet (*solitudines*) *Boemia* genannt wurde. Im Mittelpunkt der Vorgeschichtserzählung steht die dynastische Sage, die die Legitimität der Herrschaft der Přemysliden ausführt (I, 3–9: 7–21). Dieses dynastische Selbstverständnis wird jedoch in singulärer Weise in eine Erzählung über den Ursprung gesellschaftlicher Herrschaft überhaupt eingebettet. Den ursprünglichen Zustand eines herrschaftsfreien „goldenen" Zeitalters beendeten Konflikte, die durch Besitzstreben (*amor habendi*) hervorgerufen wurden. Die anfängliche Regulative einer richterlichen Instanz wurde auf Drängen des Volkes (*populus*) nach einer festen Herzogsmacht aufgegeben; die folgende Auffindung des künftigen Herzogs, des Pflügers Přemysl, durch die Weissagung der Seherin Libussa wird durch eine Reihe magischer Elemente an eine übernatürliche Sphäre gebunden. Damit wird in dieser Darstellung der Beginn gesellschaftlicher Herrschaftsverhältnisse zwar an die bewusste Entscheidung der bisher freien Menschen gebunden, die Legitimität der konkreten Herzogsdynastie ist jedoch der irdischen Ebene entzogen. Den letzten Teil der Vorgeschichtserzählung bildet eine siebenteilige Zusammenstellung der Herrscher, die Přemysl bis zum ersten historisch fassbaren Fürsten Bořivoj folgten. Sie stellen in historiographischer Perspektive einen Versuch dar, einen Gesamtzusammenhang böhmischer Geschichte von den weit zurückliegenden sagenhaften Anfängen zur historisch verbürgten Geschichte herzustellen.

Zusammenfassend sind es vor allem drei Themen, die der Vorgeschichtsbericht narrativ bearbeitet: das in Rede stehende Volk (*gens*), das Siedlungsgebiet und die Dynastie. Die Herkunft des Volkes reflektiert hier vor allem Widukind, der auf das Modell der Ableitung des Volkes von einem anderen, alten Volk rekurriert, wobei er auf das von den Franken übernommene Modell der Trojanersage anspielt; nur indirekt äußert sich Cosmas hierzu: sein Boemus ist zunächst der Eponym des Landes, erst sekundär ist der Volksname entwickelt. Auch die anderen ostmitteleuropäischen Geschichtsentwürfe bilden Vorstellungen zur Abstammung des eigenen Volkes aus, allerdings erst in der Geschichtsschreibung des 13./14. Jahrhunderts; Beachtung verdient hier vor allem die ungarische Vorstellung der Abstammung von den Hunnen, die am Ende des 13. Jahrhunderts in die nationale Chronistik eingebaut wird. Das Siedlungsgebiet, das Land, wird überall thematisiert, jedoch in unterschiedlicher Intensität: Selbstverständlich gegeben bei Gallus, wird es nur in seiner Ausdehnung beschrieben; Böhmen wird bei Cosmas als unbewohntes Land von den Gefährten des Stammvaters besiedelt. Dagegen ist das spätere Sachsen und Ungarn schon bewohnt und muss mittels eines Kaufaktes sowie durch erobernde Gewalt der Neuankömmlinge in Besitz genommen werden. Eine dynastische Sage weisen die ostmitteleuropäischen Geschichtsvorstellungen, nicht aber Widukinds Sachsengeschichte auf. Die Ahnherren der Dynastie – Piast, Přemysl und Álmos – sind durch eine besondere Beziehung zum Numinosen ausgezeichnet; die dynastische Sage legt die Einzelheiten der Auszeichnung des fürstlichen Geschlechts dar.

Die Konzeptionen der Anfänge der eigenen Geschichte stehen in enger Beziehung zum Gesamtverständnis dieser frühnationalen Geschichtsentwürfe. In durchaus unterschiedlicher Ausprägung leisten sie die Verbindung von mindestens zwei zentralen Bestandteilen des Geschichtsdenkens: der dynastischen Tradition, einer supragentilen Reflexion der Einheit des Volkes sowie von Elementen eines territorialen Bewusstseins. Die hier bedachten Texte des späten 10. bzw. frühen 12. Jahrhunderts zeigen in der Perspektive der hieran anknüpfenden hoch- und spätmittelalterlichen nationalgeschichtlichen Abrisse die schon entwickelten und dauerhaft stabilen Aspekte nationalgeschichtlichen Denkens, aber auch unfertige oder später nicht fortgeführte Ansätze. Im

Grunde liegt nur für Böhmen ein nationalgeschichtlicher Geschichtsentwurf vor, der im ganzen Mittelalter orientierend war und der in der Folgezeit konzeptionell nicht überarbeitet wurde; nur Cosmas war es gelungen, Volk, Dynastie und Land historiographisch in Beziehung zu setzen. Die ältesten Entwürfe der polnischen und ungarischen Geschichte wurden wohl auch aus konzeptionellen Gründen später kaum oder gar nicht tradiert: sie erfuhren durch Vinzenz Kadłubek bzw. durch Simon von Kéza (1282/85) eine „volksgeschichtliche" Überarbeitung durch die Vorschaltung einer wandalisch-polnischen bzw. einer hunnisch-ungarischen Vorgeschichte, die dann bis in die frühe Neuzeit Bestandteil der historischen Eigenwahrnehmung blieb. Ein anderes Schicksal hatte der Geschichtsansatz, der der Sachsengeschichte Widukinds zugrunde lag. Der Corveyer Mönch schrieb keine reine Stammesgeschichte, sondern „vom Königshaus oder vom Stamm bzw. seinen *principes* getragene Reichsgeschichte", getragen von der *amicitia* der Franken und Sachsen (Beumann). Freilich schrieb er keine deutsche Volksgeschichte, da das ottonische Herrschaftsverständnis hierfür keine Grundlage bot, doch ist seine Geschichtsschreibung typologisch der fast zeitgleichen westsächsischen Chronik Æthelweards vergleichbar, die zwar ebenfalls nicht traditionsbildend war, aber eine Vorstufe zu den großen englischen nationalgeschichtlichen Entwürfen der ersten Hälfte des 12. Jahrhunderts wurde. Historiographische Synthesen im Reich führten – anders als im übrigen Europa – nicht zu nationalgeschichtlichen Entwürfen, sondern zur Entfaltung universalgeschichtlicher Ansätze, die ihren reifsten Ausdruck in der Chronik Ottos von Freising fanden. Doch wurde der historiographische Ansatz Widukinds, der in Sachsen und im Reich keinen Anschluss fand, in seinen polnischen, böhmischen und ungarischen Entsprechungen prägend und zukunftsweisend für das dortige mittelalterliche Geschichtsdenken.

Anmerkungen

1   Gallus Anonymus 120.
2   Chronici Hungarici 217–505, cap. 28: 289.

Quellen

Gallus Anonymus. – Cronici Hungarici. – Cosmas. – Widukind.

Literatur

Althoff 1993. – Bautier 1994. – Beumann 1950; 1972. – Ehlers 1980. – Kersken 1995. – Nass 1998. – Plezia 1947. – Reynolds 1983. – Schneidmüller 1997. – Thomas 1990; 1991. – Třeštík 1968. – Wolfram 1990c; 1990d.

Gesta Hungarorum. Die Anfänge nationaler Chronistik im Mittelalter

LÁSZLÓ VESZPRÉMY

Ein bis in unsere Tage nicht endgültig geklärtes Problem der ungarischen Mediävistik ist die Frage nach der genauen Entstehungszeit der in das 11. bzw. 12. Jahrhundert datierten ungarischen *Gesta* sowie nach ihrem ursprünglichen Inhalt. Sie ist deshalb schwer zu beantworten, weil diese *Gesta* in einer rekonstruierten, so genannten „nationalen" Chronikredaktion aus dem 14. Jahrhundert auf uns gekommen ist, bei der mehrere Handschriften zwei große Handschriften-Familien bilden. Die älteste von diesen ist die um 1350 entstandene so genannte Bilderchronik. Eine besondere Bedeutung erhält die Frage dadurch, dass diese Chronik die ältesten Berichte über die Jahre nach 1000, und damit die Geschichte des Aufbaus des christlichen Ungarn, enthalten haben mag. Zwischen der in ihrer ursprünglichen Form erhalten gebliebenen *Gesta* des so genannten anonymen Notars und der des Simon von Kéza bzw. der „nationalen" Chronikredaktion besteht ein enger textgeschichtlicher Zusammenhang, der zur Rekonstruktion der Ur-*Gesta* jedoch nur wenig Hilfe bietet.

Mangels endgültiger Ergebnisse zu dieser Frage kann ein forschungsgeschichtlicher Überblick aufschlussreich sein. Als früheste Entstehungszeit der Redaktion der *Gesta* kommt die Regierungszeit König Andreas I. (1046–1060) in Frage, als einer Periode der Konsolidation nach den Thronfolgekämpfen nach dem Tode Stephans I. Dieser Abschnitt wäre nach der chronologischen Zusammenfassung in der Mitte des 91. Kapitels abgeschlossen gewesen. Für eine Redaktion unter König Salomo (1063–1074) spricht die im Text doppelt vorhandene Beschreibung der Krönung Salomos sowie der Ereignisse in der Regierungszeit Bélas I. Dieser Textabschnitt mag mit der chronologischen Zusammenfassung des 101. Kapitels geendet haben. Ein Beweis für die Entstehung unter König Ladislaus I. (1077–1095) könnte die durch die Kanonisationen von 1083 auflebende historiographisch-hagiographische Tätigkeit bzw. die ausführliche Beschreibung der Kämpfe von Ladislaus sein. Über die Annahme, dass die erste Synthese der ungarischen Geschichte spätestens unter dem als „Bücherfreund" überlieferten König Koloman (1095–1116), der die Gesetze und die Stephanslegende schriftlich festhalten ließ, entstanden sein muss und zu dieser Zeit die bereits vorhandenen Textteile neu redigiert worden sind, herrscht eine gewisse Übereinstimmung. Die widersprüchliche, zweifache Beurteilung der Persönlichkeiten von Salomo und Ladislaus in der Chronik ist ein eindeutiger Beweis für diese Hypothese, das heißt eine retrospektive Anwendung der Stellungnahme gegenüber dem legitimen (Salomo) und dem idoneistischen Erbrechtsprinzip (Ladislaus). Eine weitere Bearbeitung der *Gesta* wurde nach 1131 unter der Herrschaft Kolomans und den seinem Nachfolger feindlich gesinnten Königen aus der Linie des Álmos, vor allem unter Géza II. (1141–1162) oder Stephan III. (1162–1172) wieder fällig. Vermutlich wurde die gesamte *Gesta* noch unter Béla III. (1172–1196) oder unter Andreas II. (1205–1235), also in den dreißiger Jahren des 13. Jahrhunderts völlig neu redigiert, was den Stil der auf uns gekommenen Variante dann endgültig bestimmte. Die letzte Person, die die *Gesta* bedeutend erweiterte und bearbeitete war laut Forschung der unter König Ladislaus IV. (1272–1290) tätige Meister Ákos. Schließlich wurde die *Gesta* durch die Chronik des um 1282 tätigen Simon von Kéza in mehreren Schritten zu dem uns heute bekannten Text erweitert. Dank der Ungarnchronik des Heinrich von Mügeln wissen wir, dass die im 12. Jahrhundert verbreitete Variante der *Gesta* umfangreicher als der heute bekannte lateinische Text war, besonders was die Jahre 1152 bis 1167 anbelangt.

Aufgrund der oben erwähnten Überlegungen können wir nur vermuten, was die aus dem 11. Jahrhundert stammenden Teile beinhalteten. Nach der überzeugenden Argumentation von E. Mályusz wird die Geschichte der Ungarn mit Stephan dem Heiligen begonnen haben, da das wichtigste Anliegen der Autoren sicherlich darin bestand, die Entstehung des christlichen ungarischen Staates darzustellen. Auch die einzigen erhalten gebliebenen ungarischen *Annales*, die so genannten Preßburger Jahrbücher, beginnen mit der Tätigkeit des heiligen Adalbert. Charakteristisch für die ersten Jahrhunderte der Geschichte Ungarns war die Anfertigung und ständige Erweiterung eines „nationalen", dynastischen historischen Werkes, dessen Fortsetzer jedoch immer wieder in die bereits früher entstandenen Textstellen eingriffen. Der wichtigste Grund für dieses Verfahren ist darin zu suchen, dass die zentrale königliche Macht das Zustandekommen alternativer Macht- und Kulturzentren, in denen historiographische Werke hätten entstehen können, bis ins 15. Jahrhundert hinein praktisch vereitelte. So wurde die „nationale" Chronik, die *Gesta*, um Einfügungen unterschiedlichster Gattung und Zielsetzung (*Annales*, kirchliche Gründungsgeschichte, usw.) bereichert. Unter ihnen erwecken vor allem jene Kapitel das Interesse der Leser, welche die Geschichte des legendären Königs Ladislaus I. des Heiligen erzählen, indem sie Herodot und die Legende Karls des Großen als Vorbild nehmen.

Die europäischen historiographischen Vorbilder erweckten in Ungarn am Ende des 12. Jahrhunderts das Bedürfnis der Darstellung ihrer Staatsgründung und der *origo gentis*. Diese Aufgabe wurde von einem in Frankreich oder Italien geschulten anonymen Notar König Bélas III. übernommen. Für sein Werk *Gesta Hungarorum* fand er außer der Chronik Reginos keine anderen Quellen, so musste er zwangsläufig auf die mündlich überlieferten Heldenlieder der Spielmänner zurückgreifen, die er um einige Textstellen über die Skythen aus dem *Exordia Scythica* sowie um bestimmte Elemente des Attila-, Alexander- und Troja-Sagenkreises ergänzte. In seiner kurzen, aber sehr frappant verfassten Chronik wird die Geschichte der Ungarn von ihrem Auszug aus Skythien über die Landnahme und Ansiedlung im Karpatenbecken bis zur Bekehrung zum Christentum erzählt. Der Autor – ein vielgereister königlicher Notar – gibt mit überraschender Genauigkeit die Orts-, Gewässer- und sonstigen geographischen Namen des damaligen Landes wider. Seine Arbeitsmethode basiert auf der Voraussetzung, dass diese geographischen Namen auf Personennamen zurückzuführen sind und so die ungarische Vergangenheit widerspiegeln. Daher erweckt er die in der *Gesta* vorkommenden Personen in der Nähe dieser tatsächlich vorhandenen geographischen Gebilde zum Leben, lässt sie dort handeln oder gar sterben. Nach dieser Logik erreichten die Ungarn in der Nähe des Flusses Ung (heute: Už) das Gebiet ihres späteren Landes, weshalb sie (H)ungari genannt werden. Was die politischen Verhältnisse anbelangt, geht er von der Situation um 1200 aus und zählt Völkergruppen auf, die damals Nachbarn der Ungarn waren oder bereits im Land lebten. Als politische Tendenz liegt der Chronik die Absicht zugrunde, die Gerechtigkeit der ungarischen Landnahme gegenüber den Ansprüchen von Byzanz zu beweisen. Die vertragsmäßige Regelung des Verhältnisses zwischen königlicher Macht und der Gemeinschaft der Adeligen – etwa ähnlich dem „Blutvertrag" – kann ebenfalls auf diese Epoche datiert werden und steht dem Privilegbrief für den Adel, der so genannten Goldenen Bulle des Jahres 1222 auch zeitlich nicht fern. Einige Elemente des Werks kamen durch Simon von Kéza in die „nationale" *Gesta*. Eine große Wirkung hatte die Eingliederung Attilas in den Stammbaum ungarischer Fürsten und Könige, die zugleich auch die Grundlagen der hunnisch-ungarischen Verwandtschaft schufen. Das Nachleben des Werkes begann mit seiner Ausgabe im Jahre 1746.

Das um 1282 entstandene Werk des Hofklerikers von Ladislaus IV., Simon von Kéza, trägt denselben Titel. Dass Simon von Kéza der Autor des gesamten Werks ist, wurde bereits überzeugend bewiesen, allerdings mit der Einschränkung, dass er natürlich die Texte älterer ungarischer Chroniken als Vorlage benutzte bzw. bearbeitete. Um welche Textteile es sich in diesem Zusammenhang handelte, bzw. welche die von ihm selbst verfassten sind, bleibt bis heute eine umstrittene Frage. Auf Simons Formulierung weisen eindeutig die Italizismen, die Zitate von Jardens, Paulus Diaconus, Isidor, Gottfried von Viterbo sowie seine eigenen europäischen Reiseerlebnisse usw. hin. Mit dieser Chronik entsteht in der ungarischen Epik der Gedankenkreis der *natio* und es erscheint ein immer weiter werdendes, von Marokko bis Preußen reichendes geographisches Weltbild.

Einige auch bei Simon vorkommende Elemente der Hunnengeschichte waren bereits früher bekannt. Die individuelle Leistung des Autors besteht in der Schilderung ungarländischer römischer Ruinen sowie in den Hinweisen auf andere lokale und literarische Traditionen (z. B. das Nibelungenlied), die er während seiner Reisen kennengelernt hatte. Infolge ihrer eigenartigen ungarländischen Elemente kommt der Chronik auch in der mittelalterlichen europäischen Attila-Literatur eine einmalige Bedeutung zu. Bereits der mittelalterliche Leser wird das Werk wegen der Hunnengeschichte und der darin entfalteten juristischen und politischen Theorien in die Hand genommen haben, das bis in die neueste Zeit ein Bestandteil der juristischen Bildung ungarischer Adeliger geblieben ist. Das Werk des Simon von Kéza wurde erst nach 1781 wieder zugänglich.

Besonders die *Gesta* des anonymen Notars und Simons von Kéza zeigt, dass in den ungarischen

Chroniken die Vor- und Frühgeschichte eindeutig überwiegt, und ihre Wiedergabe dem sonst zur Gattung des „dead chronicle" zählenden Werk Aktualität verleiht.

Quelle

Iohannes de Thurocz.

Literatur

Kristó 1994. – Kersken 1995. – Silagí 1991. – Veszprémy 1999.

Großmähren und die slowakische Geschichte. Von der Entstehung Großmährens bis zu dessen Niedergang im Jahre 907

MATÚŠ KUČERA

Der Begriff Großmähren wurde erstmals von dem byzantinischen Kaiser Konstantin Porphyrogennetos geprägt, um den wirklich großen slawischen Staat am Mittellauf der Donau zu bezeichnen. Damit stellte er gleichzeitig sicher, dass es zu keiner territorialen Verwechslung mit dem Gebiet um den Fluss Morava in Serbien kam, das damals unter der Verwaltung des Byzantinischen Reiches stand. Großmähren entstand als politisches Gebilde um das Jahr 830 und zwar durch den Zusammenschluss des Mährischen und des Neutraer Fürstentums. Es dominierte fast ein ganzes Jahrhundert die Geschichte eines Großteils der Westslawen und einen weiten Raum Mitteleuropas. Mit seiner politischen und kulturellen Aktivität füllte der großmährische Staat den vakanten Raum an der mittleren Donau, den Raum zwischen dem Byzantinischen Reich und dem Reich der Nachfahren Karls des Großen aus. Angesichts dieser strategischen Position zeigte sich die päpstliche Diplomatie an Großmähren interessiert und rechnete mit dem mächtigen Herrscher Svatopluk in der europäischen Politik. Das Interesse an diesem Raum erhöhte sich auch dadurch, dass die Patriarchen von Byzanz mit der römischen Papstkirche einen kirchenrechtlichen Streit um ihn führten. Einen Streit, der später zusammen mit den Fragen der Glaubenslehre schließlich zur Trennung der Ost- und der Westkirche führte, was die kulturelle Entwicklung Europas für lange Zeit prägen sollte.

Großmähren war kein politischen Meteor, der aufleuchtet und verlischt. Ein tieferer Einblick in seine Staatsorganisation, das wirtschaftliche und soziale Leben, das Rechtssystem, nach dem sich die Gesellschaft richtete, aber auch die Entwicklung des Christentums im Staat – das alles zeigt, dass nach dem Zerfall Großmährens sich die so genannten Nationalstaaten in Mitteleuropa auf seinen Grundlagen formierten. Das sind namentlich der tschechische Staat, der die eigentlichen Mährer inkorporierte, der polnische Staat mit seinen schlesischen und kleinpolnischen Zentren, aber auch der Vielvölkerstaat Ungarn, an dessen Wiege die Slowaken mit ihrem politischen und geistigen Zentrum in Neutra (Nitra) gestanden haben.

Als das tschechische und das polnische Volk Traditionen über ihre staatlichen und kulturellen Anfänge aufbauten, gingen sie nicht bis an die Wurzeln Großmährens zurück. Das war logisch, denn beide Gemeinschaften waren gewaltsam, durch einen Eroberungskrieg, an den Kern des großmährischen Staates angegliedert worden, und sie nutzten die erstbeste Gelegenheit um sich von diesem Staatenbund loszusagen.

In der magyarischen (ungarischen) Tradition erhielt sich die Erinnerung an Großmähren als an einen Staat, gegen den die magyarischen Stämme erfolgreich Krieg geführt hatten und auf dessen Territorium sie sich ansiedelten, eine „neue Heimat" fanden. Für die Slowaken, die an der Entstehung Großmährens beteiligt waren und die nach seinem Untergang keinen eigenen Staat zu errichten vermochten, blieb die großmährische Periode eine Zeit, die an den eigenen Staat, an Herrscher, tapfere Heerführer, aber auch an die Zeit des Urchristentums, der eigenen Kultur in slawischer Sprache und des Schrifttums in einem eigenen Alphabet erinnerten. Die Traditionen, die sich von dieser Zeit ableiteten, bestehen aus jenen Sagen, Mythen und Legenden, die wegen des Mangels an Schreibkundigen am Herrscherhof nicht niedergeschrieben wurden. Die ältesten Chronisten zeichneten sie jedoch als Volkstradition auf, die von fahrenden Sängern (*ioculatores*) im ganzen Land verbreitet wurden. Sie erscheint in zwei Formen:

a) als „Kyrill-Methodsche"-Tradition, die an die Anfänge des Christentums in unserem Land erinnert; der Mythos der „Glaubensapostel" ist aber nicht korrekt, denn die systematische Christianisierung unserer Vorfahren hatte schon ein ganzes halbes Jahrhundert vor der Ankunft Kyrills und Methods eingesetzt. Bei der Entstehung dieses Traditionsstranges spielte neben dem christlichen Glauben die eigene altslawische Kultursprache als liturgische und literarische Sprache eine wesentliche Rolle.

b) als „Svatopluk" – eine staatliche Tradition. Sie hat sich ebenso wie die Volkstradition und zwar in mehreren Urformen erhalten und ihre Überreste sind in den alten ungarischen und tschechischen Chroniken erfasst. Hier wird überwiegend erzählt von der Verteidigung des Vaterlandes (*patria*) gegen den Feind, von der Demütigung nach verlorener Schlacht, von der Hoffnung auf die Zukunft, in der man das Erscheinen des Heeres in dem Moment erwartet, wenn das Volk es braucht. Schon in der ältesten Form tritt auch die „Idee der Eintracht" bei der Verwaltung des Staates als notwendig auf, es gibt aber auch den Versuch, das großmährische Herrschergeschlecht mit den Nachkommen des Arpadengeschlechts in Verbindung zu bringen.

Beide Traditionen gingen über die Länder Großmährens hinaus und wurden auch bei vielen slawischen Völkern verbreitet. Eine Sonderstellung hat die großmährische Rückbesinnung bei den Slowaken insofern, als dass sie über Jahrhunderte die einzige mehr oder weniger kontinuierliche historische Tradition war, die in verschiedenen Formen und in verschiedenen Zeiten stets bei der Formierung der slowakischen Nation präsent war, im Kampf um die eigene und eigenständige Staatlichkeit. Es ist daher kein Zufall, dass sie auch in der Präambel der heutigen Verfassung der Slowakischen Republik enthalten ist. Die Tradition lebt, wenn sie ihren Träger hat. Sie kann nicht ohne eine historische Stütze entstehen. Inwieweit es sich um eine kritisch geprüfte Geschichte oder nur um fabulierte und von Legenden umwobene Ereignisse handelt, spielt dabei keine Rolle. Wichtig ist, ob sich die Gesellschaft programmatisch zu dieser Tradition bekennt, welcher Teil des Volkes sie unterstützt und ob sie in ihr Vorbilder und Normen für ihr Tun und Handeln, ihre Haltungen und die Verteidigung ihrer Interessen sucht. So verstanden ist die großmährische Tradition in ihren beiden Formen – in der christlichen und der staatlichen – ein lebendiger Bestandteil der Slowaken. Sie hat ein ganzes Jahrtausend überdauert, wobei sie eine schwierige und widersprüchliche Entwicklung überwunden hat. Stets aber ist sie eine gesamtnationale Tradition mit vielen Elementen der Demokratie und des Humanismus geblieben. Sie inspirierte viele Komponenten der Kultur und Kunst und half der Gemeinschaft, die jahrhundertelang um die nackte Existenz kämpfte, sich zu einer vollberechtigten europäischen Nation zu konstituieren.

Einem unbekannten, aber historisch bewanderten Kleriker aus Salzburg verdanken wir einen knappen Satz über die Entstehung Großmährens: „*Priwina exulatus a Moimaro duce Maravorum*". Dieser Mitteilung zufolge nennt der unbekannte Autor Pribina als Fürst von Neutra, er beschreibt den Bau einer Kirche auf dessen Besitz, aber auch das leidvolle Los, das Pribina nach der Vertreibung mit seiner Familie und seinem Gefolge widerfuhr. Dass es sich um keine geringfügigen Konflikte innerhalb des Herrschergeschlechts handelte, beweist die Tatsache, dass um das Jahr 833 alle großen Stammesburgen auf dem Gebiet der Slowakei niedergebrannt und zerstört waren. In der Nähe der abgebrannten Burgstätten und an strategisch wichtigen Punkten stationierte Mojmír Besatzungstruppen zur Befriedung des Landes (erhalten sind Siedlungen vom Typ Moravany, Moravce u. a.) und setzte Fürst Rostislav, der offenbar sein Verwandter war, in das Verwaltungszentrum des eroberten Landes ein. Neutra wird so zum Sitz der großmährischen Lehnsherzöge, was wir später auch bei der Person Svatopluks sehen. Dieser politische und Verwaltungsdualismus im großmährischen Staat dauerte während der ganzen Zeit seines Bestehens an und wurde auch von der Kirchenverwaltung unterstützt, die ihre eigenen Interessen verfolgte. Das Herzogtum Neutra wurde vom Erzbischof von Salzburg, Mähren vom Bischof von Passau verwaltet; später unterstanden beide Erzpresbyteriate nur noch Passau.

Die Entstehung des Ostfränkischen Reiches nach der Teilung gemäß dem Vertrag von Verdun 843 eröffnete Ludwig dem Deutschen den Raum für den politischen Druck auf Mojmírs schwachen Staat. 846 drang er mit einem Heer in Großmähren ein, setzte Mojmír ab und Rostislav auf den Thron. Hinter Rostislav standen offenbar viele rebellische Magnaten, denn sonst hätte die Frankenmacht sicher einen ihrer Grafen eingesetzt, wie sie das später im Falle Wilhelms und Engelschalks tat. Unter Rostislav festigte sich Großmähren im Inneren, es erstarkte militärisch und griff nicht nur in die Entwicklung der nicht besetzten Räume im Osten des Landes, sondern auch in die Kämpfe innerhalb des Ostfränkischen Reiches ein, wobei es seine Grenzen auch in diese Richtung verschob.

Die Mainzer Synode 852 bezeichnete das großmährische Christentum als „unfertig". Für jeden Staat dieser Zeit musste eine Stütze – eine eigene Kirchenorganisation errichtet werden. Der großmährische Staat wurde kirchlich vom Ausland geleitet. Rostislav hatte mit seiner Bitte auf Entsendung eines „Bischofs und Lehrers" beim Papst Nikolaus I. keinen Erfolg. Daraufhin wandte er sich an Byzanz, von wo Michael III. ihm zwei Brüder aus Thessalonike, Kyrill, Lehrer an der Hochschule, und dessen Bruder Method, Rechtsanwalt und erfahrener Beamter im Staatsdienst, sandte. Beide Brüder überschritten mit ihrer Begleitung

863 die Donau bei Preßburg (Bratislava) oder bei Komorn (Komárno). Sie richteten Priesterlehranstalten ein, führten die Verwendung der slawischen Sprache in der Liturgie ein, übersetzten biblische und juristische Texte und schrieben sie in der neuen Schrift – der Glagolica, die der Phonetik der slawischen Sprache entsprach, nieder. Die Mission der Glaubensapostel erhält ein neues Gewicht, nachdem sie in Rom die Richtigkeit ihrer Lehre, die neue Liturgiesprache für die Slawen verteidigen konnten und vor allem nach der Ernennung Methods zum Bischof und später zum Erzbischof in Großmähren. Die päpstliche Diplomatie wird in diesen Fragen mit der Bulle *Industriae tuae* beendet, die mitteilt, dass Method der geistliche Sohn des Papstes ist und dem Stuhl zu St. Peter untersteht, und dass Großmähren ein gleichberechtigtes Mitglied der europäischen Familie der christlichen Völker und Staaten wird. Der Papst stellt dem Erzbischof auf den Stuhl zu Neutra Bischof Wiching als Suffragan zur Seite, wobei er Svatopluk auffordert, noch weitere Personen zur Bischofsweihe nach Rom zu entsenden, wie es das kanonische Recht verlange. Rostislavs Traum hatte sich erfüllt. Gleichzeitig kam es zu großen Auseinandersetzungen mit der fränkischen Geistlichkeit, die nach dem Tod Methods (am 6. April 885) zur Vertreibung seiner Schüler aus Großmähren führte. Sie hinterließen eine umfangreiche Schriftkultur in altslawischer Sprache, die Methods Schüler in viele europäische Länder trugen und die zu einem großen Kulturerbe in einem Teil der slawischen Welt wurde.

Fürst Svatopluk gelangte auf den zentralen Herrschersitz in der Zeit einer großen inneren Krise, aber auch einer Zeit der Kämpfe mit der fränkischen Macht um die Erhaltung der Souveränität des Staates. Zeitgenössische Quellen gestehen ihm den Titel *rex* – König – zu und halten ihn für den größten Herrscher Großmährens. Nach der gespannten Situation gelang es ihm, mit den Franken einen für beide Seiten nützlichen Frieden zu schließen und das große Kriegspotential, von dem Zeitgenossen stets mit Respekt sprechen, zur Erweiterung seines Staates einzusetzen. Im Osten erobert er die Gebiete mit den siebenbürgischen Salzbergwerken, um nicht auf den Salzimport aus der Umgebung von Salzburg angewiesen zu sein. Er unterwirft sich das Fürstentum an der Weichsel und verlangt von den Stämmen der Lausitzer Sorben Tributleistungen. In mehreren Kriegen erobert er Transdanubien und schließlich muss auch Kaiser Arnulfs Rechte in Böhmen anerkennen. Erzbischof Method tauft die ersten Přemysliden; und Bořivoj, unterstützt von mährischen Garnisonen, herrscht als Svatopluks Stellvertreter auf der Prager Burg. Der Staat stabilisiert sich auch innerlich, erstarkt wirtschaftlich. Seine Organisation und das Verwaltungssystem werden ausgebaut, die soziale Polarisierung wächst. Als Svatopluk 894 stirbt, hinterlässt er seinen beiden Söhnen ein großes mitteleuropäisches Reich. Es zu verwalten sind seine Nachfolger aber bereits nicht mehr in der Lage.

Die schriftlichen Quellen gewähren nicht viele Möglichkeiten, um einen Blick in die großmährische Gesellschaft zu werfen. Interessante Erkenntnisse sammelten arabische Kaufleute, die als praktische Leute sich das „fremde" Land, das sie betraten, aber auch die dort lebenden Menschen, genau ansahen. Die meisten Erkenntnisse lieferte jedoch die slowakische Archäologie und zwar in der kurzen Zeit ihres professionellen Bestehens.

Der großmährische Staat war, wie viele Staaten des damaligen Europa, ein Agrarland. Die Westslowakei stellte dabei eine gute Kornkammer dar, die der Bevölkerung den Unterhalt sichert und die materielle Grundlage für ihre Reproduktion ist. Die slowakischen Berge wiederum lieferten den Rohstoff Eisen, ein Material nicht nur für Geräte, sondern auch für die militärische Ausrüstung. Bekannt sind die damaligen Technologien der Verhüttung, des Schmiedehandwerks, aber auch die Produktionsorganisation in den so genannten Eisenburgen. Das Wirtschaftsleben konzentrierte sich um die befestigten Burgstätte, die in die dichte Dorfsiedlung hineingebaut worden waren. Es sind Zufluchtsorte in Kriegszeiten – Zentren des Handwerks, des Handels und der öffentlichen Verwaltung in Friedenszeiten. Häufig wohnte hier auch ein Beamter des Herrschers – der Gespan, der Steuern, Abgaben und Gebühren erhob und die Dienstleistungen für den Herrscherhof sicherte. Auch die Kirchenorganisation folgte den Burgstätten. Dies dokumentiert eine Vielzahl von Kirchen, die das Symbol der Hinwendung zum neuen Glauben sind. Im sozialen Bereich war die großmährische Gesellschaft bereits gut durchstrukturiert. Beim Herrscher gab es eine große Gruppe Magnaten, die dieser ernährte, kleidete und ausrüstete. Sie waren die Stütze seiner Macht, und der Herrscher betraute sie nicht selten mit Verwaltungsämtern im Land. Die Bevölkerung teilte sich grundsätzlich in zwei große Gruppen: in freie Bürger des Staates und in Unfreie, auf unterschiedlicher Abhängigkeitsstufe. Zu ihnen gehörten viele Sklaven, erworben durch Kriege und Handel, zahlreiche Leibeigene, die im „Zehntel- oder Hundertstelsystem" in Abhängigkeit von der Burg oder dem Landesherrn gehalten wurden.

Die Krise des großmährischen Staates, der Machtkampf zwischen Mojmír II. und Svatopluk II., der

Söhne Svatopluks, aber auch der doppelte Kriegsdruck, in den das Land geraten war, das alles schwächte die Grundlagen des Staates. Zu den erschöpfenden Kriegen gegen das fränkische Heer kamen die Angriffe der altmagyarischen Stämme aus dem Theißgebiet hinzu. Paradoxerweise wirkte hier die Tatsache, dass Svatopluk selbst diese Teile der durch die Petschenegen zerschlagenen Stämme im Theißgebiet angesiedelt hatte, um seinen Staat vor dem expandierenden Bulgarischen Staat zu schützen. Als die altmagyarischen Anführer um die Wende des 9. Jahrhunderts die Reste ihrer Stämme, die noch hinter den Karpaten saßen, herbeiführten, erstarkte ihr militärischer Druck gegen den großmährischen Staat. Nach dem die Bayern ihren Schützling Svatopluk II. aus der umzingelten Burg wegführten, trug der Bruderkampf ebenfalls zum Sturz der politischen Macht im Staat bei. Mojmír III. fiel in einer unbekannten Schlacht gegen die Magyaren 905 oder 906. Eine späte Tradition im 13. Jahrhundert, aufgeschrieben vom Chronisten Simon aus Kéza, besagt, dass es unterhalb von Komorn, bei Bánhid geschah. Tatsache ist, dass die regulären Truppen des großmährischen Staates in der großen Schlacht bei Preßburg 907 schon nicht mehr dabei waren.

Die nationale Geschichtsschreibung verstand den Untergang von Großmähren als das Ende einer Art nationaler Demokratie und den Beginn eines neuen, der slawischen Seele nicht entsprechenden ständischen Systems. In Wirklichkeit jedoch blieb von dem großmährischen Staat im Bereich des Wirtschaftslebens, der Organisation der Staatsverwaltung und der Kultur mehr erhalten, als unterging. Eine Fülle von Zeugnissen hierfür sind die Kontinuität der Besiedlung, die als Entlehnungen in die ungarische (magyarische) Sprache übernommene Verwaltungs- und Kirchenterminologie, die Vielzahl von Vokabeln aus dem Agrar- und Handwerksbereich sowie die Burg- und Dienstorganisation, die bei der Entstehung und Formierung des ungarischen Staates Pate standen; jener war lange Zeit kein leichtes Zuhause für die Slowaken.

Literatur

Chropovský 1974. – Dekan 1976b. – Kučera 1974. – Marsina 1971; 1985a; 1985b. – Ratkos 1988. – Ruttkay 1989. – Steinhübel 1995. – Wolfram (Hrsg.) 1979.

König Stephan der Heilige

LÁSZLÓ VESZPRÉMY

Quellen zu seinem Leben

Stephan war der Sohn des ungarischen Großfürsten Géza und Sarolt, der Tochter Gyulas, des Herrn der siebenbürgischen Lande. Zeit und Ort seiner Geburt sind umstritten, der lokalen Überlieferung nach wurde er in Gran (Esztergom) geboren. Als Geburtsjahr kommen nach den ungarischen Quellen 967 oder 969 in Frage, nach den polnischen Quellen das Jahr 975. Die ungarische Geschichtsschreibung hat im Preßburger Jahrbuch als Todesjahr seines Vaters, das auch das seiner Wahl zum Großfürsten war, 997 festgehalten, ebenso wurden dort der Zeitpunkt seiner Krönung zum König im Jahr 1000 sowie sein Todestag, der 15. August 1038, bewahrt. Sein heidnischer Name war der türkische Name Vajk, der „reich" oder „Anführer" bedeutet, er tauschte ihn bei der Taufe gegen den Namen des Erzmärtyrers Stephanus. Doch durfte er den Namen Vajk auch als Christ noch verwenden. Noch vor 997, wahrscheinlich 995 oder 996, heiratete er Gisela, die Schwester Herzog Heinrichs II. von Bayern, des späteren deutschen Kaisers Heinrich II. Diese Ehe gab dem ungarischen Hof und dem ganzen Land einen entscheidenden Anstoß zur Orientierung nach dem Westen, zur Annahme des Christentums und zum Aufbau einer Kirchenorganisation. Aus dem *Necrologum S. Galli* ist bekannt, dass der heilige Bruno von St. Gallen den Hof Gézas in den siebziger Jahren des 10. Jahrhunderts getauft hat, unklar ist, ob Stephan unter den Täuflingen war. Entsprechend der Überlieferung vom Ende des 11. Jahrhunderts hat ihn Bischof Adalbert von Prag getauft, nach anderen war er nur sein Pate; von all dem war jedoch weder der Adalbert-Legende Bruns von Querfurt noch den anderen zeitgenössischen Quellen etwas bekannt. Seiner Ehe mit Gisela entsprangen mehrere Söhne, zeitgenössischen Quellen ist nur Emmerich bekannt, in späteren Quellen wurde auch ein Otto erwähnt. Der Zeitpunkt seiner Krönung ist noch heute umstritten, es war wohl das Jahr 1000 oder 1001, die Chronik von Nagyvárad oder Zagreb hat die Erinnerung an seine Krönung am 1. Januar 1001 bewahrt. Stephan beschaffte sich dazu die Erlaubnis des Kaisers und des Papstes. Die Krone, mit der er gekrönt wurde, ist aber sicher nicht identisch mit der späteren Heiligen Krone.

Sein Leben beschrieben die Quellen einerseits nur sehr kurz, nur die Ergebnisse seiner Feldzüge und seiner Bemühungen um die Staats- und Kirchenorganisation werden aufgezählt, andererseits wurden ihm, was seinem späteren Ansehen zu verdanken ist, unbegründeterweise auch Kirchenstiftungen und die Einführung von Rechtsbräuchen zugeschrieben, auch die zehn Urkunden, die von ihm erhalten sind, wurden alle erweitert, interpoliert oder geradezu grob verfälscht. Die auf uns gekommenen 56 Artikel seiner Gesetze, die bis heute Bestandteil des ungarischen *Corpus iuris* sind, und ein unter seinem Namen überliefertes, doch sicher nur an seinem Hof entstandenes Werk, die Ermahnungen für den Thronfolger, sind seit 1581 auch schon gedruckt zu lesen. Stephan war wohl nicht der Autor, auch wenn er in den Legenden als *litteratus* bezeichnet wurde. Das Werk ist einem hohen Geistlichen in Ungarn zuzuschreiben, der aus dem Ausland kam und die Fürstenspiegel seiner Zeit gut kannte. Er erklärte die Tugenden eines Herrschers mit Hilfe der Symbolik der Krone und betonte die politische Rolle der weltlichen Sphäre sowie die Wichtigkeit der konkreten Regierungsfragen. Eine Nachricht über den persönlichen Charakter Stephans bewahrte nur Thietmar von Merseburg, wenn er seine Barmherzigkeit den Besiegten gegenüber hervorhob. Abt Odilo von Cluny und Bischof Leodvin von Bihar berichteten auch über seine aufrichtige Reliquienverehrung.

Quellen zu seiner Verehrung

Bereits die Zeitgenossen wussten um die beispiellose Bedeutung des Stephanschen Lebenswerkes, wurde er doch schon lange Zeit vor seiner Kanonisation als Heiliger bezeichnet. Vom staatsrechtlichen Gesichtspunkt aus brachte die Herrschaft von Andreas I. die Wende, nach den blutigen Bürgerkriegen nach Stephans Tode griff er zur Legitimation seiner Herrschaft direkt auf die Person Stephans zurück: als er an die Macht kam, ließ er nach den Krönungsinsignien, der königlichen Ausstattung und der Reliquiensammlung Stephans suchen. Zu den ersten Heiligsprechungen in Ungarn kam es zur Zeit Ladislaus I. so auch zu der von Stephan am 20. August 1083. In der Reihe der heiligen Könige Europas ist Stephan der erste, der kein

Martyrium erlitt, sondern sich die Kanonisation mit seinen Verdiensten als Herrscher und Missionar erworben hatte. Es ist aber umstritten, ja eher unwahrscheinlich, dass Papst Gregor VII., wie die Legende sagt, sein Einverständnis zur Kanonisation wirklich schon im Voraus erklärt hätte, zu der es außerordentlich rasch, nur 45 Jahre nach seinem Tod, zur Zeit der Niederschrift der ersten ungarischen Chroniken kam. Zwischen Chronik und Legende hat sich ein kompliziertes gegenseitiges Abhängigkeitsverhältnis herausgebildet, von dieser Zeit an wurden die Legenden um die neuen Erzählungen von der Annahme des Christentums und um die Ereignisse der Kirchengeschichte erweitert. Die Legende von Stephan dem Heiligen ist in drei Fassungen erhalten. Die früheste ist die Große Legende, dieser folgte die Kleine Legende. Diese benutzte ein noch nicht endgültig identifizierter, mit Gewissheit aus dem Ausland stammender hoher Geistlicher in Ungarn namens Hartwick zur Zusammenstellung der so genannten Hartwick-Legende, die die umfangreichste und die mit der nachhaltigsten Wirkung ist. Die Große Legende ist vor der Heiligsprechung zwischen 1077 und 1083 von einem Benediktinerautor niedergeschrieben worden. Der Autor bezog entschieden Stellung gegen den auch in den Briefen Gregors VII. betonten päpstlichen Herrschaftsanspruch über Ungarn. Der Legende nach hatte Stephan das Land vor seinem Tod der Jungfrau Maria anempfohlen, er erklärte Ungarn damit zum Erbteil der Jungfrau Maria statt zum Erbteil des heiligen Petrus, womit er eine der Grundlagen der gesamten mittelalterlichen und neuzeitlichen ungarischen Staatstheorie und Heilsgeschichte geschaffen hatte. Wie die nach 1083 entstandene Kleine Legende brachte auch die Hartwick-Legende die Bestrebungen des Königshofes zum Ausdruck. Die zentrale Aussage war, dass die ungarischen Herrscher über die von den Päpsten in Zweifel gezogenen Herrschaftsrechte in der Kirche, zum Beispiel die Ernennung der Bischöfe, dennoch durch die Privilegien des Papstes rechtmäßig verfügten. Deshalb berichtete die Legende die Geschichte von der Sendung der Krone durch den Papst, damit erhielt Stephan das Recht der Begründung der ungarischen Kirche „durch beide Rechte". Wie bis zum Ende des 11. Jahrhunderts mit Hilfe der Legenden die durch Stephan verwirklichte christliche Missionierung und die Organisation der Landeskirche zur Grundlage der staatlichen Ideologie wurden, so verblasste die historische Person des Königs mehr und mehr. Die Leistung seines Vaters Géza rückte in den Hintergrund, und der Rang des Apostolischen Königs Stephan wurde höher. Den Worten der Legende nach war es Géza von einer himmlischen Erscheinung untersagt worden, mit seiner von Menschenblut verunreinigten Hand die Grundlagen des christlichen ungarischen Staates und der ungarischen Kirche zu schaffen. Glaubt man diesem Hinweis, war es zur Zeit Gézas zu blutigen Bekehrungen gekommen. Stephan lag in Glaubensfragen nicht im Widerstreit mit seinem Volk, sondern er stritt nur mit einigen, mit ihm rivalisierenden Vornehmen, der Sieg über sie sicherte auch den Sieg des Glaubens im Land. Die himmlischen Erscheinungen waren nicht nur notwendige Bestandteile einer Legende, sondern sie legten zugleich auch einen Schleier über die äußeren Umstände der Bekehrung, über ihre Einordnung in das internationale Beziehungsgeflecht und vor allem über die Rolle des deutschen Kaisers darin. Nicht zufällig bildete sich die deutsche Fassung der Legende der Taufe von Géza oder Stephan unter der Anwesenheit Otto des Großen heraus, sie entbehrte jeder Grundlage, auch wenn Ademar von Chabannes († 1034) darüber berichtete. Der Initiator der Bekehrung gewann mit ihr einen gewissen Herrschaftsanspruch über das bekehrte Land, oder er legitimierte ihn damit, wie dies noch Jahrhunderte später in der politischen Polemik beschrieben wurde.

Die Betonung des apostolischen Charakters, der Leistung des Kirchen- und Staatsgründers Stephan in der zweiten Hälfte des 11. Jahrhunderts wurde in Ungarn, das zwischen die Machtansprüche des Papstes und des deutschen Kaisers geraten war, besonders wichtig. Die zeitgenössischen Legenden waren es, die die Anerkennung des apostolischen Rechts des ungarischen Königs durch den Papst und Europa sicherten. Auf dieser Grundlage ersuchten die ungarischen Könige um die päpstliche Anerkennung der Verdienste Stephans, und so kam es auch, dass die kanonisch-rechtliche Argumentation Hartwicks vom späteren Papst, Innozenz III., im Jahre 1201 bestätigt wurde, ausgenommen die Teile, die den Papst am meisten beleidigten. Andreas II. leitete seine Macht *expressis verbis* von Stephan ab. Seine liturgischen Gebete in Ungarn folgten fast alle dem Text der Hartwick-Legende, ja sogar auch die deutschen Gebete aus der zweiten Hälfte des 15. Jahrhunderts und die ungarische Variante im Érdy-Kodex von 1527 wurden von dieser Fassung der Legende bestimmt.

Seit der Zeit von Ladislaus und Koloman war die Person und die Herrschaft Stephans für die ungarischen Könige die Quelle ihrer Rechte, so wurden die mit ihm verbundenen Gegenstände mit einer besonderen, ganz einmaligen Bedeutung aufgeladen. Stephan verfügte sozusagen über alle Eigenschaften der mythischen Staatsgründer der mittel-

541 **Stephanskrone.** Gold, Edelsteine und Email, nach 1076, Budapest, Magyar Nemzeti Múzeum. – Kat. 27.01.08.

Dynastische Heilige und Landespatrone 877

alterlichen Geschichtsschreibung: er erließ Gesetze, ließ Münzen prägen, sorgte für Frieden, führte die Schrift ein, gründete Städte und Kirchen. Von den höfischen Zeremonien waren viele mit dem vom König entsprechend dem Aachener Vorbild zum sakralen Mittelpunkt des Landes gemachten Stuhlweißenburg (Székesfehérvár) verbunden: seit Koloman ließen sich die meisten ungarischen Könige hier bestatten, hier wurden sie gekrönt, hier stand der Königsthron, von 1172 an bezeugen Urkunden das Recht des Erzbischofs von Gran (Esztergom) zur Krönung der Könige, seit der Mitte des 13. Jahrhunderts ist belegt, dass die Bedingung für die Rechtmäßigkeit der Krönung die echte St. Stephanskrone und der Vollzug der Krönung in Stuhlweißenburg war, hier befanden sich auch das königliche Archiv und die königliche Schatzkammer. Auch die Rechtsprechungs- und Regierungsmaßnahmen dienenden Gesetzestage wurden um den 15. oder 20. August hier abgehalten, ihnen kam in der Geschichte der ungarischen Gesetzgebung eine herausragende, jedoch keine ausschließliche Bedeutung zu. Zur Abhaltung dieser Gesetzestage wurde der König im Jahre 1222 schon durch die Goldene Bulle verpflichtet, im Jahre 1290 wurde Stuhlweißenburg per Gesetz zum Ort des einmal im Jahr stattfindenden Reichstages bestimmt. Verschiedene Personengruppen, die nicht von Adel waren, führten ihre Privilegien auf die Verleihung durch Stephan zurück, sie bezeichneten sich selbst als „Freie des heiligen Königs", wie es sich auch in Ortsnamen erhalten hat. Die Gesetzestage selbst wurden in erster Linie bei unterschiedlichen, über eine gewisse Freiheit verfügenden Personengruppen, so etwa im Kreis der Truchsesse, populär. Ein lateinisches Versepos vom Ende des 13. Jahrhunderts zeichnete das Bild Stephans als *rex perpetuus*, im ungarischsprachigen Anhang der *Legenda aurea* vom Ende des 15. Jahrhunderts erhielt er auch als Schutzpatron des Landes seinen Platz.

Die Reliquien des heiligen Stephan

Der Mittelpunkt der Verehrung war sein in der von ihm gestifteten Marien-Basilika in Stuhlweißenburg *in medio* aufgestellter Sarkophag, von dem die Archäologen sogar Spuren fanden. Der Kirche wurden vom 13. Jahrhundert an zahlreiche päpstliche Ablässe gewährt. Auf ähnliche Weise wurde sein Andenken auch in den von ihm gegründeten, beschenkten oder ihm geweihten Kirchen in Ehren gehalten, in Ungarn selbst und auch im Ausland. Seine Name stand in den Listen der Betgemeinschaften in Salzburg und am Tegernsee. Sein Hauptfeiertag ist der 20. August, der Papst ernannte 1686 für die Kirche den 2. September zum Feiertag. Die Heilige Rechte, die mumifizierte rechte Hand des Königs, wurde vermutlich noch in den sechziger Jahren des 11. Jahrhunderts vom Körper abgetrennt, ein Kanoniker nahm sie mit sich auf sein Gut im Komitat Bihar, wo dann von Ladislaus I. das Benediktinerkloster von Szentjobb, der „Heiligen Rechten", heute Sîniob in Rumänien, gestiftet wurde. Nach 1083 erhielt der Feiertag der Heiligen Rechten landesweite Bedeutung, zwischen 1192 bis 1195 wurde sein liturgischer Feiertag am 30. Mai bereits allgemein gefeiert. Im Jahre 1092 wurde von der Synode in Szabolcs für den Feiertag Stephans eine Vigilie vorgeschrieben. Zu Beginn des 15. Jahrhunderts wurde die Heilige Rechte nach Stuhlweißenburg gebracht, dann fiel sie mit den übrigen Reliquien, unter anderem der Kopfreliquie, nach der Eroberung der Stadt im Jahre 1543 den Türken in die Hände. Später gelangten diese Reliquien in den Besitz der Dominikaner von Raguza bei Dubrovnik.

Die Bedeutung Stephans wurde auch während der Reformation noch anerkannt: nach G. Heltai ist Stephan mit seinen Kämpfen um die Festigung des Staates nicht nur der Erretter des Christentums, sondern auch des ungarischen Staates. Die Heilige Rechte und der kleinere Teil der Kopfreliquie wurden im Jahre 1771 von Maria Theresia zurückerworben. Sie gab dem König einen Platz in den Hofzeremonien des Barocks, erneuerte die Verwendung des königlichen Titels „apostolisch" und gründete 1764 den St. Stephans-Ritterorden.

Von den ungarischen Heiligen ist Stephan der populärste und im Land am weitesten verbreitet, auf mehrere hundert kann die Zahl der Kirchen- und Altarpatrozinien geschätzt werden, von den Bistümern weihte ihm Ladislaus I. das von ihm gegründete Bistum Zagreb, Géza II. gründete einen dem heiligen König Stephan geweihten Kanonikerorden zur Krankenpflege. Der sich vom 14. Jahrhundert an entfaltenden Lehre von der Heiligen Krone ist es zu verdanken, dass er in seiner Person bis heute einen abstrakten Staat, das „Ungarn des heiligen Stephan" repräsentiert. Die Zentren seiner Verehrung im Ausland waren die vom ungarischen König Ludwig dem Großen in Aachen gestiftete ungarische Kapelle, durch die Verwandtschaft mit Heinrich II. auch Bamberg und alle jene Gnadenorte, in die seine Reliquien gelangt sind, dazu gehörten Rom, Köln, Lemberg, Raguza und weitere. In Ungarn und auch in Europa wurden viele, mit ihm in Beziehung gebrachte oder ihm zugeschriebene Gegenstände in Ehren gehalten, darunter sein Sarkophag in Stuhlweißenburg, sein Thron in Martinsberg, das Schwert in Prag und vieles mehr.

542 Diözesen in Ungarn zur Zeit Stephans I.

Im Barockzeitalter wurde Stephan der beliebteste unter den ungarischen heiligen Königen, weil er sein Land der Jungfrau Maria geweiht hatte.

Der heilige Stephan in bildlichen Darstellungen

Die früheste und einzige zeitgenössische Darstellung ist auf dem von Stephan und Gisela gestifteten Messgewand, dem späteren Krönungsmantel aus dem Jahre 1031 zu sehen, in der Hand trägt er dort eine Lanze, auf dem Kopf eine offene Krone (Abb. 422). Die Identifikation der übrigen erhaltenen Darstellungen aus dem Mittelalter mit ihm sind alle sehr umstritten, wie zum Beispiel der Königskopf in Kalocsa oder der Bamberger Reiter. An der *Porta speciosa* in Gran aus der Zeit Bélas III. empfiehlt Stephan, deutlich erkennbar, das Reich der vor ihm thronenden Heiligen Jungfrau, dies ist zugleich die älteste bildliche Darstellung der Empfehlung. Von der zweiten Hälfte des 13. Jahrhunderts an, zum Beispiel im Berner Dyptichon, doch vor allem seit der Zeit der ungarischen Anjou-Könige, gehörte Stephan zum Ensemble der drei ungarischen heiligen Könige, er verkörperte unter ihnen den alten, weisen Herrscher. Zahllose Male wurde er als Mitglied dieser Gruppe dargestellt, in Nagyvárad, Aachen, Rom und anderswo. Die Abbildungen Stephans in Bilderzyklen lassen sich nach der Bilderchronik und dem Decretalis des Miklós Vásári rekonstruieren.

Quellen

Scriptores rerum Hungaricarum 1–2. I. Szentpétery (Red.), (Budapest 1938) 441–460; 619–627; zur Forschungsgeschichte vgl. die Reprintausgabe der SRH (Budapest 1999) 771–776, 792–794. Árpád-kori legendák és Intelmek [Legenden und Ermahnungen aus der Árpádenzeit]. G. Érszegi (Red.) (Budapest 1985)
Az államalapítás korának írott forrásai [Geschriebene Quellen der Zeit der Staatsgründung]. G. Kristó (Red.) (Szeged 1999).

Literatur

S. Vajay, Géza nagyfejedelem és családja [Großfürst Géza und seine Familie]. in: Székesfehérvár évszázadai I. A. Kralovánszky (Red.) (Székesfehérvár 1967) 63–100.
G. Györffy, István király és műve [König Stephan und sein Werk] (Budapest 1977).
T. Bogyay, Stephanus rex (Budapest 1988).
F. Glatz/J. Kardos (Red.), Szent István és kora [Sankt Stephan und seine Zeit]. (Budapest 1988).
J. Török (Red.), Doctor et apostol. Szent István tanulmányok (Budapest 1999).
G. Kristó, Írások Szent Istvánról [Schriften über St. Stephan] (Szeged 2000).

Emmerich, der Sohn König Stephans

LÁSZLÓ VESZPRÉMY

Emmerich war der Sohn König Stephans I. von Ungarn und seiner Gemahlin Gisela, Herzogstochter aus Bayern. Die Angaben und Quellen zu seinem Leben sind lückenhaft und widersprüchlich. Der kirchlichen, in einem Brevier erhaltenen Überlieferung nach wurde er im Jahre 1007, dem Érdy-Kodex von 1527 zufolge im Jahre 1000 geboren. Er hatte wohl mehrere Brüder; namentlich bekannt ist jedoch nur Otto, der seinen Namen offensichtlich als Zeichen der Verehrung für Kaiser Otto III. erhielt. Osvát Laskai, gestorben 1511, und Jakob Unrest, um 1490, bestätigten die aus anderen Quellen stammende, doch nicht genau nachprüfbare Nachricht, dass in Polen ein Sohn Bolesławs I. auch auf den Namen Otto getauft worden ist. Emmerich jedoch kann seinen Namen aus Achtung vor Heinrich II. erhalten haben, aus diesem Namen entstand später die ungarische Form „Imre", die auch Imreh, Emrich oder Emmerich lauten kann.

Obzwar die Emmerich-Legenden sein Keuschheitsgelübde betonten, berichtete die Margareten-Legende vom Ende des 13. Jahrhunderts, dass er eine byzantinische Adlige, eher eine Herzogin als eine Kaisertochter, zur Gemahlin hatte. Nach anderen, noch weniger wahrscheinlichen und späteren Überlieferungen soll seine Gemahlin eine kroatische Prinzessin oder eine polnische Herzogin gewesen sein, so steht es im Jahrbuch von Szent Kereszti, Jan Długowz. Für eine Ehe mit einer Byzantinerin würde sprechen, dass sein Vater Byzanz im Jahre 1018 Waffenhilfe leistete und dass der König in Veszprémvölgy ein griechisches Nonnenkloster stiftete. Da die Schriftquellen aber hierzu schweigen, kommen Zweifel auf. Über seine Ehefrau ist schon deshalb nichts bekannt, weil das wichtigste Motiv der Emmerich-Legende die Unterstützung der Zölibatsbestrebungen des Gregorianismus ist, worauf in Ungarn der Erlass von König Ladislaus dem Heiligen über die Beschränkung der Eheschließung der Priester im Jahre 1092, dann im Jahre 1122 der Beschluss der Synode von Gran (Esztergom) verwies, der die Ehelosigkeit der Priester obligatorisch machte. Die Betonung der Keuschheit des Herzogs beruhte auch auf dem Vorbild der „Josephsehe" zwischen Kaiser Heinrich II. und Kaiserin Kunigunde, die bereits in der zweiten Hälfte des 11. Jahrhunderts beschrieben wurde, wie auch der Schluss der Emmerich-Legende den Einfluss der Heinrich-Legende widerspiegelt.

Als Thronfolger konnte er eine höfische Erziehung erhalten haben, in der Großen Legende über Bischof Gerhard aus dem 14. Jahrhundert wird – auf vollkommen glaubwürdige Weise – Gerhard als sein Erzieher bezeichnet. Die Stephan zugeschriebenen Ermahnungen, auch unter dem Titel „Büchlein der moralischen Erziehung" bekannt, erwähnen Emmerich nicht namentlich, da sie aber vermutlich um das Jahr 1010 geschrieben wurden, dienten sie mit großer Wahrscheinlichkeit Emmerich wie ein Fürstenspiegel mit prinzipiellen Hinweisen und guten Ratschlägen für die richtige Weise des Regierens.

Sein in den Hildesheimer Annalen erhaltener Titel *dux Ruizorum* verweist zweifelsohne darauf, dass er von Stephan zur Stärkung seiner Position als Thronfolger an die Spitze einer größeren Kampfeinheit oder Bevölkerungsgruppe gestellt wurde. Dies hätten nach G. Györffy die aus Normannen und Russen bestehende königliche Leibwache, nach G. Kristó die russischen Grenzvölker im westlichen Transdanubien sein können. Als nominierter Thronfolger mußte er 1030 am Feldzug gegen den deutschen Herrscher Konrad II. teilnehmen, die Flucht der kaiserlichen Heerscharen hat offensichtlich sein Ansehen erhöht. Spätere Quellen schrieben die Ursache dieses Krieges Gisela oder gar Emmerich selbst zu. Nach Aventinus (Johannes Turmair, gestorben 1534) hätten die Erbansprüche auf Bayern von Seiten Giselas oder eben ihres einzigen Sohnes, der das Erwachsenenalter erreicht hatte, den Angriff von 1031 ausgelöst.

In den Hildesheimer Annalen wurde im Einklang mit der Hartwick-Legende und dem Preßburger Jahrbuch 1031 als das Jahr seines Todes aufgezeichnet, doch als einzige berichten sie auch über die Art seines Todes, wonach er sein Leben auf einer Wildschweinjagd verloren hätte. Der Tag seines Todes, genauer gesagt seines Begräbnisses, war der 2. September, so steht es im Pray-Kodex aus den Jahren 1192–1195. Der Ort des Jagdunfalls ist unbekannt, aufgrund des Patroziniums des Klosters von Hegyközszentimre bei Sîntimreu in Rumänien könnte es der Wald von Igyfon im Komitat Bihar, das heutige Muntii-Plopisului-Gebirge in Rumänien, gewesen sein. Dagegen dachte L. Mezey wegen des Imre-Patroziniums des Klosters in Porva an das Bakony-Gebirge. Emmerich wurde als erstes Mitglied der Königsfamilie in der Basilika des religiösen Zentrums, das sich die Dynastie damals in Stuhlweißenburg (Székesfehérvár) gerade errichtete, beigesetzt. Propst Domokos von Stuhlweißenburg kennzeichnete 1344 das Grab mit einem Gedenkstein, ihm zu Ehren wurde auch eine Kapelle erbaut.

König Ladislaus ließ Emmerich 1083 zusammen mit König Stephan, Gerhard, Zoerard oder Andreas und Benedikt heiligsprechen. Die Legende über sein Leben, die zahlreiche lokale kirchliche Beziehungen zu Veszprém, Gran und Martinsberg (Pannonhalma) enthält, könnte von einem unbekannten Benediktinermönch oder von einem Autor mit benediktinischer Bildung zu Beginn des 12. Jahrhunderts verfasst worden sein, vielleicht zwischen 1109 und 1116. Von mehreren Autoren wurde der Verfasser mit einem Gast namens Fulco identifiziert, der im Dienste des Herzogs Álmos stand. Das Werk strahlt jedenfalls eine starke benediktinische Einstellung aus und folgt dem Wortgebrauch der *Regula*, des „Dialogs" von Gregor dem Großen. Die Beschreibung der Szene, in der die Mönche in der Kirche zum Friedenskuss vor den Herzog hintreten, konnte auf einer lebendigen Tradition des Klosters beruhen. Die Legende wurde von vornherein zur Verbreitung der religiösen Verehrung Emmerichs und zu liturgischen Zwecken verfasst; über den weltlichen Emmerich erfahren wir nichts. Der Text der Chroniken, vor allem Kapitel 69, zitiert unmittelbar die Ermahnungen und die Große Stephans-Legende. Emmerich wurde ein aus der biblischen Überlieferung abzuleitender zwölfteiliger Tugendkatalog zugeschrieben, und seine Gestalt wurde im Spiegel des idoneistischen Thronfolgeprinzips dargestellt. Für seinen Feiertag ordnete die Synode von Szabolcs im Jahre 1092 keine Vigilie an, er wurde weniger feierlich begangen als der von Stephan und Gerhard. Während aber die Synode bei der Gestaltung des ungarischen Kirchenjahres die Feiertage von Andreas und Benedikt, die ebenfalls im Jahr 1083 heilig gesprochen wurden, nicht erwähnt und ihre Verehrung im lokalen Rahmen belässt, erhielt der Feiertag Emmerichs bewusst landesweite Bedeutung, denn seine Verehrung konnte der Dynastie nützlich sein. Seine Feiertage, der 2. September und der Tag seiner Heiligsprechung, der 4. oder 5. November, kamen bereits in den frühesten ungarischen liturgischen Handschriften vor, seine liturgischen Gebete betonten im vollen Einklang mit seiner Legende den frühen Tod des Herzogs und seine Verachtung der weltlichen Freuden. Seine Legende wurde auch in den Anhang der *Legenda aurea* des Jacobus de Voragine aufgenommen, der ungarische Legenden vom Ende des 15. Jahrhunderts enthielt, die das nationale Selbstbewusstsein widerspiegeln.

Seit dem 12. Jahrhundert war seine Verehrung in Ungarn ungebrochen, an seinem Grab in Stuhlweißenburg trugen sich der Legende nach zahlreiche Wunder zu, doch erreichte er nicht den gleichen Grad der Verehrung wie sein Vater. Er hatte mehrere Dutzend Kirchen- und Altarpatrozinien, sogar in Polen wurde er seit dem 13. Jahrhunderts an verehrt. Sein Zentrum dort war die Benediktinerabtei zum Heiligen Kreuz in Lysa Góra bei Kielce, weil er laut der Überlieferung mit seiner polnischen Ehefrau nach Polen zog und den Mönchen eine Reliquie vom Heiligen Kreuz schenkte. Die Hirschjagd von Herzog Emmerich, die die Stiftung des Klosters begründete, wird auch mit der ungarischen Legende vom Wunderhirsch in Beziehung gebracht. Seine Reliquien gelangten im 14. Jahrhundert nach Passau, zusammen mit denen der heiligen ungarischen Könige dann auch nach Aachen und Köln.

Sein vermutlich frühestes Bild ist auf dem Krönungsmantel von 1031 zwischen den Abbildungen von König Stephan und Königin Gisela zu sehen. Die gemeinsame Darstellung der heiligen Könige aus dem Hause der Arpaden, Stephan, Emmerich und Ladislaus, und ihre Verehrung ist seit den letzten Jahrzehnten der Arpadenherrschaft an nachweisbar, das erste Zeugnis ist das Berner Dyptichon mit der Darstellung der ungarischen Heiligen. Die Verehrung Emmerichs im 12. Jahrhundert bezeugte auch, dass Béla III., der in Byzanz erzogen worden war und bewusst auf ungarische Traditionen zurückgriff, sein ältestes Kind auf den Namen Emmerich taufen ließ, noch vor den Namen Andreas, Salomo und Stephan. Die Mode der Darstellung der heiligen Könige stand seit der Anjouzeit an in Blüte, nicht zuletzt durch den Einfluss des Kults der Heiligen Drei Könige in Köln. Von dieser Zeit an wurden sie in den geistlichen Zentren zusammen dargestellt, so wie in Stuhlweißenburg. Den Arbeiten der Brüder von Kolozsvár war es zu verdanken, dass dies auch für Nagyvárad zutraf. Seine zunehmende Verehrung im 14. Jahrhundert bewies auch die Tatsache, dass das Missale von Gran für seinen Festtag zuerst noch keine selbstständigen Gesänge angab, im dritten Viertel des 14. Jahrhunderts war dies dann der Fall. In der Bilderchronik von 1358 wurde die auch in der Legende beschriebene Bestattung des Herzogs festgehalten, in der Hand hielt er den Reichsapfel, das

Kreuz und das Szepter. In anderen Darstellungen des 14. Jahrhunderts war auch die Lilie zu sehen, die auf das Keuschheitsgelübde verweist. Auch seine Darstellung in Bilderzyklen beruhte auf seiner Legende, so war er im ungarischen Anjou-Legendarium mit der Krone auf dem Haupt zu sehen. Im 14. Jahrhundert wurde er auf den Wandgemälden zahlreicher Kirchen, vom 15. Jahrhundert an auf Altargemälden dargestellt, zum Beispiel in Mateóc in der Slowakei. Häufig war er wie König Ladislaus mit einem Panzer gerüstet zu sehen. Schon im Kreis der heiligen Könige verkörperte er die Jugend, seit dem Barock wurde er als Schutzheiliger der ungarischen Jugend in den Schulen verehrt.

Quellen

Scriptores rerum Hungaricarum 1–2. I. Szentpétery (Red.) (Budapest 1938) 441–460.; zur Geschichte der Forschung: Reprintausgabe von SRH (Budapest 1999) 777–779. G. Érszegi (Red.), Árpád-kori legendák és Intelmek [Legenden und Ermahnungen aus der Árpádenzeit] (Budapest 1985). – G. Kristó (Red.), Az államalapítás korának írott forrásai [Geschriebene Quellen aus der Zeit der Staatsgründung] (Szeged 1999).

Literatur

S. Tóth, Magyar és lengyel Imre-legendák [Ungarische und polnische Legenden über Emmerich]. Acta Historica 11 (Szeged) 1962.
J. Bollók, A Szent Imre-legenda [Die St. Emmerichlegende]. in: J. Takács u. a. (Red.), Mons Sacer 1996. Pannonhalma 1000 éve. Bd 1 (Pannonhalma 1996) 341–355.
J. Török, Szent Imre a történeti kutatás világánál [St. Emmerich im Lichte der historischen Forschung]. in: J. Török (Red.), Doctor et apostol. Szent István tanulmányok. (Budapest 1994) 199–211.
K. Körmendy/B. Holl/J. Szendrei, Szent Imre tisztelete a 14. században [Die Verehrung von St. Emmerich im 14. Jahrhundert]. Magyar Könyvszemle 113, 1997, Nr. 2. 125–148.

Die dynastischen Heiligen und Landespatrone: Wenzel, Ludmilla und Adalbert

DUŠAN TŘEŠTÍK

Der erste slawische Heilige war sehr wahrscheinlich kein Mann, sondern eine Frau, die böhmische Fürstin Ludmilla (Ludmila). Im Jahre 921 ließ ihre Schwiegertochter Drahomir sie aus politischen Gründen ermorden. Sie führte nämlich gemeinsam mit Ludmilla die Regentschaft für ihren minderjährigen Sohn Wenzel, der Streit beider Frauen endete mit Mord. Sobald Wenzel (Václav) – ungefähr im Jahre 925 – selbst die Regierung übernahm, ließ er seine Großmutter vom Ort des Geschehens, der Burg Tetín, nach Prag überführen, wo er sie unter (nicht allzu bereitwilliger) Teilnahme des Regensburger Bischofs Tuto feierlich in der St. Georgskirche bestattete. Dies könnte auf einen „Kanonisationsversuch" durch Translation hindeuten; sofern Wenzel diese Absicht hatte, war er nicht sehr erfolgreich. Der Kult Ludmillas entfaltete sich nämlich nicht und blieb auf St. Georg beschränkt, an dem gleichzeitig mit der Bistumsgründung nach dem Jahre 974 das erste Frauenkloster in Böhmen entstand. Bei dieser Gelegenheit wurde die erste Legende geschrieben. Diese nahm dann Christian zu Beginn der neunziger Jahre des 10. Jahrhunderts in sein Werk über die böhmischen Heiligen auf und sicherte so Ludmilla eher einen literarischen Ruhm als einen tatsächlichen Kult.

Einen wirklichen Erfolg als Heiliger hatte erst ihr Enkel Wenzel. Man kann nicht über ihn sagen, dass er in irgendeiner Form mit seinem christlichen Eifer die übrigen Herrscher aus dieser Zeit übertraf, er wurde jedoch im Jahre 935 von seinem Bruder Boleslav ermordet. Das archaische Denkmuster des Brudermordes, das noch dadurch potenziert wurde, dass die Namen der Brüder Václav („Mehr Ruhm") und Boleslav (auch „Mehr Ruhm") auf Zwillinge hinweisen, wie bei den typischen Helden solcher Gründermythen (Romulus und Remus, Kain und Abel), war der Grund, dass dieser Mord im Denken des Volkes auf diese mythische Ebene „übertragen" wurde. Noch gegen Ende des 11. Jahrhunderts musste der Prager Bischof seine Priester ermahnen, sie sollen den Gläubigen erklären, dass Wenzel nicht deshalb ein Heiliger ist, weil er von seinem Bruder erschlagen wurde, sondern weil er ein heiliges Leben führte. Auch sonst reagierte der beginnende kirchliche Kult auf diese „weltliche" beziehungsweise „volkstümliche" Heiligkeit Wenzels. Dieser war in den Legenden nicht nur „Spezialist" für die Befreiung von Menschen aus Kerkern (selbstverständlich ohne Rücksicht auf deren Schuld), er zerstörte sogar Kerker und Galgen und lehnte es ab, Leute zum Tode zu verurteilen. Mit all diesem, das die alte Stammesgesellschaft nicht kannte, belastete der neue Staat Boleslavs die Menschen. Der Kult reagierte hier offensichtlich auf die Vorstellung des Volkes, dass Wenzel ein guter Herrscher war „unter dem es solche Sachen nicht gab".

Dies erklärt vielleicht die sonst ziemlich überraschende Tatsache, dass es gerade der Mörder Boleslav war, der sein Opfer zum Heiligen machte. Irgendwann am Ende der sechziger Jahre (nicht drei Jahre nach dem Mord, wie die Legenden behaupten) veranlasste er die Translation Wenzels, also die eigentliche Kanonisation. Dadurch, dass er Wenzel zum christlichen Heiligen machte, dämpfte er einerseits die „staatsfeindlichen", um den „guten Fürsten Wenzel" kreisenden Stimmungen im Volk, vor allem gewann er aber mit seinem neuen Heiligen ein Argument bei seinen Verhandlungen mit dem Papst über ein Bistum in Prag und auch in Mähren. Wenzel fiel natürlich unter eine ungewöhnliche Heiligenkategorie und die Hagiographen hatten beträchtliche Schwierigkeiten damit. Die unter den in Prag wirkenden Regensburger Mönchen um das Jahr 975 entstandene Legende *Crescente fide* schildert Wenzel als einen reformfreudigen Mönch, der seine Herrscherpflichten nur unter Zwang ausübte. Dies bestimmte dann das hagiographische Bild Wenzels. Der tatsächliche Kult wich jedoch bald davon ab und verbreitete sich sehr schnell, nicht nur in Böhmen, sondern auch im Reich. In Böhmen wurde Wenzel nicht nur zum Patron der Prager Kirche, sondern auch ganz Böhmens und der herrschenden Dynastie. Er wurde aber weiterhin als Heiliger verehrt, ein mächtiger Fürsprecher für die Dynastie und das Land.

Dies änderte sich jedoch in der zweiten Hälfte des 11. Jahrhunderts. Wenzel, der bis dahin wie jeder andere Heilige dargestellt wurde, erscheint jetzt als Fürst in Rüstung und als Krieger. Er wird zum Patron des böhmischen Landes, nicht nur des Fürsten und seines Geschlechtes. Sein Feiertag, der 28. September, wird zum „Nationalfeiertag" umgewandelt, an dem der Fürst eine große Festversammlung mit seinen Getreuen veranstaltet. Der Hauptinhalt des Festtages ist ein Festmahl – so groß, dass Wenzel in der Meinung des Volkes sogar zum Beschützer der Trinker wird und die Hagiographen zu Beginn des 13. Jahrhunderts es für ihre Pflicht halten, ihn von dieser Anschuldigung reinzuwaschen. Sein Kult traf hier offenbar wieder mit einer alten „heidnischen" Tradition zusammen, mit einem der traditionellen Jahresfeste des Sommerendes beziehungsweise des Erntedankes.

Wenzel greift in alle wichtigen Staatsgeschäfte ein, tritt als Helfer in Schlachten auf; die Reichslanze, welche Heinrich IV. Vratislav II. aus der Beute der Schlacht bei Flarchheim im Jahr 1080 überließ, wurde schnell zur Lanze des heiligen Wenzel und, mit der Fahne des heiligen Adalbert versehen, diente sie als Banner des böhmischen Heeres. Wenzels Bild, seit dem Anfang des 11. Jahrhunderts auf Münzen üblich, erschien auch auf den Siegeln Vratislavs II. und seiner Nachfolger. Dies waren zweiseitige so genannte Münzsiegel mit dem Bild des Fürsten auf der einen und dem Bild des heiligen Wenzel als Fürsten auf der anderen Seite sowie der Umschrift: PAX SANCTI WENCEZLAI IN MANUS DUCIS N. N.

Diese Siegelseite diente wohl auch als *sigillum citationis*, mit dem sich der Kämmerer bei Gerichtsvorladungen auswies. Im 13. Jahrhundert trug das Siegel des Landesgerichtes, der Hauptbehörde der adeligen Landesgemeinde, die Inschrift *Sanctus Wenczelaus citat ad iudicium*, es war also Wenzel, in dessen Hand die Gerichtsbarkeit lag, oder eher die dort zu findende Gerechtigkeit beziehungsweise das Recht.

Zu Beginn des 12. Jahrhunderts bekam Wenzel einen Gefährten, den heiligen Adalbert-Vojtěch, mit dem er regelmäßig auf Münzen und anderswo abgebildet wurde. Adalberts Kult konnte verständlicherweise in Böhmen nicht Fuß fassen, er entfaltete sich dort erst nachdem Břetislav I. Adalberts Reliquien im Jahre 1039 aus Gnesen (Gniezno) nach Prag überführte, um dadurch ein Argument für das von ihm angestrebte Erzbistum zu gewinnen. Zum Förderer des Adalbert Kultes wurde die Prager Kirche, die auch einen werbewirksamen Kampf um die Echtheit der Reliquien gegen Gnesen führte. Die Chronik des Prager Domdechanten Cosmas macht Adalbert sogar zum Begründer des Prager Bistums. Der Patron der ersten Kirche des Landes wurde so bald neben Wenzel zum Landespatron.

Das alles mündete in der ersten Hälfte des 12. Jahrhunderts in die Vorstellung, dass der eigentliche Herrscher Böhmens nicht der momentan regierende Fürst war, sondern der ewige, niemals sterbende Fürst Wenzel. Er war auch der Besitzer der fürstlichen Güter und der oberste Eigentümer sämtlichen Bodens und aller Menschen im Lande. Der zeitliche Fürst ist nur sein Stellvertreter – *vicarius*. Überall im christlichen Europa war der Herrscher *vicarius Christi*, nur in Böhmen war er der Stellvertreter eines Heiligen aus der heimischen Dynastie, des ewigen Herrschers.

In Europa wurden etliche Herrscher heilig gesprochen, meistens aber mit lokaler Beschränkung. Im 12. Jahrhundert – dem Jahrhundert der heiligen Könige – änderte sich dies. In mehreren Ländern kam es zu Kanonisationen von Herrschern. Zunächst in Ungarn, wo Stephan bereits im Jahre 1083 kanonisiert wurde, dann Heinrich II. auf Antrag des Bamberger Bistums im Jahre 1146. Es folgte die Kanonisation des letzten angelsächsischen Königs Edwards des Bekenners, so dass es am Ende dieses Jahrhunderts bereits eine ganze Reihe heiliger Könige gab. Oft war die herrschende Dynastie daran interessiert, durch einen heiligen Ahnen selbst geheiligt zu werden, noch häufiger spielten hier jedoch die Bestrebungen einer kirchlichen Institution eine Rolle, die ihr Ansehen (und somit ihre Einkünfte) dadurch zu erhöhen suchte, dass sie Reliquien eines heiligen Herrschers beherbergte.

Einen unerwarteten Erfolg brachten in dieser Hinsicht die Bestrebungen des Klosters St. Denis bei Paris. Dessen Abt Suger vermochte die Gläubigen und den Herrscher zu überzeugen, das der heilige Dionysius der Patron Frankreichs war und der König sein Lehnsmann. In einem ähnlichen Vasallenverhältnis zum heiligen Jakobus von Compostela befand sich in jener Zeit auch der spanische König. Zum „ewigen König" Norwegens wurde der heilige Olaf und der norwegische König empfing von ihm das Land als Lehen. In alledem spielten aber die Interessen des Klosters St. Denis und der Bistümer in Compostela und Trondheim die entscheidende Rolle. Die einzige tatsächliche Entsprechung zum heiligen Wenzel, dessen Kult von solchen partikularen Interessen unabhängig war, bildete eigentlich der heilige Markus, Patron und ewiger Herrscher Venedigs, welcher sein Land dem regierenden Dogen auf Zeit verlieh der in dessen Namen auch internationale Verträge schloss. Dieses Konzept des „ewigen Herrschers" war eine Art Konkretisierung des abstrakten Staatsbegriffes

543 Der heilige Wenzel, Codex Vijšehradensis bzw. Krönungscodex von 1085. Praha, Národní knihovna České republiky, Ms. XIV. A. 13. – Kat. 26.01.02.

durch einen Heiligen. Dieser bezeichnete etwas, was unabhängig vom zeitlichen Herrscher existierte, seine sterbliche Person überstieg und „ewig" dauerte. Ein ähnliches Zeichen war die „Krone des Königreiches". Sie erscheint in der Mitte des 12. Jahrhunderts in Frankreich und England, gleichzeitig aber auch in Böhmen. Krone und Heiliger beziehen sich auf das, was die Macht des zeitlichen Herrschers wirklich überdauert und ihr Kontinuität verleiht, auf die Gemeinschaft seiner politisch aktiven, überwiegend adligen Untertanen, auf etwas, was wir Nation oder „politische Nation" nennen könnten. So ist auch das 12. Jahrhundert die Zeit, in der diese mittelalterlichen Nationen entstehen.

In Böhmen bezeichnete man diese Nation als *familia sancti Venceslai* – „Gesinde" (nicht Familie!) des heiligen Wenzels. Zusammengehalten wurde sie einerseits eben durch diese Treue des Gesindes zu seinem Herrn, anderseits durch den Vertrag, den sie mit dem Přemyslidengeschlecht in grauer Vorzeit schloss, als sie Přemysl den Pflüger auf den steinernen Thron berief, vor allem aber durch den „Frieden" als gemeinsamen Zweck des Staates. Die Umschriften der Siegel der böhmischen Fürsten besagten, dass der Fürst den ihm vom heiligen Wenzel verliehenen „Frieden" hält; also eine Art allgemeinen Schutz des ganzen Landes, der vom heiligen Wenzel garantiert und vom zeitlichen Fürsten vorübergehend verwaltet wurde.

Dieser Friede war aber kein bloßer Friede unter Menschen, er war viel mehr. Eine der ältesten böhmischen Steuern war die in Geld von allen Freien erhobene Friedenssteuer – *tributum pacis*, offensichtlich so benannt, weil sie als Rekompensation für den vom Fürsten gewährten Frieden erhoben wurde. Von so einer „Friedenssteuer" berichtet auch Snorri Sturlusson in seiner Heimskringla. Nach ihm zahlten die Schweden Odin, als dieser noch auf Erden herrschte, eine Geldsteuer dafür, dass er das Land verteidigte und für „den Frieden und das gute Jahr", das heißt Ernte und Fruchtbarkeit, sorgte. Svatopluk führte in Mähren eine Hochzeitssteuer in Form von Gewändern ein. Eine ähnliche sehr archaische Steuer für Fruchtbarkeit kennt man auch aus Irland und wohl auch aus Russland. Dies bedeutet, dass der Herrscher (offensichtlich als Opferpriester) eine gewisse Verantwortung für die Fruchtbarkeit der Felder und Frauen trug, die er dem Volk „zur Verfügung stellte" und gleichzeitig für dieses verwaltete, was die Slawen „Frieden" („mir") nannten. Dies war ein urslawischer religiöser Begriff, den die Slawen, wie die meiste Terminologie ihrer Religion, von den Iranern übernommen hatten. Ursprünglich handelte es sich um den Namen des indoeuropäischen Gottes Mithra, der die Menschen zu einer Sozialstruktur zusammenfügt und für diese sorgt, indem er über den Frieden, das heißt über Abkommen und Verträge wacht. Der urslawische Friede bedeutete nicht, dass es keinen Krieg gab. Er war auf Versöhnung und das Gleichgewicht unterschiedlicher Meinungen ausgerichtet. Er bezog sich auf den inneren Zustand der Gemeinschaft und nicht auf deren Beziehungen zu anderen Gemeinschaften. Diese geschlossene Gemeinschaft war eine Welt für sich, daher bedeutete „mir" auch „Welt". Es ging nämlich um die Welt der Menschen im Unterschied zu der Welt der Unmenschen. Eine Welt, in der geordnete zwischenmenschliche Beziehungen herrschen, eine kultivierte, vermenschlichte Welt im Unterschied zur unkultivierten Welt, jenseits der Grenzen der ersteren Welt, mit Wald, wilden Tieren und Barbaren. Diese kultivierte Gemeinschaft definierte gleichzeitig die Menschheit als solche, als ein Bündnis von Menschen, welche in geordneten menschlichen Verhältnissen auf einem kultivierten (bewohnten und bebauten) Territorium leben. Jeder Einzelne hatte Anteil an diesem Frieden – daher bedeutete „mir" auch „Ehre und Achtung" –, der den sozialen Status garantierte. Der Frieden war also eine Art absolute letzte Instanz, reine Gerechtigkeit, übernatürlich festgelegte ewige Ordnung und aus der Sicht der jeweiligen Gemeinschaft auch die reine Souveränität und Herrschaftsvoraussetzung.

Der in die Hände des zeitlichen Fürsten der Böhmen verliehene Frieden des heiligen Wenzels war also die ewige, durch eine Regierung zu verwaltende Gesellschaftsordnung – eine uralte archaische Tradition durchdrang hier überraschend „moderne", auf einen abstrakten Staatsbegriff abzielende Gedanken. *Familia sancti Venceslai*, die mittelalterliche böhmische Nation, war eine Gemeinschaft dieses Friedens, welcher sowohl auf die Menschen, als auch auf das Territorium, auf „alle Böhmen" und das „böhmische Land" gleichzeitig bezogen war, es war also kein rein persönliches, sondern auch ein territoriales Bündnis.

Irgendwann um das Jahr 1170 entstand wohl in Prag das Manuskript von Augustinus' Schrift *De civitate Dei*, auf dem Titelblatt mit einem ganzseitigen Bild der Gottesstadt geschmückt, das mit Gestalten des auserwählten Gottesvolkes, Engeln, Propheten, Märtyrern, Bekennern, heiligen Jungfrauen und „Böhmen" ausgefüllt ist – diese sind durch vier Halbgestalten eines Bischofs, eines Mönchs, eines bärtigen Laien und einer verheirateten Frau in der äußersten rechten Ecke repräsentiert. Die Böhmen sind also ein auserwähltes Volk

– etwas womit der universal denkende und „Völker" ablehnende Augustinus nie hätte einverstanden sein können.

Die Welt des böhmischen Autors ist aber überhaupt nicht universal, seine Welt ist die „moderne", aus den einzelnen Völkern zusammengesetzte *Christianitas*, und nicht die universale Welt des Papsttums und des Kaisertums.

Aber dahinter steht wiederum der „Frieden". Der Maler der Miniatur hatte offenbar Augustinus' Definition der geordneten menschlichen Gesellschaft (*Populus* zum Unterschied von *Gens*) im Sinn mit Liebe zum Frieden als Zweck dieser Gemeinschaft vor Augen; gleichzeitig spielte er aber auch auf den vom heiligen Wenzel erhaltenen Frieden an. Er verstand seine Nation nicht so sehr ethnisch, sondern mehr politisch, als eine zum Zweck des „Friedens" vereinigte Gesellschaft. Augustins' Gottesstadt verschmolz ihm ganz natürlich mit der böhmischen Landeskirche und dem böhmischen Staat. Unsere Miniatur ist die erste Darstellung einer Nation im Mittelalter überhaupt, vielleicht wurde der nationale Gedanke nirgendwo anders so prägnant und ambitiös zum Ausdruck gebracht.

Literatur:

Graus 1980b; 1981. – Merhautová/Třeštík 1983a. – Radoměrský/Ryneš 1958. – Třeštík 1968; 1988.

Der heilige Wenzel: Kult und Ikonographie

FRANZ UND MARGARITA MACHILEK

In der Kapelle St. Wenzels

Alle Wände in der Halle
voll des Prachtgesteins; wer wüßte
sie zu nennen: Bergkristalle,
Rauchtopase, Amethyste.

Zauberhell wie ein Mirakel
glänzt der Raum im Lichtgetänzel,
unterm goldnen Tabernakel
ruht der Staub des heilgen Wenzel.

Ganz von Leuchten bis zum Scheitel
ist die Kuppel voll, die hohle;
und der Goldglast sieht sich eitel
in die gelben Karneole.

(*Rainer Maria Rilke*)

Memoria, Verehrung und Ikonographie des Herzogs und böhmischen Landesheiligen sind für einen Zeitgenossen von heute an keiner anderen Stelle so lebendig wie in der im Auftrag Kaiser Karls IV. über dem ursprünglichen Ort des Grabes im Veitsdom zu Prag errichteten und 1367 geweihten Wenzelskapelle. In eindrucksvoller Weise hat der junge Rainer Maria Rilke die Atmosphäre dieses Raums in dem zitierten dreistrophigen Gedicht eingefangen, das sich in seinem Zyklus „Aus dem Larenopfer" von 1895 findet. Neben der Tumba des Heiligen birgt die Kapelle eine Reihe weiterer wichtiger Zeugnisse der Verehrung des heiligen Wenzel und herausragender künstlerischer Darstellungen von ihm: die wohl von Heinrich Parler 1373 geschaffene polychromierte Standfigur über der Tumba, ein Tafelbild der Ermordung Wenzels an der Kirchentür zu Altbunzlau (Stará Boleslav) vom Meister I.W., den vor 1509 entstandenen monumentalen Wenzelszyklus vom Meister des Leitmeritzer Altars an den Hochwänden der Kapelle sowie den bronzenen Wenzelsleuchter des Hans Vischer aus Nürnberg aus dem Jahr 1543. In der Schatzkammer über der Wenzelskapelle sollte nach dem Willen Karls IV. die in seinem Auftrag wohl aus der alten Krone der Přemysliden umgearbeitete neue Königskrone für alle Zeiten auf dem Schädel des heiligen Wenzel aufliegen. Der Heilige wurde als eigentlicher Eigentümer der seither mit seinem Namen verbundenen Krone angesehen; diese sollte zu den Krönungen und anderen feierlichen Anlässen vom heiligen Wenzel gleichsam nur „ausgeliehen" werden. Die Herrschaft des böhmischen Königs wurde auf diese Weise dem Schutz des vornehmsten Patrons des Landes unmittelbar unterstellt. Karl IV. hat als Sohn einer Přemyslidin bewusst an die Traditionen des böhmischen Staates und der böhmischen Nation angeknüpft und hat der Verehrung Wenzels, dessen Namen er selbst in der Taufe erhalten hatte, von Anfang an einen besonderen Stellenwert eingeräumt. Die besondere Verehrung (*specialis devocio*) Karls für den heiligen Wenzel hat schon Wenzel Krabice von Weitmül, einer seiner Biographen, hervorgehoben; Karl selbst widmete der Memoria Wenzels eine von ihm selbst verfasste Legende, in der er den Heiligen als Begründer der staatlichen und religiösen Traditionen und Träger der auf ihnen beruhenden böhmischen Staatsidee vorstellte.

In den Schatzverzeichnissen des Prager Domes nehmen die Wenzelsreliquien einen besonderen Platz ein. Im ältesten erhaltenen Verzeichnis aus dem Jahr 1354 steht das Wenzelshaupt an der Spitze der dort gehüteten Schätze. Auf der Prager Burg wurde darüber hinaus eine Reihe weiterer, mit Wenzels Namen verbundener Reliquien gezeigt, die in der Mehrzahl seine Wehrhaftigkeit und Herrscherwürde betonten: so vor allem die so genannten Wenzelsrüstung, die Wenzelslanze, der noch aus dem 10. Jahrhundert stammende Wenzelshelm und das Wenzelsschwert aus dem 14. Jahrhundert. Demgegenüber sollte das bereits zum Jahr 1143 erwähnte härene Wenzelshemd seine Bußgesinnung zum Ausdruck bringen.

Als ehrwürdige Reliquie galt seit Jahrhunderten auch der Türklopfer in Form eines Löwenhauptes an der nordseitigen Tür vom Dominneren zur Wenzelskapelle, den der sterbende Heilige nach der Tradition während seines Martyriums in Altbunzlau ergriffen haben soll. Der Türklopfer wurde in naturgetreuer Form in die bildlichen Darstellungen des Wenzelsmartyriums übernommen, so unter anderem in das Tafelbild des Meisters I.W. und in das Wandfresko des Meisters des Leitmeritzer Altars; der Löwenkopf ist dabei als Zeichen der eigentlichen Überlegenheit und Stärke des Sterbenden gegenüber dem Brudermörder zu verstehen. Bei dem erhaltenen Türklopfer handelt es sich um einen Bronzeguss aus der zweiten Hälfte des 12. Jahrhunderts.

Die äußeren Umstände des wohl am 28. September 929 erfolgten Todes Wenzels zu Altbunzlau werden in den frühen Legenden in eindrucksvoller Weise geschildert. Danach wurde Wenzel nach einem durch seinen eigenen Bruder ausgeführten Schwerthieb und anschließendem Zweikampf mit diesem vor der Kirche der heiligen Cosmas und Damian von einem Gefolgsmann Boleslavs an der Hand verwundet, dadurch kampfunfähig gemacht und schließlich an der Tür zur Kirche, in der er Asyl suchen wollte, erschlagen. Als Hintergründe der Tat werden in der historischen Forschung politische bzw. innerfamiliäre Auseinandersetzungen angenommen; als mögliche auslösende Faktoren gelten die durch Wenzel vollzogene Annäherung Böhmens an Sachsen, die Aufteilung des přemyslidischen Besitzes nach Wenzels Regierungsantritt, die für Boleslav und die von ihm angeführte Opposition nicht annehmbar gewesen sei, und der wachsende Einfluss des Klerus am Hof. In Wenzels Umgebung wurde sein Tod offensichtlich schon unmittelbar nach der Tat als Martyrium in christlichem Sinn gedeutet. Im Rahmen der sofort einsetzenden Verehrung Wenzels als Märtyrer wurde von Anfang an das Wirken des jungen Herrschers für die Kirche und seine Frömmigkeit hervorgehoben. Entgegen der Version in den späteren Viten hat Wenzel das Martyrium nach dem Zeugnis der ältesten Legenden nicht von vorneherein gesucht, sondern hat zunächst mannhaft um sein Leben gekämpft.

Boleslav I. selbst ließ die Gebeine Wenzels schon drei Jahre nach dessen Tod in die auf Wenzels Initiative in der Prager Burg errichtete Kirche St. Veit übertragen, der Vorgängerin der späteren Domkirche. Als Motive Boleslavs für die Übertragung werden Berichte über Wunder an Wenzels Grab und das Bemühen um Zurückdrängung der dem Christentum ablehnend gegenüberstehenden Kräfte angenommen. Mit der Translation wurde die Prager Burg zum Zentralort der Wenzelsverehrung; mit der Erhebung Prags zum Bistum 973 stieg die Grabkirche des heiligen Wenzel zur Domkirche auf. Sie behielt zwar ihr ursprüngliches St. Veitspatrozinium, doch wurde diesem in der Folgezeit vielfach auch das Wenzelspatrozinium hinzugefügt. Papst Gregor VII. sprach dementsprechend 1074 von der Prager Burg als *castrum sancti Wenzlai*.

Die Feier des Todestags Wenzels am 28. September und die Feier seiner Translation am 4. März sind seit dem 10. Jahrhundert belegt; der Kreis der Wenzelsfeste wurde auf Initiative Kaiser Karls IV. später (1348) um die *Recollectio ossium s. Wenceslai* am 27. Juni sowie seit 1367 um die *Dedicatio capelle sancti Wenceslai* am 10. September erweitert.

Nach dem um 1384 entstandenen *Liber breviarius* der Prager Domkirche, der heute in der Handschriftenabteilung in der Universitätsbibliothek Würzburg verwahrt wird (M.p.th.f. 131) und den weiteren Ordinarien dieser Kirche spielten Wenzelsgrab und Wenzelsaltar bei den Stationsfeiern und Prozessionen der Domliturgie ein wichtige Rolle. Seit Beginn des 11. Jahrhunderts gelangten Wenzelsreliquien auch über die Grenzen Böhmens hinaus. Bei der Weihe des Bamberger Doms 1012 wurden Wenzels- und Adalbertsreliquien beigesetzt. Wenzelsreliquien sind weiterhin unter anderem auch in Quedlinburg, Halberstadt, Erfurt, Trier, Tegernsee und Ranshofen belegt.

In literarischer Form fand das Bild des Heiligen seinen Ausdruck in zahlreichen Wenzelslegenden und -hymnen. Die breite Überlieferung der älteren Legenden belegt die frühe Ausstrahlung der Verehrung des ermordeten Herzogs in das Reich einschließlich Reichsitalien sowie nach Osten bis in die Kiewer Rus'. Die Beschäftigung mit den Wenzelslegenden und ihrer Überlieferung zählt von jeher zu einem *officium nobile* der tschechischen Historiker und Philologen sowie der Bohemisten im Ausland, so von J. Pekař über R. Urbánek, F. Michálek Bartoš, Z. Fiala, F. Graus, D. Třeštík, J. Staber, H. Jilek und F. Seibt bis zu J. Hošna bzw. von M. Weingart über J. Ludvíkovsky, O. Králik und J. Nechutová bis zu V. Konzal. Im folgenden soll wenigstens überblicksweise auf die wichtigsten Legendentexte und Hymnen hingewiesen werden:

– Erste lateinische Legende (*Crescente fide*), Böhmen, entstanden bald nach dem Tod Boleslavs I. († 967); ursprüngliche Fassung offenbar verloren; überliefert in bayerischer (Regensburg, St. Emmeram, wohl noch 10. Jahrhundert) und böhmischer Rezension (Zwiefalten, erste Hälfte des 12. Jahrhunderts).

– Erste slawische Legende des heiligen Wenzel, Böhmen, wohl erst nach *Crescente fide* entstanden (nach anderer Auffassung bereits bald nach Wenzels Tod, um 940), überliefert in kroatisch-glagolitischer Redaktion.

– Gumpold von Mantua, *Vita Venceslai ducis Bohemie* (*Studiorum igitur genera*), verfasst im Auftrag Ottos II. (973–983) zwischen 975 und 985 auf der Grundlage von *Crescente fide*; die Gumpoldslegende wurde wohl noch vor der Jahrtausendwende (zwischen 994 und 1000) in das Slawische übersetzt, am ehesten im Benediktinerkloster Sazau (Sázava).

Christian, *Vita et passio sancti Wenceslai et sancte Ludmile ave eius*, entstanden wohl in der Zeit Bischof Adalberts von Prag (983–997) um 990 (nach anderer Auffassung später, bis hin in das 14. Jahrhundert).

– Laurentius von Monte Cassino, *Passio sancti Wenzeslai regis*, Ende des 10. Jahrhunderts oder um 1039.

– Zweite slawische Legende des heiligen Wenzel, Böhmen, spätes 10. oder frühes 11. Jahrhundert; überliefert in russisch-kyrillischer Redaktion in Handschriften von Kazan und Petersburg des frühen 16. Jahrhundert bzw. der zweiten Hälfte des 16. Jahrhunderts.

– Verslegende *Oportet nos fratres*, wohl Italien, Anfang des 11. Jahrhunderts.

– Slawische Kurzlegende (Prologlegende) zum Fest des heiligen Wenzel (28. September), spätes 11. Jahrhundert; überliefert in russischer Version der zweiten Hälfte des 12. oder zu Beginn des 13. Jahrhunderts in Handschriften des späten 13. oder frühen 14. Jahrhunderts.

– Slawische Kurzlegende (Prologlegende) zur Translation des heiligen Wenzel (4. März), spätes 11. Jahrhundert; überliefert in russischer Version der zweiten Hälfte des 13. oder beginnenden 14. Jahrhunderts in Handschriften des 13. bis 15. Jahrhunderts.

– Wenzelslegende *Ut annuncietur* (2 Versionen), Böhmen, um die Mitte des 13. Jahrhunderts.

– Wenzelslegende *Oriente iam sole*, Böhmen, um die Mitte des 13. Jahrhunderts.

– Karl IV., Wenzelslegende *Crescente religione christiana*, gegen Mitte des 14. Jahrhunderts.

– Slawische Gesänge zum Fest des heiligen Wenzel (28. September), spätes 10. Jahrhundert.

– Wenzelslied *Svatý Václave, vévodo èeské země*, Böhmen, 13. Jahrhundert.

– Johann von Jenstein, lateinische Wenzelshymnen, um 1390.

Gemäß dem älteren Typus des Herrscher-Märtyrers wurde Wenzel in den frühen Legenden als ein durch Frömmigkeit und Askese hervorragender Fürst glorifiziert. Ein wichtiges Element seiner Heiligkeit bildete dabei sein Bemühen um die Verwirklichung der *Civitas Dei* im Sinne des heiligen Augustinus. Christian stellt in seiner Wenzelslegende die Reihe der Vorfahren des Heiligen in den Rahmen einer umfangreichen Darstellung der Christianisierung des Landes.

Zu den herausragenden bildlichen Darstellungen Wenzels in der Frühzeit gehören die Miniaturen in der von Emma († 1006), der Gemahlin Herzog Boleslavs II. (967/973–999) gestifteten Abschrift der Wenzelslegende des Gumpold von Mantua, die um die Jahrtausendwende wohl von einem in Hildesheim geschulten Illuminator möglicherweise am Prager Hof geschaffen wurden (Wolfenbüttel, Cod. Guelf. 11.2 Aug.). Das Dedikationsbild zeigt in einer ganzseitigen Miniatur die Stifterin in einer byzantinischen Vorbildern folgenden demütigen Haltung zu Füßen des Heiligen, der von dem in himmlischer Sphäre erscheinenden Pantokrator die Märtyrerkrone empfängt (fol. 18v). Wenzel trägt in der Linken eine Lanze. Eine zweite Miniatur des Codex zeigt in der oberen Hälfte eine zweiszenige Darstellung des Martyriums des Heiligen (fol. 21r): In der linken Szene wehrt Wenzel den Angriff seines Bruders Boleslav ab; die rechte Szene zeigt den nach seiner Verwundung vor die Tür der Kirche zu Altbunzlau geflohenen Wenzel, der erneut von Boleslav angefallen wird und dem ein Priester den Zugang in die Kirche verwehrt. Das Motiv des verräterischen Priesters findet sich nicht in der Gumpoldslegende; der Illuminator übernahm es aus der Legende Christians. Da die Entstehung der letzteren von einigen Forschern vielfach erst in spätere Zeit verlegt wird, bildet der ikonographische Befund in der Wolfenbütteler Handschrift ein wichtiges Indiz für die Frühdatierung des Textes aus der Feder Christians.

Als Märtyrer und Fürst erscheint Wenzel auch in der I-Initiale einer Abschrift der böhmischen Rezension der Legende *Crescente fide* im „Zwiefaltener Passionale" aus der ersten Hälfte des 12. Jahrhunderts. Wenzel trägt das Zepter als Zeichen seiner herrscherlichen Macht und ist mit dem Schwert umgürtet. Über dem linken Auge klafft eine tiefe Wunde. Nach dem Text der mit der Initiale eingeleiteten Legende war bei der Öffnung des Grabes der Leichnam Wenzels unversehrt bis auf die einst von Boleslav geschlagene Wunde, die immer noch blutete. Der Weg des Textes aus Böhmen nach Schwaben ist durch die engen Reformbeziehungen zwischen Zwiefalten und dem westböhmischen Kloster Kladrau bei Pilsen (Plzeň) erklärbar.

In der Darstellung Wenzels auf Münzen der böhmischen Herrscher seit dem frühen 11. Jahrhundert sind die ersten Ansätze zu der im weiteren Verlauf konsequent erweiterten Staatssymbolik zu erkennen. Dabei dominiert zunächst die Betonung des Märtyrers Wenzel. Das früheste Bild des heiligen Wenzel auf einer Münze, das sich auf dem Revers eines Denars von Herzog Udalrich (1012–1033) findet, zeigt den Heiligen in Halbfigur mit einem Vortragekreuz in der Rechten und einem Kreuz zur Linken. Auf dem Revers eines anderen Pfennigs von Udalrich erscheint der halbfigurige Wenzel

544 **Meister des Rochus-Altares (?), Tafel mit Enthauptung des hl. Wenzel**, 15. Jahrhundert. Forchheim, Pfalzmuseum.

mit Segensgestus. Unter Herzog Vratislav II. (1061–1092, seit 1085 König) tritt auf den Münzen die Darstellung Wenzels als Schutzherr des Landes Böhmen in den Vordergrund. Auf dem Revers eines Pfennigs Vratislavs II. erscheint nur die Hand des heiligen Wenzel, der gleichsam in der Funktion des Stellvertreters Christi dem auf dem Avers dargestellten Herrscher das Zepter als Symbol der Herrschaft überreicht. Auf dem Revers eines Denars Vladislavs I. (1109–1118, 1120–1125) ist Wenzel mit Vortragekreuz und Segensgestus zwischen zwei die Himmelsstadt symbolisierenden Türmen dargestellt.

Für das herrscherliche Bild Wenzels erlangte die Darstellung in dem zur Krönung Vratislavs II. angelegten und nach Pavel Spunar „zweifelsohne zu den bedeutsamsten Denkmälern der romanischen Kunst in Mitteleuropa" zählenden so genannten Vyšehrader Codex besondere Bedeutung (Prag, Nationalbibliothek, Cod. XIV A 13, fol. 68r). Der durch eine Beischrift als SANCTUS VENEZEZLAVVS DUX bezeichnete Heilige sitzt mit der Lanze in der Linken auf dem Thron. Die Bildinitiale D steht am Anfang der Perikope zum Wenzelstag: DIXIT IESUS DISCIPVLIS SVIS. Die Lanze bildet fortan das eigentliche, auf der Mehrzahl seiner Darstellungen erscheinende Attribut des Heiligen. Seit der gemeinsamen Regierung der Herzöge Bořivoj II. (1100–1107, 1117–1121) und Vladislav I. (1109–1117, 1121–1125) tritt auf den Münzen zum heiligen Wenzel als fürstlicher Landespatron der heilige Adalbert, der zweite Prager Bischof, als zweiter Landespatron hinzu. Die Kultkonstellation von Herzog und Bischof ist seither für Böhmen typisch. So ist z. B. auf dem Revers eines Denars Herzog Vladislavs I. von etwa 1118/20 rechts vom Beschauer der nimbierte Wenzel mit der Lanze in der Rechten und dem auf dem Boden aufgestützten Schild in der Linken zu sehen, links von Wenzel der heilige Adalbert. Bei dem Schild handelt es sich um den Adlerschild, der zunächst auf die Lehensbeziehung des böhmischen Herrschers zum römisch-deutschen Reich hinweist, in der Folgezeit aber mehr und mehr zum persönlichen Wappenzeichen Wenzels wird.

Auch in Mähren, das in der ersten Hälfte des 11. Jahrhunderts durch böhmische Truppen erobert worden war, ließen die přemyslidischen Teilfürsten Münzen mit dem Bild Wenzels prägen, so z. B. der Brünner Teilfürst Udalrich (1092–1115). Der Sitz des Olmützer Bischofs wurde 1131 von der Kirche St. Peter in die neuerrichtete Wenzelskirche übertragen. Spätestens zu diesem Zeitpunkt wurde Wenzel zum Diözesanheiligen von Olmütz (Olomouc) und Patron Mährens.

Die den Münzbildern ablesbare Schutzfunktion von Herzog und Bischof für das Land wurde in der auch Mähren einbeziehenden *Chronica Boemorum* des Prager Domdekans Cosmas († 1125) ausdrücklich artikuliert. Cosmas verglich die beiden Heiligen mit den zwei Olivenbäumen in der Apokalypse (11,4) bzw. beim Propheten Sacharja (4,3), ein Vergleich, der in der Folgezeit von Autoren in Böhmen noch mehrfach wiederholt wurde.

Waren nach dem ältesten böhmischen Martyrologium aus der Mitte des 12. Jahrhunderts Wenzel und Adalbert die einzigen Patrone Böhmens, so traten in der Folgezeit weitere Landespatrone hinzu: vor allem die Heiligen Veit (als Dompatron), Prokop (der Gründer und erste Abt des Slawenklosters Sazau), Ludmilla (Wenzels Großmutter) und der heilige Burgunderkönig Sigismund.

Seit dem 12. Jahrhundert galt Wenzel als „ewiger Herrscher" Böhmens, der seine Macht dem jeweils regierenden Fürsten als zeitweiligem Repräsentanten des Landes übertrug. Die Umschrift auf der Rückseite des Münzsiegels Vladislavs II. (1140/58–1172) von 1146/1148 mit einer Darstellung des thronenden Herzogs drückte dies mit den Worten aus: PAX SANCTI WAZELAI IN MANU DUCIS VLADIZLAUS. Wenzel wurde demnach als der eigentliche, „ewige" Bewahrer des Friedens verstanden, der jeweilige Herrscher dagegen nur als Verwalter der *pax* des Herrschers. Der nimbierte Wenzel ist auf dem Siegel in Anlehnung an königliche Majestätssiegel in Herrscherhaltung mit der Lanze samt Fähnlein in der Rechten und dem auf dem Boden aufgestützten Adlerschild in der Linken thronend dargestellt.

Ein Fortsetzer des Cosmas spricht um 1140 von Wenzel als Patron der *primates Bohemienses*, der Ersten des Landes, die seine Familia, das heißt seine Gefolgschaft bildeten (*familia sancti Venceslai*). Das im 13. Jahrhundert entstandene älteste Wenzelslied (*Svatý Václave*) rühmte den Heiligen als Erbherrn des Landes und bezeichnete die Böhmen als sein Gesinde (*své pléme*). Das Wenzelsfest Ende September erlangte im Lauf des 12. Jahrhunderts zunehmende Bedeutung für das öffentliche Leben im Lande; an ihm wurden herrschaftliche Maßnahmen vorgenommen und politisch entscheidende Versammlungen abgehalten. Seit dem 12. Jahrhundert galt Wenzel auch als Schlachtenhelfer des böhmischen Heeres. Nach dem Bericht des so genannten Vyšehrader Kanonikers wurde in der Schlacht Herzog Soběslavs I. gegen König Lothar III. von Supplingenburg 1126 bei Chlumetz dem siegreichen böhmischen Heer die an die Wenzelslanze geheftete Adalbertsfahne vorangetragen. Ein Priester als Augenzeuge der Schlacht wollte den heiligen

Herzog in weißem Gewand auf einem Schimmel reitend an der Spitze des Heeres im Kampf für die Böhmen gesehen haben. Auch in der Folgezeit half Wenzel dem böhmischen Heer noch mehrfach in der Schlacht: 1132 Herzog Soběslav I. bei einem Raubzug nach Schlesien, 1260 König Přemysl Otakar II. gegen die Ungarn in der Schlacht bei Groißenbrunn, 1318 Wilhelm Zajíc von Waldeck gegen ein deutsches Heer, 1322 Johann von Luxemburg in der Entscheidungsschlacht zwischen Ludwig dem Bayern und Friedrich dem Schönen in der Schlacht bei Mühldorf. In der vorletzten Nachricht klingt eine weiterhin noch mehrfach zu beobachtende „nationale" Inanspruchnahme des Heiligen an.

Mit der Konstituierung der böhmischen Adelsgemeinde wurde Wenzel im weiteren Verlauf zur Leitfigur des Adels. Parallel zum Siegel des Herrschers erscheint seit der zweiten Hälfte des 12. Jahrhunderts ein typologisch vom Herrschersiegel unterschiedenes Wenzelssiegel, das auf der Umschrift als Siegel des Landes Böhmen bezeichnet wurde. War der Heilige auf der Rückseite des Herrschersiegels thronend abgebildet worden, so erscheint er nun auf dem so genannten Landessiegel stehend. Wenzel war nach Aussage der Umschrift zum eigentlichen Herrn der das Volk der Böhmen repräsentierenden, unabhängig neben dem König stehenden Adelsgemeinde aufgestiegen. Aus der Symbolgestalt des Herrschertums war damit gleichsam das Gegenteil geworden. Dieser Entwicklung entsprechend verschwand der heilige Wenzel seit König Přemysl Otakar II. von der Rückseite des Herrschersiegels und wurde hier durch das Reiterbild des Königs ersetzt. Kaiser Karl IV. hat später versucht, die frühere Symbolik „wiederherzustellen", indem er die Verehrung Wenzels wieder eng mit dem Königtum zu verbinden suchte.

Eine spezifische Rolle spielte Wenzel als Mitpatron des Prager Domes. Auf dem Dedikationsbild der nach 1150 auf Initiative von Bischof Daniel von Prag (1148–1167) geschaffenen Handschrift der *Flores sancti Bernardi* (Olmütz, Kapitelsbibliothek, MS 174, fol. 1v) reicht Wenzel das ihm von dem Schreibermönch Bernold übergebene Buch mit beiden Händen zu den in die himmlische Sphäre entrückten eigentlichen Empfängern und heiligen Dompatronen Veit, Adalbert und Wenzel empor. Abweichend von der Mehrzahl der Wenzelsdarstellungen erscheint der heilige Herzog hier mit der Märtyrerpalme in der Linken. In einer zwischen 1278 und 1296 in Böhmen entstandenen mathematischen Handschrift tritt Wenzel zusammen mit Adalbert und Prokop in der Initialminiatur eines wohl in Bologna geschulten Illuminators zum „Algorithmus" entgegen (München, Bayerische Staatsbibliothek, Clm 17703, fol. 1r). Die darübergesetzte Invocatio lautet:

> *Presul Adalbertus,*
> *dux Wencezlaus,*
> *abbas Procopius,*
> *sit mihi quisque pius.*

Wenzel thront in der Mitte; er trägt ein mit Perlen geschmücktes Diadem und hält hier in der Linken ein Zepter.

Der Prozess der Vergesellschaftung der böhmischen Landesheiligen, auf den bereits hingewiesen wurde, kam in der Zeit Karls IV. zu einem vorläufigen Abschluss. Im Rahmen seiner „Staatsfrömmigkeit" band Karl die für ihn an vorderster Stelle rangierende Wenzelsverehrung in den Kanon der sechs Landesheiligen mit Wenzel, Adalbert, Veit Prokop, Ludmila und Sigismund ein. Die Sechszahl der Landespatrone lag nun für längere Zeit fest; in der Barockzeit kam dann noch der heilige Johann von Nepomuk hinzu. Zu den bekanntesten Darstellungen mit den sechs Heiligen zählt das durch Karl IV. selbst in Auftrag gegebene Weltgerichtsmosaik an der *Porta aurea* des Prager Veitsdoms von 1370/71 sowie die um 1371 durch den Prager Erzbischofs Jan Očko von Vlašim gestiftete Votivtafel aus der Schlosskapelle von Raudnitz an der Elbe. Bereits in der Zeit König Wenzels IV. entstand kurz vor 1400 die Tafel aus Dubeček bei Prag, auf welcher den paarweise angeordneten sechs Landesheiligen ein Heiligenpaar mit Andreas und einem Erzbischof vorausgeht, die als persönliche Patrone des zu ihren Füßen knienden, bisher nicht identifizierten Stifters gedeutet werden.

Seit der Zeit Karls IV. tritt Wenzel in gleichsam offizieller Darstellung als stehender, gerüsteter Herrscher mit dem Herzogshut auf dem Haupt, der Fahnenlanze in der Rechten und dem Adlerschild in der Linken entgegen. In dieser Pose übergibt der Heilige dem vor ihm knienden Karl IV. auf dem Siegel der Prager Universität die Gründungsurkunde. In ähnlicher Haltung begegnet Wenzel auch im Reisebrevier des Johann von Neumarkt (Prag, Bibliothek des Nationalmuseums, Cod. XIII A 12, fol. 268v). Den Höhepunkt in dieser Darstellungsform bedeutet die bereits eingangs erwähnte Standfigur in der Wenzelskapelle. Das an der Figur an auffälliger Stelle angebrachte Parlerzeichen lässt sich als Künstlersignatur oder aber als Stifterzeichen deuten. Gerade dieses Parlerzeichen stellte sogar zeitweilig die lange als selbstverständlich angenommene Auffassung, dass die Statue für den heutigen Platz in der Wenzelskapelle geschaffen wurde, in Frage. Die beiden flankierenden Engel sprechen aber gegen eine Versetzung. In jüngster Zeit wurde von medizinhistorischer Seite darauf hingewiesen, dass die Höhe der Statue der tatsächlichen Körpergröße Wenzels entspricht, wie sie aus den erhaltenen Teilen des Skeletts des Heiligen ablesbar ist. Das Abbild des Heiligen in der Wenzelskapelle des Veitsdoms sollte der tatsächlichen Gestalt des Heiligen möglichst nahe kommen und dadurch eine möglichst vollkommene Identifizierung mit diesem ermöglichen. Auch in der Burg Karlstein scheint sich in der dort von Karl IV. als Privatoratorium eingerichteten Katharinenkapelle ein monumentales Wandfresko in jener Darstellungsart befunden zu haben, von dem sich allerdings nur mehr Teile erhalten haben. Der Heilige hat in den zuletzt genannten Darstellungen eine unverwechselbare Gestalt gefunden, die sein Bild in der Kunst fortan zu einem großen Teil bestimmt hat. Der Typus wird in der tschechischen Kunstgeschichtsforschung im Anschluss an die Steinplastik in der Wenzelskapelle neuerdings vielfach als „Parlerscher Typus" bezeichnet.

Unter Karl IV. griff die Verehrung der böhmischen Heiligen auch nach Rom, Aachen und andere Orte aus: Auf einem nur in Nachzeichnungen erhaltenen Wandfresko über dem Wenzelsaltar an der inneren Ostwand von Alt-St. Peter in Rom waren neben Wenzel die heiligen Adalbert und Prokop dargestellt. Weitere Beispiele der Darstellung Wenzels im Kreis böhmischer Landesheiliger bieten die Wenzelsaltäre in Mühlhausen bei Stuttgart (um 1385) und im Aachener Münster (1455/57). Auch auf diesen Bildern erscheint Wenzel durchwegs in der eben beschriebenen Gestalt.

Darstellungen des Wenzelslebens in zyklischer Form kommen im Mittelalter verhältnismäßig selten vor. Zu den bemerkenswertesten Zeugnissen dieser Art zählen die Bildlegenden im *Liber depictus* aus dem Minoritenkloster im südböhmischen Krumau (Český Krumlov) an der Moldau (Wien, Österreichische Nationalbibliothek, CVP 370, fol. 32–49) und in der Velislav-Bibel aus der ersten Hälfte des 14. Jahrhunderts (Prag, Nationalbibliothek, Cod. XXIII – 124, fol. 180–188) sowie der Freskenzyklus im Treppenhaus der Burg Karlstein aus dem Ende des 14. Jahrhunderts; letzterer lehnt sich stark an den Text der Wenzelslegende Karls IV. an. In dieser Legende und in den Bildern des Zyklus erscheinen gegenüber den älteren Legenden neue, der zeitgenössischen Frömmigkeit entsprechende Züge wie z. B. der das Getreide säende und dreschende sowie es hernach zur Hostie verarbeitende Heilige.

In der Zeit der hussitischen Bewegung und hussitischen Revolution wurde Wenzel von altgläubiger wie hussitischer Seite als Anwalt ihrer Belange angesehen. Stanislaus von Znaim und Stephan Paleč rühmten den Heiligen, das Lied *Svatý Václave* wurde geradezu zum Hymnus der Wyclifgegner. Das 1417 verfasste Gedicht *Všichni poslúchajte* (Hört alle zu) beschwor den heiligen Wenzel, die Wyclifiten zu vertreiben. Das wenig später entstandene Lied *Když Lev umřel* (Wenn der Löwe stirbt) forderte dazu auf, die Heiligen des Landes gegen die Wyclifiten anzurufen:

> *Prosmež svatého Václava,*
> *jenž jest České země hlava*
> *k tomu svatého Vojtěcha,*
> *ať Husy vžene do měcha.*
> *Svatý Zigmunde, Prokope,*
> *Èeské země slavný pope.*
>
> (*Laßt uns den heiligen Wenzel anrufen,*
> *der das Haupt des Landes ist,*
> *und auch den heiligen Adalbert,*
> *dass sie das Feuer für die Hussen anfachen,*
> *den heiligen Sigismund und den heiligen Prokop,*
> *den berühmten Priester des Landes.*)

Die Zeugnisse für den heiligen Wenzel auf hussitischer Seite sind vergleichsweise seltener; sie beschränken sich auf die Anhänger der utraquistischen Partei. Die Schilde ihrer Krieger zeigten über dem Kelch das Bild des heiligen Wenzel. Vor der Schlacht bei Aussig 1426 riefen die hussitischen Truppen den heiligen Wenzel um seine Hilfe an. Bei der Verkündigung der Basler Kompaktaten und der Wahl Georgs von Poděbrad wurde das Wenzelslied gesungen.

Insgesamt trat die Verehrung des vornehmsten Landespatrons im Zuge der hussitischen Revolution zwar zeitweilig zurück, sie lebte aber bereits im Zuge der Restauration der römischen Kirche in Böhmen seit der zweiten Hälfte des 15. Jahrhunderts wieder deutlich auf und erlebte hierzulande dann vor allem in der Barockzeit eine neue Blüte. Das Bild des heiligen Wenzel in der böhmischen Kunst wurde zu Ausgang des Mittelalters, vor allem in der Buchmalerei (z. B. im Breviarium des Benedikt von Waldstein oder in der Lobkowitzschen Handschrift der Dalimilchronik, Prag, Nationalbibliothek, Cod. VI G 6 bzw. XXIII G 87) durch den seit der karolinischen Zeit dominierenden „Parlerschen Typus" bestimmt; dieser wirkte auch in der Folgezeit, vor allem in der Bildhauerkunst und Graphik, noch lange nach.

Die heiligen Mauritius, Laurentius, Ulrich und Veit

ERNST-DIETER HEHL

Mauritius ist heute noch im Gedächtnis des westlichen und mittleren Europa als namensgebender Patron des schweizerischen St. Moritz (Saint-Maurice d'Agaune) verankert, Veit als Patron des Prager Doms. Schwerer mag es fallen, die Heiligen Laurentius und Ulrich (Udalrich) mit einem bestimmten Ort als Stätte ihrer besonderen Verehrung zu verbinden. Diese scheinbare Gruppierung der Heiligen ändert sich jedoch, wenn man ihre Herkunft betrachtet.

Dann treten Mauritius und Laurentius mit Veit (Vitus) zusammen. Alle drei haben in der ausgehenden Antike gelebt und ihr Martyrium erlitten: Laurentius in Rom, dessen Kirche er als Diakon gedient hatte, seine Grabeskirche San Lorenzo fuori le mure zählt bis heute zu den Hauptkirchen der Ewigen Stadt. Von Rom aus erreichte sein Kult weite Gebiete, auch das fränkische Reich der Karolinger öffnete sich ihm.

Mauritius galt als Anführer der Thebaischen Legion, die vom Orient in den Alpenraum verlegt worden war, und verlor mit seinen Kameraden in St. Moritz das Leben, weil sich die Legion geweigert hatte, Anweisungen zu folgen, die gegen ihre christlichen Überzeugungen verstießen. Auch sein Kult verbreitete sich im christlich gewordenen römischen Reich. Seine Gebeine waren an der Wende vom 4. zum 5. Jahrhundert aufgefunden worden, 515 gründete der burgundische König über seinem Grab ein Kloster, die Franken übernahmen seinen Kult.

Vom Märtyrertod des Veit erzählt seine um 600 entstandene *Passio*. Sie schildert ihn als Knaben, der zusammen mit seinem Erzieher und seiner Amme das Leben verlor und in Süditalien begraben wurde. In der Mitte des 8. Jahrhunderts erwarb der Abt Fulrad von St-Denis seinen Leichnam, und im Jahr 836 gelangte dieser in das sächsische Kloster Corvey.

Ulrich hingegen ist an der ersten Jahrtausendwende gegenüber diesen Heiligen eine geradezu zeitgenössische Figur. Er wird damals zu einem Heiligen „gemacht". Die ottonische Herrscherfamilie ist daran beteiligt. Ulrich war seit 923 Bischof von Augsburg gewesen, 955 hatte er die Belagerung seiner Bischofsstadt durch die Ungarn und Ottos des Großen Sieg auf dem Lechfeld über dieses noch heidnische Volk erlebt, 973 war er hochbetagt gestorben.

Das erste Zeugnis, dass Ulrich als Heiliger verehrt wurde, stammt aus dem Jahre 992. Am 16. Oktober weihte der Bischof Bernhard von Halberstadt einen Neubau seines Doms. Ulrich wurde damals zur Ehre der Altäre erhoben, auch ihm wurde ein Altar geweiht. Und ebenso erhielten in Halberstadt Mauritius, Laurentius und Veit jeweils einen Altar. Aller vier Heiligen wurde in einer Kirche gedacht. Sie waren auf eine Weise vergesellschaftet, die ihre Bedeutung für die ottonische Epoche erkennen lässt.

Bischof Bernhard nämlich hatte zur Domweihe die Spitzen von Reich und Kirche gebeten. Otto III., der noch unmündige König, war zusammen mit seiner Großmutter Adelheid, der Witwe Kaiser Ottos des Großen, gekommen, die für ihn die Regentschaft führte. Zugegen waren auch die drei Erzbischöfe, denen Halberstadt als Suffragan oder Nachbar zugeordnet war: Willigis von Mainz als der zuständige Metropolit, sowie Giselher von Magdeburg und Lievizo von Hamburg-Bremen. Zwölf der versammelten Bischöfe weihten einen Altar: Bernhard als Ortsbischof den Hauptaltar des Doms. Die Weihe der Altäre, die Mauritius, Laurentius, Veit und Ulrich gewidmet waren, nahmen Bischöfe vor, die diesen Heiligen über ihre Bischofskirche und die Regionen, in denen sie tätig waren, besonders verpflichtet waren. Giselher von Magdeburg weihte den Mauritiusaltar, denn seine erzbischöfliche Kirche hatte diesen Heiligen zum Patron. Lievizo, dessen Kirchenprovinz im sächsischen Stammesgebiet lag, übernahm die Weihe des Veit-Altars. Diese Gruppe dieser Altäre befand sich im Osten der Kirche.

Im Westteil des Doms weihte der Wormser Bischof Hildebald dem Laurentius einen Altar, und somit dem Heiligen, an dessen Fest Otto der Große 955 die Ungarn auf dem Lechfeld besiegt hatte. Dabei hatte Otto vor dem Augsburger Bischof Ulrich gelobt, falls er siege, für die Errichtung eines Bistums in Merseburg zu sorgen, dass dem Laurentius geweiht werden sollte. In dieser Schlacht war Konrad der Rote, der langjährige Vertraute Ottos, gefallen, und er hatte im Wormser Dom vor einem Laurentiusaltar seine letzte Ruhe gefunden. Räumlich auf den Halberstädter Laurentiusaltar bezogen war der Altar für Ulrich, dessen Weihe Liutold, Ulrichs zweiter Nachfolger auf dem Augsburger Bischofsstuhl, vornahm.

Die Weihe des Laurentiusaltar in Halberstadt steht in dem größeren Zusammenhang der Errichtung der Magdeburger Kirchenprovinz durch Otto den Großen. Dafür war die Zustimmung des Halberstädter Bischofs erforderlich, der einen Teil seiner Diözese an die neue Kirchenprovinz abtreten sollte, speziell an die Metropole Magdeburg und deren Suffraganbistum Merseburg. Zugunsten Merseburgs hatten Bernhard und sein Vorgänger Hildeward aber keinen Verzicht auf Teile ihres Bistums ausgesprochen. Deshalb war 981 das Bistum Merseburg aufgelöst worden. Jetzt erhielt der in Merseburg gleichsam heimatlose Laurentius wieder eine Bischofskirche zugewiesen, in der man ihm für seine Hilfe in der Lechfeldschlacht danken konnte. Zum Zeichen dafür, dass man auch unter den neuen Bedingungen letztlich nicht von Ottos des Großen Gelübde abwich, wurde ihm Ulrich von Augsburg als Altarnachbar beigesellt.

In diesem Zusammenhang bedeutete die Vereinigung von Mauritius, Laurentius und Ulrich in einem Dom die allen sichtbare Lösung eines kirchenorganisatorischen Konflikts, der bis in das Jahr 955 zurückreichte. Auch die Weihe eines Altars auf den heiligen Veit lässt sich hier einordnen. Denn Widukind von Corvey hatte in seiner Sachsengeschichte diesen Heiligen, der zu den Patronen seines Klosters gehörte, zum Patron des sächsischen Stammes aufgewertet: Seit der Leichnam des Heiligen 836 in das sächsische Corvey überführt worden sei, hätten die inneren und äußeren Kämpfe des fränkischen Reiches nicht aufgehört (I, 33), aber „Sachsen sei aus einer Sklavin zur Freien und aus einem tributpflichtigen Volk zur Herrin vieler Völker geworden" (I, 34). Die Macht des Heiligen habe sich in seiner neuen Heimat erwiesen, als Otto der Große 958 „hauptsächlich durch den Schutz des hervorragenden Märtyrers Vitus" von schwerer Krankheit genas (I, 62). Unmittelbar darauf schildert Widukind, wie Otto aufbrach, um Berengar, den Beherrscher des oberitalienischen Langobardenreichs, endgültig zu unterwerfen. Dass Otto bei diesem Italienzug am 2. Februar 962 zum Kaiser gekrönt wurde, erwähnt Widukind nicht. Ebenso verschweigt er, dass Otto auf diesem Italienzug weitere Schritte unternahm, um in Magdeburg ein Erzbistum und in Merseburg ein Bistum zu errichten, deren Patrone die heiligen Mauritius und Laurentius waren. Beide Heiligen würdigt er in seiner Sachsengeschichte keines Wortes. Sein Geschichtswerk spiegelt die Widerstände, die sich in der deutschen Kirche gegen die Errichtung der neuen Kirchenprovinz regten, und deren Protagonisten der Mainzer Erzbischof und der Bischof von Halberstadt waren, deren Kirchenprovinz bzw. Bistum von Ottos des Großen Plänen besonders betroffen waren.

Vielleicht sah Widukind auch Interessen Corveys berührt. Denn die Verehrung des heiligen Veit ist anscheinend von hier aus in den böhmischen Raum gelangt. Die Kirche auf der Prager Burg war jedenfalls dem heiligen Veit geweiht, das Patrozinium war älter als die Errichtung eines Bistums in Prag in den siebziger Jahren des 10. Jahrhunderts. Dessen dritter Bischof Thiedag war zuvor Mönch in Corvey gewesen, der erste Bischof Thietmar kam aus Sachsen, ob er ebenfalls aus Corvey stammte, ist unklar. Das Prager Bistum ist der Kirchenprovinz Mainz zugeordnet worden, auch als Ausgleich für die Verluste die Mainz mit der Errichtung der Magdeburger Kirchenprovinz erlitten hatte. Indem Widukind den heiligen Veit in seinem Geschichtswerk so hervorhob, appellierte er das ottonische Herrscherhaus daran, über die Verehrung des Mauritius und Laurentius den Heiligen nicht zu vergessen, dem die Sachsen ihren Aufstieg verdankten. In der Halberstädter Bischofskirche jedenfalls waren seit 992 all die Heiligen versammelt, denen das ottonische Herrscherhaus und die Sachsen verpflichtet waren.

Von diesen traten jedoch bald wieder Mauritius und Laurentius, assistiert von dem heiligen Ulrich, in den Mittelpunkt. Bereits Theophanu hatte danach gestrebt, das dem heiligen Laurentius anvertraute Bistum Merseburg wiederherzustellen, Otto III. ergriff während seiner selbständigen Regierungszeit energische Maßnahmen dazu. Sein vorzeitiger Tod bedeutete keine Unterbrechung. Denn sein Nachfolger der Bayernherzog Heinrich, Urenkel des ersten ostfränksich-deutschen Königs aus dem sächsischen Hause, stellte seinen Anspruch auf die Königsherrschaft unter das Patronat des heiligen Ulrich. Als der Leichnam des bei Rom verstorbenen Ottos über die Alpen gebracht wurde, erzwang Heinrich, dass die Eingeweide des toten Kaisers in Augsburg beigesetzt wurden – in der Kirche, in der auch der heilige Ulrich begraben lag. Den Leichenzug ließ er erst dann nach Aachen weiterziehen, nachdem man ihm die Heilige Lanze ausgehändigt hatte, die eines der königlichen Herrschaftszeichen war. Heinrich I. hatte sie wohl 926 von dem burgundischen König erhalten, Otto der Große hatte sie bei seinem Sieg über die Ungarn geführt, und als Otto III. im Frühjahr des Jahres 1000 eine Nachbildung von ihr in Gnesen (Gniezno) dem polnischen Herrscher Bolesław

Chrobry übergab, galt sie als Lanze des heiligen Mauritius. Sich selbst hat Heinrich II. in Mainz zum König krönen lassen, die Krönung musste schnell vor sich gehen, damit kein Rivale ihm zuvorkommen konnte. Den Krönungstag für seine Frau konnte der neue Herrscher symbolträchtig festlegen. Am 10. August 1002 wurde Kunigunde im sächsischen Paderborn gekrönt, es war das Fest des heiligen Laurentius. An diesem Tag scheint das Herrscherpaar sich durch Gelübde dazu verpflichtet haben, diesem Heiligen sein angestammtes Bistum Merseburg wiederherzustellen. Im Jahr 1004 geschah das; 1021 wurde der neue Merseburger Dom geweiht, Heinrich und Kunigunde waren dabei zugegen.

Seinen von Gott gegebenen Anspruch auf die Königsherrschaft hat Heinrich II. in einem Sakramentar darstellen lassen, das in Regensburg angefertigt wurde. Eine Miniatur zeigt, wie Christus den neuen König krönt. Heinrich wird von zwei Heiligen geleitet. Seinen linken Arm stützt der heilige Emmeram, der Patron seiner Herzogsstadt Regensburg. Der heilige Ulrich stützt den rechten Arm des Königs, dem ein Engel die Heilige Lanze überreicht, das ottonische Siegeszeichen. Heinrich hat die Siegesheiligen Ottos des Großen zu den Patronen seines Königtums gewählt: Mauritius, Laurentius und Ulrich. Nicht eine sächsische Kontinuität, die sich an dem heiligen Veit hätte ausrichten können, sondern eine genuin ottonische bestimmte Heinrichs Herrschaftsantritt.

Aber auch Heinrich hat den heiligen Veit nicht vergessen. Der Dom des von Heinrich gegründeten Bistums Bamberg wurde am 6. Mai 1012 geweiht, Heinrich hatte dafür den eigenen Geburtstag gewählt. Die Konstellation der Halberstädter Domweihe wiederholt sich und wird gleichzeitig gesteigert. Wieder erhielten die Heiligen, denen sich der Herrscher verpflichtet fühlte, einen Altar bzw. Reliquien von ihnen wurden in einem der Altäre beigesetzt. Eine Fülle von Heiligen und Reliquien waren in dem neuen Dom versammelt, der auf diese Weise die sakrale Topographie des Reiches spiegelte. Hauptpatrone waren Petrus und Maria. Reliquien des Laurentius und Veit waren in einen Altar beigesetzt, den der Trierer Erzbischof weihte. Seinem Salzburger Amtsbruder übertrug man die Weihe eines Altares, der die Verbindungen Heinrichs zu seinem alten Herzogtum Bayern und dessen Beziehungen zur Mission in Böhmen symbolisierte. Emmeram und Erhard zählten zu seinen Titelheiligen, aber auch der heilige Wenzel und Adalbert, der vor etwa 15 Jahren bei den Pruzzen den Martyrertod gefunden hatte. Adalberts wurde hier als des Bischofs von Prag gedacht; seine Bindung an Polen wurde aufgrund der Feindschaft zwischen Heinrich und Bolesław Chrobry gleichsam ignoriert. In diesen Altar wurden auch Reliquien des heiligen Ulrich gelegt Der Magdeburger Erzbischof weihte dem heiligen Stephan einen Altar, in dem man auch Reliquien des heiligen Mauritius beisetzte. Ein eigener Mauritiusaltar befand sich in der westlichen Krypta.

Mit der Bamberger Domkirche ordnete Heinrich sich, sein Reich und dessen Kirche in einen Kosmos von Heiligen ein. Die Vielzahl der Heiligen, die im Bamberger Dom vereinigt waren, integrierten das Reich. Darauf kam es an, nicht auf die Auswahl eines speziellen Heiligen. Die Struktur von Reich, Kirche und Königsherrschaft ließ es nicht zu, einen speziellen Heiligen zu deren Patron zu erwählen. Die sechs Erzbistümer des Reichs beanspruchten gleichberechtigt zu sein, nur Mainz hob sich damals aus ihnen heraus, weil Willigis die Rechte eines päpstlichen Vikars besaß. Der Herrscher selbst durchzog das Reich, es gab keinen zentralen Ort für die Herrschaftsausübung, der sich zum kirchlichen Mittelpunkt hätte entwickeln und dessen Patron zum Patron des ganzen Reiches hätte werden können.

Damit unterschied sich das Reich von den Nachbarn im Osten, in denen der kirchliche Mittelpunkt auch zum politischen wurde und sich deshalb die Vorstellung herausbilden konnte, das Land sei einem speziellen Heiligen zum Schutz anvertraut. Das Reich stand in größeren Bezügen, wie die Beteiligung des Patriarchen von Aquileia und des ungarischen Erzbischofs Aschericus an der Bamberger Domweihe zeigt. Und schließlich sah sich Heinrich, spätottonischer Tradition folgend, als „Gesalbter des Herrn" unter dem besonderen Schutz Mariens stehend. Seine salischen Nachfolger haben sich ebenfalls der Gottesmutter auf besondere Weise verbunden gefühlt. So stand auch die christologische Begründung des ottonisch-salischen Königtums der Etablierung eines speziellen Reichsheiligen entgegen.

Doch ist der heilige Mauritius vielleicht am engsten mit dem Reich verbunden gewesen. Die *Ordines* zur Kaiserkrönung kennen seit der Mitte des 11. Jahrhunderts die Heilige Lanze als Mauritiuslanze, und sie rechnen auch die Sporen des Mauritius zum kaiserlichen Ornat. Seit dem 12. Jahrhundert sehen die Ordines nicht mehr vor, dass der Kaiser in der römischen Peterskirche an dem Altar gekrönt werde, der über dem Grab des Apostelfürsten errichtet war, sondern das soll an einem Seitenaltar erfolgen, der dem heiligen Mauritius geweiht war. Die folgende Krönungsmesse las der Papst dann am Petrusaltar. Hier bewahrt sich zwar noch die Erinnerung daran, dass dieses, von den Deutschen verwaltete Kaisertum von einem Herrscher begründet worden war, der sich besonders dem heiligen Mauritius zugewandt hatte, doch die Verlegung der Krönung weg vom Hauptaltar der Peterskirche signalisiert, wie sehr der sakrale Charakter der Herrscherwürde sich gemindert hatte, der zuvor die Nähe des Herrschers zur Gemeinschaft der Heiligen begründet hatte.

Literatur

Becher 1997. – Benz 1975. – Hehl 1995. – Weinrich 1972. – Weitlauff (Hrsg.) 1993. – Zufferey 1986.

Abendländische Biographie um 1000 – ein Querschnitt

WALTER BERSCHIN

Zweimal ist in der abendländischen Literaturgeschichte die Biographie die führende Gattung gewesen: im „merowingischen" 7. Jahrhundert und in der Kulturepoche von etwa 960 bis 1070, die ausgehend von der Kunstwissenschaft nunmehr auch von anderen Wissenschaftszweigen zunehmend als „ottonisch" bezeichnet wird. Biographische Literatur (*Vitae, Passiones, Gesta, Legendae*) entsteht nicht gleichmäßig über die Jahre verteilt. Es gibt Jahre der Dürre und Jahre der Fruchtbarkeit, auch hier. Die Jahre um 1000 gehören zu den Zeitabschnitten, in denen besonders viele biographische Neuerscheinungen zu verzeichnen sind. Wenn man die Grenzen nach oben und unten ein wenig erweitert, kommt folgende Gruppe beachtlicher biographischer Werke zusammen:

Die Helden dieser Reihe sind eine Kaiserin (Adelheid), eine Königin (Mathilde), sieben Bischöfe (Adalbert von Prag, Clemens von Metz, Dunstan von Canterbury, Julian von Le Mans, Oswald von Winchester, der Missionsbischof Pirmin und Ulrich von Augsburg), drei Äbte (Gregor von Burtscheid, Maiolus von Cluny, Witigowo von der Reichenau), eine Äbtissin (Rictrudis von Marchiennes) und ein Martyrer (Gereon). Die Bedeutung der Bischöfe tritt hervor; sie hatten um 1000 die besten Chancen, biographisch verewigt zu werden, und erstaunlich gut sind die Frauen vertreten (3 x). In beidem unterscheidet sich die „ottonische" Literaturepoche von der karolingischen.

Dieser sozialen Schichtung der einer Biographie würdigen Personen entspricht das Schichtenspektrum der Auftraggeber (Widmungsempfänger). Mindestens fünf der Texte sind von Bischöfen in Auftrag gegeben worden, zweimal erscheint ein (Cluniazenser-)Abt als Widmungsempfänger, einmal der Konvent eines Klosters. Jedenfalls einmal ist der Kaiser Adressat der Biographie.

Ganz anders sieht es aus, wenn wir die Autoren betrachten (s. Tabelle). Unter den zehn Namen auf der Tabelle finden sich nur ein Bischof (Gebehard von Augsburg) und zwei Äbte (Johannes Canaparius und Odilo von Cluny); sechs Autoren sind Mönche, einer (Byrhthelm) wohl Kanoniker. Auch die Verfasser der vier anonymen Viten dürften Mönche oder Kanoniker gewesen sein. Das Kloster ist nach wie vor (wie in der Karolingerzeit) die Stätte der Literatur; die langsam an Bedeutung gewinnende Domschule macht sich auf unserem Tableau höchstens in einem Fall (Augsburg) bemerkbar.

Elf der 14 Werke sind als Heiligenleben geschrieben worden, zwei kann man, muss man aber nicht als Hagiographie lesen (Adelheid und Mathilde); ein Werk ist entschieden eine „Profanbiographie" (Witigowo). Dieses Werk gibt seinen abweichenden Charakter schon durch den Titel *Gesta* zu erkennen. Auch Odilos Adelheid-„Epitaphium" zeigt durch die Bezeichnung der Kaiserin als *domna* eine

Entstehungszeit	Autor	Titel	Auftraggeber/ Widmungsempfänger
995/1000	Purchart v. d. Reichenau	Gesta Witigowonis	Konvent der Reichenau
996/1000	Gebehard v. Augsburg	Vita (II) S. Uodalrici	eigene Initiative
999	[Iohannes Canaparius]	Passio (I) S. Adalberti	Kaiser Otto III.? Papst Silvester II.? eigene Initiative?
um 1000	Carus v. Metz	Vita S. Clementis metr.	unbekannt
		Passio S. Gereonis	unbekannt
		Vita (II) S. Pirminii	Erzb. Liutold v. Trier
		Vita (I) S. Gregorii abb. Porcetensis (fragm.)	unbekannt
	Johannes v. St. Amand	Vita S. Rictrudis metr.	B. Erluin v. Cambrai
	Letald v. Micy	Vita S. Iuliani Cenomanensis	B. Avesgaud v. Le Mans
	Syrus	Vita (I) S. Maioli	Abt Odilo v. Cluny
	B[yrhtelm]	Vita (I) S. Dunstani	Erzb. Aelfric v. Canterbury
	Byrhtferth v. Ramsey	Vita (I) S. Oswaldi	Erzb. Aelfric v. Canterbury
1002		Vita (II) gloriosae reginae Mathildis	Kaiser Heinrich II.
	Odilo v. Cluny	Epitaphium domne Adalheide auguste	Abt Andreas v. Pavia

Reserve an: Adelheid ist zwar kein gewöhnlicher Mensch, aber doch auch noch keine Heilige. Ähnlich kann man den Titel des zweiten Mathildenlebens interpretieren (*gloriosae reginae ...*).

Acht Texte sind Originalwerke, sechs stilistische (metrische) und teilweise auch inhaltliche Überarbeitungen älterer Biographien (Clemens von Metz, Julian von Le Mans, Mathilde, Pirmin, Rictrudis, Ulrich). Von den Originalwerken haben sieben mit Zeitgenossen zu tun; Gereon von Köln ist ein altchristlicher Martyrer.

Das bedeutendste Werk der Gruppe ist zweifellos die dem Iohannes Canaparius zugeschriebene Adalbertpassion. Sie ist zugleich das „europäischste" Werk der Gruppe. Der Held ist ein Tscheche, sein Lebensraum reicht von Prag bis Tours und von Montecassino bis zur Ostseeküste. Die Stadt seines Herzens ist Rom; sein Freund ist der junge Kaiser Otto III., sein Ratgeber Nilus von Rossano, das geistige Haupt der Italogriechen. Der Biograph lebt in dem Kloster St. Bonifatius und Alexius auf dem Aventin zu Rom, einem Treffpunkt griechischer Basilianer und lateinischer Benediktiner-Mönche. Manche Schreiber trauten es Papst Silvester II. (999–1003), andere Kaiser Otto III. (983–1002) zu, dass er sich um die Adalbertbiographie selbst gekümmert habe. Den engen Zusammenhang zwischen dem Reich der Ottonen und Adalberts Leben bringt J. Karwasinska, die letzte Herausgeberin dieser Biographien (1962), durch den Untertitel zum Ausdruck, den sie unter die verbreitetste Form der *Passio S. Adalberti* des Iohannes Canaparius gesetzt hat: *Redactio imperialis vel ottoniana*.

Es ist hier nicht möglich, auf Details dieser faszinierenden Biographie einzugehen, in der manches Zeittypische eine jähe Steigerung erfährt: Die Demut, die der Bischof nach dem Rat Gregors des Großen dezent zeigen soll (Moralia in Iob XXVI 26 [46]) bekommt in diesem Lebensbild demonstrative Züge; das Mönchtum, das jeder große ottonische (und angelsächsische) Bischof in sich trägt, wird bei Adalbert ein Hindernis, das Amt auszuüben; die Pilgerfreudigkeit der Zeit hat beim Bischof von Prag einen Anflug von Vagabundentum, und die Bereitschaft des Hirten, sein Leben einzusetzen, schießt bei ihm empor zur Sehnsucht nach dem Martyrium. Wer immer Iohannes Canaparius war, der nach allgemeiner Überzeugung die Vita geschrieben hat: er war nicht nur gut informiert, sondern hat es auch verstanden, perspektivenreich zu schreiben. Er schmückt seinen Text üppig mit Klassikerstellen, wie es der Zeitgeschmack erfordert und findet dennoch seinen eigenen Stil in einem zugleich poetischen und politischen Ton. In den Gnesener Domtüren aus dem 12. Jahrhundert ist die Erzählung der Adalbertpassion des Iohannes Canaparius (unter Hinzunahme weiterer Traditionen) kongenial in eine plastische Bildfolge umgesetzt.

In welcher Hinsicht sind die übrigen in obiger Aufstellung genannten Biographien beachtlich? Die *Gesta Witigowonis* gehören in die gar nicht so schmale Tradition der spätantik-mittelalterlichen Amtsbiographie. Neuartig ist bei der in diesem Fall die Gestaltung als Festschrift zum 10jährigen Abtjubiläum. Das Original – mit Titelbild! – ist noch erhalten (Karlsruhe Aug. CCV). – Die zweite Ulrichsvita, die nicht fertig wurde, ist wegen ihrer Kritik an den vielen Namen und weltlichen Ereignissen der ersten Ulrichsvita von epochenstilistischer Bedeutung. Sie zeigt auch, wie die Schulgelehrsamkeit der Zeit (Horaz, Martianus Capella) in die Biographie eindrint. – Der Ire Carus von Metz liefert in seiner *Vita Sancti Clementis metrica* ein spätes Beispiel für die Zentrierung einer Biographie um eine Missionspredigt des auf Augustinus (*De catechizandis rudibus*) zurückgehenden Typs. – Mit der *Passio Sancti Gereonis*, in die viel römisches Kolorit integriert ist, hat sich das ottonische Köln nachdrücklich seiner römischen Grundlagen erinnert. – Ein eher durchschnittliches Werk ist die *Vita (II) Sancti Pirminii* aus dem Kloster Hornbach in der Pfalz, in der es in erster Linie um *Amplificatio* gegangen zu sein scheint. – Anspruchsvoll stilisiert ist die fragmentarische Vita des kalabrisch-apulischen Asketen und Thaumaturgen Gregor von Burtscheid. Sie gehört zu den Biographien, die von der Faszination zeugen, die Otto III. auf seine Zeitgenossen ausübte. – Die metrische Rictrudisvita stellt das Leben einer merowingischen Heiligen in den heilsgeschichtlichen Zusammenhang, beginnt also mit Jesus Christus und den Aposteln und fokussiert dann diese Generalperspektive verengend die Zeit und die Person, um die es eigentlich geht. Das war eine seit Beda (*Vita Sancti Cuthberti metrica*) bekannte, aber nicht häufig angewandte Darstellungsmethode. – Letald von Micy hat wohl als erster *expressis verbis* davon gesprochen, dass ein Heiligenleben nicht mit Lügen aufgeschönt werden darf. Der Verdacht, dass dem in der ihm vorliegenden Julian-Legende so sei, ist ihm bei der vergleichenden Lektüre von hagiographischen Werken gekommen. – Syrus schreibt in anspruchsvoller Form die Vita des vierten Abtes von Cluny, Maiolus (954–994). Seine Schilderung der Eroberung des sarazenischen Raubnestes Fraxinetum und seine Ottonenporträts sind immer noch lesenswert. Bei letzteren erscheint eine im hagiographischen Schrifttum damals neuartige Apologie der Ehe. – Ein ausgesprochener Manierist

ist B[yrhthelm?], der Verfasser der ältesten Dunstanbiographie, dem es trotz seines vertrackten Lateins gelingt, das religiöse Genie Dunstan zu skizzieren, das die Angelsachsen fasziniert hat. – Byrhtferts *Vita Sancti Oswaldi* ist fast mehr eine Kirchengeschichte des zweiten und letzten großen Zeitalters der Inselsachsen als eine Lebensbeschreibung. Bischof Oswald von Worcester († 992) bekommt mehr eine zeittypische als eine individuelle Kontur: Prozessionen, liturgische Gesänge, Segnungen, Ankunft und Abschied in Königshallen und Klöstern, Tränen der Ergriffenheit, visionäres Erleben und rituelles Trinken – die Lebenselixiere der großen Angeln- und Sachsenbischöfe Britanniens im 10. Jahrhundert sind dieselben wie die der ottonischen Bischöfe auf dem Kontinent. Die Mischung ist jeweils verschieden; das macht den Reiz der Lektüre von Biographien einer relativ einheitlichen Lebenswelt aus. – Die zweite Lebensbeschreibung der Königin Mathilde wird in der Literatur oft kritisch gesehen, weil sie die Familiengeschichte der Ottonen zugunsten des Familienzweiges, der ab 1002 regierte, umredigiert. Aber inzwischen hat man auch Positives und Neuartiges in diesem Text gefunden, z. B. bei der Darstellung der Ehe. – Odilos von Cluny *Epitaphium domne Adalheide auguste* erinnert schon im Titel an die biographischen Epitaphia des Hieronymus. Hieronymus ist für Abt Odilo der Klassiker der Frauenbiographie. Entsprechend dieser altchristlichen Konzeption löst er seine Heldin Stück für Stück aus allen Familienangelegenheiten bis seiner Adelheid diese „sogar lästig waren". Die Rückkehr zu spätantiken Modellen und Vorstellungen (oder was man darunter verstand) wird ein Charakteristikum des 11. Jahrhunderts.

Der biographische Querschnitt um 1000 zeigt eine lebendige experimentierfreudige Literaturgattung, die anthropologische Ideale und Lebenswirklichkeiten vielfältig und durchaus mit neuen Ansätzen formuliert. Enttäuscht ist man von dieser Literatur nur dann, wenn man in ihr sucht, was sie nicht geben kann und will. Oder wenn man in ihr etwas sucht, was mehr in den Köpfen des 20. Jahrhunderts als denen des zehnten spukt: die Erwartung des Weltuntergangs bei der Jahrtausendwende. In der vorgestellten Textgruppe findet sich davon keine Spur.

Quellen

Epiostolae Moguntinae. – Thietmar. – Urkundenbuch Magdeburg.

Literatur

Althoff 1998. – Becher 1997. – Beumann 1991. – Büttner 1975. – Claude 1972. – Engels 1975. – Fried 1998a. – Georgi 1998a; 1998b. – Hehl 1997; 1998. – Holtzmann 1962. – Quiter 1969. – Rader 1995. – Schlesinger 1987. – Schwineköper 1958. – Ullmann 1972.

Die heilige Lanze Ungarns

LÁSZLÓ KOVÁCS

Die heilige Lanze gehörte in der ersten Hälfte des 11. Jahrhunderts zu den ungarischen Königsinsignien. Über die als Reliquie verwendete Waffe berichtet Ademarus Cabannensis (ca. 988–ca. 1035) in der C-Fassung seines Chronicon, die sich auf Großfürst Géza bezieht, aber auch auf Stephan I. passt, dass Kaiser Otto III. ihm „*regnum ei liberrime habere permisit, dans ei licenciam ferre lanceam sacram ubique, sicut imperatori mos est, et reliquias ex clavis domini et lancea sancti Mauricii ei concessit in propria lancea …*". Die „Kaiserlanze" wurde aus einer fränkischen Flügellanze gearbeitet, indem man ein längliches Loch in die Klinge schnitt und die Reliquie des Nagels vom Kreuz Christi mit Silberdraht in dieser Aussparung befestigte. Die zwei Lamellen wurden wahrscheinlich aus dem ausgeschnittenen Metall der Klinge geschmiedet, und mit Kreuzbändern aus Draht an beiden Seiten der Tülle befestigt. Eine Schutzfolie umgibt den unteren Teil der Klinge. Nach der heute in Wien aufbewahrten „Heiligen Lanze" (oder St. Mauritius-Lanze) wurde die heute sich in Krakau befindende Bronzelanze gegossen, die Otto III. auf seiner Fahrt nach Gnesen (Gniezno) Bolesław Chrobry überreichte. Über diesen Akt schrieb Gallus Anonymus zu Beginn des 12. Jahrhunderts, dass der Kaiser einen Nagel vom Kreuz Christi, zusammen mit der St. Mauritius-Lanze als ein mit einem Wimpel versehenes Siegeszeichen, übergab. Die Schilderungen des Ademarus bestätigen auch zwei ungarische Darstellungen der Lanze. So wird auf dem ältesten ungarischen Denar eine fränkische Flügellanze in der Hand des Königs, oder als Zeichen der himmlischen Investitur, in der aus einer Wolke herausragenden Hand Gottes auf dem Avers dargestellt. Auf ihren Reliquiencharakter mag auch die Umschrift der Münze +LANCEA.REGIS „die Lanze des Königs" hinweisen. Eine weitere Abbildung ist auf dem unteren Medaillonstreifen des im Jahre 1031 fertiggestellten und später als Krönungsmantel verwendeten, handgestickten Messgewandes von Stuhlweißenburg (Székesfehérvár). Die dargestellten Heiligen halten mit Ausnahme des Cornelius je eine Lanze in der Hand. Eine der ungarischen Königslanze entsprechende fränkische Flügellanze findet sich dabei nur in der Hand König Stephans I. Eine ähnliche Waffe hält St. Stephan der Protomärtyrer, den Otto III. als Stephans Namenspatron ausgewählt hatte.

Spätere, sporadische Angaben über die ungarische Königslanze finden sich in erster Linie in den *Annales Altahenses Maiores*. So wird unter der Beute Kaiser Heinrichs III. nach seinem Sieg über den Ungarnkönig Samuel Aba bei Ménfő im Jahre 1044, auch eine „vergoldeten Königslanze" aufgeführt. Auch gibt es einen Bericht, dass der siegreiche Kaiser den mit den Königsinsignien (in der Bilderchronik des 14. Jahrhunderts werden gerade „die hochheiligen Insignien von Stephan dem Heiligen" erwähnt) versehen Peter auf den ungarischen Thron in Stuhlweißenburg wiedereinsetzte. Nach einer anderen Überlieferung soll der König sein Königtum „in Form einer vergoldeten Lanze" zu Pfingsten 1045 seinem kaiserlichen Herrn ebenfalls in Stuhlweißenburg übergeben haben. Es ist beinahe unmöglich, dass König Peter die ungarischen Königsinsignien im Jahre 1041 mitnehmen konnte. Daher konnte nur die Lanze von Samuel Aba als Beute an den deutschen Kaiser fallen. So stellt sich die Frage was für eine Lanze bei der Thronerhebung Peters bzw. bei seinem Lehenseid verwendet wurde. Hieraus resultiert auch die Frage, zu welchem Zeitpunkt eine ungarische Königslanze als kaiserliches Geschenk nach Rom gelangte. So sah Arnulf, Erzbischof von Mailand († nach 1077), die durch den siegreichen Kaiser nach Rom

545 Denar König Stephans, Typ H2 mit Darstellung der Königslanze. Budapest, Magyar Nemzeti Múzeum.

546 **Krönungsmantel, Teil des unteren Medaillonstreifens mit dem Medaillon von Stephan I.** Budapest, Magyar Nemzeti Múzeum. – Kat. 27.01.10.

geschickte und in der Apostelkirche aufgehängte vergoldete Lanze. Auch Bonizo, Bischof von Sutri († 1091), hatte sie vor dem Grab des Apostels Petrus gesehen und noch 1693 wurde die Lanze über der Porta Guidonea aufbewahrt. Wahrscheinlich handelte es sich hier um die von Samuel Aba erbeutete Waffe, da auch Papst Gregor VII. (1073–1085) in seinem an den Ungarnkönig Salomon gerichteten Brief Lanze und Krone mit dem Sieg über die Ungarn und deren Unterwerfung verband.

Die eigentliche ungarische Königslanze taucht in der schriftlichen und bildlichen Überlieferung nach Pfingsten 1045 nicht mehr auf. Auf der Bleibulle Peters und dem Siegel Andreas' I. sind die Herrscher mit einem Szepter abgebildet.

Literatur

Gerics/Ladányi 1990. – L. Kovács 1970; 1988; 1996.

Die böhmischen Insignien und der steinerne Thron

DUŠAN TŘEŠTÍK UND ANEŽKA MERHAUTOVÁ

Das erste und wichtigste „Zeichen" des přemyslidischen Staates war der steinerne, inmitten der Prager Burg stehende Thron. Nur derjenige, welcher ihn nach dem entsprechenden Inthronisationsritual bestiegen hat, war rechtmäßiger und legitimer Fürst des böhmischen Landes, der Thron „machte" den Herrscher. Der Thron war in Böhmen das Erbe einer uralten, ohne Zweifel bereits indoeuropäischen Vergangenheit, es war also ein tief archaisches „Zeichen", voll von mythologischer Assoziationen. Es ist deshalb wohl nicht verwunderlich, dass er gerade wegen dieser seiner Altertümlichkeit zu den ersten Opfern der „großen Modernisierung" des 13. Jahrhunderts zählte und von der Burg verschwand, ohne Spuren zu hinterlassen, um dem neuen böhmischen Königtum Platz zu machen.

Über sein Aussehen gibt es eigentlich nur einen Bericht, welcher darauf hindeutet, dass es sich um einen einfachen unbearbeiteten oder nur grob zurechtgehauenen Findling handelte. Das einschlägige Ritual war mehrstufig. Der Fürst wurde zunächst von der Versammlung „aller Böhmen" gewählt, welche wohl meistens auf dem Versammlungsfeld vor der Prager Burg zusammenkam. Dann tauschte er seine schlichte „bäuerliche" Kleidung, vor allem die Bastschuhe, gegen ein fürstliches Gewand und wurde feierlich „in die Mitte der Burg" geführt, wo der Thron stand. Eine besonders hierzu befugte Persönlichkeit (man weiß von einem Bischof, aber ursprünglich war es sicher eine weltliche Persönlichkeit) hob ihn auf den Stein und gab dem Volk seinen Namen bekannt. Vom oberen Stock des fürstlichen Palastes warf man dabei (zumindest im 11. und 12. Jahrhundert) Münzen, damit sich das Volk nicht an den neuen Fürsten herandränge (wohl um ihn zu berühren und so einen Anteil an seinem „Glück" zu gewinnen). Das Ritual endete mit einer Messe, welche – soweit man weiß – in der St. Georgskirche auf der Burg stattfand. Zum Fürsten wurde der gewählte Anwärter in dem Augenblick, als er den Findling bestieg, das war der Höhepunkt der Zeremonie.

Der böhmische steinerne Thron hat seine nächste Entsprechung in Kärnten. Hier bestieg der mit einem Bauerngewand bekleidete Fürst einen steinernen Thron, der auf dem Versammlungsfeld unweit der Karnburg, der Hauptburg der Kärntner, stand. Diese verloren ihre Selbständigkeit im Jahre 828, und da ihre Inthronisationszeremonie sicher abstammungsmäßig mit der böhmischen übereinstimmte, musste die böhmische Zeremonie mindestens genauso alt sein. Bei den übrigen Slawen erhielten sich nur undeutliche Spuren dieser Zeremonie. Auf den polnischen Hauptburgen standen zwar diese steinernen Throne, dienten jedoch allesamt als Gerichts-, nicht als Inthronisiersteine. In Russland war der „Thron" das gleiche Hauptabzeichen des Staates wie in Böhmen, man weiß jedoch nichts Näheres über ihn. Steinerne Throne waren in Skandinavien, in Schweden und Dänemark geläufig und am längsten hielten sie sich bei den Inselkelten, den Iren und den Schotten. Die hiesigen Inthronisationszeremonien stimmen auch mit der böhmischen und der kärntnerischen überein, insbesondere tritt hier klar die Rolle der Schuhe als Symbole der Machtübergabe in den Vordergrund. Dass es sich hier um ein indoeuropäisches Erbe handelt, braucht man nicht zu bezweifeln, besonders wenn man berücksichtigt, dass der steinerne Thron in Indien die gleiche entscheidende Rolle bei der Inthronisation des Herrschers wie bei den Kelten, Germanen und Slawen spielte.

Das mythische, das Inthronisierungsritual „erklärende" Beiwerk war die „Sage" von der Entstehung der fürstlichen Herrschaft bei den Böhmen durch die Eheschließung zwischen Přemysl dem Pflüger und Libussa (Libuše). Ihre beiden ältesten Fassungen, die des Christian vom Ende des 10. Jahrhunderts und die des Cosmas vom Anfang des 12. Jahrhunderts, stimmen darin überein, dass die Böhmen ursprünglich ohne Ordnung und Gesetz lebten. Dann brachen jedoch unter ihnen Zwistigkeiten, wie Cosmas schreibt, oder Pest beziehungsweise Hungersnot aus, wie Christian sagt, und dies veranlasste sie, auf den Rat der Seherin Libussa für sich einen Fürsten einzusetzen und die Stadt-Burg Prag zu gründen, fügt Christian hinzu. Den Fürsten fand Libussas Pferd (dies ist also die Wahl, oder eigentlich die „Findung" des Fürsten), dieser tauschte seine schlichte Pflügerkleidung und seine Bastschuhe gegen ein fürstliches Gewand (wie bei der Inthronisationszeremonie) und wurde zu Libussa geführt. Durch seine Heirat mit ihr wurde er Fürst. Libussa spielt hier, analog zur Inthronisationszeremonie, die Rolle des steinernen Throns; die Erhebung auf den Thron ist mit der Heirat des gefundenen Fürsten mit Libussa identisch. Das, was sich auf dem Thron abspielt, ist die „heilige Hochzeit". Libussa ist eine sehr sonderbare Gestalt. Sie ist Fürstin und ist keine, sie ist Jungfrau und hat gleichzeitig zahlreiche Liebhaber, die sich auf dem Fürstenthron abspielende Hochzeit ist also Heirat mit jemand oder mit etwas, das weder Fisch noch Fleisch ist. Das jedoch eben, wie die Misteln, die weder Blume noch Strauch sind, wie der in der Morgendämmerung, wenn es weder Tag noch Nacht ist, entstehende Tau, etwas mehr als die beiden Gegensätze, ist göttlich. Libussa ist unbestritten göttlich, hat übrigens ihre zahlreichen Entsprechungen in den Göttinnen der Inselkelten. Bekannt ist beispielsweise Königin Medb, die Heldin des Epos von Cúchulainn Táin Bó Cuailnge. Diese sind hier immer die verkörperte Herrschaft oder „Souveränität", welche sich nach Belieben und ohne sich zu binden, immer auf Zeit, mit irdischen Königen verlobt. Libussa gibt somit durch die Heirat Přemysl und allen seinen Nachfolgern die Herrschaft, es ist ihre Herrschaft, sie existiert bereits vor der Einsetzung des ersten Fürsten, ist also ewig.

Somit wurde die Herrschaft dem Fürsten nur verliehen, er verwaltet sie nur auf Zeit. Im 12. Jahrhundert erklärten die böhmischen Fürsten auf ihren Siegeln, dass sie nur auf Zeit den ewigen, ihnen vom ewigen göttlichen Herrscher verliehenen „Frieden" verwalten. Dieser Friede war die urslawische ewige Weltordnung, „böhmische Mannen" zahlten für deren Verwaltung dem Fürsten die „Friedenssteuer". Er war also der Inhalt und der Sinn der Herrschaft. Das, was der Fürst durch die Heirat auf dem steinernen Thron erhielt, war die Verwaltung des „Friedens". Dieser Friede war allerdings im 12. Jahrhundert der Friede des ewigen Fürsten Wenzel. Das Inthronisierungsritual sollte dies wiederspiegeln, ähnlich wie beispielsweise in Venedig, wo die Übergabe des Banners vom heiligen Markus an den neu gewählten Dogen dessen Herrschaft legitimierte. Das mittelalterliche Inthronisierungsritual geht auf Karl IV. zurück, der die böhmische Königskrone auf den Reliquienschädel des heiligen Wenzel setzte, damit dieser sie immer nur zur Krönung verlieh. Der steinerne Thron war viel älter als der Kult des heiligen Wenzel und seine Aussage als „Zeichen" war so stark, dass man ihn nicht einfach christianisieren konnte.

Von den weiteren Insignien der böhmischen Fürsten weiß man nicht viel. Unbestritten war es die

547 **Helm des heiligen Wenzel. Praha, Domschatz Veitsdom. – Kat. 27.01.01a.**

am häufigsten mit einem Banner versehene Lanze. Bereits auf der Miniatur der Wolfenbütteler Handschrift der Gumpold-Legende wurde der heilige Wenzel irgendwann vor dem Jahre 1006 abgebildet, wie er eine Lanze mit Banner führt. Ebenso sind alle Fürsten aufgefasst, welche im Fürstenkatalog in der Wandausschmückung der Burgkirche in Znaim (Znojmo) im Jahre 1134 abgebildet wurden (Abb. 299).

Diese Lanze ist auch ein regelmäßiges Attribut des heiligen Wenzel, wenn er als Fürst dargestellt wird. Man weiß aber auch von einer tatsächlichen „Lanze des heiligen Wenzel", mit der die Böhmen in die Schlacht gegen Kaiser Lothar im Jahre 1126 zogen und an welche sie das in der Dorfkirche in Vrbčany aufbewahrte Banner des heiligen Adalbert anfügten. Die Schwierigkeit aber ist, dass es damals zwei solche Lanzen in Böhmen gegeben haben muss, eine St. Wenzels- und eine Reichslanze. Im Jahre 1080 erbeutete nämlich Vratislav II. in der Schlacht bei Flarchheim vom Gegenkönig Rudolf eine Replik der Reichslanze, welche ihm dann Heinrich IV. überließ mit dem Vorrecht, diese bei feierlichen Anlässen sich vorantragen zu lassen. Auf der Miniatur der so genannten St. Veitsapoka-

Herrschaftszeichen und nationale Identität

lypse finden wir den Fürsten mit einer Mitra auf dem Kopf und einer Lanze in den Händen. Man hielt ihn gewöhnlich für Spytihněv II., der vom Papst das Recht erhielt, die Mitra zu tragen, aber dieses Recht wurde auch Vratislav II. bestätigt, sodass es gut möglich ist, dass es sich hier um Vratislav und eben um die Reichslanze handelt. Auf jeden Fall wurde diese Lanze jedoch schnell zur Lanze des heiligen Wenzel, am wahrscheinlichsten deshalb, weil Vratislav sie der Prager Kirche schenkte, also dem heiligen Wenzel.

Ein Sonderfall ist der Helm des heiligen Wenzel. Es ist nicht eindeutig belegt, dass er als ein Abzeichen der böhmischen Fürsten diente, unbestritten wurde er aber verehrt, und außerdem ist das erhaltene Stück sicher älter als Wenzels Zeit, sodass es gut ein altes Abzeichen der přemyslidischen Fürsten hätte sein können. Daher besprechen wir ihn detaillierter.

Nach den letzten Untersuchungen aus dem Jahr 1992 war der ursprüngliche eiserne Helm nur mit einem dünnen, angenieteten eisernen Band umsäumt, das die heute verlorenen Wangenklappen festhielt. An dieses Band hat man nachträglich ein weiteres, mit Ornamenten verziertes Band angefügt, das heute nur zum Teil erhalten ist. Es besteht aus zwei Teilen, die mit dem gleichzeitig ergänzten „Nasenschutz" und dem Helm verbunden sind. Dieser unbewegliche „Nasenschutz" ist zur Nase hin gebogen und unten mit einer Spitze versehen. Der auf ihm abgebildete Baum mit Wurzeln widerspricht seiner Deutung als Nasenschutz nicht nur durch seine Form, sondern auch dadurch, dass er auf der ursprünglichen Nackenseite, und nicht auf der Stirnseite des Helmes angebracht wurde. Die an diesen Baum gefesselte Gestalt, mit drei Zähnen in einem weit aufgerissenen Rachen, mit zerzaustem Schnurrbart und zwei verbundenen Hörnern auf dem kahlem Schädel, stellte nicht Christus, sondern am wahrscheinlichsten den opfernden Odin dar. Dieser hatte sich nämlich mit einem Speer, bei unserer Gestalt durch zwei auf ihren Kopf gerichtete Spitzen angedeutet, an einen Baum fesseln lassen. Das Opfer Odins hatte für Heiden eine ähnliche Bedeutung wie das Opfer Christi für Christen. Der Baum mit Odins Figur und das verzierte Band bildeten ursprünglich wohl ein aufwendigeres Diadem. Beide sind aus Eisen und plattiert. Sie entstanden im 10. Jahrhundert, nach Vorbildern aus Skandinavien, möglicherweise in Hedeby-Haithabu. Bei dem ursprünglichen Helm dürfte es sich um eine heimische Arbeit des 10. Jahrhunderts handeln. Der Helm war unter Umständen schon in der ersten Hälfte des 10. Jahrhunderts im Besitz des Herrschergeschlechtes.

Die Verbindung der beiden ursprünglich nicht zusammengehörigen Teile des Helmes erfolgte sehr wahrscheinlich unter der Herrschaft Boleslavs II., offenbar auf seinen Wunsch. Auf diesen Helm mit „Nasenschutz" bezieht sich höchstwahrscheinlich das Wunder, welches Christian an das Ende seiner Legende anfügte: der aufrührerische Kouřimer Fürst ergab sich Wenzel, nachdem er auf seiner Stirn ein strahlendes Kreuz (an das der „Nasenschutz" erinnert) erblickt hatte. Den Helm betrachtete man damals sicher – wahrscheinlich mit Recht – als den Helm Wenzels. Man bewahrte ihn in der Bischofskirche auf und später zeigte man ihn gemeinsam mit dem Kettenpanzer und dem Banner an hohen Feiertagen dem Volk. Es ist durchaus möglich, dass Boleslav II. diese Gegenstände der Kirche schenkte und bei der Gelegenheit den Helm durch das angenietete Band und den „Nasenschutz" schmücken ließ. Dass diese Gegenstände als Symbole der Herrschergewalt Wenzels wahrgenommen wurden, kann man kaum bezweifeln. Möglicherweise erinnerte der behelmte Kopf auf der Münze Boleslavs II. (Cach I. Abb. 82 und 296) an Wenzel, obwohl Wenzels Name auf der Münze fehlt.

Literatur:

Treštík 1968; 1988. – Graus 1977. – Schmidt 1978. – Banaszkiewicz 1982; 1986; 1993; 1995; 1998. – Merhautová/Treštík 1983a. – Merhautová 1992. – Nový 1988.

Die Heilige Lanze und die polnischen Insignien

ZBIGNIEW DALEWSKI

Nachdem Mieszko II. 1031 besiegt und das Land verlassen musste, sandte der neue Herrscher von Polen Bezpŕym Kaiser Konrad II. die königlichen Insignien des entthronten jüngeren Bruders, *coronam cum aliis regalibus* und versprach gleichzeitig die Oberherrschaft des Kaisers anzuerkennen[1]. Ein Jahr später wurde auch Mieszko selbst, der nach dem Tod Bezpŕyms die Macht in Polen wiedergewonnen hatte, in Merseburg zur Unterwerfung und zum Verzicht auf die Krone und alle königlichen Insignien gezwungen, *coronam silicet ac tocius regalis ornamentii*[2].

Der Rang, der den Insignien von Mieszko II. in den Ereignissen der dreißiger Jahre des 11. Jahrhunderts zufiel, lässt keinen Zweifel an ihrer Bedeutung als königliche Wahrzeichen, die mit der Herrschaft des ersten Piasten in Verbindung standen. Sie waren der gegenständliche Ausdruck – was in Deutschland in Frage gestellt wurde – der königlichen Macht der Piasten. Sie waren Bestandteil von Zeremonien und dienten der Bestätigung der von ihnen realisierten Politik, die die Gründung eines unabhängigen Königtums zum Ziel hatte und veranschaulichten die königliche Herrlichkeit und Würde. Indem die Piasten Kaiser Konrad II. ihre königlichen Insignien aushändigten, demonstrierten sie dadurch eindeutig die Entsagung ihres Strebens nach der Königswürde sowie die Bereitschaft, ihre bisherige Politik dem Kaisertum gegenüber aufzugeben. Der Konflikt zwischen Polen und dem Reich zu Beginn des 11. Jahrhunderts spielte sich zu einem großen Teil auf der Ebene der Symbole und Zeichen ab. Deswegen erscheint es wichtig, über eine genaue Beschreibung der Herrschaftsinsignien der Piasten nachzudenken, den Charakter der von ihnen erfüllten Funktionen in den von den ersten Piasten entwickelten politischen und ideologischen Programmen zu bestimmen und die Vorstellungen vom Herrschaftscharakter der Piastendynasten zu betrachten.

Zu der Zeit, als die Piasten den königlichen Thron bestiegen, wurde die Vorbereitung und Durchführung der Zeremonie, die zur Inauguration der königlichen Macht diente, in ihrem Wesenszug festgesetzt. Im Laufe des 10. Jahrhunderts nahm die Krönung eines neuen Königs endgültig den liturgischen Charakter an und wurde in die kirchliche zeremonielle Tradition aufgenommen[3]. Die wichtigsten Momente der Salbung des neuen Königs waren der Salbungsritus selbst und die anschließende Übergabe der Herrscherinsignien an den König. Die unterschiedlichen Krönungszeremonien, die um die Jahrtausendwende praktiziert wurden, hatten alle die Übergabe verschiedener Herrschaftszeichen während der Salbungszeremonie zum Inhalt[4]. Die wenigen Quellen, die über die Krönung der ersten Piasten aus dem Jahr 1025 berichten, enthalten keine Angaben, die die liturgischen Formen der Zeremonie verdeutlichen könnten[5]. Mit einer gewissen Wahrscheinlichkeit können wir lediglich annehmen, dass zur Durchführung der Salbung von Bolesław Chrobry und Mieszko II. eine der Auffassungen der *ordo ad regem benedicendum*, bekannt aus dem *Pontificale Romano-Germanicum*, zur Geltung kam.

Das *Pontificale Romano-Germanicum*, auch das Mainzer oder Ottonische Pontifikale genannt, wurde um das Jahr 960 in der Abtei des heiligen Alban verfasst und enthielt eine Sammlung von grundsätzlichen Zeremonien, die der Bischof abzuhalten hatte. Dank der Unterstützung des ottonischen Hofes wurde diese Sammlung schnell, noch im Verlauf des 10. Jahrhunderts, nicht nur in der deutschen Kirche, sondern auch in Rom eingeführt, wo sie gewissermaßen offiziell anerkannt wurde[6]. Es ist nicht auszuschließen, dass sich nach der Gründung der Gnesener Metropole eine der Fassungen dieses Pontifikals im Besitz der polnischen Kirche befand[7] und damit bei der Krönung des polnischen Herrschers herangezogen werden konnte.

Die *Ordo ad regem benedicendum* aus dem *Pontificale Romano-Germanicum* sah neben dem Aufsetzen der Krone auf das Haupt des Herrschers, auch die Übergabe des Schwerts, der Schulterstücke, des Mantels, des Ringes, des Zepters und des Stabs vor. In den Gebeten, die die Zeremonie der Insignienübergabe begleiteten, wies man auf die tiefen symbolischen Inhalte hin, die sich mit den einzelnen Insignien der königlichen Herrschaft verbanden. Sie spiegelten den sakralen Charakter der königlichen Obrigkeit wider, sie kennzeichneten den Bereich der königlichen Vorrechte sowie der Pflichten gegenüber der Kirche und den Untertanen[8]. Man darf jedoch nicht vergessen, dass in der Realität der Verlauf der Krönung nicht immer den Richtlinien der *Pontificale ordines* entsprachen. In Notfällen oder je nach den örtlichen Gegebenheiten wurden während der Salbungszeremonie auch Handlungen vorgenommen, die in dem meistens sehr allgemeinen Text der *ordo* nicht enthalten waren[9]. Es ist deswegen nicht auszuschließen, dass sich unter den Insignien, die den ersten Königen aus der Piastendynastie während ihrer Krönung übergeben wurden – sofern überhaupt die Regeln des *Pontificale Romano-Germanicum* angewendet wurden – auch andere, in der Mainzer Krönungsformel nicht genannte, Herrscherinsignien befanden.

Unabhängig davon, welchen Verlauf die Krönungen von Bolesław Chrobry und Mieszko II. hatten und welche Insignien sie während der Krönung als Zeichen königlicher Macht erhielten, wird nicht bezweifelt, dass ein weiteres wichtiges Moment bei der Salbung der beiden Herrscher – außer dem Ritus der Salbung selbst – die Zeremonie des Aufsetzens der Krone bildete. Im 10. Jahrhundert bekam die Krönung – den Begriff hat man auf die gesamte Zeremonie der königlichen Erhebung erweitert – endlich den Rang des wichtigsten Aktes, der die Übernahme der Herrschaft des neuen Königs symbolisierte. Mit der Krone selbst begann man besondere symbolische Werte zu verbinden. Sie wurde zum wichtigsten herrschaftlichen Attribut, das die sakralen – sich auf die Gottessendung (Gottesgabe) stützenden – Grundlagen der königlichen Herrschaft versinnbildlichte[10]. Zweifellos mussten auch die Piasten, die in der königlichen Salbung die Bestätigung für ihre Auffassung vom sakralen Charakter ihrer Oberherrschaft sahen[11], die sich in verschiedenen politischen und organisatorischen Handlungen manifestieren sollte, die Krone als Hauptzeichen ihrer Herrschaft betrachten, das eindeutig ihre neue königliche Majestät bewies. Nicht zufällig wurde in dem am Anfang erwähnten Bericht des Hildesheimer Chronisten, der über die Ereignisse in den dreißiger Jahren des 11. Jahrhunderts berichtete, von den Insignien der polnischen Piastenherrschaft, die Konrad II. übergeben wurden, nur die Krone genannt. Die restlichen Insignien von Mieszko wurden nur allgemein als *regalia* oder *regalia ornamenta* beschrieben. In der Überzeugung des Chronisten, die sicherlich auch von anderen geteilt wurde, waren diese *regalia* nur eine Ergänzung der Krone, die das eigentliche Symbol der königlichen Würde der Piasten darstellte[12].

Bei den königlichen Insignien, die nicht näher präzisiert werden können, dürfte, außer der Krone, zumindest noch eine weitere Insigne, die meistens in den Krönungs-*ordines* nicht erwähnt wird, eine besondere Stellung eingenommen haben. Dies beweist vor allem der Bericht eines Magdeburger Chronisten, der bei der Beschreibung des wichtigsten königlichen Schmucks von Mieszko II. neben der Krone auch die vergoldete Lanze – *regale ornamentum in corona et lancea deaurata* Mieszkos II.[13] nennt. Vermutlich ähnelte sie der zur Zeit in der Schatzkammer des Krakauer Domes aufbewahrten so genannten Lanze des heiligen Mauritius. Von der vergoldeten Spitze aus Kupfer leitet sich ihre Bezeichnung bei dem Chronisten als *lancea deaurata* ab. In der Lanze von Mieszko II. und der Krakauer Lanze des heiligen Mauritius sieht man meistens eine Kopie der heiligen Lanze der deutschen Könige, die Bolesław Chrobry von Kaiser Otto III. während des Treffens in Gnesen (Gniezno) im Jahre 1000 erhielt. Nach dem Bericht des Gallus Anonymus, setzte der in Gnesen angekommene Kaiser Bolesław seine Krone auf den Kopf – *imperiale dyadema* – und *pro vexillo triumphali clavum ei de cruce Domini cum lancea s. Mauricii dono dedit* (für die Triumphfahne gab der Kaiser Bolesław als Gabe den Nagel aus dem Kreuze Christi zusammen mit der Lanze des heiligen Mauritius) wofür er als Gegenleistung von Bolesław eine Armreliquie des heiligen Adalbert erhielt[14]. Die verhältnismäßig späte, erst aus dem Beginn des 12. Jahrhunderts stammende Überlieferung von Gallus, berief sich in ihrer Beschreibung der Gnesener Ereignisse wahrscheinlich auf ältere zeitgenössische Quellen, und wird nicht in Frage gestellt. Unabhängig der zahlreichen Kontroversen, die sich mit der Interpretation der damaligen Ereignisse beschäftigen, wird der Bericht von Gallus über die vom Kaiser dem polnischen Herrscher übergebene Kopie der heiligen Lanze allgemein anerkannt[15].

Die Verbindungen zwischen der Krakauer Lanze und der heiligen Lanze der deutschen Könige ergibt sich auch durch einen Vergleich beider Stücke. Es ist eindeutig nachweisbar, dass die Krakauer Lanze eine Kopie der Lanze aus Deutschland ist. In der Krakauer Lanze finden sich – wenn auch nur symbolisch – alle wesentlichen Elemente des deutschen Originals. Man imitierte die Befestigung der Reliquie des Nagels vom heiligen Kreuz im Blatt der heiligen Lanze, indem man im oberen Teil des Krakauer Lanzenblatts zwei längliche Einschnitte vornahm, durch die ein eiserner Draht gezogen wurde. Auch in dem unteren Teil des Lanzenblatts führte man durch die vorgenommenen Durchbrechungen, ähnlich wie bei der heiligen Lanze, sich kreuzende eiserne Bindungen[16]. Sehr wahrscheinlich wurde die Krakauer Lanze kurz vor dem Gnesener Treffen nach dem Vorbild der deutschen Lanze angefertigt und dann von Otto III. während seines Aufenthalts in Gnesen Bolesław Chrobry übergeben.

In der Zeit der Ottonen nahm die heilige Lanze einen wichtigen Platz unter den Hauptinsignien der deutschen Herrscher ein. Es wurden mit ihr komplexe und symbolische Inhalte verbunden, die sowohl ihre Funktion als Insigne als auch religiöse Inhalte betrafen. Die heilige Lanze, dem heiligen Mauritius zugeschrieben, bewahrte durch den Nagel des Kreuzes Christi, das Andenken an dessen Leiden, weshalb sie zu den wertvollsten Reliquien des Kaisertums gehörte. Sie stellte die deutschen Könige und Kaiser unter den besonderen Schutz des Himmels und garantierte ihnen so Erfolg in ihren politischen und auch militärischen Unternehmungen. Üblicherweise wurde sie in Herrschaftsprozessionen vorangetragen und war besonders in der Regierungszeit Ottos III. eines der wichtigsten Zeichen der imperialen Macht der deutschen Herrscher[17].

Die Symbolik, die mit der heiligen Lanze verbunden war, blieb nicht ohne Einfluss auf die Bedeutung, die der Lanze bei der Manifestierung von Herrschaften, im Wirkungskreis des Ottonischen Kaisertums zufiel. Otto III. übergab Teile der heiligen Lanze und der darin befindlichen Reliquie des heiligen Kreuzes dem ungarischen Herrscher[18]. Diese Überlieferung wird zwar kontrovers diskutiert, es scheint jedoch, als hätte die Lanze in der Herrschaftssymbolik der ungarischen Könige aus der ersten Hälfte des 11. Jahrhunderts eine wichtige Rolle gespielt. Ihr Abbild befindet sich auf den ältesten ungarischen Denaren und wurde mit einer eindeutig ihren Charakter bestimmenden Aufschrift LANCEA REGIS versehen (Abb. 545). Sie war wahrscheinlich die wichtigste Insigne des Herrschers und wies auf eine Art und Weise, die keine Zweifel zuließ, auf ihren königlichen Besitzer hin. In dieser Funktion erscheint sie während der in den vierziger Jahren des 11. Jahrhunderts in Ungarn geführten dynastischen Streitigkeiten und war die Berechtigung des monarchischen Ehrgeizes der einzelnen Thronprätendenten. Als die Lanze 1045 in die Hände des deutschen Königs Heinrich III. fiel, schickte er sie an den Papst. Man hat den Eindruck, dass Heinrich III. die symbolische Macht der ungarischen königliche Lanze kannte, und zur Veranschaulichung seines Sieges die Insigne wählte, welche die von ihm gebrochene Macht der ungarischen Könige am besten symbolisierte[19].

Eine Lanze bekam auch der böhmische Herrscher Vratislav II. aus der Hand des Kaisers. Die ihm 1080 von Heinrich II. übergebene Lanze war jedoch keine Kopie der heiligen Lanze. Sie gehörte vielmehr dem gerade von Heinrich besiegten Gegenkönig Rudolf aus Rheinfelden. Diese Lanze war zusammen mit den anderen königlichen Insignien auf Veranlassung Rudolfs kurz nach seiner Thronerhebung von den Gegnern Heinrichs II. angefertigt worden. Die neuen Insignien, die die wahren königlichen Herrschaftszeichen, die sich immer noch in Heinrichs Besitz befanden, zum Vorbild hatten, sollten es Rudolf ermöglichen, sich als rechtmäßigen König zu präsentieren und alle von der Richtigkeit seiner monarchischen Ansprüche überzeugen. Daher kann man in gewissem Sinne auch die Lanze, die auf Veranlassung von Rudolf angefertigt wurde, für eine Kopie der heiligen Lanze halten. Sie entstand mit dem Gedanken, die echte Lanze zu ersetzen und wurde wahrscheinlich wie die erste mit der heiligen Reliquie ausgestattet. Darstellungen böhmischer Fürsten mit einer Lanze in der Hand findet man schon auf Münzen aus dem frühen 11. Jahrhundert. Als Insigne scheint die Lanze somit in Böhmen, unabhängig von der Übergabe der Lanze Rudolfs an Vratislav, bereits früher verwendet worden zu sein. Sicherlich galt sie zu Beginn des 11. Jahrhunderts noch nicht als ein Symbol des Lehensverhältnisses zwischen Böhmen und dem Reich. Vielmehr dürfte es sich um ein Sinnbild der Herrschaft der böhmischen Fürsten gehandelt zu haben. Ob man sich dabei an der deutschen Krönungs-*ordo* orientierte, bleibt jedoch offen[20].

Mit Sicherheit waren sich die mit dem Hof der Ottonen in enger Verbindung stehenden Herrscher aus der Piastendynastie der besonderen Bedeutung der kaiserlichen heiligen Lanze bewusst. Ohne Zweifel konnten sie die Möglichkeiten, die sich ihnen durch den Besitz der Kopie dieser Lanze bot, richtig einschätzen. Die Rezeption ottonischer Handlungsweisen, sowohl im Bereich der öffentlichen Verwaltung als auch im ideellen Bereich, bewies die Gewandtheit der Piasten bei der Übernahme fremder Vorbilder und deren Anpassung an die eigenen Bedürfnisse. In den unterschiedlichen Aktionen der Herrscher aus der Piastendynastie – angefangen bei der Unterstützung der Missionare, über die Stiftungstätigkeit, die Ausstattung der von ihnen gegründeten Kirchen („königlichen" Westemporen), bis zur Anknüpfung brüderlicher Verhältnisse zu den wichtigsten deutschen Klöstern – lässt sich das bewusste Nachahmen der Ottonendynastie und das Streben nach der Gestaltung des Monarchenbildes nach deren Vorbild beobachten[21]. Der Kopie der heiligen Lanze musste damit eine besondere Stellung zufallen, zumal auch der

548 **Die Heilige Lanze, unten in zerlegtem Zustand. Wien, Kunsthistorisches Museum.**

Replik der Mauritius-Lanze die Heiligkeit des Originals gegeben war, da sie sicherlich einige Fragmente, möglicherweise sogar Teile des Nagels aus dem Kreuz Christi enthielt[22]. Die Lanze verlieh den Herrschern der Piastendynastie damit nicht nur ein aus der ottonischen Zeremonie abgeleitetes monarchisches Auftreten, sondern sicherte ihrem Königtum aufgrund der religiösen Funktion ihres Vorbildes, auch den entsprechenden sakralen Charakter.

Die Thronbesteigung Heinrichs II. beendete Bolesławs Hoffnung, bald seine eigene Krönung verwirklichen zu können. In einer Krönung hätten die besonderen königlichen Rechte der Kirche gegenüber, die Bolesław von Otto im Jahr 1000 in Gnesen erteilt wurden, ihre eindeutige rituelle Bestätigung finden können. Unter diesen Umständen konnte den königlichen Charakter der Oberherrschaft von Bolesław, da andere Insignien fehlten, lediglich die von Otto ausgehändigte Kopie der kaiserlichen heiligen Lanze beweisen. Die Ereignisse, welche die Thronbesteigung Heinrichs II. begleiteten, bei denen der heiligen Lanze eine wichtige Rolle zugefallen war, veranlassten Bolesław Chrobry außerdem, sich um die Kopie zu bemühen, um so seinen monarchischen Ehrgeiz durch die wichtigste Insigne seiner Herrschaft zu demonstrieren. Der Krönung Heinrichs II. in Mainz ging die Zeremonie voraus, bei der ihm die heilige Lanze übergeben wurde, mit der Heinrich *regimem et regiam potestatem* bekam[23]. Einige Wochen später, während des Treffens in Merseburg, auf dem die Sachsen die Oberherrschaft des neuen Königs anerkannten, reichte der Sachsenherzog Bernard Heinrich erneut die heilige Lanze als Zeichen der königlichen Oberherrschaft[24]. An dem Merseburger Treffen nahm – wie man weiß – auch Bolesław Chrobry teil[25]. Als Zuschauer konnte er sich unmittelbar von der großen symbolischen Bedeutung der Mauritius-Lanze überzeugen und sah deutlich die Vorteile, die ihm der Besitz ihrer Kopie einbringen könnte.

Das Vorhandensein der heiligen Lanze unter den königlichen Insignien von Mieszko II. zeigt, dass sie ihre insigniale Funktion, auch nachdem die Piasten die königlichen Würde erlangt hatten, beibehielt. Es ist zu vermuten, dass Bolesław Chrobry der Krakauer Lanze, die ein Vierteljahrhundert hindurch seinen monarchischen Ehrgeiz bezeugte, einen entsprechenden Platz in der neuen Sammlung der königlichen Insignien zuwies. So blieb sie, neben der Krone eines der wichtigsten Symbole der ersten Piastenmonarchie und bewies den königlichen Charakter der Herrschaft der ersten polnischen Monarchen.

549 **Die Heilige Lanze, Krakauer Replik.** Kraków, Muzeum Katedralne Jana Pawła II.

Wir wollen nicht behaupten, dass die der Krakauer Lanze zugeschriebene Rolle als wichtigste Insigne der Piasten nur unter dem Einfluss der deutschen Zeremonietradition erfolgte. Es gibt gewisse Anzeichen, die darauf hinweisen, dass die Funktion der Lanze als Insigne bereits auf traditionelle, nichtchristliche Vorstellungen zurückgeht. Noch im 12. und 13. Jahrhundert gab es Überlieferungen, die der vom Herzog als Zeichen des Kampfbeginns geworfenen Lanze sakrale Eigenschaften zusprachen[26]. Die Lanze als ein Herrschaftssymbol geht damit auch auf polanische Traditionen zurück, die auf die den Piasten ausgehändigte Kopie der heiligen Lanze übertragen werden konnten. So vermischten sich traditionelle Vorstellungen der polanischen Gemeinschaft mit einem aus der christlichen Glaubenswelt übernommenen sakralen Charakter und machten die Lanze zu einem Symbol, mit dem die königlichen Ansprüche bewiesen wurden. Dies hatte zur Folge, dass die Lanze in Polen stärker, als es in Ungarn oder in Böhmen der Fall gewesen war, in die dynastische Tradition eingegliedert wurde, und damit als das unverzichtbare Attribut der polnischen Monarchen galt. In Ungarn dagegen – unabhängig der Bedeutung, die ihr die ungarischen Herrscher in der ersten Hälfte des 11. Jahrhunderts zugeschrieben hatten – geriet die Erinnerung an die besondere Funktion der Lanze als eine königliche Insigne in Vergessenheit. Nichts weist darauf hin, dass die von Heinrich II. nach Rom geschickte Lanze durch eine neue ersetzt wurde. Auch im Fall von Böhmen wäre es übertrieben, die Lanze als die wichtigste Insigne, die die Herrschaft der böhmischen Fürsten bewies, zu betrachten. Es sieht nicht so aus als wäre die Lanze – obwohl man sie dem heiligen Wenzel zuschrieb und als eine nationales Heiligtum ansah, das den Böhmen den Erfolg auf dem Schlachtfeld sicherte – eine wichtige Rolle bei der Thronbesteigung der böhmischen Fürsten gespielt hätte.

In Polen dagegen sahen nicht nur die ersten polnischen Könige – Bolesław Chrobry und Mieszko II. – in der Lanze die Berechtigung ihrer monarchischen Ansprüche. Die Krakauer Lanze behielt ihren besonderen Platz unter den Insignien der polnischen Monarchen auch nach dem Niedergang des ersten Piastenreichs in den dreißiger Jahren des 11. Jahrhunderts. Wir wissen nicht, ob sie 1031 zusammen mit den übrigen Insignien Mieszkos II. von Bezpřym zu Konrad II. nach Deutschland gesandt wurde oder ob sie in Polen verblieb[27]. Wie man vermuten kann, wurde sie in die neue Gruppe der königlichen Insignien, die man anlässlich der Krönung von Bolesław Śmiały 1076 zusammengestellt hatte, eingereiht. Dass die Lanze auch als königliche Herrschaftsinsigne von Bolesław Śmiały in Anspruch genommen wurde, können wir aufgrund einer Überlieferung aus der Mitte des 13. Jahrhunderts über das Leben des heiligen Stanislaus erahnen. Dort werden als königliche Insignien Krone, Szepter und Lanze, *omnia resigni regalia, corona videlicet, sceptrum et lanceum*, erwähnt, die in der Schatzkammer des Krakauer Domes für den zukünftigen Herrscher des vereinigten Königreichs Polens aufbewahrt wurden[28]. Die in der Krakauer Domschatzkammer vorhandenen Insignien verbindet der Verfasser der Vita mit Bolesław Chrobry. Wie man jedoch weiß, wurden die königlichen Insignien der ersten Piasten 1031 nach Deutschland gebracht und es ist zu bezweifeln, ob es den Herrschern der Piastendynstie später gelang, sie zurückzugewinnen. Die in der Mitte des 13. Jahrhunderts in Krakau aufbewahrten königlichen Insignien muss man mit Sicherheit als die Herrschaftszeichen des damals in Polen gekrönten Herrschers Bolesław Śmiały sehen. Dass sich unter diesen auch eine Kopie der deutschen heiligen Lanze befand, lässt jedoch darauf schließen, dass auch in der Regierungszeit von Bolesław Śmiały eine Kopie der Mauritius-Lanze die ihr von den ersten Piastenherrscher beigemessene Bedeutung als Insigne beibehalten hatte. Auch beweist die Vita des heiligen Stanislaus, dass man sich noch in der Mitte des 13. Jahrhunderts in Polen an eines der wichtigsten Symbole der vor zwei Jahrhunderten verlorenen königlichen Macht der Piasten erinnerte. Mit Bolesław Chrobry aufs Engste verknüpft, verkörperte sie die vergangene Größe und gab Anlass zur Hoffnung auf ihre baldige Wiedergewinnung.

Anmerkungen

1 Anales Hildesheimensis 1031, 36. – Labuda (1991) 217–229.
2 Annales Hildesheimensis 1032, 37. – Dieterich (1985) 12ff. – Labuda (1992) 89.
3 Nelson (1986) 239ff.
4 Bouman (1957). – Schramm (1968).
5 Annales Quedlinburgensis 1025, 32. – Wiponis Gesta Chuonradi II imperatoris, hrsg. W. Trillmich/R. Buchner, Fontessaeculorum noni et undecimi historiam Ecclesiae Hammaburgensis necnon Imperii illustrantes 9, 562.
6 Andrieu (1931). – Erdmann (1950). – Vogel (1963) 27–48.
7 Bolz (1971) 47–67.
8 Le pontifical romano-germanique du dixième siècle, ed. C. Vogel/R. Elze, t. 1 (Citta del Vaticano) 264–259.
9 Nelson (1986) 329.
10 Kantorowicz (1946) 92. – Brühl (1982) 19 ff.
11 Kürbis (1977) 23ff.
12 Mütherich (1967).
13 Annales Magdeburgensis a 1030, hrsg. G. H. Pertz, MGH SS, 16 (Hannoverae 1859) 170.
14 Gallus Annonymus I 6, 19–20.
15 Labuda (1987) 237ff. – Fried (1989 a). – Wasilewski (1980). – Ludat (1971) 67ff.
16 Kopera (1904) 8ff. – Przeździecki (1861) 543ff. – Balzer (1917).
17 Hofmeister (1908). – Schramm (1954–65, 1978). – Deér (1957) 427ff. – Adelson (1966) 177–192.
18 Ademari Historiarum Libri III, hrsg. G. Waitz, MGH SS, Bd. 16, III, 31, 130.
19 Hofmeister (1908). – Schramm (1954–65, 1978) 519. – Fried (1989a) 129ff.
20 Bauer (1930) 351–359. – Wegner (1955) 56–82. – Schramm (1955) 521ff. – Třeštík (1968) 204ff. – Nový (1988) 49 ff.
21 Michałowski (1993). – Żurowska (1983) 69ff.
22 Balzer (1917) 16ff.
23 Thangmari Vita Bernwardi Episcoipi Hildesheimensis, hrsg. G. H. Pertz, MGH SS, Bd. 4, 38, 75.
24 Thietmar V 17, 273. – Schramm (1954–65, 1978) 505. – Schlesinger (1974) 350–369.
25 Thietmar, V 17, 273. – Adalboldi, Vita Heinrici II. Imperatoris, hrsg. G. H. Waitz, MGH SS, Bd. 10, 686.
26 Banaszkiewicz (1987) 3–24.
27 Balzer (1917) 42ff.
28 Vita Sancti Stanislai Cracovensis episcopi (Vita maior), hrsg. W. Kęrzyński, MPH, Bd. 4, 365–366; 393.

Die Herrschaftszeichen des Römischen Reiches im 10. und 11. Jahrhundert

JÜRGEN PETERSOHN

„Nimm diese Insignien, die Heilige Lanze, die goldenen Armreifen und den Königsmantel, das Schwert der alten Könige und die Krone, geh zu Heinrich, mach Frieden mit ihm, auf dass du ihn für alle Zeiten zum Bundesgenossen hast. Warum soll das Volk der Franken mit dir vor ihm zugrunde gehen? Er wird wahrhaftig König sein und ein Kaiser vieler Völker". – Auch wenn die berühmte Szene staatsmännischer Einsicht eines sterbenden Königs, mit der Widukind von Corvey (I 25) den Übergang der Königsherrschaft von den Konradinern zu den Liudolfingern erläutert, sicher nicht so, wie hier geschildert, stattgefunden hat, umschreibt sie doch anschaulich, was man in der zweiten Hälfte des 10. Jahrhunderts im ostfränkisch-deutschen Reich als Zeichen der Königswürde ansah. Und sie macht deutlich, dass zu der Zeit, in der Widukind schrieb (um 967/68), der König, der diesem Herrschaftsverband vorstand, zugleich Kaiser war.

Das mittelalterliche Kaisertum, das seit Otto dem Großen (962) endgültig mit der ostfränkisch-deutschen Königswürde verbunden war, repräsentierte seiner Herkunft und seinem Selbstverständnis nach das *imperium Romanum*. Das Reich, auf das sich seine monarchischen Abzeichen bezogen, war insofern nicht national, sondern überregnal bestimmt. Die Kaiserwürde überwölbte die ostfränkisch-deutsche, die langobardisch-italienische und (seit 1033) auch die burgundische Königsherrschaft. Die monarchischen Zeichen, die der Inhaber dieser Ämter trug, waren stets zugleich auf das Königtum wie auf das Kaisertum bezogen. Getrennte Königs- und Kaiserinsignien gab es – abgesehen von der besonderen Form der (aber auch vom König getragenen) einbügeligen Kaiserkrone und anfänglich dem Globus – nicht.

Herrschaftszeichen ist ein moderner, insbesondere von P. E. Schramm († 1970) bevorzugter und von ihm mit spezifischem Inhalt gefüllter Begriff. Die mittelalterlichen lateinischen Quellen sprechen von Insignien (*insignia imperialia, regalia insignia*), die deutschen von „keyserlichen zeichen". Der Terminus „Reichsinsignien" ist dem Mittelalter im wesentlichen noch fremd. Nach modernem Verständnis bezieht er sich auf eine festumrissene Gruppe von Objekten, die im ganzen durch die heute in Wien verwahrten Insignien definiert ist. Gemeint sind Herrschaftszeichen im Reichsbesitz, das heißt Insignien, die ungeachtet jedes Herrscher- und Dynastiewechsels im dauernden Königs- und Kaisereigentum blieben. Da die Herrscher aber zu allen Zeiten über einen umfangreicheren Bestand an monarchischen Zeichen verfügten, schließt der umfassendere Begriff der Königs- oder Kaiserinsignien den engeren der Reichsinsignien ein.

Der Besitz der Reichsinsignien, zu deren Bestand einzelne durch Tradition und Legende geheiligte Objekte, wie die Heilige Lanze und die (Wiener) Reichskrone, gehörten, zeigte im Mittelalter die uneingeschränkte Reichsherrschaft an. Dass ihre Benutzung im Krönungsakt notwendig und legitimitätsverleihend gewesen sei, ist ein erst im Nationaldenken des 19. Jahrhunderts geborener Irrtum, der allerdings in der zweiten Hälfte des 20. Jahrhunderts als Lehrsatz sogar in wissenschaftliche Handbücher gelangte. Die damit in Deutschland etablierte insigniologische Zweiklassenlehre hat zu gravierenden Fehlurteilen bei der Bewertung des Umgangs mit den mittelalterlichen Herrscherzeichen geführt. Grundsätzlich kam es auch im deut-

550 Das so genannte 3. Kaisersiegel Ottos I. von 965/72. Magdeburg, Landeshauptarchiv Sachsen-Anhalt, Rep. U I, Tit. I Nr. 23: 966 August 24.

551 Krönung Heinrichs II. und Verleihung von Schwert und Lanze durch Engel, Sakramentar Heinrichs II. München, Bayerische Staatsbibliothek, Clm 4456, fol. 11r.

schen Reich des Mittelalters, wie in anderen europäischen Herrschaftsverbänden (eine Ausnahme bildet lediglich Ungarn), nicht auf bestimmte Insignien, sondern auf Insignien bestimmter Art an. Jede Krone, jedes Zepter, jeder Globus war Ausweis der monarchischen Würde, wenn ihr Inhaber in ihnen und auch mit ihnen handelte.

Erkennbar werden Zahl, Art und Form der mittelalterlichen Herrschaftszeichen aufgrund der erhaltenen Originale, aus Schriftquellen und Bildzeugnissen. Damit lassen sich als Insignien des römischen Reiches für die Zeit um das Jahr 1000 folgende Objekte erschließen: Krone, Zepter, Schwert, Ring, Armreifen (Armillen) und Stab. Dazu gehören weiterhin spezifische Herrschergewänder, die *indumenta regalia* oder *imperialia*. Zu dem allgemein in Europa üblichen, nur in Einzelheiten variierenden Ensemble monarchischer Semiotik tritt in Deutschland eine Herrschaftsreliquie von zentraler politischer Bedeutung, die Heilige Lanze. Allgemein gesehen, überlagern sich Tendenzen der Abstoßung und Hinzufügung einzelner Herrschaftszeichen. Otto der Große ließ sich als Kaiser auf seinen Siegeln erstmals mit dem künftigen Kernbestand monarchischer Zeichen, Krone, Zepter und Globus, abbilden; aber erst Heinrich II. scheint anlässlich seiner Kaiserkrönung (1014) wirklich einen Reichsapfel geführt zu haben. Die aufgezählten Objekte wurden vom Herrscher als Ausweis seiner Stellung persönlich getragen, standen also in einer körperlichen Beziehung zu ihm – mit Ausnahme der Heiligen Lanze, die ihm vorausgetragen wurde. Den transportablen Insignien, die den Monarchen auf seinen Reisen und Kriegen begleiteten, stand im ostfränkisch-deutschen Reich ein ortsfestes Herrschaftszeichen gegenüber, das der König persönlich aufsuchen und „besitzen" musste, um als legitimer Herrscher anerkannt zu werden: der Aachener Karlsthron.

Könige und Kaiser werden im Mittelalter in nahezu allen Lebenslagen mit der Krone auf dem Haupte dargestellt. Wann aber trug der Herrscher die Insignien wirklich? Bei welchen Anlässen agierte er mit ihnen? Für das *imperium Romanum* der ottonischen Zeit lassen sich folgende Verwendungsformen der Herrschaftszeichen unterscheiden:

1. Die Überweisung von Insignien als Mittel der Herrschaftsübertragung: Was Widukind von Corvey in der einleitend vorgestellten Szene beschreibt, lässt sich im Frankenreich und seinen Nachfolgeherrschaften häufig beobachten: das designierende, dispositive oder legitimierende Ritual der Insignienübertragung durch einen sterbenden oder zum Verzicht genötigten Herrscher auf einen anderen, zu seinem Nachfolger bestimmten. Allen diesen Handlungen ist gemeinsam die Vorstellung eines von Person zu Person tradierbaren Insignienbestandes, der Herrschaft anzeigt und mittels dessen Übergabe Wechsel und Kontinuität der Herrschaftsausübung verdeutlicht werden.

2. Die kirchlich-liturgische Insignienübergabe: Handeln im vorangehenden Beispiel die Herrscher in einem weltlichen Verfassungsrahmen, so ist die formelle Insigniendarreichung im Ablauf der kirchlichen Herrschaftsinitiation in liturgische Zeremonien gekleidet. Die zumeist im Rahmen einer Messfeier im Anschluss an die Salbung vollzogene Übergabe der jeweiligen Herrscherinsignien durch hohe Geistliche war von Formeln und Gebeten begleitet, die die Bedeutung der Stücke allegorisch-parämetisch erläuterten und ihren Gebrauch in einen herrschaftstheologischen Zusammenhang stellten. Die *Ordines* für die Weihe und Krönung des ostfränkisch-deutschen Königs und des Kaisers unterscheiden sich dabei in charakteristischer Weise. Der König wird nach der Krönung zu einem Thron geführt und von den Bischöfen mit einer eigenen Formel (*Sta et retine*) auf diesen gesetzt. In Rom dagegen stand kein Kaiserthron, durfte nach dem Verständnis des *Constitutum Constantini* keiner stehen. Hier hatte der Gekrönte dem Papst Ehrendienste zu leisten, die seine Stellung als *defensor ecclesiae* umschrieben.

3. Das Tragen der Insignien durch den Herrscher: Die Krone auf dem Haupt, Zepter oder Stab samt dem Apfel in den Händen, mit dem Schwert umgürtet, so trat der Monarch bei feierlichen Anlässen in der Öffentlichkeit auf. Die Einkleidung geschah, ähnlich wie bei der Erstüberreichung, meist durch Bischöfe. Bekannt sind Prozessionen zu Kirchen oder das Thronen in Pfalzen *in habitu imperiali* bzw. *regalibus insigniis indutus*. Seinem theokratischen Amtsverständnis entsprechend, entledigte sich der Monarch vor dem Heiligsten vorübergehend seiner Insignien. Lothar I. trug 838 im Kloster Reichenau auf seinen Schultern den Schrein mit den Gebeinen des heiligen Januarius, nachdem er die kaiserlichen Gewänder sowie Zepter und Krone abgelegt hatte. Spätere Darstellungen der Heiligen Drei Könige vor dem Jesuskind lassen den zuerst Knienden seine Krone zumeist abnehmen.

4. Benutzung der Insignien für bestimmte Herrscherakte: Politisches Handeln des Königtums im Mittelalter vollzog sich nicht selten unter Einsatz seiner Insignien. Das gilt insbesondere für Investiturakte, das heißt Vorgänge der Einweisung vom Königtum abhängiger Gewalten in deren Amt. Nach Liudprand von Cremona (*Relatio de legatione Constantinopolitana* c. 5) übertrug Otto I. 952 dem italienischen König Berengar und seinem Sohn Adalbert als Lehnsherr *cum sceptro aureo* das *regnum Italicum*. Das ausgebildete Zeremoniell der Fürstenbelehnung späterer Jahrhunderte lehrt, dass die Berührung mit dem Herrscherinsigne als der entscheidende Legitimationsakt zu betrachten ist.

5. Das Tragen von Insignien durch Dritte: Von der Benutzung von Herrschaftszeichen als Einweisungsobjekte (Zepter, Schwert) ist das Tragen des Herrscherschwertes durch Dritte als Ausdruck ihrer vasallitischen Abhängigkeit zu unterscheiden. Die

Quellen des 11. und 12. Jahrhunderts schildern solche Akte wiederholt für die polnischen Herzöge und die dänischen Könige in Situationen, die ihre Unterordnung unter das Reich zum Ausdruck brachten. So überliefert Thietmar von Merseburg (VI 91), dass Bolesław Chrobry Pfingsten 1013 beim Friedensschluss mit Heinrich II. diesem als Waffenträger diente. Der Akt des Schwerttragens freilich offenbart sich spätestens im 12. Jahrhundert auch als Ehrendienst, der eine begehrte Zeremonialfunktion der Reichsfürsten wurde.

6. Übergabe von Herrschaftszeichen bei der Königserhebung: Das mittelalterliche Kaisertum hat zu allen Zeiten die altrömische Prärogative der Königserhebung wahrgenommen. In der Regel geschah dies durch Überreichung oder Übersendung monarchischer Insignien an den durch diesen Akt in die Familie der Könige aufgenommenen Auserwählten. Verständlicherweise bediente sich der Kaiser dabei ähnlicher Herrschaftszeichen, wie sie in seinem eigenen Reich in Gebrauch waren. Kaiser Otto III. hat, wie zahlreiche Indizien nahelegen, bei der Königserhebung Bolesławs I. von Polen und Stephans des Heiligen von Ungarn je eine Krone und eine Lanze geschenkt. Die Form der noch heute im Krakauer Domschatz verwahrten Lanze lässt erkennen, dass es sich bei dem im Jahre 1000 in Gnesen überreichten Stück um eine genaue Nachbildung der Heiligen Lanze aus dem kaiserlichen Insignienschatz – einschließlich ihrer nachträglichen Drahtwicklungen und ihrer ersten Schutzhülle – handelte.

Damit stellt sich die Frage nach der Rolle der Reliquien im Bestand der Reichsinsignien. Als deren wichtigste galt in ottonischer Zeit die Heilige Lanze. Es handelt sich bei ihr um eine eiserne Flügellanze des 8./9. Jahrhunderts, in deren ausgestanzte Mitte ein mit goldtauschierten Kreuzen versehener Knebelstift eingefügt war, der als Kreuzesnagel galt. Die Lanze, in wechselnder Zuordnung auf Christus und den ottonischen Reichsheiligen Mauritius bezogen, war somit nicht nur für sich ein Heiltum von hohem Wert, sie fungierte zugleich als Träger einer Christusreliquie. Von König Heinrich I. – Widukind irrt, wenn er sie schon als Besitz Konrads I. ausgibt – vermutlich in den zwanziger Jahren des 10. Jahrhunderts vom burgundischen König erworben, diente sie insbesondere in den Tagen Ottos I. als siegverheißendes Zeichen der Königsgewalt. Die militärischen Erfolge Ottos I. bei Birten 939 und auf dem Lechfeld 955 wurden von den Zeitgenossen ihrer Wirkung zugeschrieben.

Neben die Rolle als kriegerisches Heiltum, die auch für das 11. Jahrhundert bezeugt ist, trat ihre Funktion als Herrschaftszeichen. Unter Vorantritt der Heiligen Lanze brach Otto III. Anfang März 996 von Regensburg zur Kaiserkrönung nach Rom auf, und er hatte sie auch 1001 bei sich, als ihn der große Aufstand von dort vertrieb. Die *Ordines* der Königs- und der Kaiserkrönung nennen die Lanze nicht unter den dem Gesalbten auszuhändigenden Insignien. Erzbischof Willigis von Mainz wagte einen Kompromiss, als er Heinrich II., der sich entschlossen dieses Unterpfands aus den Händen des aus Rom heimkehrenden Kölner Erzbischofs versichert hatte, 1002 zwischen Wahl und Krönung *cum dominica hasta* in die Königsherrschaft einwies (Thangmar, Vita Bernwardi c. 38). Wenig später wurde ihm bei seiner Nachwahl durch die Sachsen in Merseburg noch einmal durch Übergabe der *sacra lancea* die *regni cura* übertragen (Thietmar V 16). Im Sakramentar Heinrichs II. ist der von Christus gekrönte Herrscher mit Lanze und Schwert dargestellt, die ihm Engel vom Himmel herabreichen. Der Höhepunkt ihres Ansehens waren die Jahrzehnte um das Jahr 1000. Als Kaiser Konrad II. für eine wahrscheinlich aus Byzanz erworbene Kreuzreliquie das prächtige Reichskreuz anfertigen ließ, trug er Sorge, dass in dessen Querarm auch die Lanze eingefügt werden konnte. Das Reichskreuz begann damit die Lanze zu verbergen, die erst Jahrhunderte später durch den von Kaiser Karl IV. initiierten Kult *sacrae lanceae et clavorum* noch einmal besondere Wirksamkeit entfaltete.

Die Heilige Lanze ist das einzige authentische Objekt aus dem Ensemble der einstigen Herrschaftszeichen des römischen Reiches der Zeit um das Jahr 1000. Von der Wiener Reichskrone, deren Datierung heute wieder höchst strittig ist und deren historische Funktion erst um das Jahr 1200 in literarischen Texten mit einiger Sicherheit zu greifen ist, lässt sich dies nicht mit Eindeutigkeit sagen. Zur Verwendung der Heiligen Lanze als Herrschaftsreliquie und Herrschaftszeichen tritt ihre historische Bedeutung als formales und funktionales Vorbild der Insignienentwicklung in den werdenden Herrschaftsverbänden des mitteleuropäischen Ostens.

Quellen

Liudprand, Antapodosis. – Thietmar. – Thangmar, Vita Bernwardi. – Widukind. – Ordines.

Literatur

Boumann 1957. – Fried 1989a. – Ott 1998. – Petersohn 1993; 1998. – Schramm 1958; 1978; 1981, 1983.

Ausblick

1000 Jahre gemeinsames Erbe: Mitteleuropa zwischen dem Jahr 1000 und 2000

PIOTR S. WANDYCZ

In seinem bahnbrechenden Buch „Europa, Grenzen und Gliederung seiner Geschichte" postulierte Oskar Halecki eine dreifache statt einer zweifachen historischen Gliederung Europas. Zwischen West- und Osteuropa sah er ein gesondertes Mitteleuropa, das wiederum aus zwei Teilen bestehe: einem westlich-germanischen und einem östlichen, vornehmlich slawisch-ungarischen Teil. Deren gegenseitige Beziehung ist schwierig gewesen, vielleicht mehr für die Polen, Tschechen, Slowaken und Ungarn als für die Deutschen. Für den Gelehrten des 19. Jahrhunderts František Palacký bildete diese Beziehung die Achse der tschechischen Historie. Er definierte sie als „Kontakte und Konflikte, Rezeption und Zurückweisung". Diese Definition ist in hohem Maße auch auf die polnisch-deutsche und die ungarisch-deutsche Vergangenheit anwendbar. Natürlich gibt es Unterschiede. Für die Tschechen war die „deutsche Frage" gleichbedeutend mit der Reichsidee und der inneren deutschen Präsenz; für die Polen war sie vor allem gleichbedeutend mit Preußen, für die Ungarn mit den Habsburgern.

In nationalistischen Schriften überschatteten die Kämpfe zwischen den Deutschen und ihren östlichen Nachbarn ihr gemeinsames Erbe. Der „Drang nach Osten" wurde als beispielhaft für den aggressiven deutschen Expansionswillen betrachtet, wobei man vergaß, dass die deutsch-polnische Grenze für Jahrhunderte statisch blieb. Wenn man aktuelle, politische Begriffe auf frühere Zeitalter überträgt, verzerrt man die Bedeutung solcher Begriffe wie Staat, Souveränität, Nation oder Nationalität. Der Staat bedeutete den väterlichen Erbteil eines Herrschers; lineare Grenzen existierten nicht. Dessen muss man sich gewahr sein, wenn man von Böhmen im Rahmen des Heiligen Römischen Reiches spricht. Es ist oftmals müßig, über die „Nationalität" eines Einzelnen zu spekulieren. Die Gefühle von Solidarität gegenüber dem Fremden wurden zwar damals in „nationalen" Begriffen geäußert – „Niemiec" oder „Nemec" bezeichnet im Polnischen oder Tschechischen jemanden, mit dem man nicht kommunizieren kann. Es wäre jedoch ein Fehler, darin einen Ausdruck des modernen Nationalismus zu sehen. Schließlich ist es wichtig, daran zu denken, dass, während das heutige Polen und die tschechische Republik in ihrer territorialen Gestalt ihren mittelalterlichen Vorläufern ähneln, diese beiden Länder und Ungarn während ihrer 1000jährigen Geschichte auch die Slowakei, Kroatien, Transylvanien, Litauen, die Ukraine oder Weißrussland umfassten.

Mit der Ausdehnung der mittelalterlichen christlichen Gemeinschaft in die slawischen und ungarischen Länder wurde das 10. Jahrhundert Zeuge der Geburt Europas. Und in diesem Zusammenhang müssen wir den frühen Umgang zwischen Deutschen, Slawen und Ungarn betrachten. Er fand auf zwei miteinander verbundenen Ebenen statt: es gab einerseits politisch-dynastische Beziehungen zwischen den Herrschern und andererseits Raubzüge und Zusammenstöße entlang der Marken. In der Tat bezieht sich die erste Erwähnung des Staates von Herzog Mieszko in einer deutschen Chronik auf einen Kampf im Jahre 963 zwischen den Polen und den Sachsen. Es gibt noch eine dritte Dimension – entscheidend und alle Aspekte des Lebens durchdringend, nämlich das Christentum. Die Taufe von Mieszko, des Gründers der Piasten-Dynastie, durch tschechische Vermittlung im Jahre 966 und die Gründung eines Missionsbistums in Posen (Poznań) ebenso wie die Christianisierung der Ungarn im 10. Jahrhundert bedeutete, der europäischen Zivilisation preisgegeben zu sein mit allem, was sie nach sich zog. Westliche religiöse Orden würden später Kultur und Gelehrsamkeit übermitteln. Das Papsttum und das Reich waren die beiden Pfeiler des mittelalterlichen Europas, so vieles der frühen Geschichte Mitteleuropas ist nur unter diesem Aspekt zu verstehen.

Das Jahr 1000 begann mit zwei großen Ereignissen in der Region: dem Treffen Kaiser Ottos III. mit dem polnischen Herzog Bolesław dem Tapferen (Chrobry) in Gnesen (Gniezno), sowie der Krönung Stephans als apostolischen König von Ungarn. Der Kaiser, der das Grabmal des Bischofs Adalbert von Prag besuchte, und inspiriert war durch seinen Traum der *Renovatio Imperii Romanorum*, welche Italien, Gallien, Germanien und das

Slawentum beinhalten sollte, erkannte während des Treffens den unabhängigen Status des Herzogs an und billigte eine polnische Kirchenorganisation mit dem Erzbistum Gnesen und Bistümern in Breslau (Wrocław), Kolberg (Kołbrzeg) und Krakau (Kraków). Bolesław führte den Wettstreit mit den Sachsen bei der Bekehrung der Länder östlich der Elbe und die Expansion in dieselben fort. So eroberte er bei dem Versuch, einen großen slawischen Block zu bilden, Prag. Seine Weigerung, die Oberherrschaft von Ottos Nachfolger, Kaiser Heinrich II., über Böhmen anzuerkennen, führte zum Krieg und der Vereitelung seiner Pläne. Dennoch führte Bolesław ab 1024 den königlichen Titel – als Zeichen der Unabhängigkeit.

Der Streit um Böhmen hing mit der Tatsache zusammen, dass dessen Herzog, im Osten den christlichen Missionen von Byzanz, im Westen denen von Bayern ausgesetzt, im Jahre 950 die Oberherrschaft des Kaisers akzeptiert hatte. Kirchenorganisatorisch wurde das Land dem bayerischen Bistum Regensburg untergeordnet. Als jedoch 973 ein Bistum in Prag etabliert wurde, fiel dieses an den Metropoliten von Mainz. Böhmens Verbindungen zum Reich waren von Anfang an sehr eng.

Anders verlief die ungarische Geschichte. Diese wilden Nomaden waren raubend und plündernd durch Westeuropa gezogen bis Otto I., der sächsische König von Deutschland, sie 955 auf dem Lechfeld entscheidend schlug. Dieser Sieg erleichterte Ottos Wiederbelebung des (Deutschen) Römischen Reiches im Jahre 962, während er die Ungarn zwang, sich fest niederzulassen und in der pannonischen Ebene einen Staat zu organisieren, der sich langsam in die Bergregionen der Slowakei und Siebenbürgens ausdehnte. Um 973 übernahm Fürst Géza das Christentum. Im Jahr 1000 verlieh der Papst dem ungarischen Herrscher Stephan – später der heilige Stephan – die königliche Krone, welche zum Symbol der Einheit der Arpaden und der dynastische Erbteil ihrer Nachfolger wurde. Schon 955 wurde mit dem Erzbistum Gran (Esztergom) eine kirchliche Organisation begründet. Das ungarische Königreich, geographisch gesehen von Deutschland weiter entfernt als Böhmen, war dennoch dem Druck von zwei Seiten ausgesetzt: dem Heiligen Römischen Reich und Byzanz. Die Interessen des letzteren kollidierten mit der ungarischen Expansion im Süden, was 1102 zu einer Union, deren Natur unterschiedlich interpretiert wurde, mit Kroatien führte. Bosnien und Serbien wurden zu einem umkämpften Gebiet.

So entstand bereits früh die Schicksalsgemeinschaft zwischen Deutschen, Westslawen und Magyaren. Die Geschicke des mittelalterlichen Polen, Ungarn und Böhmen waren unauflöslich mit der Person des Herrschers verbunden. In Deutschland wurde der Kaiser nach 1125 gewählt; vor dem 13. Jahrhundert war das Erstgeburtsrecht in Ostmitteleuropa unbekannt. In Polen versuchte Herzog Bolesław III. „Schiefmund" durch die Aufteilung des Landes unter seinen Söhnen im Jahre 1138 eine gewisse Stabilität zu wahren. Das Resultat war die Zersplitterung des polnischen Staates bis zu seiner Wiedervereinigung im 14. Jahrhundert. In dem Versuch, einen großen slawischen Block zu schaffen, drang der tschechische Herzog Břetislav in Polen ein (1038–1039), wurde jedoch mit Hilfe des Kaisers zurückgeschlagen. Während dieser Zeit griff der Kaiser ein, wenn er der Meinung war, die östlichen Nachbarn würden entweder zu stark werden oder ins Chaos stürzen – daher die regelmäßigen Auseinandersetzungen besonders zwischen Deutschen und Polen. Andererseits nutzten die polnischen, ungarischen und tschechischen Herrscher die Schwierigkeiten der Kaiser in Deutschland und Italien aus, unterstützten Partikularismus und Separatismus und ergriffen Partei während des großen Investiturstreites.

Vom späten 12. Jahrhundert an und durch das gesamte 13. Jahrhundert hindurch erfuhr Ostmitteleuropa entscheidende Veränderungen unter westlichem, vornehmlich deutschem Einfluss. Das Heilige Römische Reich Deutscher Nation wurde durch Bürgerkriege zerrissen, die in dem großen Interregnum von 1250 bis 1273 kulminierten. Dynastische Staaten behaupteten sich auf Kosten der Zentralmacht; es gab eine große Migration nach Osten. Deren Auswirkungen waren vielfach: die Einführung neuer landwirtschaftlicher Methoden, der Aufstieg einer freien Bauernschaft und selbstregierender Städte, Geldwirtschaft sowie Veränderungen der sozialen und politischen Strukturen. Während es im 10. Jahrhundert nur wenige deutsche Bauernsiedlungen jenseits der Elbe gab und die Auswanderung sächsischer Bevölkerungsteile nach Siebenbürgen gering war, erreichte die organisierte deutsche Kolonisation im 13. Jahrhundert, gefördert von Herrschern und einheimischen Herren, ungeheure Ausmaße. Die Verwüstung und Entvölkerung Südpolens und Ungarns – das Ergebnis mongolischer Invasionen – mag dabei den Bedarf an Siedlern gesteigert haben. Die Deutschen, die nach Böhmen kamen, sollten bald ein Drittel der Bevölkerung stellen; Schlesien wurde eine gemischte polnisch-deutsch-tschechische Region; Deutsche gründeten die slowakischen Bergbaustädte. Auch wenn man eine Unterscheidung zwischen den deutschen Siedlungen selbst und dem Einfluss des deutschen oder des Magdeburger

Rechts treffen muss, das sich in diesen Ländern verbreitete, waren die Wandlungen doch grundsätzlich. Die deutsche Sprache hinterließ eine nachhaltige Prägung auf bestimmte Teile des slawischen Vokabulars. Für einige Zeit wurde Deutsch die *lingua franca* der Städte, von denen die meisten Gründungsurkunden als neue oder wieder errichtete ältere Siedlungen erhielten. Mehrere polnische Städte wurden Mitglied in der von Lübeck dominierten Hanse. Das aufsteigende Bürgertum verhielt sich dem in dieser Zeit von den Herrschern anerkannten und geschützten Judentum wiederholt feindlich. Adel und Klerus erlangten einen neuen Status mit Privilegien und Immunitäten. Die ungarische Goldene Bulle von 1222, vergleichbar der englischen „Magna Charta", ist dafür ein Beispiel.

Im Jahre 1226 machte sich ein weiterer deutscher „Faktor" in Ostmitteleuropa bemerkbar: die Deutschordensritter. Das Erscheinen dieses deutschen Kreuzritterordens, eingeladen von einem polnischen Herzog, um die Raubzüge der heidnischen Pruzzen abzuwehren, erwies sich auf lange Sicht als folgenschweres Ereignis. Die Deutschordensritter eroberten und kolonisierten nicht nur das spätere Ostpreußen, sondern nahmen auch Danzig (Gdańsk) und das umliegende pommersche Gebiet ein, wodurch sie die Verbindungen Polens mit dem Baltikum abschnitten. Ihr Staat wurde zu einer Bedrohung für Polen, und die Polen ließen keine Gelegenheit aus, die Grausamkeit und Habgier der Deutschordensritter zu betonen, während die Deutschen dazu tendierten, deren Errungenschaften zu preisen. Die Deutschordensritter erhielten Unterstützung seitens des tschechischen Königs Ottokar II. Přzemysl nach dem Königsberg benannt wurde, der nach der Kaiserkrone griff, aber im Jahre 1278 auf dem Marchfeld besiegt und getötet wurde. Jedenfalls zeigte sich, dass der König von Böhmen seinem Ehrgeiz folgen und im Rahmen des Reiches operieren konnte, im Gegensatz zu den polnischen und ungarischen Regenten. Fast ein Jahrhundert später, gefestigt mit der Goldenen Bulle von 1356, wurde sein Status, als einer der vier weltlichen Kurfürsten des Kaisers, bestätigt, was jedoch nicht bedeutete, dass Böhmen integraler Bestandteil des Reiches im modernen Sinne wurde. Mit der Wahl Karls IV. von Luxemburg (1346) sowohl zum Kaiser als auch zum König, wurde Prag zur Reichshauptstadt und damit zu einer großen europäischen Stadt. Waren nun Karl oder aber die 1348 von ihm gegründete Prager Universität eher deutsch oder tschechisch? Das ist eine anachronistische Frage, denn sein Königtum spielte die Rolle einer dynastischen Basis, die Luxemburgs Position im Heiligen Römischen Reich stärkte, und die Universität war eine mittelalterliche, kosmopolitische Schule. Doch ist es im polnischen Fall irreführend, die Kämpfe des 14. Jahrhunderts zwischen dem Herzog und späteren König Ladislaus I. Lokietek (dem Kurzen) und den zur Herrschaft über den größten Teil des Landes gelangten Königen von Böhmen, die zur Wiedervereinigung Polens führten, auf eine polnisch-tschechisch-deutsche nationalistische Auseinandersetzung zu reduzieren, auch wenn solche Gefühle gegenüber den Fremden gezeigt und ausgeschlachtet wurden.

Das 14. Jahrhundert war das goldene Zeitalter in Böhmen und Ungarn – teilweise auch in Polen unter Kasimir III., dem Gründer der Krakauer Universität im Jahre 1364. Sein Neffe Ludwig I., König von Ungarn, folgte ihm auf den Thron und man ging davon aus, dass Ludwigs Töchter Maria und Hedwig-Jadwiga, die mit dem gewählten Kaiser Sigismund von Luxemburg und Wilhelm von Habsburg verlobt waren, alle Throne in Mitteleuropa erben würden. Die Polen jedoch durchkreuzten diese Pläne, indem sie auf einer Heirat Hedwigs mit dem heidnischen Herzog Jagello von Litauen bestanden, der Christ wurde und versprach, seine Ländereien, das heutige Litauen, die Ukraine und Weißrussland, der polnischen Krone zuzuführen. Diese Heirat und die Union durch den Vertrag von Krewo (1385–1386) lenkten Polens Aufmerksamkeit nach Osten – ein Kontrast zu der bislang vornehmlich westlichen Orientierung der Piasten. Nicht etwa, dass die Jagellonen an Mitteleuropa desinteressiert gewesen wären; es entstand eine Rivalität zwischen ihnen und den aufsteigenden Habsburgern hinsichtlich der Kontrolle über Ungarn und Böhmen. Bevor diese jedoch ihren Höhepunkt erreichte, wurde Böhmen zur Zeit Sigismunds von der Hussitenbewegung erschüttert.

Das Hussitentum war als geistige und religiöse Bewegung ein Vorläufer der Reformation. Hus' größte Beiträge zur tschechischen Sprache und zu einem neuen nationalen Bewusstsein waren vergleichbar mit jenen Luthers. Verwoben mit politischen und sozialen Zügen wurde die Hussitenbewegung zur Inspiration und zum Bezugspunkt für die tschechische nationale und demokratische Tradition des 19. und 20. Jahrhunderts. Der Märtyrer Johann Hus, 1415 auf dem Scheiterhaufen verbrannt, und der siegreiche militärische Führer Jan Ziska wurden tschechische Nationalhelden. Die Hussitenkriege endeten mit einem Kompromiss aus dem der ungarische König Matthias Corvinus später versuchte, Vorteile zu ziehen. Was auch immer die Motive seiner Expansion nach Böhmen und Österreich gewesen sein mögen: Das Ergebnis schwächte Ungarn gegenüber den Türken, die zu einer ernsthaften Bedrohung wurden. Ein früherer von Sigismund geleiteter Kreuzzug war in Nikopolis (1396) niedergeschlagen worden. Corvinus' Vater Johann Hunyadi bekämpfte die Türken unter dem ungarischen und polnischen König Ladislaus III. Jagello (Ulaszlo), der während der Schlacht bei Warna (1444) getötet wurde. Im Jahre 1453 eroberten die Türken Konstantinopel.

Das Ungarn des Corvinus kam, anders als das aufgrund der Hussitenkriege von den Hauptentwicklungen Europas isolierte Böhmen, unter starken Einfluss des italienischen Humanismus und der Frührenaissance. Dieser Einfluss war auch in Polen unter Kasimir IV. Jagello spürbar. Trotz solcher Glanzstücke spätmittelalterlicher Kunst wie den Altar von Veit Stoss (Wit Stwosz) in Krakau, schienen deutsche Einflüsse abzunehmen, und eine Polnisierung der Städte machte steten Fortschritt. Von der jagellonisch-luxemburgischen Rivalität abgesehen, war Polen vor allem mit den Deutschordensrittern beschäftigt. Die Union mit Litauen sollte deren östliche Expansion stoppen, und der größte polnisch-litauische Sieg über die Ritter bei Tannenberg (und Grünwald) 1410 lähmte deren Stärke. Es bedurfte allerdings eines Aufstandes gegen die Deutschordensritter seitens der preußischen Städte und des Adels, unterstützt von Kasimir von Polen, um den Staat der Ritter im Frieden von Thorn (1466) zu teilen. Polen erhielt Danzig und das umliegende Pommern zurück, bekannt als das königliche Preußen, welches einen autonomen Status bekam. Das Ereignis hatte weitreichende Folgen, besonders auf ökonomischem Gebiet, da Polen über Danzig zum Massenexporteur von Weizen wurde. In der sich verändernden Ökonomie setzte sich die Bewirtschaftung mittels Güter durch, aber auch die Leibeigenschaft, die charakteristisch für den größten Teil Mitteleuropas östlich der Elbe werden sollte.

Das „lange 16. Jahrhundert", das sich bis in die fünfziger Jahre des 17. Jahrhunderts erstreckte, veränderte Mitteleuropa. Die Renaissance breitete sich auf vielerlei Art nördlich der Alpen aus. In Polen fiel sie mit einem goldenen Zeitalter zusammen, das sich in hervorragender, volkssprachiger Literatur, in der Wissenschaft mit Kopernikus (Astronomie) und in den schönen Künsten widerspiegelte. Gutenbergs Erfindung und die Bedeutung, die Reformation und Gegenreformation dem gedruckten „einheimischen" Wort beimaßen – es gab mehrere Bibelübersetzungen – trugen zu intellektuellem Aufruhr bei. In Deutschland folgten auf Luthers Thesen von 1517 innerhalb weniger Jahre eine Erhebung der Reichsritter und ein Bauernkrieg. Das Luthertum, das sich in Polen, Ungarn und Böhmen ausbreitete, wurde vornehmlich ein Glaube der Bürger, dagegen Calvinismus und Unitarismus für den höheren und niederen Adel. Letztere provozierten keine derartigen Umwälzungen, und die religiöse Tolerierung in Ostmitteleuropa, besonders in Polen, war bemerkenswert, wie sich in der Warschauer Konföderation von 1573 (*Pax Dissidendum*) zeigte. Drei Religionen anerkannten auch Mähren und Siebenbürgen. Die Gründe für die Duldung waren unterschiedlich, erst durch den Widerstand der Stände gegen den aufkommenden Absolutismus wurde sie politisiert. In Polen verhinderte die „*forma mixta*" – ein System von Kontrollen und Gegengewichten zwischen König, Senat und Landtag – gewaltsame Maßnahmen.

Internationale Bewegungen und Gegenbewegungen komplizierten die innere Entwicklung. Am Ende des 15. Jahrhunderts beherrschten die Jagellonen Polen, Litauen, Böhmen und Ungarn. Sie sahen sich in Rivalität zu den Habsburgern, die sich damals mit den französischen Valois auseinandersetzten, und waren in Feindschaft mit den Deutschordensrittern und den Moskowitern. Die Mitgliedstaaten dieses ostmitteleuropäischen Blocks zeigten sich unfähig, ihre Politik zu koordinieren. Bei dem Versuch, die moskowitische Reichsallianz zu brechen, besiegten die Jagellonen den Deutschen Orden bei Orsza im Jahre 1514 und schlossen mit den Habsburgern ein Jahr später den Vertrag von Wien, der die Nachfolge der überlebenden Dynastie in Böhmen und Mähren absicherte. Als der Hochmeister der Deutschordensritter, Albrecht von Hohenzollern, Protestant wurde, und den Orden säkularisierte, traf der König von Polen eine weitreichende Entscheidung – ein weiterer Wendepunkt in der Entwicklung der polnisch-deutschen Beziehungen, indem er Albrecht und seine Nachkommen als Herzöge in Preußen und Vassallen der polnischen Krone anerkannte. Kaum ein Jahr später jedoch, im Jahre 1526, fand der jagellonische König von Ungarn und Böhmen, Ludwig II., in einer vernichtenden Niederlage bei Mohacs gegen die Türken den Tod. Der Weg war frei für eine doppelte Wahl und endlich für eine Teilung Ungarns in das königliche Ungarn unter den Habsburgern und das türkisch besetzte Mittelungarn und das autonome Siebenbürgen. Ungarn war bereits geschwächt durch inneren Hader und soziale Umwälzung, hervorgerufen durch den von Georg Dosza geführte Bauernaufstand von 1514. Böhmen gelangte unter habsburgische Herrschaft. Dies war ein weiterer Wendepunkt. Von nun an würden die Habsburger Ungarn und Böhmen, zusammen mit Österreich, als Machtgrundlage betrachten, um ihren Einfluss auf das Reich zu erhalten.

Die Habsburger, deren Macht Mitte des 16. Jahrhunderts eine weltweite war, ordneten die ungarischen ihren anderen Interessen unter. Dies zeigte sich in der Art und Weise, wie gegen die Türkei Krieg geführt wurde. Verbunden mit der Verfolgung von Protestanten, trug dies zu den anti-habsburgischen und anti-deutschen Gefühlen bei den Ungarn bei. Die große europäische Streitfrage war die Religion. Der Augsburger Religionsfrieden von 1555, der auf dem Prinzip *cuius regio eius religio* basierte, erwies sich als bloße Atempause. Die Gegenreformation war in der Offensive, und im Reich standen sich protestantische und katholische Bünde gegenüber. Der Funke, der das Feuer entzündete, war der Prager Fenstersturz von 1618, als zwei katholische königliche Räte aus den Fenstern des Schlosses gestoßen wurden. Der Dreißigjährige Krieg, der Deutschland verwüstete und entvölkerte und auch Böhmen schwer in Mitleidenschaft zog, begann. Die böhmische Phase, die 1620 in der Schlacht am Weißen Berg kulminierte, ist unzutreffenderweise oft als ein tschechisch-deutscher Krieg dargestellt worden. Tatsächlich kämpften Deutsche und Tschechen auf beiden Seiten: der Tscheche Albrecht Wallenstein führte die katholischen Streitkräfte der Habsburger, der Deutsche Graf Mathias Thurn kommandierte die Truppen der protestantischen Stände. Letztere opponierten gegen die Gegenreformation und den Absolutismus, besaßen jedoch keine solche weitreichende populäre Unterstützung wie die Hussiten. Der Dreißigjährige Krieg endete 1648 mit dem Westfälischen Frieden, einem Meilenstein in der europäischen Geschichte, der ein neues Gleichgewicht der Mächte herstellte. Die deutschen Territorialfürsten wurden wirkliche Souveräne auf Kosten des Kaisers. Aber die unterlegenen Habsburger behaupteten ihre Vorherrschaft in Böhmen und später in diesem Jahrhundert in Ungarn – in ihren beiden „Erblanden". Die Neue Landordnung und andere Maßnahmen zerstörten die böhmische „politische Nation" und führten einen weitgehend fremden „habsburg-treuen" Adel ein. Der Protestantismus wurde geächtet, und der berühmte Denker und Pädagoge Jan Amos Komensky ins Exil getrieben. Es folgte die politische und linguistische Germanisierung, die Nation wurde reduziert auf eine Masse von Subjekten, deren Sprache auf das Niveau eines Bauerndialekts absank. Transylvanien indes, das sich gegen die Habsburger gewehrt hatte, erschien unter Gabriel Bethlen gestärkt. Aber sein Untergang nach einem gescheiterten Versuch, die polnische Krone zu erringen, verhinderte, dass Transsylvanien Kern eines wiedervereinigten Ungarns wurde.

Polen und Litauen wurden mit der Union von Lublin 1569 eine Föderation. Die Bemühungen jedoch, die östlichen orthodoxen Teile des Staates durch die religiöse Union von Brest (1596) zu festigen, versagten. König Sigismund III. Wasa förderte die Gegenreformation, und seine Politik verwickelte Polen in Kriege mit dem protestantischen Schweden und dem orthodoxen Russland. Opposition gegen den Katholizismus und die religiöse Union in Verbindung mit sozialen und proto-nationalen Gedanken in der Ukraine führten 1648 zu einem Massenaufstand unter Führung der Kosaken. Als sich 1653 der ukrainische Führer Bogdan Chmielnicki dem Zaren in dem viel debattierten Vertrag von Perejaslaw unterwarf, erklärte der moskowitische Staat Polen den Krieg. Zwei Jahre später kam es zu einer schwedischen Invasion, die in der Besetzung fast des gesamten Landes endete.

Der Aufstieg Schwedens konnte nicht toleriert werden. Eine von Habsburg unterstützte Koalition half, es zu besiegen und durch den Vertrag von Oliva 1660 den *Status quo* wieder herzustellen. Der vornehmliche Sieger war Friedrich Wilhelm von Brandenburg, der Große Kurfürst, der aufgrund früherer polnischer Zugeständnisse auch Herzog von Preußen war. Indem er die Seiten während des Krieges wechselte, erlangte Friedrich Wilhelm die Anerkennung der vollen Souveränität Preußens; ein weiterer Schritt bei seinem Aufstieg zu einer Machtposition, und eine Bedrohung für Polen. Die *Respublica* (Polen), verheert durch eine „Sturmflut", deren Auswirkungen mit jenen des Dreißigjährigen Krieges in Deutschland vergleichbar waren, erlebte eine schrittweise Zersetzung ihres politischen Systems. Ein Symptom und das Symbol dafür war das „*liberum veto*", das einem einzelnen Abgeordneten im Sejm (dem Reichstag) erlaubte, alle Gesetzgebung zu stoppen.

Polens Rolle als „Bollwerk Europas", ebenso beansprucht von Ungarn und Kroatien, wurde durch erneute Kriege mit der Türkei auf die Probe gestellt. Noch einmal kam es zu einem Bündnis mit Österreich und gemeinsam unter der Führung König Johanns III. Sobieski brachte man den Türken nahe Wien im Jahre 1683 eine vernichtende Niederlage bei. Die Habsburger zogen durch die Vertreibung der Türken aus Ungarn den größten Nutzen aus dem Krieg. Aber ihre multinationalen Armeen verhielten sich eher als Eroberer denn als Befreier, und die absolutistische und intolerante österreichische Politik des Terrors führten zur Entfremdung. Nach einer Reihe kleinerer Aufstände begann Franz Rakoczi 1703 einen Unabhängigkeitskrieg gegen die Habsburger, der 1711 mit dem Kompromissfrieden von Szatmar endete, der religiöse Tolerierung und Respekt gegenüber der ungarischen Verfassung versprach.

Die deutschen Herrscher des 18. Jahrhunderts vergrößerten stetig ihre Macht. Der Kurfürst von Hannover wurde König von England, der Kurfürst von Brandenburg wurde in Preußen zum König gekrönt, der Kurfürst von Sachsen zum König von Polen gewählt, die Habsburger hatten Ungarn ihrer Erbfolge aufgebürdet; sie wurde ihnen 1687 von den ungarischen Ständen übertragen. In den zwanziger Jahren des 18. Jahrhunderts setzte die Pragmatische Sanktion die Unteilbarkeit der Habsburger Länder und die weibliche Thronfolge von Maria Theresia durch. Die Rechte letzterer, und besonders der Besitz von Schlesien, forderten 1740 Friedrich II. von Preußen heraus. Es folgten der sich lange hinziehende Österreichische Erbfolgekrieg und der Siebenjährige Krieg. Der Frieden von 1763 führte zu einer gründlichen Überprüfung der Habsburger Monarchie, bei der man die Notwendigkeit in Richtung Zentralisierung und Einheitlichkeit erkannte.

Die Ungarn, die für ihre Königin Partei ergriffen hatten, wurden rücksichtsvoll behandelt. Immer noch blieb Siebenbürgen abgetrennt. Die deutsche Sprache war in den Palästen und der Armee vorherrschend, Latein an den Schulen, dem Gericht und im Parlament. Böhmen, das Maria Theresia im Stich gelassen hatte, war Gegenstand härterer Integrations- und Germanisierungsmaßnahmen. Aber nach dem Verlust Schlesiens an Preußen entwickelte sich Böhmen zu dem ökonomisch fortschrittlichsten Teil der Monarchie. Die Bildungsreformen Maria Theresias hoben die kulturellen Standards, während Agrarreformen, die die Arbeitsverpflichtungen der Bauernschaft verringerten, später unter Joseph II. weiter ausgedehnt wurden. Der Josephinismus – ein klassisches Beispiel des „aufgeklärten Despotismus" – zielte auf die Modernisierung des Staates und der Gesellschaft von oben im Namen der Vernunft und der Nützlichkeit. Wenn auch manche von Josephs extremen Versuchen, unter anderem die deutsche Sprache aufzuoktroyieren, versagten, sein Toleranzedikt und die Abschaffung der persönlichen Leibeigenschaft erwiesen sich als dauerhaft.

Während sie oft lokalen Patriotismus verletzten, standen die Entwicklungen in der Habsburger Monarchie im Kontrast zur Stagnation, ja sogar zum Rückschritt Polens (1697–1763). Eine polnisch-sächsische Personalunion unter August II. erwies sich als Enttäuschung. Der König, der nach mehr Macht für seine Dynastie suchte, damit er unter den immer chaotischeren politischen Bedingungen in Polen die Oberhand behielt, übernahm sich, als er sich Russland im Nordischen Krieg (1700–1721) gegen Schweden anschloss. Das Ergebnis war eine schwedische Invasion und ein Bürgerkrieg. Schließlich trat Zar Peter der Große als Vermittler und als tatsächlicher Beschützer des Landes auf. Polen verlor seine unabhängige Rolle in den internationalen Beziehungen. Fremde Armeen durchquerten sein Territorium und behandelten es wie etwas, was am Wegesrand liegt. Friedrichs Erwerbung von Schlesien förderte Preußens Entwicklung hin zu einer Großmacht. Letzteres erschien unvereinbar mit Polens potentiellem Wiederaufleben.

Modernisierung wurde im 18. Jahrhundert durch den aufgeklärten Absolutismus von oben betrieben oder durch „aufgeklärte Freiheit" in Zusammenarbeit mit der politischen Nation. Polen und für kurze Zeit das nach-josephinische Ungarn boten die Alternative. Das polnische Reformprogramm wurde unter dem letzten polnischen König Stanislaus II. August (Poniatowski) durchgeführt, der 1764 unter russischen Druck gewählt worden war und seitdem als Werkzeug Katharinas der Großen betrachtet wurde. Petersburg behielt die Kontrolle, indem es Konföderationen (Adelsbünde) aufwiegelte. Als aber 1768 die Konföderation von Bar mit ihrer Mischung aus patriotischen und aufklärungsfeindlichen Zielen ins Chaos führte, begann Katharina auf das Argument Friedrichs II. zu hören, dass Polen verkleinert werden müsse. 1772 einigte man sich über die erste Teilung. Maria Theresia nahm widerstrebend daran teil, um das Machtgleichgewicht zu erhalten und erwarb Galizien. Der größte Gewinner war Friedrich, der Pommern annektierte (wenn auch ohne Danzig). Er verband damit Preußen und Brandenburg und erhielt durch Kontrolle der Weichselmündung die Möglichkeit, die polnische Ökonomie in den Würgegriff zu nehmen.

Die Erste Teilung Polens beschleunigte die Reformbewegung, die zuerst von Russland toleriert wurde. Am ehesten sichtbar war sie auf kultureller Ebene, besonders im Bildungsbereich, und lief auf eine „Reeuropäisierung" Polens hinaus, das zu lange nach Osten gezerrt worden war und traditionelle und beschränkte Wege beschritten hatte. Der Große Sejm (der Vierjährige Reichstag 1788 bis 1792), der von Russlands Krieg mit der Türkei und Schweden (1788 bis 1790) profitierte und auf einer Allianz beruhte, die hastig mit Preußen – beunruhigt durch die aufkommende Stärke Russlands – geschlossen worden war, führte weitreichende Reformen der staatlichen Struktur durch. Das Resultat war die Konstitution vom 3. Mai 1791, die erste geschriebene Verfassung in Europa, inspiriert durch amerikanische, britische und französische Ideen, die eine konstitutionelle Monarchie etablierte und das Konzept der Nation erweiterte. Nach Karl Marx war es „das einzige Freiheitswerk, das Osteuropa jemals unabhängig vollbrachte".

Die Verfassung war eine Herausforderung für Russland, das unter Ausnutzung der reaktionären Konföderation von Targowica das Land 1792 überfiel. Von Preußen im Stich gelassen, kapitulierte Stanislaus August nach kurzem Widerstand. Die zweite polnische Teilung folgte 1793, und nach einer tapferen aber hoffnungslosen Volkserhebung geführt von Thaddeus Kosciuszko wischten Russland, Preußen und Österreich die Überreste von Polen 1795 von der europäischen Landkarte. Die Teilungen beendeten den Reformprozess und hatten unter anderem auf die jüdische Bevölkerung (die größte in Europa) Auswirkungen, da sie sich nun zum größten Teil unter russischer Herrschaft wiederfand. Der letzte unabhängige Staat Ostmitteleuropas war Geschichte. Mit seinem Untergang war die polnische Frage geboren.

Die Entwicklungen des 19. Jahrhunderts in Mitteleuropa wurden hauptsächlich durch die Kräfte geformt, die sich aus der Französischen und der Industriellen Revolution entwickelten: Liberalismus und Nationalismus, ökonomische und soziale Transformation. Deutschland wurde durch den Rheinbund, aber auch durch die Befreiungskriege und das damit verbundene nationale Erwachen französisch beeinflusst. Am Ende des Jahrhunderts hatte die Industrielle Revolution Deutschland zum machtvollsten Staat in Europa gemacht, auch wenn innere Unterschiede bestehen blieben.

Die Industrielle Revolution wirkte sich erst spät auf die polnischen Länder aus und war weitgehend auf das russisch beherrschte, so genannte Kongresspolen, begrenzt. Aber der Kampf um die Unabhängigkeit verschmolz mit jenem um die Emanzipation der Bauernschaft. Erst setzten die Polen ihre Hoffnungen auf Napoleon und kämpften an der Seite der Franzosen unter General Dabrowski, dessen Name in die Nationalhymne „Noch ist Polen nicht verloren" einging. Die Freiheitskämpfer erreichten jedoch nur kurze Perioden einer Halb-Unabhängigkeit im Großherzogtum Warschau (1807 bis 1814) und in Kongresspolen (1815 bis 1831), das der Wiener Kongress geschaffen hatte. Die zahlreichen Gefechte erreichten ihre Höhepunkte während der Aufstände im November 1830 und im Januar 1863, die gegen Russland gerichtet waren, während die Zusammenstöße mit Österreich und Preußen zur Zeit des „Frühlings der Nationen" marginal waren. Der Grund für diese Gefechte war nicht nur, dass der Großteil des polnischen Gebiets vor der Teilung unter russischer Herrschaft stand, sondern auch, dass das reaktionäre Zarentum das hauptsächliche Hindernis für Freiheit und nationale Bestrebungen bildete. Im Gegensatz zu Preußen und dem konservativen Regime in Wien waren die liberalen Deutschen den Polen gegenüber wohlwollend gesinnt: Zeugnis sind die „Polenlieder" der dreißiger Jahre des 19. Jahrhunderts, der anfangs pro-polnische Standpunkt der Frankfurter Nationalversammlung, oder die Ansichten von Marx und Engels zur polnischen Frage. Als jedoch die Interessen von Deutschen und Polen im preußischen Polen aufeinander zu prallen begannen, entschied sich die deutsche Seite für einen „gesunden nationalen Egoismus". Der Konflikt zwischen der preußischen Verwaltung und den Polen weitete sich zu einer Feindschaft zwischen den Völkern aus.

Bismarck führte systematisch eine anti-polnische Politik durch und kollaborierte dabei mit Russland während des Aufstandes im Januar 1863. Bei der Rechtfertigung des berühmten Kulturkampfes beschwor er die „polnische Gefahr" für das Deutschtum. Die nachfolgende brutale Politik der Germanisierung und Kolonisierung befleckte den Ruf des „Rechtsstaates" und wies den Weg für künftige deutsche nationalistische und rassistische Trends. Das preußische Posen (Poznań) wurde Zone eines unbarmherzigen Streits um Land und Identität, in derselben Zeit modernisierten die Polen ihre Landwirtschaft und bauten Industriebetriebe auf. Sie holten auf und konkurrierten recht erfolgreich mit den Deutschen. Auch fand in Schlesien ein nationales polnisches Erwachen statt.

Die Beziehungen zwischen Deutschen und Polen in der Habsburger Monarchie ergaben sich aus der Natur des multi-nationalen Reiches. Die Polen wurden für das Funktionieren einer parlamentarischen Regierung unentbehrlich und tatsächlich bekleideten mehrere von ihnen höchste Positionen in Wien. Autonomie in Galizien bedeutete eine faktische Polonisierung der Provinz – verübelt im östlichen Teil von revoltierenden ukrainischen Nationalisten. Das austro-polnische Modell jedoch konnte auf Russland nicht übertragen werden, auch wenn Versuche einer Aussöhnung stattfanden: Anfang des Jahrhunderts mit Herzog Adam Czartoryski, in der Mitte desselben mit Marquis Wielopolski und mit den „Positivisten" und „Realisten" gegen Ende des Jahrhunderts.

Viele Deutsche sprachen den Tschechen, die sie nicht zu den „historischen Nationen" zählten, das

Recht auf Unabhängigkeit ab. Das 19. Jahrhundert jedoch war Zeuge einer bemerkenswerten Transformation in ein zweisprachig deutsch-tschechisches Böhmen, in dem die Tschechen in einer weit vorangekommenen und national bewussten Gesellschaft, die bäuerliche Masse bildeten. Die Industrielle Revolution brachte soziale Mobilität mit sich, Kommunikationsmittel und die Massenbildung. Die nationalen „Erwecker" kamen – anders als die ungarische und die polnische adlige Elite – meistens aus einer Mittelklasse, deren bäuerliche Wurzeln oft nur eine Generation zurücklagen. Inspiriert durch die Aufklärung, die Französische Revolution und den deutschen „Herold der Slawen", Johann Gottfried Herder, wollten sie eine sprachliche und kulturelle Wiederbelebung. Pavel J. Safarik und Jan Kollar (slowakische Protestanten) schrieben auf tschechisch und rühmten die Gemeinschaft des Slawentums. František Palacký, der sich, um Anregungen zu erhalten, der Geschichte zuwandte, verdammte den traditionellen, territorialen, zweisprachigen böhmischen Patriotismus zugunsten eines ethnischen tschechischen Patriotismus. In seinem berühmten Brief an die Frankfurter Nationalversammlung im Jahre 1848 behauptete er, er sei ein Tscheche und kein Deutscher, und seine Nation sei nie ein Teil Deutschlands gewesen. Er sah die Habsburger Monarchie als Beschützer der kleineren Nationen des Donaubeckens und favorisierte dessen Föderalismus in Form des Austro-Slawismus. Palacký lehnte das Konzept eines unabhängigen tschechischen Staates ab, und tatsächlich forderte bis zum 1. Weltkrieg keine politische Partei – ob alttschechisch, neutschechisch, oder solche Figuren wie Tomas G. Masaryk – die nationale Unabhängigkeit.

Das galt weitgehend auch für die Ungarn, da sie, abgesehen von der Entthronung der Habsburger und der Unabhängigkeitserklärung während des Krieges mit Österreich im Jahre 1849, keine Trennung von der Monarchie suchten. Aber ihre Position unterschied sich sehr von der der Tschechen. Der Friede von Szatmar hatte für eine Grundlage der Koexistenz gesorgt und die Verfassung, obgleich bisweilen missachtet, blieb in Kraft. Größte Bedeutung im Zeitalter von Liberalismus und Nationalismus besaß die Modernisierung der Kronländer des heiligen Stephan, die, wie der „größte Ungar" Stephan Szechenyi bemerkte, hinter die europäischen Entwicklungen zurückgefallen waren. Die Nation, sagte er, lebe in ihrer Sprache, sie sei deshalb von dem dominanten Deutsch und dem Latein zu befreien. Szechenyi, Reformer der frühen Jahrzehnte, förderte die nationale Kultur, die wirtschaftliche Modernisierung, den Kapitalismus und die „Verbürgerlichung" des ungarischen Adels. Das traditionelle Widerstreben des niederen Adels, sich selbst in eine moderne Mittelklasse zu verwandeln, führte zum Aufstieg eines Bürgertums vornehmlich jüdischer und deutscher Herkunft, das zum Verbündeten der Aristokratie wurde, jedoch nicht sein wirklicher politischer Partner. Die Beziehungen zwischen Wien und Zentralismus *versus* Dezentralismus wurden heftig debattiert, aber der entscheidende Punkt war der ungarische Nationalismus und die anderen Nationalitäten. Eine Anpassung letzterer hinsichtlich Sprache und Kultur schien notwendig, wenn die Ungarn – die weniger als die Hälfte der Bevölkerung ausmachten – nicht in einem slawischen und deutschen Meer untergehen sollten. Szechenyi befürwortete eine schrittweise und freiwillige kulturelle Assimilation; sein Gegner Ludwig Kossuth glaubte an die Magyarisierung von oben. Dies rief Ängste bei Slowaken, Serben, Rumänen und Kroaten hervor und erklärt, warum sie sich 1848 auf die Seite der reaktionären Habsburger gegen die liberalen ungarischen Revolutionäre schlugen.

Dem Sieg Österreichs, mit Hilfe Russlands, über Ungarn folgte eine Periode der Unterdrückung. Die österreichisch-ungarische Beziehung wurde nur durch den Ausgleich von 1867 auf eine neue Grundlage gestellt. Der Dualismus sah einen gemeinsamen Kaiser-König und drei Schlüssel-Ministerien, zwei getrennte Regierungen, Parlamente und Verwaltungen vor. Die Ungarn vervollständigten das Arrangement mit einem sub-dualistischen Übereinkommen mit Kroatien und dem Nationalitätengesetz, das diesen bestimmte Rechte zusprach, aber nur eine unteilbare Nation im Staat anerkannte: die ungarische. Als Europa einem integralen Nationalismus am Ende des Jahrhunderts zutrieb, wurde die Politik der Magyarisierung unbarmherzig.

Die Slowaken fühlten sich besonders unterdrückt. Die Ungarn betrachteten sie lediglich als slawische Einwohner des oberen Ungarns. Ihre an den Tschechen orientierte nationale Wiederbelebung führte zuerst eine protestantische Elite an. Dieser entstammte Ludovit Stur, der 1840 die Verschiedenheit der slowakischen Sprache geltend machte. Während des „Frühlings der Nationen" kamen „Forderungen der slowakischen Nation", die für eine Föderalisierung Ungarns plädierten. Im 20. Jahrhundert wurden protestantische Führer wie Milan Hodza durch den Aufstieg einer katholischen populistischen Bewegung in den Schatten gestellt. Letztere führte Pater Andrej Hlinka an, der offen gegen die ungarischen Autoritäten kämpfte. Die Magyarisierung und harte ökonomische Bedingungen zwangen viele Slowaken in die Emigration. Ein Phänomen, das auch viele arme Polen und Ukrainer aus Galizien betraf, und zu einem geringeren Grad auch solche aus dem preußischen Polen.

Die Jahrzehnte zwischen dem Ausgleich (1867) und dem 1. Weltkrieg führten zu rapiden wirtschaftlichen Entwicklungen in Ungarn, aber die Gewinne wurden nicht gleichmäßig verteilt und die soziale Struktur blieb veraltet. Es wurde kein allgemeines Wahlrecht eingeführt wie in Österreich jenseits des Leithagebirges; die Ungarn neigten zu einer pro-Berlin-Diplomatie, innenpolitisch widersetzten sie sich einer Transformation der dualen Monarchie.

Der 1. Weltkrieg und Versailles brachten Europa revolutionäre Veränderungen. Das Deutsche Reich, das mit seinen Mitteleuropa-Plänen versucht hatte, die ganze Region unter deutsche Herrschaft zu bringen, brach zusammen. Die duale Monarchie löste sich auf. Auf der politischen Landkarte gab es wieder einen polnischen Staat, wenn auch mit neuen Grenzen, ein neuartiges Gebilde namens Tschechoslowakei, und ein Ungarn mit einem Territorium, das durch den Vertrag von Trianon um zwei Drittel reduziert worden war. Einer österreichischen Republik wurde das Recht abgesprochen, sich an Deutschland anzuschließen.

Während des Krieges hatten die Polen nach Unabhängigkeit gestrebt, aber während die Linke, angeführt von Joseph Pilsudski, aus taktischen Gründen mit den Mittelmächten zusammenarbeitete, unterstützte die Rechte, angeführt von Roman Dmowski, die Seite der Alliierten. Dieser Pilsudski-Dmowski Gegensatz wirkte sich später auf das Konzept des Staates und die polnische Politik der Zwischenkriegszeit aus. Pilsudski zielte auf einen durch die Vergangenheit inspirierten Block, groß genug, um Deutschland von Russland zu separieren. Der polnisch-russische Krieg von 1919 bis 1920 – mehr um die Herrschaft in der Region geführt als aus rein ideologischen Gründen – endete 1921 mit dem Frieden von Riga, der Pilsudskis föderalistischen Ideen ein Ende setzte.

Die tschechoslowakischen Unabhängigkeitsbestrebungen repräsentierten Tomas G. Masaryk und sein Mitstreiter Eduard Benes als Teil eines Demokratisierungsprozesses Ostmitteleuropas. Unabhängige Staaten, die auf einer nationalen Selbstbestimmung gründeten, sollten die „reaktionäre germanische Herrschaft" ersetzen. Eitel hoffte man, dass sie eine Verbindung eingehen könnten, um ein Neumitteleuropa zu etablieren. Die polnischen Grenzen, die sowohl von Deutschland als auch von Russland angefochten wurden, schufen ein Gefühl der Unsicherheit, das Warschau durch eine Allianz mit Frankreich (eine Kooperation mit Prag stellte sich als unmöglich heraus) zu zerstreuen suchte und einen Balanceakt zwischen den zwei Nachbarn. Die Tschechoslowakei sah sich keinem unerbittlichen Hauptwidersacher gegenüber. Innerhalb der Region organisierte sie die gegen Ungarn gerichtete „Kleine Entente" mit Jugoslawien und Rumänien; diese kooperierte erfolgreich mit Frankreich und dem Völkerbund. Im Gegensatz zu Prag und Warschau widersetzte sich Ungarn den Bedingungen des Friedensvertrages mit den Worten „nein, nein niemals". Sein unnachgiebiger Revisionismus stellte es auf Seiten Deutschlands und Italiens, und führte Ungarn schließlich auf Seite der Achsenmächte in den 2. Weltkrieg.

Deutschland rang nach 1919 mit der Frustration der Niederlage, wirtschaftlichen Problemen und einer unpopulären Republik. Die Probleme, denen sich seine Nachbarn gegenüber sahen, waren ebenfalls ernst, und die Große Depression traf alle hart. Die polnische und die ungarische Wirtschaft blieben weitgehend agrarisch, mit einer versteckten bäuerlichen Arbeitslosigkeit und einem schwachen Binnenmarkt für industrielle Güter. Kapital war knapp und ausländische Investitionen nur zum Teil ein Segen. Polen musste ökonomisch die drei früheren deutschen, österreichischen und russischen Landesteile integrieren und sie unter ungünstigen Bedingungen modernisieren. Die traditionelle ungarische Wirtschaftseinheit war zerstört und eine neue musste geschaffen werden. Abgesehen von einigen bemerkenswerten Errungenschaften – im polnischen Fall die Konstruktion des Hafens von Gdingen – war die sozio-ökonomische Situation hauptsächlich durch Stagnation und Unzufriedenheit charakterisiert. Die Juden, die zuvor eine privilegierte Position in Ungarn genossen hatten, wurden nun Gegenstand von Feindschaft, ja diskriminierender Gesetzgebung. In Polen, wo sie 10 % der Bevölkerung stellten, und in der ländlichen Slowakei waren sie einem wachsenden Antisemitismus ausgesetzt.

Das Problem nationaler Minderheiten – die ungefähr ein Drittel in Polen und fast die Hälfte in der Tschechoslowakei ausmachten – wirkte sich belastend auf die politischen und verfassungspolitischen Entwicklungen aus. Trotz der relativ liberalen Behandlung konnten die Minderheiten sich mit der Tschechoslowakei nicht identifizieren. Das galt besonders für die Deutschen, die zweitgrößte Gruppe, auch wenn nach 1925 deutsche Minister im Kabinett vertreten waren. Die Förderung des „Tschechoslowakismus" wurde von den Slowaken übelgenommen, die einen autonomen Status anstrebten. Eine Demokratie mit der Betonung auf dem Nationalcharakter des Staates war schwerlich mit der multinationalen Zusammensetzung der Republik in Einklang zu bringen.

Polen war in der Essenz ein „multinationaler Staat mit einer uninationalen Ideologie". Forderungen der Ukrainer, die gegen die Polen 1918/1919 gekämpft hatten, und der Weißrussen wurden misstrauisch als Ausdruck eines Separatismus betrachtet. Die Deutschen (fast eine Million stark, dabei nur ein Drittel davon Sudeten-Deutsche) erschienen als Feinde des polnischen Staates, besonders seit Berlin ihre Unzufriedenheit nährte, um die revisionistische Politik zu fördern, die auf den polnischen Korridor gerichtet war. Eine Ruhepause trat nur 1934 nach der Unterzeichnung des deutschpolnischen Nichtangriffspaktes ein, durch den Hitler hoffte, Polen endlich zu einem Bundesgenossen des „Dritten Reiches" zu machen.

Die Tschechoslowakei mit ihrer eher westlichen Ökonomie und sozialen Struktur bewahrte während ihrer gesamten Existenz eine demokratische Verfassung. Polen wandelte sich von einer parlamentarischen Demokratie französischen Typs (der Verfassung von 1921) zu einem autoritären Regime, einer Art begrenztem Pluralismus. Marschall Pilsudskis Staatsstreich 1926 markierte den Übergang. Ungarn blieb, nach der kurzen Periode als einer sowjetischen Republik unter Bela Kun, ein Königreich unter der Regentschaft des Admirals Nikolaus von Horthy. Sein traditionell konservativer Charakter, gefestigt durch Premier Stephan Bethlen, geriet jedoch unter den Druck einer wachsenden radikalen Rechten, deren extreme Gruppen offen nationalsozialistisch waren. Je mehr die demokratischen und linken Gruppen marginalisiert wurden, desto mehr wendete sich das Blatt zugunsten der radikalen Rechten. Dennoch gewann letztere nur mit Hilfe der Deutschen in den letzten Tagen des 2. Weltkrieges an Macht.

Dem Münchener Abkommen von 1938 und der nachfolgenden Zerschlagung der Tschechoslowakei folgte einige Monate später der deutsche Einmarsch in Polen und die sowjetische Intervention. Das Ostmitteleuropa der Zwischenkriegszeit war zerstört. Aber dennoch spielten, bei aller gegen ihre Schwächen gerichteten Kritik, diese zwanzig Jahre eine große Rolle in der Geschichte dieser Länder. Für Polen bedeuteten sie, dass die Teilungen rückgängig gemacht wurden und die Unabhängigkeit kein Traum mehr war. Die Tschechoslowakei zeigte, dass Demokratie, wie wenig perfekt auch immer, in dieser Region möglich war. Ungarn erging es schlechter, aber es erlag nicht dem Totalitarismus. Alle erfuhren eine fruchtbare Periode in Kultur, Kunst und Gelehrsamkeit.

Die deutsche Kontrolle über ganz Ostmitteleuropa während des 2. Weltkrieges unterschied sich von jener der Jahre 1914 bis 1918 in dem Maße, wie sich das „Dritte Reich" vom alten Reich unterschied. Im Protektorat von Böhmen und Mähren wurden die Tschechen als Bürger zweiter Klasse behandelt; die Slowakei wurde theoretisch unabhängig, tatsächlich aber eine Marionette der Nationalsozialisten. Die Slowaken erhoben sich 1944 gegen Deutschland, aber das Ereignis bleibt umstritten. Ungarn, das einige der verlorenen Gebiete zurückerhalten hatte, schlitterte aus der Position eines Verbündeten gegen Russland in die eines Satellitenstaates. Polen erfuhr die schlimmste Behandlung. Während 1916 Deutschland und Österreich-Ungarn ein quasi-unabhängiges polnisches Königreich etabliert hatten, versuchte das nationalsozialistische Deutschland alles Polnische zu zerstören. Die westlichen Landesteile wurden annektiert; das mittlere Gebiet wurde ein Generalgouvernement, in dem die Polen als „Untermenschen" betrachtet und brutal unterdrückt wurden; im Osten kam es unter sowjetischer Herrschaft zu Massendeportationen. Gut sechs Millionen polnische Staatsbürger, die Hälfte von ihnen Juden, kamen ums Leben, wobei die Juden zur Ausrottung ausgesondert wurden, und das im annektierten Gebiet liegende Auschwitz die „Endlösung" verkörperte.

Die polnische Regierung und die Armee setzten den Kampf jenseits der Grenzen und im Untergrund fort. Als aber die Sowjetunion der großen Allianz beitrat, wurde Polen für Briten und Amerikaner zweitrangig. Die Polen sahen ihr Territorium und ihre politische Zukunft durch sowjetische Entwürfe gefährdet. Das Massaker von Katyn wurde zu einer grausamen Warnung. Während des Warschauer Aufstandes vom August 1944 (nicht zu verwechseln mit dem Ghetto-Aufstand von 1943) gegen die Deutschen, griff die Rote Armee nicht ein. Schon zu diesem Zeitpunkt war ein durch die Sowjetunion unterstütztes Lubliner Komitee (Polnisches Komitee für die nationale Befreiung) als Regierung für Polen ausersehen. Durch die alliierten Übereinkommen von Teheran und Jalta (1943 und 1945) wurde das polnische Schicksal besiegelt.

Mit dem Ende des Krieges kamen ganz Ostmitteleuropa und Ostdeutschland unter sowjetische Kontrolle. Halb Polen einbehaltend, verschob Stalin, im Einverständnis mit Roosevelt und Churchill, Polen, durch Teile von Ostpreußen und Gebiete bis zur Oder-Neiße-Grenze, gen Westen. Dies war eine große Veränderung. Ungarn wurde wieder auf die Trianon-Grenzen reduziert und die Tschechoslowakei ohne die Karpato-Ukraine, die von der Sowjetunion annektiert wurde, wieder errichtet. Die andere große Veränderung war die faktische Beseitigung der Juden in dieser Region – zumeist waren sie getötet worden – und der meisten Deutschen, die vornehmlich aus der Tschechoslowakei und Polen vertrieben wurden. Die brutalen Vertreibungsaktionen können als Vergeltung für die alptraumartige deutsche Besatzungszeit verstanden werden, aber das Prinzip kollektiver Verantwortung ist moralisch nicht akzeptabel. Dennoch kostete es 1965 einigen Mut seitens des polnischen Episkopats unter dem Primas Stephan Wyszynski, in seinem Brief an die deutschen Bischöfe zu sagen, „wir vergeben und bitten um Vergebung". Dies war der Vorbote einer Entwicklung hin zu einer Aussöhnung zwischen den beiden Nationen, im Kalten Krieg gestört durch territorialen Revisionismus seitens Bonn und einer auferlegten „brüderlichen Freundschaft" zwischen der Deutschen Demokratischen Republik und ihren östlichen Nachbarn.

Die sowjetische Herrschaft und ihr Niedergang folgten einem gewissen Muster. In den Jahren 1945 bis 1948 erlangten die Kommunisten Macht durch Terror und Schrecken: der Kampf gegen Mikolajczyk in Polen, die Salami-Taktik in Ungarn, der Prager kommunistische Staatsstreich im Februar 1948. Die stalinistische Periode sah Schauprozesse gegen kommunistische Führer: Rajk in Ungarn, Slansky in der Tschechoslowakei, die Verhaftung Gomulkas in Polen und die Verfolgung der Kirche, die zu dem Prozess gegen Kardinal Mindszenty und der Verhaftung Wyszynskis führte. Nach Stalins Tod und Chruschtschows Rede auf dem 20. Parteitag, den Aufständen in Berlin und der Tschechoslowakei 1953, kamen die folgenschweren Ereignisse von 1956. Terror stalinistischer Art, Kollektivierung und anti-kirchliche Maßnahmen kamen nach den Aufständen in Posen und Gomulkas Machtantritt in Polen weitgehend zu einem Ende. In Ungarn dagegen kam es zu einer Revolution, die niedergeschlagen wurde. Das nachfolgende Kadar-Regime liberalisierte schrittweise. 1968 erschütterte der Prager Frühling Ostmitteleuropa. Die Sowjets unterdrückten ihn unter Berufung auf die Breschnew-Doktrin, der Intervention gegen die „Konter-Revolution". 1970 führte der Aufstand in polnischen Häfen zur Ablösung Gomulkas durch Gierek, der eine Politik des Konsums versuchte. Anfangs erfolgreich, führte sie zu einem faktischen wirtschaftlichen Zusammenbruch und neuen Aufständen 1976. Arbeiter und Intellektuelle fanden sich in einer breiten anti-kommunistischen Front zusammen und operierten unter dem Schirm der Katholischen Kirche, vor allem Kardinal Karol Wojtylas, der 1978 als Johannes Paul II. zum Papst gewählt wurde. 1980 wurde Solidarnosz unter Lech Valesa geboren – die wichtigste anti-kommunistische Arbeitermassenbewegung. Während sie zwischenzeitlich von General Jaruzelskis Kriegsrecht 1981 unterdrückt wurde, musste sie wieder anerkannt werden, als Gorbatschows Glasnost und Perestroika die Deiche für die Überflutung des Kommunismus im Jahr 1989 mit friedvollem, wenn auch revolutionärem Wandel in ganz Ostmitteleuropa öffnete. Die Beseitigung der Berliner Mauer symbolisierte das Ende der erzwungenen Separierung der Region vom Westen. Das jetzt wiedervereinigte Deutschland erkannte die Oder-Neisse-Grenze an. Mit deutscher Ermunterung traten das demokratische Polen, Ungarn und die tschechische Republik (die Slowakei wurde 1993 unabhängig) der NATO bei und verhandeln über den Beitritt zur Europäischen Union. Das 21. Jahrhundert könnte die deutschen und die polnisch-tschechisch-ungarischen Teile Mitteleuropas ökonomisch und kulturell enger zusammenwachsen sehen und gemeinsam zur Zukunft des Kontinents beitragen. Nach zehn Jahrhunderten des Umgangs miteinander, von Kooperation und Hader, und dem bitteren Erbe des Zweiten Weltkrieges kann man hoffen, dass die tragischen Lektionen der Vergangenheit eine Warnung für künftige Generationen sein werden und sich die deutsch-ostmitteleuropäische Beziehung auf einer Grundlage von Partnerschaft und Gleichheit entwickeln wird.

Quellen

Adam von Bremen
Adam von Bremen, Hamburgische Kirchengeschichte, hrsg. B. Schmeidler. MGH SS rer. Germ. 2 (Hannover 1917).

Adelbold, Vita Heinrici
Adelbold von Utrecht, Vita Heinrici II. imperatoris, hrsg. H. van Rij, De Vita Heinrici II imperatoris van bisschop Adelbold van Utrecht. In: Nederlandse Historische Bronnen 3 (Amsterdam 1983) 44–95.

Annales Hildesheimensis
Annales Hildesheimensis, hrsg. G. Waitz. MGH SS rer. Germ. 8 (Hannover 1878).

Annales Quedlinburgensis
Annales Quedlinburgensis, hrsg. G. H. Pertz. MGH SS 3 (Hannover 1839).

Bogyay/Bak/Silagi 1976
Th. V. Bogyay/J. Bak/G. Silagi (Hrsg.), Ungarns Geschichtsschreiber 1 (Graz, Wien, Köln 1976).

Brun, Vita Alberti
Brun von Querfurt, Vita sancti Alberti, hrsg. J. Karwasińska. Mon. Poloniae Hist. N. S. 4, 2 (Warschau 1969).

Brun, Vita quinque fratrum
Brun von Querfurt, Vita quinque fratrum eremitarum, hrsg. J. Karwasińska. Mon. Poloniae Hist. N. S. 4, 3 (Warschau 1973).

Brun, Epistula ad Heinricum
Brun von Querfurt, Epistula ad Heinricum regem, hrsg. J. Karwasińska. Mon. Poloniae Hist. N. S. 4, 3 (Warschau 1973).

Burchard, Decretum
Burchard von Worms: Decretum libri 20. MPL 140 (1853) Sp. 497–1053.

Catalogus fontium Hungaricae
Catalogus fontium historiae Hungaricae I-III, hrsg. A. F. Gombos (Budapest 1928–1939).

Chronici Hungarici
Chronici Hungarici composito saeculi XIV, hrsg. A. Domanovsky. In: SRH I (Budapest 1937).

Chronicon Novaliciense
Chronicon Novaliciense, hrsg. C. Cipolla. Mon. Novaliciensia Vetustiora (Rom 1901) 96–305.

Chronicon Venetum, siehe: Iohannes, Chronicon Venetum

Codex diplomaticus Saxoniae
Codex diplomaticus Saxoniae regiae I, 1 (Leipzig 1881).

Codex diplomaticus Slovaciae
Codex diplomaticus et epistolaris Slovaciae I. 805–1235, hrsg. R. Marsina (Bratislava 1971).

Codex Euricianus
Codex Euricianus, Leges Visigothorum, hrsg. K. Zeumet. MGH LL in 4^0 Leg. Nat. Germ., tomb. 1 (Hannover, Leipzig 1902) 18.

Constitutum Constantini
Constitutum Constantini, hrsg. H. Fuhrmann. MGH Font. iur. Germ. Ant. in us. schol. 10 (Hannover 1968).

Cosmas
Cosmae Pragensis Chronica Boemorum, hrsg. B. Bretholz. MGH SS rer. Germ. N. S. 2 (München 1923, ²1955).

Diplomata Hungariae
Diplomata Hungariae antiquissima I. Accedunt epistolae et acta ad historiam Hungariae pertinentia. Ab anno 1000 usque ad annum 1131, hrsg. G. Györffy (Budapest 1992).

Ebo, Vita Ottonis
Ebo, Vita Ottonis episcopi Bambergensis, hrsg. Ph. Jaffé. Mon. Bambergensia. Bibliotheca rerum Germanicarum 5 (Berlin 1869) 588–692.

Epistula ad Henricum
Epistola ad Henricum regem, hrsg. J. Karwasińska, Monumenta Poloniae Historica S. n. 4, Fasc. 3 (Warszawa 1973) 97–106.

Epistolae Moguntinae
Epistolae Moguntinae, hrsg. Ph. Jaffé, Bibliotheca rerum Germanicarum. N. S. 9 (Berlin 1935)

Flodoard von Reims
Les annales de Flodoard, hrsg. Ph. Lauer, Collection de textes 39 (Paris 1906).

Florja
B. N. Florja, Skazanija o naçale slavianskoj pismennosti (Moskwa 1981).

Fundatio Bruniwilarensis
Fundatio monasterii Bruniwilarensis, hrsg. H. Pabst. In: Archiv Ges. ältere dt. Geschichtskde. 12, 1874, 147–192.

Gallus Anonymus
Gallus Anonymus, Chronicae et gesta ducum sive principum Polonorum, hrsg. K. Maleczyński. Mon. Poloniae Hist. N. S. 2, 2 (Krakau 1952).

Gerbert, Briefsammlung
Briefsammlung, hrsg. F. Weigle. MGH Epp. DK 2 (1966).

Gerbert, Letters
The Letters of Gerbert with his Papal Privileges as Sylvester II., hrsg. H. Pratt Lattin (New York 1961).

Gerbert, Opera
Opera – Oeuvres de Gerbert, hrsg. A. Olleris (Paris 1867).

Gerhard, Deliberatio
Gerardi Moresnae aecclesiae seu Csanadiensis episcopi Deliberatio supra hymnum trium puerorum, hrsg. G. Silagi. Corpus Christianorum, Continuatio Medievalis 49 (1978).

Gerhard, Vita Uodalrici
Gerhard von Augsburg, Vita Sancti Uodalrici, hrsg. W. Berschin/A. Häse. Editiones Heidelbergenses 24 (Heidelberg 1993).

Gervasius von Tilbury
Gervasius von Tilbury, Otia Imperialia: Polonia sic dicta in eorum idiomate, quasi Campania, hrsg. G. W. Leibnitz, Sriptorum Brunswicensia illustrantium II (Hannover 1710).

Gesta Hungarorum
G. Silagi (Hrsg.), Die Gesta Hungarorum des anonymen Notars (Sigmaringen 1991).

Gregor von Catino, Chronicon
Gregor von Catino, Chronicon Farfense, hrsg. U. Balzani. FSI 33 (1903) 107–336; FSI 34 (1903) 1–287.

Györffy 1996
G. Györffy (Hrsg.), A honfoglaláskor ìrott forrásai. Die schriftlichen Quellen der Landnahmezeit (Budapest 1996).

Hrotsvith, Gesta Ottonis
Hrotsvith von Gendersheim, Gesta Ottonis, hrsg. P. von Winterfeld, Hrotsvithae Opera. MGH SS rer. Germ. 34 (Berlin 1902) 201–228.

Iohannes, Chronicon Venetum
Iohannes, Chronicon Venetum et Gardense, hrsg. G. Monticolo, Cronache Veneziane antichissime. Fonti per la storia d'Italia (Roma 1890) 59–171.

Iohannes de Thurocz
E. Mályusz/K. Gyula (Hrsg.), Johannes de Thurocz, Chronica Hungarorum II/1–2 Commentarii (Budapest 1988).

Knytlinga saga
Knytlinga saga, 121, Danakonnunga sogur, hrsg. B. Gudnason. Islenzk Fornrit. 35 (Reykjavik 1982) 302–303

Kodex vyšehradský
A. Merhautová/Spunar (Hrsg.), Kodex vyšehradský (Im Druck).

Kristó(1995)
G. Kristó (Hrsg.), A honfoglalás korának írott forrásai [Schriftliche Quellen der Zeit der Landnahme]. Szegediner Bibl. Gesch. Mittelalters 7 (Szeged 1995).

Lantbert, Vita Heriberti
Lantbert von Deutz, Vita Heriberti archiepiscopi Coloniensis, hrsg. G. H. Pertz. MGH SS 4 (Hannover 1841) 740–753.

Legenda Stephani maior
Legenda Sancti Stephani regis maior et minor, atque legenda ab Hartvico episcopo consripta. In: SRH II (Budapest 1938).

Liutprand, Antapodosis
Liutprand von Cremona, Antapodosis, hrsg. J. Becker. MGH SS rer. Germ. 41 (Hannover, Leipzig 1915).

Lübke, Regesten
Ch. Lübke, Regesten zur Geschichte der Slaven an Elbe und Oder (vom Jahr 900 an) I–V = Giessener Abhandl. zur Agrar- u. Wirtschaftsgesch. europäischen Ostens 131, 133, 134, 152, 157 (Berlin 1984–1988).

Madzsar 1938
E. Madzsar in: SRH 2 (Budapest 1938) 461–506.

Magnae Moraviae
Magnae Moraviae Fontes Historici I-V (Praha, Brno 1966–1977).

MGH DO I
Die Urkunden Konrad I., Heinrich I. und Otto I. (Conradi I., Heinrici I. et Ottonis I. Diplomata), hrsg. Th. Sickel. Urkunden dt. Könige u. Kaiser 1 (Hannover 1879–1884; Nachdr. München 1980).

MGH DO II
Die Urkunden Ottos II. (Ottonis II. Diplomata), hrsg. Th. Sickel. Urkunden dt. Könige u. Kaiser 2,1 (Hannover, Berlin 1888; Nachdr. München 1980).

MGH DO III
Die Urkunden Ottos III. (Ottonis III. Diplomata), hrsg. Th. Sickel. Urkunden dt. Könige u. Kaiser 2,2 (Hannover, Berlin 1893; Nachdr. München 1980).

MGH DH II
Die Urkunden Heinrichs II. und Arduins (Heinrici II. et Arduini Diplomata), hrsg. H. Bresslau u. a. Urkunden dt. Könige u. Kaiser 3 (Hannover 1900–1903; Nachdr. München 1980).

MGH SS
MGH Scriptores (in Folio).

MGH SS rer. Germ.
MGH Scriptores rerum Germanicum in usum scholarum editi.

MGH SS rer. Germ. N. S.
MGH Scriptorum rerum Germanicum Nova Series.

Monumenta Vesprimiensis
Monumenta romana episcopatus Vesprimiensis, hrsg. Colleg. Hist. Hungarorum Romanum II (Budapest 1899).

Moravcsik 1984
G. Moravcsik, Byzantinische Quellen in griechischer und ungarischer Sprache (Budapest 1984).

Ordines
Die Ordines für die Weihe und Krönung des Kaisers und der Kaiserin, hrsg. R. Elze. MGH Fontes iuris Germ. in us. schol. 9 (Hannover 1960).

Othloh, Vita Wolfkangi
Othloh von St. Emmeram, Vita sancti Wolfkangi episcopi, hrsg. H. Delehaye. In: Acta Sanctorum Nov. 2, I, 1894, 527–597.

Papsturkunden
Papsturkunden 896–1046, hrsg. H. Zimmermann. Österr. Akad. Wiss., Phil.-hist. Kl., Denkschr. 174, 177, 198 = Veröff. Hist. Komm. 3–5, Bde. 1–3 (Wien 1984–1985).

Pauler 1900
G. Pauler (Hrsg.), A magyar honfoglalás kútfõi [Die Quellen der ungarischen Landnahme] (Budapest 1900).

Petrus Daminai, Vita Romualdi
Petrus Daminai, Vita beati Romualdi, hrsg. G. Tabacco. Fonti per la storia d'Italia 94 (Roma 1957).

Pontifikale
Le Pontifical romano-germanique du dixième siècle. Le texte 1–2, hrsg. C. Vogel/R. Elze. Studi e testi 226, 227 (Vatikanstadt 1963).

Regesten Passau
E. Boshof, Regesten der Bischöfe von Passau I: 731–1206 (München 1992).

Regino, Chronicon
Regino von Prüm, Chronik, hrsg. F. Kurze. MGH SS rer. Germ. 50 (Hannover 1890).

Regino, De synodalibus
Regino von Prüm, libri de synodalibus causis et disciplinis ecclesiasticis, hrsg. F. W. H. Wasserschleben (Leipzig 1840).

RI 2,1
Die Regesten des Kaiserreichs unter Heinrich I. und Otto I. 919–973, hrsg. J. F. Böhmer, neu bearbeitet von E. von Ottenthal. Regesta Imperii 2,1 (Innsbruck 1893; Neudruck Hildesheim 1967, mit Ergänzungen von H. H. Kaminsky).

RI 2,2
Die Regesten des Kaiserreichs unter Otto II. 955(973)–983, hrsg. J. F. Böhmer, neu bearbeitet von H. L. Mikoletzky. Regesta Imperii 2,2 (Graz 1950).

RI 2,3
Die Regesten des Kaiserreichs unter Otto III. 980(983)–1002, hrsg. J. F. Böhmer, neu bearbeitet von M. Uhlitz. Regesta Imperii 2,3 (Graz, Köln 1956).

RI 2,4
Die Regesten des Kaiserreichs unter Heinrich II. 1002–1024, hrsg. J. F. Böhmer, neu bearbeitet von Th. Graff. Regesta Imperii 2,4 (Wien, Köln, Graz 1971).

RI 2,5
Papstregesten 911–1024, bearbeitet von H. Zimmermann. Regesta Imperii 2,5 (Wien 1969).

SRH = Scriptores rerum Hungaricarum
I. E. Szentpétery (Hrsg.), Scriptores rerum Hungaricarum (= SRH) 1–2 (Budapest 1937; 1938).

Simonis de Kéza (Domanovsky)
Simon von Kéza, Gesta Hungarorum. A. Domanovsky in: SRH 1, 131–194.

Simonis de Kéza (Veszprémy/Schaer)
L. Veszprémy/ F. Schaer (Hrsg.), Simonis de Kéza, Gesta Hungarorum – The Deeds of the Hungarians (Budapest 1999).

Thangmar, Vita Bernwardi
Thangmar, Vita Bernwardi episcopi Hildesheimensis, hrsg. G. H. Pertz. MGH SS 4 (Hannover 1841) 757–782.

Thietmar
Thietmar von Merseburg, Chronik, hrsg. R. Holtzmann, Die Chronik des Bischofs Thietmar von Merseburg und ihre Korveier Überarbeitung. MGH SS rer. Germ. N. S. 9 (Berlin 1935).

Thietmar (FvSt.)
Thietmar von Merseburg, Chronik, hrsg. W. Trillmich. Ausgewählte Quellen zur dt. Gesch. Mittelalters 9 (Darmstadt 1957).

Totenbücher
G. Althoff/J. Wollasch, Die Totenbücher von Merseburg, Magdeburg und Lüneburg. MGH Libri Memoriales et Necrologia, N. S. 2 (München 1983).

Urkundenbuch Burgenland
Urkundenbuch des Burgenlandes und der angrenzenden Gebiete der Komitate Wieselburg, Ödenburg und Eisenburg, bearb. von H. Wagner. Publ. Inst. Österr. Geschichtsforsch. R. 7, I. (Graz, Köln 1955).

Urkundenbuch Magdeburg
Urkundenbuch des Erzstiftes Magdeburg, hrsg. F. Israel/W. Möllenberg. Bd. 1 (937–1192). Geschichtsquellen der Provinz Sachsen. N. R. 18 (Magdeburg 1937).

Vita Burchardi
Vita Burchardi episcopi, hrsg. H. Boos. In: Monumenta Wormatiensia. Annnalen und Chroniken. Quellen zur Gesch. Stadt Worms 3 (Berlin 1893) 99–126.

Vita Guntheri
Vita Guntheri eremitae, hrsg. G. H. Pertz. MGH SS 11 (Hannover 1854) 276–279.

Vita Hugonis
Vita Hugonis abbatis Cluanicensis auctore Gilone, hrsg. L. von Heinemann/G. Waitz. MGH SS 15,2 (Hannover 1888) 935–940.

Vita Mathildis
Vita Mathildis reginae, hrsg. B. Schütte, Die Lebensbeschreibungen der Königin Mathilde. MGH SS rer. Germ. 66 (Hannover 1994) 107–142 (Vita antiquior); 143–202 (Vita posterior).

Vita Meinwerci
Vita Meinwerci episcopi Patherbrunnensis, hrsg. F. Tenckhoff. MGH SS rer. Germ. 59 (Hannover 1921).

Widukind
Widukind von Corvey, Sachsengeschichte, hrsg. P. Hirsch/H.-E. Lohmann, Die Sachsengeschichte des Widukind von Korvei. MGH SS rer. Germ. 60 (Hannover 1935).

Wipo, Gesta Chuonradi
Wipo, Gesta Chuonradi imperatoris, hrsg. H. Bresslau, Die Werke Wipos. MGH SS rer. Germ. 61 ^{3}(Hannover, Leipzig 1915).

Wolfher, Vita Godehardi
Wolfher, Vita Godehardi episcopi prior, hrsg. G. H. Pertz. MGH SS 11 (Hannover 1854) 167–196; Vita Godehardi episcopi posterior, ebd. 196–218.

Závodszky 1904
L. Zavodszky, A Szent István; Szent Lazlo, és Kálmán korabeli törvények és zsinati határozatok forrássai (Budapest 1904).

Literatur

Abłamowicz 1997
D. Abłamowicz, Górny Śląsk a Wielkie Morawy. Fakty i mity. In: Śląsk i Czechy a kultura wielkomorawska (Wrocław 1997) 77–84.

Ádám 1912
I. Ádám, A veszprémi székesegyház (Veszprém 1912).

Adelsom 1966
H. L. Adelson, The Holy Lance and the Hereditary German Monarchy. The Art Bulletin 48, 1966, 177–192.

Alsleben 1995
A. Alsleben, Nutzpflanzen aus dem mittelalterlichen Wolin. Zwei ausgewählte Gruppen: Getreide und Lein. Offa 52, 1995, 185–217.

Althoff 1984
G. Althoff, Adels- und Königsfamilien im Spiegel ihrer Memorialüberlieferung. Münster. Mittelalterschr. 47 (München 1984).

Althoff 1990
G. Althoff, Verwandte, Freunde und Getreue. Zum politischen Stellenwert der Gruppenbindungen im früheren Mittelalter (Darmstadt 1990).

Althoff 1992
G. Althoff, Amicitiae und Pacta. Bündnis, Einung, Politik und Gebetsgedenken im beginnenden 10. Jahrhundert (Hannover 1992).

Althoff 1993
G. Althoff, Widukind von Corvey. Kronzeuge und Herausforderung. Frühmittelalterl. Stud. 27, 1993, 253–272.

Althoff 1996
G. Althoff, Otto III. (Darmstadt 1996).

Althoff 1998
G. Althoff, Magdeburg – Halberstadt – Merseburg. Bischöfliche Repräsentation und Interessenvertretung im ottonischen Sachsen. In: Althoff/Schubert (Hrsg.) 1998, 267–293.

Althoff 2000
G. Althoff, Die Ottonen. Königsherrschaft ohne Staat (Stuttgart u.a.O. 2000).

Althoff/Schubert (Hrsg.) 1998
G. Althoff/E. Schubert (Hrsg.), Herrschaftsrepräsentation im ottonischen Sachsen. Vorträge u. Forsch. 46 (Sigmaringen 1998).

Andrieu 1931
M. Andrieu, Les Ordines Romani du haut Moyen Age 1 (Louvain 1931).

Angenendt 1984
A. Angenendt, Kaiserherrschaft und Königstaufe. Kaiser, Könige und Päpste als geistliche Patrone in der abendländischen Missionsgeschichte. Arbeiten Frühmittelalterforsch. 15 (Berlin, New York 1984).

Angenendt 1994
A. Angenendt, Heilige und Reliquien. Die Geschichte ihres Kultes vom frühen Christentum bis zur Gegenwart (München 1994).

Angenendt 1995
A. Angenendt, Das Frühmittelalter. Die abendländische Christenheit von 400 bis 900² (Stuttgart u.a.O. 1995).

Anton 1918
H. H. Anton, Fürstenspiegel und Herrscherethos in der Karolingerzeit (Bonn 1918).

Atlas Polen 1982
Skarby wczesnośredniowieczne z obszaru Polski. Atlas (Wrocław u.a.O. 1982).

Avenarius 1999
A. Avenarius, Die byzantinische Kultur und die Slawen. Zum Problem der Rezeption und Transformation (6. bis 12. Jahrhundert). Veröff. Österr. Inst. Geschichtsforsch. 35 (Wien 1999).

Bach/Dušek 1971
H. Bach/S. Dušek, Slawen in Thüringen. Geschichte, Kultur und Anthropologie im 10.–12. Jahrhundert (Weimar 1971).

Badura 1998
M. Badura, Badania archeobotaniczne średniowiecznego Kołobrzegu. Acta Arch. Pomoranica 1 (Szczecin 1998).

Bak 1996
M. Bak, s.v. Stephan (István) I. d. Hl. Lexikon des Mittelalters 8 (München 1996) col. 112–114.

Bak 1997
J. Bak, Queens as Scapegoats in Medieval Hungary. In: A. J. Duggan (Hrsg.), Queens and Queenship in Medieval Europe (Woodbridge 1997) 223–234.

Bakay 1978
K. Bakay, Honfoglalás – és államalapításkori temetök az Ipoly mentén [Friedhöfe aus der Zeit der Landnahme und der Staatsgründung entlang des Flusses Ipoly] (Szentendre 1978).

Balint/Barna 1994
S. Balint/G. Barna, Búcsújáro magyarok. A magyarországi búcsújárás története és néprajza (Budapest 1994).

Balogh 1943
J. Balogh, „Ratio" und „mos". Egyetemes Philologiai Közlöny 667, 1943, 318.

Baltrusaitis 1960
J. Baltrusaitis, Réveils et Prodiges. Le gothique fantastique (Paris 1960).

Balzer 1999
M. Balzer, Paderborn. Zentralort der Karolinger im Sachsen des späten 8. und frühen 9. Jahrhunderts. In: Kat. Paderborn 1, 1999, 116–123.

Balzer 1895
O. Balzer, Genealogia Piastów (Krakau 1895).

Balzer 1917
O. Balzer, Skarbiec i Archiwum Koronne w dobie przedjagiellońskiej (Lwów 1917).

Banaszkiewicz 1982
J. Banaszkiewicz, Königliche Karrieren von Hirten, Gärtner und Pflüger. Zu einem mittelalterlichen Erzählschema vom Erwerb der Königsherrschaft (die Sagen von Johannes Agnus, Přemysl, Ina, Wamba und Dagobert). Saeculum 3/4, 1982, 265–286.

Banaszkiewicz 1986
J. Banaszkiewicz, Podanie o Piaście i Popielu. Studium porównawcze nad wczesnośredniowiecznymi tradycjami dynastycznymi (Warszawa 1986).

Banaszkiewicz 1987
J. Banaszkiewicz, Włócznia i chorągiew. O rycie otwierania bitwy w związku z cudem kampanii nakielsije Boleslawa Krzywoustego (Kadłubek III, 14). Kwartalnik Historyczny 94, 1987, 3–24.

Banaszkiewicz 1993
J. Banaszkiewicz, Slawische Sagen „de origine gentis" (al-Masudi, Nestor, Kadłubek, Kosmas) – Dioskurische Matrizen der Überlieferungen. Mediaevalia Hist. Bohemica 3, 1993, 29–58.

Banaszkiewicz 1995
J. Banaszkiewicz, Les lieux du pouvoir dans le haut Moyen Age. In: M. Tymowski (Hrsg.), Les lieux du pouvoir au Moyen Age a l'époque moderne (Warszawa 1995) 11–28.

Banaszkiewicz 1998
J. Banaszkiewicz, Polskie dzieje bajeczne mistrza Wincentego Kadłubka (Wrocław 1998).

Bange 1923
F. E. Bange, Eine Bayerische Malerschule des XI. und XII. Jahrhunderts (München 1923).

Baranowski 1998
T. Baranowski, Gród w Kaliszu – Badania, odkrycia, interpretacje. In: Kalisz wczesnośredniowieczny (Kalisz 1998) 39–64.

Barlow u. a. 1993
L. K. Barlow u. a., Climate variability during the last 1000 years from delta Deuterium and delta ^{18}O in the GISP2 and GRIP deep ice cores. EOS. Transactions of the American Geophysical Union. Fall Meeting Supplement (1993).

Barlow u. a. 1998
L. K. Barlow u. a., Interdisciplinary investigations of the end of the Norse Western Settlement in Greenland. The Holocene 7, 1998, 489–499.

Bartczak 1998
A. Bartczak, Monety arabskie z Truso (ungedr. Manuskript Mus. Elbing 1998).

Bartošková 1992
A. Bartošková, Archeologický výzkum budečského předhradí v poloze Na kašně. Arch. Rozhledy 44, 1992, 431–452; 498–502.

Bartošková 1996
A. Bartošková, K současnému stavu zhodnocení archeologického výzkumu budečské akropole. Arch. Rozhledy 48, 1996, 300–310.

Bartoniek 1947
E. Bartoniek, A Magyar Nemzeti Múzeum Országos Széchényi Könyvtárának címjegyzéke [Titelverzeichnis der Széchényi-Nationalbibliothek des Ungarischen Nationalmuseums] (Budapest 1940) 11 ff.

Bartosiewicz 1995
L. Bartosiewicz, Archaeozoological studies from the Hahót basin, SW Hungary. In: B.M. Szöke (Hrsg.), Archaeology and Settlement History in the Hahót Basin, South-West Hungary. Antaeus 22 (Budapest 1995) 307–357.

Baruch 1907
M. Baruch, Archeologia i folklor kamieni z wyżłobionymi śladami stóp (Warszawa 1907).

Bašta/Baštová 1988
J. Bašta/D. Baštová, K problematice počátků a vývoje slovanských hradišť v západních Čechách. Studia medievalia Pragensia 1, 1988, 9–31.

G. Bauer 1988
G. Bauer, „Neue" Bernward-Handschriften. In: Gosebruch/Steigerwald (Hrsg.) 1988, 211–235.

K. Bauer 1997
K. Bauer, Regensburg. Aus Kunst-, Kultur- und Sittengeschichte (Regensburg 1997).

O. Bauer 1930
O. Bauer, Kopí svatého Václava. Česky Časopis Hist. 36, 1930, 351–359.

Baumann 1982
W. Baumann, Untersuchungen in einer Drehmühlensteinwerkstatt aus dem 9.–13. Jh. in Sornzig, Kr. Oschatz. Beitr. Ur- u. Frühgesch. 2 (Berlin 1982) 151–172.

Bautier 1990
R.-H. Bautier, Échanges d'influence dans les cancelleries souveraines du Moyen Age, d'après les types des sceaux de majesté. In: R. H. Bautier (Hrsg.), Chartes, sceaux, et chancelleries. Études de diplomatique et de sgillographie médiévales (Paris 1990) 563–591.

Bautier 1994
R.-H. Bautier, L'école historique de l'abbaye de Fleury d'Aimon à Hugues de Fleury. In: Y.-M. Bercé/Ph. Contamine (Hrsg.), Histoires de France, historiens de la France. Actes coll. int. Reims 1993 (Paris 1994) 59–72.

Baxa 1985
P. Baxa, Genéza miest na Slovensku a ich topografia vo svetle archeologického výskumu. Arch. Hist. 10 (Brno, Nitra 1985).

Becher 1996
M. Becher, Rex, Dux und Gens. Untersuchungen zur Entstehung des sächsischen Herzogtums im 9. und 10. Jahrhundert (Husum 1996).

Becher 1997
M. Becher, Vitus von Corvey und Mauritius von Magdeburg: Zwei sächsische Heilige in Konkurrenz. Westfäl. Zeitschr. 147, 1997, 235–249.

Beck 1959
H.-G. Beck, Kirche und theologische Literatur im byzantinischen Reich (München 1959).

Beck 1994
H.-G. Beck, Das byzantinische Jahrtausend^2 (München 1994).

C. Becker 1993
C. Becker, Zur slawisch-frühmittelalterlichen Großwildjagd im Havel-Spree-Gebiet. In: v. Müller u.a 1993, 100–112.

D. Becker 1980
D. Becker, Die slawische Inselsiedlung im Trenntsee, Gem. Pastin, Kr. Sternberg. Jahrb. Bodendenkmalpfl. 1980, 209–229.

D. Becker 1980
D. Becker, Ein verzierter Geweihbehälter von Parchim. Ausgr. u. Funde 25, 1980, 161–165.

D. Becker 1990
D. Becker, Zur Befestigung der slawischen Siedlung Scarzyn, Gemarkung Parchim. Jahrb. Bodendenkmalpfl. Mecklenburg 1990, 147–155.

D. Becker 1991
D. Becker, Ein Klappmesser aus der slawischen Siedlung Scarzyn, Gemarkung Parchim. Ausgr. u. Funde 36, 1991, 126–129.

Bednár 1998
P. Bednár, Die Entwicklung der Befestigung der Nitraer Burg im 9.–12. Jahrhundert. In: Henning/Ruttkay (Hrsg.) 1998, 405–418.

Behre 1976
K. Behre, Die Pflanzenreste aus der frühgeschichtlichen Wurt Elisenhof. Stud. Küstenarch. Schleswig-Holstein A 2 (1976) 1–144.

Behre 1983
K.-E. Behre, Ernährung und Umwelt der wikingerzeitlichen Siedlung Haithabu. Die Ergebnisse der Untersuchungen der Pflanzenreste. Ausgr. Haithabu 8 (Neumünster 1983).

Behre 1991
K. Behre, Umwelt und Ernährung der frühmittelalterlichen Wurt Niens/Butjadingen nach den Ergebnissen der botanischen Untersuchungen. Probleme der Küstenforschung im südlichen Nordseegebiet 18, 1991, 141–168.

Bellmann 1964
F. Bellmann, Die ottonische Abteikirche Memleben. In: Varia Archaeologica [Festschr. W. Unverzagt]. Dt. Akad. Wiss. Berlin, Schr. Sektion Vor- u. Frühgesch. 16 (Berlin 1964) 354–363.

Bellmann/Leopold 1960
F. Bellmann/G. Leopold, Das Benediktinerkloster St. Maria zu Memleben. In: Pfalzenexkursion Inst. Vor- u. Frühgesch. Dt. Akad. Wiss. Berlin 1960 (ungedr. Manuskript 1960)

Belting 1969
H. Belting, Beobachtungen an vorromanischen Figurenreliefs aus Stein. Koll. frühmittelalterl. Skulptur 1968 (Mainz 1969) 57 f.

Benecke 1994a
N. Benecke, Archäozoologische Studien zur Entwicklung der Haustierhaltung in Mitteleuropa und Südskandinavien von den Anfängen bis zum ausgehenden Mittelalter. Schr. Ur- u. Frühgesch. 46 (Berlin 1994).

Benecke 1994b
N. Benecke, Der Mensch und seine Haustiere. Die Geschichte einer jahrtausendealten Beziehung (Stuttgart 1994).

Benecke/Prilloff 1989
N. Benecke/R.-J. Prilloff, Tierreste in der slawischen Burganlage von Drense, Kreis Prenzlau. In: V. Schmidt 1989, 77–95.

Benvenuti u. a. 1996
A. Benvenuti u. a. In: D. Cardini (Hrsg.), Il Bel San Giovanni e Santa Maria Del Fiore (Firenze 1996).

Benz 1975
K.J. Benz, Untersuchungen zur politischen Bedeutung der Kirchweihe unter Teilnahme der deutschen Herrscher im hohen Mittelalter. Ein Beitrag zum Studium des Verhältnisses zwischen weltlicher Macht und kirchlicher Wirklichkeit unter Otto III. und Heinrich II. Regensburger Hist. Forsch. 4 (Kallmünz 1975).

Beranová 1975
M. Beranová, Zemědělská výroba v 11./14. století na území Československa. Stud. Arch. ústavu ČSAV v Brno III/I (Praha 1975).

Bernhard/Barz 1991
H. Bernhard/D. Barz, Frühe Burgen in der Pfalz. In: H.W. Böhme (Hrsg.), Burgen der Salierzeit 1 (Sigmaringen 1991).

Berschin 1980
W. Berschin, Griechisch-lateinisches Mittelalter. Von Hieronymus zu Nikolaus von Kues (Bern 1980).

Berschin (Hrsg.) 1983
W. Berschin (Hrsg.), Vitae Sanctae Wiboradae. Die ältesten Lebensbeschreibungen der heiligen Wiborada. Mitt. vaterländ. Gesch. 51 (St. Gallen 1983).

Berschin 1999
W. Berschin, Biographie und Epochenstil im lateinischen Mittelalter. 4. Ottonische Biographie. Das hohe Mittelalter, 920–1220 n. Chr. (Stuttgart 1999).

Beumann 1950
H. Beumann, Widukind von Korvei. Untersuchungen zur Geschichtsschreibung und Ideengeschichte des 10. Jahrhunderts. Veröff. Hist. Komm. Provinzialinst. westfäl. Landes- u. Volksde., 10. Abhandl. Corveyer Geschichtsschreibung 3 (Weimar 1950).

Beumann 1965
H. Beumann (Hrsg.), Persönlichkeit und Geschichte (Düsseldorf 1965).

Beumann 1967
H. Beumann, Grab und Thron Karls des Großen. In: W. Braunfels/P.E. Schramm (Hrsg.), Karl der Große. Lebenswerk und Nachleben. 4. Das Nachleben (Düsseldorf 1967) 9–38.

Beumann 1970; 1972
H. Beumann, Historiographische Konzeption und politische Ziele Widukinds von Corvey. In: La storiografia altomedievale. Settimane di studio del Centro italiano di studi sull' alto medioevo 17 (Spoleto 1970) 875–894 (= Wissenschaft vom Mittelalter. Ausgewählte Aufsätze [Köln, Wien 1972] 71–108).

Beumann 1987
H. Beumann, Die Ottonen (Stuttgart 1987).

Beumann 1991
H. Beumann, Entschädigungen von Halberstadt und Mainz bei der Gründung des Erzbistums Magdeburg. In: K. Herbers/H. H. Kortüm/ C. Servatius (Hrsg.), Ex Ipsis Rerum Documentis. Beiträge zur Mediävistik [Festschr. H. Zimmermann] (Sigmaringen 1991) 383–398.

Beumann/Schlesinger 1955;1961
H. Beumann/W. Schlesinger, Urkundenstudien zur deutschen Ostpolitik unter Otto III. Archiv Diplomatik 1, 1955, 132–256 (mit Ergänzungen = W. Schlesinger, Mitteldeutsche Beiträge zur deutschen Verfassungsgeschichte des Mittelalters [Göttingen 1961] 306–412; 479–487).

Beutler 1994
Chr. Beutler, Die Anfänge des mittelalterlichen Altares. In: H. Beck/K. Hengevoss-Dürkop (Hrsg.), Studien zur Geschichte der europäischen Skulptur im 12./13. Jahrhundert (Frankfurt 1994) 457 ff.

Bialeková 1965
D. Bialeková, Stav remeselnej výroby na Slovensku v 9.–11. stor. In: O pošiatkoch slovenských dej'n (Bratislava 1965) 81–102.

Bialeková 1977
D. Bialeková, Sporen von slawischen Fundplätzen in Pobedim (Typologie und Datierung). Slovenská Arch. 25, 1977, 103–160.

Bialeková 1978a
D. Bialeková, Výskum a rekonštrukcia fortifikácie na slovanskom hradisku v Pobedime. Slovenská Arch. 21, 1978, 149–177.

Bialeková 1978b
D. Bialeková, Osídlenie oblastí so surovinovými zdrojmi v 9.–11. stor. Arch. Historica 3, 1978, 11–17.

Bialeková 1980
D. Bialeková, Odraz franských vplyvov v kultúre Slovanov (K otázke datovania blatnicko- mikulčického horizontu). In: IV. medzinárodný kongres slovanskej archeológie, Sofia 1980 (Nitra 1980) 28–35.

Bialeková 1990
D. Bialeková, Sekerovité hrivny a ich väzba na ekonomické a sociálne prostredie Slovanov. In: L. Galuška (Hrsg.), Staromestská výročí (Brno,Uherské Hradiště 1990) 99–119.

Bialeková 1996
D. Bialeková, Zur Datierung archälogischer Quellen vom Ende des 8. bis Mitte des 9. Jh. im nördlichen Teil des Karpatenbeckens. In: D. Bialeková/J. Zábojník (Hrsg.), Ethnische und kulturelle Verhältnisse an der mittleren Donau vom 6. bis zum 11. Jahrhundert (Bratislava 1996) 249–256.

Bialeková u. a. 1999
D. Bialeková/L. Mihok/A. Pribulová/A. Hollý/V. Turčan, Metallographic analysis of axe shaped currency bars from Veľký Klíž and Pobedim. In: L. Mihok/E. Miroššayová (Hrsg.), Archaeometallurgy in the Central Europe. Východoslovenský pravek Special ISSUE (Košice 1999) 96–107.

Biedron 1993
A. Biedron, Datowanie i okolicznosci fundacji [Datierung und Umstände der Stiftung]. In: K. Żurowskiej (Hrsg.), U progu chrzescijaństwa w Polsce (Kraków 1993) 227.

Biedroń 1994
A. Biedroń, Problematyka jednonawowego kościoła z prostokątnym prezbiterium we wczesnym średniowieczu. Geneza i znaczenie. Stud. Lednickie 3, 1994, 69–114.

Biller 1993
Th. Biller, Die Adelsburg in Deutschland. Entstehung, Form und Bedeutung (Berlin 1993).

Binding/Untermann 1985
G. Binding/M. Untermann, Kleine Kunstgeschichte der mittelalterlichen Ordensbaukunst in Deutschland (Darmstadt 1985).

Bischoff 1967
B. Bischoff, Ursprung und Geschichte eines Kreuzsegens. Mittelalterl. Studien II (Stuttgart 1967).

Bissolli 1995
P. Bissolli, Dürre im Mittelalter: neue Klimadaten. Naturwiss. Rundschau 1995, 233–234.

Bláha 1986
J. Bláha, K otázce lokalizace „centrálních funkcí" v areálu olomouckého kopce. Umění 34, 1986, 435–440.

Bláha 1996
J. Bláha, Církevní a laická společnost v Olomouci v některých projevech středověké hmotné kultury. Arch. Historica 21, 1996, 169–181.

Bláha 1998
J. Bláha, Komunikace, topografie a importy ve středověku a raném novověku (7.–17. století) na území města Olomouce. Arch. Historica 23, 1998, 133–159.

Blăjan 1985
M. Blăjan, Circulatia monetară în judetul Alba. Apulum 22, 1985, 93–112.

Blăjan/Popa 1983
M. Blăjan/A. Popa, Cercetările arheologice de la Alba Iulia – „Statia de salvare". Mat. °i Cerc. Arh. 15, 1983, 375–380.

Blăjan u. a. 1993
M. Blăjan/E. Stoicovici/D. Botezatu, Monedele descoperite în cimitirul feudal timouriu (sec. XI) de la Alba Iulia – Str. Vînătorilor. Apulum 27/30, 1990–1993, 273–92.

Blaschke 1990
K. Blaschke, Geschichte Sachsens im Mittelalter (München 1990).

Bloch 1992
P. Bloch, Romanische Bronzekruzifixe. Bronzegeräte des Mittelalters 5 (Berlin 1992).

Bloch/Schnitzler 1967
P. Bloch/H. Schnitzler, Die ottonische Kölner Malerschule 1–2 (Düsseldorf 1967).

Böhme 1993
H.-W. Böhme, Adelsgräber im Frankenreich. Archäologische Zeugnisse zur Herausbildung einer Herrenschicht unter den merowingischen Königen. Jahrb. RGZM 40, 1993, 397–535.

Böhme 1999
H. W. Böhme, Der hochmittelalterliche Burgenbau: Burgen vom 10. bis Mitte des 12. Jahrhunderts. In: Deutsche Burgenvereinigung (Hrsg.) 1, 1999, 54–77.

Bökönyi 1994
S. Bökönyi, Magyar állattartás a honfoglalás korában. In: L. Kovács (Hrsg.) 1994, 226.

Bogyay 1972
T. Bogyay, Der Sarkophag des hl. Stephan und seine Ikonographie. Das Münster 25 (1972).

Bogyay 1975
T. Bogyay, Stephanus rex (München 1975).

Bogyay 1976
T. Bogyay, Adalbert von Prag und die Ungarn. Ein Problem der Quellen-Interpretation. Ungarn-Jahrb. 7, 1976, 9–18.

Bogyay 1988
T. Bogyay, István és Szent Adalbert prágai püspök [Stephan und Bischof St. Adalbert von Prag]. In: Glatz/Kardos (Hrsg.) 1988, 156–160.

Bogyay u. a. (Hrsg.) 1976
T. Bogyay/J. Bak/G. Silagi (Hrsg.), Die Heiligen Könige (Graz u.a.O. 1976).

Boháčová 1998
I. Boháčová, Zum Befestigungssystem der Přemyslidenburgen. In: Henning/Ruttkay (Hrsg.) 1998, 37–47.

Boháčová/Špaček 1994
I. Boháčová/J. Špaček, Třetí raně středověký kostel na akropoli hradiště ve Staré Boleslavi. Arch. Rozhledy 46, 1994, 607–617.

Bohatec 1970
M. Bohatec, Schöne Bücher des Mittelalters aus Böhmen (Hanau 1970).

Boll 1980
W. Boll, Das Runtigerhaus in Regensburg. Verhandl. Hist. Ver. Oberpalz 120, 1980, 29–30.

Bolla 1998
I. Bolla, A jogilag egységes jobbágy-osztály kialakulása Magyarországon [Die Entstehung der juristisch einheitlichen Leibeigenenklasse in Ungarn]. In: E. Ladányi (Hrsg.), A jogilag egységes jobbágyságról Magyarországon² [Über das juristisch einheitliche Leibeigentum in Ungarn] (Budapest 1998).

Bolz 1971
B. Bolz, Nieznane fragmenty pontyfikału z XI wieku. Nasza Prszeszłoś 35, 1971, 47–67.

Bóna 1985
I. Bóna, Die Verwaltung und die Bevölkerung des karolingischen Pannoniens im Spiegel der zeitgenössischen Quellen. Mitt. Arch. Inst. Ungar. Akad. Wiss. 14, 1985, 149–160.

Bóna 1990
I. Bóna, Siebenbürgen im mittelalterlichen Königreich Ungarn. In: B. Köpeczi (Hrsg.), Kurze Geschichte Siebenbürgens (Budapest 1990).

Bóna 1998
I. Bóna, Az Árpádok korai várai [Die frühen Burgen der Árpáden] (Debrecen 1998).

Borawska 1964
D. Borawska, Kryzys monarchii wczesnopiastowskiej w latach trzydziestych XI wieku (Warszawa 1964).

Borgmeyer 1996
A. Borgmeyer, Die Regensburger Bischofs- und Klosterhöfe um den „Latron" zur Zeit der Romanik. In: Romanik in Regensburg. Regensburger Herbstsymposion Kunstgesch. u. Denkmalpfl. 2 (Regensburg 1996) 54–59.

Borgolte 1995
M. Borgolte, Petrusnachfolge und Kaiserimitation. Die Grablegen der Päpste² (Göttingen 1995).

Borgolte im Druck
M. Borgolte, Das Grab in der Topographie der Erinnerung. Zeitschr. Kirchengesch. (im Druck).

Bork u. a. 1998
H.-R. Bork/H. Bork/C. Dalchow/B. Faust/H.-P. Piorr/T. Schatz, Landschaftsentwicklung in Mitteleuropa. Wirkungen des Menschen auf Landschaften. Perthes Geographie Kolleg (Gotha, Stuttgart 1998) 226–251.

Borkovský 1965
I. Borkovský, Levý Hradec, nejstarší sídlo Přemyslovců. [Levý Hradec, der älteste Sitz der Přemysliden] (Prag 1965).

Borst 1986
A. Borst, Das mittelalterliche Zahlenkampfspiel (Heidelberg 1986).

Borst 1994
A. Borst, Das Buch der Naturgeschichte: Plinius und seine Leser im Zeitalter des Pergaments (Heidelberg 1994).

Boshof 1998
E. Boshof, Mainz, Böhmen und das Reich im Früh- und Hochmittelalter. Archiv mittelrhein. Kirchengesch. 50, 1998, 11–40.

Bouman 1957
A. Bouman, Sacring and Crowning, The Development of the Latin Ritual for the Anointing of Kings and the Coronation of an Emperor before the Eleventh Century (Groningen, Djakarta 1957).

Brachmann 1993
H. Brachmann, Der frühmittelalterliche Befestigungsbau in Mitteleuropa (Berlin 1993).

Brachmann (Hrsg.) 1995
H. Brachmann (Hrsg.), Burg – Stadt – Burgstadt (Berlin 1995).

Brandt 1993
M. Brandt (Hrsg.), Das Kostbare Evangeliar des Heiligen Bernward (München 1993).

Brankačk 1964
J. Brankačk, Studien zur Wirtschaft und Sozialstruktur der Westslawen zwischen Elbe und Oder aus der Zeit vom 9. bis zum 12. Jahrhundert (Bautzen 1964).

Brather 1995/96
S. Brather, Frühmittelalterliche Dirham-Schatzfunde in Europa. Probleme ihrer wirtschaftsgeschichtlichen Interpretation aus archäologischer Perspektive. Zeitschr. Arch. Mittelalter 23/24, 1995/96, 73–153.

Brather 1996a
S. Brather, Feldberger Keramik und frühe Slawen. Studien zur nordwestslawischen Keramik der Karolingerzeit. Universitätsforsch. prähist. Arch. 34 (Bonn 1996).

Brather 1996b
S. Brather, „Germanische", „slawische" und „deutsche" Sachkultur des Mittelalters – Probleme ethnischer Interpretation. Ethnogr.-arch. Zeitschr. 37, 1996, 177–216.

Braun 1907
J. Braun, Die liturgische Gewandung im Occident und Orient (Freiburg 1907).

Braun 1924
J. Braun, Der christliche Altar in seiner geschichtlichen Entwicklung (München 1924).

Brázdil/Kotyza 1995
R. Brázdil/O. Kotyza, History of Weather and Climate in the Czech Lands I. Period 1000–1500. Zürcher Geogr. Schr. 62, 1995.

Bresslau 1879/84
H. Bresslau, Jahrbücher des Deutschen Reiches unter Konrad II., 1–2 (Leipzig 1879/84).

Břicháček u. a. 1993
P. Břicháček/I. Boháčová/J. Frolík/J. Špaček, Předběžná zpráva o záchranném výzkumu ve Staré Boleslavi v letech 1988–1992. Arch. Historica 18, 1993, 239–246.

Browning 1975
R. Browning, Byzantium and Bulgaria (Berkeley 1975).

Brühl 1982
C. Brühl, Kronen und Krönungsbrauch im frühen und hohen Mittelalter. Hist. Zeitschr. 234, 1982, 19ff.

Brühl 1990a
C. Brühl, Palatium und Civitas. Studien zur Profantopographie spätantiker Civitates vom 3. bis zum 13. Jahrhundert. 2: Belgica I, beide Germanien und Raetia II (Köln, Wien 1990).

Brühl 1990b
C. Brühl, Deutschland – Frankreich. Die Geburt zweier Völker (Köln 1990).

Brunner 1973
O. Brunner, Land und Herrschaft ^{5} (Darmstadt 1973).

Brusewicz 1992
L. Brusewicz, „Gabinet Historyczny" Jana Pawła Woronicza tytułem do wiecznej Chwały jego imienia [Das „Historische Kabinett" von Jan Paweł Woronicz als Grund zum berechtigten Anspruch auf ewigen Ruhm seines Namens]. In: Sztuka i historia [Kunst und Geschichte] (Warszawa 1992) 261–283.

Brzeziński/Piotrowski (Hrsg.) 1997
W. Brzeziński/W. Piotrowski (Hrsg.), Proceedings of the First International Symposium on Wood Tar and Pitch (Warszawa 1997).

Brzostowicz 1997
M. Brzostowicz, Elementy kultury wielkomorawskiej na wczesnośredniowiecznym grodzisku w Bruszczewie, woj. leszczyńskie. In: Śląsk i Czechy a kultura wielkomorawska (Wrocław 1997) 135–140.

Brzostowicz 1998
M. Brzostowicz, Z badan nad ceramika wczesnośredniowieczna z Bruszczewa, gm. Smigiel, woj. leszczynskie. In: Kócka-Krenz/Łosiński (Hrsg.) 1998, 409–418.

Brzostowicz 1999
M. Brzostowicz, Bruszczewski zespól osadniczy w IX i X wieku. In: S. Mozdzioch (Hrsg.), Centrum i zaplecze we wczesnośredniowiecznej Europie srodkowej. Spotkania Bytomskie 3 (Wrocław 1999) 135–153.

Bubeník 1988
J. Bubeník, Slovanské osídlení středníko Pooh í (Praha 1988).

Bubeník/Meduna 1994
J. Bubeník/P. Meduna, Zur frühmittelalterlichen Keramik in Nord-West-Böhmen. In: Staňa (Hrsg.) 1994, 183–192.

Bubeník u. a. 1998
J. Bubeník/I. Pleinerová/N. Profantová, Od počátkù hradišť k počátkùm přemyslovského státu. Pam. Arch. 89, 1998, 104–145.

Buckland u. a. 1996
P. C. Buckland u. a., Bioarchaeological and climatological evidence for the fate of Norse farmers in medieval Greenland. Antiquity 70, 1996, 88–96.

Buczek 1958
K. Buczek, Książęca ludnoś służebna w Polsce wczesnofeudalnej (Wrocław, Kraków 1958).

Büttner 1965
H. Büttner, Erzbischof Willigis von Mainz und das Papsttum bei der Bistumserrichtung in Böhmen und Mähren im 10. Jahrhundert. Rhein. Vierteljahresbl. 30, 1965, 1–22.

Büttner 1966
H. Büttner, Die Mainzer Erzbischöfe Friedrich und Wilhelm und das Papsttum des 10. Jahrhunderts. Geschichtl. Landeskde. 3 [Festschr. J. Bärmann], 1966, 1–26.

Büttner 1975
H. Büttner, Zur frühmittelalterlichen Reichsgeschichte an Rhein, Main und Neckar (Darmstadt 1975).

Bulín 1960
H. Bulín, Počátky česko-veletského přátelství. Vznik a počátky Slovanů 3, 1960, 39–61.

Bulla/Mendöl 1947
B. Bulla/T. Mendöl, A Kárpát-medence földrajza (Budapest 1947).

Buśko u. a. 1995
C. Buśko/J. Piekalski/P. Rzeźnik, Wrocław/Breslau – eine mittelalterliche Agglomeration. Slavia Antiqua 36, 1995, 105–119.

Butschkow 1938
H. Butschkow, Was brachten die Grabungen nach der Kaiserpfalz Memleben. Nachrbl. Dt. Vorzeit 14, 1938, 81 f.

Burmeister 1838
C. C. H. Burmeister, Übersetzung der Wismarschen Chronik über die Vormundschaft der Fürstin Anastasia von Mecklenburg vom Jahre 1275 bis 1278, aus dem Wismarschen Stadtbuche von 1272. Jahrb. Ver. Mecklenburg. Gesch. u. Altkde. 3, 1838, 37 ff.

Bylina 1992
S. Bylina, Człowiek i zaświaty (Warszawa 1992).

Cach 1970
F. Cach, Nejstarší české mince. 1. České denáry do mincovní reformy Břetislava I (Praha 1970).

Callmer 1994
J. Callmer, Early urbanism in Southern Scandinavia ca. 700–1100 AD. Trading places, central settlements and new model centres in continuity and change. Arch. Polona 32, 1994, 73–93.

Cardini 1995
F. Cardini, Zeitenwende. Europa und die Welt vor 1000 Jahren (Darmstadt 1995).

Cecchelli 1951
C. Cecchelli, La Basilica Ottoniana dell'isola Licaonia. In: Studi e documenti sulla Roma sacra. Miscellanea Soc. Romana di Storia Patria 2 (Roma 1951) 29–105.

Cessi 1963
R. Cessi, Venezia ducale 1 (Venezia 1963).

Cetera 1994
A. Cetera, Budynki mieszkalne z grodziska w Zawadzie k. Tarnowa (na tle porównawczym). Rocznik Tarnowski, 1994, 255–276.

Chaloupecký 1929
V. Chaloupecký, Prameny X. století legendy Kristiánovy o svatém Václavu a svaté Ludmile. Svatováclavský sborník II, 2 (Prag 1929).

de Champeaux 1966
G. de Champeaux, Introduction au monde des symboles zodiaque (1966).

Charvát 1998a
P. Charvát, Dálkové styky českých zemí a Hedvábná cesta v raném středověku (do roku 1300). In: L. Obuchová/P. Charvát (Hrsg.), Hedvábná cesta – Soubor studií pracovní skupiny / Orientalia Bohemica – České země a Orient do roku 1500 (Praha 1998) 11–37.

Charvát 1998b
P. Charvát, Dálkový obchod v raně středověké Evropě (7.–10.století) (Brno 1998).

Charvát/Prosecký (Hrsg.) 1996
P. Charvát/J. Prosecký (Hrsg.), Ibrahim ibn Ya'qub at-Turtushi: Christianity, Islam and Judaism Meet in East-Central Europe, c. 800–1300 A.D. (Praha 1996).

Cheynet 1990
J.-Cl. Cheynet, Pouvoir et contestations à Byzance (963–1210) (Paris 1990).

Chropovský 1971
B. Chropovský, Vývoj a stav archeologického výskumu doby veľkomoravskej. Slovenská Arch. 19, 1971, 581–601.

Chropovský 1972
B. Chropovský, Príspevok k problematike cirkevnej architektúry a počiatkom kresťanstva. Monumentorum tutela 8 (Bratislava 1972).

Chropovský 1974
B. Chropovský, Das frühmittelalterliche Nitrava. In: Vor- und Frühformen der europäischen Stadt im Mittelalter 2 (Göttingen 1974) 159–175.

Chropovský 1983
B. Chropovský, Zur Problematik der Entstehung und Entfaltung spezialisierter Handwerkszweige in Großmähren. In: Jankuhn u. a. (Hrsg.) 1983, 120–159.

Chropovský 1988
B. Chropovský, Die Slawen. Historische, politische und kulturelle Entwicklung und Bedeutung (Prag 1988).

Chrystianizacja 1994
Chrystianizacja Polski Poludniowej. Materiały Z sesji naukoweij (Kraków 1994).

Chudziak 1998
W. Chudziak, Ursprung und Entwicklung des frühmittelalterlichen Befestigungen im Raum Chełmno-Dobrzyń. In: Henning/Ruttkay (Hrsg.) 1998, 211–222.

Chyczewska 1973
A. Chyczewska, Marcello Bacciarelli (1731–1818) (Wrocław u.a.O. 1973).

Cibulka 1958
J. Cibulka, Velkomoravský kostel v Modré u Velehradu a začátky křesťanství na Moravě (Praha 1958).

Čiháková 1999
J. Čiháková, Pravěké a raně středověké osídlení Malé Strany a Hradčan. In: P. Vlček (Hrsg.), Umělecké památky Prahy-Malá Strana, Hradčany (Praha 1999) 17–27.

Čiháková u. a. im Druck
J. Čiháková/Z. Dragoun/J. Podliska, Der Prager Siedlungsraum im 10. und 11. Jahrhundert. Sborník Boleslav II. (im Druck).

Čiháková/Dobrý im Druck
J. Čiháková/J. Dobrý, Dendrochronologische Bearbeitung der Hölzer aus den archäologischen Untersuchungen des Prager Suburbiums. In: L. Poláček (Hrsg.), ITM Kolloquium Mikulčice 1998 (im Druck).

Čiháková/Zavřel 1996
J. Čiháková/ J. Zavřel, Das Itinerar Ibrahim Ibn Jakubs und die neuen archäologischen Entdeckungen auf der Kleinseite. In: Charvát/Prosecký (Hrsg.) 1996, 65–71.

Čiháková/Zavřel 1997
J. Čiháková/J. Zavřel, Ibráhímùv text a archeologické poznání Malé Strany. Arch. Pragensia 13, 1997, 93–103.

Clark/Ambrosiani 1991
H. Clark/B. Ambrosiani, Towns in the Viking Age (Leicester 1991).

Clarke/Simms (Hrsg.) 1985
H. B. Clarke/A. Simms (Hrsg.), The Comparative History of Urban Origins in Non-Roman Europe: Ireland, Wales, Denmark, Germany, Poland and Russia from the Ninth to the Thirteenth Century (Oxford 1985).

Classen 1977
P. Classen, Kaiserreskript und Königsurkunde. Diplomatische Studien zum Problem der Kontinuität zwischen Altertum und Mittelalter[2] (Thessaloniki 1977).

Claude 1972
D. Claude, Geschichte des Erzbistums Magdeburg bis in das 12. Jahrhundert. Mitteldt. Forsch. 67, 1 (Köln, Wien 1972).

Claude 1981
D. Claude, Die Handwerker der Merowingerzeit nach den erzählenden und urkundlichen Quellen. In: Jankuhn u. a. (Hrsg.) 1981, 204–266.

Cnotliwy 1973
E. Cnotliwy, Rzemiosło rogownicze na Pomorzu wczesnośredniowiecznym (Wrocław 1973).

Cnotliwy 1996
E. Cnotliwy, Szczecin u schyłku wczesnego średniowiecza i w późnym średniowieczu w świetle najnowszych badań archeologicznych. In: 50 lat archeologii polskiej na Pomorzu Zachodnim (Szczecin 1996) 153–158.

Cnotliwy 1997
E. Cnotliwy, Stand, Aufgaben und Perspektiven der Archäologie in Stettin (Sczczecin). In: Lübecker Kolloquium zur Stadtarchäologie im Hanseraum I: Stand, Aufgaben und Perspektiven (Lübeck 1997) 267.

Cnotliwy u. a. (Hrsg.) 1983
E. Cnotliwy/L. Leciejewicz/W. Łosiński (Hrsg.), Szczecin we wczesnym średniowieczu. Wzgórze Zamkowe (Wrocław u.a.O. 1983).

Cnotliwy u. a. 1993
E. Cnotliwy/M. Pawlowski/E. Wilgocki, Skarb denarów księcia Bogusława I z 1180–1192 r. ze Szczecina. Podzamcze. Mat. Zachodniopomorskie 39, 1993, 121–132.

Cnotliwy/Łosiński 1995
E. Cnotliwy/W. Łosiński, Szczecin/Stettin. Vom frühstädtischen Zentrum zur Lokationsstadt. Slavia Antiqua 36, 1995, 73–75.

Coblenz 1959
W. Coblenz, Ausgrabungen auf dem Meißener Burgberg. Meißener Heimatbl. 1959, 5–8.

Coblenz 1961
W. Coblenz, Zur Frühgeschichte der Burg Meißen. 1. Sonderh. Meißner Heimat (Meißen 1961).

Coblenz 1963
W. Coblenz, Bolesław Chrobry in Sachsen und die archäologischen Quellen. Slavia Antiqua 10, 1963, 249–285.

Coblenz 1966
W. Coblenz, Die Ur- und Frühgeschichte von Land und Burg Meißen. 4. Sonderh. Meißner Heimat (Meißen 1966).

Coblenz 1970
W. Coblenz, Zum Wechsel der Befestigungsfunktion vom IX. bis XI. Jahrhundert im ostsaalischen Gebiet. Slovenská Arch. 18, 1970, 137–152.

Coblenz 1971
W. Coblenz, Bemerkungen zur Chronologie in den slawischen Gauen Daleminzien und Nisan. Arch. Polski 46, 1971, 401–417.

Codreanu-Windauer 1996
S. Codreanu-Windauer, Neue Ergebnisse zur Regensburger Stadttopographie im Hochmittelalter. In: Romanik in Regensburg. Regensburger Herbstsymposion Kunstgesch. u. Denkmalpfl. 2 (Regensburg 1996) 30–31.

Codreanu-Windauer/Schnieringer 1989
S. Codreanu-Windauer/K. Schnieringer, Die Ausgrabungen im Regensburger Dom. In: Der Dom zu Regensburg – Ausgrabung, Restaurierung, Forschung (München, Zürich 1989) 81–88.

Codreanu-Windauer/Wanderwitz 1989
S. Codreanu-Windauer/H. Wanderwitz, Die frühe Kirche in der Diözese Regensburg. Betrachtungen zu den archäologischen und schriftlichen Quellen bis zum Ende des 8. Jahrhunderts. In: 1250 Jahre Kunst und Kultur im Bistum Regensburg. Ber. u. Forsch. (München, Zürich 1989) 37–38.

Codreanu-Windauer/Wanderwitz (im Druck)
S. Codreanu-Windauer/H. Wanderwitz, Das Regensburger Judenviertel. Geschichte und Archäologie. In: P. Schmid (Hrsg.), Geschichte der Stadt Regensburg (im Druck).

Codreanu-Windauer u. a. (im Druck)
S. Codreanu-Windauer/M. Hoernes/A. Rettner/K. Schnieringer/E. Wintergerst, Die städtebauliche Entwicklung Regensburgs von der Spätantike bis in Hochmittelalter. In: P. Schmid (Hrsg.), Geschichte der Stadt Regensburg (im Druck).

Conze 1992
W. Conze, Ostmitteleuropa. In: K. Zarnack (Hrsg.), Von der Spätantike bis zum 18. Jahrhundert (München 1992).

Coreth 1959
Coreth, Pietas Austriaca. Ursprung und Entwicklung barocker Frömmigkeit in Österrreich (Wien 1959).

Mc Cormick 1999
M. Mc Cormick, Paderborn 799: Königliche Repräsentation – Visualisierung eines Herrschaftskonzepts. In: Kat. Paderborn 3, 1999, 71–81.

Cracco Ruggini u. a. (Hrsg.) 1992
L. Cracco Ruggini/M. di Pavan (†)/G. Cracco/G. Ortalli (Hrsg.), Storia di Venezia. Dalle origini alla caduta della serenissima, 1. Origini – età ducale (Roma 1992).

Cramer u. a. 1993
J. Cramer/W. Jacobsen/D. v. Winterfeld, Die Michaeliskirche. In: Kat. Hildesheim 1, 1993, 369–382.

Csaba 1996
L. Csaba, Régészeti adatok Pannonhalma építéstörténetéhez [Archäologische Angaben zur Baugeschichte von Pannonhalma]. In: Kat. Pannonhalma 1, 1996, 143–169. (= in deutscher Sprache: Archäologische Beobachtungen zum mittelalterlichen Pannonhalma. Acta Historiae Artium 38, 1996, 5–13).

Csilléry 1982
K. Csilléry, A magyar népi lakáskultúra kialakulásának kezdetei (Budapest 1982).

Csoká 1938
J. L. Csóka, A magyarok és a kereszténység Géza fejedelem korában [Die Ungarn und das Christentum zur Zeit des Fürsten Géza]. In: Serédi (Hrsg.) 1938, 268–291.

Csoká 1980
J. L. Csoká, Geschichte des benediktinischen Mönchtums in Ungarn. Studia Hungarica 11, 1980, 21–25.

Czapkiewicz u. a. 19 …
M. Czapkiewicz/M. Jagodzinski/A. Kmietowicz, Arabische Münze aus einer frühmittelalterlichen Handwerker- und Handelssiedlung in Janów Pomorski, Gem. Elblag. Folia Orientalia 25, 19.., 157–169.

Czegledý 1979
K. Czegledý, Új arab forrás a magyarok 942. évi spanyolországi kalandozásáról. Magyar Nyelv 1979, 273–282.

Czobor 1900
B. Czobor, A magyar szent korona és a koronázási palást [Die ungarische heilige Krone und der Krönungsmantel]. In: Forster (Hrsg.) 1900, 111.

Czobor/Szalay 1897–1901
B. Czobor/I. Szalay, Magyarország történeti emlékei [Historische Denkmäler Ungarns] I (Budapest, Wien 1897–1901).

Daim/Poláček (Hrsg.) 1995
F. Daim/L. Poláček (Hrsg.), Studien zum Burgwall von Mikulčice 1 (Brno 1995).

Dalas (Hrsg.) 1991
M. Dalas (Hrsg.), Corpus des sceaux français du moyen âge 2. Les sceaux des rois et de régence (Paris 1991).

Dalewski 1991
Z. Dalewski, Między Gnieznem a Poznaniem. O miejscach władzy w państwie pierwszych Piastów. Kwartalnik Hist. 97, 1991, 19–44.

Dalewski 1996
Z. Dalewski, Władza, przestrzeń, ceremoniał. Miejsce i uroczystoś inauguracji władcy w Polsce średniowiecznej do końca XIV w. (Authority, space and ceremonial) (Warszawa 1996).

Dallmeier 1993
L.-M. Dallmeier, Archäologische Topographie der Stadt Regensburg (ungedr. Diss. Regensburg 1993).

Davidan 1976
O. I. Davidan, K voprosu ob organizacii kosterezsnogo remesla v davnej Ladoge. Arch. Sbornik Gosudarstvennogo Ermitaza 18, 1976, 101–118.

Decsy 1792
S. Decsy, A magyar szent koronának és ahoz tartozó tárgyaknak históriája (Bécsben 1792).

Deér 1955
J. Deér, Adler aus der Zeit Friedrich II.: victrix aquila. In: P. E. Schramm (Hrsg.), Kaiser Friedrichs II. Herrschaftszeichen. Abhandl. Akad.Wiss. Göttingen, Phil.-hist. Klasse III, 36 (Göttingen 1955).

Deér 1957
J. Deér, Byzanz und die Herrschaftszeichen des Abendlandes. Byzantin. Zeitschr. 50, 1957, 427 ff.

Deér 1966
J. Deér, Die helige Krone Ungarns. Denkschr. Österr. Akad. Wiss., Phil.-hist. Kl. 91 (Wien 1966).

Deér o. J.
J. Deér, Karl der Große und der Untergang des Awarenreiches. In: H. Braunfels (Hrsg.), Karl der Große – Lebenswerk und Nachleben 1 (o.J.).

Deichmann 1958
F. W. Deichmann, Frühchristliche Bauten und Mosaiken von Ravenna (Baden-Baden 1958).

Dekan 1976a
J. Dekan, Veľká Morava. Doba a umenie (Bratislava 1976).

Dekan 1976b
J. Dekan, Moravia Magna (1976).

Demattio 1998
H. Demattio, Kronach. Der Altlandkreis. Hist. Atlas Bayern I, 32 (München 1998).

Dembińska/Podwińska (Hrsg.) 1978
M. Dembińska/Z. Podwińska (Hrsg.), Historia kultury materialnej Polski 1 (Wrocław 1978).

Denkmalpflege München 1982
Die neuen Werkstätten für Textilrestaurierung in Schloß Seehof. Denkmalpfl. Inf. B Nr. 62/14 (München 1982).

Deptuła 1990
C. Deptuła, Galla Anonima mit genezy Polski. Studium z historiozofii i hermeneutyki symboli dziejopisarstwa sredniowiecznego (Lublin 1990).

Dercsényi 1943
D. Dercsényi, A székesfehérvári királyi bazilika [Die königliche Basilika in Székesfehérvár] (Budapest 1943).

Dercsényi 1956
D. Dercsényi, A honfoglalás és az államalapítás korának müvészete usw. A magyarországi müvészet története I (Budapest 1956 [1970⁴]).

Dercsényi 1974
D. Dercsényi, Vorromanische Kirchentypen in Ungarn. Acta Historiae Artium XX, 1974, 1–12.

Dercsényi/Zádor 1973
D. Dercsényi/A. Zádor (Hrsg.), A magyarországi mûvészet története⁵ (Budapest 1973).

Derwich 1995
M. Derwich, Sachsen und Polen im 12. Jahrhundert. In: Kat. Braunschweig 1995, 135–143.

Derwich 1996a
M. Derwich, Les bénédictins et la christianisation des campagnes en Pologne. In: J.-P. Massaut/M.-E. Henneau (Hrsg.), La christianisation des campagnes. Koll. C.I.H.E.C. 1994, Inst. Hist. Belge de Rome, Bibl. 38,1 (Bruxelles, Rome 1996) 103–116.

Derwich 1996b
M. Derwich, Les fondations et implantations des monastères bénédictins en Pologne jusqu'au début du XVI siècles. In: J.-L. Lemaître/M. Dmitriev/P. Gonneau (Hrsg.), Moines et monastères dans les sociétés de rite grec et latin. École Pratique des Hautes Études, Sciences historiques et philologique, Hautes études medievales et modernes 76 (Genève 1996) 49–69.

Derwich 1997
M. Derwich, Les communautés monastiques en pologne au Moyen Âge: bilan et perspectives. In: Religious Communities and Corporations in Central Europe 10th–15th Century. Quaestiones Medii Aevi Novae 2, 1997, 3–44.

Derwich 1998
M. Derwich, Monastycyzm benedyktyński w średniowiecznej Europie i Polsce. Wybrane problemy. Acta Univ. Wratislaviensis 2019, Historia CXXXV, 1998, 174–201.

Derwich 1999
M. Derwich, Gab es eine Benediktinerkrise in Polen in der zweiten Hälfte des 12. Jahrhundert? In: F. J. Felten/N. Jaspert (Hrsg.), Vita religiosa im Mittelalter [Festschr. K. Elm]. Berliner Hist. Stud. 31, Ordenstud. XIII, 1999, 123–138.

Derwich im Druck
M. Derwich, Studia nad początkami monastycyzmu na ziemiach polskich. Pierwsze opactwa i ich funkcje. Kwartalnik Hist. (im Druck).

Deshman 1976
R. Deshman, Christus Rex et magi reges. Kingship and Christology in Ottonian and Anglo-Saxon Art. Frühmittelalterl. Stud. 10, 1976, 367–405.

Deutsche Burgenvereinigung (Hrsg.) 1999
Deutsche Burgenvereinigung (Hrsg.), Burgen in Mitteleuropa. Ein Handbuch 1–2 (Stuttgart 1999).

Dienst 1991
H. Dienst, Werden und Entwicklung der babenbergischen Mark. In: Österreich im Hochmittelalter (907–1246) (Wien 1991) 63–102.

Dieterich 1985
J. R. Dieterich, Die Polenkriege Konrads II. und der Friede von Merseburg (Gießen (1985).

Dittrich 1962
Z.R. Dittrich, Christianity in Great Moravia (Groningen 1962).

Długosza 1961
J. Długosza, Roczniki czyli Kroniki Wielkopolskiej slawnego Królestwa Poskiego (Warszawa 1961).

Domanovszky 1938
S. Domanovszky, A mezõgazdaság Szent István korában. In: Serédi (Hrsg.) 1938, 311–333.

Donat 1980
P. Donat, Haus, Hof und Dorf in Mitteleuropa vom 7. bis 12. Jahrhundert (Berlin 1980).

Donat 1984
P. Donat, Die Mecklenburg – eine Hauptburg der Obodriten (Berlin 1984).

Donat 1988
P. Donat, Heidnische Religion und christliche Kirche als Problem obodritscher Politik. Jahrb. Bodendenkmalpfl. Mecklenburg 1988, 193–203.

Donat 1995a
P. Donat, Die Slawen in Mecklenburg-Vorpommern und ihre Beziehungen zu den Nachbarn. In: Kat. Rostock 1995, 18–26.

Donat 1995b
P. Donat, Die Mecklenburg vor 1000 Jahren. In: Ein Jahrtausend Mecklenburg und Vorpommern (Rostock 1995).

Donat 1995c
P. Donat, Handwerk, Burg und frühstädtische Siedlungen bei nordwestslawischen Stämmen. In: Brachmann (Hrsg.) 1995, 92–107.

Donat 1995d
P. Donat, Heidnische Religion und christliche Kirche als Problem obodritscher Politik. Jahrb. Bodendenkmalpfl. Mecklenburg 1988, 193–203.

Donat 1995e
P. Donat, Mecklenburg und Oldenburg im 8. bis 10. Jahrhundert. Mecklenburgische Jahrb. 110, 1995, 5–20.

Donat 1998
P. Donat, Aktuelle Fragen der Erforschung westslawischer Dorfsiedlungen. In: Kóčka-Krenz/Łosiński (Hrsg.) 1998, 187–199.

Doppelfeld 1958
O. Doppelfeld, Ausgewählte Quellen zur Kölner Stadtgeschichte. 1. Römische und fränkische Zeit (1958).

Dostál 1965
B. Dostál, Das Vordringen der großmährischen materiellen Kultur in die Nachbarländer. In: Magna Moravia. Spisy Univ. J. E. Purkyně v Brně (Brno 1965) 361–416.

Dostál 1966
B. Dostál, Slovanská pohřebiště ze střední doby hradištní na Moravě (Praha 1966).

Dostál 1975
B. Dostál, Břeclav-Pohansko IV. Velkomoravský velmožský dvorec (Brno 1975).

Dostál 1985
B. Dostál, Břeclav-Pohansko III. Časne slovanské osídlení (Brno 1985).

Dostál 1987
B. Dostál, Vývoj obydlí, sídlišť a sídlištní struktury na jižní Moravě v době slovanské (6.–10. století). XVI. Mikulovské symposium 1986 (Brno, Mikulov 1987) 13–32.

Dragoun u. a. 1993
Z. Dragoun/A. Merhautová/P. Sommer, Stavební podoba břevnovského kláštera ve středověku. Milénium 1993, 67–137.

Düwel u. a. (Hrsg.) 1987
K. Düwel/H. Jankuhn/H. Siemens/D. Timpe (Hrsg.), Untersuchungen zu Handel und Verkehr der vor- und frühgeschichtlichen Zeit in Mittel- und Nordeuropa 4. Der Handel der Karolinger- und Wikingerzeit. Abhandl. Akad. Wiss. Göttingen, Phil.-hist. Kl. 3, 156 (Göttingen 1987).

Dulinicz 1991
M. Dulinicz, Die früheste slawische Besiedlung in Ostholstein. Offa 48, 1991, 299–328.

Dulinicz 1998
M. Dulinicz, Frühmittelalterliche Burgen in Masowien. Erste Ergebnisse der deutsch-polnischen Untersuchungen. In: Henning/Ruttkay (Hrsg.) 1998, 267–274.

Dunin-Wąsowicz 1974
T. Dunin-Wąsowicz, Zmiany w topografii osadnictwa Wielkich Dolin na Niżu Środkowoooeuropejskim w XIII w (Wrocław 1974).

Dunin-Wąsowicz 1975
T. Dunin-Wąsowicz, Sainte Hedwige et l'hagiographie médiévale polonaise. In: Le culte de saints en Pologne au Xe siècle. Cahiers de civilisation médiévale 18, 1975, 229–238.

Dunin-Wąsowicz 1977
T. Dunin Wąsowicz, Tradition hagiographique romaine en Pologne médiévale; saint Maurice et la Légion thebaine. Arch. Polonia 14, 1977, 405–420.

Dunin-Wąsowicz 1981
T. Dunin-Wąsowicz, Le culte de Saint Adalbert vers l'an 1000 et la fondatin de l'église Saint Adalbert à Liège. In: La collegiale Saint Jean de Liège. Mille ans d'art et d'histoire (Liège 1981) 35–38.

Dunin-Wąsowicz 1997
T. Dunin-Wąsowicz, Autour du baptême de Miezko I de Pologne. In: Clovis. Histoire et memoire 2 (Paris 1997) 369–385.

Durliat 1990
J. Durliat, Les finances publiques de Diocletian aux Carolingiens (284–889). Francia Beih. 21 (Sigmaringen 1990).

Dušek 1983
S. Dušek, Geschichte und Kultur der Slawen in Thüringen (Weimar 1983).

Dutton/Kessler 1997
P. E. Dutton/H. L. Kessler, The Poetry and Paintings of the First Bible of Charles the Bald (Michigan 1997).

Dvorník 1969
F. Dvorník, Les légendes de Constantin et de Méthode vues de Byzance^2 (Hattiesburg 1969).

Dvorník 1970a
F. Dvorník, Byzantine Missions among the Slavs. SS. Constantine-Cyril and Methodius (New Brunswick, New Jersey 1970).

Dvorník 1970b
F. Dvorník, Byzantské mysie u Slovanu (Praha 1970).

Dvorník 1970c
F. Dvorník, Les Slaves, Byzance et Rome au IXe siècle^2 (Hattiesburg 1970).

Dworaczyk/Kowalska 1998
M. Dworaczyk/A. B. Kowalska, Z dziejów suburbium w Szczecinie (wyniki badań archeologicznych z lat 1992–1997). Sprawozdania Arch. 50, 1998, 103ff.

Dworaczyk/Slowinski 1998
M. Dworaczyk/S. Slowinski, Przebieg umocnień wczesnośredniowiecznego podgrodzia w Szczecinie w świetle ostatnich badań. Acta Arch. Pomoranica 1, 1998, 279 ff.

Dzieduszycka 1985/86
B. Dzieduszycka, Demographic and Economic Transformations in the Area Surrounding the Early Medieval Kruszwica. Arch. Polona 24, 1985/86, 73–103

Eggert 1927
O. Eggert, Die Wendenzüge Waldemars I. und Knuts VI. von Dänemark, nach Pommern und Mecklenburg. Balt. Stud. N.F. 29, 1927.

Ehlers 1989
J. Ehlers, Schriftkultur, Ethnogenese und Nationsbildung in ottonischer Zeit. Frühmittelalterl. Stud. 23, 1989, 302–317.

Ehlers 1994
J. Ehlers, Otto II. und Kloster Memleben. Sachsen u. Anhalt 18, 1994, 51–82.

Ehlers 1997
J. Ehlers, Magdeburg – Rom – Aachen – Bamberg. Grablege des Königs und Herrschaftsverständnis in ottonischer Zeit. In: Schneidmüller/Weinfurter (Hrsg.) 1997.

Ehlers 1998
J. Ehlers, Die Entstehung des deutschen Reiches^2 (München 1998).

Ehlers im Druck
J. Ehlers, Unendliche Gegenwart. Speyer zwischen Konrad II. und Stefan George. In: M. Borgolte (Hrsg.), Stiftungen und Stiftungswirklichkeiten (im Druck).

Eichler 1985
E. Eichler, Probleme der Auswertung slawischer Orts- und Flußnamen in Nordostbayern. Archiv Gesch. Oberfranken 65, 1985, 291–297.

Eichler 1998
E. Eichler, Zu neueren Tendenzen und Zielen der Namenforschung im deutsch-slawischen Berührungsgebiet. Onomastica Slavogermanica XXIII, 1998, 9 ff.

Eichler 1999
E. Eichler, Zur sprachgeschichtlichen Stellung des Bayernslavischen. In: Die Welt der Slaven 5 [Festschr. K. Trost] (München 1999) 57–63.

Eickermann 1987
N. Eickermann, Zu den Carmina figurata Uffings von Werden. Beitr. Gesch. Stadt u. Stift Essen 101, 1986/87, 2–15.

Eickhoff 1996
E. Eickhoff, Theophanu und der König. Otto III. und seine Welt (Stuttgart 1996).

Eickhoff 1999
E. Eickhoff, Kaiser Otto III. Die erste Jahrtausendwende und die Entfaltung Europas (Stuttgart 1999).

Eisner 1952
J. Eisner, Devíska Nová Ves. Slovanské pohřebiště (Bratislava 1952).

Elbern 1963
V. H. Elbern, Der Eucharistische Kelch im frühen Mittelalter. Zeitschr. Dt. Ver. Kunstwiss. 17, 1963, 1–76; 117–188.

Endres/Haberstroh 1998
H. Endres/J. Haberstroh, Apud chrana domum lapideam? Neue Ausgrabungen in der früh- bis hochmittelalterlichen Wüstung bei Friesen, Stadt Kronach, Lkr. Kronach, Oberfranken. Arch. Jahr Bayern 1998, 129–131.

Engelbert 1996
P. Engelbert, Prágai Szent Adalbert. Püspökideál, politika és szerzetesség [St. Adalbert von Prag. Bischofsideal, Politik und Möchstum]. In: Kat. Pannonhalma 1, 1996, 25–37.

Engels 1975
O. Engels, Die Gründung der Kirchenprovinz Magdeburg und die Ravennater „Synode" von 968. Annuarium Historiae Conciliorum 7, 1975, 136–158.

Engels 1991
P. Engels, Der Reisebericht des Ibrahim ibn Yaqub (961–966). In: v. Euw/Schreiner (Hrsg.) 1991, 413–422.

Entz 1958
G. Entz, A gyulafehérvári székesegyház [Die Kathedrale in Gyulafehérvár] (Budapest 1958).

Entz 1968
G. Entz, Die Baukunst Transsilvaniens im 11.–13. Jahrhundert. Acta Historiae Artium 14, 1968, 3–48; 127–175.

Erdély 1986
I. Erdély, Slawen, Awaren, Ungarn, In: J. Herrmann (Hrsg.) 1986.

Erdmann 1950
C. Erdmann, Forschungen zur Ideenwelt des Frühmittelalters (Berlin 1950).

Erdmann u. a. 1988
W. Erdmann/W. Jacobsen/C. Kosch/D. v. Winterfeld, Neue Untersuchungen an der Stiftskirche zu Gernrode. In: Gosebruch/Steigerwald (Hrsg.) 1988, 245–285.

Éri u. a. 1979
I. Éri/M. Kelemen/P. Németh/I. Torma, Veszprém megye régészeti topográfiája. A veszprémi járás. Magyarország Régészeti topográfiája 2 (Budapest 1979) 224–256.

Ernst 1976
R. Ernst, Die Nordwestslaven und das fränkische Reich. Beobachtungen zur Geschichte ihrer Nachbarschaft und zur Elbe als nordöstlicher Reichsgrenze bis in die Zeit Karls des Großen. Gießener Abhandl. Agrar- u. Wirtschaftsforsch. europ. Osten 74 (Berlin 1976).

Ernst 1991
U. Ernst, Carmen Figuratum (Köln u.a.O. 1991).

Érszegi 1975
G. Érszegi, Dunapentele a középkorban [Die Siedlung Dunapentele im Mittelalter]. Geschichtl. Jahrb. Komitat Fejér 9, 1975, 7–42.

Érszegi 1983
G. Érszegi, Árpád-kori legendák és intelmek (Budapest 1983).

Érszegi 1988
G. Érszegi, Szent István görögnyelvű okleveléről [Über die griechischsprachige Urkunde Stephans des Heiligen]. Levéltári Szemle 38, 1988, 3–13.

Érszegi 1992
G. Érszegi, I primi secoli della cristianitá. In: A. Caprioli/L. Vaccaro (Hrsg.), Storia religiosa dell'Ungheria. Ricerche Europa 8. La Casa di Matriona (Milano 1992) 45–58.

Érszegi 1996
G. Érszegi, Szent István pannonhalmi oklevele [Die Pannonhalmer Urkunde von Stephan dem Heiligen] (Diplomatisch-philologischer Kommentar). In: Kat. Pannonhalma 1,1996, 47–89.

Érszegi 1997
G. Érszegi, Géza fejedelem és a kereszténység [Fürst Géza und das Christentum]. Árgus 8, 1997, 39–45.

Érszegi 1998
G. Érszegi, Le fonti ungariche. A Migrazione Magiara e Conquista della patria. I contributi della storiografia italiana ed ungherese. Vortrag Bologna (ungedr. Manuskript 1998).

Éry/Kralovánszky 1976
K. Éry/A. Kralovánszky in: Rég. Füzetek 29, 1976, 61.

Ettel 1998
P. Ettel, Frühmittelalterlicher Burgenbau in Nordbayern. Karlburg – Roßtal – Oberammerthal. Studien zum frühmittelalterlichen Burgenbau in Nordbayern. Arch. Nachrbl. 3, 1998, 44–53.

Ettel 1999
P. Ettel, Frühmittelalterlicher Burgenbau in Bayern. In: K. Leidorf/P. Ettel (Hrsg.), Burgen in Bayern. 7000 Jahre Burgengeschichte im Luftbild (Stuttgart 1999) 51–117.

Ettel/Meyer 1999
P. Ettel/C. Meyer, Die Burg Dobin. Vorbericht zur geomagnetischen Prospektion und Sondagegrabung 1999. Arch. Ber. Mecklenburg-Vorpommern 6, 1999 (im Druck).

Ettel/Wichmann 2000
P. Ettel/R. Wichman, Die slawische Fürstenburg von Dobin, Mecklenburg-Vorpommern in den Feldzügen des 12. Jahrhunderts. Château Gaillard 19, 2000 (im Druck).

Europa 1980
Europa Slavica – Europa orientalis [Festschr. H. Ludat]. Giessener Abhandl. Agrar- u. Wirtschaftsgesch. Europ. Ostens 100 (Berlin 1980)

v. Euw 1985
A. v. Euw, Liturgische Handschriften, Gewänder und Geräte. In: Kat. Köln 1, 1985, 385ff.

v. Euw/Schreiner (Hrsg.) 1991
A. v. Euw/P. Schreiner (Hrsg.), Kaiserin Theophanu. Begegnung des Ostens und Westens um die Wende des ersten Jahrtausends. Gedenkschrift des Kölner Schnütgen-Museums zum 1000. Todesjahr der Kaiserin (Köln 1991).

Evans/Wixom (Hrsg.) 1997
H. C. Evans/W. D. Wixom (Hrsg.), The Glory of Byzantium. Art and Culture of the Middle Byzantine Era A. D. 843–1261 (New York 1997).

Ewig 1979
E. Ewig, Beobachtungen zu Bischofslisten der merowingischen Konzilien und Bischofsprivilegien. Beih. Francia 3, 2 (München 1979).

Exner 1998
M. Exner, Ottonische Herrscher als Auftraggeber im Bereich der Wandmalerei. In: Althoff/Schubert (Hrsg.) 1998, 103–135.

Falkenstein 1998
L. Falkenstein, Otto III. und Aachen. Monumenta Germaniae Historica – Studien und Texte 22 (Hannover 1998).

Fąfrowicz 1990
M. Fąfrowicz, Piasta „malowane dzieje". Opowieś o Piaście. Zapis historyczno-literacki – pierwowzory i wzorce osobowe bohatera. [Des Piasten „gemalte Zeit". Eine Piast-Geschichte. Eine historisch-literarische Aufzeichnung – Ur- und Vorbilder eines Helden] Rocznik Hist. Sztuki 18, 1990, 159–219.

Faust 1997
W. Faust, Dallgow-Döberitz, Lkr. Havelland. Arch. Berlin u. Brandenburg 1997, 70–72.

Faust/Wichgers 1993/94
W. Faust/A. Wichgers, Dallgow-Döberitz, Lkr. Havelland. Arch. Berlin u. Brandenburg 1993/94, 109 f.

Fehér u. a. 1962
G. Fehér/K. Éry/A. Kralovánszky, A Közép-Duna-medence magyar honfoglalás- és kora Árpád-kori sírleletei [Die Grabfunde im mittleren Donaubecken der ungarischen Landnahme- und der frühen Árpádenzeit] Leletkataszter [Fundkataster]. Arch. Studien II (Budapest 1962).

Feine 1964
H. E. Feine, Kirchliche Rechtsgeschichte. Die katholische Kirche 4 (Graz, Köln 1964).

Ferluga u. a. (Hrsg.) 1983
J. Ferluga/M. Hellmann/F. Kämpfer/H. Ludat/K. Zernack (Hrsg.), Glossar zur frühmittelalterlichen Geschichte im östlichen Europa. Ser. A, 2: Lateinische Namen bis 900 (Wiesbaden 1983).

Fest 1923
A. Fest, Pietro Orseolo secondo re d'Ungheria (Budapest 1923).

Fiala 1962
Z. Fiala, Dva kritické příspěvky ke starým dějinám českým. Sborník Hist. 9, 1962, 5–65.

Fiala 1974
Z. Fiala, Hlavní pramen legendy Kristiánovy. Rozpravy ČSAV, Geisteswiss. Reihe 84, 1 (Prag 1974).

Filipowiak 1957
W. Filipowiak, Słowiańskie miejsca kultowe z Trzebiatowa, pow. Gryfice. Mat. Zachodniopomorskie 3, 1957, 75–97.

Filipowiak 1993
W. Filipowiak, Die Häfen von Wollin im 9.–14. Jahrhundert. In: Archäologie des Mittelalters und Bauforschung im Hanseraum (Lübeck 1993).

Filipowiak 1996
W. Filipowiak, Żywot statku wczesnośredniowiecznego. In: Słowiańszczyzna w Europie średniowiecznej 2 (Wrocław 1996) 94.

Filipowiak/Gundlach 1992
W. Filipowiak/H. Gundlach, Wolin – Vineta, Die tatsächliche Legende vom Untergang und Aufstieg der Stadt (Rostock 1992).

Fillitz 1986
H. Fillitz, Die Schatzkammer in Wien. Symbole abendländischen Kaisertums (Wien 1986).

Fillitz 1993
H. Fillitz, Ottonische Goldschmiedekunst. In: Kat. Hildesheim 1, 1993, 173–190.

Fillitz (Hrsg.) 1997
H. Fillitz (Hrsg.), Das Salzburger Perikopenbuch. Faksimile-Ausgabe der Handschrift Clm 15713 der Bayerischen Staatsbibliothek München (Luzern 1997).

Fillitz 1998
H. Fillitz (Hrsg.), Geschichte der Bildenden Kunst in Österreich. Früh- und Hochmittelalter 1 (München 1998).

Firlet/Pianowski 1985
J. Firlet/Z. Pianowski, Odkrycie dwóch wczesnośredniowiecznych kościołów w rejonie tak zwanego Bastionu Władysława IV na Wawelu. Spraw. Arch. 37, 1985, 153–167.

Fleckenstein 1989
J. Fleckenstein, Adel und Kriegertum und ihre Wandlung im Karolingerreich. In: Ordnungen … 1989, 290.

Flegler 1877
S. Flegler, A magyar történetíraás története. Fordíotta Toldy Ferenc (Budapest 1877).

Fletcher 1997
R. Fletcher, The Conversion of Europe. From Paganism to Christianity 371–1386 AD (London 1997).

de Fleury 1888
R. de Fleury, La messe (Paris 1888).

de Fleury/Kraus 1889
R. de Fleury/F. X. Kraus, Kunst und Altertum in Lotharingien (Straßburg 1889).

Florja 1991
B. N. Florja, Skazanija o načale slavianskoj pismennosti (Moskva 1991).

Flury-Lemberg 1981
M. Flury-Lemberg, Das „Ulrichsgewand" aus dem Kloster St. Urban. In: Flury-Lemberg/Stolleis (Hrsg.) 1981, 163–176.

Flury-Lemberg 1988a
M. Flury-Lemberg, Textile Conservation and Research. Schr. Abegg-Stiftung (Berlin 1988).

Flury-Lemberg 1988b
M. Flury-Lemberg, Textilkonservierung im Dienste der Forschung (Bern 1988).

Flury-Lemberg/Stolleis (Hrsg.) 1981
M. Flury-Lemberg/K. Stolleis (Hrsg.), Documenta textilia [Festschr. S. Müller-Christensen] (München 1981).

Fodor 1996
I. Fodor, Előzetes jelentése [Vorbericht]. Rég. Füzetek 47, 1996, 57f.

Fodor (Hrsg.) 1993
Z. V. Fodor (Hrsg.), Gizella és kora [Gisela und ihre Zeit] (Veszprém 1993).

Földes 1983
L. Földes, „Telkek" és költözködő falvak a honfoglaló és Árpád-kori magyarság gazdálkodásában. In: F. Tökei (Hrsg.), Nomád társadalmak és államalakulatok. (Tanulmányok) Körösi Csoma Kiskönyvtár 18 (Budapest 1983) 327–349.

Foltz 1878
K. Foltz, Die Siegel der deutschen Könige und Kaiser aus dem sächsischen Hause. 911–1024. Neues Archiv ältere dt. Geschkd. 1878, 9–45.

Fomin/Kovács 1987
A.V. Fomin/L. Kovács, The tenth century Máramaros county („Huszt") dirham hoard. Num. Közl., Beil. 1 (Budapest 1987).

Forster (Hrsg.) 1900
G. Forster (Hrsg.), III. Béla magyar király emlékezete [Zum Gedenken an den ungarischen König Béla III.] (Budapest 1900).

Fraknoi 1921
V. Fraknoi, A magyar királyválasztások története (Budapest 1921).

Frank 1993
K. S. Frank, Geschichte des christlichen Mönchtums[5] (Darmstadt 1993).

Frankl 1861
V. Frankl (Fraknói), A magyar nemzet műveltségi állásának vázlata az első fejedelmek korában és a kereszténység behozatalának (Pest 1861).

v. Freeden 1983
U. v. Freeden, Das frühmittelalterliche Gräberfeld von Grafendobrach. Ber. RGK 64, 1983, 419 ff.

Frenzel (Hrsg.) 1994
B. Frenzel (Hrsg.), Evolution of land surfaces cleared from forests in the Roman Iron Age and the time of migrating Germanic tribes based on regional pollen diagrams. Paläoklimaforschung/Palaeoclimate Research 12 [Special Issue: ESF-Project European Palaeoclimate and Man Band 7] (Stuttgart u.a.O. 1994).

Fried 1989a
J. Fried, Otto III. und Bolesław Chrobry. Das Widmungsbild des Aachener Evangeliars, der „Akt von Gnesen" und das frühe polnische und ungarische Königtum. Eine Bildanalyse und ihre historischen Folgen. Frankfurter Hist. Abhandl. 30 (Wiesbaden, Stuttgart 1989).

Fried 1989b
J. Fried, Endzeiterwartung um die Jahrtausendwende. Dt. Archiv zur Erforschung des Mittelalters 45, 1989, 381–473

Fried 1991a
J. Fried, Theophanu und die Slawen. In: v. Euw/Schreiner (Hrsg.) 1991, 361–370.

Fried 1991b
J. Fried, Die Formierung Europas 840–1046. Grundriss der Geschichte 6 (München 1991).

Fried 1993
J. Fried, Kaiserin Theophanu und das Reich. In: H. Vollrath/S. Weinfurter (Hrsg.), Festschr. O. Engels (Köln u.a.O. 1993) 139–185.

Fried 1994
J. Fried, Der Weg in die Geschichte. Die Ursprünge Deutschlands bis 1024. Propyläen Geschichte Deutschlands 1 (Berlin 1994).

Fried 1995
J. Fried, Die Königserhebung Heinrichs I. Erinnerung, Mündlichkeit und Traditionsbildung im 10. Jahrhundert. In: M. Borgolte (Hrsg.), Mittelalterforschung nach der Wende 1989 (München 1995) 267–318.

Fried 1997
J. Fried, Die Frauen und die politische Macht im 10. Jahrhundert. Grenzen der Erkenntnis oder Die Gründung des Klosters Memleben. Sachsen u. Anhalt 20, 1997, 29–48.

Fried 1998a
J. Fried, Der Weg in die Geschichte² (Berlin 1998).

Fried 1998b
J. Fried, Der hl. Adalbert und Gnesen. Archiv mittelrhein. Kirchengesch. 50, 1998, 41–70.

Fried 1999
J. Fried, Ritual und Vernunft – Traum und Pendel des Thietmar von Merseburg. In: L. Gall (Hrsg.), Das Jahrtausend im Spiegel der Jahrhundertwenden (Berlin 1999) 15–63.

Fried 2000
J. Fried, Otto III. und Bolesław Chrobry² (Stuttgart 2000) (= Fried 1989a).

Friedl 1973
A. Friedl, Nové poznatky k d jinám eského malí ství v raném a vrcholném středov ku. Um ní 21, 1973, 257 ff.

Friedmann 1986
B. Friedmann, Untersuchungen zur Geschichte des abodritischen Fürstentums bis zum Ende des 10. Jahrhunderts. Gießener Abhandl. Agraru. Wirtschaftsforsch. europ. Osten 137 (Berlin 1986).

Fritze 1960
W. H. Fritze, Probleme der abodritischen Stammes- und Reichsverfassung und ihrer Entwicklung vom Stammesstaat zum Herrschaftsstaat. In: H. Ludat (Hrsg.), Siedlung und Verfassung der Slawen zwischen Elbe, Saale und Oder (Gießen 1960) 141–219.

Fritze 1982
W. H. Fritze, Frühzeit zwischen Ostsee und Donau (Berlin 1982).

Fritze 1984
W. H. Fritze, Der slawische Aufstand von 983 – eine Schicksalswende in der Geschichte Mitteleuropas. In: E. Henning/W. Vogel (Hrsg.), Festschr. 100 Jahre Landesgeschichtliche Vereinigung Mark Brandenburg (Berlin 1984) 9–55.

Frolík/Smetánka 1997
J. Frolík/Z. Smetánka, Archeologie na Pražském hradě (Prag, Litomyšl 1997).

Frisnyák 1990
S. Frisnyák, Magyarország történeti földrajza (Budapest 1990).

Frisnyák 1996
S. Frisnyák, A Kárpát-medence történeti földrajza (Nyiregyháza 1996).

Fuhrmann 1998
M. Fuhrmann, Rom in der Spätantike² (Einbek 1998).

Fusek/Zemene (Hrsg.) 1998
G. Fusek/R. Zemene (Hrsg.), Dejiny Nitry od najstarsích cias po súcasnosť (Nitra 1998).

Gábor 1983
E. Gábor, Az ezredéves emlék. Schickedanz Millenniumi emlékmű koncepciójának kialakulása. Művészettörteneti Értesitő 4, 1983, 202–215.

Gábor/Nováki 1976
J. Gábor/Gy. Nováki, Ausgrabung in der Erdburg von Abaújvár. Acta Arch. Acad. Scien. Hungaricae 28, 1976, 425–434.

Gabriel 1984a
I. Gabriel, Starigard/Oldenburg. Hauptburg der Slawen in Wagrien I. Stratigraphie und Chronologie (Archäologische Ausgrabungen 1973–1982). Offa-Bücher 52 (Neumünster 1984).

Gabriel 1984b
I. Gabriel, Strukturwandel in Starigard/Oldenburg während der zweiten Hälfte des 10. Jahrhunderts auf Grund archäologischer Befunde: Slawische Fürstenherrschaft, ottonischer Bischofssitz, heidnische Gegenbewegung. Zeitschr. Arch. 18, 1984, 63–80.

Gabriel 1986
I. Gabriel, „Imitatio imperii" am slawischen Fürstenhof zu Starigard/Oldenburg (Holstein). Zur Bedeutung karolingischer Königspfalzen für den Aufstieg einer „civitas magna Slavorum". Arch. Korrbl. 16, 1986, 357–367.

Gabriel 1988a
I. Gabriel, Zur Innenbebauung von Starigard/Oldenburg. Ber. RGK 69, 1988, 55–86.

Gabriel 1988b
I. Gabriel, Hof- und Sakralkultur sowie Gebrauchs- und Handelsgut im Spiegel der Kleinfunde von Starigard/Oldenburg. Ber. RGK 69, 1988, 103–291.

Gabriel 1989
I. Gabriel, Starigard/Oldenburg im 7.–13. Jahrhundert. Ein Rekonstruktionsversuch der Strukturentwicklung. Die Heimat 96, 1989, 225–240.

Gabriel 1991a
I. Gabriel, Starigard/Oldenburg und seine historische Topographie. In: Müller-Wille (Hrsg.) 1991, 73–83.

Gabriel 1991b
I. Gabriel, Hofkultur, Heerwesen, Burghandwerk, Hauswirtschaft. In: Müller-Wille (Hrsg.) 1991, 181–250.

Gabriel 1991c
I. Gabriel, Handel und Fernverbindungen. In: Müller-Wille (Hrsg.) 1991, 251–278.

Gabriel 1991d
I. Gabriel, Christentum und Heidentum. In: Müller-Wille (Hrsg.) 1991, 279–298.

Gabriel 1991e
I. Gabriel, Ausgewählte Literatur zur Geschichte und Archäologie der Slawen in ihrem nordwestlichen Verbreitungsgebiet. – Ergänzende Literatur zum frühen Mittelalter mit Relevanz für Oldenburg und das slawische Siedlungsgebiet. In: Müller-Wille (Hrsg.) 1991, 315–324.

Gabriel 1991f
I. Gabriel, Starigard – die große Landesburg der Wagrier. Arch. Deutschland 7, 2, 1991, 16–21.

Gabriel 1992
I. Gabriel, Ein Herrschergürtel mit Sphaera in Jelling. In: W. Paravicini (Hrsg.), Mare Balticum. Beitr. zur Geschichte des Ostseeraums in Mittelalter und Neuzeit. [Festschr. E. Hoffmann] Kieler Hist. Studien 36 (Sigmaringen 1992) 39–51.

Gabriel 1993
I. Gabriel, Slawische Stammesreligion – Kulturfaszination – Zerstörung des Oldenburger Bistums. In: Kat. Hildesheim 1993, 329–346.

Gabriel in Vorber.
I. Gabriel, Starigard/Oldenburg. Hauptburg der Slawen in Wagrien V. Fürstliches Gräberfeld mit Sakralbauten – Siedlungsbestattungen – Streufunde menschlicher Knochen. Offa-Bücher (in Vorbereitung).

Gabriel/Kempke 1991a
I. Gabriel/T. Kempke, Ausgrabungsmethode und Chronologie. In: Müller-Wille (Hrsg.) 1991, 123–148.

Gabriel/Kempke 1991b
I. Gabriel/T. Kempke, Baubefunde. In: Müller-Wille (Hrsg.) 1991, 149–179.

Gádor 1980
J. Gádor, Ausgrabung in der Erdburg von Abaújvár. Eine Kirche in der Gespanschaftsburg. Acta Arch. Acad. Scien. Hungaricae 32, 1980, 443–454.

Gädeke 1992
N. Gädeke, Zeugnisse bildlicher Darstellung der Nachkommenschaft Heinrichs I. (Berlin, New York 1992).

Gai 1999
S. Gai, Die Pfalz Karls des Großen in Paderborn. Ihre Entwicklung von 777 bis zum Ende des 10. Jahrhunderts. In: Kat. Paderborn 3, 1999, 183–196.

Galavics 1971
G. Galavics, Program és műalkotás a 18. Században. Művészettörténeti Füzetek (Budapest 1971).

Galavics 1984
G. Galavics, Antonio Galli Bibiena in Ungheria e in Austria. Acta Historiae Artium 30, 1984, 187–188.

Gallistl 1997
B. Gallistl, Byzanz-Rezeption und Renovatio-System in der Kunst Bernwards von Hildesheim. In: E. Konstantinou (Hrsg.), Byzanz und das Abendland im 10. und 11. Jahrhundert (Köln 1997) 129–160.

Galuška 1993
L. Galuška, Staré Mesto, the Great Moravian centre of the 2nd half of the 9th century. In: Actes du XIIe Congrès Internat. Scien. Préhist. et Protohist., Bratislava 1991 (Bratislava 1993) 96–102.

Galuška 1996
L. Galuška, Uherské Hradiště-Sady. Křesťanské centrum Říše Velkomoravské (Brno 1996).

Galuška 1998
L. Galuška, Die großmährische Siedlungsagglomeration Staré Město-Uherské Hradiště und ihre Befestigungen. In: Henning/Ruttkay (Hrsg.) 1998.

Galuška 1999
L. Galuška, Jezdecká souprava z hrobu 224/51 ze Starého Města. In: A. Avenarius/Z. Ševčíková (Hrsg.) Slovensko a európsky juhovýchod (Bratislava 1999) 84–108.

Gasparri 1992
S. Gasparri, Dagli Orseolo al comune. In: Cracco Ruggini u. a. (Hrsg.) 1992, 791–826; 792–794.

Geary 1998
P. Geary, Die Bedeutung von Religion und Bekehrung im Frühmittelalter. In: Die Franken und Alamannen bis zur „Schlacht von Zülpich" (496/97). Ergbd. RGA 19 (Berlin 1998).

Gechter 1983
M. Gechter, Kirche und Klerus in der stadtkölnischen Wirtschaft im Spätmittelalter (Köln 1983).

Gechter/Schütte 1995
M. Gechter/S. Schütte, Der Heumarkt in Köln, Ergebnisse und Perspektiven einer archäologischen Untersuchung. Geschichte in Köln 1995, 129–139.

Gechter/Schütte 1998
M. Gechter/S. Schütte, Zwischen St. Alban und Judenviertel in Köln. Rhein. Heimatpfl. 35, 1998, 38 ff.

Gechter/Schütte 1999
M. Gechter/S. Schütte, Ursprung und Voraussetzung des mittelalterlichen Rathauses und seiner Umgebung. Stadtspuren 22, 1999, 69–195.

Gedai 1999
I. Gedai, Szent István arany pénzverése [Die goldene Münzprägung von Stephan dem Heiligen; King Saint Stephen's coinage] (Budapest 1999).

Gehl 1981
O. Gehl, Groß Raden. Haustiere und Jagdwild der slawischen Siedler. Beitr. Ur- u. Frühgesch. Bez. Rostock, Schwerin u. Neubrandenburg 13 (Berlin 1981).

Georgi 1991
W. Georgi, Ottonianum und Heiratsurkunde 962/972. In: v. Euw/Schreiner (Hrsg.) 1991, 135–160.

Georgi 1998a
W. Georgi, Die Bischöfe der Kirchenprovinz Magdeburg zwischen Königtum und Adel im 10. und 11. Jahrhundert. In: F.-R. Erkens (Hrsg.), Die früh- und hochmittelalterliche Bischofserhebung im europäischen Vergleich. Beih. Archiv Kulturgesch. 48 (Köln u.a.O. 1998) 83–137.

Georgi 1998b
W. Georgi, Zur Präsenz und Tätigkeit der Bischöfe der Magdeburger Kirchenprovinz im slavischen Siedlungsgebiet (10. bis Mitte 12. Jahrhundert). In: Lübke (Hrsg) 1998, 257–271.

Georoceanu u. a. 1986
P. Georoceanu u. a., Studiul daunei din locuintele prefeudale (secolele VII-VIII e. n.) de la Alba Iulia. Apulum 23, 1986, 169–185.

Gerevich 1938
T. Gerevich, Magyarország románkori emlékei [Denkmäler der romanischen Zeit in Ungarn] (Budapest 1938).

Gerics 1995
J. Gerics, Politikai viták hatása a magyar nép kereszténységre térésének korai hagyományára [Der Einfluß politischer Diskussionen auf die frühe Tradition der Bekehrung des Ungarntums]. In: Egyház, állam és gondolkodás Magyarországon a középkorban (Budapest 1995) 71–76.

Gerics/Ladányi 1990a
J. Gerics/E. Ladányi, A Szent István lándzsájára és koronájára vonatkozó források értelmezése [Interpretation der Quellen über die Lanze und Krone Stephans des Heiligen]. Levéltári Szemle 40, 1990, 3–14.

Gerics/Ladányi 1990b
J. Gerics/E. Ladányi, Szent István királlyá avatása és egyházszervezése Theotmar krónikájában [Die Königskrönung St. Stephans und seine Kirchenorganisation in der Chronik des Thietmar]. Magyar Könyvszemle 97, 1990, 93–98.

Gerics/Ladányi 1995
J. Gerics/E. Ladányi, A birodalmi szent lándzsa és Szent István lándzsája [Die heilige Lanze des Reiches und die Lanze St. Stephans]. In: J. Gerics, Egyház, állam és gondolkodás Magyarországon a középkorban [Kirche, Staat und Denken im Ungarn des Mittelalters] (Budapest 1995) 43–50.

Giesau 1937/38
H. Giesau, Denkmalpflege an den Stätten Heinrichs I. und Ottos I. Jahrb. Denkmalpfl. Provinz Sachsen u. Anhalt 1937/38, 9–32.

Giese 1993
W. Giese, Venedig-Politik und Imperiums-Idee bei den Ottonen. In: G. Jenal (Hrsg.), Herrschaft, Kirche, Kultur. Beiträge zur Geschichte des Mittelalters [Festschr. F. Prinz] (Stuttgart 1993) 219–243.

Giesler 1997
J. Giesler, Der Ostalpenraum vom 8. bis 11. Jahrhundert. Studien zu archäologischen und schriftlichen Zeugnissen. 2: Historische Interpretation (Rahden 1997).

Gieysztor 1962
A. Gieysztor, Le paliers de pénétration du christianisme en Pologne aux X et XI siècles. In: Studi A. Fanfani 1 (Milano 1962).

Gieysztor 1967
A. Gieysztor, Sanctus et gloriosissimus martyr Christ Adalbertus: un état et une église missionaires aux alentours de l'an mille. Settimani di Studio 14 (Spoleto 1967) 611–684.

Gieysztor 1982
A. Gieysztor, Mitologia Słowian (Warszawa 1982).

Gieysztor 1984
A. Gieysztor, Opfer und Kult in der slawischen Überlieferung. Frühmittelalterl. Stud. 18, 1984, 261ff.

Gieysztor 1994
A. Gieysztor, Politische Heilige im hochmittelalterlichen Polen und Böhmen. In: J. Petersohn (Hrsg.), Politik und Heiligenverehrung im Hochmittelalter (Sigmaringen 1997) 325–341.

Gieysztor 1995
A. Gieysztor, Pierwsi benedyktyni w Polsce Piastowskiej. In: K. Żurowska (Hrsg.), Benedyktyni tynieccy w średniowieczu (Kraków, Tyniec 1995) 9–21.

Gieysztor 1997
A. Gieysztor, L' Europe nouvelle autour de l an mil. La papauté, l' empire et les „nouveaux venus" (Roma 1997).

Gjuselev 1986
V. Gjuselev, Bulgarisch-fränkische Beziehungen in der ersten Hälfte des IX. Jahrhunderts. Byzantinobulgarica 2, 1986, 15–39.

Glatz/Kardos (Hrsg.) 1988
F. Glatz/J. Kardos (Hrsg.), Szent István és kora [St. Stephan und seine Zeit] (Budapest 1988).

Gli Slavi ... 1983
Gli Slavi occidentali e meridionali nell'alto Medioevo (Spoleto 1983).

Glinski 1998
W. Glinski, Wislica plemienna czy wczesnopanstwowa. In: Kat. Gniezno 1998, 77–81.

Glocker 1989
W. Glocker, Die Verwandten der Ottonen und ihre Bedeutung in der Politik (Köln, Wien 1989).

Glück 1979
E. Glück, Revue roumaine d'histoire 18, 1979, 259–275.

Gniezno Pierwsza 1995
Gniezno Pierwsza Stolica Polski Miasto swiętego Wojciecha (Gniezno 1995).

Göckenjan 1972
H. Göckenjan, Hilfsvölker und Grenzwächter im mittelalterlichen Ungarn. Quellen und Studien zur Geschichte des östlichen Europa 5 (Wiesbaden 1972).

Göckenjahn 1993
H. Göckenjahn, s.v. Nomaden. Lexikon des Mittelalters (München 1993) col. 1217–1222.

Gömöri 1974 (1976)
J. Gömöri, Die Erforschung der Burg der Gespanschaft von Sopron und ihrer Umgebung in den Jahren 1971–74. Acta Arch. Scien. Hungaricae 28, 1974 (1976) 422–424.

Gömöri 1994
J. Gömöri, A 9–10. századi vaskohászat. In: L. Kovács (Hrsg.) 1994, 264–267.

Görich 1993
K. Görich, Otto III. Romanus Saxonicus et Italicus. Kaiserliche Rompolitik und sächsische Historiographie (Sigmaringen 1993).

Görich 1995a
K. Görich, Kaiser Otto III. In: Bayerische Staatsbibliothek. Gebetbuch Ottos III. Patrimonia 84 (München 1995) 11–25.

Görich 1995b
K. Görich, Otto III. Romanus Saxonicus et Italicus. Kaiserliche Rompolitik und sächsische Historiographie. Hist. Forsch. 18 (Sigmaringen 1995).

Görich 1997
K. Görich, Eine Wende im Osten: Heinrich II. und Bolesław Chrobry. Otto III. – Heinrich II. Eine Wende? In: Schneidmüller/Weinfurter (Hrsg.) 1997, 95–167.

Görich 1998
K. Görich, Otto III. öffnet das Karlsgrab in Aachen. In: Schubert/Althoff (Hrsg.) 1998, 381–430.

Goez 1987
W. Goez, Zur Entstehung des Thronsiegels. In: Festschr. G. Bott (Darmstadt 1987) 211–221.

Gojda 1991
M. Gojda, The ancient Slavs (Edinburgh 1991).

Goldschmidt 1914/18
A. Goldschmidt, Die Elfenbeinsculpturen aus der Zeit der karolingischen und sächsischen Kaiser. 18.–19. Jahrhundert, 1–2 (Berlin 1914/18).

Gombocz 1960
Z. Gombocz, Honfoglalás előtti bolgár-török jövevényszavaink. Közzétette Ligeti Lajos [Festschr. L. Ligeti]. Nyelvtudományi értekezések 24 (Budapest 1960).

Górecki 1991
J. Górecki, Preromanskie pochówki panujących i dostojników w tzw. kościele na Ostrowie Lednickim. Stud. Lednickie 2, 1991, 117–132.

Górecki 1994
J. Górecki, Cult – residential center of The First Piast on Lednica and its significance for Polish culture. In: The Conservation of the Relics of Medieval Monumental Architecture (Warsawa, Lednica 1994) 41–54.

Górecki 1996a
J. Górecki, Na marginesie lednickich odkry – kilka uwag w kwestii urządzeń chrzcielnych z Ostrowa Lednickiego. Stud. Lednickie 4, 1996, 103–136.

Górecki 1996b
J. Górecki, Nekropola tzw. II kościoła na Ostrowie Lednicki. Stud. Lednickie 4, 1996, 137–156.

Górecki 1997
J. Górecki, Gród na Ostrowie Lednickim na tle grodów I monarchii piastowskiej 1997 (ungedr. Diss. 1997).

Górecki 1998
J. Górecki, Ostrów Lednicki – rezydencja na wczesnopiastowskim szlaku od Poznania ku Gnieznu. In: Kócka-Krenz/Łosiński (Hrsg.) 1998.

Górecki u. a. 1994
J. Górecki/M. Łastowiecki/J. Wrzesiński, Wczesnośredniowieczne budownictwo mieszkalne z Ostrowa Lednickiego. Stud. Lednickie 3, 1994, 21–46.

Gosebruch/Steigerwald (Hrsg.) 1988
M. Gosebruch/F.N. Steigerwald (Hrsg.), Bernwardinische Kunst. Symposium Hildesheim 1984. Schriftenr. Komm. Niedersächs. Bau- u. Kunstgesch. bei der Braunschweig. Wiss. Ges. 3 (Göttingen 1988).

Grabski 1976
A. F. Grabski, Myśl historyczna polskiego oświecenia [Das historische Gedankengut der polnischen Aufklärung] (Warszawa 1976).

Grafenauer 1952
B. Grafenauer, Ustolicevanje koroskih vojvod in drzava karantanskih Slovencev (Ljubljana 1952).

Gralow 1995
K.-D. Gralow, Eine Zellemailfibel von der slawischen Burg „Döpe" bei Flessenow, Lkr. Parchim. Ausgr. u. Funde 40, 1995, 162–166.

Graus 1965
F. Graus, Die Entstehung der mittelalterlichen Staaten in Mitteleuropa. Historica 10, 1965.

Graus 1965
F. Graus, Rane středověké družiny a jejich význam při vzniku státu v střední Europě. Českoslov. Čap. Hist. 13, 1965, 1–18.

Graus 1969
F. Graus, Böhmen zwischen Bayern und Sachsen. Historica 17, 1969, 5–42.

Graus 1977
F. Graus, Der Herrschaftsantritt St. Wenzels in den Legenden. In: Ostmitteleuropa in Geschichte und Gegenwart [Festschr. G. Stöckl] (Köln, Wien 1977) 287–300.

Graus 1980a
F. Graus, Die Nationenbildung der Westslawen im Mittelalter. Nationes 3 (Sigmaringen 1980).

Graus 1980b
F. Graus, St. Adalbert und St. Wenzel. Zur Funktion der mittelalterlichen Heiligenverehrung in Böhmen. In: Europa 1980, 205–231.

Graus 1981
F. Graus, La sanctification du souverain dans l'Europe centrale des Xe et XIe siècle. In: Hagiographie, cultures et sociétés (Paris 1981) 599–672.

Graus u. a. (Hrsg.) 1966
F. Graus/J. Filip/A. Dostál (Hrsg.), Das Großmährische Reich (Praha 1966).

Grebe 1998
K. Grebe, Die Ergebnisse der Ausgrabungen auf der Brandenburger Dominsel. In: Domstift/Historischer Verein Brandenburg Havel (Hrsg.), 1050 Jahre Brandenburg, Beiträge zur Geschichte und Kultur (Brandenburg 1998) 6–13.

Grierson 1962
Ph. Grierson, Tombs and Obits of Byzantine Emperors. Dumbarton Oaks Papers 16, 1962, 3–60.

Grierson 1976
Ph. Grierson, Münzen des Mittelalters (München 1976).

Grierson 1991
Ph. Grierson, The Coins of Medieval Europe (London 1991).

Grimme 1973
E. G. Grimme, Der Aachener Domschatz^2 (Düsseldorf 1973).

Grimme 1994
E.G. Grimme, Der Dom zu Aachen. Architektur und Ausstattung (Aachen 1994).

Gringmuth-Dallmer 1989
E. Gringmuth-Dallmer, Vorformen der Stadtentwicklung im östlichen Mecklenburg und in der Uckermark. Zeitschr. Arch. 23, 1989, 61–77.

Gringmuth-Dallmer 1996
E. Gringmuth-Dallmer, Die ländlichen Siedlungen im östlichen Deutschland zwischen Früh- und Hochmittelalter. In: Ruralia 1 (Prague 1996) 17–28.

Gringmuth-Dallmer 1998
E. Gringmuth-Dallmer, Bevölkerungsexplosion um die Jahrtausendwende? Zur Umgestaltung der slawischen Siedlungslandschaft in Nordostdeutschland. In: H. Küster/A. Lang/P. Schauer (Hrsg.), Archäologische Forschungen in urgeschichtlichen Siedlungslandschaften [Festschr. G. Kossack] (Regensburg, Bonn 1998) 577–601.

Gringmuth-Dallmer 1999
E. Gringmuth-Dallmer, Altlandschaft und Altsiedlung zwischen Elbe/Saale und Oder/Neiße. Siedlungsforschung. Archäologie-Geschichte-Geographie 17, 1999.

Gringmuth-Dallmer/Hollnagel 1971
E. Gringmuth-Dallmer/A. Hollnagel, Jungslawische Siedlung mit Kultfiguren auf der Fischerinsel bei Neubrandenburg. Zeitschr. Arch. 5, 1971, 102–133.

Grootes u. a. 1993
P. M. Grootes/M. Stuiver/J. W. C. White/S. Johnsen, J. Jouzel, Comparison of the oxygen isotope records from the GISP2 and GRIP Greenland ice cores. Nature 366, 1993, 352–354.

Grote 1931
L. Grote, Die Ausgrabungen in der Schloßkirche zu Nienburg im Jahre 1926. Jahrb. Denkmalpfl. Sachsen u. Anhalt 1931, 11–17.

Guggisberg 1992
H. R. Guggisberg, Erinnerung an František Graus. Spannungen und Wiedersprüche (Sigmaringen 1992).

Gumowski 1960
M. Gumowski, Handbuch der polnischen Numismatik (Graz 1960).

Günther 1940
K. Günther, Bemerkungen zu dem Funde von Regensburger Pfennigen des 10. Jh. in Dresden-Briesnitz. Sachsens Vorzeit 4, 1940, 67–70.

Gustavs 1979
S. Gustavs, Frühslawisches Gefäßfragment mit Darstellung einer kultischen Szene von Schulzendorf, Kr. Königs-Wusterhausen. Zeitschr. Arch. 13, 1979, 279–292.

Gutheil 1979
J. Gutheil, Az Árpád-kori Veszprém^2 (Veszprém 1979).

Györffy 1959
G. Györffy, Tanulmányok a magyar állam eredetéről [Studien über den Ursprung des ungarischen Staates] (Budapest 1959).

Györffy 1969
G. Györffy, Zu den Anfängen der Ungarischen Kirchenorganisation auf Grund neuer quellenkritischen Ergebnisse. Archivum Hist. Pontificiae 7, 1969, 79–113.

Györffy 1971
G. Györffy, István király emlékeze [Zum Gedenken an König Stephan] (Budapest 1971).

Györffy 1976
G. Györffy, Die Entstehung der ungarischen Burgorganisation. Acta Arch. Acad. Scien. Hungaricae 28, 1976, 328–358.

Györffy 1977a
G. Györffy, István király és műve [König Stephan und sein Werk] (Budapest 1977).

Györffy 1977b
G. Györffy, Anonymus Gesta Hungarorum (Budapest 1977).

Györffy 1983a
G. Györffy, István király és műve^2 [Wirtschaft und Gesellschaft der Ungarn um die Jahrtausendwende]. Studia Hist. Acad. Scient. Hungaricae 186 (Budapest 1983).

Györffy 1983b
G. Györffy, Gyulafehérvár kezdete, neve és káptalanjának registruma. Századok 117, 1983, 1103–1134.

Györffy 1987
G. Györffy, Az Árpád-kori Magyarország történeti földrajza II [Die historische Geographie des Ungarns der Árpádenzeit] (Budapest 1987).

Györffy 1988
G. Györffy, König Stephan der Heilige (Budapest 1988).

Györffy 1998
G. Györffy, Az Árpád-kori Magyarország történeti földrajza [Geschichtliche Geographie des Ungarns der Árpádenzeit] (Budapest 1998).

Györffy/Zólyomi 1996/98
G. Györffy/B. Zólyomi, A Kárpát-medence és az Etelköz képe egy évezred elött. Magyar Tudomány 103 – ò.F. 41, 1996/98, 899–918.

György 1973
R. György, Magyar történetábrázolás a 17. Szádban (Budapest 1973) 41–50

György/Vogler (Hrsg.) 1999
C. J. György/W. Vogler (Hrsg.), Die Ungarn und die Abtei Sankt Gallen (Sankt Gallen, Budapest 1999).

Gyürky 1963
K. H. Gyürky, Die St. Georg-Kapelle in der Burg von Veszprém. Acta Arch. 15, 1963, 341–408.

Gyula 1925
G. Gyula, A szent István ünnep története (Budapest 1925).

Gyulai 1994
F. Gyulai, A Kárpát-medence haszonnövényei a 9 – 10. században. In: L. Kovács (Hrsg.) 1994, 253–255.

Haberstroh 1998
J. Haberstroh, Merowingische Funde an der Regnitz – Landesausbau an der Ostgrenze des Frankenreichs. Bayer. Vorgeschbl. 63, 1998, 227–72.

Haberstroh 1999
J. Haberstroh, Ausgrabungen in der Krypta von St. Sigismund in Seussling, Lkr. Bamberg, Oberfranken. Arch. Jahr Bayern 1999 (im Druck).

Habovštiak 1965
A. Habovštiak, Poľnohospodárstvo na Slovensku v 9.–11. storočí. O počiatkoch slovenských dejín. Sborník mat. 1965, 55–80.

Habovštiak 1966
A. Habovštiak, K otázke datovania hradiska v Bíni. Slovenská Arch. 14, 1966, 439–486.

Hager 1962
H. Hager, Die Anfänge des italienischen Altarbildes. Untersuchungen zur Entstehungsgeschichte des toskanischen Hochaltarretabels (München 1962).

Hahn 1977
W. Hahn, Herzog Heinrich II. von Bayern und die Anfänge der böhmischen Münzprägung. Wiadomosci Num. 21, 1977, 162–167.

Hahn 1993/94
W. Hahn, Zwei Notizen zur Münzkunde des 10. Jhs.: eine Nabburger Überprägung als Datierungshilfe in der Diskussion um die älteste böhmische Herzogsprägung – nochmals Blagota Coniunx. Folia Num. 8/9, 1993/94 (1997), 19–23.

Hajnalová 1979
E. Hajnalová, Úžitkové rastliny na slovanských sídliskách a pohrebiskách. In: Aktuálne otázky výskumu slovanských populácií na území Československa v 6.–11. stor (Nitra 1979) 143–148.

Hakluyt 1958
R. Hakluyt, The principal navigations, voyages, traffikes and discoveries of the English nations (London 1958).

Hallinger 1950/1951
K. Hallinger, Gorze-Cluny. Studien zu den monastischen Lebensformen und Gegensätzen im Hochmittelalter. Studia Anselmiana 22/23; 24/25 (Rom 1950/1951).

Hampel 1890
J. Hampel, Emlékek és leletek [Denkmale und Funde]. Arch. Ért. 1890, 333 f.

Hanuliak 1990
M. Hanuliak, Aussagefähigkeiten archäologischer Quellen aus Flachgräberfeldern des 9.–12. Jahrhunderts. Slovenská Arch. 38, 1990, 147–191.

Hanuliak u. a. 1993
M. Hanuliak/I. Kuzma/P. Šalkovský, Mužla – Čenkov I. Osídlenie z 9.–12. Storočia (Nitra 1993).

Hanuliak/Rejholcová 1999
M. Hanuliak/M. Rejholcová, Pohrebisko v Čakajovciach (9.–12. storočie). Vyhodnotenie (Bratislava 1999).

Hardt im Druck
M. Hardt, Linien und Säume, Zonen und Räume an der Ostgrenze des Reiches im frühen und hohen Mittelalter (im Druck).

Hásková 1964
J. Hásková, K otázce plzeňské mincovny za knížete Jaromíra. Num. Listy 19, 1964, 97–105.

Hásková 1975
J. Hásková, Česká mince v době románské (Cheb 1975).

Hásková 1978
J. Hásková, Úvod do problematiky českého denárového období (Praha 1978).

G. Hatz 1974
G. Hatz, Handel und Verkehr zwischen dem Deutschen Reich und Schweden in der späten Wikingerzeit. Die deutschen Münzen des 10. und 11. Jahrhunderts in Schweden (Stockholm, Lund 1974).

G. Hatz 1987
G. Hatz, Der Handel in der späten Wikingerzeit zwischen Nordeuropa (insbesondere Schweden) und dem deutschen Reich nach numismatischen Quellen. In: Düwel u. a. (Hrsg.) 1987, 86–112.

V. Hatz 1978
V. Hatz, Die byzantinischen Einflüsse auf das deutsche Münzwesen des 11. Jahrhunderts. Zeitschr. Arch. 12, 1978, 145–162.

V. Hatz/Linder Welin 1968
V. Hatz/U. S. Linder Welin, Deutsche Münzen des 11. Jahrhunderts nach byzantinisch-arabischem Vorbild in den schwedischen Funden der Wikingerzeit. Commentationes de nummis saeculorum IX-XI. Suecia repertis 2. Kgl. Vitterhets Hist. Akad. Handlingar. Antikvariska Ser. 19 (Stockholm 1968) 1–38.

Hauck 1952
A. Hauck, Kirchengeschichte Deutschlands III[3] (Berlin 1952).

Hauck 1985
K. Hauck, Karolingische Taufpfalzen im Spiegel hofnaher Dichtung. Nachr. Akad. Wiss. Göttingen, Phil.-hist. Kl. 1, 1985.

Hauszmann 1900
Hauszmann, A magyar kyráli vár épitésenék története (Budapest 1900).

Havlík 1978
L. E. Havlík, Morava v 9.a 10. Století. Studie ČSAV č 7 (Praha 1978).

Havlík 1986
L. Havlík, Großmähren im Kontext der europäischen und der allgemeinen Geschichte. In: Poulík/Chropovský (Hrsg.) 1986, 215–260.

Heckenast 1970
G. Heckenast, Fejedelmi (királyi) szolgálónépek a korai Árpád-korban. Értekezések a történeti tudományok köréből, új sorozat 53 (Budapest 1970).

Hegedûs/Bárdos (Hrsg.) 2000
A. Hegedűs/I. Bárdos (Hrsg.), Ezer év Szent Adalbert oltalma alatt [Tausend Jahre unter dem Patronat des Hl. Adalberts]. Strigonium antiqum IV (Esztergom 2000).

Hehl 1995
E.-D. Hehl, Lucia/Lucina – Die Echtheit von JL 3848. Zu den Anfängen der Heiligenverehrung Ulrichs von Augsburg. Dt. Archiv Erforsch. Mittelalter 51, 1995, 195–211.

Hehl 1997a
E.-D. Hehl, Merseburg – eine Bistumsgründung unter Vorbehalt. Gelübde, Kirchenrecht und politischer Spielraum im 10. Jahrhundert. Frühmittelalterl. Stud. 31, 1997, 96–119.

Hehl 1997b
E.-D. Hehl, Herrscher, Kirche und Kirchenrecht im spätottonischen Reich. In: Schneidmüller/Weinfurter (Hrsg.) 1997, 169–203.

Hehl 1998
E.-D. Hehl, Der widerspenstige Bischof. Bischöfliche Zustimmung und bischöflicher Protest in der ottonischen Reichskirche. In: Althoff/Schubert (Hrsg.) 1998, 295–344.

Heidenreich 1996
A. Heidenreich, Ein slawischer Friedhof mit Kirche auf dem Barbaraberg, Gde. Speinshart, Lkr. Neustadt a. d. Waldnaab, Oberpfalz. Arch. Jahr Bayern 1996, 152–155.

Heindel 1998
I. Heindel, Die Säge im frühmittelalterlichen Europa zwischen Elbe/Saale und Weichsel. In: Kóčka-Krenz/Łosiński (Hrsg.) 1998, 304–311.

Heine 1995
H.-W. Heine, Frühe Burgen und Pfalzen in Niedersachsen. Von den Anfängen bis zum frühen Mittelalter[2] (Hildesheim 1995).

Heinzer 1982
F. Heinzer, Neues zu Gerhard von Csanád: die Schlußschrift einer Homiliensammlung. Südostforsch. 41, 1982, 1–7.

Heitel 1975
R. Heitel, Archäologische Beiträge zur Geschichte der romanischen Baudenkmäler in Siebenbürgen II. Rev. Roumaine Hist., Sér. Beaux-Arts 12, 1975, 3–10.

Heitel 1985; 1986
R. Heitel, Principalele rezultate ale cercetărilor archeologice din zona sud-vestică a cetății de la Alba Iulia (1986–1977). Studii °i Cerc. Istor. Veche 36, 1985, 215–231; 37, 1986, 233–248.

Heitel 1994/1995
R. Heitel, Die Archäologie der ersten und zweiten Phase des Eindringens der Ungarn in das innerkarpatische Transsilvanien. Dacia 38/39, 1994/1995, 389–439.

Hejdová u. a. (Hrsg.) 1993
D. Hejdová/P. Preiss/L. Urešová (Hrsg.), Tausend Jahre Benediktiner Kloster in Břevnov (Praha 1993).

Henning 1991
J. Henning, Germanen-Slawen-Deutsche. Neue Untersuchungen zum frühgeschichtlichen Siedlungswesen östlich der Elbe. Prähist. Zeitschr. 66, 1991, 119–133.

Henning 1998
J. Henning, Neues vom Tornower Typ. Keramische Formen und Formenspektren des Frühmittelalters im Licht dendrochronologischer Daten zum westslawischen Siedlungsraum. In: Kóčka-Krenz/Łosiński (Hrsg.) 1998, 392–408.

Henning/Ruttkay (Hrsg.) 1998
J. Henning/A. Ruttkay (Hrsg.), Frühmittelalterlicher Burgenbau in Mittel- und Osteuropa. Tagung Nitra 1996 (Bonn 1998).

Henrix (Hrsg.) 1995
H. H. Henrix (Hrsg.), Adalbert von Prag (956–997). Brückenbauer zwischen dem Westen und dem Osten Europas. Schr. Adalbert-Stiftung 4 (Baden-Baden 1995).

Hensch 1997
M. Hensch, Archäologische Untersuchungen im karolingerzeitlichen Friedhof von Hallstadt, Lkr. Bamberg, Oberfranken. Arch. Jahr Bayern 1996 (Stuttgart 1997) 155–157.

Hensel 1960
W. Hensel, Polska przed Tysiacem lat (Wrocław, Warszawa 1960).

Hensel 1987
W. Hensel, Slowianszczyzna wczesnośredniowieczna (Warszawa 1987).

Hensel/Hilczer-Kurnatowska 1980
W. Hensel/Z. Hilczer-Kurnatowska, Studia i materiały do osadnictwa Wielkopolski wczesnohistorycznej 5 (Wrocław 1980) 147–162.

Hensel/Zak 1964
W. Hensel/J. Zak, Poznań im frühen Mittelalter. Arch. Polona 7, 1964, 258–276.

Henszelmann 1876a
I. Henszelmann, Az árvízkárosultak javára rendezett kiállítás némely nevezetesebb műdarabja [Einige bekanntere Stücke der zur Unterstützung der Hochwassergeschädigten veranstalteten Ausstellung]. Arch. Ért. X, 1876, 165–171.

Henszlmann 1876b
I. Henszelmann, Magyarország ó-keresztyén, román és átmenet-stylü müemlékeinek rövid ismertetése (Budapest 1876).

Herbers 1993
K. Herbers, Papst Nikolaus I. und Patriarch Photios. Das Bild des byzantinischen Gegners in lateinischen Quellen. In: O. Engels/P. Schreiner (Hrsg.), Die Begegnung des Westens mit dem Osten. 4. Symposion des Mediävistenverbandes (Sigmaringen 1993) 51–74.

Herfert 1973
P. Herfert, Ralswiek – ein frühgeschichtlicher Seehandelsplatz auf der Insel Rügen. Greifswald-Stralsunder Jahrb. 10, 1973, 7–33.

Hermann 1973
E. Hermann, A katolikus egyház története Magyarországon 1914-ig [Die Geschichte der katholischen Kirche in Ungarn bis 1914]. Diss. Hungaricae ex historia ecclesiae I (München 1973).

B. Herrmann (Hrsg.) 1989
B. Herrmann (Hrsg.), Umwelt in der Geschichte. Beiträge zur Umweltgeschichte (Göttingen 1989).

J. Herrmann 1965
J. Herrmann, Die slawischen Brücken aus dem 12. Jahrhundert im Ober-Ückersee bei Prenzlau. Ergebnisse der archäologischen Unterwasserforschungen. Ausgr. u. Funde 10, 1965, 202–209.

J. Herrmann 1968a
J. Herrmann, Die Ergebnisse der Ausgrabungen in Feldberg, Kr. Neustrelitz. Ein Beitrag zur Rethra – Frage. Ausgr. u. Funde 13, 1968, 198–204.

J. Herrmann 1968b
J. Herrmann, Siedlung, Wirtschaft und gesellschaftliche Verhältnisse der slawischen Stämme zwischen Oder/Neiße und Elbe (Berlin 1968).

J. Herrmann 1973
J. Herrmann, Die germanischen und slawischen Siedlungen und das mittelalterliche Dorf von Tornow, Kreis Calau (Berlin 1973).

J. Herrmann 1978
J. Herrmann, Ralswiek auf Rügen – ein Handelsplatz des 9. Jahrhunderts und die Fernhandelsbeziehungen im Ostseegebiet. Zeitschr. Arch. 12, 1978, 163–180.

J. Herrmann 1981
J. Herrmann, Zwischen Hradschin und Vineta (Leipzig u.a.O. 1981).

J. Herrmann (Hrsg.) 1985
J. Herrmann (Hrsg.), Die Slawen in Deutschland. Geschichte und Kultur der slawischen Stämme westlich von Oder und Neiße vom 6. bis 12. Jahrhundert. Veröff. Zentralinst. Alte Gesch. u. Arch. Akad. Wiss. DDR 14 (Berlin 1985).

J. Herrmann (Hrsg.) 1986
J. Herrmann (Hrsg.), Welt der Slawen. Geschichte, Gesellschaft, Kultur (Leipzig u.a.O. 1986)

J. Herrmann 1988
J. Herrmann, Zur Struktur von Handel und Handelsplätzen im südwestlichen Ostseegebiet vom 8.–10. Jahrhundert. Ber. RGK 69, 1988, 720–739.

J. Herrmann 1997
J. Herrmann, Ralswiek auf Rügen. Die slawisch-wikingischen Siedlungen und deren Hinterland. Beitr. Ur- u. Frühgesch. Mecklenburg-Vorpommern 32 (Lübstorf 1997).

J. Herrmann 1998
J. Herrmann, Die nordwestslawische Frühstadt im 11. Jahrhundert. Wurzeln, Grundlagen, Entwicklungstendenzen. In: J. Jarnut/P. Johanek (Hrsg.), Die Frühgeschichte der europäischen Stadt im 11. Jahrhundert (Köln u.a.O. 1998) 245–259.

J. Herrmann 1999
J. Herrmann, Ralswiek auf Rügen. Die slawisch-wikingischen Siedlungen und deren Hinterland. 2. Kultplatz, Boot 4, Hof, Propstei, Mühlenberg, Schloßberg und Rugard. Beitr. Ur- u. Frühgesch. Mecklenburg-Vorpommerns 33 (Lübstorf 1999).

J. Herrmann/Heußner 1991
J. Herrmann/K.-U. Heußner, Dendrochronologie, Archäologie und Frühgeschichte vom 6. bis 12. Jh. in den Gebieten zwischen Saale, Elbe und Oder. Ausgr. u. Funde 36, 1991, 255–290.

Herrnbrodt 1958
A. Herrnbrodt, Der Husterknupp. Bonner Jahrb., Beih, 6 (1958).

Hertel 1980
J. Hertel, Imiennictwo dynastii piatowskiej we wcześniejjszym średniowieczu (Warszawa u. a. O. 1980).

Hess 1993
W. Hess, Pfennigwährungen und Geldumlauf im Reichsgebiet zur Zeit der Ottonen und Salier. In: Kluge (Hrsg.) 1993, 17–36.

Heuß 1995
A. Heuß, Antike und Spätantike. In: A. Heuß (Hrsg.), Gesammelte Schriften 2 (Stuttgart 1995) 1375–1438.

Hilczerówna 1967
Z. Hilczerówna, Dorzecze górnej i srodkowej Obry od VI do poczatków XI wieku (Wrocław 1967).

Hilsch 1992
P. Hilsch, Zur Rolle von Herrscherinnen: Emma Regina in Frankreich und Böhmen. In: W. Eberhard u.a., Westmitteleuropa – Ostmitteleuropa [Festschr. F. Seibt]. Veröff. Collegium Carolinum 70 (München 1992) 81–89.

Hinschius 1963
P. Hinschius, Decretales Pseudo-Isidorianae et capitula Angilramni (1963).

Hinz 1973
H. Hinz, Zu zwei Darstellungen auf dem Teppich von Bayeux. Château Gaillard 6, 1973, 107–112.

Hoczyk-Siwkowa 1999
S. Hoczyk-Siwkowa, Małopolska północno-wschodnia w VI-X wieku. Struktury osadnicze (Lublin 1999).

Höfer/Rahner (Hrsg.) 1986
J. Höfer/K. Rahner (Hrsg.), Lexikon für Theologie und Kirche² (Freiburg 1986).

E. A. Hoffmann 1928
E. A. Hoffmann, A nemzeti múzeum széchényi könyvtárának illuminát kéziatai (Budapest 1928).

H. Hoffmann 1986
H. Hoffmann, Buchkunst und Königtum im ottonischen und frühsalischen Reich. MGH Schr. 30, 1–2 (Stuttgart 1986) 103–126.

H. Hoffmann 1997
H. Hoffmann, Anmerkungen zu den Libri Memoriales. Dt. Archiv Erforsch. Mittelalter 53, 1997, 415–459.

K. Hoffmann 1973
K. Hoffmann, Das Herrscherbild im Evangeliar Ottos III. Frühmittelalterl. Stud. 7, 1973, 324–341.

T. Hoffmann 1996
T. Hoffmann, A pásztorkodásról és a nomádokról. Agrártörténeti Szemle 38, 1996.

Hofmann (Hrsg.) 1993
J. Hofmann (Hrsg.), Tausend Jahre Benediktiner in den Klöstern Břevnov, Braunau und Rohr. Stud. u. Mitt. Geschichte des Benediktinerordens und seiner Zweige, Ergbd. 33 (St. Ottilien 1993).

Hofmeister 1908
Hofmeister, Die Heilige Lanze, ein Abzeichen des alten Reiches (Breslau 1908).

Holtzmann 1918
R. Holtzmann, Die Urkunde Heinrichs IV. für Prag vom Jahre 1086. Archiv Urkundenforsch. 6, 1918, 177–193.

Holtzmann 1962
R. Holtzmann, Otto der Große und Magdeburg. In: R. Holtzmann (Hrsg.), Aufsätze zur deutschen Geschichte im Mittelelberaum (Darmstadt 1962) 1–33.

Hóman 1940
B. Hóman, Geschichte des ungarischen Mittelalters 1 (Berlin 1940).

Honselmann 1975
K. Honselmann, Das Rationale der Bischöfe (Paderborn 1975).

Horedt 1958
K. Horedt, Untersuchungen zur Frühgeschichte Siebenbürgens (Bukarest 1958).

Horoszko/Wilgocki 1997
G. Horoszko/E. Wilgocki, Skarb monet wczesnośredniowiecznych z Podzamcza w Szczecinie. Mat. Zachodniopomorskie 43, 1997, 253–264.

Horváth 1965
J. Hováth, Legrégibb magyarországi latin verses emlékeink [Die ältesten lateinischen Versdenkmäler in Ungarn]. Irodalomtörténeti Közl. 60, 1965, 9f.

Horváth u. a. 1979
I. Horváth/M. Kelemen/I.Torma, Komárom megye régészeti topográfiája. Esztergom és a dorogi járás. Magyarország Rég. topográfiája 5 (Budapest 1979).

Hrdlička 1994
L. Hrdlička, The Archaeological Study of the Historical Centre of Prague: 1969 – 1993. In: I. Boháčová/J. Frolík/Z. Smetánka/B. Nechvátal/L. Hrdlička, Prague Castle, Vyšehrad Castle and the Prague Agglomeration. 25 Years of Archaeological Research in Bohemia. Pam. Arch. Suppl. 1, 1994, 174–180.

Hrubý 1955
V. Hrubý, Staré Město. Velkomoravské pohřebiště „Na valách" (Praha 1955).

Hrubý 1965
V. Hrubý, Staré Město. Velkomoravský Velehrad (Praha 1965).

Hübener 1989
W. Hübener, Die Orte des Diedenhofener Capitulars von 805 in archäologischer Sicht. Jahresschr. Mitteldt. Vorgesch. 72, 1989, 251–267.

Hübener 1993
W. Hübener, Frühmittelalterliche Zentralorte im Niederelbegebiet (Forschungserträge 1970–1987). Hammaburg 10, 1993, 167–193.

Hugh/Jones 1964
A. Hugh/M. Jones, The Later Roman Empire 284–602 (Norman 1964).

Hunger 1965
H. Hunger, Das Reich der Neuen Mitte (Graz 1965).

Hunger 1978
H. Hunger, Die hochsprachliche profane Literatur der Byzantiner 1–2 (München 1978).

Huszár 1979
L. Huszár, Münzkatalog Ungarn von 1000 bis heute (Budapest, München 1979).

Huth 1974
J. Huth, Die Frühgeschichte der Bistümer Meissen und Prag im Lichte der Bulle „Si semper sunt" vom 2. I. 968. Millenium dioeceseos Pragensis 973–1973. Annales Instituti Slavici 8, 1974, 73–94.

Iványi u. a. (Hrsg.) 1936–1976
I. F.-B. Iványi/L. Juhász/P. Kulcsár (Hrsg.), Antonius de Bonfini, Rerum Ungaricarum decades (Leipzig, Budapest 1936–1976).

Ilon 1996
G. Ilon, Újabb régészeti adatok a középkori Pápa történetéhez. (Anyagközlés) [Neuere archäologische Daten zur Geschichte des mittelalterlichen Pápa]. Pápai Múz. Ért. 6, 1996, 303.

Jacob 1927
S. G. Jacob, Arabische Berichte von Gesandten an germanischen Fürstenhöfen aus dem 9. und 10. Jahrhundert. Quellen zur deutschen Volkskunde 1 (Berlin 1927).

P. Jacobsen 1991
P. Jacobsen, Lateinische Dichtung in Köln im 10. und 11. Jahrhundert. In: v. Euw/Schreiner (Hrsg.) 1991, 176–178.

W. Jacobsen 1991
W. Jacobsen, Memleben. In: Vorromanische Kirchenbauten. Kat. Denkmäler bis zum Ausgang der Ottonen. Nachtragsbd. Veröffentl. Zentralinst. Kunstgesch. III/2 (München 1991) 273 f.

W. Jacobsen 1994
W. Jacobsen, Die Pfalzkonzeption Karls des Großen. In: L. E. Saurma-Jeltsch (Hrsg.), Karl der Große als vielberufener Vorfahr. Sein Bild in der Kunst der Fürsten, Kirchen und Städte. Schr. Hist. Mus. 19 (Sigmaringen 1994) 23–48.

W. Jacobsen 1999
W. Jacobsen, Herrschaftliches Bauen in der Karolingerzeit. Karolingische Pfalzen zwischen germanischer Tradition und Antikenrezeption. In: Kat. Paderborn 3, 1999, 91–94.

W. Jacobsen u. a. 1990; 1992
W. Jacobsen/L. Schäfer/H.R. Sennhauser, Vorromanische Kirchenbauten (München 1990; Nachtragsbd. 1992).

W. Jacobsen/Lobbedey 1993
W. Jacobsen/U. Lobbedey, Der Hildesheimer Dom zur Zeit Bernwards. In: Kat. Hildesheim 1, 1993, 299–311.

Jäger 1966
K.-D. Jäger, Die pflanzlichen Großreste aus der Burgwallgrabung Tornow. In: J. Herrmann, Tornow und Vorberg. Ein Beitrag zur Frühgeschichte der Lausitz (Berlin 1966) 164–189.

Jagodzinski 1998
M. F. Jagodzinski, Archeologiczne slady osadnictwa miedzy Wisla a Pasleka we wczesnym sredniowieczu. In: P. Urbanczyk (Hrsg.), Adalbertus. Komentarz do katalogu stanowisk 1 (Warszawa 1998) 159–197.

Jagodzinski/Kasprzycka 1991
M. Jagodzinski/M. Kasprzycka, The early medieval craft and commercial centre at Janów Pomorski near Elbląg on the South Baltic Coast. Antiquity 65, 1991, 696–715.

Jakimowicz 1985
T. Jakimowicz, Temat historyczny w sztuce epoki ostatnich Jagiellonów [Das Thema Geschichte in der Kunst zur Zeit der letzten Jagiellonen] (Warszawa, Poznań 1985).

Jakó 1997
Z. Jakó (Hrsg.), Erdélyi okmánytár [Siebenbürgischer Urkundensammlung] (Budapest 1997).

Jakobson 1985
R. Jakobson, Linguistic evidence in comperative mythology. In: R. Jakobson, Selected Writings 7 (Berlin, u. a. O. 1985).

Jankuhn u. a. (Hrsg.) 1981; 1983
H. Jankuhn/W. Janssen/R. Schmidt-Wiegand/H. Tiefenbach, Das Handwerk in vor- und frühgeschichtlicher Zeit 1–2 (Göttingen 1981; 1983).

Jaquat/Martinoli 1999
C. Jaquat/D. Martinoli, Vitis vinifera L.: wild or cultivated? Study of the grape pips found at Petra, Jorda; 150 B.C. – A.D. 40. Veget hist. Archaeobot. 8, 1999, 25–30.

Jaros 1939
B. Jaros, Sredniowieczne szczutki roslinne z wykopalisk w Gnieznie. In: J. Kostrzewski (Hrsg.), Gniezno w zaraniu dziejów (od VIII do XIII wieku) w swietle wykopalisk. Bibl. Prehist. 4 (Poznań 1939) 283–316.

Jarocka 1979
Ch. Jarocka, Brücken. Historische Entwicklung – Faszination der Technik (Wien, München 1979).

Jasiński 1992
K. Jasiński, Rodowód pierswszych Piastów (Warszawa, Wrocław 1992).

Jasnosz 1972
S. Jasnosz, Wczesnosredniowieczny zespól osadniczy w Bruszczewie, pow. Koscian. Fontes Arch. Posnanienses 22, 1972, 39–59.

Jasnosz 1986
S. Jasnosz, Bruszczewo. In: Slownik starozytnosci slowianskich 7 (Wrocław 1986) 536–537.

Jensen 1991
S. Jensen, The Vikings of Ribe (Ribe 1991).

Jilek 1975
H. Jilek, Die Wenzels- und Ludmila-Legenden des 10. und 11. Jahrhunderts. Forschungs-Bericht. Zeitschr. Ostforschung 24, 1975, 79–148.

Józefowiczówna 1963
K. Józefowiczówna, Z badań nad architekturą przedromańską i romańską w Poznaniu [Recherches sur l'architecture préromane et romane de Poznań] (Wrocław 1963) [= Polskie Badania Arch. 9 (Poznań 1963)].

Józefowiczówna 1969
K. Józefowiczówna, Sztuka w okresie wczesnoromańskim. In: Dzieje Wielkopolski 1 (Poznań 1969).

Józwiak 1996
S. Józwiak, Translokacje Chelmna a powstanie komturstwa staro- i nowochelminskiego [Translokationen von Kulm und die Entstehung der alt- und neukulmischen Komturei]. In: Studia nad dziejami miast i mieszczanstwa w sredniowieczu (Toruń 1996).

Juck 1984
L. Juck, Výsady miest a mesteciek na Slovensku I (1238–1350) (Bratislava 1984).

Juhász 1983
G. Juhasz, Uralkodó eszmék Magyarországon 1939–1944 (Budapest 1983)

Justová 1990
J. Justová, Dolnorakouské Podunají v raném středověku (Praha 1990).

Kádár 1955
Z. Kádár, A székesfehérvári István-koporsó ikonográfiája. Müvészettörténeti Ért. IV (1955).

Kadlec 1967
J. Kadlec, Auf dem Wege zum Prager Bistum. Zur Vorgeschichte seiner Gründung. Annales Instituti Slavici 1. 3, 1967, 29–45.

Kahl 1962
H.-D. Kahl, Heidnisches Wendentum und christliche Stammesfürsten. Ein Blick in die Auseinandersetzungen zwischen Gentil- und Universalreligion im abendländischen Hochmittelalter. Archiv Kulturgesch. 44, 1962, 72–119.

Kahl 1964
H.-D. Kahl, Slawen und Deutsche in der brandenburgischen Geschichte des 12. Jahrhunderts. Mitteldt. Forsch. 30 (Köln, Graz 1964).

Kahsnitz 1991
R. Kahsnitz, Ein Bildnis der Theophanu? Zur Tradition der Münz- und Medaillonbildnisse in der karolingischen und ottonischen Buchmalerei. In: v. Euw/Schreiner (Hrsg.) 1991, 101–134.

Kahsnitz 1993
R. Kahsnitz, Bischofs Bernwards Grab. In: Kat. Hildesheim 1, 1993, 383–396.

Kaiser 1973
V. A. Kaiser, Die Gründung des Bistums Prag. Archiv Kirchengesch. Böhmen-Mähren-Schlesien 3, 1973, 9–23.

Kalousek 1971
F. Kalousek, Břeclav-Pohansko I. Velkomoravské pohřebisko u kostela (Brno 1971).

Kantorowicz 1946
E. H. Kantorowicz, Laudes regiae. A study in Litugical Acclamations and Medieval Ruler Worship (Berkley, Los Angeles 1946).

Kara 1992
M. Kara, Siły zbrojne Mieszka I. Z badań nad składem etnicznym, organizacją i dyslokacją drużyny pierwszych Piastów. Kronika Wielkopolska 62, 1992, 33–47.

Kara 1993
M. Kara, Wstępne wyniki badań wczesnośredniowiecznego cmentarzyska szkieletowego z okresu pierwszych Piastów z ulicy Wodnej w Poznaniu. Kronika miasta Poznania 3/4, 1993, 343–350.

Karbusický 1980
V. Karbusický, Anfänge der historischen Überlieferung in Böhmen (Köln, Wien 1980).

Kardos 1985
J. Kardos, A szentkorona-tan története 1919–1944 (Budapest 1985) 7–37.

Karpat 1961
J. Karpat, Coroni Regni Ungariae. Corona Regni. Wege der Forsch. 3 (Darmstadt 1961).

Karras 1986
R. M. Karras, Pagan Survivals and Syncretism in the Conversion of Saxony. The Catholic Historical Review 72, 1986, 553–572.

Karwasińska 1996
J. Karwasińska, Wybór Pism. Święty Wojciech (Warszawa 1996).

Kašička/Nechvátal 1985
F. Kašička/B. Nechvátal, Vyšehrad pohledem věků (Prag 1985).

Kat. Berlin 1998
M. Flacke (Hrsg.), Mythen der Nationen. Ein europäisches Panorama. Ausstellung DHM Berlin 1998 (Berlin 1998).

Kat. Braunschweig 1995
Heinrich der Löwe. Herrschaft und Repräsentation der Welfen 1125–1235. Ausstellung Braunschweig 1–2 (München 1995).

Kat. Bremer Dom 1979
Katalog des Bremer Doms. Hefte Focke-Mus. 49 (Bremen 1979).

Kat. Budapest 1985/86
Kódexek a középkori Magyarországon. Kiállítás az országos széchényi könyvtárban. Ausstellung Budapest 1985 (Budapest 1985/86).

Kat. Budapest 1994
Á. Mikó/I. Takács (Hrsg.), Pannonia regia. Ausstellung Budapest 1994–1995 (Budapest 1994).

Kat. Budapest 1995
Goldmedaillen, Silberkränze. Künstlerkult und Mäzenatur im 19. Jahrhundert in Ungarn. Ausstellung Budapest 1995 (Budapest 1995).

Kat. Budapest 1996
I. Fodor (Hrsg.), Őseinket felhozád…" [Unsere Vorfahren brachtest du hierher…] A honfoglaló magyarság [Das Ungartnum der Landnahmezeit; The Ancient Hungarians]. Ausstellung Budapest 1996 (Budapest 1996).

Kat. Brüssel 1999
Hungaria regia 1000–1800 – fastes et défis. Ausstellung Brüssel 1999 (Turnhout 1999).

Kat. Frankfurt 1972
Mittelalterliche Handschriften der Herzog August Bibliothek. Ausstellung Frankfurt 1972 (Frankfurt 1972).

Kat. Gniezno 1995
Gniezno Pierwsza Stolica Polski Miasto Świętego Wojciecha (Gniezno 1995).

Kat. Gniezno 1998
Civitas principales. Ausstellung Gniezno 1998 (Gniezno 1998).

Kat. Hildesheim 1993
M. Brandt/A. Eggebrecht (Hrsg.), Bernward von Hildesheim und das Zeitalter der Ottonen. Ausstellung Hildesheim 1993 (Hildesheim, Mainz 1993).

Kat. Köln 1985
A. Legner (Hrsg.), Ornamenta Ecclesiae. Kunst und Künstler der Romanik in Köln. Ausstellung Köln 1985 (Köln 1985).

Kat. Köln 1991
Vor dem Jahr 1000. Abendländische Buchkunst zur Zeit der Kaiserin Theophanu. Ausstellung Köln (Köln 1991).

Kat. Krefeld o.J.
Die Berwardkasel. Ausstellung Krefeld (o.J.).

Kat. London o.J. (Phrygia)
British Museum Catalogue 25, Phrygia (London o.J.).

Kat. Mannheim 1996
A. Wieczorek/P. Perin/K. v. Welck/W. Menghin (Hrsg.), Die Franken, Wegbereiter Europas vor 1500 Jahren: König Chlodwig und seine Erben 1–2. Ausstellung Mannheim u.a.O. 1996 (Mannheim 1996).

Kat. München 1955
Sakrale Gewänder des Mittelalters. Bayer. Nationalmus. (München 1955).

Kat. München 1970
H. Thoma/H. Brunner, Katalog Schatzkammer der Residenz München[3] (München 1970).

Kat. München 1983
Thesaurus librorum. 425 Jahre Bayerische Staatsbibliothek. Ausstellung München 1983 (München 1983).

Kat. Paderborn 1999
Ch. Stiegemann/ M. Wemhoff (Hrsg.), 799 – Kunst und Kultur der Karolingerzeit: Karl der Große und Papst Leo III. in Paderborn 1–3. Ausstellung Paderborn 1999 (Mainz 1999).

Kat. Pannonhalma 1996
I. Takács (Hrsg.), Mons sacer 996–1996. 1000 Jahre Pannonhalma. Ausstellung Pannonhalma 1996 (Pannonhalma 1996).

Kat. Regensburg 1987
Regensburger Buchmalerei. Von frühkarolingischer Zeit bis zum Ausgang des Mittelalters. Ausstellung (München u.) Regensburg 1987. Bayer. Staatsbibliothek, Ausstellungskat. 39 (München 1987).

Kat. Rostock 1995
1000 Jahre Mecklenburg. Geschichte und Kunst einer europäischen Region. Landesausstellung 1995 (Rostock 1995).

Kat. Seeon 1994
J. Kirmeier/A. Schütz/E. Brockhoff (Hrsg.), Schreibkunst. Mittelalterliche Buchmalerei aus dem Kloster Seeon. Ausstellung Kloster Seeon 1994 (Augsburg 1994).

Kat. Szeged 1991
B. Kürti/G. Lörinczy (Hrsg.), … avarnak mondták magukat … (They called themselves Avars). Ausstellung Szeged 1991 (Szeged 1991).

Kat. Trier 1984
Schatzkunst Trier (Treveris Sacra 3). Ausstellung Trier 1984 (Trier 1984).

Kat. Wolfenbüttel 1989
Wolfenbüttler Cimelien. Das Evangeliar Heinrichs des Löwen in der Herzog August Bibliothek. Ausstellung Wolfenbüttel 1989 (Wolfenbüttel 1989).

Kat. Würzburg 1992
J. Lenssen/ L. Wamser (Hrsg.), 1250 Jahre Bistum Würzburg. Archäologisch-historische Zeugnisse der Frühzeit. Ausstellung Würzburg 1992 (Würzburg 1992).

Kat. Zagreb 1983
Riznica Zagrebacke Katedrale (Zagreb 1983).

Kaufmann 1902
C. M. Kaufmann, Das Kaisergrab in den vatikanischen Grotten (München 1902).

Kavka/Mašín 1970
F. Kavka/ F. J. Mašín, Codex Vyšehradensis (Prag 1970).

Kaźmierczyk 1991–1995
J. Kaźmierczyk, Ku początkom Wrocław ia 1–3 (Wrocław 1991–1995).

Kehr 1927
P. Kehr, Rom und Venedig bis ins 12. Jahrhundert. Quellen u. Forsch. aus ital. Archiven u. Bibliotheken 19 (Rom 1927).

Keilhauer 1990
A. Keilhauer, Ungarn. Kultur und Kunst im Land der Magyaren (Köln 1990).

Keiling 1984
H. Keiling, Ein jungslawisches Bauwerk aus Spaltbohlen von Parchim. Ausgr. u. Funde 29, 1984, 135–144.

Keiling 1985a
H. Keiling, Slawische Hausgrundrisse aus Mecklenburg und die Blockhäuser vom jungslawischen Siedlungsplatz Parchim. Zeitschr. Arch. 19, 1985, 233–239.

Keiling 1985b
H. Keiling, Ein jungslawischer Siedlungsplatz mit Flußübergang und Kultbau bei Parchim im Bezirk Schwerin. In: S.-O. Lindquist (Hrsg.), Society and trade in the Baltic during the Viking Age. Acta Visbyensia 7 (Visby 1985) 149–164.

Keiling 1994
H. Keiling, Forschungsergebnisse von der slawischen Marktsiedlung Parchim (Löddigsee). In: W. Budesheim (Hrsg.), Zur slawischen Besiedlung zwischen Elbe und Oder. Beitr. Wiss. u. Kultur 1 (Neumünster 1994).

Kellenbenz/van Eyl (Hrsg.) 1975
H. Kellenbenz/C. van Eyl (Hrsg.), Zwei Jahrtausende Kölner Wirtschaft 1–2 (Köln 1975).

Keller 1951
H. Keller, Zur Entstehung der sakralen Vollskulptur in der ottonischen Zeit. In: Festschr. H. Jantzen (Berlin 1951).

Keller 1976
H. Keller, Das Kaisertum Ottos des Großen im Veständnis seiner Zeit. In: H. Zimmermann (Hrsg.), Otto der Große (Darmstadt 1976).

Keller 1982
H. Keller, Reichsstruktur und Herrschaftsauffassung in ottonisch-salischer Zeit. Frühmittelalterl. Stud. 16, 1982, 74–128.

Keller 1985
H. Keller, Herrschaftsbild und Herrscherlegitimation. Zur Deutung der ottonischen Denkmäler. Frühmittelalterl. Stud. 19, 1985, 290–311.

Keller 1997
H. Keller, Ottonische Herrschersiegel. Beobachtungen und Fragen zu Gestalt und Aussage und zur Funktion im historischen Kontext. In: K. Krimm /H. John (Hrsg.), Bild und Geschichte. Studien zur politischen Ikonographie [Festschr. H. Schwarzmaier] (Sigmaringen 1997) 3–51.

Keller 1998
H. Keller, Zu den Siegeln der Karolinger und Ottonen. Urkunden als „Hoheitszeichen" in der Kommunikation des Königs mit seinen Getreuen. Frühmittelalterl. Stud. 32, 1998, 400–441.

Kempf 1966
H. Kempf, Vom kirchlichen Frühmittelalter zur gregorianischen Reform. In: H. Jedin (Hrsg.), Handbuch der Kirchengeschichte 3 (Freiburg u.a.O. 1966) 365 ff.

Kempke 1984
T. Kempke, Starigard/Oldenburg. Hauptburg der Slawen in Wagrien II. Die Keramik des 8.–12. Jahrhunderts. Offa-Bücher 53 (Neumünster 1984).

Kempke 1991
T. Kempke, Starigard/Oldenburg. Hauptburg der Slawen in Wagrien III. Die Waffen des 8.–13. Jahrhunderts. Offa-Bücher 73 (Neumünster 1991).

Kempke 1999a
T. Kempke, Slawische Burgen des 7.–10. Jahrhunderts. In: Deutsche Burgenvereinigung (Hrsg.) 1, 1999, 45–53.

Kempke 1999b
T. Kempke, Slawische Burgen des 11.–12. Jahrhunderts. In: Deutsche Burgenvereinigung (Hrsg.) 1, 1999, 77–82.

Kerényi 1932
K. Kerényi, Pannonia. Magyar Nyelv 27, 1932, 290.

Kersken 1995
N. Kersken, Geschichtsschreibung im Europa der *nationes*. Nationalgeschichtliche Gesamtdarstellungen im Mittelalter. Münstersche Hist. Forsch. 8 (Köln u.a.O. 1995).

Kéry 1999
L. Kéry, Canonical Collections of the Early Middle Ages (ca. 400–1140). A Bibliographical Guide to the Manuscripts and Literature (Washington 1999).

Kiersnowska/Kiersnowski 1959
T. Kiersnowska/R. Kiersnowski, Wczesnośredniowieczne skarby srebrne z Pomorza. Materialy. Polskie skarby wczesnośredniowieczne. Inwentarze 2. Polskie badania Arch. 4 (Warszawa, Wrocław 1959).

Kiersnowski 1950
R. Kiersnowski, Legenda Vinety (Kraków 1950).

Kiersnowski 1960
R. Kiersnowski, Pieniądz kruszcowy w Polsce wczesnośredniowiecznej [La monnaie métallique en Pologne dans le haut Moyen Age] (Warszawa 1960).

Kirschbaum 1968
E. Kirschbaum, Lexikon der christlichen Ikonographie I (Rom u.a.O. 1968).

Kiss 1983
A. Kiss, Baranya megye X.-XI. századi s'rleletei [Grabfunde des Komitats Baranya im 10.–11. Jahrhundert] (Budapest 1983).

Kittel 1970
E. Kittel, Siegel. Bibl. f. Kunst- u. Antiquitätenfreunde 11 (Braunschweig 1970).

Klanica 1983 (1985)
Z. Klanica, Mikulčice, gegenwärtiger Stand und Perspektiven (Bez. Hodonín). Přehled Výzkumů 1983 (1985), 39–44.

Klanica 1986a
Z. Klanica, Počátky slovanského osídlení našich zemí (Praha 1986).

Klanica 1986b
Z. Klanica, Religion und Kult, ihr Reflex in archäologischen Quellen. In: Poulík/Chropovský (Hrsg.) 1986, 120–158.

Klanica 1988
Z. Klanica, Einige archäologische Quellen zur Entwicklungsfrage der gesellschaftlichen Organisation Großmährens. In: Trudy V meždunarodnovo kongressa archeologov – slavistov 4 (Kyjev 1988) 98–105.

Klaniczay 1983
G. Klaniczay, Le culte des saints dans la Hongrie médiévale. Act. Hist. Acad. Soc. Hungaria 29, 1983, 56–77.

Klaniczay 1994
G. Klaniczay, Königliche und dynastische Heiligkeit in Ungarn. In: J. Petersohn (Hrsg.), Politik und Heiligenverehrung im Hochmittelalter (Sigmaringen 1994) 342–364.

Klápště 1993
J. Klápště, Změna – středověká transformace a její předpoklady. Mediaevalia Arch. Bohemica 1993, Pam. Arch. 85, Suppl. 2, 1994, 9–59.

Klauser 1950
T. Klauser, S. V. Aurum Coronarium. In: RAC 1 (Stuttgart 1950) 1010–1020.

Klejn 1995
L. S. Klejn, On the old Russian pagan sanctuaries. In: Christian Archaeology 1 (1995) 71–80.

Klemm 1935
A. Klemm, Pannonhalma nevének története [Die Geschichte des Namens von Pannonhalma]. Pannonhalmi Szemle 10, 1935, 212–217.

Klewitz 1966
H. W. Klewitz, Die Festkrönungen der deutschen Könige. Libelli 133 (Darmstadt 1966).

Klichowska 1956
M. Klichowska, Wczesnośredniowieczne szczatki ro linne odkryte w Wolinie na stanowisku wykopaliskowym 4 w latach 1953–1955. Mat. Zachodniopomorski 7, 1956, 457–461.

Klichowska 1957
M. Klichowska, Rośliny uprawne ze stanowiska 4 w Wolinie. Spraw. Arch. 4, 1957, 208–215.

Klíma o.J.
B. Klíma, Znojemská rotunda ve světle archeologických výzkumů (Brno o.J.).

Kłoczowski 1971
J. Kłoczowski, La vie monastique en Pologne et en Bohemie aux XIe-XIIe siècles (jusqu'à la moitié du XIIe siècle) In: Il monachesimo e la riforma ecclesiastica (1049–1122). Kongress Mendola 1968. Miscellanea del Centro di Studi Medioevali VI, 1971, 153–169. (= J. Kłoczowski, La Pologne dans l' Église Médiévale. Coll. Stud. Ser. 417, V [London 1993]).

Kłoczowski 1993
J. Kłoczowski, La nouvelle chrétienté du monde occidental. La christianisation des Slaves, des Scandinaves et des Hongrois entre le IXe et le XIe siècle. In: G. Dargon/P. Riche/A. Vauchez (Hrsg.), Histoire du Christianisme des origines à nos jours 4 (Paris 1993) 869–908.

Kłoczowski 1998
J. Kłoczowski, Mlodsza Europa. Europa Sródkowa-Wschodnia w kregu cywilizacji chrześcijanskiej sredniowiecza (Warszawa 1998).

Kluge 1991
B. Kluge, Deutsche Münzgeschichte von der späten Karolingerzeit bis zum Ende der Salier (ca. 900–1125). Monogr. RGZM 29 (Sigmaringen 1991).

Kluge (Hrsg.) 1993
B. Kluge (Hrsg.), Fernhandel und Geldwirtschaft. Beiträge zum deutschen Münzwesen in sächsischer und salischer Zeit. Dannenberg-Colloquium 1990. Monograph. RGZM 31, Berliner Numismat. Forsch. N. F. 1 (Sigmaringen 1993).

Kluge 1993
B. Kluge, Umrisse der deutschen Münzgeschichte in ottonischer und salischer Zeit. In: B. Kluge (Hrsg.) 1993, 1–16.

Kluge 1999
B. Kluge, Conspectus Nummorum Germaniae Medii Aevi. Kommentierter Typenkatalog der deutschen Münzen des Mittelalters. Von den Anfängen bis zur Ausbildung der regionalen Pfennigmünze, von 880 bis um 1140. Teil I. Geldgeschichtl. Nachr. 34, 1999, 192–204.

Knowles 1969
D. Knowles, Geschichte des christlichen Mönchtums. Benediktiner, Zisterzienser (München 1969).

Koch 1993/94
U. Koch, Drei Langsaxe aus Ostbayern. Ber. Bayer. Bodendenkmalpfl. 34/35, 1993/94, 181–201.

Kóčka-Krenz 1993
H. Kóčka-Krenz, Biżuteria północno-zachodnio-słowianska we wczesnym średniowieczu (Poznań 1993).

Kóčka-Krenz/Losiński (Hrsg.) 1998
H. Kóčka-Krenz/W. Łosiński (Hrsg.), Kraje słowiańskie w wiekach średnich. Profanum i sacrum [Festschr. Z. Kurnatowska] (Poznań 1998).

Koczy 1934
L. Koczy, Polska i Skandynawia za pierwszych Piastów (Poznań 1934).

Körber-Grohne 1987
U. Körber-Grohne, Nutzpflanzen in Deutschland. Kulturgeschichte und Biologie (Stuttgart 1987 [u. folgende Aufl.]).

Kolmer 1991
L. Kolmer, Regensburg in der Salierzeit. In: S. Weinfurter (Hrsg.), Die Salier und das Reich 3 (Sigmaringen 1991) 191ff.

Komjáthy 1994
M. Komjáthy, Veszprémvölgyi alapítólevél. In: G. Kristó (Hrsg.), Korai magyar történeti lexikon (9.–14. század) (Budapest 1994) 729.

Komm 1990
S. Komm, Heiligengrabmäler des 11. und 12. Jahrhunderts in Frankreich. Untersuchung zu Typologie und Grabverehrung (Worms 1990).

Kopera 1904
F. Kopera, Dzieje Scarboca Koronnego, czyli insygnió i klejnotów koronnych Polski (Krakau 1904).

Koppány 1993
T. Koppány, A Balaton környékének műemlékei (Budapest 1993).

Kósa (Hrsg.) 1994
L. Kósa (Hrsg.), Die Ungarn, ihre Geschichte, ihre Kultur (Budapest 1994).

Kossmann 1970
O. Kossmann, Alemure. Zeitschr. Ostforsch. 19, 1970, 443–446.

Kostrzewski 1968
B. Kostrzewski, Zespół osadniczy w Gieczu. Przyczynek do formowania się miast przedlokacyjnych. In: I Międzynarodowy Kongres Archeologii Slowianskiej Warszawa 1965 (Wrocław u.a.O. 1968) 318–331.

Kosztolnyik 1981
Z. J. Kosztolnyik, Five eleventh century Hungarian kings. Their policies and their relations with Rome (New York 1981).

A. Kovács 1996
A. Kovács, Gyulafehérvár. Szent Mihály székesegyház [Alba Iulia. Die St. Michaelskathedrale] (Kolozsvár 1996).

É. Kovács 1958
É. Kovács, Casula Sancti Stephani Regis. Acta Historiae Artium 5, 1958, 181–221.

É. Kovács 1967
É. Kovács, A székesfehérvári királyi bazilika XI. századi kincsei [Die Schätze der königlichen Basilika in Székesfehérvár des 11. Jahrhunderts]. Székesfehérvár évszázadai 1 [Jahrhunderte der Stadt Székesfehérvár 1] (Székesfehérvár 1967).

É. Kovács 1974
É. Kovács, Árpád-kori ötvösség [Goldschmiedekunst der Árpádenzeit] (Budapest 1974).

É. Kovács 1984
É. Kovács, Signum Crucis – Lignum Crucis. In: G. Székely (Hrsg.), Eszmetörténeti tanulmányok a magyar középkorról [Ideengeschichtliche Abhandlungen über das ungarische Mittelalter]. Memoria Saeculorum Hungariae VI (Budapest 1984) 407–423.

É. Kovács 1988
É. Kovács, Iconismus casulae Sancti Stephani Regis. In: Glatz/Kardos (Hrsg.) 1988, 133–144.

É. Kovács 1994a
É. Kovács, Uralkodópár képe a zágrábi miseruhán [Bild eines Herrscherpaares auf dem Messgewand in Zagreb]. Ars Hungarica 22, 1994, 20–25.

É. Kovács 1994b
É. Kovács, Gizella királyné keresztjének feliratai és ikonográfiája. Veszprém koraközépkori emlékei [Die Aufschriften und die Ikonographie des Kreuzes von Königin Gisela. Frühmittelalterliche Erinnerungen von Veszprém]. Veszprémi Múz. Konferenciák 5, 1994, 22–23.

É. Kovács 1998
É. Kovács, Gizella királyné keresztjének feliratai és ikonográfiája [Ikonographie des Gisela-Kreuzes]. In: É. Kovács, Species Modus Ordo (Budapest 1998) 428–433.

É. Kovács/Lovag 1980
É. Kovács/Z. Lovag, Die ungarischen Krönungsinsignien (Budapest 1980).

L. Kovács 1970
L. Kovács, Die Budapester Wikingerlanze (Geschichtsabriß der ungarischen Königslanze). Acta Arch. Acad. Scien. Hungaricae 22, 1970, 323–339.

L. Kovács 1988
L. Kovács, Bemerkungen zur Arbeit von István Gedai: A magyar pénzverés kezdete [Der Anfang der ungarischen Münzprägung]. Acta Arch. Acad. Scien. Hungaricae 40, 1988, 275–300.

L. Kovács 1989
L. Kovács, Münzen der ungarischen Landnahmezeit. Archäologische Untersuchung der arabischen, byzantinischen, westeuropäischen und römischen Münzen aus dem Karpatenbecken des 10. Jahrhunderts. Fontes Archaeologici Hungariae (Budapest 1989).

L. Kovács (Hrsg.) 1994
L. Kovács (Hrsg.), Honfoglalás és régészet. A honfoglalásról sok szemmel 1 (Budapest 1994).

L. Kovács 1996
L. Kovács, A lancea regis – a király kezében (Die lancea regis – in der Hand des Königs). Commun. Arch. Hungariae 1996, 165–180.

L. Kovács 1997
L. Kovács, A kora Árpád-kori magyar pénzverésről [Über die ungarische Münzprägung in der frühen Árpádenzeit]. Varia Arch. Hungarica 7, 1997, 24–94; 354–355.

L. Kovács 1999 im Druck
L. Kovács, Haben die landnehmenden Ungarn Kaurischnecken als Geld gehabt? Acta Arch. Acad. Scien. Hungaricae 51 (1999; im Druck).

Kovalovszki 1975
J. Kovalovszki, Előzetes jelentés a dobozi Árpád-kori falufeltárásról 1962–1974 [Vorbericht über die Ausgabung des árpádzeitlichen Dorfes Doboz 1962–1974]. Arch. Ért. 102, 1975.

Kovalovszki 1978
J. Kovalovszki, A Visegrád-vorkoti árpád-kori faluásatásról. In: G. Kocsis (Hrsg.), A magyar falu régésze Méri István, 1911–1976 [Festschr. I. Méri]. Ceglédi Füzetek 2 (1978).

Kovalovszki 1996
J. Kovalovszki, Honfoglaláskori települések régészeti kutatása. In: Wolf/Révész (Hrsg.) 1996, 289f.

Kozák 1977
K. Kozák, Az Országos Műemléki Felügyelőség régészeti kutatásai 973–1974-ben. Magyar műemlékvédelem 1973–1974 (Budapest 1977).

Koziel 1998
S. Koziel, Technologia murów przedromanskich na Wawelu. Acta Arch. Waweliana 2, 1998, 55–63.

Koziel/Fras 1979
S. Koziel/M. Fras, Stratygrafia kulturowa przedromanskiego kosciola „B" na Wawelu. Prace Komisji Arch. 17, 1979, 40–82.

Koziol 1992
G. Koziol, Begging Pardon and Favor. Ritual and Political Order in Early Medieval France (Ithaca, London 1992) 138–173.

Krabbo 1910
H. Krabbo, Deutsche und Slawen im Kampfe um Brandenburg. Jahresber. Hist. Ver. Brandenburg 41/42, 1910, 26.

Králík 1960
O. Králík, K počátkům literatury v přemyslovských Čechách. Rozpravy ČSAV, Geisteswiss. Reihe 70,6 (Prag 1960).

Králík 1968
O. Králík, Od Radima ke Kosmovi. K nejstarším dějinám české vzdělanosti. Acta Univ. Palackianae Olomucensis, Fac. Phil. 48, XXVI, 1968, 25–69.

Králík 1976
O. Králík, Kosmova kronika a předchozí tradice (Prag 1976).

Kralovánszky 1984–86
A. Kralovánszky in: Rég. Füzetek 37/39, 1984/1986, 131–132; 127; 118.

Kralovánszky 1988
A. Kralovánszky, Szent István király székesfehérvári sírjának és kultuszhelyének kérdése. In: Glatz/Kardos (Hrsg.) 1988.

Kralovánszky 1989
A. Kralovánszky, Szent István király székesfehérvári sírja és kultuszhelye [Grabmal und Kultstätte von König Stephan dem Heiligen]. Folia Arch. 40, 1989, 155–173.

Kralovánszky 1990
A. Kralovánszky, The Settlement History of Veszprém and Székesfehérvár in the Middle Ages. In: L. Gerevich (Hrsg.), Towns in Medieval Hungary (Budapest 1990) 63–69.

Krąpiec 1998a
M. Krąpiec, Dendrochronological dating of early medieval fortified settlements in Poland. In: Henning/Ruttkay (Hrsg.) 1998, 223–234.

Krąpiec 1998
M. Krąpiec, Oak dendrochronology of the neoholocen. Poland. Folia Quaternaria 69, 1998, 5–133.

Krąpiec/Poleski 1996
M. Krąpiec/J. Poleski, Dwa grodziska wczesnośredniowieczne w Zawadzie Lanckorońskiej i Naszacowicach – datowanie metodą archeologiczną i dendrochronologiczną. Przegląd Arch. 44, 1996, 117–137.

Krąpiec/Ważny 1994
M. Krąpiec/T. Ważny, Dendrochronologia: podstawy metodyczne i stan zaawansowania badań w Polsce. Światowit 39, 1994, 139–214.

Krawczyk 1990
J. Krawczyk, Matejko i Historia [Matejko und die Geschichte] (Warszawa 1990).

Krebs 1997
C. Krebs, Ein karolingischer Friedhof bei Wirbenz, Gde. Speichersdorf, Lkr. Bayreuth, Oberfranken. Arch. Jahr Bayern 1997, 146–149.

Kretschmar 1973
G. Kretschmar, Der Kaiser tauft. Otto der Große und die Slawenmission. In: B. Moeller/G. Ruhbach (Hrsg.), Bleibendes im Wandel der Kirchengeschichte. Kirchenhist. Stud. (Tübingen 1973) 101–150.

Kristó 1988
G. Kristó, Közigazgatás Szent István korában [Verwaltung in der Zeit St. Stephans]. In: Glatz/Kardos (Hrsg.) 1988, 55.

Kristó 1993
G. Kristó, Die Arpadendynastie. Die Geschichte Ungarns von 895 bis 1301 (Budapest 1993).

Kristó 1994
G. Kristó, A történeti irodalom Magyarországon a kezdetektől 1241-ig [Historische Literatur in Ungarn von den Anfängen bis zum Jahre 1241] (Budapest 1994).

Kristó 1995
G. Kristó, A magyar állam megszületése (Szeged 1995).

Kristó 1999
G. Kristó, A tizenegyedik század története [Die Geschichte des 14. Jahrhunderts] (Budapest 1999).

Kroll 1991
H. Kroll, Kultur- und Sammelpflanzen. In: Müller-Wille (Hrsg.) 1991, 307–314.

Krüger 1967
B. Krüger, Dessau-Mosigkau. Ein frühslawischer Siedlungsplatz im mittleren Elbegebiet (Berlin 1967).

Krumme 1994
M. Krumme, Römische Sagen in der antiken Münzprägung (Bern 1994).

Krumphanzlová 1971
Z. Krumphanzlová, Počátky křestíanství v Čechách ve světle archeologických výzkumů. Pam. Arch. 62, 1971, 406–456.

Krumphanzlová 1990
Z. Krumphanzlová, Svědectví náboženského synkretismu na pohřebištích doby hradištní v Čechách. Arch. Rozhledy 42, 1990, 362–368.

Krysztofiak 1998a
T. Krysztofiak, Dotychczasowe wyniki prac wykopaliskowych przeprowadzonych w Gieczu, gm. Dominowo w latach 1993–1997. Studia Lednickie 5 (Lednica, Poznań 1998)

Krysztofiak 1998b
T. Krysztofiak, Giecz-Grodziszczko, stan. 1. In: Kat. Gniezno 1998, 45–48.

Krzemieńska 1970
B. Krzemieńska, Krize českého státu na přelomu tisíciletí. Československý Časopis Hist. 18, 1970, 497–532.

Krzemieńska 1970
B. Krzemieńska, Wann erfolgte der Anschluß Mährens an den böhmischen Staat? Historica 19, 1980, 195–243.

Krzemieńska 1987
B. Krzemieńska, Die Rotunde in Znojmo und die Stellung Mährens in böhmischen Přemyslidenstaat. Historica 27, 1987, 5–59.

Krzemieńska 1999
B. Krzemieńska, Břetislav I. Čechy a střední Evropa v prvé polovine XI. století[2] (Praha 1999).

Krzemieńska/Třeštík 1979
B. Krzemieńska/D.Třeštík, Wirtschaftliche Grundlagen des frühmittelalterlichen Staates in Mitteleuropa (Böhmen, Polen, Ungarn im 10.–11. Jahrhundert). Acta Poloniae Historica 40, 1979, 5–31.

Kubach/Haas 1972
H. E. Kubach/W. Haas, Der Dom zu Speyer (München, Berlin 1972).

Kubach/Verbeek 1989
H. E. Kubach/A. Verbeek, Romanische Baukunst an Rhein und Maas 4 (Berlin 1989).

Kubiak-Martens 1999
L. Kubiak-Martens, The plant food component of the diet at the late Mesolithic (Ertebolle) settlement at Tybrind Vig, Denmark. Veget hist. Archaeobot. 8, 1999, 117–127.

Kučera 1964
M. Kučera, K problému včasnostredovekej služobníckej organizácie na Slovensku. Histor. Čap. 12, 1964, 552–571.

Kučera 1974
M. Kučera, Slovensko po páde Veľkej Moravy (Bratislava 1974).

Kuczyński 1965
S. M. Kuczyński, Studia z dziejów Europy Wschodniej X-XVII w. (Warszawa 1965).

Kudělka 1984
Z. Kudělka, Románská architektura na Moravě. In: Dějiny českého výtvarného umění I/1 (Prag 1984) 74–91.

Kuder 1994
U. Kuder, Die Bilder und Zierseiten. In: H. Fillitz/R. Kashnitz/U. Kuder (Hrsg.), Zierde für ewige Zeit. Das Perikopenbuch Heinrichs II. Kat. Bayer. Staatsbibliothek 63 (Frankfurt 1994) 109–132.

Kuder 1998
U. Kuder, Die Ottonen in der ottonischen Buchmalerei. Identifikation und Ikonographie. In: Althoff/Schubert (Hrsg.) 1998, 137–218.

Küas 1962
H. Küas, Ein mittelalterlicher Gebäudekomplex auf dem markgräflichen Burghof zu Meißen. Ausgr. u. Funde 7, 1962, 95–104.

Kuklinski 1998
A. Kuklinski, Wczesnośredniowieczne warstwy osadnicze Krakowa-Wawelu (odkryte w wykopie 1C rejon IX) a relikty jego walu obronnego datowanego dendrochronologicznie na okres po 1016 roku. Spraw. Arch. 50, 1998, 277–288.

Kulecki 1975
M. Kulecki, Ceremonial intronizacyjny Przemyślidów w X-XII wieku. Przegląd Hist. 75, 1975, 441–451.

Kunkel/Wilde 1941
O. Kunkel, K.A. Wilde, Jumne, „Vineta", Jomsburg, Julin, Wollin. 5 Jahre Grabungen auf dem Boden der wikingerzeitlichen Großsiedlung am Divenowstrom, 1934–1939/40 (Stettin 1941).

Kunsthistorisches Museum Wien 1987
Kunsthistorisches Museum Wien (Hrsg.), Weltliche und geistliche Schatzkammer. Bildführer (Wien 1987).

Kürbis 1962
B. Kürbis, Dagome iudex – studium krytyczne. In: Początki Państwa Polskiego. Księga Tysiąclecia 1 (Poznań 1962) 363–424.

Kürbis 1977
B. Kürbis, Sacrum i profanum. Dwie wizje wlady w polskim średniowieczu. Studia Źródłoznawcze 22, 1977, 23ff.

Kürbis 1989
B. Kürbis, Die Epistola Mathildis Suevae an Miezko II. in neuer Sicht. Ein Forschungsbericht. Frühmittelalterl. Stud. 23, 1989, 318–338.

Kürbis 1995
B. Kürbis, Płyta nagrobna z inskrypcją. In: Gniezno. Pierwsza stolica Polski. Miasto świętego Wojciecha (Gniezno 1995) 116–119.

Kürti 1978/79
B. Kürti, Honfoglaláskori magyar temetõ Szeged-Algyõn [Ein ungarisches Gräberfeld der Landnahmezeit in Szeged-Algyõ]. A Móra Ferenc Múz. Évk. 1978/79, 326.

Kurnatowska 1991
Z. Kurnatowska, Z badań nad przemianami organizacji terytorialnej w państwie pierwszych Piastów. Stud. Lednickie 2, 1991, 11–22.

Kurnatowska 1993
Z. Kurnatowska, Poznań w czasach Mieszka I. In: Polska Mieszka I (Poznań 1993) 73–90.

Kurnatowska 1995
Z. Kurnatowska, Frühstädtische Entwicklung an den Zentren der Piasten in Großpolen. In: Brachmann (Hrsg.) 1995, 133–148.

Kurnatowska 1996
Z. Kurnatowska, Die Christianisierung Polens im Lichte der materiellen Quellen. In: Early Christianity in Central and East Europe (Warszawa 1996) 101–121.

Kurnatowska 1996
Z. Kurnatowska, The Organization of the Polish State – Possible Interpretations of Archaeological Sources. Quaestiones medii aevi novae 1, 1996, 5–24.

Kurnatowska 1998a
Z. Kurnatowska, Forschungen zu frühmittelalterlichen Burgen in Großpolen. In: Henning/Ruttkay (Hrsg.) 1998, 31–36.

Kurnatowska 1998b
Z. Kurnatowska, Poznanskie baptysterium [Das Posener Baptisterium]. Slavia Antiqua 39, 1998, 51–69.

Kurnatowska/Kurnatowski 1991
Z. Kurnatowska/S. Kurnatowski, Zasiedlenie regionu Legnicy w pradziejach i średniowieczu w świetle dotychczasowych badań. In: K. Tobolski (Hrsg.), Wstęp do paleoekologii Lednickiego Parku Krajobrazowego (Poznań 1991) 35–42.

Kurnatowski 1995
S. Kurnatowski, Przemiany osadnicze w procesie ksztaltowania Wielkopolski jako regionu historycznego. Slavia Antiqua 35, 1995, 3–45.

Küster 1995
H. Küster, Geschichte der Landschaft in Mitteleuropa (München 1995).

Labuda 1946
G. Labuda, Studia nad początkami państwa polskiego (Poznań 1946).

Labuda 1954
G. Labuda, Saga o Styrbjörnie Jarlu Jomsbórga. Slavia Antiqua 4, 1954.

Labuda 1968
G. Labuda, Poczatki diecezjalnej organizacji koscielnej na Pomorzu i na Kujawach w XI i XII wieku, Zapiski Hist. 33/3, 1968, 53–59.

Labuda 1987
G. Labuda, Studia nad początcami państwa polskiego 1 (Poznań 1987).

Labuda 1988
G. Labuda, Studia nad początkami państwa polskiego 2 (Poznań 1988).

Labuda 1991
G. Labuda, Uwiezienie polskich insygniów koronacyjnych do Miemiec w 1031 r. Kultura średniowieczna i staropolska (Warszawa 1991) 217–229.

Labuda 1992
G. Labuda, Miezko II król Polski (1025–1034). Czasy przełomu w dziejach państwa polskiego (Kraków 1992).

Labuda 1994
G. Labuda, Czeskie chrześcijaństwo na Śląsku i w Małopolsce w X i XI wieku. In: Chrystianizacja 1994, 73–98.

Labuda 1995
G. Labuda, Najstarsze klasztory w Polsce (Szkice historyczne jedenastego wieku. I), In: J. Olczak (Hrsg.), Z badań nad dziejami klasztorów w Polsce. Arch. Polona Historica 2 (Toruń 1995) 7–73.

Labuda 1999
G. Labuda, Slowianszczyzna starożytna i wczesnośredniowieczna. Poznanskie Towarzystwo Przyjaciół Nauk. Wznowienia 5, 1999, 188–194.

Lamb 1981
H. H. Lamb, Climate from 1000 BC to 1000 AD. In: M. Jones/G. Dimbleby (Hrsg.), The environment of man: the iron age to the Anglo-Saxon Period. BAR, Brit. Ser. 87 (Oxford 1981) 53–65.

Lamb 1989
H. H. Lamb, Klima und Kulturgeschichte. Der Einfluß des Wetters auf den Gang der Geschichte. Rowohlts Enzyklopädie. Kulturen und Ideen (Reinbek 1989).

Lammers 1979
W. Lammers, Formen der Mission bei den Sachsen, Schweden und Abodriten. Vestigia Medievalia 19, 1979, 172–197.

Lammers 1981
W. Lammers, Das Hochmittelalter bis zur Schlacht von Bornhöved. Geschichte Schleswig-Holsteins 4, 1 (Neumünster 1981).

Landersdorfer 1995
A. Landersdorfer, Die Gründung des Erzbistums Magdeburg durch Kaiser Otto den Großen. Münchener Theol. Zeitschr. 46, 1995, 3–19.

Łastowiecki 1989
M. Łastowiecki, Stratygrafia i chronologia Ostrowa Lednickiego. Stud. Lednickie 1, 1989, 17–70.

Łastowiecki 1993
M. Łastowiecki, Sprawozdanie z badań wykopaliskowych przyczółka wczesnośredniowiecznego mostu wschodniego (tzw. gnieźnieńskiego) na Ostrowie Lednickim, gm. Łubowo, woj. poznańskie, st. 2. Spraw. Arch. 2, 1993, 133–155.

Łastowiecki 1996
M. Łastowiecki, Archeologiczne badania naziemne na reliktach przyczółka mostu zachodniego (tzw. „poznańskiego") na Ostrowie Lednickim – Rybitwy stan. 12. Stud. Lednickie 4, 1996, 247–260.

László 1983
G. László, Árpád népe. Helikon (Budapest 1983).

Laszlovszky 1982
J. Laszlovszky, Karámok Árpád-kori falvainkban. Talajfoszfát-analízis alkalmazása az árkok szerepének meghatározásában [Pferche in unseren árpádenzeitlichen Dörfern]. Arch. Ért. 109, 1982, 281–285.

Latalowa 1992
M. Latalowa, The last 1500 years on Wolin Island (NW Poland) in the light of palaeobotanical studies. Review of Palaeobotany and Palynology 73, 1992, 213–226.

Lawrence 1996
C. H. Lawrence, Medieval Monasticism. Forms of Religious Life in Western Europe in The Middle Ages[9] (London 1996).

Lechner 1976
K. Lechner, Die Babenberger. Markgrafen und Herzöge von Österreich 976–1246 (Wien u.a.O. 1976).

Lechner 1995
K. Lechner, Die Babenberger[5]. Veröff. Österr. Inst. Geschichtsforsch. 23 (Wien 1995).

Leciejewicz 1960
L. Leciejewicz, Wczesnośredniowieczny Kołobrzeg. Slavia Antiqua VII, 1960, 307–392.

Leciejewicz 1962
L. Leciejewicz, Początki nadmorskich miast na Pomorzu Zachodnim (Wrocław 1962).

Leciejewicz 1985
L. Leciejewicz, Die Stammesburgen als Ausgangspunkt der frühen Stadtentwicklung an der pommerschen Ostseeküste. Acta Visbyensia 7, 1985, 174–176.

Leciejewicz 1989
L. Leciejewicz, Słowianie zachodni (Wrocław 1989).

Leciejewicz 1990a
L. Leciejewicz, Les origines de la ville de Szczecin. Questions historique et réalité archéologique. Przegląd Arch. 37, 1990, 190–191.

Leciejewicz 1990b
L. Leciejewicz, Słowanie zachodni. Z dziejów tworzenia sie sredniowiecznej Europy (Wrocław 1990).

Leciejewicz 1994/95
L. Leciejewicz, Skandinavier im Oder- und Weichselgebiet 800–1200. Acta Praehist. et Arch. 26/27, 1994/1995.

Leciejewicz 1995
L. Leciejewicz, Szczecin – macierz miast pomorskich. „Najstarsze miasto Pomorza". In: Szczecin na przestrzeni wieków. Historia – kultura – sztuka (Szczecin 1995).

Leciejewicz 1996
L. Leciejewicz, Zwei Perioden des kulturellen Wandels: Das westliche Europa in der Merowingerzeit und das östliche Europa in der Zeit der Staatsbildungen. Berliner Jahrb. osteurop. Gesch. 1, 1996, 75–86.

Leciejewicz 1997
L. Leciejewicz, Salt, Trade and Crafts. The origins of an early Town on the Southern Baltic Coast. In: Exchange and Trade in Medieval Europe (Zellik 1997) 131–137.

Lehr-Spławiński u. a. 1961
T. Lehr-Spławiński/K. Jazdzewski/G. Labuda, Druzno. Slownik Starozytnosci Slowianskich I, 1961, 51–53.

Leinthaler 1992
B. Leinthaler, Der karolingisch-ottonische Landesausbau an Obermain und Regnitz: Basis der kirchlichen Strukturierung im Ostteil des Bistums Würzburg. In: Kat. Würzburg 1992, 133–141.

Lemerle 1986
P. Lemerle, Byzantine Humanisme (Canberra 1986).

Lendvai 1986
L. F. Lendvai, Protestatizmus, forradalom, Magyarság (Budapest 1986) 243–283.

Lengnich 1740
G. Lengnich, Historia Polona a Lecho ad Augusti II mortem (Leipzig 1740). [In deutscher Sprache (Leipzig 1741)].

Lentze 1959
H. Lentze, Die Dose des Königin Gisela. Burgenländ. Heimatbl. 21, 1959, 256–259.

Leopold 1969
G. Leopold, Grabungen im Bereich der ottonischen Kirche in Memleben: Westchor. In: Otto/Herrmann (Hrsg.) 1969, 525–532.

Leopold 1976
G. Leopold, Das Kloster Memleben. Das christliche Denkmal 96 (Berlin 1976).

Leopold 1983
G. Leopold, Archäologische Forschungen an mittelalterlichen Bauten. In: Denkmale in Sachsen-Anhalt. Ihre Erhaltung und Pflege in den Bezirken Halle und Magdeburg. Schr. Denkmalpfl. DDR (Weimar 1983) 163–189.

Leopold 1989
G. Leopold, Zur Baugeschichte des ottonischen Domes in Magdeburg. In: E. Ullmann (Hrsg.), Der Magdeburger Dom. Ottonische Gründung und staufischer Neubau (Leipzig 1989) 62–69.

Leopold 1993
G. Leopold, Damenstiftskirche und Wipertikirche in Quedlinburg zur Zeit der ottonischen Herrscher. In: Kat. Hildesheim 2, 1993, 371–375.

Leopold 1998
G. Leopold, Archäologische Ausgrabungen an Stätten der ottonischen Herrscher (Quedlinburg, Memleben, Magdeburg). In: Althoff/Schubert (Hrsg.) 1998, 33–76.

Leopold/Schubert 1984
G. Leopold/E. Schubert, Der Dom zu Halberstadt bis zum gotischen Neubau (Berlin 1984).

Leopold/Schubert 1991
G. Leopold/E. Schubert, Otto III. und Sachsen. Die ottonische Kirche in Memleben. Geschichte und Gestalt. In: v. Euw/Schreiner (Hrsg.) 1991, 371–382.

Le Roy-Ladurie 1967
E. Le Roy-Ladurie, L'histoire du climat depuis l'an mil (Paris 1967).

Leśny 1976
J Leśny, Początki, rozwój i upadek kasztelani na Ostrowie Lednickim. Studia i Mat. do dziejów Wielkopolski i Pomorza 23, 1976, 5–37.

Levárdy 1959
F. Levárdy, Pannonhalma épitéstörténete [Die Baugeschichte von Pannonhalma] II. Művészettörténeti Ért. 8, 1959, 104–106.

Levárdy 1962
F. Levárdy, Les monuments d'architecture médiévale à Pannonhalma. Acta Historiae Artium 8, 1962, 3 ff.

Liess 1967
R. Liess, Der frühromanische Kirchenbau des 11. Jahrhunderts in der Normandie (München 1967).

Lilejko 1987
J. Lilejko, Regalia polskie [Polnische Regalien] (Warszawa 1987).

Lilie 1994
R.-J. Lilie, Byzanz. Kaiser und Reich (Köln 1994).

Lindgren 1991
U. Lindgren, Gerbert von Reims und die Lehre des Quadriviums. In: v. Euw/Schreiner (Hrsg.) 1991, 2, 291–303.

Lisch 1840
G. C. F. Lisch, Die Burg Döbin und die Döpe bei Hohen-Vicheln. Jahrb. Ver. Mecklenburg. Gesch. u. Alterthumskde. 5, 1840, 124 ff.

Litva 1987
F. G. Litva, La storia religiosa dei cechi e degli slovacchi: quadro storico generale, problemi storiografici e fonti ufficiali. In: L. Vaccaro (Hrsg.), Storia religiosa dei cechi e degli slovacchi. Ricerche 16. La Casa di Matriona (Milano 1987) 25–37.

Ljapuškin 1958
I. I. Ljapuškin, Pamjatniki saltovo-majackoj kul'tury v bassejne r. Dona. In: Trudy Volgo-Donskoj arheologičeskoj ekspedicii 1. MIA 62 (Moskva, Leningrad 1958) 119.

Lobbedey 1986
U. Lobbedey, Die Ausgrabungen im Dom zu Paderborn 1978/80 und 1983. Denkmalpfl. u. Forsch. Westfalen 11 (Bonn 1986).

Lobbedey 1998
U. Lobbedey, Ottonische Krypten. Bemerkungen zum Forschungsstand an Hand ausgewählter Beispiele. In: Althoff/Schubert (Hrsg.) 1998, 77–102.

Lobbedey u. a. 1993
U. Lobbedey/H.Scholz/S. Vestring-Buchholz, Der Dom zu Münster 793–1945–1993. 1: Der Bau. Denkmalpfl. u. Forsch. Westfalen 26 (Bonn 1993) 13–18.

Losert 1993a
H. Losert, Die Keramik des frühen bis hohen Mittelalters in Oberfranken. Zeitschr. Arch. Mittelalter, Beih. 8 (1993).

Losert 1993b
H. Losert, Die slawische Besiedlung Nordostbayerns aus archäologischer Sicht. 11. Niederbayer. Archäologentag Deggendorf, 1993, 207–270.

Łosiński 1972
W. Łosiński, Poczatki wczesnośredniowiecznego osadnictwa grodowego w dorzeczu dolnej Parsety VII-X/XI (Wrocław 1972).

Łosiński 1993
W. Łosiński, Chronologia, skala i drogi napływu monet arabskich do krajów europejskich u schyłku IX i X wieku. Slavia Antiqua 34, 1993.

Łosiński 1994
W. Łosiński, W sprawie genezy osiedli wczesnomiejskich u Slowian nadbaltyckich. Slavia Antiqua 35, 1994, 101–128.

Łosiński 1995
W. Łosiński, Zur Genese der frühstädtischen Zentren bei den Ostseeslawen. In: Brachmann (Hrsg.) 1995, 68–91.

Łosiński 1996a
W. Łosiński, Próba nowego spojrzenia na dzieje wczesnośredniowiecznego Szczecina. In: 50 lat archeologii polskiej na Pomorzu Zachodnim (Szczecin 1996) 135 ff.

Łosiński 1996b
W. Łosiński, W sprawie lokalizacji portu wczesnośredniowiecznego Szczecina. In: Slowianszczyzna w Europie wczesnosredniowiecznej 2 (Wrocław 1996) 67 ff.

Łosiński 1998
W. Łosiński, Z dziejów obrzędowości pogrzebowej u północnego odłamu Slowian zachodnich w świetle nowszych badań. In: Kóčka-Krenz/Łosiński (Hrsg.) 1998, 473–483.

Lotter 1997
F. Lotter, Das Bild des hl. Adalbert in der römischen und der sächsischen Vita. In: H. H. Henrix (Hrsg.), Adalbert von Prag. Brückenbauer zwischen dem Osten und dem Westen Europas. Schr. Adalbert-Stiftung Krefeld 4 (Baden-Baden 1997) 77–107.

Lovag 1980
Z. Lovag, Bronzene Pektoralkreuze aus der Árpádenzeit. Acta Arch. Acad. Scien. Hungaricae 32, 1980, 363–372.

Lovas 1937
E. Lovas, Pannonhalma környéke az ó- és a középkorban [Die Umgebung von Pannonhalma im Altertum und im Mittelalter]. Pannonhalmi Szemle 12, 1937, 24–42.

Łowmiański 1962
H. Łowmiański 1963, Dynastia Piastów we wczesnym średniowieczu. In: K. Tymieniecki, Początki państwa polskiego 1 (Poznań 1962) 111–162.

Łowmiański 1963–1973
H. Łowmiański, Poczatki Polski 1–5 (Warszawa 1963–1973).

Łowmiański 1973–1985
H. Łowmiański, Poczatki Polski 5–6 (Warszawa 1973–1985).

Łowmiański 1986
H. Łowmiański, Religia Slowian i jej upadek [Religion der Slaven und ihr Niedergang] (Warszawa 1986).

Lübke 1991
Ch. Lübke, Arbeit und Wirtschaft im östlichen Mitteleuropa. Die Spezialisierung menschlicher Tätigkeit im Spiegel der hochmittelalterlichen Toponymie in den Herrschaftsgebieten der Piasten, Přemysliden und Arpaden. In: Glossar zur frühmittelalterlichen Geschichte im östlichen Europa, Beih. 7 (Stuttgart 1991).

Lübke 1993a
Ch. Lübke, s.v. Markgrafschaft. Lexikon des Mittelalters 6 (München 1993).

Lübke 1993b
Ch. Lübke, Slaven und Deutsche um das Jahr 1000. Medievalia Hist. Bohemica 3 (Prag 1993).

Lübke 1993c
Ch. Lübke, Slaven zwischen Elbe/Saale und Oder. Wenden-Polaben-Elbslaven? Beobachtungen zur Namenwahl. Jahrb. Gesch. Mittel- u. Ostdeutschlands 41, 1993, 17–43.

Lübke (Hrsg.) 1998
Ch. Lübke (Hrsg.), Struktur und Wandel im Früh- und Hochmittelalter. Eine Bestandsaufnahme der Germania Slavica. Forsch. Gesch. u. Kultur östl. Mitteleuropa 5 (Stuttgart 1998).

Ludat 1971
H. Ludat. An Elbe und Oder um das Jahr 1000 (Köln, Wien 1971).

Ludat 1995
H. Ludat, An Elbe und Oder um das Jahr 1000. Skizzen zur Politik des Ottonenreiches und der slavischen Mächte in Mitteleuropa² (Weimar 1995).

Ludvíkovský 1973/74
J. Ludvíkovský, Latinské legendy českého středověku. Sborník prací filosofické fakulty Brněnské university, E 18/19, 1973/74, 267–287.

Ludvíkovský (Hrsg.) 1978
J. Ludvíkovský (Hrsg.), Legenda Christiani. Vita et passio sancti Venceslai et sancte Ludmile ave eius – Kristiánova Legenda. Život a umučení svatého Václava a jeho báby Ludmily (Prag 1978).

Ludwig im Druck
Th. Ludwig, Das DO I. 406 und die Zugehörigkeit der Niederlausitz zum Bistum Meißen (im Druck).

Lutovský 1998
M. Lutovský, Bratrovrah a tvůrce státu. Život a doba knížete Boleslava I. (Prag 1998).

Maas 1899
E. Maas, Inschriften und Bilder des Mantels Kaiser Heinrichs II. Zeitschr. christl. Kunst 1899, 321–342; 361–376.

Machilek 1974
F. Machilek, Reformorden und Ordensreformen in den böhmischen Ländern vom 10. bis 18. Jahrhundert. In: F. Seibt (Hrsg.), Bohemia Sacra. Das Christentum in Böhmen 973–1973 (Düsseldorf 1974).

Macůrek 1965
Macůrek, Magna Moravia. Sborník k 1100. výročí příchodu byzantské mise na Moravu (Praha 1965).

Madzsar 1917
I. Madzsar, Gizella. Magyar Nyelv 13, 1917, 84–85.

Madzar 1921
I. Madzsar, Szent István törvényei és a lex Baiuwariorum [Die Gesetze des St. Stephans und das Lex Baiuwariorum]. Történeti Szemle 10, 1921, 59.

Magdalino 1996
P. Magdalino, Constantinople médiévale. Études sur l'évolution des structures urbaines (Paris 1996).

Mager 1960
F. Mager, Der Wald in Altpreussen als Wirtschaftsraum. 1–2 (Köln 1960).

Magyar 1998
Z. Magyar, Koppány (Budapest 1998).

Mai-Homér 1938
L. Mai-Homér, Benczúr Gyula (Budapest 1938).

Makkai 1971
L. Makkai, Von der Landnahme bis Mohács (1526). In: I. Barta u. a., Die Geschichte Ungarns (Budapest 1971).

Makohonienko 1997
M. Makohonienko, Subfosylne znaleziska Chlorophyta, Cyanobacteria i Nematoda w osadach limnicznych srodkowej Wielkopolski jako wskasniki pradziejowych i wcześnohistorycznych oddzianywa antropogenicznych na ekosystemy jeziorne. Homini 1997, 101–111.

Makohonienko 1998
M. Makohonienko, Młodoholoceńska działalność antropogeniczna rejestrowana w osadach limnicznych w rejonie Gniezna (ungedr. Diss. 1998).

Makowiecki 1997
D. Makowiecki, Hodowla oraz użytkowanie zwierząt na Ostrowie Lednickim w średniowieczu (ungedr. Diss. Poznań 1997).

Maksay 1971
F. Maksay, A magyar falu középkori településrendje (Budapest 1971).

Małachowicz 1993
E. Małachowicz, Wrocławski zamek książęcy i kolegiata św. Krzyża na Ostrowie (Wrocław 1993).

Małachowicz 1999
E. Małachowicz, Wczesnośredniowieczna architektura katedry wrocławskiej. Slavia Antiqua 40, 1999, 55–68.

Małachowicz u. a. 1998
E. Małachowicz/C. Lasota/M. Małachowicz, Badania początków architektury katedry wrocławskiej. Sobótka 53, 1998, 505–518.

Maleczyńska/Maleczyński (Hrsg.) 1960
E. Maleczyńska/K. Maleczynski (Hrsg.), Studia z dziejów polskich i czechosłockich 1 (Wrocław 1960).

Maleczyński 1963
K. Maleczyński, Die Politik Ottos III. gegenüber Polen und Böhmen im Lichte der Meißener Bistumsurkunde vom Jahre 995. Letopis 10, 1963, 162–203.

Malmer 1997
B. Malmer, The Anglo-Scandinavian Coinage c. 995–1020. Commentationes de nummis saec. IX-XI in Suecia repertis, NS 9 (Stockholm 1997).

Mályusz 1971
E. Mályusz, Egyházi társadalom a középkori Magyarországon [Die kirchliche Gesellschaft des mittelalterlichen Ungarn] (Budapest 1971).

Mango 1985
C. Mango, Le développement urbain de Constantinople (IVe-VIIe siècles) (Paris 1985).

Mansikka 1922
V. J. Mansikka, Die Religion der Ostslawen (Helsinki 1922).

Manteuffel/Gieysztor (Hrsg.) 1968
T. Manteuffel/A. Gieysztor (Hrsg.), L' Éurope aux IX-XI siècles. Aux origines des États nationaux (Varsovie 1968).

Marosi 1996a
E. Marosi, Die Baukunst der Benediktiner im Ungarn der Árpádenzeit – Zum Problem der „Ordensbauschulen" Acta Historiae Artium 38, 1996, 15–30.

Marosi 1996b
E. Marosi, A honfoglalás a művészetben. In: Honfoglalás és millenium. Magyar Tudomaný 8, 1996, 1030–1031.

Marschall 1981
H.-G. Marschall, Die Kathedrale von Verdun. Die romanische Baukunst in Westlothringen 1. Veröff. Inst. Landeskde. Saarland 32 (Saarbrücken 1981).

Marsina 1971
R. Marsina, Codex diplomaticus et epistolaris Slovaciae. 1. 805–1235 (Bratislava 1971).

Marsina 1984
R. Marsina, O osídlení Slovenska od 11. do polovice 13. storočia. In: Slovenský l'ud po rozpade Vekomoravskej ríže. Hist. Stúd. 27, 2 (Bratislava 1984).

Marsina 1985a
R. Marsina, Metodov boj (Bratislava 1985).

Marsina 1985b
R. Marsina, Najstarsie mestá na Slovensku na základe historických dokladov. Arch. Hist. 10, 1985, 85–92.

Maschke 1978
E. Maschke, Die Brücke im Mittelalter. In: E. Maschke/J. Sydow (Hrsg.), Die Stadt am Fluß. Arbeitstagung Kehl 1975 (Sigmaringen 1978) 9–39.

Mašín 1977
J. Mašín, Malerei und Plastik der Romanik. In: E. Bachmann (Hrsg.), Romanik in Böhmen (München 1977).

Maślanka 1984
J. Maślanka, Literatura a dzieje bajeczne [Literatur und die „sagenumwobene Zeit"] (Warszawa 1984).

Maszák 1870
H. Maszák, A pályázó magyar történelmi képek [Die eingereichten ungarischen historischen Gemälde]. In: Pesti Napló 1870, Nr. 116. 21.

Matejko 1889
J. Matejko, Wyjaśnienie dwunastu szkiców przedstawiających dzieje cywilizacji w Polsce [Erläuterungen zu den zwölf Skizzen zur Geschichte der Zivilisation in Polen] (Kraków 1889). [= In: S. Tarnowski, Matejko. (Kraków 1897) 535].

Mathews/Wieck (Hrsg.) 1994
Th. F. Mathews/R. S. Wieck (Hrsg.), Treasures in Heaven. Armenian illuminated Manuscripts (New York 1994).

v. Mátray 1990
A. v. Mátray, Der große Polyglott. Ungarn (München 1990).

Matuszkiewicz 1993
J. M. Matuszkiewicz, Krajobrazy roślinne i regiony geobotaniczne Polski (Wrocław 1993).

Mayer/Szabó (Hrsg.) 1983
G. Mayer/Á. Szabó (Hrsg.), Euklid, Elemek [Elemente] (Budapest 1983).

Mayr-Harting 1991
H. Mayr-Harting, Ottonische Buchmalerei. Liturgische Kunst im Reich der Kaiser, Könige und Äbte (Stuttgart u. a. O. 1991).

Mehling (Hrsg.) 1993
M. Mehling (Hrsg.) Knaurs Kulturführer in Farbe. Die Donau (München 1993).

Merda 1996
J. Merda, Denáry eské a moravské. Katalog mincí eského státu od X. do počátku XIII. stoleti (Brno 1996).

Merhautová 1992
A. Merhautová, Der St. Wenzelshelm. Umění 30, 1992, 169 ff.

Merhautová/Třeštík 1983a
A. Merhautová/D. Třeštík, Spezifische Züge der böhmischen Kunst im 12. Jahrhundert. In: F. Möbius/E. Schubert (Hrsg.), Architektur des Mittelalters. Funktion und Gestalt (Weimar 1983) 105–140.

Merhautová/Třeštík 1983b
A. Merhautová/D. Třeštík, Románské umění v Čechách a na Moravě (Prag 1983).

Merhautová-Livorová u. a. 1980
A. Merhautová-Livorová/M. Richter/L. Sršeň, Architektonické zlomky ostrovského kláštera. Sborník Národ. Muz. Praha 34, 1980.

Méri 1952
I. Méri, Beszámoló a Tiszalök – rázompusztai és Túrkeve – mórici ásatások eredményeiről I. (Otčet o raskopkah v Tissalëk – Razompusta). Arch. Ért. 79, 1952, 56–58.

Méri 1962
I. Méri, Az árkok szerepe Árpád-kori falvainkban. [Angaben zu Siedlungsformen der arpadenzeitlichen ungarischen Dörfer]. Arch. Ért. 89, 1962, 211–218.

Méri 1963
I. Méri, Árpád-kori szabadban levő kemencék. [Freistehende Backöfen aus der Regierungszeit des Hauses Árpád (10.–13. Jh.)]. Arch. Ért. 90, 1963, 273–280.

Méri 1964
I. Méri, Árpád-kori népi építészetünk feltárt emlékei Orosháza határában. Rég. Füzetek 12, 1964, 48.

Méri 1969/70
I. Méri, Árpád-kori falusi és gabonaörlő és kenyérsütő berendezések. Magyar Mezõgazdasági Múz. Közl. 1969/70, 77–81.

Měřínský 1986
Z. Měřínský, Morava v 10. století ve svetle archeologických nálezů. Pam. Arch. 67, 1986, 18–20.

Meszlény 1934
A. Meszelény, A jozefinizmus kora Magyarországon (Budapest 1934).

Messerer 1952
W. Messerer, Der Bamberger Domschatz (München 1952).

Messerer 1959a
W. Messerer, Zum Kaiserbild des Aachener Ottonencodex. Nachr. Akad. Wiss. Göttingen 1, Phil.-hist. Kl. 1959, 27–36.

Messerer 1959b
W. Messerer, Zur byzantinischen Frage in der Ottonischen Kunst. Byzantin. Zeitschr. 1959, 52.

Metcalf 1981
M. Metcalf, Some Speculations on the volume of the German Coinage in the 10th and 11th centuries, Lagom. In: Th. Fischer/P. Ilisch (Hrsg.), Festschr. P. Berghaus (Münster 1981) 185–193.

Meuthen 1966/67
E. Meuthen, Die Aachener Pröpste bis zum Ende der Stauferzeit. Zeitschr. Aachener Gesch.ver. 78, 1966/67, 5–95.

Meyer 1980
H. Meyer, Illustrierte Metaphern des Psaltertextes in den Illustrationen des Stuttgarter Bilderpsalters. In: Ch. Meier/U. Ruberg (Hrsg.), Text und Bild (Wiesbaden 1980) 175–208.

Mezey 1979
L. Mezey, Deákság és Európa. Irodalmi műveltségünk alapvetésének vázlata [Studentenschaft und Europa. Skizze der Grundlegung der ungarischen literarischen Bildung] (Budapest 1979).

Metzger 1971
M. D. Metzger, The 'Legimus' Subscription of Charles the Bald and the Question of Byzantine Influence. Viator 2, 1971, 53–58.

Michałowski 1989
R. Michałowski, Aix-la-Chapelle et Cracovie au XIe siècle. Bulletino dell'Istituto Storico Italiano per il Medioevo e Archivio Muratoriano 95, 1989, 45–69.

Michałowski 1993
R. Michałowski, Princeps fundator. Studium z dziejów kultury politycznej w Polsce X-XIII wieku (Warszawa 1993).

Mikołajczyk 1972
G. Mikołajczyk, Początki Gniezna. Studia nad źródłami archeologicznymi (Warszawa, Poznań 1972).

Mikołajczyk 1973
G. Mikołajczyk, Początki Gniezna. Źródła archeologiczne (Warszawa, Poznań 1973).

Milénium 1993
Milénium břevnovského kláštera (993–1993). Univerzita Karlova (Prag 1993).

Milecka 1997
K. Milecka, Pediastrum jako wskaźnik eutrofizacji wód na przykładzie Jeziora łekniéskiego i kopalnego zbiornika w Gieczu. In: A. Choiński (Hrsg.), Wpływ antropopresji na jeziora. Homini 1997, 127–136.

Mishin 1996
D. Mishin, Ibrahim ibn Ya'qub at-Turtushi's account of the Slavs from the middle of the tenth century. In: M.B. Davis/M. Sebök (Hrsg.), Annual of the Medieval Studies of the Central European University 1994–1995 (Budapest 1996) 184–199.

Młynarska-Kaletynowa 1992
M. Młynarska-Kaletynowa, Najdawniejszy Wrocław (Wrocław 1992).

Modrzewska 1969
H. Modrzewska, Osadnictwo jenieckie we wcześniejszym średnowieczu polskim. Kwartalnik Hist. Kultury Mat. 17, 1969, 345–384.

Modrzewska 1984
H. Modrzewska, Osadnictwo obcoetniczne i innoplemienne w Polsce wcześniejszego średniowiecza (Warszawa 1984).

Modzelewski 1987
K. Modzelewski, Chłopi w monarchii wczesnopiastowskiej (Wrocław u.a.O. 1987).

Moga/Ciugudean (Hrsg.) 1995
V. Moga/H. Ciugudean (Hrsg.), Repertoriul arheological judetului Alba (Alba Iulia 1995).

Moravcsik 1938a
G. Moravcsik, A honfoglalás előtti magyarság és a kereszténység [Das Ungartum vor der Landnahme und das Christentum]. In: Serédi (Hrsg.) 1938, 172–212.

Moravcsik 1938b
G. Moravcsik, Görögnyelvű monostorok Szent István korában [Griechischsprachige Klöster in der Zeit Stephans des Heiligen]. In: Serédi (Hrsg.) 1938, 387–422.

Moździoch 1998
S. Moździoch, Archäologische Forschungen zu frühmittelalterlichen Burgen in Schlesien. In: Henning/Ruttkay (Hrsg.) 1998, 275–291.

Moździoch (Hrsg.) 1999
S. Moździoch (Hrsg.), Centrum i zaplecze we wczesnośredniowiecznej Europie środkowej (Wrocław 1999).

v. Müller/v. Müller-Muči 1983
A. v. Müller/K. v. Müller-Muči, Die Ausgrabungen auf dem Burgwall in Berlin-Spandau 1–2. Berliner Beitr. Vor- u. Frühgesch. N.F. 3 (Berlin 1983).

v. Müller/v. Müller-Muči 1987
A. v. Müller/K. v. Müller-Muči, Ausgrabungen und Funde auf dem Burgwall in Berlin Spandau. Berliner Beitr. Vor- u. Frühgesch. N.F. 5 (Berlin 1987).

v. Müller/v. Müller-Muči 1989
A. v. Müller/K. v. Müller-Muči, Ausgrabungen, Funde und naturwissenschaftliche Untersuchungen auf dem Burgwall in Berlin Spandau. Berliner Beitr. Vor- u. Frühgesch. N.F. 6 (Berlin 1989).

v. Müller/v. Müller-Muči (Hrsg.) 1999
A. v. Müller/K. v. Müller-Muči (Hrsg.), Neue Forschungsergebnisse vom Burgwall in Berlin-Spandau. Berliner Beitr. Vor- u. Frühgesch. N.F. 9 (Berlin 1999).

v. Müller u.a 1993
A. v. Müller/K. v. Müller-Muči/V. Nekuda, Die Keramik vom Burgwall in Berlin-Spandau. Berliner Beitr. Vor- u. Frühgesch. N.F. 8 (Berlin 1993).

H. Müller 1977
H. Müller, Heribert, Kanzler Ottos III. und Erzbischof von Köln. Veröff. Köln. Geschichtsver. 33 (Köln 1977).

H. Müller 1996
H. Müller, Heribert, Kanzler Ottos III. und Erzbischof von Köln, Rhein. Vierteljahrsbl. 60, 1996, 16–64.

H. Müller 1998
H. Müller, Heribert, Kanzler Ottos III., Erzbischof von Köln (999–1021) und Gründer der Abtei Deutz. Colonia Romanica 13, 1998, 22–37.

R. Müller 1995
R. Müller, Ein karolingerzeitlicher Herrenhof in Zalaszabar (Ungarn, Komitat Zala). Sborník Prací Fil. Fak. Brno E 40, 1995, 91–100.

Müller-Christensen 1966
S. Müller-Christensen, Das Grab des Papstes Clemens II. im Dom zu Bamberg (München 1960).

Müller-Christensen 1976
S. Müller-Christensen, Reliquienhüllen im Kreuz der Königin Gisela. Anz. Germ. Natmus. 1976, 14–21.

Müller-Mertens 1980
E. Müller-Mertens, Die Reichsstruktur im Spiegel der Herrschaftspraxis Ottos des Großen. Forsch. Mittelalterl. Gesch. 25 (Berlin 1980).

Müller-Wille 1982/1983
M. Müller-Wille, Königsgrab und Königsgrabkirche. Funde und Befunde im frühgeschichtlichen und mittelalterlichen Nordeuropa. Ber. RGK 63, 1982/1983, 350–412.

Müller-Wille (Hrsg.) 1991
M. Müller-Wille (Hrsg.), Starigard/Oldenburg. Ein slawischer Herrensitz des frühen Mittelalters in Ostholstein (Neumünster 1991).

Müller-Wille 1999
M. Müller-Wille, Monety is Starigarda/Ol'denburga i Starogo Ljubeka. In: A. A. Gippius/E. N. Nosov/A. S. Chorošev (Hrsg.), Velikii Novgorod v istorii srednevekovoi Europy. K 70 – letniju Valentina Lavreňevi a Janina (Moskva 1999) 418–431.

Mütherich 1967
F. Mütherich, Zu einer verschollenen Handschrift aus dem 11. Jahrhundert. In: Studien zur Buchmalerei und Goldschmiedekunst des Mittelalters (Marburg 1967)

Mütherich 1972
F. Mütherich, Die verschiedenen Bedeutungssichten in der frühmittelalterlichen Psalterillustration. Frühmittelalterl. Stud. 6, 1972, 232–244.

Mütherich 1978
F. Mütherich, Ausstattung und Schmuck der Handschrift. In: Das Evangeliar Ottos III. Clm 4453 Bayer. Staatsbibliothek München, Begleitbd. (Frankfurt 1978) 63–134.

Mütherich 1986
F. Mütherich, Das Evangeliar Heinrichs des Löwen und die Tradition des mittelalterlichen Herrscherbildes (München 1986).

N.N. 1873
N.N., Szent László király palástja [Der Mantel des Konigs St. Ladislaus]. Religio 1873, 16.

Nagy 1954
E. Nagy, A székesfehérvári István-koporsó keletkezése. Müvészettörténeti Ért. III (1954).

Nagy 1969
Á. Nagy, Eger környéki és Tisza-vidéki besenyő települések a X.-XI. században [Petschenegische Siedlungen in der Umgebung von Eger und im Gebiet an der Theiß im 10.–11. Jahrhundert]. Egri Múz. Évk. 7, 1969, 138.

Nalepa 1968
J. Nalepa, Słowiańszczyzna Pólnocno-Zachodnia (Poznań 1968).

Nalepa 1996
J. Nalepa, Obrzanie – plemie nad Obra w poludniowo-wschodniej Wielkopolsce. In: Z. Kurnatowska (Hrsg.), Słowiańszczyzna w Europie sredniowiecznej 1 (Wrocław 1996) 67–68.

Nass 1998
K. Nass, s.v. Widukind von Corvey. In: B. Wachinger u. a. (Hrsg.), Die deutsche Literatur des Mittelalters. Verfasserlexikon. 2, 10 (Berlin, New York 1998) 1000–1006.

Nelson (1986)
J. L. Nelson, Politics and Ritual in Early Medieval Europe (London 1986).

Nepper 1991
I. Nepper, Neuere Gräberfelder aus der Landnahmezeit aus Hajdú-Bihar Komitat. A Déri Múz. Évk. 1991, 94.

Nepper 1991
I. Nepper, Sárrétudvari és környéke a XIII. századig [Sárrétudvari und Umgebung bis zum 13. Jahrhundert]. A Bihari Múz. Évk. 6/7, 1991, 51.

Niewiarowski 1995
W. Niewiarowski (Hrsg.), Zarys zmian srodowiska geograficznego okolic Biskupina pod wplywem czynników naturalnych i antropogenicznych w póznym glacjale i holocenie (Toruń 1995).

Nitschke 1966
B. Nitschke, Die Handschriftengruppe um den Meister des Registrum Gregorii (Recklinghausen 1966).

Nohejlová-Prátová 1962
E. Nohejlová-Prátová, Kilka uwag na temat najstarszych znalezisk denarow czeskich i wspolczesnych znalezisk polskich. Wiadomósci 7, 1962, 133.

Nováki 1993
G. Nováki, A borsodi földvár sánca [Der Wall der Erdburg von Borsod]. Hom. Évk. XXX-XXXI, 1993, 125–145.

B. Novotný 1969
B. Novotný, Depots von Opfersymbolen als Reflex eines Agrarkultes in Grossmähren und im wikingischen Skandinavien. Pam. Arch. 60, 1969, 197–227.

V. Novotný 1912; 1913
V. Novotný, České dějiny, I.1. Od nejstarších dob do smrti knížete Oldřicha, I.2. Od Břetislava I. do Přemysla I. (Praha 1912; 1913).

Nový 1968
R. Nový, Die Anfänge des böhmischen Staates. 1. Mitteleuropa im 9. Jahrhundert. Acta Univ. Carolinae Phil. et Hist., Monogr. 26 (Praha 1968).

Nový 1972
R. Nový, Přemyslovský stát 11.–12. Stoleti. Acta Univ. Carolinae Phil. et Hist., Monogr. 43 (Praha 1972).

Nový 1988
R. Nový, Symboly české státnosti v 10.–12. století. Folia Hist. Bohemica 12, 1988, 47–63.

Nový 1993
R. Nový, K zakládací listině pražského biskupství. In: Traditio et cultus. Miscellanea Historica bohemica Miloslao Vlk, archiepiscopo Pragensi dedicata (Prag 1993) 13–19.

Nový u. a. (Hrsg.) 1987
R. Nový/J. Sláma/J. Zachov (Hrsg.), Slavníkovci ve středověkém písemnictví (Prag 1987).

Nowak 1965
A. Nowak, Sprawozdanie z prac archeologicznych, przeprowadzonych na Ostrowie Lednickim, pow. Gniezno, w 1962 roku. Spraw. Arch. 17, 1965, 181–189.

Ohnsorge 1947
W. Ohnsorge, Das Zweikaiserproblem im früheren Mittelalter. Die Bedeutung des byzantinischen Reiches für die Entwicklung der Staatsidee in Europa (Hildesheim 1947).

Ohnsorge 1966
W. Ohnsorge, Konstantinopel und der Okzident (Darmstadt 1966).

Ohnsorge 1979
W. Ohnsorge, Abendland und Byzanz (Darmstadt 1979).

Olsen 1965
O. Olsen, Húrg, Hov og Kirke (Horgr, hof and church). Historiske og arkaeologiske vikingetidsstudier. Aarb. Nordisk Oldkde. og Hist. 1965, 5–307.

Olsen 1970
O. Olsen, Vorchristliche Heiligtümer in Nordeuropa. In: H. Jankuhn (Hrsg.), Vorgeschichtliche Heiligtümer und Opferplätze in Mittel- und Nordeuropa. Symposium Reinhausen 1968. Abhandl. Akad. Wiss. Göttingen, Phil.-hist. Kl. 3, 74 (Göttingen 1970) 259–278.

Opat (Hrsg.) 1996
J. Opat (Hrsg.), Ilustrovane České Dejiny. Českýstát v ráném středoveku, 1–4 (Praha 1996).

Opravil 1998
E. Opravil, Gegenwärtiger Stand archäobotanischer Forschungen in der Siedlungsagglomeration von Staré Mesto in der Burgwallzeit. In: Polácek (Hrsg.) 1998, 354–356.

Opravil in Vorber.
E. Opravil, Zur Umwelt des Burgwalls von Mikulčice und zur Ernährung seiner Bewohner. In: Polácek (Hrsg.) in Vorber.

Ordnungen ... 1989
Ordnungen und formende Kräfte des Mittelalters. Ausgewählte Beiträge (Göttingen 1989).

Ortalli 1980
G. Ortalli, Venezia dalle origini a Pietro II Orseolo. In: G. Galasso (Hrsg.), Storia d'Italia. 1. Longobardi e Bizantini (Torino 1980) 339–438.

Ortalli 1992
G. Ortalli, Il ducato e la „civitas Rivoalti" tra carolingi, bizantini e sassoni, In: Cracco Ruggini u. a. (Hrsg.) 1992.

Osterhaus 1972
U. Osterhaus, Beobachtungen zum römischen und frühmittelalterlichen Regensburg. Verhandl. Hist. Ver. Oberpfalz 112, 1972, 15.

Ostrogorsky 1963
G. Ostrogorsky, Geschichte des byzantinischen Staates[3] (München 1963).

Ostrowska-Kębłowska 1976/77
Z. Ostrowska-Kębłowska, Die Goldene Kapelle im Dom zu Posen. Aachener Kunstbl. 47, 1976/77, 279–292.

Ostrowska-Kębłowska 1997
Z. Ostrowska-Kębłowska, Dzieje Kaplicy Królów Polskich czyli Złotej w katedrze poznańskiej [Zur Geschichte der Kapelle der Polnischen Könige oder der Goldenen Kapelle im Dom zu Posen] (Poznań 1997).

Oswald 1968a
F. Oswald, Memleben. In: Vorromanische Kirchenbauten 1968, 202–204.

Oswald 1968b
F. Oswald, Merseburg, Dom. In: Vorromanische Kirchenbauten 1968, 205 f.

Oswald u. a. (Hrsg.) 1966–1997
F. Oswald/L. Schaefer/H. R. Sennhauser (Hrsg.), Vorromanische Kirchenbauten. Katalog der Denkmäler bis zum Ausgang der Ottonen (München 1966–1997).

Ott 1998
J. Ott, Krone und Krönung. Die Verheißung und Verleihung von Kronen in der Kunst von der Spätantike bis um 1200 und die geistige Auslegung der Krone (Mainz 1998).

Otto/Herrmann (Hrsg.) 1969
K.-H. Otto/J. Herrmann (Hrsg.), Siedlung, Burg und Stadt. Studien zu ihren Anfängen [Festschr. P. Grimm]. Dt. Akad. Wiss. Berlin, Schr. Sektion Vor- u. Frühgesch. 25 (Berlin 1969).

v. Padberg 1998
L. E. v. Padberg, Die Christianisierung Europas im Mittelalter. Reclams Universal-Bibliothek 17015 (Stuttgart 1998).

Päffgen/Ristow 1996
B. Päffgen/S. Ristow, Die Römerstadt Köln zur Merowingerzeit. In: Kat. Mannheim 1996, 145–159.

Parádi 1967
N. Parádi, A Hács-béndekpusztai Árpád-kori edényégetőkemence. (Le four de potier de l'epoque arpadienne de Hács-Béndekpuszta.) Arch. Ért. 94, 1967, 23–33.

Parczewski 1991
M. Parczewski, Początki kształtowania się polsko-ruskiej rubieży etnicznej w Karpatach. U źródeł rozpadu Slowianszczyzny na odłam wschodni i zachodni (Kraków 1991).

Parczewski 1993
M. Parczewski, Die Anfänge der frühslawischen Kultur in Polen. Veröffentl. österr. Ges. Ur- u. Frühgesch. 17 (Wien 1993).

Parczewski 1997
M. Parczewski, Przedmurze lędziańskie czyli o Polaków pochodzeniu. Arch. żywa 4, 1997, 27–31.

Pauler 1899
G. Pauler, A magyar nemzet története az Árpádházi királyok alatt[2] [Die Geschichte der ungarischen Nation unter den Königen des Árpádenhauses] (Budapest 1899).

Pekař 1906
J. Pekař, Die Wenzels- und Ludmila-Legenden und die Echtheit Christians (Prag 1906).

Petersohn 1979
J. Petersohn, Der südliche Ostseeraum im kirchlich-politischen Kräftespiel des Reiches, Polens und Dänemarks vom 10. bis 13. Jahrhundert (Köln 1979).

Petersohn 1993
J. Petersohn, „Echte" und „falsche" Insignien im deutschen Krönungsbrauch des Mittelalters? Sitzungsber. Wiss. Ges. J. W. Goethe-Univ. Frankfurt 30, 3 (Stuttgart 1993).

Petersohn 1998
J. Petersohn, Über monarchische Insignien und ihre Funktion im mittelalterlichen Reich. Hist. Zeitschr. 266, 1998, 47–96.

Petke 1993
W. Petke, Sachsen und Slaven um das Jahr 1000. In: Kat. Hildesheim 1, 1993, 217–224.

Petráň 1998
Z. Petráň, První české mince (Praha 1998).

Pianowski 1990
Z. Pianowski, Architektura monumentalna Wawelu od 1000 do ok. 1300 roku. In: Kat. Gniezno 1998, 61.

Pianowski 1991
Z. Pianowski, Wawel obronny (Kraków 1991).

Pianowski 1994
Z. Pianowski, Sedes regni principales. Wawel i inne rezydencje piastowskie do połowy XIII wieku na tle europejskim (Kraków 1994).

Pianowski 1995
Z. Pianowski, L'architecture préromane et romane au chateau royal de Cracovie, Cahièrs de Civilisation Medievale 38, 1995, 141–163.

Pietrusińska 1971
M. Pietrusińska, Katalog i bibliografia zabytków. In: M. Walicki (Hrsg.), Sztuka polska przedromańska i romańska do schyłku XIII wieku. Dzieje sztuki polskiej 1 (Warszawa 1971) 686–687; 740–742; 748–749; 751–752;

Plachá u. a. 1996
V. Plachá/J. Hlavicová/I. Keller, Slovanský Devín (Bratislava 1996).

Pleiner 1961
R. Pleiner, Slovanské sekerovité hřivny. Slovenská Arch. 9, 1961, 405–450.

Pleiner 1967
R. Pleiner, Die Technologie des Schmiedes in der großmährischen Kultur. Slovenská Arch. 15, 1967, 77–188.

Pleinerová 1975
I. Pleinerová, Březno. Vesnice prvních Slovanů v severozápadních Čechách (Praha 1975).

Pletnjowa 1967
S.A. Pletnjowa, Ot kočevij k gorodam. Saltovo-majackaja kul'tura. MIA 142 (Moskva 1967).

Pletnjowa 1978
S.A. Pletnjowa, Die Chasaren. Mittelalterliches Reich an Don und Wolga (Leipzig 1978).

Pletnjowa 1981
S.A. Pletnjowa, Stepi Evrazii v epohu srednevekov'ja. Arheologija SSSR (Moskva 1981).

Plezia 1947
M. Plezia, Kronika Galla na tle historiografii XII wieku. Polska Akademia Umiejetnosci. Rozprawy wydzialu hist.-fil. 2 (Kraków 1947).

Podlaha 1904
A. Podlaha, Die Bibliothek des Metropolitankapitels. Topographie der historischen und Kunst-Denkmale im Königreich Böhmen 24, 2. Abt. 2 (Prag 1904).

Pohl 1988
W. Pohl, Die Awaren. Ein Steppenvolk in Mitteleuropa. 567–822 n. Chr. (München 1988).

Pohl 1991
W. Pohl, Ethnogenese und literarische Gestaltung: eine Zwischenbilanz. In: K. Brunner/B. Merta (Hrsg.), Ethnogenese und Überlieferung. Veröff. Österr. Inst. Geschichtsforsch. 31 (Wien 1991).

L. Poláček (Hrsg.) 1996
L. Poláček (Hrsg.), Studien zum Burgwall von Mikulčice 2 (Brno 1996).

Poláček 1996
L. Poláček, Zum Stand der siedlungsarchäologischen Forschung in Mikulčice. In: Staňa/Poláček (Hrsg.) 1996, 213–260.

L. Poláček (Hrsg.) 1997
L. Poláček (Hrsg.), Studien zum Burgwall von Mikulčice 3 (Brno 1997).

Polácek (Hrsg.) in Vorber.
L. Poláček (Hrsg.), Studien zum Burgwall von Mikulčice 4 (Brno, in Vorber.).

Polácek (Hrsg.) 1995
L. Polácek (Hrsg.), Technologie und Beschreibung. Internat. Tagungen Mikulčice 2 (Brno 1995).

Polcyn 1998
M. Polcyn, Archeobotaniczna interpretacja podwodnych warstw kulturowych dwóch akwenów w srodkowej Wielkopolsce (ungedr. Diss. 1998).

Poleski 1995
J. Poleski, Naszacowice – ein frühmittelalterlicher Burgwall im Zuflußgebiet des Dunajec (Kleinpolen). Slavia Antiqua 36, 1995, 29–37.

Poleski 1997a
J. Poleski, Kleinpolen im 8.–10. Jahrhundert. Bemerkungen zu den Beziehungen zwischen Kleinpolen und Böhmen, Mähren, Slowakei und Ungarn. In: Mitteleuropa im 8.–10. Jahrhundert (Bratislava 1997) 15–26.

Poleski 1997b
J. Poleski, Kontakty interregionalne mieszkańców Małopolski w VI-X wieku. In: Śląsk i Czechy a kultura wielkomorawska (Wrocław 1997).

Poleski 1998
J. Poleski, Frühmittelalterliche Burgen in Kleinpolen. In: Henning/Ruttkay (Hrsg.) 1998, 293–299.

Pöllath 1999
R. Pöllath, Karolingerzeitliche Grabfunde in Nordostbayern. In: Arch. Arbeitsgemeinschaft Ostbayern/West- und Südböhmen, 8. Treffen 1998 Bešeny/Klatovy (Rahden 1999) 146–173.

Ponds 1973
N. J. G. Ponds, An historical geography of Europe 450 BC-AD 1330 (Cambridge 1973).

Porębski 1961
M. Porębski, Malowane dzieje [Gemalte Geschichte] (Warszawa 1961).

Pošmourný 1964
J. Pošmourný, Cirkevní architektura Velkomoravské říše. Umení 12, 1964, 157–202.

Posse 1881
O. Posse, Die Markgrafen von Meißen und das Haus Wettin bis zu Conrad dem Großen (Leipzig 1881).

Posse (Hrsg.) 1909–1913
O. Posse (Hrsg.), Die Siegel der deutschen Kaiser und Könige von 751 bis 1806, 1–5 (Dresden (1909–1913).

Pošvář 1963
J. Pošvář, Velkomoravské železné hřivny jako platidlo. Num. Listy 18, 1963, 134–144.

Pošvář 1964
J. Pošvář, Menové pomery v Říši velkomoravské. Štud. Zvesti Arch. Ústavu 14, 1964, 95–104.

Poulík 1957
J. Poulík, Výsledky výzkumu na velkomoravském hradišti „Valy" u Mikulčic. Pam. Arch. 48, 1957, 241–377.

Poulík 1970
J. Poulík, Beziehungen Großmährens zu den europäischen Kulturgebieten. In: Festschr. A. Klaar/H. M. Märheim (Wien 1970) 124–144.

Poulík 1975
J. Poulík, Mikulčice. Sídlo a pevnost knížat velkomoravských (Praha 1975).

Poulík 1978
J. Poulík, The Origins of Christianity in Slavonic Countries North of the Middle Danube Basin. World Arch. 10, 1978, 158–171.

Poulík 1986
J. Poulík, Die Zeugenschaft der archäologischen Grabungen und Quellen über Großmähren. In: Poulík/Chropovský (Hrsg.) 1986, 9–89.

Poulík/Chropovský (Hrsg.) 1986
J. Poulík/B. Chropovský (Hrsg.), Großmähren und die Anfänge der tschechoslowakischen Staatlichkeit (Praha 1986).

Pražák (Hrsg.) 1988
R. Pražák (Hrsg.), Legendy a kroniky koruny Uherské (Praha 1988).

Przeździecki 1861
Przeździecki, O włóczni zwanej Maurycego w skarbcu katedry krakowskiej. Biblioteka Warszawska 2, 1861, 543 ff.

Princová-Justová 1999
J. Princová-Justová, Libice v dobĕ svatého Vojtĕcha. In: Z. Kurnatowska (Hrsg.), Tropami Świętego Wojciecha. Prace Komisji Arch. 18, 1999, 11–35.

Prinz 1984
F. Prinz, Böhmen im mittelalterlichen Europa (München 1984).

Procházka 1993
R. Procházka, K vývoji a funkčnímu rozvrstvení hradů 11.–12. stol. na Moravě. In: Lokalne ośrodki władzy państwowej w XI-XII wieku w Europie Środkowo-Wschodniej (Wrocław 1993) 109–141.

Procházka 1998
R. Procházka, Zur Konstruktion der Wehrmauern der slawischen Burgwälle in Mähren im 8. bis 12./13. Jahrhundert. In: Henning/Ruttkay (Hrsg.) 1998, 363–370.

Profantová 1996
N. Profantová, Kněžna Ludmila. Vládkyně, světice a zakladatelka dynastie (Prag 1996).

Profantová 1997a
N. Profantová, Blatnicko-mikulčický horizont v Čechách – současný stav a problémy. In: K. Wachowski (Hrsg.), Śląsk i Czechy a kultura Wielkomorawska (Wrocław 1997) 85–94.

Profantová 1997b
N. Profantová, On the archaeological evidence for Bohemian elites of the 8th–9th century. In: Central Europe in 8th–10th Centuries (Bratislava 1997) 105–114.

Prummel 1993
W. Prummel, Starigard/Oldenburg. Hauptburg der Slawen in Wagrien 4. Die Tierknochenfunde unter besonderer Berücksichtigung der Beizjagd. Offa-Bücher 74 (Neumünster 1993).

Quiter 1969
E. Quiter, Untersuchungen zur Entstehungsgeschichte der Kirchenprovinz Magdeburg. Ein Beitrag zur Geschichte des kirchlichen Verfassungsrechts im zehnten Jahrhundert (Paderborn 1969).

Raczyński 1841
E. Raczyński, Sprawozdanie z fabryki Kaplicy Grobowej Mieczysława I. i Bolesława Chrobrego w Poznaniu (Poznań 1841). [Deutsche Übersetzung: E. Raczyński, Bericht über den Ausbau der Grab-Capelle Mieczysławs I. und Bolesław's des Tapferen zu Posen (Posen 1845)].

Rader 1995
O. B. Rader, Adalbert, Erzbischof von Magdeburg (968–981). In: E. Holtz/W. Huschner (Hrsg.), Deutsche Fürsten des Mittelalters. Fünfundzwanzig Lebensbilder (Leipzig 1995) 77–86.

Radoměrský 1960
P. Radoměrský, Numismatické nálezy z mladší doby hradištní na Levém Hradci. Moravské num. zprávy 7, 1960, 12–22.

Radoměrský/Ryneš 1958
P. Radoměrský/V. Ryneš, Společná Úcta sv. Václava a sv. Vojtěcha, zvláště na českých mincích a její historický význam. Num. Listy 13, 1958, 35–48.

Radtke 1999
C. Radtke, s. v. Haiðaby. RGA 13 (Berlin, New York 1999) 363–381.

Radwanski 1975
K. Radwanski, Kraków przedlokacyjny. Rozwój przestrzenny, Kraków 1975, 1–43.

Radwanski 1998
K. Radwanski, Kraków we wczesnym predniowieczu. Wybrane zagadnienia. In: Kat. Gniezno 1998, 57 ff.

Radzimiński 1997
A. Radzimiński, Dom- und Kollegiatkapitel in Polen – Stand und Perspektiven der Forschung. In: Religious Communities and Corporations in Central Europe 10th- 15th Century. Quaestiones Medii Aevi Novae 2, 1997, 45–59.

Rak 1994
J. Rak, Bývali Čechové, České historické mýty a stereotypy (Praha 1994).

Ralska-Jasiewiczowa u. a. 1998
M. Ralska-Jasiewiczowa/T. Goslar/T. Madeyska/L. Starkel (Hrsg.), Lake Gorcia, Central Poland. A Monographic Study 1 (Kraków 1998).

Ralska-Jasiewiczowa/van Geel 1992
M. Ralska-Jasiewiczowa/B. van Geel, Early human disturbance of the natural environment recorded in annually laminated sediments of lake Gorcia, central Poland. Vegetation History and Archaeobotany 1, 1992, 33–42.

Ramm 1983
P. Ramm, Der Dom zu Merseburg (Merseburg 1983).

Rando 1994
D. Rando, Una chiesa di frontiera. Le istituzioni ecclesiastiche veneziane nei secoli VI-XII (Bologna 1994).

Ratkoš 1965
P. Ratkoš, Podmanenie Slovenska Maďarmi. In: O počiatkoch slovenských dejín. Sborník Mat. 1965, 141–178.

Ratkoš 1971
P. Ratkoš: Kristianizácia Veľkej Moravy pred misiou Cyrila a Metoda. Histor. Čap. 19, 1971, 71–83.

Ratkoš 1984
P. Ratkoš, Kontinuita slovenského osídlenia v 9.–1. storočí. In: Slovenský ľud po rozpade Veľkomoravskej ríše. Hist. Štúd. 27, 1984, 13 – 38.

Ratkoš 1988
P. Ratkoš, Slovensko v dobe veľkomoravskej (Košice 1988).

Récsey 1899
V. Récsey, Pannonia római község maradványai Pannonhalma tövében [Überreste der römischen Gemeinde Pannonia zu Füßen von Pannonhalma] (Györ 1899).

Reichertová u.a 1988
K. Reichertová u. a., Sázava. Památník staroslověnské kultury v Čechách (Praha 1988).

Reichskleinodien 1997
Die Reichskleinodien. Herrschaftszeichen des Heiligen Römischen Reiches. Schr. staufische Gesch. u. Kunst 16 (Göppingen 1997).

Rehfeldt 1942
B. Rehfeldt, Todesstrafen und Bekehrungsgeschichten. Zur Rechts- und Religionsgeschichte der germanischen Hinrichtungsbräuche (Berlin 1942).

Rejholcová 1982
M. Rejholcová, K problematike severnej hranice výskytu tzv. belobrdských pohrebísk. Slovenská Arch. 30, 1982, 199–209.

Rempel 1966
H. Rempel, Reihengräberfriedhöfe des 8. bis 11. Jh. aus Sachsen-Anhalt, Sachsen und Thüringen (Berlin 1966).

Rentschler 1978
M. Rentschler, Griechische Kultur und Byzanz im Urteil westlicher Autoren des 10. Jahrhunderts. Saeculum 29, 1978, 324–355.

Rentschler 1980
M. Rentschler, Griechische Kultur und Byzanz im Urteil westlicher Autoren des 11. Jahrhunderts. Saeculum 31, 1980, 112–156.

Rentschler 1981
M. Rentschler, Liutprand von Cremona. Eine Studie zum ost-westlichen Kulturgefälle im Mittelalter (Frankfurt 1981).

Rethy/Probst 1958
L. Rethy/G. Probst, Corpus Nummorum Hungariae (Graz 1958).

Reynolds 1983
S. Reynolds, Medieval *Origines gentium* and the Community of the Realm. History 68, 1983, 375–390.

K. Richter 1967
K. Richter, Anfänge und Ausbreitung der Přemyslidenherrschaft. In: K. Bosl (Hrsg.), Handbuch der Geschichte der böhmischen Länder. 1: Die böhmischen Länder von der archaischen Zeit bis zum Ausgang der hussitischen Revolution (Stuttgart 1967) 207–257.

K. Richter u. a. 1990
K. Richter/A. Merhautová/P. Břicháček/P. Sommer, Bazilika s první jižní kaplí ostrovského kláštera. Umění 38, 1990, 185–195.

V. Richter 1965
V. Richter, Die Anfänge der großmährischen Architektur. In: Magna Moravia (Praha 1965) 121–360.

Rispling 1982/84
G. Rispling, Ungarische Beiträge zur islamischen Numismatik. Hamburger Beitr. Num. 36/38, 1982/1984, 119–134.

Ristow 1997
S. Ristow, Zur Frage einer frühchristlichen Bischofskirche unter dem Kölner Dom. Jahrb. Antike u. Christentum 40, 1997.

Rittenbach/Seifert 1965
W. Rittenbach/S. Seifert, Geschichte der Bischöfe von Meissen 968–1581. Stud. Kath. Bistums- u. Klostergesch. 8 (Leipzig 1965).

Rodzińska-Chorąży 1993
T. Rodzińska-Chorąży, Baptysterium. In: K. Żurowska (Hrsg.), U progu chrześcijaństwa w Polsce. Ostrów Lednicki 1 (Kraków 1993) 161–167.

Rodzińska-Chorąży 1996
T. Rodzińska-Chorąży, Wczesnopiastowski zespół pałacowy na Wzgórzu Zamkowym oraz rotunda prosta pod katedrą w Przemyślu w świetle ostatnich badań. In: Pogranicze etniczne polsko-rusko-słowackie w średniowieczu (Rzeszów 1996) 133–149.

Rodzińska-Chorąży 1997
T. Rodzińska-Chorąży, Koliste struktury w Poznaniu i Wiślicy – misy chrzcielne czy urządzenia do mieszania zaprawy? In: Wiślica. Nowe badania i interpretacje. Biblioteka Muzealnictwa i Ochrony Zabytków B 48 (Warszawa 1997) 61–81.

Rodzińska-Chorąży im Druck
T. Rodzińska-Chorąży, Wielkomorawski trikonchos w Devinie na Słowacji: analiza formy i funkcji. In: Księga pamiątkowa ku czci prof. Anny Różyckiej-Bryzek (im Druck).

Rokosz 1989
M. Rokosz, Wawelska włócznia Bolesława Chrobrego. Przegląd problematyki, Rocznik Krakowski 55, 1989, 17–44.

Róna-Tas 1961
A. Róna-Tas, Notes on the Kazak yurt of West Mongolia. Acta Orientalia 12, 1961, 79–102.

Róna-Tas 1977
A. Róna-Tas, A magyar – bolgár-török érintkezés jellege. In: A. Bartha/K. Czeglédy/A. Róna-Tas (Hrsg.), Magyar őstörténeti tanulmányok (Budapest 1977) 267–275.

Rösch 1982
G. Rösch, Venedig und das Reich. Bibl. Dt. Hist. Inst. Rom 53 (Tübingen 1982).

Rösch 1989
G. Rösch, Der venezianische Adel bis zur Schließung des Großen Rats. Zur Genese einer Führungsschicht (Sigmaringen 1989).

Rösch 1993
G. Rösch, s.v. Orseolo. Lexikon des Mittelalters 6 (München 1993) 1476f.

Rosenthal 1981
J. E. Rosenthal, Three Drawings in an Angle Saxon Pontifical: Antropomorphic Trinity or Threefold Christ? Art Bull. 63, 1981, 547–562.

Rosner 1991
U. Rosner, Die ottonische Krypta. Veröff. Abt. Architekturgesch. Kunsthist. Inst. Univ. Köln uo, 1991, 235; 331–334.

Rożek 1987
M. Rożek, Polskie koronacje i korony [Polnische Krönungen und Kronen] (Kraków 1987).

Rozpędowski 1962
J. Rozpędowski, Ze studiów nad palatiami w Polsce. Biul. Hist. Sztuki 24, 1962, 243–254.

Ruchhöft 1999
F. Ruchhöft, Der Wasserstand der „Oberen Seen" in Mecklenburg in historischer Zeit. Nachrichtenbl. Arbeitskreis Unterwasserarch. 5, 1999, 36–39.

Rück 1991
P. Rück, Die Urkunde als Kunstwerk. In: v. Euw/Schreiner (Hrsg.) 1991, 311–333.

Runciman 1930
St. Runciman, A History of the First Bulgarian Empire (London 1930).

Rusó 1991
A. Rusó, P ísp vek k poznaní slovanského hradiště v Zabrušanech. Archeologický výzkum v severních echách svasek 19 (Teplice 1991).

Rusu 1979
M. Rusu, Castrul roman Apulum °i cetatea feudală Alba Iulia. Anuarul Institutelei de istorie °i arheologia Cluj-Napoca 22, 1979, 47–70.

Rusu 1984
A. A. Rusu, Cetatea Alba Iulia „n secolele XI-XV. Ephemeris Napocensis 4, 1984, 331–351.

Ruttkay 1976
A. Ruttkay, Waffen und Reiterausrüstung des 9. bis zur ersten Hälfte des 14. Jahrhunderts in der Slowakei II. Slovenská Arch. 24, 1976, 245–395.

Ruttkay 1982
A. Ruttkay, The Organisation of Troops, Warfare and Arms in the Period of the Great Moravian State. Slovenská Arch. 30, 1982, 165–198.

Ruttkay 1985
A. Ruttkay, Problematika historického vývoja na území Slovenska v 10.–13. storočí z hľadiska archeologického bádania. In: Velká Morava a počátky československé státnosti (Praha, Bratislava 1985) 141–185.

Ruttkay 1989
A. Ruttkay, Feudálne sídla a fortifikačné zariadenia na Slovensku spred polovice 13. storocia (problematika a novsie výskumy). Zborník. Slovenského Narod. Múz. Hist. 29, 1989, 57–101.

Ruttkay 1995
A. Ruttkay, Počiatky kresťanskej sakrálnej architektúry v archeologických nálezoch. Pamiatky a múzeá 4, 1995, 8–13.

Ruttkay 1997a
A. Ruttkay, Die Slawen im Mitteldonauraum als ein interdisziplinäres Forschungsprogramm. In: Central Europe in the 8th–10th Centuries, Tagung Bratislava (Bratislava 1997).

Ruttkay 1997b
A. Ruttkay, Pociatky stredovekej Nitry (O vzťahu hmotných a písomných pramenov). In: Slovensko a európsky juhovýchod (Bratislava 1997) 299–327.

Ruttkay 1998
A. Ruttkay, Zur frühmittelalterlichen Hof-, Curtis- und Curia regalis-Frage in der Slowakei. In: Henning/Ruttkay (Hrsg.) 1998, 405–417.

Ruttkay u. a. 1996
A. Ruttkay/P. Šalkovský/M. Ruttkay/R. Krajčovič, Slovanské osídlenie strednej Európy v 9. storočí [Besiedlungskarte] (Bratislava 1996).

Sabján 1999
T. Sabján, A veremház rekonstrukciója. In: Z. Bencze/F. Gyulai u. a., Egy Árpád-kori veremház feltárása és rekonstrukciója [Die Rekonstruktion des Grubenhauses]. Monumenta Hist. Budapestinensia X (Budapest 1999) 131–176.

Sage 1976
W. Sage, Die Ausgrabungen in St. Peter zu Straubing. Jahresber. Hist. Ver. Straubing 79, 1976, 113ff.

Sage 1989
W. Sage, Neue Funde vom Bamberger Domberg. Jahresschr. mitteldt. Vorgesch. 72, 1989, 239–251.

Šalkovský 1988
P. Šalkovský, K vývoju a štruktúre osídlenia v dobe slovanskej na Slovensku. Slovenská Arch. 36, 1988, 379–414.

Šalkovský 1998
P. Šalkovský, Dedinský dom a sídlo vo včasnom stredoveku. In: Líudová architektúra a urbanizmus vidieckych sídiel na Slovensku z pohľadu najnovších poznatkov archeológie a etnografie (Bratislava 1998) 9–36.

Sawicki 1998a
T. Sawicki, Gnieźnieński zespół grodowy w świetle najnowszych badań. Studia z dziejów cywilizacji 1998, 207–216.

Sawicki 1998b
T. Sawicki, s.v. Gnesen. RGA 12 (Berlin, New York 1998) 248–250.

Sawicki 1999a
T. Sawicki, Gniezno w X wieku – na szlaku ku męczeństwu. In: Tropami świętego Wojciecha (Poznań 1999) 111–131.

Sawicki 1999b
T. Sawicki, Z badań nad przemianami topografii i funkcji grodu książęcego na Górze Lecha w Gnieźnie. Slavia Antiqua 40, 1999.

Schäferdiek 1998
K. Schäferdiek, s.v. Sachsen. 1. Volk. Theol. Realenzyklopädie 29 (Berlin, New York 1998) 551–557.

Schemmel (Hrsg.) 1990
B. Schemmel (Hrsg.), Buchdruck um 1500 in Bamberg. Kat. Staatsbibliothek Bamberg (Bamberg 1990).

Schich 1981
W. Schich, Beobachtungen und Überlegungen zur Salzgewinnung in Mecklenburg und Vorpommern in der slawisch-deutschen Übergangsperiode. In: Germania Slavica 2 (Berlin 1981) 93–120.

Schich 1998
W. Schich, Die pommersche Frühstadt im 11. und frühen 12. Jahrhundert am Beispiel von Kolberg (Kołobrzeg). In: Die Frühgeschichte der europäischen Stadt im 11. Jahrhundert (Köln u.a.O. 1998) 273–304.

Schieffer 1992
R. Schieffer, Mauern, Kirchen und Türme. In: B. Schimmelpfennig/L. Schmugge (Hrsg.), Festschr. R. Elze (Sigmaringen 1992) 129–137.

Schieffer 1998
R. Schieffer, Mediator cleri et plebis. Zum geistlichen Einfluß auf Verständnis und Darstellung des ottonischen Königtums. In: G. Althoff/E. Schubert (Hrsg.), Herrschaftsrepräsentation im ottonischen Sachsen. Vortr. u. Forsch. 46 (Sigmaringen 1998) 345–361.

Schieffer 1999
R. Schieffer, Reliquientranslationen nach Sachsen. In: Kat. Paderborn 3, 1999, 484–497.

F. Schiller 1910
F. Schiller, Das erste ungarische Gesetzbuch und das deutsche Recht. In: Festschr. H. Brunner (Weimar 1910) 389 ff.

G. Schiller 1969
G. Schiller, Ikonographie der christlichen Kunst I^2 (Gütersloh 1969).

Schlesinger 1962
W. Schlesinger, Kirchengeschichte Sachsens im Mittelalter. 1: Von den Anfängen kirchlicher Verkündigung bis zum Ende des Investiturstreites. Mitteldt. Forsch. 27/1 (Köln, Graz 1962).

Schlesinger 1968
W. Schlesinger, Zur Geschichte der Magdeburger Königspfalz. Blätter dt. Landesgesch. 104, 1968, 1–31 (= In: H. Patze/F. Schwind (Hrsg.), Ausgewählte Aufsätze von Walter Schlesinger 1965–1979. Vortr. u. Forsch. 34 (Sigmaringen 1987) 315–345.)

Schlesinger 1974
W. Schlesinger, Die sogenannte Nachwahl Heinrichs II. in Merseburg. Geschichte in der Gesellschaft (Stuttgart 1974).

Schmale 1996
F.-J. Schmale, Die Schriftquellen zur Bischofskirche des 8. bis 10. Jahrhunderts in Köln. In: Wolff (Hrsg.) 1996.

Schmedding 1981
B. Schmedding, Bobachtungen bei der Restaurierung der Kasel des heiligen Bernward von Hildesheim, In: Flury-Lemberg/Stolleis (Hrsg.) 1981, 185–193.

Schmid 1977
P. Schmid, Regensburg. Stadt der Könige und Herzöge im Mittelalter. Regenburger Hist. Forsch. 6 (Kallmünz 1977).

A. Schmidt 1924
A. Schmidt, Die Miniaturen des Gerocodex. Ein Reichenauer Evangelistar des 10. Jahrhunderts (Leipzig 1924).

L. Schmidt (Hrsg.) 1905
L. Schmidt (Hrsg.), Die Dresdner Handschrift der Chronik des Bischofs Thietmar von Merseburg, 1–2 (Dresden 1905).

R. Schmidt (Hrsg.) 1992
R. Schmidt (Hrsg.), Wendland und Altmark in historischer und sprachwissenschaftlicher Sicht (Lüneburg 1992).

R. Schmidt 1978
R. Schmidt, Die Einsetzung der böhmischen Herzöge auf den Thron in Prag. In: Aspekte der Nationenbildung im Mittelalter. Nationes 1 (Sigmaringen 1978) 439–563

V. Schmidt 1981
V. Schmidt, Die Ravensburg bei Neubrandenburg, ein altslawischer Burgwall. Neubrandenburger Mosaik 1981, 4–7.

V. Schmidt 1989
V. Schmidt, Drense. Eine Hauptburg der Ukrane (Berlin 1989).

V. Schmidt 1992
V. Schmidt, Der Landesausbau bei den slawischen Stämmen der Wilzen/Lutizen zwischen dem 9. bis 11. Jahrhundert. In: H. Brachmann/H.-J. Vogt (Hrsg.), Mensch und Umwelt. Studien zu Siedlungsausgriff und Landesausbau in Ur- und Frühgeschichte (Berlin 1992) 83–95.

V. Schmidt 1998
V. Schmidt, Binnenländische Marktorte bei den Westslawen. Forsch. Gesch. u. Kultur östl. Mitteleuropa 5. Struktur und Wandel im Früh- und Hochmittelalter (Stuttgart 1998) 145–152.

J. K. Schmitt 1993
J. K. Schmitt, s.v. Peter Orseolo, Kg. v. Ungarn. Lexikon des Mittelalters 6 (München 1993) 1931–1932.

Schneeweiß 1996
J. Schneeweiß, Die ur- und frühgeschichtliche Eisenverhüttung und -verarbeitung im westlichen Odergebiet. Ethnogr.-Arch. Zeitschr. 37, 1996, 335–363.

Schneider 1986
W. Ch. Schneider, Imago Christi – Mirabilia Mundi. Kaiser Otto III. im Aachener Evangeliar. In: Castrum Peregrini 173–174 (Amsterdam 1986) 98–53.

Schneider 1987
W. Ch. Schneider, Heinrich II. als *Romanorum Rex*. In: Quellen und Forschungen aus italienischen Archiven und Bibliotheken 67, 1987, 421–446.

Schneider 1988
W. Ch. Schneider, Ruhm, Heilsgeschehen, Dialektik. Drei kognitive Ordnungen in Geschichtschreibung und Buchmalerei der Ottonenzeit (Hildesheim u. a. O. 1988).

Schneider 1989
W. Ch. Schneider, Victoria sive Angelus Victoriae. Zur Gestalt des Sieges in der Zeit des Übergangs von der antiken Religion zum Christentum. In: A. Mehl/W. Ch. Schneider (Hrsg.), Reformatio et Reformationes [Festschr. L. Graf zu Dohna] (Darmstadt 1989) 29–64.

Schneider 1991a
W. Ch. Schneider, Die Generatio Imperatoris in der Generatio Christi. Ein Motiv der Herrschaftstheologie Ottos III. in Trierer, Kölner und Echternacher Handschriften. Frühmittelalterl. Stud. 25, 1991, 226–258.

Schneider 1991b
W. Ch. Schneider, Christus Victor in der Roma Caelestis. Antike Siegesmotivik im ottonischen Kölner „Thebäer-Elfenbein". In: v. Euw/Schreiner (Hrsg.) 1991, 227–249.

Schneidmüller 1997
B. Schneidmüller, Widukind von Corvey, Richer von Reims und der Wandel politischen Bewußtseins im 10. Jahrhundert. In: C. Brühl (†)/B. Schneidmüller (Hrsg.), Beiträge zur mittelalterlichen Reichs- und Nationenbildung in Deutschland und Frankreich. Beih. Hist. Zeitschr. N.F. 24 (München 1997) 83–102.

Schneidmüller/Weinfurter (Hrsg.) 1997
B. Schneidmüller/S. Weinfurter (Hrsg.), Otto III. – Heinrich II.: eine Wende? Mittelalter-Forsch. 1 (Sigmaringen 1997).

Schneidmüller/Weinfurter (Hrsg.) im Druck
B. Schneidmüller/S. Weinfurter (Hrsg.), Ottonische „Neuanfänge" (im Druck).

Schnieringer 1989
K. Schnieringer, Das romanische Mortuarium. In: Der Dom zu Regensburg, Ausgrabung, Restaurierung, Forschung (München, Zürich 1989) 45–48.

Schnitzler 1953
H. Schnitzler, Zur Regensburger Goldschmiedekunst. In: Wandlungen Christlicher Kunst im Mittelalter. Forsch. Kunstgesch. u. christl. Arch. II (Baden-Baden 1953).

Schnitzler 1964
H. Schnitzler, Das Kuppelmosaik der Aachener Pfalzkapelle. Aachener Kunstbl. 29, 1964, 1–28.

Schoknecht 1981
U. Schoknecht, Slawische Stielschare von Röpersdorf, Kr. Prenzlau. Jahrb. Bodendenkmalpfl. Mecklenburg 1981, 233–238.

Schramm 1929
P. E. Schramm, Kaiser, Rom und Renovatio (Berlin 1929).

Schramm 1954–65; 1978
P. E. Schramm, Herrschaftszeichen und Staatssymbolik. Beiträge zu ihrer Geschichte vom dritten bis zum sechzehnten Jahrhundert, 1–3. Schr. MGH 13 (Stuttgart 1954–1956); Nachträge aus dem Nachlaß (München 1978).

Schramm 1958
P. E. Schramm, Sphaira – Globus – Reichsapfel (Stuttgart 1958).

Schramm 1968
P. E. Schramm, Drei Nachträge zu den Metallbullen der Karolingischen und sächsischen Kaiser. Dtsch. Archiv. Erforsch. Mittelalter 24, 1968, 1–15.

Schramm 1975
P. E. Schramm, Kaiser, Rom und Renovatio (Darmstadt 1975).

Schramm/Mütherich 1962
P. E. Schramm/F. Mütherich, Denkmale der deutschen Könige und Kaiser I (München 1962).

Schramm/Mütherich 1981
P. E. Schramm/F. Mütherich, Denkmale der deutschen Könige und Kaiser 1. Ein Beitrag zur Herrschergeschichte von Karl dem Großen bis Friedrich II². Veröffentl. Zentralinst. Kunstgesch. München 2 (München 1981).

Schramm/Mütherich 1983
P. E. Schramm/F. Mütherich, Die deutschen Kaiser und Könige in Bildern ihrer Zeit 1–2 (München 1983).

Schreiner 1989
P. Schreiner, „Renaissance" in Byzanz? In: W. Erzgräber (Hrsg.), Kontinuität und Transformation der Antike im Mittelalter (Sigmaringen 1989) 389–390.

Schreiner 1994
P. Schreiner, Byzanz² (München 1994).

Schubert 1969
E. Schubert, Zur Datierung der ottonischen Kirche in Memleben. In: Otto/Herrmann (Hrsg.) 1969, 515–524.

Schubert 1982
E. Schubert, Der ottonische Dom in Magdeburg. Die Umbauten der 1. Hälfte des 11. Jahrhunderts nach den literarischen Quellen. Zeitschr. Arch. 16, 1982, 211–220.

Schubert 1989
E. Schubert, Magdeburg statt Memleben? In: Bau- und Bildkunst im Spiegel internationaler Forschung [Festschr. E. Lehmann] (Berlin 1989) 35–40.

Schubert 1990
E. Schubert, Stätten sächsischer Kaiser (Leipzig u.a.O. 1990).

Schubert (Hrsg.) 1997
E. Schubert (Hrsg.), Geschichte Niedersachsens 2, 1. Politik, Verfassung, Wirtschaft vom 9. bis zum ausgehenden 15. Jahrhundert. Veröff. Hist. Komm. Niedersachsen u. Bremen 36 (Hannover 1997).

Schubert 1998
E. Schubert, Imperiale Spolien im Magdeburger Dom. In: Althoff/Schubert (Hrsg.) 1998, 9–32.

Schuette/Müller-Christensen 1963
M. Schuette/S. Müller-Christensen, Das Stickereiwerk (Tübingen 1963).

Schuette/Müller-Christensen 1987
M. Schuette/S. Müller-Christensen, In: Kunsthistorisches Museum Wien 1987.

Schuh 1998
R. Schuh, Frühmittelalterliche Ortsnamen zwischen Main und Steigerwald. In: Das Land zwischen Main und Steigerwald im Mittelalter. Symposion Castell 1996. Erlanger Forsch. A 79 (1998) 21–67.

Schuldt 1964
E. Schuldt, Slawische Töpferei in Mecklenburg (Schwerin 1964).

Schuldt 1965
E. Schuldt, Behren-Lübchin. Eine spätslawische Burganlage in Mecklenburg. Dt. Akad. Wiss. Berlin, Schr. Sektion Vor- u. Frühgesch. 19 (Berlin 1965).

Schuldt 1981
E. Schuldt, Groß Raden. Die Keramik einer slawischen Siedlung des. 9./10. Jahrhunderts. Beitr. Ur- u. Frühgesch. Rostock, Schwerin u. Neubrandenburg 14 (Berlin 1981).

Schuldt 1982
E. Schuldt, Die frühslawische Befestigung von Sternberger Burg, Kr. Sternberg. Jahrb. Bodendenkmalpfl. Mecklenburg 1982, 97–145.

Schuldt 1984
E. Schuldt, Der Burgwall von Groß Görnow und die frühen slawischen Befestigungen im Gebiet der oberen Warnow. Jahrb. Bodendenkmalpfl. Mecklenburg 1984, 311–336.

Schuldt 1985
E. Schuldt, Groß Raden. Ein slawischer Tempelort des 9./10. Jahrhunderts in Mecklenburg. Schr. Ur- u. Frühgesch. 38 (Berlin 1985).

Schuldt 1988
E. Schuldt, Der Holzbau bei den nordwestslawischen Stämmen vom 8. bis 12. Jahrhundert. Beitr. Ur- u. Frühgesch. der Bezirke Rostock, Schwerin und Neubrandenburg 21 (Berlin 1988).

Schulte 1901
W. Schulte, Die Gründung des Bistums Prag. Hist. Jahrb. 22, 1901, 285–297.

Schulze 1983
H. K. Schulze, s.v. Burgward, Burgverfassung. Lexikon des Mittelalters 2 (München 1983) 1102–1103.

Schulze 1991
H. K. Schulze, Hegemoniales Kaisertum. Ottonen und Salier (Berlin 1991).

Schütte 1996
S. Schütte, Zur frühen Baugeschichte von St. Kunibert in Köln. Colonia Romanica 12, 1996.

Schütte 1999
S. Schütte, …träumen zwei Kapitel von besseren Zeiten… Baugeschichtliche Anmerkungen zur frühen Geschichte von St. Gereon in Köln – neue Thesen zur Diskussion und dem Erscheinungsbild des „Urbaus" der Kirche. Colonia Romanica 14, 1999.

E. Schwarz 1962
E. Schwarz, Sprache und Siedlung in Nordostbayern. Erlanger Beitr. Sprach- u. Kunstwiss. 4 (Nürnberg 1962).

K. Schwarz 1971
K. Schwarz, Die Ausgrabungen Niedermünster zu Regensburg (Kallmünz 1971).

K. Schwarz 1972/73
K. Schwarz, Regensburg während des ersten Jahrtausends im Spiegel der Ausgrabungen im Niedermünster. Jahresber. Bayer. Bodendenkmalpfl. 13/14, 1972/73 (1977), 81 ff.

K. Schwarz 1984
K. Schwarz, Frühmittelalterlicher Landesausbau im östlichen Franken zwischen Steigerwald, Frankenwald und Oberpfälzer Wald. Monogr. RGZM 5 (Mainz 1984).

Schwineköper 1958
B. Schwineköper, Die Anfänge Magdeburgs. In: T. Mayer (Hrsg.), Studien zu den Anfängen des europäischen Städtewesens. Vortr. u. Forsch. 4 (Sigmaringen 1958) 389–450.

Szabó 1992
J. Szabó, A magyar Tudományos Akadémia és a XIX. században. In: Kat. Budapest 1992.

Sejbal 1989
J. Sejbal, Základy středověkého mincovnictví v období Velké Moravy. Slovenská Num. 10, 1989, 65–73.

Sejbal 1996
J. Sejbal, Denárová mena. In: Peníze v českých zemích do roku 1919 (Praha 1996) 31–49.

Serédi (Hrsg.) 1938
J. Serédi (Hrsg.), Emlékkönyv Szent István király halálának kilencszázadik évfordulóján – Gedenkbuch zum neunhundertjährigen Jahrestag des Todes von König Stephan dem Heiligen (Budapest 1938).

Siklósi 1991
G. Siklósi, Neuere Forschungen im Árpádenzeitlichen Székesfehérvár. Acta Arch. 44, 1991, 371–388.

Sinko 1993
K. Sinko, „A históriá a mi erős várunk". A milleniumi kiállitás mit. Gesamtkunstwerk. In: A historizismus művészete Magyarországon. Szerk. Zádor Anna (Budapest 1993) 132–147.

Sinko 1997
K. Sinko, Zur Entstehung der staatlichennationalen Feiertage in Ungarn (1850–1991). In: Brix/Steckl (Hrsg.), Öffentliche Gedenktage in Mitteleuropa (Wien, Köln, Weimar 1997) 251–271.

Sipos 1993a
E. Sipos, A Szent László palást metamorfózisa [Die Metamorphose des Mantel von St. Ladislaus]. Acta Historica 18, 1993, 255–266.

Sipos 1993b
E. Sipos, Arányok és méretek. A magyar koronázási palást struktúrája [Proportionen und Abmessungen. Die Struktur des ungarischen Krönungsmantels]. Ars Decorativa 13, 1993, 43–58.

Sippel 1989
K. Sippel, Die frühmittelalterlichen Grabfunde in Nordhessen. Mat. Vor- u. Frühgesch. Hessen 7 (Wiesbaden 1989).

v. Šiši 1917
F. v. Šiši, Geschichte der Kroaten 1 (bis 1102) (Zagreb 1917).

Sisti o. J.
A. Sisti, La Basilica di S. Bartolomeo all'Isola Tiberina (Rom o.J., ca. 1976).

Skibinski 1997
S. Skibinski, Wstepne wyniki badan próbek zapraw pochodzacych z reliktów archeologicznych obiektu murowanego. Kałdus, gm. Chełmno. Etap II [Die vorläufigen Untersuchungsergebnisse der Mörtelproben aus den archäologischen Relikten eines gemauerten Befundes. Kałdus, Gemeinde Kulm II.] (Toruń 1997).

Sláma 1973
J. Sláma, Civitas Wiztrachi ducis. Hist. Geografie 11, 1973, 3–30.

Sláma 1977
J. Sláma, Mittelböhmen im frühen Mittelalter I. Katalog der Grabfunde. Praehistorica V (Prag 1977).

Sláma 1985
J. Sláma, K některým ekonomickým a politickým projevům raně středověkého přemyslovského státu. Arch. Rozhledy 37, 1985, 334–342.

Sláma 1986–1988
J. Sláma, Střední Čechy v raném středověku. I. Hradiště, příspěvky k jejich dějinám a významu. Mittelböhmen im frühen Mittelalter, II. Die Burgwälle, Beiträge zu ihrer Geschichte und Bedeutung. Praehistorica XI, XIV (Praha 1986–1988).

Sláma 1987
J. Sláma, K počátkům hradské organizace v Čechách. In: J. Žemlička (Hrsg.), Typologie raně feudálních slovanských států (Praha 1987) 175–190.

Sláma 1988
J. Sláma, Střední Čechy v raném středověku III. Archeologie o počátcích přemyslovského státu [Archaeology and the Beginnings of the Přemysl-Dynasty State] (Prag 1988).

Sláma 1991
J. Sláma, Přemyslovci a Morava. Sborník Společnosti přátel starožitností 2, 1991, 51–68.

Sláma 1992
J. Sláma, Vitislav (Ui utizla). In: Z. Hojda/J. Pešek/B. Zilynská (Hrsg.), Seminář a jeho hosté [Festschr. R. Nového] (Praha 1992) 11–19.

Sláma 1995
J. Sláma, Slavníkovci – významná či okrajová záležitost českých dejin 10. století?. Arch. Rozhledy 47, 1995, 182–224.

Sláma 1997
J. Sláma, Svatý Vojtěch a slavníkovská Libice. In: J. V. Polc (Hrsg.), Svatý Vojtěch. Sborník k mileniu (Praha 1997) 16 ff.

Sláma 1998a
J. Sláma, Střední Čechy v raném středoveku, III. Archeologie o počátcích středověkého státu (Praha 1988).

Sláma 1998b
J. Sláma, Slavníkovci. In: Třeštík/Žemlička (Hrsg.) 1998, 17–36.

Slownik Starozytnosci 1961–1991
Slownik Starozytnosci Slowianskich 1–8 (Wrocław u.a.O. 1961–1991).

Słupecki 1993a
L. P. Słupecki, Słowiańskie posągi bóstw. Kwartalnik Historii Kultury Materialnej 41, 1, 1993, 63–65.

Słupecki 1993b
L. P. Słupecki, Wawel jako święta góra a słowiańskie mity o zajęciu kraju. Przegląd Religioznawczy 1993, 2, 3–18.

Słupecki 1994a
L. P. Słupecki, Slavonic Pagan Sanctuaries (Warszawa 1994).

Słupecki 1998a
L. P. Słupecki, Wyrocznie i wróżby pogańskich Skandynawów. Studium do dziejów idei przeznaczenia u ludów indoeuropejskich (Warszawa 1998).

Słupecki 1998b
L. P. Słupecki, Einflüsse des Christentums auf die heidnische Religion der Ostseeslawen im 8.–12. Jahrhundert: Tempel Götterbilder, Kult. In: M. Müller-Wille (Hrsg.), Rom und Byzanz im Norden. Mission und Glaubenswechsel im Ostseeraum während des 8.–14. Jahrhunderts (Stuttgart 1998).

Słupecki/Zaroff im Druck
L. P. Słupecki, Wiliam of Malmesbury on Pagan Slavic Oracles. New Source for Slavic Paganism and ist two Interpretations (im Druck).

Sokołowski 1876
M. Sokołowski, Ruiny na ostrowie Jeziora Lednicy. Studium nad budownictwem w przedchrześcijańskich i pierwszych chrześcijańskich wiekach w Polsce (Kraków 1876).

Šolle 1966
M. Šolle, Stará Kouřim a projevy velkomoravské hmotné kultury v Čechách (Praha 1966).

Šolle 1981
M. Šolle, Kouřim v průbehu veků (Praha 1981).

Šolle 1984
M. Šolle, Staroslovanské hradisko, charakteristika, funkce, význam (Praha 1984).

Šolle 1990
M. Šolle, Rotunda sv. Petra a Pavla na Budči. Pam. Arch. 81, 1990, 140–207.

Šolle 1992
M. Šolle, Kostel P. Marie na Budči (okr. Kladno) podle archeologického výzkumu v letech 1975–1980. Pam. Arch. 82, 1992, 231–265.

Sommer 1982
P. Sommer, Postavení církve v procesu tvorby a upevňování středověkého státu v Čechách [Die Stellung der Kirche im Bildungs- und Festigungsprozeß des mittelalterlichen Staates in Böhmen]. In: Metodologické problémy československé archeologie (Prag 1982) 126–133.

Sommer 1994
P. Sommer, Die Seitenkapelle der romanischen Basilika in Ostrov bei Davle. Pam. Arch. 85, 1994, 81–106.

Sommer 1996
P. Sommer, Sázavský klášter (Praha 1996).

Sommer 1998
P. Sommer, Duchovní svět raně středověké české laické společnosti. In: Třeštík/Žemlička (Hrsg.) 1998, 133–166.

Sommer im Druck
P. Sommer, Smrt kněžny Ludmily a začátky české sakralni architektury (im Druck)

Sorocka 1995
E. Soroka, Rekonstrukcja romańskiej katedry. In: Gniezno. Pierwsza stolica Polski. Miasto świętego Wojciecha (Gniezno 1995) 119–121.

Sörös/Rezner (Hrsg.) 1905
P. Sörös/T. Rezner (Hrsg.), A pannonhalmi Szent-Benedek-Rend története [Die Geschichte des Ordens der Benediktiner in Pannonhalma] (Budapest 1905).

Sós 1963
Á. Cs. Sós, Die Ausgrabungen Géza Fehérs in Zalavár. Arch. Hung. S.N. 41, 1963, 148.

Sós 1969
Á. Cs. Sós, Berichte über die Ergebnisse der Ausgrabungen von Zalavár-Récéskút in den Jahren 1961–63. Acta Arch. Acad. Scien. Hungariae 21, 1969, 51–103.

Sós 1973
Á. Cs. Sós, Die slawische Bevölkerung Westungarns im 9. Jahrhundert. Münchner Beitr. Vor- u. Frühgesch. 22 (München 1973).

Sosnowska 1992
E. Sosnowska, Rotunda i palatium na Wzgórzu Zamkowym w Przemyślu w świetle badań z lat 1982–1985. Kwartalnik Architektury i Urbanistyki 37, 1992, 55–60.

Spangenberg 1900
H. Spangenberg, Die Gründung des Bistums Prag. Hist. Jahrb. 21, 1900, 758–775.

Speck 1974
P. Speck, Die kaiserliche Universiät von Konstantinopel (München 1974).

Speck 1984
P. Speck, Ikonoklasmus und die Anfänge der Makedonischen Renaissance. In: Poikila Byzantina 4 (Bonn 1984) 175–210.

Spufford 1988
P. Spufford, Money and its use in Medieval Europe (Cambridge 1988).

Staňa 1985
Č. Staňa, Mährische Burgwälle im 9. Jahrhundert. In: H. Friesinger/F. Daim (Hrsg.), Die Bayern und ihre Nachbarn 2 (Wien 1985) 157–200.

Staňa (Hrsg.) 1994
Č. Staňa (Hrsg.), Slawische Keramik in Mitteleuropa vom 8. bis zum 11. Jahrhundert. Koll. Mikulčice 1993 (Brno 1994).

Staňa 1997
Č. Staňa, Miculčice a Pražský hrad. Arch. Rozhledy 49, 1997, 72–85.

Staňa/ Poláček 1996
Č. Staňa/L. Poláček (Hrsg.), Frühmittelalterliche Machtzentren in Mitteleuropa – Mehrjährige Grabungen und ihre Auswertung. Internat. Tagung Mikulčice III. (Brno 1996).

Staubach 1991
N. Staubach, Graecae Gloriae. Die Rezeption des Griechischen als Element spätkarolingisch-frühottonischer Hofkultur. In: v. Euw/Schreiner (Hrsg.) 1991, 343–368.

Steenbock 1965
F. Steenbock, Der kirchliche Prachteinband im frühen Mittelalter (Berlin 1965).

Štefanovičová 1975
T. Štefanovičová, Bratislavský hrad v 9.–12. Storočí (Bratislava 1975).

Štefanovičová 1989
T. Štefanovičová, Osudy starých Slovanov (Bratislava 1989).

von den Steinen 1965
W. von den Steinen, Homo Caelestis. Das Wort der Kunst im Mittelalter 1–2 (Bern, München 1965).

Steinhübel 1995
J. Steinhübel, Veľkomoravské územie v severovýchodnom Zadunajsku (Bratislava 1995).

Steinhübel 1996a
J. Steinhübel, Die Grossmährischen Bistümer zur Zeit Mojmirs II. Bohemia 37, 1996, 5–6.

Steinhübel 1996b
J. Steinhübel, Nitrianske kniežatstvo a zánik Veľkej Moravy. Hist. štúd. 37, 1996, 14–16.

Steinhübel 1998
J. Steinhübel, Pôvod a najstaršie dejiny Nitrianskeho kniežatstva. Hist. Cas. 46, 1998, 381–385.

Steinhübel 1999
J. Steinhübel, Vznik Uhorska a Nitrianske kniezatstvo. Hist. Cas. 47, 1999, 569–614.

Štepková 1956
J. Štepková, Über das Wesen und die Funktion der Dirhamenbruchstücke. In: Charisteria Orientalia Ioanni Rypka (Praha 1956) 329–337.

Štepková 1964
J. Štepková, The Structure of the Finds of the Islamic Silver Coins in the Territory of Czechoslovakia. Annals Náprstek Mus. 1964, 113–128.

Štepková 1968
J. Štepková, Agio stříbra v obchodních stycích islámského Východu a zemí severovýchodní Evropy v 9.–11. Století. In: I. Miedzinarodowy Kongres Archeologii Slowianskiej III (Warszawa 1968) 154–159.

Sternberg 1958
M. Sternberg, Die Schatzfunde Gotlands der Wikingerzeit 1 (Uppsala 1958).

Steuer 1980
H. Steuer, Die Franken in Köln (Köln 1980).

Steuer 1999
H. Steuer, s. v. Handel. RGA 13 (Berlin, New York 1999) 557–574.

Streich 1984
G. Streich, Burg und Kirche während des deutschen Mittelalters 1–2 (Sigmaringen 1984).

Streich 1984
G. Streich, Burg und Kirche während des deutschen Mittelalters. Untersuchungen zur Sakraltopographie von Pfalzen, Burgen und Herrensitzen, 1. Pfalz- und Burgkapellen bis zur staufischen Zeit. Vortr. u. Forsch., Sonderbd. 29, 1 (Sigmaringen 1984) 165–168.

Strzelczyk 1996
J.Strelczyk, Die Piasten – Tradition und Mythos in Polen. In: v. Saldern, A. (Hrsg.) Mythen in der Geschchte und Geschichtsschreibung aus polnischer und deutscher Sicht (Münster 1996) 113–131.

Strzelczyk 1998
J. Strzelczyk, Mity, podania i wierzenia dawnych Słowian (Poznań 1998).

Strobel 1971/71
R. Strobel, Der Brixener Hof und die mittelalterlichen Bischofshöfe in Regensburg. Jahrb. Bayer. Denkmalpfl. 28, 1970/71, 30–82.

Strobel 1982
R. Strobel, Zur Baugeschichte des Salzburger Hofes in Regensburg. Mitt. Ges. Salzburger Landeskde. 122, 1982, 241–252.

Strobel/Sydow 1964
R. Strobel/J. Sydow, Der „Latron" in Regensburg. Hist. Jahrb. Görres-Ges. 83, 1964, 3–7.

Stroh 1954
A. Stroh, Die Reihengräber der karolingisch-ottonischen Zeit in der Oberpfalz. Materialh. Bayer. Vorgesch. 4 (Kallmünz 1954).

Struve 1988
K. W. Struve, Zur Geschichte von Starigard/Oldenburg. Ber. RGK 69, 1988, 20–47 [= In: Müller-Wille (Hrsg.) 1991, 85–102].

Suchodolska/Wrede 1998
E. Suchodolska/M. Wrede, Jana Matejki Dzieje cywilizacji w Polsce [Jan Matejkos Geschichte der Zivilisation in Polen] (Warszawa 1998).

Suchodolski 1967
S. Suchodolski, Moneta polska w X/XI wieku (Mieszko I i Bolesław Chrobry) [Polish coinage at the close of the 10th and the beginning of the 11th century]. Wiadomosci Num. 11, 1967, 65–194.

Suchodolski 1971
S. Suchodolski, Początki mennictwa w Europie Środkowej Wschodniej i Północnej (Wrocław u.a.O. 1971). [Zusammenfassung: Die Anfänge der Münzprägung in Skandinavien und Polen. Nordisk Num. Årsskrift 1971, 20–37].

Suchodolski 1973/74
S. Suchodolski, Zur Frage der Anfänge der böhmischen Münzprägung. Num. Sborník 13, 1973/74, 75–84.

Suchodolski 1989
S. Suchodolski, The finding of Scandinavian coin of the earliest type (KG 3) on the southern coast of the Baltic Sea. Svenska Numismatika Föreningen [Festschr. L. O. Lagerqvist]. Num. Meddelanden 37, 1989, 425–430.

Suchodolski 1990
S. Suchodolski, Noch einmal über die Anfänge der ungarischen Münzprägung. Wiadomosci Num. 34, 1990 (= Polish Num. News 5, 1991) 164–176.

Suchodolski 1996
S. Suchodolski, Początki mennictwa we Wrocławiu. In: Slowianszczyzna w Europie średniowiecznej 2 (Wrocław 1996) 121–126.

Suchodolski 1999
S. Suchodolski, Noch einmal über die Anfänge der Münzprägung in Polen In: B. Kluge/B. Weisser (Hrsg.), Proceedings of the XIIth International Numismatic Congress Berlin 1997 (Berlin 1999).

Suckale 1998
R. Suckale, Kunst in Deutschland von Karl dem Großen bis heute (Köln 1998).

Svatováclavský … 1934
Svatováclavský sborník, I. Kníže Václav Svatý a jeho doba (Prag 1934).

Swarzenski 1959
H. Swarzenski, Tschechoslowakei. Romanische und gotische Buchmalerei. In: New York Graphic Society (Hrsg.), Unesco-Sammlung der Weltkunst (Paris 1959).

Swiechowski 1990
Z. Swiechowski, Sztuka romanska w Polsce (Warszawa 1990).

I. Szabó 1966
I. Szabó, A falurendszer kialakulása Magyarországon X–XV. század (Budapest 1966).

J.G. Szabó 1977/78
J.G. Szabó, Árpád-kori telep és temetője Sarud határában [Eine Siedlung der Árpádenzeit und ihr Friedhof in der Gemarkung von Sarud]. Egri Múz. Évk. 16/17, 1977/78, 111–114.

Z. Szabó 1996
Z. Szabó, A szentté avatott Imre herceg kultuszhelyének kérdése a székesfehérvári prépostság Nagyboldogasszony templomában [Die Frage der Kultstätte des heiliggesprochenen Herzogs Emmerich in der Marienkirche der Propstei von Székesfehérvár]. Műemlékvédelmi Szemle [Rundschau des Denkmalschutzes] 6, 1996, 5–52.

Szafrański 1961
W. Szafrański, Wyniki badań archeologicznych w Biskupinie, pow. Żnin, na stanowisku 6. In: W. u. Z. Szafrańscy, Z badań nad wczesnośredniowiecznym osadnictwem wiejskim w Biskupinie. Polskie Badania Arch. 6 (Warszawa 1961).

Szakács 1997
B. Z. Szakács, Western Complexes of Hungarian Churches of the Early XI Century. Hortus artium medievalium 3, 1997, 153–155.

Szakál/Entz 1964
E. Szakál/G. Entz, La reconstitution du sarcophage du roi Étienne. Acta Historiae Artium X (1964).

Szamota 1891
I. Szamota, Régi utazások Magyarországon és a Balkán-félszigeten 1054–1717 (Budapest 1891).

Szántó 1988
K. Szántó, Boldog Gizella elsõ magyar királyné élete [Das Leben des Seligen Gisela, der ersten Königin Ungarns] (Budapest 1988).

Szatmári 1995
I. Szatmári, Bizánci típusú ereklyetartó mellkeresztek Békés és Csongrád megyében. [Pektoralkreuze mit Reliquien von byzantinischem Typ im Komitat Békés und Csongrád]. Móra Ferenc Múz. Évk., Studia Archaeologica I, 1995, 219–264.

Székely 1983
G. Székely, Kronensendungen und Königskreationen im Europa des 11. Jahrhunderts. In: Insignia Regni Hungariae I. Studien zur Machtsymbolik des mittelalterlichen Ungarn (Budapest 1983) 17–43.

Szekfü 1938
G. Szekfű, Szent István király tisztelete valamint Szekfu Gyula: Szent István a magyar történet századaiban. Mindkettő: Szent István emlékkönyv III (Budapest 1938).

Szeroczyńska 1998a
K. Szeroczyńska, Holoceńska historia jezior Lednickiego Parku Krajobrazowego na podstawie kopalnych wioslarek. Studia Geologica Polonica 112, 1998, 29–103.

Szeroczyńska 1998b
K. Szeroczyńska, Anthropogenic transformation of nine lake in Central Poland from Mesolithic to modern times in the light of Cladocera analysis. Studia Geologica Polonica 112, 1998, 123–165.

Szilágyi 1957
L. Szilágyi, Árpád-kori törvények [Gesetze der Árpádenzeit]. Phil. Fakultät der Univ. Budapest (ungedr. Manuskript Budapest 1957).

Szöke 1992
B. M. Szöke, Die Beziehungen zwischen dem oberen Donautal und Westungarn in der ersten Hälfte des 9. Jahrhunderts (Frauentrachtzubehör und Schmuck). In: F. Daim (Hrsg.), Awarenforschungen 2. Arch. Austriaca Monogr. 2, Stud. Arch. Awaren 4 (Wien 1992) 841–968.

Szöke 1998
B. M. Szöke, A korai középkor hagyatéka a Dunántúlon [Denkmäler des frühen Mittelalters in Transdanubien]. Ars Hungarica 1998, 257–319.

Szöke u. a. 1992
B. M. Szöke u. a., Die Karolingerzeit im unteren Zalatal. Gräberfelder und Siedlungsreste von Garabonc I-II und Zalaszabar-Dezsösziget. Antaeus 21 (Budapest 1992).

Szönyi/Tomka 1996
E. Szönyi/P. Tomka, Pannonhalma környékének története a bencések megjelenéséig [Die Geschichte der Umgebung von Pannonhalma bis zum Erscheinen der Benediktiner]. In: Kat. Pannonhalma 1, 1996, 39–41.

Szörényiy (1989)
L. Szöreniy, A szent hazának képe. Őstörténet és epika Zrynitől Krudyig. In: Multaddal valamit kezdeni (Budapest 1989).

Szücs 1974
J. Szűcs, Társadalomelmélet, politikai teória és történelemszemélet Kézai Gesta Hungarorumában: In: Nemzét és történelem (Budapest 1974) 413–556.

Szücs 1985
J. Szűcs, Történeti „eredet"-kérdések és nemzeti tudat. Valóság 3, 1985, 31–49.

Szücs 1988a
J. Szűcs, Szent István Intelmei: Az elsö magyar államelémleti mű [Die Ermahnungen von St. Stephan: Das erste staatstheoretische Werk]. In: Glatz/Kardos (Hrsg.) 1988, 41.

Szücs 1988b
J. Szűcs, „Magyar ünnep, barokk oltár". Művészet 8, 1988, 56–60.

Tabaczynski 1987
S. Tabaczynski, Archeologia średniowieczna. Problemy. Źródła. Metody. Cele badawcze (Wrocław u.a.O. 1987).

I. Takács 1996
I. Takács, Pannonhalma újjáépítése a 13. században [Die Erneuerung von Pannonhalma im 13. Jahrhundert]. In: Kat. Pannonhalma 1, 1996, 170–236. (= in deutscher Sprache: Die Erneuerung der Abteikirche von Pannonhalma. Acta Historiae Artium 38, 1996, 31–65).

Takács 1996
M. Takács, Honfoglalás – és kora Árpád-kori telepfeltárások az M1 autópálya nyugat-magyarországi szakaszán. (Erschliessung von Siedlungen aus der Zeit der Landnahme und der frühen Arpadenzeit an der westungarischen Strecke der Autobahn M1) In: Wolf/Révész (Hrsg.) 1996, 203–204.

Takács 1997
M. Takács, A magyar honfoglalás- és kora Árpád-kori edényművesség térképészeti vonatkozásai. In: J. Makkay/J. Kobály (Hrsg.), Honfoglalás és Árpád-kor. A Verecke hires útján tudományos konferencia anyagai (Ungvár 1997) 69–103.

Tangl 1912
M. Tangl, Die Briefe des heiligen Bonifatius. Die Geschichtsschreiber der deutschen Vorzeit 92 (Leipzig o.J. [1912]).

Tejral 1975
J. Tejral, K langobardskému odkazu v archeologických pramenech na územi Československa. Slovenská Arch. 23, 1975, 379–440.

Tenže 1999
Tenže, Die Kirchenorganisation in Neutra um die Jahrtausendwende. Bohemia 40, 1999, 65–66.

Thoby 1953
P. Thoby, Les croix limousines (Paris 1953).

Thoma/Brunner 1970
s. Kat. München 1970.

E. B. Thomas 1956
E. B. Thomas, Archäologische Funde in Ungarn (1956).

H. Thomas 1990
H. Thomas, Warum hat es im deutschen Mittelalter keine nationale Geschichtsschreibung gegeben? In: D. Buschinger (Hrsg.), Chroniques nationales et chroniques universelles. Koll. Amiens 1988 (Göppingen 1990) 165–182.

H. Thomas 1991
H. Thomas, Julius Caesar und die Deutschen. Zu Ursprung und Gestalt eines deutschen Geschichtsbewußtseins in der Zeit Gregors VII. und Heinrich IV. In: S. Weinfurter (Hrsg.), Die Salier und das Reich 3. Gesellschaftlicher und ideengeschichtlicher Wandel im Reich der Salier (Sigmaringen 1991) 245–277.

Thoroczkay 1996
G. Thoroczkay, Szent István pannonhalmi oklevelének historiográfiája [Historiographie der Pannonhalmer Urkunde von St. Stephan]. In: Kat. Pannonhalma 1996, 90–109.

Thümmel 1983
H. G. Thümmel, Fränkisches Selbstbewußtsein gegenüber Byzanz bei Notker von St. Gallen. In: J. Irmscher/J. Dummer (Hrsg.), Byzanz in der europäischen Staatenwelt (Berlin 1983) 17–29.

Timpel 1994
W. Timpel, Völkerwanderungszeit bis frühe Neuzeit. In: Südliches Thüringen. Führer arch. Denkmäler Deutschland 28 (Stuttgart 1994) 84–107.

Tisíc … 1976
Tisíc let staré Plzně. Sborník Západočeského muzea v Plzni, Hist. I. (Plze 1976).

Tobolski 1994
K. Tobolski, Stan badań palinologicznych na Nizinie Wielkopolsko-Kujawskiej. In: K. Tobolski (Hrsg.), Działalność antropogeniczna w epoce brązu i żelaza rejestrowana w najnowszych diagramach pyłkowych z Wielkopolski. Bogucki-Wydawnictwo (Naukowe 1994) 7–16.

Tobolski 1998a
K. Tobolski, Przyrodnicze podstawy rekonstrukcji. In: A. Grygorowicz/K. Tobolski (Hrsg.), Podstawy rekonstrukcji wczesnodziejowego zespońu rezydencjalno-obronnego na Ostrowie Lednickim. Homini 1998, 13–17

Tobolski 1998b
K. Tobolski, Stan poznania historii lasów, jezior i torfowisk Borów Tucholskich. In: J. Banaszak/K. Tobolski (Hrsg.), Park Narodowy Bory Tucholskie. Stan poznania przyrody na tle kompleksu leśnego Bory Tucholskie. Hrsg. von der Höheren Pädagogischen Schule in Bromberg 1998, 19–47.

Tobolski 1999
K. Tobolski, Późnoglacjalna historia zbiornika w Imiołkach. In: K. Tobolski (Hrsg.), Paleoekologiczne studium późnoglacjalnych osadów jeziora w Imiołkach (Lednicki park Krajobrazowy). Biblioteka Studiów Lednickich 4, 1999, 69–76.

Tobolsi/Polcyn 1993
K. Tobolski/M. Polcyn, Tymczasowa lista florystyczna roślin kopalnych. In: K. Tobolski (Hrsg.), Tymczasowy wykaz współczesnych i kopalnych roślin oraz awifauny Lednickiego Parku Krajobrazowego (Sorus 1993) 43–54.

Točík 1971
A. Točík, Flachgräberfelder aus dem IX. und X. Jahrhundert in der Südwestslowakei 1. Slovenská Arch. 19, 1971, 135–276.

Török 1956
G. Török, A szobi Vendelin-földek X.-XI. századi temetője [Der Friedhof aus dem 10.–11. Jahrhundert auf den Vendelin-Feldern in Szob]. Folia Arch. VIII,1956,130.

Tomka 1996
P. Tomka, Győr – Earthen fort. In: Kat. Budapest 1996, 424.

Tomková 1996
K. Tomková, Bohemian coins in the tenth-to-twelfth century silver hoards. In: Charvát/Prosecký (Hrsg.) 1996, 78–92.

Tomková 1998
K. Tomková, Die Stellung von Levý Hradec im Rahmen der mittelböhmischen Burgwälle. In: J. Henning/A. Ruttkay (Hrsg.) Frühmittelalterlicher Burgenbau in Mittel- und Osteuropa (Bonn 1998) 329–339.

Tomková u. a. 1994
K. Tomková u.a., Zum gegenwärtigen Stand des Studiums der frühmittelalterlichen Keramik in Mittelböhmen. In: Č. Staňa/L. Poláček (Hrsg.), Slawische Keramik in Mitteleuropa vom 8.–11. Jahrhundert. Internationale Tagung in Mikulčice I (Brno 1994) 165–181.

Torbrügge 1984
W. Torbrügge, Die Landschaften um Regensburg in vor- und frühgeschichtlicher Zeit. In: Regensburg – Kelheim – Straubing 1. Führer arch. Denkmäler Deutschland 5 (Stuttgart 1984) 28–119.

Torma 1993
I. Torma, Pest megye régészeti topográfiája [Archäologische Topographie des Komitats Pest] (Budapest 1993).

E. Tóth 1973
E. Tóth, Zur Ikonographie des ungarischen Krönungsmantels. Folia Arch. 24, 1973, 222.

de Tóth 1955
G. B. de Tóth, Vatikanische Grotten (Città del Vaticano 1955).

M. Tóth 1988
M. Tóth, A művészet Szent István korában [Die Kunst im Zeitalter St. Stephans]. In: Glatz/Kardos (Hrsg.) 1988, 116–118.

S. Tóth 1963
S. Tóth, A veszprémi székesegyház középkori kőfaragványai. Veszprém Megyei Múz. Közl. 1, 1963, 122–123.

S. Tóth 1973
S. Tóth, Régészet, műemlékvédelem, történelem. Építés-Építészettudomány 5, 1973, 620–622.

S. Tóth 1990
S. Tóth, A keszthelyi Balatoni Múzeum kőtára. Zalai Múzeum 2 (1990)

S. Tóth 1994a
S. Tóth, A 11. századi magyarországi kőornamentika időrendjéhez. In: Kat. Budapest 1994, 54–56.

S. Tóth 1994b
S. Tóth, A székesfehérvári szarkofág és köre. In: Kat. Budapest 1994, 54 ff; 82 ff.

S. Tóth 1994c
S. Tóth, A veszprémi székesegyház középkori kőfaragványai II. Veszprém Megyei Múz. Közl. 19/20,1994, 327–345

S. Tóth 1998
S. Tóth, Pillér és ív a magyar romanikában. In: I. Bardoly/C. László, Koppány Tibor hetvenedik születésnapjára. Tanulmányok (Budapest 1998) 50 f.

S. Tóth/Szabó 1988
S. Tóth/Á. Szabó, Matermatikai műveltségünk keretei. Középkor és reneszánsz [Die Rahmen unserer mathematischen Kultur. Mittelalter und Renaissance] (Budapest 1988).

Toth 1930
Z. Toth, Attilas Schwert (Budapest 1930)

Tredgold (Hrsg.) 1984
W. T. Tredgold (Hrsg.), Renaissances before the Renaissance (Stanford 1984).

Třeštík 1968
D. Třeštík, Kosmova kronika. Studie k počátkům českého dejepisectví a politického myšlení (Praha 1968).

Třeštík 1973
D. Třeštík, „Trh Moravanů" – ústřední trh Staré Moravy. Československý Časopis Hist. 21, 1973, 869–892.

Třeštík 1986
D. Třeštík, Bořivoj und Svatopluk. Die Entstehung des böhmischen Staates und Großmähren. In: Poulík/Chropovský (Hrsg.) 1986, 311–344.

Třeštík 1988
D. Třeštík, Mír a dobrý rok. Státní ideologie raného přemyslovského státu mezi křesťanstvím a „pohanstvím". Folia Hist. Bohemica 12, 1988, 23–45.

Třeštík 1997
D. Třeštík, Počátky Přemyslovců. Vstup Čechů do dějin (530–935) (Praha 1997).

Třeštík 1998
D. Třeštík, Großmähren, Passau und die Ungarn um das Jahr 900. Zu den neuen Zweifeln an der Authentizität des Briefes der bayerischen Bischöfe an Papst Johannes IX. aus dem Jahr 900. Byzantinoslavica 59, 1998, 137–160.

Třeštík 1999
D. Třeštík, Přemyslovec Kristián. Arch. Rozhledy 51, 1999, 602–613.

Třeštík/Krzemieńska 1967
D. Třeštík/B. Krzemieńska, Zur Problematik der Dienstleute im frühmittelalterlichen Böhmen. In: H. Ludat/F. Grau (Hrsg.), Siedlung und Verfassung Böhmens in der Frühzeit. (Wiesbaden 1967) 70–98.

Třeštík/Žemlička (Hrsg.) 1998
D. Třeštík/J. Žemlička (Hrsg.), Svatý Vojtech, Čechové a Evropa. Mezinárodní symposium uspořádané Českou křesťanskou akademií a Historickým ústavem Akademie ved ČR 1997 v Praze (Praha 1998).

Trillmich/Buchner (Hrsg.) 1961
W. Trillmich/R. Buchner (Hrsg.), Fontes Saeculorum Noni et Undecimi Historiam Ecclesiae Hammaburgensis necnon Imperii Illustrantes (Berlin 1961).

Trogmayer/Zombori 1980
O. Trogmayer/I. Zombori, Szer monostorától ĩpusztaszerig [Vom Kloster in Szer bis zu ĩpusztaszer] (Budapest 1980).

Turek 1963
R. Turek, Čechy na úsvitě dějin (Prag 1963).

Turek 1993
R. Turek, Libice – Residenz der Slavnikiden und wahrscheinlicher Geburtsort St. Adalberts. In: Hofmann (Hrsg.) 1993, 101–118.

Tyssszkiewicz 1983
J. Tyszkiewicz, Ludzie i przyroda w Polsce średniowiecznej (Warszawa 1983).

Uhlirz 1954
M. Uhlirz, Otto III. 983–1002. Jahrb. des deutschen Reiches (Berlin 1954).

Uhlirz 1958
M. Uhlirz, Zur Geschichte der Mauritiuslanze, der sacra lancea imperialis. Ostdt. Wiss. 5, 1958, 99–12.

Ullmann 1972
W. Ullmann, Magdeburg, das Konstantinopel des Nordens. Aspekte von Kaiser- und Papstpolitik bei der Gründung des Magdeburger Erzbistums 968. Jahrb. Gesch. Mittel- u. Ostdeutschlands 21, 1972, 1–44.

Unverzagt/Schuldt 1963
W. Unverzagt/E. Schuldt, Teterow. Ein jungslawischer Burgwall in Mecklenburg. Schr. Sektion Vor- u. Frühgesch. 13 (Berlin 1963).

Urbánek 1947; 1948
R. Urbánek, Legenda tzv. Kristiána ve vývoji předhusitských legend václavských a ludmilských a její autor, 1–2 (Prag 1947; 1948).

Urbańczyk 1991
S. Urbańczyk, Dawni Słowianie. Wiara i kult (Wrocław u. a. O. 1991).

Uzsoki 1982
A. Uzsoki, Az első magyar királyné, Gizella s'rja [Das Grab Giselas, der ersten Königin Ungarns]. Veszprém Megyei Múz. Közl. 16, 1982, 125–168.

Váczy 1938
P. Váczy, Magyarország kereszténysége a honfoglalás korában [Das Christentum Ungarns zur Zeit der Landnahme]. In: Serédi (Hrsg.) 1938, 213–265.

Váczy 1958
P. Váczy, A korai magyar történet néhány kérdéséről (Észrevételek G. Bónis: „István király" c. művéhez). Századok 92, 1958, 296–297.

Váňa 1961
Z. Váňa, Slovanská keramika zabrušanského typu v severozápadních Cechách. Pam. Arch. 52, 1961, 465–476.

Váňa 1989
Z. Váňa, Vnitřní opevnění přemyslovské Budče. Pam. Arch. 80, 1989, 123–158.

Váňa 1995
Z. Váňa, Přemyslovská Budeč (Prag 1995).

Varsik 1965
B. Varsik, K otázke staromaďarských zásahov na východnom Slovensku. In: O počiatkoch slovenských dejín (Sborník materiálov) (Bratislava 1965) 179–189.

Vavřínek 1963a
V. Vavřínek, Staroslověnské životy Konstantina a Metoděje (Praha 1963).

Vavřínek 1963b
V. Vavřínek, Předcyrilometodějské misie na Velké Moravě. Slavia 32, 1963, 465–480.

Vavřínek 1965
V. Vavřínek, Die Christianisierung und Kirchenorganisation Großmährens. Historica 7, 1963, 5–56.

Vavřínek 1986
V. Vavřínek, Die historische Bedeutung der byzantinischen Mission in Großmähren. In: Poulík/Chropovský (Hrsg.) 1986, 245–279.

VavřínekZásterová 1982
V. Vavřínek/B. Zásterová, Byzantinum's Role in the Formation of Great Moravian Culture. Byzantinoslavica 43, 1982, 161–188.

Vékony 1988
G. Vékony, Késõnépvándorláskori és Árpád-kori települések Tatabánya-Dózsakertben. In: G. Gombkötő (Hrsg.), Komárom megye története I (1988) 288.

Veszprémy 1999
L. Veszprémy, Historical Past and Political Present in the Latin Chronicles of Hungary (12th–13th Centuries). In: E. Kooper (Hrsg.), The Medieval Chronicle (Amsterdam-Galata 1999) 260–268.

Vida 1999
T. Vida, Die awarenzeitliche Keramik (6.–7. Jh.) I (Berlin, Budapest 1999).

Vierck 1984
H. Vierck, Mittel- und westeuropäische Einwirkungen auf die Sachkultur von Haithabu/Schleswig. In: H. Jankuhn/K. Schietzel/H. Reichstein (Hrsg.), Handelsplätze des frühen und hohen Mittelalters. Archäologische und naturwissenschaftliche Untersuchungen an ländlichen und frühstädtischen Siedlungen im deutschen Küstengebiet vom 5. Jahrhundert v. Chr. bis zum 11. Jahrhundert n. Chr. 2 (Weinheim 1984) 366–422.

Vignatiová 1992
J. Vignatiová, Břeclav-Pohansko II. Slovanské osídlení jižního předhradí (Brno 1992).

Vignatiová 1993
J. Vignatiová, Karolínske meče z Pohanska u Břeclavi. Sborník Prací Fil. Fak. Brno E 38, 1993, 91–109.

Vilímková/Preiss 1989
M. Vilímková/P. Preiss, Ve znamení břevna a růží. Historický, kulturní a umělecký odkaz benediktinského opatství v Břevnově (Prag 1989).

Virák 1983
B. Virág, Magyar századok (Buda 1808, 1816, 1828) (Budapest 1983).

Vöge 1891
W. Vöge, Eine deutsche Malerschule um die Wende des ersten Jahrtausends. Kritische Studien zur Geschichte der Malerei in Deutschland im 10. und 11. Jahrhundert. Westdtsch. Zeitschr, Gesch. u. Kunst, Ergänzungsh. 7 (Trier 1891).

Vogel 1963
C. Vogel, Le pontifical romano-germanique du Xe siècle. Cahiers de Civilisation Médievale 6, 1963, 27–48.

K. Vogt 1938
K. Vogt, Die Burg in Böhmen bis zum Ende des 12. Jahrhunderts (Reichenberg, Leipzig 1938).

Vogel/Elze (Hrsg.)
C. Vogel/R. Elze (Hrsg.), Le pontifical romano-germanique du dixieme siècle 1. Citta del Vaticano (o. J.).

H.-J. Vogt 1987
H.-J. Vogt, Die Wiprechtsburg Groitsch eine mittelalterliche Befestigung in Westsachsen (Berlin 1987).

Voigtländer 1980
K. Voigtländer, Die Stiftskirche zu Gernrode und ihre Restaurierung 1858–1872 (Berlin 1980).

Volbach 1958
W. F. Volbach, Frühchristliche Kunst. Die Kunst der Spätantike in West- und Ostrom (München 1958).

Völkl (Hrsg.) 1988
E. Völkl (Hrsg.), Bayern und Ungarn. Tausend Jahre enge Beziehungen. Schriftenr. Osteuropainst. Regensburg-Passau 12 (Regensburg 1988).

Vorromanische Kirchenbauten 1968
Vorromanische Kirchenbauten. Katalog der Denkmäler bis zum Ausgang der Ottonen. Veröff. Zentralinst. Kunstgesch. III (München 1968).

Voß 1995
R. Voß, Das Archäologische Freilichtmuseum Groß Raden. In: Ein Jahrtausend Mecklenburg und Vorpommern (Rostock 1995) 31–35.

Vyvíjalová 1985
M. Vyvíjalová, Bitka pri Bratislave roku 907 (Príspevok ku kritickému prehodnoteniu prameňov). Štud. Zvesti Arch. Ústavu 21, 1985, 221–247.

Wachowski 1997
K. Wachowski, Śląsk w dobie przedpiastowskiej (Wrocław 1997).

B. Wachter (Hrsg.)
Hannoversches Wendland. Führer arch. Denkmäler Deutschland 13 (Stuttgart 1986).

Wachter 1994
B. Wachter, Slawische Burgen und die Präsenz des Reiches im Hannoverschen Wendland. In: W. Budesheim (Hrsg.), Zur slawischen Besiedlung zwischen Elbe und Oder. Beitr. Wiss. u. Kultur 1 (Neumünster 1994) 54–72.

Wachter 1998
B. Wachter, Die slawisch-deutsche Burg auf dem Weinberg in Hitzacker/Elbe. Göttinger Schr. Vor- u. Frühgesch. 26 (Neumünster 1998).

Wagner 1955
H. Wagner, Urkundenbuch des Burgendlandes und der angrenzenden Gebiete der Komitate Wieselburg, Ödenburg und Eisenburg. Inst. Österr. Geschichtsforsch., Reihe 7, I (Graz, Köln 1955).

Wagner 1984
K. Wagner, Burgwardmittelpunkt und Kirche in Dresden-Briesnitz. In: J. Oexle (Hrsg.), Frühe Kirchen in Sachsen. Ergebnisse archäologischer und baugeschichtlicher Untersuchungen. Veröff. Landesamt für Arch. mit Landesmus. für Vorgesch. 23 (Stuttgart 1984) 198–205.

Wagner 1989
M. Wagner, Allegorie und Geschichte. Austattungsprogramme öffentlicher Gebäude des 19. Jahrhunderts in Deutschland von der Cornelius-Schule zur Malerei der Willhelminischen Ära (Tübingen 198).

Wald 1932
E. T. de Wald, The Illustrations of the Utrecht Psalter (Princeton 1932).

Walter/Züchner 1996
W. Walter/Ch. Züchner, Oberfranken in vor- und frühgeschichtlicher Zeit^2 (1996).

Wamers 1993
E. Wamers, Die frühmittelalterlichen Lesefunde aus der Löhrstraße (Baustelle Hilton 2) in Mainz. Mainzer Arch. Schr. 1 (Mainz 1993).

C. Warnke 1964
C. Warnke, Die Anfänge des Fernhandels in Polen. Marburger Ostforsch. 22 (Würzburg 1964).

D. Warnke 1975
D. Warnke, Das frühgeschichtliche Hügelgräberfeld in den „Schwarzen Bergen" bei Ralswiek, Kr. Rügen. Zeitschr. Arch. 9, 1975, 89–127.

Wasilewski 1980
T. Wasilewski, Bizantyńska symbolika zjazdu gnieźnieńskiego. Przegląd Hist. 57, 1966, 1–14.

Wattenbach u. a. 1990
W. Wattenbach/W. Levison/H. Löwe, Deutschlands Geschichtsquellen im Mittelalter. Vorzeit und Karolinger 6 (Weimar 1990).

Wędzki 1958
A. Wędzki, Rozwój i upadek grodu gieckiego. Studia i materialy do dziejów Wielkopolski i Pomorza 4, 1958, 5–37.

Wegener 1957
W. Wegener, Die Přemysliden. Stammtafel des nationalen böhmischen Herzogshauses ca 850–1306 mit einer Einführung. Genealogische Tafeln zur mitteleuropäischen Geschichte^2 (Göttingen 1957).

Wegner 1955
W. Wegner, Die Lanze des heiligen Wenzel. Zeitschr. Savigny-Stiftung für Rechtsgesch. Ger. Abt., 72, 1955, 56–82.

Wehli 1994
T. Wehli, Szent István kultusza a középkori magyarországi művészetben. In: Doctor et apostol (Budapest 1994) 107–140.

Weilandt 1992
G. Weilandt, Geistliche und Kunst. Ein Beitrag zur Kultur der ottonisch-salischen Reichskirche und zur Veränderung künstlerischer Traditionen im späten 11. Jahrhundert (Köln 1992).

Weinfurter 1997
S. Weinfurter, Sakralkönigtum und Herrschaftsbegründung um die Jahrtausendwende. Die Kaiser Otto III. und Heinrich II. in ihren Bildern. In: H. Altrichter (Hrsg.), Bilder erzählen Geschichte. Rombach Wissenschaft, R. 6 (Freiburg i. Brsg. 1997) 47–103.

Weinfurter 1999
S. Weinfurter, Heinrich II. (1002–1024). Herrscher am Ende der Zeiten (Regenburg 1999).

Weinrich 1972
L. Weinrich, Laurentius – Verehrung in ottonischer Zeit. Jahrb. Gesch. Mittel- u. Ostdeutschlands 21, 1972, 45–66.

Weitlauff (Hrsg.) 1993
M. Weitlauff (Hrsg.), Bischof Ulrich von Augsburg 890–973. Seine Zeit – sein Leben – seine Verehrung. Festschrift aus Anlaß des tausendjährigen Jubiläums seiner Kanonisation im Jahre 993. Jahrb. Ver. Augsburger Bistumsgesch. 26/27, 1993.

Weitzmann 1963
K. Weitzmann, Geistige Grundlagen und Wesen der Makedonischen Renaissance (Köln, Opladen 1963).

Weitzmann o. J.
K. Weitzmann, Studies in the Arts at Siani. I (Princeton o. J. [1982]).

Weixlgärtner 1929
Á. Weixlgärtner, Führer durch die Geistliche Schatzkammer (Wien 1929).

Weizsäcker 1959
W. Weizsäcker, Imperator und huldigende Frauen. In: Festschr. K. G. Hugelmann 2 (Aalen 1959) 815–831.

Wendling 1985
W. Wendling, Die Erhebung Ludwigs d. Fr. zum Mitkaiser im Jahre 813 und ihre Bedeutung für die Verfassungsgeschichte des Frankenreiches. Frühmittelalterl. Stud. 19, 1985, 201–238.

Wenskus 1967
R. Wenskus, Stammesbildung und Verfassung^2 (Köln 1967).

Wenskus 1976
R. Wenskus, Sächsischer Stammesadel und fränkischer Reichsadel. Abhandl. Akad. Wiss. Göttingen, Phil.-hist. Kl. 3, 93 (Göttingen 1976).

Werner 1965
K. F. Werner, Das hochmittelalterliche Imperium im politischen Bewußsein Frankreichs. Hist. Zeitschr. 200/201, 1965, 12–18.

Werner 1978
K. F. Werner, Volk, Nation, Nationalismus, Masse. In: O. Brunner/W. Conze/R. Kosseleck (Hrsg.), Geschichtliche Grundbegriffe. Hist. Lexikon zu politisch-sozialen Sprache in Deutschland. 3. Mittelalter (Stuttgart 1978) 171–281.

Wiechmann 1996a
R. Wiechmann, Edelmetalldepots der Wikingerzeit in Schleswig-Holstein. Vom „Ringbrecher" zur Münzwirtschaft. Offa-Bücher 77 (Neumünster 1996).

Wiechmann 1996b
R. Wiechmann, Edelmetalldepots der Wikingerzeit in Schleswig-Holstein (Neumünster 1996).

Wiechmann 1999
R. Wiechmann, s. v. Haðiaby-Münzprägung. RGA 13 (Berlin, New York 1999) 382–384.

Wiethold 1998
J. Wiethold, Studien zur jüngeren postglazialen Vegetations- und Siedlungsgeschichte im östlichen Schleswig-Holstein. Universitätsforsch. prähist. Arch. 45 (Bonn 1998).

Wilckens/Herrmann 1976
L. v. Wilckens/H. Herrmann, Katalogposten: Sog. Wolfgangskasel. In: A. Hubel, Der Regensburger Domschatz (München, Zürich 1976) 237–244.

Wilde 1953
K.A. Wilde, Die Bedeutung der Grabung Wollin^2 (Hamburg 1953).

Wilgocki 1998
E. Wilgocki, Problem lokalizacji osady kolonistów niemieckich w świetle ostatnich badań archeologicznych szczecińskiego Podzamcza. Acta Arch. Pomoranica 1, 1998, 299 ff.

Wilke 1983
G. Wilke, Methods of exploration and documentation applied in archaeological underwater research under conditions of limite visibility on the relics of an early mediaeval bridge in Bobęcin (Pomerania) in 1977–1981. Acta Univ. Nicolai Copernici, Arch. 9, 1983, 49–66.

Wilke 1985
G. Wilke, Most wczesnośredniowieczny z Bobęcina koło Miastka. Wstępne wyniki archeologicznych badań podwodnych i analiz dendrochronologicznych jego reliktów. Acta Univ. Nicolai Copernici, Arch. 11, 1985, 3–26.

Wilke 1998a
G. Wilke, Archäologie unter Wasser. Untersuchungen der slawischen Brücken im Lednica-See bei der Insel Ostrów Lednicki (Polen). In: A. Wesse (Hrsg.), Studien zur Archäologie des Ostseeraumes. Von der Eisenzeit zum Mittelalter [Festschr. M. Müller-Wille] (Neumünster 1998) 195–203.

Wilke 1998b
G. Wilke, Relikty osadnictwa słowiańskiego w Jeziorze Płońskim Wielkim (Großer Plöner See) w Niemczech, w świetle archeologicznych badań podwodnych. In: Kóčka-Krenz/Łosiński (Hrsg.) 1998, 262–272.

Wilkinson 1988
J. Wilkinson, Jerusalem Pilgrimage 1099–1185 (London 1988).

Willerding 1984
U. Willerding, Paläo-ethnobotanische Analyse der „Getreideschicht". In: Gabriel 1984a, 66–74.

Wilson 1983
N. G. Wilson, Scholars of Byzantium (London 1983).

de Winter 1985
P. M. de Winter, The Sacral Treasure of the Guelphs. Bull. Cleveland Museum of Art 72, Beih. 1 (Cleveland 1985).

E. Wintergerst 1991
E. Wintergerst, Die archäologischen Funde der Ausgrabung Niedermünster Kreuzgang in Regensburg (ungedr. Magisterarb. Bamberg 1991).

E. Wintergerst 1995
E. Wintergerst, Neue reihengräberzeitliche Funde aus der Umgebung von Regensburg (ungedr. Diss. Bamberg 1995).

M. Wintergerst 1998
M. Wintergerst, Produktionsanlagen mittelalterlicher Handwerker in Regensburg. In: M. Angerer/H. Wanderwitz (Hrsg.), Regensburg im Mittelalter^2 (Regensburg 1998) 259–266.

Wiethold 1998
J. Wiethold, Studien zur jüngeren postglazialen Vegetations- und Siedlungsgeschichte im östlichen Schleswig-Holstein. Universitätsforsch. Prähist. Arch. 45, 1998, 1–365.

Wittkower (1984)
R. Wittkower, Adler und Schlange (1938/39) und Hieroglyphen in der Frührenaissance (1972). In: Allegorie und der Wandel der Symbole in Antike und Renaissance (Köln 1984) 21–86; 218–245.

Witkowski (1970)
T. Witkowski, Mythologisch motivierte altpolabische Ortsnamen. Zeitschr. Slavistik 15, 1970, 369 ff.

Wojtasik 1968
J. Wojtasik, Cmentarzysko wczesnośredniowieczne na wzgórzu „Młynówka" w Wolinie (Szczecin 1968).

Wojtasik 1992
J. Wojtasik, Bursztyn ze stanowisk wykopaliskowych 5,6 oraz znaleziony luźno na Starym Mieście w Wolinie. Mat. Zachodniopomorskie, 38, 1992.

Wolf 1995
G. Wolf, Das Marienkloster zu Memleben. Archiv Diplomatik 41, 1995, 21–30.

Wolf 1996a
M. Wolf, Die Gespanschaftsburg von Borsod. Acta Arch. Hung. 48. 1996, 209–240.

Wolf 1996b
M. Wolf, A borsodi földvár. In: Wolf/Révész (Hrsg.) 1996, 80.

Wolf/Révész (Hrsg.) 1996
M. Wolf/L. Révész (Hrsg.), A magyar honfoglalás korának régészeti emlékei (Miskolc 1996).

Wolff (Hrsg.) 1996
A. Wolff (Hrsg.), Die Domgrabung Köln. Altertum, Frühmittelalter, Mittelalter. Studien zum Kölner Dom 2 (Köln 1996).

Wolfram 1973
H. Wolfram, Intitulatio II. Mitt. Inst. Österr. Geschichtsforsch. Ergbd. 24 (Wien 1973).

Wolfram (Hrsg.) 1979
H. Wolfram (Hrsg.), Conversio Bagoariorum et Carantanorum. Das Weißbuch der Salzburger Kirche über die erfolgreiche Mission in Karantanien und Pannonien (Wien u.a.O. 1979).

Wolfram 1980
H. Wolfram, Überlegungen zur politischen Situation der Slawen im heutigen Oberösterreich (8.–10. Jahrhundert). In: K. Holter (Hrsg.), Baiern und Slawen in Oberösterreich. Probleme der Landnahme und Besiedlung. Schr. Oberösterr. Musealvereins- Ges. Landeskde. 10 (Linz 1980) 21–23.

Wolfram 1990a
H. Wolfram, Das Reich und die Germanen^2 (Berlin 1990).

Wolfram 1990b
H. Wolfram, Die Goten^3 (München 1990).

Wolfram 1990c
H. Wolfram, Einleitung oder Überlegungen zur Origo gentis. In: H. Wolfram/W. Pohl (Hrsg.), Typen der Ethnogenese unter besonderer Berücksichtigung der Bayern 1. Denkschr. Österr. Akad. Wiss., Phil.-hist. Kl. (Wien 1990) 19–33.

Wolfram 1990d
H. Wolfram, Le genre de l'Origo *gentis*. Revue belge de philologie et d'histoire 68, 1990, 789–801.

Wolfram 1992
H. Wolfram, Die Gesandschaft Konrads II. Nach Konstantinopel (1027/29). Mitt. Österr. Inst. Geschichtsforsch. 100 (Wien 1992).

Wolfram 1995
H. Wolfram, Grenzen und Räume, Geschichte Österreichs vor seiner Entstehung. In: Österreichische Geschichte (Wien 1995).

Wolfram 1995
H. Wolfram, Salzburg, Bayern, Österreich. Mitt. Inst. Österr. Geschforsch. Ergbd. 31 (Wien 1995).

Wolfram 1997
H. Wolfram, Les Carantaniens, le premier peuple slave baptisé. In: M. Rouche (Hrsg.), Clovis. Histoire et memoire 2. Actes du Coll. int. d'histoire de Reims (Paris 1997.)

Wolfram 1998
H. Wolfram, Tirol, Bayern und die Entstehung des deutschen Volksbegriffes. Veröff. Tiroler Landesmus. Ferdinandeum 78 (1998).

Wolfram 1998
H. Wolfram, Typen der Ethnogenese. Ein Versuch. In: Die Franken und die Alamannen bis zur „Schlacht bei Zülpich" (496/97). Ergbd. RGA 19 (Berlin 1998).

Wollasch 1973
J. Wollasch, Mönchtum des Mittelalters zwischen Kirche und Welt. Münstersche Mittelalter-Schr. 7 (München 1973).

Wollasch 1985
J. Wollasch, Der Einfluß des Mönchtums auf Reich und Kirche vor dem Investiturstreit. In: K. Schmid (Hrsg.), Reich und Kirche vor dem Investiturstreit [Festschr. G. Tellenbach] (Sigmaringen 1985) 35–48.

Wormald 1982
F. Wormald, The Utrecht Psalter, Collected Writings I. Studies in Medieval Art from the sixth to the twelfth Centuries (Oxford, New York 1982).

Wostry 1953
W. Wostry, Die Ursprünge der Primisliden. In: R. Schreiber (Hrsg.), Prager Festgabe für Th. Mayer. Forsch. Gesch. u. Landeskde Sudetenländer 1 (Freilassing, Salzburg 1953) 156–253.

Wyrozumski 1992
J. Wyrozumski, Dzieje Krakowa I (Kraków 1992).

Wyrwińska 1995
E. Wyrwińska, Wczesnośredniowieczna osada odkryta na wielokulturowym stanowisku nr 6 w Grotnikach, gm. Włoszakowice, woj. leszczyńskie, Wielkopolskie. Spraw. Arch. 3, 1995, 139–152.

Zábojník 1978
J. Zábojník, K výskytu predmetov západného pôvodu na pohrebiskách z obdobia avarskej ríše v Dunajskej kotline. Slovenská Arch. 26, 1978, 193–211.

Zábojník 1989
J. Zábojník, Zur Frage der Kontakte der nördlichen Peripherie des awarischen Kaganats mit den westlichen Gebieten. Wosinsky Mór Múz. Évk. 15, 1989, 103–111.

Zachwatowicz 1971
J. Zachwatowicz, Architektura romanska od polowy XI do konca XII wieku [Romanische Architektur von Mitte des 11. bis Ende des 12. Jh.]. In: Sztuka polska przedromanska i romanska do schylku XIII (Warszawa 1971) 120.

Zahn 1931
K. Zahn, Die Ausgrabungen des romanischen Domes in Regensburg (München 1931).

Zaitz 1988
E. Zaitz, Frühmittelalterliche axtförmige Eisenbarren aus Kleinpolen. Slovenská Arch. 36, 1988, 261–276.

Żaki 1974
A. Żaki, Archeologia Malopolski średniowiecznej, Wrocław 1974, 372 ff.

Żaki 1978/81
A. Żaki, Poczatki chrzescijanstwa w Polsce poludniowej w swietle zródel archeologicznych i pisanych. Symposiones 1, 1978/1981, 58–59.

Żaki 1994
A. Żaki, Kraków wislanski, czeski i wczesnopiastowski. In: Chrystianizacja 1994, 44 ff.

Zápotocký 1965
M. Zápotocký, Slovanské osídlení na Litom icku. Pam. Arch. 56, 1965, 205–391.

Zavřel im Druck
J. Zavřel, Geologické a geomorfologické poměry malostranské kotliny a jejich vliv na osídlování tohoto (zemí. Pam. Arch., Suppl. Mediaevalia arch. Bohemica 4 (im Druck).

Žemlička 1989
J. Žemlička, „Duces Boemanorum" a vznik přemyslovské monarchie. Československý Časopis Hist. 37, 1989, 697–721.

Žemlička 1995a
J. Žemlička, Das „Reich" der böhmischen Boleslavs und die Krise an der Jahrtausendwende. Zur Charakteristik der frühen Staaten in Mitteleuropa. Arch. Rozhledy 47, 1995, 267–278.

Žemlička 1995b
J. Žemlička, K dotváření hradské sítě za Břetislava I. („Přemyslovská" jména v názvech českých a moravských hradišť). Hist. geografie 28, 1995, 27–47.

Žemlička 1995c
J. Žemlička, s.v. Přemysliden. Lexikon des Mittelalters 7 (München 1995) 186–188.

Žemlička 1997
J. Žemlička, Čechy v dobe knížecí (1034–1198) (Praha 1997).

Žemlička 1998a
J. Žemlička, s.v. Přemysliden I-II. Lexikon des Mittelalters 9 (München 1998).

Žemlička 1998b
J. Žemlička, „Dvacet pánů" české zeme (K vymezení panujícího rodu v 11. a 12. století). Časopis Matice moravské 117, 1998, 293–309.

Zeumet 1902
K. Zeumet (Hrsg.), Codex Euricianus, Leges Visigothorum (Hannover, Leipzig 1902).

Zientara 1985
B. Zientara, Swit narodów europejskich. Powstanie swiadomosci narodowej na obszarze Europy pokarolinskiej (Warszawa 1985).

Zimmermann 1973
G. Zimmermann, Wolfgang von Regensburg und die Gründung des Bistums Prag. In: Beiträge zur Tausendjahrfeier des Bistums Prag 2 (München 1973) 38–60.

Zink 1992
J. Zink, Neue Forschungen zur frühen Baugeschichte von St. Emmeram und St. Rupert. In: St. Emmeram in Regensburg. Geschichte, Kunst und Denkmalpflege. Thurn und Taxis Stud. 18, 1992, 131–138.

Zittlau u. a. 1985/86
R. Zittlau/Ch. v. Pfeil/K. Knefelkamp-Müllerschön, Die Ausgrabung im Chor der Pfarrkirche von Altenkunstadt. Gesch. Obermain 15, 1985/86, 105–119.

Zoll-Adamikowa 1988
H. Zoll-Adamikowa, Przyczyny i formy recepcji rytuału szkieletowego u Słowian Nadbałtyckich we wczesnym średniowieczu. Przegląd Arch. 35, 1988, 183–229.

Zoll-Adamikova 1989
H. Zoll-Adamikowa, Bespr. zu E. Schuldt. In: Germania 67, 1989, 259–266.

Zoll-Adamikowa 1991
H. Zoll-Adamikowa, Frühmittelalterliche Bestattungen der Würdenträger in Polen (Mitte des 10. bis Mitte des 12.Jh.), Przegląd Arch. 38, 1991, 109–136.

Zoll-Adamikova 1994
H. Zoll-Adamikova, Formy konwersji Slowianszczyzny wczesnośredniowiecznej a problem przedpiastowskiej chrystianizacji Małopolski. In: Chrystianizacja 1994, 131–140.

Zoll-Adamikowa 1996
H. Zoll-Adamikowa, Zur Frage der großmährischen bzw. böhmischen Christianisierung Südpolens im Lichte der Grabfunde. In: Ethnische und kulturelle Verhältnisse an der mittleren Donau vom 6. bis 11. Jahrhundert (Bratislava 1996) 305–312.

Zoll-Adamikowa 1997
H. Zoll-Adamikowa, Stan badan nad obrzedowoscia pogrzebowa Slowian. Slavia Antiqua 38, 1997, 65–80.

Zoll-Adamikowa 1998
H. Zoll-Adamikowa, Zwei Modelle der Einführung von Körperbestattung bei den Westslawen. In: Rom und Byzanz im Norden. Mission und Glaubenswechsel im Ostseeraum während des 8.–14. Jahrhunderts (Mainz, Stuttgart 1998).

Zotz 1997
T. Zotz, Die Gegenwart des Königs. Zur Herrschaftspraxis Ottos III. und Heinrichs II. In: Schneidmüller/Weinfurter (Hrsg.) 1997, 349–386.

Zufferey 1986
M. Zufferey, Der Mauritiuskult im Früh- und Hochmittelalter. Hist. Jahrb. 106, 1986, 23–58.

Żurek 1996
A. Żurek, Wrocławska kaplica św. Marcina w średniowieczu (Wrocław 1996).

Żurowska 1968
K. Żurowska, Rotunda wawelska. Studium nad centralną architekturą epoki wczesnośredniowiecznej, Studia do dziejów Wawelu 3, 1968, 1–121.

Żurowska 1983
K. Żurowska, Studia nad architekturą wczesnopiastowską. Zeszyty Naukowe Uniwersytetu Jagiellońskiego. Prace z Historii Sztuki 17, 1983, 9–53.

Żurowska (Hrsg.) 1993; 1994
K. Żurowska (Hrsg.), U progu chrześcijaństwa w Polsce. Ostrów Lednicki 1–2 (Kraków 1993; 1994).

Żurowska 1998
K. Żurowska, Reflexions sur l'origine des groupes episcopaux a ordonnance axiale à l'epoque paleo-chretienne. Fol. Hist. Artium NS 4, 1998, 173–177.

Zwiechowski (Hrsg.) 1993
Z. Zwiechowski (Hrsg.), U progu chrześcijaństwa w Polsce, Ostrów Lednicki. Praca zbior 1–2 (Kraków 1993).

Autoren des Essaybandes

Csanád Bálint, Budapest
Andrea Bartošková, Praha
Matthias Becher, Bonn
Elek Benkő, Budapest
Loránd Benkő, Budapest
Walter Berschin, Heidelberg
Darina Bialeková, Nitra
Piroska Biczó, Budapest
Josef Bláha, Olomouc
Horst-Wolfgang Böhme, Marburg
Ivana Boháčová, Praha
István Bóna, Dunaújváros
Michael Borgolte, Berlin
Wolfram Brandes, Frankfurt a.M.
Sebastian Brather, Freiburg
Milena Bravermanová, Praha
Michał Brzostowicz, Poznań
Petr Čech, Praha
Petr Charvát, Praha
Wojciech Chudziak, Toruń
Jarmila Čiháková, Praha
Silvia Codreanu-Windauer, Regensburg
Zbigniew Dalewski, Warszawa
Ute Dercks, Düsseldorf
Marek Derwich, Wrocław
Peter Donat, Berlin
Teresa Dunin-Wąsowics, Nieborów
Sigrid Dušek, Weimar
Joachim Ehlers, Berlin
Franz-Reiner Erkens, Leipzig
Géza Érszegi, Budapest
Peter Ettel, Lübstorf
Władysław Filipowiak, Szczecin
Johannes Fried, Frankfurt a.M.
Sándor Frisnyák, Nyíregyháza
Jan Frolík, Praha
Ingo Gabriel, Schleswig
Luděk Galuška, Brno
Jószef Gerics, Budapest
Janusz Górecki, Lednogóra
Knut Görich, Tübingen
Klaus Grebe, Wünsdorf
Eike Gringmuth-Dallmer, Berlin
György Györffy, Budapest
Jochen Haberstroh, Memmelsdorf
Frank Hadler, Leipzig

Jarmila Hásková, Praha
Ernst-Dieter Hehl, Mainz
Joachim Hermann, Ferch
István Horváth, Esztergom
Ladislav Hrdlička, Praha
Marek F. Jagodziński, Elbląg
Georg Jenal, Köln
Michał Kara, Poznań
Hagen Keller, Münster
Torsten Kempke, Kiel
Norbert Kersken, Marburg
Lajos Kiss, Budapest
Jan Klápště, Praha
Bernd Kluge, Berlin
Zbigniew Kobyliński, Warszawa
Hanna Kóčka-Krenz, Poznań
Theo Kölzer, Bonn
Ludger Körntgen, Tübingen
Éva Kovács, Budapest †
László Kovács, Budapest
Gyula Kristó, Szeged
Helmut Kroll, Kiel
Teresa Krysztofiak, Dominowo
Matúš Kučera, Bratislava
Brygida Kürbis, Poznań
Zofia Kurnatowska, Poznań
Stanisław Kurnatowski, Poznań
Lech Leciejewicz, Wrocław
Władysław Łosiński, Poznań
Zsuzsa Lovag, Budapest
Thomas Ludwig, Bonn
Christian Lübke, Greifswald
Jiří Macháček, Praha
Franz und Margarita Machilek, Bamberg
Ferenc Makk, Szeged
Edmund Małachowicz, Wrocław
Ernő Marosi, Budapest
Richard Marsina, Bratislava
Anežka Merhautová, Praha
Adriaan von Müller, Berlin
Heribert Müller, Frankfurt a.M.
Michael Müller-Wille, Kiel
Vlastimil Novák, Praha
Zofia Ostrowska-Kębłowska, Wrocław
Lutz E. von Padberg, Paderborn
Dietlind Paddenberg, Lübstorf
Jürgen Petersohn, Marburg

Zbigniew Pianowski, Kraków
Martina Pippal, Wien
Lumír Poláček, Brno
Jacek Poleski, Kraków
Jarmila Princová, Praha
Naďa Profantová, Praha
Jiří Rak, Praha
Oliver Ramonat, Frankfurt a.M.
Daniela Rando, Berlin
Alexander T. Ruttkay, Nitra
Paweł Rzeźnik, Wrocław
Lieselotte E. Saurma-Jeltsch, Heidelberg
Tomasz Sawicki, Gniezno
Arne Schmid-Hecklau, Leipzig
Volker Schmidt, Neubrandenburg
Wolfgang Christian Schneider, Darmstadt
Bernd Schneidmüller, Bamberg
Rüdiger von Schnurbein, Kiel
Sven Schütte, Köln
Irmgard Siede, Mannheim
Gabriel Silagi, München
Katalin Sinkó, Budapest
Jiří Sláma, Praha
Leszek Paweł Słupecki, Warszawa
Petr Sommer, Praha
Tatiana Štefanovičová, Bratislava
Ján Steinhübel, Bratislava
Jerzy Strzelczyk, Poznań
Stanisław Suchodolski, Warszawa
Béla Miklós Szőke, Budapest
Mátyás Szőke, Visegrad
Imre Takács, Budapest
Miklós Takács, Budapest
Kazimíerz Tobolski, Poznań
Kateřina Tomková, Praha
Sándor Tóth, Budapest
Dušan Třeštík, Praha
Jan Tyszkiewicz, Warszawa
Matthias Untermann, Freiburg
Vladimír Vavřínek, Praha
László Veszprémy, Budapest
Rolf Voß, Neubrandenburg
Piotr Wandycz, New Haven
Stefan Weinfurter, Heidelberg
Thomas Westphalen, Dresden
Alfried Wieczorek, Mannheim

Julian Wiethold, Göttingen
Gerhard Wilke, Kiel
Karl-Heinz Willroth, Göttingen
Eleonore Wintergerst, Bamberg
Mária Wolf, Budapest
Herwig Wolfram, Wien
Josef Žemlička, Praha
Klementyna Żurowska, Kraków

Zum Entstehen des Kataloghandbuches in der vorliegenden Form haben folgende Übersetzer beigetragen:

Auf ungarischer Seite:
Prof. Dr. Ernő Marosi und Mitarbeiter

Auf polnischer Seite:
Michał Antkowiak, Przemysław Czarnecki, Dagmara Drewniak, Maciej Kinal, Anna Kinecka, Dariusz Matelski, Ewa Płomińska-Krawiec, Elżbieta Wojciechowska-Dołowicz, Małgorzata Zdzieniecka.

Auf deutscher Seite:
Dr. Simon Burnell (Leitung). Robin Benson; Gabriela A. Eakin; Elizabeth Hicks; Language Consultancy (Alexandra F. Barrett, Mary Carroll, Jennifer Fröhlich, Silvia Naumann, Stephan Smith); Susanne Mattern; Frances Mechan-Schmidt; David C. Mengel; Robert Nusbaum; David Sanchez; Pernille Sörensen; Tim Spence; Tradukas GbR; Linda J. Turner BA MSc; Deirdre Winter.

Auf tschechischer Seite:
Dr. Adolf v. Schebek, Dr. Pavel Červíček, Alastair Millar BSc.

Auf slowakischer Seite:
PhDr. Oľga Horská, Mgr. Ute Kurdelová, Berta Nieburová, PhDr. Ľudmila Vaňková.

Topographisches Register

A

Aachen   27; 28; 58; 67 *Abb. 25*; 69; 213; 311; 494; 496; 505; 519; 648; 671; 673 *Abb. 431*; 680; 681; 684; 686; 687; 711; 745; 756; 770; 772–774; 776–779; 786–791 *Abb. 506–508*; 793; 789; 797; 801 *Abb. 517*; 803; 806; 808 Anm. 2; 809; 816; 817 *Abb. 529*; 839 *Abb. 537*; 840; 841; 843; 851; 878; 879; 881; 894; 896; 914
Aarhus (Bistum)   672
Abád (Furt)   604
Abaújvár (Burg)   548; 588–589
Admont   572; 637 Anm. 5; 852
Affile (Adalbertskapelle)   839–841 *Abb. 357*
Akkon   54
Al Muhammadiyyah, Iran   135 *Abb. 90*
Aland (Nebenfluss der Elbe)   723
Alba Iulia s. Karlsburg
Alba Regia s. Stuhlweißenburg
Aldenburg s. Oldenburg
Aleppo/Halab   54; 135
Alexandreia   54
Algyő   639
Alladorf   715
al-Shâsh/al Šaš, Usbekistan   130; 135 *Abb. 90*
Alt Töplitz   277 *Abb. 193*
Altbarsch/Starý Tekov   333 *Abb. 240*; 336; 583
Alt-Brünn (s. auch Brünn)   414 *Abb. 289*
Altbunzlau/Stará Boleslav (Burgwall)   142; 295; 359; 368; 371 *Abb. 257*; 385–388 *Abb. 272–274*; 402; 412; 415; 417; 424; 431; 436; 849; 888; 890
Altenbanz   714
Altenkirchen   245
Altenkunstadt   714; 715
Alt-Kouřim/Stará Kouřim (s. auch Kouřim)   287 *Abb. 207*; 288; 294; 295; 314–316 *Abb. 222–224*; 367; 411; 711
Alt-Lübeck   128 *Abb. 79*; 135 *Abb. 91*; 143–145; 145 *Abb. 104*; 163; 272; 273 *Abb. 187*
Altmühl (Fluss)   179
Alt-Pilsen/Starý Plzenec   288 *Abb. 208*; 413 *Abb. 288,5*; 395–396 *Abb. 279*; 413
Amlingstadt   714
Amu-Darja (Oxus)   129; 130
Andernach   135 *Abb. 90*; 812

Anklam s. Menzlin
Antiocheia   53
Apulum (römisch) s. Karlsburg
Aquileia   214; 227; 228; 304; 326; 350; 353 Anm. 73; 782; 842; 897
Aracs (Kloster)   545
Arax (Fluss)   227
Arkadiupolis   222; 230
Arkona, Kap auf Rügen   163; 236; 241; 243–245; 248; 249; 254; 270 *Abb. 184*; 272; 273 *Abb. 187*; 727
Arneburg bei Stendal   273 *Abb. 187*; 657
Arnsburg bei Gießen (Burg)   698; 700
Aschach an der Donau   311
Asselburg bei Hildesheim (Burg)   695
Asszonynépe   611
Augsburg   179; 227; 228–230; 582; 834; 835; 837; 895; 896; 899; 922
Aussig   894
Avignon   145

B

Baalbek   54
Babke   145 *Abb. 104*
Babót   548
Bagdad/Madinat al-Salam   135 *Abb. 90*
Baise   228
Bakonybél bei Veszprém (Kloster)   545; 611; 636
Bakonywald   12
Balaton s. Plattensee
Ballenstedt   280
Bamberg   342; 517; 545; 611; 640; 684; 687; 680 *Abb. 434*; 688; 713–716 *Abb. 459–462*; 794–796 *Abb. 510–512*; 801; 803; 822; 878; 879; 884; 889; 897
Bana/Ducové (Burg)   630
Bánhid   874
Banská Štiavnica s. Schemnitz
Bar   923
Baranya s. Braunau
Baranyavár   212
Barbaraberg   715
Bardowick   135 *Abb. 90*; 273 *Abb. 187*; 724
Bardy/Świelubie   116 *Abb. 70*; 167–168
Barsdorf   143; 145 *Abb. 104*
Bartsch/Barycza (Fluss)   237
Basel   228

Báta   212
Baunach   713; 714
Bautzen   450; 539; 824
Beetzsee   274
Behren-Lübchin, Kr. Güstrow   102 *Abb. 60*; 103 *Abb. 61*; 143; 144 *Abb. 102*; 145 *Abb. 104*
Beirut   54
Békés (ungar. Landschaft)   547
Belauer See   76–79 *Abb. 28–30.34*; 80
Belgrad   140; 212
Belgrad/Białogard (Burg)   168; 460
Belgrad (= Fehérvar, = Weißenburg) s. Karlsburg
Belina (Burgwall)   369
Bełz   539; 834 *Abb. 532*
Benevent   195; 524; 810
Benevent   776
Beregszáz   571 *Abb. 377*
Berény   210
Bergamo   227
Berge (Abtei bei Magdeburg)   517
Berkenbrück   143; 145 *Abb. 104*
Berlin   37
Berlin-Hellersdorf   98
Berlin-Kaulsdorf   98
Berlin-Köpenik s. Köpenik
Berlin-Mahlsdorf   98
Berlin-Spandau s. Spandau
Bern   879
Bernolákovo   710; 711
Beszterec   604 *Abb. 394*
Białogard s. Belgrad
Białowieća-Urwald   70
Biebrza-Sümpfe   70
Bihar (Bistum)   210; 545; 548; 582; 607; 878
Bílina (Fluss)   706
Bína   108; 201; 337
Birka   132; 168; 172
Birten   915
Biskupin, Gem. Gąsawa (Burg)   108 *Abb. 62*; 109; 110; 454
Bítov (Burgwall)   105; 292
Blatnica, Bez. Martin   334 *Abb. 242*; 712
Blatnohrad s. Zalavár
Blučina   114 *Abb. 67*
Blunduc/Beckov (Burg)   620
Bnin (Burg)   459 *Abb. 306*; 461
Bobięcin   143; 144; 145 *Abb. 104*
Bobzin   116 *Abb. 70*; 119 *Abb. 75*; 730
Bochnia   72
Bode (Fluss)   693
Bodrog (Fluss)   82; 226; 313

Bodrogköz   82 *Abb. 42*
Bódva (Fluss)   590
Bojná   201
Bokeler Burg bei Wiefelstede (Burg)   695
Bolgar   129 *Abb. 80*
Bologna   893
Bolondóc (Burg)   548
Bonikowo (Burgwall)   260; 263 *Abb. 176*
Bordeaux   150
Boritz (Burgward an der Elbe)   765
Bornhöveder Seen   75 *Abb. 27*; 79 *Abb.80*
Borsod (Burgwall, bei Edelény),   125; 588; 590–592 *Abb. 392*
Bosau (Kloster)   718
Brahe (Fluss)   236
Brandenburg/Brenna (Hauptburg der Heveller; Bistum)   99; 142; 235; 236; 239; 249 *Abb. 164*; 271; 273 *Abb. 187*; 274–279 *Abb. 188–195*; 278; 281; 654; 656; 672; 673; 689–693; 762; 765; 861
Brandýsek   411
Braşov s. Kronstadt
Bratislava s. Preßburg
Braunau/Baranya   210
Braunschweig   273 *Abb. 187*
Brauweiler   518; 757 Anm. 4
Brda s. Brahe (Fluss)
Břeclav (Burgwall, Mähren)   198; 292; 433
Břeclav-Líbivá   332
Břeclav-Pohansko (Burgwall)   201; 289; 290 *Abb. 209*; 300; 307 *Abb. 219*; 330–332 *Abb. 237–239*; 401 *Abb. 283*; 405–406; 412; 711; 712
Bremen   228; 343; 347; 643; 670; 672; 689; 692
Brenna s. Brandenburg
Brennaburg   97 *Abb. 54*
Brenner (Pass)   494
Brenta (Fluss)   227
Brescia   55; 227; 228; 230
Breslau, Dominsel/Ostrów Tumski   483–486 *Abb. 326–329*
Breslau/Wrocław   36; 142; 237; 243; 348; 449; 451; 459 *Abb. 306*; 462; 483–486 *Abb. 326–329*; 490 *Abb. 330*; 491–493; 498; 501; 502; 505; 507–510 *Abb. 343–347*; 516; 517; 675; 834 *Abb. 532*; 919
Brest   834 *Abb. 532*
Brest   922
Břevnov bei Prag   177; 364; 404;

413; 417–420 *Abb. 290*; 439; 516; 605–606; 847; 848; 850
Březno 108
Brogne an der Maas (Abtei) 518
Brünn/Brno (s. auch Alt Brünn) 105; 292; 323; 371; 389; 416; 435
Brünn-Líšeň – Staré Zámky (Burgwall) 289; 290 *Abb. 209*; 291; 710; 711
Brünn-Líšeň 711
Bruszczewo (Burgwall) 109; 259; 263–266 *Abb. 177–181*
Brzezowa (Burgwall) 258
Bsura/Bzura (Fluss) 236
Buchara 130
Buckow am Strelasund (Hain) 246
Buda (Berg; Burg) 11; 12; 16; 18; 19; 20 Anm. 39.41; 636
Budakalász (awarische Gräber) 709; 710
Budeč (Burgwall) 288 *Abb. 208*; 295; 368; 371 *Abb. 257*; 380; 388; 397–400 *Abb. 280–282*; 402; 412 *Abb. 288,3*; 415
Bug (Fluss) 72; 114; 234; 236; 356; 409
Buku, Wallanlage 132
Bunzlau/Boleslav s. Altbunzlau
Buosenrod bei Zeitz 672
Büraberg bei Fritzlar (Burg) 695
Burgkunstadt 713
Burtscheid (Abtei) 787
Busdorf 132
Byzanz 46; 48; 52; 54; 58; 132; 147; 179; 212; 221; 230; 300; 305; 306; 308; 346; 350; 601; 645; 869; 915; 919
Bzura s. Bsura (Fluss)

C

Caesarea 54
Camaldoli 520
Cambrai 228; 229
Cammin/ Kamień 168; 273 *Abb. 187*; 834 *Abb. 532*
Canburg (Burgwall) 286; 367
Capo Colonne bei Cotrone 363
Capua 228; 655
Carlow 143; 145 *Abb. 104*
Carnuntum 356
Carwitz 143; 145 *Abb. 104*
Čáslau 441
Čáslav (Burgwall) 371
Čáslav-Hrádek 136 *Abb. 93*; 294
Čechy 833
Cedynia s. Zehden
Cepla/Topľa (Fluss) 313
Český Brod 287
Český Krumlov s. Krumau
Chalkedon 645
Cham, Oberpf. (Burg) 695
Chantilly 808 Anm. 11
Chartres 546
Chełmiec (Burgwall) 269

Chełmno/Kałdus s. Kulm
Cherson 600
Chlab 108
Chlumec (Burgwall) 288; 892
Chodlik (Burgwall) 259; 261 *Abb. 174*; 262
Chodovlitz 199
Cholin (Burg) 840
Chorasan, Iran 135
Christenberg bei Marburg 694; 695
Chróścina (Burgwall) 259
Chrudim (Burgwall) 288 *Abb. 208*; 371
Chur 56; 841
Chýnov 105
Cidlina (Fluss) 382
Cieszyn 834 *Abb. 532*
Civittanova 227
Clenze 723 *Abb. 470*; 724
Cluj s. Klausenburg
Cluny 846; 853; 900
Columna regia nördl. Reggio/Calabria 686
Compostela 884
Conques 843
Córdoba 137; 150; 176; 222; 303; 360; 450
Corvey (Kloster) 408; 416; 676; 680; 847; 849; 852; 867; 895; 896
Cremona 749
Crotone 673
Csakberény (awarische Gräber) 710
Csallóköz/Insel Schütt 553
Csanád/Cenad (Bistum; Komitat) 543; 545; 547; 607; 636–637
Csatár (Kloster) 852
Cúchulainn Táin Bó Cuailinge 905
Cunovo 701
Cybina (Fluss) 475
Czermno 834 *Abb. 532*
Czerwinger Burgen 533; 539

D

Daleszyn (Burgwall) 259; 262 *Abb. 175*
Dallgow-Döberitz, Lkr. Havelland 103 Anm. 17
Damaskus 54
Dannenberg 723–726 *Abb. 470*
Danzig/Gdańsk 22; 72; 142; 170 *Abb. 123*; 459 *Abb. 306*; 460; 463 Anm. 1; 490 *Abb. 330*; 493; 514; 809; 834 *Abb. 532*; 840; 920
Danziger Werder/Żuławy 170
Davle 413
Debrecen 14
Děčín (Burgwall) 371
Demmin 270; 284; 285; 730
Dessau-Mosigkau 98 *Abb. 56*
Detva 333 *Abb. 240*; 334; 712
Deutz s. Köln-Deutz

Děvičgora (Heiligtum) 406
Devín (Burg) 286; 327; 328–329 *Abb. 235–236*; 333 *Abb. 240*; 334–335; 503; 504
Devínská-Nová-Ves bei Preßburg 114 *Abb. 67*; 710; 711
Devstorf bei Dobin, Kr. Parchim 98
Diedenhofen 146; 342; 714; 716 Anm. 3; 718; 724;
Dierkow bei Rostock 153
Dievenow/Dziwna (Fluss) 152; 154; 236
Dijon 228
Dijon, Saint Benigne 846
Divinka 333 *Abb. 240*; 334
Dlesk bei Bodeščah (slowen. Gräberfeld) 406
Dnjepr 72; 130; 221; 235; 556; 674; 861
Dnjestr 72; 234; 235; 566; 861
Dobin am Schweriner See (slaw. Burg) 730–731 *Abb. 473*
Doboka (Komitat) 594
Dobra 143–145 *Abb. 104*
Dobromierz (Burgwall) 259 *Abb. 171*; 263
Dojetřice 422
DolníVěstonice/Unterwisternitz – Vysoká zahrada 291 *Abb. 210*; 292
Domažlice 414; 416; 420
Dombóvár 600
Don (Fluss) 221; 225; 556
Donez (Fluss) 221
Dorestad 134; 186
Dortmund 135 *Abb. 90*; 770; 787; 822
Drage/Drawa (Fluss) 236
Draholec (Burgwall) 292
Dramino-Piaski 153
Drau (Fluss) 82; 83; 139; 213; 214; 215; 216; 234; 311; 551–553; 557
Drausensee/Drużno-See 170; 171 *Abb. 124*; 173
Drawa s. Drage
Drawehn (Moränenzug) 723 *Abb. 470*; 724; 726
Drense, Kr. Uckermark 97; 100; 103; 116 *Abb. 70*; 273 *Abb. 187*
Dresden-Briesnitz 734 *Abb. 475*
Dřevíc 105
Drewenz/Drwęca (Fluss) 236
Drohiczyn 834 *Abb. 532*
Drużno-See s. Drausensee
Dubeček bei Prag 893
Ducové, Bez. Piešťany 333–336 *Abb. 240.243.244*; 338 *Abb. 247*; 582
Dumme (Fluss) 723
Dümmer 143–145 *Abb. 104*
Dummerstorf 143–145 *Abb. 104*
Dunaj, Kleiner (Fluss) 72
Dunajez (Fluss) 82; 267; 269
Dunfermline 151
Dziedzice 116 *Abb. 70*

Dziekanowice am Lednickie See 362
Dziwna s. Dievenow

E

Ebro (Fluss) 223
Echternach 814–815 *Abb. 527*; 842; 846; 847
Ecsed Moor 83
Edelény-Borsod s. Borsod
Edessa 50
Edinburgh 151
Eger (Burg in Ungarn) 313
Eger (Fluss) 367; 371
Eger (in Böhmen) 287
Eger (ungar. Bistum) 545; 607
Eggolsheim 715
Eichstätt 150
Einsiedeln (Benediktinerkloster) 602; 846
Eisenach 228
Elbe 70; 74; 97; 114–116; 132; 136; 137; 142; 192; 203; 234; 235; 236; 237; 270; 342; 343 *Abb. 248*; 346; 356; 367; 371; 373; 382; 385; 654; 655; 671; 673; 693; 701; 703; 706; 718; 732; 734; 762; 765; 834; 861; 919
Elbholz bei Gartow 723 *Abb. 470*; 724
Elbing (s. auch Truso) 675; 809
Elbing/Ołbin 517
Elbinger Höhe/Wysoczyzna Elbląska 170
Elde 272; 727
Elisenhof (Wurtensiedlung) 87
Elvira 606
Emden 135 *Abb. 90*
Emesa 54
Ems (Fluss) 87
Enns (Fluss) 139; 215; 216; 230; 342; 558; 560
Epidauros 809
Erak (Fluss) 227
Erft (Fluss) 142
Erfurt 718; 720; 889
Eriwan 808 Anm. 7
Erlau/Eger 140; 230
Espenfeld, Ilmkreis 720–721 *Abb. 466–468*
Essen-Werden (Kloster) 644; 648; 686
Eszék 140
Esztergom s. Gran
Etelköz (Landschaft) 139; 221; 223; 553; 556; 557; 566; 568
Eulau (Burg) 494; 495; 497

F

Farfa 776
Fatra 82
Fehérvár 547; 594; 596
Fehérvar (= Belgrad, = Weißenburg) s. Karlsburg

Fejér (Komitat) 211; 584; 594
Feldberg, Kr. Neustrelitz 116 Abb. 70; 117; 244; 264; 272 Abb. 186; 274; 282; 283; 723
Feldebrő (Kirche) 615; 616 Abb. 400
Fergitz 143; 144 Abb. 102
Fertö-tó s. Neusiedler-See
Fiľakovo 630
Fischerinsel 245
Flarchheim 884; 905
Fleury/St. Benoit-sur-Loire 61; 148
Florenz 504
Fogarascha Gebirge 82
Forchheim (Zoll-u. Handelsplatz) 214; 342; 713; 716 Anm. 3
Frankfurt a.M. 145; 711; 764; 924; 925
Fraxinetum (Raubnest) 900
Freising 228; 636; 854; 856
Fresendorf 116 Abb. 70
Freystadt/Hlohovec 630
Friaul 213
Friesen 713
Fritzlar 680; 681
Fruttuaria (Kloster) 846; 847
Fulda 71 Abb. 26; 150; 718; 721; 759; 843; 847
Fünfkirchen/Pécs 140; 544; 545; 546; 547; 583; 607; 613
Füssen 835
Füzesabony 639

G

Gaarz/Garz/Gardziec 116 Abb. 70; 241; 242; 244; 246; 730
Galgoc (Burg) 548
Gana (Hauptburg der Daleminzer) 271
Gandersheim (Stift) 500; 676; 678; 686; 746; 856
Garam/Gran/Hron (Fluss) 82; 226; 230; 234; 338; 576
Gars/Thunau (Burgwall) 272; 290; 292
Gdańsk s. Danzig
Gdingen 926
Gembloux an der Maas (Abtei) 518; 846
Gera (Fluss) 718
Gerencsér 122
Gerlachov (Berg) 82
Gernrode 478; 620 Anm. 19; 837
Giecz 86; 88; 89; 96; 143; 145 Abb. 104; 196; 447; 451; 457 Anm. 13; 458; 459 Abb. 306; 460–461; 464; 465; 490 Abb. 330; 492–493 Abb. 334. 335; 503 Abb. 339; 505; 506
Giecz-Grodziszczko 465 Abb. 311
Giekau 128 Abb. 79; 130; 131 Abb. 82

Gießen 798
Gilów (Burgwall) 262; 263
Glatzer Neiße/Nysa Kłodzka (Fluss) 237
Glogau/Głogów 446; 459 Abb. 306; 494; 507; 822; 834 Abb. 532
Głomač (hl. Quelle) 247; 248
Gnesen, Lech-Berg 471; 474
Gnesen/Gniezno 21; 24; 25; 27; 32; 35–38; 73; 86–89; 96; 149 Abb. 107; 167; 192; 193; 196; 236; 245; 248; 346–348; 350; 360; 362; 361 Abb. 252; 365; 408; 409 Abb. 287; 412; 417; 438 Abb. 301; 443 Abb. 302; 447; 449; 451; 454; 455 Abb. 305; 456; 457 Anm. 13; 458; 459 Abb. 306; 460; 462–464; 468; 471–474 Abb. 317–319; 473; 475; 478; 480; 483; 487–489; 490 Abb. 330; 491; 403; 494; 496–498; 500–502; 508; 511; 516; 519; 521; 524–526; 529; 531; 533 Abb. 368; 534; 536; 538; 675; 707; 708; 744–747; 772; 774; 778; 782; 789–791 Anm. 9; 792–796; 809; 812; 819; 831; 834 Abb. 532; 835; 837–841 Abb. 537.539; 847; 851; 854; 860; 861; 896; 884; 900; 902; 907; 908; 910; 915; 918; 919
Goćkowo s. Gützkow
Gołancz 116 Abb. 70
Gommerstedt, Kr. Arnstadt 669
Gömör 72
Görgény-Alpen 82
Góry (Burgwall) 259
Gorze 774; 846
Gościaż-See 76
Goslar 130; 132; 822
Gostyń 245
Gostynin (Seengebiet) 76
Gotha 198
Grado 350; 353 Anm. 73; 782–783
Grafendobrach 715
Gran (Fluss) s. Garam
Gran (Komitat) 584
Gran/Esztergom 18; 35; 123; 192; 193; 195 Abb. 140,18; 197; 212; 230; 313; 348; 350; 543; 545; 547; 551 Abb. 372; 554; 568; 576–580 Abb. 379–387; 582; 595; 839 Abb. 537; 607; 610; 613–615; 675; 744; 772; 794; 796; 847; 861; 874; 878–881; 919
Gran-Sankt-Benedikt/Hronský, Svätý Beňadik 583
Graz 216
Groißenbrunn 892
Groitzsch 114 Abb. 67
Grone (Pfalz) 331
Groß Raden, Kr. Parchim 98; 99; 109 Abb. 63; 110 Abb. 64–65; 116 Abb. 70; 143–145 Abb. 104; 243; 244 Abb. 161; 252–256 Abb. 166–168; 271 Abb. 185; 273 Abb. 187; 406; 727

Groß Strömkendorf 128 Abb. 79; 132
Großbrembach, Kr. Sömmerda 721 Abb. 469
Grottaferrata 148
Grzybowo (Burg) 458; 459 Abb. 306
Gurk (Eigenbistum von Salzburg) 570
Gutin-Gebirge 82
Gützkow/Goćkowo 243; 244
Győr s. Raab
Gyulafehérvár s. Karlsburg

H

Haćki Szeligi (Burgwall mit Kultstätte) 258
Hahót-Telekszeg 123 Abb. 78
Haibach an der Donau 311
Hainburg 140
Haithabu s. Hedeby
Hajdúdorog 639
Halab s. Aleppo
Halberstadt 498; 499; 500; 689; 692; 693; 732; 889; 896; 897
Halle 732; 733
Hallstadt (Zoll-u. Handelsplatz) 714; 716 Anm. 3
Hamburg 273 Abb. 187; 285; 343 Abb. 248; 655; 670; 672; 673; 692
Hanság 83
Hansdorf, Janów Pomorski (s. auch Truso) 170–172
Harat, Iran 135 Abb. 90
Hargita 82
Havel (Fluss) 72; 100; 234; 236; 272; 274; 278; 343 Abb. 248; 673
Havelberg 97 Abb. 54; 236; 247; 273 Abb. 187; 654; 663; 672; 673; 689; 692; 693; 762
Hedčany 105
Hedeby/Haithabu 74; 87; 128 Abb. 79; 130; 132; 134; 155; 163; 172–174; 186; 660; 906
Hegyköz 84
Hegyközszentimre bei Sîntimreu (Kloster) 880
Heiligenstadt 494
Hernád (Fluss) 81; 588; 589
Herreninsel, Chiemsee 423
Hersfeld 679; 718; 762; 847
Hertford 190 Abb. 140,24
Heves (Komitat) 211; 589
Hildesheim 45 Abb. 18; 145; 410; 416; 496; 500; 501; 514; 618; 655; 679; 745; 759; 790; 792; 849–851; 856; 880; 890; 908
Hirsau (Kloster) 847
Hitzacker 273 Abb. 187; 723; 724
Hitzacker-Weinberg 723–726 Abb. 470.471
Hlohovec s. Freystadt
Hodonín (Přemyslidenburg) 292; 322

Höhbeck 725
Hohenurach (Burg) 697
Holiare 711
Hont (Burg) 547
Hornbach 900
Hornice-Turecký kopec (Höhensiedlung) 291
Hortobágy (Landschaft) 82 Abb. 38–39; 83
Hradec (Burgzentrum) 292; 333 Abb. 240; 334
Hradec Králové (Burgwall) 105; 288 Abb. 208; 388; 395
Hradec ně bzw. nad Moravicí (Burgwall) 105; 292
Hrádek bei Znaim 292
Hrádok 201; 333 Abb. 240; 334
Hradsko 286; 287 Abb. 207
Hrdlovka (Siedlung, Bílinagebiet) 705
Hrodna 834 Abb. 532
Hron s. Garam (Fluss)
Hronský Beňadik 333 Abb. 240; 334
Hronský, Svätý Beňadik s. Gran-Sankt-Benedikt
Hünenburg bei Stöttinghausen (Burg) 695 Abb. 443
Husterknupp im Erfttal 669; 700 Abb. 451
Huszt 560
Hy/Iona (hl. Insel) 15
Hylestad 243

I

I(h)na (Fluss)
Ibrány-Esbóhalom 569 Abb. 376
Igyfon im Komitat Bihar (Wald) 880
Ilm (Fluss) 718
Ilmenau 724
Ilow (slaw. Burg) 730
Imola 123
Ina/Ihna (Fluss) 236
Ingelheim (Pfalz) 331; 787
Insula bei Davle (Kloster) 413
Iona/Hy (hl. Insel) 151
Ipoly 557
Irtisch (Fluss) 556
Isenburg bei Landringhausen 694 Abb. 442
Iser (Fluss) 385
Ivančice_Rena 292
Ivanka pri Nitre 337 Abb. 246

J

Janów Pomorski s. Hansdorf
Jarocin 128 Abb. 79; 130; 133 Abb. 86
Jászág (Landschaft) 211; 211
Jeetzel (Fluss) 725
Jelonek-See 473
Jena 494; 495
Jena-Lobeda 720

Topographisches Register 981

Jerusalem 54; 212; 554; 562; 575; 648; 843
Jever 135 *Abb. 90*
Jeżów (Propstei) 517
Jomsburg bei Wollin 536
Jumicges 635
Jungbunzlau/ Mladá Boleslav (Verwaltungsburg; s. auch Svédské šance – Mladá Boleslav) 371; 395

K

Kalbe an der Milbe (Kloster) 654; 835
Kałdus 459 *Abb. 306*
Kalis/Kalisz an der Prosna (Burg) 459 *Abb. 306*; 490 *Abb. 330*; 492 *Abb. 333*; 834 *Abb. 532*
Kaliszaniy 456
Kalka (Fluss) 227
Kalocsa (Bistum) 545; 595; 607; 615; 879
Káma (Fluss) 560
Kamień s. Cammin
Kamieniec (Burgwall) 258; 262
Kanín 384
Kapuvár 548
Karencja 244
Karentia/Korzenica 241; 242; 245
Karlburg 714
Karlsburg = Weißenburg/Gyulafehérvár/Alba Iulia 543; 593–595; 607; 847
Karlstein (Burg) 893; 894
Karnburg 904
Karos-Eperjesszög 222 *Abb. 155*; 228 *Abb. 158*; 553 *Abb. 373*
Kasan 199
Kaschau/Kosiče 557
Kastorf (Burgwall) 143; 144; 145 *Abb. 104*; 272; 273 *Abb. 187*; 282–284 *Abb. 202–206*
Kastorfer See 282; 285
Kazan 890
Kazimierz (Einsiedelei) 525; 526
Kazimierz bei Konin 522
Kazimierz bei Szamotuły 522
Kdrzyno 116 *Abb. 70*
Kecskemét 13 *Abb. 5*; 16
Kelemen-Alpen 82
Kesigesburch (Burgwall; Hauptburg der Sorben) 97 *Abb. 54*; 271
Kessin/Chyźno bei Rostock 244
Keszthely 114 *Abb. 67*
Ketrzyno 264
Keve (Burg) 548
Kiew 24; 26; 27; 31; 245; 269; 280; 291; 358; 359; 369; 370; 407; 479; 514; 517; 536
Kiewer Rus 52; 54; 168; 179; 190 *Abb. 140,21*; 192; 194; 338; 436; 441; 540; 574; 693; 727; 822; 832; 860; 861; 863; 889

Kinno 128 *Abb. 79*; 130; 133 *Abb. 87*
Kiskunság (Landschaft) 211
Kladrau bei Pilsen 890
Klášteřisko (heidn. Heiligtum) 406
Klausenburg/Cluj/Kolozsvár 597–599
Kleetzhöfe 715
Klenice 264
Klučov (Burgwall) 287 *Abb. 207*
Koimesis 626
Kolberg/Kołobrzeg 73; 74; 167; 169 *Abb. 122*; 236; 273 *Abb. 187*; 348; 449; 459 *Abb. 306*; 460; 462; 490 *Abb. 330*; 492; 496; 498; 501; 502; 517; 675; 834 *Abb. 532*; 919
Kolín, Mittelböhmen 293–294 *Abb. 211–212*; 373; 441; 711 *Abb. 458*; 712
Kölked (awarische Gräber) 709
Köln 56; 58; 60; 112; 184–187 *Abb. 134–138*; 494; 644; 670; 672; 681; 683; 692; 745; / %=; 759; 774–781 *Abb. 495–496.498–499*; 787; 790; 792; 797 *Abb. 513*; 798; 800; 803 *Abb. 518*; 806; 878; 881; 900; 915
Köln-Deutz 778–781 *Abb. 500–501*; 790
Kołobrzeg s. Kolberg
Kolon/Zala (Burg) 547
Kolozs (Komitat) 597
Kolozsmonostor s. Mănăstur
Kolozsvár 881
Kolozsvár s. Klausenburg
Komárno s. Komorn
Komárom, Komitat 547
Komorn/Komárno 630; 873; 874
Königsberg 30; 920
Königslutter 280
Konstantinopel 43; 46; 50; 52–54; 226; 230; 344; 562; 674; 749–751; 756; 762; 782; 793; 801; 853; 861; 921
Konstanz 145; 228
Köpenick 273 *Abb. 187*; 277
Környe (awarische Gräber) 710
Körös (Fluss) 82; 551
Koscian s. Kosten
Kościelna Wieś (Präpositur von Tyniec) 517
Kosiče s. Kaschau
Košice-Krásna 336 *Abb. 245*
Kosten/Koscian 494
Köttlach 215
Kouřim, Bez. Kolín (s. auch Burgwall Alt-Kouřim) 199; 286; 287 *Abb. 207*; 288; 294; 295 *Abb. 213*; 314; 315; 368–370 *Abb. 253–256*; 371; 414 *Abb. 289,3*; 415; 426 *Abb. 295*; 431; 441; 906
Kouřimka (Fluss) 314
Kozmálovce 333 *Abb. 240*; 334

Krachenhausen 715
Krakau/Kraków – Burg Wawel 28; 247; 460; 462; 463; 479–481 *Abb. 323–325*; 487; 491 *Abb. 332*; 504–505 *Abb. 341–342*; 506; 516; 518; 528–529 *Abb. 360–361*; 530; 675; 790; 863; 902; 908; 910; 911; 915; 919; 920; 921
Krakau/Kraków – Krzemionki, St. Benedikti-Rotunde 516
Krakau/Kraków – Okó 261 *Abb. 174*
Krakau/Kraków – Zwierzyniec 516
Krakau/Kraków 27; 37; 38; 202; 238; 262; 269; 303; 346–348; 350; 353 Anm. 51; 358; 362; 363; 369–371; 431; 434; 441; 442; 447; 449; 450; 451; 456; 459 *Abb. 306*; 462; 479–482; 488; 490 *Abb. 330*; 492; 493; 496–498; 501; 502; 516–518; 532; 534; 538; 832; 834 *Abb. 532*; 835; 838; 851; 915
Krakovany/Krakowianiy 105; 456; 833
Kraków s. Krakau
Králové s. Hradec Králové
Kramolín-Hradisko 291 *Abb. 210*; 292
Krewo 920
Kronach (Schweinfurter Burg) 714
Kronstadt/Braşov 140
Krossen/Krosno (Burg) 273 *Abb. 187*; 459 *Abb. 306*; 834 *Abb. 532*
Krumau/Český Krumlov 894
Kruschwitz/Kruszwica 73; 142; 447; 454; 459 *Abb. 306*; 460; 461; 490 *Abb. 330*; 492; 532; 834 *Abb. 532*
Krusičany 105
Krzywiń 459 *Abb. 306*
Kudshir-Gebirge 82
Kulm/Chełmno-Kałdus- 454; 459; 490 *Abb. 330*; 492; 505; 511–514 *Abb. 348–354*
Kulmer Land/ Ziemia Chełmińska 492
Kulmer Seenplatte 511
Kuttenberg 199; 438; 441; 443

L

Łączyn 236
Lad/Ląd (Burg) 458; 459 *Abb. 306*; 490 *Abb. 330*; 492; 530
Lahovice bei Prag 411; 426 f.
Laineck (Befestigung) 716
Laitha (Fluss) 544
Laon 228
Lauriacum (röm. Bischofssitz) 603 f.
Lausitzer Neiße (Fluss) 237
Lebus/Lubusz (Burg) 273 *Abb. 187*; 274; 459 *Abb. 306*; 460; 462; 834 *Abb. 532*

Lech (Berg) s. Gnesen
Lechfeld bei Augsburg 69; 222; 347; 542; 548; 568; 664; 672; 674; 684; 689; 693; 837; 895; 915; 919
Łęczyca (Burg; Kirchenzentrum) 459 *Abb. 306*; 490 *Abb. 330*; 492; 522; 834 *Abb. 532*
Lednica See/Lednickie-See 32; 86; 88; 89; 462; 463; 502; 503; 528
Lednica/Lednica Insel s. Ostrów Lednicki
Legnica s. Liegnitz
Leipnik (Piaristenkloster) 852
Leipzig 114 *Abb. 67*
Leissower Mühle 204 *Abb. 149*; 460 *Abb. 307*
Leitha (Fluss) 343 *Abb. 248*
Łekno (Burg) 454; 490 *Abb. 330*; 492; 505
Lemberg 878
Lenzen (Burgwall; Hauptburg der Linonen) 69; 271; 273 *Abb. 187*; 661; 672; 724
Lérida 221; 230
Lěšeò (Burgwall) 289
Levedia (Gebiet zwischen Dnjestr und Sereth) 566
Levedien 139; 221; 223; 600
Levý Hradec (Burgwall) 148; 238; 288 *Abb. 208*; 371 *Abb. 257*; 379–381 *Abb. 267–269*; 388; 398; 410; 411; 412; 415
Leźno bei Kartuzy 245
Libice, Gde. Libice nad Cidlinou (Burwall) 148; 238; 287 *Abb. 207*; 294; 364; 365; 370; 382–384 *Abb. 270–271*; 413 *Abb. 288,7*; 415; 416; 418; 420; 433; 436; 437; 439; 443; 449; 487; 507; 604; 617; 747
Libočany 114 *Abb. 67*
Libuše-See 294; 314; 315 *Abb. 223*
Libušín (Burgwall) 286; 287 *Abb. 207*; 368; 371 *Abb. 257*; 416
Liège s. Lüttich
Liegnitz/Legnica 243; 517
Lieps, Kr. Neubrandenburg 655 *Abb. 424*
Limburg, Haardt (Burg) 696; 847
Lincoln 132
Linz 175; 560
Lipowiec (Burgwall) 259
Liptó-Becken 82
Líšeň s. Brünn-Líšeň
List auf Sylt 128 *Abb. 79*; 132; 134 *Abb. 88*
Litoměřice 105; 114 *Abb. 67*; 288 *Abb. 208*; 371; 388; 395; 417; 704; 705
Litomyšl (Burgwall) 369
Liubusua (Slawenburg) 97 *Abb. 54*; 822

Liubusza   237
Liüntika (= Levente?)
Lobbes   228; 229
Locsmánd (Burg)   547; 548
Łodygowo   145 *Abb. 104*
London   132; 184; 187
Lorch   409
Lorsch   803; 847
Lštění (Burgwall)   368; 371 *Abb. 257*
Lübeck (s. auch Alt-Lübeck)   108; 128 *Abb. 79*; 132; 919
Lubiąż (Abtei)   517
Lubiń, St. Marien-Abtei   517
Lublin   834 *Abb. 532*; 922
Lubomia (Burgwall)   258 *Abb. 170*; 261 *Abb. 173*; 262
Luboń (Burg)   461
Łubowo (Burg)   461
Lubusz s. Lebus (Burg)
Lüchow   723 *Abb. 470*; 725; 726
Lüle Burgaz   542
Lüneburg   273 *Abb. 187*
Lunzini   97 *Abb. 54*
Lupawa (Fluss)   236
Lure   228
Lürken bei Aachen (Burg)   698
Lüttich   59 *Abb. 24*; 518; 759; 787; 788 *Abb. 506*; 794; 839 *Abb. 537*; 863
Luxueil   228
Lyon   137; 150
Łysa Góra bei Kielce (Benediktinerabtei)   517; 881
Lysiec   247

M

Maas (Fluss)   132; 518; 759
Madīnat as-Salām   135; 173
Madīnat Harat   173
Magdeburg   33; 69; 132; 135 *Abb. 90*; 142; 148; 150–152; 188 *Abb. 139,10*; 205; 236; 272; 273 *Abb. 187*; 274; 275; 278; 356; 363; 374; 408; 437; 442; 450; 462; 494; 496–500; 516–522; 526; 604; 606; 654; 664; 672; 673; 684; 687; 689; 692; 703; 724; 730; 732; 733; 744; 756; 759; 762; 765; 819; 822; 837; 838; 848; 850; 860; 861; 896; 897; 908; 919 f.
Mährisches Tor   73
Mailand   227; 228; 808 *Anm. 7*; 902
Main   234
Mainz   135 *Abb. 90*; 136; 140; 142; 148: 150; 188 *Abb. 139,8.12*; 194; 305; 347; 348; 358; 392; 408; 424; 433; 437; 487; 494; 499; 501; 607; 672; 680; 689; 692; 762; 773; 776; 798; 849; 853; 856; 861; 872; 896; 897; 907; 908; 910; 919
Majcichov   333 *Abb. 240*; 334
Majs   639

Makranc/Mokrance   610
Malbork   170 *Abb. 123*
Malchow/Malachów   244
Malé Kozmálovce   712
Malín bei Kutná Hora (Burgwall)   414 *Abb. 289,1*; 415; 443
Malmedy   847
Mănăstur/Kolozsmonostor bei Klausenburg   597–599
Manchester   798; 800
Manín   175
Mantua   363
Marburg/Lahn (Burg)   698
March/Morava (Fluss)   122 *Abb. 67*; 136; 147; 201; 215; 238; 289; 298; 312; 313; 317; 323; 324; 328; 330; 343 *Abb. 248*; 344; 347; 353 Anm. 52; 390; 544
Marchfeld   920
Marcinkovice (Burgwall)   269
Marienbrunn bei Wien   608
Mařín s. Zadní Arnoštov-Mařín
Maros (Fluss)   82; 210; 211; 215; 551; 593; 595; 607
Marosvár in Cenad/Csanád   543; 545
Marosvár/Orsizlámos (Orthodox. Kloster)   545
Marquardt   277 *Abb. 193*
Marseille   137; 150
Martinsberg/Pannonhalma   16; 545; 546; 575; 604; 606; 614; 617–620 *Abb. 401–403*; 633; 847; 878; 881
Mateóc, Slowakei   882
Mátra-Gebirge   82
Matzhausen   714; 715
Mautern   146
Mechlin s. Mecklenburg
Mecklenburg (Burgwall; Hauptburg der Obodriten)   236; 271; 273 *Abb. 187*; 654; 661; 662–664 *Abb. 429–430*; 730
Meetschow   723 *Abb. 470*; 724; 725
Meißen   235; 348; 350; 438; 447; 449; 494; 495; 539; 654; 673; 692; 701–706 *Abb. 452–456*; 733; 762; 764–767 *Abb. 483–484*; 820; 822
Melk   150; 230; 542
Mělník (Burgwall)   288 *Abb. 208*; 368; 371 *Abb. 257*; 416; 431; 440
Memel (Fluss)   72; 130
Memleben (Kloster)   280; 517; 684; 756; 758–763 *Abb. 481.482*;
Menfő   544; 549; 902
Menkendorf   116 *Abb. 70*; 252; 282
Menzlin s. Anklam
Meotis (Sumpfgebiet)   561
Merseburg   33; 142; 222; 246; 433; 449; 450; 499; 500; 519; 534 *Abb. 369*; 538 *Abb. 371*; 539; 582; 654; 672; 673; 676; 679; 687;

689; 690; 692; 693; 707; 733; 763; 765; 783; 819; 820; 822; 824; 837; 895–897; 907; 910; 915
Meseritz/ Międzyrzecz (Abtei)   515; 516; 522; 529
Meseritz/ Międzyrzecz (Burg)   33; 273 *Abb. 187*; 459 *Abb. 306*; 462; 490 *Abb. 330*; 492
Metz   47 *Abb. 19*; 228; 611; 649; 657
Mezöség   210
Michelenburg   97 *Abb. 54*
Międzyrzecz s. Meseritz
Mies (Fluss)   396
Mietlica (Burg)   454
Mikulčice, Bez. Hodonín (befestigtes Zentrum)   57; 114 *Abb. 67*; 142; 146; 147; 201; 238; 289; 290 *Abb. 209*; 300; 303; 304; 309 *Abb. 220*; 317–322 *Abb. 225–229*; 406; 415; 505; 710–712
Mikulov (Burgwall)   292
Mìlník   199
Minden   679
Mindszent   600
Modra   290
Mogiła   835
Mogilno (Abtei)   143; 144; 145 *Abb. 104*; 196; 511; 514; 517
Mohacs   921
Moissac (Kloster)   286
Moldau/Vltava (Fluss)   136; 142; 175; 238; 343 *Abb. 248*; 346; 348; 358; 368; 370; 371; 373; 374; 375; 381; 413; 420; 894
Möllenbeck   620 *Anm. 19*
Mölln (Burgwall)   282 *Abb. 202*; 285
Möllner See   285
Monte Cassino   148; 575; 840; 841; 843; 899
Mont-Saint-Michel   150
Moraczewo   454; 457 Anm. 13; 458
Moraczewo (Burg)
Morava s. March
Moravce   872
Morawa (Fluss in Serbien)   871
Morawany/Moravany (Mähren)   833; 872
Morawiany   456
Mosaburg/Zalavár   114 *Abb. 67*; 213; 215–220 *Abb. 153–154*; 329; 545; 557; 613 *Abb. 397–398*; 615; 627
Moskawa/Żrenica (Fluss)   464
Moson (Burg)   210–121; 547; 548
Muhi   227
Mühldorf   893
Mühlhausen   894
Mulde   237
München   145
Münster   759
Mur (Fluss)   216
Müritzer See   236; 727
Mutěnice 201

Mužla-Čenkov   333 *Abb. 240*; 334

N

Naab (Fluss)   179; 234
Nagyharsány, Kom. Baranya   197
Nagykunság (Landschaft)   211
Nagyszentmiklós   16
Nagyszentmiklós   559 *Abb. 374*
Nagyvárad   542; 875; 879; 881
Nakło   454; 834 *Abb. 532*
Nándorfehérvár bei Belgrad   212
Napoca (röm. Vorgängersiedlung von Klausenburg) s. Klausenburg
Narbonne   228
Narew   72
Naszacowice (Burgwall)   258; 261 *Abb. 174*; 262; 267–269 *Abb. 182–183*
Naumburg   732
Nazareth   54
Neapel   148
Neiße (Fluss)   97; 235; 270; 343 *Abb. 248*; 926
Nejdek-Pohansko (Burgwall)   201; 289; 290 *Abb. 209*
Nemeskér   123
Němětice   294
Nętno   145 *Abb. 104*
Netolice (Burgwall)   288
Netze (Fluss)   72; 236
Neu Nieköhr   273 *Abb. 187*
Neubrandenburg-Fischerinsel   143; 145 *Abb. 104*
Neuburg-Löddigsee (Burgwall)   143; 144; 145 *Abb. 104*; 272
Neuendorf   277 *Abb. 193*
Neumünster   670
Neusiedler-See/Fertö-tó   82
Neutra/Nitra   201; 202 *Abb. 147*; 215; 217; 289; 301; 303; 304; 311–313 *Abb. 221*; 329; 333; *Abb. 240*; 334–337; 545–548; 557; 581–583; 608; 611; 614; 628–632 *Abb. 408–410*; 710; 871–873
Neutra/Nitra (Fluss)   82; 238; 317
Neutra-Martinský vrch   335
Neutra-Vǎšok (Burgwall)   335
Niederaltaich (Kloster)   404; 413; 414; 418; 420; 495 *Abb. 336*; 517; 846; 847; 851
Niedernburg bei Passau (Kloster)   608; 610
Niederparseta s. Persante (Fluss)
Niederspree (Fluss)
Niedertollense (Fluss)   236
Niederwarnow (Fluss)   236
Niemitsch/Niemcza (Burgwall)   237; 262; 263; 456; 459 *Abb. 306*; 460; 507; 528
Nienburg   280

Topographisches Register   983

Nikopolis 921
Nîmes 61
Nin 304
Nitra s. Neutra
Nitrava (Fluss) 215
Nitrianska Blatnica 333 *Abb. 240*; 334–335
Nitriansky Hrádok 108
Nonatola 228
Note s. Netze (Fluss)
Nová Plzeň, Vorläufer von Pilsen 396
Novgrad/Nógrád (Burg) 581
Nowgorod 155
Nowy Dwór 170 *Abb. 123*
Nürnberg 888
Nyír (ungar. Landschaft) 551
Nyitra 211
Nysa Łużycka s. Lausitzer Neiße (Fluss)

Oberammertal (Schweinfurter Burg) 714
Oberdossa (Fluss) 236
Oberhavel (Fluss) 236
Oberwarnow (Fluss) 236
Oberzell 839 *Abb. 537*; 840
Óbesenyö 211
Obra (Fluss) 236; 264; 515; 522
Obrzycko 128 *Abb. 79*; 130; 133 *Abb. 85*
Óbuda (Propstei) 544; 611
Ödenburg/Sopron (Burg) 125; 210; 211; 548; 588
Oder (Fluss) 74; 93; 95; 137; 152; 154–158; 169; 234; 236; 237; 262; 270; 274; 346; 359; 447; 451; 456; 483; 502; 536; 654; 718; 762; 765; 861; 927
Oerenburg 723 *Abb. 470*; 724
Ohre (Fluss) 693; 706
Ohrid 543
Ojtoz-Pass 557
Ołbin s. Elbing
Oldenburg in Holstein (Bistum) 654; 658; 661; 673; 689
Oldenburg in Holstein s. Starigard
Oliva 920
Olmütz/Olomouc 105; 289; 291 *Abb. 210*; 292; 347; 348; 359; 370–372; 389–392 *Abb. 275–277*; 389; 408; 409; 435; 487; 488; 848; 856; 861; 892
Olmütz-Povel 289
Olšava (Fluss)m 325
Ompoly (Fluss) 593
Opatovitz 402; 403 *Abb. 285*; 427
Oppeln/Opole 73; 446; 459 *Abb. 306*; 507; 834 *Abb. 532*
Ópusztaszer (Benediktinerabtei) 619
Orléans 228

Ormánság in Transdanubien 553
Örs 210
Orsk (Burgwall) 259
Orsova (Burg) 548
Orvište-Bašovce, Bez. Trnava 334 *Abb. 241*
Ostrogard s. Staraja Ladoga
Ostrov bei Davle (Kloster) 404; 416; 418; 420; 421; 440
Ostrów Lednicki/Lednica Insel 88; 89; 92 *Abb. 46*; 93 *Abb. 47–48*; 94 *Abb. 49*; 95–96 *Abb. 51–53*; 110: 143–144 *Abb. 100–102*; 145 *Abb. 104*; 196; 447; 457 Anm. 13; 458; 459–464 *Abb. 306. 310*; 467–470 *Abb. 312.314.315*; 489–493 *Abb. 330*; 502 *Abb. 338*; 503 *Abb. 339*; 506; 513; 528–530 *Abb. 359*; 536
Ostrów Tumski (= Dominsel) s. Breslau, Posen
Ostrówek 143–145 *Abb. 104*
Ostrowite 143; 145 *Abb. 104*
Osvětimany-Sv. Kliment (Burgwall) 289; 290 *Abb. 209*
Oszlár/Eszlár 210
Otranto 230
Owrutsch 284

Paderborn 246; 620 Anm. 19; 711; 759; 781; 897
Palermo 28
Pałeską s. Passarge (Fluss)
Pannonhalma s. Martinsberg
Pápa 124
Pápa-Hanta 125
Parchim 242; 727
Parchim-Löddigsee 101 *Abb. 59*; 727–729 *Abb. 472*
Paretz 277 *Abb. 193*
Paris 45; 184; 800
Parşecko 143–145 *Abb. 104*
Passarge/Pałeską (Fluss) 174
Passau 145; 175; 214; 299; 304; 305; 306; 364; 408; 437; 487; 563; 576; 582; 600; 602; 603; 610; 613; 849; 872; 881
Patres 696
Pavia 227; 228; 756; 757 Anm. 6
Pečeněhy 833
Pécs s. Fünfkirchen
Pécsvárad (Benediktinerabtei) 122; 545; 615; 847
Peene/Piana (Fluss) 235; 236; 517; 655
Pentele (Kloster) 545
Perejaslaw/Perejaslavec 138–140; 920
Pereum bei Ravenna (Einsiedelei; Kloster) 516; 519; 520; 746; 812; 839 *Abb. 537*; 840; 841
Persante/Parseta (Fluss) 167–169; 236; 261

Peryn (heidn. Heiligtum) 406
Perynia bei Novgorod Wielki 245
Pest (Komitat) 140; 584
Petersburg 890; 923
Pfreimt (Zoll- u. Handelsplatz) 342; 716 Anm. 3
Piacenza 228
Piana s. Peene (Fluss)
Pieczonogi 456
Pieczyn 456
Pilis (Komitat) 211; 584
Pilsen/Plzeň 288; 369; 388
Pinnow 143; 145 *Abb. 104*
Plane (Fluss) 274
Plattensee/Balaton 82
Płock (Abtei) 459 *Abb. 306*; 490 *Abb. 330*; 492; 497; 514; 517; 834 *Abb. 532*
Plön-Olsborg 143–145 *Abb. 103–104*
Pobedim, Westslowakei 201; 202; 333 *Abb. 240*; 709 *Abb. 457*; 710
Poděbrad 436; 441; 442
Podegrodzie (Burgwall) 269
Podivín (Burgwall) 292
Pohansko bei Břeclav s. Břeclav-Pohansko
Poitiers 222
Poláky 105
Polany (Polanowice)
Polany/Polanowice 456
Polupin (Burgwall) 262
Pomorzany 456
Pompeji 55; 56 *Abb. 21*; 61
Pomposa 228
Poniec 459 *Abb. 306*
Poprad (Fluss) 182
Porva (Kloster) 881
Posen, Dominsel/Ostrów Tumski 460; 475–476 *Abb. 320–321*
Posen/Poznań 21; 24 *Abb. 12*; 26–31 *Abb. 15–16*; 89; 96; 142; 196; 246; 272; 274; 346; 350; 356; 447; 449; 450; 454–457 Anm. 13; 458; 459 *Abb. 306*; 461 *Abb. 308*; 462; 464; 468; 475–478 *Abb. 320–322*; 488–491 *Abb. 330–331*; 493; 494; 497–500; 502; 503 *Abb. 340*; 504–506; 508; 511; 513; 515–517; 520; 522; 525–530 *Abb. 357*; 534; 539; 744; 822; 834 *Abb. 532*; 839 *Abb. 537*; 840; 854; 918; 924
Potsdam 277 *Abb. 193*
Poznan-Solacz (Gräberfeld) 528
Pozsony (Burg) 210; 548
Prądnik (Fluss) 479
Prag – Korčak 114 *Abb. 67*; 116 *Abb. 70*; 709
Prag 7; 37; 39; 105; 117; 139; 142; 145; 150; 164; 175–177 *Abb. 128–130*; 190 *Abb. 140,15*; 192; 193; 199; 235; 238; 246; 287; 346–348; 350; 352; 353 Anm. 51;

356; 358; 360–363; 364; 368; 370–378 *Abb. 258–260*; 382; 385; 392; 393; 410; 431; 434; 435–439; 441–443; 450; 456; 474; 487; 489; 497; 501; 524; 526; 560; 582; 604; 606; 654; 747; 748; 790; 792; 821; 822; 831; 832; 835; 839; 852; 853; 862; 863; 873; 878; 883–884; 886; 899; 906; 919; 926
Prag, Bistum 6; 7; 21; 37; 200; 407; 408; 409; 412; 416; 424; 425; 440; 442; 507; 608; 762; 765; 847–850; 854; 856; 860; 861; 884; 892; 920; 922
Prag, Burg, Jungfrau-Mariakirche 294; 412 *Abb. 288,2*
Prag, Burg, St. Georg-Basilika/Kloster 294; 384; 411; 413
Prag, Burg, St. Mauritius Kapelle 415 *Abb. 289,8*
Prag, Burg, St. Veits-Basilika/Dom 294; 415 *Abb. 289,7*; 888; 893; 895
Prag, Burg, St. Veitsrotunde 294; 413 *Abb. 288,4*; 416
Prag, Burg/Burgwall 136 *Abb. 92*; 137 *Abb. 84*; 137 *Abb. 95*; 138; 288 *Abb. 208*; 295; 376–378 *Abb. 262–266*; 379; 380; 393; 411–413; 415–417; 426 *Abb. 294*; 428 *Abb. 297*; 429 *Abb. 298*; 437; 516; 712; 888–889; 896; 904
Prag, Šárka (Burgwall) 710
Prag, Wenzelsplatz 295
Präwesin 277 *Abb. 193*
Premberg (Zoll- u. Handelsplatz) 716 Anm. 3
Přemysl s. Przymyśl
Přerov (Burgwall) 291 *Abb. 210*; 292
Presehnchen, Kr. Dahme-Spreewald 98
Preslav in Bulgarien 198
Preßburg/Bratislava (Slowakei) 198; 201; 227; 327 *Abb. 234*; 329; 333 *Abb. 240*; 334–337; 356; 542; 545; 557; 558; 583; 630; 868; 873–875
Priekopa s. Zvolen
Prievidza-Hradec 711
Prilep 54
Pripjet 72; 234
Pritzerbe (Burgward) 275
Prosna (Fluss) 236
Prüm 786 *Abb. 503*; 847
Prušánky in Mähren 710; 712
Prusy 456; 833
Przemyśl/Přemysl (Burg auf Góra Zamkova) 359; 363; 459–461 *Abb. 306.309*; 490 *Abb. 330*; 503 *Abb. 339*; 540; 834 *Abb. 532*
Przysieka Polska (Burgwall) 264; 266; 454
Pšov 431
Püchen 228

Pula 304
Püspökladány 600
Püspökladány-Eperjeshalom 639
Pustý hrad (Burg) 333 *Abb. 240*; 338
Pusztaszer 19

Q

Quedlinburg 347; 408; 437; 478; 494; 496; 520; 542; 555; 563; 576; 602; 604; 606; 620 Anm. 19; 657; 674; 676; 684; 686; 708; 746; 748; 756; 771; 786; 821; 822; 838; 889
Querfurt (Burg im Hassegau) 519; 521; 700
Quetzin 143; 144; 145 *Abb. 104*

R

Raab (Fluss) 82; 214
Raab/Györ 125; 140; 201; 211; 212; 545; 547; 548; 588; 607
Raabs, Flur Sand 291
Rácalmas (awarische Gräber) 709
Raciąż (Burgwall) 261
Radbusa (Fluss) 396
Raddusch, Kr. Oberspreewald-Lausitz 99 *Abb. 57*
Radogošč-Radogost s. Rethra
Radom 834 *Abb. 532*; 835
Radomsko 835
Radslavice/Zelená Hora (Burgwall) 289–292 *Abb. 209*
Radyně (königl. Burg) 396
Raffelstetten 139; 146; 320; 560; 712
Ragusa 11
Raguza bei Dubrovnik (Dominikanerkloster) 878
Rajhrad (Burgwall) 289; 290 *Abb. 209*
Rakowo 143; 144
Ralswiek auf Rügen 74; 109; 110; 128–129 *Abb. 79–80*; 130; 134; 163; 164 *Abb. 119*; 165 *Abb. 120–121*; 166; 242–244; 245 *Abb. 162*; 273 *Abb. 187*
Ranshofen 889
Rantrum 128 *Abb. 79*; 129 *Abb. 81*; 130
Ratibor 446
Raudnitz 893
Ravenna 28; 304; 494; 495; 520; 526; 542; 621; 673; 692; 693; 749; 751; 774; 777–779; 781; 794; 795; 840
Ravenna, Abtei in Classe 524
Recknitz (Fluss) 229; 236; 654; 663
Rega (Fluss) 236
Regen (Fluss) 179
Regensburg 136; 145; 179–182 *Abb. 131–132*; 188 *Abb. 139,13*; 190 *Abb. 140,14*; 198; 199; 214; 228; 229; 342; 347; 358; 362; 363; 367; 370; 404; 407; 408; 413; 415–418; 420; 431; 437; 442; 487; 489; 494; 495; 517; 545; 602; 605 *Abb. 395*; 608; 609 *Abb. 396*; 640; 641; 713–715 *Abb. 459–462*; 716 Anm. 3; 747; 785; 800; 821; 823 *Abb. 531*; 837; 849; 852; 861; 883; 897; 915
Regensburg-St. Emmeram 424; 672; 747; 846; 847; 850; 889
Regnitz 234; 713
Reichenau 58; 345 *Abb. 249*; 349 *Abb. 250*; 640; 793–794 *Abb. 509*; 800–803 *Abb. 516*; 808 Anm. 9; 812; 813 *Abb. 525*; 816–818 *Abb. 528–530*; 759; 839–841 *Abb. 537*; 847; 849; 851; 914
Reims 228; 814 *Abb. 526*; 644; 745
Remiremont 228
Reric bei Wismar 132
Retezat-Gebirge 82
Rethra/Riedegost/Radogošč 236; 240; 241; 243; 246–249; 254; 272; 353 Anm. 43; 655; 656
Rhein 13; 142; 184; 192; 343; 356; 759
Riade/Ritteburg 69; 229; 230; 680; 684
Ribe s. Ripen
Riedegost s. Rethra
Riesengebirge 70
Riga 926
Rinchnach (Eremitenkolonie) 847
Říp (Berg) 246; 356
Ripen/Ribe (Bistum) 172; 672
Ritteburg s. Riade
Rochlitz 101; 765
Rochster 173
Rohr 714
Rokyntá 291 *Abb. 210*; 292
Rom 42; 43; 46; 48; 55–61; 69; 148; 212; 222; 228; 299; 300; 303; 307; 308; 346; 362; 364; 408; 424; 437; 438; 442; 494; 495; 519; 525; 526; 542; 544; 604–606; 613; 645; 674; 675; 678; 684; 689; 690; 740; 742; 743; 745; 749; 751; 754–757; 759; 762; 769–772; 776; 777; 786–787; 790; 793; 797; 800; 807; 812–813; 824; 836; 839 *Abb.537*; 840–842; 850; 853; 854; 873; 878; 879; 894; 896; 899; 902; 903; 907; 910; 914; 915
Rom, Aventin, Santi Bonifacio ed Alessio 148; 404; 413; 418; 519; 613; 809; 812; 847
Rom, St. Peter 19; 684; 754; 755 *Abb. 480*
Rom, San Bartolomeo, Tiberinsel 809–812 *Abb. 521–524*; 839 *Abb. 538*; 841
Röpersdorf. Kr. Uckermark 99
Roskilde 135 *Abb. 90*; 165
Roßtal, Kr. Fürth (Reichsburg) 696 *Abb. 444–445*
Rostock s. Dierkow
Rötha 122 *Abb. 67*
Roudnice 137 *Abb. 96*
Rubín bei Podborany (Burgwall) 287 *Abb. 207*; 288; 710
Rugard (Burg bei Ralswiek) 242
Runder Berg bei Urach (Burg) 697; 700
Rüssen 122 *Abb. 67*
Rybitwy 470

S

S. Giorgio Maggiore (Kloster in Venetien) 636
Saale (Fluss) 234; 235; 237; 356; 654; 655; 672; 673; 693; 701; 718–721; 732; 820; 861
Saar (Fluss) 142
Saaringen, Kr. Brandenburg 656 *Abb. 425*
Saaz/Žatec (Burgwall) 105; 288 *Abb. 208*; 295; 368; 369; 371; 388; 393–394 *Abb. 278*; 395; 415
Sabaria (Geburtsstadt des hl. Martin) 618; 709
Sabina (Kloster) 776
Sącz 834 *Abb. 532*
Sady bei Uherské Hradiště 116; 290; 304
Saint Denis 148; 843; 884
Saint-Ghislain 847
Saint-Vanne 846
Sajó-Hernád (Fluss) 82; 313
Sala (Fluss) 217
Salis/Salovar bei Prešov 313
Salona 305
Saloniki 234
Sály-Lator (awarische Gräber) 709
Salzburg 214; 217; 304; 311; 326; 327; 328; 333; 407; 408; 487; 558; 563; 570; 602; 628; 711; 850; 897
Salzburg, St. Peter 846; 850; 851; 852; 872; 873; 878
Salzwedel 724
Salzwedel 726
Sambia 72
Samica (Fluss) 264
Samosch/Szamos (Fluss) 82; 210; 551; 598
San (Fluss) 234; 343 *Abb. 248*
San Felice bei Vicenza 228
San Paolo fuori le mura 813–814 *Abb. 526*
San Zeno bei Verona 228
Sandez (Fluss) 261
Sandomierz (Burg) 238; 459 *Abb. 306*; 460; 834 *Abb. 532*
Santok s. Zantoch
Sarajewo 574
Sarbia 456
Sarbinów 456; 457
Sarbsko 456
Šarišské Sokolovce 333 *Abb. 240*; 334
Šárka (Burgwall) 175 *Abb. 128*; 177
Sarkel s. Weiße Burg
Sarmakand 130; 194
Sáros (Komitat) 589
Sárrét (Landschaft) 83
Sárrétudvari 600; 630
Sasau – Insula (Kloster) 420
Save (Fluss) 82; 83; 139; 213; 217; 344; 547; 551; 557; 558; 709; 861f.
Sazau (Fluss) 422
Sazau/Sázava (Kloster) 6; 416; 417; 422; 423 *Abb. 292*; 848; 889
Schemnitz/Banská Štiavnica 582
Scheyern 542; 608
Schiltern (Burgwall) 292
Schkeitbar (hl. Hain) 246
Schlammersdorf 713
Schleswig (Bistum) 672
Schlössel bei Klingenmünster (Burg) 696; 698–700 *Abb. 449–450*
Schmograu/Smogorzów 508
Schutzendorf 248
Schwarze Laaber (Fluss) 179
Schwedenschanze 723 *Abb. 470*; 724
Schweinfurt 714–716
Schwerin (slaw. Burg) 273 *Abb. 187*; 662; 730
Sedlec 105
Seeon (Koster) 851
Segeberg 78
Selmec 82
Sendomir 447
Senftenberg (Burgwall) 292
Sens 228
Sereth (Fluss) 566
Seussling 713–715
Sidon 54
Sieciechów (Abtei) 517; 838
Siegburg (Kloster) 847
Sieradz 834 *Abb. 532*
Sigtuna 190 *Abb. 140,22.27*
Sijistān, Iran 135
Sinai (Berg) 645
Sinak-Gebirge 82
Sîniob s. Szentjobb
Šintava (Burg) 630
Sirmium 214; 217; 300; 307
Sisak 311
Siscia-Sisek 217
Sitten 56; 58 *Abb. 23*
Skala 335
Skalka bei Trenčín 335; 583
Skoczów-Międzyświeć (Burgwall) 258
Ślęża s. Zobtenberg
Ślężany 456

Topographisches Register 985

Słup/Slupia s. Stolpe
Smocza Jama (Drachenhöhle) 482 Anm. 13
Smogorzów s. Schmograu
Smolenice (Burgwall) 710
Smolensk 280
Smuszewo (Burg) 454
Sofia 212
Sohlingen 740
Solawa 72
Solec 834 *Abb. 532*
Solva (röm. Castrum in Gran) 576
Somlóvásárhely 545
Sommerein 110
Somogy (Burg) 547
Somogy (Landschaft; Komitat) 547; 553; 617; 633
Sopron (Komitat) 612 Anm. 1
Sopron s. Ödenburg
Sornzig, Kr. Torgau-Oschatz 101
Sowinki (Burg) 461
Spandau (Burgwall) 116–118 *Abb. 71–73*; 143; 145 *Abb. 104*; 272; 273 *Abb. 187*; 278–281 *Abb. 196–201*
Speyer 635; 754; 850
Spišské Tomášovce 333 *Abb. 240*; 334
Spławie (Burgwall) 259; 260 *Abb. 172*
Spree (Fluss) 100; 234; 236; 237; 272; 278; 343 *Abb. 248*
Spytihněv (Burgwall) 105; 291 *Abb. 210*; 292; 433
Śrem (Burg) 454; 459 *Abb. 306*
St. Blasien (Kloster) 847
St. Columba 228
St. Gallen 55; 57 *Abb. 22*; 58; 228; 576; 600; 845; 847
St. Maur-des-Fossés/Glanfeuil 148
St. Moritz/Saint-Maurice-d'Agaune 895
Stablo 846; 847
Stade 135 *Abb. 90*
Staffelberg 713
Staffelsee 494; 495
Staffelstein 713; 715
Stará Boleslav s. Altbunzlau
Stará Kouřim s. Alt-Kouřim und Kouřim
Stará Kouřim-Libuše-See s. Libuše-See
Stará Kouřim-Svatojiř ské hradišti (Burgwall) 288
Staraja Ladoga/Ostrogard 129 *Abb. 80*; 130; 172; 658
Staré Hobzí (Höhensiedlung) 291
Staré Město 201; 326 *Abb. 233*
Staré Město-Na valách 324; 325 *Abb. 232*
Staré Město-Špitálky" 290
Stare Město-Uherské Hradiště (befestigtes Zentrum) 142; 289; 290 *Abb. 209*; 300; 317; 323–326 *Abb. 230*; 710; 712
Stargard 236
Starigard, Aldenburg/Oldenburg (Burg der Wagrier) 97 *Abb 54*; 128 *Abb. 79*; 134; 135 *Abb. 90*; 155; 235; 246; 248; 271; 272; 654; 658–661 *Abb. 426–428*; 662; 664
Starý Plzenec s. Alt-Pilsen
Starý Tekov s. Altbarsch
Stavenice 292
Steinamanger/Szombathely 213
Sternberg 252
Stettin/Szczecin 116 *Abb. 70*; 155; 156–162 *Abb. 110–118*; 239; 240; 243; 244; 249; 261; 263; 273 *Abb. 187*; 284; 285; 459 *Abb. 306*; 460; 490 *Abb. 330*; 517; 834 *Abb. 532*
Stockerau 150
Stodor 274
Stolpe/Słup (Abtei) 517
Stolpe/Slupia (Fluss) 236
Strachotín-Petrova Louka (Burgwall) 289; 290 *Abb. 209*
Strádow (Burgwall) 108; 258
Strahov 177
Straubing 714
Strehla (Burg) 820
Striboc (Bach) 242
Strzyboga (Masowien) 242
Stuhlweißenburg/Székesfehérvár/Alba Regia 123; 140; 197; 212; 350; 545; 547; 548; 554; 575; 611; 613; 616; 621–627 *Abb. 404–407*; 639; 640–651; 878; 881; 902
Štúrovo 710; 711
Stuttgart 37; 836
Subiaco (Abtei) 794; 840; 841
Sudeten 70; 72
Sudoměřice Hrůdy (Burgwall) 291 *Abb. 210*; 292
Sugny, Prov. Luxemburg 698 *Abb. 447*; 700
Sukow 116 *Abb. 70*; 282; 723
Sulzbach bei Amberg (Burg) 698; 700
Suwalszczyzna 72
Sv. Jur pri Bratislave 333 *Abb. 240*; 234
Svätý Jur (Burgwall) 710
Svédské šance-Mladá Boleslav (Burgwall) 288
Svendborg 245
Świelubie s. Bardy
Świętokrzyskigebirge 72
Święty Wojciech/St. Adalbert 515
Swine/Świna (Fluss) 154
Syr-Darja 129
Szabolcs (Burgwall) 210; 548; 614; 638; 878
Szamos s. Samosch
Szántó 122
Szarkös 83
Szarvas 124
Szatmar 925
Szatmárnémeti 612 Anm. 1
Szávaszentdemeter 212
Szczecin s. Stettin
Szeben-Gebirge 82
Szegvár 600
Székesféhervár s. Stuhlweißenburg
Szekszárd (Abtei) 635
Szentendre (awarische Gräber) 709
Szentjobb/Sîniob (Benediktinerkloster) 878
Szentmártonhegy/Pannonhalma 212
Szob 140
Szob-Kiserdő 639
Szob-Vendelin 639
Szombathely s. Steinamanger
Szöreg (Kloster) 545
Szpetal bei Włocławek (Propstei) 517

T

Tamworth 135 *Abb. 90*
Tanais (Fluss) 225
Tannenberg 921
Tarent 686
Targowica 924
Tarnóc/Trnovec nad Vahom 639
Taschkent, Usbekistan 135
Tatra 70; 82
Tegernsee 846; 847; 878; 889
Teinitzer Bach 397
Temes (Fluss) 211
Temesköz 553
Teterow (Burgwall) 116 *Abb. 70*; 142–144 *Abb. 102*; 145 *Abb. 104*; 255; 272; 273 *Abb. 187*
Tetín (Burgwall) 295; 368; 371 *Abb. 257*; 388; 411; 412; 415; 427 *Abb. 296*; 429; 730
Thaya (Fluss) 291; 292; 330
Theiß 72; 82 *Abb. 37*; 123; 139; 211; 215; 226; 234; 303; 304; 311–313; 356; 551–553; 560; 562; 563; 581; 709
Thessalonike/Thessaloniki 52; 54; 221; 230; 344; 872
Thorn 921
Tiberias 54
Tiel 787
Tihany (Abtei) 122; 565; 613; 634 *Abb. 413–414*
Tilleda (Pfalz) 331; 332; 703
Tismice (Burgwall) 287 *Abb. 207*
Tiszabezdéd 600; 601 *Abb. 393*
Tiszaeszlár 600
Tiszafüred 600
Tlmače 333 *Abb. 240*; 334
Tokaj-Gebirge 82; 84 *Abb. 43*
Toledo 603
Tolna 211; 212
Tomice (Gräberfeld) 530 *Abb. 363–364*
Torcello 783
Tornow, Kr. Oberspreewald-Lausitz 98; 100; 116 *Abb. 70*; 264; 272
Tortosa 150
Totnes 135 *Abb. 90*
Tournus 228
Tours 148; 899
Traisen (Fluss) 230
Traismauer 217; 230
Trebnitz/Trzebnica 246
Trentschin/Trenčín/Tricin (Burg) 333 *Abb. 240*; 338; 630; 631
Trianon 19; 37; 926; 927
Tribur 429; 494
Trier 56; 142; 404; 620 Anm. 19; 680; 692; 798; 799 *Abb. 514*; 800–802; 813; 852; 889; 897
Trier, St. Maximin 689; 691 *Abb. 441*; 693; 846; 847; 850
Troja (Furt) 175
Trondheim 884
Truso bei Hansdorf, Elbing 72; 163; 170 *Abb. 123*; 172–174 *Abb. 125–127*
Trzebiatów 245; 246
Trzebnica s. Trebnitz
Trzemeszno 841
Tum bei Łęczyca (Abtei) 516; 517
Tužemlja 245
Tyniec bei Krakau (Abtei) 514 Anm. 2; 517; 529; 530

U

Uecker (Fluss) 236
Uelzen 145
Ugocsa 210
òherce (Ungarn) 833
Uherské Hradiště s. Starě Město-Uhěrske Hradiště
Uherské Hradiště-Sady 323–325 *Abb. 231*
Ujście an der Netze 108; 834 *Abb. 532*
Újvár (Komtat) 588; 589
Ulm 183
Ung = Už (Fluss) 869
Unín (Burgwall) 710
Unstrut (Fluss) 222
Úrhida (Burg) 547
Urnes 243
Usedom 236
Uslawa/Úslava (Fluss) 396
Utrecht 648
Ütz 122 *Abb. 67*

V

Vác s. Waitzen
Vág/Vah s. Waag
Valkó 212
Várad 555

Várpalota (awarische Gräber) 709
Varsány 210
Vas (Komitat) 612 Anm. 1
Vasvár 123
Vážany 833
Velence (See) 82
Veligrad 215; 662
Venedig 137; 147; 350; 494; 543; 544; 562; 613; 627; 782–783; 884; 905
Vercelli 228; 745
Verden 726
Verdun 66; 137; 150; 228; 298; 711; 872
Verecke (Gebirgspass) 139; 140; 557
Verona 227; 228; 363; 438; 442; 604; 686; 745
Versailles 926
Verzy 228
Veszprém 140; 543; 545; 547; 563; 584; 607; 610; 613; 615; 633–635 Abb. 412; 852; 881
Veszprémvölgy (orthodox. Kloster; Nonnenkloster) 122; 545; 611; 880
Vésztő 639
Vianden 700
Vicenza 494; 500
Vihorlat-Gebirge 82
Vineta 155
Vipperow 116 Abb. 70; 730
Visegrád (Burg; Kirche) 547; 584–587 Abb. 390–391; 614
Visegrád (Komitat) 584
Vlatislav (Befestigung, Bílina-gebiet) 705
Volodymyr Volynľski 834 Abb. 532
Vörs (awarische Gräber) 709
Vraclav (Burg) 435
Vranov (Burgwall) 292
Vrbčany (Burgwall) 414 Abb. 289,2; 415; 905
Všechsvätých 710
Vyšehrad (Burg) 176; 199; 286; 287 Abb. 207; 371; 374; 375; 411; 413 Abb. 288,6; 414; 415; 417; 507; 850; 851; 892
Vyšehrad, Rotunde St. Martin 305 Abb. 218
Vyšehradné 333 Abb. 240; 334
Vyšný Kubín 333 Abb. 240; 334
Vysočany-Palliardiho hradisko (Burgwall, Höhensiedlung) 291 Abb. 210; 292

W

Waag/Vág/Vah (Fluss) 72; 82; 201; 234; 238; 548; 549; 581; 630
Waitzen/Vác (Bistum) 140; 545; 607; 619; 620 Anm. 22
Walbeck 273 Abb. 187
Walsleben 273 Abb. 187
Warder 145 Abb. 104
Warna 921
Warnow 284 Abb. 206
Warpke 726
Warschau 33 Abb. 17; 37; 924; 926
Warthe (Fluss) 72; 85; 152; 154; 155; 236; 447; 454; 462; 464; 471; 475; 478; 502; 536; 840
Waterneverstorf 128 Abb. 79; 131 Abb. 83
Węgierskie 128 Abb. 79; 130; 131 Abb. 84
Weichsel (Fluss) 72–74; 93; 95; 114; 116; 130; 142; 163; 169; 174; 201; 234; 236; 238; 269; 303; 343 Abb. 248; 447; 456; 479; 493; 497; 502; 511; 838; 873
Weimar 719; 819
Weisdin 116 Abb. 70; 118 Abb. 74
Weismain 714; 715
Weiße Burg 225
Weißenburg (= Belgrad, = Fehérvar) s. Karlsburg
Weißenstein bei Marburg-Wehrda 697 Abb. 446; 698; 700
Weißer Berg 5; 8; 37; 922
Wełna (Fluss) 236; 454
Wels 145
Weltenburg (Abtei) 517; 846
Werderhaff/Zatoka Zulawska 170
Werla 273 Abb. 187; 822
Werle (slaw. Burg) 730
Wesenberg 143; 144; 145 Abb. 104
Weser 670
Wielki Ostrow 72
Wien 13; 37; 56; 58; 183; 212; 543; 640; 902; 924
Wiener Becken 604
Wieprz 72
Wierzchovo 145 Abb. 104
Wiesenau, Kr. Spree-Neiße 100 Abb. 58; 144; 145 Abb. 104
Wildberg (Burgwall) 144; 145 Abb. 104; 282 Abb. 202
Wiltenburg (Abtei) 517
Wilton 190 Abb. 140,26
Winchester 190 Abb. 140,25; 199
Wirbenz 715; 716 Anm. 1
Wiślica (Burgwall) 263; 459 Abb. 306; 460; 479; 482 Anm. 4
Wiślica-Grodzisko (Burgwall) 259
Wismar 662; 730
Wismar s. Reric
Witakovice (Gräberfeld) 528
Władysławia (Włocławk in Kujawien) 451
Włocławek (Burg an der Weichsel) 458; 459 Abb. 306; 464; 490 Abb. 330; 492
Wogastisburg 286; 367; 710; 718
Wola Szydłowska (Burgwall) 260
Woldegk 116 Abb. 70
Wolga 73; 129; 176; 370; 557; 560
Wolgast 242; 244; 245; 248
Wollin/Wolin-Jumne 73; 74; 87; 88; 116 Abb. 70; 128 Abb. 79; 152; 153 Abb. 108; 154; 241 Abb. 160; 244; 245; 248; 261; 263; 358; 359; 459 Abb. 306; 536; 654; 658; 834 Abb. 532
Worms 46; 500; 620 Anm. 19; 684; 774; 792; 895
Wrocław s. Breslau
Wschowę 494
Würzburg 145; 190; 517; 716 Anm. 3; 774
Wust 277 Abb. 193
Wysoczyzna Elbląska s. Elbinger Höhe
Wyszogród (Masowien) 239

Z

Záběhlice (frühmittelalterl. Kirche) 402
Žaboreky nad Nitrou 202
Zabrušany (Burgwall) 114 Abb. 67; 288 Abb. 208; 367; 704; 734
Zabrušany-Bílina (Burgwall) 288; 295
Zadní Arnoštov-Mařín (Burgwall) 289
Zagórze (südl. Teil von Ostrów Tumski) 476; 478
Zagreb/Zágráb 81; 555; 641; 875; 878
Záhorská-Bystrica 711
Zakolaner Bach 397
Zala 216
Žalany 411
Zalaszabar-Borjúállás (Insel) 220
Zalavár s. Mosaburg
Zalavár-Blatnohrad 300
Zantoch/Santok (Burg) 273 Abb. 187; 459 Abb. 306; 490 Abb. 330; 492; 834 Abb. 532
Záranj, Iran 135
Żarnow 834 Abb. 532
Žatec s. Saaz
Zatibure s. Schkeitbar
Zatoka Żuławska s. Werderhaff
Závist (Burgwall) 286
Závist (kelt. Oppidum) 175
Zawada 108; 261 Abb. 174
Zawichost 834 Abb. 532; 837; 838
Zbruč (Fluss) 245; 247 Abb. 163; 249
Zechlin-Flecken 143; 145 Abb. 104;
Zehden/Cedynia (Burg) 273 Abb. 187; 459 Abb. 306; 460; 532; 838
Zehdenick, Kr. Oberhavel 98
Žehra-Spišský hrad s. Zipser Burg
Zehrener Burgberg bei Meißen 706 Abb. 5
Zeitz 494; 495; 654; 672; 673; 692; 762; 765
Zelená Hora s. Radslavice
Želénky 295
Želénky 56; 294
Zelovce 710
Želovce 711
Zemplin/Zemplén 313; 333 Abb. 240; 334; 336; 338; 581; 548
Ziemia Chełmińska s. Kulmer Land
Ziesar (Burgward) 275
Zips/Spišské/Szepesség 82; 554
Zipser Burg 333 Abb. 240; 338; 631; 632 Abb. 411
Znaim – Hradišti sv. Hipolita (Burgwall) 289; 290 Abb. 209
Znaim/Znojmo 105; 289; 291 Abb. 210; 292; 371; 389; 414 Abb. 289,4; 416; 432 Abb. 299; 434 Abb. 300; 435; 905
Żnin 454
Znojmo s. Znaim
Zobor (Berg bei Neutra; Abtei) 333 Abb. 240; 334; 337; 545; 611; 628; 631
Zobtenberg/Ślęża 237; 243; 247
Żrenica s. Moskawa (Fluss)
Zselicszentjakab (Abteikirche) 615; 627
Zsennye, Kom. Vas 141 Abb. 98
Żuławy s. Danziger Werder
Zvolen/Priekopa (Burg) 631
Zvolen-Priekopa 333 Abb. 240; 334; 338
Zwickauer Mulde (Fluss) 765
Zwiefalten 836 Abb. 534; 889; 890

Namenregister historischer Personen, Heiliger und Gottheiten

A

Abbo von Fleury (Kirchenjurist) 570; 644
Abdarrahmán III./Abd al-Rahman (Kalif, Córdoba, 918–961) 137; 149; 222
Adalbero (Erzbischof, Reims, 969–989) 47 *Abb. 19*; 752
Adalbert (Bischof, Pommern) 517
Adalbert (Missionsbischof) 148
Adalbert (Sohn Berengars) 914
Adalbert/Vojtěch (Slavnikide; Bischof, Prag, 982–997; Heiliger) 6; 8; 12; 13; 20 Anm. 16.19; 21; 24; 25; 27; 30; 31 *Abb. 16*; 32; 33; 35–38; 72; 148; 149 *Abb. 107*; 150; 199; 248; 294; 350; 363; 361 *Abb. 252*; 364; 365; 377; 379; 381; 382; 403; 409 *Abb. 287*; 412; 413; 418; 420; 425; 431; 432; 436–439; 441–443 *Abb. 302*; 449; 455 *Abb. 305*; 457 Anm. 10; 462; 471; 474; 493; 494; 496; 498; 500; 507; 519; 520; 525; 526; 529; 539; 542; 574; 575; 578; 582; 604; 605; 608; 611; 617; 674; 675; 745; 747; 756; 757; 774; 776; 777; 789; 790; 792; 796; 809; 810; 819; 836; 838–840; 846; 847; 850; 853; 854; 860; 868; 875; 884; 890; 893; 894; 897; 899; 900; 908; 918
Adalbert I. von Österreich (Markgraf) 782
Adalbert von Weißenburg (Erzbischof, Magdeburg 698–981) 499; 606; 673; 693
Adalbold von Utrecht 676; 786
Adaldag (Erzbischof, Hamburg-Bremen) 664
Adalram (Erzbischof, Salzburg) 311; 333; 628
Adalwin (Erzbischof, Salzburg; 859–873) 217; 218; 220
Adam von Bremen 154–155; 234; 240; 248; 343; 347; 570; 656; 707
Adauktus (Heiliger) 836
Adelheid (Schwester Mieszkos I.; Gemahlin Gézas) 605; 751
Adelheid (Tochter Ottos II.; Äbtissin, Quedlinburg) 688
Adelheid (Tochter Rudolfs II.; Gemahlin Lothars, Italien; 2. Gemahlin Ottos II.) 69; 188 *Abb. 139,3*; 193; 195; 449; 674; 684; 686; 743; 745; 747; 748 Anm. 5; 756; 762; 763; 774; 798; 895; 899; 900
Ademar von Chabannes/Ademarus Cabannensis († 1034) 785; 787 *Abb. 504*; 876; 902
Adilpurc (s.auch Střezislava) 441
Adorján (Bischof, Siebenbürgen) 598
Aeda (Gemahlin Billings) 677
Aelfsig (Münzmeister, Winchester) 199
Aethelbert (angels. König) 603
Aethelstan (König, Wessex) 69; 682
Aethelweard (westsächsischer Chronist) 867
Afra (Heilige) 835
Agapet/Agapit II. (Papst, 946–955) 673; 689; 690
Agathe (Gemahlin Edwards) 151
Ajtony (Fürst in Siebenbürgen) 543; 545; 547; 563; 607
Ákos (Chronist) 868
Al Hakam II. al Mustansir (Kalif, 961–976) 188 *Abb. 139,6–7*
Al Tartuschi 194 Anm. 1
Al-Bekri (Geograph) 150
Albericus (römischer Princeps, 932–954) 602
Albericus von Trois-Fontaines (Chronist) 610
Albrecht der Bär (Graf, Ballenstadt; Markgraf, Brandenburg) 277; 281
Alexius (Heiliger) 836
Alfred der Große (König 871–899) 170; 274; 446; 479
Al-Hakim 843
Al-Himyari (Enzyklopädist) 150
Alkuin (Hoftheologe Karls d. Großen) 304; 305
Al-Ma'mun (Kalif) 173
Álmos 16; 566–568; 866; 868
Álmos (Enkel Bélas, Sohn Gézas; Fürst in Nitra 1095–1098) 313
Alpár, Ignác 16
Al-Qazwini (Enzyklopädist) 150
Al-Udhiri (Geograph) 150
Anastasius (Abt, Břevnov) 847; 578
Anastasius (Abt, Kloster der Jungfrau Maria der Slawen) 546
Anastasius (Abt, Martinsberg; um 997) 545; 617
Anastasius (Papst; Heiliger) 678
Anastasius s. Astrik
András Széchy (Bischof, Karlsburg 1320–1356) 595
Andrea Dandolo (Doge und Chronist) 783
Andreas der Jüngere (Kustos in Meseritz) 514; 525
Andreas I. (Sohn des Vazul; König, Ungarn 1046–1061) 198; 313; 544; 561; 563; 582; 585; 595; 597; 636; 868; 875; 876; 903
Andreas II. (1205–1235) 610; 611; 868
Andronicus (Heiliger) 217
Angelomus (Mönch) 784
Anna (Schwester Basileios II., Gemahlin von Großfürst Wladimir) 54
Anna von Antiochien 20 Anm. 41
Anonymus (in Polen) s. Gallus Anonymus
Anonymus/anonymer Notar (Chronist, Ungarn) 15; 16; 36; 548; 555; 581; 591; 592; 595; 630; 868; 869
Anton/Tuni (Eremit; Abt, Meseritz) 515; 524; 525; 526
Antoninus Pius 809
Antonio Bonfini († 1503) 610; 611; 626
Antonios (Bischof, Turkia) 601
Arduin (König in Norditalien) 772; 808 Anm. 10; 822
Arethas (Erzbischof, Kaisareia) 51
Aribo (Erzbischof, Mainz) 856
Aristoteles 44–46; 50; 51; 738
Arnoldus (Mönch, Regensburg, 1035–1037) 545; 785
Arnulf (Erzbischof, Mailand, † nach 1077) 902 f.
Arnulf (Herzog, Bayern) 179; 359; 680; 681
Arnulf von Kärnten (Sohn Karlmanns; König; † 899) 214; 226; 227; 228; 303; 358; 679; 873
Árpád (Anführer, Ungarn) 9; 11 *Abb. 3*; 15; 16; 18; 229; 543; 557; 566–568; 581; 608; 748; 865
Árpádis (Fürst, Ungarn) 226
Astrik/Anastasius/Ascherich (Erzbischof, Ungarn; † vor 1039) 425; 545; 546; 574; 675; 897
Attila (Hunnenfürst) 9; 13; 15; 20 Anm. 22; 561; 869
August II. (König, Sachsen und Polen) 923
Augustinus (Kirchenvater; Bischof) 43; 671; 806; 887
Augustinus von Canterbury (Heiliger) 603

Aurelian 593
Avancini, Nikolaus 9
Aventinus (Johannes Turmair) 555; 608; 610; 880

B

Bacciarelli, Marcello 23; 25; 27
Bardas (Caesar; Bruder der Theodora) 50
Bardas Phokas 54
Bardas Skleros (byzant. Heerführer) 54; 230
Bartholomäus (Apostel) 812
Basileios I. (Kaiser) 51
Basileios II. (976–1025) 138; 539; 543; 563; 781
Basileios II. (Kaiser) 54
Basileus II. Bulgaroktonos 188 *Abb. 139,1–3*
Batthány, Guyla 17 *Abb. 8*
Bayerischer Geograph 95; 152; 237; 238; 270; 289; 446; 447; 479; 860
Beatrix (Gemahlin Friedrich Barbarossas) 789 *Abb. 507*
Beda Venerabilis (673–735) 603; 900
Béla I. (Sohn Vazuls; Fürst, Nitra 1048–1060; König, Ungarn 1060–1063) 313; 544; 561; 563; 582; 595; 597–598; 631; 868
Béla II. (1060–1063) 598; 618; 638
Béla III. 20 Anm. 41; 575; 595; 598; 630; 868; 869; 881
Béla IV. 630
Bela Kun 927
Béla 313
Belial (Anführer der Lutizen) 520
Benczúr, Gyula 10 *Abb. 22*; 13
Benedikt (aus Pereum, Eremit in Meseritz; Heiliger) 123; 337; 422; 515; 520; 522; 524; 525
Benedikt (Schüler Zoerads; Eremit; Heiliger) 583; 628; 630; 881
Benedikt VI. (Papst) 602
Benedikt VII. (Papst) 450; 499; 542
Benedikt von Aniane 845
Benedikt von Benevent (Schüler des hl. Romuald) 519
Benes, Eduard 926
Berengar I. (König, Italien; 888–924) 227; 228; 303; 320; 896; 9145
Berengar von Ivrea 749

Berger, Elias/Illés 9; 19 Anm. 3
Bernhard (Abt, Clairvaux) 730
Bernhard (Bischof, Halberstadt) 689; 692; 895
Bernhard (Markgraf, Haldensleben) 822
Bernhard (Sachsenherzog) 707; 724; 910
Bernold (Schreibermönch) 893
Bernward (Bischof, Hildesheim) 138; 500; 501; 745; 792; 850; 856
Berta (Königin, Angelsachsen) 603
Bethlen, Gabriel 922
Bethlen, Stephan (Premier) 927
Bezpřym (Bruder Mieszkos II.) 533; 539; 907
Biagota/Blagota (Fürstin, Böhmen) 199; 360; 431; 436
Billing (Vater Odas) 677
Boemus (erster Siedler) 866
Boethius 44; 644; 738; 740
Bogát (Heerführer, Ungarn) 558
Bogislaw I. 162
Boguchwal (Chronist, Polen) 312
Boleslav I. (Přemyslide, ca. 935–972) 6; 192; 199; 269; 287; 294; 316; 346; 347; 360; 362–364; 369; 377; 378; 386; 393; 407; 408; 412; 415; 423; 431; 433; 436; 437; 439; 441; 457 Anm. 9; 479; 533; 536; 582; 746; 748 Anm. 5; 831; 832; 835; 849; 861; 866; 883; 889; 890
Boleslav II. (Přemyslide; 972–999) 6; 7; 190 Abb. 140,14–15.21; 192; 294; 347; 363; 365; 369; 370; 371; 376; 378; 381; 382; 384; 392; 393; 408–410; 413; 415; 416; 418; 420; 425 Abb. 293; 429; 431; 433; 434; 438; 440; 442; 448; 656; 702; 705; 747; 748 Anm. 5; 821; 822; 832; 847; 849; 906
Boleslav III. (Přemyslide) 6; 7; 194; 199; 370; 393; 414; 433; 435; 747; 821
Bolesław I. Chrobry (Piast; 992–1025) 21–29 Abb. 11–13.15; 31 Abb. 16; 32; 34 Anm. 12; 35–38; 46; 168; 190 Abb. 140,20; 192; 194 Anm. 1; 195 Abb. 141–142; 196; 251; 312; 313; 336; 347; 348; 353 Anm. 52; 365; 371; 408; 433; 434; 440; 443; 447; 449–451; 456; 457 Anm. 6; 458; 459 Abb. 306; 460; 466; 468; 470; 471 Abb. 316; 475; 476; 478–480; 482; 488; 489; 494; 496–498; 500–502; 505–507; 514–516; 519; 520; 525–527 Abb. 357; 529; 531–533 Abb. 365–366; 538–539; 543; 563; 575; 582; 656; 657; 675; 688; 702; 705; 707; 708; 732; 744–747; 777; 782; 785; 790–793; 796; 810; 819–822; 824; 832; 835–837; 839–841; 854; 860; 862; 880; 896–897; 902; 907–911; 915; 918; 919
Bolesław II. Śmiały/Szczodry „der Großzügige" (Sohn des Kazimierz; 1058–1079, † 1082) 517; 529; 534; 539; 911
Bolesław II. von Schweidnitz († 1368) 535
Bolesław III. Krzywousty „Schiefmund" (1102–1138) 155; 160; 517; 532; 534; 864; 919
Bolesław IV. Kędzierzawy „Kraushaar" (1146–1173) 517; 532; 534
Bolesław V. Wstydliwy „der Keusche" († 1279) 534
Bolko I. von Schweidnitz/Bolesław († 1301) 535
Bonifatius (Angelsachse, Heiliger) 343; 721
Bonifatius (Missionar in Ungarn, 11. Jh.) 607
Bonipert (Bischof, Fünfkirchen) 546
Bonizo (Bischof, Sutri) 903
Boris-Michail (Bulgarenkhan) 52; 861; 862
Bořivoj/Goriwei (Přemyslide) 178; 287; 303; 358; 368; 376; 379; 380; 398; 407; 410; 412; 425; 430; 431; 433; 864; 866; 873
Bořivoj II. (Herzog, Böhmen 1100–07, 1117–21) 400; 892
Bors (Stammesführer) 591
Boso (Mönch, Regensburg-St. Emmeram) 672
Bozena/Božena (Mutter Břetislavs) 7; 8; 435
Božetěch (Abt) 422; 423
Břetislav I. (Sohn des Udalrich; 1039–1055) 7; 8; 140; 293; 313; 329; 371; 377; 381; 387; 394; 401; 420; 422; 426; 435; 450; 451; 465; 466; 471; 474; 478; 493; 502; 503; 514; 525; 526; 533; 539; 833; 836; 841; 847; 848; 884; 919
Břetislav II. (1092–1100) 247; 251; 401; 426
Brun (Sohn Liudolfs) 678; 679
Brun von Querfurt (Missionserzbischof) 240; 248; 382; 401; 424; 441; 514; 515; 519–526 Abb. 356; 529; 542; 606; 607; 674; 756; 782; 819–822; 824; 837; 839 f.; 846; 853; 875
Brun von Verden (Bischof, Gesandter) 602
Brun von Worms s. Gregor V.
Brun/Bruno (Sohn Heinrichs I. und Mathildes; Erzbischof, Köln † 965) 185; 679; 682; 692; 693; 777; 778
Bruno (Gesandter des Papstes) 20 Anm. 19
Bruno/Prunwart von St. Gallen 542; 576; 875
Brzozowski, Edward 30; 31 Abb. 16; 33
Bulcsú (Heerführer, Ungarn) 212; 228–230; 601; 674
Burchard (Bischof, Halberstadt) 240
Burchard (Bischof, Worms) 46; 500; 855 Abb. 540; 856
Burchard (Herzog, Schwaben) 680
Burkhardt (Herzog, Thüringen) 228
Byrhthelm (Biograph) 900
Byrhthelm (Kanoniker) 899

C

Cadolah (Grenzgraf, Friaul) 213
Canaparius s. Johannes
Candidus (tebaische Legion, Märtyrer) 836
Caracalla 603; 801 Abb. 515
Carus von Metz (Ire; Biograph) 900
Cassiodor (Konsul) 44
Čech (Stammvater) 5
Chasdaj ibn Šaprut 150
Chlodwig (Frankenkönig) 346
Chmielnicki, Bogdan (Anführer, Ukraine) 922
Christian (Bruder Adalberts; Mönch; Chronist) 250; 316; 363; 364; 402; 404; 409; 410; 424; 425; 429; 430; 431; 433; 747; 849; 883; 890; 904; 906
Christin/Kristin (Koch, Meseritz; Heiliger) 515; 522; 524
Christina (Schwester Hathumods; Äbtissin, Gandersdheim) 678
Christine (Tochter Edwards/Agathes) 151
Chrotechilde (Gemahlin Chlodwigs) 346
Chrystolubyc (Chronist, 14. Jh.) 240
Clemens (Bischof, Metz) 899
Clemens (Heiliger) 380; 411
Colomannus s. Koloman
Constantin VIII. (976–1025) 188 Abb. 139,1–3
Constantius 245
Cosmas (Domdekan, Prag; Chronist, † 1125) 7; 36; 238; 247; 250; 278; 344; 347; 368; 386; 389; 394; 413; 424–427; 429; 430; 433; 441–443; 466; 474; 479; 526; 529; 833; 863–867; 884; 892; 904
Crescentius (röm. Stadtherr) 745; 771
Crezomisl (heidnischer Fürst) 430
Crocco 430
Csanád (Stammesfürst, Ungarn 1028) 543; 546; 547; 636
Cyriakaus (Heiliger) 837

D

Dagobert (Frankenkönig) 286; 367
Dalimil 8
Daniel (Bischof, Prag 1148–67) 893
Danielski, J. N. 34 Anm. 10
Dazbog (Gottheit) 240
Decsy, Sámuel 14; 15; 20 Anm. 26
Dedi (Wettiner; Graf) 702
Deodatus von Sanseverino 13
Dervanus (dux, Thüringen) 721
Desiderius (Abt, Monte Cassino) 843
Deusdedit (Kardinal) 452–453 Abb. 303–304
Diethard (Abt, Sazau) 422; 423; 848
Dietrich (Markgraf, Haldensleben † 985) 449; 532; 538; 656; 673; 707; 708; 746
Diokletian 245; 830
Dionysius (Heiliger) 179; 837; 884
Długosz, Jan (Chronist) 32; 36; 242; 514 Anm. 5; 880
Dmowski, Roman 926
Dobrawa/Dąbrówka/Dubrovka (Tochter Boleslavs I.; Gemahlin Mieszkos I.) 30; 32; 346; 362; 408; 430; 431; 433; 434; 437; 448; 449; 462; 474; 477; 482 Anm. 11; 488; 489; 516; 517; 529; 532; 536; 538; 746; 861; 866
Dobrimir (Fürst der Milsener) 746
Dom Brocq 649
Dominikus (Erzbischof, Gran; um 1002) 545
Domoslav (Sohn Ladislaus d. Kahle; Fürst, Nitra; 1046–1048) 313
Dosza, Georg (Bauernführer) 921
Dragowit (König der Wilzen) 270
Drahomir (Prinzessin der Heveller; Gemahlin Vratislavs I.) 275; 278; 294; 346; 359; 360; 431; 437; 883
Drazko (Obodritenfürst) 662
Dshebe noyon (Mongolenführer) 227
Dudo (Missionsbischof, Havelberg 948–981) 672
Dunstan (Bischof, Canterbury) 899; 900
Dursac (Arpade) 581

E

Eberhard (Bruder Konrads I.) 680
Eberhard I. (Bischof, Bamberg) 641

Ebo (Chronist)   244; 245; 248
Edgar (Sohn Edwards/Agathes)   151
Edgith/Edith (Tochter Aethelstans; Gemahlin Ottos I.)   69; 682; 684; 689; 745
Edmund Ironside (Sohn Ethelreds)   151; 563
Edward (Sohn der hl. Margareta)   151
Edward (Sohn Edmunds; Gemahl Agathes)   151
Edward der Bekenner (König, England; Nachkomme Ethelreds)   151; 884
Egbert (Erzbischof, Trier)   56; 750; 751; 800; 801; 813 *Abb. 525*; 815–817 *Abb. 528*
Eginhard (Dichter)   648
Eid (Bischof, Meißen)   494
Eid (Bischof, Meißen)   766
Einhard (Biograph)   662; 721
Ekkehard I. (Markgraf, Meißen)   350; 431; 449; 494; 702; 705; 707; 746; 747; 820; 821
Elgifa/Adiva   431
Elisabeth (Königin; 1341)   598
Emese   16; 567
Emma/Hemma von Burgund (Tochter Adelheids und Lothars; Gemahlin des Franken Lothars und Bolesławs II., † 1006)   199; 294; 416; 429; 431; 686; 747; 821; 849; 890
Emmeram (Heiliger)   311; 545; 611; 628; 897
Emmerich (Sohn Bélas III.)   881
Emmerich/Imre (Sohn Stephans I. und Giselas, Herzog; Heiliger)   16; 123; 198; 212; 535 Anm. 1; 544; 563; 569; 575; 607; 608; 610; 616; 621; 623; 635; 636; 649; 748; 875; 880; 881
Emnilda/Emnildis (Tochter Dobrimirs; Gemahlin Bolesławs I.)   746; 748 Anm. 5; 835
Engelschalk (Graf; Verwalter in Mähren)   300; 872
Eötvösy (Baron)   4
Erchenfried (Abt)   151
Eric der Siegreiche (König, Schweden, † um 950)   538
Erich (skandinavischer Heiliger)   535 Anm. 1
Erik I. Ejgod (König, Dänemark)   155
Esiko (Graf, Merseburg)   819
Ethelred II. genannt Böser Rat (König, England 978–1016)   132; 151; 190 *Abb. 140,24.26.28*; 193; 195; 199
Ethelwulf (König, Wessex, 838–858)   173; 174
Euklid   644
Everger (Erzbischof, Köln)   778
Exuperius (thebaische Legion; Märtyrer)   836

Ezzo II. (Vater Herimanns)   60
Ezzo-Ehrenfried (Pfalzgraf, Lothringen; Gemahl Mathildes; Vater Richezas)   344; 348; 449; 494; 539; 686; 824

F

Falco (Bischof, Worms)   792
Fessler, Ignaz Aurel   12; 13
Fides (Heilige)   843
Flavius Josephus   801 *Abb. 516*
Florian (Heiliger)   604; 836; 838
Folchold (Bischof, Meißen)   766
Francone Bellagradensi pontifice (Bischof, Karlsburg)   594
Franz Joseph (Kaiser)   16; 18; 20 Anm. 41; 610
Fredegar (fränkischer Chronist)   234; 286; 718
Friedrich (Bischof, Salzburg)   602; 604
Friedrich Barbarossa   329; 789 *Abb. 507*; 791
Friedrich der Schöne   893
Friedrich II. (König, Preußen)   923
Friedrich von Schwaben (Herzog)   789 *Abb. 507*
Friedrich Wilhelm (Kurfürst, Brandenburg)   922
Friedrich Wilhelm IV. (König)   30
Frutolf von Michelsberg (Chronist)   680 *Abb. 435*; 688
Fulbert (Bischof, Chartres)   546
Fulrad (Abt, St-Denis)   895

G

Gabriel Radomir (König von Bulgarien)   563
Galen   50
Galerius   245
Galla Placidia   304
Gallus Anonymus   36; 37; 168; 236; 312; 347; 447; 451; 452; 457 Anm. 7.10; 458; 459; 462; 471; 486; 488; 489; 494; 496–498; 501; 531; 532; 533 *Abb. 367–368*; 746; 785; 820; 837; 860; 863–866; 902; 903
Gáspár Heltai (Chronist)   611
Gaudentius s. Radim-Gaudentius
Gebehard (Bischof, Augsburg)   899
Geddon (Gelehrter, Magdeburg)   519
Gelou s. Gyula
Geographus Bavarus s. Bayerischer Geograph
Georg (Heiliger)   413; 836
Georg von Podebrad   894
Georg Wilhelm von Liegnitz-Brieg (letzter schlesischer Piast, 17. Jh.)   535
Gerardus de Venetiis s. Gerhard

Gerberga (Schwester Hathumods; Äbtissin, Gandersheim)   678
Gerberga (Tochter Heinrichs I. und Mathildes; Gemahlin Giselberts und Ludwigs IV.)   679; 682
Gerbert von Aurillac, Reims (s. auch Silvester II.)   60; 65; 644; 738; 740; 743; 745; 752; 774; 776; 792
Gereon (dux, thebaische Legion; Märtyrer)   806; 836; 838; 899
Gerhard (Bischof, Toul?)   757 Anm. 6
Gerhard/Gellért (ca. 977–1046; Bischof von Marosvár/Csanád; Heiliger)   16; 543; 544; 545; 607; 636–637; 783; 880; 881
Gero (Markgraf, † 965)   243; 448; 478; 536; 707; 837
Gertrud (Fürstin)   835
Gertrud von Meran (Gemahlin Andreas II.)   611
Géza (Sohn Taksonys; Großfürst, Ungarn ca. 970–997)   9; 12; 15; 18; 20 Anm. 16; 122; 198; 212; 222; 224; 230; 312; 346; 348; 364; 542–544; 548; 554; 562; 563; 568; 569; 574; 576; 582; 583; 595; 602; 604; 605; 608; 614; 617; 618; 633; 635 Anm. 2; 674; 745; 748; 785; 875; 876; 902; 919
Geza I. (Sohn Bélas; Fürst, Nitra 1064–1074; König, Ungarn 1074–1077)   313; 329; 337; 582; 631; 638
Géza II. (1141–1162)   598; 868; 878
Gisela (Tochter Herzog Heinrichs II.; Gemahlin Stephans I.)   230; 346; 348; 542–544; 563; 574–576; 606; 608–612 *Abb. 396*; 615; 619; 624; 635 Anm. 15; 640; 643; 649; 686; 747; 748; 782; 796; 875; 880
Gisela von Burgund (Gemahlin Herzog Heinrich II.)   608
Giselbert (Lothringer; Gemahl Gerbergas)   682
Giselher (Erzbischof, Magdeburg)   33; 494; 499; 519; 657; 895
Glaubert (Mönch, Burgund)   508
Gnupa (König, Dänemark)   660
Godehard (Abt, Niederaltaich; Bischof, Hildesheim)   404; 418; 847; 850; 851; 856
Gołębiowski, Ignacy   26 *Abb. 14*
Gostovit (heidnischer Fürst)   430
Gothard (Heiliger)   517
Gottfried (Bischof, Breslau)   508
Gottfried von Viterbo   869
Gottschalk (Abodritenfürst)   661

Gottschalk (Bischof, Freising)   854
Gottschalk (Herzog)   250
Gregor (Abt, Burtscheid)   787; 899; 900
Gregor I. der Große (Papst)   603; 900
Gregor V. (= Brun von Worms; Papst 996–999)   60; 423; 500; 605; 686; 740; 746; 756; 769; 770; 785; 787; 788; 790; 853
Gregor VII. (Papst)   422; 675; 842; 876; 889; 903
Gualbertus (aus Ravenna)   846
Gumpold (Bischof, Mantua)   363; 404; 747; 849; 889; 890
Günther/Vintíř (Eremit; Schüler Godehards)   8; 418; 611; 419; 636; 847
Gunzelin (Bruder Ekkehards von Meißen)   449; 539; 702; 820; 822; 824
Gwolo von Beauvais   854
Gyula Andrássy (Graf)   16
Gyula II./Stephanos (Fürst der östlichen Ungarn; ca. 952/53 Taufe)   212; 230; 562; 568; 594; 597; 601
Gyula III. (Onkel Stephans, bis 1003 Fürst in Siebenbürgen)   543; 545; 563; 568; 569; 594; 595; 604; 606–607; 674; 748

H

Hadamar (Abt, Fulda)   673; 689; 693
Hadrian (Märtyrer)   217
Hadrian II. (Papst)   214; 217; 307; 861
Hadrian VI. (Papst)   755
Hadwig (Gemahlin Ottos des Erlauchten)   679
Hadwigs (Tochter Heinrichs I. und Mathildes; Gemahlin von Hugo Magnus)   679; 682
Harald Blauzahn (König, Dänemark)   154; 155
Hartwick/Hartvik (Bischof; Biograph)   16; 542; 545; 616; 618; 623; 624 Anm. 8; 626; 876
Hatheburg (1. Gemahlin Heinrich I.)   679
Hathumod (Äbtissin, Gandersheim)   678
Hatto (Neffe Hadamars; Abt, Fulda; Erzbischof, Mainz)   693
Hedwig (Heilige)   531
Hedwig-Jadwiga (Tochter Ludwigs I. von Ungarn; Gemahlin Jagellos von Litauen)   920
Heinrich (Abt; kaiserlicher Gesandter)   517
Heinrich (Bruder Hildibalds)   774
Heinrich (Heiliger)   611

Heinrich (Kaiser)   7
Heinrich (Magister)   16
Heinrich (Markgraf von Schweinfurt)   353 Anm. 52; 449; 820; 821; 854
Heinrich (slawischer Fürst)   135
Heinrich der Löwe   726; 730
Heinrich I. (Babenberger Markgraf, 994–1018)   150; 347; 353 Anm. 4.52; 679
Heinrich I. (Liudolfinger; Sohn Ottos und Hadwigs; Bruder Ottos I; König 919–936)   68; 69; 190; 193; 222; 228; 229; 275; 279; 288; 347; 359; 436; 654; 660; 672; 676; 677; 679–682; 684; 688; 701; 704; 705; 732; 734; 745; 746; 759; 760; 837; 864; 896; 915
Heinrich I. (Sohn König Heinrichs I. und Mathildes; Gemahl Judiths; Herzog, Bayern)   180?; 222; 679; 682; 686
Heinrich I. Brodaty, der Bärtige (1201–1238)   535 Anm. 3
Heinrich II. (Kaiser; 1002–1024)   58; 154; 188 Abb. 139,3.5; 248; 280; 347; 348; 350; 365; 371; 433; 434; 449; 450; 475; 494; 498; 500; 501; 515; 520; 522; 531; 533; 538–539; 570; 611; 624; 640–642; 657; 668; 674; 676; 682; 684; 686; 688; 702; 703; 716; 744; 746; 757 Anm. 5; 759; 770; 772–773 Abb. 493.494; 774; 777; 786; 791; 796; 807 Abb. 520; 808; 817–824 Abb. 531; 837; 847; 849; 851; 852; 854; 878; 880; 884; 896; 897; 909; 910; 913 Abb. 551; 914; 915; 919
Heinrich II. der Zänker (Sohn Heinrichs und Judiths; Herzog, Bayern 955–976, 985–995)   180?; 188 Abb. 139,13; 198; 230; 348; 360; 363; 408; 437; 448; 542; 574; 604; 608; 682; 686; 702; 746; 747; 751; 792
Heinrich II. Pobożny, der Fromme (1238–1241)   535 Anm. 4
Heinrich III. (Kaiser)   151; 249; 313; 329; 381; 539; 544; 549; 608; 782–783; 902; 909
Heinrich IV. (Herzog, Bayern; s. auch Kaiser Heinrich II.)   12; 180; 194; 198; 494; 746; 747; 785; 846; 875; 896
Heinrich IV. (Kaiser)   534; 544; 850; 852; 884; 905
Heinrich V. (Kaiser)   544; 852
Heinrich von Mügeln (Chronist)   868
Helmold von Bosau (Chronist)   155; 203; 240; 241; 242; 244; 245; 246; 249; 250; 670; 707; 730
Hennil (Hausgott)   668
Henryk von Sandomierz (Fürst, Polen)   517

Heraklius (byzant. Kaiser; 610–641)   234
Herbord (Chronist)   243; 244; 245; 248
Herder, Johann Gottfried   925
Heribert (Erzbischof, Köln; Erzkanzler)   575; 649; 740; 743; 745; 774–781 Abb. 495–499; 788; 790; 792
Herimannus Augiensis († 1054)   611
Hermann (Sohn Ekkehards; Markgraf, Meißen)   702; 746; 822; 824
Hermann I. (Herzog, Schwaben; Vater Idas)   683
Hermann I. (Lüchower Graf; 1144–1171)   726
Hermann II. (Herzog, Schwaben)   773 Abb. 494
Herrmann Billung (Markgraf, Sachsen)   663
Hesz, János Mihály   12
Hieronymus (Bischof, Breslau)   508
Hieronymus (Kirchenvater)   48; 494; 795–796; 900
Hierotheos (Bischof für Turkia)   562; 594; 601
Hildebert (Erzbischof, Mainz)   671
Hildibald (Bischof, Worms; Kanzler)   774
Hildiward (Bischof, Halberstadt)   693
Hitda (Äbtissin, Meschede)   750; 753 Anm. 8
Hlinka, Andrej (Pater)   925
Hodo (Markgraf)   448; 532; 707; 538; 819; 838
Hodza, Milan (Protestantenführer)   925
Hóman, Bálint   37
Homer   50
Honorius III. (Papst)   598;
Hont (Adeliger, Ungarn)   546; 547
Horányi, Elek   11; 19 Anm. 2
Horthy   19
Horthy, Nikolaus von (Admiral)   927
Horváth, Mihály   16; 36
Hosroes II.   173
Hostivít/Gostivit   430
Hugo (Bischof, Zeitz)   494
Hugo Capet (Stammvater der Capetinger)   682
Hugo Magnus (Gemahl Hadwigs, Vater Hugo Capets)   682
Hugo, Franzien   69
Hunfried (Erzbischof, Magdeburg)   760
Hunor (legendärer Jäger)   561
Hunyadi, Johann   921
Hus, Johann   920
Hüttendorf (mährische Familie)   852
Hyppolit (Heiliger)   611

I

Ibn Fadlan   245; 406
Ibn Rušd (arabischer Reisender)   240; 248
Ibn Rusta   549
Ibrāhīm ibn Jacūb   108; 109; 139; 142; 154; 192; 194 Anm. 1; 199; 346; 352 Anm. 25; 370; 374; 376; 436; 441; 448; 450; 457 Anm. 9; 479; 654; 662
Ida (Tochter Hermans von Schwaben; Gemahlin Liudolfs)   682
Ignatios (byzant. Patriarch)   307
Igor (Herzog in Kiew)   269
Ingleri (Waffenschmied)   712
Innocenz (Papst; Heiliger)   678
Innozent (Märtyrer)   836; 837
Innozenz III. (Papst)   876
Iohannes Tzimiskes (Usurpator, 969–976)   52; 54; 230; 684; 745
Isaak/Izaak (Novize, Meseritz; Heiliger)   515; 516; 522; 524; 526
Isidor von Sevilla   44; 636; 644; 743; 784; 842; 869
Ivo von Chartres   853; 854

J

Jabłonskí, N.   34 Anm. 10
Jacobus de Voragine   881
Jagello von Litauen   920
Jakob Wimpfeling (Theologe 16. Jh.)   754
Jan Očko von Vlašim (Erzbischof, Prag)   893
János/Johannes (Hofgeistlicher)   598
János Simor (Fürstprimas)   16
Janusz III. (masow. Piast; † 1526)   534
Jardens   869
Jarila (Gottheit)   242
Jaromír (Přemyslide, 1002–12, 1033–34)   190 Abb. 140,16; 200 Abb. 145; 371; 381; 393; 395; 396; 409; 431; 433; 434; 747; 821; 822; 854
Jaromír-Gebhard (Bischof, Prag)   850
Jaroslav (1019–1054)   190 Abb. 140,21
Jarowit (Gottheit)   239; 242; 248
Jaxa, Köpenick (Fürst der Sprewanen)   277
Jeleg (Sohn Árpáds)   581
Jireček, Konstantin   37
Jitka (Tochter Vratislavs II.; Gemahlin Vladislavs I.)   8; 852
Johann (Bischof, Breslau)   496
Johann III. Sobieski (König)   922

Johann von Luxemburg   892
Johann von Nepomuk (Heiliger)   893
Johann von Neumarkt   893
Johannes (aus Pereum, Eremit in Meseritz; Heiliger)   515; 520; 522; 524
Johannes Canaparius (Abt, Kloster Santi Bonifacio ed Alessio)   441; 519; 606; 899; 900
Johannes Cassian   522
Johannes I. (Mönch, Břevnov; Bischof, Olmütz/Mähren)   389; 392; 848
Johannes Italus   58
Johannes IX. (Papst)   303
Johannes Philagathos = Johannes XVI. (Gegenpapst)   746; 770; 771; 777; 792
Johannes Scotus († um 877)   636
Johannes VIII.   301; 307; 310; 311; 853
Johannes XII. (Papst, 955–964)   69; 501; 558; 601; 602; 673; 684; 690; 692; 860
Johannes XIII. (Papst)   408; 684; 692
Johannes XIV. (Papst)   756
Johannes XV. (Papst)   438; 740; 785; 834; 853
Johannes XVIII. (Papst)   525; 611
Johannes XIX. (Papst)   649
Jolanta-Jolanda (Heilige)   531
Jordan (Bischof, Gnesen)   362; 408; 448; 456; 475; 477; 488; 489; 502; 503; 516; 835; 837; 861
Joseph (Palatin = Reichsverweser)   11
Joseph II.   69
Judith (Tochter Herzog Arnulfs von Bayern; Gemahlin Heinrichs)   682
Jugurrus   213
Julian (Bischof, Le Mans)   899
Julianus (Dominikaner-Mönch; 13. Jh.)   556
Justinian (Kaiser)   51; 54

K

Kadłubek, Wincenty/Vinzenz (Chronist)   531; 532; 865; 867
Kalousek, Josef   5
Karl der Einfältige   837
Karl der Große   13; 27; 28; 33; 37; 42; 46; 48; 66; 68; 69; 142; 146; 188; 213; 227; 234; 286; 287; 298; 304; 356; 494; 563; 647; 658; 668; 669; 671; 676; 680; 684; 686 f.; 711; 723; 738; 740; 743; 749; 754; 755; 762; 772; 774; 779; 787–791 Abb. 504–508; 798; 812; 841; 845; 850; 869; 871
Karl II., der Kahle (Kaiser, 843–877)   66; 751; 800; 801

Historische Personen, Heilige und Gottheiten   991

Karl III. (Sohn Ludwigs des Deutschen) 68; 69; 303; 678
Karl III. von Westfranken 682
Karl IV. 5; 19; 286; 410; 440; 888; 893; 905; 915; 920
Karl Martell 222
Karlmann (Sohn Ludwigs des Deutschen; Herzog, Bayern) 226; 299; 300; 305; 678
Kasimir der Große (König) 23
Kasimir III./Kazimierz III. Wielki, der Große († 1370) 534; 920
Kasimir IV. Jagello (König, Polen) 921
Kasimir von Polen (15. Jh.) 921
Kasimir-Carolus s. Kazimierz Odnowiciel
Katharina die Große 923
Kazi (mythologische Gestalt) 242
Kazimierz II. Sprawiedliwy, der Gerechte (1177–1196) 450; 532; 534
Kazimierz Odnowiciel/Kasimir I. Erneuerer (Sohn Mieszkos II. und Richezas; Herzog 1034–1058) 508; 517; 522; 533; 534; 539; 744; 790; 852
Kean (Gegner Stephans) 543
Kinga-Kunegunde (Heilige) 531
Knut (skandinavischer Heiliger) 535 Anm. 1
Knut der Große (König, Dänemark, England, Norwegen, 1016–1035) 151; 190 Abb. 140,28; 344
Knut VI. (König, Dänemark) 162
Kocel/Gozil (Sohn, Pribina; Fürst in Pannonien) 218; 219; 300; 307; 311; 557
Koloman (Heiliger) 151
Koloman/Colomannus (Enkel Bélas, Sohn Gézas; König 1095–1116) 212; 313; 544; 546; 582; 583; 594; 595; 638; 868; 876; 878
Kolos Vaszary (Erzbischof) 18
Komensky, Jan Amos (Pädagoge) 922
Konrad (Sohn Břetislavs) 431
Konrad der Rote (Herzog, Lothringen; Gemahl Liudgards; Schwiegersohn, Otto I.) 228; 682; 746; 895
Konrad I. (Herzog, König, 911–918) 68; 679; 680; 915;
Konrad I. von Masowien 532
Konrad II. (Salier; Urenkel Konrads des Roten; Kaiser 1024–1039) 348; 350; 539; 543; 549; 608; 683; 688; 752; 757 Anm. 4; 773; 847; 880; 907; 908; 915
Konrad III. 789 Abb. 507
Konradin Gebhart (Herzog, Lothringen) 227

Konstantin der Große 56; 60; 346; 584; 784; 812; 837
Konstantin der Philosoph s. Kyrill
Konstantin Monomachos (Kaiser) 337 Abb. 246
Konstantin VII. Porphyrogennetos (Kaiser) 50; 51; 53 Abb. 20; 54; 60; 214; 234; 298; 327; 447; 566; 567; 601; 743; 808 Anm. 14–15; 871
Konstantin VIII. s. Constantin VIII.
Konstantinos (Kaiser) 781
Koppány (Adeliger, Ungarn) 19; 543; 545; 547; 563; 594; 614; 748 Anm. 7
Kosmas s. Cosmas
Kossuth, Ludwig 925
Kóvacs, Mihaly 11 Abb. 3
Krak (mythologische Gestalt) 26; 242
Kresin 8
Kristin s. Christin
Krum (altbulgar. Khan) 214
Kunigunde (Gemahlin Heinrich II.) 640–643 Abb. 418; 688; 880; 897
Kunigunde (Königin; 13. Jh.)
Kusán (Anführer, Ungarn) 557
Kussalis (Fürst, Ungarn) 226
Kyrill/Konstantin der Philosoph 39; 52; 214; 234; 300; 302 Abb. 217; 303; 305; 306–310; 334; 364; 425; 600; 628; 762; 861; 871; 872

L

Ladislaus (slaw. Fürst in Nitra) 312
Ladislaus (Sohn des Béla; Fürst in Nitra 1074–1077) 313; 329; 582
Ladislaus/László I. (König, Ungarn 1077–1095; Heiliger) 198; 535 Anm. 1; 544; 561; 569; 583; 585; 587; 594; 595; 597; 598; 638; 640; 675; 868; 869; 875; 876; 878; 880–882
Ladislaus der Kahle (Sohn Michaels, Ladislaus; Fürst in Nitra) 312 f.; 582
Ladislaus I. Lokietek, der Kurze (Herzog; König, Böhmen) 920
Ladislaus III. Jagello/Ulaszlo (König, Polen) 921
Ladislaus IV. (1272–1290) 868; 869
Lambert (Heiliger) 834–836 Abb. 534; 838
Lambert (Herzog, Spoleto) 320
Lambert (Sohn Odas und Mieszkos) 449; 746; 835
Lampert von Hersfeld (Chronist) 676 f.

Lanci, Francesco Maria 28
Lanfranc (Erzbischof, Canterbury) 151
Lantbert (Abt, Kloster Insula bei Davle) 414
Lantbert von Lüttich/Deutz 779; 790
László s. Ladislaus
Laurentius (Heiliger) 836; 837; 895
Laurentius von Monte Cassino 890
Lázár (Richter) 589
Lech (sagenhafter Urvater Polens) 457 Anm. 16; 471
Lech I. (Fürst der Tschechen) 26; 27; 356
Lél (ungarischer Fürst in Neutra) 312
Lelewel, Joachim 36
Lengnich, Gottfried 22
Leo (Abt, Kloster Santi Bonifacio ed Alessio) 519; 776
Leo (Bischof, Vercelli) 743; 745; 774; 776
Leo der Weise (byzant. Kaiser) 574; 600
Leo IX. (Papst) 649
Leo VI. (byzant. Kaiser) 226
Leo VIII. (Gegenpapst zu Johannes XII.) 501
Leo XIII. (Papst) 754
Leodvin (Bischof, Bihar) 545; 875
Leon (Gelehrter) 50
Leopold I. (Kaiser) 11; 16
Leopold I. von Babenberg (Markgraf) 542; 604
Lestek (2. Sohn Piasts und Rzepkas) 22; 447; 531
Lestek (Sohn Bolesławs III. Krzywousty) 532
Leszek III. 27
Letald von Micy 900
Levedi (Stammesführer) 566; 567
Levente (Sohn des Vazul; † 1046) 313; 544; 561; 563; 582; 636
Liberius (Papst) 854
Libuša/Libuše/Libussa (mythologische Gestalt; Gemahlin Přemysls) 242; 430; 443; 904; 905
Lievizo (Bischof, Hamburg-Bremen) 895
Liudgard (Nichte Hathumods; Äbtissin, Gandersheim) 678
Liudgard (Tochter Liudolfs; Gemahlin Ludwigs des Jüngeren) 68; 678; 679
Liudger (Heiliger) 648
Liudgard/Liutgard (Tochter Ottos. I. und Edgiths; Gemahlin Konrad des Roten) 683; 746
Liudof (Gemahl Odas; Stammvater; † 864/866) 68; 676–678; 688; 745

Liudolf (Bischof, Augsburg) 834
Liudolf (Sohn Ottos und Hadwigs) 679
Liudolf (Sohn Ottos. I. und Edgiths; Gemahl Idas; Herzog, Schwaben † 957) 683; 684
Liudprand von Cremona 915
Liüntika (rex; =Levente?) 226; 557
Liupramm (Erzbischof Salzburg) 217; 219; 220
Liuthar 803; 816; 817 Abb. 529; 849
Liutold (Bischof, Augsburg) 896
Liutpold (Herzog, Bayern) 228
Liutpold (Markgraf, Bayern) 558
Liutprand (Bischof, Cremona († 970/972) 53; 837; 602; 749
Ljudevit (Fürst, Ungarn) 213
Lothar (Herzog, Lothringen) 229
Lothar (Kaiser) 739 Abb. 476; 812
Lothar (König, Italien; 1. Gemahl Adelheids) 684; 745; 747
Lothar (König, Westfranken, Gemahl Emmas) 686; 747
Lothar I. (Kaiser) 669; 781; 914
Lothar III. (Kaiser) 280; 892; 905
Lotz, Károly 16
Lowmianski, Henrik 38
Ludmilla/Ludmila (Fürstin; Heilige) 138; 294; 358; 364; 378; 402; 404; 411; 412; 424–426; 430–431; 883; 892; 893
Ludwig der Bayer 893
Ludwig der Fromme 298; 311; 669; 711; 754; 845
Ludwig I. (Neffe Kasimirs III.; König, Ungarn und Polen) 920
Ludwig II. (König, Ungarn und Polen) 921
Ludwig II. der Deutsche (843–876; König) 66; 132; 190; 213; 214; 217; 226; 298–300; 306; 311; 327; 358; 669; 678.; 711; 712; 786 Abb. 503; 871
Ludwig III. der Jüngere (Sohn Ludwigs II.; König; † 982) 68; 678; 979
Ludwig IV. das Kind (König; † 911) 68; 227; 679
Luitpold (Herzog, Bayern)
Luther, Martin 920

M

Mabillon 649
Macrobius 44
Madalgaudus (Kontolleur in Erfurt) 718
Madaluinis (Missionsbischof von Ungarn) 600

Madame Dieudon 649
Maffeo Vegio (Kanoniker 15. Jh.) 756
Magnus (Heiliger) 835
Magnus der Gute 154
Magor (legendärer Jäger) 561
Maiolus (Abt, Cluny) 846; 899; 900
Makoša (Gottheit) 242
Malalas, Jan (byzant. Chronist und Übersetzer) 240
Malchos (Historiker) 51
Malcolm III. Canmore (schott. König) 151
Mansur ibn Nuh (Sassanidenherrscher; 961–976) 188 Abb. 139,5
Marczali, Henrik 36
Margareta (Tochter Edwards/Agathes, Königin, Heilige) 151
Maria (Tochter Ludwigs I. von Ungarn; Gemahlin Sigismunds) 920
Maria Theresia 4; 11; 878; 922
Markus (Heiliger, Venedig) 884
Martianus Capella 44; 45; 644
Martin von Brakara (Bischof; † um 580) 709
Martin von Tours (Bischof, † um 397; Heiliger) 575; 606; 709; 836
Martin von Zala (Graf) 852
Masaryk, Thomas G. 926
Matejko, Jan 23; 26; 32; 33 Abb. 17
Matheus (Novize aus Meseritz; Heiliger) 515; 516; 522; 524; 526
Mathias Corvinus (König, Ungarn) 920
Mathilda (Herzogin von Schwaben) 351 Abb. 251; 514
Mathilde (2. Gemahlin Heinrichs I.) 679–682; 688; 693; 745; 899; 900
Mathilde (Tochter Ottos I.; Äbtissin, Quedlinburg) 688; 746; 756; 864
Mathilde (Tochter Ottos II. und Theophanus; Gemahlin Ezzos II.) 60; 348; 686; 746
Maur (Bischof von Krakau; † 1118) 530
Mauritius (Heiliger, thebaische Legion; s. auch Moritz) 482; 496; 822; 836–838 Abb. 536; 895; 897; 909; 915
Maurus (Bischof, Fünfkirchen) 583
Maximinian 245
Medb (Königin im Heldenepos) 905
Megingaud (Bischof, Eichstätt) 150
Meginhard (Professus, Niederaltaich; Abt, Břevnov; † 1089) 418

Meinrad (Mönch, Niederaltaich; Abt, Břevnov; 1043–1089) 847; 848
Meinwerk (Bischof, Paderborn) 781
Meister des Registrum Gregorii 798; 799 Abb. 514
Mestwin (slawischer Herzog) 246
Method (Bischof, Mähren) 39; 52; 214; 217; 269; 300; 301; 302 Abb. 217; 303; 306–310; 312; 319; 334; 358; 364; 365;391; 407; 410; 425; 430; 446; 479; 487; 488; 575; 600; 628; 762; 861; 871–873
Michael (Bischof, Regensburg) 362; 407; 408; 489
Michael (Bruder Gézas; Fürst in Neutra, ca. 871–899) 312; 581; 582; 611; 748
Michael III. (byzant. Kaiser; 842–867) 214; 300; 320; 872
Michael s. Boris-Michail
Miechowita, Maciej 25 Abb. 13
Mieczysław I. 34 Anm. 12
Mieszko (Sohn Odas) 449; 746
Mieszko I. (Herzog, Polen; ca. 950–992) 21–23; 27–30; 29 Abb. 15; 154; 168; 190 Abb. 140,19; 192; 194 Anm. 1; 195; 243; 246; 248; 269; 346; 347; 360–363; 364; 408; 433; 434; 437; 438; 442; 447; 449–451; 459 Abb. 306; 462; 468–471; 475–479; 487; 489; 490; 502; 503; 506; 507; 515–517; 527 Abb. 357; 529; 531; 532; 536; 538; 563; 605; 654; 656; 707; 746; 819; 835; 837; 860; 861; 866; 918
Mieszko II./Mieszko Lambert (König, Polen 1025–1034) 195–196 Abb. 141–143; 243; 250; 344; 348; 351 Abb. 251; 457; 466; 502; 503; 514 Anm. 5; 516; 517; 533; 539; 708; 746; 824; 835; 907; 908; 910
Mieszko III. Stary, der Alte (Stammvater der großpolnischen Piasten; 1173–1202) 534
Mithra (Gott) 886
Mlada/Marie (Tochter Boleslavs) 362; 408; 431; 437; 516
Mojmír I. (mährischer Fürst; um 830–846) 213; 214; 217; 289; 298; 299; 304; 311; 333; 336; 871; 628
Mojmír II. 226; 303; 873
Mojmír III. 874
Molnár, Erik 39
Mór (Bischof, Fünfkirchen) 546
Moritz (Heiliger, s. auch Mauritus) 20 Anm. 40; 25; 377
Mstislav (Abodritenfürst) 674
Mstivoj (Fürst der Abodriten) 363

N
Nádasdy, Ferenc 11; 19 Anm. 2
Nakon (Obodritenfürst) 150; 346; 347; 457 Anm 9; 654; 662–664
Naruszewicz, Adam (Bischof) 22; 23; 35
Narzissus (Bischof) 835
Neclan (heidnischer Fürst der „Tschechen") 368; 430
Nestor (Chronist) 138
Nethimer (Stammesherrscher der Pruzzen und Jadwinger) 520
Nezamizl (heidnischer Fürst) 430
Niemcewicz, Julian Ursyn 27
Nikephoros II. Phokas (Kaiser, 963–969) 52–54; 749
Niklot (Obodritenfürst) 730
Nikolaus (Heiliger) 466
Nikolaus I. (Papst; 855) 52; 214; 299; 306; 307; 861; 872
Nilus, Rossano (Eremit) 745; 792; 810; 846; 847; 899
Notar, anonym s. Anonymus
Notker (Bischof, Lüttich) 776; 788; 840
Novotný, Václav 36; 37
Nyja (Gottheit) 242

O
Oda (Tochter Billings und Aedas; Gemahlin Liudolfs) 677–678; 745
Oda (Tochter Dietrichs; 2. Gemahlin Miezkos) 449; 451; 471; 532; 538; 746; 824; 835
Oda (Tochter Ekkehards; 4. Gemahlin Bolesławs) 746
Oda (Tochter Ottos; Gemahlin Zwentibolds) 679
Odilo (Abt, Cluny) 846; 875; 899; 900
Odin (Gott) 906
Ohtrich (Gelehrter, Magdeburg) 148; 441; 519
Ol'ga (Fürstin, Kiew) 861
Olaf (König, Norwegen; Heiliger) 535 Anm. 1; 884
Olaf Trygvason (995–1000) 190 Abb. 140, 23; 192
Oldřich s. Udalrich
Olger III. (Graf, Lüchow) 726
Olof Skotkonung (995–1022) 190 Abb. 140,22; 192
Örkeny (Sohn Tonuzobas) 604
Orosius (Geograph) 343
Orso (Bischof, Torcello; Patriarch, Grado) 783
Oswald (Bischof, Winchester) 899
Oswald (Bischof, Worchester) 900
Oswald (König, Wessex; Heiliger) 682

Otto (Bischof, Bamberg; Missionsbischof; Heiliger) 155; 156; 160; 169; 242; 243; 246; 517
Otto (Bruder Mieszkos II.) 533; 539
Otto (Sohn Stephans und Giselas) 608; 875; 880
Otto der Erlauchte (Sohn Liudolfs; Herzog, Sachsen) 228; 678; 680
Otto I. der Große (Sohn Heinrichs I. und Mathildes; Kaiser, 936–973) 31; 54; 69; 142; 180; 185; 188 Abb. 139,11; 190; 193; 222; 228–230; 275; 279; 344; 346; 347; 359; 360; 362; 363; 369; 393; 407; 408; 436; 437; 448; 499–501; 536; 538; 542; 570; 574; 576; 602; 643; 654; 655; 663; 671; 672; 674; 676; 679; 681; 683–685; 680; 692; 703; 745; 749; 751; 759; 760; 762; 766; 768; 769; 773; 798; 835; 837; 846; 849; 860; 861; 864; 876; 895; 896; 902; 912 Abb. 550; 914; 915; 919
Otto II. (Kaiser, 973–983) 46; 52; 53; 188 Abb. 139,9.12; 190; 280; 344; 363; 407; 408; 437; 438; 448; 500; 517; 522; 538; 563; 602; 643; 673; 674; 676; 685; 686; 693; 702; 708; 740; 743; 745; 746; 749; 751; 754–757 Anm. 6; 758–760; 762; 765; 767–769 Abb. 485–487; 773; 798; 800; 808 Anm. 21; 835; 841; 846; 849; 889
Otto III. (Kaiser, 983–1002) 12; 13; 21; 23; 25 Abb. 13; 30; 31 Abb. 16; 32; 35; 36; 38; 42; 46; 49; 55; 58; 60; 85; 148; 188 Abb. 139,12; 190; 195; 201; 256; 344; 345 Abb. 249; 347–349 Abb. 250; 350; 363; 365; 371; 433; 438; 439; 440; 449; 457 Anm. 6; 462; 474; 482; 494; 496–498; 500–502; 515; 519; 520; 522; 524; 532; 533; 538; 542; 574; 604; 605; 619; 643; 644; 656; 674–676; 680; 684; 689–695; 707; 708; 738; 740; 742–744; 745–747; 751; 752; 756; 757 Anm. 5; 764–766 Abb. 483; 767–769 Abb. 488; 771–774 Abb. 491.492; 776–778; 781 Abb. 502; 782–791 Abb. 503–506; 792–797; 798–803 Abb. 514.516–518; 806–808 Anm. 1.4.9; 809–812; 816–818 Abb. 530; 820; 839–841; 847; 849; 853; 854; 860; 880; 895; 896; 899; 900; 902; 903; 909; 910; 915; 918
Otto Orseolo (Doge) 350; 543; 748; 782–783
Otto von Brandenburg (Markgraf) 730
Otto von Freising (Chronist) 867

Otto von Nordheim 561
Ottokar II. Přzemysl (König, Böhmen) 920

P

Palacký, František 6; 7; 441; 918; 925
Papiel s. Popiel
Paul (Priester, Prag) 358; 424
Paulinus (Patriarch, Aquileia) 304
Paulus Diaconus 343; 869
Pázmány (Adeliger, Ungarn) 546
Perhtold (Custos, Salzburg) 851
Perkun (Gottheit) 239
Perun (Gottheit) 241
Péter (Bischof, Karlsburg; 1287) 595
Peter/Peter Orseolo (Sohn Otto Orseolos; König, Ungarn 1038–1041, 1044–1046) 350; 494; 544; 563; 608; 611; 636; 748; 782–783; 902; 903
Peter der Große (Zar) 923
Péter Monoszló (Bischof, Karlsburg; 1270) 595
Peter Orseolo (Doge, Venedig 991–1008) 782
Petrus Damiani 519; 524
Petrus II. (Doge; Vater von Otto Orseolo) 350
Petrus Mallius (Kanoniker, 12. Jh.) 756
Photios (Patriarch) 51; 52; 307
Piast (Sohn von Chrościsko; Stammvater) 21; 26 Abb. 14; 27; 33; 447; 531; 532; 533 Abb. 367; 866
Pilgram (Bischof, Passau 971–991) 408–409; 437; 542; 602–604; 849
Pilsudski (Marschall) 927
Pilsudski, Joseph 926
Piotr Włost (Comes, Polen) 517
Pirmin (Missionsbischof) 899
Plato 50; 51
Plutarch 50
Podaga (Gottheit) 241; 242
Podiven (Gefolgsmann Wenzels) 378
Pompiliusz 531
Poniatowski, Fürst Józef 30
Popiel/Papiel (Herzog, Polen) 531; 532; 866
Poppo (Bischof, Krakau) 488; 496
Poppos von Stablo 847
Porenut/Peruniĉ (Gottheit) 239; 241; 245
Porowit (Gottheit) 241; 245
Prax, György 19 Anm. 10
Přemysl der Pflüger 425; 430; 866; 886; 904; 905

Přemysl I. 246
Přemysl II. († 1296) 534
Přemysl Otakar II. (König) 892; 893
Pribina (Fürst, Nitra) 213; 217–220; 289; 298; 304; 310; 333; 557; 628; 629; 872
Pribislaw-Heinrich (Fürst der Heveller; 12. Jh.) 277
Přibyslava 431
Priscianus (Verfasser einer Grammatik) 546
Priskos (Historiker) 51
Prohor (Bischof, Polen) 479; 488
Prokop (Priester; Abt, Sazau; Heiliger) 6; 8; 422; 423 Abb. 292; 892–894
Prokopius, Cäsarea 239; 247
Prokulf (Bischof, Polen) 479; 488
Prowe (Gottheit) 241; 246
Pseudo-Isidor 544; 570
Ptolemaios 50

R

Raczyński, Graf Edward 28; 30; 31
Radczyński, Graf Atanazy 34 Anm. 15
Radim-Gaudentius (Stiefbruder Adalberts; Erzbischof) 32; 365; 425; 474; 496; 498; 500; 501; 516; 520–522; 526; 529; 747; 777; 847
Radla (Gefährte Adalberts) 424; 578; 604
Radogost (Gottheit) 240
Radulf (fränkischer Herzog) 718
Raffaello 16
Rakoczi, Franz 922
Ramwold (Mönch aus St. Maximin; Abt, St. Emmeram) 180; 404; 846
Ratbod (Graf; Präfekt Ostprovinz) 217; 299
Ratimar (Fürst) 217
Rauch, Christian Daniel 27 f.; 29 Abb. 15
Reginhar (Bischof, Passau) 298; 304
Regino von Prüm (Chronist) 427; 693; 856; 869
Reglindis/Regelindis (Tochter Bolesław Chrobrys; Gemahlin Hermanns von Meißen) 538 Abb. 370; 702; 746
Reinbern (Bischof, Kolberg) 496; 501
Richard Hakluyt (engl. Geograph, 16. Jh.) 170
Richard von Saint-Vanne 847
Richeza (Tochter Ezzos; Gemahlin Mieszko II.) 344; 348; 450; 466; 516; 517; 533; 539; 708; 746; 824

Rictrudis (Äbtissin, Marchiennes) 899; 900
Rikdag (Markgraf, Meißen) 746
Robert (Kardinal; päpstl. Legat) 33; 494
Rod (Gottheit) 248
Rodzanic (Gottheit) 248
Roepell, Richard 36
Romuald aus Camaldoli (Eremit, Pereum; Heiliger) 515; 516; 519; 520; 524; 745; 746; 783; 810; 840; 841
Roscovics, Ignác 14 Anm. 6; 15 Abb. 7
Rostislav (Fürst, Mähren 846–870) 214; 226; 299; 300; 305–307; 312; 327; 358; 408; 504; 871; 872
Rudolf aus Rheinfelden (Gegenkönig, 1080) 905; 909
Rudolf II. (Habsburger) 755
Rudolf II. (König, Burgund) 684; 837
Rugiewit (Gottheit) 239; 241; 245
Rzepka/Rzepica (Gemahlin des Piast) 531; 866

S

Safarik, Pavel J. 925
Salacho (Graf) 217
Salomon (König, Ungarn 1063–1074) 198; 561; 582; 585; 590; 595; 597; 783; 868; 903
Samo (fränkischer Kaufmann; slawischer Fürst † 658) 286; 311; 333; 356; 367
Samuel (Zar der Bulgaren) 54; 563
Samuel Aba/Sámuel Aba (Schwager/Neffe König Stephans; König 1041–1044) 544; 546; 582; 589; 615; 636; 902; 903
Sándor Rudnay (Bischof) 12; 19 Anm. 12
Sandrad (Reformer) 846
Sarolt-Beleknegini (Tochter Gyulas; Gemahlin Gézas; Mutter Stephans) 346; 543; 563; 568; 569; 594; 604; 748; 875
Saxo Grammaticus 155; 165; 166; 241; 245; 248; 249
Schinkel, Karl Friedrich 27
Sebastian (Erzbischof, Gran) 545
Sebastian (Heiliger) 836
Sergius II. (Papst) 678
Siemomysł/Ziemomys (Sohn Siemowits; Vater Mieszkos) 22; 447; 475; 489; 531; 532
Siemowit (1. Sohn Piasts und Rzepkas) 22; 447; 531; 532; 866
Siemowit I. († 1262) 534
Sigibertus Gemblacensis († 1112) 611

Sigismund (Burgunderkönig; Heiliger) 892; 893
Sigismund III. Wasa (König) 922
Sigismund von Luxemburg (Kaiser) 920; 921
Silvester (Abt, Sazau; Bischof, Prag 1139–40) 423; 848
Silvester I. (Papst) 60
Silvester II. (Papst, 999–1003) 14; 15 Abb. 7; 18; 20 Anm. 28; 35; 60; 192; 348; 496; 497; 500; 519; 520; 542; 574; 644; 675; 687; 738; 752; 773; 782; 785; 819; 847; 899
Simeon der Große (Zar der Bulgaren) 226
Simon von Kéza/Simonis de Kéza (Chronist) 555; 867–869; 874
Siwa (Żwia) (Gottheit) 241; 242
Skarbimir Awdaniec (Wojewode) 862
Slavibor 431
Slavnik (Fürst, Böhmen; Vater des hl. Adalbert) 7; 148; 294; 363; 382; 383; 413; 424; 433; 436–438; 441; 449
Slavomír (Geschlecht Mojmírs; Priester; Fürst, Mähren) 300; 305
Slawitha (Wiztrachs Sohn) 295
Smuglewicz, Franciszek 22; 23–24 Abb. 11–12; 26; 27; 30
Snorri Sturlusson 886
Soběslav (Slavniks Sohn, 981–995) 199; 200 Abb. 145; 382; 415; 435; 437; 438; 440; 442; 747
Soběslav I. (Herzog, Böhmen 12. Jh.) 892
Solinus 343
Solomon (König) 329
Soma Orlai Petrics 12 Abb. 4; 16
Sophia (Tochter Ottos II:, Kanonisse, Gandersheim) 686; 746
Spytihněv I. (Přemyslide, Sohn Bořivojs; 895–915) 287; 294; 358; 359; 368; 376; 394; 398; 399; 412; 430; 431; 850
Spytihněv II. (1055–1061) 394; 906
Stachowicz, Michał 26 Abb. 14; 27
Stanislaus (Bischof, Krakau) 534; 835
Stanislaus (Heiliger) 529; 911
Stanislaus II. August Poniatowski 22; 24; 923
Stanislaus von Znaim 894
Stefan V. (Papst) 303; 310
Stephan I. (Geburtsname Vajk; Sohn des Géza, Fürst in Nitra; König, Ungarn 997–1038; Heiliger) 9; 10 Abb. 2; 11–14; 16; 18 Abb. 9; 19; 20 Anm. 16; 35; 37; 38; 46; 122; 123; 140; 190 Abb.

140,17–18; 192; 197 *Abb. 144*; 198; 212; 218; 230; 312; 313; 337; 348; 350; 352; 353 Anm. 52; 365; 408; 497; 520; 535 Anm. 1; 542; 543; 546; 548–550; 552–554; 560; 562; 569–580 *Abb. 378*; 582; 584–586; 589; 594; 604–608; 610–627; 630; 635 Anm. 15; 636; 640; 641; 643; 644; 648–650 *Abb. 417.419–422*; 675; 744; 747; 748; 772; 777; 782–785; 792; 796; 832; 854; 860; 862; 868; 875; 876; 877 *Abb. 541*; 880; 881; 884; 897; 902; 903 *Abb. 546*; 915; 918; 919
Stephan III. (1162–1172)   868
Stephan Paleč   894
Stephanos s. Gyula
Stier, Gustav   28
Stoignev (Bruder Nakons)   663
Strachkvas (s. auch Christian)   424; 431
Střezislava (Gemahlin von Slavnik)   148; 294; 433; 441
Strojmír (Fürst, Mähren)   358; 430
Strýbog (Gottheit)   242
Stur, Ludovit   925
Sübeetei (Mongolenführer)   227
Suchenwirth, Richard   38
Suchodolski, January   30; 32
Suger (Abt, St. Denis)   884
Svarožic (Anführer der Lutizen)   520
Svatopluk I. (Neffe und Nachfolger Rostislavs; Fürst, Mähren; 870–894)   146; 178; 214; 226; 269; 300; 301; 303; 307; 310; 311; 326; 335; 358; 364; 365; 368; 407; 408; 430; 448; 487; 561; 581; 583; 629; 630; 865; 871–873; 886
Svatopluk II. (Bruder Rostislavs; Fürst, Mähren 894–899)   312; 873; 874
Sven (Sohn Harald Blauzahn)   154
Sven Aggeson (Chronist)   155
Sven Estridson (König)   347
Sven Gabelbart (985–1014)   192
Sven Gabelbart (König von Dänemark)   538
Svjatopolk (Schwiegersohn Chrobrys)   450; 539
Svjatoslav I. S. Igorevič (Fürst, Kiew)   54; 138; 139
Svjatoslaw (Großfürst, Kiew)   230
Svoboda, František Jan   6
Swantewit (Gottheit)   152; 239; 241 *Abb. 160*; 242; 245; 247 *Abb. 163*; 248; 249
Swarog (Gottheit),   240; 448
Swarožič, auch Swarozyc/Swarożykow (Gottheit)   240; 243; 248; 837

Świctosława-Sygryda (Tochter Mieszkos I. und Dobrawas)   538
Świętopełk   449; 451
Świętosława (Frau Knuts d. Großen)   449
Symeon (russ. Zar)   557
Syrus (Biograph)   900
Szabó, Károly   37
Szalay, László   36
Szalók (bulgarischer Gesandter des Papstes)   558; 601
Széchenyi, István   16
Szechenyi, Stephan   925
Székely, Bertalan   13 *Abb. 5*; 16
Szekfü, Gyula   37–39
Szilágyi, Sándor   36
Szörényi, László   9
Szücs, Jenö   39
Szujski, Józef   37

T

Tacitus   246; 343
Tagino (Erzbischof, Magdeburg)   520; 759; 819; 822
Taksony (Sohn Zoltas; Vater Gézas; Großfürst, Ungarn 955–971)   229; 562; 581; 582; 602; 604
Tammo (Mönch im Gefolge Romualds)   524
Taš (ungarischer Fürst in Neutra)   312
Termascu (Urenkel Àrpáds)   566; 562
Tetka (mythologische Gestalt)   242
Tevel (Sohn Dursacs)   581
Than, Mór   16
Thankmar (Sohn Heinrichs I. und Hatheburgs)   679; 682
Thankmar (Sohn Ottos und Hadwigs)   679
Theodora (Kaiserin)   50; 337 *Abb. 246*
Theodosius II. (Kaiser)   51; 784
Theophanes (Chronist)   51
Theophanu (Gemahlin Ottos II.; † 991)   46; 52; 54; 148; 230; 344; 363; 364; 438; 449; 532; 602; 674; 685–687 *Abb. 437.438*; 740; 743; 745; 747 *Abb. 479*; 749; 751; 756; 757; 759; 760; 762; 763; 768; 774; 777–779; 781 *Abb. 502*; 798; 808 Anm. 21; 847; 896
Theophilos (Kaiser)   225
Theophilus Presbyter   842
Theophylaktos (Bischof der Türken/Ungarn)   601
Theotmar (Erzbischof, Salzburg)   227; 558
Theuderich (Frankenkönig)   784
Thiedag/Thiddag (Mönch, Corvey; Bischof, Prag)   431; 440; 896

Thiedericus von Hitzacker   726
Thiedmar (Missionsbischof, Brandenburg)   672
Thietmar (Bischof, Prag)   148; 347; 363; 408; 437; 896
Thietmar von Merseburg   33; 36; 37; 240; 242; 243; 246–249; 276; 344; 346; 393; 406;433; 449; 452; 456; 479; 487–489; 492; 494; 496–501; 515; 516; 519; 520; 536; 538; 542; 543; 594; 604; 655; 663; 668; 673; 676; 689; 703–705; 707; 746–748 Anm. 6;757 Anm. 1; 761; 763; 783; 788; 790; 819–822; 837; 854; 875; 915
Thonuzoba   19
Thurn, Mathias (Graf)   922
Tonuzoba (Stammvater der Tomaj)   604
Tormás (Stammesführer)   601
Triglaw (Gottheit)   160; 239; 243
Tuduns   213
Tugumir (Fürst der Heveller)   275
Tuni (Abt aus Meseritz)   33
Turco, Giulio (Ingenieuroffizier; 16. Jh.)   218
Tuto (Bischof von Prag)   358
Tuzo (Kämmerer Ottos III.)   662

U

Ucen (Priester; Lateinlehrer des hl. Wenzel)   399
Udalrich (Brünner Teilfürst, 1092–1115)   892
Udalrich/Oldřich (Přemyslide, Vater von Břetislav I.)   7; 8; 140; 142; 200; 292; 313 Anm. 9; 350; 371; 381; 422; 433–435; 747; 821; 822; 890
Udo (Vater von Gottschalk)   250
Uffingus (scriptor, Werden)   644
Ulfbert (Waffenschmied)   712
Ulrich/Udalrich (Bischof, Augsburg; Heiliger)   448; 834; 835; 836–838; 895; 896; 897; 899
Unger (Abt, Memleben; Bischof, Posen)   498–501; 515; 517; 525; 526; 762
Unger (Bischof, Gnesen)   496
Unger (Bischof, Polen)   348; 456; 477
Unwan (Erzbischof, Hamburg-Bremen)   670
Ursula (Heilige)   836

V

Václav s. Wenzel
Vaik/Vajk s. Stephan
Valentinian   593
Vásári, Miklós   20 Anm. 16
Vasil II.   302 *Abb. 217*
Vaszary, Kolos (Erzbischof)

Vata (Anführer des ungarischen Heidenaufstandes 1046)   547
Vazul (Sohn des Michael; Bruder von Ladislaus; Fürst in Nitra 1031)   313; 337; 544; 563; 611; 636; 748
Veit (Heiliger)   358; 377; 413; 835; 892; 893; 895; 897
Veit Stoss/Wit Stwosz   921
Vincentius Kadłubek (Chronist)
Vincentius Kadłubek (Meister)   456
Vincentius Kadłubek s. Kadłubek
Vinitharius (König der Ostgoten)   227
Vintíř s. Günther
Virág, Benedek   16
Vitislav (Fürst, Böhmen)   358; 430
Vivtor (dux, thebaische Legion)   806
Vladimir (Heiliger der Rus)   535 Anm. 1
Vladimír (König der Bulgaren)   712
Vladimir s. Wladimir
Vladislav I. (Herzog, Böhmen, 1109–18: 1120–25)   396; 435; 892
Vladislav I. Hermann (Fürst, Polen; Gemahl von Jitka)   852
Vladislav II. (Herzog, Böhmen 1140/58–1172)   892
Vladivoj (Herzog, Böhmen)   6; 7; 195; 371; 381; 433; 440
Vlatislav (Anführer der Lutschanen)   368
Vnizlau (heidnischer Fürst)   430
Vojtěch (s. auch Adalbert)   148; 350; 441
Volkold (Bischof, Meißen)   702
Volrad von Dannenberg (Graf)   726
Voyn (heidnischer Fürst)   430
Vratislav I. (Přemyslide, 915–921)   275; 278; 294; 346; 358; 369; 376; 389; 398; 399; 411; 413; 417; 431; 435
Vratislav II. (1061–1092)   395; 396; 399; 409; 848; 850; 852; 862; 884; 891; 892; 905; 906; 909

W

Waldemar I. (Dänenkönig)   165; 730
Wallenstein, Albrecht   922
Walter (Bischof, Breslau)   510
Walter, Magister   16
Walthard (Erzbischof, Magdeburg)   822
Wanda (Tochter Kraks; mythologische Gestalt)   26; 242
Warcisław (Herzog)   168
Weles (Gottheit)   239; 240

Historische Personen, Heilige und Gottheiten   995

Wenzel I./Václav (Sohn Vratislavs; Fürst, Böhmen 921–935; Heiliger) 6; 195; 200 *Abb. 145*; 294; 316; 346; 350; 362; 363; 364; 369; 377; 385; 387; 396; 399; 404; 412; 413; 414; 416; 422; 424; 425; 430; 431; 433; 436; 535 Anm. 1; 834; 835; 837–839 *Abb. 535*; 849; 860; 862; 883–887 *Abb. 543*; 888–894 *Abb. 544*; 905; 906; 910
Wenzel II. (König, Böhmen 1300–1305) 534
Wenzel III. (König, Böhmen 1305–1306) 430; 534
Wenzel IV. (König, Böhmen) 893
Werinhar (Markgraf, Nordmark) 822
Werner (Bischof, Płock) 517
Werner (Bischof, Straßburg) 543
Wiching (Bischof, Neutra) 301; 303; 312; 333; 628; 873
Wichmann (Erzbischof, Magdeburg) 277
Wichmann (Veletenfürst) 23
Widrich 757 Anm. 6
Widukind von Corvey 69; 222; 448; 487; 532; 536; 663; 669; 671; 676; 679–681; 684; 707; 837; 863–867; 896; 912; 914; 915
Wilhelm (Bischof, Siebenbürgen) 598
Wilhelm (Graf; Verwalter in Mähren) 300; 872
Wilhelm (normannischer Herzog) 161
Wilhelm (Sohn Ottos I.; Erzbischof, Mainz † 968) 654; 673; 682; 689; 690; 692; 693
Wilhelm II. (Kaiser) 754
Wilhelm von Dijon 783
Wilhelm von Kaulbach 788 *Abb. 505*
Wilhelm Zajíc von Waldeck 892
William, Malmesbury 249
Willigis (Erzbischof, Mainz) 347; 408; 437; 494; 500; 605; 774; 792; 853; 856; 895; 897; 915
Wipert (Begleiter Bruns von Querfurt; Chronist) 521
Wipo (Konrad-Biograph; † 1046) 344; 611
Witigowo (Abt, Reichenau) 899
Wittimar 220
Wiztrach (böhmischer Fürst) 295
WladimirI./Vladimir der Große (Fürst, Kiew; ca. 980–1015) 52; 54; 169; 269; 363; 536; 538; 822; 860
Władysław Herman (1079–1102; Sohn des Kazimierz) 539
Władysław I. Łokietek, der Ellenlange († 1333) 534
Władysław I. Wygnaniec, der Vertriebene (1138–1146; † 1159) 534
Wolfgang (Bischof, Regensburg) 363; 403–404; 408; 608; 846
Wolfgang (Heiliger) 179; 605 *Abb. 395*
Wolfgang (Mönch, Einsiedeln) 602
Wolicki, Teofil (Dompfarrer; Erzbischof) 27; 34 Anm. 13
Woronicz, Jan Pawel (Bischof) 27

Z

Zacharias 721
Zacheus (Missionsbischof) 601
Zaps, Karl V. 7
Zazzo (Graf) 33
Zbigniew (Halbbruder Bolesławs) 864
Ziazo (sächs. Patrizier) 494
Ziemomys s. Siemomysł
Ziska, Jan 920
Zoe (Kaiserin) 337 *Abb. 246*
Zoerard-Andreas/Svorád-Ondrej (Mönch aus Polen; Heiliger) 337; 583; 628; 630; 881
Zoltán Erdőelvi (Gespan im Komitat Fehér) 594
Zrínyi, Miklós 9
Zwentibold (Sohn Arnulfs) 679

Bildnachweis

Alle mit Asteriskus * ausgewiesenen Abbildungen wurden bearbeitet von Holger Dieterich, Institut für Ur- und Frühgeschichte, Christian-Albrechts-Universität zu Kiel.

1 Opat (Hrsg.) 1996, Bd. 2, 41
2, 6, 7 T. Mester; Magyar Nemzeti Galéria, Budapest
3, 8, 9 Magyar Nemzeti Galéria, Budapest
4 Magyar Nemzeti Múzeum, Budapest
5 Z. Berényi; Magyar Nemzeti Galéria, Budapest
10 Z. Ratajczak; Muzeum Narodowe w Poznaniu, Poznań
11 Gabinet Grafiki Ossolineum, Wrocław
12 Gabinet Rycin Biblioteka Uniwersyreckiej w Warszawie, Warszawa
13 Biblioteka Narodowa w Warszawie, Warszawa
14 Muzeum Narodowe w Krakowie, Kraków
15, 16 M. Łanowiecki
17 Muzeum Narodowe w Warszawie, Warszawa
18 Kat. Hildesheim 1993, Bd. 2, 541
19 J. Munin; La cour d'Or, Musées de Metz
20 É. Kovács/Lovag 1988, 32
21 Deutsches Archäologisches Institut, Roma
22 Stiftsbibliothek St. Gallen
23 H. Preisig, Sion; Musée Cantonal de Valère, Sitten
24 Rhein. Bildarchiv; Schnütgen-Museum, Köln
25 Einhard-Verlag, Aachen.
26 Staatsbibliothek SMPK, Berlin
27, 28 B. Schieferstein
29 H. Usinger
31 W. Dörfler
33 Lammers 1981
45 RV Reise- und Verkehrsverlag, München/Stuttgart
47–49, 51, 52 J. Górecki, Lednogóra
50 Kat. Gnesen 1995, 98
53 Bearbeitet von J. Sawicka
54 A. Dallmer
55 V. Schmidt 1992
56 Krüger 1967
57 M. Hamann
58 H.-J. Vogt 1976
60 Landesamt für Bodendenkmalpflege und Archäologisches Landesmuseum Mecklenburg-Vorpommern, Lübstorf
61 Schuldt 1965
62 *
63, 65 U. Koch
64 S. Brather, Freiburg
66 Archeologický ústav AVČR, Brno
68 Sláma 1977, Taf. XXXIII
69 Chropovský 1988, 112 f.
71 v. Müller u. a. 1993, 256 Taf. 138, 5–7
72 v. Müller u. a. 1993, 259 Taf. 141, 1.2
73 v. Müller u. a. 1993, 262, Taf. 144, 6–9
74 Schuldt 1964, Abb. 36
75 Schuldt 1964, Abb. 40
76 Kempke 1991, 128, Abb. 14
77 Schuldt 1964, Abb. 48
78 Bartosiewicz 1995, Abb. 22
79, 90, 91, 104 *
80 *J. Herrmann 1978, 175, Abb. 13
81 * Wiechmann 1996, 426, Karte 37
82 * Wiechmann 1996, 256, Karte 16
83 * Wiechmann 1996, 506, Karte 45
84 * Warnke 1964, 92, Abb. 11
85 * Warnke 1964, 107, Abb. 14
86 * Warnke 1964, 125, Abb. 24
87 * Warnke 1964, 126, Abb. 25
88 * Wiechmann 1996, 306, Karte 25
89 * Wiechmann 1996, 379, Karte 27
98 Kat. Budapest 1996, 378
103 W. Szulta
105 Archiv Mikulčice
106 Archeologický ústav AVČR, Praha
107 Mende 1983, Abb. 127
109 Muzeum Narodowe, Szczecin
110 * H. Bona
111, 116 * H. Bona, Bearbeitung W. Łosinski
112 T. Wieczorkowski
115 H. Bona
117 G. Solecki
118 M. Rulewicz.
119, 120, 121*
129, 130 H. Müller, Prag
131, 132 * R. Röhrl; Bayer. Landesamt für Denkmalpflege, Außenstelle Regensburg
133 * Bayer. Landesamt für Denkmalpflege, Außenstelle Regensburg
139 Münzkabinett SMPK, Berlin
140 Nr. 14–17 und 19–28: Münzkabinett SMPK, Berlin; Nr. 18: Magyar Nemzeti Múzeum, Münzkabinett, Budapest
144 C. Gedai; Magyar Nemzeti Múzeum, Münzkabinett, Budapest
145 P. Paul, Prag
147 Chropovský 1988, S. 304
148, 152, 156, 159 *
149 Museum für Vor- und Frühgeschichte SMB, Berlin
150 Erdély 1986, 157
151 Kat. Szeged 1991
153 Keilhauer 1990, Abb. 71
154 Kat. Budapest 1996, 96
155 Kat. Budapest 1996, 105
157 Kat. Budapest 1996, 67
158 Kat. Budapest 1996, 101 Abb. 34
160, 164 Museum für Vor- und Frühgeschichte SMB, Berlin
161 U. Koch.
162 Ausgr. u. Funde 25, 1980, Taf. 23
163 Muzeum Archeologiczne, Kraków.
192 Detlef Sommer; Museum für Ur- und Frühgeschichte, Potsdam
165, 166 K.-J. Seiffert; Landesamt für Bodendenkmalpflege und Archäologisches Landesmuseum Mecklenburg-Vorpommern, Lübstorf
167 R. Aschendorff; Landesamt für Bodendenkmalpflege und Archäologisches Landesmuseum Mecklenburg-Vorpommern, Lübstorf
168, 184 O. Braasch; Landesamt für Bodendenkmalpflege und Archäologisches Landesmuseum Mecklenburg-Vorpommern, Lübstorf
169, 202, 206 *
170 * Nach J. Szydlowski
171 J. Kaźmierczyk
172 M. Brzostowicz
173 D. Abłamowicz
174 J. Poleski
177 H. Zarska-Chłodnicka
178, 180, 181 J. Kedelska
185 Chropovský 1988, 205
186 S. Brather, Freiburg
188, 189, 190 * R. Schulze
193 * Barbara Nagler
209 R. Skopal nach B. Dostál, Z. Měřínský und Č. Staňa
210 R. Skopal nach Z. Měřínský und L. Poláček
211 Nach M. Lutovský
212 Chropovský 1988, 234
214. Opat (Hrsg.) 1996, Bd. 1, 89
215 M. Stecker
216 Dekan 1976b.
217 Chropovský 1988, 320
218 Opat (Hrsg.) 1996, Bd. 2, 29
219 Opat (Hrsg.) 1996, Bd. 1, 49
220 Opat (Hrsg.) 1996, Bd. 1, 56
222 M. Gojda; Archeologický ústav AVČR, Praha
224 Opat (Hrsg.) 1996, Bd. 1, 88
225 O. Mark
226 R. Skopal.
227 Opat (Hrsg.) 1996, Bd. 1, 68
228 Chropovský 1988, 129
229 Chropovský 1988, 119
230, 231 L. Galuška.
232 Archeologický ústav AVČR, Praha
233 Chropovský 1988, 112
236 R. Koch 1968
241 Archeologický ústav Slovenskej AV, Nitra
242 Magyar Nemzeti Múzeum, Budapest
243 M. Novotná
244, 245 Slovenské Národné Múzeum, Bratislava
246 M. Novotná; Magyar Nemzeti Múzeum, Budapest
247 J. Krátky; Slovenské Národné Múzeum, Bratislava
248 Schulze 1991, 226.
249, 250, Bayerische Staatsbibliothek, München
251 Staatsbibliothek SMPK, Berlin
252 Mende 1983, Abb. 124
253, 256, 260, 261, 276, 277, 282, 284, 285, 293 Archeologický ústav AVČR, Praha
254, 255 M. Stecker, Archeologický ústav AVČR, Praha

257 Frolík/Smetánka 1997, S. 73
262 P. Chotěbor
263 Frolík/Smetánka 1997, 117
264 Frolík/Smetánka 1997, 128ff
265 Frolík/Smetánka 1997, 128ff
266 Nationalmuseum Prag 1993, 29
267, 270, 274, 280 M. Gojda
268 Frolík/Smetánka 1997, 39
269 Opat (Hrsg.) 1996, 84
287 Mende 1983, Abb. 125
297 Frolík/Smetánka 1997, 137
298 Frolík/Smetánka 1997, 128 ff.
299 Opat (Hrsg.)1996, Bd. 2, 93
300 Opat (Hrsg.)1996, Bd. 2, 85
301 Mende 1983, Abb. 134 (Detail)
302 Mende 1983, Abb. 135
303, 304, Bibliotheca Apostolica Vaticana, Città del Vaticano
305 Mende 1983, Abb. 129
306, 330–333, 346 *
307 Museum für Vor- und Frühgeschichte SMB, Berlin
308 Muzeum Archeologiczne, Poznań
311 A. Kijowski; Muzeum Archeologiczne, Poznań
312, 313 B. Cynalewski
314 M. Jóüwikowska
315 W. Kujawa
316 J. Sawicka
317–319 J. Sieczkowski
320 * Hensel/Žak 1964, Hensel/Hilczer-Kurnatowska 1980
321 * Hensel/Hilczer-Kurnatowska 1980 322. Hensel 1960
323 K. Musiał
324 S. Kołowiec; Muzeum Uniwersytetu Jagiellońskiegi, Kraków
325 * K. Musiał, Bearbeitung: Janusz Firlet/Zbigniew Pianowski
326 * Nach J. Kaźmierczyk
327–329 Nach J. Kaźmierczyk
334, 335 W. Kujawa
336 Kat. Gnesen 1995, 127
337 Kat. Hildesheim 1993, Bd. 2, 30
338–342 * M. Rosół
348–350 * M. Wachnik
355 J. Sieczkowski; Kościół katedralny pw. Wniebowzięcia NPMarii i św. Wojciecha, Gniezno
356 Staatsbibliothek SMPK, Berlin
357 * M. Śniedziewska
358 W. Pińskwar, Gniezno
359–364, 402 *
372, 389, 411 R. Koch 1968
373 Kat. Budapest 1996, 88
374 Meyer KG; Wien, Kunsthistorisches Museum, Antikensammlung
375 Kat. Budapest 1996, 112
376 Kat. Budapest 1996, 149
377 Kat. Budapest 1996, 132
378 Kat. Brüssel 1999, 113 Nr. 18
388 M. Novokiá.
390 Visegrád 1988, 18
391, 400 Kósa (Hrsg.) 1994
392 Kat. Budapest 1996, 421
393 Kat. Budapest 1996, 183
394 Kat. Brüssel 1999, 117
395 Kat. Hildesheim 1993, 96
396 Schatzkammer der Residenz, München
397, 398 Múzeum Zalaegerszeg
399 Szent István Király Múzeum, Székesfehérvár
401 Mihalik
404 Z. Szabó und A. Vári
405 Keilhauer 1990, 285
406, 407 E. B. Thomas 1956, 402
410 J. Krátky; Slovenské Narodné Múzeum, Bratislava
412 Skupy 1988, 65
413 Keilhauer 1990, Abb. 67
414 v. Mátray 1990, 169
415 Kat. Budapest 1996, 166
416 Kat. Budapest 1996, 65
417, 422 K. Szelényi; Magyar Nemzeti Múzeum, Budapest
418 I. Limmer; Diözesanmuseum Bamberg
419–421 A. Végvéri.
423 de Fleury 1888, Bd. VII, Taf. 65
424, 425 S. Brather.
426 Max Ley, Univers Studio Berlin.
427, 428 *
431 Einhard-Verlag, Aachen
432, 433 H. P. Keiser; Niedersächsisches Staatsarchiv, Wolfenbüttel
434 Bayerische Staatsbibliothek, München
435 Thüringer Universitäts- und Landesbibliothek, Jena
436 M. Rau
437 v. Euw/Schreiner (Hrsg.) 1991, Bd. 2, 138
438 v. Euw/Schreiner (Hrsg.)1991, Bd. 2, 139
439 v. Euw/Schreiner (Hrsg.) 1991, Bd. 2, 176
440 Schulze 1991, 102
441 Staatsbibliothek SMPK, Berlin
442 Heine 1995, S. 41, Abb. 26
443 Heine 1995, S. 39, Abb. 23
444 Leidorf/Ettel (Hrsg.) 1999, 60
445 Zimmer 1996, S. 389, Abb. 115
446 Böhme 1999, S. 64, Abb. 29
447 Matthys 1991, S. 246, Abb. 16
448, 449 Römisch-Germanisches Zentralmuseum, Mainz
450 Bernhard/Barz 1991, S. 145, Abb. 12
451 Herrnbrodt 1958, Taf. 3
452 Chropowský 1988, 210
453, 454, 459–462 *
457 M. Novotná
458 F. Daim
464–469 Thüringisches Landesamt für Archäologische Denkmalpflege, Weimar
471 W. Sättler
475 Wagner 1994, 203, Abb. 10
476 Grimme 1994, 125, Abb. V
477 Kat. Hildesheim 1993, Bd.2, 78
478 Grimme 1994, 119
479 Kunstgewerbemuseum SMPK, Berlin
480 Schramm/Mütherich 1981, Bd. 1, 292, Abb. 78
482 v. Euw/Schreiner (Hrsg.) 1991, Bd. 2, 381
Abb. 483 Blaschke 1990, 56
484 Sächsisches Hauptstaatsarchiv, Dresden
485 Kat. Hildesheim 1993, Bd.2, 20
486, 487 Kat. Hildesheim 1993, Bd.2, 21
488 Posse (Hrsg.) 1909, Bd. 1, Taf. 9, Nr. 5
489 Kat. Hildesheim 1993, Bd.2, 23
490 Kat. Hildesheim 1993, Bd.2, 24
491 P. Böttcher; Institut für Realienkunde, Krems
492 Schramm/Mütherich 1983, Nr. 102 a und b
493 Posse (Hrsg.) 1909, Bd. 1, Taf. 11, Nr. 2
494 Schramm/Mütherich 1983, Nr. 117 a und b
495 Colonia Romanica XIII,1998, 89, Taf. 9
496 Colonia Romanica XIII,1998, 83, Taf. 3
497 Colonia Romanica XIII, 1998, 25, Abb. 3
498 Colonia Romanica XIII, 1998, 45, Abb. 2
499 Colonia Romanica XIII, 1998, 48, Abb. 7
500 Colonia Romanica XIII, 1998, 47, Abb. 2
501 Colonia Romanica XIII, 1998, 90, Taf. 10
502 RMN; Musée du Moyen-Age – Cluny, Paris
503 Nordrhein-Westfälisches Hauptstaatsarchiv, Düsseldorf
504 H. Boswank; Staatliche Kunstsammlung, Kupferstichkabinett, Dresden
505 Germanisches Nationalmuseum, Nürnberg
506 Grimme 1994, 87, Abb. 17
507 RMN – Arnaudet; Louvre, Paris
508 Schramm/Mütherich 1983, 469, Nr. 211
509, 520 Bayerische Staatsbibliothek, München
510 Suckale 1998, 53, Abb. 45
511, 512, 516, 519 Staatsbibliothek Bamberg
513 Matz und Schenk; Dombauarchiv Köln,.
514 Mayr-Harting 1991, 29, Abb. 16
515 Kat. London o.J. (Phrygia), 316, Nr. 227, Exemplar Berlin
518 Kat. Hildesheim 1993, Bd. 2, 225
522 Krumme 1994, 447, Abb. 138
523 Sisti o.J., 26.
525, 528 Kunstverlag Maria Laach; Stadtbibliothek Trier
526 Verlag L. Schwann, Düsseldorf
527, 530 Fischer Verlag, Frankfurt
529 Herder-Verlag, Freiburg
531 Kat. Regensburg 1987, Taf. 7
532, 537 *
538 Sisti o.J., 55.
539 Mende 1983, Abb. 123
540 U. Seitz-Gray; Stadt- und Universitätsbibliothek Frankfurt
541 Magyar Nemzeti Múzeum, Budapest
542 Deutsches Historisches Museum, Berlin
543 F. Zirnsack; Pfalzmuseum Forchheim
544 C. Gedai; Magyar Nemzeti Múzeum Budapest
545 K. Szelényi; Magyar Nemzeti Múzeum, Budapest
546 Opat (Hrsg.) 1996, Bd. 2, 15
547 Kunsthistorisches Museum Wien 1987, 160; Schramm/Mütherich 1981, 272, Nr. 62
548 Muzeum Katedralne Jana Pawła II., Kraków
549 Kat. Hildesheim 1993, Bd.2, 18
550 Bayerische Staatsbibliothek, München

Theiss
...einfach die besseren Bücher!

Die Römer in Deutschland

Dieser prächtig ausgestattete, großformatige Sach-Bildband präsentiert **die wichtigsten Aspekte römischer Geschichte auf deutschem Boden:** umfassend, auf aktuellem wissenschaftlichen Stand und gut lesbar. Wie lebten Kelten und Germanen, bevor die Römer kamen? Welche Folgen hatte die Römerherrschaft in Spätantike und Frühmittelalter? Diese Fragestellungen spannen den weiten Rahmen um die wechselvolle Geschichte der Römer in Deutschland. Der Autor bringt dem Leser anschaulich nahe, was römische Kultur für den deutschen Raum bis in die heutige Zeit bedeutet. Umfangreiches, meist farbiges Bildmaterial mit Funden und Rekonstruktionen aus den verschiedenen Regionen Deutschlands und neueste Karten veranschaulichen und ergänzen den Text.
Von Thomas Fischer. 192 S., 250 farbige Abb., zahlr. Karten.

Der Limes
Die Deutsche Limes-Straße vom Rhein bis zur Donau

Vieles ist geschehen, um den Limes und seine Bauwerke für die Nachwelt zu bewahren: Ausgrabungsbefunde wurden konserviert, römische Ruinen restauriert, attraktive Museen eingerichtet, Wanderwege angelegt. Nicht zuletzt hat man eine Reihe imposanter Anlagen wieder aufgebaut. Dazu gehören Kastelle und Badeanlagen, aber auch Limestürme mit Teilen der Grenzbefestigung, wie Wallanlagen, Gräben, Mauern oder Palisaden. Dieser prächtig ausgestattete, großformatige Sach-Bildband **präsentiert den römischen Limes in Deutschland an über 50 Orten**: mit anschaulichen Texten auf neuestem wissenschaftlichen Stand, attraktiven Fotos, Wandervorschlägen und Tourismus-Tipps. Von Britta Rabold, Egon Schallmayer und Andreas Thiel. 160 S., 200 farbige Abb., zahlr. Karten.

Die Germanen
Von den frühen Stammesverbänden zu den Erben des Weströmischen Reiches

Dieses Buch bietet einen **anschaulichen Überblick** über die Germanen und ihren Einfluss auf die westliche Zivilisation. Der Autor zieht sowohl archäologische als auch literarische Quellen heran, um die **Geschichte der Germanen** darzustellen.
Er schildert die Entwicklung der Goten, Vandalen, Sueben, Franken, Alamannen, Burgunder und anderer germanischer Völker von später prähistorischer Zeit bis zur Völkerwanderung. **Aus dem Inhalt:** Land und Leute • Die Gesellschaftsstruktur • Bewaffnung und Kriegführung • Die Germanen und das Römische Reich • Die Lebenden und die Toten • Handel und Diplomatie • Kult, Kunst und Technologie • Die gotischen Königreiche • Die Sueben und Vandalen • Franken, Alamannen und Burgunder • Die nordischen Völker • Die Gepiden und Langobarden • Die Thüringer und Bayern. Von M. Todd. 304 S., 41 SW-Abbildungen, Pläne, Karten.

Die Zeit der Kreuzzüge
Geschichte und Kunst

Dieser mit über 290 meist farbigen und großformatigen Fotos opulent ausgestattete Band vermittelt einen gut lesbaren und **fundierten Überblick** über die Geschichte der Kreuzzüge.
Das Buch behandelt auch ihre Auswirkungen auf die Kunst-, Kultur- und Architekturgeschichte.
Die Autoren, international renommierte Wissenschaftler, dokumentieren die Entwicklungen jener Zeit mit beeindruckenden, z.T. neuen Bildern und informativen Texten, die **alle Facetten** einer bewegten, historisch und kunstgeschichtlich ereignisreichen Epoche zeigen. Der angesprochene geografische Raum erstreckt sich von der Iberischen Halbinsel bis zum Nahen Osten über die nordafrikanischen Länder, Europa, den Balkan bis hin zu byzantinischen Ausläufern zwischen Kiew und Konstantinopel.
Hrsg. von R. Cassanelli. 296 S., ca. 290 teils farbige Abb.

**Konrad Theiss Verlag GmbH, Mönchhaldenstr. 28,
70191 Stuttgart, Tel. 0711/2 55 27-14, Fax -17
e-mail: service@theiss.de**

THEISS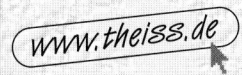

ENTDECKEN SIE DAS GROSSE
Archäologie Magazin

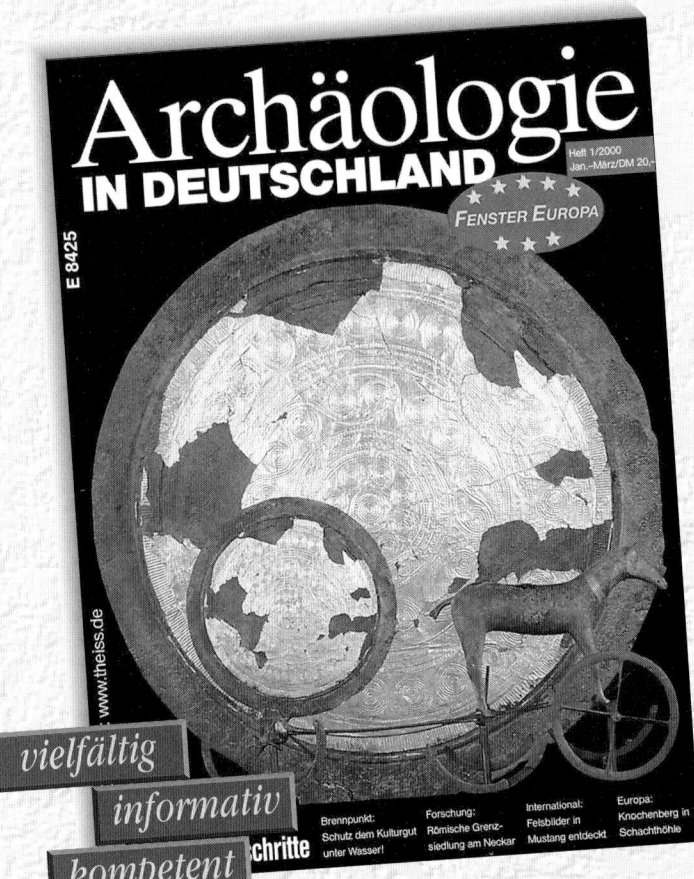

Erleben Sie...

⇒ faszinierende Entdeckungen, Grabungen, Funde und Forschungen von der Urzeit bis heute: älteste Menschenfunde, früheste Siedlungen, Medizin in der Antike, erste Bauern, Anfänge der Metallverarbeitung, Fürsten der Eisenzeit, Kunst und Kultur der Kelten, Römer und Germanen, Völkerwanderung, Christianisierung, mittelalterliches Leben in Stadt und Land

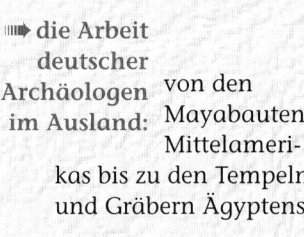

⇒ die Arbeit deutscher Archäologen im Ausland: von den Mayabauten Mittelamerikas bis zu den Tempeln und Gräbern Ägyptens

⇒ archäologische Schwerpunkte und Entwicklungen sowie wichtige Entdeckungen weit über unsere Grenzen durch das »Fenster Europa«

⇒ bedeutende archäologische Museen

⇒ gefährdete und gerettete Denkmäler

⇒ lohnende Wanderungen und Spaziergänge zu Stätten der Vor- und Frühgeschichte

⇒ in jeder Ausgabe ein archäologisches oder historisches Schwerpunktthema.

Sie erhalten...

◆ neue Funde anschaulich beschrieben und illustriert

◆ aktuelle Kurzberichte zu jüngsten Grabungen und Forschungen aus allen Bundesländern

◆ die wichtigsten Ausstellungen im Überblick

◆ fundierte Informationen über Veranstaltungen

◆ ausführliche Buchbesprechungen.

Mit »Archäologie in Deutschland«

▶ sind Sie über alle bedeutenden archäologischen Entdeckungen in unserem Land aktuell informiert,

▶ wissen Sie mehr über unsere Herkunft, unsere Geschichte und die Wurzeln unserer Kultur,

▶ bekommen Sie außerdem einen faszinierenden Einblick in die internationale Archäologie,

▶ werden durch die Unterstützung kompetenter Autoren fundierte Beiträge, die für jeden Leser leicht verständlich sind, garantiert!

»Archäologie in Deutschland«

● erscheint 4x im Jahr, 84 S. mit zahlr., farbigen Abb.

● herausgegeben vom Verband der Landesarchäologen, dem Zusammenschluß aller leitenden Archäologen der Bundesländer, und dem Konrad Theiss Verlag

● wird ergänzt durch einen rund 120 Seiten starken Sonderband (21 x 28 cm), der sich einem ausgewählten Thema widmet

Fordern Sie ein Probeheft an, kostenlos und unverbindlich.

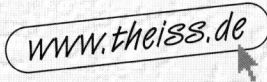

Konrad Theiss Verlag GmbH, Mönchhaldenstr. 28,
70191 Stuttgart, Tel. 0711/2 55 27-14, Fax -17
e-mail: messerle@theiss.de

THEISS